Dicionário Enciclopédico Do Pensamento Esotérico Ocidental

John Michael Greer

Dicionário Enciclopédico
Do Pensamento
Esotérico Ocidental

Tradução:
MARCELLO BORGES

Editora
Pensamento
SÃO PAULO

Título original: *The New Encyclopedia of the Occult*.
Copyright © 2003 John Michael Greer.
Copyright da edição brasileira © 2012 Editora Pensamento-Cultrix Ltda.
Texto revisto segundo o novo acordo ortográfico da língua portuguesa.
1ª edição 2012.
Universal Tarot de Roberto De Angelis, usado com a permissão de Lo Scarabeo © 2000.
Publicado originalmente por Llewellyn Publications
Woodbury, MN 55125-2989, USA – www.llewellyn.com

Todos os direitos reservados. Nenhuma parte desta obra pode ser reproduzida ou usada de qualquer forma ou por qualquer meio, eletrônico ou mecânico, inclusive fotocópias, gravações ou sistema de armazenamento em banco de dados, sem permissão por escrito, exceto nos casos de trechos curtos citados em resenhas críticas ou artigos de revistas.

A Editora Pensamento não se responsabiliza por eventuais mudanças ocorridas nos endereços convencionais ou eletrônicos citados neste livro.

As opiniões do autor não refletem necessariamente as opiniões da Editora Pensamento.

Coordenação editorial: Denise de C. Rocha Delela e Roseli de S. Ferraz
Preparação de originais: Thereza Pozzoli
Edição de texto e revisão técnica: Adilson Silva Ramachandra
Revisão: Maria Aparecida A. Salmeron
Diagramação: Join Bureau

Dados Internacionais de Catalogação na Publicação (CIP)
(Câmara Brasileira do Livro, SP, Brasil)

Greer, John Michael
  Dicionário enciclopédico do pensamento esotérico ocidental / John Michael Greer ; tradução: Marcello Borges. – São Paulo : Pensamento, 2012.

  Título original: The New Encyclopedia of the Occult
  Bibliografia.
  ISBN 978-85-315-1787-7

  1. Ocultismo – América do Norte – Enciclopédias 2. Ocultismo – Europa Ocidental – Enciclopédias 3. Ocultismo – História – América do Norte – Enciclopédias 4. Ocultismo – História – Europa Ocidental – Enciclopédias I. Título.

  12-02657   CDD-133.03

Índices para catálogo sistemático:
1. Ocultismo : Enciclopédias   133.03

Direitos de tradução para o Brasil
adquiridos com exclusividade pela
EDITORA PENSAMENTO-CULTRIX LTDA.
Rua Dr. Mário Vicente, 368 — 04270-000 — São Paulo, SP
Fone: (11) 2066-9000 — Fax: (11) 2066-9008
E-mail: atendimento@editorapensamento.com.br
http://www.editorapensamento.com.br
que se reserva a propriedade literária desta tradução.
Foi feito o depósito legal.

SUMÁRIO

Nota da equipe editorial   7

Nota introdutória   9

O Dicionário Enciclopédico

⌢

13

Bibliografia   689

NOTA DA EQUIPE EDITORIAL

A edição brasileira mantém os títulos das obras na língua em que aparecem no original em inglês, com exceção das obras mundialmente conhecidas ou dos clássicos das várias áreas do conhecimento humano, cujos títulos foram traduzidos. No caso de obras publicadas pelas editoras Pensamento e Cultrix, mesmo que fora de catálogo, informa-se apenas o título em português da edição brasileira.

Nas referências cronológicas, mantivemos *Era Comum* (E.C.) e *Antes da Era Comum* (A.E.C.), as formas escolhidas pelo autor, que equivalem às formas *depois de Cristo* (d.C.) e *antes de Cristo* (a.C.). Assim, o ano 50 A.E.C. é o mesmo que o ano 50 a.C., e o século II da Era Comum é o mesmo que século II d.C., ou simplesmente século II. As referências às estações do ano foram preservadas como no original, e aplicam-se portanto ao hemisfério Norte. Exemplo: verbete Aquário, Era de. Aparecem em vários trechos uma nota do tradutor [N. do T.] ou uma nota do editor [N. do E.] a fim de explicar opções da tradução ou complementar a informação do original.

Para o público brasileiro, muitos temas e assuntos que constam no original como ocultismo correspondem ao que é tratado como esoterismo; igualmente, muitos verbetes sobre magia e tradições mágicas correspondem ao que é conhecido como ocultismo. Assim, em diversos verbetes, termos como "tradição ocultista", "organização ocultista", "tradição mágica", "práticas de magia" foram trocados na edição brasileira pelos equivalentes esotéricos ou ocultistas. De antemão solicitamos e agradecemos a compreensão do leitor caso encontre algum engano nessa classificação.

NOTA INTRODUTÓRIA

Dicionário Enciclopédico do Pensamento Esotérico Ocidental é uma obra de referência para os praticantes das diversas tradições ocultistas, de magia e esotéricas do mundo ocidental, bem como para pessoas que simplesmente têm curiosidade acerca de magia, alquimia, astrologia, espiritualidade pagã ou qualquer um dos outros campos do conhecimento e da prática que constituem o complexo e dinâmico mundo do moderno ocultismo ocidental. Nas páginas a seguir, você encontrará o conhecimento essencial de que precisa para compreender o ocultismo, bem como referências a outros livros que irão lhe indicar onde procurar caso queira descobrir mais sobre o assunto.

Este livro procura abranger toda a gama da tradição, do conhecimento, da história, da filosofia e da prática ocultista no mundo ocidental. Inclui a magia, em seus diversos ramos; alquimia; astrologia; outros métodos divinatórios (ou artes divinatórias), como cartas de tarô, quiromancia, geomancia e muitas outras; ordens mágicas como a Golden Dawn e os rosa-cruzes; tradições religiosas e espirituais associadas ao ocultismo, como Wicca, Thelema, Teosofia e o movimento pagão moderno; as biografias de ocultistas e esoteristas importantes; e muitos outros tópicos relacionados, de um modo ou de outro, com o ocultismo e o esoterismo ocidental. Em termos geográficos, a Europa ocidental e a América do Norte são as principais áreas abarcadas, visto que são os cernes das modernas culturas ocidentais e as áreas nas quais a maioria de suas tradições ocultistas e esotéricas surgiu e floresceu. A mais perceptível exclusão, provavelmente, é que, por diversos motivos, não incluí a biografia de pessoas vivas.

Um dicionário enciclopédico deste gênero não poderia ter sido escrito antes dos tempos atuais. Até pouco tempo, a maioria das tradições ocultistas entesourava seus ensinamentos, restringindo-os a um punhado de iniciados que deviam jurar segredo a seu respeito. Até bem pouco tempo, na verdade, historiadores profissionais olhavam para o ocultismo com desdém; alguns tentavam fingir que não existiam tradições ocultistas no moderno mundo industrializado. Como os tempos mudaram! Hoje, os segredos mais antigos podem ser encontrados nas prateleiras de qualquer livraria com um bom acervo, e a história do ocultismo é uma especialidade acadêmica bastante movimentada, com suas próprias revistas e conferências.

Graças a isso, foi possível, pela primeira vez, reunir uma boa quantidade de informações precisas sobre o ocultismo. Também foi possível, pela primeira vez, comparar, de modo eficiente, as tradições esotéricas com aquilo que se conhece sobre a história das ideias e das sociedades. O resultado foi perturbador: muitas ilusões carinhosamente acalentadas por ambos os lados tiveram de ser abandonadas. Os ocultistas tiveram de abrir mão da antiga alegação de que suas organizações e ensinamentos têm se mantido inalterados desde a aurora dos tempos; os historiadores tiveram de encarar o fato de que figuras históricas de imenso prestígio, como Isaac Newton, estiveram profundamente envolvidas com práticas esotéricas ou ocultistas.

Mas são mudanças para melhor. As tradições ocultistas e esotéricas do mundo ocidental não precisam se envergonhar de sua verdadeira história, que é bem mais interessante e dramática do que as histórias fictícias engendradas no passado por grupos ocultistas. Um corpo de pensamentos e práticas que tem se desenvolvido por mais de 25 séculos no mundo ocidental, mudando e crescendo, mas sempre mantendo uma continuidade impressionante, pode ser comparado com as tradições espirituais de qualquer cultura sobre a Terra. Os historiadores profissionais também não precisam pedir desculpas por se interessarem por um conjunto de tradições vivas, que teve papel vital na formação das culturas, das ideias e da história da civilização ocidental e do mundo como um todo.

Este dicionário enciclopédico difere significativamente de outros trabalhos de referência sobre as tradições ocultistas ocidentais. Em primeiro lugar, foi escrito por um praticante do ocultismo, segundo o ponto de vista de um praticante. Embora possa haver algum valor na "mente iniciante" do escritor que não teve nenhum contato anterior com o assunto de que trata, muito mais pode ser dito quando se escreve sobre coisas que a pessoa realmente realizou. Normalmente, esperamos que textos de biologia sejam escritos por biólogos, que livros sobre a ciência da biblioteconomia sejam escritos por bibliotecários, livros sobre música sejam escritos por pessoas que têm passado boa parte de seu tempo ouvindo música (ou tocando algum instrumento) e assim por diante. O fato de que os livros mais eruditos sobre magia foram escritos por pessoas que literalmente não sabiam por qual lado segurar uma varinha ou bastão não é uma boa referência para a atual atitude acadêmica diante do ocultismo, e produziu uma safra abundante de erros evitáveis.

Ao mesmo tempo, ao contrário de muitos livros escritos por praticantes do ocultismo, este dicionário enciclopédico se vale muito da literatura acadêmica sobre a história e o desenvolvimento das tradições ocultistas. Se a maioria dos estudiosos não tem conhecimento prático de magia, também é verdade que livros sobre ocultismo escritos por ocultistas costumam estar repletos de vergonhosos erros históricos, que até a pesquisa mais elementar revela de imediato.

Você ainda vai encontrar livros à venda, por exemplo, que afirmam que o nome do baralho do tarô provém das antigas palavras egípcias *tar*, "estrada", e *rosh*, "real". Pesquise cinco minutos em um dicionário de egípcio antigo e verá que *tar* e *rosh* não são palavras do egípcio antigo, e que as verdadeiras palavras do egípcio antigo para "estrada" e "real" são respectivamente *w3t* e *nsw*. Leva um pouco mais de tempo, mas não muito, para descobrir que a etimologia de tarô como *tar-rosh* foi proposta inicialmente pelo diletante francês do século XVIII Antoine Court de Gebelin (1728-1784), mais de quarenta anos antes que Champollion decifrasse os hieróglifos egípcios pela primeira vez... numa época, em outras palavras, em que nem Court de Gebelin nem qualquer outra pessoa conhecia uma única palavra da antiga língua egípcia.

Informações errôneas desse tipo não deveriam ter lugar em estudos sérios sobre ocultismo. Para ser sincero, é vergonhoso constatar como ocultistas que nunca consagrariam um talismã com palavras de poder erradas se sentem perfeitamente confortáveis repetindo essas coisas sem se dar ao trabalho de revisar suas fontes. Este dicionário, entre outras coisas, vai facilitar muito isso, caso haja a disposição para não preservar o erro.

Por convenção, os nomes de textos sagrados como o Corpus Hermeticum, o Zohar e a Bíblia são apresentados com inicial maiúscula mas sem itálico, enquanto os demais títulos de publicações, manuais técnicos e outras práticas internas, como *As Chaves de Salomão* e os *Exercícios Espirituais* de Inácio de Loyola, são grafados em itálico.

Sendo (entre outros) druida, maçom, geomante, mago cerimonial cabalista e ministro ordenado de uma igreja com raízes no tradicional hudu da Louisiana, tenho um currículo ocultista bastante amplo, mas as tradições ocultistas do Ocidente abrangem mais coisas do que qualquer pessoa poderia dominar sozinha. Em muitos campos, foi inevitável recorrer a pessoas com mais conhecimentos do que eu. De modo análogo, minha experiência em pesquisa histórica não chega nem perto de cobrir todo o escopo milenar e global do ocultismo ocidental, e me baseei muito no trabalho de competentes estudiosos em áreas externas à minha base de conhecimentos.

De um modo ou de outro, contei com a ajuda de bem mais de cem pessoas neste projeto. Em vez de preencher páginas com uma lista de nomes (e encontrar um modo de agradecer igualmente aos que prefeririam que seus nomes não fossem mencionados), gostaria apenas de oferecer a todos meu muito obrigado e minha gratidão. Vocês sabem quem são!

Também gostaria de incentivar os leitores que discordarem de questões abordadas nas páginas seguintes, ou que tiverem informações sobre temas que não trato adequadamente, a entrarem em contato comigo por meio da editora e passarem as informações de que dispõem. Se as circunstâncias assim permitirem, espero apresentar uma edição revisada do *Dicionário Enciclopédico do Pensamento Esotérico Ocidental* dentro de mais alguns anos, com novo material e erros corrigidos. Qualquer ajuda apresentada será muito bem recebida.

O mundo do ocultismo contém verdades e absurdos, profunda sabedoria e prodigiosa loucura. Quando os seres humanos se defrontam com os mundos de poderes de transformação situados um pouco além do âmbito da consciência normal, revelam mais plenamente sua faceta humana – com todos os seus pontos fortes e fracos, com o brilho e a tolice que isso implica. Tentei apresentar todos os lados de um tema da maneira mais clara que pude; as próprias tradições merecem isso. Espero que você, leitor, considere o resultado tão revelador e divertido quanto foi para mim pesquisá-lo e redigi-lo.

A ∴ A ∴ *VEJA* ARGENTEUM ASTRUM.

Aarab Tzereq. (hebraico AaRB ZRQ, "corvos da dispersão") Nos ensinamentos cabalísticos, o Qlippoth ou poderes demoníacos correspondentes a Netzach, a sétima Sefirah da Árvore da Vida. Sua forma tradicional é a de corvos com cabeças de demônios que saem de um vulcão em erupção, este também uma força demoníaca chamada Getzphiel. Seu córtex ou reino no Mundo das Cascas é Theumiel, e seu arquidemônio é Baal Chanan. *VEJA* QLIPPOTH.

Aatik Yomin. (hebraico AsThIK IVMIN) "Ancião dos Dias", um título de Kether. *VEJA* KETHER.

Ab. (hebraico AaB, "trevas, obscuridade") Na cabala, nome secreto do mundo de Atziluth. O valor numérico da soma de suas letras é 72, que também é a soma de IVD HIH VIV HIH, grafia do Tetragrammaton em Atziluth. *VEJA* ATZILUTH; TETRAGRAMMATON.

Abaris. Segundo lendas narradas em antigas fontes gregas, mago cita que possuía uma flecha mágica que ele usava para cavalgar pelo ar. Dizem que teria vivido na época de Pitágoras, matemático e místico grego, e que o teria visitado em Crotona, na Itália. Autores do século XVIII em diante transformaram Abaris num druida, o que fazia parte da alegação de que Pitágoras teria estudado com os druidas (ou vice-versa). *VEJA* DRUIDAS; PITÁGORAS.

Abba. (hebraico, "pai") No simbolismo da cabala, um título da Sefirah Chokmah, e também da primeira letra do Tetragrammaton. *VEJA* CHOKMAH; TETRAGRAMMATON.

Abbadon. (hebraico ABDVN, "destruição") Nome de um demônio cujos atributos têm sido descritos de maneira variada, ou pertencente a uma parte ou nível do inferno definido com igual variabilidade. No corpo de conhecimentos da cabala, Abbadon é o nome do sexto inferno, que corresponde à Sefirah Chesed. *VEJA* INFERNOS, SETE.

Abel. Segundo filho de Adão, consoante o Livro do Gênesis, assassinado por seu irmão Caim. No pensamento gnóstico, Abel tornou-se o primeiro da classe "psíquica" da humanidade, aqueles que tinham o poder de adquirir a gnose mas não tinham a gnose de maneira inata. *VEJA* GNOSTICISMO.

Abracadabra. Palavra tradicional de poder usada por magos ocidentais desde os tempos clássicos até o presente. Escrita tal como indicado a seguir, era usada em talismãs para curar febres e asma:

Em épocas mais recentes, a Abracadabra tem sido usada principalmente por mágicos de auditório. O mago inglês Aleister Crowley (1875-1947) alterou sua grafia para que se ajustasse à sua nova religião, a Thelema, e nessa nova forma a palavra tem sido muito usada pela comunidade thelemita; *VEJA* ABRAHADABRA. *VEJA TAMBÉM* PALAVRAS BÁRBARAS.

Abrahadabra. Reformulação feita por Aleister Crowley da antiga palavra mágica Abracadabra, reescrita para colocar o termo *Had* – forma abreviada de *Hadith*, a segunda pessoa da trindade thelemita – em seu centro. *VEJA* CROWLEY, ALEISTER; THELEMA.

Abramelin, o Mago; O Livro da Magia Sagrada de. Grimório preservado num único exemplar do século XVIII, na Biblioteca do Arsenal, em Paris. Escrito em francês, afirma ser a tradução de um original hebreu datado de 1458, embora os estudiosos tenham dúvidas sobre essa alegação.

Segundo o longo prefácio, representa os ensinamentos de um mago judeu chamado Abramelin, transmitidos por ele a seu aluno Abraão e por este a seu filho Lameque. Esses ensinamentos, que Abraão descreve como o único sistema mágico válido do mundo, exigem que o estudante dedique seis meses de preces, penitências e rituais para obter o "Conhecimento e Conversação com o Santo Anjo Guardião". Depois disso, o estudante conquista o poder de comandar espíritos malignos por meio de talismãs feitos com combinações de letras.

O Livro da Magia Sagrada de Abramelin, O Mago, foi redescoberto no final da década de 1890 pelo fundador da Golden Dawn, Samuel Mathers (1854-1918), e a tradução que Mathers fez para o inglês foi publicada em 1898. Desde então, tem causado grande impacto no pensamento mágico, especialmente em função da influência exercida sobre Aleister Crowley (1875-1947), que o usou como gabarito para a maior parte de sua visão pessoal da magia. Até hoje, a ideia de que a magia é ou deve ser dirigida para o conhecimento e a contemplação de nosso próprio Santo Anjo Guardião – um conceito que não é encontrado em fontes mais antigas, exceto nessa obra – é lugar comum nos textos mágicos.

Entretanto, o livro em si gerou uma reputação sinistra entre ocultistas da primeira parte do século XX. Acidentes lúgubres e desequilíbrio mental teriam ocorrido com muitos daqueles que possuíam um exemplar da edição original, ou que tentaram utilizar os talismãs contidos na obra. *VEJA TAMBÉM* SANTO ANJO GUARDIÃO. LEITURA ADICIONAL: MATHERS, 1974.

Abrasax. *VEJA* ABRAXAS.

Abraxas. Conhecida divindade mágica do mundo antigo, Abraxas (também grafado como Abrasax) era representada nas gemas clássicas de amuletos como uma figura humanoide com cabeça de galo e serpentes no lugar dos pés, segurando o chicote de um charreteiro. A soma das letras desse nome em grego dá 365, número de dias do ano, o que o marcou como divindade solar e senhor do tempo. VEJA GEMATRIA.

Modernamente, Abraxas adquiriu uma nova popularidade graças aos textos do psicólogo Carl Jung, que lhe deu um lugar central em sua obra gnóstica *Os Sete Sermões aos Mortos* e em outros textos. VEJA JUNG, CARL GUSTAV.

Abred. No druidismo, um dos Três Mundos; o reino da vida vegetal e animal, pelo qual as almas viajam no decorrer de sua evolução espiritual. Cada alma inicia suas encarnações na forma mais simples, a de organismos unicelulares, e progride gradativamente, aprendendo as lições de cada espécie de planta e de animal, até chegar ao nível humano, na fronteira entre Abred e a vida superior de Gwynfydd. VEJA DRUIDISMO; TRÊS MUNDOS.

Abulafia, Abraão. Cabalista judeu, 1240 – após 1292. Nascido em Zaragoza, na Espanha, estudou as escrituras judaicas e o Talmude com seu pai até a morte deste, em 1258. Em 1260, deixou a Espanha e foi à Terra Santa, chegando à cidade de Acre, mas a guerra irrompida entre cruzados cristãos e os árabes forçou-o a partir. Após uma breve parada na Grécia, foi a Capua, na Itália, onde encontrou um rabino notável, Hillel, que lhe ensinou filosofia, especialmente os escritos de Moisés Maimônides.

Suas viagens o levaram a Roma e depois à Espanha, e foi em Barcelona, em 1271, que "Deus me despertou de meu sono, e aprendi o Sepher Yetzirah e seus comentários", conforme escreveu em sua autobiografia. Isso se deu sob a orientação de Baruch Togarmi, um cabalista sobre o qual se conhece muito pouco. O despertar espiritual de Abulafia inaugurou um período de intensas experiências místicas, durante o qual ele escreveu muitos livros sobre os mistérios da cabala, ensinando um sistema de meditação muito idiossincrático, baseado em combinações de letras hebraicas. Depois desse período, ele teria adquirido poderes proféticos, uma afirmação que o tornou pouco estimado pelos judeus mais ortodoxos.

Em 1279, convencido de que Deus lhe havia ordenado que convertesse o papa Nicolau III ao judaísmo, Abulafia foi a Roma e depois a Saronno, onde o papa estava na ocasião. A notícia sobre sua missão o precedeu, e o papa ordenou que fosse preso e queimado na fogueira caso se apresentasse diante dele para uma audiência. Abulafia foi informado dessa reação, mas apareceu mesmo assim – e ficou sabendo que o papa havia morrido na noite anterior à sua chegada. Ele foi aprisionado pelos franciscanos durante um mês e depois solto.

Voltou a Barcelona, mas em 1280 o rabino Shlomo ben Adret (1235-1310), distinto jurista e estudioso, além de cabalista, tornou-se o rabino-chefe da comunidade judaica de Barcelona. Sem paciência para as alegações proféticas de Abulafia, o rabino Shlomo disse que ele era um lunático e uma fraude. Abulafia mudou-se para a Sicília, morando primeiro em Palermo e depois em Messina, e conquistou diversos seguidores; no entanto, ali também enfrentou a oposição crescente de rabinos mais ortodoxos e foi forçado a se mudar para a pequena ilha de Comino, perto de Malta, na qual passou o resto da vida. A data de sua morte não é conhecida.

As supostas virtudes proféticas e messiânicas de Abulafia não foram aceitas pela maioria dos judeus (e até pela maioria dos cabalistas) durante sua vida, mas seus textos sobre o *Derek ha-Shemoth*, ou "Caminho dos Nomes", seu método de contemplação usando combinações de letras hebraicas, foi sendo gradualmente adotado pelos círculos cabalistas no século posterior à sua morte. *VEJA TAMBÉM* CABALA; ALFABETO HEBRAICO. LEITURA ADICIONAL: IDEL, 1988; A. KAPLAN, 1982; SCHOLEM, 1974.

Ac. (inglês arcaico, "carvalho") Vigésima quinta runa do futhorc anglo-saxão, descrita no poema rúnico como "forragem para porcos e madeira para navios em mares afiados como a lança". Representa o som *ai* em inglês, ou *ei* em português. *VEJA TAMBÉM* FUTHORC ANGLO-SAXÃO.

Runa Ac

Achad, Frater. (Jones, Charles Stanfield) Ocultista canadense, 1886-1950. Nascido em Londres, filho de um engenheiro, administrou uma tabacaria na juventude, enquanto estudava contabilidade. Em 1906, começou a estudar o espiritualismo na intenção de desmascarar seus praticantes, mas nesse processo interessou-se pelo ocultismo. Isso o levou à ordem mágica de Aleister Crowley, a Argenteum Astrum (A∴A∴), à qual se filiou como aprendiz em 1909. Mudando-se para o Canadá em 1910, deu continuidade a seus estudos com um associado de Crowley, J. F. C. Fuller. Foi iniciado na outra ordem mágica de Crowley, a Ordo Templi Orientis (OTO) em 1911, e depois fundou a primeira loja da OTO na América do Norte, a Loja Ágape, em 1914. *VEJA* ORDO TEMPLI ORIENTIS (OTO).

Sua correspondência, bem como a visita de Crowley a Vancouver em 1915, impressionaram muito Crowley em virtude do domínio da cabala exibido por Jones. A interpretação feita pelo jovem sobre uma passagem cifrada do *Livro da Lei* levou Crowley a aclamar Jones como seu "filho mágico".

Sob a tutela de Crowley, Jones progrediu até o grau de Magister Templi na A∴A∴, e seu trabalho foi publicado em capítulos na publicação periódica de Crowley, *The Equinox*, sob o título "Um Mestre do Templo". Em 1921, Jones se tornou o líder da Ordo Templi Orientis na América do Norte, recebendo uma carta de nomeação do líder da OTO, Theodor Reuss, e, durante algum tempo, envolveu-se na complexa política dessa ordem. Como quase todos os discípulos de Crowley, porém, percebeu que era impossível acompanhar a *Besta* por muito tempo, e sua abordagem da cabala acabou levando-o por rumos incompatíveis com as opiniões pessoais de Crowley.

Como resultado de seus estudos cabalísticos, Jones idealizou um conjunto totalmente novo de correlações entre as cartas do tarô e a Árvore da Vida, e com isso uma cabala distinta, que ainda hoje é usada por alguns magos. Essas correlações são as seguintes:

O Louco. *Caminho*: 11. *Letra*: Aleph.
    Conexão: Malkuth-Yesod.
O Mago. *Caminho*: 12. *Letra*: Beth.
    Conexão: Malkuth-Hod.
A Sacerdotisa. *Caminho*: 13. *Letra*: Gimel.
    Conexão: Yesod-Hod.
A Imperatriz. *Caminho*: 14. *Letra*: Daleth.
    Conexão: Malkuth-Netzach.
O Imperador. *Caminho*: 15. *Letra*: Heh.
    Conexão: Tiphareth-Geburah.
O Hierofante. *Caminho*: 16. *Letra*: Vau.
    Conexão: Hod-Netzach.
Os Enamorados. *Caminho*: 17. *Letra*: Zayin.
    Conexão: Hod-Tiphareth.
O Carro. *Caminho*: 18. *Letra*: Cheth.
    Conexão: Yesod-Netzach.
A Força. *Caminho*: 19. *Letra*: Teth.
    Conexão: Netzach-Tiphareth.

O Eremita. *Caminho*: 20. *Letra*: Yod.
Conexão: Hod-Geburah.

A Roda da Fortuna. *Caminho*: 21. *Letra*: Kaph.
Conexão: Chokmah-Kether.

A Justiça. *Caminho*: 22. *Letra*: Lamed.
Conexão: Netzach-Chesed.

O Enforcado. *Caminho*: 23. *Letra*: Mem.
Conexão: Yesod-Tiphareth.

A Morte. *Caminho*: 24. *Letra*: Nun.
Conexão: Geburah-Chesed.

A Temperança. *Caminho*: 25. *Letra*: Samech.
Conexão: Chesed-Chokmah.

O Diabo. *Caminho*: 26. *Letra*: Ayin.
Conexão: Tiphareth-Binah.

A Torre. *Caminho*: 27. *Letra*: Peh.
Conexão: Geburah-Binah.

A Estrela. *Caminho*: 28. *Letra*: Tzaddi.
Conexão: Binah-Chokmah.

A Lua. *Caminho*: 29. *Letra*: Qoph.
Conexão: Tiphareth-Chesed.

O Sol. *Caminho*: 30. *Letra*: Resh.
Conexão: Tiphareth-Chokmah.

O Julgamento. *Caminho*: 31. *Letra*: Shin.
Conexão: Tiphareth-Kether.

O Mundo. *Caminho*: 32. *Letra*: Tau.
Conexão: Binah-Kether.

Depois de chegar ao grau de Magister Templi (Mestre do Templo), Jones voltou brevemente para a Inglaterra e filiou-se à Igreja Católica Romana na tentativa de convencer os católicos a aceitarem a Lei de Thelema de Crowley. Como era de esperar, o gesto teve pouco efeito, e ele voltou a Vancouver, onde perambulou pelas ruas durante algum tempo usando apenas uma capa de chuva, que ele despiu em público, afirmando que estava deixando de lado todos os véus da ilusão. Isso o levou a uma breve passagem por uma instituição de saúde mental.

Na década de 1920, Jones morou em Detroit e em Nova York, e escreveu diversos livros sobre seu sistema de misticismo cabalístico, entre outros *Q.B.L., or the Bride's Reception* (1923); *Chalice of Ecstasy* (1923), um estudo das dimensões místicas da ópera *Parsifal*, de Wagner; e *The Anatomy of the Body of God* (1925), um estudo sobre a geometria da Árvore da Vida. Voltando à Colúmbia Britânica por volta de 1930, lentamente se convenceu de que Crowley não fora capaz de proclamar a Palavra do Éon de Hórus, e que ele mesmo estava destinado a proclamar um éon diferente, o de Maat ou Ma-Ion. Uma série de experiências místicas nas décadas de 1930 e 1940 o convenceu dessa missão, e, em abril de 1948, Jones anunciou formalmente que o Novo Éon tinha chegado. Fundou uma ordem mágica chamada Fraternidade de Ma-Ion, dedicada à vindoura "era Ma-Ion da verdade e da justiça", que sobreviveu à sua morte e ainda tem lojas pelos Estados Unidos. *VEJA TAMBÉM* CROWLEY, ALEISTER.

açoite. Nos ramos mais tradicionais da Wicca, o iniciado é açoitado quarenta vezes como parte dos rituais de iniciação do primeiro grau. Isso se repete no segundo grau, mas então o iniciado açoita o iniciador 120 vezes, uma ilustração da "lei do triplo retorno". A maioria dos covens usa um açoite com pontas de couro macio, o que torna o ato simbólico, na melhor das hipóteses. *VEJA* WICCA.

Acquisitio. (latim, "ganho, aquisição") Figura geomântica governada por Júpiter. Acquisitio significa boa sorte, especialmente em questões práticas. *VEJA* GEOMANCIA.

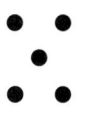

Figura geomântica Acquisitio

adaga. Na magia cerimonial e em muitos outros ramos das tradições ocultistas ocidentais, uma das principais ferramentas do mago. Na Golden Dawn e em tradições similares, é a arma elemental do ar, usada para invocar e comandar os poderes desse elemento. *VEJA* AR (ELEMENTO). Algumas tradições mágicas rejeitam essa atribuição e associam a adaga ao elemento Fogo.

O athame, a principal ferramenta da Wicca e da maioria das tradições neopagãs, geralmente é uma adaga de dois gumes; *VEJA* ATHAME.

A adaga como símbolo do elemento Ar

Adamah. (hebraico ADMH, "argila vermelha") A segunda das sete terras da tradição cabalística, correspondente a Chesed. *VEJA* TERRAS, SETE.

Adão. (hebraico ADM, "vermelho") No Livro do Gênesis e nas tradições judaicas e cristãs posteriores, o primeiro ser humano, criado por Deus no sexto dia da Criação. O relato ortodoxo diz que Adão foi criado a partir do pó da terra. Segundo os relatos do gnosticismo, a cabala e muitas outras tradições ocultistas, porém, ao ser criado Adão era um ser espiritual luminoso, dotado de qualidades quase divinas.

Uma lenda muito repetida na Idade Média afirma que Seth, terceiro filho de Adão e Eva, voltou ao portão do Jardim do Éden e recebeu dos guardiões angélicos três sementes da Árvore da Vida. Quando Adão morreu, Seth colocou essas três sementes na boca do cadáver antes de seu enterro. Das sementes, brotou uma árvore que, após muitas outras aventuras, proporcionou o lenho para a cruz na qual Jesus de Nazaré foi crucificado.

Nos textos cabalísticos posteriores, Adão costuma ser interpretado como a humanidade como um todo, ora como uma coleção de almas, ora como uma única entidade – o chamado Adão Kadmon ou "Adão Primordial" – da qual cada alma humana é uma minúscula parte. *VEJA TAMBÉM* EVA; QUEDA, A.

adepto. (do latim *adeptus*, "habilidoso") Na maioria dos sistemas de pensamento ocultista ocidental, um título ou grau usado por (e para) estudantes avançados de magia, alquimia e outros temas ocultos. Na tradição alquímica, apenas aqueles capazes de conseguir a Pedra Filosofal eram considerados adeptos. *VEJA* PEDRA FILOSOFAL. De modo análogo, na moderna magia cerimonial esse título costuma ser reservado para aqueles que penetraram o Véu do Santuário e entraram em contato com seu Gênio Superior ou Santo Anjo Guardião. *VEJA* SANTO ANJO GUARDIÃO.

Tem ocorrido certa confusão, ao longo dos anos, pelo uso de "adepto" em lojas ocultistas como um grau de iniciação, uma vez que aqueles que passaram por um dado ritual de grau podem ou não ter atingido a experiência espiritual que esse grau representa. Por isso, a expressão caiu em desuso em muitas partes da comunidade mágica, exceto como rótulo para esses graus. *VEJA TAMBÉM* MESTRES.

adeptos do plano interior. *VEJA* MESTRES.

Adeptus Exemptus. Nono grau do sistema iniciático da Golden Dawn, correspondente à Sefirah Chesed. *VEJA* CHESED; GOLDEN DAWN.

Adeptus Major. Oitavo grau do sistema iniciático da Golden Dawn, correspondente à Sefirah Geburah. *VEJA* GEBURAH; GOLDEN DAWN.

Adeptus Minor. Sétimo grau do sistema iniciático da Golden Dawn, correspondente à Sefirah Tiphareth. Este era o mais alto grau com que se costumava trabalhar nos templos da Golden Dawn, e seu ritual de iniciação – que tem lugar numa reconstrução do Túmulo de Christian Rosenkreuz – é considerado por muitos como a melhor das cerimônias de grau da Golden Dawn. *VEJA* GOLDEN DAWN; TIPHARETH.

ADF. *VEJA* AR NDRAIOCHT FEIN.

ádito. Na antiga religião grega e romana, um santuário construído no nível mais baixo de um templo, usado para cerimônias fechadas ao público. A expressão tem sido usada por diversas organizações ocultistas, seja como sinônimo de "templo", seja num sentido mais metafórico. *VEJA* CONSTRUTORES DO ÁDITO (BOTA).

adivinhação. Arte e ciência de obter informações por meios ocultos, a adivinhação tem sido praticada por todas as culturas do planeta ao longo da história. Como lado receptivo de práticas ocultistas, como magia no lado ativo, a adivinhação é uma habilidade básica usada pela maioria dos magos, bruxos e outros praticantes do ocultismo, em uma ou em várias formas.

Há quatro tipos básicos de adivinhação. A *adivinhação por presságios* consiste em formas de se ler sinais que costumam estar presentes no mundo das experiências humanas – como, por exemplo, um áugure romano que observava o voo dos pássaros, ou um astrólogo que usa um computador para calcular a posição das estrelas e dos planetas. A *adivinhação por padrões* consiste em métodos artificiais de se produzir padrões ou imagens que podem ser lidas segundo regras fixas – por exemplo, um adivinho moderno que lê padrões nas folhas de chá, ou um mago medieval que despeja cera quente em água fria e interpreta a forma que surge. A *adivinhação por símbolos* consiste em métodos de escolher um ou mais dentre um conjunto fixo de símbolos divinatórios, cada um com sua própria interpretação – por exemplo, um sábio chinês consultando o I Ching ou um leitor de tarô embaralhando e distribuindo as cartas. Finalmente, a *adivinhação por transe* consiste em métodos que colocam um ser humano num estado alterado de consciência – por exemplo, um xamã que usa cogumelos alucinógenos para induzir um transe visionário, ou alguém que acorda subitamente de um sonho intenso e tenta interpretar seu significado.

Dentro dessas quatro classes de adivinhação, as técnicas se multiplicam quase até o infinito. Diferentes métodos têm representado papéis bem diferentes nas tradições ocultistas e na imaginação popular. Astrologia, geomancia e o tarô têm exercido uma importante influência sobre o ocultismo ocidental, a ponto de ser difícil ou impossível trabalhar com muitos sistemas ocultistas sem que se tenha alguma experiência com um ou vários deles. Outros foram quase esquecidos pela comunidade ocultista.

Além disso, há sistemas bastante associados com um ramo específico do ocultismo moderno ou da espiritualidade mágica. É o caso do Ogham – um alfabeto celta arcaico usado hoje como conjunto de símbolos divinatórios – que é empregado principalmente por praticantes do druidismo e de outros caminhos celtas ou quase celtas, e do seidhr – um sistema de trabalho em transe baseado em antigos materiais nórdicos – que é quase que exclusivamente praticado pela comunidade Asatrú. *VEJA* OGHAM; SEIDHR.

Um número surpreendente de sistemas de adivinhação está associado a jogos de azar ou de estratégia. O tarô, com sua íntima conexão com as cartas de jogo, e os dados, usados para adivinhação há tanto tempo quanto são usados em jogos, constituem os dois exemplos mais conhecidos. Foram feitas algumas tentativas de reverter o processo; o exemplo mais conhecido é o do "xadrez enoquiano", idealizado pela Ordem Hermética da Aurora Dourada e usado para fins divinatórios. *VEJA* XADREZ ENOQUIANO. *VEJA TAMBÉM* ALECTOROMANCIA; ASTROLOGIA; CEROMANCIA; CLEDONOMANCIA; COSCINOMANCIA; CRISTALOMANCIA; ESCRIAÇÃO; FISIOGNOMONIA; GEOMANCIA; INTELIGÊNCIA; ORÁCULOS; PRESSÁGIOS; QUIROMANCIA; RADIESTESIA; RUNAS; SACRIFÍCIO; SEIOS, ADIVINHAÇÃO PELOS; SONHOS; TARÔ; TASSOMANCIA. LEITURA ADICIONAL: FLACELIERE, 1965; LOEWE E BLACKER, 1981; PENNICK, 1989.

Adocentyn. No *Picatrix*, manual árabe de magia hermética muito usado na Europa medieval e renascentista, uma cidade murada que teria sido construída por Hermes Trismegisto na região leste do Egito, com quatro portões guardados por estátuas mágicas falantes. Teria ainda sua cidadela encimada por uma torre com um farol que iluminava a cidade com uma de suas sete cores planetárias, e os muros gravados com imagens mágicas que mantinham seus moradores virtuosos e livres de qualquer dano. A cidade de Adocentyn parece ter inspirado muitos dos esquemas de utopias herméticas do fim do Renascimento, como a *A Cidade do Sol* de Campanella e a *Cristianópolis* de J. V. Andreae. *VEJA TAMBÉM* HERMETISMO; PICATRIX. LEITURA ADICIONAL: YATES, 1964.

Adonai. (hebraico ADNI, "Senhor") Um dos nomes hebraicos tradicionais de Deus, geralmente associado com a décima Sefirah da Árvore da Vida, Malkuth. Quando a Bíblia é lida em voz alta nos serviços religiosos judaicos, esse nome é usado sempre que o texto exibe YHVH, o Tetragrammaton, considerado sagrado demais para ser verbalizado. *VEJA* TETRAGRAMMATON.

Adonai foi um dos primeiros nomes divinos judaicos a ser adotado por magos não judeus, e aparece frequentemente em textos mágicos clássicos como os papiros mágicos greco-egípcios. *VEJA* PAPIROS MÁGICOS GRECO-EGÍPCIOS. A relação entre esse nome e o Deus do Antigo Testamento ora era lembrada, ora completamente esquecida; em algumas fontes, Adonai ou Adonaios é um anjo, em outras é um ser divino independente, e ainda em outras um arconte – ou seja, um poder de ignorância ou de mal. *VEJA TAMBÉM* CABALA.

Adonai ha-Aretz. (hebraico, "Senhor da Terra") Na cabala, um dos dois nomes divinos atribuídos à Sefirah Malkuth; o outro é Adonai Malak. *VEJA* MALKUTH.

Adonai Malak. (hebraico, "Senhor Rei") Na cabala, um dos dois nomes divinos atribuídos à Sefirah Malkuth; o outro é Adonai ha-Aretz. *VEJA* MALKUTH.

Aesc. (inglês arcaico, "freixo") A vigésima sexta runa do futhorc anglo-saxão, descrita no poema rúnico em inglês arcaico como "um escudo que protege o homem de todos os ataques". Representa o som *ae*. *VEJA* FUTHORC ANGLO-SAXÃO.

Runa Aesc

Aesh. (hebraico, ASh, "fogo") Palavra hebraica para o elemento Fogo, comumente usada na magia cabalística. *VEJA* FOGO (ELEMENTO).

aett. (norueguês arcaico, "oito") Nos textos rúnicos, uma das três divisões do futhark antigo; *VEJA* FUTHARK ANTIGO. A mesma expressão é usada para as oito direções ou airts; *VEJA* AIRT.

Agartha. *VEJA* AGHARTA.

Agathodaemon. (grego, "espírito bom") Originalmente um espírito invocado nos banquetes gregos, Agathodaemon tornou-se depois uma divindade guardiã frequentemente invocada por magos do período clássico tardio. Seu nome aparece em muitos dos papiros mágicos greco-egípcios; *VEJA* PAPIROS MÁGICOS GRECO-EGÍPCIOS.

Agharta. Cidade subterrânea dos Mestres, que se supõe localizada em algum lugar da Ásia Central, tema recorrente da mitologia ocultista do final do século XIX e do século XX, bem como de lendas da Nova Era. Também grafada como Agarta, Aghartta, Agharti, Agartha e Arghati, é um dos mais notáveis produtos da história ocultista – um rico conjunto de lendas salpicadas com antropologia vitoriana, política ocultista e rumores vazios.

As origens de Agharta podem ser identificadas nas tentativas realizadas no século XIX de se interpretar a mitologia em termos evemeristas como um registro da história de eras esquecidas; *VEJA* EVEMERISMO. Por motivos que têm muito a ver com as ideologias racistas, em voga naquela época, os antigos mitos germânicos eram uma fonte popular para tais projetos, e Odin, bom como outros deuses e deusas de Asgard, foram transformados em personagens pseudo-históricas por diversos autores.

Um deles foi Louis Jacolliot (1837-1890), funcionário colonial francês em Chandernagor, na Índia, que escreveu muitos livros de sucesso sobre mitos, história e religião. Em seu livro *Le Fils de Dieu*, Jacolliot afirma ter visto manuscritos antigos mostrados por alguns amigos brâmanes, revelando a história de 15 mil anos da Índia. Os "manuscritos antigos" de Jacolliot parecem ter saído de sua cabeça; a história que ele conta tem muito pouca coisa em comum com a tradicional história da Índia registrada nas escrituras e na literatura épica daquele país, e muito a ver com a mitologia nórdica e com as especulações sobre a pré-história feitas no século XIX.

Segundo Jacolliot, a capital da Índia na Antiguidade teria sido a cidade de Asgartha – que é simplesmente Asgarth, grafia alternativa de Asgard, com um *a* final acrescentado para dar à palavra uma aparência sânscrita. Suas "fontes hindus" também apresentaram uma história detalhada de Asgartha, com ascensão e queda de seu grande império, que, em sua maior parte, assemelha-se de forma suspeita às tentativas de dar cunho histórico à mitologia nórdica mencionada anteriormente.

O livro de Jacolliot foi muito divulgado na França, levando sua versão de "Asgartha" a um grande público. No entanto, não se sabe ao certo como essas histórias chegaram às mãos de outro personagem importante da gênese de Agharta, o ocultista francês J. A. Saint-Yves d'Alveydre. Saint-Yves, dedicado mas excêntrico estudioso do ocultismo e proponente de exóticas tramas políticas, afirmou ter se informado sobre Aghartta (forma como ele grafava) enquanto estudava sânscrito com um certo Haji Sharif, que ele descreveu como "alto membro da Igreja hindu", mas que parece ter sido proprietário de uma loja de artigos para animais de estimação em Le Havre (e cujo nome é bem mais muçulmano do que hindu). O saldo das evidências sugere que teria sido Haji Sharif quem apresentou Agharta a Saint-Yves, mas o próprio Saint-Yves teria remodelado a história e a transformado em sua versão conhecida.

Em 1886, Saint-Yves escreveu um livro sobre Agharta, *Missão da Índia na Europa*, impresso às suas próprias custas. Temendo ter falado demais sobre a cidade oculta, subitamente mandou que todos os exemplares, exceto dois, fossem destruídos. Em 1910, um ano após a morte de Saint-Yves, o livro foi reeditado. Descrevia como Saint-Yves havia dominado a arte da viagem astral em função de seus estudos com Haji Sharif. Isso permitiu-lhe chegar a Aghartta e relatar o que vira: uma vasta cidade subterrânea habitada por milhões de pessoas, sob o domínio absoluto de um Pontífice Soberano dotado de tecnologias avançadas e de poderes místicos. A história toda é marcada por conteúdos claramente inspirados em Jacolliot, no romance *A Raça Vindoura*, de Bulwer-Lytton, e nas "cartas dos Mahatmas" da Teosofia.

As obras de Saint-Yves eram leitura obrigatória nos círculos martinistas de Paris e de outros lugares, e informações sobre Agharta e suas maravilhas circulavam desde antes da reedição de *Missão da Índia na Europa*. Provavelmente, foi por meio de canais martinistas que a descrição de Agharta feita por Saint-Yves chegou às mãos do grande divulgador da cidade oculta, o polonês Ferdinand Ossendowski. Em 1922, após percorrer uma Ásia Central devastada pelos efeitos posteriores da Revolução Russa, Ossendowski publicou *Bestas, Homens e Deuses*, um livro de imenso sucesso que contava suas aventuras. Os três capítulos iniciais são, basicamente, um resumo da obra de Saint-Yves, embora muitas das expressões sejam grafadas de maneira diferente; a Aghartta de Saint-Yves, por exemplo, tornou-se Agharti. Embora Ossendowski tenha negado veementemente qualquer contato com o livro de Saint-Yves, as marcas do plágio são bem claras, e a honestidade e precisão de Ossendowski foram postas em xeque em outros relatos. LEITURA ADICIONAL: PALLIS, 1983.

O livro de Ossendowski deu à mitologia de Agharta a forma que esta assumiu desde então. Nas mãos do filósofo tradicionalista René Guénon, que dedicou seu livro *O Rei do Mundo* ao assunto, ela tornou-se a base de uma sutil exploração da metafísica e do mito. A maior parte de sua difusão posterior, porém, foi filtrada por canais como a revista de ficção científica *Amazing Stories*, que abriu espaço para contos sobre Agharta na década de 1940, juntamente com relatos sobre sinistros *deros* (anões) subterrâneos, ciência marginal e tecnologias para as quais o mundo ainda não estaria preparado. *VEJA* DEROS; MISTÉRIO SHAVER.

Em pouco tempo, Agharta tornou-se um elemento importante da Nova Era e de círculos alternativos nos Estados Unidos e em outros lugares, uma posição que ocupa desde então. Com frequência, tem sido associada, e com a mesma frequência confundida, com outra misteriosa cidade da Ásia Central, Shambhala; *VEJA* SHAMBHALA. Entre estudiosos sérios do ocultismo, porém, os relatos sobre Agharta encontraram pouco apoio nas últimas décadas. *VEJA TAMBÉM* MESTRES; HISTÓRIA OCULTA; SAINT-YVES D'ALVEYDRE, JOSEPH-ALEXANDRE. LEITURA ADICIONAL: J. GODWIN, 1993; GUÉNON, 1983; KAFTON-MINKEL, 1989; OSSENDOWSKI, 1922; PALLIS, 1983.

Agiel. Na magia cerimonial, a inteligência planetária de Saturno. Seu espírito subordinado é Zazel. *VEJA* INTELIGÊNCIAS PLANETÁRIAS.

AGLA. Nome cabalístico divino formado por notarikon da frase hebraica *Ateh Gibor Le-olam, Adonai* ("Poderoso és Tu para sempre,

Senhor"). Muito usado em magia cerimonial medieval como palavra para obter poder sobre demônios. Na magia da Golden Dawn, esse nome governa o aspecto passivo do elemento espírito, e também é usado no quadrante norte do Ritual Menor do Pentagrama. VEJA NOTARIKON.

Agrippa, Henrique Cornélio. (também grafado Heinrich Cornelius Agrippa) Ocultista alemão, 1486-1535. Nascido numa família nobre, mas relativamente sem recursos, Agrippa revelou-se um promissor estudante desde cedo, e frequentou a Universidade de Colônia, onde encontrou livros sobre magia. Após formar-se em Colônia, passou algum tempo como soldado, e depois deu início a uma série de viagens pela maior parte da Europa. Havia muitos estudiosos perambulando pelo continente durante o Renascimento, mas Agrippa foi um dos mais constantes viajantes da época, dando sempre a impressão de contar com círculos bem organizados de amigos e colaboradores onde quer que estivesse. A possibilidade de ele ter sido emissário de uma sociedade mágica secreta foi levada em consideração até por historiadores absolutamente ortodoxos.

Em 1509 e 1510, ele visitou o abade e mago Johannes Trithemius em Sponheim (Alemanha), e ali escreveu o primeiro rascunho de seu monumental *Três Livros de Filosofia Oculta*, que circulou em manuscritos em meio a um pequeno círculo de amigos. VEJA TRITHEMIUS, JOHANNES. No final de 1510, estava na Inglaterra, onde se encontrou com importantes estudiosos, e em 1511 foi à Itália, onde conversou com Francesco Giorgi, o cabalista veneziano e autor de *De Harmonia Mundi*, e outros estudiosos e praticantes da cabala e do hermetismo. VEJA GIORGI, FRANCESCO.

Depois de morar alguns anos na Itália, Agrippa voltou à Alemanha aproximadamente em 1520, permanecendo por algum tempo em Metz, e depois foi a Genebra, na Suíça, onde ficou morando com amigos ocultistas. Em 1524, estava na França, onde publicou um livro satírico chamado *De Vanitate Scientiarum*; nele, disse que todo conhecimento humano é falho e incerto.

Em 1528, Agrippa estava em Antuérpia, onde revisou o *Três Livros de Filosofia Oculta* e o preparou para sua publicação, há muito retardada. Viajando depois pela França, fez um comentário impróprio sobre a rainha-mãe francesa Louise de Savoy, e passou por isso algum tempo na cadeia. Ao ser solto, continuou a viajar até morrer em Grenoble, França, em 1535. VEJA TAMBÉM MAGIA CERIMONIAL; HERMETISMO. LEITURA ADICIONAL: NAUERT, 1965; YATES, 1979.

Agshekelah. VEJA GA'ASHEKLAH.

Água (elemento). No simbolismo esotérico, um dos quatro (ou cinco) elementos, correspondendo à matéria no estado líquido, às qualidades fria e úmida, e ao humor fleumático. Tal como ocorre com todos os elementos, há diversas associações com o elemento Água, mas as apresentadas a seguir são comuns à maioria dos atuais sistemas ocultistas do Ocidente:

Símbolo: ▽
Letra do Tetragrammaton: ה, Heh
Nome de Deus: אל, AL, El (Deus)
Arcanjo: גבדיאל, GBRIAL, Gabriel (Força de Deus)
Anjo: חליהד, TLIHD, Taliahad
Regente: תדשיס, ThRShIS, Tharsis
Rei Elemental: Nichsa
Elemental: Ondinas

Nome Hebraico do Elemento: מים, MIM, Mayim
Direção: מערב, MAaRB, Mearab, o Oeste
Estação: Outono
Hora do Dia: Ocaso
Qualidades: Frio e Úmido
Natureza: União

VEJA TAMBÉM DIREÇÕES NO OCULTISMO; ELEMENTOS MÁGICOS; HUMORES.

águia. No simbolismo mágico, símbolo querubínico do elemento Água (e não do ar, como seria de imaginar). Deriva do complexo simbolismo mágico do signo zodiacal de Escorpião. VEJA ESCORPIÃO; ÁGUA (ELEMENTO).

Na alquimia, a águia é um símbolo comum, e geralmente representa mercúrio. Ao lado do leão, representa mercúrio e enxofre, princípios básicos de todas as substâncias metálicas. VEJA ALQUIMIA; MERCÚRIO.

Ahephi. VEJA HAPI.

Ahriman. Espírito da mentira na teologia zoroastrista, fonte de todo o mal e implacável inimigo do único deus verdadeiro, Ormuzd, Ahriman é o provável ancestral do diabo cristão. A forma original de seu nome, na arcaica língua avesta das mais antigas escrituras zoroastristas, é Angra Mainyu. Seus servos incluem uma vasta gama de demônios e arquidemônios, dos quais o chefe é Aeshma Daeva; esse nome, alterado pelo tempo, tornou-se Asmodeus, um dos demônios mais famosos da tradição mágica posterior. VEJA ZOROASTRO.

Nos ensinamentos da Antroposofia, o sistema de teoria e prática espirituais criado por Rudolf Steiner, Ahriman é uma das duas forças do mal que bloqueia o caminho da evolução humana, representando o apego aos desejos e às experiências materiais. VEJA ANTROPOSOFIA; LÚCIFER.

Aia Aziz. VEJA THEON, MAX.

Ailm. (irlandês arcaico, "abeto") Décima sexta letra do alfabeto Ogham, com o valor sonoro *a*. Corresponde ao abeto-prateado entre as árvores, à mexeriqueira entre as aves, ao preto e branco entre as cores e ao número um. Na versão de Robert Graves para o calendário das árvores Ogham, essa letra está associada ao solstício de inverno [no hemisfério Norte – N. do T.]. VEJA OGHAM.

Letra Ailm do alfabeto Ogham

Aima. (hebraico AIMA, "mãe") Princípio maternal no pensamento cabalístico, associado a Binah, a terceira Sefirah da Árvore da Vida, e pareada com Abba, "pai", um aspecto da segunda Sefirah, Chokmah. Alguns textos cabalísticos fazem distinção entre Aima, a mãe fértil e luminosa, e Ama, a mãe estéril e sombria; essa distinção teria base na gematria, uma vez que os valores das letras em Aima somam 52, o número de Ben, "filho", enquanto os de Ama somam 42, número associado à severidade. VEJA CABALA; GEMATRIA.

Aima Elohim. (hebraico AIMA ALHIM, "mãe dos deuses e deusas") Outro título de Aima, usado na tradição da Golden Dawn e em outros ramos da cabala oculta. VEJA AIMA.

Ain. (hebraico AIN, "nada", "não") Terceiro e mais elevado dos Três Véus do Imanifestado, localizado acima de Kether na Árvore da Vida e representando a incapacidade dos seres criados para experimentar o divino tal como ele realmente é. Os outros dois Véus são Ain

Soph e Ain Soph Aur. *VEJA* CABALA; ÁRVORE DA VIDA.

Ain Soph. (hebraico AIN SVP, "sem limite", "infinito") Segundo dos Três Véus do Imanifestado; os outros dois são Ain e Ain Soph Aur. *VEJA* AIN.

Ain Soph Aur. (hebraico AIN SVP AVR, "luz sem limite", "luz infinita") O primeiro e mais baixo dos Três Véus do Imanifestado; os outros dois são Ain e Ain Soph. *VEJA* AIN.

aion. *VEJA* ÉON.

Aiq beker. Método cabalístico de análise numerológica, também conhecido como a cabala das Nove Câmaras e da redução teosófica. Baseia-se nos valores numéricos das letras hebraicas. No Aiq beker, Aleph (que tem o valor 1), Yod (com valor 10) e Qoph (com valor 100) são iguais a 1; Beth (2), Kaph (20) e Resh (200) valem 2; Gimel (3), Lamed (30) e Shin (300) são iguais a 3, e assim por diante no alfabeto, até chegar a Teth (9), Tzaddi (90) e Tzaddi final (900), que são iguais a 9. Cada um desses grupos de números é uma "câmara", e as palavras sem sentido "Aiq beker" são simplesmente o que acontece quando alguém que fala hebraico pronuncia as letras das duas primeiras câmaras, AIQ BKR. Além de seu uso como ferramenta na gematria, Aiq beker também tem sido usado como base para códigos cifrados e outros métodos de comunicação secreta. *VEJA TAMBÉM* CABALA; GEMATRIA.

Aire. (também Aethyr) No sistema mágico enoquiano de John Dee, um dos trinta reinos que formam a atmosfera sutil da Terra, localizado entre a superfície da Terra e a órbita da Lua. Uma "chamada" ou "chave" na linguagem enoquiana, a mais longa unidade de prosa enoquiana conectada, é usada para comandar os espíritos e anjos dos diversos Aires. *VEJA* ENOQUIANA, LINGUAGEM ; ENOQUIANA, MAGIA.

airt. Nas tradições populares do noroeste da Europa, uma das oito direções e dos oito horários correspondentes do dia. *Airt* é uma expressão gaélica; a expressão nórdica correspondente é *aett*.

Direção	Hora do dia
Leste	Aurora (*morntide*, 4h30-7h30)
Sudeste	Dia (*daytide*, 7h30-10h30)
Sul	Meio-dia (*midday*, 10h30-13h30)
Sudoeste	Tarde (*undorne*, 13h30-16h30)
Oeste	Crepúsculo (*eventide*, 16h30-19h30)
Noroeste	Noite (*nighttide*, 19h30-22h30)
Norte	Meia-noite (*midnight*, 22h30-1h30)
Nordeste	Madrugada (*uht*, 1h30-4h30)

VEJA TAMBÉM DIREÇÕES NO OCULTISMO. LEITURA ADICIONAL: PENNICK, 1989.

Aiwass. A entidade que transmitiu o Livro da Lei para Aleister Crowley. *VEJA* LIVRO DA LEI; CROWLEY, ALEISTER.

akasha. Na filosofia hindu, o elemento espírito, um dos cinco tattvas, ou forças elementais do universo. Seu símbolo é uma oval preta ou anil. *VEJA* TATTVAS.

Tomado em empréstimo pelos teósofos e depois pela Golden Dawn, o termo *akasha* entrou em uso comum no ocultismo ocidental e em círculos semiocultistas. Costuma ser usado como sinônimo para espírito em geral, para a "luz astral" ou substância sutil do plano astral, ou para o éter, a substância/energia sutil do plano etérico. *VEJA* LUZ ASTRAL; ÉTER; ESPÍRITO (ELEMENTO).

akáshicos, registros. Nas tradições ocultistas do período teosófico e nos modernos ensinamentos da Nova Era, a marca permanente de todos os eventos passados, preservados no *akasha*, ou na luz astral. Muitos mestres ocultistas dos últimos 150 anos afirmaram poder ver os registros akáshicos, e a maioria das versões da história oculta deriva, pelo menos em parte, dessa fonte inverificável, mas atraente. VEJA TAMBÉM PLANO ASTRAL; HISTÓRIA OCULTA.

Akhenaton. Faraó egípcio, reinou entre c. 1370 e c. 1353 A.E.C. A descoberta da existência de Akhenaton foi uma das maiores surpresas da egiptologia do século XIX. Iniciada na década de 1840, a exploração do platô de Amarna – um local desolado da bacia do Nilo, perto da antiga cidade de Hermópolis – revelou figuras esculpidas adorando um disco solar. Com surpresa, os arqueólogos observaram que o estilo dessas figuras violava muitos dos princípios padronizados da antiga arte egípcia, e que os nomes e rostos das figuras tinham sido sistematicamente apagados algum tempo depois de esculpidos. O interesse por esses supostos "adoradores do disco" levou a uma série de escavações em Amarna e à descoberta de uma cidade perdida e de um faraó esquecido, bem como a controvérsias que ainda não foram esclarecidas.

Boa parte da confusão em torno de Akhenaton é fruto de interpretações modernas e tendenciosas. Egiptólogos do século XIX como William Flinders Petrie projetaram suas próprias crenças cristãs sobre Akhenaton, apresentando um retrato glorificado e muito impreciso de seu reinado e de suas ideias. No século XX, pessoas tão díspares quanto a teórica neonazista Savitri Devi e certas figuras do rosacrucianismo moderno cooptaram Akhenaton para seus próprios pontos de vista; *VEJA* DEVI, SAVITRI; ANTIGA E MÍSTICA ORDEM ROSAE CRUCIS (AMORC). Ideias como essas ainda são encontradas em muitos círculos e contribuíram bastante para obscurecer a vida de um dos mais complexos personagens do Egito Antigo.

Akhenaton foi o segundo filho de Amenhotep III, um dos maiores reis da Décima Oitava Dinastia do Egito, e originalmente se chamava Amenhotep, como seu pai. Deve ter havido algum desentendimento entre pai e filho, pois o jovem Amenhotep – ao contrário de seus irmãos – não é nomeado nem retratado nos monumentos de seu pai que chegaram à nossa época. Alguns pesquisadores modernos, percebendo alguns estranhos detalhes de retratos de Akhenaton feitos durante seu reinado, sugeriram que ele talvez sofresse de um sério distúrbio hormonal chamado de síndrome de Fröhlich. Mesmo assim, ele tornou-se príncipe coroado após a morte de seu irmão mais velho, Thutmoses, e subiu ao trono alguns anos depois como Amenhotep IV.

Pouco depois de sua coroação, segundo uma inscrição que sobrevive em fragmentos, ele proclamou que os deuses e deusas tradicionais do Egito estavam sem vida e sem forças; que o único deus verdadeiro era Aton, o disco solar. Nos anos seguintes, ele promoveu uma revolução religiosa, abolindo os templos e sacerdócios de todos os deuses, exceto o seu próprio, apagando os nomes dos antigos deuses nos monumentos do Egito e mudando seu próprio nome, que de Amenhotep, "Amon está satisfeito", passou a Akhenaton, "Espírito de Aton".

Nos primeiros anos de seu reinado, ele construiu quatro templos imensos para Aton em Tebas, e no quinto ano também abandonou Tebas e se mudou para o platô de Amarna a fim de erguer uma nova cidade, chamada Akhetaton, "Horizonte de Aton". Lá, supervisionou a construção de um imenso templo para

Aton e um palácio luxuoso para seu uso, construído e decorado num novo estilo que nada devia às tradicionais geometrias sagradas da arte e da arquitetura clássica egípcia.

Aparentemente, Akhenaton foi a coisa mais próxima de um materialista consumado que o Egito Antigo chegou a produzir. Modos míticos e simbólicos da experiência humana foram completamente ignorados por ele. Para outros egípcios antigos, o Sol poderia ser visto como uma águia flutuando no ar, um barco celeste, uma deusa com cabeça de leão ou de gato, ou o olho direito de um deus; em sua trajetória pelo céu, ele combatia uma serpente celeste, corria o risco de ser lançado ao chão e levava os espíritos dos mortos para o paraíso.

Para Akhenaton, nada disso era verdade. O Sol era um disco brilhante no céu e nada mais, e suas ações se limitavam a coisas que podiam ser vistas e medidas com a visão normal: erguer-se pela manhã, brilhar, nutrir as plantas e assim por diante. Os deuses dos templos, por sua vez, nada eram senão estátuas sem vida. No lugar da rica textura mística da religião egípcia, Akhenaton proclamou seus próprios ensinamentos sobre a supremacia de Aton, o disco solar, como o único deus vivo e fonte de toda vida. Aparentemente, ele tinha algum talento poético – um impressionante hino a Aton encontrado em tumbas do período de Amarna foi escrito, segundo se acredita, pelo próprio faraó – mas sua visão de mundo se detinha no limiar do que era visível.

Os últimos anos de seu reinado foram problemáticos. Os pesados impostos e o trabalho forçado necessário para a construção dos grandiosos projetos arquitetônicos do faraó deixaram o Egito num estado de crise econômica, e grandes áreas do Império Egípcio caíram nas mãos do ambicioso reino hitita, ao norte. Para piorar as coisas, uma epidemia assolou o país. Muitos egípcios acharam que, assim como o Egito havia abandonado os deuses, os deuses haviam abandonado o Egito.

A morte de Akhenaton, no décimo sétimo ano de seu reinado, deteve sua revolução religiosa. Três sucessores de vida curta – Smenkhara, o rei-menino Tutankhamon, e Ai – tentaram encontrar um meio-termo, mantendo o culto de Aton e permitindo a reabertura dos antigos templos. Nenhum deles teve herdeiros, e quando morreu Ai, um alto funcionário nos reinados de Amenhotep III, Akhenaton e Tutankhamon, a dupla coroa do Egito passou para Horemheb, comandante do exército.

Muitos relatos modernos do reinado de Akhenaton e de seus sucessores fazem de Horemheb um vilão. Na verdade, ele era um realista ousado, que via a necessidade de uma cooperação entre os militares e os sacerdotes dos templos como algo essencial para a sobrevivência do Egito. Seu reinado de 25 anos devolveu a estabilidade e a prosperidade ao país, e lançou as bases para o sucesso da Décima Nona Dinastia, fundada por seu filho adotivo e herdeiro Ramsés I. Ele cortou impostos e reformou o sistema judiciário para ganhar apoio popular, e obteve o apoio dos sacerdotes ao devolver aos antigos templos seu esplendor e sua posição na sociedade. Acabar completamente com a revolução religiosa de Akhenaton foi parte essencial do trabalho de Horemheb. Sob o comando do novo faraó, os templos de Aton foram destruídos sistematicamente, e da cidade de Akhetaton – que já havia sido abandonada durante o reinado de Tutankhamon – não restou nada. Assim como Akhenaton tentara apagar os nomes dos deuses egípcios, Horemheb ordenou que todo e qualquer sinal do deus de Akhenaton, sua religião, seu reinado, sua imagem e seu nome fossem apagados de registros e monumentos do Egito. A obra foi tão completa que só restaram menções fragmentadas "ao maldito do Akhenaton", intrigando os historiadores até a escavação em Amarna revelar o que tinha acontecido. *VEJA TAMBÉM* OCULTISMO EGÍPCIO. LEITURA ADICIONAL: ALDRED, 1988; ASSMAN, 1995; HORNUNG, 1982; REDFORD, 1984.

alambique. (do árabe *al-ambiq*, "destilar") Na alquimia tradicional, aparelho para destilação, formado por um vaso coberto por um globo ou chapéu, aberto na parte inferior, com um canal ao redor de seu interior, acima da abertura, e um tubo em forma de pescoço de cisne, coligado ao canal. Na destilação alquímica, o alambique era selado em cima da cucúrbita, ou vaso contendo a substância a ser destilada. Quando a cucúrbita era aquecida, subiam vapores pelo alambique, condensados em líquidos que escorriam pelo canal e eram levados através do pescoço até um vaso recipiente. *VEJA* ALQUIMIA; CUCÚRBITA.

Alban Arthuan. No druidismo moderno, um dos quatro Portões de Alba, o festival do solstício do inverno; o nome costuma ser traduzido como "a Luz de Arthur". *VEJA* PORTÕES DE ALBA; DRUIDISMO; SABÁ.

Alban Eiler. No druidismo moderno, um dos quatro Portões de Alba, o festival do equinócio da primavera; o nome costuma ser traduzido como "a Luz da Terra". *VEJA* PORTÕES DE ALBA; DRUIDISMO; SABÁ.

Alban Elued. No druidismo moderno, um dos quatro Portões de Alba, o festival do equinócio de outono; o nome costuma ser traduzido como "a Luz da Água". *VEJA* PORTÕES DE ALBA; DRUIDISMO; SABÁ.

Alban Heruin. No druidismo moderno, um dos quatro Portões de Alba, o festival do solstício de verão; o nome costuma ser traduzido como "a Luz do Litoral". *VEJA* PORTÕES DE ALBA; DRUIDISMO; SABÁ.

Alberto Magno. Monge, estudioso, alquimista e mago natural alemão, 1206-1280. Nascido numa família nobre de Lauringen, na província alemã da Suábia, Alberto foi a Pádua, na Itália, para estudar, concentrando-se nos ensinamentos do filósofo grego Aristóteles. Entrou para a Ordem Dominicana em 1223 e rapidamente galgou os escalões da Igreja Católica, chegando à posição de bispo de Regensburgo em 1260. Em 1262, abdicou de seu cargo a fim de se dedicar a seus interesses acadêmicos, e passou o resto da vida escrevendo e ensinando.

Como muitos católicos devotos na Idade Média, Alberto rejeitou a magia cerimonial como uma arte demoníaca, mas não viu nada de errado na astrologia, na magia natural ou na alquimia. Ele estudou e praticou essas três artes. Sobre magia natural, escreveu estudos detalhados que se tornaram a principal fonte para autores que trataram posteriormente do assunto. *VEJA* ALQUIMIA; ASTROLOGIA; MAGIA NATURAL.

Sua obra alquímica concedeu-lhe um lugar na história da química moderna, na qual é citado como o descobridor do arsênico metálico e da potassa cáustica (hidróxido de potássio), além de como a primeira pessoa a determinar a composição química do cinabre, do zarcão e do alvaiade. Seu livro *Guia Prático de Alquimia*, que dava conselhos a candidatos a alquimistas sobre modo de vida e processos alquímicos, tornou-se um modelo para muitos tratados posteriores.

Esses interesses não lhe causaram dificuldade alguma com seus superiores eclesiásticos, e sua carreira póstuma foi tão bem-sucedida quanto a terrena. Foi beatificado em 1622 e canonizado em 1932 pelo papa Pio XI. Alguns cristãos esotéricos modernos consideram-no o santo patrono do ocultismo. *VEJA TAMBÉM* OCULTISMO CRISTÃO.

Sua reputação como mágico, embora não tenha prejudicado sua santificação, granjeou-lhe outro tipo de imortalidade nas comunidades mágicas da Europa e dos Estados Unidos. Um importante manual de magia francês do século XVII, *Les Admirables Secrets d'Albert Le Grand*, atribuiu-se-lhe a autoria no estilo tradicional, tal como o texto mágico teuto-americano do século XIX *Albertus Magnus: Being the Approved, Verified, Sympathetic and Natural Egyptian Secrets; Or White and Black Art for Man and Beast*, que se tornou uma importante influência nos círculos de magia norte-americana. *VEJA* GRIMÓRIO.

Albertus, Frater. (Reidel, Albert Richard) Alquimista teuto-americano, 1911-1984. A mais importante figura da alquimia americana no século XX, Albert Reidel nasceu em Dresden, Alemanha, em 1911, e cresceu em meio ao florescente cenário ocultista alemão entre as duas guerras. Na juventude, fez contato com círculos alquímicos franceses e alemães, e mais tarde afirmou ter se encontrado em 1937 com o misterioso adepto Fulcanelli. *VEJA* FULCANELLI.

Imigrou para os Estados Unidos pouco antes do início da Segunda Guerra Mundial e foi morar na Califórnia, onde fez contato com a ordem rosa-cruz AMORC; *VEJA* ANTIGA E MÍSTICA ORDEM ROSAE CRUCIS (AMORC). Durante a guerra, frequentou o curso de alquimia prática oferecido na Rose-Croix University, na sede da AMORC em San Jose. Mais tarde, mudou-se para Salt Lake City, onde, em 1960, organizou a Paracelsus Research Society, para o ensino de alquimia, cabala e uma ciência das "pulsações astrocíclicas". Essa organização, que depois passou a se chamar Paracelsus College, foi o mais importante centro de estudos alquímicos dos Estados Unidos no século XX, e a maioria dos principais personagens no atual cenário alquímico norte-americano teve aulas nessa escola. Frater Albertus, como gostava de ser chamado, concentrava-se na prática da espagíria (alquimia herbácea) como base para a alquimia mais avançada, a dos metais, e seu livro *Guia Prático de Alquimia* (publicação original, 1960) extremamente influente, apresentou os detalhes básicos de diversas operações espagíricas mais simples.

No início da década de 1980, o Paracelsus College estava quase conseguindo um campus próprio, com edifícios no estilo gótico, graças à venda de medicamentos espagíricos. A morte inesperada de Albertus em 1984 interrompeu esses planos, e, apesar dos esforços de diversos alunos para manter a escola em funcionamento, ela fechou pouco depois. *VEJA TAMBÉM* ALQUIMIA; ESPAGÍRIA. LEITURA ADICIONAL: ALBERTUS, 1974.

albigenses. *VEJA* CÁTAROS.

Albus. (latim, "branco") Figura geomântica regida por Mercúrio. Albus é uma figura favorável, especialmente em questões econômicas. *VEJA* GEOMANCIA.

Figura geomântica Albus

alectoromancia. Adivinhação por meio de aves, um modo muito comum de adivinhação no mundo antigo. Para realizá-la, o adivinho desenha um círculo, dividindo-o em segmentos correspondentes às letras do alfabeto. Um grão de trigo é posto em cada letra enquanto se recita um encantamento. Então, é posta uma galinha branca no meio do círculo, enquanto se recitam outros encantamentos. A galinha começa a comer os grãos de trigo, e as letras correspondentes aos grãos escolhidos por ela são anotadas. O grão comido é reposto, para que se possam formar palavras que contenham a mesma letra mais de uma vez. As letras escolhidas formam a resposta para o adivinho.

Um exemplo muito famoso dessa arte foi praticado por um grupo de cortesãos durante o reinado do coimperador Valente (364-378 E.C.). A informação procurada era o nome do sucessor de Valente — uma questão importante numa época em que o Império Romano se achava caótico. A galinha escolheu os grãos de trigo correspondentes às letras T, H, E, O e D. Os cortesãos interpretaram essa resposta como uma referência a Teódoto, um importante oficial que muitos consideravam candidato ao manto púrpura do império. Infelizmente, Valente ficou sabendo dessa adivinhação e mandou executar todos os presentes à cerimônia, e, só para ter tranquilidade, também mandou executar Teódoto. Alguns anos depois, Valente e seu exército foram mortos pelos visigodos, e depois de um breve período de caos um novo imperador assumiu o trono imperial: seu nome era Teodósio. *VEJA TAMBÉM* ADIVINHAÇÃO.

Detalhe de uma ilustração mostrando a alectoromancia; c. 250-325 E.C.

Aleph. (hebraico ALP, "boi") A primeira letra do alfabeto hebraico, uma das três letras-mãe, Aleph representa uma parada da glote em hebraico clássico e moderno (e não, como se costuma dizer, o som *a*). Seu valor numérico é 1. Suas correspondências mais comuns são as seguintes:

Caminho da Árvore da Vida: Caminho 11, de Kether a Chokmah.
Correspondência astrológica: Ar.
Correspondência no tarô: Arcano 0, O Louco.
Parte do Cubo do Espaço: eixo para cima--para baixo.
Cores: em Atziluth, amarelo pálido brilhante.
em Briah, azul-celeste.
em Yetzirah, verde-esmeralda azulado.
em Assiah, verde-esmeralda salpicado de dourado.

Seu texto, no *Trinta e Dois Caminhos da Sabedoria*, diz: "O Décimo Primeiro Caminho é a Inteligência Cintilante, porque é a essência dessa cortina que se situa próxima à ordem das coisas, e é uma dignidade especial dada a ele que é capaz de encontrar-se diante do rosto da Causa das Causas".

Na tradição cabalística, Aleph representa a essência oculta da divindade, diferente do poder criativo representado pela letra Beth. Os cabalistas do Renascimento também faziam uma distinção entre o Aleph luminoso, o aspecto da essência divina do qual procede a Criação, e o Aleph sombrio, o aspecto da essência divina do qual procedem o caos e a destruição. *VEJA TAMBÉM* CABALA; ALFABETO HEBRAICO.

Letra hebraica Aleph

Alexandria. Cidade do Egito, no Delta do Nilo, fundada em 323 A.E.C. por Alexandre, o Grande após a conquista do Egito. Em pouco tempo, tornou-se o mais importante centro comercial do leste do Mediterrâneo, e sede de uma importante universidade e biblioteca. Na cidade, a filosofia grega e a magia religiosa egípcia combinavam-se livremente, e muitos estudiosos sugerem que boa parte da magia e da alquimia ocidentais têm raízes nessa combinação. *VEJA TAMBÉM* ALQUIMIA; OCULTISMO EGÍPCIO.

alfabeto hebraico. Mais importante alfabeto simbólico da tradição mágica ocidental, o alfabeto hebraico entrou no ocultismo pela cabala, o sistema de pensamento e prática mística judaico adotado por muitos magos não judeus durante e depois do Renascimento. As letras hebraicas têm um conjunto de correspondências simbólicas mais amplo do que qualquer outro alfabeto usado na magia ocidental.

Muito do simbolismo básico do alfabeto hebraico pode ser encontrado no Sepher Yetzirah, livro pré-cabalístico de misticismo judaico que foi adotado pelos cabalistas; *VEJA* SEPHER YETZIRAH. Dessa fonte vem o relacionamento entre as letras e o Cubo do Espaço, um diagrama básico de teoria cabalística; *VEJA* CUBO DO ESPAÇO. A relação entre as letras hebraicas e a Árvore da Vida, o outro (e mais conhecido) diagrama cabalístico, emergiu nos primeiros estágios de desenvolvimento da cabala, e pode ser encontrada no Bahir – o mais antigo texto importante da cabala – e no Zohar, a imponente obra de referência cabalística escrita por Moses de León. *VEJA* BAHIR; ZOHAR.

Aleph, Boi
Letra: א, A
Caminho: 11
Número: 1
Correspondência astrológica: Ar
Tipo: Mãe

Beth, Casa
Letra: ב, B
Caminho: 12
Número: 2
Correspondência astrológica: Mercúrio
Tipo: Dupla

Gimel, Camelo
Letra: ג, G
Caminho: 13
Número: 3
Correspondência astrológica: Lua
Tipo: Dupla

Daleth, Porta
Letra: ד, D
Caminho: 14
Número: 4
Correspondência astrológica: Vênus
Tipo: Dupla

Heh, Janela
Letra: ה, H
Caminho: 15
Número: 5
Correspondência astrológica: Áries
Tipo: Simples

Vau, Prego
Letra: ו, U,V
Caminho: 16
Número: 6
Correspondência astrológica: Touro
Tipo: Simples

Zayin, Espada
Letra: ז, Z
Caminho: 17
Número: 7
Correspondência astrológica: Gêmeos
Tipo: Simples

Cheth, Cerca
Letra: ח, Ch
Caminho: 18

Número: 8
Correspondência astrológica: Câncer
Tipo: Simples

Teth, Serpente
Letra: ט, T
Caminho: 19
Número: 9
Correspondência astrológica: Leão
Tipo: Simples

Yod, Punho
Letra: י, I, Y
Caminho: 20
Número: 10
Correspondência astrológica: Virgem
Tipo: Simples

Kaph, Mão
Letra: כ, K
Caminho: 21
Número: 20
Correspondência astrológica: Júpiter
Tipo: Dupla

Lamed, Aguilhão
Letra: ל, L
Caminho: 22
Número: 30
Correspondência astrológica: Libra
Tipo: Simples

Mem, Água
Letra: מ, M
Caminho: 23
Número: 40
Correspondência astrológica: Água
Tipo: Mãe

Nun, Peixe
Letra: נ, N
Caminho: 24
Número: 50
Correspondência astrológica: Escorpião
Tipo: Simples

Samech, Apoio
Letra: ס, S
Caminho: 25

Número: 60
Correspondência astrológica: Sagitário
Tipo: Simples

Ayin, Olho
Letra: ע, Aa
Caminho: 26
Número: 70
Correspondência astrológica: Capricórnio
Tipo: Simples

Peh, Boca
Letra: פ, P
Caminho: 27
Número: 80
Correspondência astrológica: Marte
Tipo: Dupla

Tzaddi, Gancho
Letra: צ, Tz
Caminho: 28
Número: 90
Correspondência astrológica: Aquário
Tipo: Simples

Qoph, Parte de Trás da Cabeça
Letra: ק, Q
Caminho: 29
Número: 100
Correspondência astrológica: Peixes
Tipo: Simples

Resh, Cabeça
Letra: ר, R
Caminho: 30
Número: 200
Correspondência astrológica: Sol
Tipo: Dupla

Shin, Dente
Letra: ש, Sh
Caminho: 31
Número: 300
Correspondência astrológica: Fogo
Tipo: Mãe

Tau, Cruz
Letra: ת, Th
Caminho: 32

Número: 400
Correspondência astrológica: Saturno
Tipo: Dupla

As letras a seguir têm formas e valores numéricos diferentes quando escritas no final de uma palavra:

Letra	Forma final	Número
Kaph	ך	500
Mem	ם	600
Nun	ן	700
Peh	ף	800
Tzaddi	ץ	900

★ Observe que o hebraico é escrito da direita para a esquerda, e não da esquerda para a direita, como o português.

As 22 letras são divididas em grupos: três letras-mãe, sete letras duplas e doze letras simples; esses grupos, como a tabela mostra, significam os elementos de fogo, água e ar; os sete planetas; e os doze signos do zodíaco. Outras correspondências incluem cartas do tarô, cores, aromas, notas musicais, anjos, nomes divinos, Caminhos da Árvore da Vida e partes do Cubo do Espaço. Essas correspondências foram sendo desenvolvidas ao longo de mais de 2 mil anos de especulações místicas e práticas ocultistas por comunidades judaicas e não judaicas, e contêm boa dose de confusão e contradição internas.

Segundo o pensamento cabalístico, as letras hebraicas formam os padrões e as ferramentas básicas com que Deus criou o universo. Combinações específicas de letras formam os Nomes de Deus, que têm poder sobre o universo quando pronunciados corretamente. O mais importante dos Nomes é o Tetragrammaton, ou o Nome de quatro letras, יהוה ou YHVH; *VEJA* TETRAGRAMMATON. No judaísmo ortodoxo esse nome é tão sagrado que não pode ser pronunciado em voz alta. Os praticantes da cabala, dentro e fora do judaísmo, registraram uma ampla variedade de pronúncias, que são usadas em práticas mágicas, especialmente para comandar espíritos.

Outro Nome divino importante em hebraico é o Shem ha Mephoresh, ou Shemhamphorash, o "Nome Dividido". Segundo a lenda, esse Nome é tão poderoso que pronunciá-lo corretamente causaria a destruição do universo. *VEJA* SHEMHAMPHORASH.

De acordo com algumas fontes cabalísticas, falta uma das letras do alfabeto no atual *shemittah*, ou ciclo cósmico, e ela será restaurada no próximo. *VEJA* CICLOS CÓSMICOS. *VEJA TAMBÉM* CABALA E OS NOMES DAS LETRAS. LEITURA ADICIONAL: D. GODWIN, 1989; J.M. GREER, 1996; SCHOLEM, 1974.

alfabetos isopséficos. *VEJA* ARITMANCIA.

Alfa e Ômega. Ordem ocultista inglesa fundada após a desestruturação da Ordem Hermética da Aurora Dourada (Golden Down), em 1900, pelo antigo líder dessa ordem, Samuel Liddell Mathers, e seus seguidores. Contava com dois templos na Grã-Bretanha, um em Londres e o outro em Edimburgo. Os antigos templos da Golden Dawn nos Estados Unidos – Thme Nº 8 em Chicago e Thoth-Hermes Nº 9 em Nova York – ficaram do lado de Mathers durante a ruptura e depois tornaram-se parte da Alfa e Ômega. Três outros templos norte-americanos foram fundados após a Primeira Guerra Mundial: Ptah Nº 10 na Filadélfia em 1919, Atoum Nº 20 (*sic*) em Los Angeles em 1920 e Themis Nº 30 (*sic*) em San Francisco em 1921.

A história da Alfa e Ômega é incerta, na melhor das hipóteses, pois restam poucos documentos. Aparentemente, todos os templos da ordem foram desativados na Segunda Guerra Mundial. VEJA TAMBÉM GOLDEN DAWN.

Alfa Galates. Sociedade secreta esotérica francesa, ativa nas décadas de 1930 e 1940. Aparentemente, teria sido fundada por Georges Monti, antigo secretário particular do Sâr Péladan e participante secundário de círculos ocultistas franceses antes de 1934. Outros membros do grupo incluíam o ativista político conservador Louis Le Fur e Pierre Plantard, mais tarde fundador e líder do Priorado de Sião. Durante a ocupação nazista, a Alfa Galates publicou uma revista, *Vaincre* ("Conquistar"), que combinava críticas antissemitas com artigos sobre tradições celtas e cavalaria. Aparentemente, a sociedade se extinguiu após o término da Segunda Guerra Mundial. VEJA TAMBÉM SIÃO, PRIORADO DE; PÉLADAN, JOSÉPHIN.

Alfassa, Mira. Ocultista e líder espiritual francesa, 1878-1973. Nascida em Paris, mesmo tendo sido criada num meio racionalista, Alfassa começou a receber instruções de seus guias espirituais durante o sono, quando ainda era criança. Em 1900, encontrou Max Theon, anteriormente a principal força da Fraternidade Hermética de Luxor e, naquela época, líder de uma nova organização, o Groupe Cosmique, com sede na Argélia, então colônia francesa. Ávida por conhecimentos ocultistas, Alfassa dedicou-se ao trabalho com o Groupe, e tornou-se editora de seu jornal. VEJA TAMBÉM FRATERNIDADE HERMÉTICA DE LUXOR (F.H. DE L.); THEON, MAX.

Em 1914, ela e seu segundo marido, Paul Richard, viajaram para a Índia, esperando conhecer um autêntico yogue hindu. Essa ambição foi mais do que justificada quando encontraram Sri Aurobindo Ghose, que tinha acabado de passar um ano na cadeia por atividades revolucionárias contra o rajá britânico e decidira abandonar a política para se concentrar em questões espirituais. Alfassa reconheceu em Aurobindo um dos guias de seus sonhos na infância. Ela foi forçada a sair da Índia quando estourou a Primeira Guerra Mundial, mas voltou em 1920 e trabalhou continuamente com Aurobindo até sua morte, em 1950.

Conhecida desde meados da década de 1920 como "a Mãe", Alfassa fez importantes contribuições para o desenvolvimento do sistema de Yoga Integral de Aurobindo, que apresenta semelhanças significativas com a *Philosophie Cosmique* que ela aprendera com Max Theon. Ela também foi a força propulsora da expansão de Auroville, uma próspera comunidade espiritual internacional situada em Pondicherry, na Índia. Nos seus últimos anos, concentrou a maior parte de suas energias em intensos trabalhos internos, destinados a acelerar o processo evolutivo e provocar o nascimento de uma nova espécie humana, fisicamente imortal. Esses trabalhos foram interrompidos com sua morte, aos 95 anos. LEITURA ADICIONAL: RHONE, 2000.

algard. VEJA WICCA ALGARD.

Algiz. (germânico antigo, "alce") Décima quinta runa do futhark antigo, também chamada Elhaz, correspondente ao alce e aos conceitos de proteção e defesa. Representa o som *z*. Atualmente, alguns mestres pagãos das runas associam essa runa com o deus Heimdall. VEJA FUTHARK ANTIGO.

A mesma runa, chamada Eolh (inglês antigo, "alce"), é a décima quinta runa do futhorc anglo-saxão. O poema rúnico em inglês antigo relaciona-a com uma planta, a *Carex geyeri*, cujas folhas são afiadas a ponto de fazer sangrar a mão. VEJA FUTHORC ANGLO-SAXÃO.

Runa Algiz (Elhaz, Eolh)

alho-poró. VEJA LAUKAR.

alkahest. Expressão usada na alquimia com vários significados. Em alguns textos, significa o Solvente Universal, uma substância que, segundo se acreditava, dissolveria todas as substâncias metálicas e semimetálicas; em outros, é um mênstruo especializado, usado para extrair apenas um dos três princípios de uma substância. VEJA ALQUIMIA; MÊNSTRUO; TRÊS PRINCÍPIOS.

Allan, William Frederick. VEJA LEO, ALAN.

almadel. Nas tradições da magia goética medieval, uma peça quadrada de cera gravada com figuras e nomes mágicos, apoiada por projeções das bases de quatro velas e usada num conjunto específico de invocações. O grimório contendo essas instruções, o *Art Almadel*, circulava no início do século XIII quando Guilherme de Auvergne, bispo de Paris, denunciou-o. Às vezes, o almadel é grafado "almandel" ou "amandel". VEJA TAMBÉM GOÉTIA; GRIMÓRIO; LEMEGETON, O.

alma-grupo. Na linguagem ocultista, a essência espiritual coletiva de uma comunidade, nação ou grupo étnico. (A expressão "alma da raça" já foi usada para falar de almas-grupo étnicas, mas foi abandonada na segunda metade do século XX por motivos óbvios.) A alma-grupo é fonte de orientação para o grupo que ela abrange, mas também tem seu próprio karma e pode demonstrar estados desequilibrados e destrutivos. O grupo envolvido pela alma-grupo é seu corpo; a alma-grupo "encarna" quando o grupo passa a existir, ganha e perde forças quando o grupo o faz, e "morre" quando o grupo se extingue ou é absorvido por outro.

As almas-grupo não devem ser confundidas com as mentes coletivas, que são uma forma de consciência coletiva compartilhada por indivíduos cujos pensamentos e emoções estão focados na mesma direção. VEJA MENTE COLETIVA. LEITURA ADICIONAL: FORTUNE, 1987B.

alquimia. Um dos principais ramos de teoria e prática ocultistas do Ocidente, a alquimia é a ciência oculta da matéria e suas transformações. Comumente mal compreendida e tida como um esforço fútil para transformar chumbo em ouro, como uma precursora da química moderna ou como uma forma primitiva de psicologia profunda, na verdade a alquimia é um conjunto complexo, abrangente e sutil de disciplinas, unidas por uma estrutura teórica comum que se estende por quase todos os campos imagináveis da experiência humana.

O conceito básico da alquimia é a ideia de transmutação. No pensamento alquímico, tudo o que é material existe a partir de uma substância comum ou de uma combinação de substâncias comuns. Essa base comum segue padrões estabelecidos pela Natureza, mas nem sempre completa seu curso natural. Assim, citando um exemplo, todos os metais começam como uma fusão de dois princípios, geralmente chamados de "enxofre" e "mercúrio" (mas que não são idênticos aos minerais que hoje têm esses nomes). Com as proporções adequadas desses princípios, um calor subterrâneo moderado e tempo suficiente, o resultado da combinação é o ouro.

No entanto, como diz o provérbio alquímico: "Sem ajuda, a Natureza falha". Na maior parte do tempo, o enxofre e o mercúrio não estão presentes nas proporções adequadas ou nos graus necessários de pureza, o calor subterrâneo é inadequado ou excessivo, ou os veios da rocha foram quebrados pela ação humana antes que a substância amadurecesse e se tornasse ouro. Quando isso acontece, o alquimista precisa completar o trabalho da Natureza.

Isso é feito separando-se a substância em seus componentes, purificando-os e recombinando-os sob condições adequadas para levá-los à perfeição. As palavras latinas *solve* e *coagula* [de mesmo sentido de "solver" e "coagular" em português – N. do T.] são expressões alquímicas padronizadas para o primeiro e o último estágio do processo alquímico essencial. Quando isso é feito com metais, segundo a tradição alquímica, o resultado é a transformação de metais menos nobres em ouro ou prata. Quando isso é feito com ervas medicinais, o resultado é um medicamento poderoso. Quando isso é feito com a mente humana, o resultado é a iluminação espiritual.

Essas mudanças, por mais importantes que sejam, são a obra menor da alquimia. Elas exigem que cada substância a ser transmutada tenha passado por todo um lento processo de separação e recombinação. A Grande Obra da alquimia é a produção de uma substância que aperfeiçoa rapidamente a matéria, pelo simples contato: a Pedra Filosofal.

A Pedra Filosofal, ou Pedra do Sábio, é o resultado da Grande Obra dos metais: aquecida junto com chumbo, mercúrio ou algum outro metal menos nobre, ela transmutaria toda essa massa de metal em ouro em questão de minutos. *VEJA* PEDRA FILOSOFAL. Embora as atuais teorias científicas afirmem que isso é impossível, o processo de transmutação por meio da Pedra foi testemunhado diversas vezes por observadores renomados no Renascimento e no início da era moderna. É possível, apesar dos modernos progressos científicos, que a matéria tenha propriedades que ainda não foram descobertas – embora, é claro, isoladamente isso não prove a realidade da transmutação.

A palavra "alquimia" tem origens complexas. A palavra latina *alchemia* deriva do árabe *al-kimiyya*, e esta, por sua vez, vem de uma palavra grega que é grafada de duas maneiras diferentes – *chymia* ou *chemeia*. *Chymia* significa "fundição" e "moldagem", e relaciona-se com *chyma*, "fluido". *Chemeia*, por outro lado, provavelmente deriva da antiga palavra egípcia *Khem*, "a Terra Negra", nome que os egípcios davam a seu próprio país nos tempos faraônicos; logo, *chemeia* significa algo como "a arte egípcia". Embora alguns estudiosos acreditem que só uma versão seria a "real", a literatura alquímica tradicional está repleta de jogos de palavras e trocadilhos dessa natureza, e é bem possível que os criadores da alquimia tenham gostado da ideia de uma expressão que traduzia tanto aquilo que eles faziam como o lugar onde aprenderam originalmente a fazê-lo.

As origens da alquimia, como as origens da tradição ocultista ocidental, podem ser encontradas na fusão entre a filosofia grega e os antigos legados culturais do Egito e da Mesopotâmia. As duas culturas mais antigas levaram para essa união uma rica experiência prática e uma forte conexão com a espiritualidade. Por todo o mundo antigo, o ofício do metalúrgico esteve intimamente ligado à magia e à religião. No Egito Antigo, o deus Ptah era o mestre ourives do Céu, e os principais sacerdotes de seu templo central em Mênfis tinham títulos como Grande Portador do Martelo e Aquele Que Conhece o Segredo dos Ourives. Nas culturas igualmente antigas da Mesopotâmia, os segredos da metalurgia eram mistérios sagrados guardados por uma linguagem cifrada: o cobre era chamado de "a águia", o minério bruto de enxofre era referido como "margem do rio" e assim por diante. A essa fusão entre conceitos sagrados e práticos, a filosofia grega acrescentou a constante busca por unidades fundamentais. Os filósofos gregos buscavam insistentemente uma substância ou um processo que pudesse explicar o mundo. Na época em que a alquimia emergiu, a mais importante escola de pensamento filosófico no mundo grego era o estoicismo, que falava de um *pneuma*, ou "sopro", semimaterial que moldava todas as coisas; *VEJA* ESTOICISMO. Esse conceito da "Coisa Única" que produzia todas as coisas ficou profundamente arraigado no pensamento alquímico.

A verdadeira gênese da alquimia a partir dessas correntes díspares de pensamento e de prática foi, aparentemente, obra de um homem, um egípcio grecófono chamado Bolos de Mendès. Praticamente nada se sabe ao certo sobre a vida de Bolos. Provavelmente, ele viveu no século II A.E.C., e escreveu diversos livros, publicados sob o nome do filósofo grego do século V, Demócrito de Abdera. Dizem que teria estudado com o mago persa Ostanes, sobre o qual sabemos menos ainda. Após sua época, talvez no século I, são conhecidas duas alquimistas, Maria e Cleópatra, respectivamente judia e egípcia, que foram confundidas por autores posteriores com Míriam, irmã de Moisés, e com Cleópatra, a rainha do Egito. Maria foi particularmente influente como teórica, bem como inventora de diversos itens importantes do equipamento alquímico; *VEJA* MARIA.

Depois, no início do século III E.C., Zózimo de Panópolis escreveu diversos textos alquímicos importantes, codificando o trabalho de vários alquimistas anônimos que o precederam; *VEJA* ZÓZIMO DE PANÓPOLIS. Entre outros alquimistas gregos tardios, temos Olimpiodoro de Tebas, que viveu no início do século V E.C. e escreveu um importante comentário, e Estéfano de Alexandria, um dos primeiros alquimistas cristãos, que viveu no início do século VIII E.C.

Nessa época, pouco antes das grandes conquistas árabes, a alquimia já fazia sua transição da cultura grega para o Oriente Médio como um todo. Foi fundada uma importante escola alquímica em Harã, na estrada que levava a leste através da costa mediterrânea e ia até a Índia, em algum momento do período romano tardio. Os alquimistas de Harã foram pioneiros no uso do cobre como ingrediente do processo alquímico, e deixaram alguns livros importantes. *VEJA* HARÃ.

Além disso, em meados do século V, pagãos e cristãos heréticos começaram a fugir do Império Romano em grande número, a fim de evitar as perseguições religiosas; muitos deles foram para a Pérsia, onde ensinaram filosofia grega e alquimia, juntamente com outras coisas, para seus anfitriões. Quando os árabes conquistaram o Império Persa, no século VIII, os exilados e seus descendentes começaram a transmitir as mesmas tradições a seus novos senhores muçulmanos, e deram início à longa e criativa tradição da alquimia árabe. Alquimistas árabes como Geber (Jabir ibn Hayyan, 720-800 E.C.) e Rhazes (Abu-Bakr Muahammad ibn-Zakariya al-Razi, 850-923 E.C.) aprimoraram muito a teoria e a prática alquímica. Geber, um dos mais influentes alquimistas de todos os tempos, escreveu uma obra crucial sobre fornos, proporcionando informações detalhadas sobre a maioria dos tipos de fornos que seriam usados até o final do Renascimento, e foi o primeiro autor a descrever a preparação do ácido nítrico. Suas contribuições para a teoria também foram substanciais; ele introduziu a teoria do enxofre-mercúrio sobre metais, afirmando que todos os metais eram formados pela fusão do enxofre, o princípio seco e inflamável, e do mercúrio, o princípio úmido e volátil. *VEJA* GEBER; MERCÚRIO; ENXOFRE. Rhazes, por sua vez, foi médico de renome internacional, e autor de tratados médicos respeitados desde a Espanha até a Índia; sua contribuição para a alquimia inclui importantes obras sobre a interface entre alquimia e medicina.

A Europa Ocidental teve pouco contato com a alquimia durante o período do Império Romano, e a queda deste cortou todos os contatos entre o Ocidente e as áreas onde ainda prosseguiam as pesquisas e a publicação de livros sobre o tema. Foi só em 1144, quando Robert of Chester faz a primeira tradução para o latim de um texto alquímico árabe, que estudiosos e ocultistas europeus começaram a ter acesso à tradição alquímica. A obra traduzida por Robert foi um diálogo entre o alquimista Morienus e o rei Khalid do Egito – ambos, bem ao estilo alquímico, personagens fictícios – no qual se delineavam algumas das expressões e dos processos alquímicos básicos. Embora outras áreas da cultura árabe tenham encontrado um público pronto no Ocidente, a alquimia demorou mais para se popularizar, em parte por conta da natureza obscura da literatura alquímica, e em parte porque a prática da alquimia exigia o uso de muitos equipamentos caros e complicados. Mesmo assim, uma subcultura alquímica foi se formando lentamente, e menos de um século após a tradução de Robert of Chester, as primeiras obras europeias sobre alquimia já estavam em circulação.

A alquimia europeia começou como uma tradição fortemente associada às suas fontes árabes, mas, por volta do século XIV, começaram a surgir ideias originais, e a grande produção de textos e de pesquisas no Renascimento e no início dos períodos modernos viu o surgimento de teorias e operações alquímicas originais. A teoria árabe dos dois princípios, enxofre e mercúrio, era muito usada, mas depois adaptada por Paracelso (1493--1541), que acrescentou o sal como um terceiro princípio. *VEJA* PARACELSO, SAL. Outra abordagem importante foi a teoria do Nitro Central, de Michael Sendivogius (1566-1636), que postulava uma única substância associada com a energia vital e que criava todas as coisas através de suas transformações. *VEJA* SALITRE; SENDIVOGIUS, MICHAEL.

Nos últimos séculos de sua presença no Ocidente, a alquimia se espalhou por muitos campos do conhecimento, e durante algum tempo teve-se a impressão de que ela se tornaria a base de uma ciência universal, abrangendo todos os campos possíveis do conhecimento. Eram normais abordagens alquímicas da economia, e foram criadas vertentes que seriam seguidas por vários séculos: na Alemanha, o alquimista Johann Joachim Becher (1632-1682) defendeu uma visão alquímica do comércio que precedeu a teoria econômica mercantilista e a moderna ideologia do "Livre Comércio", e na Inglaterra o teórico radical Gerrard Winstanley (1609 – c. 1676) propôs uma forma de comunismo alquímico que incluía uma teoria trabalhista da mais-valia, muito semelhante à de Karl Marx.

Eram comuns interpretações alquímicas da agricultura e da biologia, dando origem a uma vasta gama de remédios alquímicos. Nem a teologia ficou imune – havia teologias cristãs completamente baseadas na alquimia, dentre as quais os trabalhos de Jacob Böehme foram os mais importantes. *VEJA* BÖEHME, JACOB; TEOSOFIA (MÍSTICA CRISTÃ).

O último alento do pensamento alquímico foi seguido, em quase todo o mundo ocidental, por um eclipse quase total. O surgimento de ideologias científicas que predominaram o cenário no final do século XVII e início do XVIII forçaram a alquimia a se ocultar. Ela sobreviveu por trás dos bastidores nas áreas teutófonas da Europa Central.

O romantismo alemão, com suas extensões pela ciência e pela filosofia natural, valeu-se bastante das ideias alquímicas, e figuras da estatura de Johann Wolfgang von Goethe flertaram com a Grande Arte; *VEJA* GOETHE, JOHANN WOLFGANG VON. Diversas ordens ocultistas alemãs, dentre as quais a mais proeminente foi a Ordem da Cruz Áurea e Rosa, do final do século XVIII, também incluíam tradições alquímicas em seus ensinamentos secretos; *VEJA* ORDEM DA CRUZ ÁUREA E ROSA. A homeopatia, um sistema medicinal que surgiu na Alemanha no início do século XIX, também se inspirou muito em ideias alquímicas mais antigas, especialmente as de Paracelso; *VEJA* HOMEOPATIA.

A alquimia também sobreviveu por algum tempo nas colônias americanas, com seus fortes laços culturais com a Alemanha e sua abertura para quase todas as formas de radicalismo. A alquimia chegou à América nos seus primórdios – John Winthrop Jr. (1606-1676), governador da colônia de Massachusetts Bay, era um ardoroso hermetista e estudante de alquimia que conseguiu formar uma impressionante coleção de textos alquímicos – e por volta do século XVIII, surgiu um movimento alquímico *underground* que combinava estudos herméticos e alquímicos com ramos místicos do cristianismo e tentativas de se localizar tesouros enterrados por meios mágicos. Esse movimento *underground* acabou dando origem à Igreja Mórmon, entre outros movimentos espirituais norte-americanos; *VEJA* SMITH, JOSEPH. No século XIX, porém, a alquimia como prática de laboratório tornou-se rara, até nos Estados Unidos.

O interesse pela alquimia nos últimos anos foi motivado principalmente pela obra do psicólogo suíço Carl Jung e seus seguidores, que interpretam a alquimia como uma antiga arte de transformação psicológica disfarçada na linguagem da metalurgia. Essa visão tornou-se extremamente popular no século XX, em parte porque permite que a alquimia seja reinterpretada de um modo que não conflita com os conceitos da moderna ciência materialista. Em virtude das teorias de Jung, as ideias e as imagens alquímicas foram tomadas de empréstimo por diversos projetos psicológicos e espirituais, muitos dos quais nada têm a ver com a alquimia, pelo menos não do modo como os antigos alquimistas a entendiam.

Seja como for, as tradições da prática alquímica foram reativadas e são praticadas hoje. O trabalho de Frater Albertus (Albert Reidel, 1911-1984), cuja Paracelsus Research Society ofereceu um dos primeiros programas educativos públicos sobre alquimia no mundo ocidental, foi vital para levar a alquimia a obter nova popularidade na segunda metade do século XX; *VEJA* ALBERTUS, FRATER. Os ensinamentos de Reidel, como o de alquimistas mais recentes, tomam a espagíria como ponto de partida, e seu *Guia Prático de Alquimia* (publicação original, 1960) é um dos poucos manuais práticos de alquimia espagíria disponível em língua inglesa. LEITURA ADICIONAL: ALBERTUS, 1974; BROOKE, 1994; T. HAYES, 1979; KIECKHEFER, 1989; LINDSAY, 1970; PATAI, 1994; P. SMITH, 1994.

alraun. Na magia popular da Europa central, imagem humanoide feita com a raiz da sorveira ou tramazeira, e usada como morada de um espírito. Dizem que respondia questões mexendo a cabeça. Se fosse negligenciada, gritava e trazia má sorte para a casa. Usada principalmente na Alemanha, as alrauns estavam praticamente esquecidas no final do século XIX, mas a prática foi incluída em alguns livros pagãos modernos e fez uma modesta reaparição. Os rituais e práticas referentes à alraun estão intimamente relacionados com os rituais da mandrágora. *VEJA* MANDRÁGORA.

altar. Item com superfície plana do mobiliário ritual, usado em diversas tradições ocultistas como apoio para instrumentos rituais e outros objetos simbólicos. Os altares têm sido objetos praticamente universais nas práticas religiosas do Ocidente (e do Oriente) há milhares de anos. Na Antiguidade, o altar era basicamente usado como local onde se ofereciam sacrifícios aos deuses. *VEJA* SACRIFÍCIO.

A maioria das tradições mágicas e pagãs modernas coloca um altar no centro do círculo ritual. Na maior parte das tradições de magia cerimonial, o altar tem tampo quadrado e uma altura duas vezes maior do que sua profundidade; isso duplica as proporções de um cubo duplo. O altar pode ser coberto por um pano preto para simbolizar a *prima materia*, ou a matéria primordial e informe dos alquimistas; por um pano branco para representar a pureza; ou por um tecido de cor elementar, planetária ou sefirótica, dependendo da força que se pretende invocar num trabalho específico. *VEJA* ESCALAS DE CORES.

Nas práticas pagãs modernas, são comuns altares circulares, mas também há altares quadrados, retangulares e com outras formas. A decoração típica da Wicca inclui: uma toalha; duas velas, representando o Deus e a Deusa; os instrumentos dos quatro elementos; um incensório com incenso; e um sino. Outras tradições incluem alguns itens nessa coleção. O altar pode ter orientação leste ou norte, dependendo da tradição.

Muitos pagãos modernos também fazem um ou mais altares domésticos em suas residências, decorados e equipados com estátuas, imagens, ferramentas mágicas, cristais e coisas do gênero. A diversidade do movimento neopagão é mais do que igualada pela diversidade no desenho e na disposição desses altares.

Nas tradições baseadas no trabalho de Robert Cochrane (1931-1966), influente bruxo inglês das primeiras décadas do ressurgimento do neopaganismo, muitas das funções do altar eram realizadas por um forcado de madeira, ou seja, um bastão em forquilha. O bastão é posto na direção que corresponde à estação do ano – leste na primavera, sul no verão, oeste no outono e norte no inverno – e decorado com itens simbólicos apropriados. *VEJA* COCHRANE, ROBERT; BASTÃO COM FORQUILHA.

No satanismo tradicional, uma mulher nua costuma ser usada como altar, numa paródia à missa católica. *VEJA* MISSA NEGRA.

alu. (germânico antigo, "incerto") Palavra de poder encontrada em inscrições rúnicas do futhark antigo, o mais velho sistema rúnico conhecido, datado entre o início da Era Comum e cerca do ano 700. Seu significado tem sido muito debatido pelos estudiosos. A opinião mais comum é que significa "ale", palavra da língua inglesa associada ao uso desse tipo de bebida e da cerveja como bebidas sagradas entre os antigos povos germânicos. Uma análise mais sutil sugere que tanto a palavra "ale" como "alu" podem derivar de uma antiga raiz linguística que significa "êxtase", "poder mágico", a qual manteve seu significado antigo em "alu", mudando para "embriaguez" e depois para "bebida alcoólica", dando origem à palavra "ale". Também foram propostos paralelos hititas e conexões ainda mais remotas. *VEJA* RUNAS. LEITURA ADICIONAL: FLOWERS, 1986.

aludel. Na alquimia, um recipiente em forma de pera e aberto nas duas extremidades, com uma tampa para recobrir a abertura superior. O aludel era posto sobre uma cucúrbita para o processo de sublimação, e usado para condensar os vapores sublimados, devolvendo-lhes a forma sólida. *VEJA* ALQUIMIA; SUBLIMAÇÃO.

Alverda, Hugo. Pseudônimo rosa-cruz do período dos manifestos originais, também usado em certos contextos simbólicos por rosa--cruzes posteriores. Um panfleto intitulado

Fortalitium scientiae, publicado em 1617, teria a autoria desse Alverda. Johannes Comenius, que discutiu o furor rosa-cruz alguns anos depois em seu *Labirinto do Mundo*, refere-se a um "Hugo Alvarda" como o preposto da ordem, dizendo que sua idade era, naquela época, de 562 anos. *VEJA* ROSA-CRUZES.

Na cerimônia da Golden Dawn chamada "Adeptus Minor", Hugo Alverda é citado como um dos três "Mais Altos Chefes da Ordem", juntamente com Franciscus de Bry e Elman Zata. Ele é identificado como sendo "frísio", e sua idade, na época em que foi lacrado o Túmulo de Christian Rosenkreuz, seria de 576 anos. *VEJA* ADEPTUS MINOR.

Ama. Nos ensinamentos cabalísticos, o aspecto sombrio e estéril do princípio feminino. *VEJA* AIMA.

amarração. *VEJA* TABLETE DE AMARRAÇÃO.
âmbar. Resina fossilizada de antigos pinheiros, o âmbar tem sido usado com finalidades mágicas há milhares de anos. Grandes quantidades dele foram extraídas na época pré-histórica de depósitos em torno do Mar do Norte e mais ao sul, chegando até o mundo mediterrâneo. Na época romana, um falo esculpido em âmbar era um amuleto comum para combater o mau-olhado; *VEJA* MAU-OLHADO. Em tradições posteriores da magia natural, foi muito usado para trazer boa saúde e boa sorte, e para ajudar as mulheres em trabalhos de parto. *VEJA TAMBÉM* MAGIA NATURAL.

Amenti. (também grafado Amentet; em egípcio antigo, "oeste") Mundo dos mortos honrados na antiga mitologia e magia egípcias. Originalmente, era o ponto onde o Sol se punha; depois, passou a ser associado com as grandes áreas de cemitérios a oeste do Nilo. *VEJA* OCULTISMO EGÍPCIO.

Amesheth. *VEJA* IMSETI.

Amissio. (latim, "perda") Figura geomântica governada por Vênus. Amissio é uma figura desfavorável para assuntos materiais, mas afortunada em questões que dizem respeito ao amor. *VEJA* GEOMANCIA.

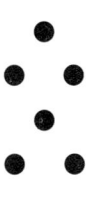

Figura geomântica Amissio

AMORC. *VEJA* ANTIGA E MÍSTICA ORDEM ROSAE CRUCIS (AMORC).

amuleto. Objeto mágico para proteção e boa sorte em geral. Difere do talismã, pois este é feito e consagrado ritualmente para propósitos bem específicos e definidos, enquanto o amuleto é mais geral, e normalmente não é consagrado. *VEJA* TALISMÃ.

O uso de amuletos remonta à época pré-histórica, e as mais antigas civilizações conhecidas exibem uma variedade muito grande deles. Os antigos egípcios confeccionavam amuletos em ouro, pedras preciosas e semipreciosas e em materiais menos nobres. O ankh, hieróglifo que significa "vida", era um dos amuletos egípcios mais comuns, mas havia muitos outros, entre eles o Udjat, ou Olho de Hórus, e o escaravelho, um símbolo do Sol. *VEJA* ANKH; OCULTISMO EGÍPCIO. As antigas culturas da Mesopotâmia também se valiam de diversos amuletos, bem como as da Grécia e da Roma antigas. No mundo grego, a *ephesia grammata*, ou "letras efésias", eram um dos mais importantes ingredientes dos amuletos; *VEJA* EPHESIA GRAMMATA.

As grandes religiões monoteístas da Era de Peixes – judaísmo, cristianismo e islamismo – injetaram suas próprias tradições na história e no uso dos amuletos. Textos de diversas escrituras sagradas ganharam papel importante na elaboração de amuletos; no cristianismo, que não proíbe o uso de imagens sagradas, os retratos ou as estátuas da Trindade ou dos santos têm um papel similar. Até hoje, muitos católicos conservadores mantêm uma estatueta de Jesus, da Virgem Maria ou de um santo de devoção no carro, para evitar acidentes de trânsito. *VEJA* OCULTISMO CRISTÃO.

Na moderna magia cerimonial, os amuletos são um tanto quanto negligenciados, dando-se preferência a talismãs e a outros elementos mágicos mais específicos. No cenário pagão moderno, por outro lado, é muito mais comum o uso de amuletos, sendo o pentagrama de prata o mais comum. Amuletos de outras tradições mágicas, especialmente os mojos (sacos semelhantes aos patuás), derivados do hudu, também são muito usados pelos pagãos da América do Norte. *VEJA* HUDU; MOJO.

Andreae, Johann Valentin. Estudioso e teólogo alemão (1586-1654), figura central na gênese dos manifestos rosa-cruzes originais. Seu avô Jakob Andreae (1529-1590) foi amigo de Martinho Lutero e importante teólogo dos primórdios do luteranismo, que adotou como escudo de armas da família uma Cruz de Santo André vermelha e quatro rosas vermelhas. Seu pai, Johann Andreae (1554-1601), também clérigo, era ainda praticante da alquimia, promovido por Frederico, duque de Württemberg, proeminente patrono de estudos alquímicos. Assim Johann Valentin cresceu num ambiente saturado de teologia luterana e alquimia hermética.

Admitido na Universidade de Tübingen em 1602, recebeu os títulos de bacharel em 1603 e de mestre em Artes em 1605; estava estudando para o doutorado em Teologia quando foi envolvido num escândalo, por conta de uma brincadeira estudantil em 1607, e acabou expulso da universidade. Voltou a ela em 1611, não passou nos exames finais no ano seguinte, mas conseguiu fazê-lo depois e tornou-se ministro luterano em 1614. Acomodou-se numa vida de sobriedade acadêmica e ortodoxia religiosa, servindo numa série de cargos religiosos até a morte.

Seu envolvimento com o ocultismo limitou-se ao início de sua vida universitária, quando participou de um círculo de cristãos hermetistas formado ao redor do médico paracelsiano Tobias Hess (1568-1614). Esse círculo produziu dois manifestos rosa-cruzes, o *Fama Fraternitatis* e o *Confessio Fraternitatis*, enquanto o *Núpcias Alquímicas* – o "terceiro manifesto", uma complexa fábula alquímica – foi escrito pelo próprio Andreae em 1605, embora tenha sido publicado sem seu consentimento (e para seu supremo desconforto) em 1616, no auge do furor rosa-cruz.

A atitude posterior de Andreae para com os manifestos é reveladora. Ele se referiu a eles consistentemente como uma "piada" ou "comédia" – a palavra latina que ele usou, *ludibrium*, tem os dois sentidos – e, do ponto de vista da ortodoxia luterana de sua maturidade, criticou muito aqueles que "prefeririam algo artificial e inusitado ao caminho simples do Cristo" (Dickson, 1998, p. 82). Ao mesmo tempo, esteve no centro de diversos projetos posteriores para o estabelecimento de sociedades secretas ou semissecretas de estudiosos luteranos, dedicadas a princípios quase idênticos aos da misteriosa fraternidade dos manifestos. *VEJA TAMBÉM* ROSENKREUZ, CHRISTIAN; ROSA-CRUZES. LEITURA ADICIONAL: DICKSON, 1998; MONTGOMERY, 1973; YATES, 1972.

angelologia. *VEJA* ANJO.

ângulos astrológicos. *VEJA* CARDINAIS.

anima mundi. (latim, "alma do mundo") Nas filosofias antiga, medieval e renascentista, a consciência do mundo, que age através do *spiritus mundi*, ou força vital do mundo, sobre o *corpus mundi*, ou corpo físico do mundo. O conceito é antigo, recuando pelo menos até Platão, sendo provavelmente muito anterior a este. Representou um papel importante nas escolas platônica e estoica de filosofia. *VEJA* PLATONISMO; ESTOICISMO.

Em textos alquímicos posteriores, como o *Aurea Catena Homeri*, a anima mundi foi identificada com o nitro central, o princípio essencial do fogo e da transformação no universo. *VEJA* SALITRE.

anjo. (do grego *angelos*, "mensageiro") Na maioria dos ensinamentos ocultistas ocidentais, bem como nas teologias ortodoxas do judaísmo, do cristianismo e do islamismo, um ser espiritual a serviço de Deus. Discussões detalhadas sobre a natureza e os poderes dos anjos preenchem muitas páginas de livros de teologia. A tradição dos anjos é um dos pontos em que as fontes ocultistas ocidentais mais se aproximam da religião convencional – embora, como tudo o que é ocultista, haja importantes exceções.

Os anjos estão divididos em várias classes ou ordens. A maioria das análises cristãs, ocultistas ou não, segue as nove ordens de anjos que foram apresentadas inicialmente por Dionísio, o pseudoareopagita, no século V:

Serafins, a classe mais elevada, anjos de amor radiante que contemplam a ordem e a providência divinas;

Querubins, anjos de sabedoria absoluta, que contemplam a essência e a forma divinas;

Tronos, que também contemplam, embora alguns passem da contemplação à ação;

Dominações, que são como arquitetos e planejam o que as ordens inferiores devem realizar;

Virtudes, que movimentam estrelas e planetas, e servem como instrumentos do divino na realização de milagres;

Potestades, que mantêm o universo em harmonia com a vontade divina, alguns dos quais descem para interagir com os seres humanos;

Principados, que têm sob sua proteção as nações e seus governantes;

Arcanjos, que têm responsabilidade pela religião e cuidam das coisas sagradas;

Anjos, a ordem mais baixa, que cuidam de questões simples e servem de anjos da guarda para cada ser humano.

A tradição judaica, seguida pela maioria dos sistemas mágicos cabalísticos, divide os anjos em dez ordens, correspondentes às dez Sefirot da Árvore da Vida:

Chaioth ha-Qodesh, "Sagradas Criaturas Vivas", os anjos mais elevados, que sustentam o trono do Divino;

Auphanim, "Rodas" ou "Forças Giratórias", anjos de sabedoria, descritos como "rodas dentro de rodas" cobertas por olhos por toda parte;

Aralim, "Poderosos", anjos de compreensão;

Chashmalim, "Reluzentes", anjos de mercê e magnificência;

Serafim, "Ardentes", anjos de severidade e justiça;

Malekim, "Reis", anjos de beleza e harmonia;

Tarshishim, "Cintilantes", anjos de vitória;

Beni Elohim, "Filhos do Divino", anjos de glória;

Querubim, "Fortes", anjos da base do universo;

Ishim, "Seres Humanos", anjos do mundo material.

Vale a pena salientar que no sistema cabalístico os arcanjos são uma classe separada e mais elevada de criaturas, que habitam o mundo de Briah, enquanto os anjos das dez ordens vivem em Yetzirah. Dependendo do sistema escolhido, portanto, os arcanjos são ou a segunda classe menos elevada de anjos, ou a mais elevada de todas. Esse tipo de incerteza é comum na tradição angélica.

Embora a maioria dos textos ocultistas aceite a visão religiosa convencional sobre a natureza dos anjos, há posições alternativas. Em algumas tradições ocultistas, especialmente aquelas derivadas da Teosofia, os anjos seriam parte do reino dévico – uma rota diferente da evolução espiritual que começa com os elementais, passa pelas fadas e devas, e culmina com os anjos e arcanjos. Temos aí um paralelo com o reino humano, que começa com organismos unicelulares, sobe pelos animais e seres humanos normais, e culmina nos adeptos e Mestres. *VEJA* ADEPTO; DEVA; MESTRES; TEOSOFIA.

Os anjos têm papel importante na cabala e nos sistemas mágicos a ela relacionados; *VEJA* CABALA. Também estão no centro da maioria dos sistemas mágicos cristãos, como as únicas entidades espirituais além de Deus que os magos cristãos devem poder contatar; *VEJA* OCULTISMO CRISTÃO. Finalmente, com o movimento da Nova Era, os anjos ganharam popularidade nos últimos anos, e é possível encontrar inúmeros livros recentes sobre anjos segundo a perspectiva da Nova Era. *VEJA* NOVA ERA, MOVIMENTO DA. LEITURA ADICIONAL: G. DAVIDSON, 1967; J. GREER, 2001; HODSON, 1976B.

ankh. Antigo hieróglifo e símbolo egípcio da "vida", uma cruz Tau com uma alça, encontrado em textos e na arte religiosa do Egito desde o Antigo Reino, muito usado como amuleto ao longo da história do Egito; *VEJA* AMULETO. Modernamente, tem sido associado com as crenças de Akhenaton, o "faraó herege" do Novo Reino, que tentou banir a religião egípcia tradicional para substituí-la pelo culto monoteísta de Aton, forma deificada do Sol e fonte da vida. *VEJA* AKHENATON.

Diversas tradições mágicas modernas adotaram o ankh como símbolo, inclusive a Golden Dawn (que o utiliza em seu ritual Adeptus Minor) e a Antiga e Mística Ordem Rosae Crucis (AMORC). *VEJA* ANTIGA E MÍSTICA ORDEM ROSAE CRUCIS (AMORC); GOLDEN DAWN. Também era um ornamento comum na comunidade pagã norte-americana nas últimas décadas do século XX.

Símbolo do Ankh

Ansuz. (germânico antigo, "deus") Quarta runa do futhark antigo, associada ao deus Odin, o elemento Ar e as ideias de consciência e de comunicação. Representa o som *a*. *VEJA* FUTHARK ANTIGO.

Runa Ansuz

Antiga e Mística Ordem Rosae Crucis (AMORC). Ordem rosa-cruz ativa internacionalmente, a AMORC é uma das maiores organizações ocultistas do mundo. Fundada nos Estados Unidos mas atualmente sediada na França, a AMORC oferece cursos por correspondência para um público praticamente universal, e tem lojas na maioria dos estados norte-americanos e em diversos países.

A AMORC situa as origens de sua história, e as do próprio rosacrucianismo, no "faraó herege" Akhenaton, e alega ser sucessora direta dos rosa-cruzes originais. *VEJA* AKHENATON; ROSA-CRUZES. H. Spencer Lewis, fundador da AMORC, teria recebido sua autoridade de diversas organizações rosa-cruzes da Europa. No entanto, historiadores não ligados à ordem situam suas origens em 1915, quando H. Spencer Lewis recebeu um documento de Theodor Reuss, líder da Ordo Templi Orientis (OTO), e passou a tentar fundar uma loja. *VEJA* ORDO TEMPLI ORIENTIS (OTO). Depois de várias tentativas, a nova organização foi fundada na Flórida em 1925. Dois anos depois, Spencer e sua família, cujos membros, na maioria, ocuparam cargos na ordem, transferiram suas operações para San Jose, na Califórnia, onde adquiriram uma gráfica e um transmissor de rádio.

Lewis e sua ordem mantiveram um relacionamento complicado com a organização-mãe, a Ordo Templi Orientis. O documento de constituição da ordem que Reuss enviou a Lewis em 1915 era parte de uma suposta colaboração entre Lewis e a OTO, e parte do esforço de Reuss para obter o controle da ordem das mãos de Aleister Crowley e de seu protegido Charles Stanfield Jones. *VEJA* CROWLEY, ALEISTER; ACHAD, FRATER. Crowley, por sua vez, procurou Lewis em 1918 e ofereceu-lhe o título de membro da OTO ou da A∴A∴, mas Lewis recusou a oferta. Reuss concedeu a Lewis os graus honorários 33º, 90º, 95º e VIIº em 1921, mesmo ano em que ele expulsou Crowley da OTO, mas seus constantes pedidos de dinheiro aborreceram Lewis e levaram a um distanciamento entre eles.

A seu histórico ocultista, Lewis acrescentava seu talento em marketing e propaganda do mais alto nível, e, assim que a AMORC foi instalada, conquistou um número de alunos cada vez maior. Isso atraiu para a nova ordem a atenção indesejada de R. Swinburne Clymer, líder da Fraternitas Rosae Crucis (FRC), sediada na Pensilvânia, que afirmava ter direitos exclusivos sobre a expressão "Rosa-cruz". Durante boa parte da década de 1930, as duas ordens travaram uma guerra de panfletos furiosa mas inconclusiva, alardeando suas linhagens, culminando num litígio judicial. *VEJA* FRATERNITAS ROSAE CRUCIS (FRC). Em meio a tudo isso, Aleister Crowley ofereceu a Lewis seu apoio contra Clymer. Sensatamente, Lewis não aceitou sua oferta.

Com a morte de Lewis em 1939, o cargo de Imperator passou para Ralph Maxwell Lewis, seu filho. A maioria das monografias e rituais originais da AMORC saiu de circulação pouco depois, e nunca mais foi usada. Trabalhando com um novo conjunto de rituais e ensinamentos, a AMORC prosseguiu e tornou-se provavelmente a mais bem-sucedida de todas as ordens ocultistas do século XX, com lojas locais na maioria das cidades norte-americanas, além de uma substancial presença no exterior.

Com a morte de Ralph Maxwell Lewis em 1987, o cargo de Imperator passou para Gary L. Stewart. Três anos depois, em 1990, Stewart foi afastado pela diretoria da AMORC sob acusações de apropriação indébita, com uma troca de ataques, contra-ataques e manobras jurídicas. Stewart foi substituído por Christian Bernard, o atual Imperator. Apesar desses percalços, a AMORC ainda é hoje uma presença ativa, sendo provavelmente a maior ordem ocultista norte-americana em existência. *VEJA TAMBÉM* LEWIS, HARVEY SPENCER. LEITURA ADICIONAL: AMORC, 1948; MCINTOSH, 1987.

Antiga Ordem. *VEJA* EMETH-ACHAVAH.

Antiga Religião. Nas modernas fontes da Wicca, uma expressão comumente usada para a Wicca, refletindo sua afirmação de que seria mais antiga do que o cristianismo (a "nova religião"). A expressão aparece no livro de Charles Godfrey Leland, *Aradia, o Evangelho das Bruxas* (publicação original, 1899), como definição do culto das bruxas que ele descreveu, e também foi usada por Gerald Gardner para tratar da Wicca.

Embora tenham existido religiões pagãs tradicionais muito antes do cristianismo, naturalmente, há poucas evidências para sustentar a ideia de que a Wicca existiu antes de meados do século XX. Alguns adeptos modernos da Wicca, aceitando a ideia de uma origem recente para sua religião, começaram a chamá-la de "a Nova Religião". *VEJA* NEOPAGANISMO; PAGANISMO; WICCA.

Antigo, O. *VEJA* DEUS, O.

Antigos Caminhos. Expressão geral para a espiritualidade e o estilo de vida pagãos, usada principalmente por aqueles que aceitam a ideia de que as modernas tradições neopagãs datam de antes do cristianismo. *VEJA* ANTIGA RELIGIÃO.

Antroposofia. Sistema de "ciência espiritual" criado pelo ocultista austríaco Rudolf Steiner (1861-1925) e discutido amplamente em seus volumosos livros. Na primeira fase de sua carreira, Steiner envolveu-se com diversos ensinamentos ocultistas e semiocultistas, desde encontros na juventude com um herborista e curandeiro local até uma passagem pela edição dos textos científicos de Johann Wolfgang von Goethe (1749-1832), chegando à posição de Secretário Geral da divisão alemã da Sociedade Teosófica. *VEJA* GOETHE, JOHANN WOLFGANG VON; SOCIEDADE TEOSÓFICA. Tudo isso contribuiu para o sistema de Steiner, assim como o contato entre Steiner e a Ordo Templi Orientis, à qual se filiou em 1906, apesar de uma série de desmentidos por parte de antroposofistas. *VEJA* ORDO TEMPLI ORIENTIS (OTO).

A estrutura básica da Antroposofia pode ser identificada diretamente em fontes teosóficas. Como os teósofos, Steiner acreditava em karma e reencarnação, Atlântida e Lemúria, registros akáshicos e no processo de evolução espiritual pelo qual a humanidade ascende a níveis cada vez mais elevados de consciência. *VEJA* RAÇA-RAIZ; CIVILIZAÇÕES PERDIDAS. Mas, diferentemente da Teosofia ortodoxa, Steiner combinou tudo isso com um cristianismo devoto, embora pouco ortodoxo, no qual a encarnação de Cristo era o equivalente, para o mundo inteiro, das iniciações de mistério da Grécia antiga. Steiner aliou a dimensão cristã de seus ensinamentos com o movimento rosa-cruz. É interessante observar que suas primeiras discussões públicas das ideias rosa-cruzes datam de 1907, ano após aquele em que foi iniciado na OTO. *VEJA* OCULTISMO CRISTÃO; ROSA-CRUZES.

Ao contrário de muitas correntes da Teosofia, que lidavam com especulações sobre raças-raiz e continentes perdidos como fins em si mesmos, a Antroposofia também incluía um conjunto próprio de métodos práticos de treinamento espiritual. São exercícios de meditação destinados a fazer aflorar faculdades ocultas da percepção espiritual na alma humana, possibilitando ao indivíduo perceber diretamente as realidades espirituais. Vários dos livros mais populares de Steiner incluem instruções detalhadas para essas práticas; LEITURA ADICIONAL: STEINER, 1994 E 1999.

A obra de Steiner, diferentemente da maioria dos sistemas ocultistas de sua época, ultrapassa as fronteiras do ocultismo e lida com diversos assuntos diferentes. Seu trabalho com a agricultura deu início ao movimento de agricultura biodinâmica e desempenhou um papel importante na criação da moderna agricultura orgânica. Suas teorias educacionais foram responsáveis pela criação das escolas Waldorf, o maior sistema educacional alternativo do mundo. Outras criações de Steiner, como a euritmia, uma arte performática que coordena gestos físicos e os sons de palavras, e a medicina antroposófica, também se mantiveram populares. Ironicamente, porém, esses desdobramentos de suas ideias têm sido bem mais influentes no mundo moderno do que sua base, a filosofia esotérica. *VEJA TAMBÉM* SOCIEDADE ANTROPOSÓFICA; STEINER, RUDOLF. LEITURA ADICIONAL: STEINER, 1994 E 1999.

Anúbis. (do egípcio antigo *Anup*) Mensageiro de Osíris e protetor dos mortos, Anúbis era uma das mais importantes divindades dos antigos ritos fúnebres egípcios, e tem um papel central nos mitos de Osíris; *VEJA* OSÍRIS. Na Golden Dawn, dois oficiais da Ordem Exterior usavam a forma visual de Anúbis durante a realização de rituais. O Kerux, que guarda o lado interno do portal no Grau de Neófito, é "Anúbis do Leste" (em copta, *Ano-oobist em--Pe-eeb-tte*). A Sentinela, que guarda o lado externo do portal e prepara o candidato, é "Anúbis do Oeste" (em copta, *Ano-oobi em--Pementte*). *VEJA* GOLDEN DAWN.

aor. *VEJA* AUR.

apas. (sânscrito, "água") O tattva da água, representado por uma Lua Crescente prateada, com as pontas para cima. *VEJA* TATTVAS.

Apep. *VEJA* APÓPIS.

apocatástase. Teoria segundo a qual todas as coisas, no final dos tempos, retornarão à sua perfeição original. A doutrina da apocatástase foi defendida por diversos grupos em épocas distintas, e tem sido interpretada com igual diversidade.

Entre os estoicos, a crença no poder absoluto do destino levou alguns teóricos a sugerir que, no final de vastos ciclos de tempo, os planetas retornariam a alguma configuração original. Como, na teoria estoica, todas as coisas terrenas eram absolutamente controladas por fatores astrológicos, isso faria com que tudo o que houvesse na Terra retornasse ao estado em que estava no princípio dos tempos. Portanto, a história repetir-se-ia exatamente, detalhe por detalhe, até os planetas retornarem novamente às suas posições primais e o ciclo começar mais uma vez. *VEJA* ESTOICISMO. Essa doutrina do Eterno Retorno foi ressuscitada por Nietzsche no final do século XIX, como parte de sua revolta contra atitudes cristãs, mas encontrou poucos seguidores.

Nos círculos heréticos cristãos, desde a Antiguidade até o presente, a doutrina da apocatástase assumiu uma forma diferente. Alguns dos primeiros teólogos, como Clemente de Alexandria e Orígenes, especularam que, no final dos tempos, até Satã e seus anjos caídos seriam perdoados no retorno à perfeição primal da Criação. Essa postura foi declarada herética pelos conselhos eclesiásticos e denunciada diversas vezes, mas continuou a encontrar adeptos desde então, especialmente nas tradições gnósticas e assemelhadas. *VEJA* GNOSTICISMO. *VEJA TAMBÉM* CICLOS CÓSMICOS.

Apolônio de Tiana. Mago grego do século I E.C. Importante figura na linhagem das tradições mágicas, tanto antigas quanto modernas, Apolônio foi, quase certamente, um personagem histórico, mas pouco se conhece de fato sobre sua vida e suas atividades. A maioria daquelas que parecem ser informações biográficas a seu respeito contém camadas de mito, de folclore e mesmo de ficção. O mesmo, é verdade, pode ser dito sobre outras figuras do mesmo período relacionadas com o ocultismo; *VEJA* JESUS DE NAZARÉ.

A maior parte do que se sabe sobre Apolônio provém de uma biografia escrita por Filóstrato, mais de um século após sua morte, repleta de detalhes míticos mas deixando muito a desejar nos históricos. Nasceu na cidade de Tiana, perto da costa sul do que hoje é a Turquia, e recebeu a educação helenística habitual. Profundamente impressionado com o que podia aprender com os ensinamentos de Pitágoras, dedicou-se à tradição pitagórica ainda na adolescência, fazendo um voto de silêncio por cinco anos enquanto se dedicava a práticas austeras. Mais tarde, viajou pela maior parte do Império Romano e, se podemos acreditar em Filóstrato, teria chegado até a Índia à procura de conhecimentos.

Aparentemente, os encontrou, a julgar não só pelos relatos de Filóstrato como por sua reputação em todo o mundo romano. A seu crédito, contam-se curas, exorcismos e diversos outros milagres, inclusive a ressuscitação de uma menina morta. Quando um rival invejoso o acusou de traição e necromancia, dizem que ele teria ido ao tribunal imperial em Roma, obtido o perdão por meio de argumentos claros e desaparecido subitamente no meio do tribunal, reaparecendo no mesmo dia em Dicaearchia (na Itália), a muitos quilômetros de distância. A lista de maus espíritos que ele teria banido preencheria várias páginas. Durante muitos séculos após a sua época, talismãs confeccionados segundo seus desenhos ainda foram usados para evitar naufrágios, verminoses e ataques de animais selvagens.

No final do século XIX, o mago Éliphas Lévi tentou invocar o espírito de Apolônio. Segundo seu relato, conseguiu invocar um espírito, mas recusou-se a dizer se acreditou que fosse o de Apolônio ou não. *VEJA* LÉVI, ÉLIPHAS. LEITURA ADICIONAL: E. BUTLER, 1948; DZIELSKA, 1986; MEAD, 1966.

Apópis. (também grafado Apep; em inglês *Apophis*; do egípcio antigo *"Apef"* ou *"Apep"*) Na mitologia egípcia, a grande inimiga do deus solar Rá, uma serpente monstruosa que tentava engolir o Sol em diversos pontos de sua jornada cotidiana. Era necessário o esforço de diversos deuses-guerreiros para manter Apópis a distância. Na Litania de Rá, realizada diariamente nos templos do deus Sol em todo o Egito, os sacerdotes confeccionavam uma "boneca vodu" de Apópis em cera e golpeavam-na com facas, queimando-a depois numa fogueira feita com raízes de briônia. *VEJA* OCULTISMO EGÍPCIO.

No sistema mágico da Golden Dawn, Apópis era usada como símbolo dos poderes da força desequilibrada, e fazia parte da Tríade do Mal invocada e derrotada no ritual do Grau de Neófito. *VEJA* FORMAS DIVINAS; ESTAÇÕES INVISÍVEIS.

Apuleio, Lúcio. Autor e filósofo do norte da África, século II E.C. Nascido na cidade de Madauros, situada onde hoje é a Argélia, Apuleio estudou em Cartago e na Academia de Atenas, onde tornou-se seguidor da filosofia platônica; *VEJA* PLATONISMO. Depois de concluir seus estudos, retornou à África e rumou para Alexandria, mas adoeceu no caminho e ficou com Socínio Ponciano, colega da Academia. A mãe de Ponciano, Emília Pudentila, ainda era jovem, bem-educada, viúva fazia pouco, e muito rica. Ela e Apuleio se apaixonaram e se casaram. Os parentes de Emília acusaram-no de usar de magia amorosa para provocar a união, e ele foi levado a julgamento pelo procônsul, que o inocentou. A oração de Apuleio durante o julgamento chegou aos nossos dias, e é uma fonte importante para estudiosos de magia clássica.

Depois de ser inocentado, mudou-se, com Pudentila, para Cartago, onde ele se tornou um importante professor, orador e escritor. Sua obra mais importante, *O Asno de Ouro*, é o único romance romano a chegar até nossos dias; conta a história de um jovem chamado Lúcio, que se apaixona pela serva de uma bruxa da Tessália, é transformado num asno e passa por diversas aventuras antes de voltar à forma humana graças à deusa Ísis. Diversos estudiosos de magia sugeriram que o próprio Apuleio teria sido iniciado nos mistérios de Ísis, incluindo elementos de sua tradição em seu livro. LEITURA ADICIONAL: GRAF, 1997; KNIGHT, 1983.

aqua fortis. (latim, "água forte") Nome alquímico do ácido nítrico, importante mênstruo na alquimia dos metais. *VEJA* ALQUIMIA; MÊNSTRUO.

aqua regia. (latim, "água real") Na alquimia, uma mistura de dois ácidos, nítrico e hidroclorídrico, feita destilando-se ácido nítrico e sal. Era "real" porque tinha o poder de dissolver o ouro. *VEJA* ALQUIMIA.

Aquário. (do latim, "aguadeiro") O décimo primeiro signo do zodíaco, simbolizado por um aguadeiro, uma pessoa que carrega um jarro de água. Aquário é um signo fixo do elemento Ar e polaridade masculina. Em Aquário, o regente é Saturno (ou Urano, nos textos modernos), e o Sol está em exílio. Governa a panturrilha, os tornozelos e o sistema circulatório. *VEJA TAMBÉM* ZODÍACO.

O Sol passa por esse signo aproximadamente entre os dias 21 de janeiro e 18 de fevereiro. Pessoas nascidas com o Sol em Aquário costumam ser extrovertidas, criativas, bastante intelectualizadas e com forte tendência humanitária; também podem ser instáveis e emocionalmente distantes.

No sistema de tarô da Golden Dawn, Aquário corresponde à carta XVII, A Estrela. *VEJA* ESTRELA, A; TARÔ.

Símbolo astrológico de Aquário

Aquário, Era de. Na astrologia e na cultura popular, a próxima era mundial, que se seguirá à atual Era de Peixes. As eras astrológicas são marcadas pela precessão, uma lenta ondulação no eixo da Terra, que move lentamente para trás a posição do Sol nos solstícios e equinócios ao longo do zodíaco; *VEJA* PRECESSÃO DOS EQUINÓCIOS.

A Era de Peixes, na filosofia esotérica, é vista como a era do cristianismo, dominada por Peixes no equinócio da primavera e por Virgem no outono [no hemisfério Norte – N. do E.]; não é por acaso, segundo esse modo de pensar, que o Peixe e a Virgem são dois dos mais antigos símbolos cristãos, ou que o autossacrifício de Peixes e a pureza de Virgem tenham sido os principais temas espirituais dos últimos dois mil anos. Com a chegada de Aquário, o Aguadeiro e o Leão movem-se para as estações equinociais, de modo que a benevolência de Aquário e a assertividade pessoal de Leão devem vir à tona nas tradições espirituais dos próximos 2.150 anos. A data exata da chegada da Era de Aquário, porém, tem sido objeto de muita especulação. Depende se devemos considerar Aquário como a constelação estelar em si, por um lado, ou como uma seção do céu com trinta graus de arco, mais ou menos superposta com a posição da constelação, por outro. *VEJA* ZODÍACO.

Alguns autores situam o início da Era de Aquário numa data há alguns anos passada; o psicólogo e astrólogo suíço Carl Jung, por exemplo, considerava 1940 como o início da Nova Era. O movimento de estrelas importantes entre as cúspides dos signos existentes tem sido usado como indicação, e a passagem de Régulus, a grande estrela no coração de Leão, para o signo de Virgem em 2012, tem sido citada por diversos astrólogos como o início da Era de Aquário.

Por outro lado, autores que se baseiam na constelação propriamente dita observaram que a posição do Sol no equinócio da primavera não sairá da ampla constelação de Peixes por mais de um século, com estimativas para a data inicial variando entre 2157 e 2374 E.C. *VEJA TAMBÉM* CICLOS CÓSMICOS.

aqua toffana. Na tradição ocultista do século XIX, um veneno letal e impossível de se detectar, cuja receita, acredita-se, pertenceria a certas ordens mágicas secretas. A aqua toffana começou como um ingrediente numa das teorias políticas conspiratórias daquela época: uma receita para um veneno com esse nome teria sido encontrada pela polícia da Baviera entre os papéis recolhidos na casa de Xavier Zwack, membro dos Iluminados da Baviera, em 1786. A morte de diversos chefes de Estado, inclusive dos imperadores austríacos José II e Leopoldo II, foi atribuída a agentes dos Iluminados que lhes teriam ministrado aqua toffana. Mais tarde, quando autores do período de renascimento ocultista do final do século XIX tomaram emprestadas essas teorias conspiratórias para seus próprios fins, a aqua toffana fez sua aparição em diversos livros sobre ocultismo, principalmente os de Éliphas Lévi. *VEJA TAMBÉM* ILUMINADOS DA BAVIERA; LÉVI, ÉLIPHAS. LEITURA ADICIONAL: LÉVI, 1972; J. ROBERTS, 1972.

aqua vitae. (latim, "água da vida") Nome alquímico do álcool destilado, um importante mênstruo na alquimia espagíria (herbácea). *VEJA* ALQUIMIA; MÊNSTRUO; ESPAGÍRIA.

Ar (elemento). No simbolismo mágico, um dos quatro (ou cinco) elementos, correspondente à matéria no estado gasoso, às qualidades quente e úmido, e ao humor sanguíneo. Tal como ocorre com todos os elementos, há atribuições variadas ao ar, mas o que indico a seguir é padrão na maioria dos sistemas ocultistas ocidentais:

Símbolo: △
Letra do Tetragrammaton: ו, Vau
Nome de Deus: יהוה, YHVH, Tetragrammaton
Arcanjo: רפאל, RPAL, Rafael
Anjo: חשן, ChShN, Chassan
Regente: אריאל, ARIAL, Ariel
Rei Elemental: Paralda
Elemental: Silfos
Nome hebraico do elemento: רוח, RVCh, Ruach
Direção: מזרח, MZRCh, Mizrach, o Leste
Estação: Primavera
Hora do dia: Aurora
Qualidades: Quente e úmido
Natureza: Separação

VEJA TAMBÉM DIREÇÕES NO OCULTISMO; ELEMENTOS MÁGICOS; HUMORES.

Ar. Décima runa do futhark recente, que representa a colheita e a abundância, os ciclos da natureza e a recompensa pelas ações do passado. Corresponde ao som *a*. *VEJA* FUTHARK RECENTE.

É também a décima runa do alfabeto rúnico armanen, correspondendo à luz solar. Seu poder, segundo o poema "Havamal", é o de banir espíritos da casa. Ele corresponde ao deus Forseti, à criança e ao signo zodiacal de

Capricórnio, e representa o som *a*. *VEJA* RUNAS ARMANEN.

Runa Ar

Araboth. (hebraico AaRBVTh, "planícies") Na tradição cabalística, o sétimo Céu, o mais elevado, correspondendo às três Supernais. *VEJA* CÉUS, SETE.

Arachne. Um décimo terceiro signo proposto para o zodíaco, situado entre Touro e Gêmeos. O signo de Arachne foi sugerido originalmente pelo escritor de ficção científica John Sladek, sob o pseudônimo de James Vogh, em seu livro de 1977, *Arachne Rising: The Search for the Thirteenth Sign of the Zodiac*. Sladek, que também escreveu um livro atacando a astrologia e o paranormal, afirmou depois em entrevistas públicas que inventou a história toda como uma brincadeira. Isso não impediu o livro de ser citado como fonte séria, especialmente pelos criadores do moderno sistema de astrologia celta. *VEJA* ASTROLOGIA CELTA.

Aradia. Segundo o livro *Aradia, o Evangelho das Bruxas* (publicação original, 1899), seria uma deusa adorada pelas bruxas italianas no final do século XIX. Leland, folclorista interessado no ocultismo, afirma ter recebido de Madalena, uma bruxa toscana com quem fizera amizade, um texto manuscrito contendo a mitologia do culto das bruxas. Segundo esse documento, Aradia era filha de Diana, deusa da Lua, e de seu irmão e filho Lúcifer. Como Diana compadecia-se dos pobres e dos oprimidos da Terra, enviou sua filha para cá a fim de tornar-se a primeira feiticeira, ensinando práticas de magia a quem estivesse disposto a aprendê-las. O texto mostra a bruxaria como uma alternativa profundamente política e camponesa ao cristianismo, e inclui muitos detalhes que desde então foram adaptados de modo geral pelos modernos cultos neopagãos e pela Wicca, como as reuniões na noite da Lua Cheia e a nudez ritual.

A autenticidade da história de Leland está sujeita a discussões, e há algumas evidências indicando que ele inventou parte do material que alegou ser uma relíquia do culto das bruxas. Também não há como saber a idade da história de Madalena, nem se é autêntica, pois as tradições orais são sabidamente difíceis de se datar. A possibilidade de que o culto das bruxas tenha sido um ramo dos carbonários, uma sociedade secreta italiana do início do século XIX, merece uma análise especial. Seja como for, o nome Aradia é plausível como uma derivação italiana de Herodias, a deusa reverenciada por algumas seitas pagãs medievais. *VEJA* HERODIAS.

O estudioso inglês T. C. Lethbridge, bem como diversos autores pagãos modernos que concordam com ele, sugeriram que Aradia pode ter sido uma figura histórica, uma profetisa camponesa do final da Idade Média, que teria fundado na Itália um movimento religioso popular, que Leland mais tarde registrou. Embora não haja uma evidência documental para apoiar essa afirmação, uma figura dessas não estaria deslocada no complexo cenário cultural da Itália medieval, onde se sabe que existiram diversas seitas adoradoras de deusas. *VEJA* BENSOZIA; MADONA HORIENTE. *VEJA TAMBÉM* PAGANISMO. LEITURA ADICIONAL: LELAND, 1974; LETHBRIDGE, 1962.

Aral. Na magia cabalística, o regente do elemento Ar. Seu nome deriva de Aralim, a hoste angelical atribuída à Sefirah Binah. Em diversas fontes, inclusive as palestras de divulgação da Golden Dawn, esse nome foi trocado pelo de Ariel, que é propriamente o anjo do elemento Fogo. *VEJA TAMBÉM* ARALIM; ARIEL; REGENTE ELEMENTAL.

Aralim. (hebraico ARALIM, "Os Poderosos") Na tradição cabalística, a terceira ordem de anjos, correspondente à Sefirah Binah. Dizem que são feitos de fogo branco, que moram no terceiro céu e que têm sob seus cuidados a grama, as árvores, as frutas e os grãos. *VEJA* ANJO.

ARARITA. Nome cabalístico de Deus, criado com as iniciais da frase hebraica *achad resh achdotho resh yechodo temurahzo achad*, "Um é Seu início, uma é Sua individualidade, Sua permutação é um". Nas tradições mágicas medievais, este nome deve ser escrito numa placa de ouro usada junto ao corpo para evitar mortes súbitas. *VEJA* GRIMÓRIO.

Na tradição da Golden Dawn, esse nome é usado nos Rituais do Hexagrama, e cada uma de suas sete letras é atribuída a um dos sete planetas. *VEJA* HEXAGRAMA, RITUAIS DO; NOTARIKON.

Aratron. Um dos sete espíritos olímpicos, Aratron está associado ao planeta Saturno. Ele governa 49 das 196 províncias do Céu, e foi governante do universo entre 550 A.E.C. e 60 A.E.C. *VEJA* ESPÍRITOS OLÍMPICOS.

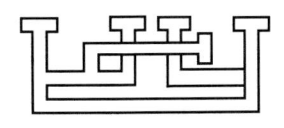

Espírito olímpico Aratron

Arbatel de Magia, o. Grimório publicado pela primeira vez na Basileia, Suíça, em 1575, e reeditado diversas vezes desde então. Escrito em latim, consiste numa introdução à magia, seguida de informações sobre os sete espíritos olímpicos que governam o mundo. *VEJA* ESPÍRITOS OLÍMPICOS. Popular como guia de magia prática, o *Arbatel* tem exercido certa influência sobre a prática mágica ocidental, e muitos textos mais recentes se valem de suas ideias. *VEJA TAMBÉM* GRIMÓRIO.

arcanjo. Membro de uma classe de anjos situada de modo variado na hierarquia celeste, segundo os diferentes sistemas de angelologia. Na tradição angélica da cabala, que é um padrão nos círculos mágicos modernos, os arcanjos são os poderes que governam o mundo angelical, ocupando um lugar entre Deus e os anjos. Segundo o esquema convencional, são dez os arcanjos, correspondendo às dez Sefirot da Árvore da Vida no mundo de Briah. *VEJA* BRIAH.

Na angelologia cristã, por sua vez, os arcanjos são o oitavo dos nove coros de anjos, superados não apenas pelos querubins e serafins, como também pelos tronos, dominações, virtudes, potestades e principados. Seu dever específico é assistir às necessidades espirituais de rituais religiosos e da Igreja.

Três arcanjos – Miguel, Gabriel e Rafael – são nomeados no Antigo Testamento. O número de nomes encontrados em fontes religiosas menos oficiais, sem falar nos textos mágicos, é incalculável. *VEJA TAMBÉM* ANJO.
LEITURA ADICIONAL: G. DAVIDSON, 1967.

arco. *VEJA* QESHETH.

arconte. (grego, "governante") No pensamento gnóstico, um dos poderes maléficos (no mínimo ignorantes) do mundo material decaído. Os arcontes desprezavam ou se opunham aos éons, poderes governantes do mundo espiritual ou superior. Muitas versões da teologia gnóstica identificaram os arcontes com os deuses ou inteligências dos sete planetas, assim como os éons eram geralmente identificados com as estrelas. O chefe dos arcontes era Ialdabaoth, também chamado Saklas e Samael. Em algumas tradições, a mesma palavra é usada como sinônimo de "arcanjo", ou para designar anjos que governam as nações humanas. Um folheto educativo da Golden Dawn parece equiparar arcontes e fadas – uma sugestão que lança uma luz muito diferente sobre boa parte da história tradicional sobre as fadas. VEJA ARQUIFADA. VEJA TAMBÉM GNOSTICISMO IALDABAOTH. LEITURA ADICIONAL: LAYTON, 1987; ROBINSON, 1988.

Aretz. (hebraico ARTz, "terra seca", "solo") Expressão hebraica para o elemento Terra; e é a primeira das sete terras da teoria cabalística, correspondendo às três Sefirot Supernais. VEJA TERRA (ELEMENTO); TERRAS, SETE.

Argenteum Astrum (A∴A∴) (latim, "estrela de prata") Ordem mágica fundada pelo ocultista inglês Aleister Crowley (1875-1947) para promover sua religião da Thelema. Baseada, de diversas formas, na Golden Dawn, a A∴A∴ era (e é) bem menos estruturada, e seu trabalho consistia em estudos e práticas individuais de magia de acordo com o currículo de Crowley, em vez do trabalho formal das lojas, tão prezado pela Golden Dawn. VEJA GOLDEN DAWN.

Malgrado os arroubos de Crowley sobre seu tamanho e influência, em sua existência a A∴A∴ nunca foi mais do que o próprio Crowley e um pequeno grupo de estudantes, e poucos deles conseguiram tolerar o comportamento da Besta por mais do que um breve período. Depois da morte de Crowley, vários de seus discípulos encontraram seus próprios alunos, e por isso há hoje diversas linhagens da A∴A∴, principalmente nos Estados Unidos e na Europa continental. VEJA TAMBÉM CROWLEY, ALEISTER.

Argyralgis. (grego, "escudo prateado") No sistema mágico Aurum Solis, expressão que indica a aura carregada de energia e usada como barreira de proteção. VEJA AURA; AURUM SOLIS.

Ariel. (hebraico, "Leão de Deus") Na magia cabalística, anjo do elemento Fogo. Em diversas fontes, inclusive nas palestras da Golden Dawn, este nome foi substituído pelo de Aral, que, na verdade, é regente do elemento Ar. VEJA TAMBÉM ANJO; ARAL.

Áries. (do latim, "carneiro") Primeiro signo do zodíaco, simbolizado por um enérgico carneiro que não foi castrado. Áries é um signo cardinal de Fogo e polaridade masculina. Em Áries, Marte é o regente, o Sol está em exaltação, Vênus em exílio, e Saturno em queda. Governa a cabeça. VEJA ZODÍACO.

O Sol fica nesse signo aproximadamente entre 21 de março e 20 de abril. Pessoas nascidas com o Sol nessa posição costumam ser animadas, entusiásticas, assertivas e corajosas; também podem ser egoístas e impacientes.

No sistema de tarô da Golden Dawn, Áries corresponde ao Imperador, carta IV. VEJA IMPERADOR, O; TARÔ.

♈

Símbolo astrológico de Áries

Arikh Anpin. (hebraico, "grande rosto") Nos ensinamentos cabalísticos, o Macroprósopo, ou Semblante Maior, um dos cinco *Partzufim*, ou aspectos do divino, identificado com Kether. Arikh Anpin representa o aspecto mais elevado e transcendente de Deus, aquele que não pode ser compreendido de forma alguma pela consciência humana. Também está associado à mercê divina. *VEJA* PARTZUFIM.

Ariosofia. Tradição do ocultismo racista que surgiu na Europa central no início do século XX. De diversas maneiras, a Ariosofia foi uma ramificação do movimento teosófico, mas rejeitou o comprometimento da Teosofia com a fraternidade humana para abraçar um sistema de crenças que alega que só os povos com ascendência do norte indo-europeu ("arianos") seriam realmente humanos e capazes de desenvolvimento espiritual. A Ariosofia baseava-se em ideologias racistas comuns à maioria dos países ocidentais no século XIX, mas tomou forma com os trabalhos de Guido von List (1848-1919) e Jörg Lanz von Liebenfels (1874-1954), dois ocultistas austríacos que publicaram suas obras mais importantes na primeira década do século XX. *VEJA* LANZ VON LIEBENFELS, JÖRG; LIST, GUIDO VON.

Como a maioria dos movimentos ocultistas, a Ariosofia nunca foi um sistema singular e coerente, e eram muitas as versões do conjunto básico de crenças. Na maioria de suas formas, porém, sustentava-se que a humanidade moderna descendia de duas espécies: os arianos, que seriam os verdadeiros seres humanos, e os não arianos, animais sem alma que casualmente tinham a aparência humana. Os europeus modernos seriam descendentes de cruzamentos entre essas duas espécies, enquanto os povos de outras raças seriam apenas animais, sem nenhum sangue humano (ou seja, sem sangue ariano). O cruzamento com os não arianos fez com que os arianos originais perdessem os superpoderes com os quais nasciam antigamente, e o treinamento ocultista visava a recuperação desses poderes perdidos.

A Ariosofia teve um papel preponderante na popularização do racismo místico que depois ficou identificado com o nazismo, e, com efeito, muito do programa nazista das décadas de 1920 e 1930 era apenas uma repetição das ideias ariosóficas. Sabe-se que Hitler assinava uma revista ariosófica quando morava em Viena, e muitos outros membros do alto escalão do Terceiro Reich tinham conexão com o movimento. *VEJA* HITLER, ADOLF; NACIONAL-SOCIALISMO.

Ideias similares, embora derivadas de raízes históricas distintas, estavam por trás do Identidade Cristã, um movimento religioso e político de influência esotérica que surgiu nos Estados Unidos em meados do século XX. *VEJA* IDENTIDADE CRISTÃ. LEITURA ADICIONAL: GOODRICK-CLARKE, 1992.

aritmancia. Adivinhação por meio de números. Esta é a expressão apropriada para aquilo que hoje tem sido chamado de "numerologia", ou seja, adivinhação usando-se o valor numérico do nome de uma pessoa, mas que antes tinha aplicações muito mais amplas na teoria e na prática ocultistas.

Em muitas línguas antigas, como o grego e o hebraico, cada letra tinha um valor numérico. (Os fãs de jargão provavelmente se deleitarão ao saber que as línguas com essa peculiaridade são chamadas de *línguas isopséficas*.) O hábito de somar os valores das letras de uma palavra e tirar conclusões sobre essa palavra com base em conexões numéricas com outras palavras foi comum nessas línguas, sendo muito praticado por cabalistas judeus e por místicos gregos e helenistas, bem como pelos primeiros cristãos; "o número de um homem", 666, deriva dessa prática. A cabala emprega muito os métodos aritmânticos; *VEJA* GEMATRIA.

A mais antiga referência conhecida à aritmancia se encontra numa inscrição de Sargão II, rei da Assíria entre 727 e 707 a.e.c. Segundo a inscrição, os muros da nova capital assíria, Dur Sharrukin, foram feitos para medir 16.283 cúbitos de comprimento, pois esse número era o valor do nome de Sargão. As origens desse sistema, portanto, devem ser encontradas na tradição ocultista da Mesopotâmia; VEJA OCULTISMO MESOPOTÂMICO.

Desde a Antiguidade, foram feitas tentativas de se criar métodos de aritmancia para línguas que não são isopséficas. Quanto ao latim, no qual apenas certas letras (I, V, X, L, C e assim por diante) possuem valores numéricos, alguns autores medievais e renascentistas criaram o hábito de contar os valores numéricos dessas letras quando apareciam numa palavra ou numa frase. Assim, IVDICIVM, "julgamento" em latim, tem soma 1613 – um detalhe que deu certo ímpeto às especulações feitas no século XVI sobre o Dia do Juízo Final que se aproximaria, e pode ter tido um papel no furor rosa-cruz. VEJA ROSA-CRUZES.

Em línguas modernas como o inglês, foram criados muitos sistemas de aritmancia, mas nenhum deles totalmente satisfatório. O mais básico, muito usado na numerologia popular e também nos textos ocultistas do Renascimento, simplesmente atribui a cada letra o número de seu lugar no alfabeto; assim A, a primeira letra, vale 1, e Z, a vigésima sexta, vale 26. Uma variação desse sistema soma os algarismos de qualquer número com dois algarismos; assim, Z, nesse sistema, valeria 8 (26 torna-se 2 + 6 = 8). Outros sistemas, baseados em analogias entre os sons na língua inglesa e os sons do hebraico, do grego e de outras línguas, também estão em uso. LEITURA ADICIONAL: HULSE, 2000.

aritmologia. A ciência esotérica dos números, às vezes confundida com a aritmancia ou "numerologia". A aritmologia é a aplicação de princípios ocultos aos números (ou vice-versa), de modo que as relações numéricas tornam-se símbolos de forças mágicas e espirituais. A aritmologia representa, para os números, o que a geometria sagrada representa para as formas geométricas, e ambas fazem parte do quadrivium, as quatro ciências da matemática ocultista. VEJA QUADRIVIUM; GEOMETRIA SAGRADA.

As diferenças entre a aritmologia e a aritmancia são fáceis de ver em termos abstratos, mas na prática isso é mais complicado. Na aritmancia, os números são usados para traduzir letras – por exemplo, uma palavra hebraica ou grega pode ser convertida em seu equivalente numérico, sendo depois comparada com outras palavras com o mesmo valor numérico. Na aritmologia, por outro lado, as propriedades numéricas do próprio número são a chave para seu significado. Assim, o dois, por exemplo, está associado com ideias como divisão e polaridade, enquanto o três representa a solução da polaridade com um terceiro elemento de conexão. Embora essas diferenças sejam bem objetivas, tem sido comum, desde tempos remotos, usar ideias da aritmologia para decifrar relações aritmânticas, para construir enigmas aritmânticos para ocultar segredos aritmológicos, ou misturar as duas em diversas formas engenhosas.

As origens da tradição ocidental da aritmologia não são muito bem conhecidas, embora tanto o Egito como a Mesopotâmia tenham demonstrado avançados conhecimentos matemáticos, intimamente ligados a ensinamentos espirituais desde cedo, o que sugere que ambos podem tê-la criado. O filósofo e místico grego Pitágoras de Samos (c. 570 – c. 495 a.e.c.), que viajou por esses dois lugares e neles estudou, é a primeira figura bem conhecida dessa tradição. Seus alunos, que se espalharam pelo mundo mediterrâneo após um movimento contrário a Pitágoras no início do século V A.E.C., transmitiram conceitos básicos de seus ensinamentos a outros. *VEJA* PITÁGORAS.

Os neoplatonistas dos primeiros séculos da Era Comum tiveram um papel importante na reativação dos estudos aritmológicos; desde então, a tradição foi mantida ao longo da Idade Média, que incluía a aritmologia na aritmética convencional, tal como fundia astrologia e astronomia. O movimento ocultista do Renascimento inspirou-se bastante em antigas obras aritmológicas e nos desdobramentos medievais dessa tradição, e os textos renascentistas da aritmologia – muitos dos quais nunca foram traduzidos ou sequer reeditados desde a Revolução Científica – representam, de diversas maneiras, o apogeu dessa tradição. A Revolução Científica, aqui como em outras áreas da tradição ocultista, pôs fim a esse florescer dos estudos aritmológicos. Mesmo assim, têm sido publicados, lenta mas sistematicamente, livros sobre o assunto até o presente.

Graças à Maçonaria, que absorveu certos conceitos básicos da aritmologia tradicional em data recuada, o simbolismo aritmológico ainda desempenha um papel importante em muitos sistemas de lojas fraternais e mágicas. O número de oficiais numa loja, nos graus ou níveis de um sistema, de batidas numa porta, de degraus numa escada simbólica ou de listas num traje cerimonial geralmente têm um significado aritmológico. *VEJA* BATERIA; LOJA FRATERNAL; LOJA MÁGICA. *VEJA TAMBÉM* QUADRIVIUM; GEOMETRIA SAGRADA. LEITURA ADICIONAL: MICHELL, 1972; TAYLOR, 1972; THEON, 1979; WATERFIELD, 1988.

Arktogäa. (do grego *arktos*, "urso", "Ursa Maior", e *gaia*, "terra") Nos textos ariosóficos, a suposta morada dos árias, continente desaparecido e hoje coberto pelo oceano Ártico. *VEJA* ARIOSOFIA.

armadilha do diabo. Nome usual de uma categoria de amuletos encontrados na Babilônia e em outras partes do Oriente Médio, usados entre o século III A.E.C. e o século VI E.C. Apesar da localização de muitos exemplares, eram principalmente um costume judeu, e a maioria dos objetos encontrados tinha textos em hebraico. Consistem em tigelas de terracota inscritas com encantamentos mágicos, enterradas de boca para baixo nos quatro cantos de uma casa ou de outras edificações. Muitas citam passagens das escrituras hebraicas e incluem nomes sagrados de diversas espécies. Eram considerados capazes de afugentar demônios, rebater maldições e proteger os habitantes da casa de maus-olhados. *VEJA* AMULETO; MAU-OLHADO.

armanen. Segundo as doutrinas ariosóficas de Guido von List, uma ordem de antigos reis-sacerdotes pagãos da Alemanha, que governaram as tribos teutônicas no período que antecedeu a chegada do cristianismo. List baseou esse conceito num texto do historiador romano Tácito, que descreveu os antigos alemães como um povo formado por três tribos: os ingaevones, do litoral do Mar do Norte; os istaevones, ao sul, e os hermiones entre as duas. A reconstrução de List equiparou essas três tribos com as três castas árias da sociedade védica hindu – respectivamente os agricultores, os guerreiros e os sacerdotes ou intelectuais – e tirou a expressão "hermiones" de uma palavra protogermânica inventada, *armanen*.

Segundo List e seus seguidores, os antigos armanen se dividiam em três graus de iniciação, cada um com todos os acessórios comuns no século XIX, como sinais, apertos de mão e senhas. Candidatos com suficiente pureza racial passavam sete anos em cada um dos graus inferiores de Noviço e Irmão antes de progredirem ao *status* de Mestre. Nos postos mais elevados dos armanistas, ou *Halgadome*, os mestres praticavam justiça, criavam leis contra a mistura de raças e estudavam os segredos do universo, que List descrevia segundo linhas essencialmente teosóficas.

A chegada do cristianismo, segundo a teoria de List, forçou os armanen a se ocultarem, mas não os eliminou. Os Cavaleiros Templários, a Maçonaria operativa, os rosa-cruzes e o Santo Vehm foram exemplos dados por List como organizações dos armanen trabalhando secretamente, e humanistas do Renascimento como Johann Reuchlin e Cornélio Agrippa também encontraram lugar nas alas de iniciados armanistas secretos. List também afirmou que os ensinamentos armanistas teriam sido passados por rabinos judeus em Rhineland durante o século IX, num esforço para preservá-los da perseguição cristã; essa afirmação permitiu que List e outros ariosofistas afirmassem que a cabala não teria origem judaica, permitindo-lhes identificar praticamente todo o corpo de magia cerimonial do Ocidente como sabedoria armanista.

Não parece haver evidência alguma a indicar que os armanen tenham tido existência histórica além da imaginação de List e de seus seguidores, e não é difícil identificar a gênese dessas ideias numa mistura livre de conceitos da Teosofia, do ocultismo do século XIX, da ideologia racista da Europa Central no início do século XX e de temas do movimento de renovação druida. Mesmo assim, a ideologia arianista foi muito influente na Europa Central entre as duas guerras mundiais, e grupos que se basearam nas ideias de List ainda estão ativos hoje. As teorias de List também podem ter desempenhado um papel no desenvolvimento da mitologia histórica da moderna Wicca, que inclui alegações similares (e similarmente não comprovadas) sobre a continuidade das tradições religiosas pagãs desde a época pré-histórica até o presente. *VEJA TAMBÉM* ARIOSOFIA; DRUIDAS; LIST, GUIDO VON; RUNAS ARMANEN; TEOSOFIA. LEITURA ADICIONAL: GOODRICK-CLARKE, 1992.

Ar nDraiocht Fein (ADF). (irlandês, "Nosso Próprio Druidismo") Organização neopagã norte-americana fundada em 1983 pelo autor e praticante pagão P. E. I. Bonewits, antes um arquidruida da Reformed Druids of North America [RDNA, ou Druidas Reformados da América do Norte]. A fundação da ADF foi inspirada por um amplo interesse no druidismo entre os pagãos norte-americanos, somado à frustração de Bonewits e outros com a falta de informação e com a estrutura imprecisa de muitos sistemas neopagãos. Assim, a organização baseou-se bastante nas informações históricas ortodoxas acerca dos druidas e de outras tradições religiosas indo-europeias antigas.

A ADF é estruturada em grupos denominados *covens* ("assembleias" em inglês), autogovernados, que observam os oito Grandes Dias (idênticos aos sabás da Wicca) e também se reúnem regularmente, pelo menos duas vezes por mês. A ADF como um todo é registrada como organização religiosa sem fins lucrativos, liderada por um arquidruida; Bonewits foi o primeiro arquidruida, mas afastou-se do cargo em 1993. Desde então, uma sucessão de arquidruidas eleitos tem exercido o cargo.

As práticas, a liturgia e o currículo de treinamento da ADF baseiam-se primariamente na pesquisa acadêmica sobre tradições indo-europeias, e receberam muita influência da obra do mitólogo francês Georges Dumezil. Os três mundos, Terra, Mar e Céu, são pontos centrais do ritual da ADF, e os três parentes – os deuses, os ancestrais e os espíritos da natureza – são invocados. Os textos da ADF deixam mais ou menos claro que rejeitam os quatro elementos e os quatro quadrantes usados pela maioria dos outros grupos neopagãos; alguns afirmam (equivocadamente) que estes são judeu-cristãos e que por isso são inaceitáveis num ambiente pagão, enquanto outros simplesmente indicam (acertadamente) que não existem evidências de seu uso por parte de povos indo-europeus pré-históricos. *VEJA* ELEMENTOS MÁGICOS.

A divisão das antigas estruturas sociais indo-europeias em três funções – sacerdote-rei, guerreiro e camponês – feita por Dumezil encontra eco no programa de treinamento da ADF. Há uma série de guildas, ou grupos de interesses especiais, dentro da ADF, às quais são designadas diversas funções, cada uma com seu próprio e extenso programa de treinamento.

A Mãe Terra é invocada em todos os rituais, e o Deus do Mar é chamado para que abra os portais entre os mundos. Os nomes específicos usados para essas divindades, e para outros deuses e deusas que podem ser invocados nos rituais da ADF, variam de um grupo, ou coven, para outro, e às vezes de cerimônia para cerimônia; qualquer panteão indo-europeu pode ser usado num ambiente da ADF. E, com efeito, os rituais são realizados em línguas que vão do irlandês ao antigo eslavo comum ou ao protoindo-europeu.

Enquanto este texto é escrito, a ADF é um dos maiores grupos neopagãos dos Estados Unidos, com Covens (Groves), Protocovens e praticantes individuais espalhados pela maioria dos estados norte-americanos e províncias canadenses, bem como por outros diversos países. *VEJA TAMBÉM* DRUIDAS; REFORMED DRUIDS OF NORTH AMERICA (RDNA).

Aroeris. (grafa-se também Haroeris; em egípcio antigo *Heru-ur*, "Hórus, o Grande") Hórus, o Antigo, um arcaico e complexo deus egípcio em parte confundido com seu sobrinho Hórus, o Jovem, filho de Ísis e de Osíris. Aroeris é um deus guerreiro cujos olhos são o Sol e a Lua; segundo a teologia de Heliópolis, é um dos cinco filhos de Nut e Geb. *VEJA* OSÍRIS.

No sistema mágico da Golden Dawn, a forma divina de Aroeris era usada pelo Hierofante quando esse oficial saía da plataforma do leste. *VEJA* FORMAS DIVINAS; HÓRUS.

Arqa. (hebraico ARQA, "terra") Uma das sete terras da tradição cabalística, correspondente a Hod. *VEJA* TERRAS, SETE.

arquétipo. Na psicologia junguiana, um "dominante psíquico", um centro de energia psicológica que tende a aflorar na consciência humana por meio de formas e imagens similares no mundo inteiro e através dos tempos. Segundo Jung e seus seguidores, os arquétipos são expressões psicológicas interiores dos instintos humanos fundamentais. Correspondem precisamente aos deuses, deusas e outras figuras míticas das religiões mundiais. *VEJA* PSICOLOGIA JUNGUIANA.

arquidruida. Em muitas tradições do druidismo, o líder de um bosque ou de uma ordem de druidas. A expressão parece ter sido criada no século XVII, mas tem sido amplamente adotada até por grupos druidas modernos que rejeitam o movimento de renovação do druidismo. *VEJA* DRUIDAS.

arquifada. Na terminologia da Golden Dawn, uma das classes de espíritos da natureza, que corresponde aos Grandes Elfos, fadas militares ou aos Tuatha de Danann do folclore. No baralho de tarô da própria Golden Dawn, a carruagem do Príncipe de Espadas é puxada por "arquifadas ou arcontes" (Regardie, 1971, p. 548). *VEJA* FADAS.

Arquitetos Africanos, Ordem dos. Ordem semioculta fundada na Alemanha, no final do século XVIII, por C. E. Koffen, um funcionário público. Em seu apogeu, tinha lojas em Worms, em Colônia e em Paris. Exigia que seus membros fossem Mestres Maçons de boa reputação. Trabalhava os seguintes graus:

Inferiores
1. Aprendiz dos Segredos Egípcios
2. Iniciado nos Segredos Egípcios
3. Cosmopolita
4. Filósofo Cristão
5. Aletophilos ("Amante da Verdade")

Superiores
1. Esquire
2. Soldado
3. Cavaleiro

Aparentemente, a ordem teria desaparecido durante as guerras napoleônicas. *VEJA TAMBÉM* MAÇONARIA.

arruda. (*Ruta graveolens*) Erva nativa da região mediterrânea, muito usada em magia natural tradicional. É uma erva usada normalmente como proteção contra magia hostil e para afastar espíritos maléficos. O folclore da caça diz que se você esfrega arruda na ponta de uma flecha, ela sempre encontrará o alvo. *VEJA TAMBÉM* MAGIA NATURAL.

Ars Notoria. *VEJA* ARTE NOTÓRIA.

Arte. *VEJA* OFÍCIO, O.

Arte da Memória. Originalmente desenvolvida na Grécia antiga, a Arte da Memória é um sistema de expansão da capacidade e precisão da memória humana pelo uso da visualização. Suas conexões com as tradições ocultistas do Ocidente eram um tanto quanto limitadas até o Renascimento, e na época clássica e medieval era parte corriqueira da formação da maioria das pessoas cultas, sem nenhuma conexão com o ocultismo. Durante o Renascimento, porém, diversos ocultistas importantes praticaram-na intensamente, e tanto Giordano Bruno quanto Robert Fludd escreveram obras importantes sobre o assunto. *VEJA* BRUNO, GIORDANO; FLUDD, ROBERT.

Um praticante da Arte da Memória, em sua forma clássica, começa memorizando o interior de um edifício, caminhando fisicamente por ele, e depois, repetidas vezes, em sua imaginação, até conseguir recordá-lo detalhadamente. É escolhido um conjunto de *loci* ("lugares") dentro do edifício para que, quando o praticante caminhar pelo edifício em sua imaginação, passe por cada um dos *locus*. Cada "lugar" é então dotado de uma imagem visual que representa alguma coisa que o praticante deseja recordar. A imagem deve ser notável, memorável e deve sugerir, de algum modo, aquilo que se deseja recordar; trocadilhos visuais e o uso de "alfabetos" de imagens eram um dos modos mais comuns para se conseguir isso. Com as imagens no lugar, o praticante simplesmente precisava caminhar novamente pelo edifício em sua imaginação e fazer uma anotação mental das imagens a se recordar quando fosse preciso.

Tudo isso parece extremamente complicado e redundante para as mentes modernas, mas funciona extremamente bem na prática. Os praticantes modernos descobriram que, com a prática, uma quantidade imensa de informações pode ser armazenada de forma rápida e precisa graças a esses métodos. Durante sua interação renascentista com as tradições ocultistas ocidentais, a Arte da Memória deixou para trás importantes vestígios. O hábito mnemônico de se construir imagens simbólicas marcantes teve um impacto importante sobre o simbolismo ocultista, e as próprias cartas do tarô devem ter começado sua carreira como imagens no sistema particular de memória de alguém; VEJA TARÔ. Graças a Alexander Dicson, aluno de Giordano Bruno, a Arte da Memória também foi usada nas lojas maçônicas da Escócia, e assim pode ter tido um importante papel na formação do simbolismo e do ritual da Maçonaria; VEJA MAÇONARIA. LEITURA ADICIONAL: YATES, 1966.

Arte Luliana. Sistema de filosofia contemplativa idealizado pelo místico espanhol Raimundo Lúlio (1235-1315) depois de receber uma visão no monte Randa, na qual nove atributos ou "dignidades" de Deus lhe foram reveladas. Essas dignidades eram a Bondade, a Grandeza, a Eternidade, o Poder, a Sabedoria, a Vontade, a Força, a Verdade e a Glória (no latim de Lúlio, *Bonitas, Magnitude, Eternitas, Potestas, Sapientia, Voluntas, Virtus, Veritas* e *Gloria*).

Cada uma dessas virtudes ficou associada a uma de nove letras – B, C, D, E, F, G, H, I e K, respectivamente – e formou um conjunto de ideias fundamentais, refletidas em cada um dos níveis da existência. Por exemplo, as nove dignidades de Deus tomaram forma no nível angelical como as nove ordens de anjos; no nível celeste, tornaram-se as sete esferas planetárias, mais a esfera das estrelas e o *primum mobile*, a esfera exterior que movia todo o cosmos; e assim por diante através dos planos. As dignidades (e seus equivalentes em cada nível) também podiam ser combinadas, gerando outros conceitos e correspondências.

Todos esses processos foram mapeados em padrões geométricos, círculos concêntricos e "árvores" que representariam as relações entre diferentes manifestações das dignidades. O resultado seria uma complicada álgebra de ideias que podiam ser usadas para se analisar conceitos existentes e criar novos conceitos. A arte também tinha aspectos práticos. O *Novo Tratado de Astronomia* de Raimundo Lúlio apresentava um sistema de medicina astrológica no qual a relação entre elementos, planetas e signos zodiacais era usada para acompanhar ciclos da saúde humana. Lúlio também escreveu *O Livro da Ordem da Cavalaria*, um guia para a ética dos cavaleiros baseado nessa arte; este livro tornou-se muito popular na Europa e foi traduzido para a maioria das línguas europeias.

A semelhança que tudo isso tem com a cabala não deve ser acidental. A visão de Lúlio no monte Randa deu-se em 1274, um ano após a publicação do Zohar, e as primeiras versões da cabala cristã estavam saindo na Espanha na mesma época. As dignidades são bem semelhantes às Sefirot da Árvore Cabalística da Vida, e o método de usar combinações de letras para gerar conceitos também era muito usado no começo da cabala, tendo sido desenvolvido pelo cabalista judeu espanhol Abraham Abulafia menos de cem anos antes.

A Arte Luliana tornou-se extremamente popular na Espanha, na França e na Itália enquanto Lúlio ainda vivia, e manteve-se como importante força intelectual na Europa até o final do Renascimento. Magos renascentistas como John Dee e Giordano Bruno estudaram minuciosamente a Arte. Após a ascensão do racionalismo científico, porém, a Arte foi praticamente esquecida. São encontradas algumas referências a ela na literatura ocultista, mas ainda não ocorreu nenhuma tentativa séria de revivê-la. VEJA TAMBÉM CABALA; LÚLIO, RAIMUNDO. LEITURA ADICIONAL: BONNER, 1985; HILLGARTH, 1971; YATES, 1979.

Arte Notória. Ramo quase esquecido de magia medieval e renascentista, a Arte Notória era usada para se aprender diversos ramos do conhecimento sem despender o tempo ou enfrentar a dificuldade de estudá-los da maneira convencional. Havia vários manuais diferentes da Arte Notória em circulação. Na maioria deles, o praticante deveria olhar fixamente para um diagrama complexo enquanto recitava uma conjuração mágica. Embora pareça pouco provável que esse procedimento possa encher subitamente a cabeça do praticante com informações sobre um assunto que antes ele ignorava, a Arte Notória pode ter conseguido produzir uma versão artificial de talentos inatos, ou o tipo de compreensão intuitiva que torna possível o aprendizado e o domínio de grandes quantidades de dados em pouco tempo.

Muitos dos manuais da Arte Notória eram atribuídos ao rei Salomão, mago supremo das lendas medievais, que supostamente teria recebido a arte de Deus, de maneira direta. *VEJA* SALOMÃO. Apesar disso, ou talvez por isso mesmo, as autoridades da Igreja consideraram a Arte Notória como uma das formas repreensíveis de magia, condenando-a reiteradamente. Restaram poucos livros sobre o assunto. *LEITURA ADICIONAL*: THORNDYKE, 1923; R. TURNER, 1998.

Arthur, rei. Líder militar romano-britânico que viveu entre os séculos V e VI e.c. Praticamente nada se sabe ao certo a respeito do mais famoso rei lendário. Acredita-se que seu nome tenha sido Artorius, nome romano atestado em fontes romano-britânicas, mencionado por um punhado de cronistas antigos como "líder nas batalhas" (*dux bellorum*), um escalão militar romano mais ou menos equivalente a "general". Pode ter sido sobrinho de Ambrosius Aurelianus, uma figura histórica um pouco menos nebulosa da Britânia pós-romana.

Segundo as crônicas, Arthur participou de uma série de batalhas contra os invasores saxões da Britânia em defesa dos habitantes celtas romanizados da ilha, ancestrais dos povos de Gales e da Cornualha. A batalha decisiva e final deu-se num lugar chamado Mount Badon, que ainda não foi identificado com maior certeza. As evidências sugerem que os saxões não conquistaram nada num período de cinquenta anos no início do século VI, e muitos historiadores atribuem isso a Arthur.

Malgrado esforços para ligá-lo ao sul da Escócia, ou a lugares ainda mais remotos, a maioria dos historiadores concorda que suas atividades e batalhas se centralizaram na região que tradicionalmente é associada a ele – a terra de Logres, hoje sudoeste da Inglaterra. O castelo de Cadbury, uma fortaleza pré-histórica situada numa colina, foi sugerido como lugar plausível para sua base doméstica. Glastonbury, onde seu corpo teria sido supostamente desenterrado na época medieval, também fica em Logres. *VEJA* GLASTONBURY.

No período difícil que se seguiu aos meados do século VI, quando a maioria da Britânia ficou sob controle saxão e muitos se refugiaram no noroeste da França, contavam-se e recontavam-se histórias do tempo glorioso em que forças celtas teriam mantido os invasores ao longe, combinadas com material mitológico mais antigo da religião cristã, pré-celta. Esses materiais, reinterpretados no século XII e depois por poetas e menestréis medievais, deram origem às lendas arthurianas que chegaram até nossos dias; *VEJA* LENDAS ARTHURIANAS. *LEITURA ADICIONAL*: DARRAH, 1994.

Árvore da Vida. Na cabala, o arranjo formado pelas dez Sefirot mais os 22 caminhos. A Árvore da Vida é o padrão simbólico básico do moderno ocultismo ocidental, usada intensamente até por grupos e tradições que não alegam ter qualquer conexão com a cabala.

A Árvore da Vida desenvolveu-se gradualmente em círculos cabalísticos da Espanha e do sul da França, a partir de discussões sobre a relação entre cada uma das dez Sefirot e as demais. A disposição essencial das Sefirot ficou assentada por volta do século XIV, mas a relação entre as Sefirot e os Caminhos manteve-se aberta a discussões durante séculos, e ainda há várias versões diferentes da Árvore da Vida em uso atualmente, diferindo na posição e nas atribuições dos Caminhos.

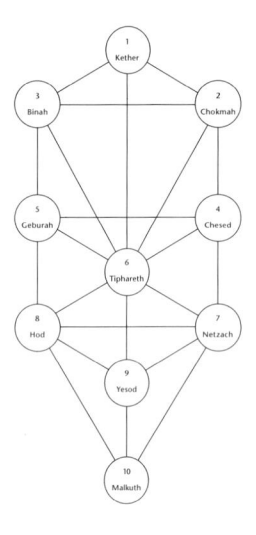

Árvore da Vida; as linhas são os Caminhos e os círculos são as Sefirot

Têm circulado diversas classificações de níveis ou estágios da árvore no decorrer do desenvolvimento da cabala. Uma divisão bastante antiga, discutida pelo cabalista espanhol Azriel de Gerona (falecido no início do século XIII), define o triângulo superior das Sefirot como "intelectual", o triângulo seguinte como "mental" e o triângulo inferior como "natural". (Esses termos são extraídos da metafísica medieval e têm causado muita confusão nos últimos tempos, pois, no pensamento medieval, "intelecto" tem quase o mesmo significado que "intuição espiritual" tem hoje.)

Outra divisão, importante nos primeiros textos mas não muito em evidência na tradição moderna, dividia a Árvore ao meio, com as cinco Sefirot superiores (Kether a Geburah) representando poderes ocultos e as cinco inferiores (Tiphareth a Malkuth) representando poderes revelados. Uma divisão bastante similar, mais popular nos textos recentes, divide as três Sefirot superiores (as "Três Supernais") e as sete inferiores (as "Sefirot da Construção"), que correspondem aos sete dias da criação do mundo no Livro do Gênesis; entre elas, há uma barreira, o Abismo.

Mais uma divisão, muito usada na cabala moderna, divide a Árvore segundo os quatro mundos da cabala. Neste sistema, a primeira Sefirah, Kether, pertence ao mundo de Atziluth; a segunda e a terceira, Chokmah e Binah, pertencem ao mundo de Briah; a quarta até a nona pertencem ao mundo de Yetzirah; e a última, Malkuth, pertence ao mundo de Assiah. Alternativamente, cada um desses mundos tem sua própria árvore. *VEJA* QUATRO MUNDOS.

Também muito importante, ao longo da história do pensamento cabalístico, é a divisão da Árvore em três pilares. O pilar da direita, compreendendo Chokmah, Chesed e Netzach, é chamado de Pilar da Misericórdia ou da Força. O pilar da esquerda, compreendendo Binah, Geburah e Hod, é chamado de Pilar da Severidade ou da Forma. O pilar central, compreendendo Kether, Tiphareth, Yesod e Malkuth, é chamado de Pilar da Suavidade, do Equilíbrio ou da Consciência, ou simplesmente de Pilar do Meio. Os dois primeiros pilares costumam estar associados aos dois pilares do Templo do Rei Salomão, Jachin e Boaz. *VEJA* BOAZ; JACHIN; TEMPLO DE SALOMÃO.

Nos textos do renascimento mágico dos séculos XIX e XX, a Árvore da Vida é identificada com a serpente Nehushtan e o astral superior, o reino da purificação. *VEJA* PLANO ASTRAL; NEHUSHTAN; ÁRVORE DO CONHECI-

MENTO. *VEJA TAMBÉM* CABALA; SEFIROT. LEITURA ADICIONAL: FORTUNE, 1984; J. GREER, 1996; SCHOLEM, 1974.

Árvore do Conhecimento. A Árvore do Conhecimento do Bem e do Mal, para usar seu nome completo, tem um papel central na narrativa da Queda nos primeiros capítulos do Livro do Gênesis. Adão e Eva são proibidos de comer seus frutos, e sua decisão de fazê-lo causa sua Queda e priva-os da vida eterna. *VEJA* QUEDA, A.

Na teoria cabalística, a Árvore do Conhecimento e a Árvore da Vida eram consideradas como sendo unidas até Adão separá-las, um ato que deu existência independente ao mal. Os primeiros textos cabalísticos chamam esse ato de "corte dos ramos" e identificam-no de algum modo com todos os pecados importantes mencionados no Antigo Testamento.

Em textos do renascimento mágico dos séculos XIX e XX, a Árvore do Conhecimento está associada com a serpente Nachash e o astral inferior, o mundo da ilusão. *VEJA* PLANO ASTRAL; NACHASH; ÁRVORE DA VIDA.

As. (norueguês antigo, "deus") A quarta runa do futhark recente, a runa especial do deus Odin. Representa inspiração, sabedoria e conhecimento, bem como o som *a*. *VEJA* FUTHARK RECENTE.

Runa As

asana. No yoga, qualquer postura, ou posição corporal, usada para meditação ou exercício psicofísico. A expressão foi adotada por alguns sistemas ocultistas ocidentais para identificar as posturas de meditação ou as posições de exercícios estáticos. *VEJA* MEDITAÇÃO; YOGA.

Asatrú. (nórdico antigo, "fé dos Aesir") Mais comum expressão moderna para a religião pagã norueguesa e germânica, usada primariamente em suas reedições modernas, mas aplicada também, principalmente pelos asatruar (seguidores de Asatrú), à antiga adoração de divindades germânicas. Em sua forma original, Asatrú era a religião tribal dos povos germânicos, um ramo da família indo-europeia de nações que saiu da Ásia por volta de 1000 A.E.C. e se estabeleceu onde hoje é a Europa Central e o norte desse continente. Como quase todas as tradições pagãs do antigo mundo ocidental, a religião germânica era um politeísmo flexível, que reverenciava uma vasta gama de deuses, espíritos e outras entidades sobrenaturais. Seus ritos primários incluíam o sacrifício de animais e oferendas como cerveja e bens, diversas formas de adivinhação, inclusive o uso do alfabeto rúnico, e diversas práticas de transe semelhantes ao praticado por xamãs. *VEJA* RUNAS; SACRIFÍCIO.

Poucos povos germânicos chegaram a ser conquistados pelos romanos, mesmo na época do maior apogeu do império, e por isso o cristianismo demorou a penetrar no território germânico. Na época da queda de Roma (476 E.C.), porém, diversas tribos germânicas mais romanizadas já haviam e convertido ao cristianismo, e a Igreja espalhou-se firmemente para o norte, convertendo finalmente os últimos territórios totalmente pagãos da Escandinávia no século XI. *VEJA* PAGANISMO. Restou uma minoria pagã até muito depois disso, e alguns afirmam que até hoje sobrevive uma tradição de paganismo nórdico na Islândia.

Seja como for, o ressurgimento de Asatrú no século XX não teve nada a ver com esses sobreviventes. Na verdade, surgiu com a redescoberta das antigas mitologia e literatura nórdicas no século XIX. Escritores e poetas românticos da Alemanha, da Inglaterra e de vários outros países se inspiraram bastante nessas fontes, produzindo uma enxurrada de importantes trabalhos literários e artísticos, entre os quais a série incrivelmente popular de quatro óperas de Richard Wagner, *O Anel dos Nibelungos* e a trilogia *O Senhor dos Anéis*, do escritor inglês J. R. R. Tolkien, de igual sucesso.

O ressurgimento das ideias pagãs no século XX tornou inevitável o fato de que as antigas tradições germânicas seriam, mais cedo ou mais tarde, adotadas por adoradores modernos. Infelizmente, isso se deu primeiro na Alemanha e na Áustria, em círculos ocultistas e racistas de direita, ancestrais diretos do movimento Nacional-Socialista (nazista) na Alemanha. *VEJA* ARIOSOFIA; NACIONAL-SOCIALISMO. Embora o movimento nazista não fosse nem um pouco fiel às tradições mais antigas, teve um papel importante como desencorajador do ressurgimento do Asatrú, que só aflorou muitas décadas depois do reaparecimento de outros movimentos neopagãos. *VEJA* DRUIDISMO; WICCA.

O primeiro movimento Asatrú significativo fora do ramo ariosófico surgiu na década de 1970, quando diversos grupos pequenos da Europa e da América começaram a explorar um novo paganismo germânico. Um incentivo importante para esse movimento florescente foi a publicação do livro de Ralph Blum, *The Book of Runes*, em 1978; o trabalho de Blum foi muito criticado pelos asatruar como pouco profundo e impreciso, mas fez com que as tradições espirituais germânicas ganhassem um súbito destaque positivo na mídia. *VEJA* RUNAS.

As décadas de 1980 e 1990 viram a grande disseminação do Asatrú no mundo ocidental, bem como a fundação de uma série de organizações que tiveram um papel importante no desenvolvimento de um corpo coerente de práticas e teorias para o Asatrú moderno. A primeira delas, a Rune-Gild, foi criada nos Estados Unidos por Edred Thorsson (Stephen Flowers) em 1980. As confusões organizacionais que parecem ser universais nos círculos pagãos modernos estiveram presentes na história da Rune-Gild e seus sucessores, mas não parecem ter prejudicado muito a difusão do Asatrú.

No presente momento, Asatrú ainda está passando por importantes modificações. Os oito sabás da prática Wicca foram adotados por diversos grupos Asatrú, embora haja discussões sobre os calendários rituais já propostos. A tradição rúnica, foco original da maior parte da atividade Asatrú no mundo ocidental, ainda é um tema importante, mas rituais de adoração aos deuses e deusas têm ganhado cada vez mais destaque, e a *galdor* – tradicional prática mágica nórdica, bastante enriquecida por tópicos inspirados em outros sistemas – também tem crescido bastante. Mais recentemente, tem havido a difusão do *seidhr* ou *seith*, sistema de trabalho com transes baseado nas atuais ideias sobre o xamanismo, levado aos Estados Unidos na década de 1990 pela escritora e sacerdotisa americana Diana Paxson; *VEJA* SEIDHR. É provável que o futuro próximo conheça novos desdobramentos. *VEJA TAMBÉM* NEOPAGANISMO. LEITURA ADICIONAL: ASWYNN, 1998; THORSSON, 1989A; THORSSON, 1998.

ascendente. Na astrologia, o ponto da eclíptica situado sobre o horizonte oriental num dado momento do tempo. Na astrologia natal, o ascendente tem um papel fundamental, pois assinala a orientação da pessoa com relação a todo um padrão de estrelas fixas e constelações zodiacais. Na astrologia antiga e na medieval, o ascendente era chamado de horóscopo; a importância desse ponto pode ser avaliada pelo fato de que, em meados da Idade Média, emprestava seu nome ao mapa como um todo. *VEJA* ASTROLOGIA; MAPA ASTRAL; HORÓSCOPO.

No sistema da Golden Dawn, a Esfera da Sensação, ou aura, reflete a esfera celeste tal como era vista no momento natal, com o ponto do ascendente na frente da linha média do corpo físico ao longo da vida. *VEJA* ESFERA DE SENSAÇÃO.

ascender pelos planos. Na magia da Golden Dawn e algumas outras tradições ocultistas modernas, uma prática mágica básica para o desenvolvimento espiritual. Segundo o procedimento da Golden Dawn, o mago senta-se numa posição equilibrada e estável, segurando uma haste de lótus com as duas mãos, com a flor de lótus no alto apontando para sua testa. Em sua imaginação, o mago sai de seu corpo físico e começa a ascender pelo Pilar do Meio da Árvore Cabalística da Vida, buscando subir pelos níveis da existência e entrar em contato com realidades espirituais superiores.

Ascender pelos planos pode eventualmente referir-se à projeção astral plena, ou a diversos modos de visão astral; as duas técnicas funcionam bem na prática. Várias tradições derivadas da Golden Dawn seguem o método com direções variadas, mas o conceito de ascender pelos níveis da existência é uma característica constante. *VEJA TAMBÉM* PROJEÇÃO ASTRAL; GOLDEN DAWN; ESCRIAÇÃO. LEITURA ADICIONAL: CROWLEY, 1976; REGARDIE, 1971.

Ashim. (hebraico AShIM, "chamas") Segundo alguns relatos, a ordem de anjos atribuída a Malkuth, a décima esfera da Árvore da Vida; outros relatos atribuem Malkuth aos Ishim. *VEJA* ANJO; ISHIM; MALKUTH.

Ashmole, Elias. Estudioso e ocultista inglês, 1617-1692. Mais importante estudioso e ocultista de sua geração, Ashmole nasceu na cidade de Lichfield, em Staffordshire, e frequentou a famosa Lichfield Grammar School. Trabalhou como advogado até se casar, quando a fortuna de sua esposa permitiu-lhe dedicar sua vida inteiramente a temas acadêmicos e ocultistas.

Os interesses de Ashmole incluíam alquimia, magia ritual e astrologia. Foi responsável por reunir a maioria dos manuscritos mágicos ainda existentes do grande mago elisabetano John Dee; *VEJA* DEE, JOHN. Sua coleção de poemas alquímicos ingleses, *Theatrum Chemicum Britannicum* (1652), preserva vários textos alquímicos medievais importantes, inclusive o *Ordinall of Alchemy*, de Norton; *VEJA* NORTON, THOMAS. Ele também escreveu aquele que ainda é o melhor texto sobre as origens e as primeiras histórias da Ordem da Jarreteira.

Embora fosse leal súdito do rei, Ashmole conseguiu sobreviver ao conturbado período da Guerra Civil inglesa e ao Interregno [1649-1660] sem muitos problemas. Um de seus melhores amigos era o astrólogo do Parlamento, William Lilly, com quem trabalhou em diversos projetos de pesquisa astrológica; a amizade de Lilly pode tê-lo ajudado a passar incólume durante aquele período de conflitos, e ele retribuiu a gentileza durante a Restauração, quando sua influência manteve Lilly longe de problemas legais. *VEJA* LILLY, WILLIAM.

Após a Restauração, Ashmole recebeu diversos favores do rei Carlos II e vários cargos lucrativos no governo. Foi ainda membro fundador da Royal Society. Em 1677, doou uma grande coleção de antiguidades, em parte herdadas de seu amigo John Tradescant, à Universidade de Oxford, onde tornou-se o núcleo do Ashmolean Museum. Morreu em 1692. *VEJA TAMBÉM* ALQUIMIA. LEITURA ADICIONAL: ASHMOLE, 1652.

Asmodeus. (do persa *Aeshma Daeva*) Uma das importantes figuras da demonologia judaica e cristã, Asmodeus tem várias atribuições e empregos segundo autores diferentes. Na maioria das fontes, é mencionado como um arquidemônio da Geburah, a sétima esfera da Árvore Cabalística da Vida; VEJA CABALA; GEBURAH. De acordo com o *Lemegeton*, tem a aparência de um homem com três cabeças – de touro, de carneiro e de homem – com cauda de serpente e pés de ganso, montado num dragão e exalando fogo. Dizem que ele é um excelente professor de aritmética, astronomia, geometria e artesanato.

O folclore cabalístico diz que o nome Asmodeus, ou Ashmedai, é um título, e não um nome, e que é ostentado pelos reis dos demônios, um de cada vez. Essa afirmação relaciona-se com a arte cabalística da gematria, pois Ashmedai e a palavra "faraó", título do rei do Egito, têm o mesmo número em gematria.

Uma estranha lenda judaica afirma que Asmodeus era, ou é, o líder de uma classe de demônios que se converteu ao judaísmo e aceitou a Torá. Esses "demônios judeus" seriam, segundo se acreditava, descendentes de uniões entre demônios e seres humanos, tendo vidas longas, mas sem serem imortais. Acreditava-se que o próprio Asmodeus seria o filho do rei David e de Agrath, rainha dos demônios, ou filho de Naamah, irmã de Tubalcain, com um pai demoníaco desconhecido. Segundo um texto, ele foi capturado e morto na comunidade judaica de Mainz, na Alemanha, no terrível pogrom de 1096.

Seu nome ora é grafado Asmodai, ora Asmoday. VEJA TAMBÉM DEMÔNIO. LEITURA ADICIONAL: SCHOLEM, 1974.

aspecto astrológico. Uma dentre diversas relações angulares entre planetas e/ou outros pontos astrológicos importantes, medidos do ponto de vista da Terra, e consideradas relevantes para a astrologia. Os aspectos da astrologia tradicional são a conjunção, na qual dois corpos ocupam o mesmo grau do zodíaco ao mesmo tempo; a oposição, na qual os corpos estão a uma distância de 180 graus; o trígono, a 120 graus; a quadratura, a 90 graus de distância; e o sextil, a 60 graus um do outro.

Cada aspecto tem um *orbe*, um certo número de graus antes e depois do ponto exato no qual o aspecto se produz. O tamanho do orbe varia de aspecto para aspecto: a conjunção e a oposição têm o maior orbe, e os outros, progressivamente menores. O tamanho exato do orbe de um dado aspecto é tema de discussão entre os astrólogos, mas um esquema comum apresenta um orbe de 7 graus para a conjunção e a oposição, de 5 graus para o trígono e a quadratura, e de 3 graus para o sextil.

A partir do século XVII, os astrólogos começaram a propor diversos aspectos adicionais. Os primeiros esforços nesse sentido foram os trabalhos do astrônomo e astrólogo alemão Johannes Kepler (1571-1630), que introduziu o biquintil (144 graus), a sesquiquadratura (135 graus), o sesquiquintil (108 graus), o quintil (72 graus), a semiquadratura (45 graus) e o semiquintil (36 graus). Um contemporâneo de Kepler, o astrólogo francês Jean-Baptiste Morin (1583-1656) apresentou o semissextil (30 graus) e o quincúncio (150 graus). Todos esses aspectos são considerados relativamente fracos, e a maioria dos astrólogos modernos trata-os, na melhor das hipóteses, como elementos de fundo.

VEJA VERBETES COM O NOME DE CADA ASPECTO; VEJA TAMBÉM ASTROLOGIA.

Assessores, Quarenta e Dois. Na antiga mitologia egípcia, seres divinos que auxiliavam Osíris no julgamento das almas dos mortos. A cada Assessor correspondia um pecado, e o morto precisava ser capaz de negar que teria cometido cada um desses pecados para não ser condenado pelos Assessores e devorado pelo monstruoso Devorador de Almas. Esse processo se acha detalhado no *Livro Egípcio dos Mortos*. *VEJA* LIVRO EGÍPCIO DOS MORTOS; OSÍRIS.

Na cerimônia do Grau de Neófito da Golden Dawn, os Quarenta e Dois Assessores fazem parte da estrutura de estações invisíveis construídas pelo Hierofante e outros oficiais antes do ritual, usado para canalizar energias durante ele. *VEJA* ESTAÇÕES INVISÍVEIS.

Assiah. Mundo da ação, o quarto dos quatro mundos da teoria cabalística, correspondente ao nível material da existência. Na Árvore da Vida, é representado como um todo pelas dez esferas celestes, e corresponde mais de perto a Malkuth, a décima e última Sefirah. Em Assiah, o Tetragrammaton é grafado YVD HH VV HH, e o nome secreto de Assiah é BN, Ben. *VEJA* BEN; CABALA; TETRAGRAMMATON.

assinaturas, doutrina das. No ocultismo e na tradição herbácea ocidental, a crença de que as virtudes médicas e mágicas de uma erva podem ser encontradas simbolizadas de algum modo na cor, na forma ou em alguma outra qualidade da erva. Por exemplo, acredita-se que as alegres flores amarelas do dente-de-leão, por terem a cor da icterícia, teriam virtudes para curar problemas do fígado – o que, de fato, têm.

Há pelo menos três formas da doutrina das assinaturas, que podem ser encontradas em textos ocultistas dos períodos antigo, medieval e início do moderno. A primeira é a versão médica da doutrina, tal como mostrado no exemplo acima, no qual a assinatura presente na planta indica suas virtudes curativas específicas.

A segunda versão é astrológica, e sustenta que o planeta regente de qualquer erva pode ser identificado por suas qualidades físicas. Assim, por exemplo, ervas com folhas do tipo samambaia, muito divididas, são associadas a Vênus, e aquelas que têm flores amarelas costumam ser solares. (Novamente, o dente-de--leão é um exemplo: muitos herbários antigos associam-no ao Sol.) Isso tem importantes implicações médicas, pois o regente planetário de uma erva é um fator significativo na antiga abordagem astrológica da medicina herbácea; serve ainda para mostrar aplicações mágicas para ervas e outras plantas.

A terceira versão da doutrina das assinaturas é mística, e está particularmente associada à tradição iniciada pelo místico alemão Jacob Böehme (1575-1624). Numa das experiências místicas de Böehme, ele percebeu que conseguia captar os poderes médicos e místicos de cada planta num campo simplesmente olhando para elas, embora esse talento desaparecesse quando ele saía do estado místico. Em obras escritas por seus seguidores, essa visão tornou-se a base de uma versão da doutrina das assinaturas que tinha aplicações puramente místicas, indicando as possibilidades de conhecimentos transcendentais que podem ser obtidos pela prática espiritual. *VEJA* BÖEHME, JACOB; TEOSOFIA. *VEJA TAMBÉM* MAGIA NATURAL. LEITURA ADICIONAL: TOBYN, 1997; WOOD, 2000.

Assurbanípal. Rei assírio que governou entre 668-627 A.E.C. A maior parte de seu reinado foi dedicada a guerras nas fronteiras do Império Assírio, que incluíam toda a Mesopotâmia e a Palestina, estendendo-se ao norte do Egito no reinado de seu pai, Esarhaddon. Concluiu a conquista do Egito, deu cabo de uma rebelião liderada por seu irmão Shamashumukin, conquistou Elam e trouxe a Arábia e a Armênia sob o controle da Assíria. No entanto, ao contrário de muitos reis da Assíria, era um estudioso além de guerreiro, e no período de paz ao final de seu reinado dedicou a maior parte de seu tempo a interesses literários e históricos.

Sua importância para a história da magia está em seus esforços sistemáticos para colecionar registros antigos em placas de argila das velhas cidades babilônicas e sumérias de seu império. Os registros copiados por seus escribas, encontrados nas ruínas de seu palácio na capital assíria, Nínive, incluem um grande lote de textos sobre magia da Mesopotâmia.

Não ficou registrado se Assurbanípal chegou a praticar parte do material que reuniu, mas certamente os rituais não estavam lá simplesmente como antiguidades. Foi encontrado um conjunto de cinco estátuas de cães em terracota enterrado na entrada da ala oeste do palácio de Assurbanípal em Nínive; suas cores, e as inscrições em suas pernas, são iguais às instruções para fabricar estátuas guardiãs mágicas encontradas num texto ritual em sua biblioteca. *VEJA* ESTÁTUAS MÁGICAS. *VEJA TAMBÉM* OCULTISMO MESOPOTÂMICO.

Astaroth. Importante demônio da demonologia judaica e cristã, Astaroth deve ter sido baseado na deusa canaanita Astarte, aparentemente sofrendo uma mudança de sexo nesse processo; *VEJA* ASTARTE. Segundo a tradição cabalística, é o arquidemônio de Chesed, a quarta Sefirah da Árvore Cabalística da Vida; o *Lemegeton* descreve-o como um duque do Inferno, que aparece como um anjo montado num dragão e segurando uma víbora na mão direita. Ele tem o poder de ler a sorte e de ensinar as artes liberais. *VEJA TAMBÉM* DEMÔNIO; LEMEGETON, O.

Astarte. Antiga deusa canaanita do amor e da guerra, Astarte aparece em registros que recuam a meados do segundo milênio A.E.C., sendo mencionada nas escrituras judaicas. Aparentemente, era a deusa mais popular dentre os diversos povos semitas do antigo Oriente Próximo. Como tal, foi cooptada por diversas tradições pagãs modernas como nome da Deusa da atual teologia neopagã. *VEJA* DEUSA, A.

asteroides. Agrupamento de pequenos planetoides que orbitam o Sol, com tamanhos que vão de grãos de poeira a massas rochosas com centenas de quilômetros de diâmetro. Há pelo menos 40 mil grandes o suficiente para serem vistos da Terra ao telescópio; a maioria, mas não todos, circulam entre as órbitas de Marte e Júpiter, e tem sido sugerido que eles podem ser os restos de um planeta que antes ocupava essa órbita e foi destruído.

Os astrólogos ignoraram os asteroides quase que por completo até 1973, quando a astróloga norte-americana Eleanor Bach pediu que um astrônomo preparasse efemérides precisas dos quatro asteroides mais proeminentes – Ceres, Vesta, Palas e Juno. Bach considerou que esses quatro corresponderiam ao signo astrológico de Virgem, embora alguns astrólogos tenham atribuído depois estes dois últimos a Libra.

Antigamente, acreditava-se que o cometa gigante Quíron, que percorre uma órbita instável entre Saturno e Urano, fosse um asteroide, e às vezes ele é classificado como tal para fins astrológicos. *VEJA* QUÍRON.

Um certo número de astrólogos modernos inclui os asteroides em seu trabalho. Mesmo os proponentes da astrologia de asteroides consideram-nos fatores relativamente pequenos no mapa, e a maioria dos astrólogos ignora-os por completo. *VEJA TAMBÉM* ASTROLOGIA.

Astrâmpsico, Sortes de. Sistema divinatório inventado no século II ou III E.C., atribuído a um certo Astrâmpsico, o Mago (provavelmente fictício), e muito usado no período romano tardio e no início da Idade Média. As Sortes começam com 92 perguntas; o consulente escolhe uma e depois seleciona aleatoriamente um número entre um e dez. O número escolhido é somado ao número da pergunta, e a soma é buscada numa tabela de deuses oraculares (na versão pagã das Sortes) ou de santos cristãos (na versão cristã). Cada deus ou santo tem uma tabela com dez respostas, e o número escolhido aleatoriamente é usado para se obter a resposta correta.

A estrutura básica das Sortes é semelhante à do *Livro do Destino* de Napoleão, embora este também se valha da arte divinatória da geomancia. *VEJA* GEOMANCIA; LIVRO DO DESTINO DE NAPOLEÃO. *VEJA TAMBÉM* ADIVINHAÇÃO; ORÁCULOS. LEITURA ADICIONAL: R. STEWART, 2001; VAN DER HORST, 1998.

astrologia. Arte e ciência da adivinhação pela posição do Sol, da Lua, dos planetas e estrelas com relação a uma posição sobre a superfície da Terra, a astrologia é um dos mais antigos ramos do ocultismo praticados até hoje. Seu conceito essencial é que a posição das estrelas e dos planetas num dado momento pode ser interpretada como um mapa das forças e fatores sutis que estão em ação naquele momento. Quando uma pessoa nasce, um evento ocorre ou uma pergunta é feita, as características do exato momento no tempo em que essas coisas acontecem se refletem no firmamento, e podem ser interpretadas por aqueles que sabem como fazê-lo.

O cerne da astrologia ocidental tradicional é a visão do universo como uma matriz de forças, na qual cada elemento afeta os demais. As mesmas energias que fluem pelas estrelas e planetas também pulsam pelas mentes e corpos de cada ser humano, e assim os movimentos do céu se refletem de forma sutil nos eventos da Terra. Muitos dos relatos mais antigos da astrologia mostram essa percepção, graças à filosofia platônica que permeia a maior parte do ocultismo ocidental, embora muitos astrólogos modernos prefiram falar levando-se em consideração o conceito de "sincronicidade" do psicólogo Carl Jung; seja como for, o conceito básico é o mesmo.

As origens da astrologia podem ser encontradas nas antigas cidades-estado da Mesopotâmia, onde crenças religiosas pagãs diziam que os planetas eram deuses e deusas, e onde os sacerdotes começaram a acompanhar os movimentos das divindades no firmamento numa época bastante remota. O registro mais antigo de movimentos planetários que chegou aos nossos dias, a tabuleta de Ammishaduqa falando de Vênus, data aproximadamente de 1650 A.E.C., mas há motivos para acreditar que tais registros começaram muitos séculos antes dessa data. Os movimentos dos planetas, bem como vaticínios e sinais, foram comparados com eventos terrestres e os resultados foram registrados. Por volta do século VII A.E.C., quando a coleção de 7 mil vaticínios *Enuma Anu Enlil* foi compilada, esse imenso projeto tinha atingido o ponto em que já se tiravam conclusões sistemáticas, e foi nos séculos imediatamente seguintes a esse que a astrologia tomou a forma como a conhecemos hoje. *VEJA* OCULTISMO MESOPOTÂMICO.

Os mapas astrológicos mais antigos, como sugerido anteriormente, são da Babilônia, e datam do final do século V A.E.C. Pouco depois, a arte foi transmitida para um novo poder emergente, a Grécia, e, quando Alexandre, o Grande, conquistou a Mesopotâmia, em 331 A.E.C., as mudanças políticas e culturais resultantes difundiram a astrologia por todo o mundo mediterrâneo.

Era apenas um dentre muitos sistemas divinatórios até o reinado de Augusto, o primeiro imperador de Roma (63 A.E.C. – 19 E.C.). Augusto considerou a astrologia uma ferramenta útil de propaganda na campanha para legitimar seu governo em substituição à antiga república, e publicou seu horóscopo (como também é chamado o mapa astrológico natal) para endossar a alegação de que as estrelas o haviam predestinado a governar Roma.

Seu apoio e o de seu sucessor, Tibério, fizeram da astrologia o mais prestigiado sistema divinatório, e deram início a uma era de ouro de práticas e estudos astrológicos.

Muitos dos mais importantes livros de referência astrológica foram escritos nos dois séculos seguintes, inclusive os livros de Manílio, Doroteu de Sidon, Vécio Valente e, acima de todos, Cláudio Ptolomeu, cujo *Tetrabiblos* (Quatro Livros) foi o mais importante manual de astrologia durante os mil anos seguintes. Absorvida pelos árabes na época do declínio romano, a astrologia passou por novos refinamentos, quando gerações de astrônomos e matemáticos árabes idealizaram novas ferramentas para o cálculo das posições exatas de planetas e signos, bem como para a extração de significados de um mapa.

A astrologia sofreu um eclipse parcial na Europa durante o início da Idade Média, principalmente por causa do preconceito cristão contra as adivinhações. Mesmo assim, os elementos básicos da arte foram preservados, e registros contemporâneos indicam que a maioria da nobreza francesa, já no século IX E.C., aconselhava-se com astrólogos particulares. A astrologia medieval tinha de depender das observações cotidianas das estrelas e dos planetas, pois a maior parte dos conhecimentos matemáticos necessários para a montagem precisa de um mapa, ou horóscopo, foi perdida com a Queda de Roma, e precisou ser importada do mundo árabe. Os astrólogos do início da Idade Média prestavam muita atenção nas fases e posições da Lua, que podia ser acompanhada facilmente a olho nu, e com isso surgiram vários almanaques astrológicos lunares. *VEJA* LIVRO DE LUNAÇÕES.

No final do século XI E.C., porém, muitos livros de astrologia e de matemática árabes foram traduzidos para o latim, e em pouco tempo tornaram-se disponíveis para estudiosos de toda a Europa. Apesar de muitos clérigos olharem com reservas esse novo movimento astrológico, muitos outros eram adeptos entusiásticos da nova arte, e a astrologia tornou-se imensamente popular.

No início do século XII, começaram a circular pela Europa Ocidental tabelas astrológicas detalhadas, removendo a última barreira importante diante da prática astrológica. Com as novas Tabelas Alfonsinas – assim chamadas porque foram compiladas sob a orientação do rei Alfonso I de Aragão – qualquer um que tivesse um conhecimento básico de latim e de matemática podia montar um mapa astrológico com precisão de mais ou menos um grau.

A partir deste ponto, a astrologia tornou-se, para todos os fins práticos, parte da vida cotidiana da população, até a chegada da Revolução Científica. Um pequeno número de estudiosos a invalidava ou questionava suas premissas, mas a maioria das pessoas a tratava como parte da natureza básica da realidade. Como era típico naquela época, durante meados do século XVI, quando a Reforma estava aquecendo os ânimos, astrólogos protestantes e católicos calcularam e distribuíram mapas bem diferentes de Martinho Lutero, respectivamente louvando-o ou condenando-o através das estrelas.

O século XVI também viu o início de um movimento para colocar o conhecimento astrológico nas mãos do público. Jerônimo Cardan (1501-1576), astrólogo e estudioso italiano, foi fundamental no início desse processo com seu livro *Libelli Duos* [*Dois Folhetos*, publicação original, 1538], que continha a primeira coleção de mapas astrológicos (com suas interpretações) publicada em grande tiragem. A edição de 1547 do *Libelli*, bastante ampliada, também incluiu um conjunto de aforismos destinados a servir de guia detalhado para a interpretação de mapas. *VEJA* CARDAN, JERÔNIMO.

Posteriormente, alguns autores expandiram esse projeto traduzindo textos astrológicos do latim para a linguagem do homem comum. William Lilly (1602-1681) foi o mais importante deles no mundo anglófono, publicando o primeiro manual de astrologia em inglês, o *Christian Astrology* (1647); o título foi uma tentativa de rebater alegações de que a astrologia seria uma arte satânica. *VEJA* LILLY, WILLIAM. Ao mesmo tempo, contudo, podiam ser vistos os primeiros sinais da Revolução Científica, e com ela a completa rejeição da astrologia e do restante da tradição esotérica ocidental.

No entanto, a rejeição científica da astrologia afetou basicamente as classes superiores, de educação mais refinada, e os astrólogos continuaram a praticá-la junto a classes mais baixas. Durante toda a chamada Era da Razão, uma sucessão de almanaques populares publicados na maioria dos países ocidentais deu continuidade às tradições astrológicas, e obras como a de Lilly eram muito procuradas no submundo dos *cunning folks* (misto de adivinhos e curandeiros), de sociedades secretas ocultistas e das lojas de magia. *VEJA* CUNNING FOLK; LOJA MÁGICA.

Quando começou o renascimento ocultista, no final do século XIX, a astrologia foi uma das primeiras ciências ocultas a voltar à popularidade. A obra do astrólogo inglês Alan Leo foi fundamental para que isso ocorresse; *VEJA* LEO, ALAN. Essa ascensão acelerou-se no século XX, que viu o surgimento de organizações profissionais como a Federação Americana de Astrólogos, o desenvolvimento de uma produção significativa de livros e revistas de astrologia, e – especialmente a partir da década de 1960 – a volta da astrologia como tema socialmente aceitável em muitos círculos. A revelação de que o presidente norte-americano Ronald Reagan planejava muitos eventos políticos segundo os conselhos de uma astróloga californiana ganhou as manchetes, mas do ponto de vista prático parece ter causado pouco impacto sobre sua popularidade – até entre partidários cristãos e conservadores, dos quais se esperaria uma reação de protesto. Assim, o lugar da astrologia no mundo ocidental parece seguro, pelo menos por enquanto.

O meio essencial da arte astrológica é o mapa astral, que proporciona um retrato abstrato do céu num dado momento, segundo o ponto de vista de um local específico da superfície da Terra. Esse mapa inclui as seguintes características:

a) doze casas, que são divisões abstratas do céu visto da Terra, cada uma representando algum aspecto da vida humana. O sistema moderno de doze casas descende, em parte, de um sistema mais antigo, com oito casas, o octátopo, usado na época grega e romana; *VEJA* OCTÁTOPO. Há várias maneiras para se dividir matematicamente o céu em doze seções, mas em todas, exceto alguns sistemas exóticos, a primeira casa começa no ascendente – ponto que se eleva no horizonte oriental no momento para o qual o mapa é calculado – e as casas prosseguem no sentido anti-horário ao redor do mapa. *VEJA* CASA ASTROLÓGICA; MAPA ASTRAL; HORÓSCOPO.

b) quatro ângulos, ou pontos cardinais – o ascendente; o zênite, ou meio do céu; o descendente e o nadir – que representam o horizonte oriental, o meio do céu sobre a Terra, o horizonte ocidental e o ponto do céu diretamente sob a Terra. *VEJA* PONTOS CARDINAIS.

c) doze signos do zodíaco, que são divisões do firmamento marcadas por doze constelações próximas da eclíptica, o caminho do Sol entre as estrelas. Devido à rotação da Terra, todo o zodíaco passa sobre cada ponto da superfície da Terra em pouco menos de 24 horas. A relação entre os signos e as casas proporciona a estrutura básica do mapa. *VEJA* ZODÍACO.

d) sete planetas ou mais, que se movem contra o pano de fundo do zodíaco segundo padrões determinados por suas órbitas e pela órbita e rotação da Terra. Do ponto de vista astrológico, o Sol e a Lua são planetas, e pelo menos outros cinco – Mercúrio, Vênus, Marte, Júpiter e Saturno, os cinco planetas visíveis da Terra sem um telescópio – têm papel importante em todas as formas da astrologia ocidental. Muitos astrólogos incluem no mapa astrológico os planetas descobertos mais recentemente, Urano, Netuno e Plutão; alguns incluem os maiores asteroides e uns poucos localizam outros corpos hipotéticos como Lilith, uma lua invisível que giraria ao redor da Terra, e Transplutão, um planeta situado além da órbita de Plutão. *VEJA* ASTEROIDES; PLANETAS.

e) um punhado de outros pontos, inclusive os nodos lunares norte e sul, que representam os pontos onde se interceptam as órbitas da Lua e do Sol através do zodíaco; as partes árabes, pontos matematicamente calculados que têm grande importância na astrologia árabe; e outros. *VEJA* NODOS LUNARES; PARTES ÁRABES.

f) aspectos – ângulos geométricos – entre dois planetas, partes, nodos lunares ou pontos cardinais, que determinam a relação entre as diferentes energias presentes no mapa. *VEJA* ASPECTO ASTROLÓGICO.

Embora a maioria das pessoas pense na astrologia como um modo de se determinar o caráter e o destino de uma pessoa através da leitura de seu mapa astral, essa arte tem muitas outras aplicações. Os ramos mais importantes da prática astrológica são descritos a seguir:

Astrologia eletiva, que é a astrologia ao contrário; em vez de montar um mapa para um momento específico, interpretando seu significado, o praticante dessa forma de astrologia procura encontrar um momento específico em que as influências astrológicas estarão mais favoráveis a uma ação particular. Esse sistema é um dos mais importantes para a prática ocultista, pois muitos sistemas de magia exigem que o momento de um trabalho ritual seja escolhido astrologicamente. *VEJA* ASTROLOGIA ELETIVA.

Astrologia geneatlíaca é o nome que se dava antes à astrologia natal (ver adiante).

Astrologia horária é um uso estritamente divinatório da arte. Monta-se um mapa para o momento em que se faz uma pergunta específica, e usam-se diversas regras para deduzir uma resposta favorável ou desfavorável para a questão. *VEJA* ASTROLOGIA HORÁRIA.

Astrologia mundana é a astrologia das nações e do mundo como um todo, e usa ferramentas especiais como eclipses e conjunções entre Júpiter e Saturno para traçar grandes ciclos de tempo. *VEJA* ASTROLOGIA MUNDANA.

Astrologia natal é a mais famosa forma dessa arte; nela é desenhado um mapa astrológico para o momento e lugar de nascimento de uma pessoa, a fim de se prever detalhes de seu caráter e destino na vida. Os mais antigos mapas astrológicos que chegaram aos nossos dias são de nascimentos, um fato que atesta o interesse duradouro no ramo da astrologia natal. *VEJA* ASTROLOGIA NATAL. LEITURA ADI-

CIONAL: BARTON, 1994A; BARTON, 1994B; GENEVA, 1995; KIECKHEFER, 1998; LINDSAY, 1972; TESTER, 1987; THORNDYKE, 1923.

astrologia celta. Sistema de astrologia idealizado recentemente, utilizando um zodíaco de treze signos baseado no calendário das árvores-Ogham, de Robert Graves. Foi inventado pela astróloga inglesa Helena Patterson na década de 1980, e tem sido usado por um número crescente de astrólogos na última década. VEJA CALENDÁRIO DAS ÁRVORES-OGHAM.

Bétula. *Datas*: 24 dez.–20 jan. *Graus*: 2°00' de Capricórnio – 29°59' de Capricórnio.
Sorveira. *Datas*: 21 jan.–17 fev. *Graus*: 0°00' de Aquário – 27°59' de Aquário.
Freixo. *Datas*: 18 fev.–17 mar. *Graus*: 28°00' de Aquário – 25°59' de Peixes.
Amieiro. *Datas*: 18 mar.–14 abr. *Graus*: 26°00' de Peixes – 23°59' de Áries.
Salgueiro. *Datas*: 15 abr.–12 mai. *Graus*: 24°00' de Áries – 20°59' de Touro.
Pilriteiro. *Datas*: 13 mai.–9 jun. *Graus*: 21°00' de Touro – 17°59' de Gêmeos.
Carvalho. *Datas*: 10 jun.–7 jul. *Graus*: 18°00' de Gêmeos – 14°59' de Câncer.
Azevinho. *Datas*: 8 jul.–4 ago. *Graus*: 15°00' de Câncer – 11°59' de Leão.
Aveleira. *Datas*: 5 ago.–1º set. *Graus*: 12°00' de Leão – 8°59' de Virgem.
Videira. *Datas*: 2 set.–29 set. *Graus*: 9°00' de Virgem – 6°59' de Libra.
Hera. *Datas*: 30 set.–27 out. *Graus*: 7°00' de Libra – 4°59' de Escorpião.
Taquara. *Datas*: 28 out.–24 nov. *Graus*: 5°00' de Escorpião – 2°59' de Sagitário.
Sabugueiro. *Datas*: 25 nov.–23 dez. *Graus*: 3°00' de Sagitário – 1°59' de Capricórnio.

Esse sistema astrológico foi duramente criticado por alguns historiadores, que dizem que o calendário das árvores-Ogham de Robert Graves foi produto de sua imaginação, alimentada por descrições incompletas do Ogham irlandês, e que os celtas históricos, pré-cristãos, usavam um sistema astrológico bem diferente, do qual há alguns traços em antigos textos irlandeses. Menos comentado é o fato de que Patterson atribui sua inspiração inicial ao livro *Arachne Rising*, uma complexa brincadeira com astrólogos, escrito sob pseudônimo pelo desmistificador e escritor de ficção científica John Sladek. VEJA ARACHNE.

A ironia da história, porém, é que o zodíaco de treze signos funciona tão bem quanto a versão de doze signos, produzindo significados claros e precisos quando aplicado a mapas natais. VEJA TAMBÉM ASTROLOGIA; ZODÍACO.

astrologia dos inícios. Outra expressão para astrologia eletiva. VEJA ASTROLOGIA ELETIVA.

astrologia eletiva. A arte de escolher o momento mais favorável para um evento usando-se os ciclos astrológicos. A astrologia eletiva é, basicamente, a astrologia comum virada de cabeça para baixo: em vez de partir de um horário e local específicos, para estudar os fatores astrológicos em jogo nesse momento e nesse local, o astrólogo eletivo parte de um conjunto de fatores astrológicos desejados e busca o momento e o local nos quais esses fatores estarão presentes. Um casamento, por exemplo, pode ser marcado para um momento em que Vênus está forte e em aspectos positivos.

A astrologia eletiva pode variar de abordagens relativamente simples a cálculos exaustivos com muitos fatores. Muitas das complexidades envolvem o uso do mapa natal da pessoa que planeja realizar o evento, descobrindo-se um momento em que os planetas e signos estão em posições nas quais não apenas favoreçam o evento em questão, como harmonizam-se com o mapa natal da pessoa. No caso de um casamento, por sua vez, os mapas de ambos os cônjuges precisam ser levados em conta.

A astrologia eletiva tem sido usada desde a Antiguidade. Teve um papel importante na sociedade da Idade Média e do Renascimento, quando poucos eventos importantes eram realizados sem o conselho de um astrólogo. Embora o declínio da astrologia na época da Revolução Científica tenha afetado tanto a astrologia eletiva como outros ramos astrológicos, ela teve um retorno impressionante no século XX e tem sido estudada e praticada ativamente por muitos astrólogos contemporâneos.

A astrologia eletiva também tem uma aplicação direta na prática da magia. Os manuais tradicionais de magia, como em *As Chaves de Salomão* e *Três Livros de Filosofia Oculta*, de Cornélio Agrippa, instruem o mago a fazer um anel mágico para produzir sonhos proféticos quando o Sol ou Saturno estão na casa nove, com aspectos favoráveis e no signo que estava no ascendente do mapa natal da pessoa para quem se faz o anel (Agrippa, 1993, p. 404). Na magia medieval e na renascentista, esse tipo de astrologia eletiva era a forma mais comum de se calcular o momento apropriado para um ritual mágico, e alguns magos ainda usam esse procedimento nos nossos dias. VEJA TAMBÉM ASTROLOGIA. LEITURA ADICIONAL: AGRIPPA, 1993.

astrologia horária. A arte da adivinhação astrológica na qual um mapa é traçado para o momento no qual se faz uma pergunta específica, e interpretada como resposta à pergunta. A astrologia horária já foi um dos mais populares ramos da astrologia, e constituía o ganha-pão da prática astrológica antes da Revolução Científica. Deixou de ser popular com o surgimento das técnicas psicológicas da astrologia no século XIX, embora tenha tido certo ressurgimento no final do século XX.

A astrologia horária começa com uma pergunta específica, num momento específico. A pergunta deve ser feita de modo a poder ser associada a uma das doze casas astrológicas; VEJA CASA ASTROLÓGICA. O mapa é traçado como se fosse um mapa natal, usando-se o local e o horário em que a pergunta foi feita. A pessoa que faz a pergunta, chamada de consulente, é simbolizada pela primeira casa do mapa; o assunto da pergunta, chamado de quesito, é representado pela casa astrológica à qual se refira a questão. Por exemplo, uma questão sobre casamento refere-se à sétima casa, e esta seria a casa do quesito num mapa horário traçado para responder à pergunta.

Na astrologia, a cúspide de cada casa recai num dos signos do zodíaco, e cada signo zodiacal é regido por um planeta. Esta é a chave das interpretações horárias. O astrólogo, tendo identificado as casas do consulente e do quesito, identifica os planetas cujos signos estão nas cúspides das duas casas em questão, e procura um relacionamento astrológico dos planetas do mapa. Há diversos relacionamentos possíveis, cada um com sua interpretação tradicional. Lendo os significados dos relacionamentos, ou percebendo que não existe nenhum – o que normalmente é um mau sinal – o astrólogo horário pode oferecer uma resposta à questão.

São muitas as semelhanças entre a astrologia horária e a geomancia. VEJA GEOMANCIA. VEJA TAMBÉM ASTROLOGIA. LEITURA ADICIONAL: APPLEBY, 1985; DELUCE, 1932.

astrologia mundana. A astrologia das nações e das comunidades do mundo, indubitavelmente o mais antigo ramo da astrologia, documentado desde o segundo milênio A.E.C. nos registros babilônios. A astrologia mundana esteve em uso desde a Antiguidade até o início da Revolução Científica, e muitos dos maiores astrólogos da história antiga, medieval, renascentista e moderna estiveram profundamente envolvidos com tentativas de ler a história futura do mundo escrita nas estrelas.

O foco pessoal e psicológico de boa parcela da astrologia mundana reduziu sua importância nos últimos tempos, mas ela ainda é praticada; por exemplo, a crise da informática (Y2K) de janeiro de 2000 foi acompanhada por análises profundas na imprensa astrológica, usando os métodos clássicos da astrologia para prever se os sistemas de computador do planeta seriam ou não desativados à meia-noite de 31 de dezembro de 1999.

Três abordagens básicas constituem o arsenal da astrologia mundana tradicional. A primeira, e também a mais praticada na atualidade, baseia-se nos mapas natais de líderes políticos e nos mapas de fundação de cidades, nações e similares. Esta abordagem baseia-se bastante na astrologia natal, o ramo mais popular da astrologia nos tempos atuais, e usa basicamente os mesmos métodos. *VEJA* ASTROLOGIA NATAL; PROGRESSÕES; TRÂNSITOS.

A segunda abordagem básica é, de longe, o mais antigo aspecto da astrologia ainda em uso, valendo-se das mesmas aparições celestes – eclipses e cometas – que os antigos sacerdotes-astrônomos usavam para prever calamidades nas cidades-estado da Mesopotâmia. Na Idade Média, as interpretações clássicas de cometas e eclipses requeriam o cálculo de um mapa para o começo do eclipse e a análise do significado simbólico de fenômenos visuais associados a ele (como cores e efeitos luminosos no caso de eclipses, e forma e aparência visual no caso de cometas).

Os efeitos de eclipses e cometas estendem-se por um período substancial após o evento em si. Num esquema comum, os eclipses lunares têm efeitos que duram tantos meses quanto os minutos de duração do eclipse, enquanto os eclipses solares duram tantos anos quanto os minutos do eclipse. Os cometas têm efeitos particularmente prolongados, que podem se estender por décadas.

O terceiro método tradicional, que aparentemente entrou para a tradição astrológica ocidental através da antiga tradição estelar persa, observa as conjunções dos dois planetas mais distantes segundo a astrologia tradicional, Júpiter e Saturno. Eles formam conjunções a cada vinte anos, e essas conjunções dão-se a uma distância de 120° no zodíaco, formando um grande triângulo – ou, na expressão tradicional, um trígono. Em função do modo como os quatro elementos tradicionais se relacionam com os signos zodiacais, as três pontas do trígono recaem sobre signos do mesmo elemento. Com o tempo, porém, as pontas do trígono se deslocam lentamente em torno do zodíaco, e a cada 240 anos mais ou menos as pontas passam de signo para signo, e, ao mesmo tempo, de um elemento para outro.

Essa mudança de trígono de um elemento para outro, segundo a teoria das conjunções, assinala a passagem de uma era do mundo para outra. A passagem do trígono de signos de Água para signos de Fogo em 1603, por exemplo, teria assinalado o final da cultura renascentista, a aurora da ciência moderna e a ascensão da Grã-Bretanha à posição de líder mundial, enquanto a passagem de Fogo para Terra, 240 anos mais tarde, teria marcado o início da era do materialismo e a elevação dos Estados Unidos à posição de potência global. A próxima mudança de elemento desse trígono, para signos governados pelo Ar, vai ocorrer na década de 2080; segundo a teoria das conjunções, outra nação deve começar a subir à posição de liderança global logo após essa época.

Em alguns esquemas, sistemas de astrologia mundana se encaixam nas perspectivas mais vastas dos ciclos cósmicos da história. Por exemplo, a precessão dos equinócios – a lenta oscilação do eixo terrestre, que move lentamente o Sol no sentido contrário ao dos signos do zodíaco em relação às estações – costuma ser integrada à astrologia mundana como um vasto mas difuso fator secundário. Discussões recentes sobre a era de Aquário mostram que esse aspecto da astrologia mundana está longe de ter sido esquecido, mesmo nos dias atuais. *VEJA* CICLOS CÓSMICOS; PRECESSÃO DOS EQUINÓCIOS. *VEJA TAMBÉM* ASTROLOGIA. LEITURA ADICIONAL: GENEVA, 1995.

astrologia natal. Também chamada astrologia geneatlíaca, é o ramo mais conhecido da prática astrológica e, na maioria das sociedades modernas, o único conhecido do grande público. A astrologia natal procura compreender o caráter e o destino de um indivíduo examinando um mapa do céu calculado para o momento de seu nascimento.

Os princípios básicos da astrologia natal foram estabelecidos há séculos, e são bastante conhecidos, mesmo por pessoas que não têm conhecimento astrológico. O signo do zodíaco onde se situava o Sol no momento do nascimento é o signo solar, e exerce a maior influência no mapa natal. O signo no qual a Lua se situava determina o signo lunar, e o ponto do horizonte que se erguia no horizonte leste no momento do nascimento determina o signo ascendente. Embora as interpretações específicas variem, muitos astrólogos afirmam que o signo solar determina a face pública, o signo lunar mostra fatores instintivos e inconscientes da personalidade, e o signo ascendente revela o eu verdadeiro.

Cada um dos demais planetas governa um aspecto da personalidade – Mercúrio, por exemplo, governa a comunicação, e Vênus as emoções – enquanto os signos nos quais os planetas se situam mostram de que forma cada um desses aspectos se expressa. A relação entre os signos e os quatro elementos tradicionais também permite que o mapa tenha significados elementais; os planetas podem estar distribuídos de forma mais ou menos equilibrada pelos elementos, ou podem estar concentrados em um ou dois. A posição do ascendente também determina a localização das doze casas – divisões abstratas do céu pelas quais circulam os signos e os planetas – que marcam as doze esferas da vida nas quais atuam os signos e os planetas. *VEJA* CASA ASTROLÓGICA. Finalmente, se as posições planetárias formam aspectos – relacionamentos geométricos específicos – entre si, isso pode fazer com que os efeitos dos planetas se harmonizem ou entrem em conflito. *VEJA* ASPECTO ASTROLÓGICO.

Assim, a astrologia natal é bem mais complexa do que a astrologia simplista dos signos solares que aparece nas colunas de horóscopo dos jornais. Na Antiguidade, os astrólogos afirmavam que podiam ler a saúde, a carreira, a sorte e a morte de uma pessoa a partir de seu mapa natal. A maioria dos astrólogos atuais evita afirmativas dessa natureza, concentrando-se na interpretação do mapa em termos de personalidade e potencial.

O mapa natal é a base para a maioria das formas de progressão, que permitem prever os períodos importantes da vida de uma pessoa. *VEJA* PROGRESSÕES; ASTROLOGIA.

astrossoma. (do grego *astron* "estrela" + *soma* "corpo") Expressão alternativa empregada para o corpo astral em certas tradições ocultistas, inclusive no martinismo e na Aurum Solis. *VEJA* CORPO ASTRAL; AURUM SOLIS; MARTINISMO.

atanor. (do árabe *al-tannur*, derivado do babilônio *utunu*, "fornalha") Fornalha-padrão da alquimia clássica, que aparece em diversas formas. Muito tempo foi gasto nos primeiros tempos da alquimia para se chegar a um desenho apropriado; um trabalho de Geber, *On Furnaces*, sobreviveu. Geralmente, o atanor consistia numa base de tijolos ou cerâmica com um lugar no centro para se fazer fogo, diversos receptáculos para frascos alquímicos em cima, com formas variadas de canalização da fumaça.

Na moderna prática alquímica, chapas quentes e bicos de Bunsen costumam ser usados em vez do antigo atanor, pois proporcionam calor mais estável com muito menos esforço. VEJA TAMBÉM ALQUIMIA.

athame. Punhal, geralmente de cabo preto, que é a principal ferramenta mágica da Wicca. Nos rituais e práticas mágicas da Wicca, o athame é usado para canalizar e direcionar energias mágicas. Hoje em dia, muitos pagãos e praticantes da Wicca também usam seus athames em tarefas mais prosaicas, como cortar ervas, embora tradicionalmente se usassem outras ferramentas para esses propósitos, como uma faca de cabo branco ou a boline, uma faca curva. VEJA BOLINE.

A palavra "athame" parece ter sido introduzida na prática mágica ocidental por Gerald Gardner, fundador da moderna Wicca. A origem da palavra é francesa: antigamente, *arthame* significava "adaga" nessa língua. O uso de um punhal de cabo preto em rituais pode ser encontrado em *As Chaves de Salomão* e no *Bok* [sic] *of the Art Magical* – o primeiro esboço feito por Gardner para o *Livro das Sombras* da Wicca – e as instruções para confeccionar e consagrar o punhal de cabo preto foram extensamente copiadas da tradução que S. L. Mathers fez das *Chaves* para o inglês. Alguns elementos dessa fonte ainda são usados em muitas linhagens tradicionais da Wicca. VEJA CHAVES DE SALOMÃO, AS.

Embora a adaga ou punhal fosse uma ferramenta relativamente banal na maioria das tradições mágicas antigas, a popularidade da Wicca e seus desdobramentos nos círculos ocultistas do século XX tornou o athame uma das ferramentas mágicas mais comuns da atualidade, e versões dele são usadas em muitas tradições pagãs modernas. VEJA TAMBÉM WICCA.

Atkinson, William Walker. (Yogue Ramacháraca) Empresário, escritor e ocultista norte-americano, 1862-1932. Nascido numa família de classe média em Baltimore, Maryland, Atkinson começou a vida como empresário e estudou Direito, mas sofreu um colapso nervoso causado por estresse no final da década de 1890. Ideias de autoajuda extraídas do movimento do Novo Pensamento fizeram com que se recuperasse, e em 1900 ele decidiu aplicar seus talentos nessa área. Mudou-se para Chicago e tornou-se editor da revista *New Thought*. Alguns anos depois, fundou a Atkinson School of Mental Sciences, e começou a publicar duas séries de livros, uma sobre Novo Pensamento, sob seu próprio nome, e outra sobre yoga, sob o pseudônimo de Yogue Ramacháraca.

Tanto ele quanto seus livros tornaram-se famosos na comunidade ocultista da época. Em 1907, foi procurado pelo jovem Paul Foster Case e os dois deram início a uma longa troca de correspondências, bem como a um trabalho em conjunto com Michael Whitty, *O Caibalion*, uma das obras clássicas do ocultismo norte-americano. VEJA CAIBALION, O. Whitty foi líder do ramo norte-americano da Alfa e Ômega, uma das ordens que sucedeu a Ordem Hermética da Aurora Dourada, e Atkinson parece ter sido membro do Thme Temple Nº 8 em Chicago, mas os detalhes de seu envolvimento não são claros.

Sua série sobre yoga teve um papel importante na introdução do público norte-americano às tradições espirituais hindus. Isso é irônico, pois os primeiros livros de Atkinson sobre o assunto não mostram conhecimentos reais do yoga; com efeito, são textos práticos sobre exercícios de educação física muito praticados na época por povos de língua inglesa; VEJA EDUCAÇÃO FÍSICA. Seus livros posteriores sobre yoga são muito mais próximos do verdadeiro yoga, o que sugere que nessa época ele já teria conseguido localizar professores ou obras publicadas sobre o tema.

Atkinson mudou-se na década de 1920 para a Califórnia, onde veio a falecer em 1932. Embora seus livros sobre ocultismo e Novo Pensamento tenham sido quase completamente esquecidos, os livros do Yogue Ramacháraca ainda estão sendo publicados na época em que este livro foi escrito. VEJA TAMBÉM NOVO PENSAMENTO; YOGA. LEITURA ADICIONAL: RAMACHÁRACA, 1905; "TRÊS INICIADOS", 1912.

Atlântida. Hipotético continente desaparecido, que teria existido no meio do oceano Atlântico, a Atlântida não teve quase nenhuma relevância nas tradições ocultistas ocidentais antes do movimento teosófico, do final do século XIX. Desde essa época, porém, foi tema de uma imensa quantidade de teorias e especulações ocultistas, narrativas visionárias, fraudes e os mais completos disparates. Embora sua popularidade nos meios ocultistas tenha diminuído nos últimos anos, foi adotada com entusiasmo pelo movimento da Nova Era e ainda é uma das mais poderosas mitologias da era moderna.

As primeiras referências à Atlântida são encontradas em dois diálogos de Platão, *Timeu* e *Crítias*. Neles, um dos personagens – um filósofo chamado Crítias – recorda uma história que, segundo ele, seria contada em sua família desde a época de Sólon, famoso legislador ateniense. Segundo Crítias, Sólon aprendeu com um sacerdote egípcio da cidade de Saís que, no passado distante, o povo de uma Atenas pré-histórica tinha lutado contra um império baseado numa ilha situada "além dos pilares de Hércules" (ou seja, além do Estreito de Gibraltar). Essa ilha, a Atlântida, foi varrida do mapa num único dia por violentos terremotos e inundações, desaparecendo sob o mar uns 9 mil anos antes da época de Sólon. No *Timeu*, Crítias simplesmente esboça a história; o diálogo que leva seu nome – no qual a história da Atlântida seria o foco central – nunca foi concluído, e termina justamente quando Crítias vai completar sua descrição da geografia e da política da Atlântida.

Esses dois trechos, com algumas páginas de extensão, são a soma total de textos antigos relativos ao continente perdido. Até o Renascimento, quase não se falou da Atlântida; então, um punhado de autores abordou o tema apresentado por Platão. A principal figura de destaque nos círculos ocultistas a mencioná-la antes do século XIX foi John Dee, astrólogo e mago da corte da rainha Elizabeth I, que sugeriu que o continente americano, recém-descoberto em sua época, seria na verdade a fabulosa Atlântida. VEJA DEE, JOHN.

No entanto, diversos historiadores teóricos dos séculos XVII ao XIX valeram-se da Atlântida por motivos variados, e seu trabalho foi incorporado em diversos pontos das tradições ocultistas. O livro *Oera Linda*, uma fraude do século XIX, situa a Atlântida (ou "Atland") no meio do Mar do Norte; VEJA OERA LINDA. Popular entre ocultistas ariosóficos alemães no início do século XX, esse livro foi adotado recentemente por, no mínimo, uma organização neopagã moderna. VEJA ARIOSOFIA. O *Oera Linda* inspirou-se numa série de tentativas anteriores de situar a Atlântida mais ao norte, começando pelo estudioso sueco Olaus Rudbeck, que em 1675 afirmou que a Suécia teria sido a Atlântida.

O grande ressurgimento das especulações sobre a Atlântida teve início com o advogado e político norte-americano Ignatius Donnelly (1831-1901), cujo livro de 1882, *Atlantis, or the Antediluvian World*, foi um sucesso de vendas, falando da realidade do continente perdido segundo os moldes da especulação científica vitoriana. Ele também lançou outro elemento importante de história alternativa argumentando, em seu livro *Ragnarok*: *The Age of Fire and Gravel*, que a Terra teria sido atingida por um cometa na época pré-histórica. As teorias de Donnelly foram adotadas rapidamente por H. P. Blavatsky, fundadora da Teosofia, que incluiu a Atlântida e a Lemúria, bem como dois outros continentes perdidos, a Hiperbórea e a Terra Sagrada e Imperecível, em sua volumosa síntese do ocultismo. *VEJA* BLAVATSKY, HELENA PETROVNA; TEOSOFIA.

Durante o período que poderíamos chamar de "Século Teosófico" – o período entre 1875 e 1975, quando as ideias de Blavatsky e de seus seguidores dominaram a maior parte do ocultismo ocidental – era raro o sistema de teoria ocultista que não incluía a Atlântida. Os pouquíssimos livros sobre a Atlântida tornaram-se uma enxurrada, pois os autores e professores de ocultismo competiam uns com os outros para produzir relatos cada vez mais complexos sobre a história do continente perdido.

Rudolf Steiner, cujo sistema, a Antroposofia, começou como um cisma da Teosofia e transformou-se num complexo método espiritual, teve muito a dizer sobre a Atlântida, na maior parte seguindo linhas teosóficas. *VEJA* ANTROPOSOFIA; STEINER, RUDOLF. Seu discípulo Max Heindel (Carl Louis Grashof) ampliou essas teorias em seu grande livro *Conceito Rosa-Cruz do Cosmos* (publicação original, 1909); *VEJA* FRATERNIDADE ROSA-CRUZ. Esses dois *relatos* sobre a Atlântida, como o de Blavatsky, estão intimamente ligados ao conceito teosófico de raça-raiz; *VEJA* RAÇA-RAIZ.

Outro importante teórico da Atlântida foi Edgar Cayce, cujos comentários durante estados de transe tiveram um importante papel na formação dos pilares das modernas crenças da Nova Era. Sua versão da lenda atlante inclui três destruições distintas, causadas por conflitos entre os Filhos da Lei do Um e os maléficos Filhos de Belial. Cayce também previu que a Atlântida tornaria a aflorar em 1968 ou 1969 – uma profecia que, como a maioria de suas previsões, deixou teimosamente de se cumprir. *VEJA* CAYCE, EDGAR.

O mago e autoproclamado Anticristo inglês Aleister Crowley escreveu aquela que deve ter sido a mais estranha versão ocultista sobre a lenda da Atlântida. Seu *Liber LI, The Lost Continent* descreve os atlantes como magos sexuais entretidos com a criação da misteriosa substância Zro, a fim de escaparem da Terra e migrarem em massa para o planeta Vênus. *VEJA* CROWLEY, ALEISTER.

Dion Fortune, fundadora da Sociedade da Luz Interior, foi outra teórica ativa de temas atlantes. Seus livros apresentaram uma linhagem histórica para todas as religiões e tradições mágicas do mundo, ligando-as a um dos três grupos de sobreviventes que abandonou o continente perdido antes de seu afundamento. Seus romances ocultistas [*A Sacerdotisa do Mar* e *A Sacerdotisa da Lua*, publicados pela Editora Pensamento, São Paulo, 1988], extremamente influentes, também apresentaram muitas posições sobre a Atlântida. *VEJA* FORTUNE, DION; SOCIEDADE DA LUZ INTERIOR.

As últimas décadas do século XX viram uma reavaliação da Atlântida e de sua importância, como parte de um movimento generalizado que se afastou dos esquemas grandiosos da história ocultista e voltou-se para as aplicações práticas do ocultismo. Muitas das tradições ocultistas fundadas ou reformuladas nesse período não dão muita atenção à Atlântida, e a ascensão do movimento neopagão desviou a atenção dos mais imaginativos para um esquema bem diferente de história alternativa, no qual matriarcados antigos e paganismo têm papel central. *VEJA* MATRIARCADOS ANTIGOS; PAGANISMO.

Ironicamente, essa mudança na comunidade ocultista simplesmente transferiu o tema da Atlântida para outras mãos. No movimento da Nova Era, iniciado a partir de correntes mais antigas na década de 1970 e surgido em público na década de 1980, a Atlântida encontrou nova fonte de apoio, com a publicação de uma leva de novos livros sobre o continente perdido. Muitos tomaram novos rumos: alguns diziam que a Atlântida teria existido onde hoje é a Antártida, por exemplo, ou nos Andes – dois lugares impossíveis de se justificar a partir das declarações de Platão, pois (entre outras coisas) nenhum desses lugares se acha submerso neste momento. *VEJA* NOVA ERA, MOVIMENTO DA.

Como discreto contraponto a todo esse alarido, nos últimos 150 anos os cientistas têm explorado a possibilidade de ter existido uma cultura avançada em áreas que hoje estão cobertas pelo oceano Atlântico. A data em que Platão situa o afundamento desse continente é muito sugestiva, pois coincide – em torno de 9600 a.e.c. – com a considerada pelos geólogos como próxima do término da última Era do Gelo, quando as temperaturas globais subiram drasticamente e o nível dos oceanos subiu uns 100 metros em questão de poucos séculos. Recentes mudanças no estudo da geologia, distanciando-se do modelo das mudanças lentas e tendendo ao reconhecimento do papel de catástrofes repentinas na modelagem do planeta, também conferiram à Atlântida um grau de respeitabilidade intelectual que não existia antes. Mesmo assim, nada disso justifica a extraordinária difusão de tolices acerca da Atlântida nos últimos 125 anos. *VEJA TAMBÉM* CIVILIZAÇÕES PERDIDAS; MU; HISTÓRIA OCULTA. LEITURA ADICIONAL: BLAVATSKY, 1888; CROWLEY, 1970; DE CAMP, 1970; DONNELLY, 1973; FORTUNE, 1987B; FREJER, 1995; HAPGOOD, 1979; HEINDEL, 1909; SCHOCH, 1999; SCOTT-ELLIOTT, 1925; SPENCE, 1921.

atout. Expressão tradicional na língua inglesa para os trunfos, ou Arcanos Maiores do tarô. Diversos autores dizem que a expressão teria surgido com a antiga (inexistente) palavra egípcia *Atu*, que supostamente significaria "chave". Na verdade, é uma palavra francesa que vem do uso dessas cartas no jogo de Tarocchi, no qual as cartas servem "para todos" (*à tout*) os naipes. *VEJA* TARÔ.

atrair a Lua. Na moderna prática pagã e da Wicca, a invocação da Deusa para um integrante de um coven, geralmente a Suma Sacerdotisa. Na maioria dos casos, a Suma Sacerdotisa assume uma postura tradicionalmente associada com a Deusa, enquanto o Sumo Sacerdote invoca a Deusa para ela por meios rituais. Atrair a Lua é uma parte importante de muitos rituais, especialmente aqueles que envolvem o Grande Rito. *VEJA* GRANDE RITO.

Antigamente, as feiticeiras da Tessália tinham a reputação de conseguir atrair a Lua, tirando-a do céu. Sugeriu-se que isso se referiria a rituais, conhecidos por textos que chegaram à nossa época, nos quais a luz da Lua Cheia era refletida por um espelho sobre água ou óleo como meio de consagração. *VEJA TAMBÉM* INVOCAÇÃO.

atrilismo. Nos textos do ocultista norte-americano P. B. Randolph (1825-1875), um estado de possessão no qual uma entidade espiritual, ou a consciência encarnada de um adepto da magia, assume o controle da mente e do corpo de outra pessoa. No atrilismo, a personalidade e a consciência cotidianas estão absolutamente ausentes, e a entidade possessiva tem o controle absoluto; isso distingue esse estado da fusão, no qual o eu cotidiano e a entidade externa estão presentes ao mesmo tempo. *VEJA* FUSÃO. *VEJA TAMBÉM* POSSESSÃO DEMONÍACA; RANDOLPH, PASCHAL BEVERLY.

Atwood, Mary Ann. (também grafada M. Anne Atwood) Escritora e ocultista inglesa, 1817-1910. Filha única de Thomas South, um excêntrico cavalheiro inglês que dedicou sua vida ao estudo da alquimia e da metafísica, ela cresceu num ambiente repleto de mesmerismo e de filosofia ocultista. Fluente em latim e grego, desde cedo ela teve papel ativo nas pesquisas do pai. Em 1846, sob o pseudônimo de θγΟΣ ΜΑθΟΣ, publicou seu primeiro livro sobre o tema, *Early Magnetism, In Its Higher Relations to Humanity As Veiled in the Poets and the Prophets*. Três anos depois, ela e o pai começaram a escrever obras importantes sobre suas descobertas, ele em verso, ela em prosa. O livro dela, um volume denso intitulado *A Suggestive Inquiry Into the Hermetic Mistery*, foi concluído primeiro e publicado com o patrocínio do pai em 1850.

Poucas semanas depois do lançamento do livro, tanto pai quanto filha se convenceram de que tinham revelado demais. Toda a edição foi recolhida pelo sr. South, que gastou uma quantia substancial. Excetuando-se alguns exemplares que já tinham sido vendidos e uns poucos guardados pela autora, todos foram queimados, juntamente com o manuscrito do poema incompleto do sr. South.

O sr. South morreu alguns anos depois, deixando sua biblioteca para a filha. Em 1859, Mary Ann casou-se com o rev. Thomas Atwood, clérigo anglicano que morava em Thirsk, Yorkshire, lugar onde ela passou o resto da vida. Continuou a leitura de textos ocultistas e alquímicos, e a correspondência com os primeiros teósofos até seus últimos dias. Vários amigos receberam exemplares de seu segundo livro, que foram preservados do fogo, e a partir de um desses foi publicada uma nova edição em 1918.

O segredo que ela havia revelado era simplesmente que a alquimia consiste num processo de transformação da alma humana por meio do transe, no qual a alma se separa do corpo, ascende até o reino espiritual e depois retorna ao corpo. Seu livro dizia que cada detalhe do simbolismo e da prática da alquimia deve ser interpretado dessa forma, e que referências a metais, processos químicos e coisas do gênero seriam, na verdade, simples sinônimos codificados dos verdadeiros materiais e processos de uma alquimia espiritual. *VEJA TAMBÉM* ALQUIMIA; PROJEÇÃO ASTRAL; MESMERISMO. LEITURA ADICIONAL: ATWOOD, 1918.

Atziluth. (hebraico ATzILVTh, "proximidade") O primeiro e mais elevado dos quatro mundos da teoria cabalística, correspondente ao nível divino da existência. Na Árvore da Vida, é representado como um todo por dez Nomes de Deus, e corresponde de perto a Kether, a primeira Sefirah. Em Atziluth, o Tetragrammaton é grafado IVD HIH VIV HIH, e o nome secreto do mundo de Atziluth é Ab. *VEJA* AB; CABALA; TETRAGRAMMATON.

aub. *VEJA* OB.

aud. *VEJA* OD.

Augiel. (hebraico AaVGIAL, "o que prejudica") Na demonologia cabalística, os

Qlippoth, ou poderes demoníacos, associados a Chokmah, a segunda Sefirah da Árvore da Vida. Têm a aparência de gigantes entrelaçados com serpentes. Seu nome ora é grafado Ghagiel, ora Chaigiel, Ghogiel e Chaigidiel. *VEJA* CHOKMAH; QLIPPOTH.

augoeides. (grego, "corpo luminoso") Expressão que assume significados variados na tradição ocultista ocidental ao longo dos últimos 2 mil anos. Para os autores neoplatônicos do período romano tardio, os primeiros a usá-la, refere-se ao corpo de luz, ou corpo espiritual transformado e usado pelo iniciado que superou o mundo material. *VEJA* CORPO DE LUZ; PLATONISMO.

Nos textos ocultistas mais recentes, o augoeides é sinônimo de Santo Anjo Guardião, com as mesmas ambiguidades dessa expressão. *VEJA* SANTO ANJO GUARDIÃO.

aum. Principal mantra da prática budista tibetana e hindu, também transliterado *om* em algumas fontes. Foi adotado por um grande número de sistemas ocultistas ocidentais desde o surgimento da Teosofia no final do século XIX. Nos textos hindus, é considerado a origem do alfabeto e da fala. *VEJA TAMBÉM* PALAVRAS BÁRBARAS.

Auphanim. (hebraico AVPNIM, "rodas ou esferas do mundo") Na tradição cabalística, a ordem de anjos associados à segunda Sefirah, Chokmah. Sua forma tradicional é a de rodas com muitos olhos. *VEJA* ANJO; CHOKMAH.

Aur. (também grafado aor; em hebraico AVR, "luz") Uma das três formas do fogo na filosofia mágica, identificada com a luz solar e com o Sol no plano físico, e com a luz do espírito e a iluminação nos planos superiores. Geralmente, entende-se Aur como uma forma superior de luz, que leva equilíbrio às outras duas formas de luz, ob e od, respectivamente negativa e positiva, morte e vida, magia branca e negra. Às vezes, Aur é grafado *or* ou *aor*. *VEJA* ÉTER; OB; OD.

aura. Camada mais externa do corpo humano sutil, uma zona ovoide que se estende por 60-100 cm do corpo físico em todas as direções. Teóricos do ocultismo discutem se a aura faz parte do corpo etérico, do corpo astral ou de ambos.

Na visão clarividente, a aura é uma zona de luz multicolorida; seus matizes e tons refletem o estado físico, mental e emocional da pessoa. A leitura da aura – a observação das cores da aura e a interpretação dessas cores como indicadores médicos e psicológicos – tem sido uma especialidade de sensitivos por mais de um século.

Na Teosofia, a aura se divide em diversos aspectos, que incluem todos os planos: desde o denso etérico até os níveis espirituais da existência. A aura saudável, o aspecto mais denso, é uma camada quase transparente, próxima do corpo físico, e corresponde de perto ao duplo etérico de outros sistemas; *VEJA* CORPO ETÉRICO. A aura vital, que vem a seguir, é a zona energética ovoide, descrita como rósea ou avermelhada na proximidade do corpo físico e azulada em sua parte mais externa. Em seguida, temos a aura kármica, que manifesta todo pensamento e todo sentimento através de cores que mudam constantemente. Depois, a aura do caráter, que mostra os padrões emocionais e intelectuais básicos da personalidade através de suas cores. Finalmente, temos a aura de natureza espiritual, que só pode ser vista claramente em pessoas que se desenvolveram espiritualmente; neste caso, ela tem um brilho intenso.

Na tradição da Golden Dawn, a aura é conhecida como a Esfera de Sensação, descrita como uma estrutura etérica repleta de energias astrais; serve de "espelho mágico do universo", no qual se refletem todos os objetos percebidos e todas as atividades interiores, mentais e emocionais. Sob a ótica da análise teosófica apresentada, a Esfera de Sensação é equivalente à aura vital, e as percepções e pensamentos nela refletidos correspondem à aura kármica. *VEJA TAMBÉM* CORPOS SUTIS.

Auriel. (hebraico AVRIAL, "luz de Deus") Na magia cerimonial, o arcanjo do elemento Terra, invocado no quadrante norte do Ritual Menor do Pentagrama. *VEJA* ARCANJO.

Aurora Dourada, Nova Ordem Ortodoxa Reformada da (NROOGD). Tradição neopagã norte-americana fundada em 1968 na região de San Francisco, a NROOGD começou como um grupo de amigos, um dos quais tinha aulas sobre rituais como arte no San Francisco State College. Como parte dos trabalhos de aula, o grupo idealizou um ritual pagão baseado em *A Deusa Branca*, de Robert Graves. A primeira apresentação não teve efeito aparente sobre os participantes, mas o grupo foi se interessando cada vez mais pelo estudo do ocultismo. A segunda apresentação foi mais convincente e na terceira, feita em 1968 em Lammas, o público sentiu o que um participante descreveu como um silêncio que "se dilatava em ondas de leveza nunca vista, inundando nosso círculo, lavando nossos ombros, passando sobre nossas cabeças" (Adler, 1986, p. 164).

Nos anos seguintes, o grupo assumiu a estrutura de coven, iniciou seus membros e começou a se reunir regularmente. Seu nome, segundo um artigo de 1972 na revista NROOGD, foi dado pela Deusa. Seja qual for a fonte, causou muita confusão, pois os trabalhos, tradições e simbolismo da NROOGD não têm relação com os da Ordem Hermética da Aurora Dourada. *VEJA* GOLDEN DAWN.

A NROOGD parece ter inventado a dança em dupla espiral, que agora é comum em diversas tradições pagãs norte-americanas, e valorizado mais a poesia e o teatro do que muitos outros ramos do movimento pagão. O ritual começava com uma mistura de textos de Graves, Gerald Gardner, Margaret Murray e T. C. Lethbridge, mas boa parte do material mais recente foi desenvolvido pelos covens da NROOGD ao longo dos anos, desde sua fundação.

Entre 1969 e 1976, operou como organização semiformal, tendo no Red Cord Council [Conselho do Cordão Vermelho] (composto por membros do segundo grau) o seu corpo governante. Em 1976, porém, o Conselho do Cordão Vermelho foi dissolvido e a NROOGD passou de ordem a tradição. Enquanto este livro está sendo escrito, há covens da NROOGD ativos em seis estados norte-americanos, embora a maioria de seus membros esteja na região da Baía de San Francisco. *VEJA TAMBÉM* NEOPAGANISMO. LEITURA ADICIONAL: ADLER, 1986.

Aurum Solis. (latim, "ouro do Sol") Ordem mágica hermética cujos ensinamentos e práticas foram tornados públicos numa série de livros escritos por Melita Denning e Osborne Phillips (Vivian e Leon Barcynski), a partir de meados da década de 1970. Segundo sua própria história publicada, a Aurum Solis foi fundada em 1897 pelos ocultistas ingleses Charles Kingold e George Stanton, mantendo-se em funcionamento ao longo do século XX, com breves períodos de inatividade durante as duas guerras mundiais. Um cisma ocorrido em 1957 em função de detalhes do rito iniciático levou ao surgimento de um grupo separado, o Ordo Sacri Verbi [Ordem da Palavra Sagrada], que se uniu novamente ao corpo central da Aurum Solis em 1971.

A Aurum Solis afirma basear-se numa corrente mágica e filosófica – a Tradição Ogdoádica – cuja origem remontaria até a época clássica, chegando a Kingold e Stanton mediante uma linhagem de ordens anteriores, cujos membros incluem luminares como Marsílio Ficino; *VEJA* FICINO, MARSÍLIO. Ordens esotéricas antigas, como os Cavaleiros Templários, os Fideli d'Amore e a elisabetana Ordem do Elmo, teriam seguido a Tradição Ogdoádica.

Na verdade, não restam sinais de uma Tradição Ogdoádica na história do ocultismo e da filosofia ocidentais antes da publicação do primeiro livro da Aurum Solis, nem aparece algum material da Aurum Solis nessas organizações que teriam sido suas antecessoras. Como muitas outras "tradições" descritas nos textos ocultistas, ela é, com quase toda certeza, fruto de uma cooptação retroativa bastante comum na história oculta; *VEJA* HISTÓRIA OCULTA.

O sistema da Aurum Solis é bastante baseado no da Ordem Hermética da Aurora Dourada. Sob a ótica de teoria e de simbolismo, compartilham muitas características distintas – a mesma mistura incomum de magia cabalística e enoquiana, a mesma atribuição distinta de planetas e cartas do tarô às letras hebraicas, o mesmo uso dos tattwas tântricos para situar ciclos elementares de tempo, e outras – mas, sob a ótica da prática da magia, ela tem uma equivalência precisa com todas as práticas importantes da Golden Dawn, inclusive os rituais do Pentagrama e do Hexagrama, o exercício do Pilar do Meio, a Fórmula Vibratória e outras. Essa equivalência ponto a ponto não é encontrada em nenhum sistema mágico que date, com relativa certeza, do século XIX. Portanto, foi sugerido por estudiosos do ocultismo que todo o sistema foi criado na época da reconstituição da ordem, em 1971, baseado em relatos publicados das tradições da Golden Dawn.

Seja qual for sua origem, porém, a Aurum Solis é um sistema bem detalhado e eficiente de magia hermética, e os livros que descrevem o sistema são bem mais coerentes do que os textos um tanto quanto desorganizados que constituem as versões publicadas do sistema original da Golden Dawn. Ela tem seu próprio simbolismo e prática, e muitos magos herméticos modernos preferem-nos aos da Golden Dawn. O sistema também foi ampliado em termos intelectuais com o acréscimo de materiais gregos e latinos, e em termos estéticos com o uso de arte de inspiração hermética, especialmente renascentista.

A estrutura iniciática da Aurum Solis é bem diferente da estrutura da Golden Dawn. Há três níveis, ou, na terminologia da Aurum Solis, Salões; o Primeiro Salão ou Grau de Neófito, o Segundo Salão ou Grau de Servitor, e o Terceiro Salão ou Grau de Adeptus, cada um com seu próprio ritual de iniciação.

Atualmente, a Aurum Solis tem cinco Comandos (lojas locais) na Inglaterra e nos Estados Unidos. Somente incorpora membros por meio de convite. Seus livros, porém, têm sido influentes no moderno cenário mágico, e um número notável de magos herméticos modernos, sem relação com a ordem, utiliza seus métodos e rituais como base para suas próprias práticas. *VEJA TAMBÉM* GOLDEN DAWN; DESPERTAR DAS CIDADELAS; VELOCIA; VIGILÂNCIAS, CRIAÇÃO DAS. LEITURA ADICIONAL: DENNING E PHILLIPS, 1974, 1975A, 1975B, 1978, 1981; PHILLIPS, 2001.

autoiniciação. Processo pelo qual uma pessoa que não tem acesso à iniciação ritual formal, ou prefere não fazê-lo, por algum motivo realiza um processo similar por conta própria. Na autoiniciação, o trabalho ritual isolado e vários exercícios de treinamento substituem os rituais de iniciação que tradicionalmente são conferidos por grupos.

A validade da autoiniciação tem sido muito discutida em alguns círculos, mas a prática tornou-se parte integral do moderno cenário ocultista. Vários livros apresentando métodos de autoiniciação em diversas tradições já foram publicados. O aparecimento do praticante solitário como elemento importante do moderno cenário mágico e pagão ajudou a motivar a popularidade das práticas de autoiniciação. VEJA TAMBÉM INICIAÇÃO.

Avalon. VEJA GLASTONBURY.

Ave. No sistema da magia enoquiana, um anjo importante, que teve um papel fundamental na revelação do sistema a John Dee e a Edward Kelly, seus descobridores originais. VEJA ENOQUIANA, MAGIA.

Awen. (galês, "espírito", "inspiração") Em fontes galesas medievais e no druidismo moderno, expressão que significa "energia espiritual". A palavra em si, pronunciada "a-o-uen", também é usada como cântico em muitas tradições druidas modernas. VEJA AWENYDDION; DRUIDISMO.

Awenyddion. (galês, "os que estão com Awen") Nas fontes medievais, uma classe de adivinhos mediúnicos da Idade Média, aparentemente tolerada pela Igreja. De acordo com Giraldus Cambrensis, que apresenta a descrição mais detalhada, o *awenyddion* repetia uma prece para a Santíssima Trindade e depois entrava em transe, no qual falava palavras incoerentes e aparentemente sem sentido. No entanto, um exame mais atento revelava a resposta para qualquer pergunta feita pelo consulente. O adivinho precisava ser sacudido energicamente para voltar a si, e não se lembrava do que tinha ocorrido durante o transe. Parece provável que essa prática remonte a antigas tradições pagãs celtas, mas, como normalmente ocorre, não há evidências palpáveis para tal conexão. VEJA TAMBÉM AWEN. LEITURA ADICIONAL: GERALD OF WALES, 1978.

Ayin. (hebraico AaIN, "olho") A décima sexta letra do alfabeto hebraico, uma única letra que representa um silencioso "batente" vocal, com valor numérico de 70. Seu simbolismo mágico padrão é o seguinte:

Caminho da Árvore da Vida: Caminho 26, de Tiphareth a Hod.
Correspondência astrológica: Capricórnio.
Correspondência no tarô: Arcano XV, O Diabo.
Parte do Cubo do Espaço: Aresta norte superior.
Cores: em Atziluth, índigo.
    em Briah, preto.
    em Yetzirah, azul-escuro.
    em Assiah, cinza-escuro frio.

Seu texto, no *Trinta e Dois Caminhos da Sabedoria*, diz: "O Vigésimo Sexto Caminho é chamado de Inteligência Renovadora, pois o Santo Deus renova por seu meio todas as coisas mutáveis que são renovadas pela criação do mundo". VEJA TAMBÉM ALFABETO HEBRAICO.

Letra hebraica Ayin

azoth. Composta pela primeira e pela última letra dos alfabetos latino, grego e hebraico (*A* e *Z*, alfa e ômega, aleph e tau), esta palavra tem muitos significados nos textos alquímicos e ocultistas. Na tradição da Golden Dawn e em outras, diz-se que significaria "essência".

B

Ba'al Shem Tov. (rabino Israel ben Eliezer) Cabalista judeu, 1698-1760. Nascido numa pequena aldeia onde é hoje a fronteira entre a Polônia e a Rússia, ficou órfão muito cedo, e passou a adolescência como zelador de uma sinagoga enquanto estudava as escrituras. Mais tarde, depois de se casar com Hannah, filha do influente rabino Ephraem de Brody, passou sete anos dedicado a intensa meditação e a estudos, assumindo depois a posição de professor e de açougueiro kosher na cidade polonesa de Koslowitz. Em 1734, mudou-se para Talust, e pouco depois para Medzyboz, na Ucrânia, onde começou a ensinar a cabala ao público. Morreu pacificamente em Medzyboz em 1760.

Suas qualidades como professor, estudioso e indivíduo atraíram um grande número de alunos, inclusive algumas das mais respeitadas mentes rabínicas daquele período. Mas diferentemente dos movimentos cabalísticos dentro do judaísmo surgidos antes, o movimento hassídico lançado pelo rabino Israel espalhou-se para fora dos círculos eruditos e rabínicos, abrangendo boa parte da população judaica da Europa Oriental. Segundo se relata, o rabino Israel era habilidoso na prática da magia cabalística, e bom conhecedor de suas facetas mais filosóficas e místicas. O título pelo qual é mais conhecido, Ba'al Shem Tov, ou "Mestre do Bom Nome", refere-se a seu domínio dos poderes secretos do Nome de Deus, com o qual, diz-se, teria realizado muitos milagres. VEJA TAMBÉM CABALA. LEITURA ADICIONAL: BUBER, 1955; A. KAPLAN, 1982.

Babalon. Na linguagem enoquiana, significa "prostituta". Provavelmente, isso se deve ao simbolismo cristão, no qual a cidade da Babilônia é retratada como uma prostituta. VEJA ENOQUIANA, LINGUAGEM.

Na Thelema, a religião de Aleister Crowley, a expressão enoquiana estava ligada às suas prováveis origens, e era usada como título da Mulher Escarlate, uma importante figura da teologia thelemita. VEJA THELEMA.

Bacon, Francis. Estadista e filósofo inglês, 1561-1626. Último filho de *sir* Nicholas Bacon, lorde Mantenedor do Selo Real da rainha Elizabeth I, cresceu em meio aos mais altos níveis da sociedade elisabetana. Estudou no Trinity College, em Cambridge, Direito na Gray's Inn e passou no exame para o exercício da advocacia em 1582. Em 1584, foi eleito para o Parlamento, dando início a uma longa carreira política, com altos e baixos.

Apesar de uma série de problemas, causados principalmente pelo fato de ter apoiado a pessoa errada na complexa política da corte daquela época, ele ascendeu lentamente os escalões sociais e recebeu do rei James I o título de cavaleiro em 1603. Trabalhou em diversos cargos governamentais e chegou a um mandato como grande chanceler – conselheiro do primeiro-ministro – em 1618-1621. Nesse ano, porém, acusado de corrupção, passou um breve período na Torre de Londres e depois foi libertado, mas com a carreira arruinada. Foi morar em sua propriedade rural e passou o tempo dedicado a temas acadêmicos e científicos até sua morte.

Em paralelo com suas atividades políticas, Bacon dedicou muito tempo a textos filosóficos, e seu tratado *O Progresso do Conhecimento* (publicação original, 1605) foi um importante manifesto, prenunciando a filosofia da ciência moderna. Seu *Novum Organum* foi um dos mais importantes tratados sobre lógica indutiva – o principal elemento da metodologia científica – e sua única obra de ficção, a incompleta *Nova Atlântida*, foi um romance utópico sobre a "Casa de Salomão", uma visão elisabetana do que hoje chamaríamos de grupo de especialistas científicos.

O envolvimento de Bacon com as tradições ocultistas foi mínimo, e em seus textos ele descarta toda a tradição ocultista do Renascimento como uma superstição insensata, sugerindo que, na melhor das hipóteses, a alquimia deveria ser analisada de forma racional para que fossem estudados quaisquer processos químicos úteis eventualmente descobertos pelos antigos alquimistas. Essa atitude não o impediu de ser transformado em adepto rosa-cruz por praticantes de história ocultista dos séculos XIX e XX. Nos círculos teosóficos, ele é identificado com o Conde de Saint-Germain. *VEJA* SAINT-GERMAIN, CONDE DE.

A bizarra história da controvérsia Bacon-Shakespeare – a alegação feita por uma longa linhagem de acadêmicos obscuros, baseada em evidências mínimas, de que teria sido Francis Bacon o verdadeiro autor das peças atribuídas a William Shakespeare – também aumentou o *status* de Bacon em alguns círculos ocultistas. A tendência a confundi-lo com seu quase homônimo, o frade franciscano Roger Bacon, também contribuiu para isso. *VEJA* BACON, ROGER.

Bacon, Roger. Filósofo inglês, 1214-1294. Nascido em Ilchester, estudou matemática e medicina em Oxford e em Paris. Voltando à Inglaterra, entrou para a Ordem Franciscana e deu aulas em Oxford. Nesta época, o cenário intelectual europeu estava repleto de controvérsias quanto às obras de Aristóteles, que eram aceitas entusiasticamente por alguns estudiosos e rejeitadas por outros, que as consideravam incompatíveis com o cristianismo. Bacon era um ardoroso proponente da visão aristotélica, e seus experimentos científicos (que incluíram algumas das primeiras experiências europeias com a pólvora) tornaram-no suspeito de praticar magia. Em 1257, foi mandado a Paris pela Ordem Franciscana, onde passou vários anos em penitência, proibido de escrever.

Essa proibição foi suspensa em 1266 pelo papa Clemente IV, e Bacon escreveu suas obras mais importantes, *Opus Majus*, *Opus Minus* e *Opus Tertius*, uma discussão da relação entre filosofia e teologia, e da importância dos estudos científicos. A aprovação do papa permitiu-lhe retornar a Oxford e a seus estudos, mas após a morte de Clemente, em 1268, Bacon viu-se novamente em dificuldades com a Igreja. Em 1278, voltou a ser preso, sendo libertado somente em 1292, dois anos antes de sua morte.

O interesse de Bacon pelas tradições ocultistas era mínimo; como ocorria com quase todos os intelectuais de sua época, ele aceitava a alquimia e a astrologia como válidas, mas parece ter sido inocente das acusações de prática de magia feitas contra ele, e os leitores de suas obras que procurarem por ensinamentos esotéricos ficarão decepcionados. Nada disso o impediu de conquistar, especialmente depois de sua morte, a fama de feiticeiro. No reinado da rainha Elizabeth I, ele se tornou o herói de um romance e de uma peça popular. Mais recentemente, foi adotado como predecessor por diversas ordens rosa-cruzes, e tem sido constantemente confundido com seu quase homônimo, Francis Bacon, por ocultistas com pouco conhecimento de história. *VEJA* BACON, FRANCIS.

Bahir. (hebraico BHIR, "brilho") Primeiro tratado importante de filosofia cabalística, compilado no sul da França entre 1150 e 1200 a partir de material fragmentário mais antigo. É a mais antiga fonte sobrevivente para muitas das ideias básicas da cabala, inclusive os nomes e a estrutura básica das dez Sefirot. Embora seja relativamente curto para um tratado cabalístico, o livro é difícil, muito simbólico, cheio de parábolas e alusões. Inclui referências ao Sepher Yetzirah, muito mais antigo, datado da época dos sistemas pré-cabalísticos de misticismo judaico; *VEJA* SEPHER YETZIRAH; *VEJA TAMBÉM* CABALA. LEITURA ADICIONAL: A. KAPLAN, 1979; SCHOLEM, 1974.

Bailey, Alice. Ocultista inglesa, 1880-1949. Nascida em Manchester, Inglaterra, filha de um engenheiro, Bailey envolveu-se com o evangelismo cristão ainda jovem, viajando pela Índia em trabalho missionário. Em 1907, casou-se com Walter Evans, que conhecera na Índia, e migraram para os Estados Unidos, onde ele exerceu a função de ministro episcopal. Desse casamento resultaram três filhas mas pouca felicidade, e ela se separou do marido, conseguindo mais tarde o divórcio.

Pouco depois de se mudar para os Estados Unidos, Alice Bailey encontrou os livros de H. P. Blavatsky e entregou-se à Teosofia com o mesmo entusiasmo que antes dedicara ao protestantismo. Em pouco tempo, descobriu que fora guiada pelo Mestre Koot Hoomi desde os 15 anos de idade, e em 1919 foi contatada por outra entidade do plano interior, chamada simplesmente de "o Tibetano", que queria que ela escrevesse e publicasse seus ensinamentos. *VEJA* DJWAL KUL, MESTRE.

Em 1920, casou-se com outro teósofo, Foster Bailey, e em 1923 eles fundaram a Escola Arcana para promover os ensinamentos do Tibetano e instruir discípulos no treinamento e no serviço espiritual. Alice dedicou-se ativamente a escrever e a dar aulas sobre ocultismo durante mais de vinte anos, até sua morte, em 1949. A Escola Arcana sobreviveu à sua morte e até hoje está ativa. *VEJA TAMBÉM* ESCOLA ARCANA, A. LEITURA ADICIONAL: BAILEY, 1951.

Ballard, Guy. Ocultista norte-americano, 1878-1939. Nascido no Kansas, Ballard trabalhou como engenheiro de minas até a Grande Depressão, quando transformou seu antigo interesse pelo ocultismo numa nova profissão. Em 1934, sob o pseudônimo de Godfré Ray King, publicou seu primeiro livro, *Mistérios Desvelados*, falando de seu encontro com o Mestre Ascensionado Saint-Germain nos sopés do monte Shasta e de seu aprendizado posterior com os Mestres relativos ao poder supremo do universo, a presença EU SOU.

Com a ajuda de sua esposa Edna e de seu filho Donald, que tiveram papel ativo na promoção de seus ensinamentos, em pouco tempo

Ballard obteve um número considerável de seguidores, estabelecendo uma organização bastante popular com o nome de I AM Activity. Proclamou-se como a reencarnação de George Washington, enquanto sua esposa Edna seria a reencarnação de Joana d'Arc.

Os ensinamentos de Ballard tinham muito a ver com as influências ocultas das cores e das luzes; ele usava apenas ternos de cores suaves enquanto trabalhava como o primeiro e único "Representante Autorizado dos Mestres", e apresentações multimídia, com luzes e faixas coloridas, tinham um papel importante em suas reuniões públicas.

Por ocasião de sua morte em 1939, a Activity deveria ter uns 400 mil membros no mundo todo. Esse número diminuiu substancialmente após a morte de Ballard e de uma série de escândalos que se seguiram pouco depois, mas até hoje é ativa, embora em escala menor. Os textos e ideias de Ballard têm sido uma inspiração importante para diversos grupos e indivíduos desde sua época, e deram origem a um dos mais animados ramos do ocultismo popular contemporâneo; *VEJA* MESTRES ASCENSIONADOS, ENSINAMENTOS DOS. *VEJA TAMBÉM* SAINT-GERMAIN, CONDE DE; SHASTA, MONTE. LEITURA ADICIONAL: KAFTON-MINKEL, 1989; G. KING, 1934.

balneum arenae. (latim, "banho de areia") Na alquimia, um recipiente repleto de areia posto sobre uma fonte de calor, com um ou mais frascos alquímicos enterrados parcial ou totalmente na areia. Esse procedimento proporcionava calor uniforme e estável, necessário para processos alquímicos, e podia ter uma temperatura mais elevada do que o balneum Mariae, mais comum. *VEJA TAMBÉM* BALNEUM MARIAE.

balneum Mariae. (latim, "banho-maria") Na alquimia, um recipiente com água posto sobre uma fonte de calor, com um ou mais frascos alquímicos imersos na água ou suspensos sobre o vapor. Isso proporcionava o calor uniforme e estável, necessário para processos alquímicos. O procedimento deriva seu nome da antiga alquimista judia egípcia, Maria, que tradicionalmente é tida como sua inventora. *VEJA* MARIA.

O balneum Mariae é o ancestral da moderna caldeira dupla, ainda chamada de *bain-Marie* em francês. *VEJA TAMBÉM* ALQUIMIA; BALNEUM ARENAE.

banimento. Processo pelo qual faz-se com que um espírito ou uma força não física se afaste ou pare de se manifestar. Métodos eficientes de banimento são essenciais na prática da magia. Como revela a história do aprendiz de feiticeiro, ser capaz de deter um processo mágico é tão importante quanto ser capaz de iniciá-lo! Há, no mínimo, dois métodos eficientes para banir uma entidade ou energia, um usando magia cerimonial, outro baseado na magia natural.

O método da magia cerimonial baseia-se em rituais de banimento específicos como o Ritual de Banimento do Pentagrama, que usa símbolos geométricos e nomes divinos para persuadir espíritos relutantes ou intrusos a sair. O método da magia natural, por sua vez, baseia-se no uso de substâncias físicas que seriam inimigas das entidades a serem banidas. Assim, o aço ou o ferro são usados tradicionalmente para banir espíritos da natureza como as fadas, e ervas de odor fétido como a assa-fétida são queimadas para afastar espíritos de todos os gêneros. Na Antiguidade, este método era levado a extremos muito maiores, como revela esta receita de fontes egípcias para se confeccionar incensos que exorcizam maus espíritos:

Moa juntos mel, azeitonas frescas, sal do norte, urina de mulher menstruada, fezes de asno, fezes de gato, fezes de porco, a planta *ewnek*… e forme uma massa compacta, usando-a para fumigação ao redor do homem [que está possuído por espíritos] (citado por Lindsay, 1970, p. 234).

Como o texto sugere, o banimento é algo bem próximo do exorcismo; *VEJA* EXORCISMO. *VEJA TAMBÉM* MAGIA CERIMONIAL; MAGIA NATURAL; PENTAGRAMA, RITUAIS DO.

Baphomet. Ídolo supostamente reverenciado pelos Cavaleiros Templários, segundo confissões extraídas mediante tortura nos julgamentos de membros da ordem após sua condenação em 1307. A expressão "Baphomet" é simplesmente a grafia errônea de Maomé em francês medieval (confronte com a grafia errônea em inglês medieval "Mahound"), e seu lugar na Ordem dos Templários deve ser uma invenção do governo francês como parte de sua campanha publicitária para justificar a eliminação dos Templários. Tal como aconteceu com a maioria das alegações feitas sobre heresias ou práticas mágicas dos Templários, não há qualquer evidência de que algo do gênero tenha existido de fato.

Depois que os Templários foram adotados pelos ocultistas do século XIX como seus antecessores, o mesmo processo de redefinição que converteu os Templários históricos em magos gnósticos que reverenciavam o Graal também fomentou tentativas de compreender Baphomet em termos abertamente ocultistas. Friedrich Nicolai, maçom e livreiro alemão, sugeriu que a expressão seria a fusão das palavras gregas para "cor" (ou, numa extensão improvável, "batismo") e "espírito". A sugestão de Éliphas Lévi foi que a palavra deveria ser lida de trás para a frente, como uma abreviatura latina, TEM.O.H.P.AB., *Templi omnium hominum pacis abbas* ("abade do templo da paz de todos os homens") – uma ideia bem criativa. Outra explicação sugere que o nome vem de uma antiga frase que significa "Padre Mithras". *VEJA* MISTÉRIOS MITRAICOS.

Como história ou etimologia, essas sugestões têm pouco valor, mas dão a imagem e o conceito do aparecimento de Baphomet no mundo da teoria mágica, onde ele rapidamente assumiu uma gama de significados importantes. Nos textos de Éliphas Lévi, Baphomet representa a Luz Astral pantomorfa – o conceito central da síntese mágica de Lévi. Teóricos posteriores, analisando a obra de Lévi, usaram Baphomet como símbolo do nível astral como um todo, da atmosfera astral da Terra ou do espírito planetário da Terra. *VEJA* LUZ ASTRAL.

Mais recentemente, escritores envolvidos com a atual onda de especulações sobre os Templários sugeriram que Baphomet pode ter sido idêntico ao Sudário de Turim, um pedaço de tecido que se supõe impresso pela imagem do rosto de Jesus. Como normalmente acontece com histórias ocultistas desse tipo, não há evidências reais dessa alegação. *VEJA TAMBÉM* CAVALEIROS TEMPLÁRIOS; LÉVI, ÉLIPHAS; HISTÓRIA OCULTA. LEITURA ADICIONAL: LÉVI, 1972; PARTNER, 1982; SADHU, 1962.

Bar. *VEJA* BERKANA.

baralho Minchiate. *VEJA* MINCHIATE.

bardo. (do galês *bardd*, "poeta", "músico") Título dos tradicionais poetas e músicos de Gales, e, por extensão, de outras áreas celtas. Exigia-se que os bardos memorizassem uma grande quantidade de folclore poético e mitológico como complemento de sua educação, e fragmentos de folclore bardo têm sido um importante recurso na tentativa de reconstruir a religião celta pagã desde o século XVII.

No ressurgimento druida do século XVIII, a tradição barda de Gales (real e inventada) teve um papel central. Iolo Morganwg, que produziu diversos volumes de porte sobre folclore bardo e que pode ou não ter inventado boa parte de seu material, proporcionou a maioria do conteúdo ensinado por ordens druidas posteriores. Seus livros tornam a tradição barda importante para quase todo o druidismo após sua época. Mais adiante, nos séculos XIX e XX, grupos druidas e celtófilos começaram a reunir o corpo bastante substancial de folclore bardo da Irlanda com propósitos bastante similares.

Nas diversas ordens e tradições druidas modernas, o grau de Bardo é um dos três níveis de iniciação, ou o primeiro, ou o segundo numa sequência que culmina com o escalão de Druida. O grau de Vate preenche a sequência. VEJA VATE. VEJA TAMBÉM DRUIDISMO. LEITURA ADICIONAL: J. MATTHEWS, 1998.

Bardon, Franz. (Frantisek Bardon, conhecido também como Frabato). Ocultista e curador tcheco, 1909-1958. Uma das principais influências do ocultismo do século XX, Franz Bardon teve doze irmãs; ele era o único filho homem de Viktor Bardon, místico cristão devoto. Nasceu em Katherein, perto de Opava, na atual República Tcheca, cidade que fica um pouco ao sul da fronteira da Polônia, e passou a maior parte de sua vida ali.

Na época de seu nascimento, Opava se chamava Troppau e era uma capital provincial do Império Austro-Húngaro. Pouco se sabe sobre sua infância e sua educação, mas provavelmente ele serviu ao exército austríaco durante a Primeira Guerra Mundial. Depois da guerra, ganhou a vida como mágico de palco na Alemanha, sob o nome artístico de Frabato.

Seu histórico ocultista é bastante incerto. Algumas fontes dizem que ele fez parte da Fraternitas Saturni, uma importante loja ocultista alemã entre as guerras, mas o próprio Barton dizia que nunca pertencera a qualquer ordem mágica. Com certeza, porém, os livros que ele publicou mais tarde mostram um conhecimento muito detalhado da literatura ocultista dessa época, bem como o domínio de uma vasta gama de práticas mágicas. VEJA FRATERNITAS SATURNI.

Em 1938, graças aos acordos de paz de Munique, as tropas alemãs ocuparam a Tchecoslováquia. Como muitos outros ocultistas levados pelo Terceiro Reich, Bardon foi preso pela Gestapo, passando o final de 1941 ou início de 1942 até o final da guerra num campo de concentração. Depois da guerra, ele voltou para Opava e trabalhou algum tempo como administrador hospitalar, acomodando-se depois numa carreira como curador natural usando medicina herbácea.

Foi após a guerra que ele publicou os livros que seriam seu legado. Seu primeiro livro, *Der Weg zum wahren Adepten* (*Magia Prática, O Caminho do Adepto*), cujo título em inglês é *Initiation into Hermetics*, foi publicado na Alemanha em 1954; *Die Praxis der magischen Evokation* (*A Prática da Magia Evocatória*) seguiu-se em 1956 e *Der Schlüssel zur wahren Quabbalah* (*A Chave para a Verdadeira Quabbalah*) em 1957. No meio da Guerra Fria, era um ato arriscado, tanto por causa do tema – oficialmente, o ocultismo era visto com maus olhos pelo governo comunista da Tchecoslováquia – como porque envolvia contatos com uma das nações ocidentais. As atividades de Bardon como fitoterapeuta também podem ter chamado a atenção do serviço médico oficial. Em 1958, foi preso pela polícia secreta checa e morreu na prisão.

No início da década de 1960, seus livros foram traduzidos para o inglês e vendidos nos Estados Unidos e em muitos outros países. Embora a tradução tenha saído quase ininteligível, a quantidade de informações práticas detalhadas sobre meditação, treinamento e rituais ocultistas fizeram-nos muito populares. Muitos de seus ensinamentos, especialmente de *Initiation into Hermetics*, foram tomados por empréstimo por diversos grupos Wicca dos Estados Unidos sem qualquer informação sobre a fonte, e até hoje estão nos Livros das Sombras de muitos covens e em programas de treinamento. LEITURA ADICIONAL: BARDON, 1962; 1967; 1971.

Bardos, Vates e Druidas. *VEJA* ORDEM DOS BARDOS, VATES E DRUIDAS (OBOD).

Barrett, Francis. Estudioso e ocultista inglês, ativo entre 1801 e 1802. Não há muitas informações biográficas sobre esse importante mago inglês, cujo manual de magia de 1801, *Magus, Tratado Completo de Alquimia e Filosofia Oculta*, teve um papel fundamental no início do movimento de renascimento da magia no século XIX. Sabe-se que viveu em Marylebone, Londres, e que tinha fama de excêntrico.

Em seu livro, que consiste quase que totalmente de trechos extraídos do *Três Livros de Filosofia Oculta*, de Cornélio Agrippa, ele convidava doze estudantes a entrar em contato com ele para se iniciarem na teoria e na prática ocultistas. Pelo menos uma pessoa o fez, um tal dr. John Parkins de Grantham, Lincolnshire. Uma carta de Barrett para Parkins dá instruções detalhadas sobre escriação com um cristal, e oferece a Parkins a oportunidade de ser iniciado "nos mais elevados Mistérios da Disciplina Rosa-cruz" (citado por J. Godwin, 1994, p. 116). LEITURA ADICIONAL: BARRETT, 1968; J. GODWIN, 1994.

Bar Shachath. (hebraico BAR ShChTh, "poço da ruína") Um dos sete infernos da tradição cabalística, que corresponde a Geburah. *VEJA* INFERNOS, SETE.

Bartzabel. Na magia cerimonial, o espírito planetário de Marte. Sua inteligência governante é Graphiel. *VEJA* ESPÍRITO PLANETÁRIO.

bastão. (inglês, *croomstick*) Na magia popular inglesa, uma vara com extremidade superior curva, como uma bengala convencional ou um cajado de pastor, mas mais longo. É usado para diversos propósitos mágicos e práticos. A extremidade superior deve ser de tal tamanho que, quando o usuário segura o bastão com o braço esticado, uma fração de 1/16 avos do horizonte fica visível dentro da curva. *VEJA TAMBÉM* BORDÃO. LEITURA ADICIONAL: PENNICK, 1989.

bastão em forquilha. (inglês, *stang*) Vara de madeira terminando em forquilha, usado em diversas tradições pagãs modernas como ferramenta de trabalho. Ao que parece, o bastão em forquilha foi levado ao movimento neopagão por Robert Cochrane (1931-1966), que afirma ter herdado uma tradição familiar de um passado remoto; *VEJA* CLÃ DE TUBAL-CAIN; COCHRANE, ROBERT; TRADIÇÃO FAMILIAR. No Clã de Tubal-Cain, o bastão em forquilha é uma das principais ferramentas de trabalho e servia de símbolo do Deus Cornífero. Outras tradições da Wicca usam-no como atributo da Deusa, com a forquilha representando a vagina.

O bastão em forquilha costuma ser situado no quadrante do círculo que corresponde à estação do ano – ou seja, o leste na primavera, o sul no verão, o oeste no outono e o norte no inverno (no hemisfério Norte) – durante o ritual. Pode funcionar como altar temporário, com os itens simbólicos pendurados nele durante o ritual. *VEJA TAMBÉM* ALTAR; BORDÃO. LEITURA ADICIONAL: VALIENTE, 1989.

bateria. Na magia ritual, uma sequência de batidas usadas para fins simbólicos. Números diferentes de batidas, com padrões diferentes, são comuns nos trabalhos de lojas, tanto fraternais quanto mágicas. Nestas, podem ser usadas para simbolizar o grau sendo trabalhado, ou (por algum sistema de aritmologia) as forças sendo invocadas num dado ritual. VEJA ARITMOLOGIA; LOJA MÁGICA.

batidas. VEJA BATERIA.

batismo. O primeiro dos sete sacramentos cristãos, o batismo na água foi idealizado por João Batista (início do século I E.C.) a partir da tradição judaica de purificação pelo banho, sendo adotado depois pelos primeiros cristãos. O ritual completo do batismo inclui uma renúncia formal ao Diabo e a todas as suas obras. De acordo com diversos textos ocultistas, nem todos de autoria de ocultistas cristãos, o rito do batismo tem importantes efeitos mágicos, e aqueles que o receberam ficam protegidos e isolados da participação em certas energias mágicas relacionadas com magia terrena e coisas do gênero. VEJA OCULTISMO CRISTÃO.

Batismo wicca. VEJA WICCANING.

Baviera, Iluminados da. VEJA ILUMINADOS DA BAVIERA.

Beijo Quíntuplo. Nos rituais de iniciação da Wicca e outras práticas mágicas, um padrão de beijos aplicados num iniciado ou bruxo. Há diversas versões utilizadas atualmente. Uma envolve beijos nos dois pés, nos dois joelhos e na genitália, formando um pentagrama. Outra amplia o pentagrama e situa os beijos na cabeça, nas mãos e nos pés. VEJA PENTAGRAMA. Uma outra indica beijos nos pés, joelhos, genitália, seios e boca. Em muitas tradições, o Beijo Quíntuplo é aplicado por uma mulher a um homem ou por um homem a uma mulher, mas não entre pessoas do mesmo sexo. VEJA TAMBÉM WICCA.

Beith. (irlandês antigo, "ser") Primeira letra do alfabeto Ogham, também grafada Beth e Beithe, com valor sonoro *b*. Corresponde à bétula entre as árvores, ao faisão entre as aves, à cor branca e ao número cinco. Segundo a versão de Robert Graves para o calendário Ogham, seu mês vai de 24 de dezembro a 20 de janeiro. VEJA OGHAM.

┤

Letra Beith em Ogham

Belial. (hebraico BLIAL, "sem Deus") Importante demônio da demonologia judaica e cristã, associado na demonologia cabalística a Ain Soph, segundo dos Três Véus do Imanifestado; VEJA AIN SOPH. De acordo com o *Lemegeton*, é um rei dos demônios, comandante de cinquenta legiões, com a aparência de dois anjos de bela voz, sentados numa carruagem de fogo. Tem o poder de conceder excelentes espíritos auxiliares. VEJA TAMBÉM DEMÔNIO.

Belial, Filhos de. Nos registros de Edgar Cayce feitos em transe, cujas revelações tiveram depois impacto significativo sobre os movimentos ocultistas e da Nova Era, os Filhos de Belial eram os vilões da lenda da Atlântida, cujas atividades levaram ao afundamento do continente perdido. VEJA ATLÂNTIDA; CAYCE, EDGAR.

Beltane. (do gaélico *bealteinne*, "fogo de Bel") Um dos oito grandes festivais do moderno calendário pagão, celebrado no dia 1º de maio ou perto dele. Em muitas tradições pagãs, esse festival representa o casamento ou a cópula entre o Deus e a Deusa. Tal como todas as coisas pagãs, detalhes das comemorações variam muito, mas uma prática comum é a dança ao redor de um mastro decorado com fitas coloridas. Essas tradições que praticam um Grande Rito real, e não simbólico, costumam classificar o Beltane como o momento mais sagrado para sua realização; *VEJA* GRANDE RITO. *VEJA TAMBÉM* SABÁ.

ben. Na magia popular inglesa, uma efígie do espírito dos grãos, colocada na carroça posicionada na frente do último lote da colheita. Costumes similares são encontrados em toda a Europa, e provavelmente se originaram das práticas rituais pagãs. *VEJA* PAGANISMO. LEITURA ADICIONAL: PENNICK, 1989.

Ben. (hebraico BN, "filho") Um nome de Tiphareth, a sexta Sefirah da Árvore da Vida; também o nome secreto do mundo de Assiah. Os valores numéricos de suas letras somam 52, que também é a soma de YVD HH VV HH, a grafia do Tetragrammaton em Assiah. *VEJA* ASSIAH; TETRAGRAMMATON; TIPHARETH.

benandanti. (italiano, "bons andarilhos") Membros de um culto mágico pagão do nordeste da Itália, descoberto pela Inquisição em 1575. Os benandanti atuavam em Friuli, uma região no extremo nordeste do país onde se misturavam tradições italianas, alemãs e eslavas desde o início da Idade Média. Só quem "nascesse com um âmnio", ou seja, com uma membrana amniótica que envolve a cabeça do recém-nascido, podia participar dela, fosse homem, fosse mulher.

Segundo os registros da Inquisição, os benandanti acreditavam que saíam de seus corpos nos dias de jejum e viajavam na forma de animais pelo ar, indo até o Vale de Josafá no centro do mundo; *VEJA* TÊMPORAS, QUATRO. Lá, armados com caules de erva-doce, combatiam os *malandanti*, ou "maus andarilhos", bruxos destrutivos que portavam caules de sorgo; *VEJA* ERVA-DOCE. Os dois exércitos combatiam à noite, durante uma hora ou mais. Se os benandanti vencessem, a colheita seria boa; se os malandanti vencessem, o mau tempo arruinaria a safra e a fome acometeria a região. Os benandanti também tinham poderes mágicos de cura, e curavam pessoas enfeitiçadas.

A Inquisição considerou essas histórias completamente intrigantes, pois não encontravam equivalentes nos padrões de bruxaria ou de religiões não cristãs encontrados nos manuais da Inquisição. Mais de cem benandanti foram aos tribunais do Santo Ofício em Friuli e em Veneza, entre 1575 e 1644, e foram extraídas confissões de bruxaria convencional de um punhado de prisioneiros. No entanto, tal como ocorria com a maior parte das atividades inquisitoriais na Itália, a tortura não era usada, e aqueles considerados culpados eram punidos com penitências, prisão ou banimento, e não com a execução. O problema perdeu forças no final do século XVII, quando a Inquisição encontrou desafios mais prementes.

Os benandanti são muito importantes na história do paganismo europeu, pois demonstram a sobrevivência de complexas tradições pagãs até o início do período moderno. As atividades dos benandanti têm muito em comum com as tradições mencionadas no cânone *Episcopi*, que data do século IX E.C., e com outros movimentos pagãos registrados em fontes medievais. *VEJA* CÂNONE EPISCOPI; MADONA HORIENTE; STOECKHLIN, CHONRAD. Ao mesmo tempo, as nítidas diferenças entre essas tradições e as de modernos grupos pagãos lançam sérias dúvidas sobre as alegações de antigas raízes feitas por estes últimos. *VEJA* NEOPAGANISMO; PAGANISMO. LEITURA ADICIONAL: GINZBURG, 1985.

benéfico. (do latim *beneficus*, "que faz bem") Nas antigas tradições astrológicas, expressão atribuída a planetas e aspectos que exercem uma influência positiva no mapa. Júpiter e Vênus são os principais planetas benéficos, e o trígono e o sextil são os principais aspectos benéficos. O oposto de benéfico é maléfico; VEJA MALÉFICO. VEJA TAMBÉM ASPECTO ASTROLÓGICO; ASTROLOGIA; JÚPITER; VÊNUS.

Beni Elohim. (hebraico BNI ALHIM, "filhos dos deuses/deusas") Em algumas versões da tradição cabalística sobre anjos, a ordem angelical correspondente a Netzach, a sétima Sefirah da Árvore da Vida. VEJA ANJO; NETZACH.

Benjamine, Elbert. VEJA ZAIN, C.C.

Bennett, Allan. Ocultista e monge budista inglês, 1872-1923. Sua vida não é bem documentada, e pouco se sabe sobre sua infância, educação e início de carreira. Ele entrou para a Ordem Hermética da Aurora Dourada em 1894 como Frater Voco, e chegou ao grau de Adeptus Minor no ano seguinte, assumindo o novo lema *Iehi Aour* (hebraico, "que haja luz"). Enquanto estava na Golden Dawn, conheceu Aleister Crowley e dividiu um quarto com o jovem, ensinando-lhe magia em troca do aluguel.

Em 1900, durante a crise política que levou à dissolução da ordem, Bennett foi ao Ceilão, onde tomou os Três Refúgios e tornou-se budista Theravada, recebendo o nome religioso Ananda Metteya. Foi o primeiro inglês a tornar-se professor autorizado de budismo, e ao voltar à Inglaterra fundou um centro de estudos budistas, onde ensinou meditação. Sua saúde fraca, um problema que o afligiu por toda a vida, agravada por sua pobreza, causou sua morte em 1923. VEJA TAMBÉM CROWLEY, ALEISTER; GOLDEN DAWN.

Bensozia. Deusa reverenciada no sul da França nos séculos XII e XIII, de acordo com registros da Inquisição. Sua adoração era muito parecida com aquela registrada vários séculos antes pelo autor do cânone *Episcopi*. VEJA CÂNONE EPISCOPI.

Beorc. VEJA BERKANA.

Berkana. (germânico antigo, "bétula") A décima oitava runa do futhark antigo, associada com a deusa do nascimento, Berchta, com os cuidados maternais e mistérios femininos, bem como com o xamanismo. VEJA FUTHARK ANTIGO. Essa runa, com o nome de Beorc ("Bétula"), é a décima oitava runa do futhorc anglo-saxão, com significado similar. Com o nome de Bjarkan (novamente, "bétula"), é a décima terceira runa do futhark recente. VEJA FUTHORC ANGLO-SAXÃO; FUTHARK RECENTE.

No sistema rúnico Armanen, idealizado por Guido von List, esta runa é chamada de Bar, e significa "canção"; suas correspondências incluem o deus Skirnir, o pai, e o poder de proteger um guerreiro em combate lançando água, como descrito no poema rúnico "Havamal". VEJA RUNAS ARMANEN.

ᛒ

Runa Berkana (Beorc, Bjarkan, Bar)

Berserker. (do islandês antigo *berserkr*, "camisa de urso") Segundo sagas islandesas datadas do final da Era Viking, os Berserkers [palavra que também significa "alucinado" – N. do T.] eram guerreiros que tinham dominado uma forma de transe xamânico no qual assumiam a personalidade, e às vezes quase a forma física, de um urso. Eram considerados praticamente invulneráveis, e em seus estados de transe ficavam tomados por uma fúria assassina. As sagas e outras fontes têm pouco a dizer sobre o treinamento dos Berserkers ou sobre o modo como entravam nesse estado, o que talvez seja até bom.

Semelhantes aos Berserkers eram os *Ul-fhednarr*, ou "pele de lobo", que tinham uma prática de transe similar, mas com o lobo, e não o urso, como animal totêmico. *VEJA TAMBÉM* LICANTROPIA.

Besant, Annie. Reformista social e teósofa inglesa, 1847-1933. Uma das mais extraordinárias figuras de um movimento extraordinário, Annie Besant nasceu em Londres, numa família de classe média, e casou-se com um ministro anglicano em 1867. O casamento não durou muito, e Besant migrou da Igreja da Inglaterra para o ateísmo, tornando-se uma figura destacada da Sociedade Secular Nacional e publicando *The Gospel of Atheism*, em 1877. Nesse mesmo ano, seus esforços para promover o controle de natalidade – outra causa liberal adotada por ela – tornou-a alvo de uma triste condenação por vender "literatura obscena".

Na década de 1880, foi socialista, feminista e ativista operária, e liderou a famosa greve das trabalhadoras de uma fábrica de fósforos em 1888. No ano seguinte, porém, anunciou que estava abandonando o ateísmo e entrou para a Sociedade Teosófica. Sua personalidade e seu talento organizacional levaram-na rapidamente ao topo da sociedade, e, com a morte de H. P. Blavatsky em 1891, Besant e C. W. Leadbeater assumiram o controle da maior parte dessa sociedade.

Com Leadbeater, Besant teve um papel central na proclamação de Jiddu Krishnamurti, filho de um dos funcionários da sede da Sociedade Teosófica em Adyar, Índia, como Mestre do Mundo da era que se iniciaria. Em 1911, foi fundada a Ordem da Estrela do Oriente por Besant e Leadbeater; após a saída de Leadbeater – uma série de escândalos tornou-o uma presença indesejável – a ordem se manteve sob a direção de Besant até Krishnamurti dissolvê-la, em 1929. *VEJA* TEOSOFIA.

Besant também teve um papel fundamental levando a Comaçonaria, na qual fora iniciada em 1906, para o meio teosófico, incentivando ainda os esforços de Leadbeater para disseminar a Igreja Católica Liberal nos canais teosóficos. *VEJA* MAÇONARIA; IGREJA CATÓLICA LIBERAL (ICL).

Nos seus últimos anos de vida, Besant militou na política nacionalista da Índia, ajudando a formar a oposição ao rajá britânico. Ela morreu em 1933, convencida de que iria reencarnar em breve. LEITURA ADICIONAL: NETHERCOT, 1961, 1963.

besom. Vassoura, particularmente do tipo antigo, de cabeça arredondada e não quadrada, usada em muitas tradições pagãs modernas como ferramenta mágica. Um círculo pode ser purificado varrendo-se de dentro para fora em torno de sua linha, seguindo o sentido horário, ou "deosil". O besom também é usado em danças rituais, e em muitos rituais de casamento, ou *handfasting*; "pular a vassoura" é um antigo costume celta ainda praticado entre povos apalaches com ancestrais escoceses ou irlandeses, e foi tomado por empréstimo por muitas tradições pagãs. *VEJA* HANDFASTING.

A vassoura, ou besom, é um elemento importante no folclore tradicional sobre bruxaria, e imagens de bruxas voando montadas em vassouras chegaram até a cultura popular de nossos dias. Fontes medievais e renascentistas, porém, retratam bruxas voando com inúmeros objetos, inclusive ancinhos, pás, cajados e demônios com formas animais. Muitas ilustrações antigas também mostram bruxas montando vassouras com a escova para a frente, geralmente com uma vela fincada nas cerdas para iluminar o caminho.

O folclore de diversos sistemas pagãos modernos afirma que o besom mágico deve ser feito de gravetos de bétula, cabo de freixo e amarras de salgueiro. LEITURA ADICIONAL: VALIENTE, 1987.

Beth. (hebraico BTh, "casa") Segunda letra do alfabeto hebraico, uma letra dupla com os sons *b* e *v*. Seu valor numérico é 2. Suas correspondências mais comuns são as seguintes:

> *Caminho da Árvore da Vida*: Caminho 12, de Kether a Binah.
> *Correspondência astrológica*: Mercúrio.
> *Correspondência no tarô*: Arcano I, O Mago.
> *Parte do Cubo do Espaço*: Face superior do cubo.
> *Cores*: em Atziluth, amarelo.
> em Briah, púrpura.
> em Yetzirah, cinza.
> em Assiah, índigo salpicado de violeta.

Seu texto, no *Trinta e Dois Caminhos da Sabedoria*, diz: "O Décimo Segundo Caminho é a Inteligência da Transparência, porque é essa espécie de magnificência chamada 'visionária' (*chazchazit*), nome do lugar de onde surge a visão dos que veem em aparições".

Beth é a primeira letra da Torá, pois é o início da palavra *berashith* ("no princípio"). Na tradição cabalística, representa a atividade criadora do divino, distinta da essência divina oculta representada pela letra Aleph. *VEJA TAMBÉM* CABALA; ALFABETO HEBRAICO.

Letra hebraica Beth

Beth. (letra Ogham) *VEJA* BETH.

Beth-Luis-Nion. Um dos dois sistemas de Ogham. *VEJA* OGHAM.

Bethor. Um dos sete espíritos olímpicos, Bethor está associado ao planeta Júpiter, e governa 32 das 196 províncias do Céu. O período da história governado por Bethor vai de 60 A.E.C. até 430 E.C. *VEJA* ESPÍRITOS OLÍMPICOS.

Espírito olímpico Bethor

bibliomancia. (do grego, "adivinhação por meio de livros") Sistema divinatório no qual se abre um livro e aponta um trecho aleatoriamente; as palavras apontadas são lidas como resposta à pergunta do consulente. A Bíblia foi muito usada como recurso para bibliomancia, pois uma adivinhação usando esse livro não poderia ser considerada magia diabólica. Nos meios mais cultos, obras clássicas, como a *Eneida* de Virgílio, eram usadas da mesma maneira. A bibliomancia com a Bíblia também era chamada de *sortes apostolorum* ("leitura de sorte dos apóstolos"), em latim; a bibliomancia com a *Eneida* de Virgílio era chamada de *sortes Vergilianae*. *VEJA TAMBÉM* ADIVINHAÇÃO.

Binah. (hebraico BINH, "compreensão") A terceira Sefirah da Árvore Cabalística da Vida e a mais elevada Sefirah do Pilar da Severidade. Binah é o principal poder feminino da árvore, associado com Aima Elohim, a Mãe Divina, e seus símbolos incluem o mar e o útero. Suas correspondências mais comuns são as seguintes:

Nome de Deus: YHVH ALHIM, Tetragrammaton Elohim.
Arcanjo: TzPQIAL, Tzaphqiel (Contemplação de Deus).
Hoste angelical: ARALIM, Aralim (Os Valentes).
Correspondência astrológica: ShBThAI, Shabathai (Saturno).
Correspondência no tarô: os quatro Três e as quatro Damas.
Elemento correspondente: Água.
Imagem mágica: Uma idosa com longos cabelos brancos.
Símbolos adicionais: Todos os símbolos vaginais.
Títulos adicionais: AMA, Ama, a mãe estéril escura; AIMA, Aima, a mãe fértil luminosa; MRH, Marah, o Grande Oceano.
Cores: em Atziluth, carmim.
em Briah, preto.
em Yetzirah, marrom-escuro.
em Assiah, cinza salpicado de rosa.
Correspondência no microcosmo: Neshamah, a compreensão espiritual.
Correspondência no corpo: o lado direito da cabeça.
Grau de iniciação: 8=3, Magister Templi.
Qlippoth: SAThARIAL, Satariel, os Ocultadores.

O texto do *Trinta e Dois Caminhos da Sabedoria* associado a Binah diz: "O Terceiro Caminho é a Inteligência Santificadora, e é a base da Sabedoria Primordial; é chamado de criador da fé, e suas raízes estão em Amen. É o pai da fé, e de suas virtudes emana a fé". VEJA TAMBÉM CABALA; ÁRVORE DA VIDA.

biquintil. Na astrologia, um aspecto menor, formado por dois planetas em ângulo de 144 graus. Foi criado pelo astrólogo alemão Johannes Kepler (1571-1630) no século XVII. Segundo se diz, indica talento. VEJA ASPECTO ASTROLÓGICO.

bispos independentes. Bispos que não pertencem a nenhuma das Igrejas cristãs estabelecidas, mas que foram consagrados por um bispo pertencente a uma linha válida de sucessão apostólica – ou seja, uma linhagem que (pelo menos em teoria) pode ser traçada até um dos apóstolos originais de Jesus de Nazaré. Embora a maioria das linhas de sucessão apostólica tenha sido mantida dentro de um pequeno número de Igrejas cristãs estabelecidas, várias se desgarraram ao longo dos séculos. Atualmente, há mais de vinte linhas fora das Igrejas estabelecidas, e que costumam ser aceitas como válidas.

A origem dos bispos independentes recua na história da Igreja. Segundo a teologia cristã, a consagração como bispo é permanente: uma vez bispo, sempre bispo. A partir da Idade Média, bispos que eram expulsos de suas sés por conduta inadequada eram levados a perambular de vila em vila até poderem encontrar outro lugar onde poderiam exercer seus deveres episcopais; isso deu origem à expressão antes usada para os bispos independentes, *episcopi vagantes*, "bispos errantes". Nos séculos XVII e XVIII, um grande número de bispos irlandeses saiu de suas sedes e perambulou pelos Estados Unidos e pelo continente europeu. A partir do século XVIII, também, entraram em cena linhas de sucessão apostólica com raízes nas antigas Igrejas do Oriente Médio e da Índia. A Antiga Igreja Católica da Holanda, um corpo que se separou da Igreja Católica Romana quando esta proclamou a infalibilidade do papa em 1870, também tem contribuído para o fornecimento de bispos independentes.

Para aumentar a complexidade desse cenário, existe o hábito, comum entre bispos independentes, de receber consagrações em linhagens diferentes das suas. Na tradição cristã, uma segunda ordenação ou consagração ou um segundo batismo podem ser dados *sub conditione*, ou seja, "condicionalmente" – caso o primeiro seja inválido por algum motivo. Isso foi levado a extremos, e atualmente os bispos independentes podem ter sido consagrados *sub conditione* em até 23 linhas de sucessão apostólica.

Muitos bispos independentes são mais ou menos ortodoxos em sua teologia, mas um número significativo deles pode ter adotado alguma forma de cristianismo esotérico ou gnóstico, e alguns podem estar profundamente envolvidos no ocultismo cristão. Muitos dos principais personagens dos atuais círculos ocultistas cristãos têm alguma forma de ordenação dada por um bispo independente. VEJA TAMBÉM OCULTISMO CRISTÃO; GNOSTICISMO; IGREJA CATÓLICA LIBERAL (ICL). LEITURA ADICIONAL: ANSON, 1964; KEIZER, 1976.

Bjarkan. VEJA BERKANA.

Blavatsky, Helena Petrovna. Ocultista russa, 1831-1891. Nascida numa família alemã que vivia na Rússia havia várias gerações, filha de um funcionário provincial, casou-se aos 17 anos com um homem muito mais velho, o general Nikifor Blavatsky, mas fugiu depois de alguns meses e saiu da Rússia. Seu paradeiro nos dez anos seguintes é objeto de controvérsia. Os teósofos afirmam que ela ficou no Tibete estudando com mahatmas, e pesquisadores sem ligação com a Teosofia encontraram fragmentos desconfortáveis de evidências sobre uma carreira como artista de circo, médium fraudulenta e aventureira. Embora sempre tenha negado que tivesse filhos, evidências circunstanciais sugerem a existência de um filho ilegítimo que teria morrido na infância. Nos últimos anos, ela se recusou a falar sobre esse período de sua vida.

É certo que ela estava no Cairo em 1871, onde fundou a Societé Spirite, auxiliada pelo casal Coulomb. A sociedade se desfez após algum tempo em meio a acusações de fraude e desvio de dinheiro, e Blavatsky deixou o Egito pouco depois. Foi a Nova York em 1873 e passou algum tempo sustentando-se como costureira antes de se aventurar no jornalismo. Foi nesse ponto, enquanto fazia uma matéria sobre um par de médiuns em Vermont, que ela conheceu o coronel Henry Steel Olcott, cujos talentos como organizador e escritor preenchiam as lacunas das habilidades da própria Blavatsky. Em pouco tempo, os dois estavam morando juntos, e traçaram planos para uma nova organização, que seria chamada de Sociedade Teosófica. A sociedade foi fundada em 1875, e enquanto Olcott organizava encontros e publicações, Blavatsky dedicava seu tempo a uma obra volumosa de filosofia ocultista, *Ísis Sem Véu*, publicada em inglês em 1877, trazendo para a nova sociedade muita publicidade favorável.

Em 1878, a irrequieta Blavatsky, acompanhada por Olcott e outros teósofos, viajou à Índia e fundou uma sede da sociedade em Adyar, perto de Bombaim. Ali, novamente auxiliada por seus velhos amigos Coulomb, impressionou a classe alta inglesa da região com seus milagres. Isso chamou a atenção da Society for Psychical Research [Sociedade de Pesquisas Psíquicas] e, em 1884, enquanto Blavatsky e Olcott viajavam para fora de Adyar para angariar fundos, a sociedade enviou um investigador que descobriu provas conclusivas de fraude. Ele foi auxiliado pelos Coulombs, que passaram detalhes de seu próprio envolvimento na produção dos "milagres" de Blavatsky. A publicação do relatório da SPR causou um escândalo generalizado e assinalou o afastamento entre Blavatsky e Olcott, que a expulsou de Adyar. Ela foi para Londres, onde deu aulas e fez palestras. Além disso, escreveu mais um livro volumoso, *A Doutrina Secreta* (publicação original, 1888) e outras obras menores. Na época de sua morte, a Sociedade Teosófica tinha perto de 100 mil membros e era novamente a presença dominante no cenário ocultista da Europa e dos Estados Unidos. *VEJA TAMBÉM* SOCIEDADE TEOSÓFICA; TEOSOFIA.

Boaz. (hebraico, "em sua força") Um dos dois pilares à porta do Templo de Salomão, um importante elemento do simbolismo cabalístico, mágico e maçônico. O pilar Boaz ficava à esquerda da entrada do templo. No simbolismo, costuma ser representado na cor preta, e corresponde ao receptivo ou passivo, ao material e ao feminino, enquanto o pilar Jachin corresponde ao ativo, ao espiritual e ao masculino. Os cabalistas associam Boaz ao pilar esquerdo da Árvore da Vida, o Pilar da Severidade. *VEJA* ÁRVORE DA VIDA.

Nas lojas maçônicas, o pilar Boaz é encimado por um globo terrestre, representando sua associação com o mundo material. *VEJA* MAÇONARIA. *VEJA TAMBÉM* JACHIN; TEMPLO DE SALOMÃO.

Böehme, Jacob. (também grafado Jakob Böhme) Sapateiro e místico alemão, 1575-1624. Nascido numa família de camponeses na província da Lusácia Superior, no leste da Alemanha, Böehme foi durante a maior parte da infância pastor de ovelhas, com uma breve passagem pela escola da aldeia. Aos 13 anos, saiu de casa para tentar a sorte na cidade de Görlitz, perto dali, onde tornou-se aprendiz de sapateiro, atingindo o nível de mestre sapateiro em 1599. Pouco depois, casou-se com a filha de um açougueiro local.

Ao aproximar-se da meia-idade, porém, os horizontes mentais de Böehme se abriram numa direção bem diferente da que sugeriria sua vida banal de classe média. A julgar por seus textos, ele começou a ler livros de alquimia, inclusive os trabalhos de Paracelso. *VEJA* ALQUIMIA; PARACELSO. Por volta de 1610, ele teve uma experiência mística na qual ficou consciente das "assinaturas" ocultas de todas as coisas, o que deu origem a seu primeiro livro, *A Aurora Nascente*. Cópias desse livro circularam como manuscritos, e Böehme viu-se no centro de um círculo de estudiosos e filósofos locais, fascinados por seu trabalho. A Igreja Luterana da região ficou menos impressionada, denunciou seu livro como herege e proibiu-o de escrever.

Böehme obedeceu a essa ordem por algum tempo, e depois começou a escrever em segredo, produzindo uma enxurrada de tratados sobre espiritualidade cristã mística que circulavam entre seus amigos. Perto do fim de sua vida, seus apoiadores tinham conquistado tamanha força que ele pôde publicar diversos ensaios expondo sua visão pouco comum da teologia cristã. Convidado para visitar Dresden em 1624, viu-se cercado de admiradores, mas teve uma febre e acabou morrendo logo depois de voltar a Görlitz.

Seus textos tiveram um papel fundamental no início da tradição da teosofia cristã, e praticamente todos os nomes posteriores desse movimento valeram-se de seu trabalho, de um modo ou de outro; *VEJA* TEOSOFIA. Há quem diga que suas obras teriam influenciado o movimento rosa-cruz; *VEJA* ROSA-CRUZES. LEITURA ADICIONAL: BENZ, 1983; BÖEHME, 1978, 1989.

bogomil, bogomilos. *VEJA* CÁTAROS.

Böhme, Jakob. *VEJA* BÖEHME, JACOB.

bola de bruxa. Bola de vidro com diâmetro considerável, geralmente azul, verde ou violeta, usada para afastar o mau-olhado e outras formas de magia hostil. Algumas contêm alfinetes e agulhas, para dispersar energias negativas, e outras são vazias. Até o final do século XIX, as bolas de bruxa eram penduradas em janelas, embora isso fosse feito mais com fins decorativos; tal como ocorre com muitos costumes mágicos, o propósito original foi sendo esquecido, tornando-se apenas um costume intrigante. LEITURA ADICIONAL: MERRIFIELD, 1987.

bola de cristal. *VEJA* ESCRIAÇÃO.

boline. Faca com lâmina curva, usada em algumas tradições pagãs modernas para colher ervas para uso mágico. *VEJA* MAGIA NATURAL.

boneco. Objeto usado para representar uma pessoa que será alvo de um trabalho de magia. Os bonecos – mais conhecidos hoje como "bonecos vodu" – são uma das mais antigas ferramentas da magia prática; há exemplos que chegaram até nós da época do Egito Antigo, e a magia com bonecos ainda é feita nos dias de hoje. Na prática, usam-se diversos meios mágicos para identificar o boneco com o alvo do trabalho.

A magia com bonecos é o meio mais famoso de trabalho de magia maléfico – por exemplo, inserir alfinetes no boneco para causar dor ou doenças na parte correspondente do corpo da vítima – mas também pode ser usada para muitos outros trabalhos de magia. Um par de bonecos pode ser amarrado em trabalhos amorosos, e um boneco pode ser amarrado com fio ou cordão para impedir o indivíduo-alvo de causar mal a terceiros. Também é possível produzir a cura pela magia com bonecos. *VEJA TAMBÉM* CUNNING FOLK; HUDU.

bordão. (inglês *staff*, também traduzido cajado, vara) Uma das ferramentas mais comuns da magia ocidental tradicional, o bordão, também chamado de cajado, é pouco usado nas modernas tradições ocultistas, mas parece ter ressurgido nos últimos anos com o interesse por tradições mágicas populares. De certo modo, o bordão é apenas um equivalente bem maior da varinha, mas seu tamanho e solidez tornam-no bem mais adequado para trabalhos ao ar livre.

Tradicionalmente, o bordão deve ser talhado em madeira viva, secado cuidadosamente e feito à mão pela pessoa que pretende usá-lo. Troncos inteiros de árvores jovens eram usados para esse fim. Preces, invocações e oferendas ao espírito da árvore são comuns. São usadas várias madeiras em função do propósito mágico, mas isso varia de tradição para tradição.

Diversos tipos diferentes de bordão têm sido usados nos vários ramos da prática da magia ocidental. O cajado, um bordão com a parte superior recurvada como uma bengala comum, é um instrumento importante em algumas tradições mágicas inglesas, e o bastão em forquilha é usado com frequência em algumas tradições modernas da bruxaria. Outros bordões tradicionais, inclusive a vara de medição e o pilebogar, têm recebido menos atenção nos últimos tempos. *VEJA* BASTÃO; VARA DE MEDIÇÃO; PILEBOGAR; BASTÃO COM FORQUILHA. *VEJA TAMBÉM* VARINHA. LEITURA ADICIONAL: PENNICK, 1989.

BOTA. *VEJA* CONSTRUTORES DO ÁDITO (BOTA).

Boullan, Joseph-Antoine. Sacerdote e ocultista francês, 1824-1893. Pio na infância, entrou para o seminário na juventude e foi ordenado padre aos 25 anos de idade. Por volta de 1854, tornou-se padre confessor de uma freira chamada Adèle Chevalier, mas a relação não se manteve sacerdotal por muito tempo: ela tornou-se sua amante e lhe deu dois filhos. O casal fundou uma organização chamada Sociedade pela Reparação das Almas, especializada em exorcizar freiras possuídas; relatos afirmam que as cerimônias incluíam algumas práticas como dar à vítima hóstias consagradas misturadas com fezes humanas.

Na década de 1860, os rumores sobre as atividades de Boullan chamaram a atenção das autoridades eclesiásticas, e uma investigação local encontrou evidências de que ele e Chevalier tinham assassinado um de seus filhos numa Missa Negra satânica. *VEJA* MISSA NEGRA. O caso chegou a Roma, onde Boullan foi inocentado das acusações. Mas os rumores não pararam, e, em 1875, ele foi laicizado.

Depois da atitude da Igreja, Boullan anunciou que era a reencarnação de João Batista, enviado para proclamar um novo meio de salvação para os seres humanos. Ele assumiu a Obra da Mercê, uma seita cismática fundada por um excêntrico milagreiro normando chamado Pierre Vintras, que tinha morrido naquele ano. Nas mãos de Boullan, a Obra tornou-se ainda mais estranha do que era sob a liderança de Vintras. Boullan afirmava que o caminho para a salvação consistia em sessões de sexo com arcanjos e outras entidades espirituais. Há bons motivos para pensar que as "entidades espirituais" possam ter sido os próprios Boullan e Chevalier.

Em 1886, Boullan tornou-se inimigo da Ordem Cabalística da Rosa-cruz, a principal ordem ocultista da França naquela época. Dois de seus membros, Stanislaus de Guaita e Oswald Wirth, haviam entrado em contato com Boullan e obtido detalhes de suas práticas, que apresentaram ao Conselho dos Doze daquela ordem. O conselho condenou-o à "morte por fluidos [mágicos]". Seguiu-se uma majestosa batalha de magos, na qual J.-K. Huysmans, amigo de Boullan, também esteve envolvido. Com a súbita morte de Boullan em 1893, Huysmans acusou Guaita de causar sua morte por magia. *VEJA TAMBÉM* GUAITA, STANISLAS DE.

Briah. (hebraico BRIAH, "criação"). O segundo dos quatro mundos da teoria cabalística, correspondente ao nível arcangélico da existência e ao primeiro Heh do Tetragrammaton. Na Árvore da Vida, é representado como um todo por dez arcanjos, e corresponde mais de perto a Chokmah e Binah, a segunda e a terceira Sefirot da árvore. Em Briah, o Tetragrammaton é grafado YVD HI VAV HI, e o nome secreto do mundo de Briah é Seg. *VEJA* CABALA; SEG; TETRAGRAMMATON.

briônia. (*Bryonia alba*, *B. dioica*) Uma das plantas mais importantes da tradição mágica ocidental, com um histórico que recua ao Egito Antigo, a briônia é parente do pepino; é uma trepadeira encontrada em madeiras e cercas, que dá pequenas flores amarelas ou verdes nos meses de verão. A raiz é a parte empregada na prática mágica.

Na magia do Egito Antigo, usava-se uma fogueira de briônia para queimar figuras em cera dos inimigos dos deuses, como forma de banir más influências e também de amaldiçoar alvos humanos. *VEJA* OCULTISMO EGÍPCIO.

Tradições mágicas ocidentais posteriores trataram a briônia como uma equivalente próxima da mandrágora; *VEJA* MANDRÁGORA. Normalmente, a raiz recém-colhida era esculpida na forma de um ser humano e depois enterrada em areia úmida, até as superfícies cortadas ganharem casca, e o boneco resultante era tratado como espírito familiar, recebendo oferendas diárias de vinho; em troca, ele realizaria os desejos de seu amo. Uma coroa de suas folhas era usada desde a época romana para proteger de relâmpagos o portador.

A briônia é atribuída a Marte em Gêmeos, e tem natureza ígnea, quente e seca no terceiro grau. *VEJA* HUMORES. LEITURA ADICIONAL: J. GREER, 2000; GRIEVE, 1931.

Britten, Emma Hardinge. Ocultista e espiritualista inglesa, 1823-1899. Filha de um capitão de navio, demonstrou talentos musicais desde cedo e, aos 11 anos, após a morte de seu pai, já estava ajudando a manter a família como professora de música. Ela chamou a atenção de um círculo de ocultistas ingleses, que a usou como clarividente. Depois de alguns anos em Paris, onde deu continuidade a seus estudos musicais, voltou à Inglaterra e fez carreira como cantora lírica e atriz.

Em 1856, fechou um contrato lucrativo com uma companhia teatral e viajou pelos Estados Unidos, onde se converteu ao espiritualismo. Em pouco tempo, tornou-se uma das mais célebres médiuns do mundo anglófono, bem como ardorosa divulgadora da causa espiritualista, dando palestras pelo país. Por volta de 1860, publicou ensaios rejeitando a religião ortodoxa em favor de uma versão do espiritualismo com fortes matizes da filosofia esotérica da época.

Em 1872, casou-se com o dr. William Britten, médico mesmerizador, e foram morar na cidade de Nova York, onde participou ativamente de círculos ocultistas. Em 1875, tornou-se um dos membros fundadores da Sociedade Teosófica, mas não demorou para considerar intoleráveis as atividades de H. P. Blavatsky e saiu da organização. *VEJA* SOCIEDADE TEOSÓFICA. Continuou a trabalhar em prol do espiritualismo até falecer, em 1899. LEITURA ADICIONAL: BRITTEN, 1900; J. GODWIN, 1994.

Brodie-Innes, John Williams. Advogado e ocultista escocês, 1848-1923. Nascido na cidade rural de Morayshire, formou-se em Direito em Cambridge e mudou-se para Edimburgo. Foi ativo nos círculos ocultistas e maçônicos escoceses, e ajudou a fundar a Loja Escocesa da Sociedade Teosófica em 1884, tornando-se depois seu presidente e contribuindo com muitos ensaios para as publicações da ordem. *VEJA* TEOSOFIA.

Em 1890, entrou para a Ordem Hermética da Aurora Dourada, adotando o lema *Sub Spe* ("Com esperança"). Galgou rapidamente os graus da ordem e tornou-se Adeptus Minor em 1893. Nesse mesmo ano, ajudou a fundar o Templo de Amon-Rá em Edimburgo, tornando-se Imperator, um cargo que manteve pelo resto da vida. Nessa condição, envolveu-se profundamente com as crises que abalaram a ordem entre 1900 e 1903, levando o templo de Edimburgo por uma série de complexas mudanças políticas que conduziram para dentro e depois para fora da Stella Matutina, uma das ordens sucessoras da Golden Dawn, antes de ser incorporada pela rival Alfa e Ômega. *VEJA* GOLDEN DAWN.

Brodie-Innes também escreveu bastante sobre temas ocultistas, produzindo um livro sobre cristianismo místico, *The True Church of Christ*, em 1893, e diversos artigos para a imprensa ocultista da época. Interessava-se pelos folclores celta e cigano, pelas tradições da bruxaria medieval e por muitos outros temas ocultistas, e seus ensaios (muitos deles esgotados há tempos e difíceis de encontrar) estão repletos de informações incomuns sobre diversas formas de ocultismo. LEITURA ADICIONAL: GILBERT, 1983.

Bruno, Giordano. Mago e mnemonista italiano, 1548-1600. Nascido em Nola, pequena aldeia aos pés do vulcão Vesúvio, entrou para a Ordem Dominicana como noviço em 1563 e morou no mosteiro em Nápoles. Estudou particularmente a Arte da Memória, uma especialidade da Ordem Dominicana nessa época, e atingiu uma habilidade tão grande nessa área que integrou um pequeno grupo de jovens clérigos levados a Roma para mostrarem seus talentos para o papa. Em 1576, porém, acusado de heresia, deixou a batina e saiu da Itália. Permaneceu algum tempo em Genebra, então sob o controle de protestantes radicais liderados por João Calvino, e por dois anos deu palestras sobre astronomia na Universidade de Toulouse, mudando-se em seguida para Paris.

Lá, em 1582, publicou *De Umbris Idearum*, seu primeiro trabalho sobre a Arte da Memória. Esse livro deixou claro que a heresia que fez com que Bruno saísse às pressas de seu convento tinha muito a ver com a magia e com a tradição hermética da filosofia mágica. Nele, Bruno fundiu a tradicional Arte da Memória com a magia hermética renascentista inaugurada por Marsílio Ficino, usando imagens mágicas da obra de Cornélio Agrippa, *Três Livros de Filosofia Oculta*. Essa mesma fusão dominou seus trabalhos seguintes sobre a Arte da Memória, publicados durante suas viagens pela Inglaterra, França e Alemanha, além de outros contendo uma filosofia hermética mais convencional.

Arrogante, exigente e convencido de seu próprio valor, Bruno era um homem difícil e não conseguiu manter por muito tempo mais do que uns poucos amigos. Teve pelo menos um seguidor conhecido, o escocês Alexander Dicson, que ensinou a Arte da Memória para algumas das primeiras lojas maçônicas conhecidas; *VEJA* MAÇONARIA. Rumores registrados nos anais da Inquisição na época de seu julgamento sugerem que ele pode ter fundado círculos de "giordanistas" na Alemanha, e que – embora sem qualquer evidência – estes teriam exercido um papel na criação do movimento Rosa-Cruz algumas décadas depois.

Como muitos magos do Renascimento, Bruno passou boa parte de seu tempo procurando um patrono aristocrata que pudesse sustentá-lo em grande estilo, como desejava. Em 1591, depois de receber um convite do nobre veneziano Giovanni Mocenigo, voltou à Itália na esperança de encontrar essa pessoa. Foi um erro fatal: Mocenigo entregou-o à Inquisição e Bruno passou oito anos nas masmorras eclesiásticas em Veneza e Roma antes de ser queimado como herege no Campo de Fiori em Roma, em 1600.

O impacto de Bruno sobre a tradição mágica de sua época foi pequeno, e os propagandistas da Revolução Científica transformaram-no num mártir do racionalismo, escondendo seu envolvimento com o ocultismo da melhor forma possível. Só quando teve início o estudo sério das tradições mágicas ocidentais, em meados do século XX, é que as dimensões das atividades ocultistas de Bruno ficaram visíveis. Desde então, sua obra tornou-se bem mais conhecida do que fora durante sua vida, e pelo menos um ocultista moderno importante, o estudioso e mago Ioan Culianu, foi bastante influenciado pela obra de Bruno; *VEJA* CULIANU, IOAN PETRU. *VEJA TAMBÉM* ARTE DA MEMÓRIA; HERMETISMO. LEITURA ADICIONAL: YATES, 1964.

bruxa. (em inglês, *witch*) (Este termo é mais usado para descrever praticantes do sexo feminino, embora possa ser usado com referência ao sexo masculino. – N. do E.) É a expressão com maior carga emocional dentre as usadas para definir os praticantes de magia.

Em seu uso atual, a palavra *bruxa* tem significados mutuamente contraditórios:

Em muitas partes da comunidade pagã, "bruxa" significa exatamente o mesmo que "wicca" ou "wiccana" – ou seja, uma seguidora de alguma forma da religião pagã da Wicca. *VEJA* WICCA.

Em outras partes da comunidade pagã, "bruxa" é uma espécie de curandeira – aquilo que na Inglaterra seria, um tempo atrás, uma "cunning woman" ou "cunning man", ou uma pessoa com um vasto conhecimento de magia prática, juntamente com outras habilidades, como o conhecimento das ervas. Em círculos que usam esse significado, faz-se uma distinção nítida entre "bruxaria", que é uma tradição da magia prática, e "Wicca", que é uma religião. *VEJA* CUNNING FOLK; MAGIA NATURAL.

Entre cristãos conservadores, a palavra "bruxa" significa mais ou menos a mesma coisa que significava para os oficiais da igreja durante a Era das Fogueiras: um membro de um culto maligno que reverencia o Diabo. Até hoje, os fundamentalistas cristãos tentam usar a palavra "bruxa" para redefinir pagãos e membros da Wicca como satanistas, e para culpá-los por supostos casos de maus-tratos em rituais satânicos. *VEJA* MAGIA, PERSEGUIÇÃO À PRÁTICA DA. Tendo em vista as mensagens extremamente conflitantes transmitidas pela palavra "bruxa", nas últimas décadas alguns pagãos têm dito que ela deve ser abandonada e substituída por "wicca", "pagã" ou algum outro rótulo menos controvertido. *VEJA TAMBÉM* NEOPAGANISMO; WICCA.

bruxaria. (em inglês, *witchcraft*) Literalmente, a prática ou o ofício praticado por bruxas ou bruxos. *VEJA* BRUXA. O termo *bruxaria* é usado de diversas maneiras diferentes nas modernas comunidades ocultistas e pagãs. Grupos neopagãos que se identificam com bruxos medievais mas que alegam não ter relação com a Wicca moderna costumam usá-lo como um rótulo de identificação para si mesmos, embora também seja usado por algumas pessoas para falar de magia popular europeia, diferentemente da religião pagã da Wicca. Em outros contextos, ela é usada como sinônimo genérico para magia. *VEJA* CUNNING FOLK; WICCA.

bruxaria druida. Movimento dentro do neopaganismo moderno que combina elementos da Wicca com diversos conceitos celtas, principalmente da Irlanda e de Gales. Embora algumas tradições da bruxaria druida afirmem ter sobrevivido desde os tempos do paganismo, isso ainda está aberto a questionamentos. Na prática, a bruxaria druida é uma mistura muito eclética de tradições contemporâneas celtas e da Wicca extraídas de fontes publicadas, com pouca coisa em comum, seja com aquilo que se conhece dos antigos druidas, seja com as tradições mais antigas do druidismo moderno. *VEJA* DRUIDAS; WICCA.

bruxaria verde. Expressão usada para e por diversas tradições modernas da Wicca ou assemelhadas com um enfoque comum sobre a natureza e o mundo natural, divindades orientadas para a terra como Gaia e, em muitos casos, um envolvimento com o ativismo ecológico. Algumas bruxas verdes alegam descender, por meio de tradições familiares, de herboristas pagãos antigos ou medievais, de curandeiras e parteiras, enquanto outras tratam essas figuras como suas antepassadas ou modelos a seguir, mas sem alegar uma linhagem adquirida dessas fontes.

Diferente até pelos modernos padrões pagãos, a bruxaria verde é mais uma categoria genérica, ou mesmo uma tendência, do que uma tradição ou conjunto de tradições em particular. Mesmo assim, constitui uma das maiores categorias do paganismo da atualidade. *VEJA TAMBÉM* GAIA, HIPÓTESE; NEOPAGANISMO; WICCA. LEITURA ADICIONAL: MOURA, 1996, 2000.

bruxaria Welsh. *VEJA* WELSH TRADITIONAL; BRUXARIA.

bruxas, sabá das. *VEJA* SABÁ DAS BRUXAS.

Bry, Franciscus de. Segundo a tradição da Golden Dawn, um dos três chefes supremos da ordem, juntamente com Hugo Alverda e Elman Zata. Era tido como um frísio ou como um gaulês, e sua idade, na época em que foi lacrado o Túmulo de Christian Rosenkreuz, seria de 495 anos. O nome "de Bry", curiosamente, era o de uma famosa gráfica alemã que publicava importantes obras rosa-cruzes no século XVII. Como os outros dois chefes supremos, Hugo Alverda e Elman Zata, Franciscus de Bry parece ter sido inteiramente mítico. *VEJA* ALVERDA, HUGO; GOLDEN DAWN; ZATA, ELMAN.

Bureus, Johannes. Estudioso e ocultista sueco, 1568-1652. Nascido numa família de classe média, quando jovem aprendeu hebraico com um ministro local; ao chegar à idade adulta procurou a corte real sueca em Estocolmo, esperando conseguir trabalho como escriba e artista. Teve seu interesse despertado pelas inscrições rúnicas, que ainda podiam ser vistas na Suécia naquela época, e por volta de 1600 já sabia traduzi-las. O governo sueco enviou-o pelo país para catalogar e traduzir pedras com inscrições rúnicas, trabalho – o primeiro estudo moderno e significativo sobre as runas – que lhe rendeu o título de antiquário real em 1602. *VEJA* RUNAS.

As atividades rúnicas não esgotaram sua gama de interesses. Os estudos de hebraico levaram-no à cabala e à magia cerimonial, e durante o furor rosa-cruz de 1616-1618, Bureus publicou três panfletos apoiando e defendendo a misteriosa ordem; *VEJA* ROSA-CRUZES. Pouco antes, em 1610, ele conseguiu um exemplar do enigmático livro de John Dee, *A Mônada Hieroglífica*, e usou suas complexas geometrias como chave para desvendar mistérios que ele acreditava que estariam escondidos na escrita rúnica. Após uma série de intensas experiências visionárias, ele se convenceu de que tinha descoberto o gabarito secreto do alfabeto rúnico, o Adulruna, uma mistura de simbolismo e de geometria sagrada que também proporcionava uma chave para a interpretação profética das Escrituras.

Essas ideias foram aceitas com entusiasmo por místicos e ocultistas do norte da Europa. Bureus tentou fazer com que o governo sueco se interessasse por elas, com pouco sucesso. Presenteou um primeiro manuscrito de sua obra magna, *Adulruna Rediviva*, ao rei da Suécia, Gustavo Adolfo, quando este subiu ao trono em 1611, e presenteou a versão final à rainha Cristina, filha de Gustavo Adolfo, em 1643. Nenhum dos monarcas parece ter dado atenção ao material exposto no livro.

O trabalho de Bureus com as runas foi assumido, após sua morte, pelos primeiros estudantes de folclore e história escandinava, mas a dimensão mágica de sua obra foi praticamente esquecida. Como muitos ocultistas de sua geração, ele teve o infortúnio de viver pouco antes do início da Revolução Científica, que forçou todas as tradições ocultistas do Ocidente a se esconderem, tornando incompreensíveis todas as complexas filosofias ocultistas do final do Renascimento para a maioria dos que vieram depois. *VEJA TAMBÉM* ASATRÚ; GEOMETRIA SAGRADA. LEITURA ADICIONAL: ÅKERMAN, 1998.

Burgoyne, Thomas Henry. (Thomas Dalton) Ocultista inglês, 1855-1895. De origem humilde, Burgoyne trabalhou numa mercearia na cidade de Leeds antes de começar a estudar ocultismo. Pouco se sabe sobre sua juventude. Em 1882, apareceu nos círculos ocultistas ingleses, entrando em contato com William Ayton e outros conhecidos estudantes de ocultismo. Nesse mesmo ano, foi ajudante de

Max Theon e fez contato com Peter Davidson; os três últimos fundaram a Fraternidade Hermética de Luxor (F. H. de L.).

Em 1883, seus estudos de ocultismo foram interrompidos por uma condenação por fraude, pela qual passou sete meses na cadeia. Depois de solto, adotou o pseudônimo "Thomas Burgoyne". Tornou-se secretário da F. H. de L. e ajudou a produzir sua revista mensal, *The Occult Magazine*. Em 1886, porém, a identidade de Burgoyne como o ex-presidiário Dalton tornou-se pública, e o escândalo quase fechou a organização. Tanto Davidson como Burgoyne saíram da Inglaterra e foram para os Estados Unidos, onde, após várias tentativas, Burgoyne instalou-se em Carmel, na Califórnia. Lá, conheceu Norman Astley, um oficial reformado do exército britânico que havia estudado ocultismo na Índia. (Mais tarde, Astley casou-se com Genevieve Stebbins, famosa professora de educação física e oratória, e membro da F. H. de L.; *VEJA* STEBBINS, GENEVIEVE.) A pedido de Astley e de um grupo de amigos, todos estudantes de ocultismo, Burgoyne escreveu seu único livro, *The Light of Egypt*, publicado em 1889. Sua saúde piorou alguns anos depois e ele morreu em Carmel. *VEJA TAMBÉM* FRATERNIDADE HERMÉTICA DE LUXOR (F. H. DE L.); THEON, MAX.

Butler, W. E. (Walter Ernest). Ocultista inglês, 1898-1978. Nascido e criado na zona rural de Yorkshire, fez contatos com um círculo espiritualista em 1914 e, no ano seguinte, entrou para a Sociedade Teosófica, tornando-se aluno de Robert King, bispo da Igreja Católica Liberal. Foi aluno de King até a morte deste, e passou o resto da vida como membro da ICL, sendo ordenado sacerdote. Após servir na Primeira Guerra Mundial, foi à Índia com o exército inglês. Continuou seus estudos teosóficos e pediu para ser aceito na Seção Esotérica da Sociedade Teosófica, mas seu pedido foi rejeitado. *VEJA* IGREJA CATÓLICA LIBERAL (ICL); SOCIEDADE TEOSÓFICA.

Voltou à Inglaterra em 1924 e fez contato com Dion Fortune no ano seguinte. Em 1930, foi iniciado na Fraternidade da Luz Interior, tornando-se palestrante habitual em seus salões. Em 1938, fundou uma loja da FLI em Guildford, que se manteve ativa até a guerra impedir seu funcionamento, em 1941. Pouco a pouco, durante a Segunda Guerra Mundial, foi saindo do âmbito de Fortune, retornando porém à FLI em 1965 e mantendo-se membro dela até sua morte; *VEJA* SOCIEDADE DA LUZ INTERIOR.

Em 1962, conheceu Gareth Knight e outros membros insatisfeitos da FLI, que tinham criado a Helios Book Service para publicar obras esotéricas. Os dois elaboraram um curso por correspondência, o Helios Course on the Practical Qabalah [Curso Helios de Cabala Prática], e publicaram uma revista para seus alunos, *Round Merlin's Table*. No decorrer da década, o curso e seus alunos se tornaram uma ordem mágica, os Servants of the Light, com Butler à frente. Ele se manteve nesse cargo até 1977, quando passou a ordem para Dolores Ashcroft-Nowicki. *VEJA* SERVOS DA LUZ.

Butler teve uma saúde frágil durante toda a vida; nos seus últimos anos, problemas cardíacos e diabetes fizeram-no sofrer muito, e uma perna sua foi amputada. No seu último ano de vida, porém, fundou mais uma ordem mágica, a Ibis Fraternity. Morreu devido a complicações causadas pelo diabetes em 1978.
LEITURA ADICIONAL: W. BUTLER, 1990; CHAPMAN, 1993; KNIGHT, 2000.

C

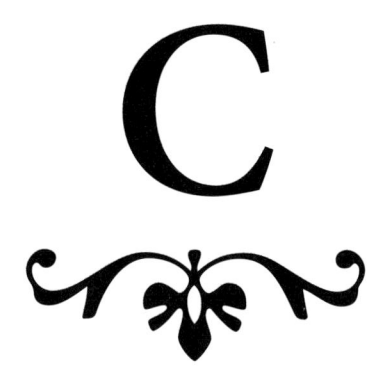

cabala. (do hebraico, "tradição oral") Um dos elementos centrais do ocultismo ocidental, a cabala começou como movimento místico nas comunidades judaicas da Espanha e do sul da França. Adotada inicialmente por místicos cristãos, depois por magos herméticos e enfim por quase todos os ramos do ocultismo ocidental, tornou-se a filosofia esotérica dominante do Ocidente durante vários séculos, mantendo sempre seu papel central nas crenças e práticas místicas judaicas. Ainda são muito usadas as versões judaica, cristã, hermética e pagã da cabala.

A palavra *cabala* é a transliteração em alfabeto latino da palavra hebraica QBLH, "tradição", no sentido de tradição não escrita. Outras transliterações incluem *Kabbalah* ("cabalá"), *Qabalah* e *Kabala*. Recentemente, alguns autores têm tentado distinguir essas expressões, usando *Kabbalah* para a versão judaica original da tradição, *cabala* para a versão cristã e *Qabalah* para a versão hermética. Outros ignoram essas variações, e os limites entre os diferentes aspectos da cabala raramente foram tão rígidos a ponto de merecer divisões tão rigorosas. *Cabala*, a mais antiga e comum grafia da palavra, é adotada nesta obra para tratar de todos os ramos dessa tradição.

As origens da cabala variam segundo as fontes consultadas. Alguns textos afirmam que a cabala original foi transmitida a Adão por Deus ou pelo anjo Raziel, no início dos tempos. Seth, um dos filhos de Adão, é outro candidato para o papel de fundador da tradição cabalística. Quase todas as fontes dizem que Moisés, enquanto estava no monte Sinai, recebeu de Deus dois conjuntos de ensinamentos – a lei escrita, abrigada nos cinco livros iniciais do Antigo Testamento, e uma lei oral, secreta, transmitida boca a boca, que incluía as interpretações e significados ocultos da lei escrita. Desde essa época, segundo afirmam as lendas, a cabala foi passada continuamente de mestre para discípulo até o presente.

Saindo dessas perspectivas míticas e indo para a visão histórica, as primeiras versões da cabala apareceram em meio a grupos místicos judaicos na Provença, no sul da França, durante o século XI E.C. Esses grupos tinham raízes profundas em antigas tradições místicas judaicas, como o Ma'aseh Merkabah e o Ma'aseh Berashith, sendo ainda bastante familiarizados com a tradição neoplatônica. *VEJA* MA'ASEH BERASHITH; MA'ASEH MERKABAH; PLATONISMO. Em algum momento em torno de 1150, eles também obtiveram uma coleção de livros fragmentados que foram editados e constituíram o primeiro texto importante de teoria cabalística, o Bahir; *VEJA* BAHIR.

Isaac, o Cego, rabino de Narbonne que morreu por volta de 1235, foi o personagem crucial na formulação dessa primeira cabala. Tinha discípulos na Espanha e no sul da França, que transmitiram seus ensinamentos. Surgiram centros de estudos cabalísticos fundados por seus alunos em Gerona, Burgos e Toledo, na Espanha. O que diferenciava esses ensinamentos de outras versões mais antigas do misticismo judaico era um novo conjunto de doutrinas acerca da natureza de Deus e do mundo, e uma nova visão da prática religiosa. Para o cabalista, Deus, em si, está absolutamente oculto por trás dos três véus de Ain (Nada), Ain Soph (Infinito) e Ain Soph Aur (Luz Ilimitada); *VEJA* AIN; AIN SOPH; AIN SOPH AUR. Na manifestação, Deus se expressa pelas Sefirot, dez poderes criadores que surgiram da unidade divina e formaram a Árvore da Vida. *VEJA* SEFIROT; ÁRVORE DA VIDA.

As Sefirot são unidas por 22 Caminhos, que correspondem às 22 letras do alfabeto hebraico; *VEJA* ALFABETO HEBRAICO. A Árvore da Vida também mapeia os estágios da ascensão pelo caminho espiritual, que pode levar muitas vidas; ao contrário de outros judeus, os cabalistas aceitam a reencarnação, embora tenha havido discussões profundas sobre como a reencarnação atua e como se relaciona com conceitos mais ortodoxos, como céu e inferno.

Os cabalistas não diferem de outros judeus em suas práticas religiosas cotidianas – na verdade, no princípio, a cabala era uma força conservadora dentro do judaísmo, dedicada à estrita obediência à tradição e aos costumes. A diferença prática está no modo como os cabalistas usam os deveres religiosos tradicionais – um veículo para prática meditativa e experiência mística. Na prática cabalística, cada um dos rituais e costumes que cercam a vida judaica tem um significado místico, e deve ser realizado tendo em mente esse significado. Ao recitar preces ou ler as escrituras, cada palavra do texto hebraico é usada como foco para a atenção concentrada e a meditação devocional. A tradição cabalística passou por importantes desenvolvimentos na Espanha, onde tornou-se popular em grande parte da comunidade judaica e ganhou o apoio de muitos dos melhores estudiosos e legalistas rabínicos dos séculos XIII e XIV. Nesse período, muitos detalhes dos ensinamentos cabalísticos posteriores foram acertados, em especial a ordem e o relacionamento das Sefirot, em uma forma padronizada, a Árvore Cabalística da Vida; *VEJA* ÁRVORE DA VIDA. O excêntrico mas brilhante místico Abraham Abulafia foi iniciado nessa tradição espanhola da cabala, e após sua morte muitos de seus manuais de meditação foram adotados como padrão por círculos cabalísticos espanhóis e de outros lugares. *VEJA* ABULAFIA, ABRAÃO. Surgiram duas correntes principais: a escola de Gerona, com foco sobre uma abordagem mais filosófica, e a escola de Burgos, que tinha um pendor mais extático e mágico.

Essas correntes se fundiram no maior texto da cabala espanhola, o Zohar. Atribuído ao místico Shimeon bar Yochai, do século III, foi, na verdade, uma criação de Moses de Leon, cabalista espanhol que passou a maior parte da vida na pequena cidade de Guadalajara, ao norte de Madri. Livro grande e complexo, com múltiplas camadas, escrito ao longo de trinta anos, o Zohar apresenta a cabala sob um prisma profundamente mítico. Em pouco tempo, tornou-se o texto-padrão para estudos cabalísticos, levando ideias cabalísticas para comunidades judaicas de todo o Mediterrâneo e adjacências. *VEJA* ZOHAR.

A Espanha continuou a ser o centro de desenvolvimento e de estudos da cabala até

1492, quando o governo espanhol ordenou a expulsão de todos os judeus. Também foi na Espanha, nos anos que antecederam a expulsão, que emergiram os primeiros sinais de uma cabala cristã. Os primeiros movimentos nessa direção foram feitos por missionários cristãos, que procuraram aprender bastante sobre o judaísmo a fim de converter os judeus ao cristianismo com mais sucesso. Na cabala, encontraram não apenas uma poderosa ferramenta para o proselitismo, como um novo modo de ver sua própria tradição religiosa. A "arte combinatória" de Raimundo Lúlio (1235-1315), que depois exerceu papel significativo nas filosofias ocultistas do Renascimento, inspirou-se, pelo menos em parte, nos ensinamentos cabalísticos sobre o alfabeto hebraico e suas combinações; VEJA LÚLIO, RAIMUNDO.

A expulsão foi um tremendo choque para a comunidade judaica de toda a Europa, e levou o pensamento cabalístico para direções mais proféticas e messiânicas. Obras cabalísticas prevendo a chegada do Messias e a redenção de Israel começaram a circular nas décadas seguintes. Por espalhar os cabalistas espanhóis por boa parte da Europa, a expulsão também deu um grande impulso à cabala cristã.

Antes da expulsão, em 1486, o filósofo italiano Giovanni Pico della Mirandola (1463-1494) tinha começado a estudar textos cabalísticos com o judeu convertido Samuel ben Nissin Abulfaraj (também conhecido como Flávio Mitridates), e causou um furor que ecoou pela Europa ao proclamar que "nenhuma ciência pode nos convencer melhor da divindade de Jesus Cristo que a magia e a cabala". VEJA PICO DELLA MIRANDOLA, GIOVANNI. No ano da morte de Pico, o estudioso alemão Johannes Reuchlin (1455-1522) publicou o seu *De Verbo Mirifico*, uma introdução à cabala cristã, focalizando a interpretação cabalística do nome de Jesus. VEJA PENTAGRAMMATON;

REUCHLIN, JOHANNES. Reuchlin publicou em 1517 outro livro, o bem mais abrangente *De Arte Cabalistica*, considerado o primeiro tratado sério sobre a cabala publicado no Ocidente.

Depois de Reuchlin, a cabala cristã foi tema de numerosas publicações, e os primeiros indícios de uma cabala puramente hermética, mágica, surgiram em 1533 com a publicação de *Três Livros de Filosofia Oculta*, de Cornélio Agrippa; VEJA AGRIPPA, HENRIQUE CORNÉLIO. Nos séculos seguintes, essa cabala mágica se manteve cristã, ao menos nominalmente – assim como muitas versões do hermetismo, desde o Renascimento até o início do século XX, tinham certa dose de cristianismo; VEJA HERMETISMO.

Após a expulsão dos judeus da Espanha, o centro judaico de estudos cabalísticos moveu-se para leste, e a cidade de Safed, em Israel, tornou-se sede das mais importantes escolas cabalísticas a partir de 1530. Outros centros surgiram na Itália, no norte da África e na Turquia, locais para onde migraram grandes números de judeus espanhóis exilados.

O mais importante cabalista da escola de Safed foi o rabino Isaac Luria (1534-1572), um brilhante e carismático místico que remodelou radicalmente a cabala. Muitos dos conceitos básicos do pensamento cabalístico posterior foram introduzidos por Luria: *tzimtzum*, a "contração" do divino no início do processo de Criação; os mundos primitivos de força desequilibrada, que foram destruídos, dando lugar aos Qlippoth, as "cascas" ou "conchas" que são os demônios da cabala de Luria; os cinco *partzufim*, ou personificações da Árvore da Vida; e o processo de *tikkun*, ou redenção, no qual todas as centelhas de luz perdidas no mundo dos Qlippoth serão devolvidas ao mundo de luz. VEJA LURIA, ISAAC. Luria também introduziu novas técnicas de meditação na cabala, da qual a mais importante foi a prática de *Yichud*, ou Unificação, um sistema de meditação baseado em nomes divinos.

Os ensinamentos de Isaac Luria se disseminaram pelo mundo judaico ao longo de uma geração após sua morte prematura. Combinaram-se com as intensas expectativas messiânicas da época, na carreira de Shabetai Tzevi (1626-1676), que foi proclamado o Messias em 1665 pelo renomado cabalista Natan de Gaza, e centenas de milhares de judeus em toda a Europa e Oriente Médio aceitaram a ideia, preparando-se para o reino messiânico. O sórdido final do caso – preso pelo governo turco em 1666, foi oferecida a Tzevi a alternativa entre a execução e a conversão, seguida pela renúncia imediata ao judaísmo – ajudou muito a diminuir as expectativas messiânicas da época, mas pouco para enfraquecer o lugar da cabala no pensamento e nas práticas religiosas judaicas. Um núcleo de seguidores de Tzevi continuou a acreditar em seu Messias, argumentando que sua apostasia era parte de sua missão messiânica, e muitos se converteram para o islamismo ou para o cristianismo no século seguinte, levando um conjunto de ensinamentos cabalísticos radicais associados com o movimento em torno de Shabetai.

Durante uns trezentos anos, de meados do século XVI a meados do século XIX, as abordagens cabalísticas estiveram no centro do judaísmo praticado na Europa e no Oriente Médio. Nesse período, tornou-se comum uma versão mais popular da cabala no judaísmo da Europa Oriental, fomentada pelo movimento hassídico fundado pelo rabino Israel Ba'al Shem Tov (1698-1760). VEJA BA'AL SHEM TOV. Só no século XVIII, com a ascensão do movimento *Haskalah* ("Iluminação") entre judeus da Europa Ocidental, é que a cabala começou a perder sua importância nos círculos judaicos. Até hoje, há muitas escolas hassídicas e cabalísticas nas comunidades judaicas do mundo todo, preservando as tradições da cabala judaica e transmitindo-as a novas gerações de estudantes.

A história das cabalas cristã e hermética nos últimos séculos é mais complexa. Enquanto denominações cristãs ortodoxas se livravam de elementos cabalísticos por volta de 1650, a cabala manteve o papel dominante que teve no Renascimento até o desenvolvimento do ocultismo ocidental, e tanto o misticismo cristão quanto a magia hermética permaneceram próximas da cabala. Os textos de Jacob Böehme (1575-1624), o sapateiro místico de Görlitz, não parecem ter sido influenciados diretamente por escritos cabalísticos, mas a teosofia cristã alquímica ensinada por Böehme poderia ser combinada facilmente com as ideias cabalísticas. VEJA BÖEHME, JACOB; TEOSOFIA (MÍSTICA CRISTÃ). Alquimia, astrologia, magia e muitos outros ramos das tradições ocultistas do Ocidente fluíram para a tradição cabalística no final do Renascimento, e inspiraram as grandes enciclopédias herméticas de Robert Fludd; VEJA FLUDD, ROBERT. Essa mesma fusão de tradições continuou depois no centro do movimento ocultista ocidental.

A tradição hermética da cabala foi reconhecida por Éliphas Lévi (1810-1875), fundador da moderna renascença ocultista, como o cerne da tradição que ele esperava reanimar. Lévi foi o primeiro a conectar as letras do alfabeto hebraico com as 22 cartas dos Arcanos Maiores do tarô, dando início a uma nova e importante direção para o simbolismo cabalístico. VEJA ALFABETO HEBRAICO; LÉVI, ÉLIPHAS; TARÔ.

Depois de Lévi, uma série de ocultistas da França e da Inglaterra, na maioria associados às principais ordens do final do século XIX e início do século XX, desenvolveram novas variações sobre antigos temas cabalísticos, ou enveredaram por caminhos totalmente novos. Bem poucas fontes cabalísticas tradicionais eram conhecidas por esses cabalistas herméticos, pois poucos deles sabiam hebraico. Por outro lado, as traduções para o latim feitas no Renascimento e no início dos períodos modernos eram muito comuns, e o antigo Sepher Yetzirah também era bastante estudado; *VEJA* SEPHER YETZIRAH. No entanto, boa parte do material da nova cabala hermética veio de textos mágicos do Renascimento sem muita relação com a cabala, e outra fonte importante foi o campo das religiões e das mitologias comparadas, que levaram os cabalistas herméticos a propor direções – como a atribuição de deusas e deuses pagãos à Árvore da Vida – que seriam impensáveis na cabala judaica clássica.

O trabalho da Ordem Hermética da Aurora Dourada, a mais importante dessas ordens, foi, em grande parte, baseado nessa nova cabala hermética, e a publicação do legado da Golden Dawn ao longo do século XX fez com que sua visão de temas cabalísticos se tornassem praticamente universais na comunidade mágica do mundo anglófono. *VEJA* GOLDEN DAWN. A tradição mágica francesa de Lévi e de Papus (Gerard Encausse, 1868-1916) também se tornou popular em muitas partes do mundo ocidental; *VEJA* PAPUS.

Esses desdobramentos levaram, pela primeira vez, a versões da cabala que não tinham ligação alguma com o judaísmo ou com o cristianismo – primeiro nas tradições herméticas, com os trabalhos de figuras como Aleister Crowley (1875-1947) e Manly Palmer Hall (1901-1990), e depois, nas últimas décadas do século XX, com as primeiras versões neopagãs da cabala; *VEJA* CROWLEY, ALEISTER; HALL, MANLY PALMER. Muitas delas foram baseadas na obra da Ordem Hermética da Aurora Dourada e seus desdobramentos, e adaptaram este material a um incrível sortimento de novas abordagens espirituais e simbólicas. LEITURA ADICIONAL: BLAU, 1944; DENNING E PHILLIPS, 1988; J. GODWIN, 1994; J. GREER, 1996; A. KAPLAN, 1982; PAPUS, 1977; SCHAYA, 1958; SCHOLEM, 1941, 1974; D. WALKER, 1958.

cabeça cortada. Um importante elemento da magia celta girava em torno do culto da cabeça cortada. Os celtas pagãos eram caçadores de cabeças que, segundo fontes clássicas, preservavam as cabeças cortadas de seus inimigos e as usavam na magia. Um reflexo disso aparece nas Tríades galesas, segundo as quais a cabeça de Bran, o Abençoado [gigante e rei mitológico – N. do E.], teria sido enterrada sob a Tower Hill, em Londres, para afastar invasores estrangeiros. LEITURA ADICIONAL: BROMWICH, 1961.

cabiros. Grupo de divindades menores da Grécia, reverenciadas na Beócia, em Lemnos, na Tessália e na Samotrácia. Segundo fontes antigas, seriam quatro: Axieros, Axiokersos, Axiokersa e Kasmillos. Eram poderosos em ritos mágicos, e os iniciados em seus mistérios eram tidos como imunes a todo tipo de infortúnio. Sua mitologia e a maior parte de seu simbolismo ficaram esquecidos durante séculos, embora abundassem especulações a respeito nos séculos XVIII e XIX.

Alusões e comentários em fontes clássicas revelam poucos detalhes sobre os Mistérios Samotrácios, nos quais os cabiros tinham um papel central. O iniciado era coroado com uma coroa de oliveira, trajava um manto púrpura e se sentava num trono em dado momento da cerimônia; a dança sagrada também tinha seu papel.

A Ordem Hermética da Aurora Dourada não deixou de lado os cabiros em sua síntese, e três oficiais do grau Practicus da ordem personificavam Axieros, Axiokersa e Axiokersos, enquanto o candidato representava Kasmillos. *VEJA* GOLDEN DAWN.

caça às bruxas. *VEJA* FOGUEIRAS, ERA DAS; MAGIA, PERSEGUIÇÃO À PRÁTICA DA.

cadinho. Na alquimia, pequeno recipiente de cerâmica resistente ao calor, usado para derreter metais. Muitos dos cadinhos modernos são feitos de porcelana. *VEJA* ALQUIMIA.

caduceu. Símbolo e ferramenta tradicional do deus grego Hermes, um bastão alado com duas serpentes enroscadas em torno dele. O caduceu tem sido usado de diversas maneiras no simbolismo mágico hermético. Na Ordem Hermética da Aurora Dourada, era mapeado dentro da Árvore da Vida cabalística, e suas partes superior, intermediária e inferior também estavam relacionadas com as letras-mãe hebraicas Shin, Aleph e Mem, respectivamente. *VEJA* GOLDEN DAWN.

Duas interpretações do caduceu

Cagliostro, conde Alessandro. (Balsamo, Giuseppe) Aventureiro siciliano, 1743-1795. Nascido em Palermo, passou um breve período de sua juventude como noviço dos Irmãos da Misericórdia, ordem monástica católica, onde estudou medicina. Uma série de escândalos forçou-o a sair do claustro, e ele assumiu uma nova carreira como falsário e estelionatário. A magia teve certo papel nesses empreendimentos: ele alegava que possuía imensos poderes ocultos, especialmente a habilidade para descobrir tesouros enterrados. Se tinha ou não algum talento ou conhecimento mágico, ninguém sabe.

Saiu de Palermo depois de ser implicado na falsificação de um título de dívida estatal, e foi a Roma, onde conheceu e se casou com a filha de um fabricante de cintos chamada Lorenza Feliciani, uma bela adolescente cujos padrões morais eram próximos dos seus. Ele e Lorenza começaram a viajar de cidade em cidade pela Europa. Ele fazia o papel de um nobre, antes com o título de marquês Pellegrini, depois como conde Alessandro Cagliostro; Lorenza adotou o nome de Serafina. Ele se especializava em vender medicamentos falsos e elixires da longa vida, enquanto ela se oferecia como amante para uma sucessão de nobres ricos — uma linha de trabalho que também oferecia oportunidades lucrativas para chantagens.

Em 1777, em Londres, ele entrou para uma loja maçônica pertencente à Estrita Observância, recebendo os quatro graus que eram trabalhados na época. *VEJA* MAÇONARIA. Pouco depois, afirmou ter encontrado um manuscrito antigo num sebo londrino, e começou a criar um sistema de Maçonaria egípcia ocultista, supostamente tão antigo quanto as pirâmides, no qual ele mesmo era o líder, ou Grande Copta. Esse novo esquema mostrou-se bem mais lucrativo do que a atividade anterior com elixires, e na década seguinte Cagliostro foi um sucesso retumbante, fabulosamente rico e com a fama de milagroso. Gastou bastante dinheiro e é preciso que se diga, a seu favor, que fez doações igualmente generosas para a caridade. Aparentemente, teria trabalhado com o rabino Falk, de Londres, cujas conexões cabalísticas e maçônicas cobriam boa parte da Europa; *VEJA* FALK, SAMUEL JACOB HAYIM.

Sua chegada a Paris em 1785 marcou o zênite de sua carreira. Ele encantou a corte real francesa e a sociedade parisiense, tornando-se amigo íntimo do poderoso cardeal de Rohan. Em agosto daquele ano, porém, envolveu-se no "caso do colar de diamantes", um desastroso escândalo envolvendo Rohan e a casa real francesa, e acabou preso na Bastilha. Embora fosse libertado em junho do ano seguinte, sua reputação sofreu muito; foi banido da França e, pouco depois, o jornalista Théveneau de Morande, especializado em escândalos, publicou um artigo que identificava "o divino Cagliostro" como Giuseppe Balsamo, o pequeno escroque de Palermo.

Essa revelação foi desastrosa para o Grande Copta. Ele foi de Londres para a Suíça e dali para a Itália, e Lorenza – que desejava rever sua família – convenceu-o a irem a Roma. Esse foi um erro fatal. Em 1789, ele foi preso pela Inquisição e condenado à morte como herege e maçom. O papa abrandou a sentença para prisão perpétua, e Balsamo ficou nas masmorras da fortaleza papal de San Leo até 1795, quando morreu em consequência de um derrame. Tanto sua Maçonaria egípcia quanto sua reputação sobreviveram à sua morte; e um pequeno número de autores ocultistas europeus tentou manter a alegação de que Cagliostro, o adepto maçom, e Balsamo, o pequeno escroque, eram pessoas diferentes. LEITURA ADICIONAL: E. BUTLER, 1948; SCHUCHARD, 1995.

Caibalion, O. Provavelmente a mais importante obra produzida pelo cenário ocultista norte-americano no século XX, O Caibalion foi escrito pelos ocultistas norte-americanos William Walker Atkinson (também conhecido pelo nome literário de Yogue Ramacháraca), Paul Foster Case e Michael Witty, então líder das lojas mágicas Alfa e Ômega nos Estados Unidos. VEJA ATKINSON, WILLIAM WALKER; CASE, PAUL FOSTER. Publicado anonimamente em 1912 como obra de "Três Iniciados", tornou-se rapidamente leitura obrigatória na maioria dos círculos ocultistas norte-americanos e ainda é popular em grupos mágicos de tendência mais tradicional.

O Caibalion é organizado como um comentário sobre uma coleção supostamente antiga de axiomas herméticos transmitidos de mestre para discípulo ao longo de séculos; essa coleção também é chamada (confusamente) de O Caibalion. Como geralmente acontece em questões dessa natureza, não há vestígio de uma coleção com esse nome na bem documentada história do hermetismo antes de 1912; VEJA HERMETISMO. O comentário focaliza um conjunto de sete "Princípios Herméticos", desta maneira:

o Princípio do Mentalismo afirma que todos os fenômenos são mentais, em última análise, e que a matéria física é um produto da Mente universal;

o Princípio da Correspondência afirma que os mesmos princípios e padrões são válidos em todos os níveis da existência;

o Princípio da Vibração afirma que todos os níveis da existência são apenas diferentes frequências de vibração de uma substância mental primária;

o Princípio da Polaridade afirma que todas as coisas contêm dois aspectos opostos, e que todos os opostos são aspectos de alguma unidade;

o Princípio do Ritmo afirma que todas as coisas têm um ritmo entre seus dois aspectos opostos, que dão origem a um número infinito de ciclos rítmicos de ação e reação;

o Princípio de Causa e Efeito afirma que todas as coisas são o efeito de alguma causa e a causa de algum efeito, e que nada acontece por acaso; e

o Princípio do Gênero afirma que há um princípio masculino e um feminino em tudo e em todos os planos, e que toda a criação ocorre graças ao contato entre esses dois.

Embora seja quase certo que *O Caibalion* não tenha as origens antigas que lhe são atribuídas, esses sete princípios resumem adequadamente todos os conceitos básicos da moderna filosofia hermética, e o livro certamente mereceu sua fama entre ocultistas como um dos textos fundamentais de uma moderna educação mágica. LEITURA ADICIONAL: "TRÊS INICIADOS", 1912.

cajado. VEJA BORDÃO.

Cajado Negro. VEJA OFICIAL.

Calc. (inglês antigo, "copo") A trigésima primeira runa do futhorc anglo-saxão. Seu significado não está incluído nos textos sobreviventes do poema rúnico em inglês antigo; representa o som *c*. VEJA FUTHORC ANGLO-SAXÃO.

Runa Calc

calcinação. Na alquimia, o processo de aquecer uma substância em alta temperatura a fim de convertê-la em *calx*, ou pó. A calcinação é um importante processo da alquimia metálica e da espagíria, onde é usada para preparar materiais para a extração de sais solúveis.

Em alguns relatos do processo alquímico, a calcinação é o primeiro estágio, e corresponde ao signo zodiacal de Áries. VEJA ALQUIMIA; SAL; ESPAGÍRIA.

caldeirão. Uma das ferramentas da bruxa estereotipada, que ganhou fama com o canto das bruxas na peça *Macbeth*, de Shakespeare, o caldeirão tem um lugar importante na mitologia e na prática mágica. Antigamente, o caldeirão era uma peça essencial do conjunto de utensílios domésticos, usado sempre para cozinhar, para aquecer a água do banho e para outras tarefas, representando ainda uma ferramenta conveniente e rica em simbolismos para trabalhos de magia.

Os celtas eram particularmente dados a histórias de caldeirões em suas mitologias e lendas, e em fontes antigas é possível encontrar meia dúzia de caldeirões mágicos ou mais. O caldeirão de Dagda, o deus-pai irlandês, proporcionava alimentos para qualquer número de pessoas. O mesmo poder tinha o caldeirão de Tyrnog, relacionado no folclore bardo galês como um dos treze tesouros da Grã-Bretanha. Outros caldeirões galeses incluem o caldeirão de Ceridwen, que ela usava para preparar a poção da sabedoria; o caldeirão do mundo inferior no segundo ramo do *Mabinogion*, que devolve aos mortos uma meia-vida na qual eles se movem mas não conseguem falar; e o misterioso caldeirão de borda perolada, procurado por Arthur e seus homens no antigo poema galês "Preiddeu Annwn". O herói sacrificado Llew Llaw Gyffes, que aparece no quarto ramo do *Mabinogion*, teve sua morte ritual em pé na beira de um rio, com um pé na borda de um caldeirão e o outro nas costas de um bode; temos aqui um simbolismo astrológico, situando a morte de Llew na cúspide dos signos zodiacais de Capricórnio, o bode, e Aquário, o aguadeiro. VEJA ASTROLOGIA; MABINOGION.

Na moderna prática pagã, o caldeirão costuma ser usado como símbolo da Deusa em rituais. VEJA NEOPAGANISMO.

Calendário das árvores-Ogham. Segundo o poeta inglês Robert Graves, um arcaico calendário lunar de treze meses usado em todo o mundo antigo na época matriarcal. Apresentado em 1948, em seu livro *A Deusa Branca*, o calendário das árvores-Ogham tornou-se elemento básico do paganismo moderno, e aparece frequentemente em livros sobre tradições celtas e druidismo.

A versão de Graves para o calendário das árvores-Ogham é a seguinte:

1. Beith (Bétula): 24 de dezembro-20 de janeiro
2. Luis (Sorveira): 21 de janeiro-17 de fevereiro
3. Nion (Freixo): 18 de fevereiro-17 de março
4. Fearn (Amieiro): 18 de março-14 de abril
5. Saille (Salgueiro): 15 de abril-12 de maio
6. Huath (Pilriteiro): 13 de maio-9 de junho
7. Duir (Carvalho): 10 de junho-7 de julho
8. Tinne (Azevinho): 8 de julho-4 de agosto
9. Coll (Aveleira): 5 de agosto-1º de setembro
10. Muin (Vinha): 2 de setembro-29 de setembro
11. Gort (Hera): 30 de setembro-27 de outubro
12. Ngetal (Bambu): 28 de outubro-24 de novembro
13. Ruis (Sabugueiro): 25 de novembro-22 de dezembro

Visco: 23 de dezembro, Dia do Meio do Inverno

Mais recentemente, atribuições alternativas das letras Ogham ao ciclo anual foram sugeridas por Colin e Liz Murray e por John King, mas nenhuma delas foi tão bem-sucedida quanto a de Graves.

Embora o calendário das árvores-Ogham seja um calendário ritual perfeitamente válido, e tenha sido usado de modo eficiente por pagãos modernos de todas as tendências, deve ser dito que não existe evidência alguma de sua existência antes que Graves o tenha "descoberto". Um antigo calendário druida descoberto na França, o calendário de Coligny, segue um esquema bem diferente; *VEJA* CALENDÁRIO DE COLIGNY.

Também não é correto descrever o calendário das árvores-Ogham como um "calendário lunar", embora essa expressão tenha sido bastante usada. O ciclo lunar tem aproximadamente 29,5 dias de duração, e não os 28 dias apresentados no calendário de Graves, e por isso a Lua e o calendário saem de sincronismo durante o ano. Como a maioria dos calendários modernos, o calendário das árvores--Ogham é, na verdade, um calendário solar; ou seja, acompanha exatamente o ano solar de 365 dias, enquanto os verdadeiros calendários lunares ajustam-se exatamente aos ciclos da Lua, encaixando-se com o ano solar com o acréscimo de apenas um ou dois meses após alguns anos. *VEJA TAMBÉM* OGHAM. LEITURA ADICIONAL: GRAVES, 1966; J. KING, 1994; MURRAY & MURRAY, 1989.

calendário de Coligny. Único exemplo legível de calendário celta dos tempos pré--cristãos, o calendário de Coligny é uma placa de bronze quebrada medindo 148 cm por 90 cm. O estilo de escrita e os objetos enterrados junto com o calendário datam-no do século II E.C., mas acredita-se que seria uma cópia posterior de um sistema de calendário estabelecido bem antes disso, muito provavelmente da época dos druidas. Fragmentos de um calendário similar foram encontrados no lago d'Antre, nas montanhas do Jura.

O calendário segue um padrão lunissolar e se baseia num ciclo repetitivo de cinco anos. Cada ano tem doze meses com 28, 29 ou 30 dias, dispostos de forma a acompanhar o ciclo lunar de 29 dias e meio, aproximadamente. Duas vezes em cada ciclo de cinco anos – no início do primeiro ano e no meio do terceiro – é adicionado um mês sem nome para tornar a sincronizar os ciclos da Lua e do Sol.

Os doze meses regulares são os seguintes:

1. Samonios (afortunado; 30 dias)
2. Dumannos (desafortunado; 29 dias)
3. Riuros (afortunado; 30 dias)
4. Anaganios (desafortunado; 29 dias)
5. Ogronnios (afortunado; 30 dias)
6. Cutios (afortunado; 30 dias)
7. Giamonios (desafortunado; 29 dias)
8. Simivisonna (afortunado; 30 dias)
9. Equos (desafortunado; variável)
10. Elembiu (desafortunado; 29 dias)
11. Aedrini (afortunado; 30 dias)
12. Cantlos (afortunado; 29 dias)

Segundo o calendário, os meses de trinta dias de Samonios, Riuros, Ogronnios, Cutios, Simivisonna e Aedrini são *mat*, ou afortunados, e os outros são *anmat*, ou desafortunados. O mês de Equos, que tem trinta dias no primeiro, terceiro e quinto anos do ciclo, e 28 no segundo e no quarto, é *anmat*. Os meses adicionais têm trinta dias cada, sendo por isso *mat*. Os dias de cada mês também têm diversas características, e nem todas são passíveis de tradução.

O calendário de Coligny não tem relação com o calendário das árvores-Ogham, o qual, segundo dizem os pagãos modernos, seria um antigo calendário druida, mas na verdade inventado pelo poeta inglês Robert Graves na década de 1940. *VEJA* OGHAM; CALENDÁRIO DAS ÁRVORES-OGHAM.

No entanto, o calendário de Coligny tem conexões com o autêntico folclore e tradições celtas. O mês de Samonios relaciona-se, evidentemente, com o mês irlandês de Samhain; o décimo sétimo dia de Samonios está marcado, no calendário de Coligny, como *trinox. samon. sindiu*, "as três noites de Samonios começam hoje", e sabe-se que na Irlanda a festa de Samhain tradicionalmente durava três noites. O fato de que os celtas usavam um calendário lunar era conhecido de fontes gregas e romanas, e cada mês do calendário de Coligny se divide em dois períodos de quinze dias, outro detalhe confirmado por fontes clássicas. *VEJA TAMBÉM* DRUIDAS.

calendário egípcio. Os antigos egípcios parecem ter sido a primeira cultura da história a estabelecer um calendário solar com doze meses. Cada mês egípcio tinha trinta dias, com cinco dias adicionais – chamados dias epagômenos – ao final do ano para totalizar 365 dias. Os nomes dos meses egípcios são os seguintes:

1. Thoth
2. Phaophi
3. Athir
4. Choiak
5. Tybi
6. Mecheir
7. Phamenoth
8. Pharmuthi
9. Pachon
10. Payni
11. Epiphi
12. Mesore

Os cinco dias epagômenos eram os aniversários das divindades Osíris, Aroeris, Set, Ísis e Néftis, respectivamente. De acordo com a mitologia egípcia, a deusa do céu, Nut, era a esposa de Rá, mas amava o deus da terra, Geb, e ficou grávida dele. Quando Rá soube da gravidez, amaldiçoou Nut e ordenou que ela não desse à luz em nenhum dia de nenhum mês do ano. Thoth, o deus da sabedoria, que também era amante de Nut, negociou com a deusa da Lua e ganhou dela um setenta avos de cada dia. Juntos, eles formaram cinco dias completos, que Thoth acrescentou ao ano; como eles não pertenciam a nenhum mês, Nut deu à luz seu filho com Geb nesses dias. VEJA TAMBÉM OSÍRIS.

Dado que o calendário egípcio não dispunha de um sistema como um ano bissexto ou outro meio de compensar a fração do dia que sobra ao final de cada ano com 365 dias, suas datas recuam nas estações ao longo do tempo. No ano 2000 do moderno calendário (gregoriano), por exemplo, o primeiro dia de Thoth caiu em 8 de abril. Para determinar a data gregoriana de Thoth 1 para cada ano posterior, subtraia um dia para cada ano bissexto entre 2000 e o ano para o qual você está fazendo o cálculo. Para datas anteriores a 2000, acrescente um dia para cada ano bissexto (inclusive um pelo próprio ano 2000). LEITURA ADICIONAL: BUDGE, 1967; EVANS, 1998.

cálice. (também traduzido taça e copo) Na magia cerimonial, a arma elemental ou ferramenta da água. O uso do copo como ferramenta ritual foi criado por Éliphas Lévi (1810-1875), inspirado nos quatro naipes das cartas de tarô. Por intermédio da Ordem Hermética da Aurora Dourada, que adotou e ampliou a invenção de Lévi, o uso do cálice como implemento mágico tornou-se praticamente universal nos modernos círculos mágicos. VEJA LÉVI, ÉLIPHAS; ÁGUA (ELEMENTO).

Na Wicca, o cálice é usado como símbolo dos poderes femininos e da Deusa. Em algumas tradições da Wicca, o Grande Rito (o intercurso sexual ritual) é realizado simbolicamente mergulhando o athame, a adaga dos bruxos, no cálice. VEJA GRANDE RITO; WICCA.

O cálice como símbolo da água elemental

Caminho Pagão. VEJA PAGAN WAY.

Campanella, Tommaso. Escritor, revolucionário e mago italiano, 1568-1639. Nascido na pequena cidade de Stilo, no sul da Itália, Campanella mostrou pendores intelectuais desde cedo e entrou para a Ordem Dominicana aos 14 anos, estudando filosofia e teologia. Em 1589, saiu do convento e seguiu para Nápoles, onde foi preso sob a acusação de heresia. Solto após um breve período, viajou a Pádua em 1592, sendo novamente preso e solto em 1595.

No ano de 1597 viajou para o sul, primeiro para Nápoles, e depois mais ao sul, até a Calábria, onde começou a trabalhar numa revolta contra os espanhóis, que controlavam todo o sul da Itália naquela época. Campanella afirmou que o Sol estava se aproximando da Terra, que isso anunciava a chegada de uma nova Era de Ouro, e que ele era o mago e profeta destinado a liderar a Calábria em sua libertação. Apoiada por um grupo de dominicanos heréticos e pelos camponeses locais, a revolta teve início em 1599, sendo facilmente abafada pelas forças espanholas. Campanella e seus seguidores sobreviventes foram presos e torturados, e Campanella foi condenado a passar o resto da vida na cadeia.

Durante o cárcere, Campanella escreveu uma imensa quantidade de obras filosóficas, teológicas, mágicas e poéticas, a maioria bastante influenciada pela tradição hermética. A mais importante delas foi sua *Civitas Solis* ou *Cidade do Sol*, obra utópica que descreve uma cidade esplêndida, governada por magia astrológica e dividida em sete círculos planetários, regida por um sacerdote solar.

Em 1626, depois de publicar um livro pedindo que a monarquia espanhola estabelecesse um estado teocrático universal nos moldes de sua *Cidade do Sol*, Campanella foi solto e viajou a Roma. Lá, em 1628, foi contatado pelo papa Urbano VIII, que era estudioso da astrologia e temia que um eclipse próximo pudesse significar sua morte. Juntos, o mago e o papa fizeram um ritual de magia planetária para afastar os efeitos maléficos do eclipse – uma cena que mostra a complexidade das atitudes renascentistas com relação à magia.

Por muitos anos, Campanella permaneceu em Roma e esperou poder influenciar a Igreja a fazer uma reforma segundo os parâmetros herméticos. Em 1634, porém, mudou-se para Paris e se associou ao rei Luís XIII e seu poderoso ministro, o cardeal Richelieu, na tentativa de centralizar o governo da França. Em 1639, percebendo a chegada de outro eclipse perigoso, ele realizou um ritual do tipo que fizera para o papa onze anos antes. Ao que parece, dessa vez ele teve menos sucesso, pois Campanella morreu pouco depois. *VEJA TAMBÉM* HERMETISMO. LEITURA ADICIONAL: CAMPANELLA, 1981; D. WALKER, 1958; YATES, 1964.

Câncer. (do latim, "caranguejo") Quarto signo do zodíaco, um signo cardinal de Água e de polaridade feminina. Em Câncer, a Lua é o regente, Júpiter está em exaltação, Saturno em exílio e Marte em queda. Câncer rege os seios, o esôfago e o estômago. *VEJA TAMBÉM* ZODÍACO.

O Sol fica nesse signo aproximadamente entre 22 de junho e 22 de julho. Pessoas nascidas com o Sol nessa posição costumam ser sensíveis e protetoras, com uma forte natureza emocional e a tendência a agir de maneira inesperada. Também podem ser sujeitas a flutuações de humor, a se ofenderem facilmente e a se apegarem a coisas e pessoas.

No sistema de tarô da Golden Dawn, Câncer corresponde à Carta VII, o Carro. *VEJA* CARRO, O; TARÔ.

Símbolo astrológico de Câncer

cânone Episcopi. Mais importante texto da lei canônica católica relativo à bruxaria antes da era das grandes perseguições, o cânone *Episcopi* (título proveniente da sua primeira palavra, "bispos") foi escrito em algum momento do século IX numa região que hoje pertence à França. Sob a errônea crença de que teria sido produzido no Concílio de Ancira (atual Ancara), no século IV, acabou entrando em diversas coleções medievais de lei canônica, sendo aceito como texto autoritário.

Embora abranja uma vasta gama de crenças populares condenadas pela Igreja, seu trecho mais famoso diz o seguinte:

> Algumas mulheres pervertidas [...] acreditam e professam que nas horas da noite cavalgam certas bestas com Diana, a deusa dos pagãos, e com uma inumerável multidão de outras mulheres, e no silêncio da calada da noite atravessam grandes distâncias da terra, e obedecem seus comandos, e são convocadas a seu serviço em certas noites.

O cânone condena essa crença como supersticiosa e impossível, sugerindo que, no máximo, o Diabo pode iludir pessoas adormecidas com falsas visões de viagens noturnas. Compele os sacerdotes a dizerem às suas congregações que tais viagens noturnas não acontecem, e impõe uma penitência relativamente branda para aqueles que mantêm essa crença.

Datado do século IX, o cânone *Episcopi* é um dos mais antigos registros sobreviventes de um conjunto de crenças disseminadas pela Europa durante a Idade Média – crenças que diziam que certas pessoas eram convocadas por seres sobrenaturais para percorrer grandes distâncias à noite, geralmente saindo de seus corpos físicos num estado de transe. O propósito e a natureza dessas viagens noturnas podia variar conforme o relato, assim como o nome da entidade – geralmente, mas não sempre, uma mulher – que liderava os viajantes. As tradições envolvidas tiveram um papel complexo, mas significativo, no desenvolvimento do folclore europeu sobre bruxaria, e alguns estudiosos acreditam que elas formaram o núcleo ao redor do qual se agregaram as ideias cristãs sobre o sabá das bruxas. *VEJA* SABÁ DAS BRUXAS. As diferenças radicais entre essas tradições e o moderno renascimento pagão, por outro lado, lançam dúvidas sobre as alegações de antiguidade feitas pela Wicca e por outros movimentos neopagãos; *VEJA* NEOPAGANISMO; WICCA.

O cânone *Episcopi* modelou a política oficial da Igreja Católica com relação a muitas tradições pagãs ou quase pagãs ao longo da Alta Idade Média, e incentivou uma atitude que via nos pagãos sobreviventes pessoas ignorantes e iludidas. Por isso, nos primeiros estágios das grandes perseguições, muitos teólogos consideraram necessário contrariar o cânone, ou afirmar que ele não se aplicava ao caso em questão, a fim de justificar a caça às bruxas.

VEJA FOGUEIRAS, ERA DAS; MAGIA, PERSEGUIÇÃO À PRÁTICA DA. LEITURA ADICIONAL: BEHRINGER, 1998; GINZBURG, 1991.

canópicos. *VEJA* DEUSES CANÓPICOS E JARROS CANÓPICOS.

Caos, magia do. *VEJA* MAGIA DO CAOS.

capítulo. Divisão de uma organização, às vezes traduzido como "capítulo" e outras como "seção". *VEJA* SEÇÃO DE PERFEIÇÃO.

Capricórnio. (do latim, "chifre de cabra") Décimo signo do zodíaco, signo cardinal de Terra e polaridade masculina. Em Capricórnio, Saturno é o regente e Marte está em exaltação; a Lua está em exílio e Júpiter em queda. Capricórnio governa os joelhos, a pele, os ossos e os dentes. *VEJA TAMBÉM* ZODÍACO.

O Sol fica em Capricórnio aproximadamente entre 22 de dezembro e 20 de janeiro. Pessoas nascidas com o Sol nessa posição costumam ser práticas, pacientes e organizadas, com um forte senso de disciplina e um senso de humor inesperadamente aguçado. Também podem ser pessimistas, rígidas e propensas a resmungar.

No sistema de tarô da Golden Dawn, Capricórnio corresponde à Carta XV, o Diabo. *VEJA* DIABO, O; TARÔ.

♑

Símbolo astrológico de Capricórnio

Caput Draconis. (latim, "cabeça do dragão") Figura geomântica governada pelo nodo norte da Lua, e harmoniosa com Júpiter e Vênus. No sistema divinatório, Caput Draconis é uma figura favorável, especialmente para inícios. *VEJA* GEOMANCIA.

Figura geomântica Caput Draconis

caput mortuum. (latim, "cabeça morta") Na alquimia, a massa de material desperdiçado após a maceração, a destilação ou qualquer outro processo de separação. O caput mortuum costuma ser simbolizado, na arte alquímica, como um crânio, ossos ou cadáver.

Na espagíria, hoje a forma mais comum de prática alquímica, a matéria vegetal que resta após a maceração das ervas às vezes é chamada de caput mortuum. Na verdade, porém, essa expressão deveria ser usada apenas para aquilo que resta depois que a matéria vegetal foi reduzida a cinzas, calcinada e macerada novamente para se extrair o sal. *VEJA* ESPAGÍRIA. *VEJA TAMBÉM* ALQUIMIA.

Cárcere. (do latim, "prisão") Figura geomântica governada por Saturno. No sistema divinatório, Cárcere costuma ser uma figura desfavorável, simbolizando restrição e limitação. *VEJA* GEOMANCIA.

Figura geomântica Cárcere

Cardan, Jerônimo. (Girolamo Cardano) Astrólogo, médico e estudioso italiano, 1501--1576. Nascido em Pávia e criado em Milão, Cardan era filho do estudioso e ocultista Fazio Cardano, especialista em magia goética e dado a conversas com espíritos, o que fez ao longo de trinta anos. Cardan estudou medicina na universidade de Pávia e na de Pádua, formando-se em 1524 e começando sua carreira como médico. Nos tempos difíceis que afligiram o norte da Itália no início do século XVI, teve dificuldade para se firmar na profissão e começou a escrever sobre astrologia.

Sua primeira e principal publicação foi *Libelli Duo* (1538), dois ensaios sobre a prática astrológica, que incluiu uma das primeiras coleções de horóscopos ou mapas astrais interpretados já publicadas. Um sucesso de vendas pelos padrões da época, *Libelli Duo* rendeu a Cardan um bom público. A edição original continha apenas dez interpretações, mas as edições seguintes ampliaram substancialmente a coleção – 67 na edição de 1543, 100 na de 1547 – incluindo as principais figuras políticas e culturais da Europa.

Em 1552, Cardan viajou para a Escócia a convite de John Hamilton, o último arcebispo católico de Edimburgo, que queria ouvir seus conselhos sobre problemas de saúde. No caminho, percorreu a França e a Inglaterra, e conheceu o grande ocultista inglês John Dee, que na época iniciava sua carreira. *VEJA* DEE, JOHN.

Já idoso, Cardan foi acusado de heresia, em parte por ter tentado calcular o mapa astrológico de Jesus, sendo impedido de ensinar e posto em prisão domiciliar em Roma, onde ocupou-se estudando os textos estoicos de Marco Aurélio; *VEJA* ESTOICISMO. Acabou sendo perdoado pelo papa Gregório XIII, que o readmitiu na Faculdade de Medicina de Roma, da qual se manteve membro até sua morte. LEITURA ADICIONAL: CARDAN, 1931; GRAFTON, 1999.

cardeais. *VEJA* PONTOS CARDINAIS; DIREÇÕES NO OCULTISMO.

cardinais. *VEJA* PONTOS CARDINAIS; DIREÇÕES NO OCULTISMO.

Carey, George Washington. Médico e ocultista norte-americano, 1845-1924. Nascido em Dixon, Illinois, numa família de fazendeiros, viajou com seus pais para o Oregon numa carroça coberta antes de fazer 2 anos, e passou a maior parte da juventude cuidando de terras, naquela que era a mais selvagem fronteira do interior. Na década de 1880, foi o primeiro chefe dos correios de Yakima, em Washington, mas depois interessou-se pelo sistema bioquímico de medicina, criado pelo médico alemão Wilhelm Schüssler, em 1873, que usava doze sais minerais preparados homeopaticamente para tratar doenças. VEJA SAIS CELULARES.

Carey pediu demissão do cargo para se dedicar ao estudo e prática da medicina bioquímica e, com outros médicos de Yakima, fundou o College of Biochemistry. Contudo, a pacata cidade rural de Yakima mostrou-se pequena e remota demais para atrair estudantes, e o empreendimento fracassou após alguns anos. Carey também escreveu um livro sobre o assunto, *The Biochemic System of Medicine*, que se tornou um dos mais populares livros de referência de medicina bioquímica e teve dezenas de reedições no início do século XX.

Os interesses de Carey também se estendiam pelo ocultismo, que ele combinou com seu trabalho médico num livro pequeno, *The Relation of the Mineral Salts of the Body to the Signs of the Zodiac*. Convencido de que a medicina bioquímica seria a chave não apenas da saúde, como da regeneração espiritual, ele reinterpretou a Bíblia, as mitologias pagãs e muitas outras formas de conhecimento popular à luz dos doze sais celulares. Seus trabalhos são excêntricos e difíceis, mas têm sido publicados por pequenas editoras desde seu lançamento.

Carey morou em Los Angeles nas últimas décadas de sua vida. Deu muitas palestras sobre medicina bioquímica, e escreveu e publicou vários livros explorando os sais celulares como ferramentas de transformação física e espiritual. Sua discípula Inez Perry foi coautora de vários desses livros, e deu continuidade à prática médica de Carey após a morte dele. LEITURA ADICIONAL: CAREY, 1996; CAREY E PERRY, 1932.

carpocracianos. Seita cristã semignóstica comentada nos textos de São Irineu no século II E.C. Fundada por Carpócrates de Alexandria, ensinava que Jesus de Nazaré era um iniciado de Ísis que teria estudado durante seis anos num templo do Egito e obtido seus ensinamentos secretos dessa fonte; tais conhecimentos teriam sido transmitidos aos apóstolos, e destes a Carpócrates. Essas afirmações são muito semelhantes às feitas por estudiosos modernos, que aventaram a possibilidade de que Jesus de Nazaré teria sido um mago, e não um messias. VEJA JESUS DE NAZARÉ.

Os carpocracianos acreditavam em reencarnação e praticavam rituais de magia teúrgica. Aparentemente, como a maioria das seitas gnósticas, teriam sido eliminados pela perseguição ortodoxa cristã nos séculos IV e V. VEJA TAMBÉM GNOSTICISMO.

Carro, o. Sétimo Arcano Maior do tarô, geralmente retratado com a imagem de um guerreiro em sua carruagem. No sistema da Golden Dawn, esse arcano está associado à letra hebraica Cheth, enquanto o sistema francês o associa a Zayin. Seu significado é vitória e sucesso, embora não seja muito estável e não tenha potencial durável. Seu título mágico é "Filho do Poder das Águas, Senhor do Triunfo da Luz". VEJA TAMBÉM CHETH; TARÔ.

Carta de tarô o Carro (tarô Universal)

carvalho. (*Quercus* spp.) Mais importante árvore na maioria das culturas indo-europeias, o carvalho é uma das maiores árvores das florestas da Europa e teve um papel igualmente importante na tradição e na magia das árvores ao longo da história das tradições ocultistas ocidentais. Costuma ser mais atingido por raios do que qualquer outra árvore europeia: "Cuidado com o carvalho, ele puxa o raio", diz um provérbio inglês [rimado em inglês: "Beware the oak, it draws the stroke" – N. do T.]. Por isso, há muito tem sido consagrado a deuses do trovão e do relâmpago como Thor, Taranis e Zeus.

O carvalho era considerado particularmente sagrado pelos druidas, e é a árvore correspondente a Duir, a sétima letra do alfabeto Ogham. *VEJA* DRUIDAS; OGHAM.

Na moderna prática mágica, é associado ao planeta Júpiter, sendo usado principalmente quando se trabalha com deuses pagãos do trovão; uma coroa de folhas de carvalho pode ser usada para invocar divindades dessa espécie. Uma varinha mágica ou cajado de carvalho é uma boa ferramenta para qualquer tipo de magia ligada ao clima, ou para trabalhos com energias da terra. *VEJA TAMBÉM* MAGIA NATURAL.

Carvalho, Rei. *VEJA* REI CARVALHO.

casa astrológica. Cada uma das doze seções do céu vistas de um lugar e hora na Terra. As casas astrológicas foram os últimos ingredientes a serem acrescentados à astrologia clássica, e na época romana ainda concorriam com outras divisões do céu, em oito ou quatro seções.

Existem vários sistemas de divisão de casas, baseados em diferentes formas matemáticas de se dividir o céu. Entre os mais usados hoje, temos o sistema de Plácido de Tito, o sistema de Koch e o sistema de casas iguais. Cada astrólogo tem a sua preferência, e não parece haver uma base para definir qual seria o "certo".

Na astrologia medieval, renascentista e moderna, as doze casas referem-se a doze categorias básicas de aspectos da vida humana, e um planeta ou signo numa das casas exercerá sua influência mais forte sobre aquela parte do mapa. Há algumas variações quanto aos aspectos da vida atribuídos a cada casa; a lista a seguir foi extraída de fontes medievais.

Primeira Casa: o consulente, ou a pessoa para quem a adivinhação está sendo feita.
Segunda Casa: bens, riqueza material, ganhos, transações comerciais, coisas materiais que o consulente deseja e coisas que lhe foram furtadas.
Terceira Casa: irmãos e irmãs, vizinhos e ambiente do consulente; viagens curtas, cartas, conselhos, notícias e rumores.
Quarta Casa: pai e mãe, heranças dos pais, terra, agricultura, construções, edifícios, tesouros, coisas sob a terra, lugares e coisas antigas, velhice, coisas escondidas e o término de qualquer assunto.
Quinta Casa: gravidez, filhos, entretenimentos e festas, porções de água (lagos etc.) e chuva.

Sexta Casa: servos, empregados, pequenos animais, doenças e ferimentos.

Sétima Casa: cônjuge ou amante do consulente, relacionamentos amorosos, casamento, parcerias, discussões, qualquer pessoa não identificada.

Oitava Casa: sofrimento, morte, perigos, heranças (que não dos pais).

Nona Casa: religião, filosofia, aprendizado e educação, as artes, sabedoria, viagens longas, adivinhação.

Décima Casa: emprego, posição social, pessoas em posições de autoridade, tribunais e juízes, e o clima.

Décima Primeira Casa: amigos, fontes de ajuda, boa sorte, as esperanças e desejos do consulente.

Décima Segunda Casa: inimigos, sofrimento, dificuldades, qualquer assunto secreto, aprisionamento, animais de porte, os medos do consulente.

No caso dos signos zodiacais, a cúspide ou início da casa é um ponto importante para se determinar sua posição: se um signo tem sua cúspide numa casa, esse signo governa essa casa, mesmo que a maioria do signo esteja dentro de outra casa. VEJA TAMBÉM ASTROLOGIA.

Casamento wicca. VEJA HANDFASTING.

Case, Paul Foster. Músico e ocultista norte-americano, 1884-1956. Nascido em Fairport, Nova York, filho do bibliotecário da cidade e de sua esposa, de origem cigana, Case foi, de certo modo, um menino-prodígio, aprendendo a ler aos 2 anos de idade e iniciando aulas de piano e de órgão aos 3. Adolescente, já era músico profissional. Enquanto tocava num concerto beneficente em 1900, conheceu o ocultista Claude Bragdon, e a conversa levou Case a estudar o tarô e o ocultismo em geral. Em 1905, estudava yoga com afinco e em 1907 entrou em contato com William W. Atkinson (Yogue Ramacháraca), influente figura do cenário ocultista da época. Com Atkinson e Michael Whitty, líder da Alfa e Ômega norte-americana – uma das ordens sucessoras da Ordem Hermética da Aurora Dourada – Case escreveu *The Kybalion*, ou *O Caibalion*, publicado sob pseudônimo em 1912 e que se tornou um dos livros mais influentes do ocultismo norte-americano. VEJA ATKINSON, WILLIAM WALKER; CAIBALION, O. Foi mais ou menos nessa época, segundo suas declarações posteriores, que entrou pela primeira vez em contato com o Mestre Rakoczy, que depois seria a fonte dos ensinamentos de Case. VEJA MESTRES; SAINT-GERMAIN, CONDE DE.

No entanto, esta não foi sua única fonte de ensinamentos ocultistas. Durante a Primeira Guerra Mundial, enquanto morava em Nova York, Case conheceu Aleister Crowley e foi iniciado na Ordo Templi Orientis pela própria Besta, chegando ao Terceiro Grau. Contudo, não teve muito interesse pelo material da OTO e deixou-a depois de alguns anos. Mais importante foi seu contato com Michael Whitty, na época Praemonstrator do Templo Thoth-Hermes Nº 9 da Alfa e Ômega, uma das sucessoras da Ordem Hermética da Aurora Dourada. Case foi iniciado na Alfa e Ômega em 1918, adotando o lema *Perseverantia* ("Perseverança"), recebendo o grau de Adeptus Minor em 1920. VEJA ALFA E ÔMEGA; GOLDEN DAWN.

Mais tarde nesse mesmo ano, Whitty morreu e Case subiu para o posto de Praemonstrator. Desentendimentos com Moina Mathers, a Imperator da Ordem, levaram-no a desistir do cargo em 1922 e, em 1923, Case criou sua própria escola de ocultismo, a Escola da Sabedoria Perene, depois chamada Construtores do Ádito (BOTA). No início uma escola por correspondência, a BOTA fundou sua primeira seção local em 1928, tornando-se, desde então, uma das principais ordens ocultistas norte-americanas; *VEJA* CONSTRUTORES DO ÁDITO (BOTA).

Case mudou-se para Los Angeles em 1932 e passou o resto de sua vida lá, ensinando e escrevendo sobre temas ocultistas. Morreu quando percorria o México de trem, em suas férias de 1954. LEITURA ADICIONAL: CASE, 1947 E 1985.

Cassiel. Na magia cabalística, o anjo do planeta Saturno. *VEJA* ANJO.

Castelo de Heróis. (*Castle of Heroes*) Ordem irlandesa de magia idealizada por W. B. Yeats, poeta e membro da Golden Dawn, com a ajuda de diversos membros da GD e de outros estudantes de tradições celtas. O antigo interesse de Yeats pelo misticismo celta de sua terra natal levou-o a pensar numa ordem irlandesa de magia antes mesmo de receber a iniciação na Ordem Hermética da Aurora Dourada, em 1890, mas a decisão de criá-la de fato só tomou forma em 1895, quando ele descobriu um pequeno castelo abandonado numa ilha em Lough Key, no condado de Roscommon, e decidiu que seria perfeito para o projeto.

Para criar o Castelo de Heróis, pediu ajuda a Samuel Lidell Mathers, na época o líder da Golden Dawn; à esposa de Mathers, Moina, uma hábil clarividente; a Maud Gonne, ativista política irlandesa que Yeats amou desesperadamente durante décadas; a George Pollexfen, tio de Yeats e colega na Golden Dawn; a George Russell, místico e ativista irlandês que escreveu diversos textos teosóficos sob o pseudônimo de "AE"; e a muitos outros. Com sua ajuda, e em alguns casos em sua companhia, Yeats realizou uma série de trabalhos de clarividência e rituais mágicos que produziram a matéria-prima para um conjunto de rituais de iniciação que rivalizava com o da Golden Dawn.

Eis os rituais de grau que foram esboçados para o Castelo de Heróis:

Ordem Externa
1. O Caldeirão (Grau de Água)
2. A Pedra (Grau de Terra)
3. A Espada (Grau de Ar)
4. A Lança (Grau de Fogo)

Ordem Interna
5. O Espírito (Grau de Espírito)

Para cada grau, havia um currículo de estudos mágicos, filosóficos e celtas.

O Castelo de Heróis poderia ter se tornado uma ordem de magia funcional se não fosse o grande cisma na Golden Dawn em 1900, que colocou Yeats e os Mathers em lados opostos de um grave conflito político, e o casamento de Maud Gonne com John MacBride em 1903. Yeats continuou a trabalhar nos detalhes dos rituais, mas parece não ter feito mais nenhuma tentativa de colocar em prática seus planos. Contudo, na última reunião entre Yeats e Gonne antes da morte dele, em 1939, ele teria dito, "Maud, deveríamos ter ido em frente com nosso Castelo de Heróis, ainda podemos fazê-lo". *VEJA TAMBÉM* GOLDEN DAWN; NEOPAGANISMO; YEATS, WILLIAM BUTLER. LEITURA ADICIONAL: KALOGERA, 1977.

cátaros. (do grego *catharoi*, "puros") Seita gnóstica, os cátaros, também chamados albigenses, foram o maior e mais importante grupo cristão herege do mundo ocidental entre a queda de Roma e o início da Reforma. Suas origens remontam a movimentos gnósticos do período romano tardio, como os paulícios e os messalianos, que afirmavam que o mundo visível era a criação do Diabo e que os humanos eram seres espirituais atados à prisão da matéria. Há alguma evidência de que os ensinamentos cátaros poderiam ser, pelo menos em parte, baseados nos dos maniqueístas, a mais conhecida de todas as seitas gnósticas, mas isso é alvo de muita controvérsia entre os estudiosos. *VEJA* GNOSTICISMO; MANIQUEÍSMO.

Por volta de 950 E.C., esses ensinamentos circularam pela atual Bulgária graças a um sacerdote chamado Bogomil. Apesar das perseguições, a seita bogomil (como veio a ser chamada) se espalhou rapidamente pela atual Grécia e pelos Bálcãs, com uma presença importante na própria Constantinopla. Os bogomilos acreditavam em reencarnação, rejeitavam os sacramentos das Igrejas cristãs convencionais como coisas sem valor e condenavam em especial o casamento, pois, para eles, a sexualidade era a forma pela qual as almas eram mantidas cativas numa sucessão de corpos físicos.

Segundo o *Discurso Contra os Bogomilos* de Cosmas, o Sacerdote, escrito entre 969 e 972, os bogomilos acreditavam que Satã e Jesus eram os dois filhos de Deus; que Satã teria caído em desgraça, criado o mundo material, atraído os anjos que caíram com ele até o mundo material, e se tornado o Deus do Antigo Testamento; finalmente, que Jesus teria vindo para permitir que os espíritos angelicais presos se libertassem e voltassem ao céu. Após a época de Cosmas, surgiu uma cisão na comunidade bogomila entre aqueles que acreditavam no dualismo moderado que via Jesus e Satã como irmãos, filhos de um Deus benévolo, e uma seita mais radical, que sustentava que os poderes do bem e do mal estavam em guerra desde o princípio. Esta abordagem radical tornou-se o cerne do catarismo no Ocidente.

Os primeiros relatos de hereges dualistas na Europa Ocidental surgiram pouco depois do ano 1000 E.C. O norte da Itália, com seus intensos contatos comerciais com o Império Bizantino, foi a primeira área atingida por missionários dualistas, e o sul da França a segunda. Por volta do início do século XII, havia comunidades clandestinas de cátaros, "puros", em boa parte da Europa católica, e o sul da França estava particularmente ativo. A Igreja Católica dali era fraca e reconhecidamente corrupta. A cidade de Albi tornou-se centro de atividades cátaras, e o termo "albigense", "aquele nascido em Albi", tornou-se uma expressão comum para os hereges.

Por volta de 1176, havia dois bispos cátaros na França e um no norte da Itália, todos ligados à tradição dualista moderada. Nesse ano, porém, o missionário bogomilo Nicetas percorreu a Itália e chegou ao sul da França. Defensor da posição dualista radical, Nicetas foi um orador convincente e converteu a maioria dos cátaros franceses para sua corrente. Além disso, consagrou novos bispos em Toulouse, Carcassonne e Agen, dobrando o número de bispados ocidentais. Após a visita de Nicetas, houve uma onda de proselitismo e de conversões ao catarismo, e a explosão da fé cátara no sul da França.

Os ensinamentos e rituais dos cátaros sobreviveram com razoável grau de detalhe. Três textos completos do principal rito cátaro, o *Consolamentum*, e dois livros completos de teologia cátara, o *Interrogatio Iohannis* e o *Liber de Doubus Principii*, escaparam das chamas da Inquisição; veja as traduções em Wakefield e Evans 1969. Em essência, as crenças cátaras eram idênticas às dos bogomilos, mais radicais; eles acreditavam nos "dois princípios" – ou seja, em poderes do bem e do mal eternamente separados e em conflito no universo – e afirmavam que as almas humanas eram entidades do lado do bem que teriam sido aprisionadas no maléfico mundo da matéria.

O *Consolamentum*, principal sacramento cátaro, era um batismo espiritual com a imposição das mãos, o que, segundo os ensinamentos cátaros, conferia o Espírito Santo e permitia que a alma escapasse do mundo material após a morte. Aqueles que recebiam o *Consolamentum* eram chamados de *perfecti*, "os perfeitos", que faziam voto de celibato e seguiam uma dieta predominantemente vegetariana. Aqueles que não estavam prontos para isso eram *credentes*, "crentes", e geralmente recebiam o *Consolamentum* no leito de morte. O sacramento supremo, levado a cabo pelos mais zelosos *perfecti*, era o *endura*, um processo de suicídio por inanição que garantia uma subida direta ao Céu.

A Igreja Cátara representava uma enorme e crescente ameaça para a Igreja Católica, mas levou algum tempo para que esta percebesse isso. Foram enviados missionários, travados debates públicos e, em 1179, o Terceiro Concílio de Latrão condenou o catarismo em termos duros. Nada disso desaqueceu a difusão do catarismo de forma sensível. Em 1198, porém, um novo papa, Inocêncio III, assumiu o trono do Vaticano. Homem de temperamento forte e intolerante, convenceu-se de que a força teria de ser usada para restaurar a posição da Igreja Católica. O assassinato de um emissário papal em 1208 foi o pretexto de que precisava, e nesse ano Inocêncio declarou uma cruzada contra os hereges.

A guerra resultante durou uns 35 anos, desde o cerco a Beziers, em 1209, até a queda da última fortaleza cátara, Montségur, nos Pireneus, em 1244. O sul da França foi devastado pelos combates e pela brutalidade calculada dos cruzados. Com estes, surgiu uma nova organização, o Santo Ofício da Inquisição, que se desenvolveu a partir de estruturas mais antigas e menos eficientes na década de 1230 e foi formalmente estabelecido pelo sucessor de Inocêncio, Gregório IX, em 1239. Sob a constante pressão da Inquisição, os últimos *perfecti* cátaros da França foram presos por volta de 1330, embora uns poucos grupos de cátaros possam ter sobrevivido ocultando-se na região do Piemonte, onde hoje fica a fronteira com a Suíça.

Como os Cavaleiros Templários, que foram destruídos sob alegações de heresia no mesmo período, os cátaros acabaram tendo uma sobrevida que, de diversas maneiras, é mais interessante e bem mais ligada ao ocultismo. Receberam pouca atenção durante a baixa Idade Média e o Renascimento, e seu lugar na Reforma e no início dos modernos estudos acadêmicos limitou-se principalmente a algumas tentativas, por parte de católicos e protestantes, de usar a história dos cátaros como munição na guerrilha teológica. No entanto, o movimento romântico do final do século XVIII e início do XIX gerou um fascínio pelos proscritos, pelos hereges e pela Idade Média, e os cátaros se beneficiaram bastante com isso. Correntes políticas apoiando a independência regional do sul da França também reacenderam o interesse pelos cátaros e, com o tempo, causaram a volta do próprio catarismo.

Infelizmente, muito disso foi produzido pelo mesmo tipo de falta de atenção para com os fatos que atormentara o campo ocultista durante séculos; *VEJA* HISTÓRIA OCULTA. Os cátaros foram apresentados de inúmeras formas, desde místicos teosofistas até contatados extraterrestres, e a verdadeira natureza de seus ensinamentos e ritos — que estão registrados claramente nos documentos cátaros restantes — tem sido quase ignorada por autores mais preocupados em importar seus temas prediletos para o catarismo ou apenas em contar uma história romântica.

Os cátaros tiveram um papel muito importante no cenário ocultista britânico durante a primeira metade do século XX. Diversos membros da Sociedade da Luz Interior, a ordem mágica fundada por Dion Fortune, disseram ter tido vidas passadas como cátaros e transmitiram à Sociedade materiais supostamente cátaros; VEJA SOCIEDADE DA LUZ INTERIOR. Outra fonte importante foi o psiquiatra londrino Arthur Guirdham, que teve uma paciente com dons mediúnicos e manteve por seu intermédio diálogos com os espíritos de cátaros mortos, acabando por tornar-se uma importante influência no cenário esotérico inglês graças a seus diversos livros falando de suas experiências e dos ensinamentos cátaros recebidos. VEJA TAMBÉM CAVALEIROS TEMPLÁRIOS. LEITURA ADICIONAL: BARBER, 2000; GUIRDHAM, 1977; VAN DEN BROECK, 1998; WAKEFIELD E EVANS, 1969.

catedral de Chartres. Construída entre os séculos XII e XIII na cidade francesa de Chartres, um local que era considerado o centro espiritual da França na época dos druidas, a catedral de Chartres é uma das obras-primas do início das catedrais góticas. Diversos ocultistas modernos dizem que há importantes ensinamentos esotéricos escondidos em seu projeto e em sua decoração. VEJA GEOMETRIA SAGRADA. LEITURA ADICIONAL: CHARPENTIER, 1972.

catoptromancia. A arte da adivinhação por meio de um espelho mágico. VEJA ESPELHO MÁGICO.

Cauda Draconis. (latim, "cauda do dragão") Figura geomântica governada pelo Nodo Sul da Lua, e harmoniosa com Saturno e Marte. A Cauda Draconis é uma figura desfavorável na maioria dos contextos, sendo boa apenas para términos e partidas. VEJA GEOMANCIA; NODOS LUNARES.

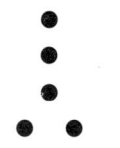

Figura geomântica Cauda Draconis

Cavaleiros Templários. A Ordem dos Pobres Cavaleiros de Cristo e do Templo de Salomão foi fundada em 1118, em Jerusalém, por um pequeno grupo de cavaleiros liderados por Hughes de Payens, membro da nobreza menor da França. Seu propósito original era proteger os peregrinos cristãos que percorriam o caminho entre o porto de Jaffa e a cidade sagrada de Jerusalém. No início pequena, a ordem cresceu muito depois de 1128, quando recebeu o aval de São Bernardo de Clairvaux e a aprovação formal da Igreja Católica.

Ao final do século XII, conseguira enviar mais de 2 mil cavaleiros para a Terra Santa, com os fundos e o apoio de uma rede de senhores feudais e de casas reais da Europa Ocidental. Papas e mais papas concederam seguidamente aos Templários diversos privilégios, acompanhados de concessões reais da maioria dos países europeus, isentando-os e às suas terras não apenas de impostos, como de quase todas as leis e autoridades civis.

Os Templários foram parte importante do poder militar do Reino Cruzado de Jerusalém enquanto duraram, mas seus esforços e os de outra grande ordem militar – a dos Cavaleiros Hospitalários – pouco conseguiram além de desacelerar as reconquistas árabes. Quando o último bastião cruzado na Palestina foi tomado pelos turcos mamelucos em 1291 extinguiu-se a razão de ser dos Templários. Enquanto os Hospitalários estabeleciam novas bases em Rhodes e Malta para levar a termo a guerra contra o mundo muçulmano, os Templários se contentavam em fazer *lobby* nas cortes europeias para uma nova Cruzada. Por sua riqueza e independência política eram invejados e isolados, o que acabou sendo uma combinação fatal.

No alvorecer do dia 13 de outubro de 1307, uma sexta-feira, servos do rei francês Filipe IV fizeram incursões coordenadas em estabelecimentos templários de toda a França, e prenderam todos os membros conhecidos da Ordem Templária que puderam encontrar — uns 2 mil no total, dos quais talvez cem seriam cavaleiros plenos da Ordem. A acusação oficial foi de heresia. Pouco menos de um ano depois, em 12 de agosto de 1308, o papa Clemente V autorizou prisões semelhantes em todos os outros países do mundo católico.

Seguindo os métodos habituais da época, os suspeitos foram torturados para produzir confissões, o que aconteceu. Segundo as confissões, a cerimônia de iniciação templária exigia que o noviço renunciasse a Jesus, pisoteasse a cruz e beijasse seu iniciador no ânus, e nas reuniões dos capítulos templários adorava-se um ídolo conhecido como Baphomet (palavra que teve diversas interpretações estranhas ao longo dos anos, mas é apenas uma grafia medieval francesa errônea para "Maomé"). *VEJA* BAPHOMET. Muitas outras formas de conduta inadequada de ordem sexual, religiosa e mágica foram alegadas.

Nos registros dos tribunais, as confissões são estereotipadas de tal maneira que mostram a presença de uma lista padronizada de perguntas — outra prática comum da época, e que seria usada no século seguinte durante as caças às bruxas. Acusações semelhantes de blasfêmia e magia foram feitas contra os judeus e diversos inimigos políticos do governo francês no período que levou à purga templária, e seriam feitas novamente contra supostas bruxas na primeira das grandes histerias ligadas à bruxaria durante os cem anos seguintes. *VEJA* FOGUEIRAS, ERA DAS.

Fora da França e das regiões controladas pelo rei francês, poucas acusações foram feitas. A tentativa de organizar perseguições na Alemanha esfriou — muitos arcebispos alemães consideraram inocentes os Templários encontrados em suas jurisdições — e julgamentos na Inglaterra, em Aragão, Chipre e outros lugares não produziram provas de atos ilícitos. Mesmo na França, jamais foram apresentadas evidências que não fossem as confissões extraídas por meio de tortura, e os supostos ídolos "Baphomet" nunca apareceram. Mesmo assim, o papa Clemente dissolveu a ordem em 20 de março de 1312. A grande maioria dos Templários foi libertada após os julgamentos. Alguns se filiaram a ordens militares, outros retornaram à vida civil. Os 54 Templários que se retrataram de suas confissões foram queimados como hereges em 1310; outros dois, inclusive o último Grão-Mestre da ordem, Jacques de Molay, encontraram destino semelhante em 18 de março de 1314. Eles e um número incerto de Templários que morreram durante as torturas foram as únicas baixas diretas da purga — embora a lenda relacione outras duas mortes resultantes dela. Diz a história que de Molay lançou uma maldição sobre o rei Filipe e o papa Clemente, enquanto queimava. Se isso aconteceu, foi uma maldição eficiente, pois tanto o rei quanto o papa morreram antes que o ano terminasse.

A questão da culpa ou da inocência dos Templários foi muito discutida na época. Fora da França, os observadores contemporâneos que comentaram os julgamentos sugeriram, na maioria, que o verdadeiro motivo para a perseguição foi que o rei Filipe estava interessado na fortuna dos Templários. (Dante Alighieri, cuja *Divina Comédia* comenta a maioria dos fenômenos políticos e sociais de sua época, faz uma menção ao fato no Canto XX do *Purgatório*.) A mesma posição persistiu pelo restante da Idade Média e pelo Renascimento, embora fosse agressivamente negada por propagandistas de diversos reis franceses e pelos historiadores oficiais da Igreja Católica.

Só no século XVIII é que surgiu uma nova interpretação para os Cavaleiros Templários: a alegação de que eram uma tradição secreta de sabedoria trazida do Oriente, exterminada em função da ameaça que representavam para o poder da Igreja Católica. A semente desse conceito foi plantada por Andrew Michael Ramsay (1686-1743), maçom jacobita exilado na França, num famoso discurso para um grupo de maçons franceses em 1736. Ramsay situou a origem da Maçonaria na época das Cruzadas, quando teria sido instituída por homens que eram ao mesmo tempo pedreiros e cavaleiros. (O fato de isso ser uma impossibilidade social na Idade Média não parece ter ocorrido aos ouvintes de Ramsay.) O discurso de Ramsay não mencionou os Templários; na verdade, ele associou seus cavaleiros-pedreiros aos Cavaleiros Hospitalários. Mesmo assim, a conexão feita entre a Maçonaria e cavaleiros inspirou uma série de novos graus maçônicos do gênero, além de tornar inevitáveis as ligações entre Maçonaria e Ordem Templária.

Essas possibilidades foram exploradas inicialmente na Alemanha, onde imagens de guerras e de cavaleiros eram bastante atraentes, e três rituais templários alemães surgiram no país até 1760. As ligações tradicionais entre a Maçonaria de alto grau e a Escócia, nascidas das conspirações maçônicas envolvendo os reis Stuart no exílio e também centrais para a fundação e o nome do Rito Escocês da Maçonaria, foram exploradas para se criar uma genealogia, ou linhagem, para esses novos graus. *VEJA* STUART, CASA DOS. Circularam rumores de que um punhado de Templários escoceses teria sobrevivido ao (imaginado) massacre coletivo dos membros da ordem, preservando em segredo a sabedoria e os tesouros templários. Nunca surgiu alguma evidência dessas alegações, o que não reduziu muito sua difusão.

Os ritos templários maçônicos se espalharam rapidamente para fora da Alemanha. Havia lojas templárias nas colônias norte-americanas em 1769 e na Inglaterra em 1778. No mundo anglo-saxão, porém, os Templários rapidamente se tornaram outro aspecto do crescente movimento de lojas fraternais, com poucas ligações com o ocultismo. Na Alemanha e na França, por sua vez, as lojas templárias eram centros de estudos ocultistas. Isso se aplica particularmente à mais importante ordem templária alemã, a Estrita Observância de Karl Gotthelf von Hund, que se dedicava sistematicamente a experiências alquímicas.

No início do século XIX, começaram a surgir organizações templárias fora do âmbito da Maçonaria. A primeira delas apareceu na França em 1804, quando Bernard Fabré-Palaprat fundou uma ordem templária com base num conjunto de constituições forjadas, supostamente datadas de 1324. Na década de 1820, a ordem de Fabré-Palaprat envolveu-se profundamente numa versão gnóstica heterodoxa do cristianismo, e durante alguns anos, no início da década seguinte, promoveu uma "Igreja Católica Francesa" que atraiu um punhado de seguidores.

A conexão entre os Templários e o ocultismo também esteve no centro da literatura conspiratória que se seguiu à Revolução Francesa. Autores de direita como Louis Cadet de Gassicourt e o abade de Baruel afirmaram que os Templários eram um importante vínculo na grande conspiração contra o cristianismo e a monarquia, que eles alegavam ter descoberto. *VEJA* ILUMINADOS DA BAVIERA. A figura crucial dessa redefinição dos Templários, porém, foi o estudioso austríaco Joseph von Hammer

Purgstall, cujo importante artigo "O Revelado Mistério de Baphomet" foi publicado em 1818. Hammer argumentava, usando evidências que a maioria dos estudiosos posteriores considerou falsificações grosseiras, que os Templários teriam sido gnósticos que adoravam em segredo um ídolo andrógino por meio de orgias rituais. Aparentemente, também teria sido ele o primeiro a sugerir uma conexão entre os templários e o Santo Graal – uma sugestão que foi adotada rapidamente por ocultistas neotemplários, e que se tornou um dos fulcros de especulações posteriores.

No final do século XIX, a ideia dos Templários como guardiões do Santo Graal e estudantes de sabedoria secreta já estava firmemente implantada na comunidade ocultista. Até hoje, muitas ordens ocultistas da França, Alemanha, Suíça e Países Baixos alegam descender dos Templários ou se valem de imagens e terminologias templárias a seu bel-prazer. Organizações tão díspares quanto a Ordo Templi Orientis e a desafortunada Temple Solaire continuaram a se servir dessa fonte comum.

Mais recentemente, os Templários foram cooptados por proponentes de diversos esquemas de história alternativa, e as lendas fabricadas do templarismo maçônico do século XVIII foram reformadas, sozinhas ou em combinação com outros temas comuns da história do ocultismo. Pertencem a esse gênero livros como o *best-seller* de Baigent, Leigh e Lincoln *O Santo Graal e a Linhagem Sagrada*, *Nascidos do Sangue*, de Robinson, e muitos outros. Sua popularidade mostra que é provável que os Templários ainda sejam fonte de novas lendas no cenário ocultista durante algum tempo. VEJA TAMBÉM MAÇONARIA; HISTÓRIA OCULTA; ORDO TEMPLI ORIENTIS (OTO); SIÃO, PRIORADO DE; TEMPLE SOLAIRE. LEITURA ADICIONAL: BAIGENT ET. AL, 1982; PARTNER, 1982; SEWARD, 1995.

Cayce, Edgar. Médium e agente de cura norte-americano, 1877-1945. Filho de um fazendeiro do Kentucky, teve pouca educação formal. Após uma infância marcada por visões e outras experiências paranormais, aos 16 anos começou a diagnosticar doenças e a prescrever tratamentos por meios psíquicos. Com a ajuda de um hipnotizador local, aprendeu a entrar num transe leve para ajudar nesse processo, e em poucos anos seus acertos lhe trouxeram milhares de pacientes por ano.

Cayce procurou trabalhar com médicos ortodoxos, mas não foi bem recebido; um pequeno número de profissionais alternativos, porém, trabalhou com ele; o dr. Wesley Ketchum, homeopata, investigou seu registro de curas e fez um relatório favorável sobre elas para a American Society of Clinical Research. O apoio financeiro proporcionado pelo fluxo contínuo de pacientes permitiu a Cayce montar seu próprio hospital em Virginia Beach, na Virgínia, e uma organização, a Association for Research and Enlightenment (ARE) para registrar e estudar seu trabalho.

Além de diagnósticos e do tratamento de doenças, Cayce usou seus estados de transe para recuperar informações sobre as vidas passadas de alguns de seus pacientes, bem como para fazer profecias sobre o futuro próximo e o remoto. A Atlântida, o antigo Egito e Yucatán tiveram um papel significativo em seu relato sobre a história da humanidade, com muitas semelhanças com a versão da Teosofia para a história do mundo. VEJA ATLÂNTIDA; TEOSOFIA.

Embora seus poderes médicos pareçam ter ajudado muitas pessoas, suas profecias não resistiram tão bem ao teste do tempo. Ele predisse, por exemplo, que a Atlântida tornaria a aflorar em 1968 ou 1969, no contexto de mudanças terrestres que começariam em 1958 e terminariam em 1998. LEITURA ADICIONAL: FREJER, 1995; SUGRUE, 1973.

Cecco d'Ascoli. Astrólogo e mago italiano, 1257-1327. Não há muitas informações detalhadas sobre Cecco, aparentemente a primeira vítima da grande campanha contra magia que os pagãos modernos chamam de era das fogueiras. Nasceu na cidade de Ascoli e, em 1322, foi nomeado professor de astrologia na Universidade de Bolonha.

Pouco depois, publicou um comentário sobre o *De Sphaera*, de João de Sacrobosco, na época o livro de referência em astronomia. Seu comentário estava repleto de referências a práticas ocultistas e de citações de livros sobre magia, incluindo, entre outras coisas, instruções detalhadas para se criar uma estátua mágica a fim de invocar o espírito Floron para fins divinatórios; *VEJA* ESTÁTUAS MÁGICAS. Embora também contivesse as habituais condenações à magia com base na religião, a Inquisição não se deixou enganar; o Inquisidor de Bolonha condenou-o por heresia, expulsou-o da universidade e proibiu-o de tornar a ensinar astrologia.

Depois disso, Cecco mudou-se para Florença, e aparentemente assumiu o cargo de astrólogo da corte de Carlos de Calábria, duque de Florença. Ele também escreveu um longo e amargo poema chamado "l'Acerba", "O Mordaz", em parte uma paródia de *A Divina Comédia*, de Dante. Se foi isto ou a continuidade de suas atividades astrológicas o que atraiu novamente a atenção da Inquisição para ele, não se sabe, mas em 1327 a Inquisição florentina mandou prendê-lo, julgou-o e condenou-o como herege reincidente, queimando-o na fogueira. Todos os exemplares disponíveis de seus livros foram destruídos, e a sentença de excomunhão foi imposta a quem quer que mantivesse um desses exemplares em sua posse. *VEJA TAMBÉM* FOGUEIRAS, ERA DAS; MAGIA, PERSEGUIÇÃO À PRÁTICA DA. LEITURA ADICIONAL: THORNDYKE, 1923.

celtas. *VEJA* RECONSTRUCIONISMO CELTA E ASTROLOGIA CELTA.

Cen. (inglês antigo, "tocha") Sexta runa do futhorc anglo-saxão, associada no poema rúnico em inglês antigo à chama de uma tocha que ilumina o salão de um rei. Seu valor sonoro é um *c* duro. *VEJA* FUTHORC ANGLO-SAXÃO.

Runa Cen

ceração. Na alquimia, o processo de amolecimento de uma substância dura com fogo e outros meios. *VEJA* ALQUIMIA.

Ceres. Asteroide ocasionalmente usado na astrologia, associado ao signo zodiacal de Virgem. *VEJA* ASTEROIDES.

Ceridwen. *VEJA* DEUSA, A.

Cernunnos. *VEJA* DEUS, O.

ceromancia. Adivinhação feita com cera derretida, também conhecida como ceroscopia. O adivinho aquecia a cera num recipiente de latão até deixá-la líquida e então a despejava em outro recipiente com água fria. A cera se solidificava em formas que flutuavam na superfície da água e eram interpretadas pelo adivinho. A ceromancia era relativamente comum na Antiguidade e na Idade Média, e sobreviveu em algumas culturas populares até os nossos dias, mas praticamente não tem sido usada no moderno movimento ocultista. *VEJA* ADIVINHAÇÃO.

ceroscopia. *VEJA* CEROMANCIA.

Ceugant. No druidismo, um dos três círculos de existência, o mundo transcendental que só pode ser percorrido pelo divino. Algumas tradições do druidismo influenciadas pela teoria judeu-cristã da Queda afirmam que a jornada das almas por Abred foi causada porque que essas almas tentaram cruzar Ceugant. VEJA CÍRCULOS DE EXISTÊNCIA; DRUIDISMO.

céus, sete. Segundo a tradição cabalística, há sete terras, sete céus e sete infernos. Os sete céus correspondem às Sefirot da Árvore da Vida como segue:

Nome	Tradução	Sefirah
7. Araboth	Planícies	as Supernais
6. Makhon	Lugar	Chesed
5. Maon	Residência	Geburah
4. Zebul	Moradia	Tiphareth
3. Shechaqim	Nuvens	Netzach
2. Raqia	Firmamento	Hod
1. Tebel Vilon	Véu do Céu	Malkuth Shamayim

VEJA TAMBÉM TERRAS, SETE; INFERNOS, SETE.

Chaioth ha-Qodesh. (hebraico ChIVTh HQDSh, "Sagradas Criaturas Vivas") Na tradição cabalística, a ordem de anjos associada a Kether, a primeira Sefirah da Árvore da Vida. Sua forma tradicional, tal como descrita no primeiro capítulo do Livro de Ezequiel, é humanoide, com quatro asas, quatro faces – de homem, de leão, de águia e de boi – e patas com a forma das de camelos, mas de latão reluzente. VEJA ANJO; KETHER.

chakra. (sânscrito, "roda") Cada um dos centros ou vórtices de energia localizados no corpo humano, segundo a filosofia hindu e diversos sistemas ocidentais influenciados por ela. Nos textos hindus, o número e a posição dos chakras varia muito. A versão do sistema de chakras que ficou popular no Ocidente é bem mais uniforme, com sete chakras localizados em diversos pontos ao longo da extensão do sistema nervoso central, como segue:

Número: 1. *Nome*: Muladhara. *Tradução*: Raiz. *Localização*: Base da Espinha. *Cor*: Vermelho.★

Número: 2. *Nome*: Svadhisthana. *Tradução*: Doçura. *Localização*: Genitália. *Cor*: Laranja.

Número: 3. *Nome*: Manipura. *Tradução*: Joia. *Localização*: Plexo Solar★★. *Cor*: Amarelo.

Número: 4. *Nome*: Anahata. *Tradução*: Não Tocado. *Localização*: Coração. *Cor*: Verde.

Número: 5. *Nome*: Vishuddha. *Tradução*: Purificação. *Localização*: Garganta. *Cor*: Azul.

Número: 6. *Nome*: Ajna. *Tradução*: Percepção. *Localização*: Testa. *Cor*: Índigo.

Número: 7. *Nome*: Sahasrara. *Tradução*: Mil Vezes Maior. *Localização*: Alto da Cabeça. *Cor*: Violeta.

★ As cores apresentadas aqui são o padrão na maioria das versões ocidentais do sistema de chakras, mas diferem muito daquelas apresentadas nos textos hindus tradicionais. Existem também sistemas diferentes de cores dos chakras em fontes ocidentais.

★★ A localização do terceiro chakra varia de acordo com a fonte. O umbigo, o *hara* ou *tan t'ien* (ponto importante nas artes marciais japonesas e chinesas, logo abaixo do umbigo) e o baço são locais comumente atribuídos para esse centro.

Os chakras foram introduzidos no cenário ocidental por diversos escritores europeus dos séculos XIX e início do XX, entre os quais Arthur Avalon (*sir* John Woodroffe) e o teósofo C. W. Leadbeater foram os mais influentes. A popularidade dos ensinamentos espirituais asiáticos na época, alimentada pela influente Sociedade Teosófica, incentivou muitos ocultistas ocidentais a adotar o sistema de chakras numa de suas formas, com o resultado um tanto incomum de se encontrar praticantes da Wicca, druidas, alquimistas herméticos e outros praticantes de tradições ocultistas ocidentais usando o que antes era um sistema hindu de trabalho com o corpo sutil.

Muitos conjuntos de correspondências foram idealizados para ajustar os chakras à filosofia esotérica ocidental. Conexões entre os sete chakras e os sete planetas têm tido um papel importante na maioria deles, mas as atribuições variam bastante. A tabela a seguir mostra as versões desenvolvidas por Paul Foster Case, Jean Dubuis, Dion Fortune, Jon Mumford e Ross Nichols, todos eles ocultistas do século XX:

Chakra: 1. *Case*: Saturno. *Dubuis*: Sol. *Fortune*: Sol. *Mumford*: Saturno. *Nichols*: Lua.
Chakra: 2. *Case*: Sol. *Dubuis*: Lua. *Fortune*: Júpiter. *Mumford*: Júpiter. *Nichols*: Mercúrio.
Chakra: 3. *Case*: Marte. *Dubuis*: Mercúrio. *Fortune*: Mercúrio. *Mumford*: Marte. *Nichols*: Vênus.
Chakra: 4. *Case*: Júpiter. *Dubuis*: Vênus. *Fortune*: Saturno. *Mumford*: Vênus. *Nichols*: Sol.
Chakra: 5. *Case*: Vênus. *Dubuis*: Marte. *Fortune*: Vênus. *Mumford*: Mercúrio. *Nichols*: Marte.
Chakra: 6. *Case*: Lua. *Dubuis*: Júpiter. *Fortune*: Marte. *Mumford*: (nenhum). *Nichols*: Júpiter.
Chakra: 7. *Case*: Mercúrio. *Dubuis*: Saturno. *Fortune*: Lua. *Mumford*: (nenhum). *Nichols*: Saturno.

Também foram sugeridas diversas correlações entre os sete chakras e as Sefirot da Árvore da Vida. Uma delas, sugerida de forma pioneira pela maga inglesa Dion Fortune, alinha o eixo central do corpo com o pilar central da Árvore da Vida, e usa a intersecção dos três caminhos horizontais com o Pilar do Meio para situar os centros; esse sistema se correlaciona com o conjunto de centros de energia usados no exercício do Pilar do Meio, e Fortune associa Malkuth a um centro adicional situado sob os pés para completar a correspondência. *VEJA* PILAR DO MEIO, EXERCÍCIO DO; ÁRVORE DA VIDA. Outro sistema, mais popular nos círculos europeus de magia, atribui as sete Sefirot sob o véu aos sete chakras; a versão apresentada por Rafal Prinke é esta:

Chakra: 1. *Fortune*: Yesod. *Prinke*: Malkuth.
Chakra: 2. *Fortune*: Hod e Netzach. *Prinke*: Yesod.
Chakra: 3. *Fortune*: Tiphareth. *Prinke*: Hod.
Chakra: 4. *Fortune*: Geburah e Chesed. *Prinke*: Netzach.
Chakra: 5. *Fortune*: Daath. *Prinke*: Tiphareth.
Chakra: 6. *Fortune*: Binah e Chokmah. *Prinke*: Geburah.
Chakra: 7. *Fortune*: Kether. *Prinke*: Chesed.

Em seu contexto hindu original, os chakras têm um papel importante nos exercícios empregados para despertar o *kundalini*, ou "fogo serpentino" na base da espinha. Esta conexão também foi adotada por algumas tradições ocultistas ocidentais. *VEJA TAMBÉM* CORPOS SUTIS; TEOSOFIA. LEITURA ADICIONAL: AVALON, 1974; CASE, 1985; JUDITH, 1987; JUDITH E VEGA, 1993; LEADBEATER, 1971 E 1974.

Chakshusha Manu. Segundo a Teosofia, o manu, ou regente, da quarta raça-raiz. *VEJA* MANU; RAÇA-RAIZ.

chalybs. (grego, "aço") Na alquimia, outra expressão para o salitre. *VEJA* SALITRE.

Chama Violeta. Segundo os ensinamentos dos Mestres Ascensionados, um sistema esotérico popular norte-americano do século XX, uma energia mágica derivada do Raio Violeta; *VEJA* RAIOS, SETE. A Chama Violeta tem a capacidade de transformar e transmutar energia, e estudantes dos ensinamentos dos Mestres Ascensionados visualizam-se cercados e imersos na Chama Violeta enquanto repetem decretos de proteção e desenvolvimento espiritual. *VEJA* MESTRES ASCENSIONADOS, ENSINAMENTOS DOS; DECRETO.

Charnock, Thomas. Alquimista inglês, 1524-1581. Não é bem conhecida a biografia desse importante participante da evolução da tradição alquímica inglesa. Nasceu na ilha de Thanet, em Kent, e após algumas viagens estabeleceu-se em Oxford, onde tornou-se amigo e assistente de um alquimista mais velho, cujo nome não chegou até os nossos dias. Em 1557, entrou para o exército inglês e serviu na França durante vários anos. Por volta de 1562, estava novamente na Inglaterra, pois nesse ano os registros paroquiais informam que ele se casou com Agnes Norton e foram morar em Stockland, em Somerset, onde passou o resto da vida fazendo pesquisas alquímicas e escrevendo. Seus livros *Enigma of Alchemy* (1572) e *The Breviary of Naturall Philosophy* (1577) influenciaram vários autores alquímicos posteriores da Inglaterra e da Europa em geral. *VEJA TAMBÉM* ALQUIMIA.

Chartres. *VEJA* CATEDRAL DE CHARTRES.

Chashmalim. (hebraico, "os brilhantes") Ordem de anjos associada a Chesed, a quarta Sefirah da Árvore Cabalística da Vida. Na angelologia cristã, equivalem à ordem das Dominações. *VEJA* CHESED; CABALA.

Chashmodai. Na magia cerimonial, o espírito planetário da Lua, Shad Barshemoth ha-Shartahan, e a Inteligência das Inteligências da Lua, Malkah be-Tarshishim ve-ad Ruachoth Shechalim. *VEJA* ESPÍRITO PLANETÁRIO.

Chassan. Na magia cabalística, o anjo do elemento Ar. *VEJA* ANJO; AR (ELEMENTO).

Chave Menor de Salomão. *VEJA* LEMEGTON, O; SALOMÃO.

Chaves de Salomão, As. O mais famoso dos grimórios medievais, *As Chaves de Salomão* (em latim, *Clavicula Salomonis*) surgiu em algum momento do início da Idade Média; seu autor e sua história inicial são completamente desconhecidos, e tentativas de identificá-los são confusas pelo fato de que existiram diferentes manuais mágicos com o nome de Salomão na época medieval. *VEJA* SALOMÃO.

Os mais antigos exemplares restantes datam do século XII ou XIII, e há versões manuscritas medievais em latim, grego, hebraico, italiano, francês, inglês e alemão. Apesar dos imensos esforços dos inquisidores, sobreviveram numerosos exemplares manuscritos. A versão mais acessível é a tradução feita para o inglês pelo fundador da Golden Dawn, Samuel Liddell Mathers (1854-1918), em 1888, com as palavras hebraicas de poder dos manuscritos originais, de difícil pronúncia, corrigidas; *VEJA* MATHERS, SAMUEL LIDDELL.

As *Chaves*, como a maioria dos grimórios, são um conjunto de instruções para chamar e comandar diversos espíritos; neste caso, espíritos associados com os sete planetas astrológicos. Como os espíritos em questão são descritos como "maléficos e decaídos", e "animais das trevas" no texto do ritual, não parece haver dúvida de que as entidades chamadas têm natureza demoníaca e podem estar relacionadas com os Maskim, arquidemônios planetários do ocultismo mesopotâmico. *VEJA* MASKIM.

A fim de chamar essas entidades, o usuário das *Chaves* deve confeccionar e consagrar um vasto conjunto de itens mágicos: um manto, sapatos, uma coroa, uma faca com cabo branco e outra com cabo preto, quatro espadas, foice, punhal, adaga, cimitarra, lança, varinha, cajado, buril, três canetas, tinta, incenso, incensório, borrifador de água benta, velas, pergaminho virgem, tecido de embrulho, livro branco, livro preto e dezenas de pentáculos.

Deve ainda traçar um ornamentado círculo mágico repleto de Nomes Cabalísticos de Deus, calcular as horas planetárias adequadas e aprender uma série de longas invocações, preces e conjurações. Três, cinco ou sete companheiros acompanham o mago em seu trabalho, e todos devem passar por um rigoroso processo de jejum, banhos, confissões dos pecados e purificação antes da noite da cerimônia.

Apesar de sua natureza exigente, esse texto foi muito popular durante vários séculos, e teve lugar de destaque em meio à prolífera literatura de grimórios medievais. Atualmente, ainda há algumas almas intrépidas que se dedicam aos trabalhos nele propostos. *VEJA TAMBÉM* GRIMÓRIO. LEITURA ADICIONAL: E. BUTLER, 1949; MATHERS, 1888.

Chefes Secretos. *VEJA* MESTRES.

Cheiro. (William John Warner) Aventureiro e adivinho irlandês, 1866-1936. Sabe-se muito pouco sobre essa importante figura da história da quiromancia moderna, embora circulem muitas histórias românticas a seu respeito – muitas das quais criadas pelo próprio Cheiro. De acordo com sua certidão de nascimento, ele nasceu em 1866 em Bray, na Irlanda, pouco ao sul de Dublin; sua mãe seria uma irlandesa descendente de franceses, que teve um relacionamento informal com o conde Louis Hamon. Warner parece ter aparecido na Inglaterra, na década de 1880, como cenógrafo de teatros londrinos, com o nome de Louis Warner. Mais tarde, trabalhou como químico, espião e chefe do serviço postal da Rússia czarista, antes de se estabelecer como quiromante.

Como conde Louis Hamon, nome que adotou na Inglaterra pouco antes da Primeira Guerra Mundial, viajou para os Estados Unidos em 1930, onde conquistou fama lendo a mão dos artistas de Hollywood. Escreveu diversos livros sobre quiromancia que são estudados até hoje. Alguns rumores na comunidade quiromante afirmam que teria morrido na mais abjeta pobreza, mas as evidências sugerem que ele ainda estava razoavelmente bem de vida quando morreu de problemas pulmonares em sua casa em Los Angeles, em 1936. *VEJA TAMBÉM* QUIROMANCIA. LEITURA ADICIONAL: CAMPBELL, 1996; CHEIRO, 1987.

Cheled. (hebraico ChLD, "mundo") Uma das sete terras da tradição cabalística, correspondendo à Sefirah Malkuth; nosso próprio planeta Terra. *VEJA* TERRAS, SETE.

Chesed. (hebraico ChSD, "misericórdia", "amor") Quarta Sefirah da Árvore da Vida, no centro do Pilar da Misericórdia, Chesed é o grande centro de forças expansivas e criadoras da árvore. Seu nome alternativo é Gedulah, GDVLH, que significa "grandeza", "magnificência". Seus simbolismos mais comuns são:

Nome de Deus: AL, El (Deus).
Arcanjo: TzDQIAL, Tzadkiel (Justiça de Deus).

Hoste angelical: ChShMLIM, Chashmalim (Os Brilhantes).
Correspondência astrológica: TzDQ, Tzedek (Júpiter).
Correspondência no tarô: Os quatro Quatros.
Elemento correspondente: Água.
Imagem mágica: Um rei idoso mas poderoso sentado num trono.
Cores: em Atziluth, violeta-escuro.
em Briah, azul.
em Yetzirah, púrpura-escuro.
em Assiah, azul-escuro salpicado de amarelo.
Correspondência no microcosmo: A memória em Ruach.
Correspondência no corpo: O ombro esquerdo.
Grau de iniciação: 7=4, Adeptus Exemptus.
Qlippoth: GAaShKLH, Ga'ashekelah, os Quebradores em Pedaços.

O texto do *Trinta e Dois Caminhos da Sabedoria* associado a Chesed diz: "O Quarto Caminho é chamado de Inteligência Coesiva ou Receptiva, e tem esse nome porque contém todos os Poderes Sagrados, e dele emanam todas as virtudes espirituais com as essências mais exaltadas. Eles emanam, um do outro, em virtude da Emanação Primordial, a Coroa Suprema". *VEJA TAMBÉM* CABALA; ÁRVORE DA VIDA.

Cheth. (hebraico ChITh, "cerca", "clausura") Oitava letra do alfabeto hebraico, uma letra singular com o valor sonoro de *ch* (como em "Bach", ou na palavra escocesa "loch") e valor numérico 8. Suas correspondências mais comuns são as seguintes:

Caminho da Árvore da Vida: Caminho 18, de Binah a Geburah.
Correspondência astrológica: Câncer.
Correspondência no tarô: Arcano VII, O Carro.
Parte do Cubo do Espaço: Aresta leste inferior.
Cores: em Atziluth, âmbar.
em Briah, marrom.
em Yetzirah, marrom-avermelhado brilhante.
em Assiah, marrom-esverdeado escuro.

Seu texto, no *Trinta e Dois Caminhos da Sabedoria*, diz: "O Décimo oitavo Caminho é chamado de Inteligência da Casa da Influência, pela grandeza de cuja abundância se incrementa o influxo de boas coisas sobre os seres criados, e de seu centro saem os arcanos e os significados ocultos, os quais moram em sua sombra e aderem a ela, a partir da causa de todas as causas". *VEJA TAMBÉM* CARRO, O; ALFABETO HEBRAICO.

Letra hebraica Cheth

chiah. (hebraico ChIH, "vida") Na tradição cabalística, o segundo elemento mais elevado da alma humana, a energia ou dinamismo essencial do aspecto eterno do *self*, o neshamah. O chiah corresponde a Chokmah, e em muitas tradições mágicas atuais identifica-se com a verdadeira vontade. *VEJA* CABALA; NESHAMAH; VONTADE.

chifres. *VEJA* COROA DE CHIFRES.

Chnoubis. Também conhecida como Nous ou Chnouph, serpente com cabeça de leão que aparece em muitos amuletos mágicos antigos. Parece ter sido a combinação entre o deus criador egípcio Khnum, a serpente divina Kneph e uma divindade estelar chamada Kenem. A maioria das tradições a seu respeito foram esquecidas há séculos.

A "serpente-leão" ocorre com alguma frequência nos textos de Aleister Crowley, que, como era de se prever, usava-a como símbolo de seu pênis. *VEJA* CROWLEY, ALEISTER.

Chohan Veneziano. (também chamado Mestre Veneziano) Na tradição da Teosofia e de sistemas correlatos de ensinamento ocultista, um dos Mestres da Grande Loja Branca, a fraternidade secreta que supervisiona a evolução espiritual da Terra. O Chohan Veneziano, cujo nome não parece surgir em fontes publicadas, é o chohan ou principal adepto do Raio Rosa, o Terceiro Raio, o raio da inteligência e das forças astrológicas. *VEJA TAMBÉM* MESTRES; TEOSOFIA; RAIO ROSA.

Chokmah. (hebraico ChKMH, "sabedoria") A segunda Sefirah da Árvore da Vida, o poder masculino primário da árvore e cabeça do Pilar da Misericórdia. Seu simbolismo é o seguinte:

Nome de Deus: YH, Yah (Deus).
Arcanjo: RZIAL, Raziel (Segredo de Deus).
Hoste angelical: AVPNIM, Auphanim (Rodas).
Correspondência astrológica: MZLVTh, Mazloth (o zodíaco).
Correspondência no tarô: Os quatro Dois e os quatro Reis.
Elemento correspondente: Fogo.
Imagem mágica: Um homem idoso.
Símbolos adicionais: Todos os símbolos fálicos.
Títulos adicionais: Abba, o Pai Altíssimo.
Cores: em Atziluth, azul-claro puro.
  em Briah, cinza.
  em Yetzirah, cinza-perolado iridescente.
  em Assiah, branco salpicado de vermelho, azul e amarelo.
Correspondência no microcosmo: Chiah, a Vontade Espiritual.
Correspondência no corpo: O lado esquerdo da cabeça.
Grau de iniciação: 9=2, Magus.
Qlippoth: Augiel, Aqueles que Prejudicam.

O texto do *Trinta e Dois Caminhos da Sabedoria* associado a esta Sefirah diz: "O Segundo Caminho é chamado de Inteligência Iluminadora; é a Coroa da Criação, o Esplendor da Unidade, igualando-se a ela. Exalta-se acima de todas as cabeças, e os cabalistas chamam-na de Segunda Glória". *VEJA TAMBÉM* CABALA; ÁRVORE DA VIDA.

Cholem Yesodoth. Forma errônea com que se costuma escrever Olam Yesodoth, "Mundo dos Elementos", a correspondência no Mundo de Assiah para a Sefirah Malkuth. *VEJA* CABALA; MALKUTH; OLAM YESODOTH.

Christian, Paul. (Jean-Baptiste Pitois) Ocultista francês, 1811-1877. Nasceu no distrito francês de Vosges; muito pouco se sabe sobre seus pais, além do fato de não serem casados. Frequentou escolas católicas em Harcourt e em Paris, e entrou para a Ordem Trapista em 1828, mas percebeu que não havia nascido para a vida monástica e saiu no ano seguinte. Depois, viajou por Estrasburgo, Martinica e Espanha antes de se estabelecer em Paris, onde morou pelo resto de sua vida. Escritor hábil e prolífico, publicou diversas revistas, bem como traduções de livros ingleses, alemães e italianos, assinando seus primeiros trabalhos ocultistas sob pseudônimo. No início da década de 1850, conheceu Éliphas Lévi, passando a estudar com ele e a envolver-se cada vez mais com o ocultismo. *VEJA* LÉVI, ÉLIPHAS. Depois, desenvolveu uma versão muito pessoal da astrologia baseada nos 36 decanatos egípcios; *VEJA* DECANATOS.

Sua fama deve-se principalmente à sua volumosa *História da Magia*, publicada originalmente em 1870. Desconexa e historicamente imprecisa, inclui um relato detalhado de uma "iniciaão egípcia" baseada no tarô, que ele atribui a Jâmblico de Cálcis mas que foi criada por Christian. VEJA JÂMBLICO DE CÁLCIS. Inclui ainda um longo relato sobre a previsão de Cagliostro sobre a Revolução Francesa; novamente, tudo invenção de Christian. VEJA CAGLIOSTRO, CONDE ALESSANDRO. LEITURA ADICIONAL: CHRISTIAN, 1952; DECKER ET AL., 1996.

Christian Rosenkreuz, túmulo de. Segundo o *Fama Fraternitatis*, o primeiro dos manifestos rosa-cruzes do século XVII, uma câmara com sete lados, cada um com um metro e meio de largura e dois de altura, no qual Christian Rosenkreuz – lendário fundador da Ordem Rosa-Cruz – foi enterrado. Nas paredes, piso e teto, estariam escritos os segredos do universo, e ele conteria diversos livros e aparatos ocultistas. A história de sua redescoberta é o centro da narrativa do *Fama*.

A ideia de um túmulo secreto no qual jaz uma figura ocultista importante com o corpo inerte, mas incorrupto, cercado por volumes de conteúdo mágico, é antiga na tradição ocultista ocidental e bem anterior aos manifestos rosa-cruzes. O mago grego Apolônio de Tiana, de acordo com fontes árabes, teria aprendido seus segredos depois de descobrir o túmulo secreto de Hermes Trismegisto. Os túmulos de Adão, de seu filho Set e de várias outras figuras têm produzido lendas similares, e o refúgio de Merlim numa torre no final de sua vida terrena é uma imagem próxima. VEJA APOLÔNIO DE TIANA; MERLIM.

Em seu ritual de iniciação do Adeptus Minor, a Ordem Hermética da Aurora Dourada usa uma réplica do Túmulo de Christian Rosenkreuz e reencena a redescoberta do túmulo e sua abertura durante o ritual. VEJA ADEPTUS MINOR. *VEJA TAMBÉM* ROSENKREUZ, CHRISTIAN; ROSA-CRUZES. LEITURA ADICIONAL: ALLEN, 1968; MCLEAN, 1985.

cibação. (do latim *cibatio*, "alimentação") Na alquimia, acréscimo de um material adicional a um frasco alquímico enquanto ele ainda passa por um processo alquímico, como a destilação. *VEJA* ALQUIMIA.

ciclos cósmicos. Entre as características mais comuns da filosofia esotérica, desde a mais remota Antiguidade, encontram-se os sistemas cosmológicos nos quais o universo se move em imensos ciclos de tempo, nos quais mundos são criados e destruídos. Seria impossível analisar mais do que alguns dos tantos sistemas conhecidos de ciclos históricos usados nas tradições ocultistas ocidentais; seria possível escrever um livro volumoso sobre esse tema. Aqui, são apresentados um perfil geral e alguns exemplos.

O mais antigo e, até recentemente, mais popular ensinamento sobre ciclos cósmicos no mundo ocidental é o da Grécia antiga, onde surge com os textos do poeta Hesíodo (século VIII a.e.c.). Ele divide a história em cinco eras: a era de ouro, da felicidade; a era de prata, da loucura; a era de bronze, da violência, dos heróis e das grandes buscas e aventuras; e a atual era de ferro, uma era de sofrimentos, labor e decadência. Esse sistema fez parte da estrutura mental de muitos ocultistas antigos, medievais e renascentistas.

Muito semelhante a esse ensinamento, e provavelmente ligado a ele por um ancestral indo-europeu comum, temos a tradição hindu das quatro *yugas*, ou eras do mundo: a Satyayuga, ou era de ouro da verdade, que durou 1.728 mil anos; a Tretayuga, ou era de prata, que durou 1.296 mil anos; a Dvaparayuga, que durou 864 mil anos; e a amarga Kali Yuga, a era da decadência e das trevas, que dura meros 432 mil anos.

Hoje em dia, as quatro yugas são bem conhecidas no mundo ocidental, tendo sido popularizadas pela Teosofia, adotadas pela cultura *hippie* da década de 1960 e circulado pelos canais da Nova Era nos últimos anos. VEJA NOVA ERA, MOVIMENTO DA; TEOSOFIA. Menos conhecidos, embora também tenham sido adotados pela Teosofia a partir de fontes hindus, são a Mahayuga, de 4.320 mil anos; o Manvantara, ou Dia de Brahma, com 4.320 milhões de anos; e o Kalpa, ou Era de Brahma, com estonteantes 311.040 bilhões de anos. Todos eles fazem parte de uma visão cíclica do cosmos, na qual mundos, sóis e universos passam a existir a partir da unidade primeva de Brahman e voltam a essa unidade após imensos períodos de tempo.

O pensamento astrológico também contribuiu bastante para as primeiras teorias ocultistas ocidentais sobre ciclos cósmicos. Uma teoria que recua à época de Roma, se não antes, sugere que, após um período muito longo, todos os planetas voltariam para suas posições originais no zodíaco. Quando isso acontecesse, dizia-se, o tempo começaria novamente e os mesmos eventos ocorreriam de novo, movidos pelo implacável determinismo das estrelas. Essa ideia era popular entre os estoicos, e os filósofos estoicos com gosto pela matemática dedicaram um bom tempo a calcular quanto tempo levaria para que o universo começasse novamente. VEJA APOCATÁSTASE; ESTOICISMO.

Outro fator astrológico que se tornou importante para as teorias dos ciclos cósmicos é a precessão dos equinócios, uma lenta oscilação da inclinação do eixo da Terra que faz com que o movimento aparente do Sol ao redor do zodíaco recue um grau a cada 72 anos, aproximadamente. As referências à Era de Aquário, comuns na década de 1960 e em outras épocas de mudança social, referem-se a esse processo – hoje, a posição do Sol no equinócio da primavera está saindo do signo de Peixes e entrando em Aquário. Essa passagem acontece uma vez a cada 2.160 anos, e astrólogos antigos e modernos concordam que ela causa muitas mudanças; o surgimento do cristianismo, por exemplo, corresponde à mais recente dessas passagens. Numa escala maior, o Grande Ano de 25.920 anos, tempo necessário para que o ponto equinocial se desloque completamente em torno do zodíaco, é outro foco popular dos teóricos dos ciclos cósmicos. VEJA ASTROLOGIA; PRECESSÃO DOS EQUINÓCIOS.

A cabala tem suas próprias especulações sobre ciclos cósmicos, extraídas principalmente de trechos das escrituras. Tradições rabínicas bem anteriores às origens da cabala mencionavam mundos que haviam sido criados e destruídos antes que nosso mundo atual existisse. Isso fez com que surgisse a ideia dos Mundos Primitivos de força desequilibrada, a fonte dos Qlippoth, ou demônios, mas também gerou ideias como a dos shemittoth, ou ciclos do tempo. Alguns judeus cabalistas sugeriram que o mundo existiria por um total de 49 mil anos – 7 mil anos para cada um dos dias da criação – e depois seria destruído no quinquagésimo milênio. Por volta do século XIII, esses cálculos deram origem a outros ainda maiores, nos quais 18 mil períodos de 50 mil anos cada mediriam a duração total do universo. Também se especulou muito sobre o modo de situar a história contemporânea nesses ciclos tão vastos; a avaliação cabalística mais comum diz que o mundo atual está no período de Geburah, ou julgamento severo, e acabaria passando para o de Tiphareth ou beleza. VEJA CABALA; GEBURAH; QLIPPOTH; TIPHARETH.

Outros sistemas de ciclos cósmicos entraram na tradição ocultista por meio das especulações científicas dos séculos XVIII, XIX e XX. As teorias do deslocamento polar de Sampson Mackey (1765-1843), cosmólogo autodidata de Norwich, Inglaterra, foram adotadas pela Fraternidade Hermética de Luxor e incluídas em seus ensinamentos. Mackey acreditava que os polos se deslocaram lentamente, de modo que, em alguns momentos da história da Terra, estavam em ângulo reto com a órbita da Terra ao redor do Sol, gozando de uma longa primavera; em outras ocasiões – a "Era do Horror" – os polos estariam paralelos ao plano orbital, resultando em verões de seis meses de luz solar permanente e invernos de seis meses de escuridão sem fim. O fato de a F. H. de L. ter um grande número de membros, muitos dos quais influentes, fez com que essa ideia se espalhasse pelo cenário ocultista do final do século XIX. VEJA FRATERNIDADE HERMÉTICA DE LUXOR. (F. H. DE L.)

Os mais recentes participantes do concurso dos ciclos cósmicos incluem o calendário maia, as atuais teorias científicas sobre os ciclos que provocaram as Eras do Gelo, especulações sobre a frequência de impacto de meteoros sobre a Terra e diversas teorias puramente visionárias. É provável que o fascínio por imensos ciclos de tempo continue a fazer parte da teoria ocultista no futuro próximo. VEJA TAMBÉM HISTÓRIA OCULTA. LEITURA ADICIONAL: BARBORKA, 1964; CAMPION, 1994; J. GODWIN, 1993; HESÍODO, 1973; SCHOLEM, 1974.

Ciência Cristã. Fundada por Mary Baker Eddy (1821-1910), a Igreja de Cristo, Cientista ensina que as doenças e a morte são o resultado da ignorância e do pecado. O tema essencial dos ensinamentos da Ciência Cristã é que a humanidade, tendo sido criada à imagem de Deus, é espiritual e não material, e por isso não estaria, na verdade, sujeita a doenças ou problemas materiais.

Segundo os relatos oficiais da Igreja, os principais fundamentos da Ciência Cristã foram descobertos por Eddy em 1866, quando ela se curou instantaneamente de um ferimento depois de recorrer à Bíblia. Seu livro mais importante, *Science and Health with Key to the Scriptures*, foi publicado em 1875, e a primeira Igreja da Ciência Cristã foi fundada em Boston em 1879. A organização cresceu rapidamente no final do século XIX e início do XX, mas perdeu membros com a mesma velocidade no final do século XX.

Eddy afirmou que todos os ensinamentos da Ciência Cristã eram de sua criação, mas boa parte do material em *Science and Health* tem paralelos próximos na obra de P. P. Quimby, um mesmerizador que cuidou de Eddy na década de 1860. VEJA QUIMBY, PHINEAS PARKHURST.

As ideias e os ensinamentos da Ciência Cristã tiveram um papel notável no renascimento ocultista do século XX, e vários ocultistas importantes – inclusive Dion Fortune, indiscutivelmente a mais importante teórica da magia do século – tiveram formação dentro da Ciência Cristã. VEJA FORTUNE, DION. As ideias de Eddy, graças ao movimento do Novo Pensamento, tiveram uma influência ainda maior sobre o moderno movimento da Nova Era, e muitos ensinamentos da Ciência Cristã são comuns nos círculos desse movimento. VEJA NOVA ERA, MOVIMENTO DA. VEJA TAMBÉM OCULTISMO CRISTÃO.

cinco. Na cabala, o 5 é Geburah, severidade, a quinta Sefirah e também o número da letra Heh. Os nomes de Deus com cinco letras incluem ALHIM, Elohim, e ALIVN, Elyon. As versões cristã e hermética da cabala acrescentam as duas formas do Pentagrammaton – YHShVH, Yeheshuah, e YHVShH, Yehowashah. *VEJA* CABALA.

No simbolismo cristão, 5 era o número das feridas de Cristo.

No simbolismo mágico do Renascimento, o 5 é dedicado a Mercúrio, e é o número da mulher e do mar. LEITURA ADICIONAL: MCLEAN, 1994; WATERFIELD, 1988; WESTCOTT, 1984.

Cipriano de Antioquia, São. Lendário santo cristão, patrono dos feiticeiros e personagem de uma importante lenda cristã sobre magia. Cipriano teria vivido no século III E.C. Não há motivos para acreditar que ele tenha existido de fato e nenhum bispo Cipriano aparece nos registros da Igreja de Antioquia. As histórias a seu respeito parecem ter surgido no século IV, e a lenda ganhou forma final graças a Simão Metafrastes, o grande hagiógrafo bizantino, no final do século X.

De acordo com a história, uma virgem cristã chamada Justina recusou a proposta de casamento de Acládio, um pagão. Acládio procurou Cipriano, que era mago, e lhe ofereceu dois talentos (60 kg) de ouro se ele fizesse a dama mudar de ideia. Cipriano invocou diversos demônios para afligir Justina. A virgem, porém, baniu todos eles com o Sinal da Cruz. Cipriano, convencido de que obviamente precisaria aprender essa magia poderosa, procurou o bispo de Antioquia e pediu para ser batizado. Seus talentos intelectuais e espirituais eram tão grandes que ele foi ordenado padre no prazo de um ano, tornando-se bispo de Antioquia com a aposentadoria de seu antecessor, dezesseis anos depois. Ele e Justina teriam sido decapitados juntos durante a perseguição de Diocleciano, em 280 E.C.

Nos círculos ocultistas cristãos da Idade Média e posteriores, dizia-se que Cipriano teria continuado a praticar magia após sua conversão, mas que teria abandonado sua magia pagã e passado a usar a magia cristã. *VEJA* OCULTISMO CRISTÃO. *VEJA TAMBÉM* TEÓFILO DE ADANA. LEITURA ADICIONAL: P. PALMER, 1936.

circulação. Na alquimia, método pelo qual os poderes de transformação de uma substância podem ser aumentados gradualmente. A circulação é uma forma de destilação na qual a substância destilada é acrescentada à substância que restou sem destilar e destilada novamente, ou canalizada para o frasco original de destilação enquanto o processo ainda está ocorrendo. Em qualquer hipótese, as mesmas substâncias são destiladas repetidas vezes. O processo também é conhecido como coobação.

A circulação é muito usada nos níveis mais avançados da espagíria, a arte alquímica de produzir medicamentos a partir de ervas. Também é usada em alguns métodos de produção da Pedra Filosofal. *VEJA* ALQUIMIA; ESPAGÍRIA. *VEJA TAMBÉM* OUROBOROS.

círculo mágico. Elemento essencial da magia cerimonial medieval e renascentista, o círculo mágico ainda hoje é usado pelos magos mais tradicionais. Consiste numa barreira de símbolos e palavras com eficiência mágica que é disposta no chão e cerca o mago durante seu trabalho ritual, proporcionando proteção contra espíritos e forças hostis. O círculo mágico pode ser desenhado no chão com giz, pintado ou bordado num pano que pode ser guardado entre rituais ou pintado permanentemente no local. Aparentemente, o círculo mágico teria entrado em uso no ocultismo ocidental com alguns dos primeiros grimórios; suas raízes devem estar na magia árabe. É possível encontrar muitos desenhos diferentes nos grimórios medievais e livros de magia goética. *VEJA* GOÉTIA; GRIMÓRIO.

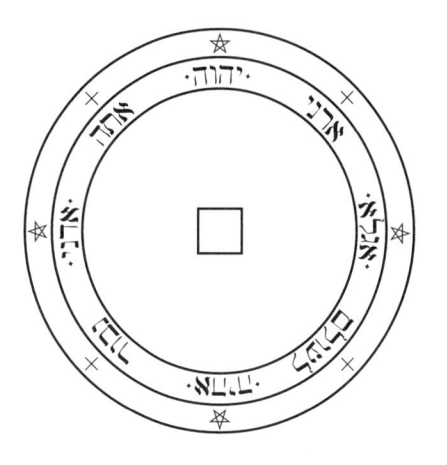

Círculo para evocação; o quadrado ao centro é o altar, o alto do círculo aponta para o leste

Hoje em dia, uma forma um pouco diferente de círculo mágico é usada pelos modernos praticantes de Wicca e do paganismo. Traçado por diversos meios, funciona como um recipiente de energia; assim, seu propósito é manter as coisas dentro, e não fora. Tal como acontece com coisas relacionadas à moderna prática pagã, há uma variedade estonteante de formas de criar um círculo desses; espalhando cinzas, varrendo com uma vassoura e traçando o círculo no ar com um athame são formas comuns.

Na moderna prática pagã, o círculo mágico costuma ser usado em rituais como base de um cone de poder. *VEJA* CONE DE PODER.

círculos de existência. Em muitas tradições do druidismo moderno, especialmente aquelas influenciadas pelo escritor druida galês Iolo Morganwg (Edward Williams, 1747-1826), um sistema de reencarnação com três estados da existência. O primeiro, o círculo de Abred, consiste em encarnações animais e vegetais, que chegam até o nível humano, e caracteriza-se pelo sofrimento, pela ignorância e pela compulsão. O segundo, o círculo de Gwynfydd, consiste em estados espirituais de existência, que vão do nível humano para cima, e caracteriza-se pela alegria, pelo conhecimento e pela liberdade. O terceiro, o círculo de Ceugant, é infinito e só pode ser percorrido pelo divino.

Alguns relatos dos três círculos afirmam que as almas passam a existir no nível mais baixo de Abred, saindo do caldeirão de Annwn, que representa a matéria inanimada, e vão subindo desde esse nível. Outros relatos, influenciados pela crença judeu-cristã na Queda, dizem que as almas começaram num ponto mais alto, mas caíram no Abred quando tentaram atravessar o inatingível reino de Ceugant. *VEJA* ABRED; CEUGANT; DRUIDISMO; GWYNFYDD. LEITURA ADICIONAL: WILLIAMS AB ITHEL, 2004.

circum-ambulação. Ato de mover-se em círculos, um importante elemento de alguns rituais mágicos. A direção e o número de circum-ambulações são importantes em muitos sistemas de magia. Em muitos sistemas ocultistas modernos, o movimento no sentido horário (chamado de "deosil" na linguagem pagã) é usado para gerar poder, e o movimento no sentido anti-horário ("widdershins") é usado para dispersá-lo. *VEJA* DEOSIL; WIDDERSHINS.

civilizações perdidas. Teorias ocultistas do século XVIII em diante incluem diversas alegações sobre civilizações perdidas, algumas conhecidas dos estudiosos ortodoxos (como a civilização maia, por exemplo) e outras rejeitadas pelas versões oficialmente aceitas da história (como os habitantes da Atlântida, por exemplo). Essas alegações têm papel importante em diversos sistemas de história ocultista, e vários sistemas ocultistas afirmam ter relação com uma outra civilização perdida; *VEJA* HISTÓRIA OCULTA.

civilizações perdidas

O fascínio por civilizações perdidas é um ingrediente relativamente novo das tradições ocultistas do Ocidente. Versões do ocultismo ocidental com origem anterior a 1750 não mostram muitos sinais disso. Esse encanto surgiu com as descobertas da arqueologia do século XIX e, acima de tudo, com a redescoberta do Egito Antigo. De diversas maneiras, o Egito foi o arquétipo de "civilização perdida": antigo, lendário e (pelo menos antes dos hieróglifos serem decifrados, em 1822) suficientemente desconhecido para servir de mancha de Rohrshach sobre a qual as fantasias podiam ser projetadas à vontade. Foi assim que Antoine Court de Gébelin, um estudioso francês do final do século XVIII, pôde escrever uma imensa obra em nove volumes sobre a antiga cultura egípcia, numa época em que ninguém sabia ler hieróglifos e quase nada se sabia sobre a cultura egípcia. A maioria dos dados de Court de Gébelin saiu de sua cabeça – o que não impediu ocultistas de citar diversas de suas alegações absolutamente imprecisas como fatos históricos. (Foi Court de Gébelin, por exemplo, o responsável pela absurda alegação de que a palavra "tarot" significava "estrada real" em egípcio antigo; *VEJA* TARÔ.)

O Egito tem sido um próspero campo de busca para a história oculta desde essa época, mas outras civilizações perdidas não tardaram a entrar em cena. Textos ocultistas do século XIX, em particular, estavam repletos delas; quase todo canto imaginável do planeta ficou associado a alguma civilização perdida. Foram idealizadas e publicadas grandes e detalhadas histórias ocultas do mundo, falando da ascensão e queda de impérios esquecidos ou do surgimento e afundamento de continentes perdidos. A abrangente história do planeta apresentada por H. P. Blavatsky em sua imensa obra *A Doutrina Secreta* foi o mais famoso desses livros, mas ela se valeu de muitos exemplos anteriores do gênero e inspirou incontáveis imitadores.

Outro tema ligado a civilizações perdidas e que tem muita importância atualmente entrou em cena em meados do século XIX, quando o livro de J. J. Bachofen *Mutter-recht* apresentou a ideia de que a primeira forma de cultura humana teria sido matriarcal. Em 1903, a classicista inglesa Jane Harrison afirmou que a própria Europa fora o local de uma civilização idílica, adoradora da deusa e matriarcal, pouco antes do início da história escrita, e falou em tom amargo das consequências desastrosas da invasão indo-europeia que a destruiu. Nas mãos de autores posteriores como Robert Graves, Jacquetta Hawkes e Marija Gimbutas, essa "civilização perdida da Deusa" passou a ter, em muitas comunidades pagãs modernas, o mesmo papel que a Atlântida e a Lemúria tiveram na Teosofia. Durante algum tempo, entre a metade e o final do século XX, a ideia de matriarcados neolíticos foi aceita por muitos arqueólogos e pré-historiadores convencionais, embora esse apoio tenha esmaecido nas últimas décadas. *VEJA* MATRIARCADOS ANTIGOS.

Em defesa de todas essas teorias, é preciso dizer que nem todas as evidências de nosso passado se encaixam graciosamente na visão do passado da humanidade aceita e promulgada por estudiosos e acadêmicos. Há vários fatos, em particular, que sugerem – embora não provem – a existência de culturas pré-históricas bem mais avançadas do que admitiria a atual teoria arqueológica. Por outro lado, deve-se dizer também que a maioria dos relatos sobre civilizações perdidas tem muitos argumentos circulares, idealizações, fantasias e mesmo a completa ignorância sobre fatos históricos conhecidos. *VEJA TAMBÉM* AGHARTA; ATLÂNTIDA; LEMÚRIA; MU. LEITURA ADICIONAL: DE CAMP, 1970; DONNELLY, 1973.

Clã de Tubal-Cain. Tradição de bruxaria inglesa fundada por Robert Cochrane entre o final da década de 1950 e início da seguinte, e reorganizada por diversos de seus discípulos após a morte de Cochrane em 1966. A expressão "clã" foi usada por Cochrane no lugar de *coven*, "grupo de bruxos"; ele achava que esta expressão estava muito ligada à versão de bruxaria de Gerald Gardner, que Cochrane afirmava desprezar. A tradição ainda é praticada na Inglaterra e constitui a base da Plant Bran, uma tradição ativa na Grã-Bretanha, e da Tradição 1734, praticada hoje por muitos covens norte-americanos; *VEJA* PLANT BRAN; TRADIÇÃO 1734.

O Clã de Tubal-Cain alega ter raízes na tradição familiar herdada por Robert Cochrane, bem como nos contatos de Cochrane com a magia popular dos ferreiros e barqueiros fluviais ingleses. Difere da Wicca de Gardner de várias maneiras. A diferença mais óbvia é que o ritual nu não faz parte do sistema do Clã de Tubal-Cain; todos os trabalhos são feitos usando-se mantos com capuz. Celebra-se o mesmo calendário de sabás e esbás, mas os rituais são bem diferentes, mais simples e xamânicos. Há apenas um grau de iniciação. Os elementos atribuídos aos quadrantes são diferentes, com o fogo associado ao leste, o ar ao sul, a água ao oeste e a terra ao norte. *VEJA* DIREÇÕES NO OCULTISMO.

As ferramentas de mão usadas na tradição Tubal-Cain são a faca, o bastão em forquilha (*stang*, ou cajado; uma vara com ponta curva, usada como símbolo do Deus Cornífero), o cordão, a taça ou copo (geralmente de chifre) e a pedra de afiar. O caldeirão também é usado nos rituais como símbolo da Deusa. *VEJA TAMBÉM* COCHRANE, ROBERT. LEITURA ADICIONAL: JONES E VALIENTE, 1990; VALIENTE, 1989.

clarividência. (do francês, "visão clara") A capacidade psíquica de ver eventos que ocorrem a distância, seja no tempo, seja no espaço, ou em outros planos da realidade além do físico. A expressão foi inventada no final do século XVIII pelos seguidores de Franz Anton Mesmer, que descobriu que pessoas postas em transe por meio de métodos hipnóticos às vezes diziam ter visto coisas que não estavam ao alcance do sentido da visão. Em vários casos, descobriu-se que essas visões eram, de fato, retratos precisos de eventos ocorridos em outro local ou em outra época.

Métodos para o desenvolvimento de poderes clarividentes têm feito parte das tradições esotéricas há séculos, e uma ampla gama desses métodos foi publicada, aproximadamente, nos últimos cem anos. Muitos deles estão relacionados com o uso de uma bola de cristal ou de outra superfície refletora, ou com o emprego da imaginação como veículo da experiência visionária. *VEJA* ESCRIAÇÃO.

Na obra do ocultista norte-americano P. B. Randolph (1825-1875), distinguiam-se duas formas de clarividência: a zorvidência, ou o poder de perceber os "espaços do meio" ou plano astral, e a etevidência, ou o poder de perceber o "inefável Além" ou planos mental e espiritual. Essa distinção é endossada por muitos trabalhos ocultistas, embora a pitoresca terminologia de Randolph não tenha sido muito adotada. *VEJA* RANDOLPH, PASCHAL BEVERLY.

Com relação à clarividência, e geralmente ocorrendo junto com ela, temos a clariaudiência, que é o poder da audição psíquica; e a clarissenciência, que inclui todas as outras formas de perceber ou sentir aquilo que os sentidos físicos não estão captando. LEITURA ADICIONAL: BARDON, 1962; W. BUTLER, 1987; DEVENEY, 1997.

Clavículas de Salomão, As. *VEJA* GRIMÓRIO; CHAVES DE SALOMÃO, AS; LEMEGETON, O; SALOMÃO.

cledonomancia. Arte da adivinhação feita interpretando-se as palavras ouvidas ao acaso. Um ramo da adivinhação profética, a cledonomancia era muito usada pelos antigos gregos e romanos, e há referências a ela na literatura clássica.

Em seu tratado *De Divinatione*, o escritor romano Marco Túlio Cícero menciona o exemplo do cônsul Lúcio Paulo, que estava se preparando para liderar o exército romano contra Perseu, rei da Macedônia, em 168 A.E.C. Ao se despedir de sua família, percebeu que sua filha mais jovem, Tércia, estava tristonha, e perguntou-lhe o motivo. Sua resposta foi, "*Mi pater, Persa perit*" ("Meu pai, Persa morreu"). Persa era o nome de seu cãozinho de estimação, mas Paulo considerou a frase como uma profecia de que ele iria derrotar Perseu – que foi o que fez.

A prática da cledonomancia era tão comum na época clássica que alguns oráculos foram projetados em torno dela. O oráculo de Hermes em Farai, na Grécia, pedia aos consulentes que queimassem incenso e acendessem lâmpadas de óleo para aquele deus, colocassem uma oferenda em dinheiro e depois sussurrassem a pergunta no ouvido da estátua do deus. Depois, que cobrissem os ouvidos, saíssem do oráculo e caminhassem um pouco. Quando descobrissem os ouvidos, as primeiras palavras ouvidas deveriam ser interpretadas como a resposta à sua pergunta.

A cledonomancia caiu em desuso com a chegada do cristianismo, embora seja praticada esporadicamente por pessoas de formação clássica. Atualmente, é uma das menos conhecidas práticas divinatórias. *VEJA TAMBÉM* ADIVINHAÇÃO; PRESSÁGIOS. LEITURA ADICIONAL: FLACELIERE, 1965.

clisso. Na espagíria, medicamento alquímico feito de uma única planta. Tradicionalmente, todas as partes da planta – raiz, caule, folha, flor e semente – eram usadas num clisso. Um medicamento alquímico feito com diversas plantas diferentes é chamado de elixir. *VEJA* ESPAGÍRIA.

Clube do Fogo do Inferno. (Hell Fire Club) O clube Frades de Saint Francis de Wycombe, como era conhecido formalmente, teve uma reputação – pouco merecida – em histórias de satanismo. Foi fundado por *sir* Francis Dashwood e um grupo de amigos em 1746, no auge da mania gótica na cultura popular inglesa. As primeiras reuniões ocorreram no George and Vulture, uma taverna local, mas em 1752 o clube transferiu suas atividades para Medmenham Abbey e lá se reuniu até seu encerramento.

O Clube do Fogo do Inferno era, em síntese, um grupo de ricos e entediados ingleses com pendor para orgias e para elementos góticos *kitsch*. Os membros iam às reuniões em trajes monásticos pretos e eram acompanhados por "freiras", ou prostitutas profissionais ou amadoras entusiásticas. Cerimônias burlescas, muita bebida e sexo indiscriminado eram as ordens básicas das atividades nas reuniões.

Entre os membros do clube, encontravam-se algumas das principais figuras políticas e culturais da época, inclusive o conde de Bute e George Wilkes. Benjamin Franklin, cuja rede de contatos incluía sociedades secretas nos dois continentes, foi membro durante sua permanência na Inglaterra.

O clube desapareceu em algum momento próximo a 1780. *VEJA TAMBÉM* SATANISMO. LEITURA ADICIONAL: MEDWAY, 2001; TOWERS, 1987.

Clutterbuck, Dorothy. Bruxa inglesa, 1880-1951. Sabe-se muito pouco sobre sua juventude, exceto que nasceu na Índia e que seus pais eram ingleses. Voltaram à Inglaterra quando seu pai se aposentou do exército e foram morar na região de New Forest, em Christchurch. Manteve um longo relacionamento com um proprietário de terras local, Rupert Fordham, mas não tiveram filhos. Tanto ela como Fordham eram figuras de destaque no Partido Conservador e frequentavam a Igreja anglicana local. A lápide do túmulo do casal é uma grande cruz memorial com uma inscrição cristã absolutamente ortodoxa.

Segundo Gardner, por outro lado, Clutterbuck era membro da Rosicrucian Order of the Crotona Fellowship, uma loja ocultista que dirigia um "Teatro Rosa-Cruz". *VEJA* ORDEM ROSA-CRUZ DA FRATERNIDADE CROTONA (ROCF – ROSICRUCIAN ORDER OF THE CROTONA FELLOWSHIP). Além disso, ainda segundo Gardner, era a Suma Sacerdotisa de um grupo de bruxos que atuou em New Forest por muitos anos. Ela e outros membros desse coven, também ativos na ROCF, procuraram Gardner e iniciaram-no na Wicca em 1939, pouco antes do início da Segunda Guerra Mundial. Diz-se ainda que ela teria tido um papel central no famoso trabalho de Lammas de 1940, realizado por diversos grupos do sul da Inglaterra, visando impedir que os nazistas invadissem o país.

É preciso dizer que as evidências relativas às atividades de Clutterbuck com o ocultismo e com a bruxaria consistem apenas na palavra de Gardner, sem qualquer outro elemento a substanciá-la. Apesar de décadas de pesquisa, não surgiu nenhuma outra evidência de seu envolvimento com a Wicca ou com o ocultismo. Seus diários dos anos de 1942 e 1943, quando se supõe que ela teria tido participação ativa na Wicca, não fazem nenhuma referência ao ocultismo, a divindades pagãs, a sabás ou qualquer outra coisa pertinente à Wicca. A honestidade e a precisão de Gardner são muito suspeitas – ele alegava ter feito cursos que não fez e, aparentemente, forjou a famosa "Constituição da OTO" – e é possível que suas afirmações sobre o envolvimento de Clutterbuck com a Wicca fossem meras invenções. *VEJA TAMBÉM* GARDNER, GERALD BROUSSEAU; WICCA. LEITURA ADICIONAL: FARRAR, 1984; HUTTON, 1999.

Cochrane, Robert. Bruxo inglês, 1933-1966. Oriundo de família de classe operária, teve uma carreira heterodoxa, trabalhando como ferreiro, barqueiro e *designer* gráfico em momentos diferentes de sua vida. Cochrane afirmava ter sido iniciado numa tradição familiar de bruxaria por um tio-avô, dizendo ainda que teria aprendido tradições mágicas associadas às subculturas de barqueiros e ferreiros.

Importante agente do ressurgimento da bruxaria no início da década de 1960, ele organizou um grupo, o Clã de Tubal-Cain, em torno de um sistema de bruxaria muito diferente das abordagens gardnerianas e alexandrinas, populares naquela época. Ele afirmava que a bruxaria não era uma religião pagã, embora mantivesse memórias de antigas crenças pagãs. Na verdade, seria um culto de mistérios e uma tradição mágica. *VEJA* CLÃ DE TUBAL-CAIN.

Segundo os relatos, Cochrane era um mago e feiticeiro brilhante. Infelizmente, tinha um caráter autoritário, e foi se envolvendo cada vez mais em disputas com aqueles que discordavam de sua versão da bruxaria. Era particularmente ácido em seus ataques contra a Wicca gardneriana. Vários membros saíram do grupo por causa disso. Ele se envolveu com uma participante e sua mulher, que era a Suma Sacerdotisa, abandonou-o.

Cochrane era fascinado com o uso ritual de drogas psicodélicas europeias tradicionais, muitas das quais venenosas. Em meados de

1966, ingeriu uma dose letal de beladona. Foi encontrado do lado de fora de sua casa às 4 da manhã por um vizinho e levado ao hospital, mas morreu três dias depois sem recuperar a consciência. O relatório oficial diz que foi suicídio, mas alguns acreditam que ele pode ter morrido em consequência de uma overdose acidental.

Apesar de sua carreira curta e conturbada no movimento da bruxaria, Cochrane deixou um legado substancial. O Clã de Tubal-Cain foi reorganizado após sua morte e ainda está ativo hoje. Duas outras tradições – a Plant Bran, ativa principalmente na Inglaterra, e a Tradição 1734, ativa principalmente nos Estados Unidos – foram iniciadas por seus discípulos. VEJA PLANT BRAN; TRADIÇÃO 1734. LEITURA ADICIONAL: JONES E VALIENTE, 1990; VALIENTE, 1989.

Coinerência. VEJA COMPANHEIROS DA COINERÊNCIA.

Coligny. VEJA CALENDÁRIO DE COLIGNY.

Coll. (irlandês antigo, "aveleira") Nona letra do alfabeto Ogham, com valor sonoro de *k*. Corresponde, entre as árvores, à aveleira; à garça entre as aves, à cor marrom e ao número nove. Na versão do calendário das árvores-Ogham de Robert Graves, esse mês vai de 6 de agosto a 2 de setembro. VEJA OGHAM.

Letra Ogham Coll

Comaçonaria. VEJA MAÇONARIA.

Comlech. VEJA TEMPLO DE CROMLECH.

Companheiros da Coinerência. (Ordem da Coinerência). Ordem cristã esotérica fundada pelo poeta e ocultista inglês Charles Williams em 1939. Williams passara dez anos (1917--1927) como membro da Fellowship of the Rosy Cross, um desdobramento da Ordem Hermética da Aurora Dourada; VEJA GOLDEN DAWN; WAITE, ARTHUR EDWARD. Depois, desenvolveu uma abordagem mais mística da teologia cristã, baseada nas doutrinas da coinerência – a ideia de que todos os seres compartilham uma vida comum e atingem a salvação por intermédio dos outros – e da substituição – a ideia de que os cristãos devem assumir os fardos psicológicos e espirituais do próximo, assim como a teologia cristã afirma que Cristo assumiu os pecados do mundo. Essas são as bases centrais dos Companheiros da Coinerência.

A estrutura da ordem é bem simples, especialmente se comparada com a complexa estrutura maçônica da Golden Dawn e de suas sucessoras. Não há oficiais ou rituais formais, e não há leis ou regras além de um conjunto de sete princípios diretores. Williams proclamou que "a ordem não tem constituição, exceto em seus membros", e para participar bastava o indivíduo decidir fazer parte dela. Os Companheiros se reuniam quatro vezes por ano, nas datas festivas da Anunciação, da Trindade, da Transfiguração e de Todas as Almas. Ainda está ativa hoje, embora de forma discreta, e, por sua própria natureza, não é fácil obter-se detalhes a seu respeito. VEJA TAMBÉM OCULTISMO CRISTÃO; WILLIAMS, CHARLES.

Comte de Gabalis, Le. Romance ocultista do abade N. de Montfaucon de Villars (1635--1673), eclesiástico francês com crenças predominantemente céticas. Seu romance foi publicado em 1670. Narra as conversas sobre espíritos elementais entre um narrador sem nome, que finge ter conhecimentos ocultistas, e um nobre adepto alemão – o conde do título. Os ensinamentos do conde estão relacionados com o valor, ou mesmo a necessidade, de frequentes relações sexuais entre seres humanos e elementais. Todo o livro é escrito num tom de hilaridade e farsa, um detalhe que não impediu alguns ocultistas de considerá-lo uma profunda alegoria mágica. *VEJA TAMBÉM* ELEMENTAL; SEXO E OCULTISMO. LEITURA ADICIONAL: DE MONTFAUCON DE VILLARS, 1963.

condensador de fluidos. Nas tradições europeias de magia, uma substância usada para armazenar energia etérica. Os condensadores de fluidos mais comuns são líquidos, feitos dissolvendo-se pequenas quantidades de ouro na água e combinando o resultado com infusões herbáceas de diversas espécies; há também condensadores sólidos de fluidos, menos usados. A expressão "condensador de fluidos" deriva do conceito de energia etérica como fluido sutil. *VEJA TAMBÉM* ÉTER. LEITURA ADICIONAL: BARDON, 1962.

cone de poder. Na moderna prática pagã e da Wicca, um padrão de energia formulado num círculo mágico e sobre ele. O cone tem como base o perímetro externo do círculo, e uma ponta situada acima do centro do círculo como ápice. O modo de construir um cone de poder depende da tradição: danças, cantos, visualização, tambores e outros métodos de alteração da consciência são usados para essa finalidade. Uma vez construído, o cone de poder é liberado para que suas energias possam cumprir o propósito do ritual.

Segundo Gerald Gardner, fundador da Wicca moderna, o cone de poder é um dos "velhos caminhos" herdados das bruxas da Idade Média, ou mesmo de antes. Tal como ocorre com muitas das alegações de raízes antigas feitas pelas modernas práticas pagãs, a evidência para sustentar essa afirmação é claramente ausente; não há referência alguma a cones de poder em antigas fontes sobre bruxaria ou paganismo, apesar de muitos anos de pesquisa por parte de pagãos modernos. Por isso, é provável que o cone de poder seja uma das principais contribuições de Gardner para a prática moderna da magia. *VEJA* GARDNER, GERALD BROUSSEAU. *VEJA TAMBÉM* CÍRCULO MÁGICO; NEOPAGANISMO; WICCA.

congelamento. Na alquimia, o processo de permitir que um líquido ou substância derretida se resfrie lentamente e se solidifique. O simbolismo alquímico relaciona esse processo com o signo zodiacal de Touro. *VEJA* ALQUIMIA.

conjunção. Na astrologia, o aspecto entre dois planetas ou pontos importantes que ocupam o mesmo grau do zodíaco. Dois ou mais fatores que se acham em conjunção estão aliados e alinhados, trabalhando em harmonia tão íntima que geralmente não podem ser dissociados um do outro. Como a maioria dos aspectos astrológicos, a conjunção tem um "orbe", uma área ao redor do ponto exato da conjunção no qual as energias do aspecto ainda se fazem sentir; a maioria dos astrólogos atribui à conjunção um orbe de oito graus. *VEJA* ASTROLOGIA.

conjunctio. (latim, "conjunção") Figura geomântica governada por Mercúrio. Na adivinhação, representa encontros e combinações de forças, seja para o bem, seja para o mal. *VEJA* GEOMANCIA.

● ●
●
●
● ●

Figura geomântica Conjunctio

consagração. Processo de se carregar um objeto com energias mágicas ou espirituais, seja para transformá-lo numa ferramenta de trabalho, seja para lhe dar o poder de realizar um determinado trabalho de magia. A arte da consagração está no cerne de muitas práticas de magia.

Os métodos de consagração usados na maioria dos sistemas atuais de magia cerimonial são relativamente complexos, e exigem o arsenal completo de métodos de magia ritual. Num ritual normal de consagração, o mago começa preparando o espaço e banindo influências indesejadas; depois invoca as energias que irão carregar o objeto, traçando figuras geométricas no ar, pronunciando nomes divinos e palavras de poder, queimando os incensos apropriados e assim por diante. Quando a energia atinge um nível suficientemente elevado, é projetada no objeto. O objeto consagrado é embrulhado em seda ou outro material isolante, para impedir que suas energias sejam descarregadas durante as fases finais da cerimônia; então as energias excessivas são banidas e o ritual é encerrado.

Na prática pagã moderna, é comum seguir-se um método mais simples para consagrar ferramentas de trabalho, decorações do altar e coisas do gênero. O objeto a ser consagrado é aspergido com sal ou água salgada, abençoado com a fumaça de incensos e ungido com um óleo preparado para esse fim. As palavras usadas para a consagração variam desde uma simples declaração de que as energias negativas estão sendo expulsas e substituídas por energias positivas até extensas invocações de uma ou mais divindades. *VEJA TAMBÉM* MAGIA CERIMONIAL; TALISMÃ.

Constant, Alphonse Louis. *VEJA* LÉVI, ÉLIPHAS.

constituição. Documento formal que autoriza uma loja a procurar membros e dar-lhes a iniciação. Em lojas fraternais como a Maçonaria, os documentos de constituição são emitidos por uma Grande Loja ou outro organismo de supervisão, e conferem diversos direitos e deveres aos membros da loja. Durante os séculos XVIII e XIX, quando muitas organizações ocultistas baseavam suas estruturas no modelo das lojas fraternais, constituições forjadas, supostamente emitidas por "chefes secretos", eram comuns em muitas lojas mágicas. *VEJA* LOJA FRATERNAL; LOJA MÁGICA.

Construtores do Ádito. (Builders of the Adytum – BOTA). Ordem esotérica norte-americana fundada por Paul Foster Case (1884-1956), criada em 1921 como Ordem Hermética da Atlântida, um grupo de trabalho dentro do Templo Thoth-Hermes da Alfa e Ômega, uma das ordens sucessoras da Ordem Hermética da Aurora Dourada. *VEJA* ALFA E ÔMEGA; GOLDEN DAWN. Depois de Case demitir-se do Templo Thoth-Hermes em 1922, ele começou a trabalhar no que se tornaria o curso por correspondência da BOTA, e fundou a Escola da Sabedoria Perene em 1923, mudando depois o nome para Construtores do Ádito; *VEJA* ÁDITO.

Em seus primeiros dias, a BOTA era apenas uma escola por correspondência; em 1926, depois de tornar-se maçom, Case criou uma série de rituais para os seções da BOTA, baseando-os nos rituais da Alfa e Ômega, mas fazendo alterações substanciais para mantê-los coerentes com sua visão da filosofia hermética. No ano seguinte, o curso por correspondência foi totalmente reescrito e, em 1928, o primeiro capítulo (ou grupo) foi fundado em Boston, com outros surgindo nesse mesmo ano em Washington, D.C., na cidade de Nova York, em Buffalo e em Rochester, no estado de Nova York.

Em 1932, Case mudou-se para Los Angeles e lá instalou a nova sede, que ainda existe.

Nos anos que se seguiram, a BOTA criou grupos em muitas cidades norte-americanas e tornou-se uma presença importante no cenário ocultista dos Estados Unidos. Como ocorreu com a maioria das ordens bem-sucedidas da época, os membros começavam seus trabalhos pelo curso por correspondência e depois passavam a frequentar as reuniões das seções, recebendo iniciações depois de atingirem certo ponto de seus estudos.

Após a morte de Case, em 1954, sua aluna Ann Davies tornou-se a líder da organização, e acrescentou diversos capítulos ao texto do curso por correspondência. A ordem está ativa até hoje, com estudantes espalhados pelos Estados Unidos e grupos ativos na maioria das grandes cidades norte-americanas. *VEJA TAMBÉM* CASE, PAUL FOSTER.

coobação. *VEJA* CIRCULAÇÃO.

copta. (também **"cóptico"**) Língua medieval e moderna de origem egípcia, ainda falada pela minoria copta no Egito. A língua copta é escrita com um alfabeto derivado do grego. Na Ordem Hermética da Aurora Dourada, era ensinada e usada a grafia copta dos nomes dos deuses egípcios, e foram feitos esforços para transformar o alfabeto copta num sistema simbólico paralelo ao alfabeto hebraico; muito pouco trabalho parece ter sido feito nessa direção desde o colapso da ordem em 1900. *VEJA* GOLDEN DAWN; ALFABETO HEBRAICO.

cordão. Ferramenta de trabalho e item de decoração de diversos sistemas ocultistas modernos. Em muitas tradições pagãs modernas, são usados cordões coloridos para indicar o grau de iniciação. Na Wicca, por exemplo, os iniciados do primeiro grau costumam usar um cordão branco, os iniciados do segundo grau usam um cordão vermelho e os iniciados do terceiro grau usam um cordão azul ou preto. Tendo em vista a diversidade do paganismo moderno, já circularam várias explicações para essas cores, e existem ainda muitas outras sequências de cores. Algumas organizações e lojas mágicas também começaram a usar cordões coloridos para indicar graus de iniciação. *VEJA* GRAU(S).

Na moderna prática pagã, o cordão ritual (ou qualquer outro cordão) costuma ser usado para diversos tipos de encantamento. Podem ser feitos nós num cordão para manter as energias mágicas em seu lugar, ou o cordão pode ser enrolado em torno de um objeto consagrado magicamente, como forma de vinculação.

cores piscantes. No sistema de magia da Golden Dawn, cores que produzem um efeito piscante, ou "estroboscópico", nos olhos do observador. Se alguém contempla fixamente uma cor durante um tempo e depois olha para uma parede branca, surge uma imagem fantasma da cor oposta em seus olhos. Se forem escolhidas duas cores, sendo uma a oposta exata da outra, e as duas forem postas lado a lado, cada uma dará a impressão de pulsar com a outra após um breve período de observação fixa. As palestras informativas da Golden Dawn afirmavam que esse efeito estava associado a uma agitação da energia etérica, e por isso eram usadas cores piscantes nos talismãs e nas ferramentas consagradas de trabalho como fonte de energia adicional.

Um modo um pouco mais complexo de usar cores piscantes envolvia três cores, e não duas; era escolhida uma cor principal e depois outras duas – quase, mas não exatamente opostas, à cor principal – eram usadas com ela. *VEJA TAMBÉM* ESCALAS DE CORES. LEITURA ADICIONAL: J. GREER, 1997; REGARDIE, 1971.

Cornua Lunae. (latim, "chifres da Lua") No sistema de magia da Aurum Solis, o segundo dos níveis mais baixos dentre os seis centros de energia do corpo humano, relacionado com a Sefirah Yesod e localizado na genitália. No Despertar das Cidadelas, um exercício da Aurum Solis equivalente ao exercício do Pilar do Meio, visualiza-se esse centro como uma esfera brilhante da cor da lavanda, metade da qual se projeta do corpo. Seu nome de poder é ShDI AL Chi, Shaddai El Chai.

Corresponde ao segundo chakra e ao centro Yesod do exercício do Pilar do Meio. *VEJA* AURUM SOLIS; PILAR DO MEIO, EXERCÍCIO DO; DESPERTAR DAS CIDADELAS.

coroa da lua. Na Wicca, uma faixa para cabeça com uma Lua Crescente, geralmente de metal e quase sempre com as duas pontas apontando para cima, usada pela Suma Sacerdotisa. O adorno equivalente para o Sumo Sacerdote é a coroa de chifres. *VEJA* SUMA SACERDOTISA; COROA DE CHIFRES; WICCA.

coroa de chifres. Na moderna prática da Wicca, um adorno de cabeça com chifres de veado, usado pelo Sumo Sacerdote de um coven, que representará o Deus no ritual. O adorno equivalente para a Suma Sacerdotisa é a coroa da lua. *VEJA* SUMO SACERDOTE; COROA DA LUA; WICCA.

Corona Flammae. (latim, "coroa de chamas") No sistema de magia da Aurum Solis, o mais elevado dos seis centros de energia do corpo humano, relacionado com a Sefirah Kether e situado no alto da cabeça. No Despertar das Cidadelas, um exercício da Aurum Solis equivalente ao exercício do Pilar do Meio, esse centro é visualizado como uma esfera branca brilhante sobre a cabeça. Seu nome de poder é AHIH, Eheieh.

Corresponde ao chakra da coroa e ao centro Kether do exercício do Pilar do Meio. *VEJA* AURUM SOLIS; PILAR DO MEIO, EXERCÍCIO DO; DESPERTAR DAS CIDADELAS.

corpo astral. Na filosofia mágica e esotérica, o aspecto do indivíduo humano no plano astral ou nível da consciência concreta. É o veículo das emoções e desejos, e de todas as atividades mentais que lidam com percepções sensoriais. Os cinco aspectos do eu inferior – memória, vontade, imaginação, emoção e pensamento – operam inteiramente no nível astral, até o nível mental ser atingido por meio de meditações e de desenvolvimento interior.

A característica mais conhecida do corpo astral é sua capacidade de se separar do corpo físico e etérico, e viajar pelo plano astral. Essa capacidade, o poder de projeção astral, é uma versão consciente e desenvolvida de algo que todo ser humano faz durante o sono. *VEJA* PROJEÇÃO ASTRAL.

No processo de entrada na encarnação antes do nascimento, de acordo com os ensinamentos ocultistas, o corpo astral é formado com as energias dos sete planetas da teoria astrológica tradicional enquanto a alma desce para se encarnar. Após a morte, essas mesmas energias retornam às suas fontes no período após a Segunda Morte, quando o corpo etérico foi descartado e não mantém mais as energias astrais em seu lugar. *VEJA* CORPO ETÉRICO; SEGUNDA MORTE. *VEJA TAMBÉM* PLANO ASTRAL.

corpo de luz. Nos textos ocultistas, uma expressão comum para um ou mais corpos sutis do ser humano, especialmente o corpo astral. *VEJA* CORPO ASTRAL.

corpo espiritual. Na filosofia mágica e esotérica, o mais elevado aspecto do indivíduo humano, a sinderése ou centelha divina que forma o núcleo de cada pessoa e existe eternamente. A percepção consciente do corpo espiritual – ou, dito de outra forma, o reflexo da percepção do corpo espiritual através dos níveis do eu até a consciência comum – é considerada como o mais elevado nível de realização mágica, trazendo consigo o domínio total dos poderes e potenciais do eu. *VEJA TAMBÉM* PLANO ESPIRITUAL.

corpo etérico. Na moderna tradição ocultista, o nível mais denso do corpo humano sutil, intimamente associado ao corpo físico. Tal como ocorre com todas as histórias sobre o corpo sutil, os relatos divergem, mas a maioria distingue dois níveis ou aspectos do corpo etérico. O primeiro deles, o duplo etérico, ocupa o mesmo espaço que o corpo físico, não se estendendo mais do que uns cinco centímetros além da pele. É uma rede de forças que modela e sustenta o corpo físico, e tem sua própria e complexa estrutura de canais e centros de energia; muitos estudiosos da magia identificam-nos com os nadis e chakras da teoria hindu, e com os meridianos da medicina chinesa.

O segundo aspecto do corpo etérico é a aura, ou Esfera de Sensações, uma zona de energia de forma aproximadamente oval que cerca o corpo físico e se estende a uma distância de alguns metros em todas as direções. A aura serve de interface entre o corpo etérico individual e o universo de forças etéricas que rodeiam o eu. Serve ainda de invólucro para as forças do corpo astral do indivíduo, e os padrões da força astral na aura podem ser vistos e interpretados por clarividentes. *VEJA* AURA.

Embora a presença e o funcionamento apropriado do corpo etérico sejam essenciais para a vida física, é possível, sob certas condições, projetar uma parte da substância etérica como veículo para experiências fora do corpo. *VEJA* PROJEÇÃO ETÉRICA.

No processo da morte, a separação dos corpos superiores do corpo etérico é o ponto sem retorno. Essa separação recebe tradicionalmente o nome de Segunda Morte. *VEJA* SEGUNDA MORTE. Antes desse estágio, indivíduos que deixaram seu corpo físico podem aparecer para os vivos como fantasmas; depois, o corpo etérico descartado pode permanecer nas proximidades do cadáver durante algum tempo, dando origem a outras formas de fenômenos fantasmagóricos. *VEJA* ESPECTRO DE CEMITÉRIO. LEITURA ADICIONAL: BENDIT, 1977; LEADBEATER, 1971.

corpo mental. Na filosofia esotérica, o aspecto do indivíduo humano no plano mental ou nível de consciência abstrata. O corpo mental é a parte do eu que permite a percepção de significados. Existe fora do espaço e do tempo, sendo assim a parte mais baixa do eu que sobrevive à morte física. *VEJA TAMBÉM* PLANO MENTAL.

corpos sutis. Na filosofia esotérica, os vários aspectos não físicos do eu associados com os diferentes planos da existência. *VEJA* PLANOS. Cada sistema ocultista usa suas próprias classificações e terminologias para os corpos humanos sutis. Em comum, porém, acha-se a ideia de que o núcleo do eu é cercado por uma série de corpos de níveis diferentes de solidez, sendo o corpo físico comum apenas o mais grosseiro e visível desses corpos.

A teoria dos corpos sutis recua ao mundo antigo, no mínimo, e foi muito discutida por platonistas clássicos tardios como Jâmblico. *VEJA* JÂMBLICO DE CÁLCIS; PLATONISMO. O *Corpus Hermeticum*, documento fundador da tradição hermética, inclui um relato mítico no qual a alma que desce para encarnar reúne corpos sutis das esferas planetárias pelas quais ela passa e livra-se deles novamente quando sobe após a morte. *VEJA* CORPUS HERMETICUM; HERMETISMO.

A cabala inclui uma extensa teoria sobre os vários níveis do corpo humano sutil, que divide em três seções amplas: *neshamah*, o eu espiritual; *ruach*, o eu consciente; e *nephesh*, o corpo de energia vital. Os dois primeiros têm outras subdivisões. VEJA CABALA; NEPHESH; NESHAMAH; RUACH.

Nas tradições mágicas e ocultistas que surgiram desde o início do século XIX, teorias e terminologia proliferaram livremente. Uma classificação comum vale-se de cinco níveis: o corpo físico, feito de matéria comum; o corpo etérico, feito da sutil substância energética vital, que forma a estrutura sobre a qual o corpo físico é construído; o corpo astral, feito de uma substância ainda mais sutil, que é o veículo da consciência e o vínculo pelo qual as energias estelares interagem com o indivíduo; o corpo mental, feito da substância da própria consciência e que participa do mundo das ideias platônicas; e o corpo espiritual, que é o núcleo essencial e imortal do eu. Outros sistemas incluem mais ou menos corpos do que estes cinco, e às vezes as mesmas expressões são usadas para tratar de níveis da existência completamente diferentes. VEJA CORPO ASTRAL; CORPO ETÉRICO; CORPO MENTAL; CORPO ESPIRITUAL. VEJA TAMBÉM ESFERA DE SENSAÇÃO.

corpo vital. *VEJA* CORPO ETÉRICO.

Corpus Christi. Na Igreja Católica, uma festa realizada na primeira quinta-feira após o domingo de Pentecostes, celebrando o mistério da Eucaristia. Originalmente proposta por Santa Juliana (1193-1258) e celebrada inicialmente na Bélgica em 1247, foi acrescentada ao calendário litúrgico em 1264. Parecia não ter nenhuma ligação com as tradições ocultistas ocidentais até o aparecimento da Ordem Hermética da Aurora Dourada.

Nos rituais da Golden Dawn e nas palestras informativas, o misterioso "Dia C" dos manifestos rosa-cruzes é identificado com a festa de Corpus Christi, e a maioria dos templos ativos da Golden Dawn segue essa tradição. *VEJA* GOLDEN DAWN; ROSA-CRUZES.

Corpus Hermeticum. Coleção de quinze tratados atribuídos a Hermes Trismegisto, escritos originalmente em egípcio, em algum momento entre os séculos I e III E.C. O conjunto de tratados remanescentes é apenas uma pequena parte daquela que já foi uma grande coleção de livros produzidos pelos hermetistas egípcios. *VEJA* HERMETISMO.

Depois do triunfo do cristianismo no mundo mediterrâneo e a eliminação das tradições religiosas pagãs, o *Corpus Hermeticum* sobreviveu em algumas coleções do Império Bizantino, que se interessava pela filosofia neoplatônica a ponto de valorizar essa obra. Sabe-se que havia um exemplar na biblioteca do neoplatonista grego Michael Psellus.

Por volta de 1460, um exemplar do *Corpus Hermeticum* foi adquirido por um dos agentes de Cosimo de Medici, governante de Florença, que estava reunindo a maior biblioteca de obras gregas da Europa Ocidental. Quando esse exemplar chegou às mãos de Cosimo em 1463, ele pediu a Marsílio Ficino – jovem diretor da Academia Platônica de Florença, prestes a começar a trabalhar na primeira tradução latina das obras completas de Platão – que deixasse Platão de lado e traduzisse Hermes antes. *VEJA* FICINO, MARSÍLIO. A tradução ficou pronta em 1464, e tornou-se um sucesso imediato de vendas pelos padrões da época, recebendo dezesseis edições antes do final do século XVI.

Em parte, essa popularidade deve-se a um engano na datação. Até 1614, quando Isaac Casaubon demonstrou a verdadeira data dos tratados baseando-se na linguística, estudiosos europeus acreditavam que os textos herméticos fossem mais antigos. Imaginava-se que o próprio Hermes Trismegisto fosse contemporâneo de Moisés, e por isso o primeiro filósofo e teólogo da história humana. Os textos herméticos eram mencionados por diversos dos primeiros escritores cristãos, entre eles Lactâncio e Agostinho, que aceitavam aquela data remota. Nos 150 anos após a tradução de Ficino ter sido publicada os estudiosos europeus viam o *Corpus Hermeticum* como nada menos do que a mais antiga sabedoria do mundo. As doutrinas mágicas incluídas nos tratados tiveram assim um papel decisivo nas bases da síntese da magia renascentista.

A grande popularidade do *Corpus Hermeticum* extinguiu-se em 1614, com a publicação de um detalhado estudo de suas origens, feito por Isaac Casaubon (1559-1614), estudioso protestante suíço que vivia na Inglaterra. (Como detalhe, seu filho, Meric Casaubon, deu prosseguimento à tradição familiar de hostilidade para com o ocultismo e foi o responsável pela publicação dos diários dos trabalhos angelicais de John Dee numa tentativa de desacreditar o grande mago elisabetano; *VEJA* DEE, JOHN.) Casaubon mostrou que os tratados mencionam o escultor grego Fídias e os jogos píticos, que muitos autores gregos situam bem depois da suposta vida de Hermes, e que são escritos num estilo tardio do grego, usando palavras que só surgiram na era cristã.

As conclusões de Casaubon foram aceitas de forma quase universal na época, e, com algumas modificações, ainda hoje são aceitas pelos estudiosos. Alguns hermetistas tradicionais, como Robert Fludd, menosprezaram ou negaram os argumentos de Casaubon, mas sem muito efeito. Os tratados herméticos receberam muito pouca atenção até recentemente, quando os textos de historiadores como Frances Yates mostraram sua importância para a história da magia, e um número pequeno, mas expressivo, de magos modernos começou a incluir materiais herméticos em seu trabalho. *VEJA TAMBÉM* HERMES TRISMEGISTO. LEITURA ADICIONAL: YATES, 1964.

corpus mundi. (latim, "corpo do mundo") Na filosofia mágica do Renascimento, o universo físico, que se relaciona com o spiritus mundi e a anima mundi exatamente do mesmo modo como o corpo humano se relaciona com sua energia vital e sua alma. *VEJA* ANIMA MUNDI; SPIRITUS MUNDI.

Corte Exterior. Na moderna terminologia ocultista e pagã, um grupo semipúblico operado por uma ordem mágica, coven ou outro corpo mágico. O indivíduo que deseja ser membro é convidado a se filiar à organização da Corte Exterior, onde aprende os rudimentos da teoria e da prática do sistema ensinado pelo grupo que a organiza. Depois de algum tempo, os membros da Corte Exterior que se mostram aptos a se tornar membros do grupo organizador são convidados. Assim, a Corte Exterior funciona como filtro para possíveis membros e como fórum para o treinamento básico.

Nas décadas de 1980 e 1990, um conjunto de rituais preparado pela organização Pagan Way, um corpo neopagão norte-americano, tornou-se o material comum para muitas tradições pagãs e da Wicca norte-americana para treinamento na Corte Exterior. *VEJA* PAGAN WAY. *VEJA TAMBÉM* COVEN; LOJA MÁGICA; NEOPAGANISMO; WICCA.

corvo. Na alquimia, símbolo do nigredo, ou fase negra do trabalho, com a dissolução e a putrefação da Matéria Prima. *VEJA* ALQUIMIA.

coscinomancia. (do grego, "adivinhação por meio de uma peneira") Adivinhação feita com peneira e tesouras, uma forma extremamente antiga de adivinhação que ainda é praticada por adivinhos populares em diversos países europeus, usada principalmente para se determinar o culpado em processos criminais. Abre-se uma tesoura para que forme um X, e ela é equilibrada nos polegares de duas pessoas; é posta uma peneira sobre a tesoura, equilibrada no meio. As duas pessoas que estão segurando a tesoura olham nos olhos uma da outra. Depois de uma prece ou cântico, os nomes dos suspeitos do crime são lidos. Quando o nome do culpado é lido, a peneira vai virar ou mudar de posição.

A coscinomancia foi muito usada pelos antigos gregos, e é mencionada pelo poeta grego Teócrito em seu *Third Idyll*. VEJA TAMBÉM ADIVINHAÇÃO.

cosmos, ciclos do. VEJA CICLOS CÓSMICOS.

coven. No folclore escocês e na moderna prática pagã, um grupo de bruxos. O número tradicional de membros de um coven é treze, e Margaret Murray, cujos textos sobre bruxaria medieval foram uma fonte importante da moderna Wicca, afirmava que essa regra era absoluta. No entanto, as evidências medievais não apoiam essa afirmação, pois é difícil encontrar grupos de treze em discussões anteriores a Murray sobre tradições da bruxaria ou os julgamentos de bruxas.

A palavra *coven* é a versão escocesa de *convento* ou *conventículo*, e significa simplesmente "reunião" ou "assembleia". Aparece nos registros de alguns julgamentos de bruxas na Escócia, e foi extraída dessas fontes por Murray.

Na moderna Wicca e em muitas outras tradições pagãs, o coven é a unidade básica de organização, e consiste em três ou mais pessoas que se reúnem no mínimo para celebrar os oito sabás. Embora treze seja considerado o número ideal de membros, essa exigência não é muito respeitada, e os covens costumam ter entre três e vinte membros, ou mais. Na maioria das tradições da Wicca, a liderança do coven centraliza-se na Suma Sacerdotisa, que pode ou não repartir sua autoridade com um Sumo Sacerdote. Outros assistentes incluem a Donzela, que é mulher e ajuda a Suma Sacerdotisa, e um Oficial ou Guardião, que é homem e ajuda o Sumo Sacerdote; esses cargos auxiliares costumam ser exercidos por membros que estão treinando para ser Sumo Sacerdote ou Suma Sacerdotisa. *VEJA TAMBÉM* WICCA.

Covens de Bruxos Tradicionalistas da Nova Inglaterra. (New England Covens of Traditionalist Witches – NECTW). Tradição norte-americana de bruxaria, fundada ou divulgada publicamente por Gwen Thompson, de New Haven, em Connecticut (Estados Unidos), no final da década de 1960. Thompson afirmava ter uma tradição familiar de bruxos de várias gerações, e o sistema de bruxaria derivado de seus ensinamentos é fortemente influenciado por diversas formas de ocultismo popular. Mais ativa na costa leste dos Estados Unidos, a tradição da NECTW não recebeu muita atenção, mas parece ter influenciado bastante alguns aspectos do cenário pagão dos Estados Unidos.

Os covens da NECTW observam os oito sabás e comemoram os esbás nas Luas Cheias. Sempre que possível, os círculos são feitos ao ar livre. A tradição enfatiza a ecologia, o herbalismo, a adivinhação e a prática mágica.
LEITURA ADICIONAL: DAVIES, 2001.

cowan. Em dialeto escocês, significa "uma pessoa que constrói muros sem argamassa". Quando os maçons realmente construíam paredes de pedra, a palavra era empregada para rotular aqueles que trabalhavam como pedreiros mas não faziam parte da guilda local. Herdada pelos maçons como rótulo para aqueles estranhos à ordem [embora na Maçonaria a expressão *profano* seja mais usada – N. do T.], foi adotada pela Wicca em meados do século XX e agora aparece na maioria das tradições neopagãs como rótulo geral para "forasteiro". Há poucos exemplos melhores do modo como o significado de uma palavra pode mudar com o tempo dentro dos círculos ocultistas. *VEJA* MAÇONARIA; WICCA.

Cremer, John. Alquimista inglês, falecido no século XIV E.C. Não se sabe nada sobre sua vida. De acordo com algumas referências em sua breve obra alquímica, *The Testament of Cremer*, ele era um monge beneditino e abade da Abadia de Westminster, embora lá não apareça nenhum John Cremer nos registros de abades. O mesmo documento afirma que Cremer teria estudado com Raimundo Lúlio (1232-1315), o brilhante místico espanhol que tinha a reputação de ser alquimista; foi sugerido por Raphael Patai, num livro recente sobre a história da alquimia, que Cremer poderia ter estudado com Ramon de Tárrega, alquimista cujas obras foram atribuídas depois a Lúlio. *VEJA* TÁRREGA, RAMON DE. *VEJA TAMBÉM* ALQUIMIA.

cristalomancia. Arte divinatória por meio da observação de um cristal ou bola de cristal. Provavelmente derivada da catoptromancia, olhar fixamente um espelho. *VEJA* ADIVINHAÇÃO; ESCRIAÇÃO.

Crowley, Aleister. (Edward Alexander Crowley) Escritor e ocultista inglês e autoproclamado anticristo e messias do Novo Éon, 1875-1947. Com certeza, a mais controvertida figura da história recente do ocultismo ocidental, Crowley nasceu numa família rígida de membros da Plymouth Brethren, uma seita protestante pequena e profundamente puritana, que deu origem à maior parte da moderna teologia fundamentalista cristã. Seu pai, um rico cervejeiro, morreu quando Crowley tinha 5 anos, deixando sua formação a cargo de sua mãe e de seu tio. Estudou em excelentes e dispendiosas escolas e foi para o Trinity College em Cambridge, onde estudou química, mas saiu sem se formar.

Enquanto estava na faculdade, escreveu e publicou seus primeiros livros, uma coleção de poesia filosófica chamada *Aceldama* e um volume de versos pornográficos intitulado *White Stains*. Depois de encontrar um exemplar *Book of Black Magic and of Pacts*, de A. E. Waite, porém, seus interesses se voltaram para o ocultismo, e em 1898 ele foi iniciado na Ordem Hermética da Aurora Dourada. *VEJA* GOLDEN DAWN.

Como membro da ordem, ele estudou com o ocultista e budista Allan Bennett (1872-1923), mas foi-lhe negado o avanço ao grau de Adeptus Minor e aos ensinamentos mágicos internos da ordem, pois os adeptos londrinos mais antigos da ordem reprovaram seu comportamento. *VEJA* BENNETT, ALLAN. O líder da ordem, Samuel Liddell Mathers (1854-1918) iniciou-o no grau de Adeptus Minor em Paris, um ato que contribuiu para o cisma na ordem em 1900. Durante o cisma, Crowley manteve-se leal a Mathers e agiu como emissário do líder, embora sua inabilidade para conduzir a missão e sua insistência em ir para lá e para cá em traje dos Highlands durante todo o caso não tenha ajudado a causa de Mathers. *VEJA* MATHERS, SAMUEL LIDDELL.

Nessa época, o modo de vida de Crowley ainda era sustentado pelo dinheiro de sua herança, e ele viajava com frequência, participava de expedições de alpinismo e dedicava boa parte de seu tempo ao xadrez, à poesia e a diversas ligações de ordem sexual. Faz bem seu estilo ter pago o chefe de cozinha de um hotel londrino para dar seu nome a um prato, *sole à la Crowley*, e encomendado seu retrato a Augustus John, o mais renomado retratista de seu tempo.

Em 1903, casou-se com Rose Kelly, filha de um retratista, e levou-a em lua de mel numa viagem pelo mundo. No ano seguinte, enquanto estava no Cairo, recebeu – de acordo com seu relato, através de uma voz desencarnada, mas perfeitamente clara – uma comunicação de um espírito chamado Aiwass, que afirmava ser o representante dos poderes espirituais que governariam a próxima era da história do planeta: o Éon de Hórus. Num período de três dias, Aiwass ditou a Crowley o texto do *Liber AL vel Legis*, o *Livro da Lei*, e proclamou Crowley a Besta 666 do Livro do Apocalipse. VEJA LIVRO DA LEI.

Dali para a frente, com seu casamento em frangalhos e sua carreira literária estagnada, o envolvimento de Crowley com a magia tornou-se cada vez mais intenso, e ele foi se convencendo da precisão da mensagem de Aiwass e de seu papel messiânico. Com o resto de sua herança, criou e administrou uma revista luxuosa – *The Equinox* – dedicada ao ocultismo. Em suas páginas, publicou muitos dos textos da Golden Dawn e os expôs pela primeira vez aos olhos da comunidade ocultista em geral. Diversos e intensos trabalhos de magia, sozinho ou com outros, convenceram-no de que ele estava galgando os degraus da magia. Ele aceitou a iniciação na Ordo Templi Orientis, uma pequena organização semelhante à Maçonaria, liderada por um personagem de natureza duvidosa chamado Theodor Reuss, e assumiu diversas partes da ordem, remodelando-a de acordo com sua filosofia pessoal. VEJA ORDO TEMPLI ORIENTIS (OTO).

Com o início da Primeira Guerra Mundial, ele se mudou para os Estados Unidos, onde se sustentou como jornalista, aprimorou seu treinamento como mago e envolveu-se na política do cenário ocultista norte-americano. Em 1920, ele e um pequeno grupo de seguidores foram a Cefalu, na Sicília, onde fundaram o que hoje seria chamado de comunidade, dedicando seu tempo ao sexo, à magia e às drogas. Lá, Crowley passou por uma experiência que, em sua opinião, assinalou sua ascensão ao grau de Ipsissimus, o mais elevado nível de realização mágica. Pouco depois, Raoul Loveday, um dos membros da comunidade, morreu por intoxicação alimentar. O resultado foi um escândalo público na Grã-Bretanha e na Itália, e o ditador italiano Mussolini expulsou Crowley do país.

Depois do colapso da comunidade de Cefalu, Crowley passou algum tempo na Tunísia e na França, tornou-se viciado em heroína e acabou voltando à Inglaterra. Não muito depois de seu regresso, leu um trecho da autobiografia da escultora inglesa Nina Hammett que se referia a ele como um "mago negro". Crowley reagiu e processou-a por difamação. Infelizmente para ele, a lei de difamação inglesa exigiu que ela provasse a autenticidade da declaração a fim de poder se defender. Ela o fez, aos olhos do júri, da imprensa e do público, num julgamento sensacional que deixou a reputação e as finanças de Crowley arruinadas.

Crowley passou o resto da vida em pensões baratas, primeiro em Londres e depois em Hastings, na costa de Sussex, correspondendo-se com um pequeno círculo de discípulos e fazendo trabalhos ocasionais para sustentar o vício das drogas. Embora tenham circulado, durante décadas, rumores na comunidade ocultista de que ele teria sido contratado para escrever o Livro das Sombras original da Wicca, não há evidências de que isso seja verdade, e há muitas evidências apoiando o fato de que o próprio Gardner teria escrito o livro após a morte de Crowley. *VEJA* LIVRO DAS SOMBRAS; GARDNER, GERALD BROUSSEAU. Após a morte de Crowley, seu inventário foi avaliado em catorze xelins. *VEJA TAMBÉM* THELEMA. LEITURA ADICIONAL: CAMMELL, 1951; CROWLEY, 1989; FULLER, 1990; KING, 1977 E 1991.

crucificação. Ato de se prender uma pessoa a uma cruz, geralmente como forma de execução. Embora Jesus de Nazaré seja a mais famosa vítima desse procedimento, não foi nem o primeiro, nem o único. Como o enforcamento, pode derivar de antigas tradições de sacrifício humano, no qual a pessoa que estava sendo morta tinha de ficar longe do solo.

Nas mãos dos romanos, que a aperfeiçoaram como forma de pena capital, tornou-se uma forma de morte lenta e dolorosa. A pessoa crucificada era amarrada ou pregada na cruz, suspensa no ar e deixada à morte por uma combinação de sede, insolação e sufocamento (pois o peso do corpo aplicado aos braços dificultava a expansão dos pulmões à medida que a pessoa ia ficando exausta).

Em alguns rituais de iniciação baseados em simbolismos cristãos, como o grau Adeptus Minot da Ordem Hermética da Aurora Dourada, o candidato é crucificado durante pouco tempo, com cordas e não com pregos. *VEJA* ADEPTUS MINOR; GOLDEN DAWN.

cruz. Figura geométrica muito usada por alguns ramos da magia, a cruz não é, de modo algum, um símbolo exclusivamente cristão, embora, nos últimos 2 mil anos, tenha sido associada, no mundo ocidental, com a cruz na qual Jesus de Nazaré foi executado. Uma cruz com quatro braços iguais costuma ser usada como símbolo dos quatro elementos. *VEJA* ELEMENTOS MÁGICOS. *VEJA TAMBÉM* OCULTISMO CRISTÃO.

Cruz Cabalística. Na tradição mágica da Golden Dawn, uma prática ritual básica, usada para abrir e encerrar cerimônias. É realizada fazendo-se o sinal da cruz sobre o corpo, enquanto se entoa as palavras hebraicas *Ateh* (Para ti), *Malkuth* (o reino), *ve-Geburah* (e o poder), *ve-Gedulah* (e a glória), *le-Olahm, amen* (para sempre, amém). Visualizações específicas acompanham cada palavra e gesto. A Cruz Cabalística aparece em forma impressa pela primeira vez nos textos da Golden Dawn publicados por Aleister Crowley, mas referências nos textos de Éliphas Lévi a um modo especial de fazer o sinal da cruz podem muito bem se referir a ela, ou a uma forma anterior dela. *VEJA TAMBÉM* GOLDEN DAWN; PENTAGRAMA, RITUAIS DO. LEITURA ADICIONAL: REGARDIE, 1970.

Cthulhu. Na obra de ficção de horror sobrenatural de H. P. Lovecraft e em diversos sistemas mágicos e pseudomágicos derivados dessa fonte, Cthulhu é uma criatura enorme, com asas de morcego e tentáculos, o mais conhecido dos aterrorizantes Deuses Antigos descritos no *Necronomicon*. *VEJA* NECRONOMICON.

Cubo do Espaço. Na cabala, uma estrutura simbólica para o alfabeto hebraico e que funciona, de certo modo, como uma alternativa à Árvore Cabalística da Vida. O Cubo do Espaço baseia-se no Sepher Yetzirah, o mais antigo documento protocabalístico existente; *VEJA* SEPHER YETZIRAH.

No Sepher Yetzirah, 19 das 22 letras hebraicas estão associadas a direções espaciais. As sete letras duplas associam-se às seis direções primárias (para cima, para baixo, leste, oeste, norte e sul) e ao centro; as doze letras simples ficam com os "ângulos" entre essas direções (nordeste, norte superior e assim por diante). Logo, as letras simples e as duplas traçam os limites de um cubo: as letras duplas são as seis faces e o centro, e as letras simples são as doze arestas. Esse cubo foi visualizado sob métodos de meditação baseados no Sepher Yetzirah.

O cabalista e mago norte-americano Paul Foster Case (1884-1956) foi o responsável pela remodelação do cubo de letras do Sepher Yetzirah, transformando-o no Cubo do Espaço utilizado atualmente por magos cerimoniais do Ocidente. Ele fez dois acréscimos importantes ao sistema, incluindo as três letras-mãe como as três dimensões (para cima-para baixo, leste--oeste e norte-sul), e aplicando os Arcanos Maiores do tarô ao Cubo. Com esses acréscimos, o Cubo tornou-se uma parte significativa dos modernos estudos cabalísticos da comunidade ocultista.

Aleph	eixo para cima-para baixo
Beth	face superior
Gimel	face inferior
Daleth	face leste
Heh	aresta nordeste
Vau	aresta sudeste
Zayin	aresta leste superior
Cheth	aresta leste inferior
Teth	aresta norte superior
Yod	aresta norte inferior
Kaph	face oeste
Lamed	aresta noroeste
Mem	eixo leste-oeste
Nun	aresta sudoeste
Samech	aresta oeste superior
Ayin	aresta oeste inferior
Peh	face norte
Tzaddi	aresta sul superior
Qoph	aresta sul inferior
Resh	face sul
Shin	eixo norte-sul
Tau	centro

VEJA TAMBÉM CABALA; ALFABETO HEBRAICO. LEITURA ADICIONAL: HULSE, 2000; A. KAPLAN, 1990; TOWNLEY, 1993.

cucúrbita. (do latim *cucurbitus*, "pepino") Na linguagem alquímica, frasco de vidro ou de cerâmica à prova de fogo com a forma aproximada de um pepino e usado para conter substâncias que serão aquecidas no atanor, ou caldeira alquímica. A cucúrbita é a parte inferior do equipamento tradicional de destilação alquímica; quando usada para esse fim, era coberta por um alambique. Nas modernas teorias sexuais da alquimia, às vezes é usada como símbolo da vagina. *VEJA* ALQUIMIA; ALAMBIQUE.

Culianu, Ioan Petru. Estudioso e ocultista romeno, 1950-1991. Nascido numa antiga família aristocrática em Iasi, no leste da Romênia, entrou na Universidade de Bucareste em 1967. Lá, conheceu os textos do expatriado romeno Mircea Eliade sobre yoga e religião, e tornou-se um ávido estudante de yoga e da filosofia hindu, praticando diariamente, por horas, as posturas yogues. Seus estudos acadêmicos de literatura e filosofia renascentistas puseram-no em contato com os textos de grandes teóricos da magia como Marsílio Ficino e Giordano Bruno, dando início a um interesse permanente – acadêmico e prático – pela magia do Renascimento. *VEJA* BRUNO, GIORDANO; FICINO, MARSÍLIO. Da obra de Bruno, interessou-se particularmente pela Arte da Memória, que praticava sistematicamente; *VEJA* ARTE DA MEMÓRIA.

Em 1972, já formado, ganhou uma bolsa para um curso de verão na Itália, e enquanto estava lá, pediu asilo. Após oito meses num campo de refugiados, conseguiu um emprego como assistente de ensino em Milão e começou uma carreira acadêmica meteórica. Morar na Itália deu-lhe acesso a todos os textos mágicos do Renascimento, e ele aprimorou seu domínio da Arte da Memória. Um amigo que o conheceu nesse período lembra-se que

Culianu estudava rotineiramente durante quinze ou dezesseis horas sem fazer qualquer anotação, usando a Arte da Memória para armazenar aquilo que aprendia (Anton, 1996, p. 83).

Concluiu seu doutorado em 1975 e tornou-se professor na Universidade Groningen, na Holanda, em 1976, recebendo dois outros doutorados da Sorbonne e publicando sua obra máxima, *Eros and Magic in the Renaissance*, em 1984. Em 1988, depois de ministrar diversas aulas como professor convidado na Universidade de Chicago, foi contratado por essa instituição como professor de História das Religiões. Em Chicago, ficou bastante conhecido pelos alunos por fazer leituras muito precisas de tarô e geomancia durante as festas, e em suas aulas as tradições e práticas ocultistas ocidentais eram uma das principais atrações.

No final da década de 1980, aumentou a repressão na Romênia quando o regime comunista de Nicolae Ceaucescu passou por sucessivas crises, e, como um dos mais conhecidos exilados romenos, Culianu se viu envolvido pela política. Os detalhes exatos de seu envolvimento não são claros, mas ele fez manifestações contra o regime de Ceaucescu, e na Romênia sua família teve um papel significativo na revolução que estourou em 1989. Depois da revolução, ele teve um papel de destaque na denúncia das tentativas do novo governo em manter-se no poder e em preservar elementos do sistema comunista. Publicou diversos artigos na mídia de emigrados romenos atacando o novo regime, de que foi um dos mais destacados críticos.

Em 21 de maio de 1991, Culianu foi assassinado num banheiro do campus da Universidade de Chicago. A morte teve todas as características de uma execução, uma única bala na parte de trás da cabeça. Nenhum suspeito foi detido. A teoria de que o assassinato foi realizado pelas forças de segurança romenas não foi comprovada, mas ninguém apresentou outro motivo plausível. LEITURA ADICIONAL: ANTON, 1996; CULIANU, 1987.

culminação. Posição de uma estrela ou planeta que atinge o meio do céu ou zênite; *VEJA* MEIO DO CÉU. Considera-se que uma estrela ou planeta que culmina está no ápice de seu poder e efeito. Algumas operações mágicas são programadas para que se realizem no momento em que determinada estrela ou planeta está culminando; *VEJA* ASTROLOGIA ELETIVA.

cunning folk. (inglês, "conhecedor das tradições populares, curandeiro, adivinho, feiticeiro") Expressão inglesa que indica um praticante de magia popular, usada comumente quando "bruxo" era equivalente a "adorador de Satã". Na era das fogueiras, os cunning folks eram contratados por camponeses ou autoridades para localizar os feiticeiros malignos, em cuja existência a maioria das pessoas acreditava piamente. Eles também realizavam curas com ervas e amuletos mágicos, e faziam adivinhações para localizar objetos perdidos, identificar candidatos a noivo, prever como seria a safra e coisas do gênero. Alguns praticavam astrologia, liam bolas de cristal ou o tarô para os clientes.

Não há evidências de que esses cunning folks praticassem alguma religião não cristã. Pelo contrário, muitos eram cristãos devotos e frequentavam a mesma igreja que seus vizinhos. Informações detalhadas sobre as técnicas mágicas usadas por esses curandeiros foram reunidas por folcloristas ingleses nos últimos cem anos, e, mais uma vez, não se vê sinal de paganismo; na verdade, as preces à Santíssima Trindade e aos santos, citações bíblicas e outros detalhes de magia popular cristã são bastante comuns.

Vários manuais de alta magia do Renascimento, como os *Três Livros de Filosofia Oculta*, de Cornélio Agrippa, bem como textos e almanaques astrológicos, eram recursos comuns entre os cunning folks. Aparentemente, alguns tinham acesso a tradições mágicas antigas, mas que se perderam desde essa época; é difícil encontrar outra explicação para os tabletes de amarração de chumbo do século XVII, feitos segundo antigas especificações gregas e encontrados em diversos locais na Inglaterra. *VEJA* TABLETE DE AMARRAÇÃO. Por outro lado, magia popular como herborismo e garrafas das bruxas também entravam no repertório dos cunning folks. *VEJA* MAGIA NATURAL; GARRAFA DA BRUXA.

Os cunning folks também eram chamados de conjuradores, bruxos brancos, magos e títulos similares. Atuaram nas áreas rurais da Inglaterra até as primeiras décadas do século XX, e até hoje podem ser encontrados em algumas regiões do interior. *VEJA TAMBÉM* WARLOCK. LEITURA ADICIONAL: HUTTON, 1999; MACFARLANE, 1991; MAPLE, 1970; MERRIFIELD, 1987.

Cunningham, Scott. Escritor e ocultista norte-americano, 1956-1993. Nascido numa família de classe média californiana, Scott Cunningham interessou-se por bruxaria na juventude, e foi iniciado na tradição Standing Stone, da Wicca, em 1973. Mais tarde, foi iniciado em outras três tradições da Wicca, mas começou a lidar sozinho com a magia em 1982. Foi uma das primeiras figuras públicas do neopaganismo norte-americano a adotar a prática solitária como opção para pagãos; essa posição o pôs em conflito com muitos defensores da abordagem mais antiga do treinamento e adoração pagãos, os covens, mas mostrou-se muito popular na comunidade pagã norte-americana como um todo.

Depois de uma breve passagem pela Marinha, começou a escrever, publicando diversos livros populares. Seu primeiro livro sobre temas ocultistas, *Magical Herbalism*, foi publicado em 1982 e tornou-se um grande *best-seller*. Este e vários livros posteriores, como *Cunningham's Encyclopedia of Magical Herbs* (1985) e o controvertido *A Guide for the Solitary Practitioner [Guia Essencial da Bruxa Solitária]* (publicação original, 1989), tornaram-no conhecido no cenário pagão norte-americano.

Entretanto, justamente quando a carreira de Cunningham estava se expandindo, sua saúde começou a se deteriorar devido à infecção por HIV. Ele sobreviveu a uma luta contra o câncer em 1983, mas contraiu meningite em 1990 e quase morreu. Após uma breve recuperação, a meningite voltou, com outras infecções oportunistas, e ele morreu em função de complicações causadas pela AIDS em 1993. *VEJA TAMBÉM* NEOPAGANISMO; PRATICANTE SOLITÁRIO; WICCA. LEITURA ADICIONAL: CUNNINGHAM, 1982 E 1988; HARRINGTON E DETRACI, 1996.

Cweorp. (inglês antigo, "graveto em chamas") A décima terceira runa do futhorc anglo-saxão. Seu significado não está contido nos textos sobreviventes do poema rúnico em inglês antigo; representa o som *q*. *VEJA* FUTHORC ANGLO-SAXÃO.

Runa Cweorp

D

Daath. (hebraico, "conhecimento") Na cabala, a não Sefirah no meio do Abismo, situada no Pilar do Meio da Árvore da Vida, entre Kether e Tiphareth. De várias maneiras, Daath é o mais complexo e obscuro elemento da árvore cabalística, e tem provocado muita confusão e discussões ao longo dos anos. De certo modo, é um reflexo inferior de Kether, a primeira Sefirah, e representa a coisa mais próxima do conhecimento de Kether que pode ser obtido abaixo do Abismo. De outro, ela é o conhecimento, no sentido bíblico, de Chokmah e Binah, os centros primários masculino e feminino da árvore. Seu simbolismo é muito discutido, mas uma versão comum seria a seguinte:

Correspondência astrológica: Sirius, a Estrela do Cão.
Correspondência no tarô: Os Arcanos Maiores como um todo.
Elemento correspondente: Ar.
Imagem mágica: Uma cabeça com duas faces.
Símbolos adicionais: A sala vazia; a pirâmide; a ausência de qualquer simbolismo.
Cores: em Atziluth, lavanda.
em Briah, cinza-prata claro.
em Yetzirah, pura cor violeta.
em Assiah, cinza salpicado de dourado.
Correspondência no microcosmo: A conjunção de ruach (o eu consciente) e de neshamah (o eu espiritual superior).
Correspondência no corpo: O pescoço.

Os mistérios de Daath são um tema central de discussões na cabala judaica tradicional, mas têm recebido pouca atenção da moderna cabala mágica. *VEJA TAMBÉM* CABALA; ÁRVORE DA VIDA.

Dadouchos. (grego, "portador da tocha") Título de uma oficial nos Mistérios Eleusianos da Grécia Antiga. Além do fato de relacionar-se com os Mistérios Eleusianos, pouco se sabe ao certo sobre os deveres e o simbolismo dessa oficial, além do fato de portar uma tocha. *VEJA* MISTÉRIOS ELEUSIANOS.

Na Ordem Hermética da Aurora Dourada, a Dadouchos é uma oficial menor que exerce um papel nos rituais dos graus Neófito e Zelador. Ela fica em pé no sul e usa um pingente com uma suástica formada por dezessete quadrados correspondentes ao Sol, aos elementos e aos signos do zodíaco. Os deveres da Dadouchos são a purificação do salão e do candidato com fogo, bem como cuidar de todas as luzes, fogos e incensos do templo. Os títulos da Dadouchos são "Deusa da Escala da Balança do Pilar Branco" e "Perfeição através do Fogo que se manifesta na Terra". Ela corresponde à forma da divindade egípcia Thaum-Aesch-Niaeth. *VEJA* GOLDEN DAWN.

Daeg. *VEJA* DAGAZ.

Dagaz. (germânico antigo, "dia") A vigésima terceira (ou vigésima quarta) runa do futhark antigo, correspondendo a conceitos como dia, luz, mudança e início e término de ciclos. Corresponde ao som *d*. *VEJA* FUTHARK ANTIGO. No futhorc anglo-saxão, esta runa é chamada Daeg (que também significa "dia"); é a vigésima quarta runa e tem o mesmo simbolismo e som. *VEJA* FUTHORC ANGLO-SAXÃO.

Runa Dagaz (Daeg)

Daleth. (hebraico DLTh, "porta") A quarta letra do alfabeto hebraico, uma letra dupla com os sons *d* e *dh*. Seu valor numérico é 4. Suas correspondências comuns são:

Caminho da Árvore da Vida: Caminho 14, de Chokmah a Binah.
Correspondência astrológica: Vênus.
Correspondência no tarô: Arcano III, A Imperatriz.
Parte do Cubo do Espaço: Face leste.
Cores: em Atziluth, verde-esmeralda.
em Briah, azul-celeste.
em Yetzirah, verde-primavera claro.
em Assiah, rosa ou cereja brilhante, rajado de verde claro.

Seu texto, no *Trinta e Dois Caminhos da Sabedoria*, diz: "O Décimo Quarto Caminho é a Inteligência Iluminadora, e é assim chamado porque é esse Brilho que é o fundador das ideias de santidade ocultas e fundamentais, e de suas etapas de preparação". *VEJA TAMBÉM* CABALA; ALFABETO HEBRAICO.

Letra hebraica Daleth

Dalton, Thomas. *VEJA* BURGOYNE, THOMAS HENRY.

Damcar. *VEJA* DAMEAR.

Damear. Nos textos *Fama Fraternitatis* e no *Confessio Fraternitatis*, os manifestos rosa-cruzes originais, e em textos posteriores da Rosa-Cruz, seria uma cidade na Arábia governada pelos sábios, onde Christian Rosenkreuz teria estudado cabala, magia e alquimia. O nome da cidade tem sido grafado erroneamente como "Damcar". Esse erro aparece na segunda versão impressa do *Fama Fraternitatis* e tem sido repetido constantemente desde então, em parte porque se diz que "Damcar" derivaria da palavra hebraica que significa "sangue do cordeiro".

Damear é a grafia antiga do nome de Dhamar, uma cidade no Iêmen, na extremidade sudoeste da península árabe. Localizada na região do platô central do Iêmen, Dhamar é um importante centro local de criação de cavalos e de tapeçaria, com uma escola de teologia islâmica fundada há alguns séculos. Toda a região tem uma história cultural e religiosa complexa, com tradições pagãs, judaicas, cristãs e islâmicas; foi dessa região que a rainha de Sabá saiu para ir à corte do rei Salomão. *VEJA* ROSENKREUZ, CHRISTIAN; ROSA-CRUZES.

dança espiral. Na moderna prática pagã, uma dança na qual os participantes vão formando uma espiral até o centro do círculo e depois voltam para sua periferia. Embora haja variações, geralmente os participantes descrevem uma espiral em sentido anti-horário até o centro do círculo e depois voltam em sentido horário.

Algumas fontes pagãs atuais afirmam que a dança espiral era praticada na Antiguidade e teria sido transmitida ao longo dos séculos, mas, como de costume, tais alegações parecem não ter base em fatos. A dança espiral praticada atualmente deve ter sido criada na década de 1970 pela Nova Ordem Ortodoxa Reformada da Golden Dawn (NROOGD), organização pagã californiana que surgiu de uma aula universitária sobre paganismo. Desde então, ela se espalhou por boa parte do movimento neopagão. *VEJA TAMBÉM* PAGANISMO.

Davi, estrela de. *VEJA* HEXAGRAMA.

Davis, Andrew Jackson. Hipnotizador, socialista e filósofo ocultista norte-americano, 1826-1910. Nascido numa família pobre e semianalfabeta do estado de Nova York, mostrou dons clarividentes e recebeu orientações de vozes desencarnadas desde a infância. Tornou-se aprendiz de sapateiro e trabalhou nisso durante dois anos. Em 1843, porém, um hipnotizador ambulante chegou a Poughkeepsie, onde Davis estava morando, e Davis foi um dos voluntários numa palestra. Ele não entrou em transe nessa ocasião, mas um pouco depois, um alfaiate local fez outra tentativa e conseguiu pô-lo em transe. Nesse estado, conseguia diagnosticar doenças e em pouco tempo ganhou fama como vidente.

Em 1844, Davis passou por uma experiência na qual teria se encontrado e conversado com os espíritos de Galeno e de Swedenborg, somando-se a isso ter entrado num estado iluminado. *VEJA* SWEDENBORG, EMMANUEL. Passou a dar aulas e ministrar palestras, e em 1845 começou a trabalhar em seu livro mais importante, *The Principles of Nature, Her Divine Revelations, and a Voice to Mankind*, publicado em 1847. O livro foi escrito inteiramente em estado de transe, e inclui uma complexa filosofia mística, argumentos contra a infalibilidade do Antigo Testamento e a divindade de Jesus, mais um sistema de teoria econômica socialista inspirado, em parte, na obra de Charles Fourier; *VEJA* FOURIER, CHARLES. O livro teve mais de trinta edições nas três décadas seguintes e estabeleceu Davis como uma das mais importantes figuras no cenário ocultista norte-americano.

Davis continuou a escrever, a dar palestras e a diagnosticar doenças com seu talento clarividente durante muitos anos. Seus trabalhos foram recebidos com entusiasmo pelo movimento espiritualista, embora ele se mostrasse cético a respeito de alguns aspectos do espiritualismo, escrevendo um livro, *The Diakka and their Earthly Victims*, publicado em 1873, dizendo que muitas manifestações de espíritos eram fruto de seres malignos chamados de Diakka, de cujas mentiras e distorções tínhamos de nos defender enquanto praticássemos alguma atividade em transe. Mais tarde, formou-se em medicina, e no final da vida teve uma livraria em Boston, onde vendia literatura ocultista e receitava remédios fitoterápicos para seus pacientes. *VEJA TAMBÉM* MESMERISMO; ESPIRITISMO. LEITURA ADICIONAL: KERR E CROW, 1983; MOORE, 1977.

de Bry, Franciscus. *VEJA* BRY, FRANCISCUS DE.

decanatos. Divisões do zodíaco com dez graus cada; há três decanatos em cada signo, num total de 36. Os decanatos são uma das poucas contribuições da tradição estelar egípcia a causar impacto posterior na astrologia e na magia. Originalmente, formavam a estrutura básica dos antigos simbolismos e ensinamentos estelares egípcios, e são apostos na tampa interna dos sarcófagos das múmias para ajudar o morto em sua viagem pelo céu. Na astrologia da antiga Grécia e Roma, os decanatos eram usados como modo adicional de medir as influências planetárias no mapa, junto com os termos e as dodecatemórias. *VEJA* DODECATEMÓRIA; TERMOS ASTROLÓGICOS.

Adotados pelos magos e astrólogos árabes após a conquista muçulmana do Egito, foram transmitidos para a Europa medieval pelas páginas do *Picatrix*, o mais famoso livro de magia da Idade Média. *VEJA* PICATRIX. A cada decanato associa-se uma figura ou imagem mágica, e essas imagens eram muito usadas na prática de magia do Renascimento.

Mais tarde, no ressurgimento ocultista do século XIX, os decanatos foram associados aos Arcanos Menores do tarô. Duas atribuições diferentes ainda estão em uso: a de Papus (Gerard Encausse, 1865-1916), o ocultista francês, incluída em seu livro *O Tarô dos Boêmios*, e o da Golden Dawn, que é adotada como padrão na língua inglesa e pode ser encontrada nas obras sobre tarô da Golden Dawn. *VEJA* TARÔ.

Na astrologia, usam-se dois sistemas para associar planetas aos decanatos. Um, o chamado sistema ocidental, associa os planetas em ordem descendente, começando pelo primeiro decanato de Áries, associado a Marte; o segundo decanato de Áries fica com o Sol, o terceiro com Vênus, o primeiro decanato de Touro associa-se a Mercúrio, o segundo à Lua, o terceiro a Saturno, e assim por diante, em torno do círculo de decanatos. O último decanato de Peixes, como o primeiro de Áries, associa-se a Marte. Esse sistema ocidental é o mais comum entre magos que trabalham com os decanatos, e é padrão na magia da Golden Dawn.

Entre os astrólogos, o sistema mais comum é o oriental, que associa o primeiro decanato de cada signo ao planeta regente do signo, e os outros dois decanatos aos planetas que regem os outros dois signos do mesmo elemento. Assim, em Áries, Marte rege novamente o primeiro decanato e o Sol (regente de Leão) o segundo, mas é Júpiter (regente de Sagitário) que rege o terceiro; em Touro, Vênus rege o primeiro decanato, Mercúrio (regente de Virgem) o segundo e Saturno (regente de Capricórnio) o terceiro, e assim por diante. LEITURA ADICIONAL: PAPUS S/D, REGARDIE, 1971; YATES, 1964.

décil. *VEJA* SEMIQUINTIL.

Decretismo. Nos ensinamentos do ocultista norte-americano P. B. Randolph (1825-1875), o segundo estágio do processo da magia, o ato da concentração ativa sobre um ato da vontade. É precedido por Volantia e seguido por Posismo. *VEJA* POSISMO; RANDOLPH, PASCHAL BEVERLY; VOLANTIA.

Nos ensinamentos da Fraternidade Hermética de Luxor, que se baseavam bastante no trabalho de Randolph, o Decretismo foi renomeado como Execução. As outras fases receberam os nomes de Formação e Recepção. *VEJA* FRATERNIDADE HERMÉTICA DE LUXOR (F. H. DE L.).

decreto. Nos ensinamentos dos Mestres Ascensionados, um sistema de ocultismo popular norte-americano do século XX, uma prece combinada com meditação e visualização. Os decretos invocam a presença EU SOU, a presença divina no eu superior, bem como os Mestres Ascensionados e outros seres espirituais. Os seguidores desses ensinamentos usam decretos diferentes para cada propósito, como proteção, purificação, cura mental e física e desenvolvimento espiritual. *VEJA* MESTRES ASCENSIONADOS, ENSINAMENTOS DOS; CHAMA VIOLETA.

Dee, Arthur. Médico e alquimista inglês, 1579-1651. Filho de John Dee, o grande astrólogo e ocultista inglês, Dee nasceu num meio saturado de magia. Quando tinha 4 anos de idade, foi com seus pais e o vidente de seu pai, Edward Kelly, e suas famílias para a Europa. Passou os seis anos seguintes entre Polônia, Hungria, Alemanha e Boêmia, onde seu pai visitou muitos dos mais importantes alquimistas e magos da época. Enquanto estavam em Praga, segundo suas memórias, ele e outras crianças da família se divertiam com brinquedos feitos de ouro alquímico. Seu pai tentou treiná-lo na leitura de bolas de cristal, mas sem sucesso.

Em 1589, a família Dee voltou à Inglaterra, e Arthur frequentou a Westminster School e a Universidade de Oxford. Em 1600, tornou-se administrador da Igreja Colegiada de Manchester, onde seu pai era diretor do Christ's College; casou-se com Isabella Prestwich em 1602, tendo com ela quatro filhos. Começou a carreira de médico em 1605 em Londres, para onde se mudou, e exerceu a profissão com sucesso – apesar da oposição do Royal College of Physicians, que o convocou diversas vezes para explicações, sob a acusação de práticas ilegais: o fato de ele adotar a medicina de Paracelso, o que, na época, era um anátema para os médicos mais ortodoxos, teve muito a ver com isso.

Em 1621, Dee aceitou o cargo de médico real de Mikhail Romanov, czar da Rússia. Esse cargo era parte de um amplo programa de recrutamento, que levou dezenas de estudiosos e técnicos ingleses para a Rússia nos séculos XVI e XVII. Passou os catorze anos seguintes na Rússia e praticou tanto alquimia quanto medicina, trabalhando ainda numa coleção de textos alquímicos, *Fasciculus Chemicus*, publicada em Paris em 1631.

Voltou à Inglaterra em 1635 e aceitou o cargo de médico da corte do rei Carlos I. Renovou seus contatos nos círculos médicos ingleses e, quando teve problemas no fígado, foi curado pelo famoso Nicholas Culpeper, dando a este uma das bolas de cristal de John Dee como prova de gratidão pela cura.

A execução do rei, em 1649, após a guerra civil inglesa, privou Dee de sua posição e ele se mudou para Norwich, onde continuou a praticar medicina até sua morte em 1651. Em Norwich, travou amizade com o escritor e médico Thomas Browne, que herdou muitos de seus livros alquímicos após a morte de Dee. *VEJA TAMBÉM* DEE, JOHN. LEITURA ADICIONAL: ABRAHAM, 1994.

Dee, John. Astrólogo, mago e erudito inglês, 1527-1608. Filho de um oficial da corte de Henrique VIII, entrou em Cambridge em 1542, recebendo o título de bacharel em 1546 e de mestre em 1548. Neste ano, viajou a Louvain, na Bélgica, na época um centro de pesquisas matemáticas e científicas, onde ficou estudando até 1551. Voltou nesse ano para a Inglaterra e tornou-se consultor da frota mercante inglesa, onde apresentou informações geográficas e de navegação, bem como novos instrumentos de navegação.

Esses interesses práticos caminhavam junto com um interesse constante por temas ocultistas, que começaram logo que entrou na faculdade. Dois de seus professores, John Cheke e Thomas Smith, tinham suas próprias conexões com o ocultismo: Cheke tinha um interesse mais do que informal pela astrologia, e Smith não só era astrólogo ativo, como praticante de alquimia. O primeiro livro de Dee, *Propaedumata Aphoristica* (1558), apresentou uma base teórica para a astrologia com base na óptica, em textos astrológicos árabes e na obra quase alquímica de Johannes Pantheus, *Voarchadumia*. *VEJA* ASTROLOGIA; VOARCHADUMIA. Seu segundo livro, o enigmático *A Mônada Hieroglífica* (1564), unia astrologia, alquimia, geometria sagrada, simbolismo e cabala numa síntese arcana que resiste sem explicação há mais de quatro séculos. *VEJA* MÔNADA HIEROGLÍFICA.

Seu envolvimento com estudos astrológicos levou à sua prisão em 1555, sob a acusação de lançar feitiços contra a rainha Mary, católica, para favorecer sua meia-irmã protestante, Elisabete. Até as acusações serem retiradas, passou vários meses na prisão. A chegada de Elisabete ao trono em 1559 tornou mais segura a posição de Dee, e, em algum momento da década de 1560, após outra viagem pela Europa, ele foi morar em Mortlake.

Não demorou muito para que sua biblioteca se tornasse a maior da Inglaterra elisabetana, e membros da corte, aventureiros e comerciantes o procuravam para obter informações e instruções. Seu "Prefácio à Matemática", escrito para a primeira tradução em inglês de *Elementos de Geometria*, de Euclides (publicação original, 1570), ajudou a apresentar, pela primeira vez, a matemática prática para um público fora das universidades. Enquanto morou em Mortlake, escreveu diversas obras importantes sobre navegação e desenhou mapas para exploradores ingleses.

Nesse mesmo período, seus estudos ocultistas floresceram. Na casa de Mortlake, Dee teve espaço para instalar um laboratório alquímico completo, e registros da década de 1570 e início da seguinte mostram-no atarefado, estudando diversos processos alquímicos. Em algum momento da década de 1560, começou a realizar experiências com a teurgia, usando preces e técnicas devocionais para fazer aparecer anjos em bolas de cristal; de 1581 em diante essa prática foi ocupando um papel cada vez mais central em sua vida. Como não tinha a habilidade de ver na bola de cristal (escriação), contratou uma série de videntes, dentre os quais o mais eficiente foi Edward Kelly. Com a ajuda de Kelly, nem sempre de bom grado, Dee conversou com diversas entidades angelicais, que lhe revelaram o complexo sistema que hoje chamamos de magia enoquiana. *VEJA* ENOQUIANA, MAGIA; KELLY, EDWARD.

Quando Dee voltou à Europa em 1583, acompanhado por Kelly e seus familiares, seu trabalho mágico e alquímico continuou firme. Porém, atritos entre Dee e Kelly, uma pessoa geralmente instável, tornaram difícil a relação profissional entre eles, e, quando Dee voltou à Inglaterra em 1589, Dee ficou no continente.

A volta de Dee não foi fácil. Sua casa em Mortlake fora saqueada durante sua ausência, e o governo da rainha Elisabete não lhe deu muito apoio ou incentivo. Ele continuou a pedir ajuda financeira à corte, até ser nomeado diretor de uma faculdade em Manchester. Aposentou-se desse cargo em 1605, mas nesse mesmo ano sua esposa, Jane, morreu da praga que grassava na época. Continuou a praticar magia e alquimia até sua morte, três anos depois. LEITURA ADICIONAL: CLULEE, 1988; DEE, 1986; JOSTEN, 1964; MEBANE, 1989; R. TURNER, 1989; YATES, 1969, 1979.

defixio. *VEJA* TABLETE DE AMARRAÇÃO.

demônio. (do grego *daimon*, "espírito") Na maioria das tradições mágicas atuais, uma criatura que não é física e tem natureza (usualmente) maligna. Os demônios foram conceituados com uma variedade estonteante de formas ao longo dos séculos, mas quase todas as tradições mágicas incluem histórias sobre sua natureza e ações. A tradição dos demônios da Antiguidade egípcia e da Antiguidade mesopotâmica é extremamente complexa e detalhada, com uma vasta gama de entidades assustadoras. Boa parte dessa tradição também encontrou eco em fontes gregas e latinas.

Há toda uma literatura demonológica igualmente vasta datada da Idade Média, do Renascimento e do início da era moderna, repleta de detalhes sobre demônios, suas atividades, suas hierarquias e suas interações com seres humanos. Essa literatura é bem sortida: parte dela baseia-se puramente em fontes como as Escrituras e a filosofia eclesiástica, com pouca conexão com as realidades do contato humano com espíritos hostis. Outras fontes são mais úteis para o estudante moderno desse tema, duas das quais bastante usadas na atual prática mágica: a demonologia da cabala e a da goétia medieval.

A demonologia cabalística data da fase mais antiga dessa tradição, e tem um papel muito importante na literatura da cabala judaica. Os primeiros cabalistas espanhóis da Escola de Burgos dedicaram numerosas páginas a longas explicações sobre *sitra achta*, ou "Outro Lado" – a expressão efetivamente usada na cabala para tratar dos poderes do mal no universo.

De acordo com essa tradição, os demônios são encontrados em ruínas, desertos e, em especial, nos países mais ao norte. Seus corpos são compostos de fogo e de ar. Como os humanos, eles nascem, se reproduzem e morrem, e algumas fontes cabalísticas apresentam árvores genealógicas detalhadas das diversas casas reais demoníacas. São cercados por um frio intenso, uma de suas características mais aterrorizantes.

Segundo alguns textos cabalísticos, muitos dos chamados demônios são, na verdade, mestiços, fruto do encontro sexual de seres humanos e demônios. A maioria, mas não todos, são malévolos; há toda uma classe de demônios que se converteram ao judaísmo e aceitam a Torá, e estão preparados para fazerem favores para judeus devotos. Seu líder é (ou era) Ashmedai ou Asmodeus; VEJA ASMODEUS. Outros demônios têm os pés tortos e sem polegares, e se divertem pregando peças em seres humanos. Parece provável que esses "demônios" sejam membros do povo das fadas, não demônios. VEJA FADAS.

Por outro lado, a tradição demoníaca da cabala também contém entidades muito menos interessantes, como o Tzephariron, que se parece com um cadáver quase decomposto, e o Behemiron, que lembra elefantes ou hipopótamos espalhados pelo chão, mas que se arrastam por ele com imensa força. Esses demônios pertencem aos Qlippoth, os Senhores da Força Desequilibrada, que têm um papel central nas análises cabalísticas do mal; VEJA QLIPPOTH.

A tradição demonológica do *underground* goético assume principalmente a forma de grimórios, ou manuais de magia prática. O interesse da tradição goética por demônios era prático e não acadêmico; os magos goéticos queriam conhecer os demônios para invocá-los e usá-los. Por isso, são dados, com muitos detalhes, os nomes, escalões, poderes, aparência, regências e posição anterior entre os anjos de centenas de demônios diferentes. Um exemplo do *Lemegeton* será suficiente:

Caim é um grande presidente que assume a forma de um ave canora, mas quando toma forma humana ele responde com a voz de cinzas em combustão, levando em suas mãos uma espada afiada, compreendendo todas as aves, os mugidos dos bois e os latidos dos cães. Ele pertencia à Ordem dos Anjos e governa trinta legiões de demônios.

Todas as classes de demonologia – clássica, pagã, gnóstica, goética e cristã – se interpenetram acentuadamente. As demonologias posteriores tendem a se basear bastante nas anteriores, ignorando completamente limites de fé e de cultura. A tradição demonológica judaica e a cristã também tendem a assimilar a demonologia de culturas locais, e por isso os espíritos maléficos encontrados nas tradições folclóricas pagãs se veem armados de tridentes no inferno cristão ou no Reino das Conchas da Cabala.

As atuais tradições mágicas divergem acentuadamente sobre a natureza dos demônios, para não falar nas sugestões de práticas mágicas para invocá-los. Mesmo essas tradições que não usam rituais goéticos para invocar demônios, porém, enfatizam que isso não é tarefa para magos iniciantes e acarreta riscos bastante significativos. VEJA TAMBÉM CABALA; GOÉTIA; GRIMÓRIO. LEITURA ADICIONAL: E. BUTLER,1949; J. GREER, 2001; MCLEAN, 1990; SCHOLEM, 1974.

deosil. Essa palavra gaélica que significa "movimento circular no sentido horário" foi adotada pela maioria das tradições do moderno movimento pagão. Na comunidade pagã norte-americana, costuma ser pronunciada erroneamente, como "di-o-zil" ou "dei-o--zil"; a pronúncia correta em gaélico é "je-chel". O contrário de deosil é *tuathil*, embora a expressão escocesa *widdershins* seja muito mais comum nos atuais círculos pagãos. VEJA CIRCUM-AMBULAÇÃO; WIDDERSHINS.

deros. Nos textos de Richard Shaver e outros colaboradores do "mistério Shaver", anões subterrâneos psicóticos que vivem nas cavernas abandonadas remanescentes da antiga civilização lemuriana, bem abaixo da superfície da Terra, e que atormentam os moradores da superfície com a ajuda de tecnologia lemuriana sucateada. Supõe-se que seu nome provenha da língua lemuriana, mantong, significando "*de*trimental *ro*bots" ou "robôs prejudiciais". VEJA MANTONG; MISTÉRIO SHAVER.

descendente. Num mapa astrológico, a ponta do zodíaco no horizonte no instante para o qual o mapa é calculado. O descendente é pouco usado na moderna análise astrológica, recebia mais atenção antigamente. VEJA ASCENDENTE; ASTROLOGIA.

deslocamentos polares. VEJA CICLOS CÓSMICOS.

Despertar das Cidadelas. Variação do Exercício do Pilar do Meio usado no sistema mágico Aurum Solis. É diferente do exercício convencional do Pilar do Meio por usar um centro adicional no meio das sobrancelhas, e por situar os centros na frente do corpo, projetando-se da pele ou (no caso do centro Flos Abysmi) totalmente para fora do corpo.

Os seis centros usados no Despertar das Cidadelas são os seguintes:

Centro	Significado	Localização
Corona Flammae	Coroa de Chamas	Acima da Cabeça
Uncia Coeli	Trinta Gramas do Céu	Fronte
Flos Abysmi	Flor do Abismo	Garganta
Orbis Solis	Orbe do Sol	Coração
Cornua Lunae	Chifres da Lua	Genitália
Instita Splendens	Esplêndido Limite	Entre os pés

VEJA TAMBÉM AURUM SOLIS; PILAR DO MEIO, EXERCÍCIO DO; E OS NOMES DE CADA CENTRO. LEITURA ADICIONAL: DENNING E PHILLIPS, 1978.

destilação. Na alquimia, o processo de extrair as partes voláteis de uma solução aquecendo-a e condensando o vapor em líquido num outro recipiente. A destilação é um dos mais usados processos alquímicos, particularmente útil na espagíria – a alquimia medicinal das ervas – que, hoje, é a mais comum das formas de alquimia praticadas. O simbolismo alquímico atribui-lhe o signo zodiacal de Virgem; em algumas obras, é mencionada como a sexta operação da Grande Obra. *VEJA* ALQUIMIA; ESPAGÍRIA.

Deusa, a. A principal divindade do moderno movimento neopagão, associada à natureza, à fertilidade, à Lua, aos ciclos da vida biológica e ao ecossistema planetário da Terra, vista como uma única e vasta entidade. Em muitas tradições neopagãs, a Deusa tem três formas – a Virgem, a Mãe e a Megera – que correspondem às fases da Lua: Crescente, Cheia e Minguante.

Muitos de seus modernos seguidores dizem que a adoração à Deusa tem sido transmitida continuamente em sua forma presente desde tempos pré-históricos. No entanto, a atual história da Deusa é bem mais complexa. Deusas de diversos tipos remontam a um período anterior à história registrada, e algumas dessas deusas mais antigas influenciaram o surgimento da Deusa do neopaganismo atual. A Deusa em si, porém, é uma figura essencialmente moderna, e seu aparecimento é o exemplo mais recente e mais bem documentado do nascimento de uma nova divindade.

É comum dizer-se que o culto à Deusa é a mais antiga religião do mundo, datando dos caçadores-coletores do Paleolítico cujas estatuetas "de Vênus" esculpidas em pedra e osso são ícones modernos comuns ao movimento de espiritualidade da Deusa. Mesmo assim, apesar de uma imensa especulação, não sabemos absolutamente nada sobre o significado dessas estatuetas. Seriam deusas, talismãs mágicos, obras de arte, objetos eróticos da Idade da Pedra ou alguma outra coisa? Simplesmente não sabemos, e as tentativas de acobertar essa ignorância com declarações abrangentes sobre "o que devem ter sido" têm muito mais a ver com a moderna política cultural do que com estudos acadêmicos sérios.

O que sabemos de fato é que, na época dos primeiros registros históricos do Oriente Médio e em outros lugares, acha-se visivelmente ausente a figura de uma deusa universal e lunar da fertilidade. Em vez da Deusa – ou mesmo do Deus – a religião pagã do mundo antigo venerava dezenas ou centenas de deuses, deusas, espíritos e entidades sobrenaturais menos definidas. Esses seres variavam desde divindades locais menores até os grandes poderes criadores e destruidores do universo, e todos tinham sua própria personalidade, poder e papel no universo. Vale a pena comentar que os panteões antigos contrariavam sempre as modernas suposições sobre o sexo da divindade: no Egito, por exemplo, a terra era um deus, o céu era uma deusa, e a mais feroz das divindades da guerra era a deusa-leoa Sekhmet, enquanto a Lua era masculina nas religiões da Mesopotâmia. Esse mesmo tipo de diversidade era a regra, e não a exceção, em todo o mundo antigo. *VEJA* PAGANISMO.

A primeira formulação ancestral daquilo que veio a ser a Deusa do neopaganismo moderno emergiu entre místicos platônicos no início da Era Comum. Na época do médio platonismo (entre 300 A.E.C. e 200 E.C., aproximadamente), filósofos dessa tradição desenvolveram uma teoria da natureza como um ser vivo, quase divino, intermediário entre o mundo transcendente das Ideias e o reino da matéria; *VEJA* PLATONISMO. Entre estudantes de teurgia – a ala mágica do platonismo – a natureza chegou a ser vista como uma deusa e foi absorvendo gradualmente as personalidades e nomes de diversas deusas clássicas. Os Oráculos Caldeus de Juliano, o Teurgo, uma importante fonte da prática posterior da teurgia, associavam a natureza à figura sombria de Hécate, uma deusa grega arcaica mencionada nos textos de Hesíodo; *VEJA* ORÁCULOS CALDEUS.

Para os desenvolvimentos posteriores, o mais importante foi o escritor platônico Lúcio Apuleio, que se inspirou nas ideias platônicas da natureza ao retratar a deusa egípcia Ísis em seu romance *O Asno de Ouro*. Numa cena próxima do final do livro, a deusa Ísis aparece para o personagem principal e apresenta uma longa lista de nomes com os quais as pessoas a conhecem, terminando a lista com seu verdadeiro nome, Ísis. Essa cena inspirou-se muito nos ensinamentos dos mistérios de Ísis dos primeiros séculos E.C., nos quais se acredita que Apuleio teria sido iniciado. *VEJA* APULEIO, LÚCIO; ÍSIS.

A adoção da filosofia platônica pela incipiente Igreja cristã fez com que boa parte desse material sobrevivesse à queda de Roma. A ideia da Natureza como poder criador feminino atuando no mundo pode ser encontrada ao longo da Idade Média nos textos cristãos de ortodoxia inquestionável. Por complicados motivos culturais, deusas e deuses pagãos continuaram a ser aceitos como símbolos poéticos e filosóficos durante a Idade Média. Havia ainda uma vasta gama de deusas alegóricas – Sabedoria, Filosofia, Verdade, Natureza e muitas outras – que não estavam confinadas à literatura: apareciam rotineiramente em experiências visionárias e recebiam as preces de muitos cristãos medievais devotos.

As imagens da Deusa também tiveram um papel importante na magia do Renascimento, que se inspirou muito em fontes platônicas e ressuscitou a deusa platônica da Natureza. Ela sofreu certo eclipse, porém, nos movimentos da Reforma e da Contrarreforma, que remodelaram o pensamento ocidental nos séculos XVI e XVII, descartando ideias como uma terra viva e um complexo mundo espiritual em favor de imagens politicamente mais ativas da autocracia de Deus sobre um universo de matéria morta.

O ressurgimento do platonismo e da imagem mágica da Natureza, bem como sua transformação na moderna Deusa, foi fruto do movimento romântico. O romantismo rebelou-se apaixonadamente contra toda a estrutura do pensamento pós-Reforma, prezando a emoção sobre a razão, a Natureza sobre a cultura, a mulher sobre o homem e, com frequência, a magia sobre a ciência. A antiga imagem platônica da Natureza como deusa foi uma inspiração óbvia, em especial porque muitos românticos se valeram de fontes mágicas renascentistas, e isso levou muitos escritores românticos a voltarem às tradições pagãs clássicas ou aos poucos fragmentos sobreviventes da tradição pagã celta ou germânica.

No início do século XIX, o movimento romântico estava produzindo uma poderosa imagem da deusa, de fato idêntica à Deusa do neopaganismo moderno: uma divindade lunar da Natureza e da fertilidade, a grande mãe do universo. Esta é a imagem que domina a poesia intensamente pagã de figuras como Swinburne – que era o poeta predileto, merece ser dito, de Aleister Crowley, Dion Fortune e Gerald Gardner, entre outros luminares de uma geração posterior.

A deusa romântica não se manteve segura no meio poético por muito tempo. Em 1849, o estudioso alemão Eduard Gerhard propôs que todas as deusas dos antigos gregos descendiam de uma mesma deusa pré-histórica. Especulações sobre antigos matriarcados, uma ideia introduzida pelo historiador romântico

J. J. Bachofen na década de 1860, foram rapidamente acrescentadas a esse conceito; VEJA MATRIARCADOS ANTIGOS. Em 1903, a classicista inglesa Jane Harrison reuniu todos esses fios e produziu um conjunto de ideias muito familiares para os atuais observadores do cenário pagão, argumentando que o sudeste europeu pré-histórico tinha sido palco de uma civilização idílica e pacífica, que era centrada na mulher e reverenciava uma deusa da Natureza de aspecto tríplice. Essa civilização, segundo ela, teria sido destruída por invasores patriarcais antes da aurora da história.

Tais ideias basearam-se em evidências muito pouco concretas, e foram ferozmente contestadas por outros estudiosos. Apesar disso, tiveram um enorme impacto na imaginação popular. Isso se aplica em particular à Inglaterra, onde os livros de Harrison eram leitura obrigatória do movimento Woodcraft e outros movimentos semipagãos do início do século XX, e onde romances populares como *She (Ela)*, de H. Rider Haggard, puseram a imagem romântica da deusa em circulação. VEJA WOODCRAFT.

Os aspectos poéticos e históricos da Deusa foram reunidos em sua forma definitiva pelo poeta inglês Robert Graves, cujo livro *A Deusa Branca* (publicação original, 1948) foi a mais influente fonte de imagens e de ideologia da Deusa para o movimento pagão moderno. Com o subtítulo de *Uma Gramática Histórica do Mito Poético*, a obra de Graves usou os matriarcados de adoradores da Deusa da Europa antiga e sua eliminação pelos invasores patriarcais como elementos para compor uma visão da realidade intensamente pessoal e poética. Isso não foi percebido pela maioria dos leitores do livro, que entenderam esse e outros elementos do livro – como o calendário das árvores-Ogham, que Graves inventou do nada – como fatos históricos. VEJA CALENDÁRIO DAS ÁRVORES-OGHAM. Alguns anos após a publicação, essa obra recebeu a companhia do primeiro livro de Gerald Gardner sobre a Wicca, dando início ao moderno movimento pagão.

Embora muito tenha sido escrito sobre a Deusa desde a época de Graves, bem pouco disso se afastou significativamente dos temas e das imagens que ele recebeu de poetas e estudiosos anteriores e passou para o atual movimento pagão. Por isso, parece provável que as imagens e os atributos básicos da Deusa estarão cristalizados no futuro. O fato de muitos membros do atual movimento neopagão poderem atestar experiências pessoais com a Deusa é um argumento forte: sejam quais forem suas origens históricas, ela é, inquestionavelmente, uma presença viva nos reinos interiores da experiência. VEJA TAMBÉM GAIA; DEUS, O; WICCA. LEITURA ADICIONAL: ELLER, 1993; FARRAR E FARRAR, 1986; GOODISON E MORRIS, 1998; GRAVES, 1966; HARRISON, 1903; HUTTON, 1998, 1999; NEWMAN, 2001.

deuses canópicos. Na mitologia do Egito Antigo, os quatro filhos de Hórus: Hapi, Imseti, Duamutef e Kebehsenuef. Originalmente os quatro pilares do céu e as quatro *khu* ou formas espirituais luminosas de Hórus, vieram depois a desempenhar um papel essencial no culto fúnebre, guardando os órgãos internos do morto e servindo de guias e guarda-costas na difícil jornada pelo mundo inferior, saciando ainda a fome e a sede da alma virtuosa. Eles estavam sob a proteção de quatro deusas poderosas. Ver o verbete para cada deus para conhecer suas funções e simbolismos específicos.

No sistema de magia da Golden Dawn, os quatro deuses canópicos faziam parte das estações invisíveis do templo, posicionados nos quatro cantos como seus guardiões. VEJA ESTAÇÕES INVISÍVEIS. LEITURA ADICIONAL: BUDGE, 1967; REGARDIE, 1971.

Deus, o. Uma das duas divindades primárias da Wicca moderna, contrapartida masculina da Deusa. Geralmente retratado como um homem com chifres, o Deus é o senhor da floresta e dos animais, e costuma ser visto como espírito da vegetação e do crescimento. Seu relacionamento exato com a Deusa varia de tradição para tradição, mas é sempre visto como seu parceiro, e geralmente também como seu filho.

A tradição da Wicca afirma que o Deus é a mais antiga divindade masculina idolatrada por seres humanos. Como não sabemos nada sobre as tradições religiosas da pré-história, isso pode ser verdade ou não. No período histórico, porém, os deuses corníferos da fertilidade eram poucos e espaçados. Os exemplos mais conhecidos são Pã, divindade grega menor da região da Arcádia, e Cernunnos, divindade celta da Gália.

O surgimento do Deus em sua forma moderna parece ter começado na Inglaterra em meados do século XIX, quando Pã tornou-se uma imagem querida dos poetas românticos. A notável mania por Pã, faunos e sátiros que acometeu os círculos literários ingleses no final do século XIX e início do XX tem sido tema de mais de um estudo crítico. O deus da fertilidade idolatrado pelo hipotético culto medieval às bruxas de Margaret Murray era primo em primeiro grau de Pã, embora o Diabo cristão (outro parente próximo) também tenha participado da criação de Murray. *VEJA* HIPÓTESE DE MURRAY. LEITURA ADICIONAL: MERIVALE, 1969.

A transição entre Pã e o Deus da Wicca deveu-se em parte a Robert Graves (1895-1985), cujo livro *A Deusa Branca* também teve um papel central na criação da Deusa da Wicca; em outra parte, deveu-se à popularidade da cultura celta em meados e no final do século XX, que fizeram de Cernunnos e seus chifres de veado uma imagem mais atraente que a de Pã com seus chifres de bode. A remodelagem e o desenvolvimento da imagem do Deus é fruto do moderno paganismo, em sintonia com (e provavelmente por causa de) as redefinições igualmente abrangentes da identidade masculina em muitas culturas ocidentais na mesma época.

Em algumas tradições, há dois Deuses, ou duas formas do Deus: o Rei Carvalho e o Rei Azevinho, respectivamente os poderes do ano crescente e os do minguante, e que lutam entre si e trocam de cargo em nome dos favores da Deusa.

Outros autores ligados à Wicca distinguem três aspectos do Deus, em paralelo com as três formas da Deusa. O Encapuzado é o Homem Verde do folclore, e também a origem da lenda de Robin Hood, um deus das florestas. O Cornífero é o deus da caça e governa o reino animal; apesar do nome, geralmente é retratado com chifres de veado, e não de bode. O Ancião, finalmente, é o deus da morte. *VEJA TAMBÉM* DEUSA, A; WICCA. LEITURA ADICIONAL: FARRAR, 1989; HUTTON, 1999; MERIVALE, 1969.

Deus Cornífero. *VEJA* DEUS, O.

deva. (do sânscrito, "deus") Na teosofia e nas tradições ocultistas influenciadas por ela, uma classe de seres espirituais situados entre os anjos e os espíritos elementais, com especial autoridade sobre o reino da natureza. Tal como ocorre com todas as questões teosóficas, a história dos devas foi compreendida detalhadamente por meio da visão akáshica dos primeiros escritores teosofistas, embora essa informação tenha todos os inconvenientes habituais do material clarividente. *VEJA* CLARIVIDÊNCIA.

Em Findhorn, uma comunidade espiritual situada no litoral da Escócia, boa parte do trabalho da comunidade tem sido dedicada à interface entre a tradição dos devas e a agricultura orgânica. Os resultados têm sido impressionantes, a ponto de estimular uma vasta gama de formas esotéricas de jardinagem. *VEJA TAMBÉM* ANJO; ESPÍRITO; TEOSOFIA. LEITURA ADICIONAL: FINDHORN COMMUNITY, 1975; HODSON, 1976A, PETTIS, 1999; WRIGHT, 1987.

Devachân. (grafado também **Devakan**) Na terminologia teosófica, o reino dos devas. *VEJA* DEVA; TEOSOFIA.

Devakan. *VEJA* DEVACHÂN.

Devi, Savitri. (Savitri Devi Mukherji) Autora francesa, 1905-1982. Nascida Maximiani Portas, numa família com raízes inglesas, italianas e gregas, na cidade francesa de Lyon, passou longos períodos na Grécia depois de terminar o curso secundário, voltando de tempos em tempos para cursar a Universidade de Lyon. Após terminar duas dissertações de doutorado em 1931, ela viajou para a Índia, onde se estabeleceu, casando-se com Asit Krishna Mukherji, editor e ativista político do movimento pela independência da Índia, e assumindo o nome sânscrito sob o qual seus livros posteriores foram publicados. Embora viajasse bastante, morou na Índia até pouco antes de sua morte.

Como muitos intelectuais europeus do início do século XX, Devi tinha posições racistas e antissemitas, bem como um desprezo pela democracia e pelas culturas de massa do Ocidente. Essas posições combinaram-se rapidamente com as tradições elitistas e de castas dos círculos conservadores que ela frequentava na Índia. Além disso, foi vegetariana durante toda a vida, e defensora dos direitos dos animais.

Todas essas posições ideológicas foram partilhadas por Adolf Hitler e outras figuras importantes do movimento nazista na Alemanha. A ligação não passou em branco para Devi, que se tornou defensora eloquente de Hitler na década de 1930, distribuindo propaganda pró-Alemanha antes da guerra e espionando atividades britânicas na Índia para as potências do Eixo após o início da guerra. Enquanto isso, ela escreveu três livros e uma peça sobre Akhenaton, o faraó herege da décima oitava dinastia do Egito Antigo, cuja religião solar a atraía bastante. *VEJA* AKHENATON.

Depois da rendição alemã, Devi escreveu um livro sobre os direitos dos animais, *The Impeachment of Man*, publicado na década seguinte, em 1959. Depois, ela voltou à Europa, onde fez três viagens à Alemanha ocupada, conversando com antigos nazistas e distribuindo folhetos pró-nazistas; presa pelo governo britânico de ocupação, passou seis meses na prisão. Voltou em 1952, tendo obtido um passaporte grego com seu nome de solteira, e, desde essa época até sua morte, em 1982, ela viajou, deu palestras e escreveu textos apoiando movimentos neonazistas na Europa e na América do Norte.

Suas crenças se tornaram uma completa teologia mística do nazismo, e podem ser encontradas em seu principal trabalho, *O Relâmpago e o Sol* (publicação original, 1958). Combinando os mitos hindus com a ideologia nazista, ela identificou Hitler como um avatar do coletivo divino da humanidade ariana, vindo ao mundo para derrotar os poderes do mal (que, previsivelmente, ela identificou como sendo os judeus) no Kali Yuga, a última era degenerada da contagem de tempo hindu chamada Manvantara. A derrota e o suicídio de Hitler foram, a seu ver, um sacrifício que, em última análise, levaria ao final do Kali Yuga e à renovação da humanidade ariana.

Essas ideias foram adotadas por outros pensadores nazistas e neonazistas, inclusive o diplomata e escritor chileno Miguel Serrano. Seus textos menos controvertidos tiveram uma influência ainda maior: *The Impeachment of Man* foi publicado várias vezes até 1991, e causou um impacto significativo no movimento pelos direitos dos animais nos Estados Unidos e na Europa, e seu mais importante trabalho sobre Akhenaton tem sido publicado pela AMORC, a Ordem Rosa-Cruz Norte-Americana. *VEJA* ANTIGA E MÍSTICA ORDEM ROSAE CRUCIS (AMORC). *VEJA TAMBÉM* NACIONAL-SOCIALISMO. LEITURA ADICIONAL: DEVI, 1958; GOODRICK-CLARKE, 1998.

dez. No simbolismo numérico pitagórico, dez é a conclusão dos números, e todas as relações numéricas importantes na prática pitagórica derivam dele. Seus títulos incluem "Tudo", "Destino", "Eternidade", "Confiança" e "Deus". Há dez pontos na tétrade, o principal diagrama numérico pitagórico; *VEJA* TÉTRADE.

Na cabala, dez é Malkuth, a décima Sefirah, e também o número da letra Yod. É ainda o número de Sefirot na Árvore da Vida como um todo. O Nome de Deus com dez letras é ALHIM TzBAVTh, Elohim Tzabaoth. *VEJA* CABALA.

No simbolismo mágico do Renascimento, dez é chamado de fim e conclusão de todos os números. É o número da perfeição e representa o poder da multiplicidade. *VEJA TAMBÉM* ARITMOLOGIA. LEITURA ADICIONAL: MCLEAN, 1994; WATERFIELD, 1988; WESTCOTT, 1984.

Dhyan Chohans. Na Teosofia, uma expressão genérica para todas as entidades que transcenderam ao nível humano e servem como inteligências divinas encarregadas da supervisão dos diversos aspectos do universo. Há três classes de Dhyan Chohans, embora, dentro dessa divisão geral, existam incontáveis subdivisões e categorias. Aparentemente, os Mestres da Grande Loja Branca, ainda encarnados em forma humana, são o escalão mais baixo na hierarquia dos Dhyan Chohans. Outros estão desencarnados, mas ainda podem ser contatados pelos seres humanos, enquanto outros são completamente imperceptíveis e incompreensíveis para os seres humanos. *VEJA TAMBÉM* GRANDE LOJA BRANCA; MESTRES; TEOSOFIA.

Diabo, o. Décimo quinto Arcano Maior do tarô, geralmente com a imagem de um diabo convencional, com chifres e cascos. O sistema da Golden Dawn atribui esse Arcano à letra hebraica Ayin, enquanto o sistema francês o atribui a Samekh. Na divinação, tem um grande número de significados, que vão do destino ao poder da mente inconsciente e ao mal sobrenatural.

Seu título mágico é "Senhor dos Portais da Matéria, Filho das Forças do Tempo". *VEJA TAMBÉM* AYIN; TARÔ.

Carta de tarô o Diabo (tarô Universal)

diáfano. Nos textos de Éliphas Lévi e outros ocultistas hermetistas, a aura humana como interface entre a imaginação e o mundo astral. *VEJA* AURA.

diakka. Nos textos do "Vidente de Poughkeepsie", Andrew Jackson Davis, uma classe de espíritos ignorantes e malignos, responsáveis por boa parte das fraudes e truques que cercam muitas sessões espíritas. Segundo a teoria de Davis, seres humanos sem princípios e egoístas tornam-se espíritos sem princípios e egoístas após a morte, e esses – os diakka – ficam próximos da Terra até abdicarem de seus maus hábitos e progredirem para níveis superiores da existência. Davis recomendava uma vida pura, refinada e religiosa como forma de evitar atividades dos diakka, pois eles se sentem atraídos por pessoas cujas mentes estão em harmonia com as suas próprias. *VEJA* DAVIS, ANDREW JACKSON. *VEJA TAMBÉM* DEMÔNIO.

Diana. Deusa romana intimamente associada com as tradições da bruxaria antiga e medieval, Diana parece ter sido originalmente uma deusa italiana, parceira de Dianus ou Janus, o deus das portas e dos inícios. Seu nome deriva da mais antiga expressão indo-europeia para divindade, e, com quase toda certeza, ela e seu equivalente masculino foram adorados na Itália séculos ou milênios antes dos primeiros registros escritos de sua presença.

Mais adiante, com a expansão do paganismo romano, absorveu muitas das lendas e tradições associadas com a deusa grega Ártemis, e nessa forma foi reverenciada em boa parte do mundo antigo antes do surgimento do cristianismo; *VEJA* PAGANISMO. A adoração a Diana parece ter durado mais do que a de outras divindades pagãs. Eclesiásticos em regiões rurais da Itália, nos séculos V e VI E.C. – muito depois da cristianização oficial da área – ainda exortavam os camponeses a pararem com essa idolatria.

Onde hoje é a França, durante o século IX, foi escrito o famoso cânone *Episcopi*, denunciando "mulheres imorais" que acreditavam que voavam pelos ares à noite "com Diana, deusa dos pagãos, e uma inumerável multidão de mulheres"; *VEJA* CÂNONE EPISCOPI. Essa tradição de viagens noturnas e espectrais em companhia de uma deusa não parece ter existido na época romana, mas espalhou-se por boa parte da Europa no início da Idade Média. Às vezes associada com Diana, às vezes não, sobreviveu em algumas partes da Europa ao longo da Idade Média e do Renascimento, e pode só ter sido eliminada na pior fase da era das fogueiras; *VEJA* FOGUEIRAS, ERA DAS.

De acordo com os textos de Charles Godfrey Leland, cujo *Aradia, ou o Evangelho das Bruxas* (publicação original, 1899) teve um papel fundamental na criação do moderno movimento pagão, Diana era a deusa reverenciada pelas bruxas italianas estudadas por ele. Atualmente, muitas tradições pagãs reverenciam Diana como forma primária da Deusa. *VEJA* DEUSA. A. LEITURA ADICIONAL: FRAZER, 1922; LELAND, 1974.

diário mágico. Importante ferramenta da moderna prática mágica, o diário mágico é apenas um registro detalhado das práticas e estudos, mantido diariamente. Permite ao estudante revisar de tempos em tempos seu progresso, preserva importantes *insights* obtidos nos estudos, em meditação ou por experiências, e auxilia o autoconhecimento.

O diário mágico parece ter se tornado parte habitual da tradição durante o grande ressurgimento da magia no século XIX. Há, porém, exemplos anteriores a essa época, dentre os quais os mais famosos são os detalhados diários mágicos do mago elisabetano John Dee (1527-1608). *VEJA* DEE, JOHN.

dias egípcios. No folclore medieval, 32 dias de cada ano repletos de infortúnios. Fazer praticamente qualquer coisa nesses dias significava correr o risco de um desastre. Segundo um manuscrito do século XV, "aquele que se casar num desses dias, não terá alegrias com sua esposa por muito tempo; e aquele que iniciar uma viagem, nunca mais (voltará), ou algum infortúnio recairá sobre ele; e aquele que iniciar algum trabalho importante, nunca o terminará; e aquele que perder sangue morrerá em breve, ou nunca mais ficará são" (Dawson, 1934, p. 328-29).

Os dias específicos assim marcados variam de fonte para fonte. O manuscrito mencionado acima relaciona os dias egípcios como sendo os seguintes:

Janeiro: 1, 2, 4, 5, 10, 11, 15
Fevereiro: 1, 7, 10
Março: 2, 11
Abril: 16, 21
Maio: 6, 15, 20
Junho: 4, 7
Julho: 15, 20
Agosto: 19, 20
Setembro: 6, 7
Outubro: 6
Novembro: 15, 19
Dezembro: 6, 7, 9

No final da Idade Média e do Renascimento, os dias egípcios foram um dos alvos dos ataques da Igreja à magia popular e à adivinhação. Aqueles que seguiam abertamente os dias egípcios corriam o risco de se tornarem presas da Inquisição; a partir do século XIII, os manuais dos inquisidores incluem os dias egípcios nas listas de práticas "supersticiosas" proibidas. LEITURA ADICIONAL: DAWSON, 1934; KIECKHEFER, 1989.

dibbuk. *VEJA* DYBBUK.

Digestão. Na alquimia, o processo de expor uma substância a um calor suave e constante durante um longo período. Muitas substâncias tratadas dessa forma passam por uma série complexa de transformações químicas e energéticas, que são da maior importância em alguns métodos alquímicos. O simbolismo alquímico associa esse processo ao signo zodiacal de Leão. *VEJA* ALQUIMIA.

Din. (hebraico DIN, "justiça") Nome alternativo para Geburah, a quinta Sefirah da Árvore Cabalística da Vida. *VEJA* GEBURAH.

direção (astrologia). Modo de previsão de eventos futuros na vida de uma pessoa a partir do mapa natal. Há diversas formas de lidar com as direções, e algumas envolvem matemática extremamente complicada. Em todas as formas de direção, os planetas se movem numa quantidade fixa ao longo de uma das coordenadas celestes para cada ano de vida da pessoa cujo mapa está sendo analisado.

A relação entre as posições dos planetas alteradas pela direção e suas posições originais é crucial. Numa direção primária, por exemplo, se um planeta precisa cobrir uma distância de trinta graus antes de formar um aspecto com um segundo planeta, a relação entre os dois exercerá maior influência no trigésimo ano de vida da pessoa.

As direções estão intimamente relacionadas com as progressões, outra forma de predição usando o mapa natal. *VEJA* PROGRESSÕES. *VEJA TAMBÉM* ASTROLOGIA.

direções no ocultismo. A atribuição de significados às quatro direções é uma parte importante do simbolismo ocultista, mas está sujeita a diversas variações. A ideia de que havia quatro, e apenas quatro, direções é recente no mundo ocidental: desde o início da Idade Média, muitas pessoas dividiam o horizonte em oito setores, e não em quatro. A cultura cristã medieval reconhecia quatro direções (bem como quatro Evangelhos, elementos, humores etc.), mas as combinava de maneiras que nem sempre correspondem às suposições modernas; veja a tabela abaixo.

Fonte	Leste	Sul	Oeste	Norte
Renascimento:	Fogo	Ar	Água	Terra
Elementos da Aurora Dourada:	Ar	Fogo	Água	Terra
Zodíaco da Aurora Dourada:	Fogo	Terra	Ar	Água
Wicca:	Ar	Fogo	Água	Terra
Cochrane (1):	Fogo	Ar	Água	Terra
Cochrane (2):	Fogo	Terra	Água	Ar

Na moderna prática da magia, a versão mais comum do simbolismo direcional foi idealizada por Éliphas Lévi e popularizada pela Ordem Hermética da Aurora Dourada. Quase todos os modernos sistemas mágicos cerimoniais usam essa versão. A maioria das tradições da Wicca e da bruxaria modernas seguem as ideias de Gerald Gardner, que ao criar (ou reformular) a Wicca usava as correspondências usadas pela Golden Dawn. *VEJA* WICCA. As principais exceções são as tradições baseadas na obra de Robert Cochrane (1931-1966), que incluiu o Clã de Tubal-Cain e a Tradição 1734; algumas delas posicionam o fogo no leste e o ar no sul, tal como no modelo do Renascimento, deixando a água e a terra em suas posições normais, enquanto outros movem o ar para o norte e a terra para o sul. *VEJA* CLÃ DE TUBAL-CAIN.

Discordianismo. Em algum ponto intermediário entre um movimento religioso e uma brincadeira, o Discordianismo teve origem no final da década de 1950, quando seus fundadores, Greg Hill e Kerry Thornley, desenvolveram o conceito de uma religião para cultuar Eris, a deusa grega do caos, da discórdia e da confusão. Segundo relatos publicados, ou a teologia do Discordianismo foi criada originalmente por Hill e Thornley, ou foi-lhes revelada por um chimpanzé espectral numa madrugada, numa pista de boliche de Los Angeles. Famosa entre os amigos dos fundadores, essa hipótese manteve-se como uma piada restrita a esse pequeno grupo até 1970, quando a editora Rip Off Press, de San Francisco, publicou a primeira edição de grande tiragem de *Principia Discordia*, as escrituras do movimento. Em 1975, Robert Shea e Robert Anton Wilson publicaram a trilogia *Illuminatus!*, uma mescla de ficção científica e teorias conspiratórias que se inspirou muito no material do Discordianismo. A trilogia tornou-se um clássico *Cult* e colocou o Discordianismo no palco do cenário alternativo.

Como convém a uma religião que cultua o caos, tanto a teologia como os ensinamentos, os rituais e as práticas do Discordianismo variam do estranho ao impossível, passando pelo tolo. Os discordianos são proibidos de comer o pão usado em cachorros-quentes; porém, exige-se que todo discordiano coma um cachorro-quente, com pão e tudo, durante sua autoiniciação. As páginas do *Principia* incluem itens estranhos como o Livro de Útero, a Epístola aos Paranoicos e a temível Maldição do Peru Discordiano. Candidatos a Chaplin do sacerdócio Paratheanametomístico da Eris Esotérica, uma das ordens discordianas, devem copiar a Afirmação Erisiana cinco vezes, assinando e apondo a impressão nasal em cada cópia; uma cópia é remetida por correio ao presidente dos Estados Unidos, outra é enviada a um funcionário de baixo escalão do governo da Califórnia, outra é afixada a um poste telefônico, outra é escondida e a quinta é queimada.

Embora o Discordianismo se situe na periferia do ocultismo ocidental, bem como de muitas outras coisas, tem sido uma importante fonte de inspiração para o movimento mágico do Caos; *VEJA* MAGIA DO CAOS. LEITURA ADICIONAL: MALACLYPSE THE YOUNGER, 1970; SHEA E WILSON, 1975.

dissolução. Na alquimia, o processo de se dissolver uma substância num fluido adequado; o fluido usado é chamado de mênstruo. O simbolismo alquímico associa esse processo ao signo zodiacal de Câncer; em alguns relatos, é mencionado como a segunda operação da Grande Obra, a preparação da Pedra Filosofal. *VEJA* ALQUIMIA; MÊNSTRUO.

ditânia de Creta. Erva perene (*Origanum dictamnus*) nativa da região mediterrânea, muito próxima do orégano e da manjerona. Tem uma forte qualidade materializadora, e por isso é comum como incenso na evocação de espíritos que o operador deseja fazer aparecer. *VEJA* EVOCAÇÃO.

Djin. Na magia cerimonial, o rei das salamandras, ou elementais do fogo. Seu nome pode derivar da palavra árabe *jinn*, "demônio". *VEJA* ELEMENTAL.

Djwal Kul, Mestre. Na tradição da Teosofia e sistemas relacionados de filosofia esotérica, um Mestre da Grande Loja Branca, a fraternidade secreta que supervisiona a evolução espiritual da Terra. O Mestre Djwal Kul (também grafado Djwal Kuhl) foi um místico tibetano e o principal discípulo de Mestre Kuthumi, e progrediu a ponto de chegar à posição de Mestre no início do século XX. Foi identificado como "o Tibetano" que ditou a Alice Bailey seus volumosos livros sobre filosofia e prática ocultistas. *VEJA* BAILEY, ALICE; KUTHUMI, MESTRE; MESTRES; TEOSOFIA.

Doctor John. (Jean Montancé) Médico hudu afro-americano, ?-1885. Nascido no Senegal, foi escravizado na juventude mas fugiu ou comprou sua liberdade. Chegou a Nova Orleans saído de Cuba como cozinheiro de um navio, trabalhou nas docas durante alguns anos e era dono de uma cafeteria na época do Censo de 1850. Por ocasião do Censo de 1860, dizia que sua profissão era "médico" e tinha bens no montante de US$ 12.000, um valor bastante significativo na época. Segundo um artigo de revista de 1885, gastou sua fortuna no jogo em seus últimos anos de vida e morava na casa de sua filha Alicia quando morreu.

Doctor John era um homem de porte imponente, com cicatrizes paralelas nas faces, que, segundo afirmava, eram marcas de nascença que indicavam realeza. Com Marie Laveau, foi um dos mais famosos praticantes de hudu de Nova Orleans no século XIX. No final do século XX, seu nome foi adotado pelo músico de Nova Orleans Mac Rebennack. *VEJA TAMBÉM* HUDU. LEITURA ADICIONAL: LONG, 2001.

dodecatemória. (do grego, "décima segunda parte"). Na astrologia antiga, uma fração de signo zodiacal, geralmente com um doze avos de signo ou 2,5 graus. As dodecatemórias eram associadas aos signos do zodíaco em sequência, de Áries a Peixes, e assinalavam variações sutis das energias do signo – assim, a dodecatemória de Áries de cada signo era seu primeiro surgimento intenso, a dodecatemória de Touro era o estabelecimento sólido de suas energias, e assim por diante. As dodecatemórias foram praticamente esquecidas na astrologia moderna, e é raro encontrar um astrólogo atual que as utilize. *VEJA TAMBÉM* ASTROLOGIA; ZODÍACO.

dois. Para os pitagóricos, dois era o primeiro movimento que se afastava da unidade, e por isso tem os títulos "ousado", "impulso" e "temerário". Não era visto como um número no sentido estrito da palavra, mas como um dos dois princípios dos quais derivam os números. Como princípio da separação, chamavam-no "angústia", "persistência" e "privações". Como fonte dos números pares, era chamado de "justiça". Como era visto como um movimento rumo à existência e a um desenvolvimento a partir da semente da unidade, era chamado de "Natureza". Como os números pares eram femininos no pensamento pitagórico, dois era associado a Ísis, Reia e Deméter.

No pensamento cabalístico, dois é Chokmah, "Sabedoria", a segunda Sefirah da Árvore da Vida. É ainda o número da letra hebraica Beth. Nomes de Deus com duas letras incluem AL, El e YH, Yah. *VEJA* CABALA.

No simbolismo mágico do Renascimento, dois é o número do casamento e do microcosmo humano e representa a criação da matéria. Está associado com os dois querubins da arca da aliança e as duas tábuas da lei mosaica. *VEJA TAMBÉM* ARITMOLOGIA. LEITURA ADICIONAL: MCLEAN, 1994; WATERFIELD, 1988; WESTCOTT, 1984.

donzela. Membro feminino de um coven que ajuda a Suma Sacerdotisa e geralmente é uma iniciada do segundo grau, no mínimo. Ela costuma gerenciar o círculo de treinamento das candidatas à iniciação. *VEJA* COVEN; WICCA.

Doreal, Maurice. Ocultista norte-americano, 1898-1963. Nascido Claude Doggins, em Oklahoma, Doreal adotou seu novo nome e estabeleceu sua ordem, a Fraternidade do Templo Branco, em 1929 em Denver, Colorado. Afirmava ter passado oito anos estudando com o Dalai-Lama no Tibete, mas boa parte dos ensinamentos de sua ordem parece ter saído de sua volumosa biblioteca (com uns 30 mil livros) de ocultismo e ficção científica. Atraiu uns mil seguidores, que foram com ele no final da década de 1940 a uma pequena cidade a sudoeste de Denver, para construir uma cidade que sobreviveria a um holocausto atômico previsto. Viveu lá, escrevendo e ensinando, até sua morte, em 1963. LEITURA ADICIONAL: KAFTON-MINKEL, 1989.

doze. Na cabala, doze é o número de bandeiras ou permutações do Tetragrammaton. Há doze letras simples no alfabeto hebraico.

No simbolismo cristão, doze é o número dos Apóstolos, dos profetas e dos portões da Nova Jerusalém.

No simbolismo mágico do Renascimento, doze é o número da graça e da perfeição, bem como dos signos do zodíaco. *VEJA TAMBÉM* ARITMOLOGIA. LEITURA ADICIONAL: MCLEAN, 1994; WATERFIELD, 1988; WESTCOTT, 1984.

Drebbel, Cornelis. Alquimista e inventor holandês, 1572-1633. Nascido em Alkmaar, no norte da Holanda, e educado no sul, Drebbel saiu do país ao final da guerra contra a Espanha, estabelecendo-se primeiro em Praga e depois na Inglaterra. Enquanto morou em Praga, tornou-se o principal alquimista do Sacro Imperador Romano Rodolfo II, que se dedicava à alquimia e ao ocultismo. Depois, mudou-se para a Inglaterra, onde serviu como alquimista da corte para os reis Stuart, James I e Charles I. *VEJA* STUART, CASA DOS.

Seu feito mais famoso deu-se em 1621, quando ele e doze remadores entraram num submarino de madeira e remaram debaixo d'água numa viagem de três horas pelo Tâmisa, indo de Westminster até Greenwich sob o olhar espantado do rei James I, dos nobres de sua corte e de milhares de londrinos. O pequeno veículo não tinha respiro ou fonte de ar exterior, mas todos que estavam nele saíram vivos e saudáveis de seu interior no final da viagem. Segundo relatos da época, Drebbel tinha garrafas de uma desconhecida "quintessência do ar" dentro do submarino, que ele abria de tempos em tempos para manter a atmosfera respirável durante a viagem. Muitos historiadores dizem que a "quintessência" de Drebbel seria o oxigênio, que só seria descoberto 150 anos depois.

Drebbel também idealizou um mordente eficaz para o corante cochonila, criou diversos aparelhos meteorológicos e produziu fogos de artifício. Escreveu dois opúsculos, um dos quais um tratado sobre meteorologia que faz referência à teoria sobre o influente salitre aéreo de Michael Sendivogius; *VEJA* SENDIVOGIUS, MICHAEL. Como a teoria do salitre aéreo baseava-se em experimentos com nitrato de potássio, que libera grandes quantidades de oxigênio quando aquecido, a afirmação que Drebbel sabia fazer oxigênio por meios alquímicos pode não ser infundada. *VEJA TAMBÉM* ALQUIMIA. LEITURA ADICIONAI : HARRIS, 1998; SZYDLO, 1994.

druidas. Membros de uma casta religiosa de alguns povos celtas da Europa Ocidental. Pouco se sabe sobre eles, pois consideravam que manter registros escritos era um tabu. A totalidade das informações remanescentes sobre o tema provêm de antigos autores gregos e romanos, bem como de missionários e cronistas cristãos, preenchendo no máximo algumas dezenas de páginas. A arqueologia proporciona um pouco mais de informação, mas a única resposta precisa para a maioria das perguntas a respeito deles é "não sabemos".

Provavelmente, os druidas eram os sacerdotes dos celtas pagãos, embora haja dúvidas até sobre isso, pois nenhum autor antigo que se refere a eles chama-os de "sacerdotes". Suas origens e sua história são um amontoado de palpites; Júlio César, um autor da Antiguidade que trata dessa questão, afirmou que o sistema druida originou-se na Grã-Bretanha e que de lá teria ido para a Gália (a atual França). Também havia druidas na Irlanda e na Escócia, mas na Antiguidade não há referências a eles na Europa Central ou na Ásia Menor, onde viviam outros povos celtas.

Segundo autores gregos e romanos, os druidas eram uma casta privilegiada, isenta de impostos e do serviço militar. Seus ensinamentos eram contidos em versos, que tinham de ser memorizados por seus alunos; alguns levavam até vinte anos para concluir essa tarefa. Aparentemente, esses ensinamentos incluíam a crença na reencarnação; *VEJA* REENCARNAÇÃO.

Autores gregos e romanos dividem os druidas em três classes: os Vates, que praticavam adivinhações e estudavam a natureza; os Bardos, cuja poesia e música formaram a memória viva da cultura celta pagã; e os Druidas propriamente ditos, que davam aulas a estudantes e supervisionavam os sacrifícios aos deuses. Não se sabe, porém, se eram níveis de iniciação, como a maioria das tradições druidas modernas tem imaginado, ou simplesmente especializações ocupacionais. *VEJA* BARDO; VATE.

Os primeiros autores cristãos que mencionam os druidas retratam-nos como feiticeiros que invocam demônios na vã tentativa de prejudicar a difusão do cristianismo. Repete-se aqui a retórica cristã sobre outros sacerdócios pagãos, mas pode haver um fundo de verdade na imagem dos druidas como magos; certamente, durante séculos, o folclore irlandês e o galês viam o druidismo basicamente como uma questão de poder mágico, e a palavra irlandesa *draiocht* significa tanto "druidismo" quanto "magia".

Os druidas da Gália e da Inglaterra sofreram perseguições nos tempos romanos, pois eram identificados como possíveis líderes de revoltas contra Roma. Na Irlanda e na Escócia, que nunca se submeteram ao controle romano, as tradições druidas floresceram até o advento do cristianismo. Os registros históricos fragmentados do início da Idade Média, quando o cristianismo acabou entrando nas terras celtas do noroeste da Europa, apresentam apenas datas aproximadas, mas parece claro que, por volta do ano 800, o druidismo não existia mais em sua forma original. Uma parte do folclore druida pode ter sobrevivido nas tradições poéticas e acadêmicas nativas de Gales, Irlanda e Highlands escocesas, embora isso seja tema de acirradas discussões entre estudiosos contemporâneos.

Como a maioria dos povos antigos com fama de sábios, os druidas foram envolvidos com frequência e desde cedo nas especulações de historiadores do ocultismo, e tiveram diversos papéis nesse contexto. Sugestões de uma fonte antiga segundo as quais Pitágoras poderia ter estudado com os druidas de Marselha, ou talvez vice-versa, foram repetidas entusiasticamente por autores ocultistas a partir do Renascimento; VEJA PITÁGORAS. Os druidas também foram associados ao continente perdido da Atlântida, ao Egito Antigo e a diversas teorias exóticas; a única coisa que parece faltar é a alegação de que os antigos druidas teriam vindo do espaço – embora não haja dúvidas de que essa teoria vá surgir em breve.

Os antigos druidas também serviram de inspiração primária para a moderna tradição do druidismo; VEJA DRUIDISMO. VEJA TAMBÉM RECONSTRUCIONISMO CELTA. LEITURA ADICIONAL: PIGGOTT, 1968.

druidismo. Moderno movimento religioso, espiritual, filosófico e mágico que tem procurado, com maior ou menor sucesso, reviver os ensinamentos e as práticas dos antigos druidas celtas. Para informações sobre os antigos druidas, VEJA DRUIDAS.

A maioria das organizações druidas, embora não todas, alega descender dos antigos druidas celtas, e é até possível que uma ou outra dessas alegações tenha algum fundo de verdade. Seja como for, o surgimento do druidismo teve muito mais a ver com tendências culturais e religiosas surgidas no início da era moderna do que com quaisquer fragmentos de tradição antiga que possam ter sobrevivido a 1500 anos de perseguição romana e cristã.

A chegada da cultura renascentista à Inglaterra e à França forçou as pessoas instruídas desses países a enfrentar uma incômoda realidade: as antigas culturas grega e romana eram, artística e culturalmente, bem mais avançadas do que qualquer coisa que o incipiente mundo moderno havia logrado. O redivivo interesse pelo passado levou os estudiosos a redescobrir referências aos antigos druidas que haviam sobrevivido ao tempo, bem como a grandes ruínas megalíticas como Stonehenge e Carnac. Na Inglaterra, as tradições ocultistas dos séculos XVI e XVII já se inspiravam na tradição celta das fadas; VEJA FADAS. O resultado foi um clima propício para o ressurgimento dos druidas.

O ressurgimento começou em algum momento do início do século XVIII. Um relato que corre nas modernas ordens druidas afirma que John Toland (1670-1722), escritor e filósofo irlandês, organizou um coven druida numa reunião em Londres no outono de 1717, embora não tenha restado nenhum registro contemporâneo dessa reunião ou do coven dela resultante. Em meados do mesmo século, William Stukeley (1687-1765) e seus amigos na Sociedade de Antiquários realizaram estudos detalhados de Stonehenge, Avebury e outras ruínas megalíticas. O próprio Stukeley estava convencido de que os antigos druidas não tinham sido apenas os construtores desses sítios, mas também os herdeiros de uma revelação religiosa protocristã transmitida pela família de Noé. Ele e diversos escritores do gênero tornaram respeitáveis os antigos druidas, e incentivaram outros a explorar, ou a inventar, tradições druidas.

Uma dessas criações foi a Ancient Order of Druids [AOD, ou Antiga Ordem dos Druidas, fundada em 1781 em Londres, pelo carpinteiro inglês Henry Hurle. Baseada na Maçonaria, a AOD usava elementos da tradição druida para preencher o sistema-padrão das lojas fraternais. Um movimento cismático, a United Ancient Order of Druids [UAOD, ou Antiga Ordem Unida dos Druidas], foi fundado em 1833 e tornou-se uma organização de porte respeitável, especialmente nos Estados Unidos. *VEJA* LOJA FRATERNAL.

Outro movimento druida do século XIX foi criado pelo brilhante, embora excêntrico, polímata galês Edward Williams (1747-1826). Com o nome artístico de Iolo Morganwg, ele produziu poesias, ensaios e rituais que, segundo dizia, teria herdado das tradições bardas de sua Glamorganshire natal. Hoje, acredita-se que a maior parte desse material tenha nascido da imaginação fértil do próprio Williams, mas seu conhecimento substancial das tradições e da literatura galesas permitiu que enxertasse com eficiência suas criações nas *eisteddfodau* (covens ou assembleias bardas) galesas, onde seus rituais e simbolismos são usados até hoje. Seu livro póstumo *Barddas* (1862), uma coleção de manuscritos sobre tradições bardas e celtas, exerceu por mais de um século um impacto importante sobre o druidismo.

O exemplo e os textos de Williams geraram uma bem-sucedida organização druida sediada em Pontyprydd, em Gales, liderada sucessivamente pelos arquidruidas Myfyr Morganwg (Edward Davies) e Morien (Owen Morgan). Os druidas de Pontyprydd foram muito influenciados pelas atuais teorias fálicas da religião, que alegam que toda religião era, na verdade, uma adoração da força vital em sua forma sexual. Embora a adoração do sexo não pareça ter ultrapassado os limites vitorianos, os druidas de Pontyprydd foram motivo de comentários escandalosos, mas tinham membros até nos Estados Unidos e influenciaram bastante diversos grupos druidas posteriores.

Outras influências sobre o movimento druida britânico vieram de outros pontos do cenário ocultista. No início do século XX, o colapso da Ordem Hermética da Aurora Dourada fez com que muitos ocultistas ingleses procurassem outras organizações onde pudessem trabalhar. Um número surpreendente deles parece ter se afiliado a alguma ordem druida – uma mudança facilitada pelo crescente interesse nas tradições celtas demonstrado por diversos membros importantes da Golden Dawn. *VEJA* CASTELO DE HERÓIS; GOLDEN DAWN. Esse influxo de magos cerimoniais treinados levou ao nascimento de novas ordens druidas sincréticas durante o século XX, de que a Ordem Cabalística dos Druidas e a Antiga Ordem dos Hermetistas Druidas, ambas ativas em Londres entre as duas guerras mundiais, são exemplos.

A segunda influência importante sobre o druidismo britânico no século XX veio do movimento pagão que ressurgiu no mundo ocidental após a Primeira Guerra Mundial. Woodcraft, um movimento pelo retorno à Natureza, de cunho semipagão, voltado para jovens e criado pelo escritor naturalista canadense Ernest Thompson Seton, teve um impacto bastante grande a partir da década de 1920; ordens druidas posteriores, como a Order of Bards Ovates and Druids [OBOD, ou Ordem dos Bardos, Vates e Druidas], receberam muitos membros saídos do movimento Woodcraft. *VEJA* KIBBO KIFT, IRMANDADE DE; ORDEM DOS BARDOS, VATES E DRUIDAS

(OBOD); WOODCRAFT. Mais tarde, a ascensão da Wicca colocou um modo diferente de espiritualidade pagã em contato com o druidismo, dando um novo destaque à imagem da Deusa nos círculos druidas. *VEJA* BRUXARIA DRUIDA; DEUSA, A; WICCA.

Fora da Grã-Bretanha, a tradição druida estabeleceu raízes na França desde o início. A Bretanha, nação celta que hoje faz parte da República Francesa, tinha ordens druidas desde 1855, quando um ramo do Eisteddfod galês se organizou lá. A UAOD chegou à França em 1869, e a primeira organização druida de orientação mística, a Eglise Druidique et Nationale (Igreja Druida e Nacional), foi fundada em Paris em 1885. Desde a Segunda Guerra Mundial, o cenário druida francês mostrou-se ativo, com dezenas de grupos de diversos tipos, alguns relacionados com as tradições druidas inglesas, outros totalmente domésticos.

Nos Estados Unidos, as organizações druidas surgiram na década de 1780, e tanto a UAOD como os Druidas de Pontyprydd mostraram-se presentes. Mesmo assim, uma das organizações druidas norte-americanas mais influentes do século XX começou como uma piada. Estudantes do Carleton College, em Northfield, Minnesota, que eram obrigados a comparecer a serviços religiosos, organizaram a Reformed Druids of North America [RDNA, ou Druidas Reformados da América do Norte] como um protesto irônico em 1963. A exigência cessou, mas diversos membros decidiram levar a sério a brincadeira e a RDNA ainda existe. *VEJA* REFORMED DRUIDS OF NORTH AMERICA (RDNA). Uma ramificação da RDNA, a New Reformed Druids of North America [NRDA, ou Novos Druidas Reformados da América do Norte], transformou a abordagem excêntrica da RDNA numa organização neopagã, mas atraiu poucos membros. Em 1983, um antigo arquidruida da NRDA, P. E. I.

(Isaac) Bonewits (1949-2010), fundou um grupo mais popular dentro dessas mesmas linhas, chamado Ar nDraiocht Fein (ADF), que se tornou um dos grupos druidas mais influentes dos Estados Unidos. *VEJA* AR NDRAIOCHT FEIN (ADF).

As décadas de 1980 e 1990, que viram uma explosão de novos grupos em todos os ramos do moderno ressurgimento pagão, produziram o mesmo efeito no âmbito do druidismo, com o surgimento de muitas novas organizações e tradições druidas. Tal como ocorre com outros movimentos pagãos modernos, muitos desapareceram pouco depois de sua fundação, mas alguns existem até hoje e produziram trabalhos expressivos.

A própria diversidade das organizações e tradições druidas torna impossível descrever um ritual, uma prática ou um ensinamento druida "típico"; isso não existe. As organizações druidas discordam, às vezes de forma violenta, sobre se o druidismo é uma religião, um caminho espiritual, uma filosofia ou uma tradição mágica. Algumas organizações druidas modernas veneram este ou aquele conjunto de antigas divindades celtas, e outras não o fazem; muitas, mas não todas, estão profundamente envolvidas com o movimento ecológico; algumas se interessam por megálitos, linhas ley e outros mistérios, enquanto outras consideram esses temas totalmente dissociados do druidismo. Os rituais druidas variam de sacrifícios primitivos, nos quais são feitas oferendas de cerveja e prata aos deuses, a serviços religiosos vagamente unitários, nos quais trechos de livros místicos são lidos e um cálice de uísque é passado de mão em mão, como se fosse uma comunhão, chegando a rituais herméticos formais, nos quais os poderes guardiões dos elementos são invocados e figuras em mantos brancos esvoaçantes entoam palavras de poder.

Muitos estudantes das tradições celtas, especialmente aqueles envolvidos no movimento de reconstrução celta, tendem a menosprezar as modernas organizações druidas como "fraudes modernas", e essa acusação tem certo fundamento, especialmente quanto a grupos que alegam, sem provas, descender diretamente dos druidas originais. Como moderno movimento espiritual independente, porém, o druidismo não tem de que se envergonhar. Um dos primeiros movimentos de renovação pagã, com quase trezentos anos de história própria e um rico legado filosófico e prático a seu favor, o druidismo pode ser comparado com a maioria das tradições espirituais do mundo ocidental. *VEJA TAMBÉM* RECONSTRUCIONISMO CELTA; NEOPAGANISMO. LEITURA ADICIONAL: CARR-GOMM, 2002; HANSEN, 1995; JENKINS, 1997; MILES, 1992; MORGAN, S/D; NICHOLS, 1990; OWEN, 1962; RAOULT, 1996; REFORMED DRUIDS OF NORTH AMERICA, 2003.

Drythen. (inglês antigo, "senhor") Em algumas tradições modernas da Wicca, a unidade divina primitiva que se divide em Deus e Deusa. Drythen é mais um conceito filosófico do que uma divindade efetivamente reverenciada, e tem pouca participação nos rituais e práticas da Wicca, mesmo nas tradições que o incluem. *VEJA* DEUS, O; DEUSA, A; WICCA.

Duamutef. (egípcio antigo, *dwamtf*) Um dos quatro filhos de Hórus, Duamutef tinha a cabeça de um chacal, governava a parte oriental do mundo e era responsável pelo coração e pelos pulmões dos mortos. Seu nome também é grafado Tuamautef, Ttoumathph e Tmooumathv em fontes antigas. Estava associado à deusa Neit, e também era chamado "o Cortador". *VEJA* DEUSES CANÓPICOS.

No sistema mágico da Golden Dawn, com o nome de Ttoumathph, é um dos guardiões invisíveis do templo, com estação no sudeste. *VEJA* GOLDEN DAWN; ESTAÇÕES INVISÍVEIS.

Duir. (irlandês antigo, "carvalho") Sétima letra do alfabeto Ogham, com valor sonoro *d*. Corresponde ao carvalho entre as árvores, à garriça entre as aves, ao preto entre as cores e ao número doze. Na versão de Robert Graves para o calendário das árvores-Ogham, seu mês vai de 11 de junho a 8 de julho. *VEJA* OGHAM.

Letra Ogham Duir

duplo etérico. *VEJA* CORPO ETÉRICO.

dybbuk. No folclore e na magia judaica, demônio ou fantasma que possui uma pessoa viva. Os dybbuks tornaram-se um elemento comum da tradição judaica antes do início da Era Comum. Nos primeiros textos, eram considerados demônios, mas por volta da Idade Média eram tidos como as almas daqueles que eram maléficos demais para reencarnar. Esses "espíritos nus" buscavam abrigo nos corpos de pessoas vivas, mas só podiam entrar se a pessoa tivesse cometido um pecado secreto. Podiam ser exorcizados por métodos mágicos cabalísticos, e desde o século XV circularam manuais detalhados para o exorcismo de dybbuks. *VEJA TAMBÉM* DEMÔNIO; POSSESSÃO DEMONÍACA. LEITURA ADICIONAL: SCHOLEM, 1974.

E

Eadha. (irlandês antigo, "incerto") Décima nona letra do alfabeto Ogham, com valor sonoro *e*. Corresponde ao choupo entre as árvores, ao cisne entre as aves, à cor vermelha e ao número dois. Na versão de Robert Graves para o calendário das árvore-Ogham, está associada ao equinócio de outono. VEJA OGHAM.

Letra Ogham Eadha

Ear. (inglês antigo, "túmulo") A vigésima nona runa do futhorc anglo-saxão. O poema rúnico em inglês antigo relaciona essa runa com a ideia de morte como o destino comum a todos. VEJA FUTHORC ANGLO-SAXÃO.

Runa Ear

Ebad; Ebhadh. *VEJA* KOAD.

eclíptica. Caminho aparente do Sol contra o pano de fundo das estrelas conforme se vê da Terra, a eclíptica é um grande círculo que passa pelas doze constelações do zodíaco. A palavra "eclíptica" deve-se ao fato de os eclipses ocorrerem quando a Lua também está nessa linha. Em virtude da inclinação do eixo terrestre, a eclíptica parece estar inclinada pouco mais de 23 graus em relação ao equador celeste (a projeção do equador terrestre no espaço). A eclíptica tem um papel importante em muitas mitologias antigas, que codificam informações astronômicas e astrológicas em forma narrativa. *VEJA TAMBÉM* PRECESSÃO DOS EQUINÓCIOS; ZODÍACO. LEITURA ADICIONAL: DE SANTILLANA E VON DECHEND, 1977.

ectoplasma. No espiritualismo e em muitas outras tradições ocultistas modernas, uma substância sutil que exsuda de certos médiuns durante suas sessões, e proporciona a base semimaterial para certos fenômenos mediúnicos. Invisível e intangível em sua forma normal, pode tornar-se um vapor semelhante a uma bruma, um fluido ou um semissólido gelatinoso. Durante uma sessão, ele sai de todos os orifícios do corpo do médium, inclusive dos poros da pele. Tem cheiro de ozônio e desfaz-se rapidamente se exposto à luz. Exatamente o que ele é, se é que existe de fato, é um mistério, embora uma boa hipótese seja a de uma substância etérica concentrada e condensada.

Em diversos casos de mediunidade fraudulenta, o modo mais comum para se forjar o ectoplasma consiste em enrolar uma gaze fina e escondê-la num orifício corporal, extraindo-a conforme necessário. *VEJA TAMBÉM* ESPIRITUALISMO.

Éden. Segundo a mitologia bíblica, o jardim no qual viveram o primeiro homem e a primeira mulher depois de serem criados, e do qual foram expulsos após provarem o fruto da Árvore do Conhecimento do Bem e do Mal. O Éden assumiu papéis variados no simbolismo e nos ensinamentos ocultistas desde então. Como principal mito ocidental de nossas origens, ainda é uma presença viva, e continua a surgir em diferentes formas, tanto na moderna tradição espiritual quanto na cultura popular.

Nas tradições ocultistas ocidentais em si, os gnósticos incluem muitas versões alternativas da história do Éden, que mantêm com a versão bíblica aproximadamente a mesma relação que as teorias conspiratórias sobre o assassinato de Kennedy mantêm com o relatório oficial da Comissão Warren. *VEJA* GNOSTICISMO. Na cabala, por sua vez, a história é usada como base para complexas especulações cosmológicas. Eva é transformada na deusa da natureza e Adão torna-se a alma coletiva da humanidade como um todo; *VEJA* CABALA. Finalmente, no ocultismo cristão, a história é considerada mais ou menos como um fato consumado; *VEJA* OCULTISMO CRISTÃO. *VEJA TAMBÉM* ADÃO; EVA; QUEDA, A.

Edom. (hebraico ADVM, "vermelho") Antigo reino situado no deserto a leste de Israel, onde hoje fica a Jordânia. Edom teve uma sucessão de reis antes da época de Saul, primeiro rei de Israel. No simbolismo cabalístico, esses reis eram equiparados com os Senhores da Força Desequilibrada, os poderes governantes dos Mundos Primitivos, que desapareceram antes do nascimento do universo atual.

Houve oito reis e onze duques de Edom, e eles ficaram associados à Árvore da Vida conforme segue:

1. Bela, filho de Beor. *Cidade*: Dinhabah. *Duque*: Timnah, Alvah, Jetheth. *Sefirah*: Daath.
2. Jobab, filho de Zerah. *Cidade*: Bozrah. *Duque*: Aholibamah. *Sefirah*: Chesed.
3. Husham. *Cidade*: Temani. *Duque*: Elah. *Sefirah*: Geburah.
4. Hadad, filho de Bedad. *Cidade*: Avith. *Duque*: Pinon. *Sefirah*: Tiphareth.
5. Samlah. *Cidade*: Masrekah. *Duque*: Kenaz. *Sefirah*: Netzach.
6. Saul. *Cidade*: Rehoboth. *Duque*: Teman. *Sefirah*: Hod.
7. Baal-Hanan, filho de Achbor. *Cidade*: (nenhuma). *Duque*: Mibzar e Magdiel. *Sefirah*: Yesod.
8. Hadar. *Cidade*: Pau. *Duque*: Eram. *Sefirah*: Malkuth.

Nota: A esposa de Hadar, último dos reis, era Mehitabel, filha de Matred, filha de Mezahab.

A conexão entre os reis de Edom e os poderes dos mundos primitivos tem um papel primordial em diversos rituais da Golden Dawn, que mencionam trechos sobre os reis edomitas extraídos da Bíblia e de diversos textos cabalísticos. *VEJA* GOLDEN DAWN. *VEJA TAMBÉM* QLIPPOTH.

educação física. Movimento dos séculos XIX e XX na Europa e nos Estados Unidos, dedicado à saúde física por meio de exercícios, alimentação e um modo de vida mais natural. Embora o movimento de educação física não fizesse parte, em termos estritos, das tradições ocultistas ocidentais, muitos ocultistas desse mesmo período estiveram envolvidos com a educação física, e, em muitos casos, ensinamentos ocultistas e sistemas de educação física se valiam muito um do outro.

O movimento de educação física surgiu como resposta ao triste estado da saúde no início do século XX. As amplas mudanças sociais e culturais dos dois séculos anteriores levaram boa parte da população da zona rural para cidades entulhadas e poluídas, privando as pessoas de ar puro e de alimentos naturais, ligando-as, ao mesmo tempo, a trabalhos industriais repetitivos, tarefas domésticas igualmente repetitivas ou a vidas sedentárias. A alimentação habitual na maior parte do mundo ocidental consistia quase que só de carne, gordura e banha. As roupas, especialmente para mulheres, eram tão apertadas que chegavam a deformar o corpo. Parte do problema pode ser percebida ao se recordar que a constipação, ou prisão de ventre, chegou a ser considerada o pior problema de saúde dos Estados Unidos no século XIX e início do XX.

Tendências teológicas e culturais dominantes desvalorizaram a atividade física e corporal em nome da vida "mais pura" da mente. O movimento romântico do final do século XVIII, porém, rejeitou isso e deu nova atenção à vida do corpo. Por volta da década de 1820, novos sistemas de exercício – os exercícios Jahn da Alemanha e a ginástica de Per Henrik Ling da Suécia – atraíam estudantes de todo o mundo ocidental. Um oficial do exército suíço, Phokion Heinrich Clias, tornou-se um dos primeiros instrutores profissionais de educação física em 1822, fundando uma próspera escola em Londres, com alunos de ambos os sexos. Por volta da década de 1830, livros e artigos sobre diferentes sistemas de exercício estavam se tornando comuns.

Na segunda metade do século XIX, como resultado, era possível encontrar professores de educação física na maioria das cidades do mundo ocidental, bem como cursos por correspondência sobre o assunto. Isso fazia parte de uma vasta gama de literatura e de recursos educativos de autoaperfeiçoamento, que também se valia de muitos elementos das tradições ocultistas daquela época. Muitos autores e professores do movimento de educação física incluíam instruções sobre respiração, visualização, treinamento da vontade e temas similares, idênticos aos oferecidos por ordens ocultistas daquela época.

Uma figura importante dentre as que ligavam educação física ao ocultismo era Genevieve Stebbins, a mais famosa professora norte-americana do sistema Delsarte de exercícios e treinamento físico. Além de sua exitosa carreira como professora de educação física, atriz de teatro e escritora, ela foi membro da Fraternidade Hermética de Luxor (F. H. de L.), uma das mais importantes ordens mágicas do século XIX. Seus livros incluíam bastante treinamento mágico, além de exercícios de respiração e de formas de lidar com energias sutis. *VEJA* FRATERNIDADE HERMÉTICA DE LUXOR (F. H. DE L.); STEBBINS, GENEVIEVE.

Outra figura nos mesmos moldes foi William Walker Atkinson (1862-1932), um dos autores do *Caibalion* e membro da Golden Dawn, que também publicava obras sobre educação física sob o pseudônimo de Yogue Ramacháraca; *VEJA* ATKINSON, WILLIAM WALKER. O notável Joseph Greenstein, que fazia um número de homem forte com o nome artístico de "O Poderoso Átomo" e desenvolveu um sistema de exercícios físicos baseado em seus estudos da cabala, é outro; *VEJA* GREENSTEIN, JOSEPH L.

O movimento de educação física floresceu na primeira metade do século XX mas sofreu na década de 1950. A cultura do pós-guerra, especialmente nos Estados Unidos, tinha pouco interesse pelo desenvolvimento completo do eu oferecido pelos sistemas clássicos de educação física, e os vínculos entre esta e o ocultismo fizeram com que muita gente se afastasse do antigo movimento. Em seu lugar, emergiu uma nova postura diante dos exercícios físicos, defendida por figuras como Joe Weider. Esse novo fisiculturismo objetivava um corpo visualmente impressionante, e não um corpo forte e saudável. Alimentos naturais e pesos pesados deram lugar a anabolizantes, suplementos e exercícios destinados a encher os músculos com fluidos visando o maior volume possível.

Essa postura cosmética sobre o exercício foi o padrão na maioria das academias norte-americanas. As tradições mais antigas conseguiram sobreviver e tiveram um renascimento modesto nas décadas de 1990 e 2000, ganhando novos adeptos e dando origem ao movimento da "academia de fundo de quintal", dedicada aos métodos dos antigos "fortões". Se alguma parcela da educação física vai retornar à comunidade ocultista, porém, é algo que temos de esperar para ver. LEITURA ADICIONAL: RUYTER, 1999; SPIELMAN, 1998; STEBBINS, 1893; TODD, 1998.

egípcios. *VEJA* CALENDÁRIO EGÍPCIO; DIAS EGÍPCIOS; LIVRO DOS MORTOS; OCULTISMO EGÍPCIO; PAPIROS MÁGICOS GRECO-EGÍPCIOS.

egrégora. Expressão comum na moderna prática mágica, significando o grupo artificial de almas criado por qualquer grupo mágico ou espiritual operativo – ou por qualquer grupo de pessoas unidas por algum tipo de vínculo emocional. Originalmente, a palavra significava "vigia", referindo-se a um elemental artificial construído por um grupo mágico para vigiar seus trabalhos e afastar intrusos físicos e não físicos. Com o tempo, a expressão adquiriu seu significado atual.

Em alguns textos pagãos modernos, os deuses e as deusas do paganismo tradicional são identificados como egrégoras construídas conjuntamente por seres divinos e seus adoradores humanos. Isso se aproxima muito das antigas discussões herméticas sobre o mesmo tema. *VEJA TAMBÉM* ALMA-GRUPO.

Eh. (runa anglo-saxã) *VEJA* EHWAZ.

Eh. (runa armanen). Décima sétima runa do sistema rúnico armanen, Eh corresponde ao conceito do casamento, ao deus Loki e ao poder mágico, segundo o poema rúnico "Havamal", de fazer com que as meninas não detestem o mestre das runas. *VEJA* RUNAS ARMANEN.

ᛖ

Runa Eh

Ehwaz. (germânico antigo, "cavalo") Décima nona runa do futhark antigo, correspondente ao cavalo, e em especial ao cavalo mágico de oito patas de Odin, Sleipnir; outras ideias associadas a essa runa incluem o casamento, toda sorte de parceria e transformações. Ela representa o som *e*. *VEJA* FUTHARK ANTIGO.

A mesma runa, com o nome Eh (inglês antigo, "cavalo"), é a décima nona runa do futhorc anglo-saxão. O poema rúnico em inglês antigo relaciona-a com o cavalo do guerreiro, "cujo orgulho está em seus cascos, uma alegria para os homens". *VEJA* FUTHORC ANGLO-SAXÃO.

Runa Ehwaz (Eh)

Eihwaz. (germânico antigo, "teixo") A décima terceira runa do futhark antigo, correspondente à árvore teixo, ao deus Ullr, à caça e a peças de runas e calendários. Representa o som *ei*. Em alguns relatos pagãos modernos, essa runa está associada à árvore do mundo Yggdrasil, da mitologia nórdica, mas como Yggdrasil era considerada um freixo e não um teixo, isso parece desproposital. *VEJA* FUTHARK ANTIGO.

A mesma runa, com o nome Eoh (inglês antigo, "teixo"), é a décima terceira runa do futhorc anglo-saxão. O poema rúnico em inglês antigo dá-lhe um papel especial como guardiã do fogo. *VEJA* FUTHORC ANGLO-SAXÃO.

Runa Eihwaz (Eoh)

elemental. Espírito que habita um dos quatro elementos mágicos. Os elementais têm um papel muito importante na moderna teoria e prática da magia, mas na verdade são um acréscimo bem recente à tradição. É possível encontrar algum material sobre espíritos elementais em fontes medievais, mas foi Paracelso (1493-1541) que definiu os elementais da forma como foram tratados desde então: gnomos, os elementais da terra; ondinas, elementais da água; silfos, elementais do ar; e salamandras, elementais do fogo. *VEJA* PARACELSO. A vasta influência das obras de Paracelso sobre as primeiras tradições ocultistas modernas fez com que seu relato sobre os elementais se tornasse uma referência no mundo ocidental, e a maioria das tradições mágicas do século XVI em diante repete seu material com alguns acréscimos.

Um texto surpreendentemente influente desses acréscimos foi a história satírica intitulada *Le Comte de Gabalis*, pelo abade Montfaucon de Villars. Nesse conto, o conde do título propõe ao personagem principal a teoria de que a meta de toda prática ocultista seria manter relações sexuais com os espíritos dos elementos. Embora toda a história seja escrita em tom de farsa, e na verdade as tradições ocultistas ocidentais tenham poucas sátiras mais divertidas, a história foi tratada por muitos ocultistas com extrema seriedade, e há bons motivos para pensar que, durante os séculos XVIII e XIX, muitos magos dedicaram todo o seu tempo e seus esforços para realizar esse "casamento de contrapartida". *VEJA* COMTE DE GABALIS, LE.

Na moderna filosofia mágica, os elementais são vistos como entidades conscientes que habitam os quatro elementos do mundo físico. Têm inteligência limitada, mas amplos poderes sobre o elemento que habitam, e tais poderes estão à disposição do mago que domina, em si mesmo, a força elemental correspondente. Segundo algumas fontes, os elementais dependem dos seres humanos para alguns aspectos de sua evolução espiritual, e respondem de bom grado às tentativas humanas de contato. Como criaturas de um único elemento, porém, eles exercem um efeito desequilibrador sobre a psique humana, e um contato excessivo com elementais de um determinado tipo pode levar a diversos problemas. *VEJA TAMBÉM* ELEMEN-

TOS MÁGICOS. LEITURA ADICIONAL: FORTUNE, 1930; J. GREER, 2001.

elementos mágicos. Conceitos centrais da filosofia mágica desde a Antiguidade, os quatro elementos – Terra, Água, Fogo e Ar – mais o "quinto elemento" do Espírito foram introduzidos na tradição ocultista ocidental já na Antiguidade grega. Aparentemente, os quatro elementos foram idealizados por Empédocles de Agrigento (século V A.E.C.), seguidor de Pitágoras, e popularizados por Platão e Aristóteles no século IV. *VEJA* EMPÉDOCLES DE AGRIGENTO. Aristóteles definiu a Terra como a união das qualidades fria e seca, a Água como fria e úmida, o Ar como quente e úmido, e o Fogo como quente e seco; isso abriu as portas para a medicina dos humores, que é o sistema tradicional de cura do Ocidente, e também teve uma poderosa influência sobre a alquimia. *VEJA* ALQUIMIA; HUMORES.

Outra importante transformação na teoria dos elementos que pode ser creditada a Aristóteles é a doutrina do "quinto elemento", às vezes chamado de Quintessência, Espírito, Éter ou Akasha. Não seria propriamente um elemento, mas a unidade de fundo a partir da qual os quatro elementos se manifestam e à qual eles voltam. Na cosmologia de Aristóteles, imaginava-se que os planetas e as estrelas seriam formados de Quintessência. Essa ideia foi descartada pelos teóricos da magia no final do Renascimento, que prefeririam ver o Espírito ou Éter como a energia sutil e modeladora de toda matéria física, tanto na Terra quanto entre as estrelas. *VEJA* ÉTER.

É importante compreender que os elementos não são apenas as substâncias físicas que levam esses mesmos nomes. Cada elemento é uma categoria básica da existência, que pode ser localizada em qualquer reino da experiência. A Terra representa o que é sólido, estável e duradouro; a Água, o que é receptivo, influenciável e fluido; o Ar, o mediador, extenso e envolvente; o Fogo, o ativo, energético e transformador; e o Espírito como o transcendente, o fator que influencia o sistema dos elementos a partir de outro nível. Na psique humana, por exemplo, a Terra aparece como a percepção sensorial, a Água como sentimento (o que inclui tanto a emoção quanto a intuição), o Ar como o intelecto, o Fogo como a vontade e o Espírito como a percepção em si. Na sociedade, de modo análogo, a Terra se expressa na produção de bens e serviços úteis; a Água, pelos artistas, poetas e atores; o Ar pelos cientistas, estudiosos e professores; o Fogo pelos políticos e soldados; e o Espírito pelos sacerdotes, sacerdotisas, místicos e ocultistas. Finalmente, na física moderna, a Terra aparece como o estado sólido da matéria, a Água como o estado líquido, o Ar como o estado gasoso, o Fogo como energia e o Espírito como o tecido subjacente do tempo e do espaço.

A aplicabilidade dos elementos a quase todos os campos da experiência humana deu origem a uma ampla gama de simbolismos e de correspondências, repleta (como muitos elementos do simbolismo ocultista) de contradições e perplexidades. *VEJA* AR (ELEMENTO); TERRA (ELEMENTO); FOGO (ELEMENTO); ESPÍRITO (ELEMENTO) E ÁGUA (ELEMENTO) para conhecer as correspondências elementais de cada elemento na moderna teoria ocultista. *VEJA TAMBÉM* ELEMENTAL.

elixir. Na espagíria, um remédio alquímico feito com diversas ervas. Um produto feito de uma única erva é chamado de clisso. *VEJA* ESPAGÍRIA.

elixir da longa vida. Na tradição alquímica, um preparado especial da Pedra Filosofal que daria vida eterna (ou muito longa) e curaria todas as doenças. VEJA ALQUIMIA; PEDRA FILOSOFAL.

El Morya, Mestre. Na Teosofia e sistemas associados de ensinamento ocultista, um dos Mestres da Grande Loja Branca, a fraternidade secreta que supervisiona a evolução espiritual da Terra. El Morya é o Chohan, ou principal Adepto do Primeiro Raio, o Raio Azul do poder, e é por isso o subordinado imediato do Senhor Vaisvavata, o manu da atual raça-raiz. No período da próxima raça-raiz, a sexta, que se imagina que terá início em algum momento do século XXVI, El Morya tornar-se-á o manu. VEJA MANU; RAIO AZUL; RAÇA-RAIZ.

De acordo com o historiador K. Paul Johnson, "El Morya" era um pseudônimo usado por Blavatsky para Ranbir Singh, marajá da Caxemira, um aristocrata que a apoiou enquanto ela estava na Índia. Aparentemente, Ranbir Singh fazia parte de uma rede de líderes indianos que trabalhou com Blavatsky em oposição ao rajá britânico e à tentativa de cristianização da Índia. Essa identificação tem sido combatida pelos teósofos. VEJA TAMBÉM GRANDE LOJA BRANCA; MESTRES; TEOSOFIA. LEITURA ADICIONAL: JOHNSON, 1994; LEADBEATER, 1925.

Elohim. (hebraico ALHIM, "divindades") Um dos mais importantes Nomes de Deus na cabala e na magia cerimonial, a palavra *elohim* é uma aberração gramatical hebraica, formada pela palavra feminina *Elohe*, "deusa", mais o sufixo plural masculino *-im*. Como terceira palavra do Livro do Gênesis, é o primeiro nome divino que surge na Bíblia.

Na Árvore da Vida, o nome Elohim aparece em combinação com outras palavras e nomes em todas as Sefirot do Pilar da Severidade: como YHVH ALHIM, Tetragrammaton Elohim, o nome divino em Binah; como ALHIM GBVR, Elohim Gibor, o nome divino em Geburah; e como ALHIM TzBAVTh, Elohim Tzabaoth, nome divino em Hod. Às vezes, também é usado como nome de uma ordem de anjos ligadas a Netzach. VEJA BINAH; GEBURAH; HOD; NETZACH. VEJA TAMBÉM CABALA.

Élus Coens. (francês e hebraico, "sacerdotes eleitos") Ordem mágica semimaçônica fundada por Martinez de Pasquallys em 1767, ativa de diversas formas desde essa época; seu nome todo era *La Franc-Maçonnerie des Chevaliers Maçons Élus Coens de l'Univers*. A fundação da ordem data de 1754, quando Pasquallys começou a fundar uma série de lojas na França; a primeira, em Montpellier, tinha o nome de *Juges Ecossais* [Juízes Escoceses] e afirmava estar ligada ao Rito Escocês da Maçonaria, ramo do Ofício mais associado à torrente de graus superiores que na época estava sendo produzida na França e em outros lugares. A primeira loja fundada por Pasquallys com um nome referente aos *Élus Coens* apareceu em Toulouse em 1760. Em 1766, Pasquallys foi a Paris na tentativa de atrair a Grande Loja da França para seu sistema; a tentativa fracassou, principalmente por causa de discórdias internas da própria Grande Loja, mas, nesse processo, Pasquallys conheceu Jean-Baptiste Willermoz, um influente maçom de Lyon, que adotou o sistema de Pasquallys com entusiasmo e auxiliou-o a estabelecer a ordem em âmbito nacional.

Como praticado, o sistema Élus Coens tinha quatro graus, dos quais os três primeiros – *Apprenti* (Aprendiz), *Compagnon* (Companheiro) e *Maitre* (Mestre) – eram idênticos aos três graus da Maçonaria tradicional, mas os iniciados em cada um desses níveis recebiam material instrutivo e tinham aulas em diversas disciplinas preparatórias. O quarto grau, o do *Élu Coen* ou *Grand Profès*, dava acesso aos rituais mágicos secretos da ordem, referidos como *La Chose* ("A Coisa"). Este, o núcleo do sistema de Pasquallys, era um ritual de invocação realizado dentro de um círculo consagrado no dia do equinócio, conjurando espíritos e inteligências à presença visual e audível. Os "passes" dessas entidades – luzes e sons misteriosos experimentados pelo Élu Coen durante o ritual – eram vistos não apenas como a demonstração da realidade dos seres espirituais, como também como prova de que o iniciado tinha transcendido a matéria e realizado a reintegração de seu ser.

O único texto de Pasquallys, o *Tratado da Reintegração dos Seres*, publicação original, 1769, apresenta uma notável cosmologia gnóstica como base desse sistema. Segundo o *Tratado*, o mundo material foi criado por Deus como uma prisão para espíritos malignos que tinham se rebelado contra a vontade divina. Adão Kadmon, o Homem Primordial, foi posto no mundo material como seu guardião e mestre, mas quis criar seres à sua própria imagem, e também caiu. Ele e sua primeira criação, Eva, acasalaram-se sem a bênção divina e produziram o maléfico Caim. Seu segundo filho, Abel, foi concebido com a ajuda de Deus, mas foi morto por Caim. O terceiro filho, Seth, também foi concebido com a ajuda de Deus e recebeu todo o conhecimento divino que Adão possuía. Nas gerações posteriores, os descendentes de Caim, materialistas e maléficos, acasalaram-se com os descendentes de Seth, espiritualizados e bons, e criaram a atual raça humana. Entre estes, um punhado se lembrou de fragmentos do conhecimento divino e procurou a reintegração com a vontade e o propósito divinos; foram os *Amis de la Sagesse*, os "Amigos da Sabedoria", e Pasquallys declarou-se como o último deles.

A ordem não sobreviveu muito além da morte de seu fundador, em 1774, devido à sua organização inadequada e à falta de preparação de um sucessor. Nas mãos de Willermoz e de outros membros, porém, grandes partes do sistema de Pasquallys foram absorvidas pela Maçonaria de alto grau por toda a Europa, e Louis-Claude de Saint-Martin usou muitos dos mesmos conceitos como base para o martinismo, um sistema de esoterismo cristão que ainda tem força ativa no cenário ocultista francês e em outras partes do mundo. Também sobreviveram textos dos rituais dos Élus Coens e *La Chose*, e praticantes dos ritos de Pasquallys em sua forma original têm estado presentes nos círculos ocultistas franceses e alemães desde meados do século XIX. *VEJA TAMBÉM* MARTINISMO; PASQUALLYS, MARTINEZ DE. LEITURA ADICIONAL: BENZ, 1983; HUBBS, 1971.

Emeth-Achavah, Antiga Ordem de. (hebraico, "amor verdadeiro") Sociedade ocultista fundada em Denver, Colorado, em 1898, por Franklin P. White, a Antiga Ordem publicou uma revista chamada *The Light of Kosmon*. Aparentemente, a ordem se dedica ao estudo de *Oahspe, a Bíblia do Kosmon*, uma obra em escrita mediúnica produzida por John Ballou Newbrough (1828-1891) em 1881. Desapareceu em algum momento da década de 1920. *VEJA TAMBÉM* LOJA MÁGICA.

Empédocles de Agrigento. Filósofo e mago grego do século V A.E.C. Muito pouco se sabe ao certo sobre sua biografia, mas registra-se que nasceu numa família rica da colônia grega de Agrigento (nome latino de Acragas ou Akragas), na Sicília, por volta do início do século V, e morreu com uns 60 anos. Tradições conhecidas pelos autores gregos posteriores afirmam que teve um papel ativo na política de Agrigento, apoiando o lado democrático nas convulsões políticas do período, além de atuar como médico.

Escreveu dois longos poemas filosóficos, "Sobre a Natureza" e "As Purificações", que sobreviveram apenas em fragmentos citados por outros autores. "Sobre a Natureza" apresenta uma teoria detalhada sobre a origem e a natureza do universo, com base na teoria dos quatro elementos – a primeira aparição desse conceito em registros históricos – que são unidos e separados em complexos padrões cíclicos pelos poderes do amor e da desarmonia. O conhecimento dos elementos e de seus ciclos, segundo o trecho inicial do poema, abre as portas para talentos mágicos sobre o clima e confere o poder de vencer a velhice, a doença e a morte.

"As Purificações", do qual muito menos sobreviveu, descreve a descida das almas desde um estado original de unidade e bênção para os ciclos de reencarnação, e o longo processo de purificação pelo qual voltam a se erguer para viver entre os deuses. Trechos de "As Purificações" condenam o sacrifício de animais e a ingestão de feijões, e reafirmam o valor de uma dieta vegetariana. Estudiosos antigos e modernos apontam vínculos substanciosos entre tais ideias e as de Pitágoras, as tradições órficas e outras tradições míticas e ocultistas do antigo mundo grego; diversos autores referem-se a Empédocles simplesmente como um pitagórico. *VEJA TAMBÉM* FEIJÕES; PITÁGORAS; VEGETARIANISMO.

A importância de Empédocles na tradição ocultista ocidental é não apenas como aparente criador da doutrina dos quatro elementos – fator central em toda magia, alquimia, astrologia e filosofia esotérica posterior – mas também como figura de destaque na corrente dos filósofos-místicos que estabeleceram as principais ideias e posturas das quais decorreram todos os sistemas ocultistas ocidentais. Seus poemas ainda eram usados em contextos religiosos no final do século I ou início do século II E.C. em Panópolis, no sul do Egito, um importante centro de estudos alquímicos nessa época e depois. Dizem que detalhes perdidos de seus ensinamentos podem ser encontrados em diversas fontes alquímicas gregas e árabes. *VEJA* ALQUIMIA.

Enamorado, o. Sexto Arcano Maior do tarô, esta carta associa-se a uma das mais variadas coleções de imagens. Muitos baralhos, entre os quais o mais antigo, mostram simplesmente um casal; o baralho Rider-Waite e muitos derivados dele mostram Adão e Eva no Jardim do Éden, enquanto o baralho da Golden Dawn mostra a cena de Perseu salvando Andrômeda de um monstro marinho.

No sistema da Golden Dawn, esse Arcano corresponde à letra hebraica Zayin, enquanto o sistema francês o associa a Vau. Seu título mágico é "Filhos da Voz Divina, os Oráculos dos Deuses Poderosos". *VEJA* TARÔ.

Carta de tarô o Enamorado (tarô Universal)

encruzilhada. O lugar onde duas ou mais estradas se encontram tem sido usado na magia desde épocas remotas. A deusa grega da magia,

Hécate, governava as encruzilhadas onde três estradas se encontravam, e nesses lugares eram feitos sacrifícios a ela. Mais tarde, na Idade Média, o folclore diz que os feiticeiros iam a encruzilhadas para conjurar o Diabo. Suicidas e pessoas suspeitas de vampirismo eram enterradas lá, e até hoje praticantes de hudu e de outras formas populares de magia usam as encruzilhadas como local para diversos tipos de trabalhos de magia. *VEJA TAMBÉM* CRUZ; HUDU.

eneagrama. Segundo os textos do místico caucasiano G. I. Gurdjieff e seus seguidores, emblema da Fraternidade Sarmoun, antiga ordem ocultista ativa no Oriente Médio. Usado por Gurdjieff como estrutura simbólica da existência em seus ensinamentos, manteve-se pouco conhecido até Claudio Naranjo, aluno do esoterista chileno Oscar Ichazo, começar a apresentar seminários sobre o tema em Berkeley, na Califórnia, em 1970.

A interpretação particular do eneagrama ensinada por Naranjo focaliza o símbolo como um mapa da personalidade, com os tipos de personalidade associados aos pontos do símbolo. Essa abordagem tornou-se popular entre estudantes americanos, muitos deles interessados em psicologia, e entre católicos liberais, que perceberam a semelhança entre tipos de personalidade do eneagrama e os sete pecados mortais do pensamento tradicional cristão. O primeiro livro popular sobre o tema foi publicado em 1984, seguido por uma torrente de títulos. A popularização do eneagrama também gerou, como era de esperar, muitas discussões entre pessoas envolvidas no desenvolvimento do sistema, sobre quem teria ou não o direito de ensinar o eneagrama (e de lucrar com ele).

Diversas tentativas, algumas mais exitosas do que outras, foram feitas para se ligar o eneagrama aos diversos sistemas simbólicos do ocultismo ocidental tradicional, ou apenas para importá-lo diretamente para um contexto ocultista ocidental. O símbolo tornou-se muito popular em alguns círculos da comunidade da Nova Era; *VEJA* NOVA ERA, MOVIMENTO DA. Enquanto este livro é escrito, porém, ainda permanece nos liminares da tradição ocultista – pertence às característica próprias do sistema de misticismo de Gurdjieff, por um lado, e ao mundo da psicologia popular, por outro. LEITURA ADICIONAL: BENNETT, 1983; PALMER, 1988.

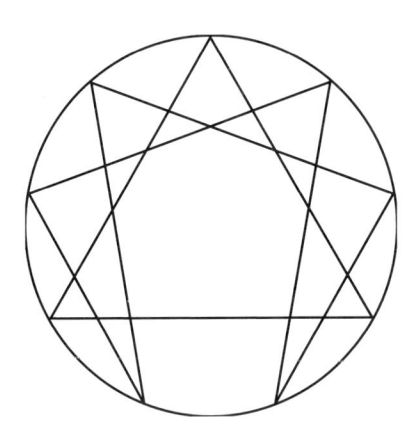

Eneagrama

energia vital. *VEJA* ÉTER.

Enforcado, o. Décimo segundo Arcano Maior do tarô, que mostra um homem pendurado por um pé. Essa imagem já recebeu uma extraordinária quantidade de interpretações modernas, mas no Renascimento, quando foi criada, era um hábito conhecido do sistema judiciário, usado para traidores e criminosos políticos; em 1944, o cadáver do ditador italiano Benito Mussolini foi tratado exatamente dessa forma. No sistema da Golden Dawn, esse Arcano está associado à letra hebraica Mem, enquanto o sistema francês o associa a Lamed. Seus significados mais comuns em adivinhações incluem sacrifício, iniciação, um período de demora ou suspensão, reversão e renúncia.

Aleister Crowley, em seu livro sobre tarô (Crowley, 1969, p. 98), associa a postura do Enforcado ao "Sono de Shiloam", provavelmente o mesmo que o "Sono de Sialam", muito discutido pelos ocultistas do final do século XIX e início do XX. *VEJA* SIALAM, SONO DE.

Seu título mágico é "Espírito das Águas Poderosas". *VEJA TAMBÉM* TARÔ.

Carta de tarô o Enforcado (tarô Universal)

Enoque. (também grafado **Enoch** e **Henoc**) Segundo o Livro do Gênesis, um pentaneto de Adão. Era filho de Jared e pai de Matusalém, e viveu 365 anos. Um comentário enigmático na Bíblia sugere alguma coisa incomum em torno de sua morte: "Enoque andou com Deus e desapareceu, porque Deus o arrebatou" (Gênesis 5,24).

Comentários judaicos posteriores e textos apócrifos expandiram essa breve menção, tornando-a toda uma mitologia, segundo a qual Enoque não teria morrido mas sido levado corporeamente por Deus ao Céu, onde teria se tornado o poderoso arcanjo Metatron; *VEJA* METATRON. Sua fama de sábio levou autores judeus a identificá-lo com Hermes Trismegisto, sendo incorporado no Renascimento às tradições ocultistas ocidentais. *VEJA* CABALA; HERMES TRISMEGISTO.

enoquiana, linguagem. Linguagem dos contatos enoquianos e materiais correlatos, recebidos por John Dee numa série de trabalhos ocultistas realizados ao longo de mais de trinta anos. *VEJA* DEE, JOHN; ENOQUIANA, MAGIA. Apresenta sua própria escrita, ao menos em aparência uma gramática e uma sintaxe, mais seu próprio sistema de numerologia e simbolismo cabalístico, similar ao dos hebreus, porém de modo algum idêntico a ele.

Enoquiano	Título	Inglês
	Pe	B
	Veh	C ou K
	Ged	G
	Gal	D
	Orth	F
	Un	A
	Graph	E
	Tal	M
	Gon	I, Y ou J
	Na-hath	H
	Ur	L
	Mals	P
	Ger	Q
	Drun	N
	Pal	X
	Med	O
	Don	R
	Ceph	Z
	Vau	U, V, W
	Fam	S
	Gisa	T

A linguagem enoquiana não parece intimamente relacionada com nenhuma língua, embora algumas palavras sejam similares a raízes de diferentes idiomas. Os estudiosos têm debatido se ela possui ou não a estrutura gramatical e a sintaxe de uma língua verdadeira. Nos círculos mágicos, porém, sua reputação como ferramenta eficiente para invocar espíritos é extremamente sólida.

O trecho a seguir, extraído da *Segunda Chave*, dará uma noção do tom dessa linguagem. A primeira versão é grafada conforme os textos de Dee, transcrita diretamente do alfabeto enoquiano; a segunda é a pronúncia da Golden Dawn, e a terceira é a tradução da versão inglesa feita por Dee.

Na grafia enoquiana: *torzu gohe L zacar eca c noqod zamran micalzo od ozazm vrelp lap zir Io-Iad.*

Como se pronuncia: *Tordozu gohe El; zodacare, eca, ca noqoda. Zodameranu micaelzodo oda ozodazodme vurelpe lape zodire Io-Iada.*

Tradução da versão inglesa: "Levantem-se, disse o Primeiro; passem a ser meus servos. Mostrem seus poderes e tornem-me um poderoso vidente de coisas, pois eu sou Dele que vive para sempre".

Algumas palavras que parecem enoquianas podem ser encontradas no *Voarchadumia*, de Johannes Pantheus, um manual de alquimia mística publicado em 1530 e muito estudado por Dee. VEJA VOARCHADUMIA. LEITURA ADICIONAL: HARKNESS, 1999.

enoquiana, magia. Sistema de trabalhos de magia desenvolvido a partir dos textos de John Dee (1527-1608), o mais importante ocultista inglês do período elisabetano. Com a ajuda de diversos videntes, dentre os quais o mais famoso foi Edward Kelly, Dee concluiu uma volumosa série de trabalhos de magia teúrgica em busca de conhecimentos ocultos sobre a natureza de Deus, do universo e da humanidade. De acordo com seus detalhados diários, anjos que apareciam para seus videntes transmitiram centenas de páginas de material complexo, formando a matéria-prima da magia enoquiana.

A primeira versão do sistema enoquiano, usada pelo próprio Dee sob a orientação dos anjos, era teúrgica e não mágica; VEJA TEURGIA. Dee usava preces e exercícios devocionais cristãos para sintonizar a si mesmo e a seus videntes com as presenças angelicais com as quais se comunicava, sendo seus comandos e métodos técnicos da magia renascentista notáveis pela ausência. Seguindo as instruções dos anjos, ele construiu uma mesa especial com signos e símbolos complexos pintados na superfície, sendo as quatro pernas apoiadas em pentáculos de cera, e outro disco de cera inscrito com o intricado *Sigillum Dei Aemeth* posto na mesa como base para sua bola de cristal (escriação). Longos trechos numa linguagem antes desconhecida, chamada enoquiana, uma série de tabelas complexas com letras e números, um anel e uma lâmina dourada também participavam dessa primeira versão dos trabalhos enoquianos.

Com o material recebido, Dee fez diversos manuscritos, como *Heptarchia Mystica, Liber Scientiae Auxilii et Victoriae Terrestris, 48 Claves Angelicae* e outros. Eles formaram a base de um complexo sistema de filosofia mística e prática teúrgica.

Após a morte de Dee, alguns de seus diários apareceram e foram publicados por Meric Casaubon em 1659. Casaubon esperava usar essa publicação para desacreditar Dee, e, mais importante, a magia como um todo. Sem querer, conseguiu garantir que os trabalhos de Dee fossem preservados e revividos. Sabe-se que pelo menos dois grupos de ocultistas ingleses, no final do século XVII, teriam dado continuidade ao sistema enoquiano, usando o livro de Casaubon como guia.

É possível que outros grupos tenham se formado nos 150 anos seguintes, mas não restaram sinais deles. O sistema enoquiano só voltou a aflorar na época da Ordem Hermética da Aurora Dourada, fundada em 1887. As tabelas elementais enoquianas são mencionadas no Manuscrito Cifrado original, que proporcionou a base para os trabalhos da ordem, e aparecem nos rituais da Ordem Exterior. Só algum tempo após a fundação da Ordem Interior, em 1892, porém, é que os chefes da Golden Dawn apresentaram a seus alunos informações detalhadas sobre o sistema enoquiano.

Os textos enoquianos da Golden Dawn assinalam uma completa remodelagem do sistema original de Dee. A dimensão teúrgica foi removida quase por completo e substituída por um ritual nitidamente mágico, usando os símbolos e a linguagem enoquiana com outras técnicas da Golden Dawn. As chaves ou invocações angelicais, os cinco tabletes associados aos elementos, bem como os anjos e espíritos derivados destes formavam o primeiro nível da magia enoquiana da Golden Dawn; a *Heptarchia Mystica*, que descreve 49 espíritos associados aos sete planetas, era ensinada aos alunos mais avançados. Um sistema de xadrez enoquiano, jogado com peças que representam deuses egípcios e usado como sistema divinatório, também foi desenvolvido e usado. *VEJA* XADREZ ENOQUIANO.

Boa parte do material enoquiano da Golden Dawn foi publicada por Aleister Crowley, primeiro membro da Golden Dawn a tornar público seu conhecimento, nos primeiros anos do século XX. Todo o conjunto de invocações, tabelas, espíritos e material correlato, bem como as instruções do xadrez enoquiano, foi incluído no volume IV do monumental *The Golden Dawn* de Israel Regardie, publicado em 1940. Nas últimas décadas do século XX, finalmente, algumas escolas mágicas voltaram à fonte original – os textos do próprio Dee – e estes, juntamente com diversos livros de material inédito da Golden Dawn sobre o material enoquiano, originaram um modesto renascimento da magia enoquiana. *VEJA TAMBÉM* DEE, JOHN; SMITH, HARRY. LEITURA ADICIONAL: HARKNESS, 1999; REGARDIE, 1971.

enoquianas, torres de vigia. Quatro tabuletas com combinações de letras, usadas no sistema de magia enoquiana, correspondentes aos quatro elementos. Em muitas versões modernas da magia enoquiana, as quatro torres de vigia são postas nos quatro quadrantes do templo mágico e usadas como portais para a manifestação da força elemental.

A descrição das tabuletas como "torres de vigia" baseia-se numa visão recebida por Edward Kelly durante os trabalhos enoquianos originais, na qual ele percebeu quatro grandes torres nos quadrantes da Terra, das quais saíam anjos. *VEJA TAMBÉM* ENOQUIANA, MAGIA. LEITURA ADICIONAL: REGARDIE, 1971; R. TURNER, 1989.

enxofre. Um dos *tria prima* ou Três Princípios da alquimia e espagíria, o enxofre é o princípio da flamabilidade e da energia. Toda substância contém seu próprio enxofre, que consiste nas porções que evaporam mais depressa quando a substância é aquecida.

O uso do enxofre como categoria de substância na alquimia data da época do alquimista árabe Geber (Jabir ibn Hayyan, 720-800 E.C.), que propôs que todos os metais eram feitos de um enxofre e de um mercúrio unidos. O alquimista e médico suíço Paracelso (1493-1541) ampliou essa teoria e propôs o sal como terceiro fator. *VEJA* GEBER; MERCÚRIO; PARACELSO; SAL. Na espagíria, o enxofre de uma erva é extraído macerando-se (embebendo-se) a erva em álcool durante semanas ou meses, destilando-se depois o álcool. A parte da planta que vaporiza e se recondensa com o álcool é o enxofre da planta. VEJA TAMBÉM ALQUIMIA; ESPAGÍRIA.

Eoh. VEJA EIHWAZ.

Eolh. VEJA ALGIZ.

éon. (do grego *aion*, "era", "mundo") Palavra com diversos significados distintos nas tradições ocultistas do Ocidente. No gnosticismo e em tradições correlatas, os éons eram as potências dos mundos de existência espiritual transcendental, geralmente equiparadas com as estrelas ou constelações do zodíaco. Os éons eram diferentes dos arcontes e opostos a esses poderes planetários diabólicos e ignorantes do corrupto mundo criado, no qual as almas humanas se acham aprisionadas hoje. VEJA GNOSTICISMO.

Em algumas fontes, inclusive os papiros mágicos greco-egípcios, Éon, Aeon ou Aion é um deus, o governante da eternidade, e pode ser uma versão grega do supremo deus zoroastrista Zurvan Ahankara, o senhor do tempo. Na Thelema, sistema religioso e mágico idealizado por Aleister Crowley, um éon é um período aproximado de 2 mil anos, governado por uma força divina específica. Segundo Crowley, a revelação do *Livro da Lei*, em 1904, assinalou o final do Éon de Osíris e a chegada do Éon de Hórus, a Criança Coroada e Conquistadora. VEJA THELEMA.

Por ocasião da morte de Crowley, em 1947, o discípulo e, por assim dizer, "filho mágico" de Crowley, Charles Stanfield Jones (Frater Achad), anunciou que, como Crowley deixara de proclamar adequadamente a Palavra do Éon, o Éon de Hórus foi cancelado; Jones proclamou então um éon totalmente novo, o de Maat, Deusa da Justiça. VEJA ACHAD, FRATER.

ephesia grammata. (grego, "letras efésias") As mais célebres palavras de poder no mundo clássico, as ephesia grammata foram usadas numa vasta gama de aplicações mágicas e chegaram a dar origem a uma expressão em gíria para a própria magia. Duas versões das ephesia grammata sobreviveram, diferindo apenas na terminação da última palavra: uma versão dá as palavras como *askion, kataskion, lix, tetrax, damnameneus, aision*, enquanto a outra finaliza a sequência com *aisia*. Sabe-se que boxeadores gregos carregavam consigo rolos de pergaminho com as ephesia grammata, para terem, graças à magia, mais força em combate.

O uso das ephesia grammata era tão comum que *aski kataski*, uma versão abreviada das duas primeiras palavras, era usada como expressão em gíria para tratar de magia no mundo grego, com a mesma conotação de *hocus pocus* em inglês moderno. Ninguém apresentou uma interpretação convincente das palavras mágicas.

Nos textos eruditos modernos sobre magia, a expressão *ephesia grammata* costuma ser usada para se referir a qualquer palavra mágica incompreensível. VEJA PALAVRAS BÁRBARAS. VEJA TAMBÉM AMULETO; TABLETE DE AMARRAÇÃO. LEITURA ADICIONAL: GAGER, 1992.

equinócio. (do latim, "noite igual") Dois dias de cada ano, um na primavera e outro no outono, nos quais o dia e a noite têm exatamente a mesma duração. No momento do equinócio, o Sol atravessa o equador celeste (a projeção do equador da Terra no espaço).

Na astrologia tropical – mais comum das formas modernas de astrologia – considera-se que o equinócio da primavera assinala a entrada do Sol no primeiro grau do signo de Áries, e o equinócio de outono marca a entrada do Sol no primeiro grau do signo de Libra, embora a precessão dos equinócios tenha deslocado as duas constelações do mesmo nome quase 30 graus em relação aos pontos equinociais no momento em que este livro é escrito. *VEJA* PRECESSÃO DOS EQUINÓCIOS.

No sistema de magia ensinado por Martinez de Pasquallys (1727-1774) aos membros dos Élus Coens, sua ordem mágica, o equinócio era o momento adequado para se tentar praticar um ritual de invocação de seres espirituais. *VEJA* ÉLUS COENS; PASQUALLYS, MARTINEZ DE.

No sistema de magia da Golden Dawn, os equinócios são dois dos três dias mais importantes do ano. Acredita-se que as energias espirituais do Sol descem diretamente à Terra nesses momentos, e são realizados rituais para o aproveitamento dessas energias. A instalação dos oficiais do templo é uma parte do trabalho ritual realizado no equinócio. *VEJA* GOLDEN DAWN.

No druidismo tradicional, os equinócios são dois dos quatro festivais do Portão de Alba; o equinócio da primavera é chamado de Alban Eiler, a Luz da Terra, e o de outono, de Alban Elued, a Luz da Água. *VEJA* PORTÕES DE ALBA; DRUIDISMO.

Na maioria das tradições pagãs modernas, os equinócios são parte das oito celebrações do ano. Seus nomes variam muito, refletindo o fato de que bem poucas culturas tradicionais da Europa celebravam os equinócios de algum modo. *VEJA* SABÁ; WICCA. LEITURA ADICIONAL: FARRAR E FARRAR, 1981; REGARDIE, 1971.

Eremita, o. Nono Arcano Maior do tarô, em geral mostra a imagem de um ancião com manto encapuzado, segurando um cajado e uma lanterna. O Eremita corresponde à letra hebraica Yod no sistema da Golden Dawn, e à letra Teth no sistema francês. Na adivinhação, seus significados comuns incluem sabedoria, prudência, conhecimento secreto, solidão e iniciação.

Seu título mágico é "Mago da Voz da Luz, o Profeta dos Deuses". *VEJA* TARÔ; YOD.

Carta de tarô o Eremita (tarô Universal)

erva-de-são-joão. Uma das mais importantes ervas na magia popular tradicional da Europa, a erva-de-são-joão (*Hypericum perforatum*) era usada para afastar maus espíritos e a má sorte. Grandes quantidades da erva florida eram colhidas na véspera de São João (23 de junho) todos os anos e empilhadas sobre fogueiras; depois, o gado passava pelas nuvens de fumaça para ficarem livres de elfos e de outras entidades perigosas. Um galho que fosse "defumado" dessa maneira era um talismã comum contra espíritos ou magia hostil, e acreditava-se que oferecesse proteção a uma casa e a todos que a habitassem até a próxima véspera de São João.

Recentemente, alguns herboristas têm afirmado que originalmente essa erva se chamava erva-de-santa-joana, e que o nome foi mudado por preconceito machista para o de um santo. Infelizmente para essa teoria, os herbários começaram a se referir a *herba Sancti Johannes* muitos séculos antes do nascimento da primeira Santa Joana. *VEJA TAMBÉM* MAGIA NATURAL. LEITURA ADICIONAL: J. GREER, 2000; MACER, 1949.

erva-doce. (*Foeniculum vulgare*) Importante erva mágica na tradição mediterrânea, a erva-doce, também chamada funcho, é uma planta alta – com 1,8 a 2,4 metros de altura – e listas azuladas nos caules, flores amarelas em grandes umbelas e forte aroma de alcaçuz. Era usada em feitiços para fertilidade e virilidade, e ficava pendurada sobre as portas na véspera do meio do verão para espantar entidades hostis e o azar de uma residência.

Uma planta associada a ela, a férula, foi famosa na Antiguidade mas hoje está extinta. Tinha importantes usos medicinais como anticoncepcional eficaz e um importante papel no simbolismo.

Os benandanti, movimento pagão do norte da Itália dos séculos XVI e XVII E.C., usavam galhos de erva-doce como armas em seus combates espectrais contra os poderes do mal. *VEJA* BENANDANTI. *VEJA TAMBÉM* MAGIA NATURAL. LEITURA ADICIONAL: J. GREER, 2000.

esbá. Nos textos de Margaret Murray, a reunião habitual de um coven de bruxas. Adotado por alguns grupos modernos da Wicca, agora costuma significar a reunião mensal do coven na noite da Lua Cheia, algo distinto dos sabás, os oito festivais principais do ano da Wicca. A expressão parece ter sido inventada por Murray e não aparece em fontes mais antigas. Murray a teria derivado do francês medieval, *s'esbattre*, "divertir-se".

Atualmente, um esbá é em parte um encontro de negócios, em parte reunião social e em parte evento religioso, sendo a maioria das atividades do coven coordenada graças a essas reuniões mensais. São muito parecidas com as reuniões regulares das lojas fraternais; *VEJA* LOJA FRATERNAL. *VEJA TAMBÉM* SABÁ; WICCA.

escada da bruxa. Cordão com treze nós, usado para se manter o controle do número de repetições em cânticos ou meditação, tal como se faz com um rosário católico ou budista. Os nós passam entre os dedos, um de cada vez. *VEJA* CORDÃO; WICCA.

escalas de cores. Na tradição da magia cabalística, as tabelas de cores que estão relacionadas com as diferentes Sefirot e Caminhos da Árvore da Vida em cada um dos Quatro Mundos. A tradição mágica da Golden Dawn inclui o jogo de escalas de cores mais usado, também usado pelos seguidores da religião de Thelema, de Aleister Crowley. A tradição ogdoádica da Aurum Solis tem um jogo de escalas de cores um pouco diferente. *VEJA* AURUM SOLIS; CABALA; GOLDEN DAWN. LEITURA ADICIONAL: CROWLEY, 1973.

Escola Arcana, a. Organização de ensinamentos ocultistas fundada por Alice Bailey e seu marido, Foster Bailey, em 1923. Baseada nos ensinamentos recebidos por Alice Bailey através de comunicação telepática com seu mestre do plano interior, "o Tibetano", ela procura desenvolver um Novo Grupo de Servidores Mundiais para realizar a obra da Hierarquia de Mestres sob a orientação de seu líder, o Cristo. Segundo sua literatura, ela apresenta os ensinamentos da Sabedoria Perene através de meditação, estudos e serviços esotéricos como modo de vida.

A Escola Arcana parece ter evitado muitas das extravagâncias organizacionais de outras entidades de ensino ocultista nos últimos cem anos, e consiste em pequenos grupos e estudantes isolados que seguem cursos por correspondência. Os textos de Alice Bailey, ditados pelo Tibetano, formam seu currículo. Detalhes do tamanho e das atividades da Escola Arcana são difíceis de se obter e mais ainda de se confirmar, mas a complexidade dos ensinamentos de Bailey e a aridez do texto onde são apresentados tornam pouco provável que a escola tenha porte significativo nos dias de hoje. VEJA TAMBÉM BAILEY, ALICE. LEITURA ADICIONAL: BAILEY, 1950.

Escola da Noite. Círculo de nobres elisabetanos e seus amigos, dedicado à filosofia oculta, matemática pitagórica, religião herética e ciência experimental. Os membros da escola eram, na maioria, amigos e aliados de *sir* Walter Raleigh, e incluíam o próprio Raleigh, Thomas Hariot, o poeta George Chapman e Henry Percy, conde de Northumberland, chamado de "o Conde Mágico" por seus contemporâneos. O dramaturgo Christopher Marlowe também esteve ligado à escola.

William Shakespeare, que era sustentado pelo oponente de Raleigh, Robert, conde de Essex, deu à escola o nome pelo qual ela ficou conhecida pelos estudiosos em um trecho de *Trabalhos de Amores Perdidos* – uma peça que, entre outras coisas, era uma sátira dirigida a Raleigh ("Armado", na peça) e seu círculo. Se a escola tinha um nome pelo qual era conhecida por seus membros, não se sabe. LEITURA ADICIONAL: BRADBROOKE, 1965; YATES, 1979.

Escorpião. Oitavo signo do zodíaco, signo fixo de Água e polaridade feminina. Em Escorpião, o regente é Marte (ou, em algumas versões modernas, Plutão), nenhum planeta se exalta, Vênus está em exílio e a Lua em queda. Escorpião governa o sistema reprodutivo.

O Sol fica em Escorpião aproximadamente entre 24 de outubro e 22 de novembro. Pessoas com o Sol nessa posição costumam ser intensas, passionais e enérgicas, com emoções e intuições fortes; também podem ser ciumentas, obsessivas e vingativas.

No sistema de tarô da Golden Dawn, Escorpião corresponde à Carta 13, a Morte. VEJA MORTE; TARÔ.

Símbolo astrológico de Escorpião

escriação. (do inglês, *scrying*). Arte de receber percepções clarividentes, de vidência, seja por uma superfície refletora como uma bola de cristal ou espelho mágico, seja pela imaginação pura. Importante elemento da prática mágica e divinatória desde a Antiguidade, a vidência por meio da bola de cristal está bem documentada por fontes antigas e clássicas e ainda é muito praticada hoje. A melhor pesquisa acadêmica sobre o assunto (Bestermann, 1965) documenta-a desde a Antiguidade até o presente e inclui referências da prática da vidência com bola de cristal ou similares em todos os continentes habitados.

Espelhos mágicos e cristais eram usados para vidência na Grécia antiga, bem como aparatos mais incomuns, como escudos de bronze com uma camada de óleo. Não era comum em Roma, mas alguns registros romanos referem-se a ela. Métodos árabes, importados pelo mundo ocidental durante a Idade Média, incluíam o emprego de unhas escurecidas por cinzas ou uma porção de tinta na palma da mão. Esse método, e outros, foram muito usados na Europa desde a Era das Trevas. A Igreja cristã denunciava a prática, embora diga-se que São Remígio (437-533 E.C.), primeiro arcebispo de Reims, fazia adivinhações usando um copo de vinho. Sob a ótica da história do ocultismo no Ocidente, a escriação era praticada por muitas das figuras importantes da magia medieval e renascentista, e luminares como Trithemius e Paracelso escreveram sobre o tema. VEJA PARACELSO; TRITHEMIUS, JOHANNES. A tradição de escriação com maior impacto sobre o ocultismo posterior, porém, deu-se na Inglaterra, com o mago elisabetano John Dee (1527-1608) como uma de suas principais figuras. Dee não lia bolas de cristal pessoalmente, mas realizava operações mágicas para invocar espíritos num cristal ou espelho, e uma sucessão de videntes – entre os quais o famoso Edward Kelly (1555-1597) – relatava suas palavras e atitudes. *VEJA* DEE, JOHN; KELLY, EDWARD. Esse método foi muito comum na prática ocultista britânica nos séculos que se seguiram à época de Dee. Ao mesmo tempo, uma tradição popular paralela de leitura de bola de cristal se manteve em evidência, e muitos videntes nessa tradição foram famosos por seus próprios méritos. *VEJA* CUNNING FOLK.

No século XIX, ocultistas importantes como Frederick Hockley e P. B. Randolph realizaram boa parte de seu trabalho usando cristais e espelhos, e no final do século a Fraternidade Hermética de Luxor popularizou bastante os métodos de Randolph. *VEJA* FRATERNIDADE HERMÉTICA DE LUXOR (F. H. DE L.); HOCKLEY, FREDERICK; RANDOLPH, PASCHAL BEVERLY. No mesmo século, Joseph Smith, fundador da religião mórmon, trabalhou como vidente antes de iniciar seu trabalho profético e, segundo seu próprio relato, traduziu o Livro de Mórmon do "egípcio reformado" para o inglês com a ajuda de um par de bolas de cristal. *VEJA* SMITH, JOSEPH. Espiritualistas e mesmerizadores também trabalharam muito com cristais e espelhos mágicos. *VEJA* MESMERISMO; ESPIRITUALISMO.

Na Ordem Hermética da Aurora Dourada, e na maioria dos grupos que seguiram a tradição da Golden Dawn, métodos de vidência usando superfícies refletoras eram pouco utilizados. A prática mais comum era a "vidência com a visão espiritual". Para isso, aprendia-se a visualizar uma imagem, usando-a como portal imaginário a se atravessar. O resultado, com a prática, é uma experiência clara, como um sonho lúcido, na qual são vistas imagens e recebidas informações, tal como em outras formas de vidência. Os tattvas – um conjunto de símbolos elementares baseados em fontes hindus – as cartas do tarô e os tabletes enoquianos eram os principais focos da vidência espiritual na prática da Golden Dawn. *VEJA* ENOQUIANA, MAGIA; GOLDEN DAWN; TARÔ; TATTVAS.

O prestígio da Golden Dawn fez com que seu método de escriação se tornasse muito popular no século XX. Na mesma direção, seguiu a psicologia junguiana junto a ocultistas; a "imaginação ativa", uma prática muito similar à da "vidência com a visão espiritual" da Golden Dawn, é um elemento importante da prática junguiana. *VEJA* PSICOLOGIA JUNGUIANA.

Contudo, as duas formas de vidência ainda são comuns hoje em dia na comunidade ocultista. Bolas de cristal e espelhos mágicos podem ser encontrados facilmente em lojas de artigos místicos, e diversas tradições ocultistas – desde o antiquado hudu até a magia do Caos – dão instruções sobre seu uso. O método da Golden Dawn de vidência com a visão espiritual também é muito praticado, tanto em grupos derivados da Golden Dawn como em muitas outras tradições ocultistas. *VEJA TAMBÉM* ADIVINHAÇÃO; ESPELHO MÁGICO. LEITURA ADICIONAL: BESTERMAN, 1965; DEVENEY, 1997; FLACELIERE, 1965; REGARDIE, 1971.

escrita automática. Escrita que não é orientada pela vontade consciente do escritor, mas por alguma outra entidade, interna ou externa a ele. Como a maioria das práticas que envolvem a submissão da vontade à de outra consciência, a escrita automática é uma prática nada recomendável segundo muitos ensinamentos mágicos ocidentais, mas, mesmo assim, praticada por uma grande minoria como forma conveniente de entrar em contato com espíritos e receber grandes quantidades de informação num curto período de tempo.

Em movimentos religiosos alternativos do mundo ocidental e outros lugares, a escrita automática tem tido um papel importante, produzindo volumes e volumes de textos durante quase duzentos anos. Andrew Jackson Davis, cujos textos assim produzidos tiveram um papel essencial na criação da filosofia do movimento espiritualista, foi um de seus primeiros e principais praticantes. VEJA DAVIS, ANDREW JACKSON.

escudo ódico. Na teoria e na prática mágica, um campo de energia etérica estabelecido em torno do limite exterior da aura humana, a fim de proteger o usuário de magia hostil ou dos ataques de espíritos. Diversos métodos foram usados para estabelecer e manter um escudo ódico. O Manto de Ocultação, usado em rituais de invisibilidade, é um fenômeno similar. VEJA AURA; MANTO DE OCULTAÇÃO. LEITURA ADICIONAL: SADHU, 1959.

esfera de sensação. No sistema de magia da Golden Dawn, a aura; basicamente a aura humana, mas a frase também pode ser usada para as auras de minerais, plantas, animais e até de planetas. Segundo os textos educativos da Golden Dawn, a esfera de sensação é uma representação em miniatura do universo que rodeia a Terra, e também contém a Árvore da Vida expandida para uma forma tridimensional. VEJA TAMBÉM ASCENDENTE; AURA. LEITURA ADICIONAL: REGARDIE, 1971.

Espada Flamejante. Na cabala, padrão formado pela sequência de Sefirot na Árvore da Vida, equivalente à espada flamejante que protegia o portão do Éden, em Gênesis 3,24. Também chamada de Relâmpago. VEJA RELÂMPAGO; ÁRVORE DA VIDA.

espada mágica. Um dos aparatos básicos do conjunto de ferramentas dos magos desde a Antiguidade, a espada mágica é usada para comandar, banir e vencer espíritos, especialmente na prática da evocação mágica. As *Chaves de Salomão*, o mais famoso dos grimórios medievais, proporciona instruções detalhadas para o preparo e a consagração de nada menos do que quatro espadas mágicas, bem como uma cimitarra, uma lança, uma adaga, um punhal e uma variedade de facas – o mago salomônico entrava no círculo mágico tão armado quanto um cavaleiro indo para a guerra. VEJA CHAVES DE SALOMÃO, AS. A maioria dos outros grimórios sugeria uma coleção um pouco menos pesada de armamentos mágicos, mas pelo menos uma espada sempre se destacava.

A substituição da magia dos grimórios pela nova magia, de orientação espiritual, do renascimento ocultista do século XIX, fez com que a espada adotasse novas formas, mas com a mesma importância. O mago francês Éliphas Lévi (1810-1875) incluiu uma discussão sobre a espada mágica em seu livro mais famoso, *Dogma e Ritual de Alta Magia* (publicado desde 1971 pela Editora Pensamento; no original, *Dogme et Rituel de la Haute Magie*, de 1845), texto que inaugurou o moderno ressurgimento da magia, e a Ordem Hermética da Aurora Dourada – cuja obra exerceu a mais importante influência sobre o ocultismo do século XX – incluiu em seus folhetos de treinamento um conjunto sofisticado de instruções para fazer e consagrar uma espada mágica. O aluno da Golden Dawn Aleister Crowley (1875-1947) também escreveu bastante sobre o simbolismo e os usos da espada mágica. VEJA CROWLEY, ALEISTER; GOLDEN DAWN; LÉVI, ÉLIPHAS.

Na maioria dos sistemas modernos de magia cerimonial, a espada ainda é um elemento padrão e muito usado de aparato mágico, e sugestões feitas no sentido de substituí-la por algo que seja mais significativo em termos modernos – chegaram a propor um revólver – não encontraram muita receptividade. Alguns dos grupos mais tradicionais da Wicca mantiveram a espada como ferramenta de trabalho; *VEJA* WICCA.

Em outras áreas do movimento neopagão, porém, a espada foi quase esquecida, principalmente por conta de uma atitude diferente para com seres espirituais do que aquela adotada pelos grimórios e, em menor grau, nas tradições mais recentes. Embora a maioria dos magos cerimoniais invoque, comande e expulse espíritos, a maior parte dos pagãos modernos acha mais adequado tratá-los como iguais e aliados, que devem ser convidados para o círculo ritual e bem recebidos com oferendas, em vez de comandados.

O uso da espada mágica é, pelo menos em parte, uma função da magia natural. Muitas tradições ocultistas afirmam que o ferro, especialmente se tiver gume, é inimigo de muitos tipos de entidades espirituais. Até mesmo uma noção básica do mundo etérico sugere que o ferro, como outros metais condutores, pode causar curto-circuito em corpos etéricos que não contam com a proteção de uma forma física. *VEJA* CORPO ETÉRICO.

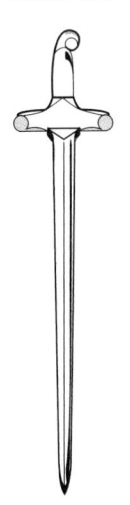

A espada do mago serve de defesa contra espíritos hostis

O tridente mágico, outro instrumento comum dos magos, está relacionado com a espada mágica e ocasionalmente é chamado de espada. *VEJA* TRIDENTE MÁGICO. LEITURA ADICIONAL: CROWLEY, 1980; LÉVI, 1972; MATHERS, 1888; REGARDIE, 1971.

espagíria. Ramo mais comumente praticado da alquimia no mundo moderno, a espagíria é a arte da alquimia herbácea – a criação de remédios a partir de ervas por métodos alquímicos. O termo *espagíria* vem dos verbos gregos *spao*, extrair ou dividir, e *ageiro*, juntar ou reunir. Isso se refere ao processo central da arte espagírica, e mesmo de toda a alquimia: *solve et coagula*, o que, em linguagem moderna, pode ser traduzido como "separa e reúne".

Os métodos espagíricos de preparação de remédios têm feito parte da alquimia desde a Antiguidade e são muito usados nos sistemas tradicionais de cura da Índia, China e mundo árabe. Na Europa, parecem ter sido praticados discretamente ao longo do final da Idade Média e do Renascimento, mas ganharam destaque com Paracelso (1493-1541). *VEJA* PARACELSO. Médico, além de alquimista, Paracelso escreveu muito sobre técnicas espagíricas, publicando instruções detalhadas para o candidato a praticante. Seus textos, bem como o de seus seguidores alquimistas como Johann Rudolf Glauber (1604-1668), ainda são fundamentais para a moderna teoria e prática da espagíria.

Como muitos ramos da alquimia, a espagíria recebeu pouca atenção durante e depois da Revolução Científica. A utilidade dos medicamentos espagíricos, porém, manteve vivo o interesse por eles. Nas décadas de 1850 e 1860, o médico homeopata alemão Carl Friedrich Zimpel (1800-1878) tornou-se o primeiro praticante moderno e destacado da espagíria, usando os textos de Paracelso e de

Glauber para produzir remédios espagíricos. Recentemente, diversos praticantes da espagíria na Europa, Estados Unidos, Austrália e outros lugares introduziram os remédios espagíricos no sistema de saúde alternativo, e atualmente há vários bons livros práticos sobre o tema no mercado.

A prática da espagíria é baseada na teoria de Paracelso sobre os Três Princípios – mercúrio, enxofre e sal – que estão presentes em todas as coisas. *VEJA* ENXOFRE; MERCÚRIO; SAL. Os princípios não são os mesmos que os minerais dos mesmos nomes. Numa planta, por exemplo, o "enxofre" consiste basicamente de seu óleo essencial e de outras substâncias voláteis; o "mercúrio" consiste em álcool etílico, que é uma forma madura da seiva açucarada das plantas; e o "sal" consiste em minerais e de outras substâncias que restam quando a planta é queimada.

Nos processos espagíricos, esses três elementos constitutivos são separados, purificados e recombinados. Os métodos para fazê-lo vão do mais simples ao extremamente complexo. O método mais simples usado atualmente envolve a simples maceração (saturação) de uma erva em álcool para extrair o enxofre e o mercúrio do sal, a eliminação da tintura alcoólica, a queima da matéria vegetal restante e seu aquecimento intenso até que seja reduzida apenas a uma cinza branca (que contém o sal), a moagem da cinza e sua combinação com a tintura alcoólica. A etapa seguinte e mais complexa consiste em usar a destilação para purificar a mistura enxofre-mercúrio e a filtragem e evaporação para purificar o sal. Daí em diante, as opções se ampliam e reúnem uma vasta gama de processos para se obter uma separação mais completa ou a purificação mais acurada dos elementos constitutivos antes de recombiná-los. Um processo comum é a circulação, na qual a mesma tintura é destilada repetidas vezes e devolvida, a cada vez, à matéria vegetal não destilada para sua maceração antes de ser novamente destilada.

São vários os produtos que podem ser feitos por métodos espagíricos. Um elixir é um produto espagírico feito com diversas plantas diferentes. Um clisso é um produto feito com uma única planta e, do ponto de vista prático, inclui todas as partes da planta – raiz, caule, folha, flor e semente. A pedra vegetal, a mais elevada e mais difícil realização na espagíria, é um clisso que foi produzido com o mais alto grau de potência e solidificado numa massa dura, semelhante a uma pedra, graças à aplicação de calor.

Como os remédios homeopáticos, cujos efeitos lembram, mas não o modo de preparação, os remédios espagíricos têm amplos efeitos sobre os aspectos físicos, sutis e mentais do corpo humano, sendo tomados geralmente em pequenas doses. *VEJA* HOMEOPATIA. *VEJA* TAMBÉM ALQUIMIA; CLISSO; ELIXIR; PEDRA VEGETAL. LEITURA ADICIONAL: ALBERTUS, 1974; JUNIUS, 1985.

espectro de cemitério. Na teoria mágica, o corpo etérico de um cadáver, que às vezes pode ser visto flutuando sobre sepulturas por pessoas psiquicamente sensíveis. Também chamados fantasmas de cemitério, são basicamente inofensivos, embora possam atrair larvas e outros seres menos inócuos. *VEJA* CORPO ETÉRICO.

espelho mágico. Ferramenta ocultista básica para visualização e outras formas de trabalho de magia, o espelho mágico pode ser feito e consagrado de diversas maneiras, desde a mais simples até a mais complexa. Era muito usado nas tradições mágicas do século XIX, especialmente naquelas que se baseavam no trabalho do mago norte-americano P. B.

Randolph (1825-1875); *VEJA* RANDOLPH, PASCHAL BEVERLY.

No cenário ocultista da atualidade, os espelhos mágicos são usados por alguns magos herméticos, por iniciados de diversas tradições da Wicca e neopagãs, e por magos do Caos, especialmente os associados aos Iluminados de Thanateros – bem como por diversos estudantes de ocultismo que simplesmente encontraram os textos apropriados e incluíram essa prática em seus trabalhos. *VEJA* ILUMINADOS DE THANATEROS (IOT). *VEJA TAMBÉM* CATOPTROMANCIA; ESCRIAÇÃO. LEITURA ADICIONAL: BESTERMAN, 1965.

espiritismo. Ramo do espiritualismo fundado pelo médium e pesquisador de ocultismo francês Allan Kardec (1804-1869), que difere daquele na medida em que aceita a reencarnação e várias outras teorias rejeitadas pelo espiritualismo tradicional. *VEJA* REENCARNAÇÃO. O espiritismo tem muitos seguidores na França, Inglaterra, Estados Unidos, Australásia e Filipinas, mas seu maior sucesso tem sido no Brasil, onde os ensinamentos de Kardec misturaram-se às tradições místicas da umbanda, de origem africana, produzindo um movimento animado e complexo que hoje é uma das maiores forças religiosas do país. *VEJA TAMBÉM* KARDEC, ALLAN; ESPIRITUALISMO.

espírito. Uma das mais difundidas e difíceis expressões do pensamento ocidental, a palavra "espírito" e seu adjetivo "espiritual" têm sido usados na tradição esotérica como rótulo para muitos fenômenos e seres diferentes. A palavra tem pelo menos três significados primários num contexto de magia ocidental, dois dos quais um pouco contraditórios e com muito mais nuances e tons de significado do que podemos abranger aqui.

A palavra "espírito" vem do latim *spiritus*, que significa "vento" ou "sopro", e aparece na língua como a raiz de palavras como "respiração". Tal como sucede com várias expressões com o mesmo significado geral – o *nach* hebraico, o *pneuma* grego, o *prana* sânscrito e o *ch'i* chinês, entre outras –, ela passou a ser usada como palavra para definir um poder sutil atuante no mundo. Algumas dessas palavras (como prana e ch'i) assumiram o significado geral de energia vital, enquanto outras (como ruach) adotaram um significado mais ligado ao mundo sobrenatural.

A palavra *spiritus*, por sua vez, significava as duas coisas ao mesmo tempo. Os romanos antigos usavam spiritus para referirem-se à energia vital, à vitalidade e à *verve*, como usamos para falar de uma pessoa espirituosa; eles também usavam spiritus para falar de seres sobrenaturais, e é assim que podemos descrever um fantasma como um espírito; do mesmo modo, sob a influência da filosofia estoica ou da teologia cristã, eles usavam spiritus para designar o mais elevado e profundo significado do universo, assim como usamos a palavra "espiritual". Esses três significados têm tido papéis importantes no pensamento esotérico. Entre seus outros significados, espírito tem sido incorporado ao sistema de quatro elementos como um quinto elemento, mais elevado. *VEJA* ELEMENTOS MÁGICOS; ESPÍRITO (ELEMENTO). LEITURA ADICIONAL: S. SMITH, 1988.

Espírito (elemento). No simbolismo mágico, o quinto dos cinco elementos, que corresponde à estrutura básica do espaço-tempo e ao ponto de equilíbrio entre as qualidades e os humores. Tal como ocorre com os outros elementos, o elemento espírito tem diversos atributos, mas os apresentados a seguir são comuns à maioria dos atuais sistemas de ocultismo do Ocidente:

Símbolo: ✴

Nomes de Deus: אהיה, AHIH, Eheieh (ativo),

אגלא AGLA, Agla (passivo).

Arcanjos: מתתרון, MTTRVN, Metatron (ativo), סנדלפון, SNDLPVN, Sandalphon (passivo).

Direção: Centro.

Qualidades: União de todas as qualidades.

Natureza: Equilíbrio.

Planeta	Espírito
Saturno	Zazel
Júpiter	Hismael
Marte	Bartzabel
Sol	Sorath
Vênus	Kedemel
Mercúrio	Taphthartharath
Lua	*Espírito*: Chashmodai
	Espírito dos Espíritos: Shad Barshemoth ha-Shartathan

Nota: a Lua é governada por diversos espíritos, dos quais o mais importante, em termos mágicos, é Chashmodai. Shad Barshemoth ha-Shartathan é o Espírito dos Espíritos, ou personalidade coletiva dos espíritos da Lua.

VEJA TAMBÉM DIREÇÕES NO OCULTISMO; ELEMENTOS MÁGICOS; HUMORES.

espírito elementar. Na maioria das versões da filosofia esotérica, outra expressão para elementais; *VEJA* ELEMENTAL. Em algumas fontes, a expressão "elementar" é usada para espíritos que têm corpos formados a partir de dois ou três elementos, enquanto a expressão "elemental" é reservada para aqueles com corpos de um único elemento. Só para aumentar a confusão, há ainda outras fontes que usam a expressão para se referir às almas de seres humanos falecidos.

É comum confundir-se elementais e fadas, mas na verdade podem ser a mesma coisa. *VEJA* FADAS.

espírito planetário. Na tradição da magia cerimonial, um dos sete seres espirituais associados com os sete planetas da astrologia antiga e subordinados às sete inteligências planetárias. Em algumas fontes tradicionais, a inteligência de cada planeta é descrita como boa, enquanto seu espírito é considerado mau; em outras, o espírito é apenas uma força cega, que exige a orientação da inteligência para que possa fazer o bem.

Tradicionalmente, os sete espíritos planetários são invocados em adivinhações geomânticas. *VEJA* GEOMANCIA. *VEJA TAMBÉM* INTELIGÊNCIAS PLANETÁRIAS.

espíritos olímpicos. Sete entidades que governam as 196 províncias do Céu e também governam o mundo em turnos de 490 anos cada. Seus nomes são Aratron, Bethor, Phaleg, Och, Hagith, Ophiel e Phul. Surgiram no *Arbatel de Magia*, do século XVI, e têm sido usados constantemente em textos mágicos desde então. *VEJA TAMBÉM* ARBATEL DE MAGIA, O; E OS NOMES DE CADA ESPÍRITO.

espiritualismo. Mais importante movimento derivado do ocultismo do século XIX, tradicionalmente considera-se que o espiritualismo teria começado em 1848, quando as irmãs Fox em Hydesville, Nova York, começaram a receber mensagens dos mortos através de pancadas ou batidas fortes em mesas e outros móveis. Seus relatos e as experiências de outras pessoas que ouviram esses ruídos e puderam conversar com os produtores invisíveis desses sons, deram origem inicialmente a um furor local, depois nacional e, finalmente, internacional. Outras pessoas perceberam que eram capazes de se comunicar com os espíritos dos mortos, primeiro por meio de ruídos similares e depois, com frequência crescente, valendo-se de técnicas de transe do movimento ligado ao mesmerismo antes em voga. No início da década de 1850, dezenas de milhares de norte-americanos estavam frequentando sessões, ouvindo as palavras dos espíritos transmitidas por médiuns em transe e descartando antigas crenças religiosas em nome de um novo, embora vago, evangelho espiritualista.

Contudo, as verdadeiras origens do espiritualismo recuam até bem antes da época das irmãs Fox, chegando ao complexo mundo do ocultismo e da religião populares dos Estados Unidos do início do século XIX. A mesma região do interior de Nova York que viu o nascimento do espiritualismo merecera o nome de "Distrito Inflamado" em função de suas frequentes e entusiásticas manifestações religiosas e, vinte anos antes, fora o ponto de partida de outra religião: o mormonismo; *VEJA* SMITH, JOSEPH. O folclore local incluía a ideia de que fantasmas e espíritos podiam comunicar-se mediante batidas ou pancadas. Mesmo a ideia da comunicação com os mortos por meio de um médium em transe era bem conhecida; o mesmerismo tinha sido levado da França aos Estados Unidos no início do século XIX, e "sensitivos" mesmerizados mantinham comunicação com os espíritos de sábios mortos muito antes da casa dos Fox em Hydesville começar a receber as mensagens em forma de batidas. Os ensinamentos do místico sueco Emmanuel Swedenborg também foram influentes na preparação do cenário para o espiritualismo. *VEJA* MESMERISMO; SWEDENBORG, EMMANUEL.

Com efeito, o furor da mídia com relação às irmãs Fox e suas conversas com espíritos serviu de catalisador para chamar a atenção para algo que já estava ganhando forma havia muito tempo. No entanto, assim que ganhou a atenção do público, o movimento espiritualista floresceu, ganhando dezenas de milhares de adeptos e ameaçando, durante algum tempo, destronar o cristianismo de seu papel dominante na cultura norte-americana. No início da década de 1850, o movimento atravessou o Atlântico, chegou à Inglaterra e à França e rapidamente estabeleceu-se em países europeus onde houvesse liberdade religiosa.

Os ensinamentos do movimento variavam muito em função daquilo que cada médium dizia. Os princípios gerais, porém, eram mais ou menos os mesmos. Conceitos ortodoxos sobre céu e inferno eram rejeitados em nome da visão de perpétuo desenvolvimento no pós-vida. Todas as entidades espirituais, na maioria das versões do espiritualismo, começavam como seres humanos ou então passavam pelo estágio humano da existência em sua jornada rumo às paisagens superiores da evolução. Os espíritos não eram isolados do mundo material após a morte, segundo diziam, mas tinham acesso a muitas informações ocultas para os vivos. Às vezes, também podiam provocar fenômenos físicos ou quase físicos durante as sessões.

Uma cisão importante no movimento espiritualista afastou os espiritualistas cristãos, que aceitavam a divindade de Jesus e alguns elementos da doutrina cristã, e aqueles que rejeitavam completamente o cristianismo, preferindo uma teologia puramente espiritualista, baseada principalmente em Swedenborg, no excêntrico pensador francês Charles Fourier e no visionário norte-americano Andrew Jackson Davis. *VEJA* DAVIS, ANDREW JACKSON; FOURIER, CHARLES. Mais tarde, no final do século XIX, surgiu um novo cisma relativo à questão da reencarnação, com uma minoria seguindo as diretrizes do filósofo francês Allan Kardec e apoiando a ideia do renascimento, enquanto a maioria dos espiritualistas a rejeitava enfaticamente. *VEJA* KARDEC, ALLAN; REENCARNAÇÃO; ESPIRITISMO.

Contudo, as maiores controvérsias referiram-se à realidade e validade das próprias experiências espiritualistas. Desde os primeiros dias do movimento, os médiuns foram acusados de produzir os "ruídos dos espíritos" por meios fraudulentos. O surgimento da mediunidade como modo central de comunicação com os espíritos levou a acusações de que os "espíritos" seriam apenas fruto de ilusão ou de imaginações exaltadas. Embora alguns médiuns pudessem, aparentemente, produzir efeitos que ainda não foram explicados pela ciência, o movimento como um todo nunca conseguiu produzir a esperada prova conclusiva da comunicação com o outro lado.

Em função disso, o espiritualismo nunca conseguiu desalojar o cristianismo como fé majoritária do mundo ocidental e, no final do século XIX, acomodou-se em seu atual papel de grupo religioso minoritário, com relacionamentos variáveis com a ortodoxia cristã, de um lado, e o ocultismo, de outro. Uma rede informal de médiuns independentes, cada um com sua legião de seguidores, forma a maior parte do cenário espiritualista, mas há também Igrejas organizadas, nas quais as sessões se combinam com serviços de culto de tom protestante, e acampamentos, onde visitantes e residentes podem participar de um bufê de sessões, palestras e programas de treinamento. Há rumores de grandes fraudes no moderno movimento espiritualista, mas parece claro que muitos médiuns mostram-se sinceros em suas crenças. LEITURA ADICIONAL: BARROW, 1986; KEENE, 1997; MOORE, 1977.

estações invisíveis. No ritual da Golden Dawn, uma série de imagens feitas pelos oficiais do templo mas não usadas diretamente como veículos mágicos por nenhum oficial. Cada ritual de iniciação tem seu próprio conjunto de estações invisíveis. No grau de Neófito, por exemplo, há um total de catorze estações invisíveis: os quatro Querubins, que ficam do lado de fora do salão, em cada uma das quatro direções; os quatro filhos de Hórus, ou deuses canópicos, que ficam nos quatro cantos do salão; o Maléfico, localizado na base do altar; Harpócrates, a leste do altar; Hathor, a leste do salão; Ísis e Néftis, nos dois pilares; e os Quarenta e dois Assessores, cuja localização não é especificada mas que saúdam o candidato quando passa por eles. Todos esses são adicionais às onze formas divinas formuladas e usadas pelos oficiais na cerimônia de grau.

Muitos outros sistemas de lojas mágicas, alguns inspirados pela Golden Dawn e outros independentes, também usam algum tipo de estação invisível em seus rituais de iniciação e em outros processos. *VEJA* INICIAÇÃO; LOJA MÁGICA. *VEJA TAMBÉM* DEUSES CANÓPICOS; FORMAS DIVINAS; GOLDEN DAWN. LEITURA ADICIONAL: REGARDIE, 1971.

estátuas mágicas. A preparação e consagração de estátuas carregadas de força mágica e até habitadas por vida e consciência próprias, foi parte importante das tradições mágicas do mundo antigo e clássico. A mais famosa descrição do processo está no diálogo hermético *Asclepius*, mas a prática estava longe de ser um monopólio do hermetismo. Tradições mágicas egípcias, mesopotâmicas, gregas e muitas outras praticavam-na sistematicamente. Na maioria dessas culturas, cada estátua de um deus ou deusa usada em rituais religiosos ganhava vida pela magia.

Os métodos usados para preparar e consagrar estátuas mágicas variava de cultura para cultura e através do tempo, mas havia padrões comuns. Algumas estátuas eram consideradas consagradas por serem feitas à imagem tradicional de um deus ou espírito. Outras eram consagradas mediante rituais simples; na Grécia antiga, por exemplo, acreditava-se que uma pedra podia se transformar na morada de um deus se fosse untada com óleo e envolvida em guirlandas e coroas de folhas. Métodos mais complexos e ambiciosos sugeriam a injeção de poderosas substâncias mágicas na própria estátua, que então era consagrada com sacrifícios rituais.

Em fontes antigas e clássicas, estátuas mágicas de tamanho real incluíam guardiões animais, dispostos de maneira a proteger portões e portas; imagens de divindades benéficas, usadas para proporcionar poderes espirituais úteis a uma moradia física; imagens de divindades perigosas, usadas com os mesmos propósitos ou para afastar pragas ou invasões; e imagens de deuses perigosos ou de inimigos terrenos, amarradas e enterradas para enfraquecer sua capacidade de causar mal. Imagens menores, similares às bonecas de vodu de tradições mágicas posteriores, também eram muito usadas na época da Grécia e de Roma, especialmente juntas com tabletes de amarração; *VEJA* TABLETE DE AMARRAÇÃO. *VEJA TAMBÉM* OCULTISMO EGÍPCIO; OCULTISMO MESOPOTÂMICO. LEITURA ADICIONAL: FARAONE, 1992; WALKER E DICK, 2001.

estoicismo. Um dos mais importantes movimentos filosóficos do mundo antigo, o estoicismo tomou seu nome das *Stoa Poikile* ou "Colunas Pintadas" do canto noroeste da praça central de Atenas. Lá, em algum momento do início do século III A.E.C., Zenão de Cítio — fundador da filosofia estoica — apresentou suas palestras. O centro de seus ensinamentos era que atitudes e escolhas internas, e não coisas externas, eram a causa da felicidade ou do infortúnio. Com o domínio dos hábitos irregulares da mente, o rigoroso exame das premissas e juízos e o governo da ação por meio do raciocínio, dizia Zenão, era possível viver em harmonia com a Natureza.

Professores estoicos posteriores como Cleantes de Assos, Crísipo de Solis, Musônio Rufus e Epíteto expandiram esses ensinamentos, transformando-os num sistema plenamente desenvolvido de teoria e prática dividido em três ramos — lógica, física (o estudo da Natureza em todas as suas manifestações, não apenas da física em seu sentido moderno) e ética. Os ensinamentos estoicos diziam que todas as coisas existentes são animadas por *pneuma* ou sopro vital em diversos estados de tensão. No pensamento estoico, a alma humana é apenas parte da *pneuma* universal; as almas daqueles que atingem o autodomínio possuem uma tensão interna que lhes permite sobreviver à morte, enquanto a alma "relaxada" do homem mediano simplesmente se esvai no vazio após a morte do corpo. A teoria estoica também traçava vastos ciclos de tempo nos quais o universo, criado e destruído a cada vez sob o fogo primevo, repetia interminavelmente a mesma história, até os menores detalhes. *VEJA* APOCATÁSTASE.

Do ponto de vista prático, o caminho estoico, em sua forma desenvolvida, prescrevia três disciplinas intensivas de atenção. A disciplina da percepção envolvia o cuidadoso exame das atividades da mente a fim de abandonar o hábito de se projetar estados emocionais interiores sobre as experiências exteriores; a disciplina da vontade envolvia a avaliação de todos os atos da intenção para garantir que estavam coerentes com a razão e apropriados à situação; e a disciplina do desejo envolvia a aceitação do universo tal como ele se mostra a cada momento, com o desapego dos resultados da ação. A crença estoica no primado do destino também levou muitos estoicos ao estudo da astrologia, bem como o de outros sistemas tradicionais de profecia e adivinhação.

Durante um período de quatro séculos, aproximadamente de 200 A.E.C. a 200 E.C., o estoicismo foi um dos modos mais influentes de pensamento e de vida no mundo antigo, atraindo seguidores por toda a região do Mediterrâneo. O fato de ter conseguido fãs internacionais pode ser julgado por um exemplo: um importante escritor estoico do século I E.C., Queremon, era sacerdote egípcio além de filósofo estoico. *VEJA* QUEREMON. O estoicismo teve um papel considerável, proporcionando uma base filosófica para a magia por todo o mundo antigo, e conceitos estoicos permeiam textos esotéricos como o *Corpus Hermeticum*; *VEJA* CORPUS HERMETICUM.

O estoicismo perdeu terreno nos últimos anos do Império Romano, quando o cristianismo e filosofias místicas como o neoplatonismo começaram a dominar. Elementos importantes da teoria estoica, porém, foram absorvidos pela síntese neoplatônica, por alguns ramos da astrologia e por outras tradições ocultistas, onde são um fator significativo até hoje. LEITURA ADICIONAL: ARNOLD, 1911; AURELIUS, 1909; EPÍTETO, 1909; HADOT, 1998; MATES, 1953; RIST, 1969; SAMBURSKY, 1959.

Estrela, a. Décimo sétimo Arcano Maior do tarô, essa carta mostrava diversas imagens diferentes nos primeiros dias do tarô, mas na maioria dos baralhos modernos sua imagem é a mesma: uma mulher nua ajoelhada à beira de uma lagoa, despejando água de dois frascos, um no chão e outro na água. Uma ou mais estrelas brilham no céu noturno sobre ela. No sistema da Golden Dawn, essa carta está associada à letra hebraica Tzaddi, enquanto o sistema francês associa-a a Peh. Na adivinhação, seus significados costumam incluir esperança, ajuda inesperada e orientação espiritual.

Seu título mágico é "Filha do Firmamento, Morador Entre as Águas". *VEJA TAMBÉM* TARÔ; TZADDI.

Carta do tarô a Estrela (tarô Universal)

estrela de Davi. *VEJA* HEXAGRAMA.

Estrela do Oriente, Ordem da. Corpo auxiliar da Maçonaria norte-americana, a Ordem da Estrela do Oriente admite mestres maçons e mulheres a eles ligadas por nascimento ou casamento. Cristã, caridosa e extremamente conservadora, nada tem a ver com o ocultismo, mas seu símbolo – um pentagrama invertido com diversos símbolos, e letras formando a palavra FATAL – tem causado muita confusão e suspeitas. FATAL representa a frase em inglês "Fairest Among Ten Thousand, Altogether Lovely" (Mais bela entre dez mil, sempre adorável), o que dá uma ideia do tom geral da ordem. *VEJA* MAÇONARIA; PENTAGRAMA.

Estrela do Oriente, Ordem da. Desdobramento da Teosofia, a Ordem da Estrela do Oriente foi fundada em 1911 como veículo para a afirmação de que Jiddu Krishnamurti, filho de um servidor da sede da Sociedade Teosófica em Adyar, na Índia, seria o esperado Mestre do Mundo da Nova Era, o Maitreya Buda. Solidamente apoiada por

Annie Besant e por C. W. Leadbeater, na época chefes da Sociedade Teosófica, a ordem cresceu e floresceu, chegando a ter bem mais de 100 mil membros. Mas ela não foi bem recebida pelos teósofos mais antigos, e diversos grupos – inclusive a maior parte da divisão alemã da sociedade, liderada por seu presidente, Rudolf Steiner – se separaram da Sociedade Teosófica em função de sua defesa de Krishnamurti e da ordem. VEJA ANTROPOSOFIA; STEINER, RUDOLF.

A ordem encerrou bruscamente suas atividades em 1929 pelas mãos do próprio Krishnamurti. Dirigindo-se a um grupo de membros, ele proclamou que "a verdade é uma terra sem caminhos", negou que fosse o Mestre do Mundo e dissolveu a ordem. Esse ato incomum de coragem fez com que a Sociedade Teosófica sofresse um abalo do qual nunca se recuperou totalmente. Após a dissolução da ordem, Krishnamurti passou o resto de sua vida ensinando e escrevendo sobre sua filosofia pessoal, que tem pouco em comum com a Teosofia ou com a tradição esotérica ocidental. VEJA TAMBÉM SOCIEDADE TEOSÓFICA; TEOSOFIA.

Estrelas Reais. Na astrologia e no simbolismo ocultista de modo geral, as quatro estrelas, Aldebaran, Régulus, Antares e Fomalhaut. Na época da Suméria, essas quatro estrelas brilhantes e bem visíveis marcavam as posições do Sol nos equinócios e solstícios, embora isso não seja mais verdade em função da precessão dos equinócios; VEJA PRECESSÃO DOS EQUINÓCIOS.

No ritual Adeptus Exemptus da Ordem Hermética da Aurora Dourada, símbolos dessas quatro estrelas são amarrados no corpo do candidato em momentos distintos da cerimônia. VEJA ADEPTUS EXEMPTUS.

Um nome alternativo para as Estrelas Reais é Guardiãs dos Céus; VEJA GUARDIÕES, OS.

éter. A substância/energia do nível etérico da existência segundo a teoria mágica, conhecida por dezenas de outros nomes, como akasha, od, orgônio, força vital e vril. Segundo autores recentes, é idêntica ao prana da filosofia hindu e ao ch'i da medicina e das artes marciais chinesas. É a base da vida e da forma física, pode ser concentrada e dirigida pela respiração e pela intenção, e pode ser sentida diretamente pela pele humana graças à prática de certos exercícios. A tradição mágica associa-a à Lua, que gera marés na atmosfera etérica da Terra; VEJA LUA.

A palavra "éter" foi tomada por empréstimo pelos ocultistas do século XIX da ciência contemporânea, que postulava um "éter luminífero" para explicar as qualidades ondulatórias da luz e de outras radiações eletromagnéticas. Esse conceito foi descartado pelos cientistas após o surgimento da teoria da relatividade no início do século XX, mas a expressão era tão útil que foi mantida por muitos ocultistas. VEJA TAMBÉM CORPO ETÉRICO; PLANO ETÉRICO.

etevidência. (do inglês, *aethaevoyance*). Nos textos do mago americano P. B. Randolph (1825-1875), forma de clarividência que permite acesso ao "Além inefável" – numa terminologia mágica mais simples, aos planos mental e espiritual. VEJA CLARIVIDÊNCIA; PLANO MENTAL; RANDOLPH, PASCHAL BEVERLY; PLANO ESPIRITUAL. VEJA TAMBÉM ZORVIDÊNCIA.

Ethel. VEJA OTHILA.

Etteila. (Jean-Baptiste Aliette) Adivinho e ocultista francês, 1738-1791. Pelo que sabemos, a primeira pessoa na história que ganhava a vida fazendo adivinhações e leitura de cartas. Etteila nasceu numa família de operários de Paris e trabalhou como comerciante de grãos. Casou-se em algum momento antes de 1763 e teve um filho, mas o casamento não foi bem-sucedido e o casal se separou em 1767.

Como e quando ele aprendeu a ler cartas não se sabe, embora um comentário num de seus livros sugira que foi apresentado à arte por um ancião do Piemonte, na Itália, na década de 1750.

Em 1770, ele publicou seu primeiro livro sobre o tema, *Etteila, ou maniere de se récréer avec um jeu de cartes par M**** [*Etteila, ou um modo de se distrair com um baralho de cartas, pelo Sr. M****]. O método apresentado nesse livro empregava o baralho de cartas mais usado na época. Seguiu-se um livro sobre previsões astrológicas em 1772 e uma versão ampliada de *Etteila* em 1773. Depois, ele trabalhou como vendedor de gravuras em Paris e Estrasburgo durante alguns anos.

Voltou ao mundo das publicações em 1783, com dois panfletos sobre cartomancia, e no mesmo ano publicou o primeiro dos quatro volumes de sua obra-prima, *Manière de se récréer avec le jeu de cartes nomées Tarots* [*Um modo de se distrair com um baralho de cartas chamado tarô*]. Nesta obra, Etteila diz que o baralho do tarô teria origem egípcia, e apresenta uma nova versão do baralho com as cartas renumeradas e o simbolismo alterado para refletir a filosofia "egípcia" que ele via no tarô. Nessa época, ele estava estudando toda a tradição ocultista, e nos anos seguintes publicou livros sobre astrologia, alquimia, fisiognomonia e quiromancia.

Em 1788, fundou uma organização, a Société des Interprètes du Livre de Thot, para promover seu baralho e seu sistema de interpretação. Em 1790, criou um projeto mais ambicioso, a Nouvelle Ecole de Magie. Morreu no ano seguinte, e não se conhecem detalhes sobre a causa da morte. Um de seus alunos, um livreiro de Lyon chamado Hugand, deu continuidade à sua escola durante algum tempo, mas ela desapareceu no caos após a Revolução Francesa por volta de 1794. *VEJA TAMBÉM* TARÔ. LEITURA ADICIONAL: DECKER ET. AL, 1996.

Eucaristia. Cerimônia na qual um ou mais elementos de comida ou de bebida são consagrados com as energias de uma divindade ou poder espiritual, e depois ingeridos pelos participantes. A mais famosa versão da Eucaristia, e a mais copiada pelos ocultistas dos últimos séculos, é a Missa Cristã, na qual o pão e o vinho se transformam no corpo e no sangue de Jesus, sendo depois consumidos pelos fiéis.

Algumas versões da festa do bolo e vinho da Wicca, elemento comum nas cerimônias da ordem, constituem uma forma de Eucaristia, embora muitos as tratem simplesmente como uma partilha simbólica de alimentos e bebidas; *VEJA* WICCA.

Na tradição da Golden Dawn, toda iniciação ao Grau de Neófito e cerimônia do Equinócio se encerra com um rito eucarístico, no qual uma rosa, uma chama, vinho, pão e sal são consagrados como elementos do corpo de Osíris, e depois repartidos entre os presentes. *VEJA* EQUINÓCIO; GOLDEN DAWN.

Eulis, Fraternidade de. Ordem mágica fundada pelo ocultista norte-americano Paschal Beverly Randolph (1825-1875). A Grande Loja Provisória de Eulis foi fundada por Randolph em março de 1874, no Tennessee, e dissolvida por ele em junho do mesmo ano, devido a conflitos de personalidade com seus membros. Nesse mesmo ano, ele viajou para a Inglaterra, onde provavelmente iniciou Peter Davidson, mais tarde fundador da Fraternidade Hermética de Luxor. Em setembro de 1874, estava na Califórnia, onde permaneceu até maio do ano seguinte, instalando lojas da fraternidade e iniciando novos membros. Suas atividades em prol da fraternidade foram abreviadas por seu suicídio em 29 de julho de 1875.

A fraternidade difundia o sistema de ocultismo sexual de Randolph, e por isso permaneceu distante dos olhares do público. Parece ter sobrevivido à morte do fundador, e lojas que alegam pertencer à fraternidade original estavam ativas no interior de Nova York até a década de 1950. Pelo menos outras duas ordens ocultistas – a Fraternidade Hermética de Luxor e a Fraternitas Rosae Crucis – desenvolveram-se a partir da fraternidade e continuaram a ensinar elementos de seu sistema. VEJA FRATERNITAS ROSAE CRUCIS (FRC); FRATERNIDADE HERMÉTICA DE LUXOR (F.H. DE L.). VEJA TAMBÉM RANDOLPH, PASCHAL BEVERLY. LEITURA ADICIONAL: J. GODWIN, 1994; RANDOLPH, 1874.

Europa Antiga. VEJA MATRIARCADOS ANTIGOS.

Eva. De acordo com o Livro do Gênesis, o segundo ser humano criado por Deus no Jardim do Éden. No simbolismo e nos ensinamentos ocultistas, Eva tem uma série de papéis. Reinterpretações gnósticas do Gênesis mostram-na como desde uma deusa redentora do mundo até uma serva voluntária do mal; VEJA GNOSTICISMO. Tradições ocultistas mais recentes tendem a seguir a primeira dessas posições, e a "Grande Deusa Eva" está presente em muitos sistemas de tradição oculta, inclusive a Ordem Hermética da Aurora Dourada. Mais recentemente, a rejeição do simbolismo cristão por diversos setores da comunidade ocultista transformaram Eva em pouco mais do que um pálido reflexo da Deusa do paganismo moderno; VEJA DEUSA, A. VEJA TAMBÉM ADÃO; QUEDA, A.

evemerismo. Teoria segundo a qual os deuses e eventos da mitologia seriam simples memórias tênues de pessoas e eventos de um passado distante, ampliados mediante sucessivas reconstruções orais. A teoria deve seu nome ao escritor grego Evêmero, que a propôs no século IV A.E.C. Foi uma posição muito popular no final do período clássico, entre pagãos cultos que buscavam uma versão intelectualizada de sua fé tradicional, bem como entre cristãos que a usaram para denunciar os deuses pagãos como figuras sem vida, que não mereciam adoração. Ironicamente, essa estratégia teve efeitos opostos, permitindo que mitos e lendas dos deuses pagãos sobrevivessem inteiros ao longo da Idade Média e do Renascimento, quando estimularam as primeiras tentativas de reativação da religião pagã. VEJA NEOPAGANISMO; PAGANISMO.

A postura evemerista diante da mitologia teve um papel central na história do ocultismo, especialmente no século XIX, e ainda pode ser encontrada em diversos pontos da tradição ocultista. VEJA AGHARTA; HISTÓRIA OCULTA. Foi adotada também, e com entusiasmo, pelo moderno movimento da Nova Era, que reinterpretou antigos mitos como memórias de visitas de extraterrestres ao planeta, entre outras coisas; VEJA NOVA ERA, MOVIMENTO DA. A maioria das escolas mitológicas atuais, porém, tende a rejeitar o evemerismo como uma interpretação errônea dos mitos. LEITURA ADICIONAL: SEZNEC, 1953.

evocação. (do latim *evocatio*, "chamar alguma coisa de dentro para fora") Na magia ritual, o processo de se chamar um espírito para que se manifeste externamente ao mago. É diferente da invocação, que é o processo de chamar um espírito (normalmente um deus ou aspecto divino) para dentro do mago. VEJA INVOCAÇÃO.

Evola, Julius. (barão Julius-Césare Andrea Evola) Filósofo e ocultista italiano, 1898-1974.

Filho mais velho de uma família da aristocracia siciliana, Evola nasceu em Roma. Desde cedo mostrou-se fluente em francês e alemão, bem como em sua língua natal, e leu muitas obras literárias e filosóficas. No início da Primeira Guerra Mundial, alistou-se no Exército italiano e serviu com distinção num batalhão da artilharia montanhesa na frente alpina.

Após a guerra, conheceu Arturo Reghini (1878-1946), importante figura na ala ocultista da Maçonaria italiana daquela época, que lhe apresentou as ideias de René Guénon, filósofo tradicionalista. *VEJA* REGHINI, ARTURO. Seus estudos práticos de ocultismo foram feitos inicialmente com o Grupo UR, uma associação informal de estudantes de magia com a qual Reghini estava envolvido, mas para ele era impossível ficar atado a qualquer um por muito tempo. Por conta própria, Evola estudou os ensinamentos místicos orientais, bem como alquimia e outros ramos do ocultismo ocidental, e sintetizou uma filosofia esotérica baseada no individualismo radical e na rejeição do pensamento cristão, favorecendo um paganismo guerreiro com raízes raciais arianas.

A partir do final da década de 1920, Evola foi se interessando cada vez mais pela política fascista. Na época, o "estado corporativo" de Mussolini parecia uma alternativa bem-vinda às ideologias capitalistas e comunistas, e Evola esperou que evoluísse e se tornasse um movimento espiritual seguindo suas próprias ideias. O crescente poder da Alemanha nazista ao norte, com seu ethos guerreiro e sua ferrenha rejeição do cristianismo, chamou sua atenção na década de 1930. O interesse foi recíproco: muitos de seus livros foram traduzidos para o alemão sob os auspícios nazistas e ele colaborou com várias revistas nazistas importantes, inclusive a *Deutsches Volkstum* [*Domínio do Povo Alemão*] e a respeitada *Europaeische Revue* [*Revista Europeia*].

Durante a guerra, foi recrutado pela Ahnenerbe, a divisão de pesquisas sobre a herança ancestral ariana, da SS sob o comando de Heinrich Himmler. Passou a maior parte da guerra trabalhando num posto de pesquisas em Viena, reunindo informações sobre lojas maçônicas e sociedades secretas. *VEJA* SS.

Perto do final da guerra, seu apartamento foi diretamente atingido por uma bomba aliada, e ele ficou paralítico da cintura para baixo. Depois da guerra, voltou a Roma, e seu apartamento na Corso Vittorio Emmanuele tornou-se um ponto de encontro para muitos dos fundadores do movimento neofascista europeu. Continuou a escrever e a falar sobre temas esotéricos até pouco antes de sua morte, em 1974. LEITURA ADICIONAL: EVOLA, 1992, 1995; WATERFIELD, 1990.

evolução. A teoria da evolução, apresentada ao pensamento científico ocidental por Charles Darwin, tem poucos equivalentes nos primórdios do pensamento ocultista. A maioria das tradições ocultistas ocidentais, antes de meados do século XIX, ou aceitava os conceitos de queda e redenção comuns à maioria das crenças ortodoxas, ou afirmava a bondade essencial da humanidade tal como ela é, e não viam a necessidade do progresso.

Porém, houve algumas exceções nos séculos XVIII e início do XIX. Uma delas foi a obra de Emmanuel Swedenborg (1688-1772), cuja complexa teologia inclui a ideia de que os seres humanos são capazes de progredir após a morte até os estados angelicais da existência; *VEJA* SWEDENBORG, EMMANUEL. Outra foi o sistema de transmigração encontrado nos textos do revivalista druida galês Iolo Morganwg (1747-1826), que postulava um sistema de evolução espiritual no qual toda alma começa pela forma de vida mais simples que existe, a unicelular, e vai subindo por todas as criaturas vivas até o nível humano, e mais além. *VEJA* DRUIDISMO.

Quase imediatamente após a publicação de *A Origem das Espécies*, de Darwin, em 1859, porém, as pessoas começaram a redefinir uma vasta gama de tradições ocultistas em termos evolucionários. Espiritualistas e teóricos do ocultismo de todas as espécies começaram a ajustar suas crenças em diversos esquemas evolutivos, nos quais as inteligências incorpóreas seriam o estágio acima do humano. Isso envolvia remodelar tradições antigas; por exemplo, os crentes na reencarnação redefiniram esse processo levando-se em consideração a evolução espiritual, e descartaram a visão essencialmente negativa do tema tal como figura nos textos tradicionais hindus e budistas. *VEJA* REENCARNAÇÃO.

O exemplo mais espetacular dessa tendência foi o estonteante sistema evolucionário de H. P. Blavatksy, exposto em sua volumosa obra *A Doutrina Secreta* (publicação original, 1888). *VEJA* BLAVATSKY, HELENA PETROVNA. O sistema de Blavatsky vira toda a ciência vitoriana de cabeça para baixo, postulando uma série de raças-raiz, desde os polarianos, com tênues corpos físicos, até os arianos da época atual, cuja evolução física e espiritual se estende por bilhões de anos e por diversos continentes perdidos. Uma característica curiosa de seu sistema é que, em vez da humanidade evoluir dos animais, os animais involuíram a partir da humanidade; nesse esquema, toda espécie de mamífero representa um ramo de uma das raças-raiz anteriores que teria se degenerado até chegar ao estado atual.

A popularidade da Teosofia ajudou a encaixar esquemas evolutivos similares na maioria dos textos ocultistas do final do século XIX e todo o século XX. Muitos ramos das comunidades mágicas e pagãs, porém, abandonaram esses temas como parte da disseminada rejeição ao legado teosófico, e os esquemas evolutivos estão ficando mais raros nos modernos textos ocultistas por causa disso. Contudo, são extremamente populares no moderno movimento da Nova Era, que nesse aspecto, como em muitos outros, valeu-se bastante do ocultismo influenciado pela Teosofia do início do século XX; *VEJA* NOVA ERA, MOVIMENTO DA. *VEJA TAMBÉM* CIVILIZAÇÕES PERDIDAS; RAÇA-RAIZ; TEOSOFIA.

execução. *VEJA* DECRETISMO.

exorcismo. Processo pelo qual um espírito possessor ou obsessor é retirado de uma pessoa, objeto ou lugar. Os rituais de exorcismo têm exercido um papel fundamental nas práticas mágicas do mundo todo desde tempos muito remotos, e a maioria dos sistemas de magia inclui rituais para afastar espíritos. Os papiros mágicos greco-egípcios, a melhor fonte remanescente de antigas práticas mágicas ocidentais, contêm uma seleção de rituais de exorcismo; um deles, a "Stele of Jeu the Hieroglyphist", é a matéria-prima da qual o moderno ritual do Não Nascido foi criado. *VEJA* RITUAL DO NÃO NASCIDO; PAPIROS MÁGICOS GRECO-EGÍPCIOS.

Após o cristianismo, o exorcismo tornou-se basicamente uma especialidade de sacerdotes cristãos, embora magos populares do interior também o pratiquem. Na Igreja cristã, o poder de exorcizar espíritos foi dado a uma classe específica de clérigos no final do século III, e, durante muitos séculos, o ofício de exorcista era uma das ordens menores da Igreja, conferido numa cerimônia na qual o novo exorcista ganhava um livro de rituais exorcistas dado pelo bispo local. Foi principalmente entre exorcistas, ou sacerdotes e monges que também praticavam o exorcismo, que floresceram os ramos mais cristãos da magia cerimonial medieval; *VEJA* GOÉTIA.

Durante a Reforma, a maioria das Igrejas que preservavam o sacerdócio e os sacramentos tradicionais transformou o exorcismo numa especialidade praticada apenas por um pequeno número de sacerdotes ordenados. Alguns sistemas recentes de magia cristã, especialmente aqueles ligados ao mundo dos bispos independentes, voltaram à tradição mais antiga. *VEJA* OCULTISMO CRISTÃO; ORDENS SAGRADAS.

Os rituais de exorcismo têm paralelos próximos com os métodos de banimento; *VEJA* BANIMENTO. LEITURA ADICIONAL: GOODMAN, 1988.

exsuflação. (do latim *exsufflatio*, "exalar") Forma de respiração mágica na qual a energia sutil de outro corpo ou objeto vai para a boca ou os pulmões do mago que inspira o ar; pode ser absorvida ou expelida com uma súbita exalação, combinada com uma visualização e a intenção focalizada. *VEJA* RESPIRAÇÃO; INSUFLAÇÃO.

F

Fa. *VEJA* FEHU.

facão. No moderno neopaganismo do norte, uma faca ritual, geralmente com um único gume e bem maior do que o athame comum na Wicca e em outras tradições pagãs. Serve como uma das principais ferramentas de trabalho do mago pagão do norte. *VEJA* ASATRÚ.

face, leitura da. *VEJA* FISIOGNOMONIA.

fadas, reino das. Reino de entidades não humanas associadas ao mundo natural. Tecnicamente, um habitante do reino das fadas é um dos vários tipos de fada, mas os outros tipos acabaram por se confundir nos últimos seis séculos, aproximadamente. A natureza exata do reino das fadas e de seus habitantes tem sido tema de muitas discussões ao longo dos anos, dentro e fora das tradições ocultistas ocidentais.

Entidades do tipo depois conhecido como fadas, elfos e similares podem ser encontradas em fontes gregas e romanas, onde se misturam indistintamente com o reino dos espíritos da natureza e dos deuses menores – o pano de fundo da religião clássica. Essa mesma atitude pode ser encontrada nas tradições germânica e celta, onde é impossível localizar o limite entre os deuses e elfos.

A chegada do cristianismo, tanto aqui como em muitas outras áreas, forçou uma divisão no meio dessa unidade. O dualismo cristão exigiu que as entidades fossem boas ou más, servos de Deus ou do Diabo, e os relatos mais ortodoxos das fadas situaram-nas firmemente no território do Diabo. A ideia de espíritos moralmente neutros persistiu, porém, e essas duas atitudes podem ser encontradas em textos medievais e renascentistas sobre o assunto.

Na Inglaterra, que desenvolveu e perpetuou tradições mágicas que não são encontradas em outros lugares, os ritos para chamar as fadas já circulavam no século XVI, se não antes. Rituais publicados em *Discoverie of Witchcraft* (1584), do cético Reginald Scot, incluíam uma cerimônia para se chamar três irmãs fadas, Milia, Aquilia e Sibilia, para que entregassem ao mago um anel mágico de invisibilidade. A edição de 1665 desse mesmo livro, ampliada pela inclusão de uma grande coleção de ritos mágicos, apresentava outro rito para chamar Luridan, um espírito auxiliar associado aos bardos galeses e anunciado por um grupo de entidades semelhantes a gnomos que falam irlandês antigo! Registros da época mostram que ritos desse tipo foram praticados na Inglaterra até o final do século XVII, e cerimônias para evocar as fadas foram realizadas na Alemanha no final do século XVI, quando uma foi publicada no *The Threefold Harrowing of Hell* [*As Tríplices Dores do Inferno*], mais famoso dos grimórios atribuídos a Fausto. *VEJA* FAUSTO, LENDA DE.

Essas fontes classificavam as fadas simplesmente como mais um tipo de espírito. O surgimento de uma postura diferente, que via as fadas como uma classe de entidades distinta, teve de esperar pelo final do Renascimento. Os textos de Jerônimo Cardan (1501-1576), que incluíam referências ao trabalho de magia de seu pai com diversos espíritos, ajudou a introduzir essas ideias, que já eram relativamente comuns na época em que Robert Kirk (1644-1697) escreveu seu influente livro *The Secret Commonwealth* em 1690. Nessa visão, as fadas não eram espíritos como entendemos hoje, mas seres vivos e inteligentes com corpos que parecem mais sutis do que os nossos.

Essa era a opinião majoritária entre os magos mais instruídos na época da Revolução Científica, quando o tema deixou de interessar ao público, mesmo na comunidade ocultista. As fadas retornaram como tema de interesse no final do século XIX e início do XX, quando autores espiritualistas e teosóficos ampliaram a gama de seres espirituais em seus estudos. Thomas Lake Harris, um ministro unitário norte-americano convertido em filósofo ocultista, incluiu as fadas em suas teorias excêntricas mas influentes, afirmando que o celibato e práticas de "desmagnetização" permitiam ao corpo humano tornar-se morada de enxames de fadas benéficas para a saúde. *VEJA* HARRIS, THOMAS LAKE. De modo semelhante, os textos da Golden Dawn incluíam breves comentários sobre "fadas e arquifadas", espécies de que alguns exemplos aparecem na carta do Príncipe de Espadas do baralho original de tarô da Golden Dawn.

W. Y. Evans-Wentz, teósofo que depois ficou famoso por suas traduções de escrituras do budismo tibetano, publicou um grande estudo, ainda valioso – *The Fairy-Faith in Celtic Countries* – em 1912, incluindo relatos de mais de cem testemunhas oculares das fadas e argumentos detalhados embasando sua realidade. Em 1920, diversas fotos supostamente mostrando fadas, tiradas por duas meninas, foram publicadas; embora tenham sido desmascaradas como hábeis falsificações, as fotos das fadas de Cottingsley reacenderam o interesse pelas fadas, garantindo-lhes um lugar no moderno pensamento da Nova Era.

As ideias atuais sobre fadas na comunidade ocultista vão desde as análises junguianas, que as conceituam como realidades psicológicas, até ensinamentos de base teosófica, que as veem como participantes de outra corrente da evolução (que começaria pelos elementais e prosseguiria pelas fadas, devas e anjos, chegando aos arcanjos e mais além), ou concepções pagãs que as interpretam como mera parte da complexa estrutura da realidade espiritual, fazendo com que a roda feche o círculo. Qual dessas ideias se aproxima mais da verdade, só as fadas sabem – e elas não nos disseram ainda. *VEJA TAMBÉM* DEVA; ESPÍRITO ELEMENTAR. LEITURA ADICIONAL: J. GREER, 2001; MCLEAN, 1990; R. J. STEWART, 1990; TOLKIEN, 1966.

fálica, religião. Uma fixação (e, em boa parte, uma invenção) de estudiosos europeus dos séculos XVIII e XIX, a religião fálica era a adoração dos poderes da fertilidade na forma do pênis. O hinduísmo, com seu uso do *lingam* ou pedra fálica como símbolo do deus Shiva, proporcionou a base para uma vasta literatura, quase sempre pornográfica, publicada em pequenas edições particulares, na qual os estudiosos tratavam da adoração ao pênis ao redor do mundo e ao longo da história. Textos falando da religião fálica tiveram papel determinante na evolução da imagem romântica da bruxa e, consequentemente, também na pré-história do neopaganismo e da Wicca moderna. *VEJA* NEOPAGANISMO. LEITURA ADICIONAL: J. GODWIN, 1994.

Falk, Samuel Jacob Hayim. Rabino e cabalista judeu, c. 1710-1782. Nascido em Podolia, na Polônia, numa região onde as comunidades judaicas tinham sido muito influenciadas pelos ensinamentos do messias cabalista Shabetai Tzevi, dedicou-se a estudos das escrituras desde menino. *VEJA* CABALA. Ficou famoso como Baal Shem, ou "Mestre do Nome", um especialista na cabala prática, e era procurado por cristãos e por judeus em busca de ajuda ocultista. Há registros de que teria feito coisas maravilhosas na presença de diversos nobres alemães. Em 1740, enquanto viajava pela Alemanha, o arcebispo de Colônia o condenou à morte como feiticeiro. Ele conseguiu escapar para a mais tolerante Amsterdã, onde foi bem recebido pela comunidade judaica local.

Pouco depois, mudou-se para Londres, indo morar na Wellclose Square, no East End. Lá, tornou-se o centro de um círculo cabalístico que reunia tanto judeus quanto cristãos, além de montar um laboratório alquímico. Também esteve muito envolvido com os círculos maçônicos de Londres; os detalhes de sua iniciação não chegaram até nós, mas ele era procurado por maçons ingleses e do continente europeu como especialista em cabala e estudos ocultistas, e parece ter se envolvido nas sombrias intrigas maçônicas e mágicas que cercaram as revoluções jacobinas de 1715 e 1745. *VEJA* MAÇONARIA; STUART, CASA DOS.

Correram rumores de que ele seria um dos "Superiores Desconhecidos" que, segundo se acreditava, governavam a Maçonaria na década de 1770, e esteve associado a Cagliostro e a Swedenborg, ambos também incluídos na pequena lista dos suspeitos de serem Chefes Secretos. *VEJA* CAGLIOSTRO, CONDE ALESSANDRO; SWEDENBORG, EMMANUEL. Ele morreu em Londres em 1782, pouco antes do grande encontro maçônico de Wilhelmsbad nesse mesmo ano.

Segundo relatos posteriores da comunidade mágica inglesa, o círculo de alunos da cabala de Falk foi a versão original da Ordem Hermética da Aurora Dourada. Se isso tem algo de verdade ou se é mais um exemplo da história oculta que envolve a Golden Dawn, fica a critério de cada um. *VEJA* GOLDEN DAWN; HISTÓRIA OCULTA. LEITURA ADICIONAL: PATAI, 1994; SCHUCHARD, 1995.

Fama Fraternitatis. (latim, "relatório da fraternidade") Forma reduzida e habitualmente utilizada para o título do primeiro manifesto rosa-cruz. *VEJA* ROSA-CRUZES.

familiar. (também se diz "espírito familiar") Ser espiritual que se associa com certos tipos de praticantes da magia. O Antigo Testamento refere-se a pessoas que têm espíritos familiares; pelo contexto, e a julgar por outras fontes do antigo Oriente Médio, essas pessoas parecem ter sido bem parecidas com médiuns, e seus espíritos geralmente eram os fantasmas de seres humanos mortos, principalmente aqueles que sofreram mortes violentas. *VEJA* ESPIRITUALISMO.

Durante a Idade Média, na Europa, esses trechos das escrituras foram reinterpretados à luz do antigo folclore europeu sobre guias em forma de animais mágicos que acompanhavam magos populares e xamãs. O resultado foi o conceito do "espírito familiar das bruxas", demônio na forma de animal que ajudava e protegia a bruxa. Embora a maioria dos familiares assumisse formas animais relativamente convencionais – gatos, sapos, ratos, camundongos, moscas e coisas do gênero – os relatórios de julgamentos de bruxas incluíam algumas formas exóticas.

Acreditava-se que os familiares viviam do sangue sugado de seu mestre ou mestra por meio de uma "teta de bruxa", um ponto da pele descolorido, gelado e insensível à dor. O teste da "teta de bruxa" ou "marca da bruxa" tinha um papel fundamental em muitos julgamentos de bruxas durante a era das fogueiras, e as pessoas suspeitas de bruxaria sofriam diversas espetadas com instrumentos pontiagudos. Alguns caçadores de bruxas usavam punções com pontas retráteis para produzir a ilusão de que teriam encontrado um ponto indolor.

Alguns praticantes modernos da Wicca e de bruxaria consideram seus animais de estimação como seus familiares, e usam a sensibilidade animal a energias sutis em seus trabalhos de magia. *VEJA TAMBÉM* BRUXARIA.

familiar, tradição. *VEJA* TRADIÇÃO FAMILIAR.

fam-trad. *VEJA* TRADIÇÃO FAMILIAR.

fantasma de cemitério. *VEJA* ESPECTRO DE CEMITÉRIO.

Farrar, Stewart. Escritor e bruxo inglês, 1916-2000. Nascido em Londres, Farrar cresceu numa família ligada à Ciência Cristã, e foi instrutor de artilharia antiaérea na Segunda Guerra Mundial. Entrou para o Partido Comunista no início da década de 1950, mas se desiludiu e saiu na época da revolta húngara de 1956. Tornou-se jornalista e escritor, tendo publicado diversos romances populares.

Em 1970, entrou em contato com Alex Sanders, o autoproclamado "Rei dos Bruxos", como repórter da revista inglesa *Reveille*. Esse contato levou ao envolvimento de Farrar com a bruxaria, bem como ao seu primeiro livro sobre o tema, *What Witches Do* (1971). Ele foi iniciado no coven de Sanders em 1970. Ele e a colega Janet Owen (depois Farrar) saíram do grupo e fundaram seu próprio coven depois de receberem suas iniciações do terceiro grau; casaram-se em 1972.

Em 1976, os Farrars mudaram-se para a Irlanda, onde organizaram um coven e escreveram muitos livros sobre bruxaria e temas correlatos. Suas publicações e palestras foram as principais influências no desenvolvimento da Wicca no último quartel do século XX e também tiveram um papel central no início do movimento neopagão na Irlanda, onde, segundo alguns relatos, três quartos de todos os membros da Wicca têm linhagem iniciada nos Farrars. Quando Stewart Farrar morreu, na Irlanda, em 2000, a notícia entristeceu pagãos e membros da Wicca do mundo todo. *VEJA TAMBÉM* SANDERS, ALEC; WICCA. LEITURA ADICIONAL: FARRAR E FARRAR, 1984.

fascinação. (do latim *fascinatio*, "aprisionamento") Originalmente uma expressão de magia, antes de ganhar seu significado mais recente (e diluído), a fascinação refere-se ao poder de encantamento ou de controle sobre outra pessoa através do olhar. *VEJA* MAU-OLHADO.

Fausto, lenda de. A mais famosa de todas as histórias sobre alguém que teria vendido sua alma ao Diabo em troca de riqueza e de poder, a lenda de Fausto teve origem na carreira de Johann Faustus (c. 1480 – c. 1540), alemão que pode ter sido ocultista, charlatão ou as duas coisas ao mesmo tempo. *VEJA*

FAUSTUS, JOHANN GEORG. Histórias a seu respeito, muito influenciadas por lendas anteriores sobre pactos com o Diabo, circulavam durante sua vida, e parecem ter se espalhado por toda a Alemanha após sua morte. *VEJA* PACTO; TEÓFILO DE ADANA.

Em 1587, a carreira póstuma de Fausto foi criada por um medíocre escritor alemão chamado Johann Spiess, cujo *Geschichte der Doktor Johannes Fausten* [*História do Doutor Johannes Fausten*] foi um sucesso internacional, traduzido para as principais línguas europeias. O relato de Spiess incluiu a maioria dos elementos da lenda posterior, apresentando Fausto como um feiticeiro que vendeu sua alma ao Diabo em troca de poderes mágicos, mergulhando em delícias sensuais durante 24 anos com a ajuda do espírito familiar Mefistófeles, e depois arrastado para o Inferno.

Dois anos depois da publicação do livro de Spiess, o dramaturgo elisabetano Christopher Marlowe usou-o como base para uma das grandes peças de sua carreira, *A Trágica História do Doutor Fausto* (publicação original, 1589). O Fausto de Marlowe foi atraído pelo desejo de conhecimentos secretos num pacto com o demônio Mefistófeles e desfrutou sete anos de poder e luxúria, sendo depois levado para o Inferno. Marlowe estava associado à chamada Escola da Noite, um círculo de nobres e estudiosos interessados por ocultismo e heresia religiosa, e já foi sugerido que a peça de Marlowe teria sido influenciada por essa conexão. *VEJA* ESCOLA DA NOITE.

A peça de Marlowe foi apenas a primeira, embora sem dúvida a melhor, de uma torrente de produções teatrais baseadas na lenda de Fausto, que incluem desde uma grande ópera (*Fausto* de Charles Gounod, apresentada pela primeira vez em 1859) até peças alemãs com marionetes da era moderna. No campo literário, o majestoso retrato poético traçado por Goethe sobre a lenda de Fausto, publicado em duas partes (a primeira em 1808 e a segunda em 1833), é o ponto alto da tradição, além de uma das maiores obras da literatura alemã. *VEJA* GOETHE, JOHANN WOLFGANG VON.

Uma das comédias menores da história da magia é o ponto com que ficções sobre magia, mesmo aquelas postas em circulação por pessoas violentamente contrárias a qualquer prática ocultista, tendem a inspirar tentativas de prática mágica; *VEJA* OCULTISMO FANTÁSTICO. No final do século XVI e no século XVII, uma série de manuais mágicos, supostamente escritos por Fausto, surgiram na Alemanha e foram avidamente procurados por candidatos a feiticeiros. O mais famoso desses "livros de Fausto" é o *Magia Naturalis et Innaturalis*, com o subtítulo de *The Threefold Harrowing of Hell* [*As Tríplices Dores do Inferno*], mas houve muitos outros, inclusive – como era de esperar – *Fourfold Harrowing of Hell* [*As Quádruplas Dores do Inferno*].

Esses grimórios faustianos baseavam-se muito em manuais mágicos mais antigos e inserem-se na tradição da magia cerimonial cristã, com muitos elementos da lenda católica e de práticas devocionais utilizados com a finalidade de evocar e comandar demônios. A meta das conjurações é quase sempre o dinheiro, em quantidade significativa. O famoso pacto com o Diabo, que tem um papel central na lenda de Fausto, raramente aparece nos manuais faustianos, que pareciam muito mais interessados em mostrar como obter algo a troco de nada enganando as hostes do Inferno. *VEJA TAMBÉM* DEMÔNIO; GOÉTIA. LEITURA ADICIONAL: BARON, 1978; E. BUTLER, 1949; E. BUTLER, 1952; P. PALMER, 1936.

Faustus, Johann Georg. Mago alemão, c. 1480 – c. 1540. Pouco se sabe sobre a vida dessa pessoa, que inspirou a mais famosa de todas as lendas mágicas. Ao que parece, teria nascido na cidade alemã de Knittlingen e morrido provavelmente em Staufen. O período entre esses dois marcos um tanto quanto vagos é ainda menos documentado, mas diversas cartas e crônicas locais atestam suas atividades.

Fausto se anunciava como médico, alquimista, vidente, astrólogo e mago, e afirmava, entre outras coisas, que era capaz de realizar todos os milagres de Jesus de Nazaré. Dizem que se referia ao Diabo como seu cunhado. Até que ponto ele possuía de fato conhecimentos e habilidades mágicas não se sabe, mas talvez não tenha sido nada de mais.

Alguns estudiosos alegam que pode ter havido dois Faustos, Johann e Georg, o primeiro um verdadeiro ocultista do Renascimento clássico e o outro um charlatão, mas as evidências estão longe de serem conclusivas. *VEJA TAMBÉM* FAUSTO, LENDA DE. LEITURA ADICIONAL: BARON, 1978; P. PALMER, 1936.

Fe. *VEJA* FEHU.

Fearn. (irlandês antigo, "amieiro") Terceira (em Boibeloth) ou quarta (em Beth-Luis-Nion) letra do alfabeto Ogham, com valor sonoro *v*. Corresponde ao amieiro entre as árvores, à gaivota entre as aves, à cor vermelha e ao número oito. Na versão de Robert Graves para o calendário das árvores-Ogham, seu mês vai de 18 de março a 14 de abril. *VEJA* OGHAM.

Letra Ogham Fearn

Fehu. (germânico antigo, "gado") A primeira runa do futhark antigo, associada ao gado e a outras formas de riqueza, ao deus Njord, à criatividade e à prosperidade. Seu valor sonoro é *f*. *VEJA* FUTHARK ANTIGO.

A mesma runa, porém com o nome Feoh (inglês antigo, "gado, riqueza"), é a primeira runa do futhorc anglo-saxão, e tem o mesmo valor sonoro. O poema rúnico em inglês antigo relaciona-a com a riqueza, que deve ser distribuída livremente em nome da honra. *VEJA* FUTHORC ANGLO-SAXÃO.

Com o nome Fe (norueguês arcaico, "gado, riqueza"), com as mesmas implicações e valor sonoro, esta runa também abre o futhark recente. Como se espera da era viking, os poemas rúnicos dinamarqueses e noruegueses relacionam o conceito de riqueza ao conflito entre parentes. *VEJA* FUTHARK RECENTE.

Finalmente, a mesma runa abre o alfabeto rúnico Armanen, mas nele tem o nome Fa e representa o conceito de transitoriedade. Está associada a Alfheim (o reino dos *ljos-alfar*, ou Elfos da Luz), ao pai de família e ao signo Áries no zodíaco, e ao poder, derivado do poema rúnico de Odin "Havamal", de ajudar em tempos de angústia e provação. *VEJA* RUNAS ARMANEN.

Runa Fehu (Feoh, Fe, Fa)

feijões. (*Vicia* spp.) Importante fonte de alimento e ração para gado desde a Antiguidade, há muito que os feijões estão no centro de um complexo igualmente importante de mito, folclore e magia. As tradições de muitas culturas indo-europeias, inclusive das antigas Grécia e Roma e de boa parte da Índia moderna, associam feijões com a alma dos mortos, que ficariam flutuando em torno de suas flores ou habitariam os próprios feijões.

Histórias folclóricas desse tipo parecem ter tido um papel fundamental na tradição pitagórica, uma corrente central do ocultismo ocidental na época clássica. Segundo alguns registros, o próprio Pitágoras e diversos seguidores posteriores, inclusive Empédocles, proibiam seus alunos de comer feijão. O motivo para essa proibição é controverso, tanto na Antiguidade quanto hoje, mas a antiga ligação entre feijões e a alma dos mortos deve estar na raiz do problema. A alegação moderna de que os feijões teriam sido banidos por Pitágoras na tentativa de evitar o favismo, uma doença que afeta algumas pessoas que comem certo tipo de feijão, foi desmentida por Simoons (1998). *VEJA* PITÁGORAS. LEITURA ADICIONAL: SIMOONS, 1998.

Feoh. *VEJA* FEHU.

fermentação. Na alquimia, um processo no qual uma pequena porção de uma substância ativa é acrescentada a uma quantidade maior de substância inerte a fim de transformar esta última. A fermentação da cerveja e do vinho é considerada, pelos alquimistas, como uma forma simples de transformação alquímica.

No simbolismo alquímico, esse processo está associado ao signo zodiacal de Capricórnio; em alguns relatos, é mencionado como a quinta operação da Grande Obra. *VEJA* ALQUIMIA.

festivais do fogo. Os quatro sabás intermediários: Samhain, Imbolc (Candlemas), Beltane e Lammas (Lughnassadh). *VEJA* SABÁ.

Fez. Cidade do Marrocos, importante centro de comércio e de estudos desde o início da Idade Média. Segundo a *Fama Fraternitatis*, Christian Rosenkreuz estudou magia e cabala em Fez depois de sair de Damcar, na Arábia. *VEJA* ROSENKREUZ, CHRISTIAN.

De acordo com uma versão muito famosa, o tarô foi idealizado originalmente por uma convenção de sábios e adeptos reunidos em Fez no ano 1300 E.C. Tal como ocorre com muitas histórias sobre a origem do tarô que circulam na comunidade ocultista, não existem evidências dessa história. *VEJA* TARÔ.

Ficino, Marsílio. Estudioso, médico e mago italiano, 1433-1499. Seu pai era médico pessoal de Cósimo de Médici, governante da cidade-estado de Florença, e foi educado no mais vigoroso ambiente cultural, artístico e literário da Europa renascentista. Criança-prodígio, dominava o latim e o grego clássico aos 10 anos, tornando-se um dos mais distintos eruditos clássicos da Europa antes dos 30 anos.

Ainda adolescente, foi escolhido por Cósimo de Médici como diretor da nova Academia florentina, tendo acesso à coleção de manuscritos gregos dos Médici, resgatados do Império Bizantino oriental em ruínas. Entre eles, a mais preciosa era uma coleção completa das obras de Platão, incluindo livros que poucos estudiosos europeus tinham visto. Como seu primeiro projeto primordial, Ficino determinou-se a traduzir pela primeira vez essas obras preciosas para o latim.

Em 1453, porém, quando estava prestes a iniciar a tradução de Platão, chegaram notícias de que Cósimo de Médici tinha acabado de descobrir um livro mais importante e que precisava ser traduzido primeiro. Era o *Corpus Hermeticum*, coleção de textos atribuídos a Hermes Trismegisto. *VEJA* CORPUS HERMETICUM. Ficino traduziu-o em poucos meses, e sua tradução foi amplamente distribuída, tanto manuscrita como impressa – a primeira edição impressa saiu em 1471, e teve dezesseis edições antes do final do século XVI. Mais do que qualquer outro fator, essa tradução deu início ao ressurgimento renascentista da magia hermética. Além disso, levou Ficino a mergulhar na prática da magia. Seu principal trabalho original, *De Vita Libri Tres* (1489), é um manual de medicina e saúde para estudiosos. Segundo o pensamento médico do Renascimento, o trabalho intelectual intenso tornava os estudiosos vulneráveis à melancolia e a diversas outras "doenças ocupacionais", que o manual de Ficino procurava prevenir ou curar. Os métodos que ele propõe, no entanto, estão repletos de magia astrológica e de talismãs planetários, usados para atrair as energias benéficas do Sol, de Vênus e de Júpiter, e afastar a influência de Saturno.

A publicação do *De Vita Libri Tres*, francamente mágico, atraiu para Ficino certa dose de crítica, mas a proteção da casa dos Médici o manteve afastado de perigos. Ele entrou para a Igreja Católica em 1473 e tornou-se cânone na Catedral de Florença, mas a atitude tranquila da Igreja para com o hermetismo no século XV ajudou a atenuar os ataques dirigidos a ele. Manteve-se ativo nos círculos eruditos até sua morte, em Florença, em 1499. *VEJA TAMBÉM* HERMETISMO; PLATONISMO. LEITURA ADICIONAL: M. ALLEN, 1984; MEBANE, 1989; D. WALKER, 1958, 1972; YATES, 1964.

filactério. Amuleto ou talismã usado junto ao corpo, geralmente como proteção mágica. A expressão costuma ser usada para traduzir o *tefillin* hebraico, as pequenas caixas contendo trechos das escrituras usadas por judeus ortodoxos, mas os filactérios podem ter diversas formas, desde faixas com textos escritos e amarradas na cabeça ou em um dos membros, até joias, pedras ou algum outro objeto usado num cordão ou faixa. *VEJA TAMBÉM* AMULETO; TALISMÃ.

Filhos de Belial. *VEJA* BELIAL, FILHOS DE.

filtro. Palavra obsoleta, usada como sinônimo de "poção", usada por alguns grupos ocultistas modernos. *VEJA* MAGIA NATURAL.

Firth, Violet. *VEJA* FORTUNE, DION.

fisiognomonia. Arte da leitura e da interpretação das características faciais, a fisiognomonia foi uma das artes mais comuns de análise de caráter e de predição do destino na Idade Média e no Renascimento, mas hoje está quase esquecida. Como a quiromancia, com a qual tem muito em comum, a arte da fisiognomonia associa cada parte do rosto a um aspecto diferente da personalidade. Assim, por exemplo, orelhas grandes eram consideradas um sinal de boa memória, enquanto a calvície estaria associada com a inteligência. Alguns sistemas de fisiognomonia consideravam não apenas o rosto, como também o restante do corpo.

Como muitas das tradições ocultistas ocidentais, a fisiognomonia chegou à Europa por meio dos árabes na Idade Média, embora suas fontes originais sejam menos claras. Caiu em desuso por volta da época da Revolução Científica e recebeu pouca atenção dos círculos ocultistas desde então. Pode-se dizer que não existe praticamente nada sobre o assunto em inglês moderno. *VEJA TAMBÉM* QUIROMANCIA.

fixação. Na alquimia, processo de transformação de uma substância volátil numa forma que não muda ou não se dissipa quando exposta ao calor. É considerado um estágio importante do processo alquímico, que alguns textos descrevem como "fixar o volátil e volatizar o fixado". O simbolismo alquímico associa tal processo ao signo zodiacal de Gêmeos. *VEJA* ALQUIMIA.

Flamel, Nicolau. (grafado também Nicolás Flamel) Escrivão e alquimista francês, c. 1330

– 1418. Nascido em Pontoise, filho de pais pobres mas cultos, foi para Paris na juventude. Começou a trabalhar como escrivão ou notário público e chegou ao cargo de copista oficial da Universidade de Paris. No seu trabalho, lidou com muitos livros antigos, e um dia – segundo seu próprio relato, que é a única fonte de informações a respeito de seu trabalho alquímico – encontrou um livro incomum com 21 páginas, encadernado em latão e escrito na parte interna da casca de uma árvore.

Sua primeira página tinha grandes letras douradas, onde se lia *Abraão o Judeu, Príncipe, Sacerdote, Levita, Astrólogo e Filósofo da tribo de judeus que pela ira de Deus foi dispersada entre os galeses, deseja saúde*, seguido de maldições formais contra qualquer um que lançasse os olhos sobre o texto e não fosse sacerdote ou escriba. As páginas seguintes continham uma série de símbolos sem explicações, que aparentemente teriam relação com a alquimia. Ele comprou o livro por dois florins e deu início ao que seria uma longa busca pelos segredos da alquimia.

Sua esposa Perenelle, com quem se casara recentemente, também se interessou pelo assunto, e em pouco tempo tornou-se sua colega em toda sorte de experimentos alquímicos. Durante muitos anos, porém, não foram capazes de decifrar os significados ocultos do misterioso livro. Os melhores estudiosos de Paris não conseguiram ajudá-los. Finalmente, com o consentimento de Perenelle, ele partiu em peregrinação até o grande templo de Santiago de Compostela, na esperança de encontrar um adepto da alquimia na Espanha, onde árabes e judeus repartiam seus conhecimentos com estudiosos cristãos de toda a Europa.

Na cidade de León, após uma longa procura, finalmente encontrou um alquimista judeu chamado Mestre Canches, que identificou com grande excitação os símbolos, começou a decifrá-los e concordou em acompanhar Flamel a Paris. Partiram imediatamente, e Canches foi procurando decifrar os símbolos durante a viagem. Infelizmente, adoeceu no caminho e morreu em Orleans, tendo explicado apenas os primeiros princípios da arte a Flamel.

Flamel voltou para casa, e com Perenelle, procuraram estudar as informações reveladas por Canches. Após três anos de esforços, conseguiram descobrir a forma correta de preparação da Matéria-Prima. Pouco tempo depois, tinham dominado o restante da arte. Sua primeira projeção se deu por volta do meio-dia da segunda-feira do dia 17 de janeiro de 1382, quando usaram a Pedra Branca – que transmuta metal não precioso em prata – para transformar uns duzentos gramas de mercúrio em prata pura. Em 25 de abril do mesmo ano, por volta das cinco da manhã, projetaram a Pedra Vermelha – que transmuta metal não precioso em ouro – sobre duzentos gramas de mercúrio, transmutando-o em ouro puro. De acordo com o relato de Flamel, posteriormente conseguiram realizar mais duas transmutações.

Boa parte da renda resultante dessas transmutações bem-sucedidas foram destinadas a obras de caridade, e Flamel menciona em seu relato que ele e Perenelle fundaram e dotaram nada menos do que catorze hospitais. Historiadores ortodoxos têm comentado que Flamel certamente existiu, e parece ter ficado muito rico durante sua existência; as fontes de sua fortuna, naturalmente, têm sido alvo de muita especulação. *VEJA TAMBÉM* ALQUIMIA; PEDRA FILOSOFAL. LEITURA ADICIONAL: FLAMEL, 1994; PATAI, 1994; READ, 1937.

Flamel, Perenelle. Esposa e parceira de Nicolau Flamel na alquimia, foi hábil alquimista e, de acordo com os relatos de Flamel, teve um papel fundamental na descoberta da Pedra Filosofal. *VEJA* FLAMEL, NICOLAU; PEDRA FILOSOFAL.

flâmine. Sacerdote na Roma antiga que se dedicava ao serviço de uma divindade específica. Originalmente, eram três os flâmines: o Flamen Dialis, que servia a Júpiter; o Flamen Martialis, que servia a Marte; e o Flamen Quirinalis, que servia ao divinizado Rômulo, fundador de Roma. Ao longo da história da Roma pagã, foram acrescentados outros flâmines; na época em que o império se converteu ao cristianismo, havia várias dezenas de flâmines em Roma. A esposa de um flâmine tinha o título de flamínica, sendo ela própria uma sacerdotisa. Quando morria um flâmine ou uma flamínica, o cônjuge sobrevivente tinha de se demitir do cargo e não podia tornar a se casar.

Em algumas tradições pagãs modernas, o título de flâmine foi adotado como equivalente de Sumo Sacerdote. *VEJA* SUMO SACERDOTE. *VEJA TAMBÉM* PAGANISMO.

flamínica. Na Roma antiga, uma sacerdotisa, a esposa de um flâmine; *VEJA* FLÂMINE. Algumas tradições pagãs modernas adotaram esse título (ou com a grafia alternativa "flamenca") como equivalente da Suma Sacerdotisa; *VEJA* SUMA SACERDOTISA.

Flos Abysmi. (latim, "flor do abismo") No sistema de magia da Aurum Solis, o terceiro mais alto dos seis centros de energia do corpo humano, relacionado com a semissefirah Daath e localizado na garganta. No Despertar das Cidadelas, exercício da Aurum Solis equivalente ao exercício do Pilar do Meio, é visualizado como uma esfera púrpura localizada totalmente diante do meio da garganta; nenhuma parte dele fica dentro do corpo físico. Seu Nome de Poder é AaLIVN, Elyon.

Corresponde ao chakra da garganta e ao centro Daath do exercício do Pilar do Meio. *VEJA* AURUM SOLIS; PILAR DO MEIO, EXERCÍCIO DO; DESPERTAR DAS CIDADELAS.

Fludd, Robert. Médico e ocultista inglês, 1574-1637. Filho de um funcionário do governo que chegou a uma posição distinta no interior, Fludd nasceu e cresceu na zona rural de Kent, e entrou para a Universidade de Oxford em 1592, formando-se bacharel em 1596 e mestre em 1598. Depois, viajou pela Europa durante seis anos, trabalhando como tutor de famílias aristocráticas da França e da Itália. Durante essas viagens, interessou-se pela medicina, e quando voltou a Oxford em 1604 começou a estudar medicina formalmente, formando-se doutor em 1605. Depois de alguns problemas iniciais com o Colégio de Médicos, a organização profissional da época na Inglaterra, foi autorizado a praticar em 1609, dando início a uma carreira bem-sucedida.

Porém, além da medicina, Fludd sempre se interessou por astrologia, filosofia esotérica e cabala, e fez importantes contribuições para a Arte da Memória; *VEJA* ARTE DA MEMÓRIA. Ainda estudante, demonstrava a habilidade de identificar um ladrão por meio de um mapa astral horário; *VEJA* ASTROLOGIA HORÁRIA. Depois, também dominou a geomancia, e quase se complicou em suas viagens pela Europa quando um grupo de jesuítas ficou sabendo de suas adivinhações e procurou o vice-legado papal, um alto funcionário da Igreja, pedindo sua prisão. No entanto, o vice-legado tinha tanto interesse pela geomancia quanto Fludd: convidou o inglês para jantar e passaram uma agradável noite discutindo a arte. *VEJA* GEOMANCIA.

De volta à Inglaterra e exercendo a prática da medicina, Fludd lançou aquela que seria sua maior contribuição para o ocultismo ocidental, uma grande enciclopédia com todo o conhecimento humano sob o ponto de vista da filosofia esotérica do Renascimento. O primeiro volume de *Utriusque Cosmi Maioris sciliet et Minoris Metaphysica, Physica et Technica Historia* foi publicado por Johann Theodor de Bry em 1617, e outros volumes se seguiram nos anos seguintes. Escritor prolífico e vigoroso debatedor, Fludd participava ativamente de debates panfletários (o equivalente renascentista das modernas brigas pela internet) com proponentes da ciência materialista, como o sacerdote francês Marin Mersenne e o médico inglês William Foster. Ele não chegou a concluir a grande enciclopédia, publicando diversos livros importantes de medicina hermética e de alquimia espagíria no final da vida. Morreu pacificamente em sua casa em 1637 e foi enterrado na igreja paroquial da família Fludd em Bearstead, Kent. VEJA TAMBÉM HERMETISMO. LEITURA ADICIONAL: FLUDD, 1992; J. GODWIN, 1979.

fluido elétrico. Nos textos mágicos do século XIX e do início do XX, uma expressão que representava o modo ou aspecto positivo da energia etérica. O modo ou aspecto correspondente ao negativo era o "fluido magnético". VEJA ÉTER.

fluido magnético. Em alguns textos ocultistas, uma expressão que significa energia etérica, ou a polaridade negativa da energia etérica. VEJA ÉTER.

Fogo (elemento). No simbolismo mágico, um dos quatro (ou cinco) elementos, correspondente à energia, às qualidades quente e seca, e ao humor colérico. Como ocorre com todos os elementos, há associações variadas com o elemento Fogo, mas as apresentadas a seguir são comuns na maioria dos sistemas ocultistas ocidentais da atualidade:

Símbolo: △
Letra do Tetragrammaton: י, Yod
Nome de Deus: אלהים, ALHIM, Elohim (deuses e deusas)
Arcanjo: מיכאל, MIKAL, Miguel (Aquele Que é Como Deus)
Anjo: אראל, ARAL, Aral
Regente: שרף, ShRP, Seraph
Rei elemental: Djin
Elemental: Salamandras
Nome hebraico do elemento: אש, ASh, Aesh
Direção: דרום, DRVM, Darom, o Sul
Estação: Verão
Hora do dia: Meio-dia
Qualidades: Quente e seco
Natureza: Energia

VEJA TAMBÉM DIREÇÕES NO OCULTISMO; ELEMENTOS MÁGICOS; HUMORES.

fogueiras, era das. Segundo se diz hoje nos meios pagãos e mágicos, foi a época ou o período da história europeia no qual numerosas pessoas foram presas, torturadas e executadas como praticantes de bruxaria. A memória coletiva da era das fogueiras tem um papel indispensável na identidade de grupo de muitas tradições pagãs modernas, especialmente na Wicca e em outros sistemas que alegam descender das bruxas medievais. Referências a "nove milhões de mortos" (uma estimativa antiga e imprecisa) e temas similares da era das fogueiras são comuns na moderna literatura pagã.

Embora muito do que se fala contenha boa dose de exagero, a realidade da era das fogueiras foi pavorosa. Durante quase quatrocentos anos, começando no início do século XV e terminando no final do século XVIII, na maioria dos países da Europa, as pessoas viveram sob a ameaça de serem acusadas de bruxaria, torturadas até confessarem e morrerem na fogueira. Embora a intensidade da caça às bruxas tenha variado muito ao longo do tempo e de um lugar para outro, poucas partes do continente ficaram incólumes. A contagem exata de vítimas não pode ser conhecida com certeza absoluta, mas hoje a maioria dos estudiosos concorda com um número em torno de 50 mil mortes.

A caça às bruxas começou na região que hoje corresponde ao oeste da Suíça e áreas francesas próximas, no início do século XV. A Igreja e os governos locais afirmavam que havia surgido uma nova e assustadora heresia na área, por volta de 1375. Nessa heresia, segundo as alegações, as pessoas faziam pactos com o Diabo em troca de riqueza material e do poder de causar o mal por meio de magia. Quando as perseguições se tornaram frequentes, novos detalhes apareceram na mitologia: dizia-se que os servos do Diabo se encontravam regularmente em lugares isolados para festejar, fornicar e adorar seu mestre. *VEJA* SABÁ DAS BRUXAS.

A partir das primeiras áreas afetadas, a caça se espalhou pelo Reno, cobrindo boa parte do que hoje é o oeste da Alemanha e à volta do Reno. Por volta de 1500, por motivos não muito claros, a caça às bruxas ficou menos intensa; escrevendo em 1516, Martinho Lutero comentou que as bruxas eram comuns na sua juventude, mas que raramente se ouvia falar nelas mais recentemente.

O declínio na caça às bruxas se inverteu por volta de 1550, e durante várias décadas aumentou lentamente o número de julgamentos de bruxas. A década de 1580 marcou o início do pior período da era das fogueiras, com julgamentos e execuções em massa na Suíça e na Bélgica. Na década seguinte, a França e a Escócia foram tomadas pelo pânico popular com relação às bruxas, e no início do século XVII a Alemanha foi palco de intensa caça, com vítimas queimadas às centenas em algumas áreas. Durante o século XVII, poucos países da Europa escaparam da histeria da caça às bruxas, que se estenderam até o século XVIII. A última execução legal de bruxas na Inglaterra foi vista em 1682; na Escócia, foi em 1722; na França, em 1745, na Alemanha, em 1775 e na Suíça em 1782.

Embora a caça às bruxas tenha se espalhado pela Europa ao longo de mais de três séculos, as perseguições individuais foram bem mais esporádicas. Algumas áreas sofreram apenas um surto isolado de execuções nesse período todo, enquanto outras viram as caças três ou quatro vezes em algumas décadas. Assim, alguns casos consistiam em julgamento de uma ou duas pessoas, enquanto outros fugiam ao controle e se tornavam pânicos em massa, com centenas de pessoas presas, torturadas e queimadas. A idade e o sexo das vítimas variava muito; embora muitas das vítimas europeias fossem mulheres, especialmente as idosas e solteiras, alguns países executavam mais homens do que mulheres, e, no auge do pânico, homens, mulheres e crianças de todos os níveis sociais podiam ser executados.

Dois fatores importantes tornaram possíveis as caças às bruxas. Primeiro, os códigos penais de boa parte da Europa mudaram de forma significativa no final da Idade Média. Até então, as condenações por crimes seguiam o chamado "procedimento acusatório", o que significa que as acusações deviam ser apresentadas por um cidadão que corria o risco de sofrer a mesma pena caso a acusação fosse considerada falsa. Na maior parte da Europa, a tortura era ilegal em processos judiciais, e uma confissão ou o depoimento de duas testemunhas era necessário para a condenação – o que tornava a condenação por bruxaria uma operação complicada. Com a redescoberta das leis romanas no final da Idade Média, porém, o procedimento acusatório foi substituído, em muitos lugares, pelo "procedimento inquisitório", no qual as acusações eram apresentadas por um funcionário público, isolado das consequências legais que poderiam advir se as acusações fossem falsas; a tortura voltou a ser praticada, e os requisitos para a prisão ficaram mais lassos. Isso tornou a condenação por bruxaria mais fácil e mais segura.

O segundo fator importante foi uma reinterpretação da magia, tornando-a, aos olhos das pessoas cultas, um sinal de heresia. As práticas mágicas tinham uma situação complexa na Europa cristã até o século XIV; aquelas que se aproximavam demais das antigas tradições pagãs eram proibidas, mas as penas costumavam ser leves, e práticas mágicas desse tipo eram vistas como sinal de ignorância e superstição. Havia ainda um ambiente crescente de magia cristã, que era permitida de modo tácito ou mesmo aprovada abertamente. *VEJA* OCULTISMO CRISTÃO; MAGIA, PERSEGUIÇÃO À PRÁTICA DA.

A heresia religiosa, por sua vez, era tratada com extrema crueldade desde que o Império Romano tornou-se cristão e a Igreja conseguiu o poder de amparar seus éditos com a máquina legal do Estado. *VEJA* CÁTAROS; PAGANISMO. Quando os eclesiásticos entenderam a bruxaria como uma heresia – um sistema organizado de crença religiosa oposto à ortodoxia cristã –, isso fez com que qualquer evidência de prática da magia denotasse crenças heréticas, fazendo com que todo o poder da Igreja e do Estado recaísse sobre os supostos hereges. Nesse processo, teólogos e intelectuais de toda a Europa transformaram a imagem da bruxa: a velha camponesa supersticiosa e iludida tornou-se a participante secreta de uma diabólica conspiração contra o mundo.

Esses dois fatores se associaram na origem das caças às bruxas. Em muitos casos, a faísca que acendia o pânico era uma acusação feita por um camponês contra outro, alegando que este havia lançado um feitiço maléfico. Quando uma acusação dessas chegava aos ouvidos de um tribunal local, juízes e oficiais, acostumados a pensar na magia como um sinal de heresia, mandavam prender o acusado e o torturavam até que confessasse a participação em bruxarias, conforme o tribunal a entendia. Dado o grau de dor que podia ser infligida pelos eficientes métodos de tortura da época, não é de surpreender que tanta gente acabasse confessando qualquer coisa que os torturadores quisessem ouvir.

Nos manuais de caçadores de bruxas que proliferavam na época, encontravam-se listas de perguntas detalhadas que deviam ser feitas durante a tortura – quando o acusado tinha feito pacto com o Diabo, quando tinha ido ao sabá, quem mais estava lá, nomes de outros bruxos da região e assim por diante. Se outras pessoas fossem mencionadas, também seriam presas e torturadas. Desse modo, uma única acusação de magia podia se transformar num pânico em massa, com centenas de pessoas presas e queimadas.

Talvez outro fator tenha estado em jogo. Muitos autores de livros sobre bruxaria dos séculos XIV e XV afirmam que o fenômeno era relativamente novo. Johannes Nider, monge dominicano alemão que escreveu alguns textos na década de 1430, menciona inquisidores experientes de sua época que diziam que a bruxaria existia havia apenas sessenta anos. O inquisidor Ponce Fougeyron, escrevendo sobre o tema no início do século XV, comentou sobre "novas seitas e ritos proibidos" que estavam florescendo naquela época, e o inquisidor Bernardo de Rategno, no início do século XVI, datou a grande expansão da bruxaria em uns 150 anos antes de sua época. Para esses escritores, em outras palavras, a bruxaria era uma seita religiosa fundada recentemente, e não uma tradição antiga que nunca fora eliminada.

A Inquisição era intolerante, mas não estúpida, e é possível que estivesse à procura de alguma coisa a mais. O final do século XIV, logo depois da grande epidemia de peste bubônica de 1347-1351, foi um período turbulento, no qual se confrontaram muitas correntes políticas, intelectuais e religiosas. Surgiram muitos ramos heréticos do cristianismo nessa época, e revoltas de camponeses contra a nobreza feudal eram comuns. Um novo movimento religioso entre os camponeses, abertamente oposto à religião das classes dominantes e baseado em parte em costumes e crenças populares com tons pagãos ou quase pagãos, não estaria fora de lugar num cenário do século XIV. Pelo menos uma evidência no século XIX sobre ritos pagãos sobreviventes pode relacionar-se com esse movimento; *VEJA* ARADIA.

Aqui e ali, a caça às bruxas topava com rituais e tradições que viriam do paganismo. No nordeste da Itália, funcionários da Inquisição descobriram um grupo chamado de benandanti, ou "bons andarilhos", que entravam em transe quatro vezes por ano e viajavam pelo plano astral para combater bruxas maléficas e preservar as colheitas; *VEJA* BENANDANTI. Intrigados, os inquisidores acabaram tratando o problema como uma superstição, e nenhum dos benandanti foi queimado. Em outros países da Europa, as pessoas que adotavam crenças xamânicas semelhantes nem sempre tinham a mesma sorte: Chonrad Stoeckhlin, camponês bávaro que tinha crenças semelhantes às dos benandanti, foi queimado na fogueira em 1587, com outras dezesseis pessoas; *VEJA* STOECKHLIN, CHONRAD. Registros de julgamentos de bruxas de toda a Europa dão uma noção curiosa de como eram a magia e as crenças populares do início do período moderno, embora esses elementos se esvaneçam rapidamente quando surgem os instrumentos de tortura e a lista de perguntas oficiais. *VEJA TAMBÉM* CÂNONE EPISCOPI.

Apesar disso, as evidências não sustentam as alegações que costumam ser feitas, como a de que as caças às bruxas foram uma tentativa organizada de eliminar grupos pagãos organizados, ou de que muitas, ou a maioria, das pessoas queimadas como bruxas seriam, na verdade, seguidoras de uma religião pagã. A eliminação dos Cavaleiros Templários, entre 1307 e 1314, mostra que os governos europeus, na véspera das primeiras caças às bruxas, eram perfeitamente capazes de recorrer às táticas policialescas necessárias para descobrir e eliminar organizações inteiras; *VEJA* CAVALEIROS TEMPLÁRIOS. Quer as alegações de bruxaria fossem sujeitas à apreciação judicial, quer evidências reais fossem exigidas ou as torturas fossem proibidas, as caças às bruxas acabaram desaparecendo. Isto sugere que simplesmente não existiam evidências de que a bruxaria seria um movimento religioso organizado.

O caso do importante pânico na Espanha causado pela bruxaria entre 1610 e 1614, que atravessou a fronteira francesa, é relevante. Nessa época, a Inquisição espanhola já havia passado séculos perseguindo grupos religiosos alternativos reais – judeus e muçulmanos que fingiam ter se convertido ao cristianismo mas continuavam com suas práticas religiosas em segredo – e também tinha um longo currículo de perseguição a pessoas que praticavam magia. Informado sobre uma onda de acusações de bruxaria no país basco, o supremo tribunal da Inquisição de Madri enviou o frei Alonso Salazar, experiente inquisidor, para analisar a situação. Após uma minuciosa investigação, Salazar informou que tudo não passava de uma insensatez, que não encontrou evidência alguma de heresias ou de movimentos não cristãos, e que a Inquisição deveria encontrar formas mais adequadas de gastar seu tempo e seus recursos. O supremo tribunal estudou suas conclusões, concordou com elas e impôs novas exigências para futuros julgamentos do gênero, o que acabou fazendo com que cessasse a caça às bruxas na Espanha. Tendo em vista a ferocidade da Inquisição espanhola com relação a verdadeiros hereges e a judeus, é difícil imaginar que um movimento religioso pagão poderia surgir e ser bem tratado por ela – mas é fácil ver que investigadores competentes identificariam as diferenças entre heresias e fantasias. *VEJA TAMBÉM* CECCO D'ASCOLI; WICCA; BRUXARIA. LEITURA ADICIONAL: GINZBURG, 1991; KIECKHEFER, 1989; LEVACK, 1995.

Fohat. Na Teosofia, a energia cósmica primária que faz com que surja o universo manifestado. Está relacionada de perto com a força vital ou Vida Una. *VEJA* TEOSOFIA.

fora de curso. Na astrologia, a condição de um planeta que passou por seu último aspecto num dado signo zodiacal. Quando um planeta está fora de curso, sua influência fica limitada até ele entrar no signo seguinte, e questões relativas a esse planeta podem ter resultados menos afortunados durante o período em que ele está fora de curso.

Na astrologia moderna, os períodos em que a Lua está fora de curso são, naturalmente, considerados mais importantes. Como a Lua dá uma volta em torno do zodíaco a cada 29,5 dias, ela fica fora de curso cerca de catorze vezes por mês, com períodos que duram de fração de minuto a vários dias. Nessas ocasiões, segundo os astrólogos, não é bom fazer planos ou tentar dar início a qualquer projeto novo, pois nada resultará dele. *VEJA TAMBÉM* ASTROLOGIA.

Força, a. O décimo primeiro (tradicionalmente) ou oitavo (na maioria dos baralhos modernos) Arcano Maior do tarô. Em muitos baralhos, essa carta tem a imagem de uma mulher abrindo ou fechando a boca de um leão. Na tradição da Golden Dawn, este arcano está associado à letra hebraica Teth, enquanto o sistema francês associa-o a Cheth. Seus significados comuns na adivinhação incluem o poder e a capacidade de superar obstáculos.

Seu título mágico é "Filha da Espada Flamejante, Líder do Leão". *VEJA TAMBÉM* TARÔ.

Carta do tarô a Força (tarô Universal)

Formação. *VEJA* VOLANTIA.

Formação, Livro de. *VEJA* SEPHER YETZIRAH.

Forman, Simon. Ocultista e médico inglês, 1552-1611. Quinto filho de uma família de camponeses na pequena aldeia de Quidhampton, perto de Salisbury, Forman passou a infância dedicada às poucas oportunidades educacionais de que dispunha, e aos 18 anos foi empregado como diretor de escola. Por volta de 1574, conheceu Francis Cox, médico local que também lidava com astrologia e magia, e interessou-se tanto pela medicina quanto pelo ocultismo. Foi detido em 1579 – as acusações não foram esclarecidas – e ficou na prisão por mais de um ano.

Nos quinze anos seguintes, Forman procurou estabelecer-se como médico e astrólogo, vivendo em Salisbury e em Londres antes de se fixar definitivamente no subúrbio londrino de Lambeth. Trabalhando como médico sem licença, enfrentou constantes problemas legais com o Colégio dos Médicos, e um oficial de Salisbury, Giles Estcourt, por diversas vezes tentou prendê-lo sob a acusação de práticas mágicas.

Porém, a atividade de Forman como astrólogo atraiu clientes das altas rodas, e isso ajudou-o a escapar às dificuldades legais. Nessa mesma época, expandiu constantemente seus conhecimentos e sua prática da magia. Seu diário registra, no ano de 1588: "Neste ano, comecei a praticar necromancia, e a chamar anjos e espíritos" (citado em Rowse, 1974, p. 38).

Em 1592, a peste bubônica atacou Londres. Forman contraiu a doença mas conseguiu se curar, bem como a muitas outras pessoas, usando uma tintura destilada de ervas que ele mesmo criara. Isso formou sua reputação como médico, e seus talentos como astrólogo também ficaram conhecidos na metrópole. Daí em diante, próspero e respeitado, dedicou-se aos estudos e atendeu uma clientela cada vez maior, que incluía muitos aristocratas. Seu diário e suas anotações de trabalho proporcionam uma análise espantosamente detalhada do lado esotérico da era elisabetana – bem como muitas informações sobre sua vida sexual, bastante ativa.

Forman parece ter estudado e praticado todos os ramos do ocultismo conhecidos em sua época. Além da astrologia e da geomancia, aos quais dedicou-se profissionalmente, evocava espíritos e anjos de diversos tipos, preparava talismãs e amuletos, estudava a cabala, trabalhava com magia natural e conhecia a Arte da Memória. *VEJA* ARTE DA MEMÓRIA; ASTROLOGIA; CABALA; EVOCAÇÃO; GEOMANCIA; NECROMANCIA; TALISMÃ. Seu trabalho alquímico incluiu tentativas de criar a Pedra Filosofal, por um lado, e a produção de remédios espagíricos por outro. *VEJA* ALQUIMIA; ESPAGÍRIA. Depois de sua morte, seus escritos ficaram com seu aluno Richard Napier, e deste passaram para William Lilly, o mais famoso astrólogo inglês do século seguinte; *VEJA* LILLY, WILLIAM. LEITURA ADICIONAL: ROWSE, 1974; R. TURNER, 1989.

forma-pensamento. Nos textos ocultistas, uma forma astral criada, proposital ou acidentalmente, pelo poder do pensamento humano. Segundo um ensinamento esotérico comum, qualquer conceito mantido na mente durante um longo período ou com energia suficiente toma forma no plano astral como forma-pensamento e, se reforçada por energias emocionais ou etéricas, vai descendo lentamente pelos planos e toma forma no plano físico. Esta é uma fórmula básica da magia prática quando usada conscientemente e com intenção focalizada. Se a pessoa não tiver consciência ou intenção, tal como quando fica pensando num medo e faz com que ele se manifeste em sua vida, é uma fonte potencial de transtornos. *VEJA* PLANO ASTRAL.

formas divinas. Na magia da Golden Dawn, as imagens de certas divindades egípcias que são formadas na imaginação e usadas em rituais. Algumas formas divinas são habitadas por oficiais do templo durante rituais de iniciação – por exemplo, o Hierofante de um templo da Golden Dawn "usa" a forma divina de Osíris quando está em seu posto na parte leste do templo – enquanto outros fazem parte do mobiliário astral do templo, e são usados como veículos de energias mágicas durante a cerimônia. *VEJA* GOLDEN DAWN.

Desde a primeira publicação dos rituais da Golden Dawn por Aleister Crowley no início do século XX, a técnica de se usar formas divinas nos rituais foi bem difundida, e divindades de diferentes panteões foram usadas com essa finalidade. *VEJA TAMBÉM* MEDIAÇÃO. LEITURA ADICIONAL: CROWLEY, 1976; REGARDIE, 1971.

fórmula vibratória do Pilar do Meio. No sistema mágico da Golden Dawn, uma técnica ritual para invocar energias divinas. É realizada de pé com os braços abertos para os lados na forma de uma cruz, inspirando-se profundamente e pronunciando mentalmente o nome divino que deve ser invocado no coração. O nome é visualizado enquanto se desce pela linha central do corpo até o centro de energia entre os pés, subindo depois subitamente e passando pela boca; ao mesmo tempo, o mago faz o Sinal do Penetrador e vibra intensamente o nome, expelindo todo o ar de seus pulmões. Depois, o mago faz o Sinal do Silêncio e contempla a força invocada.

Uma prática similar, chamada Calyx, é uma das técnicas comuns do ritual da *Aurum Solis* e relaciona-se com a versão da *Aurum Solis* para o exercício do Pilar do Meio, o Despertar das Cidadelas. *VEJA* AURUM SOLIS; DESPERTAR DAS CIDADELAS.

Os textos da Golden Dawn advertem que essa técnica só deve ser tentada com nomes divinos, pois sua realização com nomes de elementais ou demônios causa obsessão. *VEJA* OBSESSÃO. *VEJA TAMBÉM* GOLDEN DAWN; VIBRAÇÃO. LEITURA ADICIONAL: DENNING E PHILLIPS, 1981; J. GREER, 1997; REGARDIE, 1971.

forquilha. *VEJA* BASTÃO EM FORQUILHA E RADIESTESIA.

fortuna. *VEJA* BENÉFICO.

Fortuna Major. (latim, "fortuna maior") Figura geomântica governada pelo Sol. Na adivinhação, um prenúncio favorável em quase todas as questões. *VEJA* GEOMANCIA.

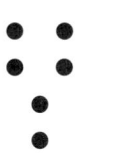

Figura geomântica Fortuna Major

Fortuna Minor. (latim, "fortuna menor") Figura geomântica governada pelo Sol. Na adivinhação, é um prenúncio favorável, mas instável. *VEJA* GEOMANCIA.

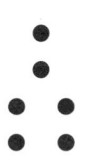

Figura geomântica Fortuna Minor

Fortune, Dion. (Firth-Evans, Violet Mary) Ocultista inglesa, 1890-1946. Nascida numa família de classe média ligada à Ciência Cristã, foi uma criança prodígio e ainda na adolescência publicou dois livretos de poesia e prosa. Em 1911, começou seus estudos no Studley Agricultural College for Women; formou-se em 1913 e assumiu um cargo na faculdade, mas o deixou alguns meses após um confronto com o diretor do estabelecimento, que, em suas palavras, teve um ataque psíquico.

O ataque e o colapso nervoso que se seguiram despertaram nela o interesse pela psicologia, e em 1914 ela se tornou aluna da Medico-Psychological Clinic de Londres. Contatos com a Sociedade Teosófica e com o dr. Theodore Moriarty, ocultista e comaçom, afastaram-na da psicologia ortodoxa e aproximaram-na das dimensões ocultas da mente. Ela tornou-se comaçom em 1919 numa loja administrada por Moriarty, e estudou com ele até sua morte em 1923.

Em 1919, entrou também para a Alfa e Ômega, uma das ordens derivadas da Ordem Hermética da Aurora Dourada. Seu lema mágico como membro da Alfa e Ômega era *Deo non Fortuna* ("por Deus, não pelo acaso"), origem de seu pseudônimo "Dion Fortune". Permaneceu membro da Alfa e Ômega até 1927, quando foi expulsa após uma discussão com Moina Mathers. *VEJA* MAÇONARIA; GOLDEN DAWN.

Em 1921, começou a trabalhar como médium de transe, e participou de trabalhos de transe com Frederick Bligh Bond, cujas escavações em Glastonbury foram, em grande parte, orientadas por comunicações espirituais. Suas visitas frequentes a Glastonbury puseram-na em contato com Charles T. Loveday (1874--1946), ocultista cristão que se tornou um de seus principais colaboradores. A partir de 1922, ela e Loveday realizaram uma série de trabalhos intensos no plano interior, que produziram os ensinamentos centrais de uma nova ordem mágica, a Fraternidade da Luz Interior. A fraternidade em si foi criada em 1924 com seis membros, e tornou-se o principal foco de seu trabalho até o final de sua vida.

Em 1925, ela e Loveday se associaram à Loja Mística Cristã da Sociedade Teosófica, e participaram das controvérsias em torno de Jiddu Krishnamurti e a Ordem da Estrela do Oriente. *VEJA* ESTRELA DO ORIENTE, ORDEM DA. O ano de 1927 foi também o de seu casamento com o dr. Thomas Penry Evans, e da publicação de seu primeiro romance ocultista, *The Demon Lover*. [*Paixão Diabólica*, publicado pela Editora Pensamento, São Paulo, 1988 – fora de catálogo.]

Entre 1928 e o início da Segunda Guerra Mundial, produziu livros e artigos, bem como deu palestras públicas como Dion Fortune, nome que usava consistentemente nessa época. Seu casamento acabou em separação, em 1938, data em que publicou *The Sea Priestess* [*A Sacerdotisa do Mar*, publicado pela Editora Pensamento, São Paulo, 1988 – fora de catálogo], o último de seus livros acabados; um romance inacabado, *Moon Magic* [*A Sacerdotisa da Lua*, publicado pela Editora Pensamento, São Paulo, 1988 – fora de catálogo], foi publicado postumamente em 1957.

O início da guerra, em 1939, causou sérios problemas aos trabalhos da fraternidade, e o racionamento de papel praticamente impedia novas publicações. Mesmo assim, ela e a fraternidade se mantiveram ativas durante a guerra. Sua saúde começou a piorar em 1945, embora a leucemia que a vitimou só tenha sido diagnosticada algumas semanas antes de sua morte, em janeiro de 1946. *VEJA TAMBÉM* SOCIEDADE DA LUZ INTERIOR. LEITURA ADICIONAL: CHAPMAN, 1993; KNIGHT, 2000; A. RICHARDSON, 1985.

Fourier, Charles. Filósofo francês, 1772--1837. Fourier nasceu e cresceu na cidade de Lyon, um dos berços do ocultismo, e absorveu bastante filosofia esotérica e ideias do mesmerismo na juventude, embora não haja evidências de que teria participado ativamente do agitado cenário ocultista e maçônico de Lyon. Empregado como caixeiro-viajante durante a maior parte de sua vida, nunca se casou. Em 1799, começou a formular a complexa estrutura de sua "Filosofia Harmônica", que apareceu pela primeira vez na forma impressa em *Teoria dos Quatro Movimentos* (publicação original, 1809). Depois, passou o resto da vida elaborando suas teorias de forma cada vez mais detalhada, passando seus ensinamentos a seus discípulos.

As teorias de Fourier são complexas a um nível quase inimaginável, e abrangem todas as áreas concebíveis do pensamento humano. Sua cosmologia traça as vastas eras de evolução nas quais os mundos se desenvolvem a partir do "aroma interestelar", como cometas tornam-se luas, mundos e sóis, nessa sequência. Entrelaçada a esse processo, temos a evolução da humanidade, que passa da Selvageria à Barbárie, depois à Civilização e finalmente à Harmonia – ou seja, ao fourierismo.

Como muitos visionários dos séculos XVIII e XIX, Fourier via suas descobertas como o ponto de inflexão essencial da evolução humana. Segundo afirmava, se mesmo uma pequena comunidade se dedicasse ao modo harmonioso de vida, a Terra ficaria verde e frutífera de polo a polo, os oceanos se tornariam limonada graças à descida de imensas quantidades de "ácido cítrico cósmico" do espaço, e quatro luas desgarradas voltariam às suas antigas órbitas. Todos os problemas sociais seriam resolvidos por "atração passional" e a vida humana se concentraria em comer ("gastrosofia") e praticar sexo orgíaco, com intervalos para modestos períodos de trabalho em tarefas que mudariam frequentemente.

Esses conceitos um tanto exóticos causaram um impacto surpreendentemente marcante no pensamento do século XIX. De modo geral, seus escritos e os de seus seguidores são considerados as primeiras declarações daquilo que depois seria chamado de socialismo. Sua cosmologia, com ênfase na evolução e nos ciclos cósmicos, influenciou o desenvolvimento de ideias similares na Teosofia. VEJA CICLOS CÓSMICOS. Diversos ocultistas do século XIX, como Andrew Jackson Davis, usaram as partes menos bizarras do pensamento de Fourier. Por volta do final do século XIX, porém, suas ideias tinham sido quase esquecidas, e, apesar de uma tentativa de ressurgimento na década de 1960, hoje pertencem à esfera de especialistas em história. VEJA DAVIS, ANDREW JACKSON; TEOSOFIA. LEITURA ADICIONAL: J. GODWIN, 1995.

Frater Albertus. VEJA ALBERTUS, FRATER.

Fraternidade Branca, Grande. VEJA GRANDE LOJA BRANCA.

Fraternidade da Luz Interior (FLI). VEJA SOCIEDADE DA LUZ INTERIOR.

Fraternidade Esotérica. Organização ocultista norte-americana fundada em 1887 por Hiram E. Butler, funcionário de uma serraria que se transformou em místico, estudando os ensinamentos da Fraternidade Hermética de Luxor (F. H. de L.) mas reformulando completamente seu ocultismo sexual, convencido de que o celibato completo seria o único caminho para a consciência espiritual. Butler passou quatorze anos vivendo em semi-isolamento nas florestas da Nova Inglaterra, estudando astrologia e publicando obras sobre "biologia solar", atraindo lentamente um grupo de seguidores.

Sua primeira tentativa de formar um grupo para transmitir ensinamentos foi o "Genii de Nações, Conhecimento e Religião", [Genii of Nations, Knowledge and Religious – G.N.K.R.], que ele comandou com o nome místico de "Adhy-Apaka, o Etnomedon Helênico". Essa organização teve a distinção de ser atacada pessoalmente por H. P. Blavatsky, que a identificou com a F. H. de L. e afirmou que as iniciais significariam "Crédulos Enganados por Malandros e Trapaceiros". VEJA BLAVATSKY, HELENA PETROVNA. Em 1887, a G.N.K.R. foi reorganizada como Fraternidade Esotérica, e publicou uma revista, *The Esoteric*, durante algum tempo.

Perto do final do século XX, a fraternidade mudou-se para Applegate, Califórnia, onde ainda vivem diversos membros. Celibato, reencarnação, Novo Pensamento e cristianismo esotérico constituem a estrutura de seu credo. *VEJA TAMBÉM* OCULTISMO CRISTÃO; FRATERNIDADE HERMÉTICA DE LUXOR (F. H. DE L.); NOVO PENSAMENTO.

Fraternidade Hermética de Luxor (F. H. de L.). Ordem ocultista fundada na Inglaterra antes de 1884, quando tornou pública pela primeira vez sua existência num anúncio dentro de uma tradução inglesa do *Corpus Hermeticum*. Obra do esquivo adepto Max Theon (1848?-1927), foi principalmente administrada por seu aluno Peter Davidson (1837-1915) e pelo associado de Davidson, Thomas H. Burgoyne (1855?-1895?)

A Fraternidade Hermética de Luxor (F. H. de L.) foi um dos primeiros exemplos de escola ocultista por correspondência. Candidatos a membro que respondiam a seus anúncios ou eram indicados por um membro deviam mandar uma fotografia e um mapa astrológico; sendo aceito, o novo membro entraria em contato com um mentor, que lhe enviaria uma série de manuscritos cobrindo os ensinamentos e o trabalho prático da fraternidade. Eram cobradas uma modesta taxa de matrícula e anuidades – em 1885, para membros nos Estados Unidos, esses valores eram respectivamente 5 e 1,25 dólares.

Em troca desses valores e de um juramento de sigilo, o membro recebia os detalhes de um sistema de ocultismo que, embora reconhecidamente extraído de materiais que circulavam na época, era original se comparado com a maior parte dos materiais ocultistas do final do século XIX. Os membros aprendiam a fazer e a usar um espelho mágico a fim de desenvolver a clarividência e a clariaudiência, e eram instruídos num método de magia sexual derivado dos textos do ocultista norte-americano P. B. Randolph (1825-1875). *VEJA* ESPELHO MÁGICO; RANDOLPH, PASCHAL BEVERLY; SEXO E OCULTISMO. Recebiam também documentos explicando um sistema um tanto quanto idiossincrático de ciclos históricos e cósmicos baseado principalmente na teoria de deslocamento polar, proposta pelo sapateiro e estudioso inglês Samson Mackey (1765-1843).

A F. H. de L. teve uma briga contínua com a Sociedade Teosófica, a principal participante dos círculos ocultistas da época. Infelizmente para a fraternidade, ela abrigava um esqueleto no armário: Thomas Burgoyne, Secretário Privado do Conselho da F. H. de L. e um de seus dois membros mais destacados, fora preso brevemente em 1883 por fraude postal. Quando esse fato aflorou, em 1886, o escândalo resultante causou o completo afundamento da F. H. de L. na Inglaterra. As atividades na França continuaram por mais algum tempo e atraíram ocultistas do calibre de Papus, mas na primeira década do século XX a F. H. de L. estava praticamente extinta. *VEJA* PAPUS.

Só na Alemanha e nos Estados Unidos a F. H. de L. atingiu certa longevidade, isso com novos nomes e sob formas diferentes. Na Alemanha, a Ordo Templi Orientis (OTO) foi fundada pelos antigos membros da F. H. de L. Theodor Reuss e Carl Kellner, incorporando a magia sexual da F. H. de L. aos ensinamentos secretos de seus graus mais elevados. *VEJA* ORDO TEMPLI ORIENTIS (OTO).

Nos Estados Unidos, para onde Burgoyne e Davidson se mudaram após o escândalo de 1886, a F. H. de L. assentou suas raízes mais profundas. Os dois conseguiram recrutar novos alunos e continuaram a ensinar as tradições da fraternidade, e Burgoyne escreveu e publicou um livro, *The Light of Egypt*, que se tornou uma obra popular nos círculos ocultistas norte-americanos. Genevieve Stebbins, renomada professora de cultura física e de oratória, também esteve envolvida com as atividades da F. H. de L. nos Estados Unidos; *VEJA* STEBBINS, GENEVIEVE.

Burgoyne esteve no centro de uma nova organização chamada Fraternidade da Luz, com sede em Denver, Colorado, que dispunha de uma editora. Em 1909, Elbert Benjamine (mais conhecido por seu pseudônimo literário, C. C. Zain), tornou-se o líder da Fraternidade da Luz e deu início a um processo de transformação que levou ao nascimento da Igreja da Luz. *VEJA* IGREJA DA LUZ; ZAIN, C.C. *VEJA TAMBÉM* BURGOYNE, THOMAS HENRY; THEON, MAX. LEITURA ADICIONAL: GODWIN ET. AL, 1995.

Fraternidade Odd Fellows. (inglês, "companheiros ímpares") Sociedade fraternal e de caridade com rituais e simbolismos comparáveis aos da Maçonaria, a Fraternidade Odd Fellows surgiu em meio às classes operárias inglesas em algum momento anterior a 1650, e foi se espalhando lentamente até tornar-se uma das maiores ordens fraternais do mundo. Atualmente, há três ordens importantes de Odd Fellows: a Grand United Order of the Odd Fellows [GUOOF, ou Grande Ordem Unida dos Odd Fellows] e a Manchester Unity Order of Odd Fellows [MUOOF, ou Ordem Unida de Manchester dos Odd Fellows], ambas basicamente inglesas, e a Independent Order of Odd Fellows [IOOF, ou Ordem Independente dos Odd Fellows], com sede nos Estados Unidos e lojas na Europa, Australásia e América Latina.

Restaram muito poucas informações sobre as origens da Fraternidade Odd Fellows, ou sobre a origem e significado de seu nome estranho, embora tenham sido apresentadas várias teorias. No final do século XVII, época das primeiras evidências documentais, havia lojas Odd Fellows em muitas cidades inglesas. A Fraternidade espalhou-se pelos Estados Unidos, Europa e Australásia no século XIX, ganhando extensão e influência por volta de 1900.

A Fraternidade Odd Fellows ainda sobrevive hoje em pequena escala na maioria dos países ocidentais. A filiação está aberta a homens e mulheres de boa índole, que acreditam num Ser Supremo e são leais ao seu país. A Grande Ordem Unida ainda tem unidades separadas para homens e mulheres, enquanto a Ordem Unida de Manchester e (até 1º de janeiro de 2001) a Ordem Independente admite tanto homens como mulheres nas lojas regulares da Fraternidade Odd Fellows.

Simbolismo, rituais e ensinamentos variam muito de ordem para ordem. Na IOOF, trabalham-se os seguintes graus:

Loja Odd Fellows
    Grau de iniciação
    Primeiro Grau, ou Grau da Amizade
    Segundo Grau, ou Grau do Amor
    Terceiro Grau, ou Grau da Verdade
Acampamento (é exigido o Terceiro Grau para admissão a este)
    Grau Patriarcal
    Grau da Regra Áurea
    Grau Púrpura Real
Cantão (é exigido o Grau Púrpura Real para admissão a este)
    Grau dos Militantes Patriarcas
Graus do Grande Corpo (é exigida conclusão de mandato como oficial presidente de loja ou de acampamento para admissão a eles)
    Grau da Grande Loja
    Grau do Grande Acampamento

A Fraternidade Odd Fellows não é, de modo algum, uma organização oculta; seus rituais e ensinamentos são extraídos principalmente da Bíblia, e visam ensinar conceitos éticos básicos, como fidelidade, amor fraternal, tolerância e justiça. Suas principais funções, ao longo de sua história, têm sido o trabalho de caridade na comunidade e de auxílio mútuo entre seus membros.

Contudo, como a maioria das lojas fraternais, tem servido de modelo para lojas ocultistas: foi o caso principalmente nos Estados Unidos no final do século XIX e início do XX, quando a IOOF era a maior organização fraternal do país. O processo parece ter funcionado também no sentido inverso, e um pouco do simbolismo ocultista pode ser encontrado nos livros da Fraternidade Odd Fellows dessa época. Não deve ser por acaso, por exemplo, que a Ordem Independente tenha dez graus e 22 símbolos em sua estrutura de graus, fazendo um paralelo com a Árvore Cabalística da Vida com suas dez Sefirot e 22 caminhos. VEJA CABALA. VEJA TAMBÉM MAÇONARIA; LOJA FRATERNAL. LEITURA ADICIONAL: GROSH, 1871; STILLSON, 1897.

Fraternidade Rosa-Cruz. Organização rosa-cruz norte-americana, fundada em 1907 por Max Heindel (Carl Louis Grashof), teosófica de origem dinamarquesa que estudou com Rudolf Steiner antes deste romper com a Teosofia; VEJA STEINER, RUDOLF. Criada em Columbus, Ohio, a fraternidade atraiu basicamente o interesse de estados da Costa Oeste dos Estados Unidos. Em 1910, após ter tido uma visão, Heindel passou a sede da fraternidade para Oceanside, Califórnia, onde está até hoje.

A fraternidade oferece cursos por correspondência sobre diversos ramos da tradição ocultista ocidental e também publica diversos livros, inclusive *The Rosicrucian Cosmo-Conception*, texto central dos ensinamentos da fraternidade. Ela também publica efemérides populares para astrólogos. VEJA TAMBÉM ROSA-CRUZES. LEITURA ADICIONAL: HEINDEL, 1909; MCINTOSH, 1987.

Fraternitas Rosae Crucis (FRC). Ordem Rosa-Cruz Norte-Americana, a FRC afirma ter sido fundada pelo ocultista afro-americano Paschal Beverly Randolph (1825-1875) em 1858, com base numa série de iniciações nas ordens rosa-cruzes e numa sociedade secreta árabe, a Ansairis, que supostamente Randolph teria recebido na Europa e na Síria. VEJA RANDOLPH, PASCHAL BEVERLY. Com a morte de Randolph, em 1875, o título de Grande Mestre passou para Freeman B. Dowd (1825-1910), que abdicou em 1907 em favor de Edward H. Brown (1868-1922). A morte de Brown deixou o cargo de Grande Mestre nas mãos de Reuben Swinburne Clymer.

Levando-se em consideração os fatos históricos, as conexões entre a FRC e Randolph são bem menos estruturadas. Randolph admite ter criado seus ensinamentos "rosa-cruzes" com base em suas próprias pesquisas, embora tenha iniciado Dowd em seu sistema em algum momento da década de 1860. Como quase todos os alunos de Randolph, porém, em pouco tempo Dowd se incomodou com o humor instável e o comportamento egoísta de Randolph, e criou várias lojas rosa-cruzes por conta própria. Nenhuma destas, e nenhum dos diversos grupos ocultistas que descendem diretamente de Randolph, parecem ter chegado ao século XX. Foi graças a alguns contatos pessoais e aos trabalhos de diversas ordens desaparecidas que Clymer conseguiu organizar a FRC e dar-lhe uma história.

Com Clymer, um médico alternativo e ocultista com queda para a publicidade, a FRC instalou sua sede em Beverly Hall, Quakertown, Pensilvânia, e deu início a uma escola de estudos ocultistas por correspondência que foi bem-sucedida. A alegação de que era o único Grande Mestre Supremo das Rosa-Cruzes do Novo Mundo fez com que Clymer entrasse em conflito com o outro candidato ao título, H. Spencer Lewis, cuja Antiga e Mística Ordem Rosae Crucis (AMORC) tinha um curso por correspondência de igual sucesso instalado na outra extremidade do continente. *VEJA* ANTIGA E MÍSTICA ORDEM ROSAE CRUCIS (AMORC). Os Grandes Mestres rivais começaram uma série de processos e guerras panfletárias nas décadas de 1920 e 1930, e nenhum dos dois demonstrou muita dignidade ou contenção nessa disputa.

Clymer se manteve à frente da FRC até sua morte em 1966. Seu filho, Emerson Clymer, é o atual Grande Mestre da ordem, que se mantém em sua sede em Quakertown e atua discretamente até hoje. Só mediante convite é que alguém se torna membro, e a natureza dos atuais ensinamentos da FRC dificilmente se deduz de suas apresentações públicas. *VEJA TAMBÉM* ROSA-CRUZES. LEITURA ADICIONAL: DEVENEY, 1997; MCINTOSH, 1987.

Fraternitas Saturni. (latim, "Fraternidade de Saturno") Ordem ocultista alemã fundada em 1925 por um grupo de ocultistas interessados nos trabalhos de Aleister Crowley. A Fraternitas tem raízes numa organização anterior, o Collegium Pansophicum, fundado no início da década de 1920 pelo livreiro antiquário Heinrich Tränker, que, na época, era líder da Ordo Templi Orientis (OTO) na Alemanha. O Collegium declarava-se como o último herdeiro dos ensinamentos rosa-cruzes originais, mas parece ter sido uma loja ocultista razoavelmente típica desse período.

Em 1925, Aleister Crowley foi à Alemanha e ficou durante algum tempo com Tränker na casa de campo deste, na Turíngia. Muitos dos membros mais importantes do Collegium foram visitá-lo, e saíram impressionados pelos conhecimentos ocultistas de Crowley, mas irritados por ele exigir que eles se submetessem à sua autoridade. Os conflitos entre Crowley e Tränker aumentaram, até que Tränker pediu que o governo alemão expulsasse Crowley do país. Em resposta, a loja do Collegium em Berlim se dissolveu e se reformulou como uma nova ordem, a Fraternitas Saturni, com Eugen Grosche como Grande Mestre. *VEJA* CROWLEY, ALEISTER.

A nova ordem baseou-se bastante na magia sexual de Crowley, e expandiu-a em novas direções; por exemplo, as posições para o coito ritual eram escolhidas com base na posição relativa entre os planetas no momento dos trabalhos. Em pouco tempo, tornou-se a mais destacada loja mágica da Alemanha, e manteve essa posição até 1933, quando o governo nazista assumiu o poder e forçou o fechamento de todas as organizações mágicas, exceto a sua própria. Em 1945, após a derrota do nazismo, Grosche reativou a Fraternitas e se manteve como Grande Mestre até sua morte, em 1964. A ordem se mantém ativa até hoje. *VEJA TAMBÉM* ORDO TEMPLI ORIENTIS (OTO). LEITURA ADICIONAL: THORSSON, 1990.

Fratres Lucis. Ordem esotérica inglesa fundada pelo maçom e ocultista inglês F. G. Irwin em 1874. A Fratres Lucis surgiu como resultado de uma série de trabalhos de magia realizados por Irwin em 1872 e 1873, na qual ele se comunicou com um espírito que se identificou como Cagliostro. Essa entidade transmitiu-lhe a história tradicional e a estrutura da ordem, que também era chamada de Brethren of the Cross of Light [Irmandade da Cruz da Luz].

Pelo menos no papel, a ordem tinha quatro graus, dos quais os três primeiros eram derivados respectivamente do sistema de lojas de Mesmer, do Rito de Swedenborg e do Rito Egípcio de Cagliostro. Dedicava-se ao estudo de magia natural, mesmerismo, natureza da vida após a morte, cabala, alquimia, necromancia, astrologia e todos os ramos da magia. Reunia-se quatro vezes por ano, além de realizar um banquete anual com pães, queijos e vinhos.

Se essa estrutura funcionou de fato fora da imaginação de Irwin, ninguém sabe, embora a Fratres Lucis tivesse pelo menos quatro membros. Aparentemente, ficou adormecida em 1893, com a morte de Irwin. Em 1970, porém, uma organização com o mesmo nome e repetindo a mesma história tradicional estava ativa em Londres; não se sabe se foi uma reativação ou a continuação das ideias de Irwin. *VEJA TAMBÉM* LOJA MÁGICA. LEITURA ADICIONAL: HOWE, 1997.

freixo. (*Fraxinus* spp.) Árvore das mais importantes da mitologia e da magia folclórica ocidental. Árvore de magos, era associada ao deus nórdico Odin e a seu semiequivalente galês, o feiticeiro Gwydion, filho de Don; a árvore do mundo da antiga mitologia nórdica, Yggdrasil, era um freixo. O freixo é também uma árvore Ogham, associada a Nion, quinta letra do alfabeto Ogham. *VEJA* NION.

Na magia folclórica, o freixo encontra inúmeras aplicações. Dizem que queimar um tronco de freixo no Yuletide [evento normalmente celebrado no solstício de inverno no hemisfério Norte, ou seja, por volta de 21 de dezembro – N. do T.] traz prosperidade no ano seguinte, e que comer os seus frutos na véspera de São João (24 de junho) é um preventivo certo contra magias hostis. Eixos e cabos de ferramentas de freixo fazem um veículo andar mais depressa, ou uma ferramenta funcionar melhor, do que componentes feitos com qualquer outra madeira. *VEJA TAMBÉM* MAGIA NATURAL.

Fulcanelli. Alquimista francês, datas desconhecidas. Um dos maiores enigmas da alquimia moderna, Fulcanelli parece ter sido o autor de dois livros sobre alquimia, *As Mansões Filosofais* (publicação original, 1921) e *O Mistério das Catedrais* (publicação original, 1925), muito valorizados pela maioria dos estudantes modernos da arte. Diz-se ainda que ele teria efetivamente realizado a Grande Obra alquímica, produzindo o pó de transmutação e transformando metal não precioso em ouro.

Não se sabe absolutamente nada ao certo sobre Fulcanelli, inclusive seu verdadeiro nome. Segundo Eugene Canseliet, que estudou com ele na década de 1920, Fulcanelli estaria na ocasião com seus oitenta e poucos anos, mas o esoterista francês R. A. Schwaller de Lubicz, que também manteve contato com ele nesse período, afirmou que Fulcanelli estaria na faixa dos 50 anos nessa época. Segundo Canseliet e muitos outros autores, Fulcanelli desapareceu no final da década de 1920, reaparecendo muitas décadas depois num corpo renovado por meios alquímicos, mas Schwaller de Lubicz afirma ter testemunhado a morte de Fulcanelli na época de seu "desaparecimento". *VEJA TAMBÉM* ALQUIMIA. LEITURA ADICIONAL: FULCANELLI, 1986; VANDENBROEK, 1987.

funcho. *VEJA* ERVA-DOCE.

Furlac. *VEJA* PHORLAKH.

fusão. Nos textos do ocultista norte-americano P. B. Randolph (1825-1875), um estado de possessão no qual outra entidade – um ser espiritual, a alma de um ser humano falecido ou a consciência de um adepto vivo – entra no corpo e na mente de outra pessoa sem interromper a consciência ou as atividades mentais do hospedeiro. Na fusão, as duas almas compartilham um corpo e uma mente, e ambas estão ativas. Randolph dizia que o estado de fusão era a chave para comunicar-se com inteligências espirituais superiores. Ele distinguia claramente esse estado do transe espiritual convencional, por um lado, e do estado de possessão plena, ou atrilismo, por outro. *VEJA* ATRILISMO; RANDOLPH, PASCHAL BEVERLY.

futhark

futhark. Expressão tradicional para designar um alfabeto rúnico, derivada dos valores sonoros das seis primeiras runas, tanto no futhark antigo quanto no recente: Fehu *(f)*, Uruz *(u)*, Thurisaz *(th)*, Ansuz *(a)*, Raido *(r)* e Kenaz *(k)* no futhark antigo, e Fe *(f)*, Ur *(u)*, Thurs *(th)*, As *(a)*, Reidh *(r)* e Kaun *(k)* no recente.

Na versão anglo-saxã das runas, a quarta runa passou a ter o valor sonoro de *o* e a sexta de *c*; por isso, a grafia "futhorc" costuma ser usada para essas runas, e alguns escritores usam-na para todos os alfabetos rúnicos. *VEJA TAMBÉM* FUTHORC ANGLO-SAXÃO; FUTHARK ANTIGO; RUNAS; FUTHARK RECENTE.

futhark antigo. Mais antigo dos alfabetos rúnicos conhecidos, o futhark antigo começou a ser usado pela maioria das antigas tribos germânicas em algum momento entre 200 A.E.C. e 50 E.C. Suas origens históricas ainda são motivo de discussão; uma hipótese o identifica com um alfabeto usado no norte da Itália por volta de 500 A.E.C., perto do território germânico e bem próximo dos comerciantes e aventureiros daquela região, embora os alfabetos grego e latino também tenham sido propostos como fontes.

O futhark antigo consiste em 24 runas, divididas em três grupos ou *aettir* com oito runas cada:

Primeiro Aett

Runa	Valor sonoro	Nome	Significado
ᚠ	F	Fehu	Gado
ᚢ	U	Uruz	Boi Selvagem
ᚦ	Th	Thurisaz	Gigante
ᚨ	A	Ansuz	O deus Odin
ᚱ	R	Raido	Viagem
ᚲ	K	Kaunaz	Tocha
ᚷ	G	Gebo	Presente
ᚹ	W	Wunjo	Alegria

Segundo Aett

ᚺ	H	Hagalaz	Saudação
ᚾ	N	Nauthiz	Necessidade
ᛁ	I	Isa	Gelo
ᛃ	J	Jera	Ano
ᛇ	Ei	Eiwaz	Teixo
ᛈ	P	Perth	(desconhecido)
ᛉ	Z	Algiz	Alce
ᛋ	S	Sowilo	Sol

Terceiro Aett

ᛏ	T	Teiwaz	O deus Tyr
ᛒ	B	Berkana	Bétula
ᛖ	E	Ehwaz	Cavalo
ᛗ	M	Mannaz	Homem
ᛚ	L	Laguz	Lago
ᛜ	Ng	Inguz	O deus Ing (Freyr)
ᛟ	O	Othila	Casa
ᛞ	D	Dagaz	Dia

Há algumas dúvidas sobre a ordem correta das últimas duas runas nessa sequência. Na maioria dos relatos, antigos e modernos, a ordem é apresentada aqui, mas o mais antigo futhark completo – gravado na pedra Gotland na Suécia por volta de 425 E.C. – põe Dagaz antes de Othila. *VEJA TAMBÉM* FUTHORC ANGLO-SAXÃO; RUNAS; FUTHARK RECENTE.

futhark recente. Sistema de runas usado nos países escandinavos durante a Era Viking, o futhark recente era uma condensação e simplificação do futhark antigo, passando de 24 runas para dezesseis e simplificando muitas delas. Sabe-se bem mais sobre este sistema de runas do que sobre os outros alfabetos rúnicos tradicionais (o futhark antigo e o futhorc anglo-saxão), pois ele permaneceu em uso por um tempo bem maior e era padrão na Islândia, onde se encontra a maioria da tradição pagã teutônica sobrevivente.

As fontes originais de material sobre o futhark recente incluem dois poemas rúnicos, um norueguês e o outro islandês, bem como

futhorc

uma gama de fontes mais fragmentárias em poesias, sagas e inscrições rúnicas. *VEJA TAMBÉM* FUTHORC ANGLO-SAXÃO; FUTHARK ANTIGO; FUTHARK; RUNAS. LEITURA ADICIONAL: THORSSON, 1998.

Runa	Valor Sonoro	Nome	Significado
	F	Fe	Riqueza
	U	Ur	Chuva
	Th	Thurs	Gigante
	A	As	Deus Odin
	R	Reidh	Jornada
	K	Kaun	Ferimento
	H	Hagall	Saudação
	N	Naudhr	Necessidade
	I	Is	Gelo
	Á	Ar	Abundância
	S	Sol	Sol
	T	Tyr	Deus Tyr
	B	Bjarkan	Bétula
	M	Madhr	Homem
	L	Logr	Água
	Y	Yr	Teixo

futhorc. *VEJA* FUTHARK.

futhorc anglo-saxão. Alfabeto rúnico das tribos anglo-saxãs, uma coalizão de povos germânicos que invadiu a Bretanha nos séculos V e VI E.C., tornando-se ancestrais dos ingleses modernos. O futhorc anglo-saxão evoluiu a partir do futhark antigo com o acréscimo de diversas runas novas, necessárias para expressar sons que não existiam nas outras línguas germânicas. Mudanças similares deslocaram o valor sonoro da quarta runa para *o* e o da sexta para *c*; assim, a expressão "futhorc" costuma ser usada para este sistema rúnico, enquanto "futhark" é usada para aqueles sistemas que preservaram os valores sonoros do germânico antigo. *VEJA* FUTHARK.

Cada versão do futhorc anglo-saxão apresenta um número de runas diferente. O poema rúnico em inglês antigo, a mais detalhada fonte sobrevivente sobre o simbolismo do futhorc anglo-saxão, reúne 29 runas, enquanto outras fontes do norte da Inglaterra apresentam até 33.

Runa	Valor sonoro	Nome	Significado
	F	Feoh	Riqueza
	U	Ur	Boi Selvagem
	Th	Thorn	Espinho
	O	Os	Boca
	R	Rad	Jornada
	C	Cen	Tocha
	G	Gyfu	Presente
	W	Wynn	Alegria
	H	Haegl	Saudação
	N	Nyd	Problema
	I	Is	Gelo
	J	Ger	Colheita
	E	Eoh	Teiú
	P	Peorth	(desconhecido)
	Z	Eolh	(planta herbácea)
	S	Sigil	Sol
	T	Tir	Planeta Marte
	B	Beorc	Bétula
	E	Eh	Cavalo
	M	Mann	Homem
	L	Lagu	Oceano
	Ng	Ing	O herói Ing
	Oe	Ethel	Lar
	D	Daeg	Dia
	Ai	Ac	Carvalho
	Ae	Aesc	Freixo
	Ye	Yr	Machado

futhorc anglo-saxão

Runa	Valor sonoro	Nome	Significado
ᛡ	Io	Ior	Castor
ᛠ	Ea	Ear	Túmulo
ᛢ	Q	Cweorp	Graveto em chamas
ᛣ	C	Calc	Xícara
ᛥ	St	Stan	Pedra
ᚸ	G	Gar	Lança

Como os outros alfabetos rúnicos, o futhorc anglo-saxão caiu em desuso com a chegada do cristianismo e a introdução do alfabeto latino. Recentemente, foi posto novamente em uso por pessoas que participam do movimento de renovação pagã, mas até agora recebeu muito menos atenção do que o futhark antigo. *VEJA TAMBÉM* FUTHARK ANTIGO; RUNAS. LEITURA ADICIONAL: PENNICK, 1989.

G

Ga'asheklah. (hebraico GAaShKLH, "quebradores") Na tradição cabalística, os Qlippoth, ou poderes demoníacos, associados com a quarta Sefirah da Árvore da Vida, Chesed. São chamados de "Perturbadores", e são representados na tradição como gigantes com cabeças de gatos. Seu nome é grafado Agshekeloh ou Gog Sheklah em algumas fontes, e também são chamados Gamchicoth. O núcleo ou reino dos Ga'asheklah é Azariel, e seu arquidemônio é Astaroth. *VEJA* QLIPPOTH.

Gabriel. (hebraico GBRIAL, "força de Deus") Um dos principais arcanjos da tradição judaica, cristã, islâmica, cabalística e mágica, Gabriel é lembrado pelos cristãos como o arauto celeste que informou a Virgem Maria de sua gravidez miraculosa, enquanto os muçulmanos o reverenciam principalmente como o arcanjo que ditou o Corão a Maomé. A tradição rabínica atribui a ele uma vasta gama de milagres escriturais, e situa-o ao lado esquerdo de Deus no Céu.

Na cabala, Gabriel é o arcanjo que governa Yesod, a nona Sefirah da Árvore da Vida, no mundo de Briah. *VEJA* ARCANJO; BRIAH; YESOD.

Gaia, hipótese. Teoria proposta pelo climatologista James Lovelock em meados da década de 1970, propondo que a biosfera da Terra pode ser entendida como uma única entidade, que preserva a composição química dos oceanos e da atmosfera por meio de complexos laços ecológicos de *feedback*, como aqueles que equilibram a química do sangue num corpo vivo. Em seu livro de 1979 *Gaia: A New Look at Life on Earth*, Lovelock propôs que os seres humanos poderiam ser entendidos como o sistema nervoso de Gaia.

Esta teoria tem sido adotada avidamente por muitos pagãos, que identificam Gaia com a Deusa da moderna teologia pagã; *VEJA* DEUSA, A. Em 1970, bem antes da primeira publicação de Lovelock sobre o assunto, o líder pagão norte-americano Tim Zell já tinha proposto uma teoria de "teagênese", na qual a vida coletiva da Terra despertaria como uma deusa consciente quando os seres humanos formassem uma união telepática com todas as outras formas de vida. O nome original de Zell para essa deusa era Terrebia (do latim *terra* e do grego *bios*, "vida"); a expressão de Lovelock (Gaia) foi adotada pouco depois de sua primeira publicação e tem sido usada como padrão desde então. As ideias de Zell e de Lovelock têm sido combinadas de diversas maneiras e com diversos graus de sofisticação, produzindo uma gama de atitudes e abordagens gaianas altamente influentes na moderna comunidade pagã. VEJA TAMBÉM NEOPAGANISMO. LEITURA ADICIONAL: LOVELOCK, 1979.

galdor. Nas tradições nórdicas antigas e modernas, a arte da magia ritual. Pouco se sabe sobre a antiga prática de galdor, e as fontes sobreviventes (como o *Galdrabók*, texto mágico islandês) estão muito misturadas com tradições mágicas europeias convencionais.

Na moderna Asatrú, galdor está quase sempre relacionada com as runas, e inclui diversas formas de magia rúnica. Uma vasta gama de métodos e abordagens tem sido inventada ou inspirada em outros sistemas mágicos, e o campo ainda está nos primeiros estágios de desenvolvimento. Um método comum consiste em o praticante gravar o desenho de uma ou mais runas num pedaço de madeira ou em outro material enquanto se concentra intensamente na meta do trabalho de magia. VEJA RUNAS. VEJA TAMBÉM ASATRÚ; SEIDHR. LEITURA ADICIONAL: ASWYNN, 1998; THORSSON, 1998.

Gamaliel. (hebraico GMLIAL, "recompensa de Deus") Nome com significados decididamente confusos na tradição cabalística. Por um lado, é o nome de "Os Obscenos", os Qlippoth, ou poderes demoníacos, associados a Yesod, a nona Sefirah da Árvore da Vida. Na tradição, são apresentados como "homens-touro vis e corruptos". O núcleo ou reino dos Gamaliel é Ogiel, e seu arquidemônio é Lilith. VEJA QLIPPOTH.

Por outro lado, algumas angelologias cabalísticas e gnósticas definem Gamaliel como um dos grandes éons ou poderes angelicais da luz. Segundo o livro copta *Revelação de Adão para Seu Filho Seth*, Gamaliel é o anjo que leva as almas dos eleitos ao Céu. VEJA ÉON; ANJO.

Gar. VEJA FUTHORC ANGLO-SAXÃO.

Gardner, Gerald Brousseau. Funcionário público, autor, ocultista e bruxo inglês, 1884--1964. Com certeza, a mais importante figura na criação da Wicca moderna, Gerald Gardner passou a maior parte da vida como burocrata colonial inglês. Nascido numa família rica da Inglaterra que vivia perto de Liverpool, sofria de asma aguda desde a infância e passava os invernos no sul da Europa. Mais tarde, quando sua enfermeira casou-se com um colono inglês do Ceilão e se mudou para lá, Gardner a acompanhou e trabalhou numa plantação de chá, assumindo depois cargos na administração colonial britânica em Bornéu e na Malásia. Investimentos bem-sucedidos na indústria da borracha tornaram-no um homem rico, permitindo-lhe lidar com arqueologia e com armas nativas. Seu primeiro livro, *The Kris and Other Malay Weapons*, foi publicado em Cingapura em 1939.

Em 1936, aposentou-se do funcionalismo e, com sua esposa Donna (com quem havia se casado em 1927), voltou para a Inglaterra e foi morar na região de New Forest. Em pouco tempo, travou contato com um grupo chamado Rosicrucian Order of the Crotona Fellowship [ROCF, ou Ordem Rosa-Cruz da Fraternidade Crotona], organização semiteosófica sediada na cidade de Christchurch. Um ramo da ROCF chamado de *Theatricum* produzia peças sobre temas ocultistas, e foi apresentado nos trabalhos históricos sobre a Wicca com o título "O Primeiro Teatro Rosa-Cruz da Inglaterra". VEJA ORDEM ROSA-CRUZ DA FRATERNIDADE CROTONA (ROCF).

Gardner também se filiou à Folklore Society, e tornou-se amigo íntimo de um de seus membros mais controvertidos, a ex-egiptóloga Margaret Murray, que em seu livro de 1921, *The Witch-Cult in Western Europe,* propôs que a bruxaria medieval era o que havia restado de uma antiga tradição religiosa pagã. *VEJA* HIPÓTESE DE MURRAY.

Segundo Gardner, e os bruxos gardnerianos desde sua época, a Fraternidade Crotona tinha um círculo interno formado por pessoas que afirmavam praticar esse mesmo culto original, uma religião pagã transmitida em segredo ao longo dos séculos. Dorothy Clutterbuck, a Suma Sacerdotisa do grupo, teria iniciado Gardner em 1939. *VEJA* CLUTTERBUCK, DOROTHY.

Malgrado meio século de esforços, ainda não foi possível determinar se esse relato é preciso ou foi uma invenção de Gardner. Se é um relato preciso, ainda resta saber se Clutterbuck e seus associados estavam dizendo a verdade sobre as origens de seus rituais e tradições, ou se passaram para Gardner um sistema inventado por eles – provavelmente como resposta às teorias de Murray. Assim, a verdadeira origem da Wicca gardneriana está envolvida numa névoa de incerteza.

Em 1946, Gardner foi apresentado a Aleister Crowley, e aparentemente filiou-se a uma das ordens mágicas de Crowley, a Ordo Templi Orientis (OTO). O envolvimento de Gardner foi um pouco limitado pelo fato de que, na década de 1940, a OTO estava completamente inativa na Inglaterra, e a única iniciação que Crowley oferecia então consistia em entregar folhetos com os rituais e outros textos para ler. Pouco depois da morte de Crowley, Gardner tentou reviver a OTO como seu líder, mas a reputação de Crowley era tão ruim que Gardner não conseguiu atrair nenhum interesse.

Embora Gardner alegasse ter poderes para criar uma sede da OTO, a carta de constituição (hoje numa coleção particular) parece ter sido escrita e assinada pelo próprio Gardner; está escrita na distinta caligrafia de Gardner, e começa com "Faz o que tu queres; essa será a Lei", em vez da invariável regra de Crowley "Faz o que tu queres; essa será a totalidade da Lei" – um erro que a própria Besta nunca teria cometido. *VEJA* CROWLEY, ALEISTER; THELEMA. Ainda há dúvidas se Gardner teria tido mesmo alguma ligação com a OTO – e boas evidências de que ele não estaria imune a falsificações.

É interessante observar que em 1946 Gardner também recebeu uma iniciação bem diferente. Foi esse o ano em que ele foi ordenado sacerdote cristão na Antiga Igreja Britânica, uma Igreja cristã esotérica com algumas ligações com a Igreja Católica Liberal. O bispo que o ordenou foi Dorian Herbert, bispo titular de Caerleon e chefe da Antiga Igreja Britânica. *VEJA* BISPOS INDEPENDENTES; IGREJA CATÓLICA LIBERAL (ICL). Gardner foi reordenado *sub conditione* em 1949 pelo bispo Colin Mackenzie Chamberlain, da Confraternidade do Reino de Cristo, outra Igreja esotérica cristã, e em 1954 foi consagrado bispo cristão.

Nessa mesma época, Gardner esteve ativo em diversas atividades que podem ter tido alguma relação com as origens da Wicca. Tornou-se nudista (ou naturista, usando o eufemismo da época), e também entrou em contato com a Woodcraft, um movimento que propunha a volta à natureza e estava ativo na região de New Forest naquela época. *VEJA* WOODCRAFT. Entrou também para a Antiga Ordem Druida e tornou-se amigo de outro ocultista e naturista, Ross Nichols, que fundou a Ordem dos Bardos, Vates e Druidas após a morte de Gardner. *VEJA* DRUIDISMO; NICHOLS, PHILIP PETER ROSS; ORDEM DOS BARDOS, VATES E DRUIDAS (OBOD).

Em 1949, Gardner publicou seu primeiro livro sobre temas ocultistas, um romance intitulado *High Magic's Aid*, publicado sob o pseudônimo de Scire (o lema mágico de Gardner). Ele apresentou seu grau como 4º=7□ OTO na página de rosto; porém 4º=7□ OTO não é um grau da OTO, mas um nível de outra ordem mágica de Crowley, a A∴A∴, o que aumenta a confusão. O romance inclui descrições detalhadas de rituais de iniciação de um grupo de bruxos medievais; segundo Doreen Valiente, eram quase idênticos aos rituais praticados quando ela foi iniciada no coven de Gardner em 1953.

Em 1951, devido às pressões das Igrejas espiritualistas, as leis inglesas contra a bruxaria acabaram sendo revogadas. Nesse mesmo ano, Gardner fundou seu próprio coven e mudou-se para Castletown, na Ilha de Man, onde assumiu o cargo de bruxo residente do Museu de Magia e Bruxaria. Alguns anos depois, Gardner comprou o museu de seu antigo proprietário, Cecil Williamson.

O ano de 1954 viu a publicação da primeira obra de não ficção de Gardner sobre bruxaria, *Witchcraft Today*. Apresentava a Wicca (ou, como Gardner a grafava na época, Wica) como uma saudável tradição religiosa pagã que afirmava a vida, e atraiu bastante atenção da mídia e do público. A seguir, ele lançou seu último livro, *The Meaning of Witchcraft*, em 1959. Durante sua última década de vida, apareceu frequentemente na mídia para promover a bruxaria, iniciou dezenas de pessoas no Ofício, e presidiu o primeiro coven de Wicca cuja existência pode ser efetivamente comprovada. Depois de alguns anos de saúde debilitada, morreu em 1963, quando voltava de navio das férias no Líbano. VEJA TAMBÉM WICCA. LEITURA ADICIONAL: BRACELIN, 1960; G. GARDNER, 1954, 1959; HESELTON, 2000; HUTTON, 1999; VALIENTE, 1987.

garrafa da bruxa. Método comum de proteção mágica na magia popular inglesa e nas colônias americanas, a garrafa da bruxa é uma garrafa de vidro cheia de unhas, cacos de vidro e outros objetos pontiagudos. A pessoa que faz a garrafa da bruxa preenche o espaço restante da garrafa com sua urina e enterra a garrafa em seu jardim.

Nos relatos modernos desse método mágico, a garrafa da bruxa é preventiva; as energias mágicas hostis enviadas contra a pessoa que a faz são absorvidas com segurança pela garrafa. A tradição antiga usava-a como defesa contra feitiços hostis que efetivamente tivessem sido lançados, afirmando que a pessoa que os lançasse não conseguiria urinar enquanto a garrafa permanecesse selada.

Outra forma de garrafa da bruxa, usada como meio mais drástico de defesa contra magia hostil, consistia em engarrafar a urina de uma vítima de encantamento. A garrafa era selada e jogada dentro de uma fogueira intensa. Quando a garrafa explodisse, segundo a tradição, a magia hostil desapareceria subitamente.

As garrafas da bruxa foram tão comuns na Inglaterra que os arqueólogos costumam encontrá-las próximo das fundações das igrejas. Essa forma de proteção mágica foi particularmente popular nos séculos XVII e XVIII. VEJA TAMBÉM CUNNING FOLK. LEITURA ADICIONAL: MERRIFIELD, 1987.

Geber. (Abu Musa Jabir ibn Hayyan) Alquimista árabe, c. 720 – c. 810 E.C. Os detalhes de sua vida são pouco conhecidos, e as fontes dão diversas datas para seu nascimento e morte. Era nativo da cidade de Kufa, onde hoje é o Iraque, e tornou-se um médico bastante respeitado na região. Escreveu mais de cem livros, 22 dos quais sobre alquimia; os outros abrangiam todos os campos do conhecimento, desde filosofia e gramática até medicina e agricultura.

Geber passou alguns anos em Bagdá, na época a capital política do mundo muçulmano, a convite do califa Harun al-Rashid. Lá, estabeleceu o mais completo laboratório alquímico de sua época e realizou muitos experimentos. Foi o primeiro a descrever a preparação do ácido nítrico e teve o pioneirismo em diversos outros eventos da história alquímica (e química). Um de seus principais interesses foi o projeto de caldeiras, e seu livro sobre o assunto foi leitura obrigatória para praticantes de alquimia até a época da Revolução Científica.

No entanto, a mais influente contribuição de Geber foi a teoria da formação dos metais a partir do enxofre-mercúrio. De acordo com sua teoria, todo metal proviria da fusão e da maturação de dois fatores, enxofre e mercúrio. Enxofre seria o princípio ígneo, "masculino", e mercúrio seria o aquoso, "feminino". Quando enxofre e mercúrio com elevado grau de pureza se combinavam e amadureciam adequadamente, o resultado era ouro. Se o mercúrio fosse puro mas o enxofre fosse levemente impuro, o resultado era prata. Todos os outros metais representariam diferentes graus de impureza do enxofre e do mercúrio originais, combinados, em alguns casos (como o ferro) com uma maturação incompleta. VEJA MERCÚRIO; ENXOFRE.

No início do século XIV, um alquimista espanhol cujo nome é completamente desconhecido até hoje escreveu diversos livros adicionais usando o nome de Geber. O mais famoso deles, o *Summa Perfectionis* e o *Liber Fornacum*, foram muito usados por alquimistas do final da Idade Média, do Renascimento e do início do período moderno. VEJA TAMBÉM ALQUIMIA. LEITURA ADICIONAL: HAQ, 1994; HOLMYARD, 1957.

Gebo. (germânico antigo, "presente") Sétima runa do futhark antigo, associada a dar e receber presentes, a parcerias e contratos, e com a reconciliação de opostos. Seu valor sonoro é *g*. VEJA FUTHARK ANTIGO.

A mesma runa, com o nome de Gyfu (inglês antigo, "presente"), é a sétima runa do futhorc anglo-saxão, e tem o mesmo valor sonoro. O poema rúnico em inglês antigo relaciona-a com presentes dados como caridade aos necessitados, o que rende honras para o doador. VEJA FUTHORC ANGLO-SAXÃO.

Runa Gebo (Gyfu)

Geburah. (hebraico GBVRH, "severidade, julgamento severo") A quinta Sefirah da Árvore Cabalística da Vida, centro do Pilar da Severidade ou Forma. Também chamada Pachad, "medo". Na teoria cabalística, esta Sefirah é ambivalente, "aberta ao bem e ao mal", e algumas fontes sugerem que foi por meio de Geburah que os Qlippoth, os poderes do mal, entraram originalmente no universo. VEJA QLIPPOTH. Suas correspondências mais comuns são as seguintes:

Nome de Deus: ALHIM GBVR, Elohim Gibor (Deuses de Poder).
Arcanjo: KMAL, Kamael (Aquele Que Vê Deus).
Hoste angelical: ShRPIM, Seraphim (Serpentes de Fogo).
Correspondência astrológica: MDIM, Madim (Marte).
Correspondência no tarô: Os quatro Cincos.
Elemento correspondente: Fogo.
Imagem mágica: Um rei guerreiro (em algumas versões, uma rainha) em armadura completa, em pé sobre um carro.
Símbolo adicional: O pentagrama.
Título adicional: PChD, Pachad (Medo).
Cores: em Atziluth, laranja.

em Briah, vermelho.
em Yetzirah, escarlate brilhante.
em Assiah, vermelho salpicado de preto.
Correspondência no microcosmo: A vontade em Ruach.
Correspondência no corpo: O ombro esquerdo.
Grau de iniciação: 6=5, Adeptus Major.
Qlippoth: GVLHB, Golohab (os Queimadores).

O texto dos *Trinta e Dois Caminhos da Sabedoria* associado a Geburah diz: "O Quinto Caminho é a Inteligência Radical, pois é em si a essência da Unidade, unindo-se à Compreensão, que emana das profundezas primordiais da Sabedoria". VEJA TAMBÉM CABALA; ÁRVORE DA VIDA.

Gedulah. VEJA CHESED.

Gehenna. (hebraico GIHNVM, "vale de Hinnom") Outrora o depósito de lixo da antiga Jerusalém, um vale próximo cujos dejetos eram levados para serem queimados, Gehenna já se tornara sinônimo de Inferno na época bíblica. Na tradição cabalística, é o primeiro e mais raso dos sete infernos, e corresponde a Malkuth e Yesod. VEJA INFERNOS, SETE.

gematria. Arte da numerologia cabalística, um sistema para avaliar palavras hebraicas (e de outras línguas) por meio do valor numérico das letras do alfabeto hebraico. O hebraico (como o grego e outras línguas antigas) usa um alfabeto isopséfico – ou seja, um alfabeto no qual as letras também significam números. Enquanto hoje as pessoas escrevem números ou fazem cálculos aritméticos usando algarismos arábicos (1, 2, 3 e assim por diante), os judeus antigos e medievais usavam letras do alfabeto hebraico – א (Aleph) como 1, ב (Beth) como 2, e assim por diante.

Nas mãos de cabalistas, esse hábito tornou-se uma ferramenta para análises sutis das escrituras. Por exemplo, existe uma cena na história do patriarca Abrão, no Gênesis 18,2, na qual três "homens" vão visitá-lo. São representantes de Deus e levam a notícia de que ele e sua esposa Sara terão um filho. O trecho começa em hebraico, *Ve-hineh shelshah...* ("E veja, três..."). As letras dessa frase, somadas, dão 701. A frase *Elu Michael Raphael ve-Raphael* ("Estes são Miguel, Rafael e Gabriel") também soma 701, e isso tem sido usado há séculos como forma de mostrar quem eram os três "homens".

Essa ferramenta, como se pode imaginar, leva a algumas direções estranhas. Por exemplo, NChSh, *nachash*, "serpente", é igual a 358; o mesmo valor tem MShICh, "messias". Por causa disso, alguns cabalistas alegam que a serpente do Jardim do Éden era, de algum modo, o Messias – uma sugestão que os gnósticos tinham feito muito tempo antes. Também é estranha a equação que associa *Qadosh ha-Qadoshim*, "Santo dos Santos", o nome da câmara interna do Templo de Jerusalém, e *Eisheth Zenunim*, "Mulher do Reino das Prostitutas", arquidemônio da prostituição na demonologia hebraica; as duas expressões somam 1424. Equações como essas levaram cabalistas mais cautelosos a mostrar que embora a gematria possa revelar verdades, também pode levar a notáveis absurdos, e deve ser usada com cuidado e bom senso. VEJA TAMBÉM ARITMANCIA; CABALA; ALFABETO HEBRAICO.

Gêmeos. Terceiro signo do zodíaco, um signo mutável de Ar, com polaridade masculina. Em Gêmeos, o regente é Mercúrio e Júpiter está em exílio. Gêmeos governa os pulmões, braços e sistema nervoso.

O Sol fica em Gêmeos aproximadamente entre os dias 22 de maio e 21 de junho. Pessoas nascidas com o Sol nesse signo costumam ser loquazes, sagazes, versáteis e intelectuais; também podem ser superficiais, tensas e enganadoras.

No sistema de tarô da Golden Dawn, Gêmeos corresponde à carta VI, o Enamorado. *VEJA* ENAMORADO, O; TARÔ.

♊

Símbolo astrológico de Gêmeos

geomancia. (do grego *geo*, "terra", + *manteia*, "adivinhação") Sistema de adivinhação usando as dezesseis figuras geomânticas – padrões com quatro linhas de pontos, com um ou dois pontos por linha. Essencialmente, são números binários de quatro dígitos; na adivinhação, quatro desses padrões são combinados com outros, segundo métodos tradicionais, para produzir uma carta geomântica.

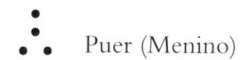

Puer (Menino)

Amissio (Perda)

Albus (Branco)

Populus (Povo)

Fortuna Major (Fortuna Maior)

Conjunctio (Conjunção)

Puella (Menina)

Rubeus (Vermelho)

Acquisitio (Ganho)

Carcer (Prisão)

Tristitia (Tristeza)

Laetitia (Alegria)

Cauda Draconis (Cauda do Dragão)

Caput Draconis (Cabeça do Dragão)

Fortuna Minor (Fortuna Menor)

Via (Caminho)

De acordo com os mais antigos relatos da arte, o geomante tomaria uma vara ou graveto, alisaria uma área na terra ou na areia, e espetaria o solo repetidas vezes, fazendo um número aleatório de marcas numa linha. O número total de marcas era contado; um número ímpar produziria um ponto na figura final, e um número par produziria dois pontos. Eram geradas quatro linhas por figura, e quatro figuras – ou dezesseis linhas – eram usadas para uma leitura.

Depois, os geomantes faziam marcas com uma caneta sobre pergaminho ou papel, mas seguindo o mesmo processo. Recentemente, foram criados baralhos de cartas geomânticas, e no Renascimento era possível comprar dados geomânticos em jogos de quatro, com um ou dois pontos em cada face.

As quatro figuras produzidas aleatoriamente são chamadas de Mães. As Filhas são produzidas a partir delas tirando-se a linha superior de pontos de cada uma das quatro Mães, em ordem, para formar a Primeira Filha. A segunda linha forma a Segunda Filha, a terceira a Terceira Filha, e a fila inferior forma a Quarta Filha.

A Primeira e a Segunda Mãe, a Terceira e a Quarta Mãe, a Primeira e a Segunda Filha, e a Terceira e a Quarta Filha são somadas linha por linha. Se houver dois ou quatro pontos nas linhas sendo somadas, o resultado são dois pontos; se três, um ponto. As quatro figuras resultantes são chamadas de Sobrinhas em fontes medievais, mas geralmente são chamadas de Sobrinhos em textos modernos. As Sobrinhas são somadas para produzir duas Testemunhas, e as Testemunhas para produzir o Juiz, a figura final. Todas elas são anotadas na carta geomântica, e interpretadas segundo regras tradicionais.

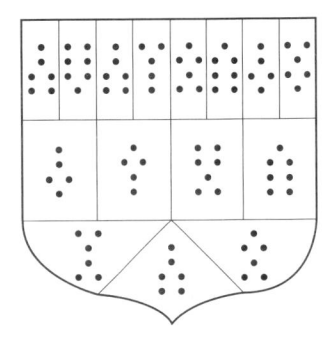

Exemplo de uma carta geomântica pronta

As origens da geomancia não são muito bem conhecidas, mas uma provável fonte é a África subsaariana, onde uma vasta gama de sistemas binários de adivinhação com um a oito dígitos tem sido usada há vários séculos. A geomancia em si surgiu em fontes escritas na região árabe do norte da África, por volta do século IX E.C., e de lá passou à Europa medieval com as primeiras traduções do árabe para o latim no século XII. Mais tarde, tornou-se um dos mais populares sistemas de adivinhação do final da Idade Média e do Renascimento, e foi usada frequentemente até a Revolução Científica. Depois, apesar de tentativas de ressuscitá-la nos séculos XIX e XX, permaneceu quase ignorada, e a palavra "geomancia" passou a ser usada em tópicos não relacionados, como as linhas ley e outros mistérios da Terra, por um lado, e métodos de projeto paisagístico como a arte chinesa do feng shui, por outro. *VEJA LINHAS LEY. VEJA TAMBÉM* ADIVINHAÇÃO E VERBETES COM O NOME DE CADA UMA DAS FIGURAS GEOMÂNTICAS. LEITURA ADICIONAL: CHARMASSON, 1980; J. GREER, 1999; SKINNER, 1980.

geometria sagrada. Nos modernos círculos esotéricos, a expressão mais comum para o ramo da teoria e da prática ocultista que focaliza a forma geométrica como meio de simbolizar, vivenciar e contatar níveis espirituais da existência. Ramo complexo e erudito do esoterismo e do ocultismo, a geometria sagrada é uma das menos conhecidas tradições ocultistas, embora há séculos exista uma firme mas discreta corrente de interesse por ela.

Em síntese, a geometria sagrada é simplesmente a geometria praticada no mundo ocidental desde a Antiguidade até o advento da Revolução Científica. Na Antiguidade, na época medieval e na renascentista, formas e relacionamentos geométricos eram vistos como uma expressão da profunda estrutura arquetípica da realidade, e estudantes de geometria aprendiam a vivenciar os processos geométricos como a manifestação, no espaço e no tempo, de realidades espirituais.

Esses mesmos padrões podem funcionar na arquitetura e na arte. Segundo a teoria da geometria sagrada, quando isso é feito, a força espiritual representada pelas geometrias de um edifício ou de uma obra de arte afeta as pessoas que a contemplam, saibam ou não interpretar a linguagem geométrica. Templos gregos e catedrais góticas, ambas idealizadas e construídas segundo os cânones da geometria sagrada, proporcionam evidências de que isso funciona bem na prática.

A história da geometria sagrada na tradição esoterista e ocultista ocidental começa com Pitágoras de Samos (c. 570 – c. 495 A.E.C.), que viajou ao Egito e à Babilônia para estudar matemática e filosofia e conheceu uma sociedade semissecreta que ensinava geometria como disciplina espiritual. *VEJA* PITÁGORAS. Seus seguidores, que se espalharam pelo mundo mediterrâneo após as revoltas contra Pitágoras no início do século V A.E.C., levaram com eles sua tradição geométrica.

Vitrúvio, respeitável autor romano sobre arquitetura cujo livro sobreviveu à Idade Média, cita muito a tradição geométrica de Pitágoras; *VEJA* VITRÚVIO. As guildas de pedreiros da Idade Média, das quais descende a Maçonaria, também preservaram boa parte daquilo que hoje se conhece como geometria sagrada; *VEJA* MAÇONARIA.

A Igreja cristã descobriu que tradições mais antigas da geometria sagrada podiam ser facilmente convertidas para uso cristão, e há motivos para se acreditar que o próprio Novo Testamento tem simbolismos geométricos e matemáticos embutidos em diversos trechos. Até a Reforma – e, em algumas áreas, bem depois dela –, as Igrejas eram sempre projetadas e construídas tendo em mente o simbolismo geométrico. *VEJA* OCULTISMO CRISTÃO.

Uma combinação de conceitos tradicionais dos pedreiros e de documentos clássicos redescobertos desencadeou, no Renascimento, um intenso ressurgimento da geometria sagrada. Estudiosos de renome internacional como o frade veneziano Francesco Giorgi (1466-1540) publicaram importantes obras sobre o tema, muitas das quais nunca foram traduzidas do latim; *VEJA* GIORGI, FRANCESCO. As aplicações práticas da geometria nunca foram negligenciadas; Giorgi era consultor em simbolismo arquitetônico, e um século depois, o renomado esgrimista holandês Gerard Thibault (1574-1629) publicou um livro mostrando um eficiente sistema de esgrima baseado na geometria sagrada; *VEJA* THIBAULT, GERARD.

Como a maioria dos ramos das tradições ocultistas ocidentais, a geometria sagrada passou por momentos difíceis com a chegada da Revolução Científica. Ela foi preservada principalmente no lado mais oculto da Maçonaria, que manteve contatos com suas raízes suficientes para não perder o fascínio pelo simbolismo geométrico. Diversos livros importantes sobre geometria sagrada e princípios correlatos foram publicados nos séculos XVIII e XIX, dentre os quais *O Cânone* (publicação original, 1897) de William Stirling foi o mais influente; *LEITURA ADICIONAL*: STIRLING, 1999.

A moderna onda da geometria sagrada teve início com o trabalho de um indivíduo, René "Aour" Schwaller de Lubicz (1887-1961), cujos estudos sobre catedrais góticas e antigos monumentos egípcios levaram-no a um intenso estudo da geometria tradicional e à publicação de diversos livros, grandes e difíceis, sobre o tema; *VEJA* SCHWALLER DE LUBICZ, RENÉ A. Mais tarde, no final da década de 1960 e início da seguinte, diversos autores ingleses estudando linhas ley e mistérios da terra descobriram *O Cânone* de Stirling e obras semelhantes e começaram a trabalhar seguindo linhas similares; *VEJA* LINHAS LEY. O atual ressurgimento é bastante discreto, mas tem produzido diversos livros excelentes e muitos edifícios com bela arquitetura.

Antigamente, a geometria sagrada era considerada parte do quadrivium, os quatro ramos da matemática oculta. *VEJA* ARITMOLOGIA; PROPORÇÃO ÁUREA; QUADRIVIUM. LEITURA ADICIONAL: FIDELER, 1993; HANCOX, 1992; LAWLOR, 1982; PENNICK, 1979; STIRLING, 1999.

Ger. *VEJA* FUTHORC ANGLO-SAXÃO.

Germanenorden. (também conhecida como "Ordem dos Teutões" e "Ordem dos Alemães") Vínculo central na cadeia de sociedades secretas e ordens mágicas que levaram ao nascimento do Partido Nazista, a Germanenorden foi fundada em 1912 como o círculo iniciático interno do Reichshammerbund, (Sociedade Reich Hammer), importante organização antissemita e nacionalista.

A ideia de tal grupo circulou alguns anos antes de sua fundação; muitos dos que acreditavam na existência de uma vasta conspiração secreta dos judeus contra os arianos em geral e os alemães em particular – e havia muita gente na Alemanha do início do século XX que acreditava piamente nisso – parecem ter decidido que os mesmos métodos usados pelos supostos conspiradores deveriam ser usados contra eles.

O espírito que animou esse projeto foi Hermann Pohl, que idealizou um ritual de loja por volta de 1910 e o apresentou a um grupo de amigos antissemitas em sua cidade natal, Madgeburg. Em 1911, o grupo constituiu-se como a Loja Wotan e depois, no mesmo ano, Pohl entrou em contato com possíveis novos membros alemães para convidá-los a se filiar à nova organização. A ideia mostrou-se popular, e a Germanenorden foi fundada formalmente em maio de 1912; no final desse ano, havia já seis lojas, com um total de mais de 300 membros.

Boa parte do ritual e da prática da Germanenorden foi adaptada do material de lojas fraternais contemporâneas, especialmente a Antiga Ordem Unida dos Druidas, uma organização de lojas que tinha estabelecido uma importante presença na Alemanha no final do século XIX; *VEJA* DRUIDAS. Uma porção igualmente substancial foi inspirada nos ensinamentos ariosóficos de Guido von List, cujas reconstruções especulativas da antiga espiritualidade germânica foram extremamente populares na direita radical de toda a Europa Central. *VEJA* ARIOSOFIA; LIST, GUIDO VON.

Um ritual iniciático que sobreviveu aos primeiros anos da ordem descreve um cenário típico de lojas, com o Mestre em uma extremidade do recinto, ladeado por dois Cavaleiros com capacetes com chifres e espadas, o Bardo na outra extremidade, no simbólico Bosque do Graal, e outros oficiais nos postos habituais. Os candidatos à iniciação eram vendados e vestidos em mantos de peregrinos para a cerimônia, que era acompanhada por músicas das óperas de Wagner, cantadas por um coro de "elfos da floresta" e tocadas em harmônio e piano.

O lado ritual da ordem era vital para o conceito de Pohl sobre sua obra; ele esperava, segundo seu manifesto de 1912, fomentar um "renascimento religioso ariano-germânico" através da ordem, e enfatizava que era mais importante ter membros devotados do que ter muitos associados. Muitos outros membros, porém, não viam tanto valor no trabalho cerimonial, e tentaram reposicionar a ordem nas linhas mais familiares da conspiração política. Essas diferenças atingiram um ponto de ruptura em 1916, e Pohl saiu da ordem para fundar um novo grupo, o Germanenorden Walvater do Santo Graal. Uma minoria substancial das lojas Germanenorden se uniu à nova organização, e novas lojas Walvater surgiram em diversas cidades, especialmente em Munique, onde Rudolf von Sebottendorf teve um papel fundamental na ressurreição da loja adormecida, tornando-a uma força significativa na política e na cultura da Baviera. Foi nesse ramo da ordem que a Thule-Gesellschaft, ou Sociedade Thule (e, em última análise o embrião do Partido Nazista), apareceu; *VEJA* THULE--GESELLSCHAFT.

A Germanenorden original continuou a operar também entre as guerras, e teve papel ativo no caos político da República de Weimar. Os dois ramos parecem ter sobrevivido até os primeiros anos do Terceiro Reich, quando suas lojas (como todas as organizações nesses moldes) foram proibidas por lei. *VEJA TAMBÉM* LOJA MÁGICA; NACIONAL-SOCIALISMO. LEITURA ADICIONAL: GOODRICK-CLARKE, 1992.

Ghob. Na magia cerimonial, o rei dos elementais da terra, ou gnomos. *VEJA* ELEMENTAL.

Gia. (hebraico GIA, "vale") Na tradição cabalística, a terceira das sete terras, correspondente a Geburah. *VEJA* TERRAS, SETE.

Gibor. Décima oitava e última runa do alfabeto rúnico Armanen, com o significado de "presente". Seu poder, segundo o poema rúnico "Havamal", em norueguês antigo, é levar a pessoa amada pelo mestre das runas para seus braços. Corresponde a Ginnungagap. *VEJA* RUNAS ARMANEN.

Runa Gibor

Gihon. (hebraico GIHVN) Segundo o Gênesis 2,13, o segundo dos quatro rios que saem do Paraíso. Na tradição da Golden Dawn, Gihon é associado ao elemento Água e ao Pilar da Misericórdia na Árvore da Vida. *VEJA* CABALA.

Gimel. (hebraico GML, "camelo") A terceira letra do alfabeto hebraico, Gimel é uma das letras duplas; representa os sons *g* e *gh*, e tem valor numérico 1. Suas correspondências mais comuns são as seguintes:

Caminho da Árvore da Vida: Caminho 13, de Kether a Tiphareth.
Correspondência astrológica: A Lua.
Correspondência no tarô: Arcano II, A Sacertotisa.
Parte do Cubo do Espaço: A face inferior.
Cores: em Atziluth, azul.
em Briah, prata.
em Yetzirah, azul-claro frio.
em Assiah, prata raiada de azul celeste.

Seu texto, no *Trinta e Dois Caminhos da Sabedoria*, diz: "O Décimo Terceiro Caminho é a Inteligência Unificadora, e é assim chamado porque em si é a essência da glória; é a consumação da verdade das coisas espirituais individuais". *VEJA TAMBÉM* CABALA; ALFABETO HEBRAICO.

Letra hebraica Gimel

Giorgi, Francesco. Frade e ocultista italiano, 1466-1540. Nascido numa família aristocrática de Veneza, entrou ainda jovem para a Ordem Franciscana. Passou a maior parte de sua vida no convento de San Francesco della Vigna, em Veneza. Na época, Veneza era um importante centro cultural, enriquecido por vínculos comerciais com o Oriente muçulmano, e uma das maiores e menos perseguidas comunidades judaicas da Europa. Ele aproveitou ao máximo essas oportunidades e tornou-se um dos mais famosos eruditos de seu tempo.

Giorgi era fluente em várias línguas, sendo especialmente renomado por seu domínio de estudos hebraicos, numa época em que poucos gentios sabiam mais do que os rudimentos dessa língua. Durante a disputa sobre o divórcio do rei inglês Henrique VIII de Catarina de Aragão, ele foi consultado pelo governo inglês sobre detalhes da lei judaica de divórcio. Giorgi também estudava a fundo a mineralogia e a geometria sagrada, e ficou tão famoso nesse campo que, quando surgiu uma celeuma em 1534 sobre as proporções de uma nova igreja em Veneza, o doge da cidade mandou que a questão fosse encaminhada a Giorgi para que este apresentasse uma solução.

A mais importante contribuição de Giorgi para o movimento ocultista do Renascimento foi um livro de peso, *De Harmonia Mundi* (1525). O mais abrangente manual de filosofia esotérica renascentista já escrito, combinava filosofia hermética e neoplatônica com numerologia pitagórica, geometria sagrada e cabala cristã, e tornou-se um dos textos básicos para aspirantes a magos por mais de um século após sua publicação; infelizmente, nunca foi traduzido para nenhuma língua moderna. Um livro posterior e mais breve, *In Scripturam Sacram Problemata* (1536), explorou temas similares mas de forma menos detalhada. VEJA TAMBÉM CABALA; GEOMETRIA SAGRADA. LEITURA ADICIONAL: YATES, 1979.

glamour. *VEJA* MIRAGEM.

Glastonbury. Localizada na região Oeste da Inglaterra, Glastonbury tem há muito a reputação de ser o principal centro espiritual da Inglaterra. Segundo uma lenda medieval, José de Arimateia foi a Glastonbury não muito depois da crucificação de Jesus e lá estabeleceu a primeira Igreja cristã da Britânia. Dizem que o cajado de José teria criado raízes na Wearyall Hill, perto da abadia, dando origem à Glastonbury Thorn, um pilriteiro que floresce no Natal. Foi cortado pelos puritanos no século XVI, mas seus brotos foram replantados, e ainda existe o Glastonbury Thorn nas ruínas da abadia.

Abriga um mosteiro fundado pelo rei Ine de Wessex por volta de 705 E.C., tornou-se um importante centro monástico no século XI e foi uma das abadias mais consagradas da Inglaterra até o século XVI, quando o rei Henrique VIII aboliu todas as ordens religiosas do país e confiscou seus bens. Depois de muitos anos de abandono, Glastonbury recebeu interesse renovado no início do século XX, quando teósofos e ocultistas ingleses foram atraídos por suas ligações com as lendas arthurianas. Agora, é a sede de um próspero complexo de organizações e empresas esotéricas e da Nova Era.

O antigo nome da região de Glastonbury é Ilha de Avalon. Este nome vem do galês *ynys Avallach*, "ilha de Avallach". Avallach é uma palavra do galês medieval e significa "pomar de macieiras", mas também é o nome de um antigo deus celta; a tradição barda galesa faz de Avallach o filho de Beli e Ana, que eram o grande deus Belenos dos celtas e a mãe dos deuses, Ana ou Danu, respectivamente, e também nomeia-o como pai de Modron, que é Matrona, "a Mãe", uma importante deusa no nordeste da Gália e mãe do deus Mabon ou Maponos. *VEJA* MABON. Esse tipo de conexão com o mito antigo é típico de Glastonbury.

A grande maioria das conexões mágicas de Glastonbury, porém, tem relação com a lenda arthuriana. Acredita-se que a ilha de Avalon teria sido o local onde o rei Arthur foi enterrado, uma suspeita que os monges locais confirmaram em 1190, encontrando um caixão de tronco oco com dois esqueletos – um homem com quase 2,10m de altura com o crânio lesado, e uma mulher cujo crânio ainda tinha algumas mechas de cabelos loiros – com uma cruz de chumbo inscrita: "Aqui jaz o renomado rei Arthur na ilha de Avalon". A maioria dos estudiosos modernos, embora não todos, rejeita essa afirmação como típica das fraudes dos monges, comuns na Europa medieval. *VEJA TAMBÉM* ARTHUR, REI. LEITURA ADICIONAL: BROMWICH, 1961; FORTUNE, 1989.

glúten. Nos textos alquímicos, qualquer matéria espessa, viscosa. *VEJA* ALQUIMIA.

Glúten da Águia. No jargão alquímico, um nome alternativo do mercúrio. Alguns autores modernos que interpretam os textos alquímicos do ponto de vista sexual identificaram o Glúten da Águia como sendo sêmen. *VEJA* ALQUIMIA; SEXO E OCULTISMO.

gnomos. Na magia cerimonial, os elementais da terra. Seu rei é Ghob. A palavra "gnomo" parece ter sido inventada por Paracelso, e (como muitos de seus termos técnicos) não tem etimologia conhecida. *VEJA* ELEMENTAL.

gnosticismo. (do grego *gnosis*, "conhecimento") Uma das numerosas tradições espirituais surgidas no mundo antigo por volta do início da Era Comum. Suas origens exatas são alvo de violentas discussões entre estudiosos modernos, mas as tradições místicas gregas, o dualismo zoroastrista da Pérsia, os ensinamentos judaicos e as primeiras ideias cristãs devem ter participado da produção do movimento gnóstico.

Sua história é difícil de ser traçada, pois o gnosticismo recebeu violenta oposição da Igreja cristã. Excetuando-se uma coleção de escrituras gnósticas recuperadas em Nag Hammadi, no Egito, praticamente todas as informações de que dispomos agora sobre o gnosticismo provêm, portanto, de seus mais acerbos inimigos. Fica claro, porém, que as seitas gnósticas existiam em boa parte do mundo romano por volta do século II E.C., floresceram durante o século III e o início do IV, e foram eliminadas ou se ocultaram no final do século IV e durante o século V.

O tema central que une todos os ensinamentos gnósticos é o da *gnosis*, "conhecimento", que não é uma questão de aprendizado comum, mas uma experiência pessoal da verdade espiritual. O gnóstico não está interessado na crença; ele quer conhecer, direta e pessoalmente, as realidades espirituais do universo.

A maioria dos sistemas gnósticos combina essa ênfase na experiência pessoal com uma visão duramente dualista e pelo menos um pouco paranoica do universo. Nessa visão, todo o mundo material é uma prisão criada por poderes maléficos, os arcontes, para capturar almas de um mundo luminoso superior. Viver num corpo material no mundo é estar preso num lugar estranho, à mercê dos arcontes e de seu aterrorizante líder – o "deus cego" Ialdabaoth, também conhecido como Saklas e Samael, que também é o Deus do Antigo Testamento. *VEJA* IALDABAOTH; ARCONTE.

Por trás do falso mundo da matéria, há o mundo de verdade, o mundo da luz, regido pelos éons, que são ao mesmo tempo seres e reinos. A criação do mundo material e dos arcontes é considerada por muitos gnósticos como resultado de um engano cometido por um dos éons, Sophia ("Sabedoria"), que desejava criar alguma coisa por conta própria, e só conseguiu dar à luz a uma entidade aleijada, cega, com a forma de uma serpente e a cabeça de um leão: Ialdabaoth. Esperando ocultar sua criação dos outros éons, Sophia a expulsou de seu mundo de luz, lançando-a ao vazio.

Nesse processo, porém, centelhas de luz do mundo de verdade entraram no vazio, e quando Ialdabaoth fez um mundo com a substância do vazio, as centelhas ficaram presas a ele. Ialdabaoth criou os outros arcontes; juntos, eles fizeram corpos físicos como prisões para as centelhas de luz, e criaram estrelas e planetas para enredar as centelhas, numa teia implacável de destino astrológico. Deste modo, teve origem o mundo que conhecemos.

A meta, na maioria das versões do gnosticismo, é libertarmo-nos do mundo de Ialdabaoth e voltarmos para o mundo de luz. Porém a escotilha de fuga não está aberta. Muitas fontes gnósticas dividem os seres humanos em três classes: hílicos (de *hylé*, "matéria"), criações robóticas dos arcontes que não podem escapar do mundo material; psíquicos (de *psyche*, "mente"), que têm o potencial para se libertar da matéria e subir ao reino de luz, mas precisam se esforçar para tanto; e pneumáticos (de *pneuma*, "espírito"), que têm na gnose um direito inato e podem contar com o retorno ao mundo de luz.

Esses princípios básicos parecem ter sido aceitos pela maioria dos sistemas gnósticos (embora não por todos) como base comum. As estruturas feitas sobre essa base, porém, variam fantasticamente. Algumas tradições gnósticas eram, de modo explícito, cristãs, e ensinavam que Jesus de Nazaré seria um éon do mundo de luz que desceu ao falso mundo da matéria para libertar almas das garras dos Arcontes. Outras falavam de Seth, terceiro filho de Adão, como aquele que abriu o caminho de fuga. Outros grupos gnósticos transformaram os vilões da Bíblia – Caim, Esaú, os habitantes de Sodoma e assim por diante – em heróis que se revoltaram contra o poder do criador maléfico.

Alguns professores e algumas tradições gnósticas ignoraram completamente a Bíblia e as imagens convencionais do judaísmo e do cristianismo. A maioria dos textos gnósticos, porém, manteve-se focado nessas fontes, reinterpretando-as de várias maneiras. Até certo ponto, o gnosticismo funcionou como uma espécie de teoria conspiratória do mundo espiritual, tratando ideias ortodoxas como um "relato oficial" teológico que precisa ser interpretado para se conhecer a verdade. Autores gnósticos esquadrinharam os eventos do Livro do Gênesis, em particular, da mesma forma como os modernos adeptos das teorias conspiratórias estudam os detalhes do assassinato de Joseph Kennedy – e suas interpretações têm o mesmo grau de variação.

A prática gnóstica era tão variada quanto a teoria. Aparentemente, praticavam-se bastante os ritos mágicos: Plotino, o grande filósofo platonista, critica a confiança nos feitiços em seu ensaio *Contra os Gnósticos*. Diversos textos gnósticos remanescentes incluem invocações mágicas e palavras de poder relacionadas de perto com aquelas encontradas nos papiros mágicos greco-egípcios. *VEJA* PALAVRAS BÁRBARAS; PAPIROS MÁGICOS GRECO-EGÍPCIOS.

Alguns gnósticos defendiam uma vida de ascetismo e disciplina espiritual, e o sexo em particular costumava ser explicitamente condenado, pois criava novos corpos humanos para o aprisionamento das almas. Outros consideravam que, se o deus da religião convencional era maligno, aquilo que ele proibia deveria ser bom, e assim concluíam que toda forma de atividade sexual seria permitida. Alguns assumiam uma posição intermediária, defendendo que deveriam ser proibidas apenas as práticas sexuais que pudessem levar à gravidez, e consideradas válidas quaisquer outras atividades.

Após sua supressão pelo mundo romano, o gnosticismo continuou a ser ensinado e praticado em pequenas seitas clandestinas em diversas partes do Oriente Médio. Pelo menos uma dessas seitas, os mandeístas, sobreviveu no sul do Iraque até os nossos dias. Outra, os bogomiles, floresceram no início da Idade Média onde hoje é a Bulgária, e missionários dessa seita viajaram à Itália e ao sul da França nos séculos XII e XIII, criando o mais famoso movimento gnóstico do Ocidente, a heresia cátara; *VEJA* CÁTAROS.

A Inquisição, criada formalmente em 1239 como arma contra o catarismo, foi eliminando gradualmente aquilo que restou dos cátaros após a cruzada da Igreja iniciada em 1208. Dali em diante, o gnosticismo ocidental existiu mais como uma nota de rodapé dos livros de história – até o século XIX, quando diversas seitas gnósticas de pequeno porte foram estabelecidas na França como parte das primeiras fases do renascimento ocultista daquela época.

As atitudes para com os gnósticos sofreram uma importante mudança nessa época, como parte da reavaliação romântica de tradições marginais e de conhecimentos rejeitados. Muitos oponentes das versões estabelecidas do cristianismo voltaram-se para o gnosticismo, seja como arma polêmica, seja como estrutura para novas abordagens semicristãs da espiritualidade. A Sociedade Teosófica, que liderou o movimento da espiritualidade alternativa no final do século XIX e início do XX, retratava os gnósticos como místicos iluminados que foram trucidados por fanáticos ortodoxos e preconceituosos; esse retrato foi amplamente divulgado por círculos ocultistas durante o "século teosófico", entre 1875 e 1975. *VEJA* SOCIEDADE TEOSÓFICA. O psicólogo suíço Carl Jung (1875-1961) também se inspirou muito no gnosticismo conhecido de sua época para criar a psicologia analítica; *VEJA* JUNG, CARL GUSTAV.

É interessante notar, porém, que toda especulação e discussão do gnosticismo a partir da queda de Roma, até o início da década de 1970, baseou-se num punhado de fontes, quase todas escritas por clérigos cristãos que estavam muito mais interessados em denunciar os gnósticos do que em compreendê-los. Em 1945, porém, agricultores próximos da aldeia de Nag Hammadi, no Egito, encontraram um vaso de argila enterrado, no qual se escondiam doze volumes encadernados em couro, com antigos textos gnósticos. Brigas internas entre acadêmicos retardaram sua publicação e tradução por mais de vinte anos, mas uma edição fac-símile completa foi publicada em partes entre 1972 e 1977, e uma tradução para a língua inglesa em um único volume foi publicada em 1977.

O resultado foi um grande surto de interesse pelo gnosticismo, com o surgimento e a proliferação de diversas organizações gnósticas religiosas e espirituais. Diversos ramos alternativos do cristianismo, ligados ao movimento de bispos independentes, redefiniram-se como gnósticos; *VEJA* BISPOS INDEPENDENTES. Poucos desses gnósticos recentes, porém, tentaram se aventurar no profundo dualismo do antigo pensamento gnóstico – o que talvez seja até bom. *VEJA TAMBÉM* OCULTISMO CRISTÃO; JESUS DE NAZARÉ; HERMETISMO; PLATONISMO. LEITURA ADICIONAL: LAYTON, 1987; PAGELS, 1979; PLOTINO, 1992; ROBINSON, 1988.

Goethe, Johann Wolfgang von. Poeta, erudito, cientista e ocultista alemão, 1749--1832. Filho de um advogado, Goethe estudou com tutores em casa e depois foi para o curso de Direito na Universidade de Leipzig, mas depois de três anos de estudo começou a apresentar sérios problemas de saúde e teve de voltar para casa, em Frankfurt. Enquanto se recuperava, foi apresentado à teosofia cristã por uma amiga da família, a srta. von Klettenburg. *VEJA* TEOSOFIA (MÍSTICA CRISTÃ). Reconhecendo a dimensão ocultista nos textos de Jacob Böehme e outros autores teosóficos, passou a estudar Paracelso, Van Helmont e outros autores alquímicos, e criou um laboratório de alquimia na casa de seus pais, onde realizou experimentos em busca da Pedra Filosofal. *VEJA* ALQUIMIA.

Em 1770, com a saúde recuperada, mudou-se para Estrasburgo a fim de retomar os estudos, formando-se finalmente em 1771, em Direito. Enquanto estava em Estrasburgo, conheceu Johann Gottfried von Herder, um dos primeiros poetas românticos importantes. As ideias de Herder tiveram um efeito poderoso sobre o jovem Goethe, que passou os próximos anos escrevendo algumas de suas melhores poesias líricas, uma peça e o romance terrivelmente sentimental (mas de enorme sucesso) *Os Sofrimentos do Jovem Werther*. Ele também começou a trabalhar em sua versão da lenda de Fausto.

Em 1775, foi convidado pelo duque de Weimar, um jovem de 17 anos, para visitar a corte ducal. O plano era permanecer algumas semanas, mas, exceto por breves viagens e uma visita de dois anos à Itália, Goethe passou o resto de sua vida lá. Como membro do conselho de governo do ducado, diretor do Teatro Weimar e mais famoso escritor e poeta da Alemanha, tinha bastante coisa para manter-se ocupado.

No entanto, em sua primeira década em Weimar, Goethe também encontrou tempo para realizar pesquisas científicas sobre geologia, botânica e zoologia, criando, nesse processo, uma abordagem científica que tinha nítidas raízes em seus antigos estudos ocultistas e alquímicos. Sua *Naturphilosophie*, ou "filosofia natural", teve um papel fundamental no surgimento dos modernos estudos ecológicos e também como inspiração para Rudolf Steiner (1861-1925), criador da Antroposofia. *VEJA* ANTROPOSOFIA; STEINER, RUDOLF.

Em seus últimos anos, realizou pesquisas sobre luz e cores, convencendo-se de que as teorias de Isaac Newton sobre óptica eram fundamentalmente imprecisas; além disso, concluiu seu vasto *Fausto* em dois volumes. Morreu em 1832 em Weimar. LEITURA ADICIONAL: MATTHAEI, 1971; STEINER, 1950.

goétia. (também **magia goética** e **magia gótica**) Desde a Idade Média até o presente, uma expressão comum para o ramo da magia que lida com a evocação de demônios. Na Grécia clássica, a *goeteia* era a arte das *goes*, originalmente a carpideira ritual em funerais – *goos* é uma antiga expressão grega para designar um lamento pelos mortos; depois, de acordo com fontes literárias, o *goes* era um necromante que conseguia evocar os espíritos dos mortos que estavam no Hades. Mais tarde ainda, *goes* passou a designar simplesmente "feiticeiro", e a magia de qualquer tipo era tanto chamada de *goeteia* quanto de *mageia*. A palavra tinha fortes conotações negativas, e magos clássicos afirmavam constantemente que não eram *goetes*.

Rituais para evocar espíritos de diversos tipos, por outro lado, eram parte da magia clássica, como atestam os papiros mágicos greco-egípcios e outras fontes; *VEJA* PAPIROS MÁGICOS GRECO-EGÍPCIOS. Com a fragmentação do mundo clássico e o início da Idade Média, tais rituais e seus praticantes formaram uma subcultura sigilosa, primeiro nas culturas muçulmanas que tomaram forma após as grandes conquistas árabes dos séculos VIII e IX, e depois no mundo cristão da Europa medieval.

A difusão da magia goética na Idade Média ocorreu na própria Igreja cristã, num mundo clandestino secreto e confuso de praticantes de magia entre sacerdotes, monges e clérigos de ordens menores. O conhecimento de latim e a familiaridade com os rituais cristãos de exorcismo deram aos clérigos o currículo necessário, e a literatura sombria dos grimórios proporcionou os rituais e as informações técnicas. A julgar por textos contemporâneos, o cenário goético existia provavelmente no século XI, e por volta de 1200 era uma presença ativa em toda a Europa ocidental. Apesar de pressões constantes da Igreja, o cenário goético conseguiu sobreviver intacto à Idade Média e contribuiu muito para a síntese mágica do Renascimento.

Os detalhes da goétia medieval podem ser estudados em grimórios sobreviventes, como o *Sworn Book of Honorius* e o *De Nigromancia* atribuído a Roger Bacon. São manuais para a evocação de espíritos; incluem desenhos de círculos traçados no chão para proteger o mágico, conjurações e sacrifícios para induzir a presença do espírito, bem como instruções para as ferramentas e equipamentos necessários para a arte goética.

A magia goética teve presença ativa no campo ocultista do Renascimento e do início da era moderna, mas perdeu popularidade, juntamente com quase todos os outros ramos da magia, com o advento da Revolução Científica no final do século XVII. Como muitos textos goéticos prometiam riquezas materiais, os métodos goéticos permaneceram em uso em algumas partes do cenário mágico clandestino dos séculos XVIII e início do XIX, e as tradições populares se valeram de métodos goéticos, entre outros; *VEJA* CUNNING FOLK.

O ressurgimento da magia no século XIX valeu-se de fontes goéticas, mas muitos magos da virada para o século XX procuraram se afastar ao máximo da abordagem goética. A aceitação de alguma forma de cristianismo por muitas figuras influentes do cenário mágico dessa época teve um papel essencial no fato da goétia não ter um uso mais aberto. A ascensão da religião mágica não cristã e da anticristã no século XX, porém, trouxe de volta a prática mais frequente da goétia.

O mago e autoproclamado Anticristo inglês Aleister Crowley (1875-1947), entre outras atividades, plagiou e publicou um importante texto de magia goética e dedicou-se a intensos trabalhos de magia com demônios. Seu exemplo foi seguido por muitos magos modernos. Nas últimas décadas do século XX, a magia goética tornara-se uma especialidade mágica razoavelmente comum nos Estados Unidos e em outros lugares, e vários livros foram publicados nas últimas décadas sobre o tema. *VEJA TAMBÉM* DEMÔNIO; EXORCISMO; FAUSTO, LENDA DE; GRIMÓRIO; MAGIA. LEITURA ADICIONAL: GRAF, 1997; KIECKHEFER, 1989, 1998; KONSTANTINOS, 1997; MACDONALD, 1988.

Goétia, A. Primeira e maior parte de *A Chave Menor de Salomão*, um dos principais grimórios medievais; *VEJA* GRIMÓRIO. *A Goétia* descreve 72 demônios, com suas posições na hierarquia infernal e seus poderes quando chamados e subjugados, e inclui rituais para sua evocação e controle.

A Goétia foi traduzida do latim por Samuel Mathers nos últimos anos do século XIX e impressa pela primeira vez em 1903, quando Aleister Crowley publicou o manual como se fosse de sua autoria, com o ritual do Não Nascido – sem qualquer relação com a obra principal – como "Invocação Preliminar". *VEJA* RITUAL DO NÃO NASCIDO. Diversas edições viram a luz do dia desde aquela época. *VEJA*

TAMBÉM GOÉTIA; LEMEGETON, O. LEITURA ADICIONAL: E. BUTLER, 1949; DUQUETTE, 1992.

Golden Dawn – Ordem Hermética da Aurora Dourada.

A mais famosa e influente ordem ocultista dos tempos modernos, a Ordem Hermética da Aurora Dourada emergiu de um complexo submundo de lojas mágicas semimaçônicas na Inglaterra vitoriana. Os dois principais fundadores da ordem, William Wynn Westcott (1848-1925) e Samuel Liddell Mathers (1854-1918), eram maçons profundamente envolvidos numa variedade de lojas ocultistas inglesas; Westcott, em particular, tinha ligações por todo o cenário esotérico inglês. *VEJA* MAÇONARIA; MATHERS, SAMUEL LIDDELL; SOCIETAS ROSICRUCIANA IN ANGLIA (SRIA); WESTCOTT, WILLIAM WYNN.

Em algum momento de 1886, Westcott conseguiu diversos documentos cifrados. Decodificados, mostraram-se como o esboço de rituais e de ensinamentos de uma ordem mágica chamada Ordem Hermética da Aurora Dourada, com uma estrutura em grade parcialmente inspirada numa ordem mágica alemã do século XVIII, a da Cruz Áurea e Rosa. *VEJA* MANUSCRITO CIFRADO; ORDEM DA CRUZ ÁUREA E ROSA.

Como esses documentos caíram nas mãos de Westcott ainda é um mistério. Ele próprio diz que foram encontrados na estante de uma livraria por outro maçom com propensão para a magia, o reverendo A. F. A. Woodford (1821-1887), e não há nada aparentemente improvável nisto. Os pesquisadores modernos, porém, propuseram diversas outras origens.

Juntamente com os textos, segundo Westcott, havia o nome e o endereço de certa Fräulein Sprengel, uma adepta rosa-cruz da Alemanha. Seu relato diz que ele escreveu a Sprengel e recebeu sua permissão para transformar os rituais numa ordem mágica plenamente funcional; depois disso, Sprengel morreu. Este relato não se sustenta, pois as cartas entre Sprengel e Westcott chegaram até nós, e foram claramente escritas por alguém cuja língua nativa era o inglês e cujo conhecimento de alemão era limitado. Foi sugerido que o próprio Westcott teria escrito as cartas, o que parece plausível, embora ainda não tenha sido provado.

Westcott recrutou Mathers e outro maçom, Robert Woodman, e a Ordem Hermética da Aurora Dourada foi fundada formalmente em março de 1888. Os primeiros membros eram amigos e associados dos fundadores; aos poucos vieram membros de fora desse grupo, que chegou, em seu apogeu, a mais de cem membros.

A primeira manifestação pública da Golden Dawn surgiu na forma de uma carta de certo Gustav Mommsen, publicada em *Notes and Queries* de 8 de dezembro de 1888, perguntando sobre uma "sociedade de Kabbalistas" com a qual o famoso cabalista, o rabino Falk, e o mago Éliphas Lévi, teriam se envolvido. *VEJA* FALK, SAMUEL JACOB HAYIM; LÉVI, ÉLIPHAS. Westcott escreveu uma resposta, publicada dois meses depois, dizendo que a sociedade – "os Estudantes do Hermetismo da G. D." – ainda existia, dando algumas pistas não muito sutis sobre as atividades da ordem. Como era de imaginar, houve uma enxurrada de perguntas e um aumento sensível no número de membros.

Em seus primeiros dias, a ordem ofereceu os cinco graus de Neophyte, Zelator, Theoricus, Practicus e Philosophus, e ensinou teoria ocultista, astrologia, geomancia e adivinhação pelo tarô. Não ensinava magia prática e o nível de instrução era relativamente simples nos graus inferiores; os iniciados do grau de Neófito, por exemplo, recebiam um conjunto de "palestras de conhecimento" para estudos, contendo apenas o alfabeto hebraico, os símbolos e nomes dos planetas, os nomes das dez Sefirot da Árvore da Vida, e alguns fragmentos da tradição ocultista. Nos graus superiores, os iniciados estudavam cabala, astrologia, simbolismo alquímico, adivinhação geomântica e filosofia esotérica em geral; aqueles que concluíam os estudos exigidos e passavam num teste recebiam o título de "Adepto". *VEJA* ADEPTO; ALQUIMIA; ASTROLOGIA; CABALA; GEOMANCIA.

Não demorou, porém, para que diversos membros da ordem procurassem chegar além desse nível, e os líderes da ordem – especialmente Mathers – dispuseram-se de bom grado a satisfazê-los. Mathers criou dois rituais adicionais de grau, o grau do Portal e o grau Adeptus Minor, para a nova ordem, a Ordo Roseae Rubeae et Aureae Crucis [RR+AC ou Ordem da Rosa Rubi e da Cruz de Ouro]. Juntos, Mathers e Westcott compilaram um currículo abrangente de ocultismo prático para estudo dos iniciados. Os novos graus foram conferidos pela primeira vez em 1891, e por volta de 1895 havia 45 membros ativos na segunda ordem.

Outros graus foram planejados, embora o seguinte – o de Adeptus Major – ainda estivesse sendo esboçado na época em que a ordem se fragmentou. O sistema completo de graus da Golden Dawn era o seguinte:

Ordem Exterior: A Golden Dawn
Neophyte 0°=0□
Zelator 1°=10□
Theoricus 2°=9□
Practicus 3°=8□
Philosophus 4°=7□

Ordem Interior: RR+AC
Portal
Adeptus Minor 5°=6□
Adeptus Major 6°=5□
Adeptus Exemptus 7°=4□
Vínculo Etérico

Terceira Ordem
Magister Templi 8°=2□
Magus 9°=1□
Ipsissimus 10°=1□

Os templos da Golden Dawn incluíam Ísis-Urânia Nº 3 em Londres, o primeiro a ser fundado (ao que parece, os templos Nº 1 e Nº 2 teriam sido ficções inventadas por Westcott); Osíris Nº 4 em Weston-super-Mare; Hórus Nº 5 em Bradford, Yorkshire; Amon-Rá Nº 6 em Edimburgo; e Ahathoor Nº 7 em Paris, que realizava alguns rituais em francês. Havia ainda dois templos fundados nos Estados Unidos: Thme Nº 8 em Chicago e Thoth-Hermes Nº 9 em Nova York, ambos fundados em 1897, pouco antes da fragmentação da ordem.

A segunda ordem e os estudos associados a ela eram a verdadeira base da influência e reputação posteriores da ordem. A primeira ordem, a Golden Dawn propriamente dita, cobria mais ou menos o mesmo conjunto de informações que outras organizações esotéricas organizadas em lojas do mesmo período. Na segunda ordem, por sua vez, os iniciados deviam dominar um currículo que ia bem além de qualquer coisa oferecida na época, tanto em abrangência quanto em enfoque prático. Neste nível, os membros deviam fazer e consagrar sete ferramentas mágicas diferentes, evocar espíritos, consagrar talismãs, praticar alquimia e realizar diversas práticas ocultas similares. Também se esperava que estivessem dispostos a assumir um papel nos graus de ritual da ordem, nos quais os membros da segunda ordem tomavam formas divinas e direcionavam correntes de energia mágica para reforçar o efeito das cerimônias. *VEJA* EVOCAÇÃO; FORMAS DIVINAS; TALISMÃ.

Muito do que se ensinava na segunda ordem saiu da grande coleção de manuscritos mágicos da British Library, onde Mathers, em particular, passava muitas horas. Outros elementos do sistema, porém, foram criação de Mathers e Westcott, ou chegaram por meio de conexões que ainda não foram identificadas. Diante do grande e diversificado corpo de conhecimentos mágicos herdado pelo movimento ocultista de sua época, os membros mais antigos da ordem tentaram reunir tudo num sistema unificado, o que conseguiram até um ponto notável.

Infelizmente, esses esforços não lograram assegurar a sobrevivência da própria ordem. Um dos três líderes, Woodman, morreu em 1891 e não foi substituído. Westcott, que na época era coronel do governo britânico, foi forçado a sair da ordem em 1896, quando seus superiores souberam de seu envolvimento numa ordem esotérica. Isso deixou apenas Mathers, um mago brilhante mas de personalidade instável e dominadora, com poucas qualidades de liderança. Uma sucessão de crises de gestão levou a uma revolta de grandes proporções dentro da ordem em 1900.

Mathers acabou deposto nesse ano, embora ele e alguns poucos membros leais tenham formado uma nova ordem, chamada Alfa e Ômega. Os Adepti que tinham liderado a revolta não conseguiram chegar a uma estrutura de liderança para substituí-lo, e não tardou para que a ordem se fragmentasse em diversas facções litigantes. A maior, que passou a se chamar Stella Matutina, acabou sob o comando de Robert W. Felkin e sobreviveu por quase todo o século XX; seus dois últimos templos foram fechados na década de 1970. Nessa época, os outros fragmentos já tinham desaparecido havia tempos. *VEJA* ALFA E ÔMEGA; STELLA MATUTINA, ORDEM DA; WAITE, ARTHUR EDWARD.

A sobrevivência da tradição da Golden Dawn no século XX deveu-se, em grande parte, a três magos que escolheram, por diversos motivos, romper os votos de segredo que fizeram na iniciação. O primeiro deles foi Aleister Crowley, que se filiou à ordem em 1898 e permaneceu leal a Mathers durante a revolta de 1900. Pouco depois, porém, rompeu com Mathers e publicou trechos substanciosos dos rituais da ordem e de suas palestras de conhecimento em sua revista *The Equinox*. *VEJA* CROWLEY, ALEISTER.

O segundo foi Dion Fortune, que se filiou à Alfa e Ômega em 1919 e se manteve ativa até 1927. Em 1935, publicou sua obra-prima, *A Cabala Mística*, que incluía a maior parte dos ensinamentos cabalísticos da Golden Dawn e tornou-se o texto-padrão sobre o assunto nas décadas seguintes. *VEJA* FORTUNE, DION.

A fonte mais importante do ressurgimento posterior da Golden Dawn, porém, foi Israel Regardie, estudante de magia norte-americano que se tornou secretário de Aleister Crowley durante algum tempo e depois afastou-se da Besta, filiando-se à Stella Matutina. Mais tarde, desentendeu-se com a liderança da Stella Matutina, e, convencido de que o sistema da Golden Dawn desapareceria caso não fosse tornado público, reuniu todo o material que pôde encontrar e publicou-o em quatro grandes volumes entre 1937 e 1940. *VEJA* REGARDIE, ISRAEL.

O livro *The Golden Dawn*, de Regardie, tornou-se a mais influente obra sobre ocultismo do século XX. A maioria das ordens mágicas do mundo anglófono valeu-se de seus ensinamentos, mas o mantel da Golden Dawn em si não foi adotado significativamente senão na década de 1980, quando se descobriu que várias ordens diferentes estavam dando continuidade a seus trabalhos. A maioria delas usa o mesmo nome – Ordem Hermética da Aurora Dourada –, o que dificulta avaliar cada uma em separado.

Várias dessas novas ordens da Golden Dawn foram criadas por amigos e alunos de Regardie nos Estados Unidos. Entre eles, Chic Cicero e Sandra Tabatha Cicero, que fundaram uma ordem na Flórida, enquanto outra surgiu no Arizona sob a liderança de Christopher Hyatt. Outra nova organização da Golden Dawn foi fundada na Nova Zelândia, onde Pat e Chris Zalewski estudaram com membros sobreviventes de um extinto templo da Stella Matutina. Ainda outras foram criadas por pessoas que simplesmente usaram o material já publicado e foram trabalhar com ele.

Os resultados desse recente ressurgimento da Golden Dawn têm sido variados, pois muitos dos novos templos enfrentam os mesmos problemas com a política interna que seus antecessores, e isso piorou com ocasionais atritos entre grupos quanto à validade da linhagem e dos ensinamentos dos demais. Mesmo assim, há mais pessoas praticando hoje o sistema de magia da Golden Dawn do que já houve no passado, e a quantidade e a qualidade do material publicado sobre o sistema têm melhorado muito nas últimas décadas. *VEJA TAMBÉM* ROSA-CRUZES. LEITURA ADICIONAL: FORTUNE, 1984; GILBERT, 1983A, GILBERT, 1986; J. GREER, 1998; HOWE, 1972; KING, 1971A, KÜNTZ, 1996A, KÜNTZ, 1996B; REGARDIE, 1971; TORRENS, 1973.

Gold-und Rosenkreuz. *VEJA* ORDEM DA CRUZ ÁUREA E ROSA.

golem. Na tradição mágica judaica, um ser humano feito de argila e trazido à vida por meio de magia. De acordo com relatos tradicionais, o corpo de um golem é feito de argila ou terra, e são usados complexos rituais e processos contemplativos para trazê-lo à vida. Esses trabalhos culminam com a escrita da palavra *Ameth*, "verdade", na testa do golem, no momento em que ele desperta. Se for necessário devolver o golem ao pó, a primeira letra da palavra é apagada, significando *meth*, "morto".

As primeiras referências a um golem na tradição judaica são encontradas no Talmude, datando dos primeiros séculos da Era Comum. A palavra em si, que literalmente significa "informe" ou "incompleto", foi aplicada pela primeira vez a um ser humano artificial pelos místicos judeus da Alemanha durante os séculos XII e XIII. Referências ao golem nessas primeiras fontes sugerem que ele era muito mais parecido com as estátuas mágicas dotadas de alma do mundo antigo do que com o robô de argila das lendas posteriores. *VEJA* ESTÁTUAS MÁGICAS. Os processos de criação parecem ter envolvido o complexo simbolismo de letras do Sepher Yetzirah, o mais antigo texto cabalístico; *VEJA* SEPHER YETZIRAH.

Por volta do século XV, o golem estava no centro de um complexo de lendas e folclores, que tinham cada vez menos relação com o processo mágico original. Essas lendas descrevem o golem como o monstro de Frankenstein, capaz de compreender e obedecer ordens mas incapaz de falar, geralmente saindo de controle em pouco tempo e tendo de voltar à terra. Nos últimos séculos, esse processo se completou, e o golem transformou-se num fenômeno literário. *VEJA TAMBÉM* CABALA; ALFABETO HEBRAICO. LEITURA ADICIONAL: IDEL, 1990; SCHOLEM, 1974.

Golohab. (hebraico GVLHB, "incendiários") Na tradição cabalística, "os Queimadores", os Qlippoth ou poderes demoníacos associados a Geburah, a quinta Sefirah da Árvore da Vida. Também são chamados de Zaphiel. Sua imagem tradicional é a de enormes cabeças grotescas com bocas abertas, como vulcões exalando fumaça e chamas. Seu córtex, ou reino, é Usiel, e seu arquidemônio é Asmodeus. *VEJA* QLIPPOTH.

Gort. (irlandês antigo, "campo") Décima segunda letra do alfabeto Ogham, com o valor sonoro *g*. Corresponde à hera entre as árvores, ao cisne entre as aves, ao azul entre as cores e ao número dez. Na versão de Robert Graves para o calendário das árvores-Ogham, seu mês vai de 1º de outubro a 28 de outubro. *VEJA* OGHAM.

Letra Gort em Ogham

Graal, Santo. (também grafado **Gral**) Nas lendas arthurianas, um misterioso objeto que os Cavaleiros da Távola Redonda procuraram no período final do reino de Arthur. Geralmente descrito como um cálice ou taça, teria o poder de alimentar um número ilimitado de pessoas com os alimentos e bebidas que mais desejassem, e seria capaz de curas milagrosas. Era levado por uma mulher, a portadora do Graal, numa procissão no castelo oculto de Carbonek. Para despertar seu poder e romper um encantamento maléfico que fora feito contra a terra, era necessário que um cavaleiro peregrino fizesse a pergunta certa no momento certo da cerimônia; a pergunta varia de acordo com a fonte, mas a mais comum seria "A quem serve o Graal?"

As raízes da lenda do Graal recuam à pré-história celta. Caldeirões de abundância que proporcionavam comida para um exército de guerreiros eram um elemento comum da mitologia celta. Também relacionado com o Graal, há um ritual atestado em algumas fontes celtas e germânicas, no qual uma mulher leva um cálice de hidromel ao rei e proclama seu reinado. Esta ideia está associada ao conceito celta de Soberania como uma deusa da terra, uma ideia que também pode ser encontrada em antigos épicos germânicos. A procissão do Graal, com uma mulher levando o cálice sagrado que pode curar o rei ferido e sua terra, pode ser uma vaga lembrança de uma magia cerimonial dessa espécie.

A primeira versão conhecida da lenda do Graal, *Perceval*, começou a ser escrita por Chrétien de Troyes por volta de 1180, mas ficou incompleta em razão da sua morte. Nos quarenta anos entre 1180 e 1220, foram produzidas praticamente todas as histórias do Graal que ainda existem. Variam desde a versão relativamente simples de Chrétien ao complexo simbolismo de Wolfram von Eschenbach e seu *Parzival* (1207), a um esforço monumental de reformular o Graal como uma alegoria cristã ortodoxa, que atingiu seu apogeu com *Queste Del Sant Graal* (1207), atribuída a Walter Map.

O Graal tem sido um símbolo primordial de muitos ramos do moderno pensamento e da prática ocultista, especialmente daqueles que se valem, até certo ponto, da tradição celta ou arthuriana. Em lojas ocultistas derivadas dos trabalhos da maga inglesa Dion Fortune (1890-1946) ou influenciadas por ela, o Graal é o símbolo do espírito, e representa os Mistérios Maiores da transformação espiritual. *VEJA* FORTUNE, DION. Em algumas tradições modernas da Wicca, em boa parte do druidismo, em diversos ramos do cristianismo esotérico e na Wicca cristã, o Graal é usado como símbolo do aspecto feminino do divino. *VEJA* OCULTISMO CRISTÃO; WICCA CRISTÃ; DRUIDISMO; WICCA. *VEJA TAMBÉM* LENDAS ARTHURIANAS;

CÁLICE. LEITURA ADICIONAL: ENRIGHT, 1996; KNIGHT, 1983; MATTHEWS E GREEN, 1986.

Gral, Santo. *VEJA* GRAAL, SANTO.

gramarye. Antiga grafia da palavra inglesa "grammar" (gramática), usada como expressão de magia em inglês medieval e renascentista e (como arcaísmo proposital) em algumas obras mais recentes. *VEJA* GRIMÓRIO.

Grande Grimório. (do francês *Le Grand Grimoire*) Um dos mais populares grimórios, ou "gramáticas" de prática da magia do início do período moderno, provavelmente escrito em francês em algum ponto do século XVII, mas atribuído, como a maioria dos grimórios, ao rei Salomão; *VEJA* SALOMÃO.

O *Grande Grimório*, como a maioria dos grimórios, inclui uma descrição detalhada das hostes infernais, com instruções para a preparação do equipamento necessário e a realização dos rituais de evocação e comando. Difere por aconselhar o mago, ou karcista (uma expressão empregada apenas nessa fonte), a fazer um pacto com os demônios – uma ideia que não aparece em grimórios mais antigos, que ensinam o mago a dominar e a comandar demônios, em vez de negociar com eles. *VEJA* PACTO. *VEJA TAMBÉM* GRIMÓRIO. LEITURA ADICIONAL: E. BUTLER, 1949.

Grande Loja Branca. Na Teosofia e em muitas outras tradições ocultistas dos séculos XIX e XX, o corpo ou grupo de Mestres benevolentes que são responsáveis por preservar a sabedoria dos séculos e por supervisionar a evolução da humanidade e da Terra. Os Mestres da Grande Loja Branca, segundo essas tradições, são o verdadeiro governo do mundo, orientando toda a humanidade pelos caminhos do desenvolvimento espiritual. As expressões "Grande Loja Branca" e "Grande Fraternidade Branca" são usadas com o mesmo sentido.

Textos teosóficos discutem a organização interna da Grande Loja Branca de forma detalhada. À frente dela, encontra-se o Senhor do Mundo, Sanat Kumara. Abaixo dele ficam Gautama, o Buda da atual raça-raiz, e três budas pratyeka, que auxiliam o Senhor do Mundo. Abaixo destes, ficam o Manu da atual raça-raiz, Vaivasvata; o bodhisattva, Maitreya; e o Mahachohan, cujo nome não parece estar incluído nas fontes publicadas. Abaixo deles, na pirâmide, ficam os sete chohans, ou Senhores dos Raios, e abaixo deles os Mestres comuns. Todo esse material teria sido obtido por clarividência, e está sujeito a todas as restrições das informações clarividentes. *VEJA TAMBÉM* MESTRES; RAÇA-RAIZ; SANAT KUMARA; TEOSOFIA. LEITURA ADICIONAL: LEADBEATER, 1925.

Grande Mãe. *VEJA* DEUSA, A.

Grande Rito. Na Wicca e em outras tradições pagãs modernas, o sexo ritual realizado no Círculo mágico, visto como o acasalamento entre a Deusa e o Deus. Simbolicamente ou como prática efetiva, tem um papel central na iniciação do terceiro grau na maioria das tradições da Wicca, e também tem seu papel nos sabás e nas cerimônias de Handfasting de algumas tradições. *VEJA* HANDFASTING; SABÁ.

Quando realizado fisicamente num coven, costuma ser feito em caráter privado, e os membros do grupo que não estão envolvidos ativamente saem do salão durante a realização do ato, ou simplesmente vão para a extremidade do círculo e dão as costas.

Quando realizado de forma simbólica, o Grande Rito é feito mergulhando-se um athame num cálice de vinho, acompanhado de palavras que comparam o athame ao pênis ou ao Deus e o cálice à vagina ou à Deusa. *VEJA*

ATHAME; CÁLICE. *VEJA TAMBÉM* SEXO E OCULTISMO; WICCA.

Graphiel. Na magia cerimonial, a inteligência de Marte. Seu espírito planetário subordinado é Bartzabel. *VEJA* INTELIGÊNCIAS PLANETÁRIAS.

grau(s). Nos sistemas de lojas fraternais e mágicas, os níveis de iniciação, cada um com sua própria cerimônia, simbolismo e tradições.

O sistema de graus foi inspirado na estrutura do sistema medieval de guildas, com três níveis, nos quais o membro passava pelos estágios de aprendiz, oficial "jornaleiro" e mestre no decorrer da carreira. Os aprendizes recebiam informações sobre as bases do ofício em troca de alojamento e refeições, e eram contratados por um mestre por um período determinado. Os oficiais, companheiros ou amigos – as expressões que designam esse estágio são variadas – tinham concluído o aprendizado e trabalhavam para os mestres em troca de salários, desenvolvendo sua habilidade no ofício de sua guilda. Após terminarem uma "obra prima" – um trabalho profissional que mostrasse o domínio absoluto sobre sua arte – os oficiais progrediam para o nível de mestre, conquistavam o direito de voto na guilda e contratavam seus próprios aprendizes e oficiais.

Essa mesma estrutura em três níveis era usada pelas guildas operativas de pedreiros que se tornaram a Maçonaria, dando origem à estrutura maçônica nos graus de Aprendiz, Companheiro e Mestre Maçom. Muitos outros grupos que adotaram métodos maçônicos criaram versões do mesmo sistema, e uma estrutura de iniciação em três graus ainda é a mais comum, tanto em lojas fraternais quanto em lojas mágicas. Também foi adotada pela Wicca e pelo druidismo, juntamente com uma quantidade surpreendente de simbolismos e terminologias maçônicas. *VEJA* DRUIDISMO; WICCA.

Mais tarde, com o desenvolvimento de outros graus maçônicos, surgiram estruturas de graus mais complexas. O exemplo mais extravagante é o dos 99 graus do Rito Maçônico de Mênfis e Mizraim, embora muito poucos graus tenham sido desenvolvidos além de uma estrutura muito básica. No Rito Maçônico Escocês de 33 graus, por outro lado, cada grau tem seu ritual, simbolismo e ensinamentos bem desenvolvidos.

Outros sistemas, alguns moldados na Maçonaria e outros derivados de fontes distintas, têm diferentes estruturas de graus, embora nenhum pareça ter buscado a complexidade desses sistemas maçônicos posteriores. Um que merece ser citado é o sistema de doze graus da Golden Dawn, baseado na Árvore Cabalística da Vida, o qual, por sua vez, deriva de um antigo esquema rosa-cruz de nove graus, usado pela Ordem Rosa+Cruz Dourada alemã. *VEJA* GOLDEN DAWN; ORDEM DA CRUZ ÁUREA E ROSA. Outro é o da Ordem Independente dos Companheiros Ímpares (IOF – Independent Order of Odd Fellows), a maior ordem fraterna não maçônica, que tem um total de dez graus de iniciação divididos em três níveis, e influenciou diversas ordens ocultistas norte-americanas. *VEJA* FRATERNIDADE ODD FELLOWS. A estrutura em nove graus da Ordo Templi Orientis (OTO) também foi muito copiada no século passado; *VEJA* ORDO TEMPLI ORIENTIS (OTO). *VEJA TAMBÉM* LOJA FRATERNAL; LOJA MÁGICA.

Gray, William G. Mago inglês, 1913-1992. Gray nasceu em Middlesex, Inglaterra, numa família que combinava conexões cristãs e ocultistas; seu pai descendia de uma longa linhagem de clérigos anglicanos e sua mãe era astróloga profissional com amigos em todo o cenário ocultista britânico da época. Ele entrou para o exército e serviu no Egito como técnico em comunicações no final da década de 1930, depois foi enviado para a França nas primeiras fases da Segunda Guerra Mundial, e estava entre os soldados evacuados de Dunquerque após o colapso francês de 1940.

Depois da guerra, iniciou-se nos estudos ocultistas e entrou para a Fraternidade da Luz Interior, de Dion Fortune, mas saiu não muito depois de completar o curso inicial por correspondência. VEJA SOCIEDADE DA LUZ INTERIOR. Estudou também com um martinista que estivera associado ao ocultista francês Papus (Gérard Encausse). VEJA MARTINISMO; PAPUS.

No final da década de 1960, incentivado por seu amigo e colega ocultista Gareth Knight, começou a escrever livros sobre seu sistema pessoal de ocultismo, que usava uma associação radicalmente diferente entre o tarô e a Árvore Cabalística da Vida, associando os Caminhos a letras inglesas e não hebraicas. Seu primeiro livro, *The Ladder of Light* (1968), tornou-se uma fonte muito usada por estudantes da cabala hermética, e livros posteriores como *The Talking Tree* e *Concepts of Qabalah* atraíram estudantes da Inglaterra, dos Estados Unidos e da África do Sul. Seu *Sangreal Sodality*, em quatro partes, apresentou os rituais e práticas completas de uma ordem mágica idealizada por ele, que prontamente tomou forma e está ativa até hoje; VEJA SANGREAL SODALITY.

Gray sustentou-se trabalhando como podólogo, e sua esposa de longa data, Bobbie, era astróloga profissional. Irascível e excêntrico, mesmo assim foi uma presença importante no cenário ocultista britânico nas últimas décadas do século XX, e alguns de seus alunos tornaram-se importantes professores e autores nos últimos anos. Ele morreu em 1992. LEITURA ADICIONAL: DECKER E DUMMETT, 2002; GRAY, 1982 E 1984.

Greenstein, Joseph L. Cabalista e fisicultor profissional polaco-americano, 1893-1977. Criança doente, Greenstein estudou luta livre na adolescência. Depois, ao emigrar para os Estados Unidos, entrou para o *vaudeville* como homem forte, com o nome artístico de "O Poderoso Átomo". Seu espetáculo incluía números como dar nó em ferradura, morder correntes, bater pregos em tábuas revestidas de metal com as mãos nuas e arrastar caminhões com os cabelos.

Esses e outros feitos baseavam-se não apenas em treinamento físico como no estudo que Greenstein dedicou à cabala ao longo de sua vida, extraindo dela um sistema singular de trabalho de energização sutil. Quando jovem, estudou as escrituras judaicas numa yeshivá polonesa, e continuou seus estudos nos Estados Unidos, ampliando-os para incluir medicina natural, hipnose e muitos assuntos ocultistas.

Após o colapso da indústria do *vaudeville* na Grande Depressão, Greenstein dedicou-se ao ramo de produtos naturais, fazendo e vendendo sabonetes, linimentos, laxantes e outros produtos, usando suas proezas como ferramenta de vendas ao público em mercados de toda a Costa Leste. Aos 82 anos, dois anos antes de sua morte, ainda conseguia realizar suas façanhas clássicas de forma impecável diante do público no Madison Square Garden. VEJA TAMBÉM EDUCAÇÃO FÍSICA. LEITURA ADICIONAL: SPIELMAN, 1998.

Grigori. VEJA GUARDIÕES, OS.

grimório. (do francês medieval, "gramática") Manual ou "gramática" de magia da Idade Média ou do Renascimento. Os grimórios são o mais importante corpo de literatura mágica medieval. Seu foco é quase inteiramente a magia goética – ou seja, a arte de conclamar espíritos e demônios para que obedeçam ao mago – embora também incluíssem certa quantidade de magia natural em alguns exemplos. Os grimórios mais famosos eram *Picatrix*, *As Chaves de Salomão*, o *Lemegeton*, o *Livro Jurado de Honório*, o *Grande Grimório* e o *Dragão Vermelho*; havia muitos outros.

A magia dos grimórios é uma mistura livre de métodos de origens variadas, dentre as quais as fontes judaicas, árabes, gregas e os elementos cristãos medievais são mais visíveis. O mago era orientado a fabricar e consagrar diversas ferramentas de trabalho, criar um círculo mágico de proteção contra espíritos, e depois repetir uma série de preces, conjurações e comandos para induzir o aparecimento do espírito desejado. Após a chegada deste, seria possível ordenar-lhe que consagrasse talismãs, profetizasse o futuro, revelasse a localização de tesouros enterrados e assim por diante.

A popularidade dos grimórios atingiu o apogeu no final da Idade Média, e começou a diminuir com a difusão da alta magia renascentista no final do século XVI. Contudo, ainda continuam em uso até o presente, e diversas tradições mágicas mais recentes se inspiraram muito em um ou em outro grimório. Alguns manuais mágicos utilizados atualmente na magia popular norte-americana, como o *Sexto e Sétimo Livros de Moisés*, valem-se da tradição dos grimórios mais antigos. *VEJA* SEXTO E SÉTIMO LIVROS DE MOISÉS. *VEJA TAMBÉM* FAUSTO, LENDA DE; GOÉTIA; CHAVES DE SALOMÃO, AS; LEMEGETON, O. LEITURA ADICIONAL: E. BUTLER,1949; FANGER, 1998; KIECKHEFER, 1998; MATHERS, 1888.

grove. (inglês, "bosque") Na maioria das organizações druidas modernas, a palavra usada para designar um grupo local de druidas; a expressão equivale a "coven" na Wicca e a "loja" em muitas ordens mágicas. Parece ter entrado em uso comum graças às ordens fraternais de druidas do final do século XVIII. *VEJA* DRUIDAS.

Guaita, Stanislas de. Poeta e mago francês, 1860-1898. Membro da nobreza alsaciana, de Guaita chegou a Paris em 1880 e se dispôs a granjear fama como poeta. Em 1884 leu o romance de Joséphin Péladan *O Vício Supremo* e viu-se encantado com seu simbolismo mágico e cabalístico. *VEJA* PÉLADAN, JOSÉPHIN. Não tardou para se tornar ativo no cenário ocultista parisiense, e primeiro fez amizade e depois rompeu com o escandaloso abade Boullan, que visitou em Lyon. *VEJA* BOULLAN, JOSEPH-ANTOINE.

Em 1888, ele, junto com Péladan, Papus e muitos outros notáveis membros do cenário ocultista parisiense, participou da fundação da Ordre de la Rose+Croix Kabbalistique [Ordem Cabalística da Rosa-Cruz], tomando assento no Conselho dos Doze que a governava. Em "A Guerra das Duas Rosas" que se seguiu à saída de Péladan em 1890, de Guaita teve um papel ativo na defesa da ordem, fazendo-o inclusive por escrito.

Em 1893, após a morte súbita de Boullan, de Guaita foi acusado por Jules Bois e J.-K. Huysmans de ter causado a morte do abade por meios mágicos. A discussão que se seguiu levou a um duelo com pistolas entre de Guaita e Bois, no qual nenhum se feriu.

Como muitos contemporâneos no cenário Decadente, de Guaita gostava de ter uma reputação sinistra, que suas publicações sobre magia, com títulos como *O Templo de Satã* e *A Chave da Magia Negra* nada fizeram para afastar. Ele morava em um apartamento ao nível da calçada totalmente forrado de vermelho, dormia de dia e trabalhava à noite. Seus vícios, morfina e cocaína – outro hábito dos Decadentes desse *fin de siècle* – acabaram com sua saúde, e ele morreu aos 38 anos. LEITURA ADICIONAL: WEBB, 1974.

Guardião. *VEJA* OFICIAL E GUARDIÕES.

Guardiões. Em algumas tradições pagãs modernas, entidades correspondentes aos quatro elementos, que viveriam em quatro torres elementais de vigia nos quatro cantos do mundo. Os Guardiões são convocados quando se cria um círculo e em algumas outras operações de magia. *VEJA TAMBÉM* TORRES DE VIGIA.

Guardiões, os. Entidades espirituais em diversas tradições mágicas antigas e modernas. Nas antigas tradições esotéricas judaicas e cristãs, os Guardiões eram uma classe de anjos decaídos, identificados com os "filhos de Deus" que se acasalaram com as filhas dos homens no Capítulo 6 do Livro do Gênesis. Também são chamados de Grigori, que é apenas o equivalente grego de "guardiões". Diversas tradições gnósticas se valem dessa imagem; *VEJA* GNOSTICISMO.

Na moderna prática pagã, os Guardiões são concebidos como entidades que guardam e observam os quatro quadrantes do círculo mágico, protegendo-o e vigiando os portais que dão acesso a outros reinos da existência. Embora não costumem ter nomes, há todo um simbolismo detalhado a envolvê-los. O Guardião do Leste corresponde ao equinócio da primavera e à estrela Aldebaran; o Guardião do Sul, ao solstício de verão e à estrela Regulus; o Guardião do Oeste ao equinócio de outono e à estrela Antares; e o Guardião do Norte, ao solstício de inverno e à estrela Fomalhaut. *VEJA* ESTRELAS REAIS. Os Guardiões estão associados às quatro torres de vigia, que têm papel nas cerimônias de abertura e encerramento de muitos rituais pagãos e da Wicca. *VEJA* TORRES DE VIGIA.

guph. (hebraico GVPh, "cadáver") Na teoria cabalística, o corpo físico de um ser humano, entendido como uma estrutura de matéria inerte infundida e animada pelos corpos de nível superior do seu. *VEJA* CORPOS SUTIS.

gur. Na teoria alquímica, uma substância amanteigada suave formada sob a terra pela fusão entre o enxofre alquímico e o mercúrio alquímico; a "Matéria-Prima" dos metais, que evolui por vários estágios até tornar-se minério. *VEJA* ALQUIMIA.

Gwynfydd. No druidismo, um dos três Círculos de Existência, o reino dos espíritos libertos que completaram a jornada por Abred, o reino da vida vegetal e animal. Em Gwynfydd, as almas retêm toda a lembrança de suas encarnações anteriores – vegetais, animais e humanas – e podem assumir qualquer forma da vida encarnada à sua vontade. Só Ceugant, o mais alto círculo, cruzado apenas pelo divino, é-lhes vedado, bem como a todos os seres criados. *VEJA* CÍRCULOS DE EXISTÊNCIA; DRUIDISMO.

Gyfu. *VEJA* GEBO.

H

Haegl. (inglês antigo, "granizo") Nona runa do futhorc anglo-saxão. O poema rúnico em inglês antigo relaciona-a com o granizo como "o mais alvo dos grãos". *VEJA* FUTHORC ANGLO-SAXÃO.

Runa Haegl

Hagalaz. (germânico antigo, "granizo") Nona runa do futhark antigo, correspondente ao granizo e a conceitos como perigo e desagregação. Corresponde ao som *h*. *VEJA* FUTHARK ANTIGO.

Runa Hagalaz

Hagall. (norueguês antigo, "granizo") Sétima runa do futhark recente, que representa o granizo, "o mais frio dos grãos", e o conceito de perigo e crise. Seu valor sonoro é *h*. *VEJA* FUTHARK RECENTE.

A mesma runa, com o nome de Hagal, é a sétima runa do sistema rúnico armanen. Seu significado é a introspecção, e está associada ao deus Baldur, ao pai de família, ao signo zodiacal de Libra e ao poder, segundo o poema rúnico "Havamal", de deter chamas quentes. *VEJA* RUNAS ARMANEN.

Runa Hagall (Hagal)

Hagiel. Na magia cerimonial, a inteligência planetária de Vênus. Seu espírito subordinado é Kedemel. *VEJA* INTELIGÊNCIAS PLANETÁRIAS.

Hagith. Um dos sete espíritos olímpicos, Hagith está associado ao planeta Vênus e governa 21 das 196 províncias do Céu. O período da história governado por Hagith vai de 1410 a 1900 E.C. *VEJA* ESPÍRITOS OLÍMPICOS.

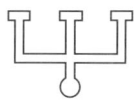

Espírito olímpico Hagith

Hall, Manly Palmer. Ocultista canadense-norte-americano, 1901-1990. Nascido em Peterborough, Ontário, foi criado pela avó materna, que o levou para os Estados Unidos em 1904. Ele cresceu em Sioux Falls, Dakota do Sul. Interessou-se por ocultismo desde cedo, e filiou-se à Sociedade Teosófica na adolescência. Em 1919, mudou-se para Oceanside, na Califórnia, onde estudou com a Fraternidade Rosa-Cruz de Max Heindel; *VEJA* FRATERNIDADE ROSA-CRUZ. Após um breve período, mudou-se para Los Angeles, onde passou o resto de sua vida.

No início, Hall sustentou-se como roteirista cinematográfico, nos primórdios da indústria de Hollywood. No final de 1920, foi convidado a dar uma palestra sobre reencarnação para uma pequena plateia em Santa Monica. A palestra teve boa receptividade, e levou a uma série de palestras em Los Angeles no ano seguinte. Em 1923, foi ordenado ministro na Igreja do Povo, uma Igreja metafísica de Los Angeles.

Em 1922, começou a trabalhar naquela que seria sua obra-prima, *An Encyclopedic Outline of Masonic, Hermetic, Qabbalistic, and Rosicrucian Symbolical Philosophy*, também publicado com o título *The Secret Teachings of All Ages*. Ricamente ilustrada por Augustus Knapp e subsidiada por vários patrocinadores, a obra foi publicada em 1928 e deu a Hall renome internacional. Em 1934, esperando criar um equivalente moderno da antiga escola de mistérios de Pitágoras, Hall fundou a Philosophical Research Society [PRS, ou Sociedade de Pesquisas Filosóficas]. A construção de sua sede começou no ano seguinte, em Los Angeles, e continuou ao longo das décadas posteriores. Hall viajou muito, visitando a Europa e o Extremo Oriente, mas indo sempre para Los Angeles, onde dava palestras semanais na PRS e escreveu mais de 200 livros sobre temas ocultistas. Manteve-se ativo na sociedade até pouco antes de sua morte. LEITURA ADICIONAL: HALL, 1988; HOELLER, 1991.

handfasting. (inglês, "união das mãos") Forma de cerimônia de casamento na Wicca, na qual as mãos dos nubentes que se casam são amarradas com uma corda. O antigo costume celta e apalache de pular uma vassoura também é um elemento comum nos rituais de handfasting. As cerimônias de handfasting da Wicca foram copiadas por muitos grupos no moderno ressurgimento pagão. *VEJA* NEOPAGANISMO; WICCA.

Haniel. (hebraico HANIAL, "graça de Deus") Arcanjo de Netzach, a sétima Sefirah da Árvore da Vida, e manifestação de Netzach no mundo de Briah. *VEJA* BRIAH; NETZACH. Em algumas fontes, Haniel aparece como o anjo que levou Enoque ao Céu; *VEJA* ENOQUE. *VEJA TAMBÉM* ARCANJO.

Hapi. (egípcio antigo, *hpy*) Um dos quatro filhos de Hórus, também grafado Ahepi, Ahephi ou Ahaphix em algumas fontes mais antigas. Hapi era o deus do Nilo nas cheias; tinha a cabeça de símio, governava o quadrante norte do mundo e regia o intestino grosso dos mortos. Estava associado à deusa Néftis, e também era conhecido como "o Escavador". *VEJA* DEUSES CANÓPICOS.

Na tradição de magia da Golden Dawn, Hapi (grafado Ahephi) era um dos guardiões invisíveis do templo, e ficava a noroeste. *VEJA* GOLDEN DAWN; ESTAÇÕES INVISÍVEIS. LEITURA ADICIONAL: BUDGE, 1967; REGARDIE, 1971.

Harã. (também grafado **Harran**) Na Antiguidade e na época medieval, uma importante cidade do norte da Mesopotâmia, localizada na principal rota comercial entre o leste do Mediterrâneo e os vales dos rios Tigre e Eufrates, com a Pérsia e a Índia para além dela;

atualmente, fica no sudeste da Turquia. A cidade de Harã foi fundada como entreposto comercial por mercadores sumérios antes de 2000 A.E.C., e tornou-se uma metrópole de 20 mil pessoas, centralizada no grande templo Ehulhul (sumério, "Casa do Júbilo"), dedicado ao deus sumério da Lua, Sin.

Como outras cidades do Oriente Médio, Harã passou por muitas mudanças religiosas e culturais, com a ascensão e queda dos impérios sumério, babilônio, assírio, persa, grego e romano, levando com eles as tradições de terras distantes. O cristianismo, porém, pouco influenciou Harã; não se sabe ao certo a razão para isto. Uma cidade próxima, Edessa (a moderna Urfa), tornou-se centro de influência cristã na região, e o restante da província romana da Síria tornou-se centro de atividade monástica e teológica cristã.

Só Harã permaneceu resolutamente pagã. Sua localização, na inquieta fronteira entre Roma e Pérsia, área que mudou de mãos de um império para outro em várias ocasiões, impossibilitou que o governo romano impusesse a legislação religiosa proibindo ali o paganismo. Mais ou menos na mesma época, ou possivelmente antes, tornou-se um importante centro de estudos alquímicos; uma quantidade considerável de trabalhos alquímicos originais foi feita lá, inclusive alguns dos primeiros experimentos sobre as propriedades alquímicas do cobre. *VEJA* ALQUIMIA.

A chegada do islamismo em 639 E.C., quando todo o norte da Mesopotâmia foi conquistado por exércitos muçulmanos sob 'Iyadh ibn Ghanam, pode ter mudado isso. Os ensinamentos do Islã exigem alguma tolerância para com judeus e cristãos, mas não estendem esse privilégio aos pagãos, de modo que templos e comunidades pagãs na área das conquistas muçulmanas defrontaram-se com a difícil escolha entre a conversão e a morte.

Os trechos do Corão que exigem tolerância para com cristãos e judeus também falam de outro grupo, os *Sabi'ah* ou sabeus, considerados também como "Povo do Livro" e protegidos pela lei islâmica. Por motivos que ainda não estão claros, os habitantes de Harã passaram a ser identificados como os sabeus do Corão, e por isso puderam dar continuidade às suas tradições religiosas pagãs durante séculos.

Segundo uma fonte muçulmana de 1300 E.C., aproximadamente, sob o governo muçulmano em Harã havia templos para cada um dos deuses planetários. O templo de Saturno era negro e hexagonal, com uma estátua de chumbo sobre uma plataforma com nove degraus; o de Júpiter era verde e triangular, com uma estátua de estanho e oito degraus; o de Marte, vermelho e oblongo, com uma estátua de ferro e sete degraus; o do Sol, quadrado e dourado, com uma estátua de ouro adornada com pérolas e seis degraus; o de Vênus, azul e triangular (com um lado mais longo do que os outros), com uma estátua de cobre e cinco degraus; o de Mercúrio, marrom e hexagonal (com interior quadrado), uma estátua de liga metálica preenchida com mercúrio posta sobre quatro degraus circulares; e o da Lua, branco e pentagonal, com uma estátua de prata sobre três degraus.

Correto ou não esse relato, os habitantes de Harã tinham fama de estudiosos e filósofos, e muitos deles – como o famoso filósofo e matemático Thabit ibn Qurra (falecido em 901 E.C.) – galgaram posições de destaque no mundo islâmico. O historiador Bar Hebraeus registra um discurso feito por Thabit em defesa das tradições religiosas de Harã, que Thabit chamou de *hanputho*; o significado dessa palavra síria é obscuro, mas, como seu cognato árabe, *hanif*, costuma ser usada como sinônimo de tradições espirituais pagãs.

As fontes sobre as quais *hanputho* se baseia são fragmentadas e contraditórias, mas a imagem composta pelos estudiosos é uma complexa mistura de religião estelar mesopotâmica, filosofia grega neoplatônica e prática mágica hermética. Os estudiosos de Harã tinham amplo conhecimento de filosofia grega, bem como de astrologia e alquimia, e mais de um acadêmico moderno já sugeriu que a religião de Harã teria sido a última sobrevivente da espiritualidade pagã neoplatônica, seguida por muitas pessoas nos últimos séculos do Império Romano. *VEJA* PLATONISMO; TEURGIA.

Harã continuou sendo uma importante cidade durante vários séculos depois da conquista muçulmana, mas a guerra entre o califado de Bagdá e o Império Bizantino devastou toda a região, e uma luta interna entre diversos governantes muçulmanos aumentou a destruição. O último templo do deus da Lua em Harã, segundo um cronista, foi destruído em 1032 durante uma dessas lutas; outra fonte dá a data como 1081. As invasões mongóis do século XIII completaram a devastação e interromperam as rotas comerciais das quais dependia a sobrevivência de Harã. Em 1271, a cidade foi abandonada e suas singulares tradições religiosas foram perdidas.

Vários autores da atualidade fizeram tentativas de ligar Harã a outras tradições esotéricas ocidentais, inclusive a Wicca, dizendo essencialmente que o platonismo pagão do mundo ocidental tinha de sair de algum lugar. Não existe evidência de um vínculo direto com Harã, e a presença de simbolismos e filosofia intensamente pagãos dentro das tradições platônicas preservadas no Ocidente cristão dispensam uma fonte adicional. Mesmo assim, parece que Harã deve ocupar um lugar de destaque em futuras versões da história do ocultismo; *VEJA* HISTÓRIA OCULTA. *VEJA TAMBÉM* OCULTISMO MESOPOTÂMICO; PAGANISMO.

LEITURA ADICIONAL: FREW, 1999; GREEN, 1992; LINDSAY, 1970.

harmônicas, posições. *VEJA* MAPA HARMÔNICO.

Haroeris. *VEJA* AROERIS.

Harpócrates. (do egípcio antigo, *Heru-pe-khradj* ou *Hor-pak-herer*, "Hórus, o Menino"). Forma do complexo deus egípcio Hórus, Harpócrates seria Hórus quando criança nos pântanos do delta do Nilo, escondendo-se da força devastadora de seu tio Set. Na arte egípcia, costuma aparecer sentado ou em pé sobre uma flor de lótus, ou em pé sobre dois crocodilos.

Na magia da Golden Dawn, a forma divina de Harpócrates ocupa uma das estações invisíveis de um templo no grau de neófito, e também é essencial na prática ritual individual. Um dos dois sinais do grau de neófito, o Sinal do Silêncio, corresponde a Harpócrates, e uma fórmula de invisibilidade deriva desse sinal e da forma divina a ele associada. *VEJA* INVISIBILIDADE; ESTAÇÕES INVISÍVEIS.

Na religião mágica de Thelema, criada por Aleister Crowley, Harpócrates (com a antiga forma Hoor-par-kraat) é uma das formas de Hórus como Senhor do Éon. *VEJA* THELEMA. *VEJA TAMBÉM* HÓRUS.

Harran. *VEJA* HARÃ.

Harris, Thomas Lake. Escritor e ocultista norte-americano, 1823-1906. Após uma educação convencional e uma carreira precoce como ministro swedenborguiano, Harris começou a fazer experimentos com estados de transe a partir de 1850, depois de conhecer o filósofo espiritualista Andrew Jackson Davis. *VEJA* DAVIS, ANDREW JACKSON; ESPIRITUALISMO; SWEDENBORG, EMMANUEL. Suas visões levaram-no a uma série de intensas experiências interiores, nas quais ele coabitava com uma amante espiritual, chamada "Queen Lily of the Conjugial [sic] Angels" [Rainha Lily dos Anjos Conjuguiais (sic)], e teve três filhos espirituais.

Com base nessas visões, Harris fundou uma organização intitulada Fraternidade da Nova Vida, sediada no que hoje chamaríamos de uma comuna no interior do estado de Nova York. Técnicas de "respiração aberta" e "desmagnetização", inspiradas em círculos mesmeristas, eram ensinadas para se levar o Espírito Santo diretamente ao corpo, livrando-o de magnetismo animal nocivo; segundo Harris, isso permitia que o corpo se tornasse morada de milhares de fadas felizes, portadoras de boa saúde. O celibato físico permitia que os membros da fraternidade se "casassem" com suas almas gêmeas angelicais.

A fraternidade durou até 1875, quando uma cisão entre seus membros levou Harris a se mudar para a Califórnia, estabelecendo uma nova comunidade em Santa Rosa. Lá, apesar de uma série de escândalos provocados por afirmações de que seus "casamentos" eram considerados menos etéricos do que pareciam, continuou a ensinar e a angariar seguidores. Em 1894, ele anunciou que tinha atingido a imortalidade graças à união espiritual com sua contraparte angelical, e proclamou que o fim do mundo estaria próximo. Isso não aconteceu, e ele passou seus últimos anos de vida recluso na cidade de Nova York.

Apesar da estranheza de suas crenças e de um sério caso de adulcorado sentimentalismo vitoriano, as ideias e os volumosos textos de Harris exerceram uma influência surpreendentemente importante no final do século XIX e início do XX. Diversos membros importantes da Golden Dawn, inclusive Percy Bullock, consideravam seus ensinamentos de importância central, e Bullock publicou uma série de folhetos sobre os ensinamentos de Harris, circulando-os entre os membros da Golden Dawn. *VEJA* GOLDEN DAWN. *VEJA TAMBÉM* FADAS; SEXO E OCULTISMO. LEITURA ADICIONAL: SCHNEIDER E LAWTON, 1942.

Heh. (hebraico HH, "janela") A quinta letra do alfabeto hebraico e a primeira das doze letras simples. Representa o som *h*, e seu valor numérico é 5. Suas correspondências comuns são:

Caminho da Árvore da Vida: Caminho 15, de Chokmah a Tiphareth.
Correspondência astrológica: Áries, o Carneiro.
Correspondência no tarô: Arcano IV, O Imperador.
Parte do Cubo do Espaço: Aresta nordeste.
Cores: em Atziluth, escarlate.
  em Briah, vermelho.
  em Yetzirah, vermelho-flamejante brilhante.
  em Assiah, vermelho reluzente.

Seu texto, no *Trinta e Dois Caminhos da Sabedoria*, diz: "O Décimo Quinto Caminho é a Inteligência Constitutiva, e é assim chamado porque constitui a substância da Criação na pura escuridão, e diz-se dessas contemplações: é aquela escuridão mencionada nas Escrituras (Jó 38,9), 'e névoas espessas como cueiros'".

No sistema cabalístico de Aleister Crowley, a letra Heh está associada à carta XVII do tarô, a Estrela. *VEJA* CROWLEY, ALEISTER. *VEJA TAMBÉM* CABALA; ALFABETO HEBRAICO.

Letra hebraica Heh

Heka. Expressão em egípcio antigo que significa magia, e também o nome de um deus, um de três poderes abstratos que viajava com o deus solar Rá no barco chamado "Milhões de Anos", dando a Rá o poder de governar o universo. Os outros dois eram Hu, a palavra primordial, e Sai, o poder da onisciência. VEJA OCULTISMO EGÍPCIO.

Hell Fire Club. VEJA CLUBE DO FOGO DO INFERNO.

Henoc. VEJA ENOQUE.

hepatoscopia. VEJA SACRIFÍCIO.

herbácea, magia. VEJA MAGIA NATURAL.

Hermes Trismegisto. (grego, "Hermes, o Três Vezes Grande") Fundador mítico do hermetismo, Hermes Trismegisto começou sua carreira como o antigo deus egípcio Djehuti ou Thoth, entre cujos títulos havia o de "três vezes grande". Após a conquista do Egito pelos gregos, liderados por Alexandre, o Grande, Thoth passou a ser identificado com Hermes, seu equivalente mais próximo entre os deuses gregos, e seu título também foi traduzido. Com o tempo e o surgimento de uma cultura híbrida greco-egípcia no vale do Nilo, o antigo hábito egípcio de atribuir a Thoth a autoria de todos os livros sobre magia passou para Hermes, e tomou forma um gênero de livros gregos sobre magia e misticismo, no que passou a ser chamada de tradição hermética. VEJA HERMETISMO.

Poucas pessoas na Antiguidade, e menos ainda na Idade Média, duvidavam que Hermes Trismegisto tivesse sido uma pessoa de carne e osso que viveu num passado distante e escreveu livros importantes sobre magia, astrologia, alquimia e teologia. Foram feitos esforços, desde a época romana, para dar-lhe uma biografia; os deuses pagãos tornaram-se menos aceitáveis e os sábios humanos, mais em voga.

Mesmo nos textos herméticos, o Hermes que aparece costuma ser descrito como neto de um Hermes anterior, que é claramente o deus Thoth; mais tarde, esforços para reinterpretar Hermes como figura histórica tornaram-se praticamente universais. Assim, por exemplo, escritores judeus costumavam identificar Hermes com Enoque, enquanto sábios muçulmanos viam-no como o mesmo e misterioso Idris que iniciou Moisés. Como se acredita que Enoque teria se tornado o poderoso anjo Metatron depois de ter subido ao céu, e que Idris teria tido um *status* quase tão elevado na lenda e na tradição islâmica, essas duas identificações dão ao Três Vezes Grande um *status* divino tão próximo ao anterior quanto permite uma religião monoteísta. VEJA ENOQUE; METATRON.

No início da Idade Média, a figura de Hermes tinha mudado novamente de forma, e uma variedade de livros mágicos, astrológicos e alquímicos foi associada a seu nome, ainda famoso. Na mente medieval, Hermes era contemporâneo de Moisés, um profeta, rei e sacerdote egípcio, que inventara sozinho a alquimia, a astrologia, a magia e diversas outras artes.

Tentativas de redefinir Hermes Trismegisto em termos históricos são feitas até hoje. Nos ensinamentos da AMORC, Ordem Rosa-Cruz Norte-Americana, por exemplo, o faraó herege Akhenaton é definido como o "segundo Hermes", apesar do fato de os ensinamentos de Akhenaton, que são bem atestados historicamente, serem o mais distante do hermetismo que se possa imaginar. VEJA AKHENATON. LEITURA ADICIONAL: FAIVRE, 1995; FOWDEN, 1986.

hermetismo. Um dos elementos centrais da tradição ocultista ocidental, o hermetismo teve suas raízes na fusão entre a filosofia grega e a magia egípcia que ocorreu no Egito após sua conquista por Alexandre, o Grande em 332 A.E.C. Embora os egípcios demorassem para aceitar os costumes de seus conquistadores gregos, estes adotaram rapidamente o culto aos deuses egípcios, e as vantagens políticas da fluência em grego e na cultura grega foram bem aproveitadas pelo sacerdócio egípcio.

Assim, com o tempo, emergiu uma sociedade bilíngue e bicultural ao longo das margens do Nilo, na qual a milenar magia e a espiritualidade egípcias puderam ser reformuladas sob a ótica do pensamento grego. A carreira de Queremon, sacerdote egípcio do século I E.C., que também era um filósofo estoico de fama internacional, mostra a extensão desse processo; *VEJA* QUEREMON.

Em algum momento do primeiro século da Era Comum esse contexto começou a reagir ao mesmo impulso espiritual que levou à ascensão do neoplatonismo, do gnosticismo, do maniqueísmo e do cristianismo – uma sensação de aprisionamento no mundo da experiência ordinária e um anseio por uma rota de fuga. As causas dessa tendência são complexas e ainda muito discutidas. Os resultados foram igualmente complexos e variaram muito, dependendo dos recursos disponíveis para filósofos e místicos em diferentes partes do mundo antigo. No vale do Nilo, os recursos centrais eram os da antiga espiritualidade egípcia, e o resultado foi o hermetismo.

Restaram muito poucos vestígios das escolas e dos ensinamentos herméticos originais. A partir de indícios nos textos remanescentes, os estudiosos supõem que a tradição hermética foi desenvolvida e transmitida em pequenos círculos informais de alunos reunidos em torno de professores carismáticos. A filosofia mística, a magia cerimonial, a astrologia e a alquimia faziam parte dos estudos, e todas procuravam levar a uma experiência de renascimento, na qual a alma do indivíduo realizava sua conexão com o supremo e inominado poder divino do universo. Assim como os antigos livros egípcios de magia eram atribuídos a Thoth, e não a seus autores humanos, os livros produzidos por esses círculos eram atribuídos a Hermes Trismegisto, o equivalente grego de Thoth. *VEJA* HERMES TRISMEGISTO.

O enorme carisma cultural do Egito no mundo antigo deu a esses livros, e à própria tradição hermética, uma reputação de sabedoria profunda que tornou-os atraentes para estudiosos de muitas outras tradições espirituais. Juntamente com platônicos e neoplatônicos, embora sempre tenha havido aqueles que rejeitassem abertamente as tradições mágicas como o hermetismo, havia também aqueles que as adotavam como recurso útil. Essa abordagem foi ficando cada vez mais comum com a ascensão do cristianismo, pois as tradições pagãs, que antes perdiam muito tempo discutindo umas com as outras, procuravam uma base comum diante de uma ameaça coletiva. Nas mãos de Jâmblico de Cálcis, que procurava criar uma espiritualidade pagã unificada como base contra a corrente cristã, a magia hermética tornou-se um elemento vital desse sistema. *VEJA* JÂMBLICO DE CÁLCIS.

Os próprios cristãos não estavam imunes à aura de sabedoria que cercava os "Mistérios Egípcios", e diversos fundadores da Igreja fizeram o que podiam para cooptar os textos herméticos em apoio ao cristianismo, indo ao extremo de forjar "oráculos de Hermes" que previam a vinda de Jesus. Isso teve um efeito inesperado: como Hermes Trismegisto acabou levando o impróprio rótulo de um dos profetas de Cristo, os documentos herméticos, que de outro modo seriam lançados à fogueira, foram preservados e copiados durante a Idade Média. Assim, muito do hermetismo sobreviveu com roupagem cristã, dando origem às tradições ocultistas cristãs. VEJA OCULTISMO CRISTÃO.

A invasão árabe do século VIII substituiu uma religião dogmática por outra no Egito e em boa parte do mundo mediterrâneo. Os conquistadores muçulmanos absorviam muitas das tradições culturais dos povos que dominavam, e uma boa quantidade de práticas herméticas foi adotada por muçulmanos de propensão mística e por magos árabes. O Corão, livro sagrado do islamismo, também apresentava uma abertura para os hermetistas, incluindo os "sabeus" entre os Povos do Livro, que podiam seguir suas próprias religiões sem serem molestados por muçulmanos de boa vontade; o significado exato da expressão "sabeu" tem sido objeto de séculos de discussão, mas no período após as conquistas muçulmanas, a palavra era interpretada como hermetista. A cidade pagã de Harã tirou proveito disso para preservar suas próprias tradições religiosas, que foram bastante mescladas com o hermetismo e o neoplatonismo. VEJA HARÃ.

Tradições herméticas de magia espiritual e prática tornaram-se assim parte da ampla corrente de magia árabe que fluiu à Europa a partir do século XII. O lado mais teórico do hermetismo também foi preservado num punhado de livros. Durante a Idade Média, o mais importante deles era o *Asclépio*, que sobreviveu no Ocidente numa tradução latina. Mais ao Oriente, no Império Bizantino, uma coleção de textos herméticos conhecida mais tarde como *Corpus Hermeticum* foi preservada, embora pareça não ter circulado muito; VEJA CORPUS HERMETICUM.

Diversos livros de astrologia com o nome de Hermes logo surgiram, e manuais mágicos árabes como o *Picatrix* também continham certa quantidade de filosofia hermética; VEJA PICATRIX. Havia ainda textos puramente mágicos com o nome de Hermes, como o *Liber Hermetis de quindecim stellis*, um manual de magia talismânica muito copiado ao longo da Idade Média e do Renascimento. Apesar das ocasionais suspeitas da Igreja, o discreto interesse por Hermes e seus ensinamentos manteve-se em círculos cultos durante todo o período medieval. Platonistas influentes como Bernardo Silvestre (final do século XII) usaram-no como recurso, embora raramente o citassem pelo nome. VEJA PLATONISMO.

A recuperação do *Corpus Hermeticum* pelo Ocidente, graças a um único manuscrito grego obtido por Cósimo de Medici de Florença por volta de 1460 e traduzido para o latim por Marsílio Ficino em 1463, transformou esse interesse discreto numa inundação. O próprio Ficino, seu discípulo Giovanni Pico della Mirandola e uma constelação de estudiosos e magos posteriores usaram os textos herméticos como base de uma ambiciosa tentativa de criar um novo ocultismo cristão, que se valeria de técnicas mágicas e seria direcionado tanto para fins espirituais quanto práticos. VEJA FICINO, MARSÍLIO; PICO DELLA MIRANDOLA, GIOVANNI. Esse programa deve ter atingido o zênite em 1591, quando o hermetista croata Francesco Patrizi (1529-1597) propôs formalmente que a filosofia de Aristóteles e de Tomás de Aquino deveria ser substituída pela de Hermes como base intelectual da teologia católica. A proposta foi rejeitada, mas só depois de sérias análises, e o fato de chegar a ter sido proposta mostra a que ponto chegou o pensamento hermético na vida intelectual do Renascimento. VEJA PATRIZI, FRANCESCO.

Não muito depois da proposta de Patrizi, porém, o hermetismo sofreu um duro revés, quando Isaac Casaubon demonstrou, com base na linguística, que os tratados do *Corpus Her-*

meticum não datavam da época de Moisés, mas dos primeiros séculos da Era Comum. O trabalho de Casaubon, publicado em 1614, assinala o término efetivo do hermetismo renascentista. Depois disso, embora hermetistas e ocultistas devotos continuassem a estudar os textos herméticos, a cultura europeia em geral deixou-os de lado como falsificações desacreditadas.

Até recentemente, embora o rótulo "hermético" fosse muito usado por diversas sociedades de magia, os verdadeiros ensinamentos do hermetismo clássico tinham recebido pouca atenção. O ressurgimento ocultista do século XIX viu uma nova publicação do *Corpus Hermeticum* e de outros antigos documentos herméticos, mas, em sua maioria, os ensinamentos herméticos foram reinterpretados segundo os filtros da Teosofia e de filosofias ocultistas similares.

Isso começou a mudar na década de 1960, quando uma nova geração de ocultistas descobriu os textos eruditos de Frances Yates, que reintroduziu praticamente sozinha a tradição hermética no mundo acadêmico moderno. Os textos de Yates alegam que o hermetismo exerceu uma enorme influência sobre todos os níveis da cultura renascentista, provocando muitas discussões e novas pesquisas em círculos acadêmicos. Ao mesmo tempo, e sem o conhecimento desses círculos, esses mesmos livros tornaram-se leitura obrigatória para magos cultos de todo o mundo ocidental, catalisando diversos esforços para explorar níveis mais antigos da tradição mágica e resgatar as próprias raízes ocultistas ocidentais. LEITURA ADICIONAL: FOWDEN, 1986; MEAD, 1992; YATES, 1964.

Herne, o Caçador. No folclore inglês, uma versão do Wild Huntsman, ou Caçador Selvagem, às vezes retratado com chifres ou cornos, e seguido por uma matilha de cães de caça espectrais. É mencionado em *As Alegres Comadres de Windsor*, de Shakespeare, e em diversas outras fontes literárias e folclóricas. Muitos autores pagãos modernos equiparam Herne ao Deus Cornífero da hipotética "Religião Antiga" que se supõe estar por trás da Wicca. *VEJA* DEUS, O.

Herodias. (também traduzida **Herodíade**) Rainha judia, c. 14 A.E.C. – após 40 E.C. Era neta de Herodes, o Grande, rei da Judeia, e casou-se com dois de seus tios em sucessão. Ela e seu segundo marido, Herodes Antipas, tetrarca da Galileia entre 4 E.C. e 40 E.C., foram denunciados por João Batista por causa de seu casamento, que violava a lei judaica tradicional. Segundo o relato das escrituras cristãs (Mateus 14,3-12), Herodias foi fundamental na condenação à morte de João.

Sua posição como a arquivilã da lenda cristã pode ter levado à bizarra posição pós--morte, como deusa pagã na França e na Itália medievais. De acordo com diversas fontes medievais, os cultos pagãos ou semipagãos desses países adoravam uma deusa chamada Herodias. É bem possível que Aradia, a deusa supostamente adorada pelas bruxas conforme documentou Charles Godfrey Leland, fosse derivada do mesmo nome. *VEJA* ARADIA; CÂNONE EPISCOPI; LELAND, CHARLES GODFREY.

hexagrama. Um dos principais símbolos da prática mágica ocidental, o hexagrama costuma ser usado como símbolo do Sol ou de um dos sete planetas tradicionais. Como o pentagrama, com o qual geralmente faz par, tem uma longa e complexa história; sob o rótulo de "Estrela de Davi", tornou-se o mais conhecido símbolo do judaísmo, e aparece na bandeira de Israel.

Na tradição da Golden Dawn e de sistemas mágicos correlatos, os pontos do hexagrama são associados aos sete planetas, tal como segue:

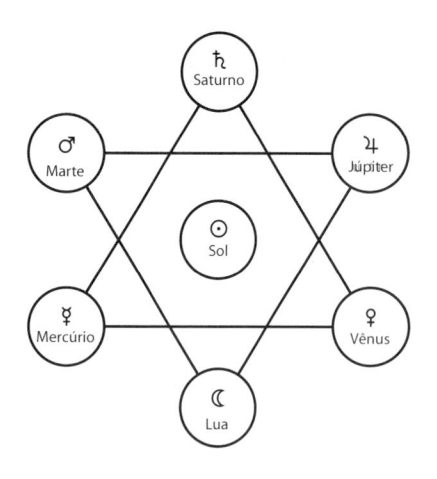

Associações entre os planetas e os pontos do hexagrama

Essa associação é usada quando se invocam ou se banem forças planetárias; um hexagrama traçado no sentido horário, começando por qualquer ponto, invoca o planeta associado àquele ponto, enquanto outro traçado no sentido anti-horário bane esse mesmo planeta. *VEJA TAMBÉM* HEXAGRAMA, RITUAIS DO; PENTAGRAMA.

Hexagrama, Rituais do. Conjunto de rituais mágicos da Golden Dawn que usam hexagramas para invocar e banir energias planetárias, similares aos mais usuais Rituais do Pentagrama (e provavelmente moldados neles). Na forma padronizada da Golden Dawn, o mago começa realizando um complexo rito chamado Análise de INRI, que combina palavras, gestos e visualizações para invocar um padrão de forças associado às divindades egípcias Ísis, Apópis e Osíris.

Depois disso, o mago vai até ao quadrante leste do espaço de trabalho e traça um hexagrama no ar, visualizando-o na medida em que o faz. Então traça uma linha em torno do espaço de trabalho, mais ou menos à altura do ombro, um quarto de círculo na direção do sul. Faz outro hexagrama no sul e um quarto de círculo na direção do oeste. O processo é repetido mais duas vezes, até o mago ficar em pé no meio de um círculo visualizado com hexagramas nos quatro quadrantes ou pontos cardeais. Então, o mago volta ao centro do círculo e repete a Análise de INRI, completando o ritual.

Tal como acontece com os pentagramas nos rituais do pentagrama, os hexagramas usados nos rituais do hexagrama podem ser desenhados de várias maneiras, e cada maneira invoca ou bane uma força planetária específica. Além disso, há quatro variações da forma básica do hexagrama, usadas em algumas formas do ritual do hexagrama; elas são associadas aos quatro elementos, e permitem que as forças elementais e planetárias entrem em cena juntas.

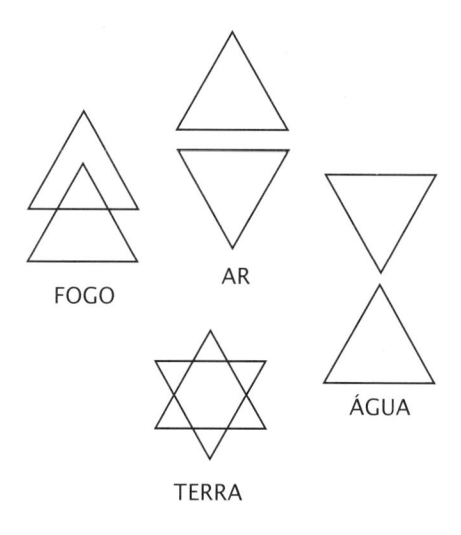

As quatro formas do hexagrama

Tal como nos rituais do pentagrama, há uma ampla gama de variações no ritual básico do hexagrama, e novas variantes foram propostas por diversos autores recentes. *VEJA TAMBÉM* PENTAGRAMA, RITUAIS DO. LEITURA ADICIONAL: J. GREER, 1997; REGARDIE, 1971.

Hiddekel. (hebraico HDQL) De acordo com o Gênesis 2,14, o terceiro dos quatro rios que fluem do Éden, identificado com o atual rio Tigre. Na tradição da Golden Dawn, o rio Hiddekel está associado com o elemento Ar e a seção do Pilar do Meio que vai de Daath até Yesod. Na tradição rosa-cruz mais antiga, a palavra *Hiddekel* era o símbolo do grau do Adeptus Exemptus. VEJA CABALA.

Hierofante, O. VEJA PAPA, O.

Hieroglífica, Mônada. VEJA MÔNADA HIEROGLÍFICA.

hieromancia. VEJA SACRIFÍCIO.

High John the Conqueror, raiz de. Importante ingrediente do hudu tradicional, High John the Conqueror tem sido um mistério histórico, pois relatos antigos identificam muitas espécies de plantas como sendo High John. O gerânio-silvestre (*Geranium maculatum*), ginseng-americano (*Panax quinquefolium*), nabo-selvagem (*Arisaema triphyllum*), erva-de-são-joão (*Hypericum perfoliatum*), selo-de-salomão (*Polygonatum odoratum*) e "glória-da-manhã" (*Ipomoea macrorrhiza* ou *I. violaceae*) são algumas plantas que foram identificadas como a difícil High John.

O próprio High John the Conqueror, ou João Grande, o Conquistador, é tão misterioso quanto a raiz que tem seu nome. Segundo alguns relatos, foi um rei africano capturado por mercadores de escravos e usava sua força, sua astúcia e seu domínio do hudu para enganar seu dono branco. Os antropólogos sugerem que pode ter sido um deus ou espírito africano com um novo nome.

Há outras raízes associadas com o nome John: "Chewing John" ou "Little John to Chew" é a raiz de galanga (*Alpinia galanga*), e "Southern John" é a raiz de lírio-do-bosque (*Trillium* sp.). Uma fonte da década de 1940 refere-se a "Johnson's Conqueror Root", mas não se sabe o que poderia ser.

As atuais raízes de High John são quase sempre jalapa (*Ipomoea jalapa*), membro da família das trepadeiras, parente próxima da batata-doce. Planta trepadeira nativa do México e da América do Sul, a jalapa tem folhas em forma de coração e flores cônicas, vermelhas ou roxas. Sua raiz, um tubérculo marrom e enrugado com tamanho que vai de uma noz até o uma laranja, é a parte que costuma ser usada em magia. Associada ao Sol, tem, como a maioria das ervas solares, poderes de proteção contra magia hostil, e pode ser usada também em trabalhos de amor, sorte e toda forma de sucesso. VEJA TAMBÉM HUDU. LEITURA ADICIONAL: J. GREER, 2000; HASKINS, 1978; LONG, 2001; MALBROUGH, 1986.

Hilarion, Mestre. Na Teosofia e em sistemas similares de ensinamentos ocultos, um dos Mestres da Grande Loja Branca, a fraternidade secreta que supervisiona a evolução espiritual da Terra. O Mestre Hilarion é o chohan, ou principal adepto do Quinto Raio, o Raio Verde, o raio da ciência e do intelecto prático. Dizem que teria sido o grande platonista grego Jâmblico de Cálcis numa encarnação anterior. VEJA JÂMBLICO DE CÁLCIS; GRANDE LOJA BRANCA; MESTRES; TEOSOFIA. LEITURA ADICIONAL: LEADBEATER, 1925.

hipótese de Murray. A afirmação de que a bruxaria medieval foi o que restou de uma religião pagã da época pré-cristã foi proposta por diversos autores anteriores à época da estudiosa britânica Margaret Murray (1862-1963), mas seus livros tiveram um público tão amplo que se tornaram o centro de sua difusão – e, não por acaso, da preparação do terreno para o surgimento da moderna Wicca.

Murray era egiptóloga, aluna do famoso *sir* Flinders Petrie; presa em Londres por conta da Primeira Guerra Mundial, começou a estudar bruxaria medieval como passatempo. Seguindo as indicações de *O Ramo de Ouro* (publicação original, 1890), de *sir* James Frazer, que interpretava diversos mitos e rituais como sobreviventes de uma antiga "religião da fertilidade", ela ficou convencida de que os julgamentos de bruxas do final da Idade Média e início da era moderna representaram a destruição deliberada de uma religião da fertilidade, exatamente como aquelas descritas por Frazer. Publicou diversos estudos sobre esses temas em revistas acadêmicas entre 1917 e 1920, e em 1921 lançou seu primeiro e mais famoso livro sobre o assunto, *The Witch-Cult in Western Europe*.

O livro declarava, e dizia provar, que a bruxaria praticada na Europa Ocidental fora uma religião pagã que venerava um Deus Cornífero da fertilidade, em covens com treze pessoas nos quatro dias intermediários — Candlemas, Beltane, Lammas e Halloween. Segundo afirmava, essa religião fora a fé da maioria da população rural e pobre até o final do século XVII, quando finalmente foi eliminada após violentas perseguições.

Murray continuou a desenvolver a imagem do culto medieval das bruxas em outros dois livros, *The God of the Witches* (1931) e *The Divine King in England* (1954). Este último dizia que todos os reis ingleses medievais teriam apoiado a religião das bruxas, interpretando séculos e séculos de assassinatos políticos e mortes em guerras como a morte cerimonial, em intervalos regulares, do Rei Divino ou de seu substituto — outra ideia copiada de Frazer.

Embora tenha demorado alguns anos para que suas ideias sobre bruxaria ganhassem força, no final da década de 1940 a hipótese de Murray era bem aceita pelos estudiosos, e durante as décadas de 1950 e 1960 sua teoria sobre a natureza da bruxaria medieval era a mais aceita. Só depois de sua morte, em 1963, é que a opinião acadêmica começou a mudar, alimentada por novos estudos do material usado como fonte — principalmente julgamentos por bruxaria — por Murray para sustentar sua tese.

Esses estudos demonstravam que Murray tinha manipulado os dados à vontade, deixando de lado trechos que contradiziam suas teorias e apresentando detalhes que só apareciam em um ou dois casos como se fossem universais (ver Cohn, 1975, e Oates e Wood, 1998, para mais detalhes). Contudo, apesar da demolição da hipótese de Murray ter sido aceita de forma quase universal no cenário erudito, a maioria das pessoas no atual mundo pagão ainda trata os livros (e a teoria) de Murray como algo acima de qualquer questionamento. *VEJA TAMBÉM* WARLOCK; BRUXARIA. LEITURA ADICIONAL: COHN, 1975; HUTTON, 1999; M. MURRAY, 1921, 1933 E 1954; OATES E WOOD, 1998.

Hismael. *VEJA* ISMAEL.

história secreta. [também traduzido como *história esotérica* e *história oculta* — N. do E.] Versões alternativas da história apresentadas pelos ocultistas como sendo a "verdadeira" história das tradições ocultistas ou do mundo como um todo. Embora tenham sido extremamente comuns nos últimos 150 anos, essas versões são um acréscimo até que recente ao ocultismo ocidental. Desde a Antiguidade, passando pela Idade Média e pelo Renascimento, não parece haver evidências de que estudantes do ocultismo no mundo ocidental teriam tido opiniões sobre a história visivelmente diferentes das opiniões de pessoas comuns ou de historiadores acadêmicos de suas sociedades.

A história secreta parece ter surgido depois de 1614, quando Isaac Casaubon publicou evidências que datavam o *Corpus Hermeticum* em algum momento após o nascimento de Cristo. Até então, os estudantes dos textos herméticos (bem como as pessoas em geral) acreditavam que seriam autênticos ensinamentos egípcios da época de Moisés, se não anteriores a ele. *VEJA* CORPUS HERMETICUM; HERMETISMO.

A publicação de Casaubon fez parte do amplo ataque à filosofia mágica que ocorreu no Renascimento e encerrou este período, ajudando a dar início à Revolução Científica. Muitos ocultistas da época, percebendo a dimensão política do ataque, rejeitaram as conclusões de Casaubon e insistiram em afirmar que o *Corpus Hermeticum* era uma antiga sabedoria egípcia, independentemente do que dissessem os historiadores ortodoxos.

O restante do século XVII não teve outras novidades com relação à história oculta. O século XVIII, por sua vez, marcou o surgimento público da Maçonaria, que deu início a uma indústria histórica que ainda não esmoreceu. Apesar de todas as evidências sugerirem que a Maçonaria tenha começado exatamente como ela afirma – uma associação profissional de pedreiros com um conjunto de rituais das guildas medievais –, membros da nobreza e da aristocracia consideraram que essas origens humildes, nas camadas populares, eram vergonhosas, e procuraram encontrar algo mais romântico. Alguns resultados, como uma suposta ligação entre os maçons e os Cavaleiros Templários, por exemplo, ou a ideia de que a Maçonaria teria raízes no Egito Antigo, ainda estão em circulação, apesar de uma clara falta de evidências a apoiá-las. *VEJA* MAÇONARIA; CAVALEIROS TEMPLÁRIOS.

Nessa mesma linha, os fundadores e promotores de outras organizações baseadas em lojas – muitas inspiradas na Maçonaria, outras com origem independente – trabalharam bastante nos séculos XVIII e XIX, produzindo impressionantes genealogias para suas próprias tradições. Em meados do século XIX, era digna de pena a loja, fosse ocultista ou fraternal, que não afirmasse ter origens no Egito Antigo, em Moisés, nos druidas originais ou em alguma fonte igualmente romântica. Todas essas alegações eram elaboradas e combinavam-se de diversas formas, dando origem a uma visão da história na qual as lojas ocultistas eram vistas como um fator duradouro nas alucinantes marés das mudanças históricas.

No final do século XVIII, a Revolução Francesa fez com que essas especulações adquirissem novos rumos. Diversos escritores conservadores, incapazes de acreditar que os franceses pudessem mesmo ter querido derrubar uma das monarquias mais corruptas e ineficientes da Europa, afirmaram que a revolução deveria ter sido fruto de uma vasta e sinistra conspiração contra a monarquia e a cristandade. Os Iluminados da Baviera, uma sociedade secreta de existência breve e malfadada, foram, por algum motivo, escolhidos pelo abade Barruel – a primeira figura importante na moderna teoria da conspiração – para ocupar o papel de vilão; *VEJA* ILUMINADOS DA BAVIERA. Embora a maior parte do furor resultante tenha acontecido fora das tradições ocultistas do Ocidente, elementos da teoria da conspiração têm recaído de tempos em tempos sobre o ocultismo, proporcionando matéria-prima para os inventores de histórias ocultas.

No século XIX, a história secreta aumentou de diversas formas, com muitos personagens das margens da cultura vitoriana colocando em xeque as ideias aceitas. Alguns deles, como Charles Darwin, foram aceitos pela ortodoxia educada e deram origem a extensas revisões no modo como a cultura ocidental enxerga o mundo. Outros mantiveram-se nas margens, contribuindo para uma crescente coleção de pontos de vista alternativos que foram rejeitados por acadêmicos e cientistas, mas encontraram numerosos seguidores fora das instituições oficiais de ensino.

Uma figura que contribuiu muito dessa maneira para a história oculta foi Ignatius Donnelly (1831-1901), congressista de Minnesota que se tornou historiador alternativo, tirando da relativa obscuridade o relato da Atlântida feito por Platão e dizendo que o continente perdido teria realmente existido. Seu livro de 1882, *Atlantis, or the Antediluvian World*, baseou-se em hipóteses científicas vitorianas que foram descartadas durante sua vida, mas cujas ideias básicas têm sido copiadas sem cessar desde que foram divulgadas. VEJA ATLÂNTIDA; CIVILIZAÇÕES PERDIDAS. Seu segundo livro importante, *Ragnarok, or the Age of Fire and Gravel* (1882), propunha que a Terra teria colidido com um cometa na época pré-histórica – outra ideia que teve muitos seguidores nas versões mais recentes da história oculta.

A figura dominante na história esotérica do século XIX, porém, foi Helena Petrovna Blavatsky (1831-1891), fundadora da Sociedade Teosófica. Os influentes textos e palestras de Blavatsky tinham como tema central a total impropriedade do cenário composto pelo mundo vitoriano; ela rejeitava a ciência materialista e a religião ortodoxa com o mesmo vigor. Como alternativa, construiu uma visão do mundo que combinava quase tudo que fora rejeitado pela ciência oficial e pelos estudiosos de sua época. Continentes perdidos, sociedades secretas, a afirmação de que as obras de William Shakespeare teriam sido escritas na verdade por Francis Bacon, teorias da evolução em que os animais desceriam do homem e não o contrário, e muitas outras dentro das mesmas linhas preenchiam os abrangentes volumes de sua obra, junto com uma boa parcela de folclore das tradições esotéricas ocidentais e do misticismo oriental. VEJA BLAVATSKY, HELENA PETROVNA; TEOSOFIA.

A versão da história secreta feita por Blavatsky varreu tudo o que havia à sua volta, e durante um século – entre 1875 e 1975 – foram poucos os movimentos ocultistas do mundo ocidental que não incluíram referências à Atlântida, à Lemúria e aos mestres da Grande Loja Branca em algum ponto de seus textos instrutivos. A ideia de que essas coisas seriam parte central da tradição ocultista raramente eram questionadas.

Mas, no último quartel do século XX, um bom número de movimentos ocultistas começou a romper com a versão teosófica da história secreta. Na tradição hermética e em movimentos relacionados a ela, como a Thelema, um interesse crescente sobre o verdadeiro conhecimento de sistemas mais antigos de magia fez com que a história secreta e suas bases frágeis no mundo dos fatos ficasse menos interessante. Um foco cada vez maior na prática mágica e menor na teoria ocultista dessa ala da comunidade também contribuiu para essa mudança, e estudantes do ocultismo viram-se questionando o que a tradição da Atlântida tem a ver com os trabalhos práticos do treinamento mágico. No movimento neopagão, por sua vez, muita gente rejeitou a história oculta dos teósofos a fim de construir uma versão nova e diferente, na qual antigos matriarcados e a sobrevivência das tradições pagãs ao longo dos milênios ocuparam o papel central. VEJA MATRIARCADOS ANTIGOS; PAGANISMO; WICCA.

Ironicamente, enquanto grandes parcelas da comunidade ocultista se afastavam da versão teosófica da história secreta, essa versão encontrou um novo público no crescente movimento da Nova Era. VEJA NOVA ERA, MOVIMENTO DA. Quase todos os "segredos do passado" que eram a base dos ocultistas no início do século XX foram revisados e postos novamente em ação como elementos da moderna ideologia da Nova Era. Assim, há motivos de sobra para imaginar que a história secreta estará conosco por muitos anos. LEITURA ADICIONAL: BLAVATSKY, 1888; DE CAMP, 1970; J. GODWIN, 1993 E 1994; KAFTON-MINKEL, 1989.

Hitler, Adolf. Político e ocultista austríaco, 1889-1945. Os envolvimentos ocultistas da mais destrutiva figura do século XX ainda são alvo de discussão, e muita desinformação, distorção, fantasia pura e simples se acumularam sobre sua biografia durante os cinquenta anos passados desde o seu suicídio. É difícil encontrar evidências documentais pelo simples motivo de que Hitler não interessava a ninguém antes de iniciar sua ascensão meteórica ao poder em 1920; depois disso, sua imagem pública foi cuidadosamente planejada para ajustar-se àquilo que ele e seus associados queriam projetar. Mesmo assim, alguns detalhes estão claros.

Hitler nasceu numa família de classe média na cidade austríaca de Branau am Inn e mudou-se com a família para Linz ainda na infância. Garoto de humor instável e temperamento difícil, mostrou dons intelectuais e artísticos notáveis, mas não se interessava pelas lições, preferindo ler vorazmente por conta própria. Segundo seu amigo de infância August Kubizek, quando adolescente Hitler foi muito influenciado pela filosofia de Arthur Schopenhauer (1778-1856), importante filósofo do século XIX que aceitava a eficácia da magia. Abandonou o ensino médio em 1905 e em 1907 foi a Viena, pois queria se matricular na Academia de Arte de Viena.

Hitler não passou no exame de admissão da Academia, e ficou os seis anos seguintes em Viena, ganhando a vida pintando cartões postais ou trabalhando aqui e ali, tendo morado em diversos quartos de aluguel. Nessa época, segundo seu próprio relato, ele se tornou antissemita. Segundo um amigo desse período, livros sobre ocultismo, astrologia, hipnotismo e religiões orientais constituíam a maior parte das suas leituras. Nelas incluía-se também *Ostara*, uma revista racista publicada pelo místico ariosófico Jörg Lanz von Liebenfels, cujo escritório Hitler chegou a visitar para adquirir exemplares atrasados de *Ostara* e completar sua coleção. *VEJA* ARIOSOFIA; LANZ VON LIEBENFELS, JÖRG.

Começou a desenvolver sua própria postura política combinando antissemitismo, nacionalismo, a filosofia de Schopenhauer e o racismo ariano com ideias extraídas da literatura ocultista ariosófica. Em 1913, mudou-se para a Alemanha, país que via como a esperança dos povos arianos. No início da Primeira Guerra Mundial, em 1914, alistou-se no exército alemão e serviu com distinção no *Front* ocidental, recebendo a Cruz de Ferro por bravura em combate.

Depois da derrota da Alemanha, enquanto trabalhava para a espionagem do exército alemão, foi a uma reunião do recém-fundado Deutsche Arbeiterpartei [DAP, ou Partido dos Trabalhadores Alemães] e foi convidado a se filiar. O partido era um desdobramento da *Thule-Gesellschaft*, organização em parte política e em parte ocultista, associada a uma ordem mágica ariosófica, a Germanenorden. *VEJA* GERMANENORDEN; THULE-GESELLSCHAFT (SOCIEDADE THULE). Embora Hitler não tenha se impressionado com o partido ou com o programa, viu seu potencial como veículo para suas ideias políticas e raciais. Como membro do DAP, mostrou um impressionante dom para a oratória, e em pouco tempo atraiu multidões para os encontros públicos da organização. Seu estilo de discursar foi descrito como hipnótico e de grande impacto por aqueles a quem impressionou, e como pura "verborreia" por aqueles a quem não o fez.

Como resultado de seu envolvimento no DAP – depois rebatizado como Nationalsozialistische Deutsche Arbeiterpartei [NSDAP, ou Partido Nacional-Socialista dos Trabalhadores Alemães], Hitler também chamou a atenção de pessoas influentes da *Thule-Gesellschaft* e dos políticos de direita da Baviera. Dentre eles, o principal foi Dietrich Eckart, que depois Hitler descreveu como "o fundador espiritual do partido nazista" (Hitler, 1974, p. 633). Embora Eckart não fosse membro da *Thule-Gesellschaft*, estava profundamente envolvido em círculos ariosóficos e ocultistas, e conhecia a maioria dos membros importantes da Thule. Eckart emprestou livros a Hitler, ajudou-o a aperfeiçoar seu estilo de oratória e o apresentou aos ricos e poderosos. Dizem que teria instruído Hitler no ocultismo e, embora não haja evidências conclusivas a respeito, Eckart teria qualificações para fazê-lo.

O restante da carreira de Hitler oferece poucas pistas para o pesquisador de ocultismo, no mínimo porque muito pouco material original sobre suas ideias e atividades escapou pelas fendas da máquina de propaganda nazista, e menos ainda sobreviveu ao colapso do Reich de Mil Anos. Os relatórios de diversas pessoas que conheceram Hitler no início da década de 1930 deixam claro, porém, que seus interesses ocultistas não eram simplesmente uma característica da juventude. As memórias de Otto Wagener, chefe da SA (Tropas de Choque) no início da década de 1930, incluem diversas conversas com Hitler sobre temas ocultistas como a força Ódica (H. Turner, 1985, pp. 35-8, 103-04, 241-42). Hermann Rauschning, ex-nazista que rompeu com o Terceiro Reich antes da guerra e publicou diversos livros denunciando Hitler, descreveu conversas similares, e algumas histórias bem inquietantes. Diz ele:

Meu informante descreveu-me com ricos detalhes uma cena notável – não daria crédito à história caso não proviesse de tal fonte [um amigo de Rauschning que trabalhava na casa de Hitler]. Hitler estava em pé, movendo-se de um lado para o outro, parecendo alucinado. "Ele! Ele! Ele esteve aqui!", murmurava. Seus lábios estavam azulados. O suor escorria por seu rosto. De repente, começou a disparar números, palavras desconexas e frases entrecortadas, totalmente desprovidas de sentido. Era horrível. Ele usava frases compostas de forma estranha, nem um pouco fundamentadas no alemão... mas gradualmente foi ficando calmo. Depois disso, deitou-se e dormiu por várias horas. (Rauschning, 1939, pp. 250-51.)

A fonte de Rauschning informou que Hitler tinha esses acessos com frequência. Sob a ótica espiritualista, parecem-se muito com possessão demoníaca ou obsessão. A essa mesma conclusão chegou-se já em 1939, quando o martinista francês René Kopp escreveu numa revista ocultista que "a natureza solitária [de Hitler] e um misticismo especial, juntamente com outros indicadores, sugerem a possibilidade de possessão por algum espírito de origem desconhecida" (citado em Hakl, 2000, p. 23).

Hitler manteve-se no apogeu de seus consideráveis poderes – intelectuais, oratórios e possivelmente ocultistas – no início da Segunda Guerra Mundial. Depois de 1940, porém, o que antes era um claro senso de ritmo e de julgamento começou a falhar, e ele expôs a Alemanha a uma guerra com duas frentes, impossível de ser vencida. Uma tentativa de assassinato perpetrada por seus próprios generais em 1944 deixou-o permanentemente lesado, embora tenha mandado executar centenas de pessoas envolvidas no plano. Cometeu suicídio em seu *bunker* em Berlim em 1945, alguns dias antes das tropas russas tomarem conta da cidade.

Desde o início da ascensão de Hitler ao poder, houve uma quantidade significativa de livros dedicados às suas conexões ocultistas. Infelizmente, a maioria deles exemplifica o que há de pior na história ocultista: são repletos da habitual coleção de fontes não identificadas, alegações repetidas de livro em livro sem a preocupação de conferir sua validade, e coisas do gênero. Afirmações como a de que a carreira de Hitler foi marcada pela busca pela lança que perfurou Jesus de Nazaré, que ele era um títere nas mãos de misteriosos e maléficos adeptos tibetanos ou de que era um emissário de poderes secretos provenientes da Terra Oca pertencem a essa categoria e devem ser descartadas, a menos que surjam evidências verídicas apoiando tais hipóteses. *VEJA* HISTÓRIA OCULTA.

O mesmo tipo de pensamento aplicado numa direção distinta deu origem a livros nos quais Hitler é apresentado como um santo avatar da humanidade ariana, cuja morte sacrifical foi necessária para dar fim ao Kali Yuga. Trabalhos como os de Savitri Devi e Miguel Serrano são os mais conhecidos desse tipo repulsivo de literatura. *VEJA* DEVI, SAVITRI. Em meio a tudo isso, seja pró- ou anti-Hitler, a verdadeira carreira de um mago e homem extraordinário, embora corrupto e destrutivo, foi efetivamente obscurecida. *VEJA TAMBÉM* NACIONAL-SOCIALISMO. LEITURA ADICIONAL: GOODRICK-CLARKE, 1992; HAKL, 2000; HITLER, 1974; RAUSCHNING, 1939; TURNER, 1985.

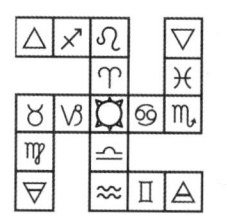

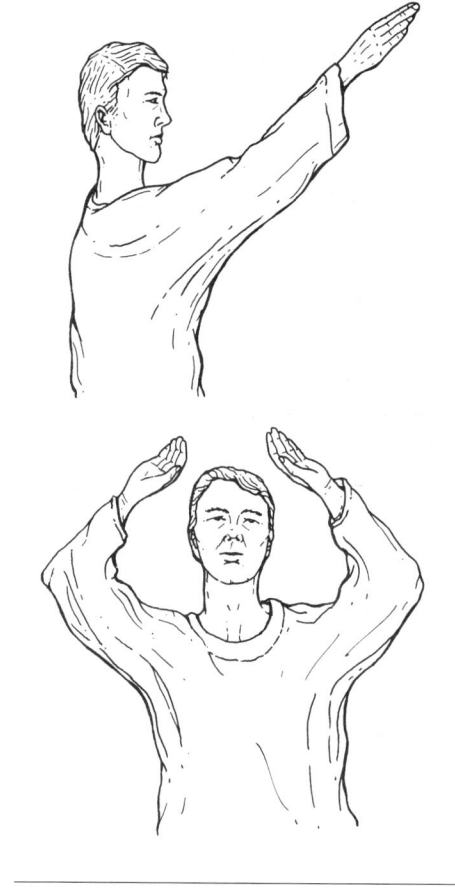

Estes símbolos da tradição da Golden Dawn – a suástica ou cruz Fylfot, o Sinal do Zelator, no meio, e o Sinal do Theoricus, embaixo – podem ter sido explorados por Hitler para fins mágicos

Hockley, Frederick. Contador e ocultista inglês, 1808-1885. Nada se sabe sobre as origens ou família de Hockley, mas parece que recebeu a educação habitual de um inglês de classe média da época. Nos primeiros dias de sua carreira, parece ter trabalhado durante algum tempo para John Denley, famoso livreiro ocultista de Covent Garden. Mas seu interesse pelo oculto ia além disso; segundo seu próprio relato, começou a fazer experiências com a leitura de bolas de cristal e espelhos mágicos já aos 16 anos.

Na década de 1840, começou a publicar relatos de suas visões na imprensa ocultista da época. Tornou-se uma figura notável nos círculos espiritualistas da década de 1850, famoso por sua imensa biblioteca e pelo vasto conhecimento de tradições ocultistas. A maior parte de sua própria obra, porém, permaneceu (e ainda permanece) inédita. Seus registros de conversas com espíritos através do cristal acabaram ocupando trinta volumes manuscritos, que eram exibidos apenas a amigos mais íntimos.

Como a maioria dos magos que trabalham com bolas de cristal, geralmente Hockley usava um vidente, que entrava em transe e tinha visões no cristal, enquanto ele conjurava espíritos e anotava os resultados. Sua vidente mais hábil foi Emma Louisa Leigh, filha de um amigo, cujos talentos puseram-no em contato com uma entidade que se intitulava Anjo Coroado da Sétima Esfera. Por intermédio da Senhorita Leigh, o Anjo Coroado ditou uma extensa obra sobre ocultismo, *Metaphysical and Spiritual Philosophy: Or the Connection with and Influence Over Material Bodies by Spirits*, que foi bem recebido em meados da década de 1850.

Embora Hockley tenha mantido contato com muitos dos mais importantes ocultistas de sua época, aparentemente não se interessou pelas inúmeras ordens ocultistas e lojas mágicas ativas na Inglaterra e na Europa. Foi maçom ativo, e durante algum tempo pertenceu à Societas Rosacruciana In Anglia (SRIA), organização maçônica com alguns envolvimentos ocultos, mas não participou muito das atividades desta última. Diz-se que teria sido membro da Fratres Lucis, ordem fundada por Francis Irwin, amigo de Hockley, mas (como tudo que se relaciona com a Fratres Lucis) ainda não foi possível confirmar esta afirmação. *VEJA* FRATRES LUCIS.

Morreu pacificamente após alguns anos de saúde debilitada em 1885, e sua biblioteca (com mais de mil livros sobre ocultismo) e seus manuscritos foram vendidos. A maior parte destes nunca foi localizada. *VEJA TAMBÉM* CRISTALOMANCIA. LEITURA ADICIONAL: J. GODWIN, 1994; HAMILL, 1986.

hocus pocus. Esta frase aparentemente sem sentido foi, originalmente, a frase latina *hoc est corpus meus*, "isto é meu corpo", trecho da parte mais solene da missa católica, na qual o celebrante repete as palavras de Jesus na Última Ceia para consagrar o pão comunitário, transformando-o (segundo a crença católica) no corpo de Jesus. Após a Reforma, os autores protestantes atacaram muitas crenças católicas dizendo que eram magia, e as palavras de consagração foram emaranhadas e convertidas numa expressão que é sinônimo de "tolice mágica". *VEJA TAMBÉM* SINO, LIVRO E VELA.

Hod. (hebraico HVD, "esplendor") A oitava Sefirah da Árvore Cabalística da Vida, localizada na base do Pilar da Forma ou da Severidade. Suas correspondências mágicas e simbólicas mais comuns são:

Nome de Deus: ALHIM TzBAVTh, Elohim Tzabaoth (Deuses dos Exércitos).
Arcanjo: RPhAL, Rafael (Cura de Deus).
Hoste angelical: BNI ALHIM, Beni Elohim (Filhos de Elohim).
Correspondência astrológica: KVKB, Kokab (Mercúrio).
Correspondência no tarô: Os quatro Oitos.
Elemento correspondente: Água.

Imagem mágica: Um hermafrodita.
Símbolos adicionais: O caduceu.
Cores: em Atziluth, roxo.
   em Briah, laranja.
   em Yetzirah, marrom-avermelhado.
   em Assiah, marrom-amarelado salpicado de branco.
Correspondência no microcosmo: O intelecto em Ruach.
Correspondência no corpo: O lado esquerdo dos quadris.
Grau de iniciação: 3=8, Practicus.
Poder Negativo: SMAL, Samael (os Mentirosos).

O texto do *Trinta e Dois Caminhos da Sabedoria* associado a Hod diz: "O Oitavo Caminho é a Inteligência Absoluta ou Perfeita, porque é o meio do Primordial; não tem raízes para se agarrar ou apoiar, exceto os lugares ocultos de Gedulah, que emanam de sua própria essência". *VEJA TAMBÉM* CABALA; ÁRVORE DA VIDA.

Hodos Chamelionis. (misto de grego e latim, "caminho do camaleão") Nos textos da Golden Dawn, os reinos multicoloridos do plano astral, associados com o arco ou arco-íris Qesheth, bem como com as escalas de cores da teoria mágica da Golden Dawn. *VEJA* ESCALAS DE CORES; QESHETH.

hof. (norueguês antigo, "salão") No moderno neopaganismo nórdico, expressão comum para um templo ou espaço sagrado no qual os antigos deuses e deusas germânicos são invocados. *VEJA* ASATRÚ.

Homem. *VEJA* MADHR.

Homem de Negro. *VEJA* OFICIAL.

Homem de Preto. *VEJA* OFICIAL.

Homem Negro. *VEJA* OFICIAL.

Homem Verde. Figura das florestas encontrada no folclore, na arte e nos rituais de muitas culturas europeias, da Idade Média até o presente, geralmente representado como um homem que usa uma máscara e roupas de folhas. Muitos autores pagãos modernos interpretaram o Homem Verde como uma divindade da floresta, embora haja muito pouca evidência de uma divindade desse gênero nas fontes sobreviventes da religião pagã europeia. Ele pode ter sido um espírito ou uma personificação ritual.

Em muitas danças primaveris inglesas e peças de mímicos, o Homem Verde é representado por um homem vestido de folhagens ou coberto por uma tela à qual são presos ramos cheios de folhas. As folhagens, com ou sem um portador, costumam ser lançadas à água ou receber algum tipo de tratamento rude. Autores sugeriram que isso pode ser um resquício de antigas tradições de sacrifício humano. *VEJA TAMBÉM* PAGANISMO. LEITURA ADICIONAL: ANDERSON, 1990.

homeopatia. Um dos principais sistemas de medicina alternativa do mundo moderno, a homeopatia foi muito influenciada pelas tradições ocultistas em diversos momentos de sua história. Fundada por Samuel Hahnemann (1755-1843), médico alemão que descobriu que substâncias capazes de causar sintomas de doenças em doses maiores podiam também curar doenças com sintomas similares quando ministradas em doses mínimas. A partir dessa experiência, repetida muitas vezes, ele formulou o princípio básico da homeopatia, *simila similibus curantur* (semelhante cura semelhante).

Hahnemann afirmou ter descoberto a homeopatia simplesmente com suas pesquisas, mas notas de rodapé em sua principal obra,

Organon da Arte de Curar, mostram que ele estava profundamente familiarizado com os textos dos alquimistas e curadores da linha de Paracelso, e os princípios básicos da homeopatia aparecem nessas fontes, bem como nos textos do próprio Paracelso. VEJA PARACELSO.

Os remédios homeopáticos são feitos misturando-se uma parte da substância básica com 9 ou 99 partes de um material inerte (normalmente lactose), mistura que depois é agitada ou moída durante algum tempo; repete-se o processo diversas vezes – a cada vez, misturando-se uma parte da mistura com 9 ou 99 partes adicionais de lactose. Cada diluição é conhecida como uma "potência", pois quanto mais diluída fica a substância original, mais fortes e duradouros os seus efeitos sobre o corpo. Isso acontece mesmo que potências acima de 12C (ou seja, o resultado de doze diluições sucessivas de 99 para 1 com lactose) possam não ter literalmente molécula alguma da substância original. Esse efeito foi confirmado repetidas vezes com experimentos controlados e duplo-cegos, embora viole algumas das teorias científicas mais básicas sobre a natureza da matéria.

Depois da época de Hahnemann, a homeopatia tornou-se um dos sistemas mais usados de medicina no mundo ocidental, conseguindo angariar muitos seguidores na Europa e nos Estados Unidos, antes que a pressão política da medicina ortodoxa a reduzisse a uma posição secundária no começo do século XX. Em seu apogeu nos Estados Unidos, que foi de 1870 a 1910, a homeopatia ficou associada à Igreja Swedenborguiana, e por alguns anos a maioria dos principais professores e médicos homeopatas dos Estados Unidos eram swedenborguianos. Isso exerceu uma influência significativa sobre a teoria homeopática, especialmente nas mãos de James Tyler Kent, cuja versão bastante ocultista da homeopatia tornou-se a abordagem mais comum no início do século XX, mantendo essa posição até hoje. VEJA KENT, JAMES TYLER; SWEDENBORG, EMMANUEL.

Em meados do século XX, quando todas as formas alternativas de cuidados médicos foram reprimidas na maioria dos países ocidentais por pressão política de médicos convencionais e por pesadas multas legais, os homeopatas tiveram uma existência semiclandestina. Parece ter havido alguma interação com outras tradições alternativas nessa época; o mago britânico W. E. Butler mencionou que alguns grupos mágicos que ele conhecia ministravam doses homeopáticas de substâncias alucinógenas a seus iniciados, como forma de desenvolverem poderes interiores. Algumas escolas francesas de alquimia também usam sais celulares bioquímicos, relacionados com a homeopatia. VEJA SAIS CELULARES.

Com o enfraquecimento do domínio ortodoxo sobre a medicina e a ascensão de sistemas alternativos de saúde nos últimos anos, a homeopatia tornou a ficar comum no mundo ocidental, mas sua conexão ocultista parece não ser muito reconhecida pela comunidade mágica. LEITURA ADICIONAL: BOYD, 1981; W. BUTLER, 1990; WOOD, 2000.

homúnculo. (do latim, "pequeno humano") Na alquimia, um ser humano em miniatura, mas vivo, criado artificialmente por meios alquímicos. Geralmente, as receitas para se criar um homúnculo consistiam em se colocar sêmen, sozinho ou com outras substâncias, num frasco alquímico que era mantido em calor suave durante quarenta dias. Ao final desse prazo, poderia ser vista uma pequena forma humana semitransparente. Então, o alquimista era instruído a alimentá-la todos os dias com o Arcanum (um preparado alquímico) de sangue humano, mantendo-o na mesma temperatura durante quarenta semanas. Ao final desse prazo, a forma teria se transformado em uma criança humana em miniatura, que deveria então ser tirada do frasco e criada como qualquer criança.

As tradições sobre o homúnculo devem ser relacionadas com as do golem, o ser humano artificial cuja construção é tratada no folclore judaico e em textos mágicos cabalísticos. VEJA GOLEM. VEJA TAMBÉM ALQUIMIA. LEITURA ADICIONAL: EBERLY, 1997.

Honório de Tebas. Suposto autor do *Livro Jurado de Honório*, um dos mais importantes grimórios medievais. VEJA GRIMÓRIO; LIVRO JURADO DE HONÓRIO.

hoodoo. VEJA HUDU.

horário, astrologia do. VEJA ASTROLOGIA HORÁRIA.

horóscopo. Interpretação das influências astrológicas para um dia ou outro período, de cada um dos doze signos. Também se usa com o sentido de mapa astrológico, ou mapa astral; e de mapa do nascimento de uma pessoa; VEJA MAPA ASTRAL; ASTROLOGIA NATAL. Em inglês, a palavra *horoscope* corresponde ao que chamamos no Brasil mapa astral. Ainda em inglês, significava antes o que hoje é chamado de ascendente – ou seja, o grau do zodíaco situado no horizonte oriental no momento para o qual o mapa é calculado – e assumiu seu significado atual no final da Idade Média.

Hórus. Antigo deus solar egípcio, geralmente retratado como um falcão ou um homem com cabeça de falcão. Hórus era um dos mais complexos deuses egípcios, com muitos aspectos e formas diferentes. Como Hórus, o Velho (ou Aroeris), era irmão de Osíris e de Set; como Hórus, o Jovem, era filho de Osíris e de Ísis, e inimigo e assassino de Set; como Hórus dos Dois Horizontes, era o deus celeste supremo, identificado com Rá, o Sol. Tinha papel significativo em alguns trabalhos de magia do Egito. VEJA OCULTISMO EGÍPCIO. [Hórus, o Velho, também chamado o Antigo, em egípcio é Heru-Hor; e Hórus, o Jovem, é Heru-Pe-Khratos, ou Harpócrates – N. do E.]

Na Ordem Hermética da Aurora Dourada, a forma divina visualizada de Hórus, o Velho, era usada pelo Hierofante Anterior em rituais, enquanto a de Hórus, o Vingador, era usada pelo Hiereus. A forma de Hórus, o Menino, também aparece no templo da Ordem Exterior como uma das estações invisíveis. VEJA AROERIS; GOLDEN DAWN; HARPÓCRATES.

Na Thelema, o sistema mágico-religioso idealizado por Aleister Crowley, Hórus é considerado a divindade que governa a atual era do mundo, o Éon de Hórus, que começou com a revelação do *Livro da Lei* em 1904. São mencionados três aspectos de Hórus no *Livro da Lei* e nos textos de Crowley: Ra Hoor Khuit, que é o aspecto ativo do Senhor do Éon; Hoor-par-kraat, que é o aspecto retraído; e sua unidade, que é Heru-ra-ha. VEJA THELEMA.

Hru. No ritual da Golden Dawn, um "Grande Anjo" que supervisiona as operações da sabedoria secreta da ordem. Hru foi invocado na cerimônia de consagração do Túmulo dos Adeptos, e também é mencionado nos textos sobre tarô da Golden Dawn; em função disto, é invocado por muitos praticantes do tarô, dentro e fora da tradição da Golden Dawn, para dar orientação nas adivinhações.

Embora nada de significativo seja dito sobre Hru nos textos publicados da Golden Dawn, seu nome é idêntico ao da divindade egípcia Hórus (*hru*, em egípcio antigo); VEJA HÓRUS. Foi sugerido que ele seria o guardião angelical da tradição da Golden Dawn como um todo. VEJA TAMBÉM GOLDEN DAWN; CHRISTIAN ROSENKREUZ, TÚMULO DE. LEITURA ADICIONAL: REGARDIE, 1971.

Hu Gadarn. Nas lendas galesas e no folclore bardo, o chefe mítico que liderou os ancestrais dos galeses desde a terra de Hâv, chamada Defrobani (Taprobana, moderno Sri Lanka), até a ilha da Bretanha. Suas manifestações na poesia galesa medieval mostram-no ora como herói, ora como um deus; assim escreveu o bardo do século XV Rhys Brydydd:

> O menor, se comparado com o pequeno,
> É o Poderoso Hum no julgamento do mundo
> E ele é o maior, e o Senhor que nos rege,
> E nosso Deus de mistérios.

Outra poesia, escrita sob uma perspectiva cristã mais convencional, diz: "os homens de Hu, os bardos usurpadores de Gales" e descreve Hu como uma fonte "de falsidade, e profecias vis". Tudo isso pode representar os ecos de uma tentativa feita pelos bardos galeses medievais de preservar ou reviver tradições religiosas pré-cristãs. VEJA AWENYDDION; BARDO. VEJA TAMBÉM PAGANISMO.

Hua. (hebraico HVA, "Ele") Na cabala, um nome de Kether, a primeira Sefirah da Árvore da Vida. VEJA KETHER.

Na tradição da Golden Dawn, nome de um "Grande Anjo Vingador" que é invocado no ritual de consagração do Túmulo dos Adeptos. VEJA CHRISTIAN ROSENKREUZ, TÚMULO DE.

Huath. (irlandês antigo, "terror") Sexta letra do alfabeto Ogham, também grafada Uath e Huathe, com valor sonoro *h*. Corresponde ao pilriteiro entre as árvores, ao corvo entre as aves, à cor "terrível" (em gaélico, *huath*), e a nenhum número. Na versão de Robert Graves para o calendário das árvores-Ogham, esse mês vai de 14 de maio a 10 de junho. VEJA OGHAM.

Letra Huath em Ogham

hudu. (também grafado **hoodoo**) Tradicional magia popular da cultura afro-americana, também conhecida como magia de conjurações ou trabalho de raiz. (A origem da palavra inglesa "hoodoo" é incerta, embora possa derivar de uma fonte da África Ocidental.) O hudu está para o ocultismo assim como o blues para a música: tem raízes na cultura africana, transformada e remodelada através do longo calvário da escravidão e da segregação, baseando-se à vontade numa ampla gama de influências culturais mas com uma natureza toda própria.

As práticas hudu datam praticamente da mesma época em que se iniciou a presença africana nos Estados Unidos. Registros de tribunais e outras fontes coloniais norte-americanas mostram que muitas das práticas básicas do hudu dos séculos XIX e XX já estavam em voga bem antes da Revolução Americana. Por volta de 1760, apesar da realidade brutal da escravidão, africanos e afro-americanos nas colônias tinham começado a adaptar a herança espiritual de sua terra natal ao Novo Mundo, valendo-se de elementos do cristianismo popular, da magia europeia e de tradições dos índios norte-americanos. O resultado foi o hudu.

Como a maioria das tradições mágicas populares, o hudu direciona seus trabalhos principalmente para o sucesso na vida cotidiana. Feitiços para ganhar dinheiro, ter sorte em jogos, atrair um cônjuge ou impedir que a pessoa saia do bom caminho, para que evite problemas jurídicos ou que vença nos tribunais têm um papel substancial no repertório hudu. Métodos para amaldiçoar ou "cruzar" outra pessoa também são parte indispensável da tradição, e há um rico conjunto de feitiços para "descruzar", desmanchar ou rechaçar feitiços, seja impedindo que a magia hostil seja usada, anulando feitiços já lançados, seja "devolvendo" (ou seja, enviando o feitiço de volta para seu emissor).

Boa parte da técnica hudu pertence ao vasto mundo da magia natural, que se vale dos poderes mágicos de substâncias naturais para realizar os propósitos do mago. *VEJA* MAGIA NATURAL. Pós, incensos, óleos, lavagem de pisos e outros preparados são usados no hudu; uma das formas mais típicas de magia hudu são as "mãos", também chamadas de "tobies" ou "mojos" ("patuás", no Brasil), saquinhos de tecido com substâncias magicamente eficientes. Pó goofer, terra de cemitério, raiz de High John the Conqueror (*Ipomoea jalapa*), óleo Van Van e magnetita são alguns ingredientes mais comuns nas preparações hudu, mas muitas outras substâncias são usadas. *VEJA* HIGH JOHN THE CONQUEROR, RAIZ DE; MAGNETITA.

Durante o final do século XIX e início do XX, o hudu foi uma presença constante na maioria das comunidades norte-americanas com população afro-americana mensurável. Os praticantes – médicos ou curandeiros hudu, como costumavam ser chamados – realizavam seus trabalhos, tal como os magos, bruxos e xamãs de outras culturas, em casa, em consultas com clientes e preparando os feitiços encomendados. O ímpeto comercial da cultura norte-americana, porém, atraiu o hudu para sua órbita, e já nas primeiras décadas do século XX era possível adquirir preparações hudu em farmácias, prontas para uso. A Cracker Jack Drugstore na rua Rampart, em Nova Orleans, deve ter sido a mais famosa loja de hudu dos Estados Unidos, mas havia lojas como essa por volta de 1920 em quase toda cidade norte-americana com grande população afro-americana, e muitas ainda estavam operando na década de 1970; com efeito, algumas subsistem até hoje.

Apesar de problemas legais, devidos a leis que definem a magia como fraude, a indústria do hudu atingiu um porte respeitável, com dezenas de fabricantes e centenas de lojas vendendo "produtos espirituais" durante o apogeu da indústria em meados do século XX. Os produtos oferecidos pelos lojistas do ramo iam bem além do repertório tradicional, com o aromatizante de High John the Conqueror entre as novas ofertas, mas a qualidade mágica desses produtos costumava deixar muito a desejar. Os ingredientes tradicionais foram substituídos rotineiramente por outros: ossos de frango são vendidos como de gato preto, por exemplo, e ervas podem ser trocadas por outra de cor aproximada. Normalmente, produtos hudu adquiridos no comércio não contêm nenhum vestígio dos ingredientes mágicos apresentados pitorescamente em suas etiquetas.

Embora o hudu tenha sempre tido raízes na comunidade afro-americana, há também uma longa história de participação de brancos, tanto como clientes quanto como praticantes. Durante o século XX, a urbanização crescente e a alfabetização entre afro-americanos levaram os praticantes do hudu a manter contato com outras tradições ocultistas norte-americanas, e elementos-padrão de alta magia ocidental, como dias e horas planetárias, encontraram lugar no hudu. Em meados do século XX, as lojas de hudu continham obras sobre magia

cabalística, yoga e misticismo cristão, bem como os textos tradicionais do hudu. Ao mesmo tempo, o acesso a tradições religiosas da África Ocidental e das culturas caribenha e latino-americanas com raízes africanas levou o hudu de volta às suas origens e o enriqueceu sensivelmente. Hoje, ainda é uma das mais vitais correntes da magia norte-americana.
LEITURA ADICIONAL: J. BUTLER, 1983; HASKINS, 1978; LONG, 2001; MALBROUGH, 1986; PIERSEN, 1995A; YRONWODE, 2002.

humores. (do latim *humor*, "umidade") No pensamento médico antigo, medieval e renascentista, quatro fluidos presentes no corpo humano, que levam à saúde física e mental quando estão equilibrados e à doença quando desequilibrados. Estavam intimamente associados aos quatro elementos; *VEJA* ELEMENTOS MÁGICOS. O sistema de humores evoluiu na Grécia antiga, junto com a teoria dos próprios elementos, e manteve-se como a base do pensamento médico ocidental até o século XVIII.

Humor	*Elemento*	*Qualidades*
Sanguíneo	Ar	Quente e úmido
Colérico	Fogo	Quente e seco
Fleumático	Água	Frio e úmido
Melancólico	Terra	Frio e seco

Quase todos os manuais herbários anteriores à Revolução Científica referem-se ao equilíbrio humoral, ou "temperatura", das ervas e outros remédios naturais. Qualquer substância pode ser quente, fria ou temperada (neutra); pode ser também úmida, seca ou temperada. O equilíbrio entre quente *versus* frio e úmido *versus* seco determinava se a erva estimularia o corpo numa direção sanguínea, colérica, fleumática ou melancólica. Cada qualidade podia estar presente no primeiro, segundo, terceiro ou quarto graus, o que determinava a intensidade do efeito da erva sobre o corpo humano. Isso permitia um bom grau de definição e de controle do efeito herbório.

A medicina humoral também prestava muita atenção à alimentação, aos exercícios e outros fatores. Era um sistema médico holístico, seguindo as mesmas linhas que a medicina chinesa tradicional e a ayurveda indiana. Como esses dois sistemas, era muito eficiente para lidar com doenças crônicas e problemas ligados ao modo de vida, mas tinha poucos recursos para tratar de doenças epidêmicas, o que teve muito a ver com seu abandono no Ocidente nos séculos XVIII e XIX.

Boa parte da medicina humoral persiste de forma vaga no folclore dos Estados Unidos. Por exemplo, o velho ditado "mate a febre de fome e alimente o resfriado" é um conselho humoral clássico: a digestão de alimentos aquece o corpo, e por isso a comida é boa para uma doença que o resfria, mas contraproducente para o calor da febre. Apesar do importante papel dos quatro elementos tradicionais na moderna prática mágica, porém, o antigo sistema de medicina humoral está praticamente esquecido hoje em dia. LEITURA ADICIONAL: FOSTER, 1994; J. GREER, 2000; GULLAN-WHUR, 1987.

I

Ialdabaoth. Na teologia gnóstica, o líder dos arcontes e criador do mundo material decaído, também chamado Saklas e Samael. Ialdabaoth era filho ou a criação de Sofia, a mais baixa dos éons do reino espiritual, cuja queda da perfeição primal deu início ao processo de criação material. Escondido por Sofia na escuridão da matéria, Ialdabaoth não conseguia perceber o reino espiritual; ficou convencido de que ele era o ser supremo do universo, e moldou a substância de seu esconderijo no mundo da matéria que conhecemos. O resto da história do cosmos, em termos gnósticos, é principalmente um relato do conflito dos emissários do reino espiritual, e esses seres humanos que os ouviram, contra Ialdabaoth e seus escravos.

A origem e significado do nome Ialdabaoth não são claros; as sugestões incluem o aramaico *yaled aba'ot*, "gerador de Sabaoth", um nome do deus judeu. *VEJA TAMBÉM* ARCONTE; GNOSTICISMO.

Iâmblico de Chalcis. *VEJA* JÂMBLICO DE CÁLCIS.

IAO. Uma das mais importantes palavras de poder da gnose, provavelmente IAO deriva do Tetragrammaton, o mais importante nome judaico de Deus; *VEJA* TETRAGRAMMATON. Aparece pela primeira vez nos textos mágicos por volta do início da Era Comum, e pode ser encontrada em muitos papiros mágicos greco-egípcios. Aparentemente, deixou de ser usada com o declínio do gnosticismo e a ascensão de uma magia cristã mais ortodoxa após a queda do Império Romano. *VEJA* OCULTISMO CRISTÃO; GNOSTICISMO; PAPIROS MÁGICOS GRECO-EGÍPCIOS.

Foi redescoberta, porém, pelos primeiros pesquisadores do gnosticismo nos séculos XVIII e XIX, e incorporada pelos fundadores da Ordem Hermética da Aurora Dourada em sua síntese mágica. Na Golden Dawn, as três letras eram atribuídas às divindades Ísis, Apópis e Osíris, e o nome expandido dessa forma tem um papel determinante no ritual da Golden Dawn. *VEJA* GOLDEN DAWN. *VEJA TAMBÉM* PALAVRAS BÁRBARAS; VOGAIS.

iatromatemática. Antiga expressão que significa astrologia médica. *VEJA* ASTROLOGIA.

iatroquímica. Antiga expressão que significa espagíria, ou remédio alquímico. *VEJA* ESPAGÍRIA.

Idad. *VEJA* IDHO.

Identidade Cristã. Movimento religioso moderno, fortemente influenciado por tradições de pensamento gnóstico e ocultismo racista, responsável por uma boa parcela da violência política de direita nos Estados Unidos nas décadas de 1980 e 1990. Assemelha-se muito à Ariosofia, filosofia esotérica por trás do nacional-socialismo alemão, embora com raízes históricas diferentes; *VEJA* ARIOSOFIA.

A Identidade Cristã tem uma linhagem extremamente complexa, mesmo levando-se em conta o padrão dos modernos movimentos ocultistas ou assemelhados. Surgiu em meados do século XX, de uma mistura de fontes bastante estranha. Uma delas foi um movimento na teologia protestante que adotava a antiga ideia gnóstica de duas linhagens descendentes de Eva: uma má, via Caim, cujo pai teria sido a Serpente, e uma boa, via Seth, cujo pai teria sido Adão. *VEJA* GNOSTICISMO. O teólogo batista Daniel Parker (1781-1844) foi um importante proponente norte-americano dessa crença. Como era de esperar, essa doutrina das "duas sementes" foi usada pelo racismo do sul dos Estados Unidos, e por volta de 1900 o ideólogo racista Charles Campbell afirmava que os filhos de Caim eram negros, e os de Seth, brancos.

Outra fonte da Identidade Cristã pode ser encontrada numa série de ideologias ocultistas vinculada ao fascismo norte-americano. A figura mais importante nesse cenário foi William Dudley Pelley (1890-1965), cuja Legião de Prata foi o mais influente grupo fascista dos Estados Unidos entre as duas guerras mundiais. *VEJA* PELLEY, WILLIAM DUDLEY. Os ensinamentos de Pelley, inspirados por uma experiência mística que ele teve em 1925, também foram tomados de diversas fontes ocultistas, depois misturados com um intenso antissemitismo e atitudes que hoje seriam rotuladas como "sobrevivencialistas". O papel de Pelley como precursor da Identidade Cristã foi direto; muitas das principais figuras de destaque na Identidade Cristã, no final do século XX, inclusive o fundador da Aryan Nations (Nações Arianas), Richard Girnt Butler, começaram como membros da Legião de Prata.

O elemento final na criação da Identidade Cristã foi o movimento British Israelite, ou Israelita Britânico, um grupo de pouca influência, pequeno, mas barulhento, que afirmava ser o povo britânico descendente de uma ou mais das dez tribos perdidas de Israel. Devido a uma complexa série de desvios doutrinários, grupos Israelitas Britânicos no Canadá e nos Estados Unidos conseguiram se convencer, no final da década de 1930, de que eram descendentes dos antigos israelitas – mas que os judeus modernos não eram.

Nas décadas de 1950 e 1960, principalmente na Costa Oeste, ideias dos Israelitas Britânicos como essas misturaram-se com o sobrevivencialismo místico de Pelley e com versões racistas da teoria das "duas sementes", dando origem ao movimento Identidade Cristã. Wesley Swift (1913-1970), o mais importante líder da Identidade nas décadas de 1950 e 1960, ensinou aquilo que, desde então, tornou-se a ideologia central da Identidade: os "arianos" brancos são os verdadeiros israelitas, os filhos de Deus, enquanto outras raças são animais subumanos, e os judeus são, literalmente, descendentes biológicos de Satã. Tudo isso foi combinado, por Swift e seus sucessores, com uma postura política radical de direita, com a convicção de que uma guerra apocalíptica entre as raças está próxima, mais uma obsessão por armas e pela violência.

Como era de esperar, os resultados foram sangrentos. O mais famoso dos grupos violentos da Identidade é o Bruders Schweigen, ou Fraternidade Silenciosa, mais conhecido na mídia como A Ordem. Fundada em Metaline Falls, Idaho, em 1983, A Ordem assaltou um carro blindado, falsificou dinheiro e assassinou o judeu Alan Berg, apresentador de um programa de rádio de Denver, procurando iniciar uma guerrilha contra o governo norte-americano. O líder da Ordem, Robert Mathews, foi morto num tiroteio com agentes federais em 1984, enquanto outros membros foram presos em 1985 e 1986 e estão cumprindo longas penas na prisão. Outros grupos da Identidade declararam que pretendem seguir uma política de separação territorial pacífica em lugar de uma postura mais violenta. LEITURA ADICIONAL: AHO, 1990; BARKUN, 1994.

Idho. (irlandês antigo, "teixo") Vigésima letra do alfabeto Ogham, também chamada Ioho, com valor sonoro *i*. Corresponde ao teixo entre as árvores, ao filhote de águia entre as aves, à cor branca brilhante e ao número três. Segundo a versão de Robert Graves para o calendário das árvores-Ogham, ela está associada (juntamente com Ailm) ao solstício de inverno. *VEJA* OGHAM.

Letra Idho em Ogham

Igreja Católica Liberal (ICL). Igreja cristã ligada à Teosofia, a Igreja Católica Liberal emergiu do cenário clandestino de bispos independentes no início do século XX. Como muitas Igrejas católicas independentes, sua sucessão apostólica filia-se à Antiga Igreja Católica da Holanda, que se afastou do controle do Vaticano em 1739. *VEJA* BISPOS INDEPENDENTES.

Arnold Harris Matthew (1852-1919), clérigo de crenças bastante flexíveis – fora sacerdote católico, ministro unitário e pároco anglicano antes de se tornar bispo da Antiga Igreja da Holanda –, foi consagrado em 1908, e criou uma nova Igreja Católica da Inglaterra recrutando sacerdotes e bispos. Muitos destes vieram da Sociedade Teosófica e, em 1915, o contingente da Teosofia assumiu a Igreja de Matthew. Em 1918, a Igreja adotou seu nome atual.

Charles Leadbeater (1847-1934), um dos líderes da Sociedade Teosófica, tornou-se bispo da ICL em 1916 e escreveu *The Science of Sacraments*, um manual do ritual da ICL interpretado pelos ensinamentos da Teosofia. Com Leadbeater, a ICL envolveu-se bastante com a Ordem da Estrela do Oriente e com a tentativa de promover Jiddu Krishnamurti como o novo messias; *VEJA* ESTRELA DO ORIENTE, ORDEM DA.

Como a própria Teosofia, a Igreja Católica Liberal passou por diversos cismas, e ainda está ativa, embora de forma discreta, em boa parte do mundo anglófono. Seus rituais são bastante semelhantes aos de outras Igrejas cristãs tradicionais, mas sua teologia é derivada da Teosofia, com o Mestre Jesus como Senhor do Sétimo Raio e não a segunda pessoa da trindade cristã tradicional. *VEJA TAMBÉM* TEOSOFIA. LEITURA ADICIONAL: KEIZER, 1976; LEADBEATER, 1920.

Igreja da Iluminação. Corpo religioso ligado à Fraternidade Rosa-Cruz (FRC), Ordem Rosa-Cruz Norte-Americana. A Igreja da Iluminação serve de palco exterior para a FRC e apresenta uma versão exotérica – a "Lei Divina" – dos ensinamentos esotéricos da FRC. *VEJA* FRATERNITAS ROSAE CRUCIS (FRC).

Igreja da Luz. Ordem esotérica norte-americana fundada em 1932 por Elbert Benjamine (C. C. Zain) em Los Angeles. Segundo suas tradições, a Igreja da Luz descende da Fraternidade da Luz, uma ordem secreta que se separou do sacerdócio egípcio em 2440 A.E.C. e esteve ativa desde então, incluindo entre seus iniciados Akhenaton, Tales de Mileto, Pitágoras, Platão, Eudoxo de Cnido e Hipácia. Em 1900, a fraternidade entrou em contato com Benjamine, então um jovem estudante de ocultismo; em 1909, após a morte de um dos três líderes da fraternidade no plano material, Benjamine foi nomeado para o cargo vago e ficou encarregado da tarefa de comunicar ao mundo os ensinamentos da ordem. Para tanto, criou uma escola e um curso por correspondência, que funcionam até hoje.

No plano da história comum, a Igreja da Luz situa seus antecedentes na Fraternidade Hermética de Luxor (F. H. de L.), uma das principais ordens ocultistas do final do século XIX, que alegava ter raízes no Egito Antigo. *VEJA* FRATERNIDADE HERMÉTICA DE LUXOR (F. H. DE L.). Após o desaparecimento da F. H. de L., um de seus membros, Thomas Burgoyne, foi para os Estados Unidos, onde tentou restaurar a ordem com o nome de Fraternidade da Luz. Foi com esta organização que Benjamine entrou em contato; parece certo que Benjamine estava agindo de boa-fé ao repetir a história tradicional da fraternidade, e que apenas fez o relato de suas origens tal como as recebeu.

A Igreja da Luz, de acordo com suas publicações oficiais, dedica-se a ensinar a "Religião das Estrelas", uma abordagem espiritual da vida baseada na astrologia e na filosofia oculta. Membros da Igreja que praticam a Religião das Estrelas são chamados de "Estelares".

Os ensinamentos da Igreja da Luz ainda se baseiam no curso de correspondência de Benjamine, com 21 volumes e 210 lições, abrangendo astrologia, alquimia e magia de forma bem detalhada. Todo o curso por correspondência, ou cada um de seus volumes, podem ser adquiridos por quem não é membro da Igreja, mas estes recebem textos especiais. Aqueles que concluem as lições relevantes e passam por um exame podem prosseguir pelos primeiros 21 graus de iniciação; os 21 graus seguintes exigem evidências de certas habilidades psíquicas e os últimos oito dependem de se atingir estados espirituais avançados. Membros da Igreja que concluíram o curso podem ser também membros de uma organização mais elevada, a Ordem da Esfinge.

A Igreja manteve sua sede em Los Angeles até 1998, quando foi transferida para um novo local nos arredores da cidade. Está ativa, embora de forma discreta, no momento em que este texto é escrito. *VEJA TAMBÉM* ZAIND, C. C. LEITURA ADICIONAL: GIBSON, 1996; ZAIN, 1914-1934.

Igreja de Satã. Organização religiosa satanista fundada por Anton Szandor LaVey em 1966, com sede em San Francisco. Com certeza, a mais pitoresca e pública das organizações satanistas modernas, a Igreja de Satã ensina a filosofia do "egoísmo racional", em parte baseada nos textos de Aleister Crowley, Friedrich Nietzsche e Ayn Rand. A existência de Satã como ser real não é objeto de crença. As imagens e os trajes tradicionais do satanismo, por sua vez, fazem parte do ambiente da Igreja; pentagramas invertidos, mulheres nuas no altar e coisas do gênero ficam evidentes nos folhetos de propaganda da Igreja.

Em dado momento, a Igreja de Satã tinha uma rede de grutas localizadas em diversas cidades norte-americanas, mas foram dissolvidas por LaVey, que receava que se tornassem clubes sociais e não sedes do satanismo. Nos últimos 25 anos, até hoje, a Igreja consiste principalmente num pequeno grupo de membros ativos na região de San Francisco, e uma rede de apoiadores espalhada pelos Estados

Unidos e pelo mundo. *VEJA TAMBÉM* LAVEY, ANTON SZANDOR; SATANISMO.

Illuminati. *VEJA* ILUMINADOS DA BAVIERA.

Iluminados da Baviera. (grafado também **Illuminati**) Sociedade secreta de curta duração, fundada em 1776 por Adam Weishaupt (1748-1830), na época professor da Universidade de Ingolstadt, no reino da Baviera (hoje parte da Alemanha). Weishaupt era defensor do Iluminismo cético e secular, idealizado por escritores franceses como Voltaire e Diderot, mas tanto a Baviera quanto a universidade onde ele lecionava eram bastiões da ortodoxia e do conservadorismo católicos. Inspirado pela Maçonaria, pelas diversas ordens semelhantes à Maçonaria que então floresciam na Europa e pelos jesuítas, ele se propôs a criar uma sociedade secreta para promover uma agenda política e social progressista na Baviera e em outros lugares.

A partir de cinco membros originais, a ordem cresceu rapidamente e em 1784 contava com mais de seiscentos membros espalhados pela Baviera e também por diversos estados alemães, Áustria, Hungria, Polônia e norte da Itália. A política de recrutar maçons e assumir o controle das lojas maçônicas existentes ajudou na disseminação da ordem, e adotou-se a prática de disfarçar as lojas com diversos nomes na esperança de evitar sua identificação.

O sistema de gradação era o seguinte:

Berçário:		1. Preparação
		2. Noviço
		3. Minerval
Maçonaria:	(Simbólica)	1. Aprendiz
		2. Colega de Ofício
		3. Mestre Maçom
	(Escocesa)	4. Illuminatus Menor ou Noviço Escocês
		5. Illuminatus Dirigens ou Cavaleiro Escocês
Mistérios:	(Menores)	1. Presbítero ou Sacerdote
		2. Príncipe ou Regente
	(Maiores)	3. Magus
		4. Rex

Em 1782, já circulavam rumores sobre os Iluminados em boa parte da Europa, e o respeitável maçom e martinista, J.-B. Willermoz, incluiu uma denúncia dos Iluminados em suas publicações após a grande conferência maçônica em Wilhelmsbad nesse ano, na qual membros dos Iluminados fizeram grandes esforços para recrutar membros e lojas da Maçonaria. Em 1794, rumores e acusações atingiram um ponto alto na própria Baviera. O governo local respondeu com éditos proibindo o funcionamento da ordem, e prisões e buscas realizadas pela polícia bávara resultaram em centenas de páginas de documentos dos Iluminados, inclusive rituais, cartas de e para Weishaupt, bem como receitas para tintas e venenos secretos.

Apesar do sucesso organizacional dos Iluminados, suas atividades políticas não parecem ter passado do estágio amador, e a organização desmoronou rapidamente depois que a máquina da repressão oficial passou a trabalhar contra ela. Weishaupt e outros membros do alto escalão conseguiram sair da Baviera antes das ações policiais, mas muitos outros membros bávaros acabaram na cadeia, e lojas maçônicas administradas pelos Iluminados em outras regiões foram fechadas pelas autoridades. Não há evidências de que a ordem em si tenha sobrevivido, embora muitos dos antigos Iluminados tenham se tornado figuras significativas nos acontecimentos conturbados dos trinta anos seguintes.

Iluminados de Thanateros (IOT)

A transformação dos Iluminados – de uma nota de rodapé na história política da Europa a peça central de dois séculos de especulação paranoica – foi obra de Augustin de Barruel (1741-1821), sacerdote católico e jornalista conservador que saiu da França em 1791 por causa da Revolução. Em 1797, ele publicou os dois volumes iniciais (de cinco) de sua obra mais importante, *Memórias para Servir à História do Jacobinismo*. Essa obra afirma que a Revolução Francesa foi o resultado de uma conspiração deliberada contra o catolicismo, a monarquia francesa e a civilização ocidental como um todo, levada a termo por maçons e intelectuais liberais mas concebida e orquestrada pelos Iluminados da Baviera, que simplesmente teriam se escondido. Apesar de graves deficiências evidenciais e lógicas, o argumento de Barruel foi aceito quase que de imediato por muitos conservadores europeus, e até hoje tem um papel de destaque nas ideologias sobre os limites da moderna opinião política. *VEJA TAMBÉM* MAÇONARIA; HISTÓRIA OCULTA. LEITURA ADICIONAL: J. ROBERTS, 1972.

Iluminados de Thanateros (IOT). Ordem mágica internacional fundada em 1976 na Alemanha por dois magos do Caos, um inglês e um alemão. Seu nome formal é "O Pacto Mágico dos Iluminados de Thanateros"; a palavra *Thanateros* é uma fusão do grego *thanatos* (morte) e *eros* (amor sexual). O foco central da IOT é a magia do Caos; seus métodos de ensino e seus trabalhos práticos enfatizam o uso de estados alterados de consciência, por um lado, e a rejeição de padrões fixos de crença, por outro.

O símbolo do pacto é um círculo negro do qual irradiam oito flechas negras. Baseia-se na "Bandeira do Caos", dos romances fantásticos do escritor inglês Michael Moorcock, e é um de vários sistemas mágicos do Caos que se valem da ficção, científica ou de outro tipo; *VEJA* OCULTISMO FANTÁSTICO. O pacto oferece quatro graus de iniciação – Neófito 4º, Iniciado 3º, Adepto 2º e Magus 1º. O grau honorário de Magus Supremo 0º pertence aos líderes do pacto como um todo. A consagração como Sacerdote ou Sacerdotisa do Caos está disponível para membros nos níveis 3º ou 2º.

O porta-voz mais importante da IOT é Peter Carroll, um dos dois fundadores e autor de diversos livros controvertidos sobre magia do Caos. Segundo Carroll, a IOT surgiu da fusão entre magia thelêmica, tantra, taoismo e a obra do ocultista inglês Austin Osman Spare (1886-1956), cujo Zos Kia Cultus foi o ancestral da maioria dos atuais sistemas mágicos do Caos. *VEJA* SPARE, AUSTIN OSMAN.

De acordo com um site atualizado pouco antes deste texto, atualmente a IOT tem dezesseis templos espalhados pelo mundo. *VEJA TAMBÉM* MAGIA DO CAOS. LEITURA ADICIONAL: CARROLL, 1978.

imagem telesmática

imagem telesmática. Na magia cerimonial, uma imagem visualizada, usada para representar uma força mágica. O uso de imagens telesmáticas data da Antiguidade, quando imagens específicas de deuses e de espíritos eram usadas em trabalhos rituais, com atributos e símbolos que ajudavam a representar as energias canalizadas através deles em trabalhos de magia. Antigos manuais de magia, como os papiros mágicos greco-egípcios, costumavam instruir o mago a imaginar um deus ou um espírito segundo uma descrição exata, na qual cada detalhe tinha um significado simbólico. *VEJA* PAPIROS MÁGICOS GRECO-EGÍPCIOS.

Essa tradição se estendeu para os magos árabes da Idade Média, e passou à Europa com a transmissão de manuais mágicos árabes como o *Picatrix*; VEJA PICATRIX. Deve ter sido essa a fonte das bizarras descrições de demônios nos grimórios europeus do final da Idade Média e início do período moderno, embora a chave para sua interpretação tenha se perdido neste caso, e poucas tenham sido as tentativas de se decodificar essa linguagem simbólica específica nos tempos modernos. *VEJA* GOÉTIA; GRIMÓRIO.

As transformações da teoria esotérica no renascimento do ocultismo no século XIX favoreceram uma postura mais analítica e interpretativa diante dessas imagens, e a vasta confusão das imagens mágicas tradicionais deu lugar, ao menos em alguns casos, a algo mais coerente. Na Ordem Hermética da Aurora Dourada, que teve um papel fundamental nessa tendência, imagens telesmáticas tradicionais foram suplementadas ou substituídas por um sistema que forma imagens com base nas letras do alfabeto hebraico. Essa técnica permitia que magos treinados nesse sistema produzissem imagens telesmáticas à vontade para qualquer energia mágica desejada. *VEJA* GOLDEN DAWN.

O sistema da Golden Dawn foi copiado por algumas das ordens que se sucederam a ela ou a imitaram, mas, como muitas das dimensões mais complexas da ordem, não têm tido muito uso nos últimos anos. Enquanto isso, muitos magos praticantes têm usado as imagens bizarras dos velhos grimórios, mas poucos parecem ter percebido que provavelmente essas imagens visavam transmitir informações específicas sobre as forças que simbolizam. LEITURA ADICIONAL: J. GREER, 1997; REGARDIE, 1971.

Imbolc. (gaélico, "leite de ovelha") Na moderna prática pagã, um dos oito festivais do ano, celebrado no dia 2 de fevereiro ou perto dele. Também é chamado de Oimelc, Brigid e Candelmas. Muitas tradições pagãs atuais dedicam-no à adoração da Deusa, ou, mais especificamente, à deusa/santa irlandesa Brigid ou Bride. *VEJA* SABÁ.

Imperador, o. Quarto Arcano Maior do tarô, geralmente com a figura de um homem coroado, sentado em seu trono. No sistema da Golden Dawn, esse arcano está associado à letra hebraica Heh, enquanto o sistema francês associa-o a Daleth. Nas adivinhações, seu significado comum é poder, autoridade e paternidade.

Seu título mágico é "Filho da Manhã, Principal dentre os Poderosos". *VEJA TAMBÉM* TARÔ.

Carta de tarô o Imperador (tarô Universal)

Imperatriz, a. Terceiro Arcano Maior do tarô, geralmente com a imagem de uma mulher coroada, sentada em seu trono. No sistema da Golden Dawn, esse arcano está associado à letra hebraica Daleth, enquanto o sistema francês associa-o a Gimel. Nas adivinhações, seu significado comum é fertilidade, produtividade, felicidade e maternidade.

Seu título mágico é "Filha dos Poderosos". *VEJA TAMBÉM* TARÔ.

Carta de tarô a Imperatriz (tarô Universal)

Imseti. Um dos quatro filhos de Hórus, cujo nome costuma ser grafado **Ameshet** em fontes mais antigas, e às vezes aparece como Imseti nas mais recentes. Tinha a cabeça de um homem e o corpo de uma múmia, e era o governante do quadrante sul do mundo. Protegia o estômago e o intestino delgado do falecido, e era chamado de "o Carpinteiro". Era associado à deusa Ísis. *VEJA* DEUSES CANÓPICOS; ÍSIS.

No sistema mágico da Golden Dawn, Imseti era chamado de Ameshet ou Amesheth, servindo como um dos guardiões invisíveis do templo. Posicionava-se a nordeste. *VEJA* GOLDEN DAWN; ESTAÇÕES INVISÍVEIS. LEITURA ADICIONAL: BUDGE, 1967; REGARDIE, 1971.

incineração. Na alquimia, o processo de queimar uma substância até reduzi-la a cinzas, que então são usadas como matéria-prima para outros processos. O simbolismo alquímico associa esse processo ao signo zodiacal de Sagitário. *VEJA* ALQUIMIA.

inconsciente coletivo. Nos textos do psicólogo Carl Jung e de seus seguidores, o estrato mais profundo do inconsciente, com materiais que se relacionam não com o indivíduo mas sim com a humanidade como um todo. As presenças mais importantes no inconsciente coletivo são os arquétipos. Segundo a teoria junguiana, seriam reflexos dos instintos primários, bem como os padrões nos quais se baseiam deuses e outras entidades míticas. Entrar em contato com os padrões arquetípicos do inconsciente coletivo de forma consciente e equilibrada é uma parte importante do processo de individuação, a meta do trabalho psicológico junguiano. *VEJA* INDIVIDUAÇÃO.

O conceito de inconsciente coletivo, como o de arquétipo, é, de diversas maneiras, uma reformulação em linguagem psicológica do antigo conceito platônico do mundo das formas ou ideias, o reino de padrões primários que se refletem na vida cotidiana. *VEJA* PLATONISMO. *VEJA TAMBÉM* ARQUÉTIPO; JUNG, CARL GUSTAV; PSICOLOGIA JUNGUIANA.

incubação. Na tradição pagã e em alguns sistemas posteriores, um processo de adivinhação e de cura espiritual que normalmente é usado por pessoas que sofrem de doenças crônicas. O paciente vai ao templo de um deus ou deusa com poderes de cura e, após sacrifícios e cerimônias apropriadas, passa a noite dormindo no templo, na esperança de receber um sonho da divindade. A julgar pelos registros remanescentes, ocorriam curas milagrosas em templos de incubação com frequência no mínimo semelhante ao que ocorre em templos cristãos, como o de Lourdes.

Atualmente, a prática da incubação voltou a ocorrer em alguns grupos ocultistas e pagãos. Em parte, isso foi inspirado pela importância atribuída ao trabalho com sonhos da teoria junguiana e outras teorias psicológicas. *VEJA* PSICOLOGIA JUNGUIANA. *VEJA TAMBÉM* PAGANISMO.

íncubo. (do latim, "aquele que se deita sobre") Na demonologia ocidental, espírito masculino que procura ter relações sexuais com mulheres humanas. Acreditava-se que os íncubos se esforçavam particularmente para seduzir freiras e outras mulheres dedicadas à vida celibatária. A contrapartida feminina é o súcubo. VEJA SÚCUBO.

individuação. No pensamento psicológico de Carl Jung, o processo de desenvolvimento pessoal pelo qual o ego forma relacionamento com o *Self*, o núcleo essencial da psique humana. O conceito de individuação foi tomado por empréstimo de modelos ocultistas de desenvolvimento espiritual mais antigos, graças aos importantes contatos mantidos por Jung com o cenário ocultista europeu. VEJA JUNG, CARL GUSTAV; PSICOLOGIA JUNGUIANA.

infernos, sete. De acordo com a tradição cabalística, há sete terras, sete céus e sete infernos. Os sete infernos ficam em Arqa, a sexta das sete terras. Correspondem às Sefirot da Árvore da Vida, como segue:

Nome	*Tradução*	*Sefirah*
7. Sheol	abismo	as Supernais
6. Abbadon	destruição	Chesed
5. Bar Shachath	poço de ruína	Geburah
4. Tit ha-Yon	lodaçal	Tiphareth
3. Shaare Moth	portas do inferno	Netzach
2. Tzelmoth	sombra da morte	Hod
1. Gehenna	vale de Hinnom	Yesod e Malkuth

O sétimo inferno é o mais profundo deles, e o primeiro é o mais próximo da superfície. VEJA TAMBÉM TERRAS, SETE; CÉUS, SETE.

Infortunado. VEJA MALÉFICO.

Ing. (inglês antigo, "o herói Ing"). Vigésima segunda runa do futhorc anglo-saxão, associada no poema rúnico em inglês antigo ao herói Ing, o Dinamarquês, "que sempre se moveu para leste". Seu valor sonoro é *ng*. Esta runa é uma variação próxima da runa Inguz, que tem a mesma posição no futhark antigo. VEJA FUTHORC ANGLO-SAXÃO; INGUZ.

Runa Ing

Inguz. (germânico antigo, "filho, o deus Frey") A vigésima segunda runa do futhark antigo, também chamada Ingwaz. Associada ao deus da fertilidade Frey, é tradicionalmente retratado com um grande pênis ereto, e com conceitos como fertilidade e crescimento. Representa o som *ng*. VEJA FUTHARK ANTIGO.

Runa Ingwuz (Ingwaz)

Ingwaz. VEJA INGUZ.

iniciação. (do latim *initiatio*, "início") Uma das mais confusas e complexas expressões na moderna linguagem ocultista, a palavra "iniciação" foi tomada por empréstimo de organizações de lojas fraternais como a Maçonaria, onde é usada para se referir à cerimônia na qual um membro progride até certo grau, recebendo os ensinamentos, os direitos e o título formal daquele nível de associação. Nos séculos XVIII e XIX, o conceito de graus de loja ficou associado ao processo de desenvolvimento espiritual, levando o conceito de iniciação a ganhar aparato adicional. Por isso, textos do século XIX e início do XX costumavam tratar a iniciação como algo muito misterioso, envolvendo Mestres Ocultos e experiências fora do corpo.

Tudo isso tem pouca relação com a realidade da iniciação efetivamente praticada por lojas mágicas, covens da Wicca e outros grupos ocultistas. As cerimônias de iniciação realizadas por esses grupos podem ter poderosos efeitos psicológicos e espirituais sobre aqueles que passam por elas, especialmente se amplificadas pelos métodos técnicos de magia ritual. Mesmo assim, não são particularmente complexas em termos de sua estrutura e de sua operação básica.

Os detalhes variam muito, mas em síntese, a maioria das iniciações começa pelo isolamento do candidato – a pessoa a ser iniciada – enquanto é preparado um espaço, física e magicamente, para a cerimônia. Normalmente o candidato é vendado antes de ser levado a esse espaço, e pode ter de caminhar em círculos, assustar-se com ruídos súbitos ou contatos físicos, ou ser deixado em silêncio e no escuro por algum tempo. Tudo isso serve para criar um estado de receptividade aumentada no candidato.

Enquanto se acha nesse estado, o candidato é levado a um conjunto de experiências simbólicas que codificam os ensinamentos daquele grau por meio de sons, palavras, contatos e movimentos físicos e outros estímulos. A venda costuma ser erguida em alguns momentos para revelar imagens importantes. Em dado momento desse processo, o candidato faz um juramento ou compromisso que o obriga a cumprir as regras da ordem, coven, assembleia, loja ou algum outro grupo.

Em algum momento após o juramento ou compromisso, o candidato recebe os segredos do grau – normalmente, um conjunto de apertos de mão, passes, gestos simbólicos e outros sinais de identificação. Eles fundamentam a experiência de iniciação no corpo do candidato; quando os mesmos sinais são repetidos pelo candidato, como deverão em cada trabalho subsequente desse grau, funcionam como gatilhos somáticos que reanimam os estados emocionais que o candidato experimentou durante a iniciação. Geralmente, o ritual se encerra com uma ou mais palestras sobre os ensinamentos do grau, que servem para "tirar" o candidato de seu estado alterado e também para transmitir-lhe informações úteis.

Esse padrão de iniciação é quase universal nessas tradições esotéricas ocidentais que praticam trabalhos cerimoniais, embora métodos alternativos baseados nos padrões iniciáticos hindus ou budistas tenham sido introduzidos por alguns grupos, especialmente na Europa central. Foram publicados muitos rituais de iniciação, inclusive aqueles de grupos influentes como a Wicca gardneriana e a Ordem Hermética da Aurora Dourada. *VEJA TAMBÉM* GRAU(S); LOJA FRATERNAL; LOJA MÁGICA. LEITURA ADICIONAL: J. GREER, 1998.

Instita Splendens. (latim, "fronteira esplêndida") No sistema de magia da Aurum Solis, o mais baixo dos seis centros energéticos do corpo humano, relacionado com a Sefirah Malkuth e localizado nos pés. No Despertar das Cidadelas, exercício da Aurum Solis similar ao exercício do Pilar do Meio, Instita Splendens é visualizado como uma esfera com as sete cores do arco-íris, centralizado num ponto entre os pés. Seu nome de poder é ADNI, Adonai. Corresponde (aproximadamente) ao chakra da raiz e (mais precisamente) ao centro Malkuth do exercício do Pilar do Meio. *VEJA* AURUM SOLIS; PILAR DO MEIO, EXERCÍCIO DO; DESPERTAR DAS CIDADELAS.

insuflação. (do latim *insufflatio*, "soprar") Forma de respiração mágica na qual a energia sutil do corpo do mago é direcionada para outra pessoa ou objeto, soprando-se sobre ele com intenção e visualização concentradas. *VEJA* RESPIRAÇÃO; EXSUFLAÇÃO.

inteligência. Na tradição mágica, uma entidade espiritual de nível superior que aparece para os seres humanos como um padrão de ideias ou estados de consciência. As inteligências foram descritas como "pensamentos que se pensam"; estão ligadas ao nível mental ou astral superior da existência, e têm um papel fundamental nas tradições do misticismo platônico. *VEJA* PLATONISMO.

De acordo com alguns magos, inclusive Aleister Crowley, a informação recebida nas adivinhações provém de inteligências, e cada sistema de adivinhação tem seu grupo específico de inteligências associadas. *VEJA* ADIVINHAÇÃO. *VEJA TAMBÉM* ESPÍRITO. LEITURA ADICIONAL: J. GREER, 2001.

inteligências planetárias. Na tradição da magia cerimonial, cada um dos sete seres espirituais associados aos sete planetas da astrologia antiga, que governam os sete espíritos planetários. Em algumas fontes tradicionais, a inteligência de cada planeta é descrita como sendo boa, e seu espírito mau; em outras, o espírito é apenas uma força cega, que requer a orientação da inteligência para fazer o bem. *VEJA TAMBÉM* INTELIGÊNCIA; ESPÍRITO PLANETÁRIO.

Planeta	*Inteligência*
Saturno	Agiel
Júpiter	Iophiel
Marte	Graphiel
Sol	Nakhiel
Vênus	Hagiel
Mercúrio	Tiriel
Lua	Malkah be-Tarshishim ve-ad Ruachoth Shechalim

(Nota: A Lua é governada por diversas inteligências. Malkah be-Tarshishim ve-ad Ruachoth Shechalim é a Inteligência das Inteligências, ou a consciência coletiva das inteligências da Lua.)

invisibilidade. Uma das lendárias realizações habituais do adepto da magia, o estado de invisibilidade é, na verdade, uma meta muito comum dos trabalhos práticos de magia. Métodos de magia ritual e natural objetivando a invisibilidade são comuns em fontes medievais, e também podem ser encontrados com detalhe em trabalhos mais recentes.

Segundo os ensinamentos da Ordem Hermética da Aurora Dourada, que proporcionava a seus membros plenas instruções sobre o processo, a invisibilidade é atingida estabelecendo-se uma concha astral e etérica – o chamado "Manto de Escuridão" – em torno do corpo do mago. O manto funciona distorcendo a consciência daqueles que estão à vista do mago; embora seus olhos recebam a imagem de sua presença, suas mentes não a processam, e o mago fica ou passa despercebido.

Diversos magos modernos fizeram experiências com essa técnica e consideraram-na pelo menos parcialmente eficiente. O fato de os assassinos-místicos ninja do Japão feudal usarem métodos bastante similares para não serem detectados sugere que o método pode ter bom potencial. LEITURA ADICIONAL: J. GREER, 1997; REGARDIE, 1971.

invocação. (do latim *invocatio*, "chamar para si") No ritual mágico, o ato de trazer uma divindade ou algum outro poder espiritual para dentro do mago. É diferente da evocação, que é o processo de atrair um espírito para que se manifeste exteriormente ao mago. VEJA EVOCAÇÃO.

Ioho. VEJA IDHO.

Iophiel. Na magia cerimonial, a inteligência planetária de Júpiter. Seu espírito subordinado é Ismael. VEJA INTELIGÊNCIAS PLANETÁRIAS.

Iphin. A quarta das cinco letras Ogham adicionais, usada para representar a combinação de vogais *io* ou a consoante *ph*. Corresponde à groselha-verde entre as árvores, mas não tem o simbolismo estendido das vinte letras Ogham regulares. Também é conhecida em algumas versões do Ogham como Phagos, e como tal é associada à faia. VEJA OGHAM.

Letra Iphin em Ogham

Is. VEJA ISA.

Isa. (germânico antigo, "gelo") Décima primeira runa do futhark antigo, associada ao gelo, à estase e ao frio. VEJA FUTHARK ANTIGO.

A mesma runa, chamada Is (inglês antigo, "gelo"), é a décima primeira runa do futhorc anglo-saxão. O poema rúnico em inglês antigo associa-a ao frio, aos escorregões e ao gelo reluzente. VEJA FUTHORC ANGLO-SAXÃO.

No futhark recente, essa runa tem o nome de Iss (norueguês antigo, "gelo") e é a nona da mesma sequência. Seu simbolismo e seu valor sonoro são os mesmos dos apresentados acima. VEJA FUTHARK RECENTE.

Finalmente, o sistema rúnico Armanen dá a essa runa o nome Is, e a identifica com o conceito da vontade. Suas correspondências incluem a deusa Freyja, o processo de planejamento, o signo zodiacal de Sagitário e o poder de acalmar os ventos e mares, descrito no poema rúnico "Havamal". VEJA RUNAS ARMANEN.

Runa Isa (Is, Iss)

Ishim. (hebraico, "pessoas") Na teoria cabalística, a décima hoste de anjos, consistente nas almas de seres humanos justos. A Ishim corresponde à Sefirah Malkuth no mundo de Yetzirah. Às vezes, os Ashim, ou Chamas, são associados a essa Sefirah no lugar da Ishim. VEJA TAMBÉM MALKUTH; ÁRVORE DA VIDA.

Ísis. (do egípcio antigo *Aset*) Mais importante deusa da antiga mitologia egípcia, Ísis tornou-se uma figura ainda mais importante na posterior religião pagã clássica. Esposa de Osíris e mãe de Hórus, o Jovem, foi também uma dentre algumas divindades egípcias a receber o título *weret-hekau*, "grande na magia", e teve um papel importante na magia sacerdotal do Egito Antigo. VEJA OCULTISMO EGÍPCIO.

Nos últimos séculos do paganismo clássico, sacerdotes e sacerdotisas de Ísis divulgaram sua religião no mundo romano, e templos de Ísis foram construídos em Roma e em outras cidades do Império. Suas lendas e reputação estão no centro de *O Asno de Ouro*, famoso romance ocultista escrito pelo autor (e iniciado de Ísis) romano Lúcio Apuleio. Graças a esse e a outros canais, Ísis tornou-se uma importante fonte para a criação da Deusa do paganismo moderno nos séculos XIX e XX. *VEJA* APULEIO, LÚCIO; DEUSA, A.

Ísis teve um papel relativamente secundário entre as formas divinas da Ordem Hermética da Aurora Dourada, ficando associada ao Praemonstrator, um dos três Chefes de um templo da Golden Dawn, sem papel ativo nos rituais iniciáticos. *VEJA* FORMAS DIVINAS; GOLDEN DAWN. Em práticas mágicas e pagãs mais recentes, porém, ela assumiu maior importância, e diversos livros significativos foram escritos recentemente como guias para os modernos adoradores de Ísis. *VEJA TAMBÉM* NEOPAGANISMO; PAGANISMO. LEITURA ADICIONAL: FORREST, 2000; GEFFCKEN, 1978; MEEKS E FAVARD-MEEKS, 1996; REGULA, 1994.

Ismael. (também grafado **Hismael**) Na magia cerimonial, o espírito planetário de Júpiter. Sua inteligência governante é Yophiel.

Iss. (runa do futhark recente) *VEJA* ISA.

J

Jabir ibn Hayyan. *VEJA* GEBER.

Jachin. (hebraico, "ele estabeleceu") Um dos dois pilares à entrada do Templo de Salomão, um importante elemento do simbolismo cabalístico, mágico e maçônico. O pilar Jachin ficava à direita da entrada do templo. No simbolismo, costuma ser pintado de branco, correspondendo ao ativo, ao espiritual e ao masculino, enquanto o pilar Boaz corresponde ao receptivo ou passivo, ao material e ao feminino.

Os cabalistas associam Jachin ao pilar direito da Árvore da Vida, o Pilar da Misericórdia. *VEJA* ÁRVORE DA VIDA.

Em muitas lojas maçônicas, o pilar Jachin tem no alto um orbe do céu, representando sua associação com o mundo celeste. *VEJA* MAÇONARIA. *VEJA TAMBÉM* BOAZ; TEMPLO DE SALOMÃO.

Jack-in-the-Green. No folclore e nos costumes populares britânicos, uma figura representando a primavera e o novo crescimento. Muitos números de mímicos, desfiles da primavera e danças incluem um Jack-in-the-Green, que costuma ser um dançarino escondido sob uma estrutura recoberta por ramos frescos de plantas. Em várias dessas encenações e danças, o Jack-in-the-Green costuma ser sacrificado, um costume que levou muitos folcloristas dos séculos XIX e início do XX a suspeitar que talvez houvesse um antigo costume de sacrifício humano na origem dessa tradição.

No moderno pensamento pagão, Jack-in-the-Green é considerado uma manifestação do Deus em seu aspecto de Homem Verde ou O Encapuzado. *VEJA* DEUS, O. LEITURA ADICIONAL: ANDERSON, 1990.

Jâmblico de Cálcis. (grafado também **Iâmblico de Chalcis**) Filósofo grego, ?–c. 330. Pouco se sabe sobre a vida desse grande teórico neoplatônico. Nasceu numa família aristocrática da cidade de Cálcis, na Síria, e estudou filosofia com Anatólio e Porfírio. Escreveu numerosos livros sobre temas filosóficos, muitos dos quais se perderam.

Na época de Jâmblico, o cristianismo era um poder em ascensão no mundo mediterrâneo, e todas as tradições religiosas pagãs estavam sofrendo pressões cada vez maiores. Jâmblico dedicou sua vida a reunir a incrível diversidade do paganismo clássico numa unidade intelectual coerente, como uma base para cooperação e mútua defesa contra um oponente comum. Ele procurou definir um pensamento e um modo de vida pagão amplo o suficiente para incluir todos os elementos da tradição pagã em seu escopo, tolerante o suficiente para prevenir discussões teológicas com a comunidade pagã, mas também forte o suficiente para rechaçar os ataques dos propagandistas cristãos e levar a força da tradição filosófica grega para apoiar seu lado do conflito religioso. No processo, sistematizou a tradição emergente da teurgia platônica, que passou a ser a última força intelectual eficiente na oposição ao cristianismo no mundo antigo.

A essência de sua postura consistiu em buscar uma base comum entre a tradicional prática pagã e a filosofia platônica. Embora alguns platônicos anteriores tivessem criticado elementos da religião popular – como os sacrifícios de animais, por exemplo –, Jâmblico procurou abranger todos os detalhes da tradição pagã. Sua filosofia mostrou como cada elemento do ritual e dos costumes pagãos poderia ser explicado e justificado como um reflexo, no mundo material, de alguma importante realidade espiritual.

Seus textos e ideias tiveram um grande impacto em sua época. Ao longo dos séculos IV e V da Era Comum, os pensadores pagãos do mundo mediterrâneo recorreram a seus trabalhos como um recurso fundamental no esforço para se definirem e preservarem suas tradições contra ataques cristãos. Seus esforços foram fundamentais para o grande ressurgimento do paganismo no século IV, e seus textos foram a principal fonte de inspiração para o imperador Juliano (331-363), que tentou restaurar os cultos pagãos em todo o império, e cuja morte marcou o final da última esperança viável do paganismo clássico. Neoplatônicos posteriores como Proclo também se inspiraram muito em suas ideias; *VEJA* PROCLO.

Muitos de seus textos foram eliminados após o triunfo da nova religião, mas vários livros importantes – *Sobre os Mistérios Egípcios*, *An Exhortation to Philosophy* e sua biografia de Pitágoras – foram preservados em Bizâncio, e tiveram um papel fundamental no ressurgimento da teurgia neoplatônica no Renascimento.

Como muitas figuras influentes da tradição ocultista ocidental, Jâmblico foi recrutado pela Sociedade Teosófica como um dos Mestres; é considerado uma reencarnação do Mestre Hilarion. *VEJA* MESTRES. *VEJA TAMBÉM* HILARION, MESTRE; PAGANISMO; PLATONISMO; TEURGIA. LEITURA ADICIONAL: GEFFCKEN, 1978; SHAW, 1995.

janela de Fionn. Diagrama semelhante a uma mandala, descoberto no *Book of Ballymote*, manuscrito irlandês do século XIV sobre folclore bardo. A "janela" é formada por letras do alfabeto Ogham, dispostas num conjunto de cinco círculos concêntricos. Sua conexão com o lendário herói irlandês Fionn Mac Cumhaill, ao qual também se atribuem muitos outros elementos do folclore bardo, é quase certamente apócrifa. A janela de Fionn voltou a ser usada em alguns grupos druidas e celtas modernos. *VEJA TAMBÉM* OGHAM. LEITURA ADICIONAL: CALDER, 1917.

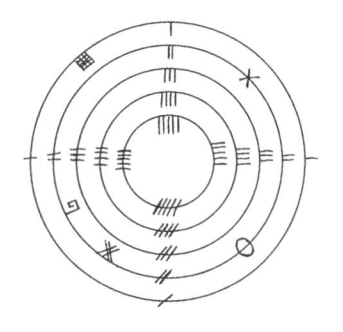

janela de Fionn

jarros canópicos. No procedimento de mumificação do Egito Antigo, jarros usados para preservar os órgãos internos do falecido, que eram removidos do corpo e armazenados em separado. Eram quatro jarros, cada um sob a guarda de um dos quatro deuses canópicos. *VEJA* DEUSES CANÓPICOS.

jejum. *VEJA* TÊMPORAS, QUATRO.

Jera. (germânico antigo, "ano") A décima segunda runa do futhark antigo, correspondente ao ciclo do ano, à colheita, à fertilidade e ao tempo. Seu elemento é a terra, e alguns mestres rúnicos modernos associam-no às divindades Frey e Freyja. Seus valores sonoros são *j* e *y*. *VEJA* FUTHARK ANTIGO.

Runa Jera

Jesus de Nazaré. (Yeshua bin Maryam ou Miryam) Reformista religioso e mago (?) judeu, c. 4 A.E.C. – c. 30 E.C. A vida e as atividades de Jesus têm sido o tema de incessantes controvérsias desde o início de sua carreira pública, por volta de 27 E.C. De acordo com a versão de sua vida aceita pela maioria das Igrejas cristãs, que pode ser encontrada nos quatro livros iniciais do Novo Testamento, ele era filho de Deus, nascido de uma virgem judia; realizou milagres durante sua existência graças ao poder divino, fundou a religião cristã e morreu em sacrifício por crucificação aos 33 anos de idade. Relatos encontrados em fontes pagãs, judaicas, muçulmanas e cristãs heréticas lidam com cada um desses aspectos de alguma maneira, e foram tratados por uma considerável e crescente literatura ao longo dos séculos. O papel do ocultismo nesses debates é fundamental, pois muitas das fontes que rejeitam a doutrina teológica cristã da divindade de Jesus sugerem que ele teria sido, na verdade, um mago.

Certos rumores que associam Jesus à magia circularam desde cedo. Na literatura judaica dos primeiros séculos da Era Comum, ele é referido como "Jesus ben Pandira", e chamam-no de mago e herege religioso, filho ilegítimo de uma cabeleireira e um soldado romano, que teria aprendido magia no Egito enquanto lá trabalhou como operário migrante. Trechos do Talmude se referem, geralmente de forma evasiva, a Jesus como mago; não é difícil entender as evasivas se lembrarmos das brutais perseguições que sofriam quem quer que questionasse as doutrinas do cristianismo durante os séculos em que a Igreja teve efetivo poder político.

Acusações semelhantes, ditas de maneira bem menos obscura, podem ser encontradas em fontes gregas e romanas do mesmo período. Os autores romanos Suetônio, Tácito e Plínio, o Jovem, escrevendo perto do início do século II, referem-se aos primeiros cristãos com os termos comumente usados para praticantes de magia. Luciano, o Satírico, em meados desse mesmo século, retrata Jesus como o fundador de uma "nova iniciação". O platônico Celso, cujo tratado do século II atacando o cristianismo sobrevive apenas em citações incluídas num contra-ataque cristão escrito por Orígenes, falava de Jesus em termos idênticos ao relato judeu – o filho ilegítimo de uma judia e de um soldado chamado Panthera, que aprendeu magia no Egito, voltou a Israel, reuniu um grupo de párias da sociedade, foi executado pelos romanos e teve uma ressurreição forjada por seus discípulos.

Essas mesmas crenças são mencionadas em muitos dos primeiros textos cristãos, especialmente dos apologistas e propagandistas que eram forçados a atacá-los. Quadratus, o primeiro apologista cristão de renome, argumentou, num longo texto escrito por volta de 125 E.C., que os milagres de Jesus não eram feitos por magia. Por volta de 160 E.C., o *Diálogo com Trifo*, de Justino Mártir, denuncia os líderes judeus de sua época por descreverem Jesus como um "mago da Galileia". O apologista cristão Tertuliano, por volta do ano 200, menciona elementos do relato judeu. Escrevendo por volta de 300, o autor cristão Arnóbio registra a crença de que "ele [Jesus] era um mago que realizava todos esses [milagres] por meio de artes secretas", tendo aprendido doutrinas ocultas e os nomes de poderes angelicais nos templos subterrâneos do Egito.

Outra fonte de evidência pode ser encontrada nos amuletos e textos ocultistas clássicos, onde o nome de Jesus aparece desde cedo, geralmente como palavra de poder. Tabletes de amarração de chumbo e trechos dos papiros mágicos greco-egípcios referem-se a Jesus como um dos seres que podem ser invocados para se obter poderes mágicos, e duas das três imagens mais antigas da crucificação de Jesus foram feitas em amuletos mágicos, cercados de encantamentos. Estranhamente, diversas imagens primitivas mostram Jesus com cabeça de burro; se isso era uma referência a Set, deus com cabeça de burro, com quem Jesus costumava ser associado nos textos mágicos gnósticos, ou simplesmente um insulto visual, não sabemos ao certo. *VEJA* TABLETE DE AMARRAÇÃO; GNOSTICISMO; PAPIROS MÁGICOS GRECO-EGÍPCIOS.

O conceito de Jesus como mago desapareceu ou ficou oculto durante a dominação cristã do mundo ocidental, embora, ironicamente, não tardasse para que o cristianismo desenvolvesse suas próprias e ricas tradições de magia; *VEJA* OCULTISMO CRISTÃO. O ressurgimento da magia no Renascimento demonstrou que as pessoas estavam ainda mais conscientes da possibilidade de que a carreira de Jesus poderia ser entendida como a de um mago, embora a maioria das referências tratem de tentativas feitas por magos renascentistas de se afastar o máximo possível dessa possibilidade; assim, as novecentas teses de Giovanni Pico della Mirandola, por exemplo, muitas delas bem pouco ortodoxas, incluíam uma negação específica de que os milagres de Jesus teriam sido produto de magia; *VEJA* PICO DELLA MIRANDOLA, GIOVANNI. Só depois do século XIX, quando o poder político do cristianismo foi abrandado, é que a imagem de Jesus como adepto da magia voltou a ser discutida abertamente.

Boa parte disso foi obra da Teosofia. Nesse e em outros sistemas associados de ensinamento ocultista, Jesus de Nazaré tem sido entusiasticamente adotado como um dos Mestres da Grande Loja Branca, a fraternidade secreta que supervisiona a evolução espiritual da Terra. Nesses ensinamentos, o Mestre Jesus é o chohan, principal adepto do Sexto Raio, o Raio Vermelho-Rubi, o raio da devoção e do amor espiritual. No pensamento teosófico, Jesus viveu um século e meio antes das datas aceitas pela versão oficial da história. Seu papel foi basicamente o de proporcionar um corpo para a encarnação temporária do Senhor Maitreya, o bodhisattva da atual raça-raiz. Ele atingiu o grau de adepto numa encarnação posterior, como Apolônio de Tiana. *VEJA* APOLÔNIO DE TIANA; MESTRES; RAÇA-RAIZ; TEOSOFIA.

Essa interpretação mágica de Jesus foi duramente rebatida por ocultistas cristãos de índole mais ortodoxa, como Dion Fortune. Ainda há certa controvérsia em alguns setores conservadores do cenário ocultista, mas a rejeição em massa do cristianismo por grandes parcelas da comunidade ocultista durante o século XX tornou a questão pouco interessante para muitos estudantes de ocultismo. Ao mesmo tempo, porém, diversos estudiosos do início da história do cristianismo começaram a discutir Jesus como mago nas últimas décadas do século XX, iniciando uma disputa nos círculos acadêmicos que tem notáveis paralelos com aquelas causadas pela Teosofia nos meios ocultistas cem anos antes. *VEJA TAMBÉM* MAGIA. LEITURA ADICIONAL: GALLAGHER, 1982; GRAF, 1997; HULL, 1974; LEADBEATER, 1925; M. SMITH, 1978.

João Grão de Cevada. (em inglês, John Barleycorn) Herói de uma canção escocesa imortalizada por Robert Burns, é o grão de cevada plantado, colhido e transformado em cerveja e uísque; os versos da canção registram cada estágio do processo que transforma um grão de cevada numa bebida alcoólica. Muitos autores pagãos modernos identificaram João Grão de Cevada com o Deus, a divindade masculina da Wicca e muitas outras religiões neopagãs. Paralelos próximos entre os eventos da canção e os mitos de vários deuses agrícolas da Antiguidade, inclusive o deus-cevada egípcio Osíris, sugerem que talvez isso não seja um exagero. *VEJA* DEUS, O; OSÍRIS. LEITURA ADICIONAL: J. GREER, 1998.

John Barleycorn. *VEJA* JOÃO GRÃO DE CEVADA.

John the Conqueror. *VEJA* HIGH JOHN THE CONQUEROR, RAIZ DE.

Jones, Charles Stanfield. *VEJA* ACHAD, FRATER.

Julgamento. Vigésimo Arcano Maior do tarô, geralmente com a imagem cristã convencional da ressurreição dos mortos, com um anjo tocando uma trombeta enquanto os mortos saem de seus túmulos. No sistema da Golden Dawn, este Arcano está associado à letra hebraica Shin, enquanto o sistema francês associa-o a Resh. Na adivinhação, geralmente significa o acordo ou resultado final de um assunto, a renovação e o renascimento.

Seu título mágico é "Espírito do Fogo Primal". *VEJA TAMBÉM* TARÔ.

Carta de tarô o Julgamento (tarô Universal)

Juliano, o Caldeu. Mago caldeu, ativo no início do século II E.C. Quase nada se sabe ao certo sobre esse grande personagem, coautor de *Oráculos Caldeus*, além do fato de ter morado em Roma durante boa parte de sua vida adulta e de ter sido pai de Juliano, o Teurgo. São muitas as histórias sobre seus poderes mágicos. De acordo com uma delas, ficou famoso por conseguir eliminar pragas agrícolas sem o uso dos feitiços e encantamentos empregados por outros magos de sua época. Outra – que mistura personagens que viveram em épocas diferentes – afirma que ele derrotou Apuleio e Apolônio de Tiana numa luta para ver quem conseguiria deter um surto de peste que estava assolando Roma. Apuleio ofereceu-se para detê-la em quinze dias, Apolônio em dez, mas Juliano a teria detido instantaneamente com uma única palavra.

Ele e seu filho escreveram juntos os *Oráculos Caldeus*, uma coleção de textos místicos que ficou extremamente popular entre platônicos e magos posteriores. *VEJA* ORÁCULOS CALDEUS. *VEJA TAMBÉM* JULIANO, O TEURGO. LEITURA ADICIONAL: LEWY, 1978.

Juliano, o Teurgo. Mago caldeu, ativo no século II E.C. Como seu pai, Juliano, o Caldeu, Juliano, o Teurgo deixou poucos vestígios nos registros históricos. *VEJA* JULIANO, O CALDEU. Em 174, acompanhou o imperador Marco Aurélio numa campanha contra os Marcomanni, e, segundo alguns historiadores antigos, conseguiu conjurar com sucesso uma tempestade que espantou para longe o exército inimigo. Escreveu diversos livros sobre filosofia esotérica, dentre os quais um em coautoria com seu pai, os *Oráculos Caldeus*, de que sobrevivem em fragmentos. *VEJA* ORÁCULOS CALDEUS. *VEJA TAMBÉM* PLATONISMO; TEURGIA. LEITURA ADICIONAL: LEWY, 1978.

Jung, Carl Gustav. Psicólogo e ocultista suíço, 1875-1961. Uma das mais influentes figuras da psicologia moderna, Carl Jung nasceu numa família cujo histórico definiu boa parte de sua vida futura. Seu pai era ministro protestante de uma linha de acadêmicos e teólogos eminentes, e sua mãe vinha de uma família muito envolvida em práticas ocultistas e espiritualistas. Ele matriculou-se na faculdade de Medicina da Universidade da Basileia em 1895, e concluiu seus estudos no final de 1900. Sua dissertação, "Sobre a Psicologia e a Patologia dos Fenômenos Chamados Ocultos", baseou-se em sessões que ele realizou com membros de sua família, tendo como médium a prima Hélène Preiswerk.

Assim que saiu da faculdade, foi trabalhar no Hospital Psiquiátrico de Burghölzli, em Zurique, onde realizou estudos bastante elogiados sobre a associação de palavras como ferramenta de diagnósticos. Ele e o chefe do hospital, Eugen Bleuler (1857-1939), foram os primeiros médicos fora de Viena a adotar a psicanálise, o novo e controvertido sistema de terapia que estava sendo desenvolvido naquela cidade por Sigmund Freud (1856-1939). Entre 1905 e 1912, Jung foi uma das mais influentes figuras da comunidade freudiana, chegando à posição de presidente da Associação Psicanalítica Internacional.

Em 1912, porém, Jung rompeu publicamente com Freud, rejeitando a maioria das teorias deste e adotando uma postura psicoterapêutica mais radical e também, de muitas maneiras, mais espiritual. Jung afirmou que, junto com o inconsciente pessoal, formado por coisas esquecidas ou reprimidas durante a vida do indivíduo, há um inconsciente coletivo, formado por padrões arcaicos – os arquétipos – que correspondem a instintos humanos primitivos, por um lado, e aos deuses da religião pagã, por outro. *VEJA* ARQUÉTIPO; INCONSCIENTE COLETIVO.

Por trás das teorias de Jung, havia uma antiga associação com o ocultismo. Sua biblioteca continha muitas obras do místico e estudioso teosófico G. R. S. Mead (1863-1933), e após o rompimento com Freud, ele tornou-se um visitante e orador frequente da Escola de Sabedoria em Darmstadt, um centro de estudos ocultistas fundado por um ocultista báltico, o conde Hermann Keyserling (1880-1947). Como muitos ocultistas alemães, Jung tinha particular interesse pelas antigas tradições persas do zoroastrismo e do mitraísmo, bem como pelo gnosticismo. Ele próprio registrou sonhos e experiências visionárias nos quais encontrou divindades gnósticas e foi transformado no Aion, a divindade mitraica com cabeça de leão. *VEJA* GNOSTICISMO.

No final da carreira, Jung interessou-se profundamente pelas tradições da alquimia, e chegou a acreditar que os alquimistas teriam praticado psicoterapia, usando reações químicas como lousas em branco nas quais projetariam transformações psicológicas. Ele também praticava astrologia, e aprendeu a fazer mapas astrais com sua colega e amante Antonia Wolff (1888-1953) em 1911; teve ainda um papel central na apresentação do I Ching ao mundo ocidental, escrevendo um influente prefácio para a famosa tradução de Richard Wilhelm, feita em 1950 [publicada no Brasil pela Editora Cultrix].

Jung saiu do Burghölzli em 1909 e deu início à sua prática particular, mudando-se para Küsnacht, perto de Zurique, onde construiu uma torre de pedra, praticou terapia, deu aulas e escreveu. Tornou-se uma figura pública cada vez mais respeitável, não apenas na Europa como nos Estados Unidos, onde suas ideias chegaram por volta de 1920 e eram extremamente populares na época de sua morte. *VEJA TAMBÉM* PSICOLOGIA JUNGUIANA. LEITURA ADICIONAL: HOELLER, 1982; JUNG, 1962; NOLL, 1994 E 1997; WEHR, 1989.

Juno. Asteroide ocasionalmente usado em astrologia. Alguns astrólogos associam-no a Virgem e outros a Libra. *VEJA* ASTEROIDES.

Júpiter. Um dos sete planetas tradicionais da astrologia, no mapa natal Júpiter representa a expansão, a boa sorte e a felicidade, e também tem relação com o aprendizado. No simbolismo astrológico, Júpiter governa os signos de Sagitário e de Peixes, embora os astrólogos modernos costumem associar Peixes ao novo planeta Netuno. Ele se exalta em Câncer, está no exílio em Gêmeos e Virgem, e em queda em Capricórnio. *VEJA* ASTROLOGIA.

Na alquimia, Júpiter costuma ser usado como símbolo do estanho. *VEJA* ALQUIMIA.

♃

Símbolo astrológico de Júpiter

Justiça, A. Oitavo Arcano Maior do tarô tradicional, esta carta foi levada ao décimo primeiro lugar no baralho da Ordem Hermética da Aurora Dourada por questões de simbolismo cabalístico, e esse posicionamento foi copiado por muitos outros baralhos desde então. Sua imagem mais comum é uma mulher sentada num trono, com uma espada numa das mãos e uma balança na outra. No sistema da Golden Dawn, esse Arcano está associado à letra hebraica Lamed, enquanto o sistema francês o associa a Cheth. Na adivinhação, seus significados mais comuns são equilíbrio, harmonia e questões legais.

Seu título mágico é "Filha dos Senhores da Verdade, a Mantenedora da Balança". *VEJA TAMBÉM* TARÔ.

Carta de tarô a Justiça (tarô Universal)

K

Ka. (espírito egípcio) Um dos vários aspectos sutis do indivíduo humano na antiga teoria egípcia, o Ka corresponde de perto ao conceito moderno do corpo etérico. Servia de veículo para o *Ba*, ou eu consciente, e ligava o Ba ao corpo material. Após a morte, precisava ser alimentado regularmente com refeições sacrificais. VEJA TAMBÉM OCULTISMO EGÍPCIO; CORPO ETÉRICO.

Ka. (runa Armanen) Sexta runa do sistema rúnico Armanen idealizado por Guido von List, significa "virgem", e corresponde à deusa Skadi, ao signo zodiacal de Virgem e ao poder de reverter um feitiço e lançá-lo de volta a quem o enviou, como descrito no poema rúnico "Havamal". Representa o som *k*. VEJA RUNAS ARMANEN.

Runa Ka

Kabala. VEJA CABALA.

Kabbalah. VEJA CABALA.

Kabexnut. VEJA KEBEHSENUEF.

Kabiri. VEJA CABIROS.

Kamael. (hebraico KMAL, "Aquele Que Vê Deus") Na tradição angélica da cabala, o arcanjo de Geburah, quinta Sefirah da Árvore da Vida. Às vezes, seu nome é grafado Camael ou Khamael. VEJA ARCANJO; GEBURAH.

kamea. VEJA QUADRADO MÁGICO.

Kaph. (hebraico KP, "mão") Décima primeira letra do alfabeto hebraico, uma letra dupla com o valor sonoro de *k* e *kh*. Seu valor numérico é 20 em sua forma normal, e 500 em sua forma final. Suas correspondências mágicas mais comuns são as seguintes:

Caminho da Árvore da Vida: Caminho 21, de Chesed a Netzach.
Correspondência astrológica: Júpiter.
Correspondência no tarô: Arcano X, A Roda da Fortuna.
Parte do Cubo do Espaço: Face oeste.
Cores: em Atziluth, violeta.
em Briah, azul.

em Yetzirah, púrpura intenso.

em Assiah, azul brilhante raiado de amarelo.

Seu texto, no *Trinta e Dois Caminhos da Sabedoria*, diz: "O Vigésimo primeiro Caminho é a Inteligência de Conciliação, e é assim chamado porque ele recebe a influência divina que flui dentro dela, da sua bênção a todos e de cada existência". *VEJA TAMBÉM* ALFABETO HEBRAICO.

כך

Letra hebraica Kaph, à esquerda, e em sua forma final, à direita

Karcist. No *Grande Grimório*, um grimório relativamente tardio, provavelmente produzido na França no século XVII, a palavra usada para o mago que invoca espíritos. O significado e a origem da palavra são desconhecidos. *VEJA* GRANDE GRIMÓRIO.

Kardec, Allan. (Hippolyte Léon Denizard Rivail) Educador e espiritualista francês, 1804-1869. Nascido em Lyon, fonte constante de enriquecimento do ocultismo francês, foi uma criança com dons incomuns, enviada aos 10 anos de idade para estudar com J. H. Pestalozzi, um renomado reformista da educação da época, em Yverdon, Suíça. Aos 18 anos voltou à França e se mudou para Paris no ano seguinte, tornando-se um prestigiado escritor e orador sobre questões educacionais. Fluente em seis línguas, ensinou matemática, astronomia, física, química, anatomia, fisiologia e francês, e publicou numerosos manuais de aritmética e de gramática francesa. Em 1832, casou-se com Amelie Boudet, artista e escritora nove anos mais velha do que ele.

Em 1854, teve seu primeiro contato com o Espiritualismo, que então atingia o apogeu de sua primeira onda de popularidade na Europa; *VEJA* ESPIRITUALISMO. No início, considerou-o absurdo; em 1855, porém, esteve em uma sessão na qual mesas batiam nas paredes do recinto, aparentemente desafiando as leis da física. Isso o convenceu de que o assunto merecia ser pesquisado, e começou a estudar intensamente. Com a ajuda de amigos e associados que também pesquisavam o tema, reuniu mais de cinquenta cadernos repletos de perguntas e respostas obtidas em sessões. Neles, percebeu uma filosofia e uma teologia coerentes, que compilou em seu primeiro livro espírita, *O Livro dos Espíritos* (publicação original, 1857).

A principal diferença entre o material que ele recebeu e aquilo que surgia no pensamento espiritualista de outras fontes era a questão da reencarnação. A maioria dos espiritualistas rejeitava o conceito; em contraste, as revelações dadas a ele apoiavam-na claramente, e os espíritos lhe disseram que numa vida anterior ele fora um druida bretão chamado Allan Kardec. Seguindo o conselho deles, adotou o pseudônimo.

A questão da reencarnação era bastante discutida na época; *VEJA* REENCARNAÇÃO. As discussões a seu respeito forçaram Kardec a encontrar um novo rótulo – Espiritismo – para os ensinamentos que recebera. Ele fundou uma associação de espíritas, e publicou uma série de livros sobre o assunto, inclusive *O Livro dos Médiuns* (publicação original, 1864), que, durante muitos anos, foi o texto de referência para o desenvolvimento da mediunidade em boa parte do mundo, e ainda é muito popular na América Latina. Continuou a falar e a escrever sobre o Espiritismo até sua morte, em 1869.

Os ensinamentos de Kardec dominaram o cenário espiritualista francês no final do século XIX e início do XX, mas depois perderam terreno. Foi na América Latina, especialmente no Brasil, que sua obra encontrou moradia permanente. Até hoje, os livros de Kardec estão entre as obras esotéricas mais populares do Brasil, inspirando uma substancial rede de centros espíritas. O espiritismo também encontrou acolhida nas Filipinas. Nessas duas regiões, os ensinamentos de Kardec fundiram-se com as crenças indígenas sobre espíritos e possessão por espíritos, criando diversas novas religiões e movimentos esotéricos. *VEJA* ESPIRITISMO. LEITURA ADICIONAL: KARDEC, 1989.

Kaun. (norueguês antigo, "ferimento") Sexta runa do futhark recente, associada a doença, morte e decadência; tanto o poema rúnico norueguês como o islandês relacionam-na com doenças fatais em crianças. Os modernos magos rúnicos relacionam-na com o poder destrutivo e purificador do fogo. Seu valor sonoro é *k*. *VEJA* FUTHARK RECENTE.

Runa Kaun

Kaunaz. *VEJA* KENAZ.

Kebehsenuef. (egípcio antigo, *qbhsnwf*) Um dos quatro deuses canópicos, filhos de Hórus, que tinham a guarda dos órgãos vitais do falecido. Tem cabeça de falcão, governa o quadrante oeste do mundo e guarda o fígado e a vesícula biliar. Está associado à deusa Sekhet e também era chamado "o Sanguinário". *VEJA* DEUSES CANÓPICOS.

Na tradição da Golden Dawn, Kebehsenuef (com a grafia antiga Kabexnuf) é um dos guardiões invisíveis do templo e seu posto é no sudoeste. *VEJA* GOLDEN DAWN; ESTAÇÕES INVISÍVEIS. LEITURA ADICIONAL: BUDGE, 1967; REGARDIE, 1971.

Kedemel. Na tradição da magia cerimonial, o espírito planetário de Vênus, sob o governo da inteligência Hagiel. *VEJA* ESPÍRITO.

Kelippoth. *VEJA* QLIPPOTH.

Kelly, Edward. Mago e alquimista inglês (1555 – c. 1597). Kelly nasceu em Worcester, um de três filhos. Sua educação foi sólida o suficiente para que tivesse domínio absoluto do latim, e diz-se que teria frequentado Oxford, saindo antes de matricular-se. Em algum momento, uma de suas orelhas foi cortada, punição legal comum na Inglaterra da época; alega-se que durante algum tempo ele falsificava títulos de crédito e teria perdido a orelha por isso, mas não há evidências documentais disso. Acredita-se ainda que teria praticado magia e necromancia. Pode ser apenas um boato, mas tem paralelos próximos com a carreira de outro ocultista de classe média baixa da época, Simon Forman, e portanto não se pode descartar a hipótese sem maiores cautelas. *VEJA* FORMAN, SIMON; NECROMANCIA.

Kelly também foi conhecido como Edward Talbot, nome com que apareceu pela primeira vez nos diários do dr. John Dee, astrólogo da rainha Elizabeth. Em 1582, após uma série de experiências desapontadoras, Dee procurava um vidente e assistente para a prática de magia angélica. Os dois foram apresentados por um amigo comum. Dee não tinha lá muita confiança em "Talbot", e os dois discutiam muito. Mesmo assim, Kelly mostrou ser um vidente bastante capaz, e o trabalho de magia conjunto durou sete anos.

Em algum momento antes de 1583, Kelly casou-se com Jane Cooper. O casamento foi tempestuoso, e Jane Kelly passou boa parte do tempo morando com sua mãe em Chipping Norton. No final de 1583, quando Dee e Kelly saíram da Inglaterra na companhia do nobre polonês Olbracht Laski, as relações conjugais de Kelly estavam boas o suficiente para que Jane acompanhasse o grupo. Os anos seguintes de Kelly são uma crônica de viagens pela Europa, promessas de apoio de nobres, que raramente davam certo; e uma sucessão quase contínua de trabalhos de magia, nos quais o sistema enoquiano de magia foi transmitido por uma série de espíritos.

No início de 1583, enquanto ainda estava na Inglaterra, Kelly – segundo seu próprio relato, sob a orientação de espíritos – encontrou uma coleção de manuscritos alquímicos e uma pequena quantidade de pó enterrados em Northwick Hill, perto de Blockley. Nessa época, Dee já estava muito envolvido com o estudo da alquimia, mas os estudos de Kelly parecem ter sido posteriores. Só em 1586, quando Dee e Kelly moravam em Trebona [cidade na atual República Tcheca – N. do E.], é que os diários registram a prática de alquimia de Kelly. Em 19 de dezembro desse ano, registra-se que ele teria transmutado 35,4 g de mercúrio em ouro puro. VEJA ALQUIMIA.

Em 1587, Kelly e Dee realizaram seu último trabalho de magia juntos, embora tenham continuado a praticar alquimia. Em meados de 1588, Jane Kelly se separou de seu marido, desta vez em caráter permanente, e em março do ano seguinte Dee e família saíram de Trebona, voltando para a Inglaterra. Kelly permaneceu em Trebona. Os dois nunca mais se viram novamente.

Kelly, agora vivendo da alquimia, tornou-se protegido do sacro imperador romano Rodolfo II e uma celebridade na Europa Central. Relata-se que teria transmutado mercúrio em ouro em quantidades significativas, realizando transmutações na presença de estudiosos e nobres. Oficiais do governo inglês tentaram atraí-lo de volta à Inglaterra, sem sucesso. Em algum momento entre 1589 e 1591, ele se casou com lady Joanna Weston, viúva com dois filhos; dois ministros imperiais foram testemunhas da cerimônia.

O período de prosperidade de Kelly foi breve. Em 1591, o imperador mandou prendê-lo. Ele escapou, mas foi capturado depois de alguns dias e preso no castelo de Pürglitz. Descobriu-se que a vasta riqueza "alquímica" de Kelly era fruto de empréstimos insensatos, ajudados por pequenas fraudes. Após dois anos, foi solto pelo imperador, mas voltou à prisão em 1595. Em 1597, segundo relatos da época, tentou escapar da prisão, mas caiu de um muro na tentativa e morreu em consequência dos ferimentos. VEJA TAMBÉM DEE, JOHN; ENOQUIANA, MAGIA. LEITURA ADICIONAL: WILDING, 1999.

Kenaz. (germânico antigo, "tocha") Sexta runa do futhark antigo, associada com o conhecimento e a iluminação, o elemento Fogo e o deus Heimdall; também conhecida como Kaunaz. Seu valor sonoro é *k*. Como verbo, *kenaz* significa "conhecer", e alguns estudiosos modernos das runas relacionaram essa acepção de forma plausível com o "conhecimento" no sentido sexual, bem como no intelectual. VEJA FUTHARK ANTIGO.

Runa Kenaz (Kaunaz)

Kent, James Tyler. Ocultista e médico homeopata norte-americano, 1849-1916. Nascido em Woodhull, Nova York, Kent frequentou a faculdade da atual Colgate University e estudou medicina no Eclectic Medical Institute de Cincinnati, formando-se em 1871. Casou-se pouco depois da formatura, enviuvou alguns anos depois, mudou-se para St. Louis e casou-se novamente.

Nessa época, a profissão médica nos Estados Unidos dividia-se em diversas escolas e abordagens. Kent começou como praticante da escola eclética, que se baseava em remédios herbáceos tradicionais, mas passou para a homeopatia depois que um tratamento homeopático curou sua esposa de uma enfermidade grave. Recebeu um novo diploma médico numa faculdade homeopática em Missouri e tornou-se ativo professor e propagandista do sistema homeopático, e em 1887 foi nomeado presidente da International Hahnemannian Association, renomada organização homeopática.

Em 1888, após a morte de sua segunda esposa, casou-se com Clara Tobey, colega homeopata que o apresentou aos ensinamentos de Emmanuel Swedenborg. A partir de então, elementos primordiais dos ensinamentos swedenborguianos entraram em sua prática da medicina homeopática. *VEJA* SWEDENBORG, EMMANUEL.

Kent acreditava que os remédios homeopáticos funcionavam graças a um fator imaterial, uma "substância simples", que constituía a essência espiritual interior de tudo. Em sua opinião, a substância simples possui três qualidades: existência, poder e inteligência ou padrão – e serve de "limbo", ou corpo vital de toda entidade, mediando espírito e matéria. As doenças consistem no desequilíbrio no espírito – a separação entre as duas faculdades espirituais, vontade e compreensão – que permitem que uma substância simples estranha entre no corpo vital. Isso interrompe o fluxo normal de substância simples entre o centro e a periferia do corpo, permitindo que a doença se manifeste no corpo físico. Todas essas ideias estão em fontes swedenborguianas e outras tradições ocultistas.

Ensinamentos como esses eram fundamentais para a técnica de Kent, e ele os apresentou dando aulas numa série de cargos cada vez mais prestigiosos em faculdades de medicina homeopática. Também escreveu e publicou três livros – *Lectures on Homeopathic Philosophy* (1900), *Repertory of Homeopathic Materia Medica* (1903) e *Lectures on Homeopathic Materia Medica* (1905) – que se tornaram os mais influentes manuais de homeopatia do século XX. Ele morreu em 1916.

As ideias de Kent tornaram-se a força dominante da homeopatia do século XX, e são parcela determinante do que hoje é chamado de "homeopatia clássica". Sua visão essencialmente mágica da cura é, até hoje, a postura-padrão da medicina homeopática.
VEJA TAMBÉM HOMEOPATIA. LEITURA ADICIONAL: KENT, 1900; WOOD, 2000.

Kepler, Johannes. Astrólogo e astrônomo alemão, 1571-1630. Nascido numa família de camponeses, demonstrou talento para a matemática desde cedo, o que lhe granjeou uma série de bolsas de estudo, culminando em sua admissão à Universidade de Tübingen, onde formou-se em 1593. Nesse mesmo ano, foi lecionar matemática em Graz, na Áustria, onde dedicou boa parte de seu tempo à astronomia, correspondendo-se com o grande astrônomo dinamarquês Tycho Brahe, astrólogo da corte do imperador Rodolfo II.

Um conflito de cunho religioso perto de Graz em 1599 fez com que Kepler, que era protestante, fugisse para a corte imperial em Praga. Kepler tornou-se assistente de Brahe e, com a morte deste, em 1601, assumiu o cargo de astrólogo da corte no lugar dele. Trabalhando com a enorme coleção de observações planetárias, Kepler conseguiu criar suas três famosas leis do movimento planetário, base da astronomia moderna. Além disso, desenvolveu uma teoria geral dos aspectos astrológicos, introduzindo diversos aspectos novos à prática astrológica. VEJA ASPECTO ASTROLÓGICO.

Após a deposição de Rodolfo II em 1611, Kepler mudou-se para Linz, na Áustria, dando aulas de matemática e astronomia na universidade local. Morreu na Alemanha em 1630. VEJA TAMBÉM ASTROLOGIA.

Kerub. Na magia cabalística, regente do elemento Terra. Seu nome deriva de Kerubim, ou Querubim, anjos atribuídos à Sefirah Yesod. VEJA TAMBÉM QUERUBIM; REGENTE ELEMENTAL.

Kerubim. VEJA QUERUBIM.

Kether. (hebraico KThR, "coroa") Primeira e mais elevada Sefirah da Árvore Cabalística da Vida e a mais elevada Sefirah do Pilar do Meio. Kether é a primeira manifestação, a unidade original a partir da qual tudo se desenvolve, e a meta da busca espiritual tal como compreendida pela cabala. Suas correspondências mais comuns são as seguintes:

Nome de Deus: AHIH, Eheieh (Eu Sou).
Arcanjo: MITTRVN, Metatron, o Príncipe das Faces.
Hoste angelical: ChIVTh HQDSh, Chaioth ha-Qodesh (Sagradas Criaturas Vivas).
Correspondência astrológica: RAShITh HGLGLIM, Rashith ha-Gilgalim (Primeiros Redemoinhos ou *Primum Mobile*).
Correspondência no tarô: Os quatro Ases.
Elemento correspondente: Ar.
Imagem mágica: Um rosto humano que olha para a direita do observador, visto em meio a uma luz brilhante. Algumas versões dizem que é um rosto humano barbado, outras apresentam-no como andrógino.
Símbolos adicionais: o ponto, a coroa.
Títulos adicionais: Macroprósopo, o Grande Rosto; Amen; o Ponto Primordial; a Cabeça Que Não Existe; o Ancião dos Dias.
Cores: em Atziluth, brilho puro.
em Briah, branco brilhante.
em Yetzirah, branco brilhante.
em Assiah, branco, salpicado de ouro.
Correspondência no microcosmo: Yechidah, a essência espiritual do self.
Correspondência no corpo: Acima da coroa da cabeça.
Grau de iniciação: 10=1, Ipsissimus.
Qlippoth: ThAVMIAL, Thaumiel, os Divididos.

O texto do *Trinta e Dois Caminhos da Sabedoria* associado a Kether diz: "O Primeiro Caminho chama-se Inteligência Admirável, ou Oculta, pois é a luz que concede o poder da compreensão do Primeiro Princípio, que não tem começo; e é a Glória Primordial, pois nenhum ser criado pode alcançar-lhe a essência". VEJA TAMBÉM CABALA; ÁRVORE DA VIDA.

kia. No sistema mágico do culto Zos Kia, do ocultista inglês Austin Osman Spare, a alma, ou "eu atmosférico" do indivíduo, simbolizado pelo olho ou pelo pênis. VEJA SPARE, AUSTIN OSMAN; ZOS KIA CULTUS.

Kibbo Kift, Irmandade de. Organização semipagã inglesa, fundada em 1920 pelo ocultista e líder Woodcraft inglês John Hargrave (1894-1978). O Kibbo Kift (nome proveniente de uma frase em dialeto do interior da Inglaterra e com o significado de "prova de força") foi um desdobramento do movimento Woodcraft, que pode ter sido o ancestral de diversos ramos do neopaganismo moderno; *VEJA* WOODCRAFT. Como outras organizações Woodcraft, foi um movimento de retorno à natureza focado na regeneração física, mental e espiritual. O Kibbo Kift também teve fortes conexões com o cenário ocultista inglês da época, principalmente através de Hargrave, profundamente versado em tradições ocultistas e que, já mais idoso, escreveu um livro sobre Paracelso.

Membros do Kibbo Kift usavam um traje que lembra o dos Homens Alegres, companheiros de Robin Hood, e reuniam-se nos finais de semana para caminhadas e acampamentos, competições de arco e flecha e atividades manuais. Também havia muito ritual, em boa parte de natureza ocultista. Um dos membros, Vera Chapman, que depois filiou-se à Order of Bards Ovates and Druids [OBOD, ou Ordem dos Bardos, Vates e Druidas), comentou que havia "um pouco de misticismo, ritualismo, aquilo que John Hargrave chamava especificamente de 'mágika', com k. Ele entendia muito, e ainda entende, de ocultismo, e conheceu muitas das pessoas atuantes nos círculos ocultistas da época" (Drakeford, 1997, p. 62).

Na década de 1930, Hargrave convenceu-se de que a abordagem Kibbo Kift era lenta e limitada demais para lidar eficientemente com as forças degenerativas da moderna vida "civilizada". Passou a se dedicar à organização política, transformando o Kibbo Kift no movimento da Camisa Verde e depois no Partido do Crédito Social da Grã-Bretanha e Irlanda do Norte. Não conseguiu causar impacto no cenário político britânico e dissolveu a organização em 1951. Elementos importantes do ritual Kibbo Kift parecem ter sido adotados pelo movimento druida, especialmente pela Ordem dos Bardos, Vates e Druidas (OBOD); *VEJA* ORDEM DOS BARDOS, VATES E DRUIDAS (OBOD). LEITURA ADICIONAL: HARGRAVE, 1927; DRAKEFORD, 1997; WEBB, 1976; WITEMEYER, 1994.

Kingsford, Anna Bonus. Médica e ocultista inglesa, 1846-1888. Nascida numa rígida família de classe média, casou-se com um clérigo anglicano mas descobriu que não suportava a vida doméstica nem a maternidade; adotou o vegetarianismo e a campanha contra a vivissecção como válvula de escape. Em 1870, tornou-se católica romana e editora de uma revista de direitos das mulheres. Decidindo-se por uma carreira médica – uma alternativa quase impossível para uma mulher inglesa naquela época – foi a Paris na companhia de Edward Maitland (1824-1897), advogado que conheceu graças a seus textos, e graduou-se em medicina em 1880.

Nessa época, Kingsford recebia visões e mensagens espirituais proclamando uma nova versão do cristianismo, que reinterpretava a Bíblia em termos alegóricos, negava a divindade de Jesus de Nazaré e incluía a reencarnação e o vegetarianismo como doutrinas essenciais. Suas revelações foram principalmente resultado do uso de óxido nitroso, a mais popular droga para "elevação da consciência" da época. As visões foram apresentadas ao público numa série de palestras em Londres em 1881 e no livro *The Perfect Way*, do ano seguinte.

Em 1883, em meio a um furor em torno de questões doutrinárias, Kingsford tornou-se presidente da Sociedade Teosófica Britânica. Seu mandato foi breve e complicado, com acusações de que estaria apenas tentando assumir a Teosofia para beneficiar suas próprias revelações. *VEJA* SOCIEDADE TEOSÓFICA. Em 1884, ela saiu da presidência e tornou-se líder de sua própria organização, a Sociedade Hermética. Lá, promoveu incansavelmente seu evangelho até morrer de tuberculose, quatro anos depois.

A Sociedade Hermética caiu no esquecimento pouco depois de sua morte. Em quatro anos de funcionamento, porém, apresentou palestras sobre hermetismo e cabala dadas por William Wynn Westcott e Samuel Mathers, principais fundadores da Ordem Hermética da Aurora Dourada, e teve um papel fundamental na reunião dos ocultistas que tornaram possível a Golden Dawn. *VEJA TAMBÉM* OCULTISMO CRISTÃO; GOLDEN DAWN. LEITURA ADICIONAL: J. GODWIN, 1994; KINGSFORD E MAITLAND, 1882.

Koad. (irlandês antigo, "bosque") Primeira das cinco letras adicionais ou *forfedha* do alfabeto Ogham, usada na combinação de vogais *ea* ou na consoante *ch*; também chamada Ebad ou Ebhadh, "choupo". Corresponde a todas as árvores, mas não tem o simbolismo detalhado das vinte letras "regulares". *VEJA* OGHAM.

Letra Koad em Ogham

Kokab. (hebraico, "estrela") Oitava esfera celeste na cosmologia cabalística, associada à Sefirah Hod no mundo de Assiah. Seu equivalente astrológico é Mercúrio. *VEJA* HOD; ÁRVORE DA VIDA.

Koot Hoomi, Mestre. *VEJA* KUTHUMI, MESTRE.

Krumm-Heller, Arnoldo. Ocultista teuto-mexicano, 1876-1949. Nascido em Salchendorf, Alemanha, em 1876, Krumm-Heller saiu de casa aos 16 anos para tentar a sorte e viajou muito pela América Latina e Europa. Seu interesse pelo ocultismo surgiu cedo, e em 1900 estava em Paris estudando martinismo com o grande ocultista francês Papus (1865-1916). *VEJA* PAPUS.

Em 1908, num importante conclave martinista, Krumm-Heller tornou-se o representante da Ordem Martinista no Chile, Bolívia e Peru. Em pouco tempo, estava de volta à América Latina, ensinando ocultismo e dedicando-se a diversas atividades empresariais. Em algum momento em torno de 1910, enquanto estava no México, começou a organizar uma ordem mágica, a Fraternitas Rosicruciana Antiqua [FRA, ou Antiga Fraternidade Rosa-Cruz], e poucos anos depois fundou um corpo religioso gnóstico, a Iglesia Gnostica. Essas duas organizações tiveram pronta acolhida nos países da América Latina.

Em 1920, Krumm-Heller voltou à Alemanha, comprou uma gráfica e se estabeleceu na cidade de Marburg. Manteve-se ativo nos círculos ocultistas, fazendo contatos com Rudolf Steiner e Aleister Crowley, bem como com seus alunos na América Latina. *VEJA* CROWLEY, ALEISTER; STEINER, RUDOLF. Durante o regime nazista, manteve-se discreto e conseguiu sobreviver. Após a Segunda Guerra Mundial, retomou o contato com seus estudantes ultramarinos e teve papel ativo na Cruz Vermelha. Morreu em sua casa em Marburg em 1949. *VEJA TAMBÉM* MARTINISMO; ROSA-CRUZES.

kundalini. (sânscrito, "enrolada, ou enroscada em espiral") Na teoria do yoga, uma energia primordial situada no chakra inferior, na base da coluna vertebral, simbolizada por uma serpente enrodilhada sobre si mesma. Diversos ramos do yoga ensinam métodos para despertar a kundalini e direcioná-la pelos chakras ou centros da coluna até a coroa da cabeça, produzindo iluminação e uma gama de poderes paranormais.

Embora kundalini pareça ser um conceito totalmente hindu, sem uma identificação clara em outras tradições místicas, a popularidade dos ensinamentos espirituais hindus após a Teosofia fez com que muitos autores da tradição ocultista ocidental sugerissem que todos os exercícios espirituais se destinam a despertar a kundalini, e há uma imensa variedade de sistemas no atual cenário ocultista que reinterpretam e aplicam a kundalini em termos ocultistas ocidentais. *VEJA TAMBÉM* CHAKRA.

Kuthumi, Mestre. Na Teosofia e em sistemas relacionados de ensinamento esotérico, um dos Mestres da Grande Loja Branca, a fraternidade secreta que supervisiona a evolução espiritual da Terra; seu nome era grafado Koot Hoomi nos textos da fundadora da Sociedade Teosófica, H. P. Blavatsky, mas depois ela o alterou para Kuthumi por motivos estéticos.

Kuthumi é o chohan, o principal adepto do Segundo Raio, o Raio Dourado da sabedoria, e por isso o subordinado imediato do Senhor Maitreya, o bodhisattva da atual raça--raiz. Quando surgir a sexta raça-raiz, o que se imagina que deva ocorrer em algum momento do século XXVI, Kuthumi vai assumir a posição de bodhisattva dessa raça. *VEJA* RAIO DOURADO; RAÇA-RAIZ.

Segundo textos teosóficos, Kuthumi foi Pitágoras numa encarnação anterior. *VEJA* PITÁGORAS.

De acordo com a pesquisa do historiador moderno K. Paul Johnson, "Kuthumi" (ou melhor, "Koot Hoomi") era o pseudônimo usado por Blavatsky para Thakar Singh Sandhanwalia, importante líder sikh da época que colaborou com Blavatsky enquanto esta viveu na Índia. Essa identificação tem sido muito criticada pelos teósofos. *VEJA TAMBÉM* GRANDE LOJA BRANCA; MESTRES; TEOSOFIA. LEITURA ADICIONAL: BARBORKA, 1964; JOHNSON, 1994; LEADBEATER, 1925.

Kybalion, The. *VEJA* CAIBALION, O.

L

Laetitia. (latim, "felicidade") Figura geomântica governada por Júpiter, afortunada em todos os contextos divinatórios. *VEJA* GEOMANCIA.

Figura geomântica Laetitia

Laf. *VEJA* LAGUZ.

Lagu. *VEJA* LAGUZ.

Laguz. (germânico antigo, "água") Vigésima primeira runa do futhark antigo. Associada com a divindade Nerthus, ou Njord; com a água, com as marés e com a bruxaria. Representa o som *l*. *VEJA* FUTHARK ANTIGO.

No futhorc anglo-saxão, a mesma runa é chamada Lagu (inglês antigo, "água", "lago") e também ocupa a vigésima primeira posição. O poema rúnico em inglês antigo relaciona-a com o alto-mar e suas terríveis ondas. *VEJA* FUTHORC ANGLO-SAXÃO.

No futhark recente, a mesma runa ocupa a décima quinta posição e é chamada Lögr (norueguês antigo, "água", "mar", "queda d'água"). Representa a água, a força vital e a intuição. *VEJA* FUTHARK RECENTE.

No sistema rúnico Armanen, finalmente, essa runa é a décima quarta, e tem o nome Laf, que significa "Lei"; suas correspondências incluem o deus Lodhurr, a mãe e o poder de nomear todos os deuses e elfos, como descrito no poema rúnico "Havamal". *VEJA* RUNAS ARMANEN.

Runa Laguz (Lagu, Lögr, Laf)

Lamed. (hebraico LMD, "aguilhão") A décima segunda letra do alfabeto hebraico. Uma das doze letras simples, Lamed representa o som *l* e tem o valor numérico 30. Suas correspondências mais comuns são as seguintes:

Caminho da Árvore da Vida: Caminho 22, de Geburah a Tiphareth.
Correspondência astrológica: Libra, a Balança.
Correspondência no tarô: Arcano XI, A Justiça.
Parte do Cubo do Espaço: Aresta noroeste.
Cores: em Atziluth, verde-esmeralda.
    em Briah, azul.
    em Yetzirah, azul-esverdeado escuro.
    em Assiah, verde-claro.

Seu texto no *Trinta e Dois Caminhos da Sabedoria* diz: " O Vigésimo Segundo Caminho é chamado Inteligência Fiel, porque graças a ele as virtudes espirituais aumentam, e todos os moradores da Terra estão praticamente sob sua sombra". *VEJA* ALFABETO HEBRAICO.

Letra hebraica Lamed

lâmina. (do latim *lamen*, "placa") Na magia cerimonial, peça usada sobre o peito, pendurada ao pescoço numa fita, colar ou cordão; também chamada peitoral. *VEJA* PEITORAL DO SUMO SACERDOTE. Nas tradições cabalísticas da magia, a lâmina costuma ser usada para representar as forças de Tiphareth, a Sefirah unificadora e central da Árvore da Vida, e leva o simbolismo correspondente de uma forma ou de outra; *VEJA* TIPHARETH. Na prática da evocação mágica, o selo do espírito a ser invocado costuma ser usado como lâmina, representando o poder do mago sobre o espírito; *VEJA* EVOCAÇÃO.

O sistema de magia baseado no grimório de Abramelin usa o termo *lamen* de forma distinta; nele, é uma placa de prata na qual o Santo Anjo Guardião escreve em letras formadas por orvalho. *VEJA* ABRAMELIN, O MAGO, O LIVRO DA MAGIA SAGRADA DE.

A lâmina Rosa-Cruz usada na Ordem Hermética da Aurora Dourada

Lammas. (inglês antigo *hlaefmass*, "massa de pão") No paganismo moderno, um dos dois nomes comuns da celebração do início da colheita em 1º de agosto ou perto dessa data; seu outro nome é Lughnassadh. *VEJA* SABÁ.

lâmpada. Em diversas tradições da magia cerimonial, uma ferramenta mágica que representa a presença do espírito ou do divino no templo. A lâmpada mágica é semelhante à lâmpada da Presença em algumas denominações cristãs, como símbolo da presença de Deus, sendo provavelmente inspirada por esta. LEITURA ADICIONAL: CROWLEY, 1980.

Lanz von Liebenfels, Jörg. Ocultista austríaco, 1874-1954. Nascido numa família vienense de classe média, Lanz (o "von Liebenfels" foi um acréscimo posterior) desde cedo encantou-se com a Idade Média e as lendas de cavalaria. Em 1893, apesar da oposição de sua família, entrou para a ordem cisterciense como noviço da abadia de Heiligenkreuz, perto de Viena. Fez seus votos em 1897 e começou a dar aulas no seminário da abadia em 1898. Suas próprias crenças religiosas, porém, já se desviavam da ortodoxia católica, e em 1899 ele renunciou aos votos e saiu do mosteiro.

Tornou públicas suas crenças num longo artigo de 1903, "Anthropozoon Biblicum" [Animais humanos da Bíblia] e depois num estudo extenso em 1905, com o notável título *Theozoologie oder die Kunde von den Sodoms--Äfflingen und dem Götter-Elektron* [*Teozoologia, ou a Ciência dos Simioides-Sodomitas e do Elétron Divino*] [Teozoologia, ou a história dos primatas-sodomitas e o electron de Deus]. Nessas obras, Lanz dizia que os cultos de mistérios do mundo antigo dedicavam-se a intercursos anormais com anões semi-humanos (os "primatas-sodomitas" do título); que o cruzamento racial entre esses seres inferiores e a verdadeira humanidade ariana tinha causado a perda de misteriosos poderes eletropsíquicos que antes esta possuía; e que Jesus, que teria sido ariano e não judeu, viera ao mundo para restaurar a gnose sexual e racial ao povo ariano eleito.

Tais opiniões renderam a Lanz um público atento nos círculos nacionalistas alemães, e a partir de 1905 ele criou uma revista, *Ostara*, na qual as discussões da "teozoologia" misturavam-se com diatribes racistas e ensaios políticos e econômicos conservadores. Lanz tornou-se um dos primeiros a apoiar as ideias ariosóficas de Guido von List, que eram populares nos mesmos círculos, e foi um membro fundador da Guido von List Society. *VEJA* LIST, GUIDO VON.

Em 1907, Lanz fundou sua própria organização, a Ordo Novi Templi [OTN, ou Ordem dos Novos Templários]. Sediada em Burg Werfenstein, um castelo medieval no Danúbio doado por um rico seguidor, a ONT desenvolveu um complexo sistema de rituais parcialmente modelado na liturgia cisterciense do período monástico de Lanz, mas dedicado à nova gnose racial do "Electron e o Santo Graal". A participação plena era limitada àqueles que passavam nos testes de pureza racial feitos por Lanz. A bandeira da ONT, hasteada pela primeira vez em Werfenstein em 1907, tinha uma suástica vermelha e quatro flores-de-lis azuis num campo de ouro. *VEJA* ORDO NOVI TEMPLI (ONT).

Desde a criação da *Ostara* até o final da Primeira Guerra Mundial, Lanz foi um dos principais personagens dos círculos de extrema direita de Viena, e sua publicação era leitura obrigatória entre nacionalistas alemães, antissemitas e racistas da Europa Central. Durante sua permanência em Viena, de acordo com diversas testemunhas, Adolf Hitler lia constantemente *Ostara* e chegou a visitar Lanz em seu escritório para completar sua coleção com exemplares antigos. *VEJA* HITLER, ADOLF.

No final da Primeira Guerra Mundial, Lanz mudou-se para a Hungria, onde teve papel ativo na política durante o caos que se seguiu ao colapso do Império Austro-Húngaro, e por duas vezes quase foi executado por pelotões de fuzilamento comunistas. Após a vitória das forças conservadoras em 1920, começou a se dedicar ao jornalismo, continuou a expandir e a desenvolver a liturgia da ONT e escreveu diversos livros sobre temas ocultistas. Em 1933, saiu da Hungria e mudou-se para a Suíça, onde ficou durante a Segunda Guerra Mundial. Uma última mudança após a guerra levou-o de volta a Viena, onde morreu na obscuridade em 1954. *VEJA TAMBÉM* ARIOSOFIA. LEITURA ADICIONAL: GOODRICK--CLARKE, 1992.

latão. Liga de cobre e zinco ou outros metais, conhecida desde a Antiguidade e muito usada em estátuas e metalurgia. Na magia natural, o latão é usado como metal do princípio Mercúrio e do planeta de mesmo nome (o verdadeiro metal desse planeta tem nome de mercúrio, é líquido à temperatura ambiente e por isso não se pode utilizá-lo para fazer objetos sólidos). *VEJA* MERCÚRIO; MAGIA NATURAL.

laukar. (norueguês antigo, "alho-poró") Palavra de poder encontrada em inscrições rúnicas, tanto no futhark antigo como no recente. O alho-poró era um símbolo de virilidade e de fertilidade masculina nas culturas alemã e nórdica, pelo menos devido a seu formato fálico. Às vezes era associado à *lina*, "linhaça", "linho", que tinha um papel similar como símbolo da fertilidade feminina. *VEJA* LINA; RUNAS.

Laveau, Marie. Sacerdotisa e praticante afro-americana do hudu, 1801?-1881. Nascida em Nova Orleans, era filha de Charles Laveau, afro-americano liberto que tinha diversas propriedades, e uma de suas amantes. Casou-se com Jacques Paris, imigrante do Haiti, em 1819, mas ficou viúva alguns anos depois, mantendo um relacionamento menos formal com Christophe Glapion, um branco da Luisiana, que durou até a morte dele, em 1855.

Os primeiros contatos de Laveau com a comunidade vodu de Nova Orleans não foram descobertos. Diversas fontes dizem que ela trabalhou antes como cabeleireira, usando informações que recebia de suas clientes como base para chantagens e adivinhações. Por volta de 1850, porém, era considerada a rainha do vodu em Nova Orleans, posição que manteve até aposentar-se, em 1869. Nesse período, em sua cabana na Rua St. Ann, realizava trabalhos de magia e de vodu para sua vasta clientela.

Após sua aposentadoria, foi morar com a filha, Marie Philomene Glapion, e morreu em 1881, após uma longa enfermidade. Há motivos para acreditar que sua filha assumiu seu lugar e seu nome após sua morte, pois muitas pessoas entrevistadas pelo projeto de escritores Works Project Administration durante a Depressão descrevem uma Marie Laveau de meia-idade e bastante ativa como praticante de hudu na década de 1880, bem depois da morte da original. *VEJA TAMBÉM* HUDU; VODU. LEITURA ADICIONAL: FANDRICH, 1994; LONG, 2001.

LaVey, Anton Szandor. (Howard Stanton Levey) Satanista norte-americano, 1930-1997. Com certeza uma das mais divertidas figuras do cenário ocultista norte-americano no século XX, LaVey nasceu em Chicago numa família de operários que se mudou para a região de San Francisco durante sua infância. Mais tarde, ele afirmou ter sido um menino prodígio que teria tocado oboé com a San Francisco Ballet Symphony, investigador paranormal, fotógrafo da polícia, organista num teatro burlesco e domador de leões num circo. Algumas dessas alegações parecem ser pura invenção de LaVey, que nunca foi avesso a fazer troças com os jornalistas.

É difícil encontrar documentos sobre sua vida, mas alguns aspectos de sua carreira como ocultista são razoavelmente claros. Nas décadas de 1950 e 1960, LaVey deu palestras semanais na casa de seus pais na rua Califórnia, no bairro de Richmond, em San Francisco. (Mais tarde, quando a casa tornou-se sede da Igreja de Satã, LaVey afirmou que a ampla casa negra tinha sido um bordel administrado pela lendária cafetina de San Francisco, Mammy Pleasant.) Lá, em Walpurgisnacht, 30 de abril de 1966, LeVey fundou formalmente a Igreja de Satã. Casamentos, funerais e batizados satânicos, realizados visando a maior publicidade possível, atraíram enorme variedade de recrutas, incluindo celebridades como Sammy Davis Jr. e Jayne Mansfield.

Entre o final da década de 1960 e o início da década de 1970, LaVey teve seus dias de glória. Em 1969, foi publicado seu *best-seller*, *The Satanic Bible*, que vendeu mais de um milhão de exemplares. Nele, apresentava uma filosofia radical centrada no eu e na gratificação sensual, muito inspirada em Aleister Crowley e na filósofa objetivista Ayn Rand; *VEJA* CROWLEY, ALEISTER. No mesmo ano, ele apareceu no *Tonight Show* com Johnny Carson, no qual realizou um ritual satânico para se conseguir sucesso no ano seguinte. No início da década de 1970, formara uma rede de "grutas" (igrejas satânicas) nos Estados Unidos, fechando-as depois por terem se tornado clubes sociais em vez de centros de atividade satânica.

A partir de 1975, quando o sacerdote satânico Michael Aquino rompeu com a Igreja de LaVey para fundar uma Igreja rival (o Templo de Set), LaVey e sua organização foram afligidos com cismas e disputas, e o próprio LaVey afastou-se dos holofotes. Tornou a aparecer no início da década de 1990, quando publicou um novo livro, *The Devil's Notebook* (1992) e apresentava programas noturnos na televisão com discussões sobre temas satânicos, com um círculo crescente de jovens aficionados, saídos principalmente do cenário musical alternativo. Morreu por problemas cardíacos em 1997. *VEJA TAMBÉM* IGREJA DE SATÃ; SATANISMO; TEMPLO DE SET.

Leão. (do latim, *leo*) Quinto signo do zodíaco, signo fixo de Fogo com polaridade masculina. Em Leão, o Sol é regente e Saturno está em exílio. Leão governa o coração, a coluna vertebral e as costas. *VEJA* ZODÍACO.

O Sol fica em Leão aproximadamente entre 23 de julho e 23 de agosto. As pessoas com o Sol nessa posição costumam ser criativas, vigorosas, generosas e entusiasmadas; também podem ser pomposas, arrogantes, excessivamente dramáticas e tão autocentradas quanto um giroscópio.

No sistema de tarô da Golden Dawn, Leão corresponde à carta VIII, A Força. *VEJA* FORÇA, A; TARÔ.

♌

Símbolo astrológico de Leão

leão verde. Na alquimia, um símbolo que, como a maioria dos símbolos alquímicos, tem diversos significados. Em *The Dialogue of Morienus and King*, a primeira obra árabe de alquimia traduzida para o latim, Morienus define o leão verde como vidro. Textos alquímicos posteriores usam-no para representar um solvente ou mênstruo, usado para dissolver os materiais básicos da arte. Imagens de um leão verde são comuns em símbolos alquímicos. *VEJA TAMBÉM* ALQUIMIA.

Leão Vermelho. Importante imagem do simbolismo alquímico, o leão vermelho costuma referir-se ao enxofre, um dos três princípios alquímicos; pode também referir-se ao ouro ou ao ácido sulfúrico. Tal como acontece com a terminologia alquímica de modo geral, porém, nenhuma definição se encaixa a todos os usos da expressão e geralmente fica aberta a questão sobre o seu significado exato num dado texto.

Um documento intitulado "Processo Alquímico de Trismosin, chamado o Leão Vermelho" foi publicado diversas vezes no Renascimento e pelo menos uma em tempos modernos. O processo exposto nesse documento, segundo se acredita, poderia produzir a Pedra Filosofal; na verdade, o que produz são vários gramas de fulminato de ouro, um explosivo muito instável e perigoso. O candidato a alquimista deve moer o fulminato a pó e jogá-lo sobre metal fundido! É difícil dizer se essas instruções suicidas destinam-se a reduzir o número de alquimistas ignorantes do mundo, ou se são apenas uma piada de extremo mau gosto. *VEJA TAMBÉM* ALQUIMIA. LEITURA ADICIONAL: TRISMOSIN, S/D.

Leek, Sybil. Bruxa e astróloga inglesa, 1923--1983. De acordo com sua autobiografia, *Diary of a Witch* (1968), nasceu numa família de bruxas hereditárias de origem irlandesa e russa, cresceu em New Forest, conheceu Aleister Crowley quando tinha 9 anos e passou um ano morando com os ciganos de New Forest no início da vida adulta. Nenhuma dessas afirmações pôde ser documentada. Sybil Leek surgiu nos círculos ocultistas no início da década de 1950, quando tinha um antiquário em New Forest. Depois de uma experiência mística que a convenceu de que deveria ser pregadora da bruxaria, tornou pública sua atividade, atraindo bastante atenção da mídia. O proprietário recusou-se a renovar o aluguel da loja se não abrisse mão da bruxaria. Ela se recusou, fechou a loja e embarcou numa nova carreira como bruxa profissional.

No início da década de 1960, mudou-se para os Estados Unidos, morando primeiro em Nova York e depois em Los Angeles. Estabeleceu-se como astróloga, publicou com sucesso uma revista de astrologia e seu primeiro livro sobre bruxaria foi lançado em 1968. Depois disto, apareceu com frequência na mídia, publicando cerca de sessenta livros sobre diversos temas ocultistas.

Uma das mais pitorescas figuras do cenário ocultista norte-americano, tinha uma gralha domesticada e uma jiboia como animais de estimação. Nos últimos anos, dividia seu tempo entre o Texas e a Flórida, vindo a falecer neste estado em 1983, após vários anos com problemas de saúde. *VEJA TAMBÉM* ASTROLOGIA; BRUXARIA. LEITURA ADICIONAL: LEEK, 1968.

leitura da face. *VEJA* FISIOGNOMONIA.

Leland, Charles Godfrey. Estudioso e ocultista norte-americano, 1824-1903. Nascido numa rica família da Pensilvânia, Leland demonstrou interesse pelo ocultismo desde cedo, e absorveu ideias mágicas irlandesas, afro-americanas e dos holandeses da Pensilvânia através dos empregados de sua casa natal. Aos 18 anos de idade, traduziu o *Poimandres* – o primeiro e mais importante tratado do *Corpus Hermeticum* – do original grego. *VEJA* CORPUS HERMETICUM.

Ainda jovem, foi a Paris, para aprimorar sua educação na Sorbonne. Estava lá em 1848, quando a revolução eclodiu por boa parte da Europa, e lutou ao lado dos revolucionários. Mais tarde, voltando aos Estados Unidos, serviu do lado da União na Guerra Civil, viajou e prospectou petróleo no Oeste, e depois começou a escrever e a trabalhar como jornalista.

Em 1870, mudou-se para a Inglaterra e começou a pesquisar o folclore e as tradições dos ciganos, estudo que levou à sua primeira publicação sobre temas ocultistas, *Gypsy Sorcery and Fortune-Telling* (1891). Muitos acreditam que ele praticava os assuntos que estudava, e ganhou a fama de feiticeiro em seus círculos acadêmicos e familiares. Mais tarde, mudou-se para Florença, na Itália, onde morou pelo resto da vida, realizando pesquisas sobre folclore local, com ênfase nas tradições romanas e etruscas ainda vivas.

Em 1886, segundo seu relato posterior, ouviu rumores da existência de um livro, preservado em exemplares manuscritos, que estabelecia as doutrinas da bruxaria italiana. Fez contato com uma *stregha* local, uma mulher a quem ele deu o pseudônimo de Maddalena, e finalmente obteve dela um exemplar do livro, que depois publicou traduzido como *Aradia, o Evangelho das Bruxas* (publicação original, 1899). *VEJA* ARADIA.

Apesar da saúde frágil, manteve-se ativo como estudioso do folclore até sua morte, em 1903. LEITURA ADICIONAL: LELAND, 1974 E 2002; PENNELL, 1906.

lema mágico. (do inglês, *magical motto*) Em muitos sistemas mágicos contemporâneos, nome adotado por um mago, seja na época de sua primeira iniciação, seja em algum momento posterior. Originalmente, o lema mágico era apenas um pseudônimo, usado para ocultar a identidade pessoal quando qualquer prática mágica pública era problemática. No final do século XIX, porém, quando surgiu o lema mágico em sua forma atual, o lema tinha adquirido o propósito secundário de expressar o propósito central ou a orientação espiritual do mago.

Os lemas mágicos costumam ser em latim, grego, hebraico ou enoquiano, e podem variar de apenas uma palavra a uma frase completa. Geralmente, o mago é mencionado pelas iniciais de seu lema mágico, como *Soror* (Irmã) *D. N. F.*, em vez de *Deo Non Fortuna* (latim, "Deus, não o acaso", que é o lema da ocultista inglesa Violet Firth e fonte de seu pseudônimo literário, Dion Fortune).

Os lemas mágicos de outros magos famosos podem dar uma ideia das opções. O lema de Aleister Crowley era *Perdurabo* (latim, "resisto até o fim"); o de Allan Bennet era *Iehi Aour* (hebraico, "Que haja luz"); o de William Butler Yeats era *Deus Est Demon Inversus* (latim, "Deus é o Diabo Invertido", e as iniciais formam a palavra latina *Dedi*, "eu dei").

O costume de adotar lemas mágicos pode ter influenciado o moderno costume neopagão de se adotar nomes de ofício. VEJA NOME DE OFÍCIO. VEJA TAMBÉM LOJA MÁGICA.

Lemegeton, o. Um dos mais famosos grimórios medievais, o *Lemegeton* consiste em cinco livros – *Goetia*, *Theurgia Goetia*, *Art Pauline*, *Art Almadel* e *Artem Novem* –, cada um dedicado a um ramo diferente da arte de evocar espíritos. O significado da palavra "Lemegeton" ainda é desconhecido, e a coleção também é conhecida como *Chave Menor de Salomão*; VEJA CHAVES DE SALOMÃO, AS; SALOMÃO.

O primeiro livro, *Goetia*, é certamente o mais famoso, e recebeu diversas reimpressões com seu próprio nome. Consiste numa lista de 72 demônios, juntamente com seus selos, seus poderes especiais e instruções completas dos rituais para chamá-los e comandá-los. Manteve-se popular como fonte de evocações até a era moderna, e ainda costuma ser usado por diversos praticantes de magia. Suas listas de espíritos e selos estão incluídas no *Bok [sic] of the Art Magical*, a primeira versão do Livro das Sombras de Gerald Gardner. VEJA LIVRO DAS SOMBRAS; GARDNER, GERALD BROUSSEAU. A mesma coleção de espíritos e selos tornou-se base de um sistema divinatório e de um jogo de guerra de inspiração fantástica.

Os outros trechos do livro apresentam rituais adicionais e coleções menores de espíritos que podem ser chamados e comandados para diversos propósitos especiais. O *Theurgia Goetia* trata de espíritos do ar, alguns bons, outros maus; o *Art Pauline* discute os espíritos que governam as horas planetárias, os graus do zodíaco e os planetas; o *Art Almadel* trata de um conjunto de vinte espíritos associados com as estações, que podem ser chamados para certos propósitos específicos; e o *Artem Novem*, ou "Arte Nova", consiste em instruções para chamar bons espíritos por meios teúrgicos. Muito pouca atenção tem sido dada a essas últimas seções. VEJA TAMBÉM GOÉTIA; GRIMÓRIO. LEITURA ADICIONAL: E. BUTLER, 1949; DUQUETTE, 1992.

Lemúria. Segundo algumas versões da história secreta do planeta, um continente perdido

– ora situado no oceano Índico, ora na parte oriental do Pacífico, ou em partes de ambos – que afundou antes do apogeu da Atlântida. O conceito de continente lemuriano foi criado por geólogos nas décadas de 1860 e 1870, quando perceberam notáveis semelhanças em rochas e fósseis do sul da África e do centro da Índia. Como a moderna teoria de deriva continental ainda não tinha sido proposta, muito menos aceita, os geólogos sugeriram que as semelhanças mostravam a existência de uma ponte terrestre atravessando o oceano Índico. Biólogos do mesmo período observaram que tal ponte explicaria a distribuição dos lêmures – primatas primitivos que hoje são encontrados principalmente na ilha de Madagascar – e o zoólogo inglês Philip Sclater deu ao conceito seu nome permanente, sugerindo que a ponte terrestre fosse chamada de "Lemúria" em função deles.

Descobertas feitas desde a época de Sclater – a deriva continental, por um lado, e fósseis de lêmures numa área muito maior, por outro – tornaram a teoria da Lemúria desnecessária para os cientistas. Nesse meio-tempo, porém, ela foi adotada por H. P. Blavatsky, fundadora da Teosofia, que inseriu a Lemúria na visão teosófica da história cósmica em seu último livro, *A Doutrina Secreta*.

De acordo com o relato teosófico, em seu apogeu a Lemúria ia do oceano Índico ao oceano Pacífico, incluindo partes do que hoje são o sul e o leste da África, o sudeste da Ásia, a Austrália e a Nova Zelândia. Seus habitantes seriam membros da terceira raça-raiz, primatas hermafroditas e ovíparos, alguns com quatro braços e outros com um olho na parte de trás da cabeça.

Graças à obra de Blavatsky, a Lemúria encontrou espaço na maioria das versões pós--teosóficas da história oculta. Ainda pode ser encontrada em diversos ramos do movimento da Nova Era, sob formas atualizadas, e os adeptos da Lemúria têm tido papel significativo nas lendas de muitos grupos ocultistas dos últimos cem anos.

Pode ser interessante lembrar, à luz de tudo isso, que não existe nenhuma evidência concreta de que a Lemúria ou alguma coisa remotamente similar tenha existido de fato, e tradições ocultistas anteriores a Blavatsky não têm registro de Lemúria, nem de raça-raiz ou Rondas Cósmicas. *VEJA TAMBÉM* ATLÂNTIDA; CIVILIZAÇÕES PERDIDAS; SHASTA, MONTE; HISTÓRIA OCULTA; TEOSOFIA. LEITURA ADICIONAL: DE CAMP, 1970.

lenda de Fausto. *VEJA* FAUSTO, LENDA DE.

lendas arthurianas. Mais famosas de todas as histórias medievais, os contos que constituem as lendas arthurianas têm como centro o rei Arthur da Britânia, sua rainha, Guinevere; Merlin, o mago da corte; e os cavaleiros de sua Távola Redonda. Poucos contos foram tão disseminados ou tiveram uma continuidade tão grande ao longo do tempo.

As lendas arthurianas cristalizaram-se no início da Idade Média em torno da figura nebulosa de um general romano-britânico, provavelmente chamado Artorius, que defendeu os habitantes celtas da Britânia de invasores saxões no final do século V e início do VI. *VEJA* ARTHUR, REI. Contos sobre suas façanhas e as de seus guerreiros circulavam na tradição oral de Gales e da Cornualha, e na Bretanha no noroeste da França, para onde foram muitos refugiados durante as invasões saxãs. Nesse processo, os contos absorveram elementos de mitologias celtas antigas, pré-cristãs.

No início do século XII, parte desse material chamou a atenção de Geoffrey de Monmouth, estudioso galês a serviço dos senhores normandos da Inglaterra, que fora incumbido de escrever a história definitiva da Britânia. Seu *History of the King of Britain* baseou-se, segundo seu próprio relato, num "certo livro muito antigo escrito em língua britânica" (no caso, galês). Estudiosos modernos têm discutido incessantemente se ele estava falando a verdade ou não, pois a *História* é uma fantástica mistura de fantasias, fatos, ficção, mito e profecia. (Nisso, tem muito em comum com a maioria das histórias medievais.) Tenha ou não o "livro muito antigo" existido, porém, fica claro que Geoffrey se valeu bastante de fontes externas à sua imaginação, e muitos detalhes aleatórios de seu livro foram confirmados por pesquisas arqueológicas mais recentes.

O livro de Geoffrey situa Arthur no palco central da literatura medieval, e com ele um punhado de personagens: Guinevere, Merlin, Gawain, Kay, Bedivere e Mordred. Pelos padrões do século XII, a *História* foi um sucesso de vendas, e inspirou várias gerações de poetas e prosadores a procurar mais detalhes sobre Arthur e seus guerreiros. O resultado, depois de muitos séculos de esforço, foi a lenda arthuriana completa, tal como existe em suas conhecidas versões do final da Idade Média – *A Morte do Rei Arthur*, de Thomas Malory; *Prose Lancelot* e equivalentes em muitas outras línguas europeias. Versões tardias como os textos de Tennyson e de T. H. White, mais a enxurrada de ficção histórica moderna sobre temas arthurianos, são derivados, quase na íntegra, dessas primeiras fontes.

As dimensões ocultas da lenda arthuriana têm múltiplas facetas. Primeiramente, o longo processo de transmissão oral que moldou os primeiros contos arthurianos misturou-os completamente com elementos da mitologia celta pagã, que não sobreviveu em nenhuma outra forma. O cenário do reino de Arthur é densamente povoado por deuses celtas. Reis como Brandegore, Brandiles e o rei-pescador Bron são, em formas variadas, o deus galês Bran, o Abençoado (os dois primeiros são simplesmente "Bran de Gower" e "Bran das Ilhas" filtrados pelo francês medieval). De modo similar, o deus Beli tornou-se *sir* Balin, e a deusa irlandesa Morrigan assumiu nova forma como a Fada Morgana. As aventuras de Arthur e seus cavaleiros também ecoam mitologias antigas de outros lugares.

As lendas do Santo Graal, que na origem talvez não estivessem ligadas a Arthur, mas que foram entremeadas na construção da lenda desde os primeiros tempos, proporcionam outra dimensão mágica significativa aos contos arthurianos. As origens, a história e o significado do Graal são suficientemente complexos para exigir exame em separado; VEJA GRAAL, SANTO.

Outro aspecto significativo das lendas, do ponto de vista mágico, trata dos cavaleiros *sir* Pellinore e *sir* Palomides, em sua incessante busca de Glatisant, a misteriosa Besta Perseguidora.

O ressurgimento mágico dos séculos XIX e início do XX, com seu forte toque romântico, encontrou novas dimensões ocultas na lenda arthuriana. A imagética da Busca do Graal foi particularmente atraente para escritores ocultistas, especialmente depois que Richard Wagner a reformulou em sua última ópera, *Parsifal*. Desse movimento emergiu toda uma literatura arthuriana ocultista, tão ampla e variada que é impossível resumi-la aqui. Grupos ocultistas britânicos, em particular, foram especialmente ativos nesse campo, e a Sociedade da Luz Interior, de Dion Fortune, produziu um amplo corpo de obras mágicas sobre o assunto, depois compiladas e publicadas por Gareth Knight como *The Secret Tradition in Arthurian Legend* (1983). Ordens druidas inglesas, como a Ordem dos Bardos, Vates e Druidas (OBOD), também dedicaram tempo e esforços para revelar as dimensões ocultas da lenda arthuriana. Além disso, diversas ordens – inglesas e estrangeiras – foram formadas especificamente em torno da lenda arthuriana. VEJA ORDEM DOS BARDOS, VATES E DRUIDAS (OBOD); SOCIEDADE DA LUZ INTERIOR.

O movimento neopagão também adotou a lenda arthuriana de diversas formas e modos, especialmente a filtrada pelas lentes da moderna ficção fantástica; *As Brumas de Avalon*, de Marion Zimmer Bradley, uma revisão feminista da lenda, teve papel particularmente influente. Pelo menos um ramo da Wicca baseado na versão feita por Bradley sobre temas arthurianos clássicos já surgiu no cenário pagão norte-americano, e não há dúvida de que surgirão outros. LEITURA ADICIONAL: DARRAH, 1994; GEOFFREY OF MONMOUTH, 1966; KNIGHT, 1983; NICHOLS, 1990.

Lenormand, Marie-Anne. Adivinha francesa, 1772-1843. Nascida em Alençon, Normandia, filha de um tapeceiro, perdeu os pais aos 5 anos de idade e foi criada pelo segundo marido de sua mãe. Estudou em escolas religiosas e mudou-se para Paris em 1786, onde pode ter trabalhado no ateliê de uma costureira. Em 1797, lançou um jornal diário para mulheres, que parou após oito edições.

Em algum momento antes de 1800, começou a trabalhar como adivinha, praticando quiromancia e cartomancia com o baralho usual da época, do jogo de *piquet*, com 32 cartas. Nessa época, na França, a leitura de sorte era oficialmente proibida e ilegal, mas as multas eram pequenas e o negócio era bastante lucrativo. Seu talento logo chamou a atenção da alta sociedade e em 1802 ela ganhara o suficiente para comprar uma casa de campo. Um registro da polícia de 1809 comenta que a maioria dos membros da corte de Napoleão a consultava sobre questões cotidianas.

Seu primeiro livro, uma reveladora autobiografia intitulada *Les Souvenirs Prophétiques d'une Sybille* [*As Memórias Proféticas de uma Sibila*], foi publicado em 1814 e seguido por diversos livros similares, com mexericos da corte, profecias do futuro e histórias com detalhes sobre o brilho de suas predições e a estupidez da polícia que a importunava. Quando lançou *Les Oracles Sibyllins* [*Os Oráculos Sibilinos*], em 1817, já havia acrescentado as cartas de tarô ao seu repertório.

Manteve-se como a mais famosa adivinha da França até sua morte, em junho de 1843, e mais de cem carpideiras participaram de seu luxuoso funeral. Por mais de uma geração após sua morte, os adivinhos de Paris brigaram pelo direito de serem considerados seus sucessores. Um baralho com 52 cartas, o baralho Lenormand, apareceu dois anos após sua morte e vem sendo publicado até a época em que este texto foi escrito. Não há evidências de que a própria Lenormand teria usado esse baralho, e parece que seu nome teria sido usado apenas como recurso publicitário. LEITURA ADICIONAL: DECKER ET. AL, 1996.

Leo, Alan. (William Frederick Allan) Astrólogo inglês, 1860-1917. Nascido em Londres e filho de pais escoceses, Leo passou a maior parte de sua vida adulta trabalhando como caixeiro-viajante. Seu interesse pelo ocultismo levou-o cedo à astrologia, e em 1890 ele e seu colega astrólogo F. W. Lacey lançaram a revista *Astrologer's Magazine*, publicação mensal que depois mudou de nome para *Modern Astrology*. No mesmo ano, filiou-se à Sociedade Teosófica, na qual ficou ativo pelo resto da vida. VEJA SOCIEDADE TEOSÓFICA.

Sua esposa Elizabeth, com quem se casou em 1895, também era astróloga, e em pouco tempo assumiu um papel expressivo em seu trabalho. Nos vinte anos que se seguiram ao seu casamento, ele escreveu cerca de trinta livros, dentre os quais alguns são clássicos até hoje. Esses livros tiveram um papel fundamental no início do moderno ressurgimento da astrologia.

Leo era apaixonado por astrologia, e estava convencido de que ela poderia voltar a ser usada no mundo moderno. Seus livros foram os primeiros a apresentar a astrologia como um método de análise psicológica e não como modo de prever o futuro. Ele também dedicou boa parte de seu tempo a organizar os astrólogos da Grã-Bretanha, tarefa que deu frutos com a fundação da Loja Astrológica da Sociedade Teosófica em 1915.

Em 1914, obteve uma importante vitória legal para a astrologia, ao ser inocentado de uma acusação de leitura da sorte. Seus últimos anos foram passados na Cornualha, onde continuou a escrever e a manter uma correspondência ativa com outros astrólogos até sua morte em 1917. *VEJA TAMBÉM* ASTROLOGIA. LEITURA ADICIONAL: LEO, 1989A E 1989B.

Levanah. (hebraico LBNH, "Lua") A nona esfera celestial na cosmologia cabalística, correspondente à Sefirah Yesod no mundo de Assiah. Seu equivalente astrológico é a Lua.
VEJA ÁRVORE DA VIDA; YESOD.

Lévi, Éliphas. (Alphonse Louis Constant) Mago e escritor francês, 1810-1875. A mais importante figura no moderno ressurgimento da magia cerimonial, Constant era filho de um sapateiro parisiense. Criança frágil e estudiosa, ficou profundamente tocado por suas primeiras experiências com o catolicismo e estudou para se tornar sacerdote, mas um relacionamento platônico com uma aluna da aula de catecismo convenceu-o de que a vida celibatária não lhe seria adequada e saiu do seminário antes de receber a ordenação. Depois, sustentou-se graças a atividades variadas enquanto procurava se firmar como escritor. Sua primeira obra importante, *The Bible of Liberty*, era um manifesto do socialismo cristão; foi confiscada pela polícia de Paris uma hora depois de ter sido posta à venda. O julgamento de Constant e sua prisão por onze meses, por incentivar a insurreição, chamaram a atenção da mídia.

Na prisão, conheceu os trabalhos de Emmanuel Swedenborg, e depois de solto – enquanto continuava a escrever e a publicar obras sobre política e sua variedade um tanto estranha de misticismo cristão – começou a estudar os textos de Raimundo Lúlio, Cornélio Agrippa e outros esoteristas importantes do Renascimento, bem como as obras do filósofo alemão Arthur Schopenhauer (1788-1860), cuja doutrina da vontade influenciou-o profundamente. *VEJA* AGRIPPA, HENRIQUE CORNÉLIO; LÚLIO, RAIMUNDO; VONTADE. Voltou mais duas vezes à prisão por defender doutrinas políticas radicais. Em 1848, em meio à revolução, candidatou-se para a nova assembleia republicana, mas não conseguiu se eleger. Sua vida pessoal mostrou-se igualmente frustrante; em 1846, casou-se com uma jovem de 17 anos, Noémi Cadiot, mas o casamento não deu certo e eles se separaram em 1853.

Após o fracasso de seu casamento e de suas ambições políticas, Constant passou a se dedicar integralmente aos estudos esotéricos. Tornou-se amigo de Hoené Wronski, que lhe ensinou a cabala; *VEJA* WRONSKI, JOSEPH-MARIE-HOENÉ. *Dogme et Rituel de la Haute Magie*, seu primeiro e mais importante livro sobre temas mágicos foi publicado em fascículos entre 1854 e 1856, e sua forma completa saiu em 1855. Seu pseudônimo mágico, Éliphas Lévi Zahed – simplesmente seu nome traduzido para o hebraico – apareceu neste livro e em suas obras posteriores.

Dogme et Rituel de la Haute Magie inclui quase todos os elementos que formaram o núcleo da magia cerimonial desde então. Lévi fundiu a cabala, o tarô e a magia cerimonial num grau nunca alcançado por nenhum precursor. Inventou um número significativo dos conceitos e técnicas básicas da magia moderna – o uso dos naipes do tarô como ferramentas elementais do mago, por exemplo, e a definição das virtudes mágicas como "saber, querer, ousar e calar" – e as apresentou como elementos da antiga sabedoria egípcia.

Suas últimas obras incluem *História da Magia* [*Histoire de la Magie*, de 1860; publicado no Brasil pela Editora Pensamento, São Paulo, 1974 – fora de catálogo] e *A Chave dos Grandes Mistérios* [*La Clef des Grandes Mysteries*, de 1861; publicado pela Editora Pensamento, São Paulo, 1957 – fora de catálogo] foram basicamente síntese do material de *Dogme et Rituel de la Haute Magie*. As duas últimas décadas de sua vida foram tão calmas e organizadas quanto as outras foram turbulentas; viveu discretamente em apartamentos em Paris, escrevendo e correspondendo-se com alunos espalhados pela Europa. Morreu tranquilamente em casa em 1875. *VEJA TAMBÉM* MAGIA CERIMONIAL; TARÔ. LEITURA ADICIONAL: LÉVI, 1972; T. WILLIAMS, 1975.

Lewis, Harvey Spencer. Ocultista norte-americano, 1883-1939. Nascido em Frenchtown, Nova Jersey, em confortável ambiente de classe média, Lewis começou sua vida profissional na área da propaganda. Seu interesse pelo ocultismo floresceu no complexo clima do início do século XX, quando a Teosofia estava em ascensão e os Estados Unidos eram palco de numerosos movimentos ocultistas. Em 1904, Lewis fundou o New York Institute for Psychical Research [Instituto de Pesquisas Psíquicas de Nova York], essencialmente um grupo de pesquisas ocultistas com ênfase especial em tradições rosa-cruzes. As histórias oficiais da AMORC falam de diversas iniciações de alto nível que Lewis teria recebido na Europa nesses primeiros tempos, mas pesquisadores externos à ordem não encontraram evidências dessas conexões anteriores a 1915. Nesse ano, Lewis entrou em contato com Theodor Reuss, líder da Ordo Templi Orientis, e recebeu a autorização para fundar uma loja da OTO. Isso colocou Lewis no meio do crescente conflito entre Reuss e o pitoresco Aleister Crowley, que tinha sido nomeado líder da ordem na Grã-Bretanha e estava tentando remodelá-la nas linhas de sua nova religião, a Thelema. *VEJA* CROWLEY, ALEISTER; ORDO TEMPLI ORIENTIS (OTO). Em 1918, Lewis rechaçou os esforços de Crowley para recrutá-lo, e em 1921 Reuss concedeu a Lewis um grau VII° honorário na OTO, bem como o 33°, o 90° e o 95° respectivamente no Rito Escocês, no Rito de Mênfis e no Rito de Misraim.

Após diversas tentativas fracassadas de estabelecer sua própria ordem mágica, Lewis fundou a Antiga e Mística Ordem Rosae Crucis (AMORC) na Flórida, em 1925. Dois anos depois, ele e sua família mudaram-se para San José, na Califórnia, criando as bases daquela que se tornaria uma das mais bem-sucedidas ordens ocultistas do século XX. A experiência de Lewis com propaganda revelou-se um importante atributo da AMORC, que criou uma campanha publicitária muito eficiente; durante muitos anos, a AMORC publicou anúncios em dezenas de revistas norte-americanas, atraindo milhares de estudantes para a organização.

Nas décadas de 1920 e 1930, Lewis esteve envolvido numa série de discussões com R. Swinburne Clymer, líder de uma ordem rival, a Fraternidade Rosa-Cruz. Clymer alegava ter direitos exclusivos ao nome "Rosa-Cruz" nos Estados Unidos, e a disputa levou a processos e a uma cáustica guerra de panfletos. Nada disso impediu o crescimento da ordem de Lewis, e o problema pode até tê-lo ajudado em seus esforços para divulgar a AMORC.

Na década de 1930, Lewis fez contatos com diversas organizações ocultistas europeias. Em 1934, ele e os líderes de várias ordens francesas e belgas organizaram a Fudosi, a Fédération Universelle d'Ordres et Sociétés Initiatiques [Federação Universal de Ordens e Sociedades Iniciáticas], na esperança de estabelecer uma instituição mundial capaz de abranger ordens esotéricas de tendências semelhantes. A Fudosi não chegou a ter muita vida independente, e foi desfeita no início da Segunda Guerra Mundial.

Lewis passou seus últimos anos promovendo e administrando a AMORC. Após sua morte, em 1939, seu cargo de Imperator da ordem foi transmitido a seu filho, Ralph Maxwell Lewis. *VEJA TAMBÉM* ANTIGA E MÍSTICA ORDEM ROSAE CRUCIS (AMORC).

ley. *VEJA* LINHAS LEY.

Libra. (do latim, "balança") Sétimo signo do zodíaco, um signo cardinal do elemento Ar e polaridade masculina. Neste signo, Vênus é o regente e Saturno está em exaltação; Marte está em exílio e o Sol em queda. Libra governa os rins. *VEJA* ZODÍACO.

O Sol fica em Libra aproximadamente entre 23 de setembro e 23 de outubro. Pessoas com o Sol nessa posição costumam ser gregárias, amigáveis, diplomáticas e idealistas; também podem ser indecisas, crédulas e autoindulgentes.

No sistema de tarô da Golden Dawn, Libra corresponde à carta XI, A Justiça. *VEJA* JUSTIÇA, A; TARÔ.

Símbolo astrológico de Libra

licantropia. (do grego *lykos*, "lobo", e *anthropos*, "homem") A tradição da transformação em lobo, famosa no folclore europeu e nas imagens modernas dos filmes de terror. Os mais antigos registros conhecidos de licantropia datam da era clássica, quando pessoas (ou tribos inteiras) que às vezes se transformavam em lobos apareciam em diversas obras. Quase todas as culturas do planeta têm lendas sobre mudança de forma, e o lobo é a forma preferida na maioria das regiões onde vivem esses animais.

A tradição da licantropia está profundamente ligada à magia, e uma variedade de métodos mágicos para se adotar a forma de um lobo chegaram aos nossos dias, saídas em especial de fontes nórdicas e eslavas. Existem diversos *zagovori* (feitiços) russos antigos para realizar a transformação nas coleções folclóricas.

Uma característica da licantropia que foi muito discutida na literatura medieval e renascentista sobre o tema, tratada também na literatura ocultista posterior, tem relação com a natureza do corpo de lobo assumido pelo licantropo. Em contraste com as modernas imagens de filmes de terror, no folclore tradicional e nos ensinamentos esotéricos os lobisomens não se transformam fisicamente em lobos; a forma de lobo é construída por uma substância sutil, que muitos ocultistas identificam com o éter; *VEJA* ÉTER. O corpo humano do licantropo fica num estado de transe, e por isso a licantropia representa uma forma razoavelmente especializada de projeção etérica; *VEJA* PROJEÇÃO ETÉRICA. LEITURA ADICIONAL: J. GREER, 2001; LÉVI, 1972.

licença para partir. Num ritual mágico, um elemento essencial da fase de encerramento de qualquer cerimônia para a qual tenham sido chamados espíritos. Nessa etapa, o mago permite formalmente que os espíritos vão embora, e pode ordenar que o façam. A forma da licença para partir é razoavelmente padronizada; um bom exemplo é o das *Chaves de Salomão*, onde se lê: "Em nome de Adonai, o Eterno e Imortal, que cada um de vocês volte ao seu lugar; que haja paz entre nós e vocês; e que estejam prontos para vir quando forem chamados".

A licença para partir da tradição da Golden Dawn é semelhante: "Partam em paz para suas habitações. Que a bênção de (inserir o nome divino apropriado) esteja com vocês. Que haja paz entre nós e vocês, e estejam prontos para vir quando forem chamados".

Na moderna prática da magia, a licença para partir costuma ser seguida de um ritual de banimento. *VEJA TAMBÉM* EVOCAÇÃO.

liga. Na Wicca e em algumas outras tradições pagãs modernas, a "liga da bruxa" é uma das ferramentas normais de trabalho, e geralmente tem a forma de um cordão amarrado logo acima do joelho esquerdo. A liga azul ou verde é o emblema de uma Suma Sacerdotisa em algumas tradições, e pode ser adornada com fivelas prateadas, uma para cada coven presidido pela Suma Sacerdotisa. *VEJA* SUMA SACERDOTISA; WICCA.

Ligatura. *VEJA* NÓS, MAGIA DOS.

Lilith. (espírito) Nas lendas judaicas medievais, a primeira esposa de Adão, que insistia em ser tratada como igual e por isso foi expulsa e substituída por Eva. Suas origens são incertas; algumas fontes dizem que foi criada por Deus junto com Adão e outros identificam-na desde logo como um demônio. No entanto, após separar-se de Adão, tornou-se a companheira de Samael, um demônio que se deleitava em matar bebês recém-nascidos e mulheres grávidas.

A primeira referência a Lilith surge no *Alfabeto de Ben Sira*, história popular hebraica que data do século X. Porém, ela pode descender das Lilitu, demônios femininos da mitologia babilônia. Os anjos Senoi, Sensenoi e Semangelaph eram invocados para afastá-la das mulheres em trabalho de parto e de bebês recém-nascidos. *VEJA TAMBÉM* DEMÔNIO.

Mais tarde, Lilith desempenhou um papel no simbolismo cabalístico como o Qlippoth de Malkuth, a décima esfera da Árvore da Vida. *VEJA* CABALA; MALKUTH; QLIPPOTH.

Lilith. (planeta) Na astrologia, uma hipotética e sombria segunda Lua da Terra, com mais ou menos um quarto do tamanho da Lua. A existência de Lilith foi proposta por astrônomos do século XVIII, com base em algumas observações (provavelmente de um asteroide). Foram feitas tabelas com as posições estimadas de Lilith, e alguns astrólogos modernos usam Lilith na interpretação de mapas. *VEJA TAMBÉM* ASTROLOGIA; VULCANO.

Lilly, William. Astrólogo inglês, 1602-1681. Em todos os sentidos, a figura mais importante no ressurgimento da astrologia na Inglaterra no século XVII, Lilly nasceu numa família rural pobre em Diseworth, pequena vila próxima a Derby. Aprendeu latim na escola, em Ashby de la Zouch, com vistas a cursar Cambridge, mas os recursos escassos de sua família o impediram. Mudou-se para Londres e tornou-se empregado de um rico empresário. Alguns anos depois que este morreu, Lilly casou-se com a viúva e herdou suas propriedades.

A morte da esposa, em 1633, deixou-o livre para dedicar-se a seus interesses, dentre os quais a astrologia tornou-se o mais importante. Adquiriu uma considerável coleção de livros astrológicos e dedicou-se aos estudos. Mostrou-se muito habilidoso nessa arte, e em poucos anos era bastante procurado, a fim de montar e interpretar mapas natais e horários para clientes de toda a Grã-Bretanha. Além disso, beneficiou-se do acesso aos papéis e cadernos de estudos do renomado astrólogo e ocultista elisabetano Simon Forman (1552--1611); *VEJA* FORMAN, SIMON.

Nos tempos políticos conturbados que acabaram resultando na guerra civil inglesa de 1640-1645, Lilly apoiou firmemente o lado do Parlamento, e seus almanaques e panfletos astrológicos (que começaram a ser impressos em 1644) previram a vitória parlamentar com base nas estrelas. Seu maior sucesso nesse ramo foi a previsão da batalha de Naseby (1645), na qual as forças parlamentares esmagaram o exército real e asseguraram a derrota do rei Charles I. Lilly também previu a morte violenta de Charles numa série de publicações, desde 1639; essa previsão, pouco plausível na época, concretizou-se com a execução do rei em 1649. *VEJA* STUART, CASA DOS.

O radicalismo de Lilly também se estendeu à prática da astrologia de outra maneira. Em 1647, ele publicou sua obra-prima, *Astrologia Cristã*, com 841 páginas, o primeiro manual de astrologia publicado em língua inglesa. (O título foi idealizado para tranquilizar os leitores que duvidavam da boa fé da astrologia.) Esta obra tornou-se a introdução obrigatória à prática da astrologia no mundo anglófono, e não teve rival até o início do moderno ressurgimento da astrologia, no final do século XIX.

Lilly conseguiu escapar da revanche real quando Charles II ocupou o trono inglês em 1660, graças principalmente a seu amigo e colega astrólogo Elias Ashmole, partidário do rei. *VEJA* ASHMOLE, ELIAS. Ele foi o decano dos astrólogos ingleses, publicando livros regularmente e recebendo a extraordinária quantia, para a época, de £ 500 por ano só com consultas horárias, até sua morte, em 1681. *VEJA TAMBÉM* ASTROLOGIA; ASTROLOGIA HORÁRIA. LEITURA ADICIONAL: GENEVA, 1995; PARKER, 1975.

Lina. (norueguês antigo, "linhaça", "linho") Palavra de poder encontrada em inscrições rúnicas, tanto no futhark antigo quanto no recente, geralmente associada à palavra *laukar*, "alho-poró". Ao que parece, *Lina* era um símbolo de fertilidade feminina. *VEJA* LAUKAR; RUNAS.

linhas ley. Alinhamentos pré-históricos, de natureza e propósitos discutíveis, que alguns supõem que determinariam o posicionamento de antigas estruturas na Inglaterra e em outros lugares. O conceito foi criado por Alfred Watkins (1855-1935), caixeiro-viajante e arqueólogo amador que descobriu, no início da década de 1920, que um grande número de sítios pré-históricos na região de Hertfordshire pareciam alinhar-se segundo um pequeno número de linhas retas. Transcrevendo essas linhas em mapas do British Ordinance Survey, o serviço de topografia britânico, ele concluiu que boa parte da Inglaterra, se não toda ela, fora coberta antes por uma rede de alinhamentos, marcada por montes, pedras na vertical, estradas antigas, lagoas e poços sagrados, colinas e igrejas antigas erguidas sobre sítios sagrados pré-cristãos. Percebendo que apareciam muitos lugares com o elemento "ley" no nome nesses alinhamentos, Watkins começou a referir-se a eles como "linhas ley".

A suposição inicial de Watkins foi de que esses alinhamentos podem ter servido como método de navegação ou orientação através do país, numa época em que a Inglaterra tinha poucas estradas, se é que as tinha. Essa ideia foi o tema central de seu livro, *The Old Straight Track*, lançado em 1925. Outros que estudaram o fenômeno não pareceram tão seguros, pois volta e meia as ley cruzavam pântanos, lagos, picos de montanhas e coisas do gênero. Membros do Straight Track Postal Club, fundado por leitores de *The Old Straight Track* logo após sua publicação, discutiam diversos fenômenos relacionados com as ley. Até Watkins, que durante toda a vida não acreditava muito em coisas esotéricas, comentou: "Sinto que o homem-ley, o astrônomo-sacerdote, o druida, o bardo, o mago, o bruxo, o peregrino e o eremita estavam todos mais ou menos ligados por um denominador comum de conhecimento e poder, por mais que esses elementos tenham se degenerado no final" (citado em Mitchell, 1969, p. 14).

Watkins morreu em 1935, e o Straight Track Postal Club encerrou suas atividades com o início da guerra, em 1939. Embora tenham sido feitas algumas pesquisas depois disso, especialmente sobre as conexões entre as linhas ley e alinhamentos astronômicos, só em 1969 é que a hipótese das ley se tornou mais difundida, graças principalmente ao inquieto visionário inglês John Michell, cujo *The View Over Atlantis* dizia que as ley, juntamente com a Grande Pirâmide e outros monumentos antigos, faziam parte de um vasto e antigo sistema baseado na geometria sagrada que antes conduzia pelo mundo todo uma sutil "corrente do dragão" [ou energia telúrica – N. do E.] derivada do magnetismo polar.

Apesar da forte oposição feita por pesquisadores mais conservadores das linhas ley, a visão de Michell sobre elas tornou-se dominante no início da década de 1970, sendo adotada nessa época por muitas tradições druidas; *VEJA* DRUIDISMO. Com isso, a maioria das pesquisas posteriores concentraram-se mais nas dimensões ocultistas das linhas, bem como em métodos de pesquisa (como radiestesia) rejeitados pela ciência ortodoxa. Muitos sistemas da Nova Era dos últimos trinta anos, portanto, usaram as ley, incorporando-as a especulações sobre Lemúria, Atlântida, astronautas da Antiguidade e coisas do tipo. Também de forma previsível, o grande frenesi dos "círculos nas plantações" do final da década de 1980 e início da seguinte se valeram tanto das teorias mais esotéricas sobre as ley quanto do folclore sobre ÓVNIs. *VEJA* RADIESTESIA; NOVA ERA, MOVIMENTO DA.

Como reação à pitoresca atmosfera das teorias da Nova Era que passaram a cercar o assunto no início da década de 1990, tornou-se popular uma nova abordagem entre estudiosos sérios do fenômeno das ley. Essa abordagem rejeitou a ideia das ley como grade energética, propondo os *Doodwegen*, ou "estradas dos mortos" da Holanda – tradicionais caminhos retilíneos pelos quais os cadáveres eram levados aos cemitérios – como novo modelo. Os proponentes mais empedernidos dessa posição fizeram o que puderam para afastar a gama de ideias paranormais e mágicas que se aglomerou em torno dos "Velhos Caminhos Retos" vislumbrados inicialmente por Watkins. No entanto, essa nova postura recebeu muitas das mesmas objeções feitas contra a tese do próprio Watkins. Outra faceta das considerações mais sérias sobre as ley foi a tentativa de localizar equivalentes em outras culturas, com algum sucesso. Foram usados complexos métodos matemáticos e estatísticos para demonstrar que os alinhamentos das ley ocorrem de maneiras que não podem ser atribuídas simplesmente ao acaso.

Apesar de toda a atenção dada às ley e temas correlatos nos últimos 75 anos, portanto, muito pouco se conhece ao certo a respeito delas. Os proponentes reuniram vastas evidências tradicionais e estatísticas da existência de alguns alinhamentos, mas sua natureza e propósito original ainda são misteriosos. Enquanto isso, as ley se mantêm como um importante elemento do moderno folclore ocultista. A solução para essa confusão ainda aguarda novas investigações, tanto arqueológicas como ocultistas. LEITURA ADICIONAL: MICHELL, 1969; PENNICK E DEVEREAUX, 1989; WATKINS, 1925.

lírio. Importante flor simbólica na tradição ocidental, geralmente o lírio representa a pureza e a virgindade, em contraste com a rosa, o símbolo do amor. *VEJA* ROSA.

List, Guido von. Escritor e ocultista austríaco, 1848-1919. Nascido em Viena numa próspera família de comerciantes, List dedicou-se a atividades ao ar livre (alpinismo e trilhas) desde cedo, e desejava ser escritor e acadêmico. Após uma tentativa fracassada no comércio de artigos de couro da família, começou a ganhar a vida escrevendo artigos para revistas populares, enquanto morava no interior da Áustria. Em 1888, seu romance *Carnutum* – um romance histórico com heroicos personagens alemães combatendo os malvados romanos – granjeou-lhe fama nacional. Seguiram-se outros dois romances de sucesso e uma série de peças teatrais com temas similares. Tudo isso o tornou bastante popular, especialmente nos círculos nacionalistas alemães que tentavam definir e defender uma identidade germânica dentro do poliglota Império Austro-Húngaro.

Em 1902, após uma operação na vista que o deixou cego por quase um ano e deu início a uma experiência mística associada às antigas runas nórdicas, os interesses de List foram se voltando cada vez mais para o ocultismo. Seus estudos sobre os materiais fragmentários remanescentes do antigo paganismo alemão convenceram-no de que uma casta de reis-sacerdotes, os armanen, teria governado todas as tribos germânicas no passado, preservando seus segredos após o advento do cristianismo por meio de diversas sociedades secretas, entre as quais os Cavaleiros Templários, os maçons e os rosa-cruzes. Segundo List, os armanen teriam sido forçados a confiar seus segredos a rabinos judeus na região do Reno no século VIII para preservá-los da perseguição cristã; em seu entender, essa teria sido a origem da cabala. Desse modo, quase toda a tradição mágica ocidental teria ficado dentro do âmbito da gnose dos armanen de List. *VEJA* CABALA; MAÇONARIA; CAVALEIROS TEMPLÁRIOS; ROSA-CRUZES.

Os temas de pesquisa de List incluíam o alfabeto rúnico, no qual ele escreveu a primeira obra ocultista moderna significativa (*O Segredo das Runas*, publicação original, 1908), e as raízes pagãs dos contos de fadas e do folclore. Com sua revelação de 1902, ele idealizou uma abordagem bastante idiossincrática sobre as runas, tornando-as os elementos centrais de seu sistema esotérico; *VEJA* RUNAS ARMANEN. Realizou também profecias, como a de que um "Poderoso Enviado do Alto" surgiria num futuro próximo para restabelecer o antigo Estado dos Armanen e liderar o povo alemão rumo ao domínio do mundo. Essa profecia, sem dúvida, concretizou-se com a ascensão de Hitler ao poder, pouco depois da morte de List.

A influência de List sobre o ocultismo em toda a Europa Central foi profunda, e contou com a Guido von List Society, fundada em 1908, para promover suas ideias. Grande e com solidez financeira, com membros saídos dos círculos conservadores e nacionalistas alemães, bem como da comunidade ocultista, a sociedade desenvolveu um círculo interior, o Höhere Armanen-Orden [HAO, ou Alta Ordem Armânica], que realizava peregrinações a locais religiosos pagãos. Por décadas após a morte de List, suas ideias mantiveram-se como elementos básicos da teoria e da prática ocultista em todos os países teutófonos. A maior parte das ideias que depois se tornaria parte da dimensão esotérica do movimento nazista pode ser atribuída a List, bem como muito do moderno neopaganismo nórdico e alemão. *VEJA TAMBÉM* ARIOSOFIA; NACIONAL-SOCIALISMO; RUNAS. LEITURA ADICIONAL: GOODRICK-CLARKE, 1992.

Litha. Nome do solstício de verão, em algumas tradições pagãs modernas. Diz-se que seria o nome pagão original desse festival, mas ainda não surgiram evidências disso. Aparentemente, a origem da expressão seria a trilogia fantástica de J. R. R. Tolkien, *O Senhor dos Anéis*; no calendário que Tolkien idealizou para a raça fictícia dos Hobbits, o dia que assinala o meio do verão é chamado de Lithe (Tolkien, 1966 pp. 478 e 481-483).

Este não é o único elemento da ficção fantástica a chegar à atual prática pagã. *VEJA* OCULTISMO FANTÁSTICO. *VEJA TAMBÉM* SABÁ.

Livro da Lei. Livro recebido de forma mediúnica por Aleister Crowley em 1904, proclamando a chegada do Novo Éon de Hórus. Segundo Crowley, foi ditado a ele no período de três dias por uma voz desencarnada que se identificou como Aiwass, ministro de Ra-Hoor-Khuit, senhor do Novo Éon. O texto relativamente curto contém prosa, poesia e diversos criptogramas; denuncia o cristianismo e a moral convencional, louva a paixão e a violência, e inclui aquela que mais tarde seria a mais famosa frase de Crowley, "Faze o que tu queres será a totalidade da lei".

O *Livro da Lei* é tratado como uma escritura revelada por muitos dos atuais seguidores de Thelema, a religião fundada por Crowley, embora o próprio Crowley proibisse discussões a esse respeito, talvez por achar que cada pessoa deveria descobrir seu significado.

Partes consideráveis do *Livro da Lei* haviam sido tomadas por Gerald Gardner para a primeira versão do *Gardnerian Book of Shadows*, mas na década de 1950 foram retiradas por Doreen Valiente, uma das Altas Sacerdotisas de Gardner, que achou que o plágio seria percebido e traria descrédito ao Ofício. *VEJA* LIVRO DAS SOMBRAS; GARDNER, GERALD BROUSSEAU; VALIENTE, DOREEN.

Após a morte de Crowley, o manuscrito original do *Livro da Lei* foi enviado para Karl Germer, chefe da A∴A∴ e seu testamenteiro. Após a morte de Germer, nenhum sinal dele foi encontrado entre seus documentos. O enigma permaneceria assim até 1984, quando Tom Whitmore, novo proprietário de uma casa em Berkeley, na Califórnia, começou a analisar o que havia no entulho que o proprietário anterior deixara no porão. Entre colchões usados, toras de madeira e livros escolares antigos, havia duas caixas de documentos variados e recortes de jornal relacionados com os negócios de Germer, a constituição original da OTO e um envelope contendo o manuscrito do *Livro da Lei*. Whitmore doou os papéis à OTO. Ainda é um completo mistério o modo como eles foram parar num porão em Berkeley. *VEJA TAMBÉM* CROWLEY, ALEISTER; ORDO TEMPLI ORIENTIS (OTO); THELEMA. LEITURA ADICIONAL: CROWLEY, 1991.

Livro das Sombras. Na Wicca moderna, título-padrão do livro de rituais e ensinamentos da Wicca. Tradicionalmente, todo bruxo deveria copiar à mão seu próprio Livro das Sombras do exemplar de seu iniciador. Isso ainda é feito nos covens mais tradicionais, embora muitos praticantes da Wicca e outros pagãos se valham de livros publicados para informar-se sobre trabalhos rituais e outras instruções.

O primeiro Livro das Sombras com esse nome foi compilado por Gerald Gardner, e consiste em longos trechos de textos de Aleister Crowley, de *Aradia, o Evangelho das Bruxas*, de Charles Godfrey Leland, e das *Chaves de Salomão*, com textos de outras fontes e alguns trechos originais. Mais tarde, na década de 1950, a Suma Sacerdotisa de Gardner, Doreen Valiente, procurou remover a maior parte das contribuições de Aleister Crowley a fim de isolar o Ofício da ligação com a duvidosa reputação da Besta. Essas duas versões de Gardner são a base para a maioria dos Livros de Sombras da atualidade, e muitos outros são coleções de materiais plagiados ou adaptados de fontes publicadas hoje em dia.

A expressão "Livro das Sombras" não aparece na tradição ocultista ocidental ou na literatura da bruxaria antes que Gardner a introduzisse, por volta de 1950. O título pode ter sido inspirado num artigo publicado em 1949 na revista *Occult Observer*, "O Livro das Sombras", escrito por Mir Bashir, sobre um suposto sistema de adivinhação hindu baseado na medida da sombra do consulente. *VEJA TAMBÉM* WICCA. LEITURA ADICIONAL: LADY SHEBA, 2000.

Livro de Lunações. Na Idade Média, um livro divinatório semelhante a um almanaque, baseado nas fases da Lua; também conhecido como **lunário**. Havia diversas versões dele. Segundo o sistema-padrão, cada dia do ciclo lunar de trinta dias seria considerado favorável para alguns propósitos e desfavorável para outros, e o *Livro de Lunações* fornecia tabelas detalhadas dos dias afortunados e desafortunados para diversas atividades. O dia da Lua no qual uma pessoa nascia também era usado como horóscopo natal rudimentar e instantâneo por muitos lunários.

Sistemas alternativos de interpretação lunar, que também eram populares, observavam o movimento da Lua através dos doze signos do zodíaco ou das 28 moradas lunares. Alguns *Livros de Lunações* eram organizados com base nestas, ou combinavam signos zodiacais ou moradas lunares com os dias da Lua. *VEJA* MORADAS LUNARES; ZODÍACO.

A tradição lunar recua até o início da Idade Média; na Inglaterra, há exemplos datados da época anglo-saxã. Apesar da importação de uma astrologia mais precisa do mundo árabe, desde o início do século XII, o *Livro de Lunações* manteve-se popular por causa de sua simplicidade. Se um mapa astrológico só podia ser montado por alguém com acesso a tabelas planetárias e conhecimento de matemática, um lunário podia ser lido e usado por qualquer pessoa alfabetizada, muitos deles em idiomas diferentes do latim – outra característica que os tornava mais acessíveis.

É possível que o único vestígio do *Livro de Lunações* a chegar até nossos dias seja um verso de uma canção elisabetana, "Canção de Tom O'Bedlam":

> *Da bruxa e do gnomo faminto*
> *Que em pedaços iria te fazer,*
> *O espírito ao lado do homem nu*
> *No Livro de Lunações irá te defender.*

O simbolismo cabalístico dessa imagem – presume-se que o espírito seja o arcanjo Gabriel, regente de Yesod e protetor contra a insanidade, ao lado do Belo Homem Nu, que é a imagem da esfera lunar Yesod – sugere que, na época elisabetana, pelo menos, o *Livro de Lunações* havia absorvido elementos significativos de magia astrológica e cabalística. *VEJA* CABALA; YESOD. *VEJA TAMBÉM* LUA. LEITURA ADICIONAL: KIECKHEFER, 1989; MEANS, 1993; TAAVITSAINEN, 1988.

Livro de Segredos. Na Idade Média e no Renascimento, um tipo popular de livro que se propunha a ensinar os mistérios ocultos do universo para todos. O mais famoso desses livros, o *Livro de Segredos* falsamente atribuído a Alberto Magno, foi compilado no final do século XIII e traduzido para todas as línguas europeias importantes (bem como para algumas menos significativas) nos três séculos seguintes. Leitores desse *Livro de Segredos* aprenderam, entre outras maravilhas, que narcisos espantam demônios, que a cabeça de uma ave chamada abibe posta dentro da bolsa impede que o portador seja ludibriado por comerciantes, e que se cravos-de-defunto forem postos numa igreja durante o culto, nenhuma adúltera conseguirá sair até que as flores sejam removidas – "e este último ponto foi comprovado, e é bem verdadeiro", insiste o livro.

Com a chegada do Renascimento, livros de segredos foram lentamente convertidos em coleções de conselhos domésticos, em tratados científicos incipientes ou em manuais para pregadores de peças – e, às vezes, nas três coisas ao mesmo tempo. O melhor exemplo deste último tipo é o *Magia Natural* de Giambattista Della Porta, um sucesso de vendas no século XVI, que deleitava os leitores com um sortimento de maravilhas científicas e de peças a se pregar em amigos. Uma receita dava uma ideia do livro: sugeria que se cortassem cordas de violino em pedacinhos, espalhando-as sobre uma carne assada saída do forno; os fragmentos de cordas, retorcidos e espalhados pelo calor e pela umidade, pareceriam vermes infestando a carne. LEITURA ADICIONAL: BEST E BRIGHTMAN, 1973; DELLA PORTA, 1957.

Livro do Destino de Napoleão. Esta variação simplificada da geomancia era um método popular de adivinhação no século XIX, principalmente em função de sua suposta conexão com Napoleão Bonaparte. Para usar o *Livro do Destino*, o adivinho escolhe uma dentre 32 perguntas-padrão e depois faz com uma caneta cinco linhas aleatórias com pontos ou traços. Os doze pontos ou traços iniciais são eliminados e os restantes contados; um número ímpar vale um único ponto, e um número par, dois pontos. O padrão resultante de pontos é consultado numa tabela, que remete o adivinho a uma página com a sentença que responde à pergunta original.

Segundo Herman Kirchenhoffer, seu tradutor (ou inventor) no século XIX, o *Livro do Destino* foi encontrado numa antiga tumba egípcia por um dos cientistas que acompanharam Napoleão em sua invasão do Egito em 1801, traduzido por um copta erudito e usado por Napoleão como guia infalível para o futuro, até que se perdeu na Batalha de Leipzig em 1813. Como ninguém, copta ou não, sabia ler documentos em egípcio antigo naquela época – a primeira tradução feita por Jean François Champollion do texto da Pedra da Rosetta só surgiu em 1821 – há bons motivos para duvidar da exatidão dessa história. Contudo, a popularidade da geomancia e dos sistemas de adivinhação correlatos em todos os países árabes torna bem possível que o *Livro do Destino* possa ter alguma conexão egípcia. VEJA TAMBÉM GEOMANCIA. LEITURA ADICIONAL: COLMER, 1994.

Livro Egípcio dos Mortos. (também **Livro dos Mortos Egípcio**) Conhecido pelos egípcios antigos como *Pert em Hru*, "manifestando-se de dia", o Livro dos Mortos era o mais importante de uma família de textos destinados a ajudar o morto a percorrer o caminho pelo mundo ulterior até o paraíso de Amenti. Trechos substanciais do Livro datam do princípio da civilização egípcia. Ele consiste numa série de preces, hinos, encantamentos e invocações que o morto utilizaria em sua jornada pelo mundo ulterior.

Há quatro versões conhecidas desse texto. A mais antiga é a encontrada nos Textos das Pirâmides, escavados nos túmulos dos faraós da quinta e da sexta dinastias, a partir de 2300 A.E.C. Depois da décima oitava dinastia, por volta de 1500 A.E.C., a versão tebana começou a circular, bem como outra muito parecida com ela. A quarta versão foi um produto do período Saíte, o último período de independência do Egito, iniciado por volta de 550 A.E.C.; essa versão Saíte foi revisada e ampliada cuidadosamente pelos sacerdotes e estudiosos desse período, e permaneceu em uso até os últimos vestígios da antiga cultura egípcia desaparecerem nos primeiros séculos da Era Comum.

O Livro dos Mortos ficou completamente esquecido até Champollion decifrar os hieróglifos egípcios em 1822, abrindo a porta para a redescoberta da antiga cultura egípcia. A tradução do papiro de Turim feita por Lepsius para o alemão em 1842 foi seguida por diversas traduções de outros textos para o alemão e o francês. A versão clássica em língua inglesa é a de E. A. Wallis Budge a partir do Papiro de Ani, o mais longo exemplar conhecido da versão tebana, que exerceu uma poderosa influência sobre os círculos de magia do mundo anglófono. VEJA TAMBÉM OCULTISMO EGÍPCIO. LEITURA ADICIONAL: BUDGE, 1967.

Livro Jurado de Honório. (também chamado *Liber Juratus Honorii*) Grimório do século XIII, importante manual de magia ritual no final da Idade Média e no Renascimento. Segundo seu prefácio, foi compilado por um certo Honório de Tebas a pedido de um grupo de 89 mestres em magia de Nápoles, Atenas e Toledo, como resumo de todas as tradições mágicas, e só podia ser passado para aqueles que fizessem um juramento de sigilo.

Como o *Picatrix*, que começou a circular pela Europa mais ou menos na mesma época, o *Livro Jurado* apresenta uma intensa e coerente defesa da magia como arte válida e moral, que só pode ser dominada por aqueles que estudam, são disciplinados e de coração puro.

Não se conhecem o seu verdadeiro autor, nem a data e o local de sua criação. Com certeza, circulava em Paris no início do século XIII, quando foi um dos grimórios denunciados por William de Auvergne, bispo de Paris. VEJA TAMBÉM GRIMÓRIO. LEITURA ADICIONAL: PETERS, 1978; THORNDYKE, 1923.

livros de símbolos. No Renascimento, um gênero literário no qual símbolos visuais ou símbolos eram associados a títulos e breves versos. O gênero surgiu em resposta à descoberta de um antigo texto, o *Hieroglífica* de Horapollo, encontrado na ilha grega de Andros em 1419 e vendido aos Médici, família governante de Florença. Sua chegada a Florença em 1422 causou uma comoção nos círculos eruditos de toda a Europa, pois parecia oferecer a chave para entender os hieróglifos egípcios.

O *Hieroglífica* era, na verdade, produto do século V E.C., quando o verdadeiro significado dos hieróglifos já tinha sido perdido. Horapollo acabou interpretando as letras hieroglíficas como imagens alegóricas – um círculo significaria a eternidade, um cão representaria a vigilância, e assim por diante. Embora não tivesse nada a ver com os verdadeiros significados dos hieróglifos egípcios, esse modo de abordar as imagens visuais acabou se tornando muito popular na Europa renascentista após a descoberta do trabalho de Horapollo. É possível que a popularidade de Horapollo tenha ajudado a inspirar a invenção do tarô, que apareceu na Itália em meados do século XV; VEJA TARÔ.

O primeiro livro de símbolos em si foi o *Emblemata Liber*, do advogado italiano Andrea

Alciati (1492-1550), publicado em 1531 e que se tornou um *best-seller* internacional. Muitos outros livros de símbolos foram publicados ao longo do século e meio entre Alciati e o desaparecimento da tradição no início do século XVIII.

A tradição dos livros de símbolos exerceu uma poderosa influência sobre os textos alquímicos. Antes da época de Alciati, os livros alquímicos tinham poucas ilustrações, só as mais práticas. O valor visual dos livros de símbolos, porém, foi adotado rapidamente pelos autores alquímicos, que passaram a usar muitos emblemas e símbolos visuais em sua difícil arte de escrever sobre alquimia sem revelar qualquer de seus segredos. Os livros de símbolos alquímicos de Michael Maier (1568--1622) são considerados os exemplos supremos dessa arte. VEJA ALQUIMIA; MAIER, MICHAEL. LEITURA ADICIONAL: ADAMS E LINDEN, 1998; ALCIATUS, 1985; BATH, 1994.

Llull, Ramon. VEJA LÚLIO, RAIMUNDO.

Logos Solar. Nos textos de Dion Fortune e de alguns de seus alunos, o Logos Solar é o deus do sistema solar, identificado com o Sol. O Logos Solar é visto como um ser do mesmo tipo, embora num nível evolutivo muito mais elevado, que as entidades (inclusive os seres humanos) habitantes do sistema solar criado e governado por ele. Habitantes de um sistema solar que evoluem o suficiente tornam-se Logoi Solares e criam seus próprios e novos sistemas planetários. VEJA TAMBÉM FORTUNE, DION; SOCIEDADE DA LUZ INTERIOR. LEITURA ADICIONAL: FORTUNE, 2000.

Logr. VEJA LAGUZ.

loja fraternal. Forma de organização social e comunitária praticamente universal nos países anglófonos, mas quase esquecida hoje em dia.

As primeiras lojas fraternais surgiram na Inglaterra por volta de 1600, quando os grupos remanescentes dos sistemas de guildas medievais foram adotados e remodelados para atender às necessidades de uma nova sociedade mercantil. A Maçonaria, que saiu das guildas dos pedreiros escoceses, e a Fraternidade Odd Fellows, que tem raízes nas organizações dos artífices ingleses do final da Idade Média, são duas das poucas ordens que sobreviveram desde essa época remota. Mais tarde, especialmente entre 1800 e 1920, reuniram-se a elas inúmeras lojas fraternais, que iam desde ordens de porte, como Cavaleiros de Pítias e a Granja, até pequenas bizarrias com nomes como Caixeiro-Viajante de Bagdá e Ordem Concatenada de Hoo-Hoo.

Os elementos básicos da estrutura e do processo da loja são comuns a todas as organizações. A loja é composta por diversos membros iniciados numa ordem fraternal específica, que recebe uma autorização da Grande Loja da ordem (ou de um corpo supervisor similar). A autorização permite que a loja se encontre, realize suas atividades, eleja representantes na Grande Loja e – mais importante – inicie novos membros na ordem. A loja elege seus próprios oficiais e, na maioria dos casos, gerencia suas próprias atividades, sujeitas a regras e regulamentos emitidos pela Grande Loja e à supervisão dos oficiais da Grande Loja.

Há padrões para as cerimônias de abertura e de encerramento de todas as reuniões de lojas, e a disposição do recinto da loja tende a ser bem semelhante entre elas, com os membros sentados diante das paredes de uma sala retangular e a área central livre para as atividades rituais. Até os pequenos detalhes são partilhados entre organizações: três batidas de um martelo, por exemplo, ordenam que os membros fiquem de pé na maioria das lojas remanescentes nos Estados Unidos.

A semelhança na estrutura e nos processos básicos é contrabalançada por uma enorme variação no simbolismo e na linguagem. Por exemplo, embora "loja" seja a expressão mais comum para a unidade local de uma ordem fraternal, há ordens cujas unidades locais são chamadas campos, comandos, templos, cantões, santuário, granja, oficina, fortaleza, acampamento, círculos, covens (ou assembleias), entre outros. Os títulos dos oficiais são mais variados ainda: um Oráculo, um Grande Nobre, um Mestre Digno e um Sachem, por exemplo, são os oficiais que presidem respectivamente um Campo dos Reais Vizinhos da América, uma Loja da Ordem Independente da Fraternidade Odd Fellows, uma Granja dos Patronos da Lavoura e uma Tribo da Ordem Aprimorada dos Homens Vermelhos.

Os rituais de iniciação, que formam o núcleo de todo sistema de lojas fraternais, revelam exatamente a mesma combinação de estruturas similares com simbolismos e terminologias muito variadas; *VEJA* INICIAÇÃO. Num ritual de iniciação fraternal, os candidatos podem ter de representar um trecho da Bíblia, passar pelo ciclo de um ano agrícola, aventurar-se num acampamento de índios norte-americanos ou num templo druida, ou só passar por uma série de incidentes e eventos aparentemente desconexos. No entanto, em quase todos os casos, eles serão levados até a entrada com olhos vendados, orientados por um ou mais circuitos pelo salão, e terão de prometer manter em segredo os rituais e atividades da ordem; a venda será tirada num momento visual e dramaticamente impressionante e, pouco depois, aprenderão a senha, o aperto de mão e outros segredos do grau de iniciação que estarão recebendo. Estes são repetidos por todos os membros presentes sempre que a loja é aberta naquele grau, formando uma série de ativadores somáticos que ajudam os membros a retornar à vontade ao estado de consciência induzido pela cerimônia de iniciação.

A maioria das organizações de lojas fraternais só franqueava o acesso a homens, e muitas ainda são assim. As exceções incluem os Patronos da Lavoura, que admite homens e mulheres nas mesmas condições desde sua fundação, em 1867, e a IOOF, que começou a admitir mulheres em 2001. Um ramo da Maçonaria, a Comaçonaria, também admite mulheres e homens como membros, mas quase todas as outras organizações maçônicas se recusam a aceitar a validade da sua iniciação. A maioria das ordens que admite apenas homens como membros também tem auxiliares femininas com seus próprios rituais e tradições, embora, na maioria dos casos, tenham sido muito diluídos em comparação com os rituais masculinos.

Durante a Era de Ouro do movimento de lojas fraternais – aproximadamente entre 1780 e 1950 – um percentual significativo de ocultistas do sexo masculino pertencia a uma ou mais lojas fraternais, e boa parte do material ocultista acabava entrando até nos sistemas de lojas mais respeitáveis; assim, por exemplo, os Patronos da Lavoura adotaram uma versão dos Mistérios Eleusianos como seu Sétimo Grau, e parcelas importantes da tradição hermética entraram em vários graus maçônicos. Organizações de lojas mágicas como a Ordem Hermética da Aurora Dourada e a Ordo Templi Orientis tomaram emprestados muitos elementos da prática de lojas fraternais, valendo-se de métodos fraternais (em especial os maçônicos) como vocabulário básico do trabalho cerimonial. Mais recentemente, porém, com o drástico declínio no número de membros das lojas fraternais iniciado em 1950, o número de ocultistas que se valem desse recurso também declinou sensivelmente. *VEJA TAMBÉM* MAÇONARIA; LOJA MÁGICA; FRATERNIDADE ODD

FELLOWS; PATRONS OF HUSBANDRY (THE GRANGE). LEITURA ADICIONAL: J. GREER, 1998.

loja mágica. Forma social padronizada do ocultismo ocidental durante a maior parte do período moderno, a loja mágica é um estranho híbrido derivado principalmente dos sistemas contemporâneos de lojas fraternais. Escritores ocultistas da Era de Ouro das lojas mágicas (mais ou menos entre 1780 e 1950) afirmavam que suas lojas, e o sistema de lojas como um todo, datavam da Antiguidade e teriam passado incólumes por milhares de anos. Isso não é certo. O sistema de lojas mágicas foi quase totalmente modelado nas tradições de lojas fraternais como a Maçonaria, adotando dessa fonte não só sua estrutura básica como a maioria de seus detalhes. *VEJA* MAÇONARIA; LOJA FRATERNAL.

As mais antigas lojas mágicas tomaram forma em algumas vertentes da Maçonaria francesa e alemã em meados do século XVIII. Naturalmente, embora já existissem sociedades secretas ocultistas de diversos tipos antes dessa época, o conjunto-padrão de ferramentas da loja mágica – rituais de iniciação, escala crescente de graus, senhas, apertos de mão secretos e coisas do gênero – foram acréscimos do século XVIII. Esses métodos de lojas fraternais foram combinados com tradições ocultistas mais antigas, criadas por figuras como Martinez de Pasquallys e Karl Gotthelf von Hund, respectivamente fundadores dos Eleitos Coens e da Estrita Observância, duas antigas e importantes organizações de lojas mágicas. *VEJA* PASQUALLYS, MARTINEZ DE.

Pasquallys e von Hund, como muitos idealizadores de lojas mágicas posteriores, também se inspiraram bastante em lendas sobre outras sociedades secretas mais antigas, como os Rosa-Cruzes e os Cavaleiros Templários. As primeiras lojas mágicas também se valiam de uma fonte bem menos respeitável para obter suas imagens e mitologias internas: a vasta estrutura de teorias da conspiração que surgiu na Europa logo após a Revolução Francesa e se transformou em histeria com as insurreições populares pela Europa nas décadas de 1820 e 1840; *VEJA* ILUMINADOS DA BAVIERA. Fossem quais fossem os riscos políticos dessa inspiração, era algo pitoresco, e promovia a ideia de que as ordens mágicas eram amplas, poderosas e bem organizadas – uma afirmação útil para recrutar novos membros. Assim, temas básicos da literatura da conspiração, como a *aqua toffana*, entraram em muitos textos do ressurgimento mágico do século XIX. *VEJA* AQUA TOFFANA.

O resultado foi o surgimento de uma mitologia das lojas mágicas, que pode ser vista em todo seu vigor em obras fictícias como os contos "Doctor Taverner", de Dion Fortune. Segundo a mitologia, as lojas mágicas existiriam desde a época do Egito Antigo, se não desde a própria Atlântida; teriam conexões mundiais, exercendo influência sutil mas poderosa sobre tudo que acontecia no mundo; eram lideradas por misteriosos e reclusos adeptos com poderes sobre-humanos; e guardavam grandes ensinamentos secretos que nunca eram revelados para estranhos e conferiam poderes milagrosos sobre o mundo físico.

Porém, nada disso era verdade. As lojas mágicas dos séculos XVIII, XIX e início do XX foram criações recentes formadas com fragmentos de tradições antigas, e poucas duraram mais do que a existência de seus fundadores. Poucas contavam com mais de uma dúzia de lojas, e menos ainda tinham mais de cem membros. Com um número muito reduzido de exceções – casos nos quais um membro de uma ou de outra ordem era eleito para um importante cargo político – não exerciam influência política notável. Seus líderes, como seus membros comuns, eram seres humanos normais, cujo interesse pelo ocultismo não os impedia de ter de ganhar a vida ou de lidar com as questões triviais da vida cotidiana. Finalmente, os ensinamentos das lojas mágicas eram derivados de fontes disponíveis para o público ou de pesquisas pessoais dos fundadores e principais membros das ordens, recebendo sempre novas edições.

Houve três ondas principais de lojas mágicas ao longo dos anos, cada uma com suas próprias características. A primeira, datada do final do século XVIII, foi basicamente um desdobramento da Maçonaria, e quase todos os seus rituais e métodos eram dessa fonte. As lojas dessa primeira onda costumavam restringir o acesso apenas a mestres maçons, sendo por isso abertas apenas para homens. Seus ensinamentos ocultistas eram bastante especializados — ensinavam métodos específicos de alquimia, de magia ritual e outros temas ocultistas, mas nenhuma loja tentava apresentar um curso completo de ocultismo. As iniciações eram a principal característica dessas lojas; os ensinamentos eram simplesmente um dos benefícios obtidos com a iniciação. A Ordem da Cruz Rósea e Dourada, uma ordem alemã do final do século XVIII, é um exemplo característico e bem documentado deste tipo; *VEJA* ORDEM DA CRUZ ÁUREA E ROSA.

A segunda onda tomou forma na segunda metade do século XIX e foi influenciada tanto pela primeira onda como pelo grande ressurgimento ocultista europeu da época. As lojas da segunda onda variavam muito no modo como lidavam com o material da Maçonaria; muitas nem exigiam que os candidatos fossem maçons e várias abriram suas portas para mulheres. Ordens da segunda onda enfatizavam igualmente as iniciações e seus ensinamentos. Em muitos casos, os ensinamentos se expandiam e se tornavam cursos completos de estudo sobre teoria e prática ocultistas. A Ordem Hermética da Aurora Dourada é, de longe, a mais conhecida delas; *VEJA* GOLDEN DAWN.

A terceira onda começou nos últimos anos do século XIX e atingiu sua plenitude entre as duas guerras mundiais. Normalmente, as lojas mágicas desse terceiro tipo tinham pouco ou nada em comum com a Maçonaria ou com outras ordens fraternais, e seus ensinamentos eram o centro de sua obra. A maioria funcionava principalmente como escola por correspondência, oferecendo iniciações e atividades em loja como um dos benefícios a serem adquiridos ao se estudar progressivamente as lições do curso. Exemplos deste tipo incluem ordens modernas conhecidas como a AMORC e a BOTA; *VEJA* ANTIGA E MÍSTICA ORDEM ROSAE CRUCIS (AMORC); CONSTRUTORES DO ÁDITO (BOTA).

Como as lojas fraternais nas quais se inspiraram tanto, a maioria das lojas mágicas experimentou um acentuado declínio na segunda metade do século XX. As causas desse fenômeno são complexas e ainda não foram bem compreendidas, mas o ritual rígido e a estrutura hierárquica de muitas organizações de lojas mágicas não atraíram as pessoas joviais e influenciadas pela contracultura que se dedicaram ao ocultismo após a década de 1960. Algumas lojas mágicas ainda estão ativas hoje e outras foram reativadas com base em material escrito. Embora seja improvável que voltem a dominar o campo mágico como fizeram antes, provavelmente as lojas mágicas serão um elemento notável do cenário ocultista durante algum tempo. LEITURA ADICIONAL: J. GREER, 1998.

lojas de caça. Segundo Dion Fortune e diversos autores associados a ela, as lojas de caça eram lojas mágicas secretas dedicadas a policiar a comunidade ocultista e a combater organizações mágicas corruptas e magos corruptos.

Diz-se que usavam uma combinação de remédios mágicos e de campanhas na mídia para realizar seu trabalho. As declarações de Fortune e alguns autores são a única evidência de sua realidade, mas a existência de uma ou de várias instituições como essa no ativo cenário de lojas mágicas na Inglaterra do final do século XIX e início do XX é algo bem plausível.
LEITURA ADICIONAL: FORTUNE, 1930.

Lojas Negras. No folclore do ocultismo dos séculos XIX e início do XX, lojas mágicas organizadas a serviço dos poderes do mal. Também conhecidas como Irmãos da Sombra, as Lojas Negras seriam opostas às forças da evolução espiritual, e por isso aos Mestres e à Grande Loja Branca. Na Fraternidade Hermética de Luxor e nas tradições que dela descendem, as Lojas Negras estavam associadas ao misterioso Satélite Sombrio e à sua sinistra hierarquia, Ob. *VEJA* SATÉLITE NEGRO; FRATERNIDADE HERMÉTICA DE LUXOR (F. H. DE L.); OB.

Textos teosóficos da época afirmam que a ideologia das Lojas Negras glorificava a infinita asserção da individualidade, opondo-se aos ensinamentos da Grande Loja Branca, que buscava conduzir todas as almas à Unidade Divina.

Evidências da existência real de Lojas Negras nesses termos, durante o final do século XIX e início do XX, parecem totalmente ausentes – embora, naturalmente, houvesse um certo número de organizações satanistas nessa época, e muitas lojas ocultistas de caráter duvidoso. Ironicamente, porém, algumas das ordens mágicas que emergiram de círculos satanistas dos Estados Unidos no final do século XX têm ensinamentos idênticos aos dos teósofos, antes atribuídos às Lojas Negras. Se é a vida imitando a arte, se organizações satanistas como o Templo de Set teriam sido influenciadas pela literatura teosófica, ou se houve algum outro fator em jogo, é difícil dizer. *VEJA TAMBÉM* SATANISMO; TEMPLO DE SET; TEOSOFIA. LEITURA ADICIONAL: FORTUNE, 1930; GODWIN ET. AL, 1995; LEADBEATER, 1925.

Lomer, Georg. Ocultista alemão, 1877-1957. Nascido em Loosten, perto de Wismar, na Alemanha, Lomer estudou Medicina, tendo trabalhado como médico antes da Primeira Guerra Mundial e durante o conflito. Depois da guerra, entrou em contato com círculos teosóficos alemães e começou a publicar livros sobre diversos temas ocultistas, inclusive críticas ao cristianismo, interpretação de sonhos, medicina alternativa, astrologia e paganismo germânico. Ele também se tornou grafólogo e astrólogo profissional na década de 1930.

Como muitos ocultistas alemães entre as duas guerras, foi influenciado pelo movimento ariosófico, que combinava paganismo alemão e teosofia com racismo e antissemitismo. Muitos de seus livros, inclusive *Hakenkreuz und Sowjetstern* [*A Suástica e a Estrela Soviética*], 1925 e *Die Götter der Heimat* [*Os Deuses da Terra Natal*], 1927, são bastante ariosóficos. A partir de 1929, Lomer se tornou o editor de *Asgard*, com o subtítulo de "Um folheto combativo pelos deuses da terra natal", que publicava artigos de autores ariosóficos como F. B. Marby e Gregor Schwarz-Bostunitsch. Como ocorreu com quase todos os ocultistas de fora dos círculos internos do partido nazista, ele e seu periódico foram silenciados após a ascensão de Hitler ao poder, em 1933, mas Lomer conseguiu sobreviver ao período da guerra e se manteve ativo no cenário ocultista alemão do pós-guerra.

Em algum ponto entre as décadas de 1920 e 1930, Lomer escreveu uma série de instruções para estudantes de hermetismo, *Lehrbriefe zur Geistigen Selbstschulung* [*Cartas Instrutivas sobre Autotreinamento Espiritual*], e trechos dele

foram publicados anonimamente como apêndice do livro de Franz Bardon, *Frabato the Magician*. Recentemente, o texto completo foi publicado em tradução para a língua inglesa.
VEJA TAMBÉM ARIOSOFIA; BARDON, FRANZ.
LEITURA ADICIONAL: LOMER, 1997.

Louco, o. Carta numerada com zero ou com 22 nos Arcanos Maiores do tarô, nos primeiros baralhos mostrava um bobo da corte, mas os baralhos posteriores deram-lhe uma variedade de imagens, variando de um ancião com roupas rasgadas a uma criança nua segurando um lobo pela coleira. No sistema da Golden Dawn, está associada à letra hebraica Aleph, enquanto o sistema francês a atribui a Shin. Na adivinhação, seus significados mais comuns vão desde loucura e tolice aos mais elevados níveis da influência espiritual.

Seu título mágico é "Espírito do Éter". *VEJA* TARÔ.

Carta de tarô o Louco (tarô Universal)

Lua (astro). Um dos sete planetas astrológicos tradicionais, no mapa natal a Lua representa o lado emocional e o instintivo do eu. Em termos astrológicos, a Lua rege o signo de Câncer, exalta-se em Touro, está em exílio em Capricórnio e em queda em Escorpião. *VEJA* ASTROLOGIA.

Na alquimia, a Lua é um símbolo comumente usado para a prata, e também representa a fase branca ou albedo da Grande Obra. *VEJA* ALQUIMIA.

Símbolo astrológico da Lua

Lua, a. Décimo oitavo Arcano Maior do tarô, normalmente ilustrado com a imagem de um cão e um lobo uivando para a Lua nascente. Na tradição da Golden Dawn, o Arcano corresponde à letra hebraica Qoph, enquanto a tradição francesa o associa a Tzaddi. Seus significados divinatórios mais comuns incluem engano, ilusão, intuição e o desconhecido.

Seu título mágico é "Regente do Fluxo e do Refluxo, Filha dos Filhos do Poderoso". *VEJA TAMBÉM* TARÔ.

Carta de tarô a Lua (tarô Universal)

Lúcifer. (do latim, "portador de luz") Originalmente o nome latino da estrela da manhã, esta palavra foi erroneamente aplicada ao Diabo cristão por causa de um versículo da Bíblia mal interpretado (Isaías 14,12), que se referia a um rei da Babilônia. Também é um dos muitos nomes atribuídos ao Príncipe das Trevas. *VEJA TAMBÉM* SATÃ.

No *Aradia, o Evangelho das Bruxas* (publicação original, 1899), o folclorista norte-americano Charles Godfrey Leland afirmou ter descoberto um manuscrito com mitos e ensinamentos de um antigo culto italiano de bruxas. No mito central apresentado por ele, Lúcifer era filho e companheiro de Diana, a deusa da noite. Aradia, a bruxa messiânica cuja carreira está no centro do mito, é filha desse casal. *VEJA* ARADIA; LELAND, CHARLES GODFREY.

Na Antroposofia, filosofia criada pelo ocultista austríaco Rudolf Steiner (1861-1925), Lúcifer é uma das duas forças do mal no universo. Ele representa a tentação da arrogância intelectual, com a tendência a se afastar da existência material, tornando a vida puramente mental. *VEJA* AHRIMAN; ANTROPOSOFIA.

Lughnasadh. Na moderna prática pagã, um dos festivais da roda óctupla do ano, geralmente celebrado no dia 1º de agosto, ou perto dele. Esse dia também é conhecido com o nome inglês de Lammas. Lughnasadh deriva de um antigo festival irlandês do mesmo nome, celebrado no final do verão com cavalos de corrida e "casamentos de Teltown", que duravam um ano.

Em gaélico irlandês moderno, Lughnasadh é o nome do mês de agosto. *VEJA TAMBÉM* SABÁ.

Luis. Segunda letra do alfabeto Ogham, com valor sonoro de *l*. Entre as associações de Luis, estão: a sorveira entre as árvores, o pato entre as aves, a cor cinza e o número catorze. Na versão de Robert Graves para o calendário das árvores-Ogham, seu mês vai de 21 de janeiro até 17 de fevereiro. *VEJA* OGHAM.

╠

Letra Luis em Ogham

Lúlio, Raimundo. (em catalão, **Ramon Llull**) Místico espanhol, 1232-1315. Nascido numa família nobre da ilha de Maiorca, na costa mediterrânea da Espanha, Lúlio dedicou-se ao estilo de vida habitual de sua classe na corte do rei Jaime I de Aragão, mas a primeira de uma série de experiências religiosas intensas levou-o a retirar-se em uma cela de eremita em sua propriedade, na qual praticou disciplinas ascéticas. Em 1272, filiou-se à ordem terceira de São Francisco, e em 1274 teve uma visão no monte Randa, na qual nove atributos, ou "dignidades", de Deus foram revelados. Dessa visão, desenvolveu-se a Arte Luliana, sistema de filosofia contemplativa muito semelhante à cabala; *VEJA* ARTE LULIANA.

Visões posteriores levaram Lúlio a crer que fora indicado por Deus para converter o mundo muçulmano ao cristianismo, e estudou latim, árabe e lógica para se preparar para a missão. Foi três vezes à Tunísia para pregar o evangelho cristão: preso e banido duas vezes, na terceira vez foi apedrejado por uma multidão em Bugia, atualmente na Tunísia, e morreu pouco tempo depois em decorrência de seus ferimentos.

Durante sua vida, Lúlio teve fama continental como estudioso e religioso, e a Arte Luliana foi adotada entusiasticamente por estudantes de todo o mundo ocidental. Seus livros incluem diversos estudos detalhados da arte, entre os quais o *Ars Magna* foi talvez o mais importante, e um tratado muito popular sobre cavalaria baseado na arte, *O Livro da Ordem de Cavalaria*, traduzido para várias línguas.

Após sua morte, Lúlio também foi aclamado como autor de mais de noventa obras importantes sobre alquimia. Muitas delas foram, na verdade, escritas por um contemporâneo mais jovem, Ramon de Tárrega (c. 1295--1371), condenado por heresia em 1371, fato que tornou seus livros objetos perigosos. Aparentemente, teriam sido atribuídos a Raimundo Lúlio na esperança de que sua reputação como mártir da fé cristã afastasse tais obras das garras da Inquisição – o que de fato parece ter acontecido. *VEJA* ALQUIMIA; TÁRREGA, RAMON DE. LEITURA ADICIONAL: BONNER, 1985; HILLGARTH, 1971; PATAI, 1994; PERIERA, 1989; YATES, 1979.

lunário. *VEJA* LIVRO DE LUNAÇÕES.

Luria, Isaac. Cabalista judeu, 1534-1572. Figura mais influente no desenvolvimento da moderna cabala judaica, Luria nasceu em Jerusalém numa família judia de origem alemã. Criança prodígio, já era respeitado como estudioso do Talmude aos 8 anos de idade. Com a morte de seu pai, foi com a família morar com um tio rico no Egito. Lá, estudou com o rabino Betzalel Ashkenazy, um dos mais importantes estudiosos do Talmude de sua época, e com o rabino David Abu Zimra, rabino--chefe do Cairo.

Ao 17 anos de idade, Luria descobriu o Zohar e mergulhou no estudo e na prática da cabala, dedicando quinze anos à meditação cabalística. Seu trabalho culminou em dois anos de intensa meditação solitária numa pequena cabana à beira do Nilo. Ao fim desse período, em 1570, teve uma visão que o orientava a voltar à Terra Santa.

Foi imediatamente a Safed, na época um famoso centro internacional de estudos cabalísticos. Lá, não demorou para que Luria se tornasse o centro de um pequeno grupo de discípulos, para os quais passou os detalhes de uma nova e complexa abordagem da cabala. O mais influente de seus discípulos foi o rabino Chaim Vital, que já era um importante estudioso e professor da cabala, mas dedicou boa parte do resto de sua vida a transmitir os ensinamentos de Luria. Dois anos depois de chegar a Safed, Luria morreu subitamente após uma breve enfermidade.

É quase impossível resumir adequadamente os ensinamentos cabalísticos de Luria num espaço limitado. Ele introduziu uma nova e complexa compreensão dos processos de queda e redenção no universo, centralizados na "Quebra dos Vasos", a catástrofe primitiva que sobrecarregou os Mundos Primitivos com forças desequilibradas. Os fragmentos desses mundos, segundo o esquema de Luria, tornaram-se os Qlippoth, os poderes do mal no universo. Como originalmente eram vasos de luz no mundo de Atziluth, os poderes do mal podem ser redimidos. Com meditações cabalísticas especiais, por um lado, e obediência às leis e costumes religiosos judaicos tradicionais, por outro, o cabalista pode ajudar a redimir os poderes do mal e o universo como um todo.

Algumas gerações após sua morte, a abordagem cabalística de Luria tornou-se o padrão no mundo judeu, tendo permanecido o núcleo da teoria e da prática cabalística desde então. As correntes cristã e hermética da cabala foram menos influenciadas pelo trabalho de Luria, pois ambas começaram a se separar da corrente judaica antes da sua época, e poucas obras da sua cabala foram traduzidas do hebraico. Mesmo assim, elementos importantes da abordagem luriana acabaram entrando na cabala mágica, e os ensinamentos da Ordem Hermética da Aurora Dourada, em particular, foram bastante moldados por algumas ideias suas. *VEJA* GOLDEN DAWN. *VEJA TAMBÉM* CABALA; QLIPPOTH.

luz astral. Nos textos de Éliphas Lévi e de outros ocultistas dos séculos XIX e XX, o Grande Agente Mágico, a substância de influência estelar através da qual toda operação mágica tem seu efeito. Lévi e seus seguidores equipararam a luz astral com o od, o magnetismo animal, e outras expressões ocidentais para a energia etérica, um hábito que ajudou a confundir ainda mais a terminologia dos planos de existência. *VEJA* ÉTER; LÉVI, ÉLIPHAS. LEITURA ADICIONAL: LÉVI, 1972.

M

Ma'aseh Berashith. (hebraico, "Obra de Criação") Um dos dois ramos mais antigos do misticismo judaico, um sistema de teoria e prática baseado no relato da Criação do mundo no Livro do Gênesis. Pouco se sabe sobre o Ma'aseh Berashith hoje em dia, embora muitos estudiosos acreditem que o Sepher Yetzirah tenha sido um texto dessa escola. Boa parte da tradição do Ma'aseh Berashith foi absorvida depois pela cabala. *VEJA* CABALA; SEPHER YETZIRAH. *VEJA TAMBÉM* MA'ASEH MERKABAH.

Ma'aseh Merkabah. (hebraico, "Obra da Carruagem") Um dos dois ramos mais antigos do misticismo judaico, um sistema de teoria e prática baseado na descrição da carruagem de Deus no primeiro capítulo do Livro de Ezequiel. No Ma'aseh Merkabah, essa carruagem foi interpretada como nada menos do que a estrutura do próprio mundo espiritual, dividido em sete céus e servido por uma variedade estonteante de poderes angélicos. Manuais detalhados da estrutura da carruagem foram escritos e circularam durante o apogeu do Ma'aseh Merkabah, que foi mais ou menos de 300 A.E.C. até o início da Idade Média.

Muitos desses manuais sobreviveram de forma razoavelmente completa, mas vê-se claramente que deviam ser complementados por instruções orais, e muitos dos detalhes da teoria e da prática ainda são obscuros. O que fica claro é que os místicos Merkabah não se contentavam em estudar ou meditar sobre a estrutura do Céu; estavam interessados em ir até lá, em jornadas visionárias que são descritas com detalhe em diversos relatos.

A prática do Merkabah era considerada muito sagrada e perigosa. Diz-se no Talmude que uma criança, estudando as escrituras na casa de seu professor, compreendeu o significado secreto da palavra *chashmal* ("radiância") – e um fogo saiu do chashmal e queimou-a até a morte.

O Ma'aseh Merkabah ainda era praticado em alguns círculos durante o desenvolvimento da cabala, e substanciais elementos do antigo sistema parecem ter sido levados aos ensinamentos cabalísticos. De modo diferente do Ma'aseh Merkabah, porém, a cabala baseia-se principalmente na meditação como veículo para o desenvolvimento espiritual, e não nas experiências extáticas e visionárias dos antigos místicos do Merkabah. *VEJA TAMBÉM* MA'ASEH BERASHITH.

Mabinogion. Principal coleção remanescente de lendas galesas, e uma das poucas fontes significativas de informação sobre as tradições religiosas da Gales pré-cristã, o *Mabinogion* tem sido uma fonte indispensável para muitas tradições pagãs modernas. A mais antiga versão completa é o *Livro Vermelho de Hergest*, escrito por volta de 1400, embora manuscritos de 1225 ou perto disto já contivessem alguns de seus fragmentos. Os estudiosos concordam que as histórias já circulavam séculos antes de terem sido registradas por escrito, mas a forma final parece ter sido completamente reescrita pela figura desconhecida que as registrou.

A palavra "Mabinogion" é incorreta e inexistente em galês. A coleção completa reúne onze contos, dos quais quatro – as histórias de Pwyll, senhor de Dyved; Branwen, filha de Llyr; Manawyddan, filho de Llyr; e Math, filho de Mathonwy – são descritas no texto como "os quatro ramos dos Mabinogi". O significado da palavra *mabinogi* é incerto; pode significar "histórias da infância" ou referir-se ao nome da antiga divindade celta Maponos, que aparece num dos contos na forma galesa posterior de Mabon ap Modron.

Vários personagens dos Quatro Ramos são deuses levemente disfarçados. Rhiannon, cujas aventuras são importantes no Primeiro e no Terceiro Ramo, descende da deusa-égua gaulesa Epona, cujo título de culto, Rigantona ("grande rainha"), é a fonte de seu nome. Manawyddan, filho de Llyr, que tem papel no Segundo e no Terceiro Ramo, é inspirado no deus irlandês Manannan, enquanto o mago Gwydion, filho de Don é, na verdade, um cognato próximo da divindade germânica Woden ou Odin. Tentar extrair detalhes da religião celta pré-cristã a partir da estonteante confusão dos Quatro Ramos, porém, é muito difícil, e tende a produzir resultados variáveis ao extremo, dependendo principalmente das pressuposições de quem tentou fazê-lo.

As outras histórias não estão relacionadas com os Quatro Ramos e incluem dois fragmentos de histórias lendárias, quatro lendas da corte do rei Arthur e um estranho conto visionário, o *Sonho de Rhonabwy*. Uma das lendas arthurianas, o grosseiro e confuso *Conto de Culhwch e Olwen*, também contém uma grande variedade de folclore mítico e lendário, de tal forma emaranhado que confunde qualquer tentativa de análise. *VEJA TAMBÉM* RECONSTRUCIONISMO CELTA; DRUIDAS; PAGANISMO; TRÍADES. LEITURA ADICIONAL: GANTZ, 1976; GRUFFYDD, 1953.

Mabon. No paganismo moderno, nome do equinócio de outono, um dos oito festivais da roda do ano, no dia 23 de setembro de cada ano. O nome deriva da figura mítica galesa Mabon ap Modron, que foi sequestrado de sua mãe com três dias e aprisionado num castelo mágico. Às vezes, essa figura é usada para representar a ocultação do poder de crescimento da terra durante a metade escura do ano.

O uso da expressão Mabon como nome do festival é totalmente moderno, e parece ter surgido nos Estados Unidos em algum momento da década de 1970. *VEJA TAMBÉM* SABÁ.

maçã. (*Pyrus malus*) Fruta prestigiada nas tradições mágicas, a maçã era associada à tradição das fadas no folclore antigo, e também tinha papel fundamental em muitas tradições pagãs da Europa. Seu uso em feitiços amorosos remonta a centenas de anos. Também é uma das árvores associadas com o alfabeto ogham irlandês; *VEJA* OGHAM; QUERT.

No paganismo moderno, a maçã é sagrada, pois contém cinco sementes que formam um pentagrama, quando a fruta é cortada no sentido horizontal. VEJA PENTAGRAMA.

maceração. Na alquimia, o processo de embeber uma substância num fluido adequado a fim de extrair substâncias dela. O processo de maceração é muito usado na espagíria, na qual o álcool costuma ser usado para dissolver o enxofre e o mercúrio vegetal das ervas. VEJA ALQUIMIA; ESPAGÍRIA.

Mackenzie, Kenneth Robert Henderson. Escritor, estudioso e ocultista inglês, 1833-1886. Nascido em Londres, passou a infância em Viena, onde seu pai trabalhava como médico, e foi alfabetizado em alemão. Fluente em inglês, alemão, latim, grego e hebraico, Mackenzie foi uma criança-prodígio que já publicava artigos em revistas acadêmicas aos 17 anos, e foi aceito na Sociedade de Antiquários antes dos 21 anos. Seus interesses incluíam ocultismo, que estudou sob a orientação de Frederick Hockley, e em 1861 foi a Paris para conhecer Éliphas Lévi. VEJA HOCKLEY, FREDERICK; LÉVI, ÉLIPHAS.

Os dons eruditos de Mackenzie eram substanciais, mas tornou-se alcoólatra aos vinte e poucos anos de idade e depois disso produziu apenas um trabalho significativo. Embora autores posteriores tenham dito que ele ajudou a fundar a Societas Rosicruciana in Anglia, ele não demonstrou interesse em filiar-se senão em 1872, quando recebeu o grau de Zelator, saindo da ordem em 1875. VEJA SOCIETAS ROSICRUCIANA IN ANGLIA (SRIA).

Nessa época, ele já havia começado a trabalhar em sua contribuição mais importante, a *Royal Masonic Cyclopaedia*. Grandes trechos dela foram copiados da *Encyclopedia of Freemasonry* de Albert Mackey, recém-publicada, mas o plágio foi enriquecido com muitas tradições ocultistas e com detalhes de diversas ordens semimaçônicas que operavam na comunidade ocultista inglesa de sua época. Ele mesmo envolveu-se com diversas delas, inclusive a Royal Oriental Order of the Sat B'hai [Real Ordem Oriental de Sat B'hai]; VEJA SAT B'HAI, REAL ORDEM DO. A *Cyclopaedia* foi publicada em fascículos entre 1875 e 1877. Na época em que foi concluída, a saúde de Mackenzie começou a piorar, e ele morreu na pobreza em 1886.

Maçonaria [também chamada Franco-Maçonaria – N. do T.] A Ordem dos Maçons Livres e Aceitos é uma ordem fraternal internacional, com inúmeras conexões históricas com o ocultismo. Embora não seja propriamente uma organização esotérica, a Maçonaria é a mais importante ordem fraternal do mundo ocidental, e a fonte de um grande percentual de ideias ocultistas sobre lojas, graus, iniciações, simbolismos e coisas do gênero. Em sua forma básica e essencial, a Maçonaria consiste em três graus de iniciação, cujo simbolismo e ensinamentos se inspiram no ofício dos pedreiros e no relato bíblico da construção do Templo de Salomão. Sobre essa base relativamente simples, ergueu-se uma imensa estrutura de ritual, simbolismo, filosofia, magia, filantropia e espiritualidade, como também puras e simples especulações e elucubrações sobre a ordem.

As origens da Maçonaria estão envolvidas por uma densa bruma de adivinhações e fantasias. Em momentos variados dos últimos trezentos anos, os historiadores maçons tratam suas origens como sendo sacerdotes do Egito Antigo, escolas romanas de arquitetura e Cavaleiros Templários da Idade Média, bem como o próprio Templo do rei Salomão. VEJA CAVALEIROS TEMPLÁRIOS; TEMPLO DE SALOMÃO. Muitas dessas teorias ainda podem ser encontradas na literatura popular. Não há, porém, evidências reais de que um desses grupos tenha qualquer relação com as origens históricas da Maçonaria. Com efeito, as evidências trazidas por pesquisas recentes sugerem que suas raízes podem ser encontradas no ambiente muito mais prosaico das guildas de pedreiros do final da Idade Média na Escócia e na Inglaterra.

Registros escoceses das agremiações de pedreiros proporcionam as mais antigas referências conhecidas da Palavra Maçônica (método secreto pelo qual a pessoa se identifica como maçom para outros maçons), das lojas permanentes de maçons, dos diversos graus de iniciação e das iniciações de pessoas que não eram pedreiros operativos em lojas. Já em 1691, o reverendo Robert Kirk se referia à Palavra Maçônica como uma das cinco "curiosidades" comuns na Escócia mas raras ou inexistentes em outros lugares. Há ainda evidências documentais de que os pedreiros escoceses deviam estudar a Arte da Memória em 1599, data dos estatutos emitidos por William Schaw, Mestre de Obras do rei da Escócia. Isso indica uma familiaridade com tradições da imagética hermética que, mais tarde, teve papel central nos rituais e práticas maçônicas. *VEJA* ARTE DA MEMÓRIA.

Essas tradições e as dimensões simbólicas e cerimoniais que acabaram por se tornar o núcleo do movimento maçônico desenvolveram-se lentamente, pelo menos ao longo de um século. No início do século XVII, a maioria dos membros das lojas maçônicas eram maçons *operativos* – ou seja, trabalhadores que viviam de construções. A partir de 1640, homens que não tinham nenhuma ligação com as construções mas se interessavam pelos rituais e símbolos dos maçons começaram a entrar para as lojas; eram chamados maçons *aceitos*. Por volta de 1700, os maçons aceitos eram maioria em muitas lojas, e havia numerosas lojas sem membros que já tivessem espalhado cimento com uma trolha (ou colher de pedreiro).

Em 1717, quatro lojas londrinas se reuniram para formar a Grande Loja da Inglaterra (hoje a Grande Loja Unida da Inglaterra), a mais antiga Grande Loja da Maçonaria. Nos cem anos seguintes, houve um período de crescimento explosivo, com lojas fundadas por toda a Grã-Bretanha, Europa e colônias americanas.

Nessa época, a Maçonaria ficou envolvida na complexa rede de intrigas políticas e mágicas que cercavam a Casa dos Stuart, que fora tirada do trono em 1688 e tentou, por mais de um século, reconquistar seu lugar. Os jacobitas, como era chamado o partido pró-Stuart, usavam o sigilo das lojas maçônicas como escudo para suas conspirações contra a Casa de Hanover, a nova casa real inglesa. O lado de Hanover reagiu. A Grande Loja da Inglaterra, que era um reduto de maçons pró-Hanover, e o Rito Escocês, desenvolvido em lojas jacobitas da França, logo tomaram forma em meio a essas controvérsias. *VEJA* STUART, CASA DOS.

No centro dessas intrigas, estava o maçom escocês Andrew Michael Ramsay (1686-1743), jacobita e católico convertido que passou a maior parte da vida exilado na França. Na década de 1730, como parte dos preparativos para a restauração Stuart de 1745, Ramsay teve um papel fundamental na criação de um novo e mais complexo sistema de Maçonaria "escocesa", intimamente ligada à causa jacobita, além de repleta de material hermético e ocultista, segundo os interesses pessoais de Ramsay. Após a morte de Ramsay e o fracasso da revolta de 1745, a Maçonaria escocesa reagrupou-se num Rito de Perfeição que tinha 25 graus, e tornou-se mais tarde o Rito Escocês com 33 graus.

Outro conjunto de complexidades emergiu das relações entre a Maçonaria e a Igreja Católica. Qualquer coisa associada com a Inglaterra protestante era vista com suspeita em Roma, e à medida que a Maçonaria se espalhava pela França e pela Itália, colhia seus membros nos círculos liberais, que apoiavam a reforma política e a tolerância religiosa – duas coisas que a Igreja não estava preparada para aceitar. A primeira condenação católica à Maçonaria, a bula papal *In Eminente*, foi promulgada em 1732, e seguida por outras. Até hoje, o católico que se torna maçom corre o risco de ser excomungado. A condenação católica da Maçonaria chegou, às vezes, ao ponto de se afirmar que a Maçonaria seria, na verdade, uma fachada para a adoração de Satã, uma acusação que envolveu a Igreja em situações extremamente vergonhosas pelo menos uma vez em sua história. *VEJA* ORDEM PALADIANA.

Apesar da maré de retórica católica e de críticas mais recentes de protestantes fundamentalistas, que ficaram convencidos de que a Maçonaria está, de algum modo, relacionada com o humanismo secular e com o Anticristo, a realidade da loja maçônica é bem prosaica. As lojas se reúnem com intervalos que vão de uma vez por semana a uma vez por mês, geralmente com um jantar antes ou depois da reunião; realizam rituais tradicionais de iniciação bastante verborrágicos para novos membros; arrecadam fundos para donativos a diversas causas meritórias; e se comportam como a maioria dos clubes. Na iniciação, os membros prometem manter segredo sobre os rituais, os sinais de identificação e as atividades da loja, seguir as diversas regras e regulamentos da loja e da ordem, e manter um padrão de bom comportamento para com outros maçons. O tom do sistema pode ser avaliado adequadamente pelo fato de haver uma Bíblia aberta como parte das ferramentas da loja, e o Pledge of Allegiance ("Promessa de Lealdade") é recitado por maçons norte-americanos no início de cada reunião.

Os graus de iniciação conferidos na Maçonaria dividem-se em duas classes. A primeira, com os graus simbólicos, ou da "Loja Azul", formam a base de todo o sistema, e qualquer pessoa que tenha recebido um deles é considerada plenamente iniciada como maçom. São:

1º: Aprendiz
2º: Companheiro
3º: Mestre Maçom

Além desse ponto, as coisas ficam confusas. Há graus maçônicos superiores, reunidos segundo diversos ritos, e há ainda corpos concordantes com seus próprios graus, que não são considerados maçônicos mas que recrutam membros apenas dentre os mestres maçons. Nos Estados Unidos, dois ritos principais – o Rito de York e o Rito Escocês – atraem a maioria dos maçons interessados em graus superiores, mas existem dezenas de ritos e de corpos concordantes. Nenhum desses ritos ou corpos adicionais tem qualquer autoridade sobre as Lojas Azuis que trabalham os três graus já mencionados.

Nos Estados Unidos, o Rito de York oferece os seguintes graus, divididos em três conjuntos:

Graus de Capítulo
Mestre da Marca (*Mark Master*)
Mestre Passado (*Past Master*)
Mui Excelente Mestre (*Most Excellent Master*)
Maçom do Real Arco (*Royal Arch Mason*)
Graus Crípticos
Mestre Real (*Royal Master*)
Mestre Escolhido (*Select Master*)
Super Excelente Mestre (*Super Excellent Master*)
Graus dos Cavaleiros Templários
Ordem da Cruz Vermelha (*Order of the Red Cross*)
Ordem dos Cavaleiros de Malta (*Order of the Knights of Malta*)

Ordem dos Cavaleiros Templários (*Order of the Knights Templar*)

Por sua vez, o Rito Escocês proporciona a seus iniciados um conjunto de graus bem mais extenso. Os graus a seguir são os oferecidos na Jurisdição Sul do Antigo e Aceito Rito Escocês, que abrange a maior parte dos Estados Unidos:

Graus da Loja da Perfeição
4º: Mestre Secreto
5º: Mestre Perfeito
6º: Secretário Íntimo
7º: Preboste e Juiz
8º: Intendente dos Edifícios
9º: Mestre Eleito dos Nove
10º: Mestre Eleito dos Quinze
11º: Mestre Eleito dos Doze
12º: Mestre Arquiteto
13º: Real Arco de Salomão
14º: Eleito Perfeito

Capítulo dos Graus Rosa-Cruzes
15º: Cavaleiro do Oriente, da Espada ou da Águia
16º: Príncipe de Jerusalém
17º: Cavaleiro do Oriente e do Ocidente
18º: Cavaleiro da Rosa-Cruz

Graus do Conselho de Kadosh
19º: Grande Sacerdote
20º: Mestre da Loja Simbólica
21º: Noaquita ou Cavaleiro Prussiano
22º: Cavaleiro do Machado Real, Príncipe do Líbano
23º: Chefe dos Tabernáculos
24º: Príncipe dos Tabernáculos
25º: Cavaleiro da Serpente de Aço
26º: Príncipe da Graça ou Trinitário Escocês
27º: Cavaleiro Comendador do Templo
28º: Cavaleiro do Sol ou Príncipe Adepto
29º: Cavaleiro Escocês de Santo André
30º: Cavaleiro Kadosh ou Cavaleiro da Águia Branca e Negra

Graus Consistórios
31º: Inspetor Inquisidor
32º: Mestre do Real Segredo

Grau do Supremo Conselho
33º: Soberano Grande Inspetor Geral

Muitos graus do Rito Escocês têm conteúdo ocultista bastante explícito, e Albert Pike, responsável pela criação de boa parte do atual sistema do Rito Escocês, expôs esse sistema em termos ocultistas em seus volumosos *Moral e Dogma do Rito Escocês Antigo e Aceito*, ou apenas *Moral e Dogma* (publicação original, 1871); *VEJA* PIKE, ALBERT. Mesmo assim, muito poucos maçons do Rito Escocês dão atenção a esse aspecto do sistema, e não parece haver motivo para se pensar que os atuais líderes do Rito Escocês sejam ocultistas.

A política interna entre os diversos corpos maçônicos é extremamente complexa, envolvendo jurisdições conflitantes, disputas sobre quem é ou não maçom de fato e coisas do gênero. Além disso, há corpos como a Comaçonaria, ordem maçônica que aceita mulheres e homens, que quase todos os outros corpos maçônicos se recusam a reconhecer, e a Maçonaria de Adoção, que aceita apenas mulheres e mantém uma complexa relação com as lojas maçônicas exclusivamente masculinas. *VEJA TAMBÉM* LOJA FRATERNAL; LOJA MÁGICA. LEITURA ADICIONAL: CURL, 1993; HALL, 1937; MACNULTY, 1991; PIKE, 1871; SCHUCHARD, 1975, 1995; STEVENSON, 1988; WILMSHURST, 1980.

Maçonaria Adotiva. Um dos muitos sistemas de lojas semimaçônicas para mulheres, geralmente organizados e administrados por homens maçons. Muitos desses sistemas surgiram no século XVIII, motivados pelo sucesso dos Mopses e de outras ordens abertas a ambos os sexos. Em 1774, a Grande Oriente da França organizou esses sistemas num rito de três graus chamado Rito de Adoção.

Nos Estados Unidos, a Ordem da Estrela do Oriente é o mais popular dos ritos adotivos, embora haja muitos outros. Nenhum desses ritos parece ter incluído muito material oculto, mas houve épocas em que as lojas adotivas desempenharam um papel importante no treinamento de mulheres em rituais de iniciação e na administração de lojas – conhecimentos que às vezes eram utilizados em contextos mais explicitamente mágicos. *VEJA TAMBÉM* ESTRELA DO ORIENTE, ORDEM DA; MAÇONARIA; MOPSES, ORDEM DOS.

macrocosmo e microcosmo. Doutrina fundamental da filosofia esotérica, o conceito de macrocosmo e de microcosmo propõe que o universo como um todo (o macrocosmo, do grego *makrokosmos*, "grande cosmos") e o ser humano individual (o microcosmo, do grego *mikrokosmos*, "pequeno cosmos") refletem-se mutuamente em sua natureza essencial.

As raízes da doutrina do macrocosmo e microcosmo datam da época pré-histórica. Mitologias antigas encontradas em muitas culturas sugerem que o universo foi criado do corpo de um gigante ou ser humano primitivo, como Prajapati na mitologia hindu, Ymir nos *Eddas* nórdicos e assim por diante. Na época dos alquimistas gregos, essas imagens míticas tinham sido formalizadas numa teoria: a de que todo aspecto do universo teria um reflexo no corpo, na alma e no espírito humanos. Esse conceito tornou-se central no ocultismo do Ocidente desde então, e serve de explicação central para a astrologia e outras ciências ocultas; como o indivíduo espelha cada aspecto do cosmos, mudanças no cosmos serão refletidas no indivíduo – e vice-versa.

Na tradição mágica da Golden Dawn, considera-se que o processo de reflexão entre macrocosmo e microcosmo é mediado pela aura, ou Esfera de Sensação, a camada oval de energia que cerca o corpo humano. *VEJA* ESFERA DE SENSAÇÃO. *VEJA TAMBÉM* ASTROLOGIA; AURA.

Madhr. (norueguês antigo, "homem") Décima quarta runa do futhark recente, Madhr representa a humanidade em todas as suas formas e manifestações. O poema rúnico em norueguês antigo também a compara, por causa de sua forma, às garras de uma grande águia. Seu valor sonoro é *m*. *VEJA* FUTHARK RECENTE.

A mesma runa, com o nome de Man, é também a décima quinta runa do alfabeto rúnico Armanen. Representa o conceito dos cuidados maternais, e seu equivalente divino é a Serpente Midgard. Seu poder mágico, segundo o poema rúnico "Havamal", em norueguês antigo, é o dom e poder da presciência de Odin. Seu valor sonoro é *m*. *VEJA* RUNAS ARMANEN.

Runa Madhr (Homem)

Madim. (hebraico MDIM) Nome hebraico do planeta Marte, usado para representar a Esfera de Marte em trabalhos de magia. É considerado a manifestação de Geburah, a quinta Sefirah da Árvore da Vida, na teoria cabalística. *VEJA* CABALA; GEBURAH.

Madimi. Principal espírito envolvido nos trabalhos de magia enoquiana de John Dee e Edward Kelly. *VEJA* ENOQUIANA, MAGIA.

Madona Horiente. (dialeto italiano, "Senhora do Leste") Segundo os registros da Inquisição milanesa, a deusa reverenciada por um grupo em Milão no final do século XIV. Os seguidores da Madona Horiente chamavam-se de *bona gens* ("Boa Gente") e se dedicavam a viagens visionárias noturnas, em forma animal, na companhia dos mortos. Para seus seguidores, a Madona Horiente ensinava sobre as ervas, dava o poder da adivinhação e a capacidade de detectar e vencer doenças, furtos e feitiços. Essas práticas foram condenadas pela Igreja Católica em 1380 e 1390.

A Boa Gente era um dos diversos grupos medievais com crenças similares, e suas práticas são bem semelhantes às descritas no cânone *Episcopi*, do século IX. VEJA CÂNONE EPISCOPI; HERODIAS. LEITURA ADICIONAL: BEHRINGER, 1998.

magia. Talvez o mais complexo conceito do ocultismo ocidental, a magia tem sido definida e compreendida de inúmeras maneiras ao longo dos séculos. Atualmente, não existe um significado único aceito por todos, mesmo dentro da comunidade ocultista, e as definições usadas por ocultistas diferem muito das propostas por acadêmicos ou pelo homem comum. A história dessas diversas definições é, em grande parte, a história da própria magia.

Originalmente, a palavra – em grego, *mageia*; em latim, *magia* – significava o conhecimento ou arte dos *magoi*, ou *magi*, casta hereditária de religiosos persas. O historiador grego Heródoto atribui aos magoi a responsabilidade por sacrifícios, cerimônias fúnebres e adivinhação na corte real da Pérsia, e Xenofonte os descreve como especialistas em todas as coisas referentes aos deuses. Como termo adotado pelas sociedades grega e romana, tinha a mesma aura que a palavra "swami" teve nos Estados Unidos no século XX – sugerindo algo estranho, místico, possivelmente impressionante, possivelmente suspeito.

A palavra "mago" teve diversas concorrentes na Antiguidade, cada uma referindo-se a uma classe daqueles que hoje chamaríamos de "mágicos". Originalmente, a palavra grega *goes* referia-se a um tipo de carpideira profissional de antigos ritos fúnebres, e mudou gradualmente de significado ao longo do tempo para referir-se à classe mais baixa dos praticantes de magia, o comunicador mediúnico com os mortos; também podia significar "charlatão". VEJA GOÉTIA. Num nível bem superior, havia o *theios aner*, ou "homem divino", pessoa que conquistara poderes mágicos pelo ascetismo e pela devoção aos deuses. Apolônio de Tiana é um dos exemplos mais conhecidos deste tipo, e Jesus de Nazaré pode ter sido outro. VEJA APOLÔNIO DE TIANA; JESUS DE NAZARÉ. A polêmica sobre a magia na Antiguidade criou uma situação na qual qualquer um desses rótulos, ou todos eles, podiam se aplicar à mesma pessoa; um mago específico podia ser chamado de *theios aner* por seus clientes e admiradores, de *goes* por seus inimigos e de *magos* pela população em geral.

No início da Era Comum, as palavras "mago" e "mágico" tinham perdido a maior parte de suas conotações persas e eram usadas para a maioria das práticas que hoje ainda são chamadas de "mágicas" – ou seja, trabalhos rituais e preparação especial de substâncias que procuram afetar o universo por métodos que não fazem sentido na estrutura do moderno pensamento científico. Essa ampliação do conceito de magia causou certa dificuldade, pois a proibição da magia constava dos códigos jurídicos de Roma muito antes do cristianismo se tornar proeminente. O estado romano tinha uma paranoia antiga com atividades espirituais particulares, o que resultou em atrocidades como a execução de milhares de iniciados dionisíacos em 186 A.E.C. e a perseguição de cristãos em diversos momentos dos séculos I, II e III E.C.; todas as formas de magia estariam sujeitas às mesmas leis draconianas. Práticas tradicionais da agricultura, da medicina e de muitas outras atividades viram-se reclassificadas como magia, e era preciso fazer exceções apressadas, em alguns casos, para que não ficassem sujeitas às severas penas legais em que incorriam as atividades mágicas. VEJA MAGIA, PERSEGUIÇÃO À PRÁTICA DA.

Essa definição ampliada de magia passou por diversas mudanças na medida em que o cristianismo ganhou forças no mundo romano, que o próprio estado romano entrou em colapso e que se formaram as novas sociedades da Europa medieval. Paradoxalmente, a ascensão do cristianismo acabou reduzindo a perseguição à magia durante alguns séculos, pois a Igreja incipiente definia "magia" como qualquer forma de prática ocultista que invocasse divindades ou poderes que não fossem cristãos. Rituais idênticos invocando a Trindade ou os santos eram explicitamente isentos, e assim surgiu um grande conjunto de práticas de magia cristã permitidas de modo tácito (e, em alguns casos, ativamente apoiadas) por teólogos e oficiais da Igreja. VEJA OCULTISMO CRISTÃO.

No final da Idade Média, porém, intensificou-se a perseguição à magia. Isso deveu-se em parte ao severo estresse sofrido pelo mundo medieval no século XIV, com a Peste Negra, em 1347-1352, e as convulsões sociais que se seguiram. Mas boa parte do ataque à magia, porém, deveu-se à retomada dos estudos da antiga lei romana nas universidades. A antiga classificação romana de magia foi muito debatida, e a ideia de que magia era magia, não importando quais as entidades invocadas, tornou-se comum entre intelectuais e advogados europeus. Essa mudança teve um papel significativo no início da era de caça às bruxas que os pagãos modernos chamam de era das fogueiras. VEJA FOGUEIRAS, ERA DAS.

Paradoxalmente, o mesmo ressurgimento do ensino clássico que ajudou a dar início à era das fogueiras também provocou uma redefinição bem diferente de magia. A recuperação de antigos textos místicos e mágicos da Grécia e de Roma levou à criação do hermetismo renascentista, que via a prática da magia como um ato religioso, um meio de participação no divino. VEJA HERMETISMO. Nas mãos de hermetistas cristãos como Marsílio Ficino (1433--1499) e Giovanni Pico della Mirandola (1463-1494), o hermetismo renascentista tornou-se uma versão mais erudita e filosoficamente sofisticada do cristianismo mágico do início da Idade Média. VEJA FICINO, MARSÍLIO; PICO DELLA MIRANDOLA, GIOVANNI. Nas mãos de figuras mais radicais como Giordano Bruno (1548--1600), tornou-se uma filosofia independente, que afirmava ser mais antiga e mais sábia do que o cristianismo. VEJA BRUNO, GIORDANO. Tanto a visão cristã quanto a não cristã da magia como rito religioso foram usuais na própria comunidade ocultista até o surgimento da nova definição de magia nos séculos XIX e XX.

A próxima grande mudança de opiniões a respeito da magia começou com a Reforma Protestante do século XVI, e foi o produto de uma redefinição radical da religião, que se baseou nos argumentos entre facções protestantes e católicas nos anos que se seguiram. Polemistas protestantes na Inglaterra, procurando um modo de denunciar os rituais católicos, argumentavam que a religião consiste integralmente na busca de esperança e confiança no divino, aguardando-se a resposta em passividade. Qualquer ação que procurasse influenciar, direcionar ou comandar poderes espirituais, diziam, seria magia e não religião.

Essa linha de argumentação teve efeitos moderados no ataque ao catolicismo, mas seu maior impacto deu-se em outro campo. Durante os séculos XVIII e XIX, diversos teólogos e filósofos protestantes formaram toda uma teoria religiosa com base nela, que acabou se tornando padrão nos países anglófonos e teutófonos do mundo. Desses, ela passou para a antropologia e para a teologia, especialmente porque permitia que as religiões de povos não europeus pudessem ser consideradas como magia e não como religiões. Até hoje, um percentual considerável de livros sobre magia escritos por acadêmicos faz essa mesma distinção entre magia e religião, como se fosse uma verdade universal. Com efeito, excetuando-se algumas formas de cristianismo protestante, toda religião do mundo lida com poderes espirituais em vários de seus aspectos, algumas de forma mais passiva, outras, menos.

Os impactos múltiplos da Reforma e da Revolução Científica, portanto, ocasionaram grandes mudanças nas definições de magia usadas no mundo ocidental. Enquanto os clérigos denunciavam a magia como uma afronta à onipotência do deus cristão, e os cientistas indagavam por que as pessoas acreditavam em coisas que obviamente não podiam ser verdadeiras, os próprios praticantes de magia foram desenvolvendo suas definições. Este projeto deveu-se principalmente à obra do mago francês Éliphas Lévi (1810- -1875), cuja síntese e redefinição do ocultismo tradicional impulsionaram o moderno ressurgimento da magia. Lévi definiu magia como a arte de manipular a Luz Astral, a misteriosa substância-energia que, em sua opinião, estaria por trás de toda atividade mágica. *VEJA* LUZ ASTRAL; LÉVI, ÉLIPHAS.

Autores posteriores, valendo-se da teoria de Lévi sobre a vontade mágica, ampliaram bastante a definição. O mago e autoproclamado anticristo inglês Aleister Crowley (1875- -1947) proclamou que a magia – ou, como ele a grafava, a "mágicka" – é "a ciência e arte de efetuar mudanças em conformidade com a vontade" (Crowley, 1976, p. xii). Naturalmente, essa definição inclui quase tudo, desde evocar os pervertidos do Inferno até espalhar manteiga numa fatia de pão – algo que Crowley desejava como parte do esforço para romper as barreiras conceituais entre o ocultismo e outras formas de ação humanas. *VEJA* CROWLEY, ALEISTER; THELEMA.

Crowley também foi um dos primeiros personagens de destaque do mundo ocultista a conceituar a magia como disciplina de transformação espiritual, dentro das linhas do yoga ou de outras práticas orientais tradicionais. A ocultista inglesa Dion Fortune (1890-1946) encontrou um denominador comum para esse conceito, descrevendo a magia como "o yoga do Ocidente"; *VEJA* FORTUNE, DION. Tanto Fortune como Crowley foram bastante influenciados pela nova psicologia que Sigmund Freud (1856-1939) e Carl Jung (1875-1961) estavam desenvolvendo naquela época, o que deu um forte impulso à redefinição de magia como uma prática essencialmente interna de autodesenvolvimento. O mesmo pode ser dito de outra figura muito influente dessa mesma época, Israel Regardie (1907-1985), que estudou os trabalhos de Freud e Jung, e combinou-os com os conceitos do mais estranho discípulo de Freud, Wilhelm Reich (1897- -1957). *VEJA* REGARDIE, ISRAEL; REICH, WILHELM.

Na última metade do século XX, muitos teóricos da magia definiram-na em termos puramente psicológicos, como um método de psicodrama ritual sem efeitos externos à psique dos participantes. Esta definição encontrou muito poucos defensores na comunidade ocultista como um todo. Mais popular foi a proposta do mago e druida norte-americano P. E. I. Bonewits (1949-2010), que se valeu de conceitos da parapsicologia para propor que a magia era um conjunto de ferramentas psicológicas para o uso de poderes psíquicos como telepatia e telecinese.

À luz de todas essas definições díspares da magia, seria tolice arriscar mais uma. Mesmo assim, o que se pode afirmar com certeza é que a magia é aquilo que os magos fazem. Em outras palavras, essa atividade é uma categoria social, definida pelo fato de ser praticada por um conjunto específico de subculturas – muitas das quais existem, em uma ou em outra forma, há mais de 2500 anos no mundo ocidental. Os pitagóricos e os órficos da Grécia clássica, os movimentos gnósticos e herméticos do mundo romano, os círculos ocultistas do Oriente Médio árabe, o sombrio mundo clandestino mágico e alquímico da Europa medieval, as escolas esotéricas do hermetismo renascentista, as sociedades secretas do início do período moderno mais as sociedades mágicas e os covens pagãos da atualidade representam um único e amplo fenômeno social – o clandestino mundo mágico – com definição e coerência suficientes para ser discutido e explorado por seus próprios méritos.

Como isso sugere, a magia também é uma categoria histórica. A moderna magia ocidental consiste em corpos coerentes de teoria e prática cujas origens remontam a 2500 anos, até as tradições ocultistas do mundo grego antigo. A própria expressão *magia*, como se vê acima, desenvolveu-se originalmente nesse ambiente remoto, e desde então mantém-se ligada às tradições em questão. Por isso, é lógico usar a expressão para essas tradições individuais, e não para uma suposta categoria universal que englobaria todas elas.

Nesse prisma, a magia não é uma categoria abstrata de atividades humanas, encontrada em todos os lugares e épocas. É um conjunto específico de tradições encontradas em culturas ocidentais, tendo sido exportada recentemente para outros pontos do planeta. Visa moldar o mundo das experiências humanas pelo contato com poderes não físicos, mas faz isso de formas distintas e historicamente condicionadas. Formas de fazer as mesmas coisas, mas que evoluíram em outros ambientes culturais e históricos, não devem ser chamadas de "magia" – assim como não faria sentido para estudiosos chineses ou haitianos referirem-se às tradições mágicas ocidentais como "taoismo europeu" ou "vodu europeu". LEITURA ADICIONAL: CROWLEY, 1976; M. SMITH, 1978.

magia cerimonial. Uma das principais divisões da magia ocidental, também conhecida como magia ritual. Como o nome implica, a magia cerimonial usa meios rituais ou cerimoniais como forma básica de trabalho com energias e entidades mágicas. As principais tradições da magia cerimonial no mundo ocidental têm estado bastante associadas com a tradição hermética, de um lado, e com a cabala, do outro, e a expressão "magia cerimonial" costuma ser usada como rótulo para essas tradições na moderna linguagem ocultista. VEJA CABALA; HERMETISMO.

O conceito de magia cerimonial, distinto de outras modalidades de prática mágica, surgiu na Idade Média sob forte influência das restrições legais à prática mágica impostas pela Igreja Católica. A principal preocupação da Igreja era proibir a veneração a divindades pagãs, e qualquer forma de magia que pudesse ser interpretada como modo de veneração era estritamente proibida, a menos que lidasse especificamente com a Trindade ou com os santos cristãos. Desse modo, toda magia que lidava com espíritos de qualquer espécie era proibida, enquanto técnicas como a magia natural e a magia religiosa costumavam ser permitidas. *VEJA* OCULTISMO CRISTÃO; MAGIA NATURAL.

As formas proibidas de magia formavam o primeiro núcleo daquilo que se tornou a magia cerimonial da baixa Idade Média e do Renascimento. Bastante influenciada pelos manuais árabes de magia como o *Picatrix*, a magia cerimonial desenvolveu sua própria literatura, consistente nos famosos *grimórios*, ou "gramáticas" de magia prática. *VEJA* GRIMÓRIO; PICATRIX. Alguns deles eram obras francamente demonológicas de magia goética, que visava invocar os poderes do mal, explorando-os em benefício do mago; *VEJA* GOÉTIA. Outros lidavam com espíritos planetários e demais poderes eticamente neutros, e mais outros eram obras de magia angélica de caráter mais ou menos austero. Como seria de esperar, a Igreja classificou todos como demoníacos, e até o Renascimento toda a tradição se manteve mais ou menos em segredo.

Durante o movimento de renovação ocultista do Renascimento, as atitudes para com a antiga magia cerimonial dos grimórios variou muito. Alguns renomados magos do Renascimento rejeitaram completamente a tradição medieval, voltando-se para fontes herméticas e cabalísticas na tentativa de produzir uma magia nova, sem traços teológicos. Outros se serviam livremente dos grimórios. Neste último grupo, encontramos Cornélio Agrippa, cujo *Três Livros de Filosofia Oculta* (publicação original, 1533) foi um dos principais textos mágicos durante séculos. *VEJA* AGRIPPA, HENRIQUE CORNÉLIO.

A magia cerimonial do moderno movimento ocultista vale-se bastante dessas fontes medievais e renascentistas, mas foi profundamente remodelada pelos trabalhos de Éliphas Lévi (1810-1875). As obras de Lévi propunham uma dimensão superior, espiritual, para a prática da magia, tendo como meta da magia a transformação espiritual do mago e não a mera realização de objetivos práticos. *VEJA* LÉVI, ÉLIPHAS. Essa abordagem tornou-se muito comum após sua morte, em parte por causa da influência da Ordem Hermética da Aurora Dourada e de seus desdobramentos, e em parte porque o conhecimento crescente das tradições orientais no Ocidente, como o yoga, influenciou o modo como os ocultistas ocidentais entendem suas próprias tradições. *VEJA* GOLDEN DAWN; YOGA.

O surgimento do movimento neopagão na segunda metade do século XX produziu outra mudança, e esta ainda está remodelando a tradição da magia cerimonial. Os esforços dos pagãos para definirem sua religião como algo diferente de outras tradições ocultistas levaram, principalmente nos países anglófonos, a uma divisão da comunidade mágica em duas alas, a pagã e a dos "cerimonialistas", tendo esta expressão adquirido o sentido de "praticantes de magia cerimonial". Desde o Renascimento até a década de 1950, as práticas religiosas pagãs, de um modo ou de outro, eram um elemento comum a muitas correntes da magia cerimonial, mas isso foi ficando cada vez mais raro nos últimos anos, pois autores e praticantes neopagãos têm reclamado seu território. *VEJA* NEOPAGANISMO.

Atualmente, nos países de língua inglesa, o sistema de magia cerimonial criado pela Ordem Hermética da Aurora Dourada é o mais popular, embora muitos outros sejam praticados. *VEJA* AURUM SOLIS; BARDON, FRANZ; MAGIA DO CAOS; THELEMA. Nas últimas décadas, foram feitas muitas pesquisas e explorações por magos cerimoniais, especialmente sobre tradições mais antigas de magia ritual e de práticas similares em outras culturas, e agora devem surgir novos desdobramentos. *VEJA TAMBÉM* MAGIA; MAGIA NATURAL. LEITURA ADICIONAL: E. BUTLER, 1949; J. GREER, 1997; LÉVI, 1972.

magia de conjuração. *VEJA* HUDU.

magia do Caos. Movimento ocultista surgido no último quartel do século XX, às vezes grafado "magia do Kaos" – aparentemente segundo o princípio de que a rejeição da autoridade também deve ser levada para a grafia, bem como para os feitiços. A magia do Caos originou-se principalmente de uma obra de ficção científica, a trilogia *Illuminatus!* de Robert Shea e Robert Anton Wilson. A trilogia, uma estonteante mistura de sátira, farsa, cultura popular e ocultismo, ataca todos os sistemas de crença concebíveis, apresenta uma teoria da magia que gira em torno do sexo e baseia-se nos textos do Movimento Discordiano, que venera a deusa do caos; *VEJA* DISCORDIANISMO. Essas três características tornaram-se essenciais para a magia do Caos.

A primeira publicação importante no campo da magia do Caos parece ter sido o *Liber Null*, de Peter Carroll, publicado pela primeira vez em 1978, que combinava as ideias anteriores com magia thelêmica, tantra, taoismo e o misticismo masturbatório de Austin Osman Spare, artista e ocultista britânico; *VEJA* SPARE, AUSTIN OSMAN. Nesse mesmo ano, também foi anunciada pela primeira vez a organização mágica de Carroll para magos do Caos, a Iluminados de Thanateros (IOT); *VEJA* ILUMINADOS DE THANATEROS (IOT). Uma segunda organização mágica importante, a Thee Temple ov Psychick Youth [TOPY, ou O Templo da Juventude Psíquica], foi fundada em 1980 pelo artista performático britânico Genesis P-Orridge; *VEJA* TEMPLE OV PSYCHICK YOUTH, THEE (TOPY). Seguiram-se outros grupos e abordagens, especialmente através de BBS e da internet, que se tornou o *habitat* preferido de muitos magos do Caos anos antes que o resto do mundo conhecesse melhor esse instrumento.

A magia do Caos difere de outras tradições ocultas porque enfoca exclusivamente a técnica mágica e rejeita a teoria e a filosofia. As crenças, segundo os proponentes da magia do Caos, são ferramentas usadas para se atingir efeitos mentais específicos, e nada mais; não têm validade ou verdade intrínsecas, são mera utilidade para tarefas específicas. "Nada é verdade; tudo é permitido" – uma frase atribuída a Hassan-i-Sabbah, o fundador da Ordem dos Assassinos e repetida com frequência nos textos discordianos e nos romances do escritor norte-americano William S. Burroughs – costuma ser citada como síntese do ponto de vista da magia do Caos.

Coerentemente com sua rejeição do valor dos sistemas de crenças, os magos do Caos usam muito simbolismo extraído da ficção científica. Muitos magos do Caos usam, como símbolo de sua posição, alguma variante da "Bandeira do Caos", dos romances fantásticos do autor inglês Michael Moorcock, que consiste em oito flechas irradiando de um centro comum. Os trabalhos de Peter Carroll também incluem elementos de ficção científica como referências à "octarina", a oitava cor do arco-íris nas sátiras fantásticas de Terry Pratchett, Discworld, e uma invocação a Azathoth, a divindade idiota do caos primitivo, na ficção de horror de H. P. Lovecraft. *VEJA* OCULTISMO FANTÁSTICO. LEITURA ADICIONAL: CARROLL, 1978; SHEA E WILSON, 1975A, 1975B E 1975C.

magia holandesa da Pensilvânia. Tradições do ocultismo preservadas por comunidades teuto-americanas na zona rural da Pensilvânia. Ao contrário de muitas comunidades de imigrantes nos Estados Unidos, a região conhecida como Pensilvânia Holandesa (em inglês, *Pennsylvania Dutch*) preservou uma quantidade surpreendente de sua tradição mágica. Como as tradições mágicas populares de outros lugares do mundo, essa tradição inclui magia natural e cerimonial e se concentra principalmente na cura e em outras tarefas práticas.

As comunidades germânicas da Pensilvânia, com seus vínculos estreitos com a Alemanha, serviram de canal importante para que os textos mágicos europeus chegassem desde a Europa Central através do Atlântico. Provavelmente, o grimório mais famoso a chegar às mãos dos membros dessa comunidade desse modo foi o *Sexto e Sétimo Livros de Moisés*, manual de magia cabalística cristã, originalmente escrito em alemão em algum momento do século XVIII e que circulou pelas comunidades germânicas da Pensilvânia a partir da Revolução Americana. Na tradução para o inglês, tornou-se o mais famoso manual sobre magia dessas comunidades, bem como do hudu. *VEJA* SEXTO E SÉTIMO LIVROS DE MOISÉS.

Os sinais *hex* de encantamento, um conjunto de símbolos tradicionais postos em celeiros e casas para afastar magia hostil e trazer boa sorte, são alguns dos mais famosos elementos da magia holandesa da Pensilvânia.

As expressões *braucherei* (literalmente, usando) e *hexerei* (enfeitiçando) costumam ser usadas nessas comunidades em suas práticas mágicas tradicionais.

Foram feitas algumas tentativas de incorporar essa magia a algum ramo do atual ressurgimento neopagão, mas tais projetos receberam pouca receptividade da comunidade pagã. *VEJA* NEOPAGANISMO. *VEJA TAMBÉM* CUNNING FOLK. LEITURA ADICIONAL: RAVENWOLF, 1996; THORSSON, 1998.

magia natural. Uma das duas grandes divisões da prática mágica do Ocidente, sendo a outra o ritual da magia cerimonial; *VEJA* MAGIA CERIMONIAL. A magia natural lida com os poderes mágicos de substâncias físicas – ervas, pedras, resinas, metais, perfumes e coisas semelhantes. Muito menos controvertida do que a magia ritual, tem sido praticada abertamente mesmo nas épocas em que até um rumor de envolvimento em magia ritual era suficiente para levar alguém a julgamento e execução.

O princípio que governa a magia natural, segundo a tradição ocultista ocidental, é o grande axioma hermético "O que está em cima é como o que está embaixo". Segundo essa corrente, todo objeto do mundo material é um reflexo de poderes astrológicos e espirituais. Fazendo uso desses reflexos materiais, o mago natural concentra ou dispersa certos poderes dos níveis superiores da existência; assim, uma pedra ou uma erva associada com o Sol fica repleta de energias mágicas do Sol, e o uso dessa pedra ou o ato de pendurar essa erva na parede faz com que essas energias atuem numa dada situação.

A filosofia e a prática da magia natural estão associadas à astrologia e à medicina humoral. *VEJA* ASTROLOGIA; HUMORES. *VEJA TAMBÉM* MAGIA. LEITURA ADICIONAL: AGRIPPA, 1993; J. GREER, 2000.

magia, perseguição à prática da. Um dos temas permanentes da história do ocultismo no Ocidente, a perseguição aos praticantes de magia e à magia teve intensidade variada, indo desde um leve ostracismo social aos horrores da era das fogueiras. Raramente nos últimos 25 séculos, porém, os praticantes de magia puderam trabalhar sem algum grau de hostilidade por parte de seus vizinhos.

A ideia de que toda prática mágica deveria ser considerada ilegal foi um desenvolvimento relativamente recente, pois exigia (entre outras coisas) uma conceituação da magia como algo separado da religião, da medicina e de outras atividades que requerem habilidade específica. Esse conceito era completamente estranho para a maioria das culturas antigas, e desenvolveu-se muito devagar no mundo clássico. Platão teve um papel fundamental no desenvolvimento do conceito de magia e de uma postura hostil a ela, dizendo, em *As Leis*, que aqueles que afirmavam ser capazes de influenciar deuses e espíritos em benefício pessoal de seus clientes deveriam receber prisão perpétua e ser deixados insepultos após a morte. *VEJA* PLATÃO.

Mais importante que as diatribes dos filósofos, porém, foi a paranoia do Estado romano, que se expandiu a ponto de englobar praticamente todo o mundo ocidental antigo. A atitude romana para com a magia era complexa, e certos tipos (como, por exemplo, a magia médica e a magia agrícola) eram considerados inofensivos. As implicações políticas do acesso pessoal e secreto a poderes extrafísicos, porém, não foram desprezadas pelos legisladores romanos, e no período imperial havia leis proibindo não apenas a prática da magia, como a posse de informações a seu respeito.

A postura dos romanos para com as práticas ocultistas ficou subitamente mais rigorosa em 186 A.E.C., quando praticantes dos mistérios de Baco foram acusados de conspirar para derrubar o Estado romano. *VEJA* MISTÉRIOS, Os. Exatamente o que havia por trás dessa mudança, se é que havia algo, é impossível dizer, mas em função disso foram executadas cerca de 6 mil pessoas. Mais tarde, a rebelião dos escravos na Sicília, entre 136 e 132 A.E.C., foi fomentada por Eunous, um profeta de Dea Syria, a Deusa Síria. Tais experiências deixaram as classes dominantes de Roma muito intrigadas com qualquer relação não autorizada com o sobrenatural, e contribuíram muito para assentar as bases da perseguição aos cristãos no Império.

Essas atitudes foram adotadas pelo cristianismo desde cedo, em parte porque os próprios cristãos eram considerados praticantes de magia por muitos pagãos, e enfrentavam processos sob a lei romana contra a magia. Acusações de magia também funcionavam como forma eficiente de rechaçar alegações como a de que figuras pagãs, gnósticas e hereges teriam realizado milagres iguais aos de Jesus ou dos santos. Na época de Agostinho de Hipona (354-430 E.C.), que escreveu muito sobre a natureza demoníaca da magia em sua importante obra *A Cidade de Deus*, a Igreja afirmava que magia e cristianismo eram incompatíveis, e que magia e paganismo eram sinônimos.

Ironicamente, nos séculos que se seguiram, isso levou a uma acomodação generalizada entre a Igreja e muitas práticas mágicas. Como o nome de Jesus e a intercessão dos santos eram considerados onipotentes contra a magia, práticas mágicas que substituíam os deuses pagãos por Jesus ou pelos santos raramente receberam críticas teológicas no milênio após Agostinho. O mesmo hábito de acomodação que construiu as igrejas cristãs sobre os locais onde antes se erguiam templos pagãos, e que deslocou o Natal para a data em que os pagãos romanos costumavam celebrar o nascimento do Sol Invicto, permitiu que uma imensa variedade de tradições pagãs envergassem trajes cristãos e passassem incólumes até a Idade Média. *VEJA* OCULTISMO CRISTÃO.

Mesmo assim, as antigas leis romanas contra a magia foram uma ferramenta eficiente, que poderia ser usada contra hereges cristãos, adversários políticos ou pagãos. Prisciliano de Ávila, bispo espanhol do século IV que se tornou vítima da política da Igreja, viu-se preso nessa armadilha: acusado de heresia e da prática de magia, sofreu tortura pelo governo imperial até confessar e foi executado por volta de 385. Esses processos eram raros na época e nos séculos seguintes, mas criou-se um perigoso precedente.

De modo geral, porém, a Idade Média assinalou uma trégua entre a Igreja cristã e as tradições mágicas do mundo ocidental. A postura para com a magia cristã ia de uma aprovação tácita ao apoio declarado, e até sistemas bem menos "batizados" como a astrologia não sofriam mais do que eventuais denúncias clericais. Em muitos contextos, antigas tradições semipagãs fundiram-se discretamente com rituais e práticas cristãs; na Inglaterra anglo-saxã, por exemplo, bons cristãos usavam feitiços levemente cristianizados para se proteger de elfos, e não viam nada de errado com essa prática.

O paganismo aberto era repelido, mas os oficiais da Igreja ridicularizavam-no como algo ineficaz, em vez de denunciá-lo como algo diabólico; as penas para quem fazia oferendas pagãs eram relativamente leves. VEJA CÂNONE EPISCOPI; PAGANISMO. A única forma de magia que sofria penas pesadas era o *maleficium*, magia destinada a prejudicar ou a matar outra pessoa, que sofria penas similares às de outras formas de violência ou assassinato; VEJA MALEFICIUM.

Mas o cristianismo mágico da Idade Média foi sofrendo pressões cada vez maiores ao longo dos séculos XIII e XIV. Um fator determinante foi o ressurgimento das antigas doutrinas legais romanas, primeiro por parte dos estudiosos da Igreja, depois por governos civis de boa parte da Europa. A lei romana incluía penalidades severas para a prática da magia, e permitia o uso de tortura, o que era proibido em casos de crimes na maioria da Europa antes do século XIII. O prestígio da antiga Roma deu a essas ideias ampla credibilidade numa época em que o mundo medieval sofria pressões crescentes.

A lei romana também produziu uma mudança significativa no modo como as penas criminais eram aplicadas. Antes do ressurgimento da lei romana, a maior parte da Europa seguia um processo tradicional, "acusatório", no qual as acusações deveriam ser feitas por uma pessoa que fora vítima do suposto crime e, caso fossem falsas, essa pessoa estaria sujeita a penas severas. A lei romana, por seu lado, usava um processo "inquisitório", no qual as acusações eram feitas por um oficial público, isento de penas no caso de falsas acusações. O estudo da lei romana nas universidades levou à adoção do procedimento inquisitório na maior parte da Europa.

Todas essas mudanças tornavam muito mais fácil acusar e prender hereges e magos. A ascensão e destruição da heresia cátara no sul da França deu início a essas tendências; VEJA CÁTAROS. Na condição de mais poderoso desafio que a Igreja Católica enfrentou entre a queda de Roma e o início da Reforma Protestante, a crise cátara exigiu uma reação extrema, e levou à criação oficial do Santo Ofício da Inquisição em 1239. Numa época de crise, era fácil as pessoas acreditarem que o cristianismo estava sendo ameaçado por conspirações invisíveis com poderes misteriosos.

Entre as primeiras vítimas dessas novas tendências, encontramos o astrólogo e mago italiano Cecco d'Ascoli (1257-1327), queimado na fogueira como herege por suas atividades ocultistas; VEJA CECCO D'ASCOLI. Ele foi o primeiro de vários intelectuais a sofrer destino similar, ou, como Ramon de Tárrega (c. 1295-1371), a morrer nas masmorras da Inquisição; VEJA TÁRREGA, RAMON DE. As mesmas acusações foram usadas para atacar figuras políticas, especialmente pelo rei Filipe IV; o desmantelamento dos Templários, em 1307--1314, sob acusações de bruxaria e de heresia foi apenas uma dentre diversas campanhas similares realizadas por esse monarca cínico; VEJA CAVALEIROS TEMPLÁRIOS.

Em 1320, a Inquisição foi encarregada de julgar casos de prática de magia, uma ampliação de sua autoridade confirmada por bula papal em 1327. O julgamento de lady Alice Kyteler, na Irlanda, em 1326-1327, continha a maioria das acusações que depois foram ouvidas nos julgamentos por bruxaria na era das fogueiras: magia negra, sexo com demônios, adoração a Satã e a existência de uma seita organizada dedicada a essas práticas.

Bastou um período de estresse social com intensidade suficiente para levar essas acusações ocasionais à frente da consciência coletiva. Isso foi proporcionado pela Peste Negra de 1347-1352, uma epidemia de peste bubônica que matou aproximadamente um terço da população da Europa. No período que se seguiu a esse evento apocalíptico, teorias conspiratórias e pânicos em massa se alastraram entre os sobreviventes, desorganizados e aterrorizados. A ideia de uma conspiração horrenda devorando as bases da Europa cristã se espalhou. Nos cinquenta anos após a Peste Negra, essas crenças focavam cada vez mais a ideia de que havia uma sociedade secreta de bruxas na Europa, adorando o Diabo, sacrificando e comendo criancinhas, praticando magia e violando todos os tabus sociais e sexuais. Como resultado, nos trezentos anos seguintes – a era das fogueiras – umas 50 mil pessoas foram executadas por bruxaria na Europa e na América do Norte. *VEJA* FOGUEIRAS, ERA DAS.

Ironicamente, o frenesi da caça às bruxas afetou poucos magos de verdade, e algumas das principais figuras do cenário ocultista da época chegaram a apoiar a perseguição. A era das fogueiras também foi o período em que o hermetismo renascentista atingiu seu apogeu, e as tradições ocultistas fizeram enormes incursões na cultura ocidental, em todos os seus níveis. Mesmo assim, acusações de bruxaria chegaram a afetar até o mais erudito e devoto cristão dentre os magos herméticos. Giordano Bruno (1548-1600), queimado na fogueira em Roma em 1600 por heresia, foi apenas o mais proeminente dentre os magos renascentistas a cair nas malhas da Inquisição; *VEJA* BRUNO, GIORDANO.

A chegada da Revolução Científica provocou enormes mudanças de atitude. Por volta do século XVIII, com a Revolução Científica a todo vapor, cessaram as acusações de bruxaria em todos os países. Na Inglaterra, onde a última execução por bruxaria deu-se em 1682, a mudança foi marcada pela aprovação da Lei de Bruxaria, de 1736. Esta lei substituía e anulava todas as legislações anteriores sobre o assunto, desaprovava a base legal para as condenações e tornava delito acusar alguém de ser bruxo.

Ao mesmo tempo, porém, estabelecia sanções legais para pessoas que afirmavam ser capazes de fazer magia, definindo essas afirmações como um tipo de fraude. Legislações semelhantes entraram em efeito no século seguinte em muitos outros países. Assim, os processos contra magia continuaram, embora as penas fossem bem menos severas do que antes; pela Lei de Bruxaria, por exemplo, o mago passaria no máximo um ano na prisão.

Essas últimas ações legais terminaram no século XX na maior parte do mundo ocidental. Na Inglaterra, a revogação da Lei de Bruxaria, em 1951, possibilitou o aparecimento público da moderna Wicca. Em outros lugares, leis do mesmo tipo foram revogadas ou simplesmente deixaram de ser aplicadas, embora ainda ocorram alguns julgamentos por leitura da sorte em certas jurisdições dos Estados Unidos.

A astrologia, que esteve sujeita ao mesmo tipo de penas que outras formas de adivinhação, teve duas vitórias em 1914, quando o astrólogo britânico Alan Leo e a astróloga americana Evangeline Adams foram acusados e julgados por leitura da sorte e inocentados.

Leo foi julgado novamente em 1917 e multado em £30, mas as acusações diminuíram muito nos anos seguintes. *VEJA* LEO, ALAN. Nas sociedades comunistas, que condenavam qualquer forma de ocultismo como relíquia de um passado feudal, e na Alemanha nazista, que tentou eliminar toda atividade ocultista fora do controle do partido nazista, a perseguição aos ocultistas continuou, mas o colapso desses regimes pôs fim a essa onda de perseguições.

O abandono das penas legais, porém, não acabou com a oposição ao ocultismo. Quando o sistema legal afastou-se do controle, a mídia assumiu-o avidamente. Campanhas da mídia contra o ocultismo têm sido eventos frequentes no mundo ocidental desde o século XIX. O surgimento da Wicca na Grã-Bretanha na década de 1950 desencadeou um frenesi de denúncias exóticas na mídia, e o mesmo se repetiu nos Estados Unidos no final da década de 1960 e na década seguinte. O pânico generalizado sobre o chamado "abuso por ritual satânico" nos Estados Unidos e em outros lugares, iniciado em 1980, levou a outra enxurrada de campanhas similares na mídia, e provocou uma breve mas espantosa renovação da caça às bruxas com apoio legal. Embora esta última onda de perseguições pareça ter perdido sua força no tempo em que este livro é escrito, a possibilidade de que tradições ocultistas venham a enfrentar novas ondas de perseguição no futuro não pode ser descartada. LEITURA ADICIONAL: CHADWICK, 1976; COHN, 1975; GINZBURG, 1991; HUTTON, 1999; JOLLY, 1996; PETERS, 1978.

magia ritual. *VEJA* MAGIA CERIMONIAL.

mágicka (do inglês *magick*) Grafia obsoleta da palavra "magia" adotada por Aleister Crowley "para distinguir a Ciência dos Magos de suas falsificações" (Crowley, 1980, p. 53). Desde a época de Crowley, tem sido usada por numerosos magos, escritores e grupos, alguns ligados ao sistema mágico e religioso dele, a Thelema, outros não. *VEJA* CROWLEY, ALEISTER; MAGIA.

magister. (latim, "mestre", "professor") No período clássico, na Idade Média e no Renascimento, um título respeitoso dado a qualquer homem instruído; o equivalente para uma mulher seria *magistra*. Várias tradições ocultistas usaram-no como título. Em algumas tradições pagãs, serve como alternativa a Sumo Sacerdote. *VEJA* SUMO SACERDOTE.

magistério. Na linguagem alquímica, um produto da alquimia que exige um sólido grau de competência nessa arte. Os modernos textos espagíricos costumam usar a expressão para magistérios de plantas, que são extratos alquímicos concentrados preparados com plantas por meio de repetidas macerações (a transformação e filtragem da matéria da planta em fluido) e destilações. *VEJA TAMBÉM* ALQUIMIA; ESPAGÍRIA. LEITURA ADICIONAL: JUNIUS, 1985.

magistra. (latim, feminino de *magister*, "mestre") Expressão usada por e para Sumas Sacerdotisas em algumas modernas tradições da Wicca. *VEJA* SUMA SACERDOTISA; MAGISTER.

magnetismo. Em alguns textos ocultistas, uma expressão que significa energia etérica. *VEJA* MAGNETISMO ANIMAL; ÉTER.

magnetismo animal. Nos textos de Franz Anton Mesmer e seguidores, uma energia sutil, intimamente ligada à vida biológica, que atua de forma semelhante ao magnetismo. Mesmer dizia que o magnetismo animal seria uma força onipresente por trás da vida, que podia ser concentrada, dispersa, armazenada e transmitida por diversos métodos. Ele a usava para fins de cura, e aparentemente realizou algumas curas impressionantes, embora os críticos da época (entre os quais Benjamin Franklin) tenham dito que seu trabalho era uma bobagem.

A maioria dos autores ocultistas modernos que lidam com o assunto sugerem que o magnetismo animal – como od, orgônio, vril e muitas outras expressões propostas através dos tempos – é apenas outro nome para a energia etérica. *VEJA* ÉTER. *VEJA TAMBÉM* MESMER, FRANZ ANTON; MESMERISMO.

magnetita. Forma naturalmente magnetizada de minério de ferro, tem um papel fundamental em diversas tradições de magia popular. No hudu, pedaços de magnetita são mantidos como amuletos e "comem" aparas de ferro para atrair boa sorte, dinheiro ou amor para seu dono. *VEJA TAMBÉM* HUDU.

Mago, o. Primeiro Arcano Maior do tarô, esta carta é chamada de Saltimbanco ou Prestidigitador em baralhos mais antigos; o título atual é fruto da reinterpretação ocultista do tarô e não parece existir antes de meados do século XIX. Baralhos mais antigos, e outros mais recentes, mostram um mascate usando um chapéu de abas largas, atrás de uma mesa ou barraca coberta de mercadorias à venda; muitos baralhos mágicos transformam a mesa num altar, os objetos sobre ela em ferramentas mágicas e o mascate num mago usando o traje de um adepto.

No sistema da Golden Dawn, o Mago corresponde à letra hebraica Beth, e no sistema francês, à letra Aleph. Na adivinhação, significados comuns desta carta são a vontade humana, a inteligência, a comunicação, a perícia, truques e enganações.

Seu título mágico é "O Mago do Poder". *VEJA* BETH; TARÔ.

Carta de tarô o Mago (tarô Universal)

Mah. (hebraico MH, "o quê?") Na cabala, nome secreto do mundo de Yetzirah. Os valores numéricos de suas letras somam 45, que também é a soma de YVD HA VAV HA, a grafia do Tetragrammaton em Yetzirah. *VEJA* TETRAGRAMMATON; YETZIRAH.

Mahatmas. *VEJA* MESTRES.

Maier, Michael. Autor, médico e alquimista alemão, 1568-1622. Nasceu em Rendsburg, no norte da Alemanha. Frequentou a universidade em Rostock, formando-se doutor em Medicina em 1597 e tornando-se médico de sucesso, tendo servido algum tempo como secretário e médico particular do imperador Rodolfo II.

Em 1612, dois anos após a morte do imperador, visitou a Inglaterra, onde conheceu o grande ocultista inglês Robert Fludd, e aprendeu a língua inglesa a fim de traduzir *Ordinall of Alchemy* para o latim. *VEJA* FLUDD, ROBERT; NORTON, THOMAS. Regressou à Alemanha em 1616, estabelecendo-se em Madgeburg, onde morreu em 1622.

Os livros de Maier são fruto de seus últimos anos; seu primeiro livro só foi publicado em 1614, e sua produção mais importante surgiu ao longo dos sete anos seguintes. Seus textos mais importantes incluem *Symbola Aurea Mensae Duodecim Nationum*, 1617, que apresenta argumentos a favor da alquimia na forma de diálogos, e *Atalanta Fugiens* (1618), uma demonstração multimídia de conhecimentos de Maier, com cinquenta conceitos alquímicos, cada um com uma imagem ricamente gravada, um epigrama, um comentário e uma fuga musical em três partes. Maier também editou e apresentou trabalhos de outros alquimistas; sua tradução do *Ordinall* de Norton para o latim foi responsável pela popularidade dessa obra na Europa, e ele teve ainda um papel fundamental na introdução dos textos alquímicos de Basílio Valentim ao público. *VEJA* VALENTIM, BASÍLIO.

Os textos de Maier também incluíram diversas obras importantes ligadas ao furor rosa-cruz, entre elas *Silentium Post Clamores* (1617) e *Themis Aurea* (1618). A primeira foi uma defesa da ordem rosa-cruz, e a segunda um comentário detalhado das seis leis da ordem tal como apresentadas no *Fama Fraternitatis*, primeiro manifesto rosa-cruz. Como todos os que publicavam obras sobre o lado rosa-cruz do debate, Maier negava ser membro da ordem; no entanto, foi incluído na maioria das listas de prováveis membros da ordem por aqueles que, dentro e fora das tradições ocultistas, afirmam que a misteriosa fraternidade teve existência real. *VEJA* ROSA-CRUZES. *VEJA TAMBÉM* ALQUIMIA. LEITURA ADICIONAL: MAIER, 1989; READ, 1937.

Makon. (hebraico MKVN, "lugar") Na tradição cabalística, o sexto dos sete céus, correspondendo à Sefirah Chesed. *VEJA* CÉUS, SETE.

Malakim. (hebraico MLKIM, "reis") Ordem angelical correspondente a Tiphareth, a sexta Sefirah da Árvore da Vida, formando a correspondência de Tiphareth no mundo de Yetzirah. Às vezes, os malakins são considerados os mesmos reis elementais das quatro raças de elementais, ou então como associados a eles. *VEJA* CABALA; ELEMENTAL; YETZIRAH.

maldição. Trabalho de magia que visa levar infortúnio, doença, ferimentos ou morte a seu alvo. Uma das formas mais comuns de trabalho, a maldição pode ser encontrada em todas as variantes da magia, quer popular, quer tradicional, no mundo todo e ao longo do tempo.

Os métodos para amaldiçoar variam tanto quanto as próprias tradições mágicas, mas há elementos comuns. Figuras de cera, de barro ou de pano – chamadas de bonecos vodu na cultura popular, ou *poppets* no jargão mágico – são o meio mais comum para uma maldição. Objetos associados à vítima, como cabelo, pedaços de unha ou roupas, também costumam ser usados. Objetos carregados de forma mágica podem ser colocados na casa da vítima, ou então num lugar no qual vá pisar; como alternativa, se for possível encontrar uma pegada da vítima, finca-se um prego ou uma faca na pegada, juntamente com um cântico apropriado. Nas antigas Grécia e Roma, o método mais comum para amaldiçoar consistia em escrever uma carta para os poderes do mundo inferior sobre uma lâmina de chumbo; a lâmina era dobrada e jogada num poço, numa caverna, num túmulo ou em qualquer outra entrada para o mundo inferior; *VEJA* TABLETE DE AMARRAÇÃO.

Os métodos usados para quebrar uma maldição também são tão variados quanto as formas de lançá-la. Se um objeto com carga mágica foi escondido na casa da vítima ou perto dela, pode ser localizado por adivinhação ou clarividência e destruído de maneira cerimonial. Por outro lado, podem ser feitos ainda:

trabalhos de banimento ou de proteção para superar a maldição, talismãs ou amuletos protetores, óleos ou banhos mágicos para eliminar os efeitos da maldição e assim por diante. Um efeito colateral dessas operações pode transformar a maldição numa prática perigosa: quando a maldição é desfeita, suas energias costumam voltar-se sobre a pessoa que a lançou, e se esta não tiver tomado as devidas precauções, receberá tudo o que seria destinado à vítima.

Em muitas sociedades tradicionais, bruxos e magos oferecem-se para lançar e desfazer maldições como serviço profissional, disponível para quem quiser pagar. Era (e ainda pode ser) o caso dos *cunning folks* britânicos, e no último século os folcloristas reuniram listas de preços bem detalhadas; ver exemplo em Hutton, 1999, p. 105.

No mundo moderno, tais serviços ainda são oferecidos por curandeiros hudu, praticantes de magia holandesa da Pensilvânia e muitas outras tradições mágicas de cunho étnico. Contudo, poucos magos cerimoniais, e menos ainda pagãos modernos, dedicam-se a tais práticas, e na maioria as tradições pagãs consideram o ato de lançar maldições como uma violação dos princípios éticos de sua religião. *VEJA* NEOPAGANISMO.

maleficium. (latim, "trabalho maligno"; plural latino *maleficia*) Nos códigos jurídicos da Idade Média, expressão usada normalmente para referir-se à magia destinada a prejudicar ou a matar outra pessoa, de maneira direta ou indireta. Na maior parte da Idade Média, o *maleficium* era a única forma de magia punível pela lei, e tinha as mesmas penas que formas de violência não mágicas. Assim, por exemplo, as leis sálias francesas do século VI penalizavam com multa os casos de morte por magia, paga pelo ofensor à família da vítima, tal como nos casos de morte por espada ou veneno. Do mesmo modo, o rei Aethelstan da Inglaterra (que reinou entre 925 e 940 E.C.) decretou que quem matasse por meio de *maleficia* deveria ser executado caso fosse considerado culpado, e um *maleficus* suspeito que alegasse inocência seria libertado após o pagamento de pena e o juramento, feito por membros de sua família, de que iriam garantir o bom comportamento do acusado no futuro.

Para a Igreja, por outro lado, os *maleficia* eram um problema, pois – pelo menos segundo os teóricos da Igreja – exigiam a cooperação de demônios. Como muitos estudiosos cristãos afirmavam que todos os deuses pagãos eram demônios, na verdade, a sobrevivência de práticas mágicas pagãs deu certo apoio a essa opinião. Por volta do início do século XIV, a Igreja tinha adotado uma postura mais severa, a ponto de considerar qualquer magia, sem exceção, como *maleficia*, adoradora de demônios, e por isso também herege. Isso levou, em 1320, a uma bula do papa João XXII que transferiu todo processo por magia para a Inquisição, o que teve papel fundamental na criação do ambiente para a era das fogueiras. *VEJA TAMBÉM* FOGUEIRAS, ERA DAS; MAGIA, PERSEGUIÇÃO À PRÁTICA DA.

maléfico. (latim *maleficus*, "que faz mal") Nas antigas tradições astrológicas, um planeta ou aspecto que geralmente tem efeitos negativos. Marte e Saturno eram considerados os dois planetas maléficos, e a oposição e a quadratura eram os aspectos maléficos. *VEJA* ASPECTO ASTROLÓGICO; ASTROLOGIA; MARTE; SATURNO.

Malkah be-Tarshishim ve-ad Ruachoth Schechalim. (hebraico MLKA BThR-ShYSYM VAaD RVChVTh ShChLIM, "Rainha dos Crisólitos e Espíritos de Leões") Na magia cerimonial, a Inteligência das Inteligências da Lua; seu Espírito dos Espíritos subordinado é Shad Barshemoth ha-Shartathan, e ambos governam o espírito planetário da Lua, Chashmodai. Encontram-se diversas grafias de seu nome na literatura. *VEJA* INTELIGÊNCIAS PLANETÁRIAS.

Malkuth. (hebraico MLKVTh, "reino") Décima e mais baixa Sefirah da Árvore da Vida, que representa o mundo da vida cotidiana. Seus simbolismos mágicos mais comuns são:

> *Nome de Deus*: ADNI, Adonai (Senhor).
> *Arcanjo*: MThThRVN, Metatron, Príncipe das Faces; SNDLPVN, Sandalfon (Irmão Gêmeo).
> *Hoste angelical*: AIShIM, Ishim (Humanidade).
> *Correspondência astrológica*: AaVLM YSWD WTh, Olam Yesodoth (Esfera dos Elementos).
> *Correspondência no tarô*: Os quatro Dez e os quatro Pajens ou Princesas.
> *Elemento correspondente*: Terra.
> *Imagem mágica*: Uma jovem sentada num trono.
> *Símbolos adicionais*: O altar, a cruz de braços iguais, o templo, a Árvore do Conhecimento do Bem e do Mal.
> *Cores*: em Atziluth, amarelo-claro.
> em Briah, citrino, oliva, marrom-avermelhado e preto.
> em Yetzirah, como em Briah, mas salpicado de ouro.
> em Assiah, preto raiado de amarelo.
> *Correspondência no microcosmo*: GVP, Guph, o corpo físico.
> *Correspondência no corpo*: Os pés.
> *Grau de iniciação*: 1=10, Zelator.
> *Qlippoth*: LILITh, Lilith, a Mulher da Noite.

O texto dos *Trinta e Dois Caminhos da Sabedoria* associado a Chesed diz: "O Décimo Caminho é o Inteligência Resplandecente, porque se exalta acima de todas as cabeças, e se senta no trono de Binah. Ilumina o esplendor de todas as luzes, e faz com que desça a influência do Príncipe das Faces". *VEJA TAMBÉM* NOIVA, A; CABALA; ÁRVORE DA VIDA.

Malleus Maleficarum. (latim, *Martelo das Bruxas*) Manual de caça às bruxas escrito pelos frades alemães Heinrich Kramer e Jakob Sprenger, publicado em 1486. Mais popular dos manuais de caça às bruxas do início da Europa moderna, o *Malleus* apresentava uma descrição detalhada das crenças católicas sobre bruxas, suas ações e seus motivos, e os métodos apropriados para identificá-las e obter confissões por meio de tortura. *VEJA TAMBÉM* FOGUEIRAS, ERA DAS. LEITURA ADICIONAL: KRAMER E SPRENGER, 1971.

mandrágora. (*Mandragora officinarum*) Importante erva na tradição mágica ocidental, a mandrágora é membro da família da erva-moura, com folhas planas, flores roxas, frutos amarelos e redondos, e uma raiz carnuda que costuma ser bifurcada. Geralmente, a raiz tem uma leve semelhança com a forma humana, e, como outras raízes com essa forma – das quais o ginseng é um bom exemplo –, acredita-se que teria diversos poderes mágicos.

Segundo a tradição herbácea, as mandrágoras crescem sob forcas e gritam quando arrancadas da terra. Devem ser colhidas numa complexa cerimônia, na qual um cão é amarrado à planta e atraído com um pedaço de carne para puxá-la do solo. Colhida, ela deve ser mantida embrulhada e lavada diariamente com vinho; se isso for feito, o espírito da mandrágora realizará trabalhos de magia para seu dono. A briônia é alvo de práticas similares; *VEJA* BRIÔNIA. *VEJA TAMBÉM* MAGIA NATURAL. LEITURA ADICIONAL: BRZUSTOWICZ, 1974.

maniqueísmo. Embora tenha sido quase esquecido nos dias atuais, o maniqueísmo foi uma religião mundial, com igrejas organizadas e espalhadas pela Eurásia, desde a Espanha até o sul da China. Seu fundador, Mani (216-276 E.C.), nasceu perto da cidade de Ctesiphon, onde hoje é o Iraque. Foi criado entre os elcasaítes, seita de gnósticos judeus e cristãos, mas aos 12 anos de idade recebeu uma revelação de Tawm, seu companheiro angelical. Aos 24 anos, a pedido de Tawm, deixou os elcasaítes e começou a primeira de muitas viagens.

Como outros profetas e messias da mesma época, Mani atraiu um círculo de apóstolos, e uma coleção de relatos de sua vida – o chamado *Codex Cologne Mani* – foi redescoberta no Egito em 1970. Ele proclamou formalmente sua nova religião em 240, e durante o reinado de Sapor I, imperador da Pérsia (que reinou entre 242 e 272), pregou livremente por todo o vasto Império Persa, bem como na Ásia Central e no norte da Índia. Após a morte de Sapor, em 272, porém, Mani e seus seguidores foram sofrendo cada vez mais pressões dos sacerdotes zoroastristas, e em 276 Mani foi torturado até a morte; sua pele, recheada de palha, foi exibida em público.

A religião fundada por Mani era essencialmente gnóstica; *VEJA* GNOSTICISMO. Ele dizia que havia dois mundos, um mundo de luz e espírito, oposto a um mundo de trevas e matéria. O Pai da Grandeza, regente do mundo de luz, enviou o Homem Primitivo para derrotar o mundo das trevas, mas o Homem Primitivo se envolveu na matéria e sua alma permaneceu nela em fragmentos, sendo cada um deles uma alma humana. Então, o Pai da Grandeza chamou à existência uma série de seres espirituais – o Espírito Vivo, o Terceiro Mensageiro, o Jesus de Luz e finalmente o Apóstolo de Luz – para chamar de volta os fragmentos da alma do Homem Primitivo ao Mundo de Luz. O próprio Mani teria sido a última encarnação do Apóstolo de Luz, que aparecera antes no mundo como Buda, Zoroastro e Jesus de Nazaré.

A Igreja maniqueísta foi perseguida no Império Persa e também no romano e no chinês. Apesar disso, continuou a se estabelecer na maior parte da Eurásia, tendo forte presença na Ásia Central, onde as tribos nômades (como os uighur) converteram-se em massa à nova fé. Os bogomilos e os cátaros, seitas gnósticas da Europa medieval, podem ter sido desdobramentos do maniqueísmo, mas isso é motivo de acirrada discussão entre estudiosos modernos; *VEJA* CÁTAROS. O maniqueísmo parece ter desaparecido gradualmente até o século XV, embora tenham sido feitas algumas tentativas de reativá-lo nos últimos anos. *LEITURA ADICIONAL*: KLIMKEIT, 1993; VAN OORT, 1998.

Mann. *VEJA* MANNAZ.

Mannaz. (germânico antigo, "homem") Vigésima runa do futhark antigo, que corresponde à humanidade, ao companheirismo, às relações sociais e à comunidade. Alguns estudiosos modernos relacionam-na à divindade Heimdall. Seu valor sonoro é *m*. *VEJA* FUTHARK ANTIGO.

A mesma runa aparece no futhorc anglo-saxão com o nome Mann, com os mesmos significados e valor sonoro.

ᛗ

Runa Mannaz (Mann)

Manto de Ocultação. Na magia da Golden Dawn, uma casca de substância etérica formada ao redor do mago por trabalho ritual intenso, que impede que outras pessoas percebam o mago. A criação do Manto de Ocultação é fundamental para o método de invisibilidade mágica da Golden Dawn. A técnica está intimamente ligada ao escudo ódico de outros sistemas mágicos. *VEJA* ÉTER; GOLDEN DAWN; ESCUDO ÓDICO. LEITURA ADICIONAL: J. GREER, 1997; REGARDIE, 1971.

mantong. De acordo com os textos de Richard Shaver e de outros envolvidos no "mistério Shaver" da década de 1940, a linguagem original da humanidade, datada da época lemuriana. A palavra em si significa literalmente "língua do homem", "linguagem humana". *VEJA* MISTÉRIO SHAVER. As definições a seguir são do próprio Shaver:

- A: Animal (usei AN como abreviatura)
- B: Be (existir: quase sempre é comando)
- C: See (ver)
- D: (também usei DE) energia Desintegradora; Detrimento (mais importante símbolo na linguagem)
- E: Energia (um conceito geral, inclui movimento)
- F: Fecundo (abreviado FE, como em feminino; homem fecundo)
- G: Gerar (abreviado GEN)
- H: Humano (tenho dúvidas sobre este)
- I: *Self*, Ego (o mesmo que I em inglês, Eu em português)
- J: (ver G) (mesmo que gerar)
- K: Cinese (força ou energia do movimento)
- L: Vida
- M: Homem
- N: Criança; Esporo; Semente (como em nanico)
- O: Orifício (um conceito-fonte)
- P: Poder
- Q: Busca
- R: (usado como AR) Horror (símbolo da quantidade perigosa de desforço do objeto)
- S: (SIS) (importante símbolo do Sol)
- T: (usado como TE) (o símbolo mais importante; origem do símbolo da cruz) Integração; Força de crescimento (a entrada de T é a causa da gravidade; a força é T; tic significaria ciência do crescimento; fica como crédito de palavras)
- U: Você
- V: Vital (usado como VI) (aquela coisa que Mesmer chama de magnetismo animal; atração sexual)
- W: vontade
- X: conflito (linhas de força cruzadas)
- Y: Why, por quê
- Z: Zero (quantidade de energia de T neutralizada por uma quantidade igual de D)

manu. Na tradição teosófica, o regente e ancestral de uma raça-raiz. Um manu é "o Homem Representante da [sua] Raça, seu protótipo, e todo membro dessa raça descende diretamente dele" (Leadbeater, 1925, p. 28).

O manu da quinta raça-raiz, a ariana, é Vaivasvata Manu, que é um mahachohan da Grande Loja Branca. O manu da quarta raça-raiz, que inclui boa parte da humanidade que não é ariana, é Chakshusha Manu. Em algum momento do século XXVI, quando a sexta raça-raiz aparecer na Califórnia, o Mestre Morya tornar-se-á seu manu. *VEJA* EL MORYA, MESTRE. *VEJA TAMBÉM* MESTRES; RAÇA-RAIZ; TEOSOFIA.

manuscrito cifrado. Coleção de textos independentes que constituem a fonte original do ritual e do sistema de magia da Golden

Dawn, e que teve um papel complexo e ainda incerto na fundação da Ordem Hermética da Aurora Dourada. O manuscrito está escrito num papel com marca d'água de 1809, num código inspirado nos textos criptografados de Johannes Trithemius, e apresenta esboços dos rituais daquela que se tornou a Ordem Externa da Golden Dawn. *VEJA* TRITHEMIUS, JOHANNES.

Diversas histórias circularam na Golden Dawn, em épocas variadas, para explicar a origem do manuscrito. Foi dito, entre outras coisas, que ele fora encontrado num sebo, ou que fora dado ao fundador da Golden Dawn, William Wynn Westcott, pelo reverendo A. F. A. Woodford, um maçom idoso interessado em magia e em temas rosa-cruzes. Mais recentemente, muitos autores sugeriram, de forma plausível, que ele teria sido escrito por Kenneth Mackenzie, chegando a Westcott juntamente com outros documentos relativos ao Swedenborgian Rite of Masonry [Rito Swedenborgiano da Maçonaria], liderado por Westcott após a morte de Mackenzie. *VEJA* MAÇONARIA; MACKENZIE, KENNETH ROBERT HENDERSON; WESTCOTT, WILLIAM WYNN.

Juntamente com o manuscrito, segundo os relatos que circularam pela Golden Dawn, estava o nome e o endereço de uma adepta na Alemanha chamada Anna Sprengel. Aparentemente, Westcott teria entrado em contato com ela, recebendo dela o direito de fundar a Ordem Hermética da Aurora Dourada. As cartas de "Anna Sprengel" foram analisadas e concluiu-se que eram falsas, escritas num alemão precário por alguém alfabetizado na língua inglesa. *VEJA* SPRENGEL, ANNA. *VEJA TAMBÉM* GOLDEN DAWN; PICKINGILL, GEORGE. LEITURA ADICIONAL: KÜNTZ, 1996.

manuscrito Voynich. Provavelmente o livro mais misterioso do mundo, este manuscrito surgiu em 1912 em Frascati, Itália, no fundo de um baú de uma escola jesuíta. O negociante norte-americano de livros Wilfred Voynich adquiriu-o no mesmo ano e levou-o para os Estados Unidos. Depois de passar pelas mãos de vários proprietários, foi doado à Universidade de Yale em 1969.

O manuscrito é um volume de 204 páginas, com 15 x 22 cm, escrito ou em um código extraordinariamente difícil, ou em uma língua desconhecida. Antigamente, contava com outras 28 páginas, que hoje estão perdidas. À primeira vista, a escrita se parece com a grafia medieval comum, com 29 letras diferentes, que nunca foram encontradas em nenhuma outra fonte. Juntamente com o texto, pouco espaçado, há pequenos desenhos feitos a tinta e em cores, mostrando plantas, constelações astrológicas e mulheres nuas dentro de banheiras.

Com o manuscrito, havia uma carta datada de 19 de agosto de 1666, de um certo Johannes Marcus Marci, reitor da Universidade de Praga, para o famoso estudioso e linguista jesuíta Athanasius Kircher em Roma, explicando que o manuscrito havia sido adquirido muitos anos antes pelo imperador Rodolfo II pela considerável importância de 600 ducados, pedindo a Kircher – um especialista em códigos – que tentasse traduzi-lo.

Ainda não se sabe como ele chegou até Praga, embora haja pistas que liguem o manuscrito a uma importante figura da tradição esotérica ocidental. Originalmente, não havia números nas páginas do manuscrito, mas alguém corrigiu tal omissão no século XVI. A caligrafia foi identificada como sendo a de John Dee, o grande estudioso e mago elisabetano, que passou vários anos em Praga no reinado de Rodolfo II. Fica claro que Dee foi seu proprietário durante algum tempo, e há registros do filho dele, Arthur Dee, mencionando um livro escrito totalmente em "hieróglifos", que seu pai tinha quando estava em Praga. *VEJA* **DEE, ARTHUR; DEE, JOHN**. Se foi Dee que o levou de casa, onde era dono da maior biblioteca da Inglaterra, ou se o adquiriu durante suas viagens, ninguém sabe dizer.

Foram muitas as tentativas de decodificar o manuscrito, e decifrações supostamente bem-sucedidas foram apresentadas várias vezes. Infelizmente, nenhuma delas foi suficientemente convincente. Até uma tentativa da National Security Agency [Agência Nacional de Segurança] de decifrar o código usando um supercomputador Cray-6 não produziu resultados úteis. Ele permanece como um dos maiores enigmas sem solução de nossa época. LEITURA ADICIONAL: BRUMBAUGH, 1978.

manvantara. Na Teosofia, um período de manifestação. Cada manvantara alterna com um pralaya, período de dissolução e latência. Manvantaras e pralayas são os elementos constitutivos da doutrina teosófica dos ciclos cósmicos. *VEJA* CICLOS CÓSMICOS; PRALAYA; TEOSOFIA.

Maon. (hebraico MAaVN, "residência") Na tradição cabalística, o quinto dos sete céus, correspondendo à Sefirah Geburah. *VEJA* CÉUS, SETE.

mapa astral. Na moderna terminologia astrológica, um mapa do céu num momento específico e relativo a um ponto específico da superfície da Terra. Às vezes chamado de horóscopo.

Até recentemente, o formato-padrão de um mapa astral era quadrado, dividido com linhas retas em doze áreas triangulares e um quadrado central. Antes dos mapas em branco pré-impressos, esse tipo de mapa era muito mais fácil de desenhar. Nos dois últimos séculos, um círculo dividido em doze partes ficou mais comum.

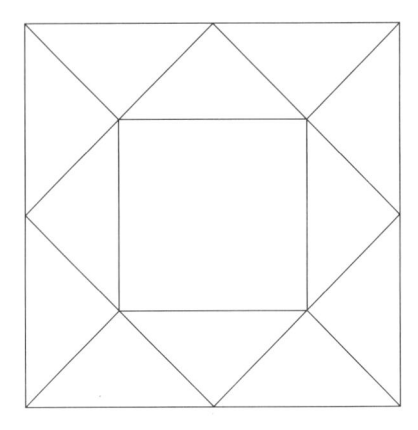

Mapa astral medieval

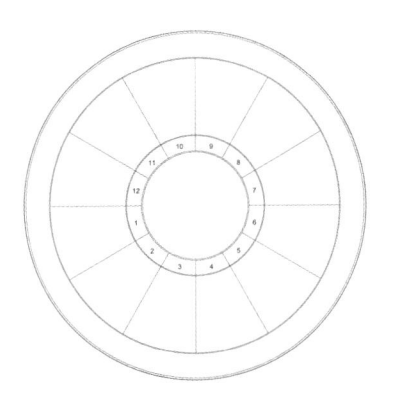

Mapa astral moderno

VEJA TAMBÉM ASTROLOGIA. LEITURA ADICIONAL: BARTON, 1994A, KIECKHEFER, 1989; TESTER, 1987.

mapa astrológico. *VEJA* MAPA ASTRAL.

mapa harmônico. Na astrologia, um mapa criado tomando-se a posição de cada planeta e multiplicando sua longitude celeste por um número específico, que é a "harmônica" sendo estudada. Originalmente desenvolvidas na astrologia hindu, onde têm sido usadas há séculos, as harmônicas começaram a ser usadas na astrologia ocidental no século XX, e têm sido bastante influentes, especialmente nos círculos astrológicos ingleses. Segundo se supõe, cada harmônica exerceria uma influência específica. *VEJA* ASTROLOGIA.

Maqlû, rituais. (acádio, "queima") Tipo de cerimônia mágica praticado na Babilônia, Assíria e em muitas outras culturas mesopotâmicas, no qual estatuetas de demônios, fantasmas ou inimigos humanos eram feitas, consagradas e então destruídas pelo fogo. Textos detalhados de diversos rituais Maqlû foram recuperados da biblioteca real do rei assírio Assurbanípal em Nínive. *VEJA TAMBÉM* ASSURBANÍPAL; OCULTISMO MESOPOTÂMICO.

Marby, Friedrich Bernhard. Ocultista dinamarquês, 1882-1966. Nascido em Friesland, Marby conheceu os textos de Guido von List quando trabalhava como aprendiz de impressor na Alemanha, e tornou-se estudante ávido da ariosofia e da tradição das runas. *VEJA* ARIOSOFIA; LIST, GUIDO VON. Em 1917, mudou-se para Stuttgart, dedicou-se à área jornalística e estudou astrologia. Suas pesquisas e experimentos levaram-no a ver as runas como padrões básicos de energia cósmica que podem ser acessados por meio de meditação e exercícios de yoga rúnico, nos quais o praticante fica em posturas derivadas das runas enquanto entoa os sons correspondentes.

Em 1936, como parte da campanha do regime nazista contra ocultistas não autorizados, foi preso no campo de concentração de Welzheim. Foi transferido para Flossenbürg e depois para Dachau, onde estava entre os sobreviventes libertados pelas tropas aliadas em 1945. Depois da guerra, retomou seus trabalhos ocultistas, publicando uma revista e dois livros antes de sua morte em 1966. LEITURA ADICIONAL: GOODRICK-CLARKE, 1992.

Maré de Colheita. Expressão mágica para a estação do verão. *VEJA* MARÉS SAZONAIS.

Maré de Destruição. Expressão mágica para a estação do inverno. *VEJA* MARÉS SAZONAIS.

Maré de Planejamento. Expressão mágica para a estação do outono. *VEJA* MARÉS SAZONAIS.

Maré de Plantio. Expressão mágica para a estação da primavera. *VEJA* MARÉS SAZONAIS.

marés sazonais. Em alguns ensinamentos mágicos, as quatro estações são chamadas às vezes de marés e recebem nomes especiais representando as energias que estão ativas durante as épocas do ano correspondentes. O sistema é o seguinte:

Primavera (21 de março-20 de junho): Maré do Plantio
Verão (21 de junho-22 de setembro): Maré da Colheita
Outono (23 de setembro-22 de dezembro): Maré do Planejamento
Inverno (23 de dezembro-20 de março): Maré da Destruição

No sistema de magia da Aurum Solis, esse mesmo sistema aparece de maneira idêntica. Os nomes das marés sazonais da Aurum Solis – Tempus Sementis (primavera), Tempus Messis (verão), Tempus Consilii (outono) e Tempus Eversionis (inverno) – são simplesmente os termos acima traduzidos para o latim. *VEJA* AURUM SOLIS.

Às vezes, esse sistema é confundido com as marés tattvicas, que são padrões elementais de energia que percorrem o corpo etérico da Terra a cada duas horas; VEJA MARÉS TATTVICAS. LEITURA ADICIONAL: W. BUTLER, 1959; DENNING E PHILLIPS, 1978.

marés tattvicas. Sistema de marés de energia que se movem pelo corpo etérico da Terra, indo de leste para o oeste. São cinco as fases das marés tattvicas, cujos nomes provêm dos cinco tattvas; VEJA TATTVAS.

O sistema de marés tattvicas foi emprestado do tantrismo hindu ao ocultismo ocidental por meio de um antigo livro teosófico, *Nature's Finer Forces*, de Rama Prasad; um resumo desse livro circulou como apostila da Ordem Hermética da Aurora Dourada nos primeiros anos da ordem. Mais tarde, as marés tattvicas também foram adotadas pela Aurum Solis e renomeadas "velocia" (latim, "velozes"). VEJA AURUM SOLIS; GOLDEN DAWN.

O ciclo das marés tattvicas começa na aurora com o tattva do Akasha, que representa o Espírito. Dizem que ele "percorre seu caminho" durante vinte minutos, sendo seguido pelo tattva Vayu ou tattva do Ar. Depois de mais vinte minutos, vem o tattva Tejas ou tattva do Fogo, depois o tattva Apas ou de Água, e finalmente o tattva Prithivi ou de Terra, cada um com intervalos de vinte minutos. O ciclo completo dura duas horas, repetindo-se doze vezes no decorrer de um dia e uma noite.

Na prática mágica, as marés tattvicas são usadas em trabalhos com elementos, assim como as horas planetárias são usadas na magia com planetas. Trabalhos relacionados com determinado elemento, ou com finalidades que se harmonizam com alguma influência elemental, são feitos enquanto o tattva correspondente está em andamento.

Existe certa confusão entre as marés tattvicas e um conjunto de marés sazonais discutidas em alguns textos esotéricos. VEJA MARÉS SAZONAIS. LEITURA ADICIONAL: DENNING E PHILLIPS, 1981; REGARDIE, 1971.

Maria. Alquimista judia egípcia, século I A.E.C. Uma das mais importantes figuras do início da história da alquimia, costuma ser chamada de Maria Profetisa ou Maria, a Judia, em fontes mais antigas. Não há detalhes sobre sua vida, principalmente porque autores posteriores confundiam-na com Miriam, irmã do profeta judeu Moisés. Escreveu diversos livros, de que permaneceram apenas trechos como citações em obras alquímicas posteriores.

Inventora brilhante, Maria criou muitos dos equipamentos que se tornariam básicos para a alquimia nos 2 mil anos seguintes. Suas criações incluem o *balneum Mariae*, ou banho-maria, uma forma primitiva de caldeira dupla; o *balneum arenae*, ou banho de areia, outro método de produzir calor moderado; e o *kerotakis*, aparelho para o tratamento de metais com vapores corrosivos. Idealizou também novos e importantes equipamentos para destilação, entre eles uma caldeira com três bicos que ainda é usada em destilação fracionada. VEJA TAMBÉM ALQUIMIA; BALNEUM ARENAE; BALNEUM MARIAE. LEITURA ADICIONAL: LINDSAY, 1970.

Marte. Um dos sete planetas tradicionais da astrologia, no mapa natal Marte representa a sexualidade, a agressividade e a vontade, bem como o lado masculino da personalidade. Governa os signos de Áries e Escorpião, embora muitos astrólogos modernos associem Escorpião ao planeta, Plutão. Marte se exalta em Capricórnio, está em exílio em Libra e Touro, e em queda em Câncer. VEJA ASTROLOGIA.

Na alquimia, Marte costuma ser usado como símbolo do ferro. VEJA ALQUIMIA.

Símbolo astrológico de Marte

martelo. Arma tradicional do deus nórdico Thor, o martelo (ou marreta) é usado pelos sacerdotes Asatrú como ferramenta mágica para traçar círculos e sinais, bem como para outros propósitos religiosos e mágicos. Essencialmente, serve na Asatrú aos mesmos propósitos que o athame na Wicca e que a varinha em diversas tradições da magia cerimonial. VEJA ASATRÚ; ATHAME; VARINHA.

martinismo. Importante tradição esotérica e mística ocidental, apoiada nos ensinamentos do grande ocultista e místico francês do século XVIII, Louis-Claude de Saint-Martin (1743--1803); VEJA SAINT-MARTIN, LOUIS CLAUDE DE. Saint-Martin começou sua carreira esotérica como aluno de Martinez de Pasquallys (1727--1774), na ordem Élus Coens (ou Ordem dos Sacerdotes Eleitos) que ensinava um sistema de magia cerimonial baseada numa interpretação esotérica da Maçonaria. VEJA MAÇONARIA; PASQUALLYS, MARTINEZ DE. Mais tarde, Saint--Martin afastou-se dessa postura mágica e tornou-se aluno da teosofia mística cristã de Jacob Böehme; VEJA BÖEHME, JACOB; TEOSOFIA (MÍSTICA CRISTÃ). Essas posturas tão diferentes, e a relação costumeiramente difícil entre elas, foram temas importantes na história do martinismo.

O próprio Saint-Martin, após seu afastamento dos Élus Coens, mostrou-se contrário a organizações formais e incentivou as pessoas a buscar o desenvolvimento espiritual na solidão. Mesmo assim, seus textos foram extremamente populares nos círculos maçônicos ocultistas, em especial na Alemanha e na Rússia. A Estrita Observância, um ramo da Maçonaria com base na Alemanha e com muitas conexões ocultistas, teve papel fundamental na difusão das ideias de Saint-Martin pela Europa Central e Oriental.

Na Rússia, onde a Estrita Observância teve presença marcante, as ideias de Saint-Martin foram extremamente influentes no cenário maçônico e chegaram aos círculos intelectuais da sociedade russa. Nesse período, o martinismo foi relativamente desorganizado, e existiu na forma de indivíduos e pequenos círculos de alunos, alguns praticando formas rituais, outros não.

No ressurgimento do ocultismo ao final do século XIX, o martinismo não escapou à atenção. Papus (Gérard Encausse, 1865-1916), figura influente dos círculos ocultistas franceses na virada do século, foi um dos principais responsáveis pela organização do maior e mais bem-sucedido deles, a Ordem Martinista, que combinava os aspectos rituais e contemplativos da tradição. VEJA PAPUS. Fundada em 1884 por Papus e por seu colega martinista Augustin Chaboseau, a Ordem Martinista tinha quatro graus:

Associado
Iniciado
S.I. (*Superieur Inconnu* – Chefe Secreto)
S.I.I. (*Superieur Inconnu Initiateur* – Chefe Secreto Iniciador)

Segundo alguns relatos, a cerimônia do grau de Associado foi inspirada na Maçonaria "Egípcia" de Cagliostro, enquanto a do grau de Iniciado veio dos Cavaleiros Benevolentes da Cidade Santa, uma ordem semimaçônica fundada por Jean-Baptiste Willermoz, outro aluno de Martinez de Pasquallys.

Em 1891, Papus e Chaboseau estabeleceram um Conselho Supremo e procuraram reunir o maior número possível de martinistas sob essa égide. Após a morte de Papus, em 1916, porém, a Ordem Martinista se fragmentou em diversas facções concorrentes, e as diversas tentativas de restabelecer uma unidade não tiveram muito sucesso. A maioria das ordens martinistas, embora não todas, aceitam como válidas as iniciações das outras ordens, mas tem havido muita discussão sobre quais ordens podem e quais não podem alegar que descendem diretamente de Louis-Claude de Saint-Martin.

O martinismo teve um modesto ressurgimento nas décadas de 1980 e 1990, com a fundação de várias ordens novas e um sensível aumento no número de lojas e de indivíduos trabalhando com ensinamentos martinistas. Pouca coisa foi publicada em inglês sobre essa tradição, embora o martinista polonês Dymitr Sudowski tenha escrito dois livros importantes sobre o tema em meados do século XX, sob o pseudônimo de Mouni Sadhu. *VEJA TAMBÉM* LOJA MÁGICA; SADHU, MOUNI. LEITURA ADICIONAL: HUBBS, 1971; SADHU, 1962 E 1965.

maskim. Nas tradições ocultistas da Babilônia, sete espíritos maléficos associados aos sete planetas. Dizia-se que se erguiam a oeste e se punham a leste, levando toda espécie de doença, calamidade e destruição. Sobreviveram impressionantes rituais para afastar a influência dos maskim nas placas de argila usadas como registro na Mesopotâmia. *VEJA* OCULTISMO MESOPOTÂMICO. LEITURA ADICIONAL: E. BUTLER,1949.

mastro de maio. (do inglês *maypole*) Nos costumes populares ingleses, um mastro alto decorado com flores, galhos e fitas trançadas em padrões por dançarinos, presente em danças tradicionais do dia 1º de maio. Muitas tradições pagãs modernas adotaram o mastro de maio como elemento das comemorações de Beltane, e associam-no a tradições pagãs supostamente provenientes de diversos países. Contudo, a dança do mastro de maio parece ser uma criação puramente inglesa, e não está documentada nos folclores autênticos de outros países. *VEJA* BELTANE.

Matéria-Prima. Na alquimia, a substância a partir da qual se faz a Pedra Filosofal. Sua identidade deve ser o segredo central da arte do alquimista. Textos alquímicos sugerem que a Matéria-Prima está em toda parte, à vista de todos, e é considerada inútil para todos, menos pelos alquimistas. *VEJA* ALQUIMIA.

Mathers, Samuel "McGregor" Liddell. Ocultista inglês, 1854-1918. Nascido em Londres e educado na Bedford Grammar School, saiu de um meio pobre e nunca cursou a universidade. No início da vida adulta, morava com a mãe em Bornemouth, trabalhava como balconista e começou a se envolver com lojas ao iniciar-se na Maçonaria, em 1877. *VEJA* MAÇONARIA. Em 1882, tornou-se membro da Societas Rosicruciana in Anglia, um grupo rosa-cruz maçônico cujo principal líder na época era William Wynn Westcott, uma estrela em ascensão nos círculos ocultistas ingleses. *VEJA* SOCIETAS ROSICRUCIANA IN ANGLIA (SRIA); WESTCOTT, WILLIAM WYNN.

Em 1885, mudou-se para Londres e tornou-se membro da Sociedade Hermética fundada por Anna Kingsford; *VEJA* KINGSFORD, ANNA BONUS. No mesmo ano, viu a publicação de seu livro mais significativo, *The Kabbalah Unveiled*, tradução de trechos do Zohar com comentários. *VEJA* CABALA; ZOHAR. Nessa época, Mathers estava trabalhando com Westcott no desenvolvimento da Ordem Hermética da Aurora Dourada, que se tornaria a mais influente ordem ocultista de sua época. *VEJA* GOLDEN DAWN.

Bem antes da época da fundação da Golden Dawn, em 1888, Mathers começara a afirmar que descendia dos MacGregors, o "clã sem nome" e ilegal das lendas das Highlands escocesas, e adotou o título de Conde de Glenstrae, que, segundo ele, teria sido dado para um ancestral por Luís XV da França. Essa suposta origem escocesa não encontrou muito apoio nas pesquisas; a lista de pseudônimos usados pelos MacGregors não incluía o nome Mathers, e nenhum sinal de seu título foi encontrado nos registros franceses.

Em 1890, casou-se com Mina Bergson, irmã do filósofo francês Henri Bergson, e foi nomeado curador do Museu Horniman – que, não por coincidência, era do pai de uma colega iniciada da Golden Dawn, Anne Horniman. O comportamento instável de Mathers fez com que perdesse esse cargo por volta de 1892, e ele e Mina (que trocara seu nome para Moina, com ares mais celtas) mudaram-se para Paris. Lá, Mathers foi ficando cada vez mais ditatorial e inconstante, e a renúncia de Westcott da ordem, em 1897, deixou-o livre de controles externos.

O resultado foi uma série de crises crescentes, que culminaram na revolta declarada pela maioria dos membros da ordem em 1900. Pego de surpresa, Mathers conseguiu preservar uma fração da ordem original com o nome Alfa e Ômega; *VEJA* ALFA E ÔMEGA. A saída de Aleister Crowley, iniciado da ordem que apoiara Mathers durante a revolta e depois se voltou contra ele, em 1904, foi outro golpe duro.

Em seus últimos anos, Mathers continuou a administrar a Alfa e Ômega, além de escrever e de realizar uma série de rituais públicos, os Ritos de Ísis, que atraíram a atenção favorável dos ocultistas parisienses e da vanguarda cultural. Morreu durante a grande epidemia de gripe de 1918. *VEJA TAMBÉM* ZANONI. LEITURA ADICIONAL: COLQUHON, 1975; GILBERT, 1983A.

matriarcados antigos. De acordo com alguns autores e estudiosos dos séculos XIX, XX e XXI, a forma original das sociedades humanas era dominada politicamente pelas mulheres. O primeiro a propor isso foi o historiador romântico suíço Johann Jakob Bachofen (1815-1887), que em seu livro de 1861, *Mutterrecht* [*O Matriarcado*], propôs que a evolução social humana passara por três estágios, definidos pela relação entre os sexos. O primeiro estágio, de "hetairismo", foi de promiscuidade e igualdade universal; seguiu-se o estágio do matriarcado, no qual as mulheres dominaram a sociedade, e finalmente o estágio do patriarcado, no qual os homens dominaram. O trabalho de Bachofen tornou-se extremamente popular na contracultura do final do século XIX e início do XX, e teve um importante papel como inspiração para o ressurgimento de movimentos de adoração de deusas pagãs nesse período. *VEJA* DEUSA, A; NEOPAGANISMO.

Outros escritores utilizaram a teoria de Bachofen como base para elaborar suas próprias teorias, e em 1903 a classicista inglesa Jane Harrison apresentou a teoria dos matriarcados antigos quase em sua forma atual. Segundo Harrison, no final da Idade da Pedra o sudeste da Europa foi palco de uma cultura pacífica, harmoniosa e artística, centrada na adoração de uma deusa-mãe universal. Nessa sociedade utópica, desconheciam-se guerra e crime, e os conflitos eram resolvidos pelas anciãs segundo os costumes tradicionais. A sociedade teria sido destruída no início da Idade do Bronze, quando a região foi invadida por tribos indo-europeias a cavalo, que pela guerra impuseram sua hierarquia social e a submissão das mulheres.

Em sua época, as posições de Harrison foram associadas com movimentos políticos conservadores e até reacionários; sua interpretação do matriarcado baseou-se em dar um *status* privilegiado a papéis tradicionalmente femininos de nutrição e de criação dos filhos, e não em tentar subverter as ideias vitorianas de identidade sexual. A própria Harrison tornou-se figura pública de certa importância na direita inglesa, e assumiu um papel ativo na luta para negar às mulheres o voto na Grã-Bretanha.

Suas teorias históricas foram apoiadas por acadêmicos ingleses posteriores com posições políticas igualmente conservadoras, dentre os quais a arqueóloga Jacquetta Hawkes é a mais conhecida. Apesar das alegações de que "o *establishment* arqueológico" tem se recusado firmemente a aceitar a hipótese matriarcal, a ideia de que a Europa neolítica tenha sido uma sociedade pacífica e adoradora da deusa foi, na verdade, a posição convencional da arqueologia britânica em boa parte do século XX. A forte influência dessa teoria foi tão grande que às vezes as evidências arqueológicas eram distorcidas para se encaixarem nela; como exemplo, sítios mostrando evidências de guerras foram datados da Era do Bronze, mesmo tendo sido encontradas armas de pedra e a datação por radiocarbono apontasse para uma época neolítica. LEITURA ADICIONAL: KEELEY, 1996.

Tendo em vista o papel conservador da teoria matriarcal na Inglaterra, é irônico constatar que nos Estados Unidos as mesmas ideias tenham ficado associadas ao outro extremo do espectro político. Essa transformação deveu-se principalmente ao trabalho da arqueóloga lituana Marija Gimbutas (1921-1994). Numa série de livros de sucesso, Gimbutas usou a "Velha Europa" matriarcal de Harrison e transformou-a numa utopia feminista que encantou o público liberal do final do século XX.

A teoria de Gimbutas – de que a Europa neolítica seria uma sociedade centrada na mulher, mas igualitária, sem crimes ou guerras – amparava-se em uma nova metodologia que ela chamou de "arqueomitologia", francamente baseada na teoria psicológica de Jung. Gimbutas e seus seguidores afirmavam que a arqueomitologia permitiu-lhes recapturar com sucesso o mundo intelectual da pré-história neolítica. Os críticos sugeriram que seu método nada mais seria do que uma forma de projetar suposições modernas num borrão Rorschach de artefatos pré-históricos.

Na década de 1990, quando a popularidade do trabalho de Gimbutas chegou ao ponto mais alto, poucos grupos da comunidade pagã ou da esquerda cultural mais ampla dos Estados Unidos deixaram de buscar inspiração nos matriarcados antigos. Por outro lado, no mesmo período deu-se o colapso do último apoio organizado para a teoria de matriarcados antigos e utópicos na comunidade acadêmica. Estudos arqueológicos mostraram em detalhes que, longe de ser um conjunto de sociedades pacíficas e igualitárias, a Europa neolítica apresenta todos os sinais de ter sido tão hierárquica e violenta quanto os períodos que se seguiram. Críticas à teoria matriarcal também mostraram várias falhas de evidências nos textos de Gimbutas e de outros proponentes da teoria.

Os defensores dos matriarcados antigos, por sua vez, alegam que essas críticas são simplesmente o produto de preconceito patriarcalista. O tema ainda é alvo de intensos debates na comunidade neopagã. *VEJA TAMBÉM* HISTÓRIA OCULTA. LEITURA ADICIONAL: EISLER, 1987; ELLER, 1993 E 2000; GIMBUTAS, 1989 E 1991; KEELEY, 1996.

Matronit. *VEJA* SHEKINAH.

mau-olhado. Na magia popular do mundo todo, um poder de maldição que atua pelo olhar. A crença no mau-olhado é extremamente antiga e difundida. Algumas tradições populares acreditam que se trata de um poder mágico utilizado de propósito, enquanto outros acham que é inato, automático e quase inconsciente. Causa má sorte, impotência, esterilidade, aborto, doença e morte em combinações variadas. São usados diversos amuletos e feitiços de proteção para afastar os efeitos insidiosos do mau-olhado. VEJA AMULETO. VEJA TAMBÉM MALDIÇÃO. LEITURA ADICIONAL: ELWORTHY, 1971; MALBROUGH, 1986.

Maypole. VEJA MASTRO DE MAIO.

Mazloth. (hebraico MZLVTh, "constelações") Na tradição cabalística, a esfera das estrelas fixas, ou esfera do zodíaco; a correspondência da Sefirah Chesed no mundo de Assiah. VEJA ASSIAH; CHESED.

mediação. Na moderna teoria mágica, processo no qual um mago representa um deus, uma deusa ou outro poder espiritual em um trabalho de magia. Na mediação, o mago se sintoniza com o ser que ele deseja mediar, e usa a estrutura do ritual para expressar as energias do ser. O mago mediador se mantém plenamente consciente durante o processo: essa é a principal diferença entre a mediação e as formas de transe usadas no espiritualismo. VEJA ESPIRITUALISMO; TRANSE.

A prática da mediação, pelo menos na forma específica usada nas tradições mágicas modernas, parece provir das formas divinas usadas na Golden Dawn e outras organizações de lojas mágicas; VEJA FORMAS DIVINAS. Contudo, é muito provável que alguma forma de mediação tenha sido usada na maior parte dos diversos tipos de trabalhos rituais desde a Antiguidade. VEJA TAMBÉM TEURGIA. LEITURA ADICIONAL: R. J. STEWART, 1987, 1988.

meditação. Apesar do estereótipo que sugere que a meditação seria uma prática espiritual puramente oriental, as tradições ocultistas ocidentais têm uma longa e complexa história de práticas meditativas. Até as religiões ortodoxas do Ocidente têm suas próprias tradições meditativas. No catolicismo, por exemplo, os exercícios espirituais de Inácio de Loiola ainda são praticados por jesuítas e outros católicos, e formam apenas uma pequena parte de uma herança muito maior de disciplinas meditativas.

Um fator que tende a confundir a compreensão dos sistemas ocidentais de meditação é a diferença central entre essas disciplinas e os métodos asiáticos de meditação que se tornaram populares no mundo moderno. Nestes, a meta da prática é silenciar os pensamentos. No *shikan-taza* (a forma mais comum de meditação Zen), por exemplo, o meditador procura esvaziar a mente de todos os pensamentos; no mantrayana, método hindu de meditação difundido no mundo ocidental com o nome de "meditação transcendental", o meditador repete uma palavra sagrada em sânscrito diversas vezes, como forma de deter o fluxo de pensamentos.

Na maioria das práticas meditativas ocidentais, por sua vez, a meta não é silenciar a mente, mas assumir o controle do processo mental e usá-lo como veículo para estados superiores de consciência. O meditador se concentra num determinado tema, acompanhando todas as suas implicações e nuances de significado em sua mente, excluindo os pensamentos que não se relacionam com o tema. Usando este método, o meditador ganha os mesmos poderes de concentração e de autodomínio que o praticante das artes meditativas, e também aprende a usar a mente com mais eficiência e clareza.

Tradições da meditação ocultista ocidental datam do início do ocultismo nessa parte do mundo. Na Antiguidade, tanto o platonismo quanto o hermetismo – duas das tradições fundamentais da filosofia esotérica ocidental

– incluem referências à meditação em seus textos fundamentais: Plotino, o grande platônico do século III, descreve algumas de suas próprias experiências meditativas em seu *Tratado das Enéadas*, enquanto no *Corpus Hermeticum*, a coleção básica de textos herméticos antigos, há vários trechos sobre meditação e seus resultados. VEJA CORPUS HERMETICUM; HERMETISMO; PLATONISMO; PLOTINO.

Na cabala judaica tradicional, a meditação é um dos métodos primários de prática, juntamente com a prece e a observação dos mandamentos escriturais e talmúdicos. Os cabalistas meditam sobre os Nomes de Deus, a estrutura da Árvore da Vida e os significados ocultos da escrita por meio da gematria e de outros métodos de análise cabalística. A consciência meditativa também é focada em preces e nos detalhes do ritual religioso judaico, para que cada palavra e ação seja realizada com plena consciência de seu significado e importância.

As práticas meditativas da cabala atingem um alto grau de complexidade e de poder com a meditação de Abraham Abulafia, que combina letras, e as meditações de unificação de Isaac Luria, como parte dos pontos altos da tradição. VEJA ABULAFIA, ABRAÃO; LURIA, ISAAC. Boa parte da meditação cabalística tende a focalizar conceitos abstratos, mas cores visualizadas e letras hebraicas, exercícios respiratórios e detalhes similares também têm seu papel. VEJA CABALA.

A meditação também tem papel central na teosofia, a tradição do esoterismo cristão que surgiu no século XVI (e que não deve ser confundida com os ensinamentos da Sociedade Teosófica, nos séculos XIX e XX), e na maioria dos outros sistemas cristãos de prática esotérica. VEJA OCULTISMO CRISTÃO; TEOSOFIA (MÍSTICA CRISTÃ). Em sistemas esotéricos mais recentes, a meditação tendia a ficar em segundo plano quanto às artes mais pitorescas da magia ritual e da clarividência, mas mesmo ordens mágicas tão influentes quanto a Ordem Hermética da Aurora Dourada e a Sociedade da Luz Interior incluíam formas ocidentais de meditação em seu currículo de treinamento ocultista. VEJA GOLDEN DAWN; SOCIEDADE DA LUZ INTERIOR.

Desde a fundação da Sociedade Teosófica em 1875, finalmente, têm sido incorporados materiais de sistemas orientais de meditação à tradição ocultista ocidental. Além da própria Teosofia, que inclui a meditação entre os métodos da prática ocultista que recomenda aos alunos, deve ser feita uma menção especial a Aleister Crowley, cuja obra sobre yoga e os métodos hindus de meditação tem sido muito copiada na comunidade ocultista. VEJA CROWLEY, ALEISTER; TEOSOFIA; YOGA. LEITURA ADICIONAL: CROWLEY, 1980; FORTUNE, 1987A E 1987B; GARDNER, 1968; J. M. GREER, 1996; A. KAPLAN, 1982; REGARDIE, 1971; SCHOLEM, 1974.

meio do céu. Na astrologia, o grau do zodíaco no ponto mais elevado do céu no momento para o qual o mapa é calculado. Na astrologia natal, a posição do meio do céu costuma ser usada para interpretar as metas ou potenciais mais elevados que a pessoa pode atingir em sua vida. VEJA ASTROLOGIA; ASTROLOGIA NATAL.

Melquisedec. (do hebraico, "rei da justiça" ou "Tzedek é rei" [Malkiy-Tzadeq, Meu rei é a Justiça, ou Rei da Justiça – N. do E.]) No Livro do Gênesis, o rei-sacerdote de Salem, para o qual o patriarca Abraão ofereceu um décimo dos espólios conquistados na batalha contra os reis do Vale. Especulações posteriores, judaicas e cristãs, transformaram Melquisedec numa estranha entidade fora do tempo; os Salmos se referem ao sacerdócio de Aarão (irmão de Moisés e fundador do sacerdócio judaico), enquanto o apóstolo Paulo de Tarso se refere a ele na Epístola aos Hebreus como "Sem pai, sem mãe, sem genealogia, sem começo nem fim de vida como o Filho de Deus" (Hebreus 7,3). Referências a Melquisedec, de uma forma ou de outra, podem ser encontradas em todos os textos gnósticos e cristãos esotéricos, geralmente acompanhadas de alguma referência ao sacerdócio de Melquisedec. *VEJA TAMBÉM* OCULTISMO CRISTÃO; GNOSTICISMO.

Mem. (hebraico MM, "mar") Décima terceira letra do alfabeto hebraico, uma das três letras-mãe, Mem tem o valor sonoro de *m* e valor numérico 40, e, em forma final, 600. Suas correspondências mais comuns são:

> *Caminho da Árvore da Vida*: Caminho 23, de Geburah a Hod.
> *Correspondência astrológica*: Água.
> *Correspondência no tarô*: Arcano XII, O Enforcado.
> *Parte do Cubo do Espaço*: Eixo leste-oeste.
> *Cores*: em Atziluth, azul-escuro.
>   em Briah, verde-marinho.
>   em Yetzirah, verde-oliva escuro.
>   em Assiah, branco salpicado de púrpura.

Seu texto, no *Trinta e Dois Caminhos da Sabedoria*, diz: "O Vigésimo Terceiro Caminho é a Inteligência Estável, e é chamada assim porque tem a virtude da consistência entre todas as numerações". *VEJA TAMBÉM* CABALA; ALFABETO HEBRAICO.

Letra hebraica Mem, esquerda, e sua forma final, direita

memória. *VEJA* ARTE DA MEMÓRIA.

mênstruo. Na alquimia, um fluido no qual outra substância se dissolve ou é macerada; *VEJA* MACERAÇÃO. Na espagíria moderna, o álcool é o mênstruo mais usado para trabalhos com ervas, embora a água e outros fluidos também sejam usados. Na alquimia dos metais, o mênstruo apropriado é um dos mais importantes segredos da Grande Obra. *VEJA* ALQUIMIA; ESPAGÍRIA.

mental. *VEJA* CORPO MENTAL; PLANO MENTAL.

mente coletiva. Na linguagem mágica, a consciência coletiva de um grupo de pessoas cujas emoções e pensamentos estão focalizados na mesma direção. O comportamento das multidões e muitos outros temas da psicologia social, segundo os ensinamentos ocultistas, são gerados por mentes coletivas que são formadas aleatoriamente, em geral por pessoas que não têm noção daquilo que está acontecendo. A construção proposital de uma mente coletiva, por outro lado, é uma importante parte na construção de uma loja mágica funcional. *VEJA* LOJA MÁGICA.

Mentes coletivas não devem ser confundidas com alma-grupo, que é a essência espiritual global de uma comunidade, nação ou grupo étnico. *VEJA* ALMA-GRUPO. LEITURA ADICIONAL: FORTUNE, 1987B, J. GREER, 1998.

mercúrio. Na alquimia, o princípio da fluidez, um dos dois princípios dos metais na alquimia tradicional e um dos três princípios no sistema de filosofia alquímica de Paracelso. Embora a expressão "mercúrio" nos textos alquímicos costume se referir ao mercúrio comum, o metal líquido, Hg, pode referir-se a outra coisa. Referências a Nosso Mercúrio ou ao Mercúrio dos Filósofos às vezes ajudam a distinguir os dois, mas na maioria das tradições alquímicas a operação com o mercúrio comum era considerada um dos mais comuns becos sem saída no caminho que leva à Grande Obra.

Na espagíria, que segue de perto a teoria dos Três Princípios, cada substância teria seu próprio mercúrio (bem como seu próprio enxofre e sal), mas os mercúrios de todas as plantas estão relacionados, e o álcool – o produto da fermentação dos grupos de plantas – pode ser substituído pelo mercúrio de qualquer planta. *VEJA* ESPAGÍRIA. *VEJA TAMBÉM* ALQUIMIA.

Mercúrio. Um dos sete planetas tradicionais da astrologia, no mapa natal Mercúrio representa a mente e o lado intelectual da pessoa. Governa os signos de Gêmeos e de Virgem, embora alguns autores modernos associem Virgem ao asteroide Quíron; exalta-se em Virgem, está em exílio em Sagitário e Peixes, e em queda em Peixes. *VEJA* ASTROLOGIA; QUÍRON.

Na alquimia, o planeta Mercúrio costuma ser usado como símbolo do metal líquido mercúrio. *VEJA* MERCÚRIO.

Símbolo astrológico de Mercúrio

Merkabah. *VEJA* MA'ASEH MERKABAH.

Merlim. Mago supremo das lendas arthurianas, Merlim constitui a principal referência ou influência sobre a ideia que se faz de mago no mundo ocidental, desde a Idade Média. Nas mais antigas fontes galesas, seu nome aparece como Myrddin (que se pronuncia *Mêr-din*).

Segundo a *Historia Regum Britanniae* [*História dos Reis da Bretanha*, publicação original, 1136], de Geoffrey de Monmouth, o *best-seller* original sobre Arthur e fonte da maioria das lendas posteriores, Merlim era filho de uma princesa do sul de Gales com um íncubo; *VEJA* ÍNCUBO. Dotado desde a infância de poderes visionários, ele profetizou sobre três reis sucessivos da Britânia – Vortigern, Ambrósio e Uther – e fez arranjos para a concepção do filho de Uther, Arthur. Versões posteriores da lenda tornaram Merlim responsável pela criação e coroação de Arthur, bem como por suas vitórias nas guerras que o estabeleceram firmemente no trono britânico. Em algum momento posterior, Merlim saiu de cena e foi para um lugar secreto – uma caverna ou torre de vidro, seja por sua vontade, seja pelos ardis de uma jovem que usou sua própria magia para aprisioná-lo.

O próprio Geoffrey de Monmouth, porém, fez um relato diferente da vida de Merlim, o *Vita Merlini* [*Vida de Merlim*]. Nessa versão, o mago sobreviveu a Arthur e enlouqueceu ao ver seus sobrinhos morrerem em combate. Alucinado, morou nas florestas durante muitos anos até recuperar a sanidade e passar o resto da vida em retiro e contemplação espiritual. Esta versão da vida de Merlim ganhou apoio inesperado numa coleção de antigos poemas galeses atribuídos a Myrddin, e já se disse que tanto a biografia de Geoffrey como os poemas galeses referem-se a uma pessoa real, um poeta e druida que viveu onde hoje é o sul da Escócia um século depois da época de Arthur.

As diferenças entre as duas lendas têm sugerido a muitos leitores que teria havido mais de uma pessoa envolvida, e desde a Idade Média autores distinguiam Merlim Ambrósio, ou Myrddin Emrys, o mago e conselheiro de Arthur, e Merlim Sylvester, ou Myrddin Wyllt, o louco e poeta. *O Livro Branco de Rhydderch*, coleção de contos do folclore galês antigo, acrescenta um detalhe curioso: que o nome mais antigo dado à ilha da Grã-Bretanha antes de ser povoada por seres humanos seria *Clas Myrddin* – o Território de Merlim.

Não deve surpreender o fato do nome de Merlim ter aparecido muito nas tradições ocultistas desde sua época. William Lilly (1602-1681), o grande astrólogo inglês, publicou um almanaque astrológico com o título *The English Merlin*; VEJA LILLY, WILLIAM. O ressurgimento druida, bastante baseado em temas arthurianos ao longo de sua história, fez uso intenso de Merlim como símbolo e exemplo, e o surto de interesse pelas tradições e pelo ocultismo celta no século XX fez com que seu nome fosse realmente digno de conjurações. Um teórico moderno da magia, R. J. Stewart, chegou a idealizar um sistema completo de magia e de desenvolvimento espiritual com base nos relatos tradicionais de Merlim na poesia galesa e nos textos de Geoffroy de Monmouth. VEJA TAMBÉM ARTHUR, REI; LENDAS ARTHURIANAS. LEITURA ADICIONAL: KNIGHT, 1983; R. J. STEWART, 1986A, 1986B E 1991; TOLSTÓI, 1985.

Mesmer, Franz Anton. Médico e ocultista alemão, 1734-1815. De modo geral (e incorreto) lembrado em textos convencionais como o descobridor da hipnose, Mesmer foi uma figura complexa, com a vida e a obra inteiramente entremeadas no cenário ocultista do final do século XVIII, responsável por descobertas que estiveram no centro no ressurgimento do ocultismo no século XIX.

Nasceu na pequena aldeia de Iznang, no sul da Alemanha, em 1734, e cursou a escola de Medicina em Viena, recebendo o título de doutor em 1766, com uma tese sobre a influência dos planetas nas doenças humanas. Estabeleceu-se como médico em Viena e começou a fazer experiências com os efeitos do magnetismo sobre a saúde – assunto bastante em voga na época.

Mesmer também se firmou no cenário maçônico de Viena, onde seus amigos incluíam o compositor Mozart, e no cenário ocultista. Sabe-se que se filiou à Ordem da Cruz Áurea e Rosa, uma das mais importantes ordens esotéricas europeias do século XVIII; *VEJA* ORDEM DA CRUZ ÁUREA E ROSA. Embora Mesmer sempre tenha afirmado que suas descobertas eram totalmente originais, é provável que suas ideias tenham sido moldadas pela tradição ocultista e alquímica transmitida pela ordem.

Em meados da década de 1770, Mesmer concluiu que os efeitos curativos dos ímãs não se deviam ao magnetismo convencional, mas a outra força, semelhante ao magnetismo porém mais ligada à vida animal. Deu a essa força o nome de "magnetismo animal", e começou a idealizar formas para dirigi-la, concentrá-la e armazená-la para fins de cura; *VEJA* MAGNETISMO ANIMAL. Como nunca fora modesto, Mesmer acabou afastando a maioria dos médicos vienenses por insistir que o seu método de cura era o único válido, e decidiu mudar-se para campos mais verdejantes.

Em 1778, chegou a Paris, montou seus equipamentos e começou a tratar de pacientes e a anunciar seus métodos. A Academia de Ciências da França e a Sociedade Real de Medicina demonstraram no início interesse cauteloso pelo trabalho, mas concluíram que era um charlatão e recusaram-se a manter qualquer relacionamento. Porém sua clientela e reputação cresceram, o que provocou ataques diretos em artigos de revistas e na imprensa panfletária. Mesmer, seus seguidores e as pessoas que ele havia curado reagiram, publicando seus próprios panfletos e artigos, dizendo que a medicina convencional da época era feita por um grupo de incompetentes venais que tentavam manter seu monopólio à custa da saúde pública. O frenesi provocado pela troca de acusações manteve a mídia ocupada e o público parisiense entretido até que a Revolução Francesa, nove anos depois, levou outros problemas à atenção do público.

No meio da controvérsia, os aliados mais próximos de Mesmer, Nicolas Bergasse e Guillaume Kornmann, fundaram uma organização, a Société de l'Harmonie Universelle [Sociedade da Harmonia Universal], para difundir seus ensinamentos. Mesmer concordou em passar todos os seus segredos para a Société pela soma de 2.400 luíses – um valor bastante substancial para a época. Em 1785, uma comissão governamental condenou seus ensinamentos e ele mudou-se de Paris para Londres, seguindo depois para Áustria, Itália, Suíça e Alemanha, sempre tentando conquistar a aclamação universal de que se achava merecedor. Morreu em 1815 em Meesburg, na Alemanha, não muito longe de sua cidade natal. *VEJA TAMBÉM* MAGNETISMO ANIMAL; MESMERISMO. LEITURA ADICIONAL: BURANELLI, 1975; DARNTON, 1968.

mesmerismo. Sistema de cura por energias sutis idealizado por Franz Anton Mesmer e seus seguidores no final do século XVIII e início do XIX, o mesmerismo tinha fortes raízes nas tradições ocultistas. Costuma ser confundido com o hipnotismo, que foi uma técnica posterior e bem diferente. Ao contrário do hipnotismo, o mesmerismo nunca foi considerado um processo mental; era mais um método de trabalho com energias, operadas mediante as forças sutis da vida, que Mesmer chamava de "magnetismo animal". *VEJA* MAGNETISMO ANIMAL.

Segundo o livro de Mesmer sobre o assunto, *Memória sobre a Descoberta do Magnetismo Animal* (publicação original, 1779), o magnetismo animal é uma força intimamente associada à vida biológica, que está presente em todo o universo e faz com que todas as coisas se mantenham num estado de influência mútua. Forma um campo ao redor de todo corpo vivo, com polos como os de um magneto, e aumenta e diminui segundo padrões complexos. No corpo, afeta o sistema nervoso de maneira direta e todas as outras partes do corpo de maneira indireta. Pode ser concentrado, dispersado, armazenado e passado de um corpo fortemente carregado para outro. Todas essas proposições parecerão muito familiares àqueles que conhecem os ensinamentos ocultistas sobre energia vital ou o mundo etérico, e há motivos para acreditar que o próprio Mesmer – membro de pelo menos uma importante ordem mágica, a Ordem da Cruz Áurea e Rosa – tirou suas ideias de fontes tradicionais. *VEJA* ÉTER; ORDEM DA CRUZ ÁUREA E ROSA.

As ideias de Mesmer circularam inicialmente em Viena, onde trabalhava como médico, mas ganharam projeção internacional depois que ele se mudou para Paris, em 1778. Um ano após sua chegada, o médico alemão e suas descobertas estavam sendo comentados em toda a França, sujeitos a ataques cáusticos na imprensa médica e científica. Na época da morte de Mesmer, 1815, havia praticantes do mesmerismo em toda a Europa e nos Estados Unidos. A condenação do mesmerismo pela ciência ortodoxa da época lançou os praticantes nos braços acolhedores do cenário ocultista.

Na época em que Mesmer viveu em Paris, seus ensinamentos tornaram-se o núcleo de uma organização na forma de loja, a Société de l'Harmonie Universelle [Sociedade da Harmonia Universal], com lojas espalhadas pela França. Embora a Société não tenha sobrevivido à Revolução Francesa, a maioria de seus ensinamentos e muitos de seus membros entraram depois para ordens mágicas. Neste contexto, as ideias de Mesmer foram imensamente influentes; muitos dos grandes trabalhos da teoria ocultista francesa, como os ensinamentos de Éliphas Lévi sobre a Luz Astral, são apenas o mesmerismo com nova terminologia. *VEJA* LÉVI, ÉLIPHAS. *VEJA TAMBÉM* MESMER, FRANZ ANTON. LEITURA ADICIONAL: DARNTON, 1968; MESMER, 1948.

Mesopotâmia. *VEJA* OCULTISMO MESOPOTÂMICO.

Mestres. Em alguns ramos da tradição ocultista, especialmente aqueles associados à Teosofia, seres humanos muito evoluídos que atingiram a iluminação e poderes sobrenaturais ao longo de incontáveis encarnações de esforço espiritual [também chamados Mahatmas – N. do E.]. Boa parte do material que circulou nos meios ocultistas nos últimos 125 anos teria sido transmitido por algum Mestre, comunicando-se por meio de telepatia ou de transe mediúnico.

A lista de Mestres conhecidos ou daqueles que poderiam ser Mestres é bem extensa. Entre os mais famosos, temos Jesus de Nazaré, por vezes chamado de Mestre dos Mestres; o Conde de Saint-Germain, também chamado de Mestre R. (de Rakoczy); e os Mestres El Morya e Kuthumi (também grafado Koot Hoomi), que seriam os principais Mestres por trás do movimento teosófico.

Um historiador moderno da Teosofia, K. Paul Johnson, disse que os Mestres de Blavatsky eram indivíduos vivos, cujos nomes e históricos podem ser deduzidos de fontes contemporâneas. "El Morya", segundo sugere, era o pseudônimo usado por Blavatsky para Ranbir Singh, marajá da Caxemira, enquanto "Kuthumi" seria o líder sikh Thakar Singh Sandhanwalia. Ambos ajudaram Blavatsky enquanto esta viveu na Índia, defendendo a autonomia indiana e opondo-se aos missionários cristãos. Seja qual for a verdade de seu envolvimento, porém, o conceito não tardou para sair das mãos de Blavatsky e assumir uma forma mais mística – um processo que a incomodou muito. *VEJA* BLAVATSKY, HELENA PETROVNA.

O conceito dos Mestres deriva em parte da ideia mais antiga, presente nas lojas ocultistas do século XVIII, dos Chefes Secretos. Também pode ter relação com o conceito budista de bodhisattva, um ser iluminado que volta do Nirvana a fim de conduzir os demais à iluminação. Ao mesmo tempo, o contato com entidades aparentemente reais, com ensinamentos a transmitir, é uma experiência muito comum para estudantes de diversos caminhos espirituais, e essa experiência deve ser o núcleo de todo o complexo. O fato de esses ensinamentos irem de *insights* brilhantes a tolices faz parte do mistério. *VEJA TAMBÉM* TEOSOFIA. LEITURA ADICIONAL: J. GODWIN, 1994; JOHNSON, 1994; LEADBEATER, 1925.

Mestres Ascensionados. *VEJA* MESTRES.

Mestres Ascensionados, ensinamentos dos. No ocultismo popular a partir de meados do século XX, um sistema de teoria e prática esotérica baseado nos textos de Guy Ballard e de muitos outros autores ocultistas; *VEJA* BALLARD, GUY. Acredita-se que os Mestres Ascensionados seriam uma associação de seres espirituais avançados, dedicados ao aprimoramento da raça humana, que transmitiriam seus ensinamentos através da mediunidade e por outros meios. Geralmente, considera-se que o mais elevado dos Mestres seja Jesus de Nazaré, com o conde de Saint-Germain bem próximo a ele. *VEJA* MESTRES.

Esses ensinamentos, como boa parte do ocultismo popular norte-americano do século passado, são uma mistura de elementos teosóficos e cristãos; *VEJA* TEOSOFIA. O ser supremo, EU SOU, está presente no eu superior de cada indivíduo como a presença EU SOU. As almas humanas passam por muitas encarnações, sofrendo o peso do karma de suas ações, até perceberem a presença EU SOU e passarem pela ascensão, deixando para trás seus corpos materiais. Os Mestres Ascensionados são simplesmente as almas que já fizeram isso e agora formam a Grande Fraternidade Branca, o governo espiritual secreto do universo.

Os métodos práticos dos ensinamentos dos Mestres Ascensionados enfocam os decretos e o uso da Chama Violeta. Decretos são preces à presença EU SOU e a um ou mais Mestres Ascensionados; pronunciados num estado meditativo juntamente com visualizações, são repetidos muitas vezes, como mantras. A Chama Violeta é uma expressão do Raio Violeta, um dos Sete Raios; VEJA RAIOS, SETE. Ela representa o poder da liberdade, da transmutação e da cura. Visualizada juntamente com a repetição dos decretos apropriados, a Chama Violeta limparia o karma de erros passados, produziria a cura e estimularia o desenvolvimento espiritual. A prática diária dos decretos e da Chama Violeta é considerada por muitos seguidores dos ensinamentos dos Mestres Ascensionados como o caminho mais eficiente para a ascensão.

Os ensinamentos dos Mestres Ascensionados estão no centro de um movimento difuso mas animado, e muitas dezenas de organizações os promovem. Surgiram problemas relacionados com o comportamento de membros graduados e com desvio de verbas em alguns grupos associados a esses ensinamentos, mas é difícil encontrar hoje em dia uma tradição espiritual na qual isso não ocorra. De modo geral, os ensinamentos e o movimento que se desenvolveu em torno deles representam um acréscimo original e bastante positivo para as tradições mágicas ocidentais. VEJA TAMBÉM SOCIEDADE TEOSÓFICA.

Metatron. O "Príncipe da Face Divina" e mais elevado dos anjos nas doutrinas ocultistas judaicas, Metatron emerge do complexo mundo da angelologia judaica em algum momento dos primeiros séculos da Era Comum, substituindo Miguel como principal anjo do céu. Seu *status* era tão alto que, mesmo em textos relativamente ortodoxos, às vezes é chamado de "o YHVH menor", comparado mais com Deus do que com outros anjos.

Há duas tradições sobre o lugar de Metatron no céu. Uma o retrata como um anjo criado no início da criação do mundo, ou antes dela, e o vê como o mais exaltado poder espiritual criado por Deus. A outra tradição diz que Metatron teria começado como o patriarca Enoque, que subiu com vida ao Céu e se tornou o escriba angélico das boas ações de Israel; VEJA ENOQUE. Muitos místicos e estudiosos posteriores aceitaram as duas tradições ao mesmo tempo, e lidaram com a dissonância cognitiva resultante afirmando que na verdade haveria dois Metatrons. Eram usadas duas grafias do seu nome para distingui-los: MITTRVN para o Metatron primordial, MTTRVN para aquele que fora Enoque.

Na melhor das hipóteses, a origem do nome Metatron é incerta. Pode vir da frase grega *meta thronios*, "antes do trono", ou do deus persa Mitra, que tinha praticamente a mesma relação com o deus zoroastrista Ahura Mazda.

Nos modernos textos cabalísticos, Metatron é o arcanjo de Kether, a primeira Sefirah da Árvore da Vida. VEJA KETHER. LEITURA ADICIONAL: J. GREER, 1997; SCHOLEM, 1974.

Minchiate. Baralho com 97 cartas, sendo 41 trunfos, ou arcanos, e 56 cartas menores, bastante similar ao tarô. Aparentemente, o baralho

Minchiate foi idealizado em Florença no século XVI e usado em jogos de cartas; a palavra *minchiate* pode derivar de uma antiga expressão italiana, *menchia*, que significa "jogo". Havia diversas versões iniciais do baralho Minchiate, algumas com 120 cartas.

Os trunfos do baralho Minchiate incluem a maioria dos Arcanos Maiores do tarô, mas acrescentam diversas virtudes, bem como os quatro elementos e os doze signos do zodíaco. Os títulos do baralho-padrão são os seguintes:

I. O Malabarista
II. O Grande Duque
III. O Imperador do Ocidente
IV. O Imperador do Oriente
V. Os Enamorados
VI. A Temperança
VII. A Força
VIII. A Justiça
IX. A Roda da Fortuna
X. O Carro
XI. O Eremita
XII. O Traidor
XIII. A Morte
XIV. O Diabo
XV. A Torre
XVI. Esperança
XVII. Prudência
XVIII. Fé
XIX. Caridade
XX. Fogo
XXI. Água
XXII. Terra
XXIII. Ar
XXIV. Libra
XXV. Virgem
XXVI. Escorpião
XXVII. Áries
XXVIII. Capricórnio
XXIX. Sagitário
XXX. Câncer
XXXI. Peixes
XXXII. Aquário
XXXIII. Leão
XXXIV. Touro
XXXV. Gêmeos
XXXVI. A Estrela
XXXVII. A Lua
XXXVIII. O Sol
XXXIX. O Mundo
XL. O Juízo Final
XLI. O Tolo

Tradicionalmente, as seis cartas finais eram impressas sem nome ou número.

Muito pouca atenção tem sido dada ao baralho Minchiate, exceto por estudantes dos recônditos das tradições do tarô; contudo, uma versão moderna e apta do baralho foi publicada em 1999 para uso divinatório. VEJA TAMBÉM TARÔ DE MANTEGNA; TARÔ. LEITURA ADICIONAL: S. KAPLAN, 1978; B. WILLIAMS, 1999.

miragem. (também traduzida *glamour*) Nas tradições populares associadas às fadas, o poder de ilusão que essas criaturas possuem, capaz de confundir e iludir seres humanos a um ponto quase inimaginável. O glamour pode ser afastado por ferro frio, amuletos mágicos e por certas ações estranhas, como tirar o paletó e tornar a vesti-lo do avesso. VEJA FADAS.

Nos textos de Alice Bailey e em alguns sistemas de filosofia esotérica influenciados por seu trabalho, a palavra é usada para designar o terreno pantanoso da ilusão e desilusão no qual quase todos os seres humanos passam a vida. Pode ser dividido em quatro aspectos: ilusão, ou a fixação sobre ideias falsas; o glamour propriamente dito, ou a fixação em desejos distorcidos; maya, ou a fixação em ações inadequadas; e o Vigia do Umbral, que é formado pela soma da ilusão, do glamour e de maya que afeta uma determinada pessoa e por ela precisa ser eliminado no processo de iniciação. *VEJA* BAILEY, ALICE; VIGIA DO UMBRAL. LEITURA ADICIONAL: BAILEY, 1950; J. GREER, 2001; R. J. STEWART, 1990.

mirra. (*Balsamodendron* spp.) Resina aromática de diversas espécies de árvores nativas da Arábia e do leste da África, usada na fabricação de incensos desde a Antiguidade. Por seu aroma acre, é um símbolo tradicional de luto, e costuma ser associada a Binah, a terceira Sefirah da Árvore da Vida; *VEJA* BINAH. Na medicina humoral tradicional, é considerada quente e seca no terceiro grau, e por isso associada ao elemento Fogo. *VEJA TAMBÉM* MAGIA NATURAL.

Missa Negra. Rito central de algumas formas tradicionais de satanismo, a Missa Negra é uma paródia da missa católica na qual uma mulher nua é usada como altar, e os símbolos e ações da missa são invertidos ou dessacralizados: usa-se urina, por exemplo, no lugar de água benta, e a hóstia consagrada (a folha de pão ázimo que representa o corpo de Cristo) é profanada de diversas maneiras. Geralmente, os trabalhos terminam com uma orgia.

Uma forma especializada de Missa Negra é a Missa de Saint Secaire, que data da alta Idade Média e originou-se na província francesa da Gasconha. Esse rito é usado para amaldiçoar um inimigo, provocando-lhe uma doença debilitante e fatal. Faz uso de hóstias negras triangulares, e da água extraída de um poço no qual foi lançado o corpo de um bebê sem batismo.

Embora muito do folclore que envolve a Missa Negra pareça fruto da imaginação excessiva dos inquisidores católicos, aqueles que rejeitaram a Igreja Católica em várias épocas adotaram tais ideias e puseram-nas em prática. Nos séculos XVI e XVII, muitos sacerdotes franceses foram condenados e executados por realizarem Missas Negras, e as evidências sugerem que algumas dessas condenações podem efetivamente ter sido baseadas em atividades reais.

Mais certo foi o papel das Missas Negras no "Caso dos Venenos", durante o reinado de Luís XIV da França. Um círculo ativo de satanistas parisienses, liderado por uma adivinha e aborteira apelidada de La Voisin, era patrocinado pela nobreza. Uma amante de Luís, Madame de Montespan, procurou a ajuda do grupo quando suspeitou que o rei estava se interessando por outra mulher, e serviu de altar em três Missas Negras, nas quais hóstias supostamente feitas com o sangue de bebês foram consagradas sobre sua genitália e inseridas em sua vagina.

Fosse qual fosse o valor erótico dessas cerimônias, eram ineficientes do ponto de vista mágico. Todo o esquema veio à tona pouco tempo depois: La Voisin e outras 35 pessoas foram queimadas vivas, e Madame de Montespan perdeu o favoritismo do rei e teve de sair da corte.

A Missa Negra também foi muito praticada na Inglaterra pelo Hell Fire Club, o Clube do Fogo do Inferno, no final do século XVIII, embora fosse mais uma desculpa para seus membros desfrutarem de bebidas e sexo; *VEJA* CLUBE DO FOGO DO INFERNO. Durante o apogeu da decadência francesa de *fin de siècle*, antes da Primeira Guerra Mundial, houve intensa atividade satanista com a prática de várias formas de Missa Negra, e isso passou para a literatura graças ao romancista J.-K. Huysmans, cujo livro *La-Bàs* ainda é a melhor expressão literária da estética Decadente.

Por motivos óbvios, a Missa Negra não foi muito popular fora de países católicos, e perdeu muito de sua popularidade depois que seu valor como elemento escandaloso diminuiu. Aparentemente, foi pouco praticada pelos satanistas nos últimos anos. *VEJA TAMBÉM* SATANISMO.

Mistérios Eleusianos. Mais importantes dos antigos Mistérios, foram celebrados durante quase 2 mil anos na aldeia de Elêusis, não muito distante de Atenas. Evidências arqueológicas sugerem que a aldeia foi fundada pouco antes de 1500 A.E.C. Espaços abertos para danças rituais parecem ter existido em Elêusis naquela época; no século seguinte, foi construído o primeiro templo ali, cercado por um muro tosco de pedras. Esse templo, o Telesterion, foi sendo ampliado ao longo dos anos, até que, na época romana, um espaço enorme e coberto, do tamanho de meio campo de futebol, acolhia os iniciados. No centro havia um pequeno edifício retangular, o Anaktoron.

Por quase dois milênios, candidatos à iniciação nos Mistérios Eleusianos passaram pelo mesmo processo. Primeiro, vinham os Mistérios Menores, o *Myesis*. Originalmente encenados em Elêusis, depois foram transferidos para as margens do rio Ilissos, perto de Atenas. Lá, num dia do mês ateniense de Anthesterion (nosso fevereiro), cada candidato sacrificava um porco, banhava-se nas águas gélidas do Ilissos e ouvia suas instruções. Não chegaram a nós registros exatos daquilo que era ensinado lá, mas parece que seriam mitos ligados à deusa da terra, Deméter, e a sua filha Perséfone. Quem passava pelos Mistérios Menores era proibido de cursar os Maiores no mesmo ano; deveria aguardar um ano inteiro antes de ir a Elêusis completar o processo.

Os Mistérios Maiores, ou *Teletai*, eram ensinados no Telesterion em Elêusis, mas o processo começava em Atenas. No décimo quarto dia do mês ateniense de Boedromion (aproximadamente nosso setembro) sacerdotisas saíam de Elêusis levando objetos sagrados, de natureza até hoje desconhecida, e os guardavam num templo, o Eleusinion, em Atenas. Os candidatos à iniciação haviam começado a jejuar no décimo dia; no décimo sexto, banhavam-se no mar para se purificar e depois ficavam em reclusão interna nos dois dias seguintes.

No início da manhã do décimo nono dia, formavam uma procissão no *Stoa Poikile*, ou Pórtico Pintado, em Atenas, junto com as sacerdotisas e os objetos sagrados; saíam de Atenas pelo Portal Sagrado e marchavam ao longo da Estrada Sagrada até Elêusis. Os candidatos traziam guirlandas de mirto na cabeça e ramos da mesma árvore nas mãos. Na primeira ponte da estrada, sobre o rio Kephisos, recebiam a *kykeon* ("mistura") para beber – uma bebida especial que, ao que se sabe, teria cevada tostada, poejo e água. Cada candidato recebia uma dose cuidadosamente medida, o que sugere que talvez houvesse um componente psicoativo na mistura.

Na segunda ponte, esta sobre o rio Rheitoi, amarrava-se um cordão na mão direita e no pé esquerdo de cada candidato. Então, chegava-se a Elêusis. Quando os candidatos chegavam no local sagrado, já era noite e tochas iluminavam o caminho até o grande portão externo do complexo dos templos. O Dadouchos, um dos oficiais sacerdotais encarregados dos Mistérios, liderava a procissão, levando uma tocha em cada mão. A multidão de candidatos passava por um portão interior e seguia o Dadouchos até o enorme Telesterion. Dentro, aguardava-os o Hierofante, o sumo sacerdote dos Mistérios, sentado num trono do lado de fora da entrada do Anaktoron.

O que acontecia depois é, em todos os sentidos da palavra, um mistério. Sabemos que uma luz brilhante emanava do Telesterion; muitos autores antigos a mencionam, e comentam que podia ser vista a quilômetros dali. Sob essa luz, o Anaktoron era aberto e os candidatos viam alguma coisa. Simplesmente não sabemos o que era. Uma fonte tardia e questionável sugere que podia ser um único grão, ramo ou espiga, suspenso em silêncio.

Na Antiguidade, sabe-se que algumas pessoas teriam quebrado o voto de silêncio exigido dos iniciados. Uma delas, Diágoras de Melos, chamado "sem deus", chegou a escrever um livro sobre o que aconteceria em Elêusis, mas todos os exemplares foram procurados e destruídos. Muitas especulações sobre o que os traidores diziam ou sobre o que Diágoras teria escrito corriam até no mundo antigo, e os praticantes modernos da história ocultista encheram livros com seus palpites; VEJA HISTÓRIA OCULTA. Elêusis ainda mantém seus segredos.

Os iniciados aprendiam um teste de identificação, o *synthema*: "Jejuei, bebi o kykeon, tirei coisas da cesta grande, participei de um rito, coloquei-as numa cesta pequena, e depois retornei à cesta grande".

Os Mistérios continuaram a ser celebrados em Elêusis até à época cristã. Em 364 E.C., o imperador romano Valentiniano, um cristão, baixou um decreto proibindo qualquer cerimônia pagã noturna. O procônsul de Roma, Vécio Agório Pretextato, recusou-se, com o risco de sua vida e de sua posição, a obedecer ao decreto em Elêusis, e os Mistérios continuaram a ser celebrados durante algum tempo. Rivalidades e pressões internas do crescente poder dos cristãos tornaram difíceis os últimos anos dos Mistérios. Finalmente, no ano de 396, a Grécia foi invadida pelos visigodos, que se converteram ao cristianismo no início do século seguinte. Eles saquearam e devastaram os santuários pagãos da Grécia; todo o complexo de templos de Elêusis foi destruído e os Mistérios se perderam.

Realizaram-se diversas tentativas de reconstruir os Mistérios Eleusianos ao longo dos anos. The Patrons of Husbandry (The Grange), uma ordem fraternal norte-americana fundada em 1867 e ainda ativa, inclui uma encenação vitoriana dos Mistérios Eleusianos em seu sétimo e mais elevado grau de iniciação. VEJA PATRONS OF HUSBANDRY (THE GRANGE). VEJA TAMBÉM MISTÉRIOS, OS. LEITURA ADICIONAL: KERENYI, 1967; MYLONAS, 1961.

mistério Shaver. Em setembro de 1943, uma carta de um certo "S. Shaver" chegou ao escritório da revista de ficção científica *Amazing Stories*, uma publicação do tipo *pulp*, falando da descoberta de uma "língua antiga" chamada *mantong* que, sugeria o autor, "parece ser a prova definitiva da lenda da Atlântida" [as publicações *pulp* são impressas em papel-jornal, de onde o nome *pulp*, ou "polpa", e vendidas por 5¢ ou 10¢ – N. do T.]. A carta foi parar no lixo, mas o editor da revista, o lendário Ray Palmer, tirou-a de lá e publicou-a na edição de dezembro de 1943. A reação dos leitores foi tão favorável que Palmer escreveu para o autor pedindo mais informações.

O que ele recebeu foi uma carta mal datilografada com 10.000 palavras intitulada "Um Aviso ao Homem do Futuro". O autor deu seu nome, Richard S. Shaver, e contou uma história confusa sobre um mundo clandestino de túneis e cavernas habitadas por anões subterrâneos psicóticos chamados "deros" – "robôs maléficos", em mantong – que usam antigos raios lemurianos "telang" (de aumento telepático) e "sex-stim" (estimulantes sexuais), entre outros aparelhos, para atormentar os habitantes da superfície. Palmer viu que o tema era uma mina de ouro, transformou a carta numa história com 30.000 palavras chamada "Eu me lembro da Lemúria!" e publicou-a na edição de março de 1945. A edição esgotou-se rapidamente, e a *Amazing* foi inundada por uma média de 2.500 cartas por mês, enviadas por leitores que queriam conhecer melhor os sinistros deros, ou contavam histórias de seus próprios contatos com eles.

Entre 1945 e 1948, quando os superiores de Palmer disseram-lhe que devia acabar com o "mistério Shaver", devolvendo a revista a seu foco original em ficção científica, relatos das atividades perversas dos deros e da história secreta do planeta encheram as páginas de *Amazing*. Uma edição, de junho de 1947, foi inteiramente dedicada ao tema. Os fãs mais ortodoxos de ficção científica ficaram indignados, mas os mistérios Shaver já tinham seus seguidores. Quando Palmer saiu da *Amazing* em 1948 e fundou a *Fate Magazine*, fãs de Shaver e do recém-formado cenário ufológico deram-lhe um mercado pronto para "histórias verdadeiras sobre o estranho, o incomum, o desconhecido".

O mistério Shaver baseou-se em grande parte em diversos temas esotéricos tradicionais e teosóficos, e muitos de seus elementos foram adotados por sistemas de crenças situados nos limites da comunidade esotérica. Na ala mais paranoica do movimento da Nova Era, em especial, os deros e seu mundo secreto de túneis ainda são uma presença viva. *VEJA* NOVA ERA, MOVIMENTO DA. *VEJA TAMBÉM* DEROS; GNOMOS; MANTONG; TEOSOFIA. LEITURA ADICIONAL: CHILDRESS, 1999; KAFTON-MINKEL, 1989; SHAVER, 1948.

Mistérios Mitraicos. Dos mais influentes e intrigantes dentre os antigos Mistérios, os Mistérios Mitraicos centralizavam-se num deus persa levado para o Império Romano. Originalmente uma divindade indo-europeia associada a juramentos e contratos, Mitra aparece em fontes bem antigas do Irã (como Mithra) e da Índia (como Mitra), chegando a ser mencionado em registros sobre tabletes de argila da antiga capital hitita, Boghazkoy, hoje na Turquia. Foi um dos poucos deuses antigos a ser incorporado como poder angélico à religião monoteísta pregada por Zoroastro no antigo Irã, e por isso tornou-se uma figura significativa na vida religiosa do Oriente Médio. No período clássico, reis de diversos países da Ásia ocidental tinham o nome de Mitradates, "presente de Mitra", e os arqueólogos encontraram um número respeitável de estátuas, templos e moedas com a imagem do deus.

Sua presença nas tradições ocultistas ocidentais, porém, deriva da adoção pelos romanos, ocorrida em algum momento do século I E.C. Plutarco (46-após 120 E.C.), o grande estudioso grego do paganismo, acreditava que o culto mitraico que ele conhecia surgira entre os piratas da Cilícia, situada a sudeste da atual Turquia. Essa afirmação tem sido aceita pelos estudiosos modernos, especialmente porque Plutarco comentava eventos ocorridos pouco antes de sua época. Seja qual for a fonte original do culto mitraico, tornou-se popular entre os intelectuais de Tarso, capital da Cilícia, e depois entre soldados e políticos romanos da época do império.

Os Mistérios Mitraicos se assemelhavam aos das lojas fraternais dos últimos séculos. Apenas homens eram admitidos, e passavam por sete graus de iniciação, cada um associado a um dos sete planetas:

Grau	Significado	Planeta
1. Corax	Corvo	Mercúrio
2. Nymphus	Noiva	Vênus
3. Miles	Soldado	Marte
4. Leo	Leão	Júpiter
5. Perse	Persa	Lua
6. Heliodromus	Corredor	Sol
7. Pater	Pai	Saturno

Os iniciados se reuniam para rituais de iniciação e refeições cerimoniais com pão e vinho, em templos subterrâneos decorados com o principal símbolo mitraico, a imagem de Mitra matando um grande touro. Essa imagem pode indicar o núcleo dos Mistérios

Mitraicos, pois, como disse David Ulansey num livro recente e importante, a imagem de Mitra com o touro – que também incluía diversas figuras de menor importância, entre as quais uma cobra, um cão, um escorpião, um corvo, um leão e uma taça – é um mapa estelar muito preciso de um segmento específico do firmamento, centralizado nas constelações de Touro e de Perseus.

Já se sugeriu que o segredo interno do mitraísmo estaria relacionado com a precessão dos equinócios, a lenta oscilação do eixo da Terra que faz com que a posição do Sol nos equinócios e solstícios vá recuando pelo zodíaco à velocidade de um signo a cada 2.150 anos, aproximadamente. A precessão foi descoberta (ou redescoberta) pelo astrônomo grego Hiparco (c. 190-126 A.E.C.), e uma civilização em que as estrelas eram vistas como deuses pode ter ficado impressionada com a descoberta de que toda a estrutura do universo parecia girar em torno delas. *VEJA* CICLOS CÓSMICOS; PRECESSÃO DOS EQUINÓCIOS.

Os Mistérios Mitraicos floresceram no Império Romano nos séculos II e III E.C., mas foram reprimidos juntamente com outras tradições religiosas pagãs quando o cristianismo conquistou o poder político nos séculos IV e V. Houve pelo menos uma tentativa no século XIX de ressuscitar uma versão dos Mistérios Mitraicos, sem muitos resultados; o posicionamento exclusivamente masculino da tradição pode ter impedido seu reaparecimento dentro do moderno movimento neopagão. LEITURA ADICIONAL: CLAUSS, 2000; ULANSEY, 1989.

Mistérios, os. Situados entre os mais famosos aspectos da antiga religião grega e romana, os Mistérios eram rituais tradicionais de iniciação, muitos deles transmitidos desde épocas bem mais remotas. O mundo grego tinha uma rica variedade de Mistérios, e no passado alguns estudantes de misticismo tinham por hábito serem iniciados no maior número possível de mistérios.

Os Mistérios mais famosos eram os Mistérios Eleusianos, realizados uma vez por ano na pequena cidade de Elêusis, não muito distante de Atenas; *VEJA* MISTÉRIOS ELEUSIANOS. Estavam associados ao mito da procura de Deméter por sua filha Perséfone. Mais conhecidos, os mistérios de Baco giravam em torno do mito de Dionísio; em seu apogeu, no ápice do Império Romano, havia congregações de Baco por todo o império, mesmo em locais remotos como a Britânia. Outros Mistérios bastante populares na época clássica incluíam os de Cibele, a Magna Mater ou Grande Mãe, que foram difundidos a partir da atual Turquia; os de Ísis, nascidos da fusão entre as religiões grega e egípcia na época posterior à da conquista do Egito por Alexandre, o Grande; e os de Mitra, incomuns pelo fato de só admitirem homens. *VEJA* MISTÉRIOS MITRAICOS.

Os ritos de iniciação dos Mistérios eram secretos, e só restaram referências esparsas e imagens para que os estudiosos modernos arrisquem palpites sobre o seu conteúdo. Nos primeiros estágios da cerimônia, havia diversos rituais, alguns de purificação e outros com fins simbólicos; por exemplo, os iniciados nos Mistérios de Elêusis se banhavam no mar e sacrificavam porcos para se purificarem, e viajavam a pé de Atenas até Elêusis seguindo uma rota, o Caminho Sagrado, com diversas paradas para celebrar eventos do mito de Deméter e de Perséfone. Ao que parece, havia testes e visões aterrorizantes, e então a revelação do segredo central do Mistério – algo que era visto, segundo os relatos. Nos Mistérios de Baco, por exemplo, via-se um enorme falo numa cesta de joeirar. O que isso significava, e a importância que teria para aqueles que passavam pela cerimônia de iniciação, é algo que só podemos tentar adivinhar.

A maioria dos Mistérios estabelecia apenas um estágio de iniciação. Os Mistérios Eleusianos eram diferentes porque tinham duas fases, a *Myesis*, ou Mistérios Menores, e os *Teletai*, ou Mistérios Maiores. Os Mistérios Mitraicos eram bem mais complexos; tinham sete graus de iniciação, cada um associado a um dos sete planetas conhecidos no mundo antigo.

Os Mistérios eram um importante aspecto da religião pagã do mundo antigo, e, como a maioria dos outros aspectos do paganismo clássico, aparentemente se extinguiram quando o cristianismo assumiu o controle do mundo romano e as práticas pagãs tornaram-se ilegais. Certos elementos dos Mistérios foram preservados em círculos mágicos, como atestam os papiros mágicos greco-egípcios; *VEJA* PAPIROS MÁGICOS GRECO-EGÍPCIOS. Elementos importantes da terminologia grega usados nos papiros saíram diretamente dos Mistérios, e há rituais inteiros – como, por exemplo, a chamada "Liturgia Mitra" – que parecem saídos diretamente dos ritos dos Mistérios. Como muitos dos magos gregos e romanos mais filosóficos também eram iniciados nos Mistérios, esses empréstimos eram possíveis, e podem ter permitido que fragmentos das práticas dos Mistérios passassem para as tradições mágicas posteriores. Tentativas de identificar trechos específicos dos Mistérios no ocultismo posterior, porém, têm sido bem problemáticas.

Parece que pouca atenção foi dada aos Mistérios durante a Idade Média e o Renascimento, mas o aparecimento público da Maçonaria no início do século XVIII tornou os rituais de iniciação um tema de grande interesse. Tal interesse se manifestou de diversas maneiras. Primeiro, foram feitas tentativas de demonstrar (sem muitas evidências) que a Maçonaria ou alguma outra ordem fraternal seria a descendente direta de uma tradição específica de Mistérios, ou então dos Mistérios como um todo. Em segundo, foram criados novos rituais de lojas baseados nos fragmentos de informação restantes sobre os Mistérios, um projeto que pode ter atingido o zênite com a invenção do Sétimo Grau dos Patrons of Husbandry (The Grange), uma tentativa vitoriana de reencenar os Mistérios Eleusianos. Em terceiro, os Mistérios foram interpretados com a leitura dos hábitos e tradições das lojas fraternais dos séculos XVIII e XIX nas antigas Grécia e Roma. *VEJA* LOJA FRATERNAL; PATRONS OF HUSBANDRY (THE GRANGE). Esses três elementos tiveram um importante efeito sobre o desenvolvimento da história mítica do ocultismo no período moderno. *VEJA* HISTÓRIA OCULTA. *VEJA TAMBÉM* PAGANISMO. LEITURA ADICIONAL: BURKERT, 1987; GRAF, 1997.

Mitra. *VEJA* MISTÉRIOS MITRAICOS.

mnemônica, mnemonista. *VEJA* ARTE DA MEMÓRIA.

mohsianos. *VEJA* TRADIÇÃO MOHSIANA.

mojo. No hudu, um mojo ou saquinho mojo (também chamado toby) é a forma mais comum de amuleto, consistente num saquinho de tecido – geralmente feito de flanela vermelha – dentro do qual são colocadas diversas substâncias mágicas ativas. [No Brasil, um objeto semelhante é chamado patuá – N. do T.] *VEJA* HUDU.

mônada. (do grego, "unidade") Em várias filosofias, algumas delas ocultistas, termo que significa a centelha espiritual central no cerne de cada ser vivo. O vocábulo ganhou uso filosófico graças à obra do polímata alemão Gottfried Wilhelm Leibniz (1646-1716), que dizia que as mônadas – inconscientes no mundo "inanimado", semiconscientes nas plantas e nos animais, e plenamente conscientes na humanidade – eram os elementos constitutivos fundamentais de todo o universo. Foi adotada por diversos movimentos místicos, a maioria da Alemanha, nos séculos XVIII e XIX como expressão conveniente, sem um ponto de apoio específico nas teologias existentes. A partir daí, parece ter passado para a Teosofia, que fez uso intenso do termo.

Conceitos equivalentes em outros sistemas esotéricos ocidentais incluem o *yechidah*, ou "Unidade" da teoria cabalística, e a *synteresis*, ou centelha divina discutida por Plotino e outros pensadores platônicos. VEJA CABALA; PLATONISMO. VEJA TAMBÉM ESPÍRITO.

Mônada Hieroglífica. (do latim *Monas Hieroglyphica*) Símbolo esotérico idealizado por John Dee e publicado num livro com o mesmo título, em 1564. A Mônada era formada pelo símbolo planetário de Mercúrio combinado com o símbolo zodiacal de Áries, mas todos os sete símbolos planetários podiam ser encontrados nela. O texto bastante obscuro do livro de Dee sugere que novos sistemas de alquimia, astrologia, proporção, óptica e outras ciências (ocultas e mundanas) podem ser deduzidos do estudo desse símbolo.

Pouco parece ter sido feito com a mônada desde a época de Dee, mas ela chegou a ser usada como emblema pelos primeiros rosa-cruzes, e surgiu também em muitas outras tradições ocultistas. VEJA TAMBÉM DEE, JOHN. LEITURA ADICIONAL: DEE, 1986; JOSTEN, 1964.

Mônada Hieroglífica

Monas Hieroglyphica. VEJA MÔNADA HIEROGLÍFICA.

Monte Shasta. VEJA SHASTA, MONTE.

Mopses, Ordem dos. Ordem semimaçônica fundada em Colônia, na Alemanha, em 1738, como resposta à primeira condenação importante da Igreja Católica à Maçonaria (a bula *Eminente Apostolatus Specula*, emitida pelo papa Clemente XII em 28 de abril de 1738). A ordem foi criada para permitir que católicos interessados em se tornar membros de lojas maçônicas pudessem pertencer a uma organização similar que não sofrera a condenação da Igreja. Espalhou-se por boa parte da Europa católica, com lojas ativas na França, Holanda, Alemanha e Áustria na década de 1840.

Ao contrário da maioria das organizações maçônicas, a Ordem dos Mopses admitia tanto mulheres quanto homens em seus quadros. Seu nome se referia a um tipo de cão de companhia bastante popular, que também figurava em seu símbolo – um sinal de que talvez os membros não levassem tão a sério as atividades de suas lojas quanto os maçons. Parece ter desaparecido no final do século XVIII. VEJA TAMBÉM MAÇONARIA; LOJA FRATERNAL.

Mor. (irlandês antigo, "mar") Nome alternativo da letra Ogham Phagos. VEJA PHAGOS, OGHAM.

moradas lunares. Na astrologia e na magia estelar, um conjunto de 28 constelações que fazem fundo à passagem da Lua pelo céu. Na astrologia lunar, as moradas lunares tinham aproximadamente o mesmo propósito que os signos do zodíaco na astrologia solar. Antes do calendário escrito, a pessoa que conhecesse as moradas podia comparar a fase da Lua com a morada onde ela estivesse e acompanhar as estações do ano com boa precisão. Há várias versões das moradas na astrologia árabe, hindu e chinesa, embora o sistema em si pareça ter origem hindu.

Na magia árabe, as moradas lunares têm um papel importante, e cada uma recebia um nome, um espírito, uma imagem mágica, um metal e um incenso, bem como um poder ou influência particular. Talismãs do metal e com a imagem são consagrados com o incenso apropriado quando a morada lunar se erguia sobre o horizonte oriental. O *Picatrix*, importante texto mágico árabe bastante estudado na Europa medieval, contém muitas informações sobre as moradas lunares. *VEJA* PICATRIX.

Na tradição astrológica medieval, as 28 moradas lunares às vezes eram usadas para organizar os *Livros de Lunações*. *VEJA* LIVRO DE LUNAÇÕES. *VEJA TAMBÉM* LUA.

Morador do Umbral. *VEJA* VIGIA DO UMBRAL.

Morte. O décimo terceiro Arcano Maior do tarô, geralmente ilustrado com uma figura convencional da morte, como um esqueleto. No sistema da Golden Dawn, esse Arcano está associado à letra hebraica Nun, enquanto o sistema francês o associa a Mem. Na adivinhação, geralmente significa mudança ou transformação, e não a morte em si.

Carta de tarô a Morte (tarô Universal)

Seu título mágico é "Filho dos Grandes Transformadores, Senhor dos Portões da Morte". *VEJA* TARÔ.

Morte da Alma, Livro da. Misterioso texto de magia maléfica mencionado por Roger Bacon e outros autores medievais. Aparentemente, nada se sabe ao certo sobre ele, inclusive se teria existido, e pode ter sido apenas fruto da imaginação de religiosos contrários à magia. *VEJA* GRIMÓRIO; BACON, ROGER.

morto-vivo, projeção de. Na tradição ocultista, pessoa falecida que não passou pela Segunda Morte, a separação entre a alma e o corpo etérico. Antigamente, ensinavam-se diversas formas mágicas para que os indivíduos atingissem esse estado como um modo de prolongar a existência após a morte e de evitar as possíveis dificuldades do pós-vida. Numa interpretação, boa parte da tradição mágica do Egito Antigo visava permitir ao morto permanecer como uma projeção de morto-vivo.

A existência de um morto-vivo depende de três fatores. Primeiro, o antigo corpo físico precisa ser preservado. Segundo, o morto-vivo deve evitar a luz solar direta e outros fatores que tendem a dispersar as estruturas etéricas. Terceiro, o morto-vivo deve ter uma fonte regular de energia etérica. Em muitas culturas, essas necessidades eram atendidas por métodos de embalsamamento, práticas funerárias envolvendo montes de terra ou estruturas de pedra cercadas por tabus, e oferendas regulares de alimentos e bebidas.

Na Antiguidade, o colapso desses costumes forçou os mortos-vivos a práticas cada vez mais perigosas, dentre as quais a mais comum deve ser a do vampirismo; *VEJA* VAMPIRO. *VEJA TAMBÉM* CORPO ETÉRICO. LEITURA ADICIONAL: J. GREER, 2001.

Morya, Mestre. *VEJA* EL MORYA, MESTRE.

Mu. Um continente perdido, supostamente localizado no centro do oceano Pacífico, há cerca de 13 mil anos, Mu tem uma história extremamente complicada – mesmo em se tratando de continentes perdidos, o que já diz muito. Sua origem pode ser situada em Diego de Landa, monge espanhol do século XVI que chegou à Península do Yucatán com os conquistadores e teve um papel fundamental na eliminação da maior parte do que restava da cultura maia clássica. Ao mesmo tempo, ele tentou copiar o alfabeto maia para que os especialistas europeus pudessem examiná-lo.

Infelizmente para seus esforços, a língua maia não tinha alfabeto. Tinha, porém, um elegante sistema de hieróglifos com símbolos que significavam sons, palavras e conceitos abstratos. Ao que parece, o bispo de Landa não fez perguntas suficientes para descobrir isso, e simplesmente copiou um conjunto de sinais cujos nomes em maia soavam quase como as letras do alfabeto latino.

Em 1864, a cópia feita por de Landa do "alfabeto" maia chegou às mãos de Charles--Étienne Brasseur de Bourbourg (1814-1874), excêntrico estudioso francês. Brasseur deduziu e publicou uma "tradução" de um dos três códices maias restantes, que pareciam falar de algum violento desastre vulcânico num lugar chamado "Mu, Terra de Mud". (Na verdade, o códice em questão é um conjunto de tabelas astrológicas usadas pelos sacerdotes maias para deduzir as influências do planeta Vênus.) O trabalho de Brasseur inspirou os teóricos da Atlântida Ignatius Donnelly (1831-1901) e Augustus Le Plongeon (1826-1908), e ambos afirmaram que, na verdade, Mu seria a Atlântida.

O nascimento de Mu como continente perdido com "existência" própria foi obra de James Churchward, cuja contribuição anterior para o mundo literário fora um guia de caça e pesca do nordeste do Maine. Supostamente, seu livro de 1925, *O Continente Perdido de Mu*, baseou-se em dois conjuntos de tabletes, um da América Central e outro da Índia, que teriam origem no continente perdido. Segundo Churchward, Mu teria sido o lar original da humanidade: uma grande massa de terra no meio do Pacífico, indo mais ou menos da Ilha da Páscoa até as Marianas. Em seu apogeu, tinha uma população de 64 milhões de pessoas, aproximadamente, governadas por um rei--sacerdote chamado Rá, e enviava colônias para diversas partes do Velho e do Novo Mundo. A catástrofe que assolou Mu foi causada por "veios de gás" subterrâneos que explodiram subitamente, lançando a Terra de Mud ao fundo do oceano.

Até estudiosos que apoiam a hipótese do continente perdido consideraram Mu um estorvo, pois os livros de Churchward estão repletos de enganos e erros, e suas afirmativas extravagantes não possuem nenhuma evidência para ampará-las. Certos ramos da comunidade ocultista, porém, adotaram Mu em suas versões da história oculta, e Mu tem sido costumeiramente confundido nos círculos ocultistas e da Nova Era com outro continente perdido, a Lemúria – o que não é pouco, considerando-se que teriam existido em oceanos completamente diferentes. *VEJA TAMBÉM* CIVILIZAÇÕES PERDIDAS; HISTÓRIA OCULTA. LEITURA ADICIONAL: CHURCHWARD, 1931; DE CAMP, 1970.

Muinn. (irlandês antigo, "volta") Décima primeira letra do alfabeto Ogham, com valor sonoro *m*. Corresponde à vinha entre as árvores, ao chapim entre as aves, à cor "salpicada" (em irlandês, *mbracht*) e ao número seis. Na versão de Robert Graves para o calendário das árvores-Ogham, seu mês vai de 3 de setembro a 30 de setembro. *VEJA* OGHAM.

Letra Ogham Muinn

multiplicação. Na alquimia, processo pelo qual uma substância alquimicamente ativa e em pequena quantidade aumenta em quantidade e poder. A Pedra Filosofal, segundo textos alquímicos, poderia passar diversas vezes pelo processo de multiplicação, a cada passagem criando mais pedra e maior poder de transformar metais básicos em ouro. O simbolismo alquímico associa esse processo ao signo zodiacal de Aquário. *VEJA* ALQUIMIA; PEDRA FILOSOFAL.

Mundo, o. Vigésima primeira (ou vigésima segunda) carta do Arcano Maior do tarô, também chamada de "o Universo" em alguns baralhos. Suas imagens variam nos baralhos mais antigos, embora os mais recentes tenham uma mulher nua ou parcialmente nua dançando num espaço oval ao centro, cercada por vários desenhos simbólicos. Nos sistemas de simbolismo de tarô francês e da Golden Dawn, este Arcano está associado à letra hebraica Tau.

Carta de tarô o Mundo (tarô Universal)

O título mágico deste Arcano é "Grande Ser da Noite do Tempo". *VEJA TAMBÉM* TARÔ; TAU.

Murray, Margaret. *VEJA* HIPÓTESE DE MURRAY.

Murrell, James. Mago inglês, 1780-1860. Nascido em Rochford, Essex, bem no meio dos distritos mais ativos na caça às bruxas da Inglaterra, Murrell foi o sétimo filho de um sétimo filho. Único membro da família a cursar a escola, estudou topografia e depois trabalhou como assistente de farmacêutico antes de voltar à vila natal, perto de 1812. Estabeleceu-se como sapateiro, mas depois abandonou essa profissão e começou a trabalhar como cunning folk; *VEJA* CUNNING FOLK. Ficou famoso na região por fazer mapas astrológicos, curar doenças com remédios herbáceos, invocar anjos, exorcizar espíritos malignos e desfazer maldições.

Sua biblioteca de livros sobre magia, mantidos trancados num baú, representa um fascinante esboço da fusão entre alta magia e magia popular na era das trevas do racionalismo. Incluía livros sobre astrologia e astronomia, um exemplar do herbário de Culpeper anotado pelo próprio Murrell e um manual que mostra como evocar espíritos. Aparentemente, alguns desses livros chegaram a Murrell por fontes mais antigas; um manual, único exemplar de sua biblioteca que ainda existe, consiste em horóscopos e tradições mágicas colecionadas por um mago do século XVII chamado Neoboad. LEITURA ADICIONAL: MAPLE, 1970.

N

Nachash. (hebraico NChSh, "serpente") A serpente da Árvore do Conhecimento, principal vilão do Livro do Gênesis, teve papel curioso no simbolismo cabalístico. Pela gematria – processo cabalístico de somar os valores numéricos das letras de uma palavra, comparando-se o resultado com o de outras palavras – Nachash, que soma 358, é igual a MShICh, Meshiach ou Messias. Alguns gnósticos equiparam a serpente do Éden ao Redentor, embora não se saiba se chegaram a fazer uso dessa equação; *VEJA* GNOSTICISMO.

No simbolismo cabalístico, Nachash – a serpente que tentou Adão e Eva – faz contraste com Nehushtan, a serpente de bronze que Moisés colocou no alto de um poste, que também é vista como a serpente da Árvore da Vida; *VEJA* NEHUSHTAN. Éliphas Lévi e outros teóricos da magia também identificaram Nachash com o perigoso e ardiloso astral inferior, e Nehushtan com o redentor astral superior; *VEJA* PLANO ASTRAL.

nacional-socialismo. Bem antes de seu tempestuoso desaparecimento em 1945, o movimento Nacional-Socialista ("nazista") da Alemanha já estava associado a tradições ocultistas, e, recentemente, surgiu uma boa quantidade de livros na maioria das línguas ocidentais falando de diversas conexões entre o nazismo e o ocultismo. Do ponto de vista factual, a maior parte desses livros é inútil – repletos de erros óbvios, distorções graves e generosas porções de fantasia e de invenção. No furor resultante, as poucas obras históricas e sérias sobre o tema receberam pouca atenção, e as evidências reais sobre o ocultismo nazista foram bastante negligenciadas.

Portanto, uma das principais tarefas na discussão das dimensões ocultistas do nazismo é eliminar a selva de desinformações que cresceu ao redor das ruínas do Terceiro Reich. Não existe, por exemplo, um único fragmento de evidência que mostre que Hitler ou qualquer outro oficial nazista importante tenha demonstrado interesse específico pela "Lança do Destino", que teria perfurado o flanco esquerdo de Jesus de Nazaré, e o livro que apresentou essa ideia, um *best-seller*, inclui uma série de imprecisões igualmente improváveis. Do mesmo modo, a sugestão de que os nazistas seriam títeres de sinistros adeptos tibetanos, ou que estariam em contato com superseres que habitariam o interior da Terra oca, são relevantes para o estudo do folclore ocultista do século XX, mas não têm nada que ver com o que estava acontecendo na Alemanha entre 1919 e 1945.

Por trás de toda fumaça, contudo, há certa quantidade de fogo. Embora as declarações mais extremas sobre a influência ocultista sobre o nazismo (e vice-versa) possam ser descartadas, resta um núcleo de fatos inegáveis. Os pontos a seguir foram solidamente documentados.

(a) A ideologia da Alemanha nazista foi, em grande parte, inspirada nas sociedades ocultistas alemãs e austríacas ligadas à Ariosofia, um desdobramento racista da Teosofia que surgiu no início do século XX;

(b) O próprio Partido Nazista organizou-se originalmente como braço político da *Thule-Gesellschaft*, uma sociedade secreta intimamente ligada à mais importante ordem esotérica ariosófica da Alemanha;

(c) Membros importantes do Partido Nazista, inclusive o próprio Hitler, estavam direta e pessoalmente envolvidos em alguma forma de estudo ocultista.

Esses três pontos já deixam claro que a dimensão ocultista do nazismo não pode ser simplesmente descartada. Embora muitos outros fatores tenham se combinado na Alemanha das décadas de 1920 e 1930 para que o nazismo se lançasse ao mundo, a contribuição da Ariosofia e de outros elementos das tradições ocultistas ocidentais não foi pequena.

Portanto, as origens do nazismo podem ser localizadas na Ariosofia, movimento ocultista que surgiu na Áustria e na Alemanha por volta do início do século XX; *VEJA* ARIOSOFIA. O escritor e ocultista austríaco Guido von List, uma figura importantíssima da Ariosofia, foi que reintroduziu o estudo das runas no ocultismo moderno e glorificou as antigas tribos germânicas e sua sabedoria mágica em seus escritos. Segundo List, esta sabedoria teria sido posse dos armanen, uma casta de reis sacerdotes entre os antigos germânicos. List também lidou com profecias, e na última parte de sua vida escreveu muito sobre *die Stärke von Oben*, "o Poderoso do Alto", que em breve apareceria e libertaria a raça ariana de seus supostos opressores judeus. A Guido von List Society, fundada por admiradores de List, combinava um interesse pela religião pagã alemã e magia com fortes posições políticas racistas e de direita. Seu círculo interior, o HAO, de Höhere Armanenorder [Ordem Armanen Superior], praticava rituais de magia baseados nas teorias de List. *VEJA* ARMANEN; LIST, GUIDO VON.

Havia outro ocultista austríaco associado a List, Jörg Lanz von Liebenfels [criador do termo Ariosofia – N. do E.], ex-monge cisterciense que alegava que a humanidade moderna era fruto do cruzamento entre antigos super-homens arianos e anões subumanos pervertidos sexualmente. [Em uma doutrina que ele chamou de Teozoologia – N. do E.]. Membro fundador da Guido von List Society e editor de uma das principais revistas racistas da Áustria, *Ostara*, Lanz von Liebenfels fundou sua própria ordem esotérica, a Ordo Novi Templi [ONT, ou Ordem dos Novos Templários], que exigia que os candidatos passassem por testes de pureza racial antes de poderem entrar e desenvolveu uma complexa liturgia de rituais dedicados a restaurar em seus membros os poderes eletropsíquicos perdidos. *VEJA* LANZ VON LIEBENFELS, JÖRG; ORDO NOVI TEMPLI (ONT).

Na Alemanha, essas mesmas correntes de pensamento encontraram um mercado pronto nos círculos nacionalistas e antissemitas no período anterior à Primeira Guerra Mundial. Por volta de 1910, o ariosofista alemão Hermann Pohl começou a reunir materiais para uma ordem ocultista, a Germanenorden, fundada oficialmente em 1912. Parte movimento político secreto, parte sociedade mágica, a Germanenorden inspirou-se profundamente nas ideias de Guido von List. As diferenças entre as alas ocultistas e políticas da ordem levaram a um cisma em 1916. *VEJA* GERMANENORDEN.

Em 1917, o ramo de Munique mais ocultista, formou a Germanenorden Walvater e passou a ser comandado pelo aventureiro Rudolf von Sebottendorf, que aumentou em sete vezes o número de membros e deu-lhe o pseudônimo público de Thule-Gesellschaft, a Sociedade Thule. Durante a tentativa de revolução comunista na Baviera que se seguiu à derrota alemã na Primeira Guerra Mundial, a Sociedade Thule teve um papel central na organização da resistência de direita aos comunistas. *VEJA* THULE-GESELLSCHAFT.

A Sociedade Thule também organizou um partido político, o Deutsche Arbeipartei [DAP, ou Partido dos Trabalhadores Alemães], para mobilizar os setores mais conservadores da classe operária. Na noite de 12 de setembro de 1919, um veterano austríaco chamado Adolf Hitler foi a uma reunião da DAP e entrou numa acalorada discussão política. Alguns dias depois, o partido convidou-o para participar de seus quadros. O "Poderoso do Alto" de Guido von List tinha surgido.

Hitler já conhecia o ocultismo. Segundo um amigo da época de Viena, ocultismo, religiões orientais e astrologia eram parte importante das leituras do futuro Führer. Enquanto morou em Viena, adquiria regularmente a revista de Lanz von Liebenfels, *Ostara*, e chegou a visitar o ariosofista para completar sua coleção. Os textos e comentários registrados de Hitler mostram que ele não nutria nada exceto desprezo pela ala folclórica da Ariosofia, o ramo que procurou reviver o antigo paganismo e as tradições populares alemãs, mas boa parte da ideologia racial e do programa político de Lanz von Liebenfels encontraram espaço nos planos de Hitler. *VEJA* HITLER, ADOLF.

Durante os primeiros estágios da sua ascensão ao poder, Hitler foi auxiliado por membros da Sociedade Thule, cujas conexões com bávaros de direita ricos e influentes mostraram-se cruciais para que o pequeno e mal organizado DAP se transformasse no Nationalsozialistische Deutsche Arbeipartei [NSDAP, ou Partido Nacional-Socialista dos Trabalhadores Alemães]. Quem teve um papel especial nele foi Dietrich Eckart, escritor e ocultista ariosofista, que na verdade não era membro da Sociedade Thule mas se relacionava com muitos líderes da Thule. Eckart emprestou livros para Hitler, ajudou-o a aprimorar sua retórica e suas maneiras, e o orientou nos primeiros estágios de sua carreira política. Diversos livros afirmam que Eckart também foi o mentor e iniciador de Hitler no ocultismo, e, embora isso não tenha sido provado, certamente Eckart tinha qualificações para o papel.

Outra figura significativa foi Rudolph Hess (1894-1987), membro da Sociedade Thule que também pertencia ao grupo ocultista francês de direita Les Veilleurs e pode ter transferido informações entre os dois grupos; *VEJA* VEILLEURS, LES. Não muito depois do surgimento de Hitler, Hess tornou-se um importante membro do Partido Nazista, chegando à posição de vice-führer, que manteve até 1941. Hess era ocultista sério, estudante de astrologia e dos ensinamentos antroposóficos de Rudolf Steiner.

Na noite de 10 de maio de 1941, como parte de uma série de eventos que ainda não foram explicados adequadamente pelos historiadores, Hess foi para a Escócia num avião ME-110 da Luftwaffe. A data era de grande significado astrológico – Mercúrio, Vênus, Júpiter, Saturno e Urano estavam em conjunção com o Sol, Marte formava quadratura com todos eles e a Lua – e, segundo diversos relatos, Hess usou uma coleção de talismãs e artefatos mágicos durante a viagem. O propósito dessa viagem nunca foi conhecido, embora tenha havido muita especulação. Feito prisioneiro pelas autoridades britânicas durante a guerra, foi condenado à prisão perpétua em Nuremberg e mantido na prisão de Spandau, em Berlim, até morrer, em 1987.

Outra figura importante na interface entre o nazismo e o ocultismo foi Heinrich Himmler (1900-1945), que se filiou ao NSDAP em 1919 e tornou-se líder das SS, na época uma tropa voluntária de nazistas que fazia a segurança particular de Hitler, em 1929. Profundamente envolvido em estudos ocultistas, Himmler imaginava-se como a reencarnação do rei alemão medieval Heinrich I, e se interessava pelo lado folclórico e pagão do movimento ariosófico. Sob sua liderança, a SS assumiu muitas das características de uma ordem esotérica ariosófica.

Em 1933, Himmler ocupou Wewelsburg, um castelo renascentista em ruínas, e transformou-o num centro de rituais nazistas, onde os oficiais mais antigos da SS se reuniam três ou quatro vezes por ano para trabalhos rituais e meditações ocultistas. Em 1935, organizou um escritório especial de pesquisas da SS, a Ahnenerbe [Sociedade para Pesquisas e Educação da Herança Ancestral]. Embora seus projetos de pesquisa se estendessem em várias direções, a principal missão da Ahnenerbe era estudar a pré-história da Alemanha, para o que reuniu enormes arquivos sobre feitiçaria, Maçonaria e muitos outros tópicos de interesse ocultista. *VEJA* SS.

O papel exato do envolvimento com o ocultismo dos líderes nazistas no trabalho do estado nazista, na condução de sua máquina de guerra e no planejamento e execução do Holocausto tem sido alvo de acaloradas discussões. Tentativas de definir o programa nazista como algo puramente ocultista são tão enganosas quanto aquelas que ignoram todo e qualquer aspecto ocultista no Terceiro Reich. A ocultista inglesa contemporânea, Dion Fortune, que provavelmente vivenciou intensamente o cenário mágico da época, comentou com perspicácia:

> Há duas escolas de pensamento no grupo de seguidores próximos do Führer – aqueles que acreditam na invencibilidade da força física e se baseiam na organização do plano mundano para atingir seus objetivos; e um grupo relativamente pequeno e em aparência obscuro de pessoas que percebem que há forças sutis que podem ser chamadas para servir às suas metas. Hitler se vale de ambos como seus instrumentos. (Fortune, 1993, p. 60.)

Em última análise, nem o lado físico, nem o lado ocultista do nazismo mostraram-se capazes de defender o Terceiro Reich do turbilhão de violência que desencadeou sobre si mesmo; e as evidências que poderiam resolver a questão sobre as dimensões ocultistas do nazismo desapareceram quando os bombardeiros aliados arrasaram as cidades alemãs e os exércitos aliados ocuparam os destroços. A última oportunidade de compreender os fatos pode ter sido em Nuremberg, nos julgamentos dos crimes de guerra, e outros fatores afastaram essa possibilidade, provavelmente de modo definitivo. Segundo Airey Neave, um dos promotores ingleses nos julgamentos, muitas evidências que mostrariam o lado ocultista do nazismo foram afastadas propositalmente pelo Tribunal Militar Internacional como bizarras demais para ser incluídas. Acreditava-se que tais evidências poderiam permitir que os criminosos de guerra nazistas alegassem insanidade, ficando livres das penas por seus crimes. LEITURA ADICIONAL: FORTUNE, 1993; GOODRICK-CLARKE, 1992; HAKL, 2000; HITLER, 1974; LUMSDEN, 1997.

nadir. Ponto do mapa astrológico correspondente ao ponto do céu situado diretamente sob o planeta no momento para o qual o mapa é calculado. Planetas, signos e outros pontos importantes no nadir ou próximos a ele correspondem a forças profundas, geralmente inconscientes, atuando sobre a personalidade ou situação. *VEJA* ASTROLOGIA.

Nakhiel. Na tradição da magia cerimonial, a inteligência planetária do Sol. Seu espírito planetário correspondente é Sorath. *VEJA* INTELIGÊNCIAS PLANETÁRIAS.

Namburbi, rituais. (acádio, "desfaz-encantamentos") Tipo de magia cerimonial praticada na Babilônia, na Assíria e em muitas outras culturas mesopotâmicas, para desfazer os resultados previstos de um feitiço maléfico. *VEJA* OCULTISMO MESOPOTÂMICO.

Naronia. Na filosofia esotérica da Fraternidade Hermética de Luxor, um importante ciclo da alma humana governado por forças astrológicas. A cada ano, quando o Sol passa pelo ponto que ocupava no momento do nascimento do indivíduo, considera-se que as energias vitais e o potencial da alma desse indivíduo se energizam. A cada mês, quando a Lua transita por esse mesmo ponto celeste, essas energias e potenciais se magnetizam e se enchem de poderes mágicos. Trabalhos de magia feitos por um mago na época dessa interação solar e lunar são particularmente eficazes para o desenvolvimento interior.

Já se sugeriu que o ciclo Naronia da parceira era usado pela Fraternidade Hermética de Luxor e possivelmente também por P. B. Randolph, fonte de parte do ocultismo sexual da fraternidade. *VEJA* RANDOLPH, PASCHAL BEVERLY. *VEJA TAMBÉM* FRATERNIDADE HERMÉTICA DE LUXOR (F. H. DE L.). LEITURA ADICIONAL: GODWIN ET. AL, 1995.

Naudhr. *VEJA* NAUTHIZ.

Nauthiz. (germânico antigo, "necessidade", "limitação") Décima runa do futhark antigo, que corresponde a conceitos como restrição, necessidade e destino. Alguns mestres modernos associam-na a Skuld, a terceira das Nornes ou deusas do destino, que representa o futuro. Seu valor sonoro é *n*. *VEJA* FUTHARK ANTIGO.

No futhorc anglo-saxão, a mesma runa assume o nome de Nyd (inglês antigo, "necessidade"), e tem essencialmente os mesmos significados e valores. O poema rúnico em inglês antigo comenta que a necessidade oprime o coração, mas pode ser uma fonte de ajuda e de salvação para aqueles que prestam atenção nela a tempo. *VEJA* FUTHORC ANGLO-SAXÃO.

No futhark recente, essa runa recebe o nome de Naudhr (norueguês antigo, "necessidade") e tem os mesmos significados e som. O poema rúnico em norueguês antigo associa-a à memorável imagem de um homem nu, regelado pela neve. *VEJA* FUTHARK RECENTE.

Finalmente, no sistema rúnico Armanen, essa runa tem o nome de Not (alemão moderno, "necessidade", "sofrimento"), e corresponde ao conceito de necessidade, ao deus Heimdall, à mãe e ao signo zodiacal de Escorpião. Seu poder mágico, segundo o poema rúnico "Havamal", é a capacidade de aplacar o ódio no coração de um guerreiro. *VEJA* RUNAS ARMANEN.

Runa Nauthiz (Nyd, Naudhr, Not)

necromancia. (do grego *nekromanteia*, de *nekros*, "morto", e *manteia*, "adivinhação") Arte divinatória por meio do contato com os espíritos dos mortos; genericamente, qualquer operação mágica que faça uso das almas de seres humanos mortos. A expressão "necromancia" também tem sido usada de forma mais ampla para referir-se a qualquer forma de magia que o interlocutor reprove.

A necromancia tem raízes antigas nas tradições ocultistas ocidentais, e teve um papel razoavelmente importante em certos ramos da prática mágica na época clássica. Fontes literárias, inclusive a Bíblia, a *Odisseia* e a *Epopeia de Gilgamesh*, da Babilônia, incluem passagens onde são praticados rituais para invocação e comunicação com os mortos. Tabletes de amarração – placas ou tabletes mágicos de chumbo com maldições escritas, postos em túmulos ou jogados em poços para que chegassem ao mundo inferior – eram parte importante do arsenal do antigo feiticeiro grego, e geralmente tinham ligações com a magia necromante; *VEJA* TABLETE DE AMARRAÇÃO.

Na Idade Média, por outro lado, a maioria das pessoas que queriam entrar em contato com poderes espirituais não autorizados invocava demônios e não os mortos; foi nessa época que a goétia, originalmente uma expressão sinônima de necromancia, passou a significar a arte de conjurar demônios. *VEJA* GOÉTIA. Contudo, havia algumas exceções, e a prática da necromancia foi uma tradição viva na Inglaterra até a Revolução Científica. Sabe-se que o mago e astrólogo elisabetano Simon Forman a teria praticado, e rumores parecidos rodeavam Edward Kelly, vidente e mago parceiro de John Dee. *VEJA* FORMAN, SIMON; KELLY, EDWARD.

A perda generalizada de interesse pela necromancia durou até 1848, quando a comunicação com os mortos voltou a tornar-se atraente graças ao surgimento do movimento espiritualista; *VEJA* ESPIRITUALISMO. A complexa relação entre o espiritualismo e a comunidade ocultista como um todo se manifestou nesse e em outros tópicos. Textos ocultistas do final do século XIX e início do XX variam de atitude entre um apoio declarado ao espiritualismo – fosse por um interesse cauteloso, fosse com a sugestão de que o espiritualismo lidava com poderes reais de forma desajeitada – até ácidas críticas ao movimento como um todo.

Atualmente, algumas tradições mágicas se valem de algum tipo de prática necromante, enquanto a maioria delas ou ignora o assunto ou desestimula sua prática. Um manual popular de bruxaria publicado no século XX fornece instruções detalhadas para rituais de necromancia, e algumas tradições pagãs modernas incluem evocações dos espíritos dos mortos como parte da cerimônia de Samhain – um dos oito sabás da moderna prática pagã – embora costumem ser tratadas de maneira simbólica, e não mágica. *VEJA* SAMHAIN. O espiritualismo ainda existe como movimento religioso independente, e alguns aspectos do movimento da Nova Era adquiriram o hábito de consultar os mortos; *VEJA* NOVA ERA, MOVIMENTO DA. *VEJA TAMBÉM* ADIVINHAÇÃO. LEITURA ADICIONAL: E. BUTLER, 1949; HUSON, 1974.

Necronomicon. Livro fictício de magia maléfica inventado pelo escritor norte-americano de fantasia e horror H. P. Lovecraft (1891-1937). De acordo com Lovecraft, o *Necronomicon* foi escrito por um árabe louco, Abdul Alhazred, em Damasco em 730 E.C., depois traduzido para o latim por Olaus Wormius e para o inglês por John Dee no século XVI, e fica oculto nas prateleiras fechadas de certas bibliotecas seletas. Dizem que conteria a tradição secreta dos Antigos – entidades extraterrestres monstruosas, com tentáculos, que no passado governaram a Terra e agora aguardam que "as estrelas estejam no lugar certo" para envolverem novamente o planeta com seus tentáculos pegajosos. Exemplares do *Necronomicon* têm um papel fundamental em diversas histórias e romances de Lovecraft, e nos textos de diversos imitadores.

Seu título costuma ser traduzido como "Livro dos Nomes Mortos", o que é errado: *necro-* e o sufixo *-icon* são gregos, e por isso *nom-* vem do grego *nomos*, "lei", e não do latim *nomen*, "nome". As traduções mais corretas seriam "Livro das Leis dos Mortos", "Livros das Leis da Morte" ou mesmo "Livro de Leis Mortas".

Deve-se enfatizar que o *Necronomicon* foi a invenção exclusiva de um escritor de romances populares de fantasia (*pulp fiction*) do século XX, e não existia em parte alguma antes de Lovecraft. Nas últimas décadas do século XX, porém, foram produzidas pelo menos três versões diferentes do *Necronomicon* e publicadas no mercado ocultista. A mais popular delas, sob o pseudônimo "Simon", saiu numa edição popular de porte considerável.

Entidades encontradas nas histórias de Lovecraft – Cthulhu, Azathoth e outras – também têm aparecido em obras supostamente sérias de teoria e prática da magia. O ocultista inglês Kenneth Grant, cujos trabalhos são o que há de mais próximo da estética de Lovecraft na atual comunidade mágica, diz que embora o *Necronomicon* não tenha realidade física, tem uma realidade nos níveis interiores que pode ser acessada no estado onírico. Além disso, a moderna tradição da magia do Caos – que nega explicitamente a realidade de seres sobrenaturais, considerando-os meros símbolos úteis para trabalhos de magia – usou o *Necronomicon* como fonte de imagens. VEJA MAGIA DO CAOS. VEJA TAMBÉM OCULTISMO FANTÁSTICO. LEITURA ADICIONAL: GRANT, 1980; SIMON, 1980.

Nehushtan. (hebraico NChShThN, "pedaço de bronze") Na Bíblia (Números 21,8-9), a serpente de bronze feita por Moisés e colocada sobre um poste para curar os israelitas das picadas venenosas de serpentes do deserto. A palavra *Nehushtan*, "pedaço de bronze", contém um trocadilho em hebraico: as três letras iniciais (NChSh) significam "serpente" e as duas últimas (ThN) significam "dragão".

Comentaristas cristãos costumam interpretar a serpente de bronze como uma figura precursora de Cristo, que foi erguido num poste (por assim dizer) para curar os seres humanos da "picada de cobra" do pecado original. Essa interpretação é menos absurda do que parece, pois as palavras hebraicas para "Messias" (MShICh) e "serpente" (NChSh) têm o mesmo valor numérico. VEJA GEMATRIA.

Em alguns textos mágicos, a serpente de bronze Nehushtan é identificada com os poderes positivos e redentores do astral superior, enquanto a serpente da Árvore do Conhecimento, Nachash, é identificada com os poderes negativos do astral inferior. VEJA NACHASH.

nemes. (do egípcio antigo, *nemes*) Touca do usado pelos egípcios na época faraônica, em sua forma mais simples o nemes é um tecido quadrado ou retangular, geralmente listado, com uma extremidade reforçada por uma faixa que termina em laços. A faixa é posta sobre a testa, com o pano cobrindo a cabeça; os dois laços são amarrados na parte de trás da cabeça, e o tecido cai sobre os ombros. Os nemes são usados na Ordem Hermética da Aurora Dourada, em alguns grupos druidas e em certos grupos pagãos modernos que trabalham com tradições egípcias.

neopaganismo. Termo geral para os movimentos pagãos ou semipagãos que se tornaram públicos em boa parte do mundo ocidental na segunda metade do século XX. Muitos desses movimentos afirmam ter conexões, históricas ou espirituais, com as antigas tradições pagãs da Europa, embora a existência disso tenha sido bastante questionada pelos estudiosos. Para informações sobre a religião politeísta ocidental tradicional, *VEJA* PAGANISMO.

Sugeriu-se que a palavra "neopagão" teria sido inventada por um grupo religioso pagão da Califórnia na década de 1970, mas na verdade ela tem quase um século a mais. Já era usada na década de 1890, quando críticos literários como F. W. Barry a empregavam como um rótulo para os escritores que rejeitavam a moralidade puritana e a religião cristã e preferiam imagens e ideias extraídas de antigas fontes gregas e celtas. Por volta de 1908, um grupo de artistas e poetas em Cambridge se definia com esse termo, e os neopagãos de Cambridge continuaram a ter uma presença menor nos círculos culturais britânicos até a década de 1920.

A condenação cristã de Barry aos escritores e poetas "neopagãos" de sua época pode ter acertado mais o alvo do que ele poderia supor, pois algumas figuras daquele extremo do espectro cultural passaram da arte pagã para a espiritualidade pagã. Ainda no século XIX, o poeta Thomas Jefferson Hogg ficou bastante conhecido em seu círculo de amigos por seus rituais de adoração a deuses gregos, enquanto o pintor Edward Calvert, cujas cenas das antigas lendas e histórias gregas foram populares durante o final do século XIX, ergueu um altar a Pã em seu quintal e oferecia libações de vinho ao deus com pés de cabra. *VEJA* PÃ. Mesmo assim, não foram, de maneira alguma, os primeiros intelectuais europeus a passar da admiração da cultura clássica à adoração de deuses clássicos.

Os primeiros exemplos conhecidos datam do Renascimento, e o surgimento de um druidismo renovado na Inglaterra e em Gales no século XVIII foi um sinal significativo; *VEJA* DRUIDAS. A Maçonaria, que alega ter ligação com os antigos Mistérios, também ajudou a assentar as bases desse ressurgimento posterior; *VEJA* MAÇONARIA. Foi o grande platonista inglês Thomas Taylor (1758-1835), porém, com sua rejeição aberta ao cristianismo em favor de um ressurgimento da espiritualidade pagã e da teurgia platônica, que parece ter lançado o movimento neopagão na Inglaterra do século XIX; *VEJA* TAYLOR, THOMAS. Em meados do século XIX, seguindo sua trilha e a de vários outros pensadores, formou-se uma pequena mas visível subcultura neopagã na maioria dos países da Europa Ocidental.

Esse grupo era intelectual, urbano em sua maioria, formado em faculdades e versado nas tendências mais recentes dos estudos sobre mitologia e religião. Muitos membros estavam envolvidos em outros aspectos de pensamento e estilos de vida alternativos, com interesses que iam do vegetarianismo ao ocultismo, passando por diversas propostas de reforma social utópica. Em suma, o cenário era bem parecido com o atual cenário neopagão, e muito distinto dos cunning folks camponeses, que tiveram papel de destaque nas mitologias do ressurgimento neopagão posterior; *VEJA* CUNNING FOLK.

O ressurgimento vitoriano do paganismo valeu-se do grande interesse pelo folclore e pela mitologia no século XIX, o que levou à redescoberta das lendas e mitos germânicos e celtas, bem como às primeiras grandes coleções de folclore relacionadas com práticas populares mágicas e religiosas. Inspirou-se também no crescente interesse pelas religiões asiáticas, um interesse que se tornou um importante fenômeno cultural com a fundação da Sociedade Teosófica, em 1875, e a chegada dos primeiros missionários budistas à Inglaterra e aos Estados

Unidos, algumas décadas depois. *VEJA* SOCIEDADE TEOSÓFICA.

Um fator final, e crucial, foi a difusão da filosofia e da prática ocultistas nos últimos 25 anos do século XIX. Novamente, a Sociedade Teosófica teve um papel fundamental, e outras duas organizações – a Fraternidade Hermética de Luxor e a Ordem Hermética da Aurora Dourada – também tiveram muito a ver com o ressurgimento ocultista do século XIX, que fora lançado na França pelo mago e estudioso Éliphas Lévi, em 1845. *VEJA* GOLDEN DAWN; FRATERNIDADE HERMÉTICA DE LUXOR (F. H. DE L.); LÉVI, ÉLIPHAS. Embora o ocultismo desse período raramente mostrasse elementos pagãos de forma mais explícita, desafiava a doutrina cristã em quase todos os seus pontos. Sob a liderança de Blavatsky, a Sociedade Teosófica foi intensamente hostil aos ensinamentos cristãos e não se esforçou nem um pouco para disfarçar esse fato. A Golden Dawn foi além, invocando divindades pagãs de fontes egípcias em seus rituais e igualando Osíris a Jesus em seus folhetos instrutivos.

Logo, no final do século XIX, o cristianismo não era mais a única força espiritual no cenário, e diversas pessoas e pequenos grupos – a maioria associada a alguma tradição ocultista – começaram a adotar posturas pagãs mais abertas nos primeiros anos do século XX. Edward Carpenter (1844-1929), que abandonou a carreira de ministro anglicano para pregar o socialismo e a religião pagã, foi um dentre muitos exemplos; sua ácida obra-prima, *Civilization: Its Cause and Cure* (publicação original, 1906), recomendava a renovação das adorações pagãs em covens sagrados e no alto de montanhas. Do mesmo modo, o autor inglês Kenneth Grahame, cujo livro infantil *O Vento nos Salgueiros* contém uma das mais queridas evocações da presença de Pã em toda a literatura, descreveu-se em 1904, em seu *Pagan Papers*, como um fiel pagão seguindo "a antiga religião".

O ressurgimento pagão alcançou maior impacto nos países anglófonos e teutófonos. Por isso, tanto a Inglaterra como a Alemanha tiveram grupos abertamente pagãos exercendo sua veneração em público entre as duas guerras mundiais. Os grupos ingleses estavam mais ligados a antigas tradições gregas, enquanto os grupos alemães dedicavam-se a um paganismo nórdico renovado, que volta e meia resvalava na Ariosofia e no racismo; *VEJA* ARIOSOFIA.

Grupos jovens associados com o movimento semipagão Woodcraft, fundado nos Estados Unidos em 1902, também tiveram um papel importante no crescente interesse pelo paganismo. Em sua forma original, o Woodcraft inspirou-se no simbolismo e nas tradições dos índios norte-americanos, mas os ramos europeus do movimento substituíram esses componentes por tradições pagãs locais; *VEJA* WOODCRAFT.

Uma importante mudança no cenário neopagão deu-se com a revogação da antiquada lei inglesa contra a bruxaria, em 1951. Pouco depois, os leitores dos jornais britânicos ficaram espantados e excitados ao ler sobre reuniões de bruxas nuas (vestidas de céu) em suas vizinhanças. Um funcionário colonial aposentado, Gerald Gardner, apresentou-se como o herdeiro de uma antiga tradição chamada Wicca; com dois livros sobre o tema e aparições frequentes na mídia, conquistou enorme publicidade para suas posições. *VEJA* GARDNER, GERALD BROUSSEAU; WICCA. Em pouco tempo, diversos outros bruxos afirmavam, nos jornais e no resto da mídia, que teriam herdado suas próprias tradições independentes na bruxaria. *VEJA* COCHRANE, ROBERT; SANDERS, ALEC. As origens dessas tradições têm sido muito discutidas, mas não há motivos para duvidar que surgiram do primitivo movimento alternativo neopagão, inspirado pela hipótese de Margaret Murray, que dizia que a bruxaria medieval teria sido o que restou da antiga religião pagã da fertilidade; VEJA HIPÓTESE DE MURRAY.

As grandes convulsões sociais da década de 1960 mudaram a Wicca: de uma presença relativamente pequena no cenário cultural alternativo tornou-se um movimento com escala internacional, e abriu a porta para a proliferação de outros ressurgimentos pagãos. Embora a espiritualidade pagã nunca tenha feito parte dos temas centrais da contracultura da década de 1960, havia entre ambas pontos de contato suficientes para que a Wicca ficasse muito popular. O surgimento do feminismo como força cultural importante na década de 1970 também ajudou a fomentar a difusão de um movimento religioso que reverenciava imagens femininas do divino e oferecia às mulheres posições de destaque.

As três décadas finais do século XX viram o desenvolvimento de quatro tendências ou elementos importantes no movimento neopagão. O primeiro foi o aumento visível no número de pessoas que se identificaram como pagãs na Europa Ocidental, nos Estados Unidos e na Australásia. Embora as estimativas variem muito, uma avaliação aproximada baseada na média de diversas pesquisas mostra que, por volta do ano 2000, entre 500 mil e um milhão de pessoas se consideravam pagãs no mundo ocidental. Só esse fato já elevou o neopaganismo ao nível de força social significativa.

A segunda tendência foi o surgimento de uma vasta gama de novas tradições e posturas pagãs. Desde a década de 1970, a Wicca e suas equivalentes próximas receberam, na comunidade neopagã, a companhia de grupos e de indivíduos que veneravam deuses e deusas celtas, nórdicas, gregas, egípcias, havaianas e eslavas – para citar apenas algumas das facetas mais populares do ressurgimento pagão. VEJA ASATRÚ; RECONSTRUCIONISMO CELTA; DRUIDISMO. Uma faceta menos impressionante dessa tendência foi o surgimento de sistemas semipagãos inspirados na ficção fantástica e na mídia; VEJA OCULTISMO FANTÁSTICO.

A terceira tendência, uma força ainda mais importante para a diversidade, foi a mudança do modelo iniciático da prática pagã, centrado no grupo, para uma postura mais individual, baseada na autoiniciação e na prática solitária. A publicação de *A Guide for the Solitary Practitioner* em 1988, de Scott Cunningham, marcou uma fase importante dessa mudança. Embora o livro tenha sido atacado por muitos membros destacados da comunidade Wicca quando foi lançado, o primeiro guia importante para a prática solitária da Wicca teve mais de 25 tiragens nos doze anos seguintes, e foi bastante imitado por outros autores do ramo. VEJA CUNNINGHAM, SCOTT. O impacto desse livro e de outros do mesmo tipo pode ser medido pelo aumento do número de "solitários" como classe reconhecida de seguidores do paganismo.

A quarta tendência foi o surgimento do festival pagão como polo importante da crescente subcultura neopagã. Moldados em parte nas convenções de ficção científica e em parte nos eventos de encenação medieval – ambos produtos de subculturas que tiveram considerável superposição com o cenário pagão –, os festivais pagãos surgiram nas décadas de 1980 e 1990, tanto como oportunidade de socialização, de adoração e de aprendizado conjunto para os pagãos, quanto como substitutos de formas mais permanentes de organização da comunidade pagã – um projeto que foi tentado diversas vezes, com muito pouco sucesso.

Com a chegada do século XXI, o movimento neopagão está em uma encruzilhada. A difusão do movimento e o surgimento de certo número de porta-vozes maduros e aptos deu-lhe um nível de aceitação social que nunca teve antes. Os romances incrivelmente populares de Harry Potter, de J. K. Rowling, representam apenas a parte mais visível de uma enxurrada de imagens positivas sobre bruxos, magos e pagãos na mídia popular.

Ao mesmo tempo, outras alternativas religiosas, como o espiritualismo e a Teosofia, obtiveram conquistas similares no passado, quase voltando ao anonimato com as mudanças nas tendências culturais. Ainda será preciso ver se o moderno ressurgimento pagão poderá consolidar seus ganhos e estabelecer-se como movimento espiritual viável no longo prazo.
LEITURA ADICIONAL: ADLER, 1986; CUNNINGHAM, 1988; HUTTON, 1999; JONES E PENNICK, 1995; SEZNEC, 1953.

Neoplatonismo. *VEJA* PLATONISMO.

nephesh. (hebraico NPhSh, "alma") Na tradição cabalística, a parte mais inferior da alma, que corresponde aos níveis animais de consciência. No sistema da Golden Dawn, o nephesh recebeu o nome de Consciência Automática, e relaciona-se com o corpo etérico ou vital. *VEJA* CORPO ETÉRICO; CORPOS SUTIS.

neshamah. (hebraico NShMH, "alma") Na teoria cabalística, um dos aspectos mais elevados da alma humana, correspondente à terceira Sefirah, Binah. O neshamah, ou compreensão sobrenatural, é uma das três partes da alma – juntamente com o chiah e o yechidah – que ficam acima do Abismo e formam o Gênio Superior. Em algumas fontes, esses três aspectos superiores do eu são referidos coletivamente como o neshamah. *VEJA* CABALA; CHIAH; YECHIDAH.

Neshiah. (hebraico NShIH, "pasto", "campina") Na tradição cabalística, a quarta das sete terras, correspondente à Sefirah Tiphareth. *VEJA* TERRAS, SETE.

Netuno. Descoberto em 1846, é o segundo dos planetas exteriores a ser revelado desde a invenção do telescópio. Como Urano, que abalou o mundo astrológico 65 anos antes, Netuno representou um enigma difícil para os astrólogos, que precisaram deduzir suas influências e seus efeitos sem o benefício de pesquisas astrológicas anteriores. A atual imagem astrológica de Netuno associa-o a criatividade artística, experiências visionárias, idealismo, imaginação e drogas psicoativas. Netuno governa o signo de Peixes (antes atribuído a Júpiter) e está em exílio em Virgem. *VEJA* ASTROLOGIA.

Símbolo astrológico de Netuno

Netzach. (hebraico NtzCh, "vitória") Sétima Sefirah da Árvore Cabalística da Vida, localizada na parte inferior do Pilar da Misericórdia. Seus simbolismos mais comuns são:

> *Nome de Deus*: YHVH TzBAVTh, Tetragrammaton Tzabaoth (Senhor dos Exércitos).
> *Arcanjo*: HANIAL, Haniel (Graça de Deus).
> *Hoste angelical*: ThRShIShIM, Tarshishim (os Brilhantes).
> *Correspondência astrológica*: NVGH, Nogah (Vênus).
> *Correspondência no tarô*: Os quatro Setes.
> *Elemento correspondente*: Fogo.
> *Imagem mágica*: Uma bela mulher nua.
> *Símbolos adicionais*: O Portal dos Mistérios.
> *Cores*: em Atziluth, âmbar.
>   em Briah, esmeralda.

em Yetzirah, amarelo-esverdeado brilhante.

em Assiah, oliva salpicado de ouro.

Correspondência no microcosmo: As emoções, como parte de Ruach (o eu consciente).

Correspondência no corpo: O lado esquerdo do quadril.

Grau de iniciação: 4=7, Philosophus.

Qlippoth: AaRB TzRQ, A'arab Tzereq (os Corvos da Dispersão).

O texto do *Trinta e Dois Caminhos da Sabedoria* diz: "O Sétimo Caminho é a Inteligência oculta, porque é o refulgente esplendor de todas as virtudes intelectuais, que são percebidas pelos olhos do intelecto e pela contemplação da fé. *VEJA TAMBÉM* CABALA; ÁRVORE DA VIDA.

Neuburg, Victor. Poeta e mago inglês, 1883--1940. Nascido em Londres numa rica família judia, saiu da escola em 1899, passou os sete anos seguintes trabalhando nos importantes negócios da família, enquanto escrevia e publicava seus primeiros poemas importantes. Entrou para o Trinity College, em Cambridge, em 1906, determinado a seguir a carreira literária. Enquanto estudava, conheceu Aleister Crowley e rapidamente tornou-se um dos discípulos e amantes da Besta. Foi iniciado na A∴A∴, a ordem mágica de Crowley, no início de 1909, com o lema mágico *Omnia Vincam* (Vou conquistar tudo), e no verão desse mesmo ano fez um retiro mágico sob a tutela de Crowley na Boleskine House.

Entre 1909 e 1914, Neuburg esteve profundamente envolvido em todas as atividades de Crowley, ajudando a editar a *Equinox* (para a qual também contribuiu com ensaios e poesias) e realizando diversos trabalhos de magia com ele. Dois são particularmente importantes: Neuburg estava com a Besta no deserto da Argélia durante o trabalho que produziu o livro de Crowley *The Vision and the Voice* e também colaborou no famoso Trabalho de Paris de 1914, no qual ele e Crowley usaram magia sexual para invocar Mercúrio e Júpiter.

Após a conclusão do Trabalho de Paris, Neuburg rompeu com Crowley. É impossível saber se acabou perdendo a paciência com o monumental ego da Besta ou se havia alguma causa mais específica, pois nenhum dos dois jamais chegou a fazer comentários sobre o assunto. Diz-se que Crowley teria reagido à partida de Neuburg lançando uma maldição ritual contra ele. Após um colapso nervoso e um casamento fracassado, Neuburg teve uma carreira bem-sucedida como poeta e editor. Aparentemente, não se interessou mais pela magia depois de se afastar de Crowley. *VEJA TAMBÉM* ARGENTEUM ASTRUM (A∴A∴); CROWLEY, ALEISTER. LEITURA ADICIONAL: FULLER, 1990; NEUBURG, 1990.

Newton, Isaac. Cientista e alquimista inglês, 1642-1727. Nascido numa família pobre, numa pequena vila de Lancashire, Newton encantou-se por matemática e alquimia desde cedo. Frequentou a escola local, conseguiu entrar na escola Grantham e, em 1660, ingressou na Cambridge University, onde estudou matemática e alquimia. Seus estudos matemáticos levaram-no, antes de sua formatura em 1666, a descobrir o teorema binomial, inventar o cálculo e outras realizações importantes. Seu sucesso com a alquimia também foi marcante, e ele chegou ao estágio da "cauda do pavão" na Grande Obra.

Em 1667, tornou-se *fellow* do Trinity College em Cambridge, e dedicou-se a estudar gravitação, óptica, alquimia e a cronologia da Bíblia. Como a maioria dos alquimistas, mantinha-se reservado sobre suas descobertas, e a maioria de suas publicações importantes surgiu em suas últimas décadas de vida. Seu trabalho sobre gravitação e cosmologia, o *Principia Mathematica*, foi publicado em 1687; sua obra sobre óptica foi impressa apenas em 1704, e seu trabalho sobre cronologia bíblica e profecias foi publicado em dois volumes após sua morte, em 1728 e 1733. Até o final do século XX, seu trabalho sobre alquimia ainda não tinha sido publicado.

As atividades alquímicas de Newton tornaram-se um problema a partir do século XVIII, pois a alquimia – como as outras tradições ocultistas ocidentais – foi considerada um absurdo após o triunfo do racionalismo científico no início do século XVIII, e o próprio Newton foi considerado o santo patrono da nova ideologia científica. Portanto, muito pouca atenção foi dada às suas extensas e sistemáticas pesquisas alquímicas até pouco tempo atrás, e muitos biógrafos ainda menosprezam esse importante aspecto de sua vida. *VEJA TAMBÉM* ALQUIMIA. LEITURA ADICIONAL: DOBBS, 1975 E 1991.

Ngetal. (irlandês antigo, "incerto") Décima terceira letra do alfabeto Ogham, com valor sonoro *ng*. Corresponde ao bambu ou à gesta entre as árvores, ao ganso entre as aves e à cor verde; não tem valor numérico. De acordo com a versão de Robert Graves para o calendário das árvores-Ogham, seu mês vai de 29 de outubro a 25 de novembro. *VEJA* OGHAM.

Letra Ngetal em Ogham

Nichols, Philip Peter Ross. Educador, escritor e ocultista inglês, 1902-1975. Nascido em Norfolk, cursou Cambridge entre 1921 e 1924, formando-se em História, e passou a maior parte de sua vida profissional como diretor da Carlisle and Gregson's, uma escola particular. Virtuoso aquarelista e poeta, Nichols publicou vários livros de poemas. Sua produção literária também inclui artigos sobre temas ocultistas no *Occult Observer*, uma das principais revistas inglesas do pós-guerra, e um papel na preparação da importantíssima tradução e revisão inglesa de *The History of Magic*, de Paul Christian, publicada em 1952.

Cristão devoto, embora excêntrico, e membro da Igreja anglicana, Nichols parece ter chegado ao ocultismo numa etapa tardia da vida, principalmente em virtude de sua amizade com Gerald Gardner, fundador da Wicca. Os dois foram membros da mesma colônia nudista antes e durante a Segunda Guerra Mundial; *VEJA* GARDNER, GERALD BROUSSEAU. Depois da guerra, envolveu-se com o martinismo; *VEJA* MARTINISMO. Também se envolveu com o movimento cristão alternativo, e em 1962 foi nomeado arquidiácono das Ilhas na Antiga Igreja Católica pelo arcebispo Tugdual. *VEJA* BISPOS INDEPENDENTES.

Seus interesses ocultistas tomaram novo rumo em 1954, quando ele se filiou à Antiga Ordem Druida e foi elevado ao cargo de Escriba, ou secretário da ordem. Em 1964, com a morte do Chefe Escolhido Robert MacGregor-Reid e a eleição de Thomas Maughan ao cargo de chefe, Nichols, acompanhado de um grupo de membros dissidentes, saiu da AOD e formou uma nova organização, a Ordem dos Bardos, Vates e Druidas (OBOD). Como Chefe Escolhido da nova ordem, cargo em que ficou até sua morte, Nichols passou boa parte de seu tempo livre ensinando e escrevendo para a organização. Sua morte inesperada em 1975 deixou confusa a OBOD e levou-a a um hiato de nove anos em suas atividades. *VEJA*

TAMBÉM ORDEM DOS BARDOS, VATES E DRUIDAS (OBOD). LEITURA ADICIONAL: CARR-GOMM, 2002; NICHOLS, 1990.

Nichsa. Na tradição da magia cerimonial, o rei das ondinas, ou elementais da água. *VEJA* ELEMENTAL.

Nion. (irlandês antigo, "incerto") A quinta (em Boibeloth) ou terceira (em Beth-Luis--Nion) letra do alfabeto Ogham, também grafada Nuinn, com valor sonoro *n*. Corresponde ao freixo entre as árvores, à narceja entre as aves, à cor transparente (*necht*, em gálico) e ao número treze. Segundo a versão de Robert Graves para o calendário das árvores-Ogham, seu mês vai de 18 de fevereiro a 17 de março. *VEJA* OGHAM.

Letra Nion em Ogham

nitro aéreo. Na alquimia, outra expressão para salitre. *VEJA* SALITRE.

nó. *VEJA* NÓS, MAGIA DOS.

nodos lunares. Pontos nos quais a órbita da Lua intersecta a eclíptica, o caminho aparente do Sol pelo firmamento, conforme se vê da Terra. Devido aos complexos movimentos da Lua, esses pontos percorrem o zodíaco de leste para oeste, levando aproximadamente 18,5 anos para completar um circuito.

A posição dos dois nodos lunares tinha grande importância na astrologia medieval e do Renascimento, sendo ainda hoje muito usada nas práticas astrológicas árabes e hindus.

O nodo norte – o ponto no qual a Lua cruza a eclíptica do sul para o norte – é chamado *caput draconis*, ou cabeça do dragão, e tem uma qualidade favorável, análoga a Júpiter e Vênus. O nodo sul, onde a Lua segue em direção ao sul através da eclíptica, é a *cauda draconis*, ou cauda do dragão; sua qualidade é desfavorável, relacionada com Saturno e Marte.

Os dois afetam as casas e formam aspectos, tal como os planetas. Alguns astrólogos modernos acreditam que revelam como a pessoa para a qual o mapa foi calculado se relaciona com os demais; outros usam o nodo norte como guia para saber onde o potencial da pessoa pode ser utilizado, enquanto o nodo sul sugeriria áreas onde as limitações seriam inevitáveis.

Os nomes tradicionais dos dois nodos lunares, Cauda Draconis e Caput Draconis, também são os nomes de duas das dezesseis figuras geomânticas. *VEJA* GEOMANCIA. *VEJA TAMBÉM* ASTROLOGIA.

Nogah. No simbolismo da cabala, a esfera celeste de Vênus; a manifestação de Netzach, a sétima Sefirah da Árvore da Vida, no mundo de Assiah. *VEJA* ASSIAH; NETZACH.

Noite Escura da Alma. Nos textos do místico contemplativo cristão São João da Cruz (1542-1591), um período de "aridez" e depressão espiritual que tem lugar no curso do desenvolvimento místico. É marcado pela sensação de perda da presença de Deus e pela ausência de experiências místicas, e deve ser vivenciada a fim de se atingir os níveis mais elevados de realização. *VEJA* MEDITAÇÃO.

Nos textos ocultistas dos séculos XIX e XX, a Noite Escura da Alma é identificada com a travessia sobre o Abismo – a lacuna na Árvore da Vida entre as sete Sefirot inferiores e as três superiores. Aleister Crowley parece ter sido o primeiro a sugerir essa equiparação. *VEJA* CROWLEY, ALEISTER; ÁRVORE DA VIDA.

Noiva, a. No simbolismo cabalístico, um título de Malkuth, a décima Sefirah. *VEJA* MALKUTH.

nome de ofício. (também chamado **nome mágico**) Na maioria das tradições pagãs modernas, nome adotado por um iniciado para uso pagão. Nos primeiros dias do ressurgimento do paganismo, os nomes de ofício costumavam ficar sigilosos para todos, exceto para os membros do próprio coven, mas esta tradição caiu em desuso recentemente, e muitos pagãos modernos parecem tratar seu nome de ofício como se fosse um acessório de moda.

Os nomes de ofício costumam ser formados com diversas palavras que possuem significado para seu portador, sendo comum o uso de nomes de animais: Starhawk (Águia da Estrela) e Silver Ravenwolf (Corvo-Lobo de Prata) são os nomes de ofício de dois participantes modernos da Wicca e bons exemplos desse tipo.

A expressão "nome de ofício" pode ter sido adotada pelos pagãos modernos no final do século XX com base no movimento de Artes e Ofícios, que usava a frase "nome de ofício do marceneiro" para referir-se ao mesmo conceito. Os lemas mágicos usados por muitas ordens mágicas herméticas e rosa-cruzes também podem ter exercido alguma influência. *VEJA* LEMA MÁGICO; WOODCRAFT. *VEJA TAMBÉM* NEOPAGANISMO; WICCA.

Norton, Rosaleen. Artista e ocultista australiana, 1917-1979. Nascida em Dunedin, Nova Zelândia, filha de um capitão de navio e de sua dedicada esposa episcopalista, mudou-se aos 7 anos com sua família para Sydney, na Austrália, e passou boa parte da vida nessa cidade. Aos 3 anos de idade, começou a desenhar e a ter experiências psíquicas, dando início às duas paixões motrizes de sua vida. A excentricidade que a marcou também começou cedo: Rosaleen foi expulsa da escola preparatória quando as autoridades escolares consideraram-na uma influência negativa sobre os outros alunos.

Estudou artes na East Sydney Technical College e saiu de casa ainda adolescente, indo morar em King's Cross, bairro boêmio da cidade, onde ganhou algum dinheiro posando para artistas. Em 1935, casou-se com Beresford Conroy, outro jovem boêmio, com quem viajou pela costa leste da Austrália. O casamento não sobreviveu à Segunda Guerra Mundial, e eles se divorciaram logo depois que Conroy voltou do serviço militar.

Desde a adolescência, Norton foi leitora ávida de literatura ocultista, praticando auto-hipnose e canalizando desenhos. Esses elementos foram uma influência poderosa em sua arte, que combinava imagens ocultistas e sexuais. Esses dois fatores, por sua vez, foram fonte de problemas legais. Em sua primeira exposição importante, em Melbourne, em 1949, quatro quadros foram levados pela polícia sob alegação de obscenidade. Norton ganhou o processo, mas a publicação de um livro com suas pinturas e desenhos, *The Art of Rosaleen Norton*, fez com que voltasse aos tribunais, e desta vez o juiz decidiu que uma página do livro teria de ser removida de todos os exemplares ainda não vendidos e destruída.

Participante ativa do bairro de King's Cross durante as décadas de 1950 e 1960, condenada por muitos e admirada por outros, foi ficando cada vez mais reclusa. Morreu de câncer em 1979.

Sua obra e sua carreira artística foram comparadas às de Austin Osman Spare, cujos interesses e posturas eram bem parecidos; *VEJA*

SPARE, AUSTIN OSMAN. LEITURA ADICIONAL: DRURY, 1993.

Norton, Thomas. Alquimista inglês que viveu no século XV. Quase nada se sabe sobre este que é um dos mais lidos alquimistas ingleses, autor de *Ordinall of Alchemy*, escrito em 1477. Segundo informações contidas no *Ordinall*, era natural de Bristol e foi iniciado nos mistérios da alquimia por um mestre idoso, aos 28 anos. Uma tradição entre alquimistas afirma que o mestre de Norton foi George Ripley, cônego de Bridlington, outro importante alquimista inglês.

O "Ordinall" de Norton, um longo poema sobre alquimia, é uma das mais completas discussões da obra alquímica que existem; abrange desde a teoria básica da arte até detalhes de relações trabalhistas e boas receitas para se fazer frascos de argila à prova de fogo. Foi recuperado e posto em circulação geral por Elias Ashmole (1617-1692), que lhe deu lugar de honra em sua coleção de poesia alquímica inglesa, *Theatrum Chemicum Brittanicum*, de 1652; VEJA ASHMOLE, ELIAS. VEJA TAMBÉM ALQUIMIA.

nós, magia dos. (também chamada **ligadura**, do inglês *ligature*) Trabalho de magia realizado dando-se um ou mais nós num barbante, fio ou cordão. A magia dos nós tem sido usada para amarrar feitiços, por razões simbólicas evidentes. Na Antiguidade grega, os feiticeiros usavam cordões com nós para amarrar os ventos que dariam tempo bom aos marinheiros.

Em muitas tradições da Wicca, cada candidato à iniciação é medido da cabeça aos pés com um cordão, que depois é usado como cinto ritual. São dados um, dois ou três nós no cordão para assinalar o primeiro, o segundo e o terceiro graus de iniciação: os nós servem para amarrar magicamente as iniciações em seu lugar e impedir que as energias sejam dispersadas. VEJA INICIAÇÃO; WICCA.

Nostradamus. (Michel de Nostredame) Médico, astrólogo e adivinho francês, 1503--1566. Provavelmente o mais famoso de todos os profetas, Nostradamus nasceu em St. Remy, na França, numa família de judeus convertidos ao cristianismo. De ótima formação, dominava latim, grego, hebraico, matemática, astrologia e medicina, e formou-se em medicina em Montpellier. Depois, exerceu a medicina no sul da França. Mudou-se para Agen e casou-se com uma moça de lá, mas quando a peste atacou a cidade sua esposa morreu. Depois disso, saiu em peregrinação e aparentemente começou a escrever a obra divinatória que lhe daria fama duradoura.

Em 1547, por fim fixou-se em Salon la Craux, na Provença, e casou-se com uma viúva rica, Anne Ponsart Gemelle. Deste casamento, menos desafortunado do que o primeiro, teve seis filhos. A partir de 1551, começou a publicar almanaques anuais que incluíam previsões para o ano seguinte. Em 1555, lançou a primeira edição de sua grande obra, *As Profecias de M. Michel Nostradamus*, com 350 quadras (versos com quatro linhas). A edição final dessa obra, com 1.000 quadras, foi lançada dois anos depois de sua morte.

Suas profecias, segundo o relato das duas quadras iniciais, foram obtidas por vidência, e ele usou como superfície refletiva um vaso redondo com água apoiado num tripé; VEJA ESCRIAÇÃO. Essas quadras, escritas num estilo excepcionalmente obscuro, repleto de palavras estrangeiras, foram interpretadas e reinterpretadas de diversas maneiras ao longo dos séculos. Algumas parecem ser previsões notavelmente precisas de eventos que ocorreram séculos após a época de Nostradamus, enquanto outras são tão crípticas que qualquer um pode arriscar um palpite sobre seu significado; o "Grande Rei de Terror" esperado para 1999, por exemplo, parece não ter aparecido.

Versões falsificadas das profecias de Nostradamus, várias idealizadas para embasar metas políticas ou militares, têm circulado há muito tempo. Na Segunda Guerra Mundial, os serviços de espionagem da Alemanha e das Forças Aliadas produziram e fizeram circular profecias falsas de Nostradamus como armas na guerra de propaganda. *VEJA TAMBÉM* ADIVINHAÇÃO.

Not. *VEJA* NAUTHIZ.

notarikon. (hebraico, do latim *notarius*, "taquígrafo") Na cabala, um método de análise e de formação de palavras hebraicas através de acrônimos. Com o notarikon, o cabalista pode analisar uma palavra tratando-a como acrônimo de uma frase ou sentença. Por exemplo, a palavra *chen*, "graça", que em hebraico é grafada חן , ChN, é tratada em textos cabalísticos como notarikon da frase *Chokmah nistorah*, "sabedoria secreta". Assim, sempre que as escrituras judaicas se referem à graça, os cabalistas afirmam que a presença da sabedoria secreta da cabala é que está sendo tratada.

O mesmo processo pode ser usado na direção oposta, para criar palavras de poder que resumem as energias de uma frase ou sentença. Assim, a sentença *Ateh gibor le-olam, Adonai*, "Poderoso és Tu para sempre, Senhor", é condensada na palavra AGLA, comumente usada na magia cerimonial cabalística. *VEJA* AGLA.

O notarikon é um dos três métodos padronizados em uso na tradicional análise cabalística de textos; *VEJA TAMBÉM* GEMATRIA; TEMURAH; CABALA.

Nova Era, movimento da. Um dos mais recentes desdobramentos das tradições ocultistas ocidentais, o movimento da Nova Era surgiu na Inglaterra na década de 1970, em meio a um grupo heterogêneo de pessoas interessadas por estilos de vida e espiritualidades alternativas. Muitos integrantes dessa rede estavam em organizações de "contatados" – grupos de pessoas associadas ao fenômeno ÓVNI, que diziam estar em contato com inteligências extraterrestres superiores – nas décadas de 1950 e 1960. Nesse período, o movimento dos contatados esteve repleto de profecias apocalípticas sobre uma Nova Era prestes a começar, antecedida de vastas catástrofes planetárias.

Na década de 1970, uma nova interpretação dessa ideia evoluiu no grupo britânico mencionado: a sugestão de que, em vez de aguardarem esperançosamente pela aurora da Nova Era, seria mais útil viver como se ela já tivesse chegado. As pessoas desse grupo começaram a vivenciar a Nova Era em suas vidas cotidianas, e com isso ajudaram a criá-la, inspirando outras pessoas e mostrando que havia alternativas ao *status quo*. A partir dos círculos onde foi proposta inicialmente, a ideia e um número crescente de práticas associadas se espalharam para círculos alternativos cada vez mais amplos, primeiro na Inglaterra, depois nos Estados Unidos e, em meados da década de 1980, atingiu escala global.

Como movimento baseado na oposição a ideias sociais, culturais e espirituais vigentes, e não em alguma doutrina própria, a Nova Era tem se definido por aquilo que não é, em vez de pelo que é. O movimento resultante é menos um fenômeno singular do que uma sacola de crenças variadas, unidas principalmente pelo fato de serem rejeitadas, em maior ou menor grau, pela ortodoxia científica e cultural. Assim, ÓVNIS, canalização, métodos alternativos de tratamento de saúde, xamanismo, reencarnação, adoração à Deusa, civilizações perdidas, kundalini yoga, mistérios da

Terra, psicologia transpessoal, esquemas para criar o moto perpétuo, a hipótese Gaia, teorias da conspiração, piramidologia e muitos outros temas igualmente variados são lenha para a fogueira da Nova Era.

Essa diversidade dificulta a identificação de um conjunto específico de crenças ou de atividades como eixo central do movimento. Mesmo assim, o papel do movimento da Nova Era como reação ao *status quo* cultural dá-lhe um quê de unidade e serve ainda de conexão com suas raízes históricas.

Uma das coisas mais interessantes sobre a Nova Era, na verdade, é o fato de pouca coisa nela ser nova. A maioria dos elementos desse moderno movimento tinha papel central no cenário alternativo da Inglaterra e dos Estados Unidos há um século, quando os canalizadores ainda eram chamados de médiuns, os seguidores dos antigos matriarcados adoradores da Deusa ainda estavam lendo Jane Harrison em vez de Marija Gimbutas, a cultura física e a massagem sueca ocupavam o lugar do treinamento Feldenkrais e do shiatsu, e teóricos da conspiração discutiam os planos sinistros da Rússia czarista no lugar dos planos igualmente sinistros da Nova Ordem Mundial. Talvez seja sintomático o fato de um dos jornais mais populares da Inglaterra em 1900 chamar-se *The New Age* ("A Nova Era").

Uma das fontes das atuais ideias da Nova Era merece menção especial. A complicada cosmologia desenvolvida pela Sociedade Teosófica no final do século XIX e início do XX, baseada principalmente na monumental *A Doutrina Secreta* (publicação original, 1888), de H. P. Blavatsky, inclui a maioria das ideias em torno das quais gira hoje o movimento da Nova Era, e também incorpora a mesma rejeição das ideias convencionais da ciência e da espiritualidade. O movimento da Nova Era já foi caracterizado como "Teosofia mais terapia", e embora isso seja uma simplificação exagerada – diversos elementos importantes da Nova Era, como a canalização, ficam de fora dessas duas categorias – esse rótulo contém muita verdade. *VEJA* SOCIEDADE TEOSÓFICA; TEOSOFIA.

A relação entre as tradições ocultistas ocidentais e o movimento da Nova Era é litigiosa, especialmente porque muitos dos ocultistas da atualidade reagem com horror à sugestão de que suas tradições têm alguma coisa a ver com o cenário da Nova Era. Novamente, porém, a mesma relação entre um núcleo de ensinamentos sérios, por um lado, e uma penumbra muito mais ampla mas bem mais rasa de popularizações, por outro, há muito tem sido um fator na história do ocultismo. Na Idade Média, os alquimistas escreviam sobre as hordas de "sopradores", candidatos ineptos a alquimistas interessados apenas em fazer ouro, que estavam fazendo com que a arte alquímica caísse em desgraça. Séculos depois, ocultistas da época vitoriana meneavam a cabeça diante dos excessos e loucuras do mesmerismo e do espiritualismo, ambos bastante baseados em tradições esotéricas. *VEJA* MESMERISMO; ESPIRITUALISMO.

O movimento da Nova Era é simplesmente o exemplo mais recente do mesmo processo. Apesar de todas as suas características estranhas, teve um papel importante nas últimas décadas, proporcionando público e apoio para sistemas válidos de medicina alternativa e de prática espiritual, além de difundir perspectivas ocultistas na cultura ocidental como um todo. *VEJA TAMBÉM* AGHARTA; ATLÂNTIDA; CICLOS CÓSMICOS; GAIA, HIPÓTESE; GLASTONBURY; LEMÚRIA; CIVILIZAÇÕES PERDIDAS; MATRIARCADOS ANTIGOS; UM; NOVO PENSAMENTO; HISTÓRIA OCULTA; SHASTA, MONTE. LEITURA ADICIONAL: HANEGRAAFF, 1996.

Nova Ordem Ortodoxa Reformada da Aurora Dourada (NROOGD). *VEJA* AU-

RORA DOURADA, NOVA ORDEM ORTODOXA REFORMADA DA (NROOGD).

nove. Na cabala, o número nove é Yesod, a nona Sefirah, e também o número da letra Teth. Nomes de Deus com nove letras incluem YHVH TzBAVTh, Tetragrammaton Tzabaoth; YHVH TzDQNV, Tetragrammaton Tzidqenu; e ALHIM GBVR, Elohim Gibor. *VEJA* CABALA.

No simbolismo mágico do Renascimento, o nove é sagrado para as Musas, além de ser o número de esferas celestes e das ordens de anjos. *VEJA TAMBÉM* ARITMOLOGIA. LEITURA ADICIONAL: MCLEAN, 1994; WATERFIELD, 1988; WESTCOTT, 1984.

Nove Desconhecidos. Nos textos ocultistas e teorias da conspiração dos séculos XIX e XX, os mestres secretos do mundo. Sua relação com a Grande Loja Branca, outra organização que alega ter o mesmo papel no cosmos, não é clara. *VEJA* GRANDE LOJA BRANCA; MESTRES.

Novo Pensamento. Movimento espiritual fundado nos Estados Unidos em meados do século XIX mas atualmente ativo em muitos países, que atribui a maior prioridade ao poder do pensamento humano. Segundo o Novo Pensamento, doença e sofrimento são fruto de padrões de pensamento negativos, e podem ser eliminados substituindo-se esses padrões de pensamento por outros, positivos.

O movimento do Novo Pensamento evoluiu de desdobramentos norte-americanos do mesmerismo no século XIX, especialmente aqueles formulados por P. P. Quimby e Mary Baker Eddy. *VEJA* CIÊNCIA CRISTÃ; MESMERISMO; QUIMBY, PHINEAS PARKHURST. Suas raízes também incluem o movimento transcendentalista do início do século XIX na Nova Inglaterra; *VEJA* TRANSCENDENTALISMO. Mais um movimento do que uma organização, o Novo Pensamento espalhou-se principalmente por meio de livros e de palestras, abrangendo muitas posturas, algumas inspiradas nas tradições ocultistas, outras derivadas da psicologia, do cristianismo e de outras ideologias de crescimento pessoal. Em certas ocasiões – como, por exemplo, nas décadas intermediárias do século XX –, houve grande superposição entre círculos do Novo Pensamento e praticantes de tradições ocultistas, porém outras épocas atraíram públicos diferentes, com poucos pontos de contato.

Muitas ideias do Novo Pensamento foram assimiladas pelo movimento da Nova Era, mais recente; *VEJA* NOVA ERA, MOVIMENTO DA.

Nuinn. Nome alternativo da letra Nion em Ogham. *VEJA* NION.

Nun. (hebraico NIN, "peixe") Décima quarta letra do alfabeto hebraico, letra simples com valor sonoro *n*. Seus valores numéricos são 50 na forma comum e 700 na forma final. Suas correspondências mais comuns são as seguintes:

> *Caminho da Árvore da Vida*: Caminho 24, de Tiphareth a Netzach.
> *Correspondência astrológica*: Escorpião.
> *Correspondência no tarô*: Arcano XIII, A Morte.
> *Parte do Cubo do Espaço*: Aresta sudoeste.
> *Cores*: em Atziluth, azul-esverdeado.
> em Briah, marrom opaco.
> em Yetzirah, marrom muito escuro.
> em Assiah, marrom-azulado vivo, como a casca de um besouro.

Seu texto, no *Trinta e Dois Caminhos da Sabedoria*, diz: " O Vigésimo Quarto Caminho é a Inteligência Imaginativa, chamada assim porque faz uma associação entre todas as semelhanças que são criadas de modo similar a suas elegâncias harmoniosas". *VEJA TAMBÉM* CABALA; ALFABETO HEBRAICO.

Letra hebraica Nun, à esquerda, e em sua forma final à direita

nwyvre. (galês, *nwyfre*, "brilho", "energia", "céu") Em muitos ramos do druidismo moderno, a expressão nywfre ou nwyvre é usada como sinônimo de energia mágica ou espiritual. É especialmente usada para designar a energia sutil que flui pela Terra. *VEJA* DRUIDAS; LINHAS LEY.

Nyd. *VEJA* NAUTHIZ.

O

ob. (hebraico, "feiticeiro") Na filosofia mágica, uma das três formas do fogo, associada ao magnetismo e à eletricidade no plano físico e à forma negativa ou magnética de fogo sutil no nível etérico. Em algumas fontes, essa forma de fogo está associada à magia negra, à necromancia e à morte. As duas outras formas de fogo são od e aur. *VEJA* AUR; ÉTER; OD.

Na Fraternidade Hermética de Luxor e nas tradições ocultistas que descendem dela, Ob era o nome dado ao "hierofante espiritual governante" do sinistro Satélite Negro. A palavra também estava associada, por duvidosa etimologia, a Oberon, obsessão, Obeah e muitas outras expressões relacionadas com espíritos e magia negra. *VEJA* SATÉLITE NEGRO; FRATERNIDADE HERMÉTICA DE LUXOR (F. H. DE L.).

obsessão. Forma de ataque de espírito hostil, a obsessão é o processo pelo qual uma entidade domina a consciência de um ser humano ou de um animal. É diferente da possessão, na qual a personalidade da vítima é substituída ou eliminada e a entidade assume o controle completo do corpo da vítima. Na obsessão, por sua vez, a vítima mantém-se consciente e controla seu corpo, mas seus pensamentos e emoções seguem o rumo que a entidade imprime.

Os sintomas clássicos da obsessão incluem um período de arrepios e tontura, seguido da presença de um padrão estranho de pensamentos, emoções ou ambos, que vai ficando cada vez mais persistente. Geralmente, é necessário exorcismo para expulsar uma entidade obsessora, e a maioria das tradições mágicas tem rituais que podem ser usados com esse propósito. *VEJA* EXORCISMO. *VEJA TAMBÉM* POSSESSÃO DEMONÍACA. LEITURA ADICIONAL: FORTUNE, 1930; REGARDIE, 1971.

Och. Um dos sete espíritos olímpicos, Och está associado ao Sol, e governa 28 das 196 províncias do Céu. O período da história governado por Och vai de 920 a 1410 E.C. *VEJA* ESPÍRITOS OLÍMPICOS.

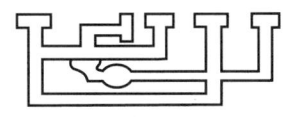

Espírito olímpico Och

octátopo. (do grego *octatopos*, "oito lugares") Na astrologia antiga, um sistema no qual eram oito, e não doze, as casas do zodíaco. Os significados eram idênticos aos das oito casas iniciais do moderno sistema de casas. *VEJA* CASA ASTROLÓGICA.

ocultismo cristão. Apesar de 2 mil anos de estereótipos, o cristianismo e o ocultismo estão longe de ser estranhos entre si, e muitas tradições mágicas, divinatórias e ocultistas baseiam-se em princípios cristãos. A existência do ocultismo cristão é um dos principais pontos cegos para o pensamento cristão contemporâneo e para a comunidade ocultista.

As dimensões ocultistas do cristianismo, muito provavelmente, remontam a seu fundador. Aparentemente, pouco depois de sua crucificação, correram rumores de que Jesus de Nazaré era praticante de magia, e não um profeta, um reformista religioso ou uma divindade, e diversos estudos modernos mostraram que há bons motivos para se acreditar que tais rumores se basearam em fatos. *VEJA* JESUS DE NAZARÉ.

É certo que práticas que normalmente seriam chamadas de mágicas ou divinatórias eram habituais nos primeiros anos da Igreja Cristã, entre pessoas que haviam conhecido Jesus ou entre seus seguidores diretos. No Novo Testamento, Atos 1,23-26 documenta o uso de adivinhação tirando-se a sorte para escolher um novo apóstolo para substituir Judas Iscariotes; Paulo de Tarso, em I Coríntios 12,8-10, enumera um conjunto de dons do Espírito Santo que incluem poderes de cura, a capacidade de profetizar e o poder de realizar milagres. Embora a moderna teologia cristã diferencie claramente essas atividades de práticas ocultistas, não existe uma base real para essa distinção; *VEJA* MAGIA. Há também evidências de que o Novo Testamento apresenta simbolismos geométricos e numéricos em diversos trechos, sugerindo que os misticismos pitagórico e platônico estavam presentes nos círculos cristãos desde o início. *VEJA* QUADRIVIUM; PLATONISMO.

Durante os primeiros séculos de sua existência, a Igreja Cristã manteve para com a magia atitudes muito semelhantes às da sociedade romana. O estado romano via toda prática mágica como suspeita, e as condenações de pessoas que praticavam magia, adivinhação ou artes similares eram eventos relativamente comuns na época romana. *VEJA* MAGIA, PERSEGUIÇÃO À PRÁTICA DA. Ao mesmo tempo, certos tipos de prática mágica eram considerados aceitáveis: a magia médica, a magia climática e a maior parte da magia natural ficavam isentas da proibição romana, e magias de muitos outros tipos eram permitidas extraoficialmente, desde que os magos não enveredassem para a política. Essas mesmas divisões, remodeladas segundo as políticas da Igreja, tornaram-se padrão no início da Idade Média.

Com o colapso do poderio romano no Ocidente, a Igreja Cristã viu-se como a única guardiã do aprendizado clássico na maior parte da Europa. Durante o período difícil que foi do ataque visigodo a Roma, em 410 E.C., até o renascimento carolíngio do ensino no início do século IX, monges, freiras e religiosos cristãos realizaram uma enorme operação de salvamento daquilo que restou das culturas grega e romana – e dentre os itens preservados havia documentos e tradições mágicas.

Uma regra simples, mas objetiva, parece ter governado a incorporação da magia à nova cultura da Europa cristã: qualquer trabalho de magia que evitasse referências a espíritos ou divindades não cristãs era aceitável; qualquer trabalho que invocasse espíritos ou divindades não cristãs seria eliminado ou reformulado de maneira cristã. Isso foi muito facilitado com a transformação, em larga escala, de deuses pagãos em santos cristãos, o que permitiu que as preces a Apolo e a Woden fossem dirigidas a São Apolinário e a São Swithold. Muitas práticas mágicas e divinatórias eram cristianizadas dessa forma, mantendo-se incólumes no restante. Por exemplo, as Sortes de Astrâmpsico, um sistema divinatório popular no final do período romano, foram levemente revisadas, substituindo-se as listas de deuses oraculares por listas equivalentes de santos cristãos, mantendo-se igualmente populares no início da Idade Média. *VEJA* ASTRÂMPSICO, SORTES DE.

O resultado foi o aparecimento de uma vasta tradição de magia cristã nas culturas ocidentais medievais, inteiramente aceitável pela Igreja e praticada em todos os níveis da sociedade no mundo medieval. Essa tradição incluía a astrologia e outras formas divinatórias, a magia climática, a magia agrícola, a magia de cura e muitos amuletos para sorte, proteção e sucesso. Até a magia goética, que envolvia a invocação de espíritos e por isso seria proibida pela Igreja Cristã, assumiu uma coloração cristã durante a Idade Média; muitos rituais goéticos sobreviventes incluem símbolos e nomes cristãos, atuando totalmente dentro do universo mental do cristianismo medieval.

Essa tradição mágica cristã foi uma corrente importante e razoavelmente pública nas culturas ocidentais até o século XIV. A partir daí, a postura contra a magia ficou mais severa. Os primeiros sinais do que viria foram vários julgamentos por heresia, nos quais a principal evidência era a prática da magia. A condenação da senhora Alice Kyteler em 1324-1325 e a queima na fogueira do astrólogo italiano Cecco d'Ascoli em 1327 marcaram o início de um ataque deliberado contra a magia. Nos quatro séculos seguintes, o ataque aumentou de tamanho e intensidade, com um total de 50 mil pessoas mortas. *VEJA* FOGUEIRAS, ERA DAS; MAGIA, PERSEGUIÇÃO À PRÁTICA DA.

Nessas condições, o ocultismo cristão enfrentou uma tremenda luta pela sobrevivência. Nos manuais produzidos e usados por inquisidores e caçadores de bruxas, qualquer atividade ritual além daquelas especificamente sancionadas pela Igreja era considerada adoração ao demônio; o fato de muitos feiticeiros e bruxos praticarem magia em nome de Cristo e dos santos era irrelevante. Mesmo assim, quase todos os ocultistas da época continuavam a afirmar que eles e sua arte eram inteiramente cristãos.

Durante a era das fogueiras, alguns autores ocultistas incluíam a condenação à bruxaria em suas obras, como forma de mostrar a diferença entre aquilo que estavam ensinando e as ideias de magia que circulavam na época. Outros criticavam a mania de caça às bruxas, e Cornélio Agrippa – autor do mais importante manual renascentista de magia cerimonial – defendeu com sucesso no tribunal uma bruxa acusada de práticas proibidas.

Foi profundo o impacto da era das fogueiras sobre as tradições ocultistas cristãs. Das ricas tradições da adivinhação e da magia cristã antes do século XIV, muito pouco restou. As exceções estavam em extremos opostos da escala social. Por um lado, muitos magos cerimoniais – provenientes das abastadas classes educadas – continuavam a se ver como magos cristãos, usando símbolos e nomes sagrados cristãos em seus trabalhos. Tradições ocultistas cerimoniais como o martinismo e o movimento rosa-cruz, em particular, valiam-se bastante da teologia e da prática cristã. *VEJA* MARTINISMO; ROSA-CRUZES. Entre os pobres, especialmente em regiões isoladas, a magia popular com elementos cristãos continuava a ser praticada discretamente.

Essas duas correntes se enfraqueceram bastante com a chegada da Segunda Revolução Industrial, no século XIX, e o surgimento de alternativas ao cristianismo, no final do século XIX e início do XX, deram cabo de boa parte do que restou delas. Se a Ordem Hermética da Aurora Dourada, fundada em 1888, exigia originalmente que seus membros fossem cristãos ou "estivessem prontos para se interessar pelo simbolismo cristão", muitas das ordens que a sucederam eram não cristãs ou então anticristãs.

De modo análogo, a penetração da Teosofia, das religiões asiáticas e do neopaganismo na cultura popular do mundo ocidental ao longo do século XX exerceu forte impacto sobre as tradições mágicas populares. Não é difícil encontrar, nos Estados Unidos, pessoas nascidas em famílias com tradições mais ou menos cristãs de magia popular, mas que conheceram o movimento neopagão, decidiram que eram essas as tradições familiares e substituíram sistematicamente as referências a Deus e aos santos pela Deusa e diversas divindades pagãs.

Enquanto esta obra é escrita, ainda há diversas ordens ocultistas que continuam a operar segundo tradições da magia cristã. Mais notáveis são grupos cristãos que seguem a linhagem de bispos independentes, diversas ordens mágicas inglesas que mantêm bom relacionamento com a Igreja Anglicana, e o sistema de prece contemplativa focalizada, usando o antigo nome de teurgia, desenvolvido nos círculos ocultistas franceses do século XIX e ainda praticado em diversos países. *VEJA* TEURGIA. Igrejas e outros organismos religiosos com foco gnóstico também seguiram essa direção, levados pelo crescente interesse pelo gnosticismo provocado pela tradução dos textos de Nag Hammadi; *VEJA* GNOSTICISMO. A última década do século XX também viu o surgimento de uma nova corrente ocultista cristã, na forma do movimento Wicca cristão; *VEJA* WICCA CRISTÃ. Cabe ao tempo dizer se algum desses movimentos sobreviverá à crescente popularidade do neopaganismo. *VEJA TAMBÉM* TEMPLO DE CROMLECH. LEITURA ADICIONAL: COHN, 1975; FIDELER, 1993; ROSSNER, 1989; SADHU, 1965; WHITEHEAD, 1995.

ocultismo egípcio. Desde os tempos dos faraós até o presente, o Egito Antigo tem preservado a fama de terra natal da magia. Um provérbio do Talmude afirma que toda a magia do mundo foi dividida em dez partes, das quais o Egito ficou com nove e o resto do mundo dividiu a que sobrou. Comentários similares podem ser encontrados por toda a literatura antiga, medieval e moderna.

Muitos sistemas ocultistas ocidentais, inclusive alguns com raízes bem distantes das margens do Nilo, afirmam ter suas origens no Egito. Embora a maioria desses relatos seja mítico, e não histórico, e alguns sejam exemplos bem claros de fraude, há um núcleo de verdade por trás deles: até certo ponto, a própria tradição ocultista ocidental começou no país cujos antigos habitantes chamavam de Khem, a "Terra Negra".

Segundo os arqueólogos modernos, as origens da antiga civilização egípcia datam de 4000 A.E.C., enraizada em culturas tribais estabelecidas ao longo das margens do Nilo durante muitos séculos antes dessa data. Por volta de 3200 A.E.C., uma gama de pequenos reinos acabou se concentrando em dois – o Baixo Egito, que abrange o delta do Nilo, e o Alto Egito, que se estende ao sul, desde o início do delta até a Primeira Catarata, perto de Assuã. Os dois reinos foram unidos por Narmer, fundador da Primeira Dinastia. Por volta da Terceira Dinastia, foram construídas as primeiras pirâmides, e a maior parte da antiga civilização egípcia já estava solidamente implantada. Essa civilização persistiu por cerca de trinta dinastias, estendendo-se de 3200

A.E.C. até os primeiros séculos desta era, quando o impacto do domínio romano, da chegada do cristianismo e, finalmente, do islamismo, provocou o seu fim.

A magia estava presente na religião, na filosofia e na vida cotidiana dos egípcios. Por exemplo, parte da liturgia diária dos templos ao deus Sol Rá – realizada em templos de todo o Egito desde o Reino Médio – valia-se de uma "boneca vodu" de cera do grande inimigo de Rá, Apópis, a serpente do mundo inferior. A figura de Apópis era empalada com facas de cobre e depois queimada, para derrotar a serpente e auxiliar Rá em sua jornada pelo céu. Ao mesmo tempo, os sacerdotes que realizavam esse ritual também sacrificavam outras figuras de cera, que representavam os inimigos políticos e militares do faraó reinante; eles também ofereciam outras figuras, representando os inimigos pessoais dos doadores que pagaram pela realização do ritual diário. Separar "religião" de "magia" numa cerimônia como essas é um processo inútil, pois os próprios egípcios não faziam tal distinção. Embora os egípcios tenham uma palavra para magia – *heka* – não há uma expressão egípcia que possa ser traduzida como "religião".

Os principais praticantes de magia no Egito Antigo, na verdade, eram os próprios sacerdotes dos templos. Registros feitos desde os tempos faraônicos até o período ptolomaico não mostram sinal de uma classe separada de magos, do tipo que encontramos na maioria das sociedades, antigas ou modernas. Os próprios sacerdotes faziam os trabalhos de magia. Práticas mágicas eram parte importante do *seshtau*, "aquilo que é oculto" – os rituais internos do culto do templo, realizados nos santuários interiores dos templos egípcios.

Excetuando-se aqueles situados no topo da hierarquia, os sacerdotes egípcios serviam os templos em sistema rotativo, e realizavam trabalhos rituais para clientes particulares nos intervalos entre períodos de serviços no templo. Há indicações de que a palavra normalmente usada no período egípcio tardio para "mago", *hariteb*, deriva de uma frase antiga, *hari-heb hari-tep*, "sacerdote chefe dos oradores", importante cargo sacerdotal egípcio. (A mesma palavra egípcia deu origem à palavra hebraica *hartum*, uma expressão comum no Antigo Testamento para "mago".)

A palavra egípcia para "magia", *heka*, também era o nome de um deus – Heka, "Mágico" ou "o Mago", que tinha altares nas cidades egípcias de Heliópolis e de Mênfis, e um festival no vigésimo segundo dia do mês de Athir; *VEJA* CALENDÁRIO EGÍPCIO. Textos em sarcófagos do Reino Antigo descrevem Heka como a primeira criação do deus primordial Atum-Rá. Textos posteriores descrevem-no como o *ka*, ou espírito vital do deus solar Rá, viajando no barco solar de Rá e ajudando-o a vencer a serpente maligna, Apópis. Outros deuses e deusas também portavam o título de *weret-hekau*, "grande na magia", e o texto da Décima Dinastia, "Instruções para o rei Merikare" inclui a magia como uma das grandes dádivas – juntamente com o Céu, a Terra, o ar, alimentos e bom governo – que os deuses concederam aos seres humanos.

Como mostra o lugar dos inimigos do faraó no ritual contra Apep, as práticas mágicas eram parte importante da estrutura política. Operações mágicas contra os oponentes militares e políticos do Egito eram corriqueiras. "Figuras de execração" rituais – ou seja, pequenas estátuas de inimigos domésticos e estrangeiros do Estado – eram usadas em diversas práticas mágicas, e os faraós chegavam a mandar pintar essas figuras em suas sandálias, para poderem esmagar simbolicamente seus inimigos a cada passo. (Um par dessas sandálias foi encontrado na tumba de Tutankhamon.)

Cerimônias de maldição também eram muito usadas contra oponentes do Estado egípcio; entre elas, havia a *Sed deseru*, ou "Quebra dos Vasos Vermelhos", na qual vasos de barro recebiam a inscrição dos nomes dos alvos e eram quebrados, e o costume de escrever cartas para os mortos, pedindo-se ou para realizarem atividades variadas ou para apelarem aos deuses em benefício do mago. Este método parece ter sido o ancestral do uso posterior – por parte dos gregos e romanos – dos *defixiones* ou tabletes de amarração. *VEJA* TABLETE DE AMARRAÇÃO.

De vez em quando, essas mesmas práticas se voltavam contra o regime. Quando a rainha Tiye, uma das esposas de Ramsés III, propôs-se a assassinar seu marido para pôr seu filho no trono, os pergaminhos dos rituais usados no complô foram furtados da biblioteca do próprio faraó.

Nem toda magia egípcia era feita com intenções tão hostis. A magia de cura era muito praticada, especialmente em vítimas de picadas de escorpião ou de cobra, e superpunha-se consideravelmente com a abundante tradição das antigas medicina e cirurgia egípcias. A magia também era destinada aos complexos rituais para os mortos, e textos como o *Pert em Hru*, ou "Saída para a Luz" ou "Livro da Saída da Luz", o chamado Livro Egípcio dos Mortos, são importantes repositórios de rituais mágicos. *VEJA* LIVRO EGÍPCIO DOS MORTOS.

O impacto das tradições mágicas egípcias sobre os outros povos do mundo antigo era considerável. Durante o último período de independência do Egito, o período Saite (663-525 A.E.C.), a aliança política e militar entre o Egito e as cidades-estado da Grécia permitiu que diversos intelectuais gregos, dentre os quais se destacava Pitágoras, estudassem a tradição dos templos egípcios; *VEJA* PITÁGORAS. A invasão persa de 525 A.E.C. eliminou essa opção, mas a conquista do Egito por Alexandre, o Grande, em 332 A.E.C. escancarou novamente a porta e inaugurou o período ptolomaico, uma faixa de três séculos nos quais começou a surgir uma cultura híbrida greco-egípcia nas margens do Nilo. Durante esse período, a cidade egípcia de Alexandria tornou-se um centro de cultura e de filosofia gregas, e diversas correntes importantes do pensamento grego absorveram uma boa parcela de fontes egípcias. *VEJA* ALEXANDRIA. Em particular, a tradição pitagórica – ela própria com raízes em solo egípcio – floresceu sob os Ptolomeu, e as bases do neoplatonismo também foram lançadas em círculos filosóficos de Alexandria. A fusão entre as culturas grega e egípcia se estendeu a ponto de sacerdotes egípcios poderem se tornar filósofos gregos, e o fizeram; *VEJA* QUEREMON. Além disso, foi em Alexandria, nessa mesma época, que a alquimia surgiu no mundo ocidental; *VEJA* ALQUIMIA.

A conquista romana, em 30 A.E.C., assinalou o início do fim da antiga cultura egípcia. Embora o governo romano estivesse disposto a permitir a continuidade de muitas práticas religiosas egípcias, qualquer coisa que se aproximasse demais daquilo que os romanos entendiam como magia ia enfrentando cada vez mais dificuldades legais; *VEJA* MAGIA, PERSEGUIÇÃO À PRÁTICA DA. Éditos de 199 e 359 E.C. proibiam os tradicionais oráculos *peheneter*, e todas as práticas mágicas foram proibidas por leis imperiais desde o tempo de Augusto, sendo renovadas frequentemente por seus sucessores. Em resposta, os sacerdotes egípcios realizavam suas práticas mágicas mais evidentes em segredo, e começou a surgir uma classe de magos em tempo integral operando à margem da lei.

Foi nesse contexto que textos rituais da antiga tradição dos templos chegaram aos inúmeros livros de feitiços do Egito romano, conhecidos hoje como papiros mágicos greco-

-egípcios; *VEJA* PAPIROS MÁGICOS GRECO--EGÍPCIOS. As mesmas forças moldaram os movimentos herméticos e gnósticos, que fundiam rituais egípcios, filosofia grega e teologia hebraica numa abordagem religiosa que substituía boa parte do que restava das moribundas tradições dos templos. Num nível mais intelectual, a difusão da tradição dos templos egípcios na magia clássica tardia influenciou muito a filosofia neoplatônica, tornando-se um fator central do neoplatonismo teúrgico de Jâmblico e de Proclo. *VEJA* HERMETISMO; PLATONISMO; TEURGIA.

A nova e sigilosa espiritualidade mágica mostrou-se duradoura e mais fácil de exportar para além das fronteiras egípcias. Quando os últimos templos egípcios desapareceram, no século V, coube a esses sistemas levar adiante o que restava do legado mágico do Egito. LEITURA ADICIONAL: ASSMANN, 1995; BUDGE, 1967; HARRIS, 1998; RITNER, 1993.

ocultismo fantástico. A interface entre os mundos da literatura e da magia tem sido relativamente complicada ao longo da história. Uma das melhores fontes existentes para as tradições de magia no Império Romano, por exemplo, é o romance de Lúcio Apuleio *O Asno de Ouro*. *VEJA* APULEIO, LÚCIO. De modo similar, dificilmente se consegue separar o Johann Georg Faustus, uma figura histórica, do lendário e literário Fausto.

A lenda de Fausto deu origem a toda uma literatura de manuais para a evocação de demônios, com base nos antigos grimórios mas atribuídos a Fausto. Esses "livros de Fausto" foram populares durante séculos na Europa central, entre supostos magos que desejavam obter a riqueza aparentemente imensurável de Fausto, evitando a inconveniência da condenação eterna. *VEJA* FAUSTO, LENDA DE; FAUSTUS, JOHANN GEORG.

Do mesmo modo, o grande ressurgimento mágico do século XIX foi bastante influenciado por escritores de ficção ocultista como Edward Bulwer-Lytton e Joséphin Péladan. A comunidade ocultista norte-americana do final do século XX teve, portanto, diversos antecedentes quando começou a criar sistemas de magia e de religião mágica baseados nos mundos imaginários da ficção científica e da fantasia.

Diversos fatores contribuíram para o surgimento desse tipo de magia fantástica. Um deles foi a enorme popularidade da ficção científica e da fantasia no cenário neopagão norte-americano. Outro foi a Sociedade para o Anacronismo Criativo, também muito popular na subcultura neopagã, que apresentou um canal para o faz-de-conta medieval em grande escala. Outra é a profusão de jogos do tipo RPG (*role-playing game*) como Dungeons and Dragons, quase todos com sistemas detalhados de "magia" que têm pouca ou nenhuma relação com as verdadeiras tradições ocultistas, e que também variam muito entre eles. Todos esses fatores tornaram cada vez mais difícil perceber a diferença entre magia autêntica e as diversas simulações de ocultismo na literatura, em jogos e em encenações medievais.

O mais conhecido dos sistemas mágicos fantásticos deve ser a Wicca Klingon, criada por volta de 1995 por fãs pagãos dos filmes e do seriado de TV *Jornada nas Estrelas*. Os rituais desse sistema foram traduzidos para a língua inventada para os beligerantes alienígenas klingon do universo de *Jornada nas Estrelas*; os participantes portam armas klingon e usam armaduras e roupas copiadas dos filmes e episódios da série, enquanto realizam rituais da Wicca mais ou menos padronizados. *VEJA* WICCA.

Outras formas de ocultismo fantástico têm se desenvolvido em torno das versões da Wicca sobre séries muito populares de romances de ficção fantástica, como os romances da série *Darkover*, de Marion Zimmer Bradley, as crônicas *Deryni*, de Katherine Kurtz, e os romances *Valdemar*, de Mercedes Lackey. Essas três séries incluem sistemas mágicos detalhados como elemento central do enredo, e uma autora (Kurtz) chegou a fazer um "grimório" dos métodos mágicos de seus personagens. Tentativas de pôr em prática esses sistemas mágicos fictícios têm sido muito comuns nas últimas décadas.

Mais uma forma de ocultismo fantástico é a que surgiu em torno da mitologia Cthulhu, criada pelo escritor norte-americano de *pulp fiction* H. P. Lovecraft e seus colegas na década de 1930. A mitologia baseia-se na ideia de que um grupo de entidades maléficas do espaço sideral, os Grandes Antigos, dominaram a Terra no passado, e agora esperam pela chance de envolver novamente o planeta com seus tentáculos pegajosos. A mitologia Cthulhu apresenta a magia como os resquícios decaídos da ciência dos Grandes Antigos, usada por sinistros cultuadores que procuram chamar de volta esses Grandes Antigos.

Embora a implacável atitude negativa de Lovecraft para com a magia possa parecer pouco incentivadora para o ocultista fantástico, a comunidade esotérica tem usado materiais da mitologia Cthulhu desde a década de 1960. Enquanto este texto é escrito, nada menos do que três versões do livro mágico imaginário de Lovecraft, o *Necronomicon*, foram escritas e comercializadas nos meios ocultistas. *VEJA* NECRONOMICON.

Como forma de recreação, esses diversos estilos de ocultismo fantástico são relativamente inofensivos. Como forma de prática mágica, por outro lado, são quase inúteis. Métodos mágicos criados puramente com finalidade fictícia têm, como seria de esperar, efeitos puramente fictícios quando postos em prática. Até que ponto esse fato passa despercebido depõe contra a seriedade ou a sofisticação de alguns elementos do cenário ocultista norte-americano.

Um uso um pouco mais sério da fantasia e da ficção científica nos atuais círculos ocultistas encontra-se no trabalho dos adeptos da magia do Caos. Uma ideia central da magia do Caos é que os sistemas de crença são simplesmente ferramentas para se atingir certos estados mentais, e não têm verdade ou validade em si mesmos; um deus ou símbolo fictício é, portanto, tão bom quanto um de longo currículo histórico. Para esse princípio, os magos do Caos inspiraram-se extensamente na fantasia e na ficção científica. A "Banner of Chaos" [Bandeira do Caos], dos romances do Eternal Champion [Campeão Eterno] criados pelo escritor inglês Michael Moorcock, a "octarina" de cores mágicas das sátiras fantásticas de *Discworld*, de Terry Pratchett, e as divindades *eldritch* da ficção de terror de H. P. Lovecraft têm aparecido nos textos da magia do Caos.

Há nisso certa ironia, pois todo o movimento da magia do Caos foi indiscutivelmente lançado por outro trabalho de ficção científica – a trilogia *Illuminatus!* de Robert Shea e Robert Anton Wilson. Mesmo assim, seja qual for sua escolha de simbolismos, a maioria dos magos do Caos usa métodos mágicos testados e aprovados. *VEJA TAMBÉM* MAGIA DO CAOS; DISCORDIANISMO.

ocultismo mesopotâmico. A Mesopotâmia, a "Terra Entre Rios" no vale do Tigre e do Eufrates, onde hoje ficam o Iraque, a Síria e a Turquia, foi palco de uma das mais antigas culturas urbanas conhecidas na história – e uma das mais importantes fontes de tradições ocultistas ocidentais. A maior parte da magia ocidental moderna, quase toda a astrologia e muitos outros ramos da teoria e da prática ocultistas têm raízes nas culturas da antiga Mesopotâmia.

A história da Mesopotâmia abrange mais de 4 mil anos de complexos desdobramentos políticos e culturais, mas aqui será suficiente um perfil geral. A primeira civilização conhecida do vale do Tigre e do Eufrates, a Suméria, emergiu das terras pantanosas em torno da extremidade norte do Golfo Pérsico antes de 3000 A.E.C. Os sumérios foram conquistados por volta de 2300 A.E.C. pelos acádios, tribos nômades provenientes de regiões mais ao norte; estes tinham linguagem semítica, mas que acabaram adotando boa parte da cultura suméria e mantendo o sumério como língua sagrada para fins religiosos. A Acádia, por sua vez, desapareceu por volta de 2180 A.E.C., e uma longa era de guerras terminou com a ascensão da cidade da Babilônia, na parte inferior do vale, em torno de 1900 A.E.C., seguida pela fundação do Império Babilônico por volta de 1700 A.E.C. A partir dessa época, até sua queda em 539 A.E.C., causada pelo rei persa Ciro, a Babilônia foi a capital econômica, cultural e (com algumas interrupções) política da Mesopotâmia. Mais ao norte, na parte superior do rio Tigre, ficava o grande rival da Babilônia: o cruel império militar da Assíria, que apesar de tudo compartilhava muitas tradições culturais e religiosas, praticando magia de forma bem semelhante.

Conquistada pelos persas, depois pelos gregos, com Alexandre, o Grande, e finalmente pelos romanos, a região perdeu a independência política e foi assolada por séculos de guerras entre Roma e um Império Persa revivido. A conquista muçulmana, em meados do século VII, concluiu o declínio, embora alguns elementos da antiga tradição mesopotâmica tenham sobrevivido e até florescido nas mãos dos árabes.

A cidade de Harã, situada na região que hoje é o sudeste da Turquia, originalmente um entreposto comercial sumério, preservou consideráveis elementos da tradição religiosa mesopotâmica até a época medieval. Porém seu abandono, no século XIV E.C., eliminou a última conexão viva com a tradição mesopotâmica. *VEJA* HARÃ.

Ao longo da história, a magia e a religião mesopotâmicas estiveram baseadas nas estrelas. A partir dos primeiros registros sumérios, fica claro que as estrelas eram deuses e vice-versa, e tradições de vaticínios e adivinhações estelares (precursores da ciência astrológica posterior) já estavam sendo desenvolvidas. O foco estelar da magia mesopotâmica data de uma época anterior à própria Suméria, pois os nomes dados aos planetas – *Delebat* para Vênus, *Sagmegar* para Júpiter e outros – não são palavras sumérias, mas pertencem a uma língua mais antiga, que se perdeu completamente. Os estudiosos ainda não conseguiram decifrá-los ou associá-los de modo convincente a nenhuma outra língua conhecida.

Na época dos sumérios, os astrônomos-sacerdotes definiram os três "Caminhos do Céu" (céu equatorial, céu setentrional e céu meridional) e os identificaram com os três grandes deuses, Anu, Enlil e Ea, respectivamente regentes do céu estrelado, do vento e das águas. Todos eles tinham papel importante nas tradições relacionadas com a precessão dos equinócios – o lento deslocamento do eixo da Terra que faz com que a posição do Sol numa data específica recue gradualmente pelo zodíaco. *VEJA* PRECESSÃO DOS EQUINÓCIOS.

Essas estrelas-divindades passaram a repartir o espaço com divindades planetárias posteriores – Nabu (Mercúrio), Ishtar [Inanna; Ishtar é o nome babilônico – N. do E.] (Vênus), Nergal (Marte), Marduk (Júpiter) e Enki (Saturno), bem como Sin e Shamash, respectivamente a Lua e o Sol – e com diversos outros deuses e deusas que surgiram em diferentes pontos da Mesopotâmia ou foram trazidos de outros lugares. O resultado foi um politeísmo agitado e flexível, que, num momento ou noutro, incluiu praticamente todas as divindades conhecidas no antigo Oriente Próximo. Tal como em outras religiões antigas, a espiritualidade e a prática da magia não se distinguiam uma da outra, e a literatura em placas de argila que chegou aos nossos dias inclui muitos encantamentos e preces de orientação mágica dirigidos às divindades celestes, ou, no mais das vezes, diretamente às estrelas e aos planetas.

Os detalhes da maior parte da magia suméria e acádia são desconhecidos. A Babilônia é outra história, pois dezenas de milhares de registros feitos em tabletes ou placas de argila sobreviveram de forma legível desde os tempos babilônios, e a língua foi decifrada no início do século XIX. Os assírios também deixaram substanciais bibliotecas registradas em argila, e uma delas – a biblioteca do rei assírio Assurbanípal (668-627 A.E.C.), que se interessava profundamente por magia – inclui um tesouro de tradições esotéricas, inclusive textos detalhados sobre rituais. VEJA ASSURBANÍPAL.

Vários gêneros de rituais mágicos sobreviveram dessa forma. Um tipo importante foi o dos rituais *Namburbi* (desfaz-encantamentos), destinados a afastar os efeitos de um vaticínio maléfico. Outros rituais, os *Maqlû* (queima), envolviam figuras de demônios, fantasmas ou inimigos humanos que eram destruídas pelo fogo; VEJA MAQLÛ, RITUAIS; NAMBURBI, RITUAIS. A magia com estátuas, que envolvia a elaboração e a consagração de imagens mágicas para uma ampla variedade de propósitos, era uma arte altamente desenvolvida; VEJA ESTÁTUAS MÁGICAS. Práticas mágicas menos complexas também eram usadas habitualmente: amuletos com a forma de diversos animais ajudavam a afastar espíritos malignos e a trazer boa sorte, e havia vários feitiços, encantamentos, bênçãos mágicas e contrafeitiços de uso cotidiano.

Embora a magia mesopotâmica como tal já tivesse desaparecido no final da Idade Média, deixou muitos legados para as tradições mágicas ocidentais posteriores. A astrologia, embora tenha sido em parte uma criação grega, baseia-se em séculos de cuidadosos registros do céu compilados por astrônomos mesopotâmicos. À magia mesopotâmica, de modo similar, devemos o hábito de associar ervas, pedras e outras substâncias aos sete planetas; em muitos casos, as correspondências chegaram mais ou menos intactas das fontes mesopotâmicas graças a manuscritos gregos posteriores. A relação entre sete quadrados numéricos mágicos e os sete planetas é outra herança da magia mesopotâmica, bem como a expressão *kamea*, tradicionalmente usada para esses quadrados. VEJA QUADRADO MÁGICO. LEITURA ADICIONAL: ABUSCH, 1987; ABUSCH E VAN DER TOORN, 1999; REINER, 1970 E 1995.

ocultismo nazista. VEJA NACIONAL-SOCIALISMO.

od. (hebraico AVD, "fogo") Na filosofia mágica, uma das três formas do fogo, associada com a chama comum no plano físico e com a forma positiva e elétrica do fogo sutil no nível etérico. Em algumas fontes, essa forma de fogo está associada com a magia branca, com a cura e com a vida. As outras duas formas de fogo são ob e aur. VEJA AUR; ÉTER; OB.

O físico e pesquisador psíquico Karl von Reichenbach adotou a palavra *od* encontrada em fontes mais antigas como sinônimo para a energia sutil que ele descobriu em seus experimentos com ímãs e visão clarividente. Nesse sentido, é uma expressão genérica para energia etérica. A forma expandida *odyle* é usada com o mesmo sentido. VEJA REICHENBACH, KARL VON.

Oera Linda. Publicado pela primeira vez em 1871, mas com documentos que teriam milhares de anos, segundo se supõe, o livro *Oera Linda* afirma apresentar a verdadeira história da Atlântida (ou "Atland", expressão usada no texto), que se localiza no Mar do Norte. O livro data a destruição de Atlântida em 2193 A.E.C., e explica como alguns sobreviventes fundaram um poderoso império marítimo na foz do Reno, governado por uma Mãe Terra e grupos de sacerdotisas virgens. Mais tarde, o domínio da Mãe Terra cedeu lugar aos reis, e o império desmoronou quando chegaram as vagas de invasores do leste.

Supostamente escrito num antigo dialeto da Frísia, o texto teria sido passado por membros da família Over den Linden ao longo de 6 mil anos, até chegar a Cornelius Over den Linden, que o recebeu de sua tia em 1848; as primeiras traduções para o frísio e o holandês modernos foram feitas em 1871, e a tradução para o inglês surgiu em 1876. Todas as evidências sugerem, porém, que essa obra foi simplesmente uma fraude de Over den Linden ou de J. O. Ottema, que pagou pela "tradução". O relato desse antigo império frísio contradiz todas as evidências arqueológicas e linguísticas conhecidas, e contém muitos detalhes comuns em falsificações do século XIX. Por exemplo, os deuses pagãos são apresentados como figuras históricas, no tradicional estilo evemerista; *VEJA* EVEMERISMO. (Para conhecer outro bom exemplo do gênero, *VEJA* AGHARTA.)

Embora o *Oera Linda* não tenha nenhuma relação clara com o ocultismo, interpenetrou as tradições ocultistas ocidentais duas vezes, no mínimo, de maneiras bem diferentes. Os ocultistas alemães conectados ao movimento ariosófico do início do século XX usaram-no muito como base para suas ideias de supremacia espiritual alemã, e assim Atland tornou-se um fato histórico durante a era nazista. *VEJA* ARIOSOFIA; NACIONAL-SOCIALISMO. Mais recentemente, o livro *Oera Linda* tornou-se a inspiração central para uma organização mágica inglesa, a Ordo Anno Mundi (OAM), que situa sua linhagem iniciática na tradição frísia do centro da Inglaterra. *VEJA TAMBÉM* ATLÂNTIDA; CIVILIZAÇÕES PERDIDAS; HISTÓRIA OCULTA.

Oficial. (inglês, *Summoner*). Em algumas tradições da bruxaria, o oficial de um coven, geralmente o assistente do Sumo Sacerdote e quase sempre o sucessor deste. Seus paramentos são um bordão negro e um manto negro. De acordo com algumas fontes, ele era o responsável por proteger a Suma Sacerdotisa caso surgisse algum problema, e por vigiar o Livro das Sombras do coven. *VEJA* LIVRO DAS SOMBRAS.

Outros nomes do Oficial incluem Guardião, Homem Negro, Homem de Preto e Bordão Preto. *VEJA TAMBÉM* COVEN; SUMO SACERDOTE.

Ofício da Deusa. Texto ritual muito usado na moderna prática da Wicca, o Ofício da Deusa foi redigido no final da década de 1940 por Gerald Gardner, com base nos textos de Charles Godfrey Leland e Aleister Crowley. *VEJA* CROWLEY, ALEISTER; LELAND, CHARLES GODFREY. Na década de 1950, a Suma Sacerdotisa de Gardner, Doreen Valiente, convenceu-o de que citações de Crowley passíveis de identificação trariam má publicidade para o Ofício, e reescreveu o Ofício para excluir a maior parte das contribuições de Crowley. Essa versão posterior do Ofício tornou-se padrão na maioria das tradições modernas da Wicca, onde costuma ser apresentada como um antigo texto da Wicca transmitido ao longo de gerações. *VEJA* GARDNER, GERALD BROUSSEAU; VALIENTE, DOREEN; WICCA.

Ofício, o. Expressão usada pelos modernos praticantes da Wicca (quando também se vê a tradução **a Arte**) para se referirem às suas tradições religiosas e mágicas; também uma expressão usada por maçons para se referirem à Maçonaria. Na acepção da Wicca, é uma forma abreviada de "o Ofício do Sábio", a tradução (imprecisa) feita por Gardner da palavra anglo-saxã original, *witchcraft*, bruxaria. *VEJA* MAÇONARIA; WICCA.

Ogham. Alfabeto arcaico usado na Irlanda, na Escócia e na Britânia em inscrições em pedras eretas e em outras superfícies. Consiste em vinte letras regulares, formadas de entalhes feitos em um ou nos dois lados da aresta de uma pedra ereta (ou em outras linhas), mais cinco letras adicionais com formas mais complexas. Tradicionalmente, era grafado em linhas verticais, começando na parte inferior.

Segundo o *Livro de Ballymote*, do século XIV, o alfabeto Ogham foi inventado por Ogma, chamado de "Face de Sol", durante o reino de Bres, filho de Elatha, rei da Irlanda. A primeira coisa escrita em Ogham foi a letra Beith (B), repetida sete vezes num pedaço de bétula, como advertência a Lug, filho de Ethliu, de que sua esposa seria levada para a terra das fadas. Um relato alternativo da mesma fonte diz que foi inventado por Fenius Farsaidh, juntamente com a língua irlandesa, pouco depois dos eventos na Torre de Babel descritos no Livro do Gênesis.

Há duas versões do Ogham, chamadas Boibeloth e Beth-Luis-Nion, que diferem nos nomes dados às letras e na ordem de diversas letras da primeira série. (Esses dois nomes também são usados em "alfabetos secretos" posteriores e um tanto toscos, nitidamente derivados do alfabeto inglês.) Embora os nomes das letras em Beth-Luis-Nion sejam praticamente universais na moderna prática pagã, a ordem das letras do alfabeto Boibeloth é a mais comum, e há muita confusão entre ambas.

Nome (Valor Sonoro): Árvore

Beith (B): Bétula
Luis (L): Sorveira
Fearn (V): Amieiro
Saille (S): Salgueiro
Nion (N): Freixo
Huath (H): Pilriteiro
Duir (D): Carvalho
Tinne (T): Azevinho
Coll (C): Aveleira
Quert (Q): Macieira
Muin (M): Vinha
Gort (G): Hera
Ngetal (Ng): Bambu
Straif (Z): Espinheiro-negro
Ruis (R): Sabugueiro
Ailm (A): Abeto
Onn (O): Tojo
Ur (U): Urze
Eadha (E): Álamo
Ioho (I): Teixo
Koad: Arvoredo
Oir: Haste
Uilleand: Madressilva
Iphin: Groselha
Phagos: Faia

As antigas fontes irlandesas apresentam muitos símbolos, frases, correspondências e metáforas para cada uma das letras Ogham. Exemplos incluem palavras-Ogham, nas quais frases poéticas representam letras; suínos-Ogham, nos quais as cores e localizações de suínos representam letras; fortalezas-Ogham, ave-Ogham, cor-Ogham e Igreja-Ogham, todas usando nomes ou palavras começando com a letra em questão; cão-Ogham, no qual de um a cinco cães de diferentes raças significam as letras em sua série; e assim por diante. Modos diferentes de grafar Ogham, muitos deles propositalmente confusos, também são encontrados. Todos parecem ser sistemas de comunicação secreta, que permitiam que bardos treinados redigissem mensagens ocultas em seus poemas, compreensíveis para outros bardos.

Os primeiros indícios de Ogham que chegaram até nós datam do século V, na Irlanda, onde eram usados em lápides tumulares. Embora os historiadores convencionais concordem que esse alfabeto deve ter sido inventado um pouco antes dessa época, não há muitas evidências a sustentar esta hipótese, e ele pode ter sido usado em materiais mais ou menos perecíveis durante séculos antes dessa época. Referências ao Ogham em poemas épicos irlandeses datados da época pagã sugerem que deve ter sido usado principalmente em magia e adivinhações, bem como com propósitos mais mundanos.

A difusão da Igreja latina fez com que o Ogham deixasse de ser usado por volta do início da Idade Média, mas ele sobreviveu como parte da tradição dos bardos até as escolas rurais irlandesas serem eliminadas pela repressão inglesa, no século XVIII. Portanto, era uma curiosidade obscura, conhecida apenas por um punhado de estudiosos, até 1948, quando o excepcional livro de Robert Graves, *A Deusa Branca*, voltou a apresentá-lo a um público maior.

Graves fez conexões entre o Ogham e a idolatria a deusas, e também associou muitas das letras Ogham a um calendário de treze meses; *VEJA* CALENDÁRIO DAS ÁRVORES-OGHAM. Recentemente, o Ogham foi convertido num sistema de adivinhação por cartas, e existem pelo menos dois baralhos baseados no Ogham enquanto este texto é escrito. O Ogham tornou-se elemento-padrão da maioria das tradições druidas modernas, e é bastante usado por outras tradições neopagãs inspiradas nos celtas. *VEJA TAMBÉM* DRUIDAS; JANELA DE FIONN. LEITURA ADICIONAL: CALDER, 1917; GRAVES, 1966; MCMANUS, 1991.

Oir. (irlandês antigo, "barrete de clérigo") Segunda das cinco letras adicionais do alfabeto Ogham, usada para representar a combinação de vogais *oi* ou a consoante *th*. Corresponde ao barrete-de-padre entre as árvores, mas não tem o simbolismo adicional das vinte letras adicionais do Ogham. *VEJA* OGHAM.

Letra Oir em Ogham

oito. No simbolismo numérico de Pitágoras, o oito – a oitava – é o primeiro cubo e o número da harmonia. É chamado de "mãe", "segurança" e "fundação", e está associado à musa Euterpe. *VEJA* PITÁGORAS.

Na cabala, o oito é Hod, a oitava Sefirah, e também o número da letra Cheth. Nomes de Deus com oito letras incluem ALVH VDAaTh, Eloah Va-Daath e YHVH VDAaTh, Tetragrammaton Va-Daath. *VEJA* CABALA.

No simbolismo mágico do Renascimento, o oito é o número da saúde e da preservação, e representa a eternidade. *VEJA TAMBÉM* ARITMOLOGIA. LEITURA ADICIONAL: MCLEAN, 1994; WATERFIELD, 1988; WESTCOTT, 1984.

Olam Yesodoth. (hebraico AaLM YSVD-VTh, "mundo dos elementos") Na tradição cabalística, o planeta Terra como esfera celeste associada à décima Sefirah da Árvore da Vida, Malkuth, o Reino. Um nome alternativo é Cholem Yesodoth, "rompedor das bases". Israel Regardie sugeriu, de forma bastante sensata, que este nome é o resultado do fraco conhecimento do hebraico pelos magos cabalistas; a inicial *Ayin* de "Olam" poderia ser grafada "Gh", um som alternativo de *Ayin*, e depois lida erroneamente como "Ch" por algum leitor ou autor de transcrição posterior. *VEJA* MALKUTH.

olhar central. Nas tradições europeias de magia dos séculos XIX e XX, um método de uso do olhar para impedir que outro mago controle a mente e a vontade da pessoa. Para usar o olhar central, o mago focaliza firmemente os olhos sobre um ponto entre as sobrancelhas do atacante, no lugar onde fica o centro do "terceiro olho". O ponto crucial consiste em não contemplar diretamente o olhar do atacante, mesmo que seja por um breve momento; a concentração deve ser mantida sobre o ponto escolhido. LEITURA ADICIONAL: LOMER, 1997; SADHU, 1962.

olíbano, incenso de. (*Boswellia thurifera*) O mais importante e tradicional incenso das religiões ocidentais e de uso mágico, o olíbano é a resina de uma pequena árvore nativa da península Árabe e do nordeste da África. Apreciado desde a Antiguidade egípcia, considera-se que possui fortes energias espirituais e pode ser usado

em quase qualquer forma de trabalho de magia. Intensamente solar, também está associado às Plêiades. *VEJA TAMBÉM* MAGIA NATURAL.

olímpicos. *VEJA* ESPÍRITOS OLÍMPICOS.

om. *VEJA* AUM.

Önd. Em algumas tradições mágicas modernas derivadas do paganismo nórdico, expressão que significa força vital ou energia etérica; *VEJA* ÉTER.

ondinas. Na tradição da magia cerimonial, as elementais da água. Seu rei é Nichsa. *VEJA* ELEMENTAL.

Onn. (irlandês antigo, "freixo") A décima sétima letra do alfabeto Ogham, com valor sonoro *o*. Corresponde ao tojo entre as árvores, ao cormorão entre as aves, à cor marrom-acinzentada e ao número quatro. Na versão de Robert Graves para o calendário das árvores-Ogham, está associada com o equinócio da primavera. *VEJA* OGHAM.

Letra Onn em Ogham

onze. Na cabala, onze é o número dos Qlippoth, e das onze maldições do monte Ebal. *VEJA* CABALA.

No simbolismo mágico do Renascimento, onze é o número do pecado e da penitência, e considerava-se que não teria virtude ou ligação com o Altíssimo. *VEJA TAMBÉM* ARITMOLOGIA. LEITURA ADICIONAL: MCLEAN, 1994; WATERFIELD, 1988; WESTCOTT, 1984.

Ophiel. Um dos sete espíritos olímpicos, Ophiel está associado com o planeta Mercúrio, e governa 14 das 196 províncias do Céu. Ophiel é o governante do mundo no atual período da história, que começou em 1900 e vai terminar em 2390 E.C. *VEJA* ESPÍRITOS OLÍMPICOS.

Espírito olímpico Ophiel

oposição. Na astrologia, um ângulo de 180 graus entre planetas ou pontos significativos do céu. Forças astrológicas em oposição acham-se em conflito direto uma com a outra, levando para sentidos opostos as facetas da personalidade ou as energias do período no qual a oposição se acha em vigor. *VEJA* ASPECTO ASTROLÓGICO; ASTROLOGIA.

oráculos. Aplicada hoje a quase todas as formas de adivinhação, na Antiguidade, porém, a palavra "oráculo" referia-se a centros religiosos pagãos usados com finalidade divinatória. Os oráculos mais conhecidos do mundo antigo ficavam na Grécia, mas havia outros por toda a área oriental do Mediterrâneo.

O mais famoso de todos os oráculos era o de Delfos, onde uma sacerdotisa sentada numa banqueta com três pernas entrava em transe e dava respostas que, segundo se acreditava, eram inspiradas por uma divindade – antigamente, seria Apolo, mas os registros gregos sugerem que o oráculo foi consagrado a uma sucessão de deusas em épocas anteriores. Relatos antigos dizem que a Pítia, como era chamada a sacerdotisa oracular, entrava em transe por causa de vapores que saíam de uma fenda na terra. Os arqueólogos, no entanto, não encontraram sinal de uma fenda como essa em suas escavações em Delfos, motivo pelo qual a fonte de inspiração da Pítia ainda é um mistério.

O acesso à Pítia era relativamente caro – dois terços de um dia de salário para uma consulta particular no século V A.E.C. – e infrequente: os oráculos só ficavam disponíveis em nove dias do ano. Por um custo menor, a Pítia lançava sortilégios ou fazia adivinhação pela sorte; podia ser uma resposta sim ou não, ou uma escolha entre alternativas apresentadas pelo consulente e marcadas nas sortes. Geralmente, usavam-se feijões brancos e pretos.

Outros oráculos gregos muito conhecidos ficavam em Dodona, onde as sacerdotisas interpretavam o farfalhar das folhas num bosque de carvalhos sagrados como sinais da vontade de Zeus, e em Epidauro, onde um oráculo onírico de Asclépio proporcionava aos doentes instruções visionárias sobre o modo de curar suas doenças. Pausânias, viajante e escritor grego do século II E.C., falou de dezenas desses oráculos em seu divertido *Descrição da Grécia*: em sua maioria, eram pequenos altares em cada lugar, onde se praticavam diversos métodos divinatórios. Em muitos casos, esses oráculos estavam mais próximos da leitura de presságios que dos pronunciamentos formais da Pítia; *VEJA* PRESSÁGIOS.

Havia ainda os livros de oráculos, atribuídos a antigos profetas como Bakis e Musaeus, que tinham na Antiguidade uma função muito similar às atuais profecias de Nostradamus; *VEJA* NOSTRADAMUS. Especialistas nessas coleções, chamados *chresmologoi*, volta e meia eram chamados para dar conselhos sobre decisões públicas.

A maioria dos oráculos caiu em desuso depois do início da Era Comum, devido à difusão da astrologia e de outras formas divinatórias; *VEJA* ASTROLOGIA. A ascensão do cristianismo ao poder político no século IV

E.C. concluiu o processo. Os antigos oráculos eram todos consagrados a deuses pagãos, e foram eliminados à força. *VEJA* PAGANISMO. *VEJA TAMBÉM* ADIVINHAÇÃO. LEITURA ADICIONAL: FLACELIERE, 1965; MORRISON, 1981.

oráculos caldeus. Coleção de revelações dos deuses, escrita em versos gregos por Juliano, o Teurgo (falecido no século II E.C.). Os *Oráculos* sobreviveram apenas em forma fragmentada, preservados em citações feitas por diversos autores platônicos antigos. Pouco se sabe sobre as circunstâncias em que foram escritos. Nebulosos e de difícil interpretação, parecem ensinar uma visão mágica do universo baseada no platonismo; *VEJA* PLATONISMO.

Os *Oráculos* foram tema de grande interesse entre os platônicos pagãos do último século da civilização pagã clássica. Porfírio, Jâmblico e Proclus escreveram muito a seu respeito, e Juliano, o último imperador pagão, refere-se a conceitos dos *Oráculos* em seus próprios textos. Quase foram perdidos na Idade Média, mas surgiram novamente no Renascimento, e têm sido bastante usados desde essa época em sistemas mágicos, inclusive o da Golden Dawn. *VEJA* GOLDEN DAWN.

Houve quem pensasse que os *Oráculos* teriam sido escritos por Zoroastro, profeta da religião zoroastrista, e não é difícil encontrar referências aos "Oráculos Caldeus de Zoroastro" na literatura ocultista. *VEJA* ZOROASTRO. *VEJA TAMBÉM* JULIANO, O CALDEU; JULIANO, O TEURGO. LEITURA ADICIONAL: LEWY, 1978.

Orbis Solis. (latim, "órbita do Sol") No sistema de magia da Aurum Solis, o terceiro de seis centros de energia (de baixo para cima) do corpo humano, relacionado com a Sefirah Tiphareth e localizado no coração. No Despertar das Cidadelas, exercício da Aurum Solis equivalente ao exercício do Pilar do Meio, o Orbis Solis é visualizado como uma esfera amarela, metade da qual se projeta desde a frente do tórax. Seu Nome de Poder é YHVH ALVH VDA a Th, Tetragrammaton Eloah va-Daath.

Corresponde ao chakra do coração e ao centro Tiphareth do exercício do Pilar do Meio. *VEJA* AURUM SOLIS; PILAR DO MEIO, EXERCÍCIO DO; DESPERTAR DAS CIDADELAS.

Ordem da Cruz Áurea e Rosa. (também grafada Orden des Gold- und Rosenkreuz) Ordem rosa-cruz e maçônica alemã, importante vínculo no desenvolvimento dos sistemas de lojas ocultistas. Os detalhes de sua origem são obscuros, mas, ao que parece, teria sido fundada pelo alquimista alemão Hermann Fichtuld no final da década de 1750.

Os candidatos à filiação precisavam ser Mestres maçons. Havia nove graus de iniciação (veja a seguir). Os membros estudavam literatura alquímica e mística, e, no mínimo, tentavam praticar a alquimia dos metais.

Grau: 1, 9. *Título*: Magus. *Signo*: Urim Thummim e Shemhamphorash. *Símbolo*: triângulo equilátero. *Nome na Fraternidade*: Luxianus Renaldus de Perfectis.

Grau: 2, 8. *Título*: Magister. *Signo*: cruz de ouro esmaltada de azul, com diamantes. *Símbolo*: bússola. *Nome na Fraternidade*: Pedemontanus de Rebis.

Grau: 3, 7. *Título*: Adeptus Exemptus. *Signo*: cruz de ouro, esmaltada com quatro cores primárias. *Símbolo*: Hitakel. *Nome na Fraternidade*: Ianus de Aure Campis.

Grau: 4, 6. *Título*: Adeptus Major. *Signo*: cruz de ouro, esmaltada de vermelho com borda dourada. *Símbolo*: Phrath. *Nome na Fraternidade*: Sphaere Fontus a Sales.

Grau: 5, 5. *Título*: Adeptus Minor. *Signo*: cruz de prata, esmaltada de amarelo com borda prateada. *Símbolo*: Pison. *Nome na Fraternidade*: Hodos Camlionis.

Grau: 6, 4. *Título*: Philosophus. *Signo*: cruz de prata, esmaltada com borda preta. *Símbolo*: Gihon. *Nome na Fraternidade*: Pharus Illuminans.

Grau: 7, 3. *Título*: Practicus. *Signo*: cruz de prata, esmaltada de preto com borda prateada. *Símbolo*: Wetharetz. *Nome na Fraternidade*: Monoceros de Astris.

Grau: 8, 2. *Título*: Theoreticus. *Signo*: esfera de cristal, branca e dourada. *Símbolo*: Mayim. *Nome na Fraternidade*: Porajus de Rejectis.

Grau: 9, 1. *Título*: Junior. *Signo*: anel de ouro com símbolos. *Símbolo*: Aesh. *Nome na Fraternidade*: Pereclinus de Faustis.

A Gold- und Rosenkreuz atingiu um nível de influência como poucas ordens ocultistas, quando alguns de seus membros aristocratas conseguiram recrutar Frederico Guilherme, príncipe coroado da Prússia, em 1781. Com a morte de Frederico, o Grande, em 1786, vários membros da ordem receberam altos cargos no governo. Em grande parte, foram os responsáveis pelas posições religiosas e políticas culturais conservadoras, em claro contraste com as de Frederico, o Grande.

Com a morte de Frederico Guilherme, em 1797, a facção rosa-cruz da corte foi desfeita. A Gold- und Rosenkreuz continuou ativa durante algum tempo depois disso – um manuscrito datado de 1802, *Aleph*, escrito sob o pseudônimo Archarion, inclui muitos dos temas da ordem. Seu final foi tão obscuro quanto suas origens, mas alguns sugeriram que desmoronou sob os abalos das Guerras Napoleônicas. *VEJA TAMBÉM* MAÇONARIA; ROSA--CRUZES. LEITURA ADICIONAL: MCINTOSH, 1987.

Ordem da Estrela do Oriente. *VEJA* ESTRELA DO ORIENTE, ORDEM DA.

Ordem dos Bardos, Vates e Druidas. (Order of Bards Ovates and Druids, OBOD) Ordem druida sediada na Inglaterra, atualmente a maior organização druida do mundo. A Ordem dos Bardos, Vates e Druidas foi fundada em 1964 por membros dissidentes da Antiga Ordem Druida, um dos principais grupos druidas ingleses da época. O primeiro Chefe Eleito da OBOD, Philip Ross Nichols, reorganizou a estrutura de rituais da nova ordem, acrescentando os quatro festivais celtas do fogo e um ritual de solstício de inverno aos rituais de equinócio e de solstício de verão da Antiga Ordem Druida, além de conferir os graus de Bardo, Vate e Druida.

Tanto Nichols como o Pendragon da nova ordem, Vera Chapman, tinham conexões com a Irmandade de Kibbo Kift, o mais pitoresco dos grupos do movimento Woodcraft inglês entre as duas guerras mundiais. Por isso, as ideias do Woodcraft sobre a importância da ecologia e do mundo natural, bem como diversos elementos rituais, entraram para a prática da OBOD e tornaram-se comuns em diversas organizações druidas mais recentes, tanto na Inglaterra como em outros lugares. *VEJA* KIBBO KIFT, IRMANDADE DE; WOODCRAFT.

Com a morte de Nichols, em 1975, a ordem ficou parada. Foi fundada novamente em 1988 por um grupo de antigos membros, liderados por Philip Carr-Gomm, e começou a oferecer ensinamentos e cerimônias por correspondência. Essa abordagem tornou-se bastante popular, e nos anos que se seguiram à renovação da ordem, ela conquistou membros não apenas na Inglaterra como na Europa continental, Estados Unidos e Australásia. Atualmente, tem cerca de sessenta grupos espalhados pelo mundo. *VEJA TAMBÉM* DRUIDAS;

NICHOLS, PHILIP PETER ROSS; SABÁ. LEITURA ADICIONAL: CARR-GOMM, 1993; NICHOLS, 1990.

Ordem dos Cavaleiros Woodcraft. (Order of Woodcraft Chivalry, OWC) Organização semipagã inglesa, fundada em 1916 por Ernest Westlake e seus filhos adultos Aubrey e Margaret, como alternativa aos Escoteiros. A OWC baseou-se principalmente no movimento Woodcraft, de Ernest Thompson Seton nos Estados Unidos, mas usou tradições anglo-saxãs e celtas em vez das tradições dos índios norte-americanos, que eram o centro do trabalho de Seton. Como outras organizações Woodcraft, a OWC ensinava a renovação física, mental e espiritual pelo contato com a natureza; *VEJA* WOODCRAFT.

Os Westlakes foram muito influenciados pelos textos da classicista Jane Harrison, que apresentou o conceito de matriarcados antigos ao mundo anglófono; *VEJA* MATRIARCADOS ANTIGOS. Pã, Ártemis e Dioniso eram considerados os patronos divinos da ordem, e boa parte do material pagão esteve presente nos seus rituais e simbolismos. Havia um círculo interno para adultos, inspirado na Loja Vermelha de Seton, que aparentemente oferecia três graus de iniciação.

A OWC atuou principalmente na região inglesa de New Forest, e teve uma Forest School em Godshill, na própria New Forest. Diversos autores sugeriram que o coven original de bruxas de New Forest que iniciou Gerald Gardner pode ter sido uma ramificação da OWC. *VEJA* GARDNER, GERALD BROUSSEAU.

A OWC ainda está ativa hoje, embora de forma discreta. Sua liderança atual nega firmemente que a ordem tenha qualquer coisa a ver com o ocultismo. *VEJA TAMBÉM* KIBBO KIFT, IRMANDADE DE. LEITURA ADICIONAL: EDGELL, 1992; WEBB, 1976.

Ordem Hermética da Aurora Dourada. *VEJA* GOLDEN DAWN.

Ordem Paladiana. Tema de uma imensa farsa montada em 1884 pelo escritor francês Gabriel Jorgand-Pagés, prolífico autor de livros pornográficos, jornalista marrom e polemista anticristão sob o pseudônimo de Leo Taxil. Após a publicação, nesse ano, de uma encíclica do papa Leão XIII atacando a Maçonaria, Taxil (como costuma ser chamado em livros de História) anunciou subitamente que tinha se reconciliado com a Igreja. Queria ser absolvido, submeteu-se a uma longa penitência e começou a escrever uma série de livros expondo uma diabólica ordem secreta escondida nas profundezas da Maçonaria.

Segundo Taxil, o núcleo central da Maçonaria seria a sinistra Ordem Paladiana, uma organização supersecreta de satanistas e maníacos sexuais. Em suas reuniões, os membros da ordem invocariam o Diabo, se dedicariam a diversas blasfêmias e sacrilégios, e praticariam toda sorte de excessos sexuais. Supunha-se ainda que defenderiam o Império Britânico – uma acusação que, isoladamente, era suficiente para defini-los como servos dedicados de Satã aos olhares conservadores dos católicos franceses.

A prosa asfixiante de Taxil falava de ritos orgíacos em lojas na Índia, de fábricas escondidas no Rochedo de Gibraltar produzindo parafernália satânica e de sessões nas quais Asmodeus ficaria lado a lado com o fantasma de Voltaire. À frente de tudo isso estaria Albert Pike, o "Soberano Pontífice da Maçonaria Universal", que se sentava no centro de uma vasta rede de conspiração maçônica e satânica em Charleston, Carolina do Sul.

Por mais improváveis que parecessem as afirmações, não demorou para que essas teorias ganhassem muitos seguidores no mundo superaquecido do catolicismo francês do final do século XIX. Enquanto Taxil continuou a escrever coisas do gênero, recebeu o apoio público de importantes clérigos católicos, chegando a ter uma audiência particular com o papa em 1887.

Com o furor paladiano em alta, diversos autores aderiram ao tema, apresentando suas próprias revelações chocantes sobre as atividades paladianas. Falou-se muito de um cisma entre luciferianos – supostamente, dualistas gnósticos que identificavam Lúcifer como o deus da luz e do espírito, enquanto Adonai, deus cristão, seria o deus da matéria e das trevas – e os satanistas, que apenas viravam a teologia ortodoxa cristã de cabeça para baixo. Um novo nome entrou nas listas de chefes secretos do movimento paladiano: Diana Vaughan, a Suma Sacerdotisa, que seria descendente de um encontro entre o alquimista Thomas Vaughan, do século XVII, e um demônio feminino. Correram rumores de que Vaughan estaria na França, e um jornal – curiosamente publicado por Taxil – apareceu com seu nome para pregar o movimento paladiano para o enfurecido e excitado público francês.

Em 1895, as manchetes dos jornais católicos anunciavam o inimaginável: Diana Vaughan teria aberto mão de suas ligações com o movimento paladiano, convertendo-se ao catolicismo. Uma nova publicação das gráficas de Taxil, *Mémoires d'une ex-Palladiste*, falava de sua mudança de posição e registrava as cerimônias sinistras que teria presidido. Os leitores acompanhavam relatos de serpentes deslizando sensualmente sobre os seios nus de mulheres maçons, e visões dos conflitos interiores de poder da Ordem Paladiana – conflitos que envolveriam importantes figuras políticas europeias.

Em 1897, após muita insistência de jornalistas e da hierarquia católica, Taxil anunciou que Diana Vaughan estava preparada para sair de seu refúgio e mostrar-se ao público. Foi alugado um salão em Paris, e todos os lugares foram vendidos rapidamente. Quando chegou a hora da aparição anunciada de Vaughan, quem subiu ao palco foi Taxil.

Ele informou à plateia que enganara a todos por mais de dez anos. A Ordem Paladiana e suas atividades escandalosas eram apenas invenções de sua imaginação. Diana Vaughan era uma secretária que trabalhara para Taxil e concordara em emprestar seu nome e sua imagem para dar validade à farsa. Em sua maioria, os outros autores que teriam feito revelações sobre a Ordem eram pseudônimos de Taxil e de um amigo. Tudo fora uma farsa do começo ao fim, criada para mostrar como a Igreja Católica era crédula.

Como se pode imaginar, após esses comentários o salão virou um caos e precisou ser esvaziado pela polícia. Alguns católicos devotos ficaram convencidos de que Taxil estava mentindo, e a caça aos adeptos da Ordem Paladiana prosseguiu por mais alguns anos. Do outro lado da equação, havia maçons italianos que queriam se filiar à Ordem Paladiana, e passaram anos tentando entrar em contato com ela.

O legado da farsa paladiana foi muito importante, e inclui a palavra "satanista", que entrou para a língua inglesa durante o furor paladiano. As afirmações de Taxil ainda são mencionadas pelos teóricos antimaçônicos da conspiração e por cristãos fundamentalistas, como o tele-evangelista norte-americano Pat Robertson. De modo geral, a imagem de uma vasta conspiração centrada no sexo e na adoração do diabo, criada por Taxil, teve papel importante na redefinição de satanismo no século XX, e influenciou fenômenos culturais tão distintos quanto a Igreja de Satã de Anton Szandor LaVey e o furor dos abusos em rituais satânicos das décadas de 1980 e 1990.

Um novo desdobramento da história paladiana é o surgimento da Nova Ordem do Paládio, cujo manifesto surgiu em 2001. A Nova Ordem alega descender da Ordem Paladiana da década de 1880, bem como dos Iluminados da Baviera e do obscuro ocultista do Renascimento Johannes Pantheus; *VEJA* ILUMINADOS DA BAVIERA; VOARCHADUMIA. O que existe por trás dessas suposições não documentadas, se é que existe alguma coisa, fica a critério de cada um. *VEJA* IGREJA DE SATÃ; *VEJA TAMBÉM* MAÇONARIA; PIKE, ALBERT; SATANISMO. LEITURA ADICIONAL: ANÔNIMO, 2001; MEDWAY, 2001; RIGGS, 1997.

Ordem Rosa-Cruz da Fraternidade Crotona (ROCF). Ordem esotérica britânica, fundada em 1911 como Ordem dos Doze pelo ator e ocultista inglês George Alexander Sullivan. No começo da Primeira Guerra Mundial, a fraternidade se dissolveu devido a restrições sobre viagens e publicações impostas pela guerra, mas recomeçou como ROCF em 1920, novamente com Sullivan à frente.

A ROCF obtinha membros principalmente no movimento Comaçônico, um ramo da Maçonaria que admitia mulheres e homens como membros e incluía algumas celebridades menores da Teosofia, como Mabel Besant-Scott, filha de Annie Besant. *VEJA* MAÇONARIA; SOCIEDADE TEOSÓFICA. Mais ambiciosa do que a maioria das outras ordens britânicas entre as guerras, estabeleceu um sistema de nove graus em três capítulos, juntamente com diversos corpos auxiliares, como Ecclesia, Templum e a Academia Rosae Crucis, que oferecia vários cursos de estudo sobre temas esotéricos. O mais ambicioso desses projetos era o Theatricum, também conhecido como "O Primeiro Teatro Rosa-Cruz da Inglaterra", que produzia e encenava peças escritas por Sullivan.

Sullivan era, sem dúvidas, a força motriz da organização. Ele adotou o nome esotérico Aureolis e deu-se o título latino, um tanto quanto empolado, de Magi Supremus; afirmando ser o Conde de Saint-Germain, dizia que ele (como Francis Bacon) tinha escrito as peças atribuídas a Shakespeare, e proclamou-se imortal. Infelizmente, perdeu um pouco a pose em 1942, quando morreu; depois disso, a ROCF dissolveu-se discretamente.

Apesar de suas ambições, a ROCF seria pouco mais do que uma nota de rodapé na história do ocultismo, não fosse pela carreira posterior de um de seus membros, um rico inglês que se mudara para a região de New Forest depois de fazer fortuna nas Índias Orientais. Mais tarde, esse membro afirmaria que um círculo interno de membros da ROCF foi iniciado numa tradição sobrevivente da religião pagã que fora transmitida desde a Antiguidade – uma tradição chamada Wicca. Seu nome, naturalmente, era Gerald Gardner. *VEJA* GARDNER, GERALD BROUSSEAU; WICCA.

ordens. (da frase "seja ordenado") Na Wicca, regras de prática e de conduta dentro de uma tradição específica, normalmente escritas na versão do Livro das Sombras daquela tradição. *VEJA* LIVRO DAS SOMBRAS.

ordens sagradas. Na tradição cristã, as cerimônias pelas quais o poder espiritual dos apóstolos de Cristo é conferido a um cristão chamado para a vida clerical; além disso, as diversas estações ou posições atingidas por meio dessas cerimônias. Tradicionalmente, são sete as ordens sagradas, quatro menores e três maiores. As ordens menores são porteiro, leitor, exorcista e acólito; as maiores são diácono, sacerdote e bispo. Até recentemente, todas eram reservadas a homens, mas muitas Igrejas – algumas convencionais, outras criadas por bispos independentes – conferem agora algumas ou todas as ordens sagradas também a mulheres. *VEJA* BISPOS INDEPENDENTES.

As sete ordens sagradas fazem paralelo com os graus de iniciação nas lojas mágicas, e pode-se dizer que as ordens sagradas transmitidas por um bispo com sucessão apostólica válida são a estrutura lógica de iniciação no ocultismo cristão. Com certeza, foram usadas dessa maneira por alguns bispos independentes. *VEJA* OCULTISMO CRISTÃO.

Ordo Novi Templi (ONT). (latim, "Ordem dos Novos Templários") Ordem ocultista ariana, racista e antissemita fundada pelo ocultista austríaco Jörg Lanz von Liebenfels em 1907, e ativa na Alemanha, na Áustria e na Hungria até o início da Segunda Guerra Mundial. Baseada na teoria de "teozoologia" de Lanz, que afirmava que as modernas raças humanas derivam de graus diferentes de cruzamento entre "teozoas" quase divinos e anões subumanos sexualmente degenerados, a ONT desenvolveu uma complexa liturgia e estrutura organizacional, em boa parte saída da caneta de Lanz. *VEJA* LANZ VON LIEBENFELS, JÖRG.

O ritual da ONT girava em torno dos três ofícios monásticos das Matinas, Primas e Completas, celebrados diariamente com hinos e leituras arianas, salmos e imagens devocionais. A liturgia completa abrangia sete volumes pesados quando atingiu sua forma plena, em meados da década de 1920.

Os requisitos para a filiação também eram complexos. Os candidatos a membros da ONT tinham de passar por um teste de "pureza racial". Quem tivesse índice de pureza inferior a 50% estava limitado à ordem mais baixa, a dos Servidores; aqueles que tivessem mais de 50% podiam ser Noviços e Mestres (50 a 75%) ou Cânones (75-100%); Mestres e Cânones que fundassem um novo capítulo da ordem progrediam até o nível de Presbítero, e se o capítulo crescesse a ponto de ter mais do que cinco Mestres ou Cânones, o fundador avançava até o grau máximo, o de Prior.

Apesar de todas essas complexidades, a ONT teve relativo sucesso como ordem esotérica, atingindo 300 membros e tendo até cinco capítulos, ou seções, operando ao mesmo tempo, chegando ao zênite entre 1925 e 1935. Apesar da postura racista e antissemita, foi banida junto com quase todas as outras organizações ocultistas pelo governo nazista no final da década de 1930. Foi discretamente reativada após a guerra e está ativa até hoje. *VEJA TAMBÉM* ARIOSOFIA. LEITURA ADICIONAL: GOODRICK-CLARKE, 1992.

Ordo Templi Orientis (OTO). (latim, "Ordem dos Templários Orientais") Uma das maiores ordens mágicas do mundo hoje, a Ordo Templi Orientis saiu do complexo mundo que rodeava a Maçonaria do centro da Europa no início do século XX. Seu início data de 1895, quando os maçons Carl Kellner (1851-1905), um rico industrial austríaco, e Theodor Reuss (1855-1923), jornalista e cantor lírico, começaram a discutir a possibilidade de formar uma "Academia Maçônica" de estudos esotéricos.

Kellner estudava a sério yoga e tantrismo, e afirmava ter estudado esoterismo sexual na década de 1880 com três professores: o sufi Soliman ben Aifa e as tantrikas Bhima Sena Pratapa e Mahatma Agamya Paramahansa. Por outro lado, os dois estiveram envolvidos com a Fraternidade Hermética de Luxor, ordem mágica inglesa da época que ensinava um sistema de magia sexual baseada nos trabalhos do ocultista norte-americano P. B. Randolph. *VEJA* FRATERNIDADE HERMÉTICA DE LUXOR (F. H. DE L.); RANDOLPH, PASCHAL BEVERLY. Os métodos de magia sexual ensinados posteriormente pela OTO eram tão parecidos com os de Randolph que a existência dos professores asiáticos de Kellner foi questionada mais de uma vez.

Em 1902, Kellner e Reuss entraram em contato com John Yarker, um prolífico comerciante de títulos maçônicos, e compraram a carta de autorização para o estabelecimento de uma loja do Rito de Memphis-Misraim, uma variante da Maçonaria que oferecia nada menos do que 99 graus a seus iniciados. No ano seguinte, o prospecto de uma nova ordem, a Ordo Templi Orientis, foi publicado. O projeto não progrediu muito, porém, senão um ano após a morte de Kellner em 1905. Em 1906, a ordem foi fundada oficialmente, e Reuss trabalhou em seus rituais e estrutura nos seis anos seguintes, enquanto reunia um pequeno número de membros.

Em 1912 a nova ordem tornou-se pública, oferecendo dez graus:

- I°: Prüfling (Probante)
- II°: Minerval
- III°: Johannis-(Craft-) Freimauer (Maçom de Oficio, ou Maçom de S. João)
- IV°: Schottischer-(Andreas-) Mauer (Maçom Escocês, ou Maçom de S. André)
- V°: Rose Croix-Mauer (Maçom Rosa-Cruz)
- VI°: Templer-Rosenkreuzer (Templário-Rosa-Cruz)
- VII°: Mystischer Templer (Templário Místico)
- VIII°: Orientalisher Templer (Templário Oriental)
- IX°: Vollkommener Illuminat (Illuminatus Perfeito)
- X°: Rex Supremus (Rei Supremo)

O misticismo sexual da F. H. de L., núcleo do sistema de Reuss, era ensinado nos graus VIII° e IX°; em termos mais precisos, métodos de masturbação mágica consistiam no centro do currículo do VIII°, enquanto o intercurso ritual pertencia ao IX°. O grau X° era meramente administrativo, concedido ao chefe da OTO num país.

Em 1912, deu-se outro evento importante na história da OTO, quando Reuss conheceu Aleister Crowley e elevou-o ao cargo de Rex Supremus para a Inglaterra e Irlanda. *VEJA CROWLEY, ALEISTER.* Crowley começou imediatamente a formar um ramo britânico da ordem com o nome Mysteria Mystica Maxima (MMM). Sua reputação na comunidade ocultista britânica já era tão ruim que ele encontrou apenas um número limitado de membros para a nova ordem – um detalhe que não o impediu de fazer afirmações fantásticas sobre seu porte e influência. Charles Stanfield Jones, protegido de Crowley, fundou a primeira loja na América do Norte, a Loja Ágape, em Vancouver, no Canadá, em 1914; em 1916, ele foi nomeado chefe da ordem naquele continente. *VEJA ACHAD, FRATER.*

No prazo de poucos anos após sua nomeação para o X°, Crowley começou a revisar os rituais de Reuss para fazer com que se adequassem melhor à sua filosofia, Thelema. Ele também renomeou a maioria dos rituais e acrescentou diversas etapas intermediárias, usando títulos copiados ou inspirados nos diversos graus do Rito Escocês:

- 0°: Minerval
- I°: M. (Aprendiz de Maçom Estreante)
- II°: M.. (Companheiro de Oficio Maçom)
- III°: M∴ (Mestre Maçom)
  PM (Mestre Passado)
- IV°: Companheiro do Real Arco Sagrado de Enoque
  Príncipe de Jerusalém
  Cavaleiro do Leste e do Oeste

V°: Príncipe Soberano da Rosa-Cruz, Cavaleiro do Pelicano e da Águia
Membro do Senado dos Cavaleiros Filósofos Herméticos, Cavaleiros da Águia Vermelha

VI°: Ilustre Cavaleiro (Templário) da Ordem de Kadosch, e Companheiro do Santo Graal
Grande Comandante Inquisidor, Membro do Grande Tribunal
Príncipe do Segredo Real

VII°: Mui Ilustre e Soberano Grande Inspetor Geral
Membro do Supremo Grande Conselho

VIII°: Perfeito Pontífice dos Iluminados

IX°: Iniciado do Santuário da Gnose

X°: Rex Summus Sanctissimus (Supremo e Mui Sagrado Rei)

Não demorou muito para que Reuss se arrependesse de ter colocado Crowley numa posição tão poderosa na ordem. Em 1915, ele estava se correspondendo com H. Spencer Lewis, ocultista norte-americano que depois fundaria a ordem esotérica AMORC. *VEJA ANTIGA E MÍSTICA ORDEM ROSAE CRUCIS (AMORC); LEWIS, HARVEY SPENCER.* Reuss deu a Lewis uma concessão da OTO, e de diversas maneiras tentou usar Lewis para contrabalançar a influência de Crowley. Em 1921, para contornar as alegações de Crowley e Jones, que diziam ter a exclusividade de jurisdição da OTO na Inglaterra e na América do Norte, Reuss tomou mais uma medida, fazendo de Lewis membro do ramo europeu da ordem e elevando-o aos graus honoríficos 33°, 90°, 95° e VII° respectivamente no Rito Escocês, no Rito de Éon, no Rito de Misraim e na OTO. Por volta dessa época, Reuss e Crowley tiveram uma discussão final, e Crowley proclamou-se Chefe Externo da ordem. Lewis, por sua vez, não se interessou muito pela política interna da OTO, cada vez mais complicada, e distanciou-se de Reuss para desenvolver sua própria organização.

A morte de Reuss, em 1921, não deixou um sucessor claro, e poucas lojas da ordem conseguiram sobreviver por muito tempo. (Certamente, não o ramo inglês de Crowley: desapareceu após uma batida policial em 1917, embora Crowley tenha iniciado alguns novos membros antes de sua morte em 1947.) Os eventos das décadas seguintes são um monte de alegações, réplicas e acusações envolvendo mais de dez pretensos sucessores do comando da OTO, e não há aqui nem espaço para resumir tais fatos, nem necessidade disso. No mundo anglófono, a posição de comando de Crowley na OTO era aceita pela maioria; no entanto, por ocasião de sua morte em 1947, sua jurisdição da OTO resumia-se a uma pequena loja em Pasadena, Califórnia, que se dissolveu alguns anos depois. A briga pelo legado de Crowley foi tão tenaz quanto a de Reuss, e durante uns vinte anos a OTO consistiu num grupo de pessoas espalhadas por dois continentes; poucas delas conversavam com as demais, e menos ainda trabalhavam os rituais da OTO.

Esse estado de coisas começou a mudar em 1969, quando um norte-americano, Grady McMurtry (1918-1985), com o título de Hymenaeus Alpha, anunciou que tinha recebido concessões de Crowley para atuar como seu Califa, ou sucessor, enquanto visitava a Besta em 1943. A existência e a validade dessas concessões é motivo de intermináveis e ácidas discussões entre os atuais membros da OTO, embora esteja claro que McMurtry teria mantido contato com Crowley nos últimos anos da Besta, bem como certo grau de autoridade sobre a loja norte-americana da OTO.

Apesar dessas discussões, McMurtry conseguiu ressuscitar a OTO e transformá-la numa das maiores organizações de lojas mágicas do século XX. Nesse processo, conseguiu angariar para as ideias de Crowley um público muito maior do que a própria Besta chegou a ter. A maior parte do ressurgimento da Thelema na América do Norte e na Europa no último quartel do século XX pode ser creditada à OTO reanimada.

Os últimos anos do Califado de McMurtry viram a OTO envolvida numa série de problemas jurídicos. Pouco antes de sua morte, em 1985, a ordem, sob sua liderança, recebeu os direitos exclusivos às marcas e direitos autorais da ordem original, algo preservado até o momento em que este texto foi escrito.

Após a morte de McMurtry, sucedeu-o um antigo membro da OTO que prefere não tornar público o seu nome, e que atua como Califa com o título de Hymenaeus Beta. Como era de se prever, houve novas discussões, cismas e conflitos desde então, mas sob sua liderança a OTO continuou a ser uma das maiores e mais ativas ordens ocultistas do mundo. Há ainda muitas outras ordens, a maioria delas de pequeno porte, dizendo-se herdeiras da OTO em várias partes do mundo. *VEJA TAMBÉM* CROWLEY, ALEISTER; THELEMA. LEITURA ADICIONAL: CARTER, 1999; F. KING, 1972.

orgônio. No pensamento de Wilhelm Reich, uma energia sutil presente em todos os tecidos vivos, que pode ser concentrada ou dispersada de diversas maneiras; um dos muitos sinônimos de éter. *VEJA* ÉTER.

orvalho. Como vapor d'água que se condensa do ar noturno sobre superfícies frias ao nível do chão ou perto dele, há séculos o orvalho tem sido um importante elemento de práticas ocultistas. Na alquimia, o orvalho é considerado uma das principais fontes do misterioso nitro central, a forma sutil do fogo primitivo da natureza. Durante os dois meses em que o Sol fica nos signos astrológicos de Áries e de Touro (aproximadamente entre 21 de março e 21 de maio), os alquimistas recolhem o orvalho arrastando lençóis sobre grama limpa, colocando recipientes metálicos do lado de fora de casa para servirem de superfícies de condensação ou balançando as gotas das folhas de uma erva chamada alquemila. Depois de colhido, o orvalho é empregado como solvente em muitos processos alquímicos. *VEJA* ALQUIMIA; SALITRE.

Na magia popular tradicional de diversas partes do mundo, acreditava-se que o orvalho teria importantes poderes fertilizantes. Na Itália, se uma mulher quisesse engravidar, deveria deitar-se nua na relva, de costas, na noite da Lua Cheia, e permanecer assim até o Sol raiar, para que seu corpo ficasse coberto de orvalho. *VEJA TAMBÉM* ÁGUA (ELEMENTO).

Os. (inglês antigo, "boca") Quarta runa do futhorc anglo-saxão, Os é uma variação de Ansuz, a terceira runa do futhark antigo, e tem os mesmos significados. Seu valor sonoro, porém, é *o*. *VEJA* FUTHORC ANGLO-SAXÃO; ANSUZ.

Runa anglo-saxã Os

Os. Quarta runa do sistema rúnico Armanen, que representa a boca. Suas correspondências incluem o deus Odin, a criança e o signo zodiacal de Câncer; seu poder mágico, tirado do poema rúnico "Havamal", é quebrar grilhões e correntes. Seu valor sonoro é *o*. *VEJA* RUNAS ARMANEN.

Runa Armanen Os

Osíris. (do egípcio antigo, *Usir*) Um dos mais importantes deuses egípcios, senhor da eternidade, deus da morte e da ressurreição, primeiro rei do Egito e o mais popular dos deuses ao longo da história do Egito. Foi o sexto membro da Enéade ou companhia dos deuses em Heliópolis. Embora outros deuses tivessem posições mais elevadas no panteão egípcio ou nos rituais que cercavam os faraós e os grandes templos, Osíris era o mais importante dos deuses para as pessoas comuns.

A mitologia de Osíris conta como ele foi morto por seu irmão Set, trazido de volta à vida por sua esposa Ísis, morto pela segunda vez e depois levado à terra dos mortos para se tornar senhor do Outro Mundo. Fazer parte da ressurreição de Osíris era a esperança de todo egípcio devoto. Os mortos eram chamados de "Osíris" no ritual, e todos os encantamentos e preces que foram usados para trazer Osíris novamente à vida eram usados nos ritos fúnebres egípcios, preparando os mortos para sua jornada pelo mundo inferior até Amenti, o mundo dos mortos virtuosos. Como Osíris também era um deus da agricultura – sua primeira morte é, entre outras coisas, o plantio da semente, correspondendo a segunda à colheita e à moagem do grão maduro – seus ritos e festivais tinham muito a ver com os ritmos sazonais da agricultura e ocupavam um papel central na vida cotidiana.

Na Ordem Hermética da Aurora Dourada, que se inspirava muito no simbolismo egípcio, o mito de Osíris era o padrão nos rituais da Ordem Exterior e no Grau do Portal – a transição entre a Ordem Exterior e a Interior – e a coleta dos símbolos dos elementos no altar está ligada à coleta das partes do corpo de Osíris por parte de Ísis. O Hierofante, oficial que preside os rituais da Ordem Exterior, assume a forma divina visualizada de Osíris durante o trabalho ritual. *VEJA* GOLDEN DAWN.

VEJA TAMBÉM HÓRUS; ÍSIS. LEITURA ADICIONAL: BUDGE, 1967; J. GREER, 1998.

Ostara. Deusa pagã germânica da primavera, cujo nome é a origem da palavra inglesa "Easter" ("Páscoa") e seu equivalente alemão, "Oster". Absolutamente nada – mitos, tradições ou simbolismo – sobreviveu a seu respeito.

Muitos pagãos modernos usam o nome Ostara para designar o equinócio da primavera, um dos oito sabás do paganismo moderno. *VEJA* EQUINÓCIO; SABÁ. Era também o nome de uma revista austríaca de ocultismo ariosófico publicada por Jörg Lanz von Liebenfels durante as primeiras décadas do século XX, e que teve forte influência sobre Adolf Hitler. *VEJA* HITLER, ADOLF; LANZ VON LIEBENFELS, JÖRG.

Othila. (germânico antigo, "propriedade", "terra") A vigésima terceira ou vigésima quarta runa do futhark antigo, que representa a terra natal ou o território ancestral do indivíduo. Nos textos de alguns mestres modernos das runas, está associada ao deus Odin. Seu valor sonoro é *o*. Sua posição no futhark antigo é incerta, pois troca de lugar com a runa Daeg em algumas versões. *VEJA* FUTHARK ANTIGO.

A mesma runa, com o nome de Ethel (inglês antigo, "propriedade"), é a vigésima terceira runa do futhorc anglo-saxão, basicamente com os mesmos significados. Seu valor sonoro é *oe*. *VEJA* FUTHORC ANGLO-SAXÃO.

Runa Othila

OTO. *VEJA* ORDO TEMPLI ORIENTIS (OTO).

Ouija. (do francês *oui* e do alemão *ja*, ambos significando "sim") Um dos métodos de adivinhação mais populares do mundo ocidental moderno, a Ouija foi patenteada em 1891 por Elijah H. Bond. No ano seguinte, a patente foi adquirida por William Fuld, que modificou a prancha, obteve uma segunda patente e fez uma fortuna fabricando e vendendo o instrumento. Sua empresa, a Baltimore Talking Board Company, vendeu todos os direitos da Ouija para a Parker Brothers, uma empresa de jogos, em 1966.

A Ouija consiste numa prancha retangular de 30 por 45 centímetros, marcada com letras, números e outros símbolos, e um ponteiro posto sobre pequenas rodas, permitindo que ele deslize livremente pela prancha. Cada participante põe as pontas dos dedos de uma mão sobre o ponteiro e aguarda uma mensagem. A Ouija responde por meio de movimentos do ponteiro, que levam até uma sequência de letras e números.

Esses movimentos resultam de pequenos deslocamentos inconscientes das mãos dos participantes. O que guia esses deslocamentos é alvo de discussões, os materialistas dizem que resultam de automatismos psicológicos, enquanto outros sugerem que entidades espirituais conduzem e orientam os movimentos do ponteiro. Seja qual for a fonte efetiva, as comunicações Ouija costumam ser extensas e significativas, e em alguns casos atingem o *status* literário. A trilogia poética de James Merrill *The Changing Light at Sandover* [*A Luz Mutável de Sandover*], ganhadora de vários prêmios, com mais de 500 páginas, foi composta principalmente por comunicações recebidas por meio de um aparato Ouija feito em casa. Um trabalho ainda mais volumoso foi comunicado através da Ouija por uma entidade que se intitulava Patience Worth, e incluiu cinco romances de sucesso, uma peça de teatro, dois contos e 2.500 poemas.

Muito pouco do que é produzido nas sessões com a Ouija, porém, tem esse nível de qualidade; a maioria tem conteúdo sem sentido, ou mesmo impreciso e enganoso. A Ouija também tem sido acusada de servir de canal para possessões demoníacas e influências espirituais negativas. Muitas dessas alegações vêm de fontes cristãs fundamentalistas, baseadas no hábito comum a essas fontes de vilipendiar qualquer fenômeno espiritual que esteja além de seu controle.

Há, porém, relatos suficientes de problemas psíquicos e espirituais que começaram com experiências com a Ouija, e por isso vale a pena ser cauteloso. Tal como ocorre com qualquer forma de interação com os planos sutis da existência, a Ouija não deve ser tratada como um jogo ou brinquedo; preces, invocações e métodos mágicos de autodefesa devem ser usados para prevenir resultados negativos. *VEJA TAMBÉM* ADIVINHAÇÃO; ESPIRITUALISMO. LEITURA ADICIONAL: HUNT, 1985; MERRILL, 1992.

ouro. O mais valioso dos metais conhecidos pelos antigos, o ouro costuma ser associado ao Sol e usado em talismãs solares e outros aparatos mágicos. Os cabalistas costumam associá-lo a Tiphareth, a sexta Sefirah da Árvore da Vida, embora uma minoria o associe à quinta Sefirah, Geburah. *VEJA* CABALA.

A criação de ouro a partir do mercúrio ou de outro metal menos valioso é uma das metas centrais da alquimia. Alguns textos alquímicos, porém, advertem que "nosso ouro não é o ouro comum", e referências ao ouro em fontes alquímicas e outros textos ocultistas podem não se referir ao metal em questão. *VEJA* ALQUIMIA.

ouroboros. *VEJA* UROBOROS.

P

Pã. (do grego *Pan*, "tudo") Deus-bode da antiga mitologia grega, modelo básico do Diabo cristão e presença marcante no moderno ressurgimento pagão. Apesar do significado de seu nome, Pã era um deus relativamente menor na Grécia antiga, uma divindade de pastores reverenciada principalmente na região rural da Arcádia. Os cronistas cristãos diziam, escandalizados, que seus adoradores ofereciam sacrifícios com a genitália à mostra.

A ascensão de Pã começou na Inglaterra vitoriana, quando poetas e intelectuais ligados ao movimento romântico transformaram-no no símbolo central de tudo aquilo que a cultura britânica contemporânea não era. A extraordinária loucura por Pã, faunos e sátiros na literatura inglesa do final do século XIX e início do XX já foi tema de mais de um estudo crítico.

Pã serviu de grande inspiração para o Deus da Wicca moderna, cujos chifres, virilidade e qualidades animais estão intimamente alinhados com o deus-bode dançante. *VEJA* DEUS, O. LEITURA ADICIONAL: MERIVALE, 1969.

Pachad. (hebraico PChD, "medo") Nome alternativo de Geburah, a quinta Sefirah da Árvore Cabalística da Vida. *VEJA* GEBURAH.

pacto. A ideia de se fazer um pacto com o Diabo, ou de vender a alma em troca de poderes mágicos ou de riqueza terrena, é uma invenção cristã, surgida na tradição cristã no final do período romano. Entre os primeiros relatos, temos a história de Teófilo, o tesoureiro da Igreja em Adana, que teria vendido a alma ao diabo no início do século VI para ser nomeado bispo de Adana. A história de suas negociações com Satã, seguidas por arrependimento e enfim salvação, foi repetida e aumentada ao longo dos séculos. *VEJA* TEÓFILO DE ADANA.

A ideia do pacto diabólico teve consequências graves sobre a história da magia. Segundo a doutrina cristã ortodoxa, a magia era possível apenas por meio de pactos feitos com o Diabo. Os pais da Igreja Orígenes (185--254 E.C.) e Agostinho de Hipona (354-430 E.C.) eram favoráveis a essa teoria, que recebeu o selo de aprovação de Tomás de Aquino (1227-1274), o mais importante teólogo católico da Idade Média.

No final da Idade Média, essa ideia tornou-se o centro da teoria cristã da bruxaria, e serviu de justificativa séria para os horrores sofridos pelos acusados de bruxaria na era das fogueiras. Tanto teólogos como caçadores de bruxas concordavam que, como a magia requeria um pacto com o Diabo, quem quer que praticasse magia deveria ter feito um pacto, mesmo que não tivesse conhecimento disso; esse tipo de pensamento era usado para justificar a definição de magia como forma de heresia, proporcionando aos inquisidores uma arma da qual seria quase impossível escapar. Discussões detalhadas do pacto e de sua natureza apareceram em manuais de caça às bruxas como o *Malleus Maleficarum* (1486), e pactos escritos apareciam de vez em quando nos julgamentos por bruxaria – embora ninguém tenha explicado como esses pactos foram tirados dos arquivos de Satã. *VEJA* FOGUEIRAS, ERA DAS.

A popularidade do conceito do pacto, ainda mais depois que ele assumiu sua forma clássica nas lendas de Fausto, acabou assegurando sua presença na prática mágica, especialmente no pantanoso terreno da goétia. *VEJA* FAUSTO, LENDA DE; GOÉTIA; GRIMÓRIO. Os primeiros grimórios – "gramáticas" de magia –, como as *Chaves de Salomão*, apresentam o mago goético como o mestre absoluto dos espíritos, comandando-os e expulsando-os em vez de negociar com eles. Alguns dos manuais mais recentes, como o *Grande Grimório*, por outro lado, incluem instruções para se fazer o melhor negócio possível com os poderes do Inferno, ou sugerir modos pelos quais um pacto, uma vez feito, pode ser contornado por magos astutos. Por motivos óbvios, essas tradições – que nunca foram muito disseminadas em círculos mágicos, mesmo em seu apogeu – caíram totalmente em desuso na época do ressurgimento mágico do século XIX e foram ignoradas desde então.

A ideia de um pacto com o Diabo continua a existir entre cristãos fundamentalistas modernos, que parecem ter aprendido muito pouco desde o século XV, e podem ser encontradas em áreas de folclore moderno bastante influenciadas por crenças fundamentalistas. O furor dos "abusos em rituais satânicos" do final do século XX é um bom exemplo deste último, e referências a "pactos com Satã", indistinguíveis daquele supostamente feito por Teófilo, podem ser encontradas em algumas fontes cristãs sobre o tema. *VEJA TAMBÉM* SATANISMO. LEITURA ADICIONAL: E. BUTLER,1949; P. PALMER, 1936.

paganismo. (do latim *paganus*, "rural") Expressão genérica para as tradicionais religiões politeístas da Europa e da bacia do Mediterrâneo. Mais tarde, a palavra aplicou-se a todas as religiões, exceto as monoteístas – cristianismo, judaísmo e islamismo – e também foi adotada por muitos grupos e pessoas no moderno ressurgimento neopagão, algumas sugerindo ligações com o antigo paganismo. Para as origens e histórias desses movimentos mais recentes, *VEJA* NEOPAGANISMO.

As controvérsias e dificuldades ligadas ao conceito de paganismo começam pela própria palavra. A expressão *paganus* era aplicada originalmente pelos cristãos aos seguidores das religiões tradicionais do Império Romano; ao que parece, nunca era usada pelos seguidores dessas religiões para se identificarem pessoalmente. Tampouco está claro por que esse rótulo foi escolhido. Alguns sugerem que os demais se referiam aos pagãos como pessoas rústicas do campo, "caipiras", que se apegavam às antigas religiões mesmo depois de a população rural ter se convertido ao cristianismo; ou seria uma gíria dos soldados romanos, com o significado aproximado de "civis", e por isso usada para tratar alguém que não estivesse no exército de Cristo; ou indicava seguidores da religião do *pagus*, a unidade local de governo no Império Romano. Apesar de muitas discussões acadêmicas, ainda não se chegou a nenhuma decisão firme sobre essas possibilidades.

Outra fonte de dificuldade para a compreensão do paganismo é que, fora dos círculos literatos do Mediterrâneo, que deixaram diversas obras teológicas e litúrgicas existentes até hoje, quase tudo o que sabemos sobre o paganismo foi escrito por autores cristãos que estavam mais interessados em denunciar as ideias e práticas pagãs do que em entendê-las. Alguns autores pagãos modernos compararam a situação a tentar compreender a teologia e a prática do judaísmo tendo como únicas fontes materiais publicados pelo Terceiro Reich. Mesmo assim, as pistas restantes estudadas juntamente com evidências arqueológicas e comparações transculturais permitiram algumas conclusões.

É provável que a chave mais importante para a compreensão do paganismo antigo, clássico e medieval esteja no fato de que nunca houve um "paganismo" apenas. Houve "paganismos", centenas ou até milhares deles, formando uma alucinante colcha de retalhos de crenças e práticas que se estendia sobre o mundo pré-cristão. Nenhuma generalização isolada pode se aplicar a todos eles. Alguns veneravam deusas, outros não; alguns eram politeístas, outros veneravam uma única divindade; e outros tinham objetos de culto que dificilmente se encaixam na moderna categoria de "divindade".

A prática era tão variada quanto a teologia. Apesar de haver muitos padrões comuns de ritual e de devoção, cada divindade tinha suas preferências e hábitos, e em muitos casos cada templo tinha suas próprias cerimônias tradicionais. No mundo greco-romano, fonte da documentação mais copiosa dentre as que chegaram aos nossos dias, o sacrifício de animais era a forma mais comum de ritual pagão, e os fragmentos sobreviventes de informação sobre os rituais celtas e germânicos sugerem que as oferendas de sacrifícios de diversos tipos também eram centrais nessas culturas; *VEJA* SACRIFÍCIO. Mesmo assim, essas regiões pagãs tinham muitos outros ritos e práticas tradicionais, e até sob o rótulo amplo de "sacrifício de animais" havia variações constantes. Em outras regiões – como a Mesopotâmia e o Egito, por exemplo, ambas com muitas contribuições para a prática e o pensamento clássico do paganismo – floresciam tradições teológicas e rituais completamente diferentes, e sem dúvida havia muitos outros fios bem diferentes na trama do tecido do paganismo antigo que caíram pelas lacunas dos registros históricos e se perderam completamente.

Num ambiente assim, a diversidade religiosa corria solta. O que é possível ser dito com confiança sobre as religiões pagãs clássicas, tal como surgem em fontes clássicas, é que estavam profundamente arraigadas na vida e nas tradições das comunidades locais. Cada cidade ou área rural tinha seus próprios deuses e espíritos particulares, cada um homenageado com seus próprios ritos. Certas divindades eram mais populares em algumas regiões, e algumas, como os gêmeos divinos Castor e Pólux, eram reverenciadas de modo praticamente universal no mundo clássico.

O senso de exclusividade era quase inexistente. Os viajantes costumavam oferecer sacrifícios aos deuses das cidades que visitavam, e um sacerdote ou uma sacerdotisa de uma divindade participava de oferendas a outras sem qualquer problema. As estruturas políticas e econômicas do mundo clássico, por sua vez, estavam profundamente entremeadas com a vida religiosa pagã; em Roma, por exemplo, a maioria das figuras políticas tinha deveres religiosos, e geralmente o Senado se reunia dentro de templos.

O papel dominante da comunidade no paganismo clássico acabou se revelando como uma de suas maiores fraquezas assim que a estabilidade do mundo romano começou a se desfazer. Durante a segunda metade do século III, um período de sérias crises econômicas e políticas em todo o império, os registros mostram que muitas organizações religiosas pagãs foram seriamente afetadas. Um exemplo dentre muitos é o dos Irmãos Arval, de Roma. Eram um colégio de doze sacerdotes pagãos que reverenciavam a antiga deusa Dea Dia, usando uma litania datada por volta do século V A.E.C.; segundo a lenda, foi encontrada pelo próprio Rômulo. Perderam três quartos de suas receitas em 241 E.C., esforçaram-se para sobreviver até 304, data das últimas inscrições de suas atividades, e aparentemente desapareceram depois disso.

Problemas econômicos dessa natureza tiveram um impacto muito forte sobre a sobrevivência do paganismo, pois tornaram as religiões pagãs vulneráveis ao surgimento de uma força rival. O cristianismo emergiu, no decorrer do primeiro século da Era Comum, como uma ruptura radical com os hábitos pagãos tradicionais. Rejeitou todos os deuses além do seu próprio, classificando-os quer como não entidades sem vida, quer como forças demoníacas – e às vezes, de forma inconsistente, como ambas as coisas. Exigiu que seus membros renunciassem à maioria das cerimônias e atividades públicas que mantinham o mundo clássico em funcionamento. Também sugeriu que seus membros recrutassem novos convertidos por quaisquer meios disponíveis.

O isolamento entre o cristianismo e a comunidade como um todo foi fonte de fraqueza em seus primeiros dias, e fomentou amplas suspeitas, o que teve um papel importante nas perseguições pagãs aos cristãos. Porém, quando as estruturas políticas e econômicas do mundo romano se romperam, essa característica acabou se revelando fonte de força. O colapso de outras tradições religiosas provocou uma abertura cada vez maior. Por volta de 312 E.C., a Igreja cristã incluía uma grande parcela da população do império, a ponto de o imperador Constantino legalizá-la a fim de se valer de seu apoio político.

O Édito de Milão, promulgado por Constantino, foi o primeiro estágio numa série de reviravoltas que abalaram o lado religioso do mundo romano. Sob Constantino, a Igreja cristã não tardou para conquistar riqueza e poder político, e começou a usá-los para reprimir outras tradições religiosas. Um édito do sucessor de Constantino, Constante, promulgado em 341, bania os sacrifícios a deuses pagãos; em 351, ordenou-se que todos os templos pagãos fossem fechados, proibindo-se a entrada neles sob pena de morte. Uma década depois, Constantino foi sucedido pelo imperador pagão Juliano, em cujo breve reinado houve uma importante retaliação pagã contra o cristianismo. Essa retaliação foi causada pela ascensão da teurgia platônica, um novo movimento religioso e filosófico que procurou criar uma teologia mística platônica, na qual todas as denominações pagãs tradicionais poderiam encontrar abrigo. Liderado por importantes filósofos platônicos como Jâmblico de Cálcis e Proclo, o movimento teúrgico representou a última oposição sistemática ao cristianismo no mundo romano, sendo apoiado por Juliano, praticante de teurgia. *VEJA* JÂMBLICO DE CÁLCIS; PLATONISMO; PROCLO; TEURGIA.

A morte de Juliano em 363 trouxe um breve período de armistício instável, mas por volta de 380 os cristãos estavam tão seguros no poder que começaram novamente a tomar medidas legais contra o paganismo, e no ano de 391 os sacrifícios tornaram a ser banidos. Por volta de 435, oferecer sacrifícios aos deuses era um crime que podia ser punido com pena capital. Em 571, Justiniano completou o processo com uma legislação que tirava os direitos civis de quem não fosse cristão, impedia o acesso dos pagãos a qualquer cargo de ensino e anulava qualquer testamento que deixasse algum bem para uma pessoa ou uma organização pagã.

Além disso, a partir do final do século IV cometeram-se muitas violências diretas contra pagãos. Em parte provinham de tropas do governo que agiam segundo novas leis, mas muito maior parte era a violência não oficial, cometida pela própria Igreja cristã. Com o crescimento do cristianismo e seu controle sobre a polícia local, grupos de monges tornaram-se as tropas de choque da nova ordem religiosa, queimando templos pagãos e atacando pessoas que professavam o paganismo ou de quem se suspeitava que o fizessem. Uma vítima famosa foi a filósofa Hipácia de Alexandria, arrastada para fora de sua carruagem e feita em pedaços por um grupo de monges incitados pelo bispo cristão de Alexandria. Seu caso foi um dentre dezenas que se encontram nos anais da época.

Apesar dessas pressões, o cristianismo ainda era uma religião minoritária no império até depois de 450, e o paganismo se manteve firme em certas áreas e em certos meios sociais por um bom tempo. As classes mais altas mantiveram-se pagãs, na maioria, até o século V, defendendo sua fé tradicional em face de pressões políticas e religiosas cada vez maiores. No ano de 536, por exemplo, os pagãos abriram secretamente os portões do antigo Templo de Janus, para pedir ajuda aos deuses quando Roma foi sitiada. Alguns centros pagãos importantes, entre eles a Academia de Atenas e o grande templo de Ísis em Filas, no Egito, mantiveram-se publicamente ativos até o século VI, quando foram fechados definitivamente pelo imperador Justiniano.

A prática pagã durou mais no campo, onde os hábitos demoram para mudar. Em muitas regiões da Itália, os camponeses continuaram a oferecer sacrifícios aos deuses locais, apesar de tudo o que a Igreja podia fazer; textos cristãos dos séculos V e VI expressavam constante frustração pela persistência de cultos pagãos na Toscana e no norte, perto dos Alpes. A Gália era similar, e Elígio de Noviomagus precisou denunciar a adoração de deuses romanos, a veneração das fontes e das árvores, bem como a celebração do festival pagão das calendas de janeiro na Provença, no século VII. A Grécia rural era ainda mais pagã, e só no século IX suas últimas regiões pagãs enfrentaram os batismos forçados e a imposição da hierarquia da Igreja.

Fora da região dominada pela cultura romana, o cristianismo demorou para deslanchar. Algumas tribos germânicas, como os godos, foram convertidas no século IV E.C., mas o resto do norte e do oeste da Europa levou mais tempo para ficar sob o domínio cristão. Boa parte da França ainda era pagã no século VIII, o oeste da Alemanha e a Inglaterra até o IX e países bálticos como Latvia e Lituânia até o XVIII.

Diante da forte presença pagã na Europa, os missionários cristãos desenvolveram um conjunto de métodos eficazes para assumir o controle religioso de determinada área. A primeira prioridade consistia em estabelecer um ponto de apoio na região, através da construção de um mosteiro. Escolas monásticas, que ofereciam os atrativos da alfabetização e de uma educação clássica aos filhos dos nobres locais, ajudaram na etapa seguinte, que era a conversão dos líderes políticos. O estágio seguinte incluía medidas legais para estabelecer o cristianismo e proibir as outras religiões. Finalmente, com as igrejas e os mosteiros consolidados no novo território, as práticas religiosas pagãs podiam ser reprimidas cada vez mais, por persuasão ou à força. Cada região da Europa estava num estágio diferente desse processo a cada época, e as tradições pagãs continuavam vivas até o último estágio ser concluído.

Esse processo lento deixou pagãs áreas significativas da Europa até a Alta Idade Média, como mencionado antes, que poderiam ser vulneráveis a reações pagãs caso fossem levadas a cabo de forma eficaz. No entanto, as religiões pagãs nunca conseguiram realizar um contra-ataque eficaz. O fato de serem tradicionalmente tolerantes a outros deuses e ensinamentos deixavam-nas constantemente vulneráveis a incursões cristãs, e elas não tinham – nem mesmo no mundo romano, onde as religiões pagãs estavam mais organizadas – o tipo de estrutura autossustentável que permitiu ao cristianismo manter uma pressão firme para obter o controle universal. Outras religiões que tinham organização sólida e a disposição para rejeitar frontalmente o cristianismo – islamismo, judaísmo e maniqueísmo – demonstraram isso sobrevivendo, nos dois primeiros casos, ou só desaparecendo perante violência avassaladora, no último. *VEJA* CÁTAROS; MANIQUEÍSMO.

As subculturas pagãs na Europa cristã podem ser acompanhadas com dificuldades crescentes até a época da Reforma, quando os últimos vestígios desapareceram em meio à selvagem guerra religiosa e às convulsões sociais de uma era caótica. Além disso, as fontes são esparsas, pois a alfabetização era praticamente monopólio cristão.

A maior parte das escassas fontes de informação confiáveis sobre a sobrevivência de práticas pagãs na Europa medieval são encontradas nos livros penitenciais, manuais destinados a sacerdotes cristãos, com descrições detalhadas dos pecados comuns e das penitências aplicáveis aos que as confessavam. Uma fonte particularmente rica é o *Corretor* de Burchard, bispo de Worms, escrito por volta do ano 1000 E.C.

Na época de Burchard, séculos após a cristianização oficial do oeste da Alemanha, ainda era possível encontrar camponeses fazendo oferendas a fontes e árvores sagradas, venerando o Sol e a Lua, ou realizando rituais pagãos de manhã cedo, em homenagem a alguma pessoa falecida. As penitências que Burchard prescrevia para essas ações eram relativamente suaves: um camponês que fazia uma oferenda numa fonte sagrada pagã, por exemplo, seria absolvido após trinta dias de penitência de pão e água. (A título de comparação, o adultério recebia um ano a pão e água.)

As formas de práticas pagãs relacionadas nos livros penitenciais e em outras fontes medievais se enquadram em algumas categorias bem nítidas. Rituais mágicos com aparência pagã ou similar constituem uma categoria bem grande. Durante a Idade Média, grande parte da magia popular, que antes era pagã, continuou em prática, quase sempre sob leve manto cristão, inserindo-se a Trindade e os santos no lugar dos deuses e espíritos pagãos; as formas mais cristãs dessa magia eram aceitas pela maioria dos oficiais da Igreja como absolutamente inofensivas. A magia declaradamente pagã, por sua vez, era proibida, e as penas para sua prática foram ficando cada vez mais severas, até virarem as frenéticas caças às bruxas da era das fogueiras.

Vestígios de rituais religiosos pagãos, como deixar oferendas em lugares sagrados ou celebrar festivais que não faziam parte do calendário da Igreja, constituíam uma segunda categoria, bem diminuta, das atividades pagãs, e desapareceram cedo. Por volta do século XIII, essas práticas tinham sido inteiramente absorvidas por várias formas de prática cristã popular, como a veneração de santos locais e de relíquias sagradas.

Uma terceira categoria, encontrada por toda a Europa em alguma de suas formas, abrange um conjunto específico de tradições que só foram exploradas em detalhes recentemente. Surgem primeiro na literatura penitencial, em referências esparsas a partir do século X, e têm um papel importante na origem da histeria da caça às bruxas da era das fogueiras. Nessas tradições, grupos de pessoas – em geral mas não exclusivamente mulheres – participam de viagens visionárias à noite, na companhia de uma deusa misteriosa. *VEJA* CÂNONE EPISCOPI. É difícil conectar essa terceira categoria com tradições mais antigas do paganismo europeu, e pode ter outra origem.

Embora alguns autores (ver particularmente Ginzburg, 1991) afirmem que tais relatos são registros de antigas tradições xamânicas que sobreviveram desde um passado remoto, é também possível que tenham sido uma novidade no cenário europeu. Alguns povos tribais foram das estepes asiáticas para a Europa durante o início da Idade Média, e podem ter levado tradições xamânicas desse tipo para lá. Seja como for, essas tradições parecem ter muito a ver com as origens dos lendários Sabás das Bruxas, mas muito menos em comum com qualquer tradição pagã ocidental com registros históricos. *VEJA* SABÁ DAS BRUXAS.

Fenômenos assim foram particularmente ativos no início da Idade Média, e desapareceram na época da Reforma. Tradições de magia popular e de religiões dissidentes na Europa Ocidental, a partir do início do período moderno, têm sido documentadas detalhadamente, mas não mostram sinais de tradições pagãs tais como as apregoadas por alguns adeptos atuais do paganismo. Na verdade, deuses e deusas tornaram-se figuras literárias, lembradas principalmente porque as pessoas educadas aprendiam latim (às vezes grego também) e liam poesia antiga, que se referia a eles. Ironicamente, essa acabou se tornando a base para o moderno ressurgimento da veneração pagã, pois os antigos deuses e deusas mantiveram-se conhecidos o suficiente para atrair novos adoradores nos círculos intelectuais urbanos quando o cristianismo começou a perder o controle do mundo ocidental. *VEJA* NEOPAGANISMO; DEUS, O; DEUSA, A.

Embora seja possível que alguns modernos movimentos neopagãos tenham uma conexão histórica direta com antigas religiões pagãs, ninguém apresentou uma evidência séria para documentar a alegação. Na verdade, as evidências sugerem que o neopaganismo seria um ressurgimento e não uma continuação, e vale-se de tradições pagãs mais antigas basicamente por meio de fontes literárias.

Contudo, é preciso lembrar que a validade do movimento neopagão não depende de uma história contínua. Uma religião revivida pode ser tão relevante, tão significativa e tão poderosa quanto uma que tenha uma história ininterrupta. O fato de deuses e deusas pagãs não terem sido reverenciados por algum tempo, como disseram alguns teólogos modernos, não os torna inexistentes ou impotentes, nem torna a reverência a eles um esforço inútil. *VEJA TAMBÉM* MAGIA, PERSEGUIÇÃO À PRÁTICA DA; MISTÉRIOS, OS. LEITURA ADICIONAL: ARMSTRONG, 1986; CHUVIN, 1989; GEFFCKEN, 1978; GINZBURG, 1991; HUTTON, 1999; JOLLY, 1996; JONES E PENNICK, 1995; LELAND, 2002; MACMULLEN, 1984; MERRIFIELD, 1987; MILIS, 1998; SEZNEC, 1953.

Pagan Way. (também **Caminho Pagão**) Uma das principais fontes do moderno paganismo norte-americano, o movimento Pagan Way foi criado em 1970 por Joseph Wilson, bruxo norte-americano que servia a Força Aérea dos Estados Unidos na Inglaterra. Em resposta à crescente popularidade da Wicca e de outras tradições pagãs, Wilson e um grupo de outros pagãos e adeptos da Wicca atuantes decidiram criar uma forma de culto pagão aberto a todos os que estivessem interessados. Muitos dos rituais que o compõem foram criados pelo gardneriano norte-americano Ed Fitch.

Os rituais do Pagan Way foram propositalmente deixados em domínio público, sendo copiados, adaptados e remodelados por dezenas, se não centenas, de grupos pagãos norte-americanos e canadenses. Nenhuma estrutura organizacional específica foi incluída no sistema original; dois bruxos gardnerianos de Chicago, Donna Cole e Herman Enderle, preencheram essa lacuna organizando o primeiro grupo formal da Pagan Way. Na maior parte da década de 1970, havia grupos da Pagan Way na maioria das cidades norte-americanas e em muitas zonas menos urbanas também.

O cenário pagão da década de 1980, mais político, teve menos espaço para o movimento Pagan Way e sua informalidade, e o número e porte dos grupos Pagan Way decresceu nitidamente. Os rituais mantiveram-se em circulação, porém, e diversos covens da Wicca formaram grupos Pagan Way como círculos de treinamento da Corte Exterior, para treinar os candidatos a membros e avaliar seu potencial como membros do coven. VEJA CORTE EXTERIOR. VEJA TAMBÉM NEOPAGANISMO.

Palácios Infernais. VEJA INFERNOS, SETE.

Palas. Asteroide ocasionalmente usado em astrologia, associado por alguns astrólogos a Virgem e por outros a Libra. VEJA ASTEROIDES.

palavras bárbaras. Expressão usual para indicar as palavras de poder usadas em muitos rituais mágicos sagrados. Originou-se com os antigos gregos, para quem os *barbaroi* (origem de nossa palavra "bárbaro") significavam simplesmente aqueles que não falavam grego. A expressão "palavra bárbara" era usada por eles para designar qualquer palavra de poder em rituais mágicos que não fizesse sentido em sua língua.

As palavras bárbaras usadas em magia derivam de muitas fontes, inclusive terminologias religiosas e mágicas em egípcio antigo, hebraico e persa. Algumas não encontram raiz em fonte alguma. Muitas foram remodeladas e distorcidas ao longo dos séculos, a tal ponto que qualquer tentativa de decifrá-las raramente produz resultados úteis. É interessante observar que isso era tão válido na Antiguidade quanto em fontes mais recentes; muitos dos feitiços encontrados nos papiros mágicos greco-egípcios contêm palavras bárbaras que desorientam qualquer tentativa de interpretação. VEJA PAPIROS MÁGICOS GRECO-EGÍPCIOS.

Exemplos de palavras bárbaras no mundo antigo são *ablanathanalba*, *sesengenbarpharanges* e *akrammachamarei*. Por volta da Idade Média, palavras um pouco mais curtas com um toque grego ou hebraico eram mais comuns, como *anexhexeton*, *baldachia* e *anabona*.

No moderno renascimento da magia, as palavras bárbaras têm sido um pouco negligenciadas. Alguns rituais e sistemas tradicionais, como o ritual do Não Nascido ou da Goétia, preservam palavras bárbaras antigas ou medievais; VEJA RITUAL DO NÃO NASCIDO; GOÉTIA, A. A linguagem enoquiana, que deriva de uma série de rituais mágicos realizados pelos ocultistas elisabetanos John Dee e Edward Kelly, é uma importante fonte de palavras bárbaras na moderna prática mágica; VEJA ENOQUIANA, MAGIA.

Segundo as teorias mágicas antiga e moderna, o efeito das palavras bárbaras é mais função de seu som do que de seu significado. Assim, teóricos clássicos da magia, como Jâmblico de Cálcis, instruem o estudante a não as traduzirem para línguas mais familiares, mesmo quando seu significado pode ser decifrado. Na prática, com certeza, o ribombar sonoro das palavras bárbaras agrega valor ao efeito psicológico e mágico do ritual. *VEJA TAMBÉM* PALÍNDROMOS. LEITURA ADICIONAL: BETZ, 1986; E. BUTLER,1949.

palíndromos. Palavras lidas da mesma forma tanto de frente para trás como de trás para a frente. Pouco mais do que uma fonte de jogos de salão nos tempos modernos, os palíndromos tiveram um papel de destaque na magia do passado, e algumas das mais importantes palavras bárbaras nos antigos textos mágicos eram palíndromos. A palavra de poder *ablanathanalba* é a mais comum delas, mas palíndromos mágicos monstruosamente longos como "aberamenthôouthlerthexanaxethrelthuoôthenemareba" e "iaeôbaphrenemounothilarikriphiaeyeaiphirkiralithonuomenerhpabôeai" também eram usadas. (Ao tentar analisá-las, lembre-se de que *th* ou *ph* são uma só letra em grego.)

O uso de palíndromos mágicos parece ter desaparecido na época da queda do Império Romano. *VEJA TAMBÉM* PALAVRAS BÁRBARAS. LEITURA ADICIONAL: BETZ, 1986.

pantáculo. Grafia alternativa de "pentáculo", que substitui a raiz grega *penta-*, o número cinco, por *panta-*, "tudo". *VEJA* PENTÁCULO. [Alguns autores, como os do verbete "pantáculo" na Wikipédia, diferenciam este conceito do de "pentáculo", que teria "significado mais restrito. Os ocultistas consideram como pentáculos apenas a estrela de cinco pontas, chamada de Pentagrama, e o Tetragrammaton, desde que devidamente envolvidos com um círculo" – N. do T.]

Papa, o. Quinto Arcano Maior do tarô, que em alguns baralhos aparece como o Hierofante ou Júpiter. A imagem dessa carta varia conforme o título e as preferências do desenhista, mas um papa em seu traje oficial, com a tripla cruz do papado numa das mãos e dois monges ajoelhados a seus pés, é a imagem mais antiga e das mais comuns. Na tradição da Golden Dawn, esse Arcano corresponde à letra hebraica Vau, e no sistema francês ele corresponde a Heh. Seus significados mais comuns são sabedoria, espiritualidade e autoridade.

Seu título mágico é "Mago dos Deuses Eternos". *VEJA TAMBÉM* TARÔ.

Carta de tarô o Papa (tarô Universal)

papiros mágicos greco-egípcios. Maior coleção de fontes de magia antiga, são documentos escritos em rolos de papiro no Egito durante os primeiros séculos da Era Comum. Alguns estão escritos totalmente em grego, outros em egípcio antigo ou numa mistura de ambas as línguas. Aparentemente, foram manuais de trabalho de magos profissionais.

Os mais importantes desses papiros vieram de uma única fonte, provavelmente da cidade egípcia de Tebas; estudiosos acreditam que podem ter pertencido à biblioteca de algum antigo mago e sacerdote. Foram obtidos por um aventureiro da corte do paxá do Egito, certo Jean d'Anastasi (1780?-1857), que os vendeu a importantes bibliotecas europeias. A maioria dos papiros foi publicada na forma de coleção entre 1928 e 1931 por Karl Priesendanz (1883-1968). As referências a essa edição ainda são o modo padronizado de falar dos papiros e dos encantamentos que eles contêm.

A magia dos papiros é uma mistura liberal de antigas tradições egípcias, gregas e judaicas, reunidas numa síntese prática de magia teúrgica e taumatúrgica. Rituais para desenvolvimento espiritual e para a obtenção de um espírito guardião andam lado a lado com receitas de poções amorosas e encantamentos de invisibilidade. Muitos dos rituais, porém, são usados para produzir uma sistase, o encontro direto entre o mago e uma divindade ou espírito, seja com a finalidade de magia prática, seja para auxiliar o desenvolvimento espiritual do mago; nesta última, encontram-se as raízes históricas do conceito do Santo Anjo Guardião, tão popular nos círculos mágicos modernos. VEJA SANTO ANJO GUARDIÃO.

A maior parte do material dos papiros tem sido negligenciada pelo moderno movimento mágico. Uma cerimônia dos papiros, conhecida pelos estudiosos como PGM V 96-172 e por seus usuários originais como "a Estela de Jeu, o Hieroglífico", foi publicada pelo estudioso inglês Charles Wycliffe Goodwin (1817--1878) em 1853, e entrou pouco depois para a moderna tradição mágica como o ritual do Não Nascido; VEJA RITUAL DO NÃO NASCIDO. LEITURA ADICIONAL: BETZ, 1986.

Papus. (Gérard Encausse) Médico e ocultista francês, 1865-1916. Nascido na Espanha, filho de um químico francês e de sua esposa espanhola, foi para Paris com a família aos 4 anos de idade, sendo educado lá, onde formou-se em Medicina e trabalhou como médico. Sentiu-se atraído pelo ocultismo desde cedo, e passou boa parte de seu tempo livre na Bibliothèque National, lendo antigos livros sobre magia e alquimia.

No início da década de 1880, participava ativamente dos círculos teosóficos parisienses, mas não gostou muito do tom cada vez mais asiático da Teosofia e abandonou a sociedade antes da metade da década. Na época, já fora iniciado no martinismo, e em 1884 ele e seu companheiro martinista Pierre Augustin Chaboseau formaram a Ordem Martinista. Em 1891, os dois fundaram o Conselho Supremo da Ordem Martinista, uma organização abrangente que se tornou o maior grupo martinista do mundo até após a morte de Papus, em 1916. VEJA MARTINISMO.

Em 1888, Papus publicou seu primeiro livro, *Traitè élémentaire de science occulte*, e fundou um jornal, *L'Initiation*. No mesmo ano, como um dos líderes dos círculos ocultistas parisienses, aliou-se a Stanislas de Guaita, o "Sâr" Péladan, e a outras figuras do ocultismo para fundar a mais influente ordem mágica francesa do século XIX, a Ordem Cabalística da Rosa--Cruz. VEJA GUAITA, STANISLAS DE; PÉLADAN, JOSÉPHIN. Mais tarde, Papus fundou outra organização ocultista, o Grupo Independente de Estudos Esotéricos, que fazia pesquisas sobre fantasmas, folclore ocultista e espiritualismo, bem como sobre magia cerimonial.

Suas principais obras incluem *Traité méthodique de la science occulte* (1891), *Le Tarot de Bohémiens* (1889) e o póstumo *Traité méthodique de la magie pratique* (1924). LEITURA ADICIONAL: DECKER ET. AL, 1996; PAPUS, 1977; PAPUS, S/D.

Paracelso. (Philippus Aureolus Theophrastus Bombastus Paracelsus von Hohenheim) Alquimista, médico e ocultista suíço, 1493-1541. Filho de um médico de uma remota aldeia montanhesa da Suíça, cresceu entre mineiros e camponeses, e desde cedo aprendeu a respeitar o folclore tradicional e a menosprezar autoridades intelectuais estabelecidas. Sua mãe morreu quando ele tinha 9 anos de idade, e seu pai se mudou para Villach, hoje parte da Eslovênia, onde trabalhou como professor na escola para filhos de mineradores. O jovem Theo von Hohenheim estudou alquimia e mineralogia com afinco, e frequentou escolas monásticas, onde obteve sólida base de latim.

Aos 14 anos de idade, saiu de casa para estudar e, à maneira típica da época, frequentou diversas universidades antes de receber seu diploma da Universidade de Viena em 1511. Foi para a Universidade de Ferrara, onde, segundo se acredita, teria recebido o diploma de médico em 1516. Depois, passou a viajar. Trabalhando como cirurgião do exército, percorreu boa parte da Europa e chegou até a Ásia Central a leste, à Espanha e à Inglaterra a oeste, e ao Egito ao sul. Finalmente, voltou a Villach em 1524, mas logo em seguida começou nova série de viagens pela Europa Central.

Homem arrogante e difícil, alcoólatra, Paracelso tinha talento para afastar amigos e fazer inimigos, e por isso nunca conseguiu ficar muito tempo num mesmo lugar. Em 1526, por conta de suas publicações e diversas curas notáveis, foi nomeado professor de medicina na Universidade da Basileia, onde animava suas aulas queimando em público as obras de Galeno e de Avicena, os textos médicos oficiais da época. Em 1528, teve uma discussão tão violenta com a prefeitura que precisou fugir à noite da cidade, retomando sua vida de peregrino.

Nos anos seguintes ao problema na Basileia, dedicou-se a escrever livros onde expôs suas teorias sobre medicina, magia e alquimia. Oporinus, seu secretário na época, comentou: "Não conseguia vê-lo sóbrio por mais de duas horas seguidas, especialmente depois da saída da Basileia. Contudo, quando estava muito bêbado e chegava em casa para ditar seus textos, era tão consistente e lógico que um homem sóbrio não poderia fazer nada melhor"

(citado em Pachter, 1951, p. 155). Seus livros conquistaram grande popularidade, o que nem mesmo ele esperava. Em 1540, com a saúde fraca, estabeleceu-se em Salzburgo, na Áustria, onde morreu de parada cardíaca enquanto bebia em um bar.

Paracelso foi responsável por uma importante reorientação da alquimia, algo que perdura até hoje. Para ele, o papel central da alquimia era a criação de remédios herbáceos e químicos para a cura de doenças. Ele foi o fundador da moderna espagíria, e sua posição acerca da teoria e da prática da espagíria ainda é usada como parâmetro; *VEJA* ESPAGÍRIA. Na teoria alquímica, introduziu o conceito dos Três Princípios: sal, enxofre e mercúrio; *VEJA* MERCÚRIO; SAL; ENXOFRE. Seu sistema médico, baseado na alquimia, via o corpo humano como um laboratório alquímico no qual o *archeus*, o espírito vital e essencial centrado no estômago, transmutava alimentos e bebidas na substância do corpo humano.

Na magia, Paracelso foi o primeiro autor a classificar os espíritos elementais nos quatro tipos: salamandras (fogo), ondinas (água), sílfides (ar) e gnomos (terra) – na verdade, ele criou a palavra "gnomo". *VEJA* ELEMENTAL. *VEJA TAMBÉM* ALQUIMIA. LEITURA ADICIONAL: GRELL, 1998; PACHTER, 1951; PAGEL, 1958; PARACELSO, 1976, 1990; WOOD, 2000.

Paralda. Na magia cerimonial, o rei das sílfides, elementais do ar. *VEJA* ELEMENTAL.

Paroketh. (hebraico PRKTh, "véu") Na cabala, o "Véu do Santuário", uma barreira da consciência que separa as quatro Sefirot inferiores da Árvore da Vida de Tiphareth e das Sefirot acima dela. A abertura do Véu simboliza a transição entre a percepção humana comum e a percepção superior do adepto. *VEJA* ADEPTO; CABALA; TIPHARETH.

Na tradição da Golden Dawn, a palavra "Paroketh" era a senha para o Grau do Portal, que corresponde à abertura do Véu. *VEJA* GOLDEN DAWN; PHRATH.

Parsons, Jack. (Marvel Whiteside Parsons) Cientista especializado em foguetes e ocultista norte-americano, 1914-1952. Nasceu em Los Angeles e seus pais se separaram logo após seu nascimento. Criado por sua mãe e seus avós maternos, estudou em escolas particulares, mas abandonou a University of South California e nunca concluiu um curso superior. Interessado por pirotecnia desde a infância, fez carreira na área de projetos de foguetes, e sua habilidade com foguetes movidos a pólvora granjearam-lhe um cargo no Guggenheim Aeronautical Laboratory, mais tarde Jet Propulsion Laboratories [JPL, ou Laboratórios de Propulsão a Jato]. Lá, teve um papel decisivo na criação do primeiro programa efetivo de foguetes dos Estados Unidos e ajudou a desenvolver unidades de decolagem a combustível sólido para a Força Aérea do Exército e da Marinha.

Seu interesse pelo ocultismo surgiu na adolescência e foi renovado em 1939, quando encontrou um livro de Aleister Crowley. Começou a frequentar encontros da loja local da Ordo Templi Orientis pouco depois, sendo iniciado no Grau Minerval em 1941. *VEJA* ORDO TEMPLI ORIENTIS (OTO).

Em 1942, Parsons alugou uma casa grande num bairro de classe alta de Pasadena, e "The Parsonage" não demorou para tornar-se centro da vanguarda local, bem como sede da loja da OTO. Apesar de uma série de pequenos escândalos locais e de investigações da polícia de Pasadena, em busca de um "culto de magia negra", esse arranjo durou mais de uma década.

Parsons correspondeu-se com o líder da OTO, Aleister Crowley (1875-1947), durante um bom tempo. Também se tornou amigo do escritor L. Ron Hubbard, mais tarde fundador da Cientologia, e segundo alguns documentos os dois se dedicaram juntos a longos rituais de magia, antes de discutirem e se afastarem em 1946. Pouco depois dessa discussão, ele também saiu da OTO por desentender-se com o estilo autocrático de Crowley.

Em seus últimos anos, Parsons passou por diversos períodos de dificuldade financeira, e em duas ocasiões ficou sem a senha de acesso de segurança no trabalho. Em 1949, depois de um longo trabalho de magia, convenceu-se de que era o Anticristo. Começou a trabalhar em dois projetos depois de sair da OTO, Gnosis e Witchcraft, duas religiões mágicas baseadas numa versão simplificada dos ensinamentos de Crowley.

Esses projetos ainda estavam numa fase inicial de desenvolvimento quando Parsons morreu numa grande explosão em sua casa, em 1952. O veredito oficial foi morte acidental; as evidências mostram que ele estava lidando com fulminato de mercúrio, um explosivo muito instável, em seu laboratório doméstico, e teria deixado cair um frasco. Nunca foram provadas as sugestões de que teria sido suicídio ou assassinato.

Depois de sua morte, especialmente no período que se seguiu ao surgimento da contracultura da década de 1960, Parsons tornou-se uma espécie de herói popular para os adeptos mais radicais da comunidade ocultista, e ainda é um nome lembrado no cenário da magia norte-americana. LEITURA ADICIONAL: CARTER, 1999; PARSONS, 1989.

Parte da Fortuna. Na astrologia, a mais importante das Partes Árabes, pontos abstratos num mapa astrológico que governam aspectos específicos da vida humana. A Parte da Fortuna é encontrada medindo-se a distância entre o Sol e a Lua, percorrendo-se depois a mesma distância a partir do ascendente. Governa a boa sorte, e, em particular, a riqueza. *VEJA* PARTES ÁRABES; ASTROLOGIA.

Na geomancia, que se vale de muitos simbolismos astrológicos, a Parte da Fortuna é encontrada somando-se os pontos nas doze casas de um mapa geomântico e subtraindo-se doze sucessivas vezes, até restar um número entre um e doze. Este número é o número da casa onde se encontra a Parte da Fortuna. É um símbolo de dinheiro. *VEJA* GEOMANCIA. LEITURA ADICIONAL: ZOLLER, 1989.

Partes Árabes. Na astrologia, um conjunto de pontos calculados medindo-se a distância entre dois planetas e medindo a mesma distância desde o ascendente; *VEJA* ASCENDENTE. A Parte da Fortuna, por exemplo, é calculada medindo-se a distância que separa o Sol da Lua ao longo do círculo zodiacal, percorrendo-se depois a mesma distância desde o ascendente. Outras combinações de planetas produzem outras partes, cada uma delas regendo um aspecto diferente da vida humana. Na astrologia árabe e medieval, as partes eram muito usadas e tiveram um papel importante na predição astrológica. A maioria dos astrólogos modernos ignoram-nas completamente. *VEJA TAMBÉM* ASTROLOGIA; PARTE DA FORTUNA. LEITURA ADICIONAL: ZOLLER, 1988.

partzufim. (hebraico, "personificações") Na cabala, cinco poderes ou personalidades divinas, cada uma correspondendo a um ou mais Sefirot da Árvore da Vida. Os parzufim têm papel importante nos ramos mais esotéricos da teoria e especulação cabalísticas, especialmente nos trabalhos de Isaac Luria e de seus seguidores. *VEJA* LURIA, ISAAC. *VEJA TAMBÉM* CABALA.

Nome	Tradução	Sefirah
Arikh Anpin	Face Maior	Kether
Abba	Pai	Chokmah
Aima	Mãe	Binah
Zauir Anpin	Face Menor	Chesed-Yesod
Kallah	Noiva	Malkuth

Pasquallys, Joachim Martinès de. *VEJA* PASQUALLYS, MARTINEZ DE.

Pasquallys, Martinez de. (em francês, **Joachim Martinès de Pasquallys**) Místico e ocultista francês, 1727-1774. Nascido em Grenoble, de pai espanhol e mãe francesa, parece que era de origem judaica. Pouco se sabe sobre sua infância e formação, ou sobre seus estudos ocultistas; até a data e o local de sua iniciação na Maçonaria são desconhecidos. Surgiu nos registros históricos em 1754, quando fundou uma loja maçônica em Montpellier, e percorreu boa parte da França na década seguinte, iniciando estudantes em Paris, Lyon, Bordeaux, Marselha, Toulouse e Avignon, e fundando muitas outras lojas.

Em 1766, foi a Paris buscando obter uma sanção mais formal para sua nova versão da Maçonaria. Naquela época, porém, a Grande Loja da França sofria crises internas e dissolveu-se completamente em dezembro desse ano, por conta de uma briga iniciada numa sessão da Grande Loja, o que fez com que a polícia proibisse novas reuniões. Nessa confusão, Pasquallys conheceu Jean-Baptiste Willermoz, rico comerciante e maçom ativo em Lyon, que se tornou o mais importante aluno de Pasquallys.

Com a ajuda de Willermoz, Pasquallys organizou sua própria ordem, chamada La Franc-Maçonnerie des Chevaliers Maçons Élus Coens de l'Univers [Maçonaria dos Cavaleiros Maçons, Eleitos Sacerdotes do Universo], tendo o próprio Pasquallys como Mestre Soberano. Um jovem nobre francês, Louis--Claude de Saint-Martin, tornou-se secretário de Pasquallys e em pouco tempo também assumiu um papel de liderança na ordem. *VEJA* SAINT-MARTIN, LOUIS-CLAUDE DE.

Nos anos seguintes, Pasquallys transmitiu a seus discípulos um complexo sistema de iniciações e de materiais de instrução, juntamente com um sistema de magia cerimonial usado por membros dos graus superiores. Com a ajuda de Saint-Martin, Pasquallys, que mal sabia ler, também escreveu um ensaio, *Traité de la réintegration des êtres*, que mostrava a teoria e o significado do sistema dos Élus Coens.

Pasquallys não dispunha de meios de sustento que não fossem as conexões maçônicas, e suas dificuldades financeiras e grandes dívidas tornaram-se motivo de vergonha para muitos discípulos. Em 1772, saiu da França e foi ao Haiti, onde ele tinha dois cunhados ricos que eram colonizadores e esperava ganhar dinheiro suficiente para pagar as dívidas e poder dedicar o resto de sua vida à sua ordem. Morreu inesperadamente em Porto Príncipe em 1774. Segundo relatos da época, no momento em que morreu sua imagem apareceu para sua esposa, em Bordeaux. *VEJA TAMBÉM* ÉLUS COENS; MARTINISMO. LEITURA ADICIONAL: HUBBS, 1971.

pastos. (do grego, "caixão", "arca") A arca na qual, segundo o antigo mito egípcio, o deus Osíris foi aprisionado e morto por seu irmão Set; *VEJA* OSÍRIS. Na Golden Dawn, a mesma expressão era usada para o ataúde simbólico de Christian Rosenkreuz, que foi identificado com o de Osíris. *VEJA* CHRISTIAN ROSENKREUZ, TÚMULO DE.

patotismo. (do inglês *pathotisme*) Nos ensinamentos do Grupo Cósmico de Max e Alma Theon, uma técnica de trabalho com o plano interior que combina polaridade e projeção astral. Duas pessoas trabalham juntas, uma como clarividente ou sensitivo, a outra como mago; diz-se que a operação funciona melhor, na maioria dos casos, quando o sensitivo é uma mulher e o mago, um homem. O sensitivo entra em transe e faz contato com fontes de sabedoria dos planos interiores, enquanto o mago proporciona orientação e proteção oculta contra poderes hostis, anotando as comunicações recebidas. Usando essa técnica, os Theons receberam mais de 10 mil páginas de material, que formaram o núcleo do sistema do Grupo Cósmico.

A técnica do patotismo tem muitos pontos em comum com o tipo de trabalho de polaridades realizado por Dion Fortune e outros magos de seu círculo um pouco mais tarde; *VEJA* FORTUNE, DION; POLARIDADE. As origens do método, porém, podem ser identificadas nos textos de Mary Ann Atwood, que descreve um sistema similar em seu *Suggestive Inquiry into the Hermetic Mistery* (1850). Embora muitos dos exemplares desse livro tenham sido queimados pela autora algumas semanas após a publicação, e a obra só tenha sido reeditada em 1918, alguns exemplares sobreviveram à destruição e podiam ser encontrados nos círculos ocultistas ingleses no final do século XIX. *VEJA* ATWOOD, MARY ANN. *VEJA TAMBÉM* THEON, MAX. LEITURA ADICIONAL: RHONE, 2000.

Patrizi, Francesco. Filósofo e ocultista croata, 1529-1597. Nascido numa família aristocrática na cidade de Cherso, na Dalmácia, hoje parte da Croácia e na época parte da República de Veneza, Patrizi foi educado nas universidades de Ingolstadt e de Pádua, onde conheceu a filosofia de Aristóteles e rebelou-se contra ela. Um encontro casual com um padre franciscano fez com que entrasse em contato com os textos do grande platonista italiano Marsílio Ficino; *VEJA* FICINO, MARSÍLIO. Esse fato provocou em Patrizi uma paixão vitalícia pela filosofia platônica e hermética. *VEJA* HERMETISMO; PLATONISMO.

Depois de sair de Pádua em 1562, Patrizi trabalhou durante algum tempo como gerente de uma propriedade em Chipre, envolveu-se numa série de empreendimentos malfadados e viajou à Espanha em 1575, onde vendeu uma coleção de raros manuscritos gregos para o rei espanhol Filipe II. Em 1577, encontrou finalmente um refúgio na corte de Ferrara, uma das principais cidades-estado da época, onde ensinou filosofia, traduziu diversas obras platonistas gregas para o latim, e criou uma obra volumosa, modestamente intitulada *Nova de Universis Philosophia*, na qual propunha que a filosofia de Aristóteles e os textos de Tomás de Aquino deveriam ser abandonados pela Igreja Católica e substituídos pelos textos de Platão e o *Corpus Hermeticum*.

Em 1592, o projeto de Patrizi esteve a um passo de se realizar, pois o papa Clemente VIII nomeou-o para a cátedra recém-criada de filosofia platonista na universidade papal em Roma. Uma vez lá, porém, envolveu-se na complexa política da Cúria papal, e sua "nova filosofia de tudo" acabou condenada como heresia. Os amigos de Patrizi na Cúria deram um jeito para que ele continuasse a lecionar, mas sua carreira de filósofo encerrou-se definitivamente, e ele morreu alguns anos depois em Roma. Com sua morte e a ascensão do movimento mais rigoroso de Contrarreforma no catolicismo, o hermetismo cristão do Renascimento encerrou-se para sempre. LEITURA ADICIONAL: BRICKMAN, 1941; LEIJENHORST, 1998.

Patrons of Husbandry (The Grange). (inglês, "Patronos da Lavoura – a Granja") Ordem fraternal norte-americana, fundada em 1867 por um grupo de sete maçons e membros da fraternidade Odd Fellows. The Grange, ou A Granja, é incomum entre organizações de loja fraternal porque admite mulheres e homens como membros de igual valor desde o início. Seu principal foco, simbólico e prático, é a agricultura, e até hoje a maioria dos membros da Granja são fazendeiros ou têm um histórico ligado à lavoura.

Embora a Granja, como quase todas as lojas fraternais norte-americanas, mantenha uma Bíblia aberta nas reuniões, que começam e terminam com preces convencionais, seu simbolismo é claramente pagão. Três oficiais (mulheres), representando as três Graças, Flora, Pomona e Ceres, sentam-se no lugar da loja que normalmente é reservado ao oficial que preside a reunião. Os quatro primeiros graus, conferidos numa Granja subordinada (local), correspondem às quatro estações do ano. O quinto grau, conferido numa Granja Pomona (municipal), é o de Pomona; o sexto, conferido numa Granja estadual, é o de Flora.

O sétimo grau da Granja, o mais elevado, só é conferido em encontros nacionais, correspondendo a Ceres – uma reconstrução completa, feita no século XIX, dos Mistérios Eleusianos. O ritual usado nesse último grau não foi inventado na Granja; aparentemente, foi obtido pelo fundador da Granja, Oliver Hudson Kelley, de um nobre italiano, e por isso deve ter raízes na Maçonaria europeia irregular. É tão pagão que muitos membros cristãos da Granja se recusam a recebê-lo.

Aparentemente, a Granja tem pouco contato com as tradições ocultistas ocidentais desde a sua fundação, e aparece nesta obra principalmente como demonstração da impressionante penetração das ideias ocultistas e pagãs na cultura norte-americana do século XIX. De modo surpreendente, apesar de ser presidida por Três Deusas e usar o simbolismo das estações e da fertilidade agrícola, a Granja parece ter passado despercebida pelos pagãos modernos. *VEJA TAMBÉM* MISTÉRIOS ELEUSIANOS; MAÇONARIA; FRATERNIDADE ODD FELLOWS.

patuá. *VEJA* MOJO.

pé-de-leão. (*Alchemilla vulgaris*) Importante erva da tradição alquímica, como sugere o primeiro elemento de seu nome científico (pequeno alquimista). O pé-de-leão tem folhas com inúmeros cílios que coletam água em gotículas ao longo de suas bordas. Como se sabe, os alquimistas usavam o pé-de-leão para obter orvalho para seus trabalhos. O pé-de-leão também é uma erva importante no herborismo medicinal, particularmente na cura do sistema reprodutor feminino; sua correspondência astrológica é Vênus em Escorpião. (Também conhecida no Brasil como **alquemila** -- N. do E.) *VEJA TAMBÉM* ALQUIMIA; ORVALHO.

pedra da bruxa. Na magia popular inglesa, uma pedra com uma concavidade natural ou artificial em sua superfície superior, na qual podem ser despejadas oferendas líquidas. Num feitiço tradicional para provocar ventos, despeja-se leite sobre uma pedra da bruxa desde a direção da qual se deseja que venha o vento, e depois deixa-se o líquido para que gatos o bebam; em gratidão, os gatos vão provocar o vento desejado. Sugeriu-se que esse feitiço era, originalmente, uma invocação da deusa nórdica Freya, cujo animal sagrado era o gato; entretanto, não há referência a essa ou a qualquer outra divindade pagã envolvida no feitiço. *VEJA TAMBÉM* CUNNING FOLK. LEITURA ADICIONAL: PENNICK, 1989.

Pedra Filosofal. Grande meta da prática alquímica, a Pedra Filosofal, ou *medicina metallorum* (remédio dos metais), é uma substância com o poder de transformar metais comuns em ouro puro. Segundo os textos alquímicos, tem também o poder de curar todas as doenças humanas, de transformar pedras comuns em pedras preciosas e de tornar flexível o vidro. É descrita em relatos renascentistas e mais modernos como um pó fino, mas muito pesado, da cor do rubi. A composição exata da Pedra Filosofal é o segredo supremo da alquimia prática.

Na verdade, a Pedra Filosofal, ou Pedra Vermelha, é apenas uma, embora a mais importante, de diversas pedras discutidas nos textos alquímicos. A Pedra Branca é uma etapa anterior do mesmo processo que produz a Pedra Vermelha, e tem o poder de transformar metais comuns em prata pura. Na espagíria, ou alquimia herbácea, a pedra vegetal é muito discutida; é uma substância fixa que contém o mais elevado nível possível de virtudes curativas da planta original. De acordo com alguns autores, ela também separa uma tintura herbácea em seus três princípios (enxofre, sal e mercúrio da planta) sem as difíceis operações geralmente necessárias para essa finalidade. *VEJA* ESPAGÍRIA. *VEJA TAMBÉM* ALQUIMIA; FLAMEL, NICOLAU; PEDRA VEGETAL.

pedra vegetal. A mais elevada meta da alquimia espagírica, correspondendo, de certo modo, à Pedra Filosofal na alquimia dos metais. A pedra vegetal é feita de certo tipo de planta que é submetida a um complexo processo de separação, purificação e recombinação e depois é fixada em uma forma dura, semelhante à de uma pedra, por meio do calor.

Uma pedra vegetal preparada adequadamente tem o mais elevado grau de cura de que a planta original seria capaz. Segundo alguns autores, ela também separa uma tintura herbácea em seus três princípios (enxofre, sal e mercúrio da planta) sem as operações difíceis que costumam ser necessárias para essa finalidade. *VEJA* ESPAGÍRIA. LEITURA ADICIONAL: ALBERTUS, 1974; JUNIUS, 1985.

Pedra Vermelha. *VEJA* PEDRA FILOSOFAL.

pegadas. Em muitas tradições de magia popular, as pegadas, ou o rastro, podem ser usadas como forma de encantar a pessoa que as deixou. Enfiar um objeto pontiagudo numa pegada de alguém pode ser parte de uma maldição mágica para que ela fique manca, e a poeira da pegada de alguém pode ser usada para se estabelecer um vínculo mágico com a pessoa, para bons ou maus propósitos. *VEJA* MALDIÇÃO; MAGIA NATURAL.

Peh. (hebraico PH, "boca") A vigésima sétima letra do alfabeto hebraico, uma das sete letras duplas, Peh representa os sons *p* e *ph*. Seu valor numérico é 80, e tem um valor final de 800. Suas correspondências mais comuns são:

> *Caminho da Árvore da Vida*: Caminho 27, de Netzach a Hod.
> *Correspondência astrológica*: Marte.
> *Correspondência no tarô*: Arcano XVI, A Torre.
> *Parte do Cubo do Espaço*: Face norte.
> *Cores*: em Atziluth, escarlate.
> em Briah, vermelho.
> em Yetzirah, vermelho-veneziano.
> em Assiah, vermelho brilhante, rajado de azul e de esmeralda.

Seu texto, no *Trinta e Dois Caminhos da Sabedoria*, diz: "O Vigésimo Sétimo Caminho é a Inteligência Excitante, e é chamada assim porque através dela todo ser existente recebe seu espírito e seu movimento". *VEJA TAMBÉM* ALFABETO HEBRAICO.

פ ף

Letra hebraica Peh, esquerda, e em sua forma final, direita

peitoral. *VEJA* LÂMINA.

peitoral do Sumo Sacerdote. No Antigo Testamento (Êxodo 28,17-20), o Sumo Sacerdote dos Israelitas era instruído a usar um peitilho, ou lâmina (em hebraico ChShN, *choshen*), com doze joias. Como todos os adornos sacerdotais dos israelitas, o peitilho foi profundamente analisado pelos cabalistas ao longo dos anos, mas ainda há muitas incertezas quanto a seu simbolismo e uso. As doze joias em si não são conhecidas ao certo, pois algumas palavras do hebraico têm significado múltiplo ou incerto. As interpretações mais comuns são sardônica (ou sárdio, ônix vermelho), topázio, granada, esmeralda, safira, jaspe, rubi, ágata, ametista, crisólito, ônix e berilo.

Êxodo 28,21 indica que as doze pedras representam as doze tribos de Israel, mas não informa qual a pedra correspondente a cada tribo. Como costuma ocorrer com esses simbolismos, foram propostas muitas correlações. *VEJA TAMBÉM* LÂMINA, TRIBOS DE ISRAEL. LEITURA ADICIONAL: D. GODWIN, 1992; HALEVI, 1980.

Peixes. Décimo segundo e último signo do zodíaco, mutável, do elemento Água e polaridade feminina. Em Peixes, Júpiter é o regente (ou Netuno, em algumas versões modernas); Vênus se exalta e Mercúrio está, ao mesmo tempo, em exílio e queda. Peixes governa os pés. *VEJA* ZODÍACO.

O Sol fica em Peixes aproximadamente entre 19 de fevereiro e 20 de março. Pessoas com o Sol nessa posição costumam ser intuitivas, imaginativas, idealistas e bondosas; também podem ser fracas e vagas, por um lado, ou completamente desonestas e enganadoras, por outro.

No sistema de tarô da Golden Dawn, este signo corresponde à carta XVIII, a Luz. *VEJA* LUA, A; TARÔ.

Símbolo astrológico de Peixes

Péladan, Joséphin. Romancista, crítico de arte e ocultista teórico francês, 1859-1918. Nascido em Lyon, perene berço de movimentos ocultistas da França, Péladan pertencia a uma família que combinava catolicismo intenso com uma formação acadêmica ampla, para não dizer excêntrica. A isso, ele acrescentou um fascínio pelos ensinamentos ocultistas e semicatólicos de Éliphas Lévi. Depois de estudar em escolas jesuítas em Avignon e Nîmes e de não passar no vestibular, mudou-se para Paris e iniciou uma carreira literária.

Antes de seu vigésimo quinto aniversário, Péladan já tinha sua reputação, graças às críticas mordazes aos pintores acadêmicos oficialmente aprovados, e a seus rivais, os impressionistas. Suas críticas pleiteavam um retorno aos ideais e padrões do Renascimento italiano, defendiam os pintores simbolistas da época e exigiam uma renovação da arte mística, idealista e motivada espiritualmente. Em pouco tempo, tornou-se uma figura de destaque nos círculos de vanguarda, dando-se o título de Sâr ("príncipe", em caldeu) e usando trajes ornamentados.

O primeiro romance de Sâr, *O Vício Supremo*, foi publicado em 1884 e tornou-se instantaneamente um *best-seller*, recebendo mais de vinte tiragens antes do final do século. Seus principais personagens, a Princesa Léonora d'Este, sexualmente insaciável, e o andrógino celibatário Mago Mérodack, bem como o uso de simbolismos cabalísticos e mágicos, chamaram a atenção de um público já fascinado com os autores da escola Decadente. Ele também pôs em marcha uma das mais importantes carreiras mágicas do período – a de Stanislas de Guaita, que escreveu a Péladan em 1884: "Foi seu *Vício Supremo* que me revelou... que a cabala e a alta magia poderiam ser mais do que um truque". VEJA GUAITA, STANISLAS DE.

Por volta de 1886, Péladan e Guaita faziam parte do círculo de jovens interessados em magia que se reuniam na livraria de Edmond Bailly, La Librairie de l'Art Indépendant, em Paris. Em maio de 1888, tornaram-se membros-fundadores de uma ordem mágica, Le Rose+Croix Kabbalistique, ou Ordem Cabalística Rosa-Cruz, com assentos no Conselho dos Doze, órgão diretivo. Em julho do mesmo ano, visitando Bayreuth (na Baviera) para assistir ao *Parsifal* de Wagner, Péladan teve uma inspiração repentina e viu um modo de combinar seu interesse pelo ocultismo com sua dedicação à arte. O resultado dessa inspiração foram os Salões Rosa-Cruzes, exposições de arte simbólica realizadas anualmente entre 1892 e 1897.

O primeiro salão foi um grande sucesso, mas a revolução que Péladan esperava provocar não aconteceu. O Sâr tinha uma personalidade difícil e dogmática, com talento para fazer inimigos, e conseguiu afastar a maioria de seus apoiadores em pouco tempo. Em 1890, rompeu com a Rosa-Cruz Cabalística por motivos teológicos e fundou sua própria ordem, a Rose+Croix Catholique – depois chamada Ordem da Rosa-Cruz, do Templo e do Graal (Ordre de la Rose+Croix, du Temple et du Graal) –, que atraiu poucos membros. Ele discutiu com o patrocinador que proporcionou a maior parte das verbas para o primeiro salão, o conde de Rochefoucauld, enquanto o salão estava acontecendo; os salões posteriores não conseguiram atrair os recursos que fizeram do primeiro salão um evento cultural tão especial. O que mais frustrou as esperanças do Sâr foi o fato de a reação favorável do público não ter conseguido criar um impacto duradouro nas correntes artísticas daquela época. As escolas acadêmica e impressionista continuaram a florescer, e a escola de Péladan tornou-se apenas um movimento relativamente menor no animado cenário artístico.

Depois do sexto salão, em 1897, Péladan decidiu encerrar sua cruzada. Sua ordem mágica, que nunca passou muito de um fórum para suas ideias, desapareceu lentamente. Ele continuou a escrever romances, peças e artigos críticos, todos praticamente esquecidos na época de sua morte. *VEJA TAMBÉM* SALÕES ROSA-CRUZES, OS. LEITURA ADICIONAL: PINCUS-WITTEN, 1976.

pelicano. Nas lendas medievais, o pelicano alimentava seus filhotes ferindo-se no peito e dando-lhes seu sangue. Originalmente uma característica dos bestiários cristãos, esse detalhe da lenda foi adotado por diversos místicos e alquimistas durante a Idade Média e o Renascimento como símbolo de autossacrifício e de autotransformação. O movimento rosa-cruz do século XVII e seguintes usou intensamente o pelicano como símbolo, geralmente equiparando-o à águia ou à fênix; *VEJA* ROSA-CRUZES. A águia e o pelicano ainda são equiparados na joia tradicional do décimo oitavo grau do Rito Escocês da Maçonaria, a Rosa-Cruz de Heredom; *VEJA* MAÇONARIA.

A palavra "pelicano" também era usada para designar um frasco alquímico com um tubo que saía da parte de cima e reentrava pela lateral. Era usado no processo de destilação contínua, uma técnica básica da alquimia medieval e renascentista. A semelhança do tubo com um pelicano mordendo o próprio peito com o bico pode ter dado origem ao nome. *VEJA* ALQUIMIA.

Pelley, William Dudley. Jornalista, fascista e ocultista norte-americano, 1890-1965. Nascido em Lynn, Massachusetts, filho único de um ministro metodista, Pelley não conseguiu concluir seus estudos em função da precária situação econômica de sua família e trabalho em fábricas na adolescência. A leitura era sua única recreação, e ela lhe proporcionou um domínio do inglês suficiente para que conseguisse um emprego como repórter num jornal local, aos 18 anos de idade. Seus artigos foram bem recebidos, e em menos de uma década ele estava escrevendo para grandes revistas semanais, como *Colliers'* e *Red Book*. Casou-se em 1911, e aparentemente iria seguir uma carreira jornalística convencional.

Em 1918, foi à Rússia pelo *Saturday Evening Post* para cobrir a revolução soviética. Suas experiências deixaram-no com ódio do comunismo e a convicção de que deveria haver uma sinistra conspiração dos judeus por trás de tudo aquilo. Quando voltou aos Estados Unidos, em 1920, tornara-se profundamente dedicado às ideias políticas fascistas. Divorciou-se da esposa em 1921 e foi para a Califórnia, onde encontrou um espaço favorável como romancista e roteirista de Hollywood.

Em 1925, enquanto estava num chalé nas montanhas, teve uma experiência mística na qual se viu chamado a liderar um vasto movimento político e espiritual. Seu relato da experiência, publicado em 1928 na *American Magazine* como "Meus Sete Minutos na Eternidade", teve enorme sucesso e fez com que recebesse milhares de cartas. Depois dessa experiência, viu-se recebendo ensinamentos espirituais transmitidos por uma voz desencarnada; quando revistos, esses ensinamentos totalizaram mais de um milhão e meio de palavras de filosofia esotérica.

Os ensinamentos recebidos por esses meios, e transmitidos por meio de uma série de livros e publicações periódicas, eram uma mescla idiossincrática de cristianismo, Novo

Pensamento e ideologia fascista. *VEJA* OCULTISMO CRISTÃO; NOVO PENSAMENTO. Ele se valeu bastante de profecias sobre a história do mundo deduzidas da Grande Pirâmide; convencido de que a Segunda Vinda de Cristo ocorreria em 2001, acreditava que seus seguidores deviam armazenar armas e alimentos a fim de participar da batalha final contra as forças do mal – que ele identificou, previsivelmente, com os judeus.

Em 1930, mudou-se para Asheville, Carolina do Norte, onde fundou uma editora e começou a organizar grupos semanais de estudos de seus ensinamentos. Em 1931, reuniu esses empreendimentos numa organização chamada Liga dos Libertadores. Em 1933, uma dia após Adolf Hitler tornar-se chanceler da Alemanha, Pelley fundou uma organização paramilitar, os Silver Shirts (Camisas Prateadas) ou SS, com o que esperou seguir o exemplo nazista. *VEJA* HITLER, ADOLF; NACIONAL-SOCIALISMO.

Em seu apogeu, a organização Silver Shirts atraiu uns 100.000 membros, mas os esforços de Pelley para usá-la como plataforma para que a América do Norte se tornasse fascista foram prejudicados pelo início da Segunda Guerra Mundial e pelo crescente sentimento antinazista nos Estados Unidos. Nas eleições de 1940, concorreu para a presidência, mas recebeu uma votação desprezível. Em 1942, depois de publicar declarações a favor da Alemanha em seu jornal *Roll Call*, Pelley foi detido por agentes federais, julgado por incitação à revolução e condenado à prisão. Em sua ausência, a organização Silver Shirts desmoronou. Recebeu liberdade condicional em 1952, sujeita a que não lidasse mais com política, e pouco depois fundou uma nova organização chamada Soulcraft. Continuou a escrever e a ensinar até pouco tempo antes de sua morte em 1965.

Embora Pelley fosse uma figura esquecida nas últimas décadas do século XX, seu legado é surpreendentemente grande. Várias das mais importantes figuras da extrema direita, entre eles o fundador da Aryan Nations [Nações Arianas], Richard Girnt Butler, começaram suas carreiras políticas nos Silver Shirts e mantiveram boa parte dos ensinamentos de Pelley em suas próprias ideologias. Muito do moderno movimento Identidade Cristã, na verdade, tem origem nas ideias de Pelley. *VEJA* IDENTIDADE CRISTÃ. LEITURA ADICIONAL: BARKUN, 1994; LOBB, 1999.

peneira. *VEJA* COSCINOMANCIA.

Pensilvânia. *VEJA* MAGIA HOLANDESA DA PENSILVÂNIA.

pentáculo. Uma das quatro ferramentas básicas ou armas mágicas do mago cerimonial, representando o elemento Terra. A expressão "pantáculo" também é usada para o mesmo item. Sua forma mais comum é um disco de cera, madeira ou metal com um pentagrama ou algum outro padrão simbólico. É usado para comandar, concentrar e representar as forças da terra em trabalhos cerimoniais. *VEJA* TERRA (ELEMENTO).

O pentáculo como símbolo do elemento Terra

pentagrama. Mais importante símbolo da moderna prática mágica, o pentagrama tem uma história antiga e complexa. Tem sido usado em muitas culturas como símbolo de proteção, ao qual se atribui o poder de afastar maus espíritos e atrair boa sorte. Já foi encontrado em tabletes de argila babilônios datados do primeiro milênio A.E.C.

Pitágoras (c. 570 – c. 495 A.E.C.), uma das figuras mais importantes da tradição esotérica ocidental, fez dele um importante símbolo de harmonia física e mental. Sabe-se que a Fraternidade Pitagórica a usou como marca de identificação, geralmente com uma letra da palavra grega ΥΓΕΙΑ, "saúde", escrita em cada uma das cinco pontas. Ao que parece, os membros da fraternidade usavam um anel de sinete com o pentagrama. *VEJA* PITÁGORAS.

No início da Idade Média, o pentagrama tinha sido incorporado à gama-padrão de simbolismos cristãos, associado aos cinco livros de Moisés, às cinco pedras usadas por David contra Golias e assim por diante. Costumava ser usado como proteção contra elfos, espíritos hostis e mau-olhado. O autor anônimo de "Sir Gawain and the Green Knight" fez de um pentagrama dourado sobre vermelho o brasão de *sir* Gawain. O poema relaciona as cinco pontas às cinco chagas de Cristo, às cinco alegrias da Virgem Maria, à precisão dos cinco sentidos de Gawain, à força de seus cinco dedos e às cinco virtudes dos cavaleiros – liberalidade, amabilidade, continência, cortesia e piedade. *VEJA* OCULTISMO CRISTÃO.

No Renascimento e no início do período moderno, o simbolismo pitagórico do pentagrama foi redescoberto e o próprio pentagrama tornou-se um símbolo comum da profissão médica. Textos mágicos do mesmo período deram-lhe nova importância como o Escudo de Salomão, e magos do Renascimento como Paracelso identificavam-no como o "Selo do Microcosmo", formando par com o hexagrama ou Selo de Salomão como "Selo do Macrocosmo". No início do século XVIII, foi adotado pela Maçonaria, e, como "estrela flamejante", aparece na parede oriental de lojas maçônicas do mundo todo. *VEJA* MAÇONARIA.

O pentagrama ganhou novo *status* entre os símbolos mágicos no século XIX, quando Éliphas Lévi e outros luminares do ressurgimento da magia o adotaram. Lévi redefiniu-o como símbolo da supremacia do espírito sobre os quatro elementos, e explorou seu poder de comandar espíritos. *VEJA* LÉVI, ÉLIPHAS. Contudo, só depois de sua época, no nebuloso mundo das lojas e tradições mágicas que levaram à Golden Dawn, é que o pentagrama se tornou uma importante ferramenta ritual; *VEJA* PENTAGRAMA, RITUAIS DO. A publicidade que ele recebeu graças à Golden Dawn e suas ordens sucessoras, bem como aos textos de Lévi, fizeram do pentagrama o mais famoso símbolo mágico do século XX, e a Wicca e outros movimentos neopagãos adotaram-no prontamente. Não parece haver evidências, porém, de que ele teria sido um símbolo pagão antes da criação da Wicca, no final da década de 1940.

Na moderna tradição mágica, o significado e o uso do pentagrama variam, dependendo de ter uma ou duas pontas na parte superior. A interpretação mais comum é que o pentagrama com uma ponta para cima representa o poder do espírito sobre os elementos materiais, e é usado para invocar anjos e bons espíritos. O pentagrama invertido, com duas pontas para cima, por sua vez, representaria o domínio do espírito pela matéria, e seria usado para invocar os poderes do mal. Muitas tradições mágicas alegam que o pentagrama invertido nunca deveria ser usado. Há, porém, outras formas de interpretar os pentagramas com uma e com duas pontas para cima.

Cada ponta do pentagrama está associada a um dos elementos. O esquema mais conhe-

Pentagrama, Rituais do. Na Ordem Hermética da Aurora Dourada e na maioria das tradições mágicas subsequentes no mundo anglófono, um conjunto de rituais que se valem do simbolismo do pentagrama para invocar ou afastar energias elementais. O formato básico dos rituais do pentagrama se inicia com a Cruz Cabalística, um ritual curto baseado no sinal da cruz convencional dos cristãos; VEJA CRUZ CABALÍSTICA.

Depois, o mago vai até a parte mais oriental do espaço ritual e traça um pentagrama no ar com uma arma mágica ou com a mão, depois traça um quarto de círculo no ar, na altura do ombro ou do peito, até o quadrante mais ao sul. Outro pentagrama é traçado no sul, e outro quarto de círculo traçado do sul para o oeste. O processo continua até o mago ter traçado um círculo completo ao seu redor, marcado por pentagramas nos quatro quadrantes.

Então, o mago vai para o centro, fica de frente para o leste e diz as seguintes palavras:

> À minha frente, Rafael;
> Atrás de mim, Gabriel;
> À minha direita, Miguel;
> À minha esquerda, Auriel;
> Ao meu redor flamejam os pentagramas,
> E sobre mim brilha a estrela de seis pontas.

(Há pelo menos duas variações da última frase – *E acima de mim brilha a estrela de seis raios* e *E na coluna fica a estrela de seus raios*. Com base nas evidências atuais, é impossível dizer qual delas é a versão original.)

Depois, o mago repete a Cruz Cabalística, completando o ritual.

O efeito do ritual depende inteiramente dos pentagramas utilizados nos quatro quadrantes. Dependendo do ponto onde o mago começa a traçar e da direção na qual traça, o

---

cido é o apresentado pela Golden Dawn, como mostrado abaixo.

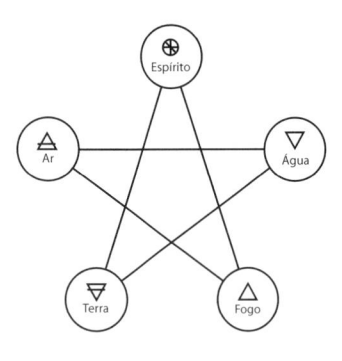

Associação entre os elementos e as pontas do pentagrama

Os poderes mágicos do pentagrama foram associados às suas notáveis propriedades geométricas, derivadas da Proporção Áurea. Todas as proporções e relações entre linhas e segmentos de linhas num pentagrama desenhado corretamente são iguais à Proporção Áurea ou bem próximas dela. VEJA PROPORÇÃO ÁUREA.

Além disso, o pentagrama é um emblema comum em muitos contextos que nada têm a ver com magia. A maioria das "estrelas" nas bandeiras de países, inclusive na dos Estados Unidos, tem a forma do pentagrama. Um pentagrama invertido, marcado com símbolos misteriosos e a sinistra palavra FATAL, é o emblema da Ordem da Estrela do Oriente, organização maçônica que aceita mulheres; apesar da aparência sugestiva desse emblema, seu significado é decepcionantemente inócuo. VEJA ESTRELA DO ORIENTE, ORDEM DA. VEJA TAMBÉM HEXAGRAMA. LEITURA ADICIONAL: SCHOUTEN, 1968.

O pentagrama

pentagrama pode invocar ou banir as energias da terra, da água, do fogo, de espíritos ativos e de espíritos passivos. Nas formas mais avançadas do ritual do pentagrama, um dos pentagramas espirituais e um dos pentagramas elementais são traçados em cada quadrante, acompanhados respectivamente de gestos simbolizando o grau Adeptus Minor e os graus elementais correspondentes. *VEJA TAMBÉM* HEXAGRAMA, RITUAIS DO; PENTAGRAMA. LEITURA ADICIONAL: J. GREER, 1997; REGARDIE, 1971.

Pentagrammaton. Na cabala cristã e em diversas tradições relacionadas a ela, o nome de Jesus grafado com cinco letras hebraicas, seja יהשוה, YHShVH (que se pronuncia Yeheshua) ou יהושה, YHVShH (que se pronuncia Yehovashah). Entende-se isso como a descida da letra ש, Shin, representando o Espírito, no Tetragrammaton יהוה, YHVH, representando o mundo dos quatro elementos; representa ainda a transformação do Deus irado e ciumento do Antigo Testamento no Deus de amor pregado por Jesus de Nazaré, uma transformação vista pelos cristãos cabalistas como resultado da encarnação de Deus em Cristo. *VEJA* OCULTISMO CRISTÃO.

O Pentagrammaton e seu simbolismo foram deduzidos pelos primeiros cabalistas cristãos e tiveram um papel de destaque no cristianismo mágico proposto pelo cabalista e hermetista italiano Giovanni Pico della Mirandola (1463-1494). *VEJA* PICO DELLA MIRANDOLA, GIOVANNI. Era também um importante aspecto do misticismo rosa-cruz e foi herdado pela Ordem Hermética da Aurora Dourada, que o utilizou em diversos rituais. Desde então, tem sido usado por várias tradições mágicas, geralmente sem que se identifiquem suas origens cristãs. *VEJA* GOLDEN DAWN; ROSA-CRUZES. *VEJA TAMBÉM* TETRAGRAMMATON.

Peorth. *VEJA* PERTH.

Pergaminhos Voadores. Na Ordem Hermética da Aurora Dourada, diversos textos e palestras incidentais eram chamados de "Pergaminhos Voadores" e circulavam entre os adeptos da ordem. A maioria deles foi reimpressa nos livros de Francis King. *VEJA* GOLDEN DAWN.

personalidade mágica. Nas modernas tradições herméticas, uma personalidade artificial criada pelo mago para uso em sua prática mágica. A personalidade usual do mago é vista como uma estrutura caótica formada pelas diversas experiências desta vida e das anteriores, insuficientemente estável para lidar com o estresse do prolongado treinamento mágico. Por isso, o aprendiz de mago cria uma personalidade alternativa, baseada num conjunto equilibrado de conceitos como Amor, Sabedoria e Poder, e pratica a entrada e a saída voluntária dessa personalidade, usando como chave uma ação, como colocar e tirar um anel.

A personalidade mágica pode ser tratada simplesmente como forma de evitar o inchaço excessivo do ego que pode acontecer num treinamento mágico. Por outro lado, porém, entende-se que se está "emprestando" do Gênio Superior essas qualidades de poder equilibrado que, segundo a teoria mágica, o adepto terá constantemente à sua disposição. *VEJA* ADEPTO. LEITURA ADICIONAL: W. BUTLER, 1959.

Persona Maligna. Na teoria mágica da Golden Dawn, o aspecto negativo ou destrutivo do ser humano, que tem no microcosmo o mesmo papel dos Qlippoth, ou poderes demoníacos, no macrocosmo. Os textos instrutivos da Golden Dawn ensinam que a Persona

Maligna deve ser disciplinada e iluminada, não destruída: "A Persona Maligna pode se transformar num animal grande e forte, treinado, que o homem monta, tornando-se um poder para sua base física de ação" (Regardie, 1971, I:215-218). Quando o adepto consegue isso, seu nephesh (corpo sutil) assume o papel do gênio ou do espírito guardião da Persona Maligna, ao passo que a Persona Maligna em si torna-se um servo e a manifestação do divino no mundo dos Qlippoth. *VEJA* GOLDEN DAWN; NEPHESH; QLIPPOTH. LEITURA ADICIONAL: REGARDIE, 1971.

Perth. (germânico antigo, com significado incerto) Décima quarta runa do futhark antigo, tem sido centro de muita confusão e controvérsia, tanto nos círculos acadêmicos quanto no ressurgimento rúnico. Ao contrário dos nomes das outras runas, cuja tradução é imediata, a palavra *Perth* parece não ter chegado até as línguas germânicas recentes e não tem cognatos indo-europeus determinados; logo, ninguém sabe ao certo o que significa. A runa não chegou ao futhark recente, que tem o maior corpo remanescente de tradição rúnica, e o poema rúnico em inglês antigo (que a inclui sob o nome Peorth) menciona apenas que, seja o que for, traz alegria e risos a guerreiros numa cervejaria.

As sugestões cobrem um vasto campo. Uma das mais plausíveis diz que seria uma peça num jogo de tabuleiro: sabemos que havia vários jogos de tabuleiro na Europa bárbara até o xadrez, vindo do Oriente Médio, fazer com que praticamente todos fossem esquecidos. "Cerveja" é uma sugestão óbvia, mas impossível em termos linguísticos. Outra sugestão engenhosa vem da moderna mestra em runas Freya Aswynn, que sugere "Nascimento" como tradução, e afirma que o poema rúnico anglo-saxão foi revisado por escribas cristãos, referindo-se originalmente não a guerreiros numa cervejaria, mas a mães numa sala de partos. Infelizmente, as evidências linguísticas também contradizem esta sugestão sagaz.

Talvez o método mais prático seja o adotado por muitos praticantes modernos das runas, que simplesmente usam Perth como um símbolo do desconhecido e do misterioso. Embora certamente não deva ter sido esse seu significado na época pagã, parece funcionar bem na prática. *VEJA* FUTHORC ANGLO-SAXÃO; FUTHARK ANTIGO. LEITURA ADICIONAL: ASWYNN, 1998.

Runa Perth

Pertho. *VEJA* PERTH.

Phagos. (irlandês antigo, "faia") Última das cinco *forfedha* ou letras adicionais do alfabeto Ogham, usada para representar a combinação vogal *ae* ou as consoantes *k* e *x*; também conhecida como Mór, "Mar". Corresponde à faia entre as árvores, mas não tem outros simbolismos, como as vinte letras Ogham regulares. *VEJA* OGHAM.

Às vezes, o nome Phagos é usado para a quarta forfedha, Iphin. *VEJA* IPHIN.

Letra Phagos em Ogham

Phaleg. Um dos sete espíritos olímpicos, Phaleg está associado ao planeta Marte e governa 35 das 196 províncias do Céu. O período da história regido por Phaleg vai de 430 a 920 E.C. *VEJA* ESPÍRITOS OLÍMPICOS.

Pheryllt

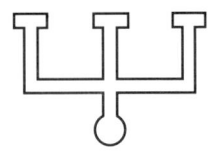

Espírito olímpico Phaleg

Pheryllt. De acordo com alguns grupos druidas modernos, uma ordem secreta de antigos alquimistas druidas localizada no monte Snowdon e seus arredores, no norte de Gales. Parece não haver evidência alguma de sua existência, e, na melhor hipótese, sugere-se que esses "alquimistas druidas" seriam fruto de uma simples tradução malfeita.

A palavra *Pheryllt* (em galês moderno *fferyllyd*) começou como a pronúncia errada, em galês, do nome Vergil (Virgílio, impronunciável em galês), e tem sua raiz na ideia medieval de que o poeta romano Virgílio, autor da *Eneida* e de outras obras, teria sido um mestre na magia; *VEJA* VIRGÍLIO. O nome foi se tornando um sinônimo comum para aquele que faz poções e, atualmente, é a expressão galesa habitual para químico ou farmacêutico. É provável que ocultistas recentes, com péssimo domínio do galês medieval, encontrando referências a "livros de Virgílio" em antigas fontes galesas, tenham lido "Pheryllt" em seu sentido moderno, desencadeando o mito dos antigos alquimistas druidas.

Nos séculos XVIII, XIX e início do XX, porém, as organizações druidas misturaram-se a outros ramos da comunidade ocultista na Inglaterra e na França, e a ideia do Pheryllt levou algumas ordens druidas a adotar boa dose de tradições alquimistas em seus ensinamentos e simbolismos. Por isso, não importa se existiram ou não alquimistas druidas no passado; sem dúvida, eles existem no presente. *VEJA TAMBÉM* ALQUIMIA; DRUIDAS.

Phorlakh. Na magia cerimonial, o anjo do elemento Terra; também grafado Furlac. *VEJA* ANJO.

Phrath. (hebraico PRTh) Segundo o Gênesis 2,14, o último dos quatro rios que fluem desde o Paraíso, identificado como o rio Eufrates. Na tradição da Golden Dawn, Phrath está associado ao elemento Terra e à seção do Pilar do Meio entre Yesod e Tiphareth. A palavra Phrath também é usada como senha do Philosophus e serve de base para a palavra Paroketh, senha do Grau de Portal. *VEJA* CABALA; GOLDEN DAWN; PAROKETH.

Phul. Um dos sete espíritos olímpicos, Phul está associado à Lua e governa sete das 196 províncias do Céu. O período da história governado por Phul foi de 1040 a 550 A.E.C., e ele voltará a governar entre 2390 e 2880 E.C. *VEJA* ESPÍRITOS OLÍMPICOS.

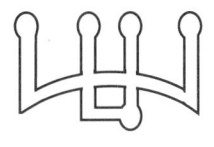

Espírito olímpico Phul

Picatrix. Manual árabe de magia hermética, originalmente intitulado *Ghayat el-Hakim* ou "A Meta do Sábio" e (falsamente) atribuído ao filósofo árabe al-Majriti. Traduzido para o espanhol em 1256, ganhou uma versão em latim pouco depois, e, com o título *Picatrix*, tornou-se um dos mais influentes manuais mágicos dos períodos medieval e renascentista.

Boa parte do texto lida com a construção apropriada de talismãs para atrair o poder das estrelas e planetas para diversos propósitos práticos. Ele também contém trechos que defendem a magia das críticas lançadas contra ela e a apresenta como uma arte válida, importante e até sagrada. Esses trechos, alguns dos quais derivados da literatura hermética, tiveram papel de destaque quando inspiraram o ressurgimento mágico do Renascimento. *VEJA TAMBÉM* GRIMÓRIO. LEITURA ADICIONAL: YATES, 1964.

Pickingill, George. Mago popular inglês, 1816-1909. Trabalhador rural que passou a maior parte da vida na vila de Canewdon em Essex, Pickingill teve grande fama como cunning folk, e foi tema de muitas histórias, tanto durante sua vida, como depois. Canewdon era um tradicional refúgio de bruxos, fama que Pickingill parece ter explorado bastante. Ao que parece, ele era temido por quase todos os moradores da região. Durante a colheita, segundo antigos relatos, ele ia para o campo e ameaçava enfeitiçar as máquinas de debulhar; os fazendeiros davam-lhe cerveja para que fosse embora, e, segundo se diz, todos os dias ele ficava embriagado.

Algumas publicações da Wicca afirmam que Pickingill era um Sumo Sacerdote hereditário da Wicca, e que sua linhagem recuava ao ano 1071. Dizem que teria fundado nove covens, dentre as quais o de New Forest que, segundo se supõe, teria iniciado Gerald Gardner em 1939. As mesmas fontes o têm como professor do estudioso e teórico da religião fálica Hargrave Jennings, e coautor, com Jennings, do famoso manuscrito cifrado, usado para fundar a Ordem Hermética da Aurora Dourada. Além disso, supõe-se que Pickingill teria iniciado Allan Bennett e Aleister Crowley no Ofício. Nenhuma dessas afirmações tem qualquer base em evidências históricas; provavelmente a alegação de que Hargrave Jennings seria o autor do manuscrito cifrado está errada e todo o relato parece ser um tipo de menção retroativa, algo que tem ocorrido costumeiramente na história do ocultismo. *VEJA* MANUSCRITO CIFRADO; CROWLEY, ALEISTER; CUNNING FOLK; HISTÓRIA OCULTA. *VEJA TAMBÉM* WICCA. LEITURA ADICIONAL: MAPLE, 1970; VALIENTE, 1987.

Pico della Mirandola, Giovanni. Filósofo e mago italiano, 1463-1494. Nascido numa família nobre, Pico começou a estudar direito canônico em Bolonha na juventude, mas descobriu que a filosofia era mais do seu agrado. Em 1484, mudou-se para Florença, onde conheceu Marsílio Ficino e tornou-se membro da Academia Platônica fundada por Ficino com o patrocínio dos Médicis. Apesar da idade, Pico não demorou para tornar-se um dos principais luminares da Academia, e absorveu a complexa mistura de ocultismo hermético e de filosofia mística platônica pela qual Ficino já estava se tornando famoso. *VEJA* FICINO, MARSÍLIO; HERMETISMO.

Os estudos ocultistas de Pico não se limitavam a esses temas. Fluente em hebraico, fez amizade com diversos estudiosos notáveis do judaísmo, inclusive Elia del Medigo e Flavius Mithridates. Seus textos mostram que ele estava plenamente familiarizado com os elementos do pensamento e da prática da cabala, além de conhecer um pouco do Zohar e das combinações místicas de letras de Abraham Abulafia. Pico parece ter sido o primeiro a compreender o papel da cabala na síntese mágica do Renascimento, então em desenvolvimento, e por isso ganhou destaque em boa parte da tradição mágica ocidental posterior. *VEJA* CABALA.

Em 1486, bastante entusiasmado, Pico foi a Roma equipado com novecentas teses ou "conclusões", oferecendo-se a defendê-las em debate público. Reunidas, suas teses formavam um manifesto do ocultismo cristão. Ele defendia a magia natural ou angelical, dizendo que "nenhuma ciência prova com mais eficiência a divindade de Cristo do que a magia e a cabala" (citado em Yates, 1964, p. 105). Como seria de se prever, essa declaração e outras similares fizeram com que uma tempestade de críticas teológicas caísse sobre sua cabeça.

O grande debate público nunca aconteceu, e Pico foi forçado a publicar a defesa de sua ortodoxia no ano seguinte. Isso não apaziguou os ânimos e o papa Inocêncio VIII nomeou uma comissão de teólogos para analisar a questão. Em 1487, diversas teses de Pico foram proclamadas heréticas. Pico foi forçado a se retratar, e foi emitida uma bula papal condenando todas as novecentas teses, proibindo sua publicação. Pico ficou preso durante algum tempo, mas Lorenzo de Médici conseguiu que fosse libertado. Ele ficou em Florença, onde escreveu o *Heptaplus*, uma meditação cabalística sobre os sete dias da Criação.

Em 1493, a posição de Pico melhorou muito quando o novo papa, Alexandre VI, reverteu as conclusões da comissão e absolveu-o e suas obras de qualquer suspeita de heresia. Ele escreveu um último livro, *Disputationes adversus astrologiam divinatricem*, no qual condenava o uso da astrologia para predizer o futuro, mas defendia a magia astrológica natural de Ficino. Morreu após uma doença súbita em 1494. LEITURA ADICIONAL: FARMER, 1998; YATES, 1964, 1979.

Pietro di Abano. Médico, estudioso, astrólogo e mago italiano, 1250-1316. Nascido na pequena cidade de Abano, perto de Pádua, era filho de Constantio di Abano, escrivão. Os detalhes de sua educação e formação não são claros, mas ele passou alguns anos estudando na Universidade de Paris, onde se tornou estudioso de renome, mas também teve problemas com a Inquisição por seu interesse pela astrologia.

Sabe-se que viajou a Constantinopla, onde encontrou manuscritos de Aristóteles e de Dioscórides desconhecidos no Ocidente, e dizem que teria viajado à Espanha, à Inglaterra e à Escócia. Por volta de 1307, dava aulas na Universidade de Pádua, onde passou a maior parte de sua vida.

Seus muitos livros incluíam traduções e obras originais importantes sobre astrologia, medicina astrológica e fisiognomonia – a arte de adivinhar a personalidade pelas características faciais. *VEJA* ASTROLOGIA; FISIOGNOMONIA. Como a maioria dos médicos dessa época, acreditava que a astrologia era parte essencial da medicina. Também escreveu muito sobre magia natural, discutindo os meios pelos quais as substâncias naturais podem receber influências ocultas das estrelas e dos planetas. *VEJA* MAGIA NATURAL. Também lhe são atribuídas a autoria de um livro sobre geomancia e de diversos manuais de magia, embora muitos estudiosos considerem estes como falsificações.

Pietro di Abano viveu durante um dos mais fatídicos períodos de transição da história da magia no Ocidente. Cresceu numa época em que astrologia, magia natural e muitos outros ramos do ocultismo podiam ser praticados livremente. Na época de sua morte, todos esses temas foram ficando controvertidos; não muito depois, em 1327, a morte de Cecco di Ascoli na fogueira marcou o início da guerra da Inquisição contra a magia. No século XIII, o corpo de Pietro foi removido de seu caixão e queimado em público. *VEJA* MAGIA, PERSEGUIÇÃO À PRÁTICA DA. LEITURA ADICIONAL: J. GREER, 1999; THORNDYKE, 1923.

Pike, Albert. Soldado, escritor, maçom e ocultista norte-americano, 1809-1891. Nascido em Massachusetts, filho de um sapateiro alcoólatra, mostrou-se promissor nos estudos desde cedo, aprendendo hebraico, latim e grego ainda na adolescência. Passou facilmente no vestibular de Harvard, mas não podia pagar a anuidade e, em 1831, saiu de Massachusetts para ir à fronteira. Foi morar em Fort Smith, Arkansas, onde lecionou durante algum tempo, publicou um jornal e tornou-se advogado. Em 1834, casou-se com Ann Hamilton e a fortuna dela permitiu-lhe entrar na política. Em 1846, durante a guerra de independência do Texas, liderou um grupo de voluntários contra o exército mexicano na batalha de Buena Vista. Fez amizade nas tribos de índios da região e representou-as nos tribunais contra o governo federal.

Pike tornou-se maçom enquanto estava em Arkansas, tendo se iniciado no Rito Escocês – na época, um dos menores grupos maçônicos, com menos de mil membros nos Estados Unidos – em 1853. Seus estudos e sua formação clássica levaram o Conselho Supremo da Jurisdição Sul do Rito a nomeá-lo como membro de uma comissão de cinco membros que devia revisar os rituais. A comissão nunca se reuniu, mas Pike assumiu a tarefa sozinho, estudando a maioria do que se conhecia da herança ocultista ocidental naquela época. O rascunho de sua revisão abrangente foi concluído em 1859. Nesse mesmo ano, com a renúncia do Supremo Comandante Albert Mackey, Pike tornou-se o líder da Jurisdição Sul do Rito Escocês.

Com o início da Guerra Civil em 1861, ele ficou do lado dos Confederados e foi nomeado comissário de assuntos indígenas por Jefferson Davis. Posto no comando de unidades nativas, com o posto de general de brigada, viu-se preso entre lealdades quando seus superiores confederados deram-lhe ordens que, segundo seus sentimentos, violavam os direitos dos tratados com seus soldados nativos. Em julho de 1862 abdicou do posto e publicou uma carta aberta às tribos acusando o governo Confederado de ignorar as obrigações assinadas em tratados. Em resposta, foi detido e preso, depois solto quando as defesas ocidentais dos Confederados ruíram no final de 1862.

Sem dinheiro, correndo riscos constantes com soldados de ambos os lados e com o casamento arruinado, Pike foi para uma cabana nas montanhas Ozark com seus livros e ficou lá até 1868, estudando intensamente a cabala, as escrituras hindus e zoroastristas e o que se conhecia sobre os gnósticos. Nesse processo, revisou ainda mais os rituais do Rito Escocês, ampliando-os para que abrangessem significativas parcelas da tradição ocultista.

Em 1868, Pike saiu de Arkansas e foi à capital, Washington, onde passou o resto da vida, vivendo num quarto simples, pago pelo Conselho Supremo e dedicando quase todo o seu tempo ao Rito Escocês, a outros envolvimentos fraternais e aos estudos esotéricos. Morreu em 1891. *VEJA TAMBÉM* MAÇONARIA. LEITURA ADICIONAL: CARNES, 1989; DUNCAN, 1961; PIKE, 1871.

Pilar Branco. *VEJA* JACHIN.

Pilar do Meio, exercício do. Um dos exercícios básicos da tradição da Golden Dawn e de muitos sistemas mágicos associados a ela, o exercício do Pilar do Meio propõe a visualização de cinco centros de energia ao longo da linha média do corpo, que correspondem aos cinco pontos primários do Pilar do Meio da Árvore Cabalística da Vida; *VEJA* ÁRVORE DA VIDA. Os cinco centros são:

Centro	Cor	Posição no corpo
Kether	Branco	Acima da coroa da cabeça
Daath	Cinza	Garganta
Tiphareth	Ouro	Coração (ou plexo solar)
Yesod	Violeta	Genitália
Malkuth	Preto (ou verde)	Solas dos pés

Cada centro do Pilar do Meio é visualizado como uma esfera de luz colorida com 15 a 20 cm de diâmetro. No exercício, depois de se limpar o espaço de trabalho com o Ritual de Banimento Menor do Pentagrama, os centros são visualizados um de cada vez, começando pelo centro Kether, acima da cabeça, e vibra-se o Nome de Deus da Sefirah correspondente, geralmente quatro vezes. Depois que os cinco centros foram estabelecidos, são visualizadas correntes de energia passando pela aura ao longo de diversos caminhos; os detalhes exatos variam conforme a versão do exercício.

O exercício do Pilar do Meio pode ser encontrado como esboço nos textos da Golden Dawn, mas sua forma moderna foi idealizada pelo mago da Golden Dawn, Israel Regardie (1907-1985), e divulgada em seus livros. Muitos consideram-no a base essencial da prática mágica nos sistemas que o utilizam, pois os centros de energia despertados pela prática diária do exercício permitem que a energia seja levada para o trabalho ritual e outras formas de prática mágica.

Numerosas variações do exercício-padrão do Pilar do Meio foram apresentadas nas últimas décadas, e outras tradições mágicas adotaram exercícios próprios baseados nele. Na tradição da Aurum Solis, por exemplo, um exercício chamado Despertar das Cidadelas ocupa o lugar do exercício do Pilar do Meio; VEJA DESPERTAR DAS CIDADELAS. Outras tradições mágicas usam o sistema de sete chakras importado da Índia. VEJA TAMBÉM CABALA; CHAKRA; GOLDEN DAWN. LEITURA ADICIONAL: GODDARD, 1999; J. GREER, 1997; REGARDIE, 1970 E 1979.

Pilar Negro. VEJA BOAZ.

pilebogar. Em algumas tradições mágicas populares, um cajado com extremidade bipartida, na qual se insere um cristal, uma pinha ou um ovo de galinha pintado de vermelho. Os pilebogares são usados para afastar energias mágicas destrutivas. VEJA TAMBÉM CUNNING FOLK. LEITURA ADICIONAL: PENNICK, 1989.

pilriteiro. (*Crataegus* spp.) Árvore importante para a magia natural ocidental e para o alfabeto Ogham irlandês, o pilriteiro, também chamado sirga, é uma árvore pequena, semelhante a um arbusto, com grandes espinhos aguçados. A maioria de suas variedades floresce em maio, dando à planta outro de seus outros nomes, a árvore de maio.

Tradicionalmente, os pilriteiros estão associados com as fadas e acompanhados dos tabus relacionados com essas entidades. VEJA FADAS.

No alfabeto Ogham, o pilriteiro corresponde à letra Huath. VEJA HUATH; OGHAM.

Pimandro Divino. VEJA CORPUS HERMETICUM.

Pison. (hebraico PIShVN) Segundo o Gênesis 2,11-12, o primeiro dos quatro rios que fluem do Paraíso. Na tradição da Golden Dawn, Pison está associado com o elemento Fogo e com o Pilar da Severidade. VEJA CABALA.

Pitágoras. Filósofo e matemático grego, c. 570 – c. 495 A.E.C. Segundo os quatro relatos antigos de sua vida, Pitágoras era natural de Samos, mas saiu de sua terra natal na juventude, à procura de conhecimentos. Depois de estudar filosofia com Tales de Mileto e Ferécides de Syros, dizem que teria viajado ao Egito, à Babilônia e a muitos outros países, onde estudou as tradições religiosas e místicas com sacerdotes de diversas denominações. Depois, foi a Crotona, cidade colonial grega no sul da Itália, onde passou a maior parte do resto da vida. Em Crotona, fundou uma sociedade secreta, conhecida depois como Fraternidade Pitagórica, que transmitiu seus conhecimentos e teve papel de destaque na vida política da comunidade. Por volta de 500 A.E.C., a inquietação popular em torno da influência política da fraternidade levou a uma revolta, e muitos membros da fraternidade foram mortos. O próprio Pitágoras fugiu para Metaponto, onde morreu alguns anos depois.

Os ensinamentos que Pitágoras levou para Crotona foram transmitidos sob voto de sigilo, e muito se tem cogitado acerca de seu conteúdo. Relatos da literatura clássica atribuem a Pitágoras descobertas nas áreas da matemática, geometria e teoria musical, mas também milagres como os que teriam sido praticados por outros magos antigos, como Apolônio de Tiana; VEJA APOLÔNIO DE TIANA. A crença na reencarnação, a observância de uma alimentação vegetariana, um detalhado sistema de misticismo numerológico e diversas máximas morais e filosóficas também lhe foram atribuídas por fontes antigas.

De várias maneiras, Pitágoras pode ser visto como o fundador da tradição esotérica, ou, no mínimo, sua primeira figura histórica. Certamente, muitos dos fatores centrais de sua biografia – a procura pela sabedoria em países exóticos, a ideia de que uma sociedade iniciática secreta é o contexto adequado para ensinamentos esotéricos, a atração perigosa exercida pelo encanto com a política – bem como muitos dos ensinamentos específicos atribuídos a ele tornaram-se características padronizadas do ocultismo desde sua época. VEJA TAMBÉM ARITMANCIA; QUADRIVIUM; GEOMETRIA SAGRADA. LEITURA ADICIONAL: BURKERT, 1972; GORMAN, 1979; GUTHRIE, 1987; PHILIP, 1966.

Pitris Lunares. Na Teosofia, uma categoria de dhyan chohan que transcendeu o nível humano de existência na época da Cadeia Lunar, a cadeia planetária que reencarnou como nossa Terra atual (e seus seis companheiros invisíveis). Os Pitris Lunares são responsáveis por formar os corpos das diferentes raças-raiz da humanidade. VEJA RAÇA-RAIZ; TEOSOFIA.

Pitris Solares. Na Teosofia, um grupo de Dhyan Chohans (seres iluminados) que transcenderam o nível humano de existência em Manvantaras (ciclos de evolução) anteriores e que ajudaram a evolução da humanidade atual estimulando o desenvolvimento do pensamento consciente na época da terceira raça-raiz. Também são conhecidos como Senhores da Chama. VEJA RAÇA-RAIZ; TEOSOFIA.

planetas. Na astrologia e na magia, uma expressão que designa todos os astros, ou corpos celestes visíveis da Terra, que se movem em órbitas regulares contra o pano de fundo das estrelas. Assim, o Sol e a Lua são considerados planetas por astrólogos e ocultistas, mas não pelos astrônomos modernos.

Antes da invenção do telescópio, eram conhecidos sete planetas. Em sua ordem tradicional, eram a Lua, Mercúrio, Vênus, o Sol, Marte, Júpiter e Saturno. Quando se acreditava que a Terra era o centro do universo conhecido, essa também era imaginada como a ordem crescente de distância da Terra, ficando a Lua como planeta mais próximo e Saturno como o mais distante.

A descoberta de novos planetas, Urano, Netuno e Plutão, representou um desafio para a astrologia. Foram necessárias décadas de trabalhos cuidadosos em cada um desses casos para se determinar a influência astrológica desses corpos celestes previamente desconhecidos. Diversos asteroides, como Ceres e Palas, e Quíron, um corpo de grande massa semelhante a um cometa, situado entre as órbitas de Saturno e Urano, também foram incluídos em algumas versões recentes da astrologia, embora seu papel ainda seja alvo de calorosas discussões. Finalmente, um número de "planetas desconhecidos", provavelmente fictícios, inclusive Vulcano ou Hefaísto, um planeta que ficaria ainda mais próximo do Sol do que Mercúrio, e Lilith, uma "lua negra" da Terra, nunca observada, têm sido usados por alguns astrólogos. VEJA ASTROLOGIA E OS NOMES DOS PLANETAS.

plano astral. Na filosofia esotérica, o reino da consciência concreta, o nível da realidade que corresponde às experiências humanas do sonho, da visão, das experiências fora do corpo e da consciência em vigília. O plano astral localiza-se entre o plano etérico, o nível da energia vital sutil, e o plano mental, o nível da consciência abstrata e do significado. Tal como ocorre com todos os planos da teoria ocultista, o plano astral só fica "acima" ou "abaixo" de outros planos num sentido metafórico; na realidade, todos os planos interpenetram o reino da matéria física experimentado pelos sentidos.

O plano astral é o mais importante dos planos do ponto de vista do mago praticante, pois é no nível astral que se manifesta a maioria das energias mágicas. Ele fica no limiar entre os planos mental e espiritual, fora do tempo e do espaço, por um lado, e os planos etérico e físico, sujeitos ao tempo e ao espaço, por outro. Portanto, é no nível astral que padrões dos planos superiores ganham forma antes de descerem plenamente até o tempo e o espaço, e o mago que consegue acessar esse plano livre e eficientemente pode influenciar a maneira como esses padrões funcionam no mundo da experiência cotidiana. VEJA TAMBÉM CORPO ASTRAL.

plano átmico. Na cosmologia teosófica, o mais elevado plano da existência, que corresponde aos níveis superiores do plano espiritual; também chamado de plano nirvânico. VEJA PLANO ESPIRITUAL; TEOSOFIA.

plano espiritual. Na filosofia esotérica, o mais elevado nível da existência, o nível primário de poder criativo a partir do qual se desenvolvem todos os outros planos. Tal como se vê nos planos da teoria ocultista, o plano espiritual fica "acima" de outros planos apenas num sentido metafórico; na verdade, todos os planos interpenetram o mundo da matéria física vivenciado pelos sentidos. Considera-se o plano espiritual como algo além do espaço, do tempo e da compreensão humana, e assim a maioria dos autores ocultistas tem o bom senso de não tentar falar muito a seu respeito.

plano etérico. No esoterismo, o nível da realidade que consiste em forças e entidades etéricas situadas entre o plano astral (o plano da consciência concreta) e o plano físico (o plano das substâncias que pode ser percebido pelos sentidos). Tal como ocorre com todos os planos do universo oculto, o plano etérico fica "acima" do físico e "abaixo" do astral apenas em termos metafóricos; na verdade, o etérico (e todos os outros planos) interpenetra o mundo da experiência cotidiana.

Segundo descrevem os visionários e discutem os manuais ocultistas, o plano etérico é um reino de correntes e marés, poderosamente influenciado pela Lua – a grande regente do mundo etérico – e também pelos outros planetas da astrologia. Padrões de energia elemental, planetária e zodiacal varrem o mundo etérico em ciclos que são identificados por diversos sistemas de cálculo. *VEJA* ASTROLOGIA; TATTVAS.

O plano etérico no macrocosmo – ou seja, no universo como um todo – tem seu equivalente no corpo etérico de cada ser vivo. *VEJA* CORPO ETÉRICO. LEITURA ADICIONAL: BENDIT, 1977.

plano físico. Na filosofia esotérica, o universo conhecido da ciência moderna, consistente de matéria física e energia. Ele é entendido como o nível mais baixo da realidade e o produto final do processo cósmico da Criação. Ele recebe forma e vida do plano imediatamente superior, o plano etérico. *VEJA* PLANO ETÉRICO.

plano mental. Na filosofia esotérica, o plano ou nível de existência acima do nível astral, um reino de consciência abstrata localizado entre o plano astral (o nível da consciência concreta) e o plano espiritual (o nível primário de existência criativa). Como ocorre com todos os planos da teoria ocultista, o mental fica "acima" ou "abaixo" de outros planos apenas num sentido metafórico; na verdade, todos os planos interpenetram o reino da matéria física experimentado pelos sentidos.

O plano mental é o plano do significado, do padrão e das leis da natureza e da matemática; números, formas geométricas e música comunicam melhor sua natureza. Ele está além do espaço e do tempo. A maioria dos métodos de meditação ocultista destina-se a elevar a mente das experiências concretas, quase sensoriais do plano astral até os significados e relacionamentos puros do nível mental. *VEJA TAMBÉM* CORPO MENTAL.

plano nirvânico. *VEJA* PLANO ÁTMICO.

planos. No jargão ocultista, cada um dos níveis ou dimensões da existência, sendo o plano físico, percebido pelos cinco sentidos comuns, um deles. Os outros podem ser contatados e conhecidos por diversos métodos mágicos ou místicos.

São muitos os relatos dos planos da existência nos textos e tradições do esoterismo ocidental. O número de planos é alvo de muitas discórdias – segundo o sistema, pode variar de três a 49 – bem como a relação entre os planos e entre os planos e os mundos da experiência humana. Entre os planos mais comentados pelos textos ocultistas ocidentais, temos o físico, o etérico, o astral, o mental e o espiritual.

Segundo algumas filosofias esotéricas, o universo, em sua totalidade, forma um espectro entre o espírito absoluto e sua manifestação completa na matéria. Os "planos" seriam divisões mais ou menos arbitrárias do espectro, assim como as cores do arco-íris são divisões mais ou menos arbitrárias do espectro luminoso. Esta teoria explicaria a diversidade de sistemas diferentes de planos, bem como as características comuns que os unem. *VEJA TAMBÉM* PLANO ASTRAL; PLANO ETÉRICO; PLANO MENTAL; PLANO FÍSICO; PLANO ESPIRITUAL.

Plant Bran. (galês, "família de Bran") Tradição britânica de bruxaria que descende do Clã de Tubal-Cain, de Robert Cochrane, derivando deste a maior parte de suas posturas. A Plant Bran tem se esforçado para evitar publicidade, e, por isso, parece haver muito poucas informações precisas a seu respeito. Enquanto este livro é escrito, ela está ativa, e a maioria de seus covens fica na Inglaterra. *VEJA* COCHRANE, ROBERT; CLÃ DE TUBAL-CAIN.

Platão. (Aristocles de Atenas) Filósofo grego, 427-347 a.e.c. Mais influente filósofo na história da civilização ocidental, Platão nasceu em Atenas numa família aristocrática, descendente do último rei de Atenas; seu nome era

Aristocles, mas recebeu o apelido de Platão (do grego *platon*, "largo") por causa da largura de seus ombros. Na juventude, foi um atleta famoso, competindo em luta nos Jogos Istmios de Corinto, e estudou poesia e dramaturgia. Aos 20 anos de idade, conheceu o filósofo Sócrates e tornou-se seu principal discípulo até 399, quando Sócrates foi executado pelo governo ateniense.

Após a morte de Sócrates, Platão foi a Megara, onde estudou filosofia com seu amigo Euclides, que mais tarde ficou famoso por seus escritos sobre geometria. De lá, foi ao mundo mediterrâneo, visitando o Egito, Cirene (onde hoje é a Tunísia), Itália e a Sicília, em busca de sabedoria filosófica. Enquanto estava na Sicília, ofendeu o ditador de Siracusa, Dionísio, e foi vendido como escravo, mas um amigo o encontrou em Égina e comprou sua liberdade. Depois, voltou a Atenas, onde fundou sua escola, a Academia. Exceto por duas visitas à Sicília, ficou em Atenas, ensinando e escrevendo, pelo resto de sua vida.

Platão foi muito influenciado por seu professor Sócrates, mas também pelos ensinamentos da escola pitagórica, e a filosofia que ele ensinou a seus alunos na Academia e expôs em seus textos eram uma fusão de ambas. Com certeza, a geometria e as outras disciplinas do quadrivium eram ensinadas na Academia, que tinha um aviso sobre a entrada onde se lia: "Que nenhum ignorante da geometria entre aqui". VEJA PITÁGORAS; QUADRIVIUM.

Referências antigas a um conjunto de "doutrinas não escritas" transmitidas em palestras na Academia sugerem que o sistema pitagórico tornou-se o centro teórico de seu sistema, enquanto o método socrático de ensino, por perguntas e respostas, tornou-se o método central. Os diálogos de Platão, que têm sido tratados como discussões detalhadas de suas opiniões pessoais, são obras literárias destinadas a um público popular, e há muitas dúvidas nos meios acadêmicos sobre a presença da filosofia detalhada de Platão que podem conter. VEJA PLATONISMO.

A fama de Platão aumentou e diminuiu muitas vezes ao longo dos séculos desde sua época, com alguns períodos nos quais foi considerado o filósofo ideal e mestre de sabedoria, e outros nos quais foi tido como excêntrico. Seu aniversário, celebrado tradicionalmente em 8 de novembro, ainda é comemorado por muitos platonistas com uma festa. LEITURA ADICIONAL: FINDLAY, 1974 E 1978; PLATÃO, 1961.

platonismo. Movimento filosófico fundado por Platão que sobreviveu a este e tornou-se a mais influente filosofia na história da civilização ocidental. O platonismo influenciou bastante inúmeros pensadores pagãos, judeus, cristãos, muçulmanos e não religiosos durante mais de 2 mil anos. Tornou-se, de longe, a mais importante base filosófica das tradições ocultistas ocidentais, e durante 2 mil anos após a época de Platão a grande maioria da magia acadêmica esteve baseada direta ou indiretamente em ideias platônicas sobre o universo.

Platão (427-347 A.E.C.), fundador da filosofia platônica, foi muito influenciado pela escola pitagórica que o precedeu, bem como por outros filósofos gregos mais antigos. VEJA EMPÉDOCLES DE AGRIGENTO; PITÁGORAS. Via o problema central da filosofia como a relação entre o mundo em constante mutação percebido pelos sentidos – o mundo do Vir-a-Ser, em sua expressão – e as realidades atemporais do espírito, o mundo do Ser. Chamava esses padrões essenciais de Formas ou Ideias e ensinava que, com o treinamento adequado, elas podiam ser experimentadas de forma direta pela mente humana.

Durante sua existência, Platão fundou uma escola, a Academia, que difundiu seus ensinamentos e desenvolveu sua filosofia durante séculos após sua morte. Inicialmente centrado na Academia de Atenas, o platonismo foi se disseminando gradualmente e no início da Era Comum tinha adeptos em todo o mundo mediterrâneo. Um deles, Fílon de Alexandria (c. 20 A.E.C.– após 39 E.C.) imprimiu à tradição uma trajetória que teria consequências importantes no futuro. Fílon era judeu, membro de uma das mais proeminentes famílias judias de Alexandria, e se dispôs a estudar as escrituras e tradições judaicas à luz da filosofia platônica. O resultado foi tão positivo que deu origem a muitos projetos posteriores nos mesmos termos, fundindo o platonismo não só com o judaísmo, como também com o cristianismo e com o islamismo.

A mesma difusão ampla das ideias platônicas que levaram ao projeto de Fílon encontrou caminho nos círculos ocultistas. Pitágoras e alguns de seus sucessores devem ter sido magos no sentido completo da palavra e, embora Platão suspeitasse muito das práticas mágicas, sua filosofia foi posta rapidamente em prática pelos magos como forma de dar sentido às suas próprias tradições. Os *Oráculos Caldeus* de Juliano, o Teurgo, importante texto mágico do início da Era Comum, estão repletos de ideias platônicas. *VEJA* ORÁCULOS CALDEUS; JULIANO, O TEURGO. Do mesmo modo, o platonismo encontrou morada numa série de tradições espirituais intimamente relacionadas com o ocultismo da época. Tanto o gnosticismo quanto o hermetismo foram profundamente influenciados pelo platonismo; na verdade, um trecho do diálogo de Platão, *A República*, traduzido para o copta, foi incluído por uma seita de antigos gnósticos nos livros sagrados da biblioteca de Nag Hammadi. *VEJA* GNOSTICISMO; HERMETISMO.

No início do século III E.C., o platonismo sofreu uma grande mudança com o surgimento de Plotino (c. 205-270 E.C.), que acabou sendo o segundo fundador da tradição. Em seus ensaios, reunidos após sua morte por seu discípulo Porfírio de Tiro como *As Enéadas*, ele remodelou a visão dos reinos do Ser e do Vir-a-Ser de Platão num sistema de quatro mundos. Em sua visão, o reino do Vir-a-Ser estaria dividido em *mundo hílico* ou mundo da matéria, e *mundo psíquico* ou mundo da consciência comum, enquanto o reino do Ser estaria separado em *mundo noético*, o nível das Formas, e *mundo henádico*, o nível da unidade suprema por trás de todas as coisas. Místico e visionário, Plotino deu origem àquele que os estudiosos modernos chamam de movimento neoplatônico, que orientou o platonismo mais diretamente para os campos da espiritualidade e do ocultismo. *VEJA* PLOTINO.

Na época de Plotino, uma nova força – o cristianismo – estava começando a se fazer sentir no mundo romano, e o platonismo tornou-se um dos principais centros de oposição à nova crença. Um aluno de Plotino, Porfírio, escreveu um livro chamado *Contra os Cristãos*, do qual todos os exemplares foram destruídos depois que o cristianismo tomou o poder no século IV. Numa escala maior, tivemos o projeto de Jâmblico de Cálcis (falecido em 330), o grande platonista do século IV, que se propôs a redefinir o platonismo como a base de um paganismo unificado que poderia resistir às investidas do cristianismo. *VEJA* JÂMBLICO DE CÁLCIS. Proclo (412-485), o último grande platonista pagão do mundo antigo, inspirou-se nos trabalhos de Jâmblico para idealizar uma teologia platônica pagã que teria espaço para todos os aspectos da prática pagã tradicional. *VEJA* PROCLO.

Jâmblico e Proclo, como a maioria dos platonistas dos dois últimos séculos do mundo antigo, eram seguidores de uma nova tradição no platonismo, a tradição teúrgica. Os teurgos combinavam estudos filosóficos com rituais mágicos e religiosos; ensinavam que assim como o lado racional do eu precisa ser treinado com lógica e filosofia, o lado não racional precisa ser purificado e curado por meios rituais. Quase todos os principais defensores do paganismo nos últimos séculos do mundo clássico estavam profundamente envolvidos com a teurgia. *VEJA* TEURGIA.

Ironicamente, porém, as mesmas ideias platônicas que estavam sendo usadas por Jâmblico e por Proclo para iluminar ritos pagãos tradicionais também estavam sendo usadas, ao mesmo tempo, por um punhado de filósofos e teólogos cristãos para justificar sua tradição bem diferente. Orígenes (185--254 E.C.), importante pensador cristão do século III, era amigo e aluno de Plotino nas escolas platônicas de Alexandria; era apenas um dentre vários platonistas cristãos que modelariam aquela que seria uma importante influência sobre a teologia e a filosofia cristãs. Entre os mais importantes deles, havia um autor anônimo que se dava o nome de Dionísio, o Areopagita (c. século VI E.C.). Pseudo-Dionísio, como costuma ser chamado, substituiu os deuses pagãos por anjos para reformar o platonismo teúrgico de Proclo e fazer dele um sistema central da maior parte do misticismo cristão, até a época da Reforma, mil anos depois.

Em grande parte graças à sua adoção pelo cristianismo, o platonismo foi, essencialmente, a única filosofia clássica a sobreviver à queda de Roma numa forma viva. No Império Bizantino, centralizado em Constantinopla (atual Istambul), as obras de Platão e de seus seguidores mantiveram-se em circulação, e a Igreja Ortodoxa Oriental valeu-se bastante do platonismo para desenvolver sua teologia e filosofia. Até hoje, pode ser visto um forte traço do platonismo em todas as Igrejas ortodoxas.

A Europa Ocidental foi outra história. Para todos os fins práticos, o grego foi uma língua perdida no Ocidente, e os textos platônicos latinos que sobreviveram à queda de Roma eram parcos: uma tradução parcial em latim do diálogo de Platão *Timeu*, bem como alguns textos de autores posteriores. Por outro lado, muitos dos primeiros platonistas cristãos foram vitais para o aprendizado da Igreja Católica do início da era medieval.

Figuras cruciais incluíam Agostinho, bispo de Hipona, no Norte da África (354-430 E.C.), de longe o mais influente teólogo de sua época; Marciano Capela (século V E.C.), cujo enciclopédico *Casamento da Filologia e Mercúrio* foi o mais popular manual das artes liberais até a alta Idade Média; e pseudo-Dionísio, o Areopagita, mencionado antes neste verbete. Foram todos platonistas, de certa forma, e seus textos proporcionaram recursos centrais para os primeiros filósofos medievais.

Durante aproximadamente quatro séculos após a queda de Roma, filósofos de qualquer espécie eram poucos e espalhados pelo Ocidente; numa era de grave instabilidade e violência, a maioria dos estudiosos se ocupava com a preservação e transmissão dos elementos básicos da educação e com a teologia cristã. Com o surgimento de uma sociedade mais estável após Carlos Magno (742-814), o fundador do Sacro Império Romano, aumentaram as oportunidades para estudos.

João Escoto Erígena (século IX E.C.), primeiro grande platonista medieval, dava aulas na corte de Carlos Calvo, rei da França, e produziu uma série de obras importantes e de traduções do grego para o latim; estava familiarizado com a maioria das obras platônicas importantes e tentou, com resultados duvidosos, introduzir ideias platônicas no cristianismo de sua época. Depois dele, surgiram vários platonistas cristãos dignos de destaque, que desenvolveram a maior parte daquela que hoje pode ser classificada como a filosofia medieval dentro de linhas platônicas.

A tradição do platonismo cristão foi eclipsada nos séculos XII e XIII, porém, com a redescoberta dos textos de Aristóteles, que foram traduzidos do árabe para o latim a partir de meados do século XII. O pensamento racionalista de Aristóteles conquistou ampla aceitação nos círculos cultos e até, posto que cristianizado por Tomás de Aquino, na própria Igreja. O platonismo e o misticismo de modo geral mantiveram-se influentes na ordem franciscana e em alguns outros contextos, mas coube ao Renascimento compensar o desequilíbrio.

Ao mesmo tempo que o pensamento platônico perdia a influência sobre o mundo cristão, tinha, porém, papel fundamental na produção de um novo movimento de peso no judaísmo. Círculos místicos judaicos no sul da França, no século XI, foram fortemente influenciados pelos textos platônicos, bem como por sistemas místicos judaicos mais antigos – o Ma'aseh Berashith ou "Obra da Criação", e o Ma'aseh Merkabah ou "Obra da Carruagem". A fusão desses ensinamentos, primariamente no círculo de Isaac o Cego (falecido c. 1235), deu origem à cabala; *VEJA* CABALA; MA'ASEH BERASHITH; MA'ASEH MERKABAH.

Só no século XV, porém, o platonismo voltou a ganhar destaque no Ocidente. A chegada do Renascimento ativou um interesse renovado pela filosofia antiga, e a recuperação das obras completas de Platão – traduzidas pela primeira vez do grego para o latim pelo estudioso e ocultista florentino Marsílio Ficino (1433-1499) – provocou uma ampla onda de platonistas. *VEJA* FICINO, MARSÍLIO.

Nos 150 anos seguintes, a maioria dos clássicos do pensamento platonista voltou a circular. Ao mesmo tempo, o hermetismo e a cabala entraram nos círculos acadêmicos da Europa; o *Corpus Hermeticum* fora traduzido por Ficino pouco antes deste se dedicar a Platão, e o contemporâneo mais novo de Ficino, Giovanni Pico della Mirandola (1463-1494), foi responsável por difundir a cabala. *VEJA* CORPUS HERMETICUM; HERMETISMO; PICO DELLA MIRANDOLA, GIOVANNI. Estudiosos de toda a Europa não tardaram para perceber as conexões entre essas tradições – e os vínculos que ligavam todas elas à teoria e à prática ocultistas.

O resultado foi o hermetismo renascentista, uma forma de pensamento muito popular e intensamente mágica que extraía sua teologia da cabala e do platonismo cristão de séculos anteriores, sua mitologia do hermetismo, e sua filosofia diretamente do platonismo, graças a Plotino e aos teurgos clássicos posteriores. Teve um papel dominante na maioria das obras ocultistas importantes dessa época. Muito influente, também foi atacado acidamente por seus adversários e tornou-se uma das forças mais importantes de uma era de declarada guerra intelectual.

Ao final do século XVI, as linhas de batalha intelectuais concentraram-se num conflito triangular entre o hermetismo renascentista, o aristotelismo acadêmico das universidades e as primeiras formulações daquela que era chamada a "filosofia mecânica" e que hoje é conhecida como materialismo científico. No século seguinte, a última delas conquistou o Ocidente. O platonismo passou por mais um ressurgimento no século XVII, quando os platonistas de Cambridge, na Inglaterra, voltaram-se para o platonismo cristão como arma contra as filosofias materialistas. Henry More (1614-1687), principal luminar do movimento, e vários outros procuraram defender a realidade do espírito, conseguindo pelo menos que o platonismo cristão se mantivesse como opção viável dentro da Igreja anglicana.

O ressurgimento platônico de Cambridge perdeu forças no início do século XVIII, e depois a "filosofia mecânica" de Descartes, Bacon e Newton manteve-se em campo. Durante a maior parte dos três séculos seguintes, o platonismo ficou quase ignorado no mundo ocidental, exceto por estudiosos e ocultistas eruditos. Uma exceção importante foi Thomas Taylor (1758-1835), o grande platonista e pagão inglês, que traduziu quase todos os textos platônicos sobreviventes do grego antigo para o inglês. *VEJA* TAYLOR, THOMAS. Seus esforços tiveram um papel central no ressurgimento neopagão da Inglaterra vitoriana, que foi o ancestral direto do moderno movimento pagão, além de importante fonte do transcendentalismo nos Estados Unidos. *VEJA* NEOPAGANISMO; TRANSCENDENTALISMO.

As traduções de Taylor e sua promoção franca de um paganismo platônico como a "verdadeira religião da humanidade", porém, encontraram poucos seguidores na comunidade esotérica de sua época, e as listas de leitura oferecidas pelas ordens mágicas dos cem anos seguintes não incluíam praticamente nada do cânone platônico habitual. O mesmo menosprezo geral pelo platonismo nos círculos ocultistas continua até hoje. Ainda é preciso esperar para ver se o esoterismo ocidental finalmente rompeu com aquela que era tida como sua filosofia central, ou se os ocultistas de alguma época futura tornarão a se valer do platonismo como referência para seus trabalhos. LEITURA ADICIONAL: CARABINE, 2000; CASSIRER, 1953; DILLON, 1977; FINDLAY, 1974 E 1978; GERSH, 1986; MEBANE, 1989; PATRIDES, 1970; SHAW, 1995; D. WALKER, 1972; WALLIS, 1972; WETHERBEE, 1973.

Plotino. Filósofo greco-egípcio, c. 205-270 E.C. Plotino foi o mais importante e influente filósofo da escola neoplatônica. Não se conhece muito sobre sua infância e juventude, pois ele preferia não falar de si mesmo. Segundo a biografia escrita por seu aluno Porfírio de Tiro, era nativo do Egito; decidiu dedicar-se à filosofia aos 28 anos e, depois de algum tempo em visita a diferentes professores, passou onze anos estudando com o neoplatonista Amônio Saccas em Alexandria. Em 243, tentando viajar para o Oriente, acompanhou o exército do imperador Gordiano numa expedição militar contra os persas. Gordiano foi assassinado por seus próprios soldados, e Plotino escapou com certa dificuldade, voltando a Roma, onde começou a dar aulas em 244. Ficou em Roma até pouco antes de sua morte. Mais tarde, seu aluno Porfírio reuniu e publicou seus escritos num único volume, *As Enéadas*, que se tornou a mais importante obra de referência para o pensamento platônico posterior.

Plotino era mais um místico do que mago e não via necessidade de métodos rituais ou simbólicos na busca pela transformação interior; em sua opinião, a virtude ética e o raciocínio disciplinado eram tudo de que precisava. Por outro lado, seus textos assumem a eficácia da magia e apresentam uma explicação para seus poderes, algo que platonistas posteriores, mais inclinados para a magia, consideraram útil. Seu sistema filosófico tornou-se o centro de quase todas as abordagens posteriores ao platonismo e tiveram ainda um papel fundamental no desenvolvimento das tradições esotéricas cristãs. *VEJA TAMBÉM* PLATONISMO. LEITURA ADICIONAL: DECK, 1967; HADOT, 1993; PLOTINO, 1992; RIST, 1967; WALLIS, 1972.

Plutão. Mais distante planeta nomeado em nosso sistema solar (até o momento), Plutão foi descoberto em 1930, embora tenha sido previsto no final do século XIX com base em flutuações na órbita de Netuno. Como os outros planetas exteriores, Urano e Netuno, Plutão representou um desafio para os astrólogos, uma vez que não tinha lugar nas tradições da astrologia clássica. A atual teoria astrológica associa-o ao inconsciente, à morte e renovação, à transformação profunda e à destruição. Plutão governa o signo de Escorpião, antes regido por Marte, e está em exílio no plácido Touro. *VEJA* ASTROLOGIA.

Símbolo astrológico de Plutão

polaridade. Em textos ocultistas, especialmente aqueles influenciados pela maga inglesa Dion Fortune (1890-1946) e seus seguidores, a estrutura de energias que cerca a sexualidade humana. Todas as coisas, segundo a teoria da polaridade, têm um aspecto masculino (projetivo) e um feminino (receptivo), e todas as energias seguem um padrão circular no qual descem desde a fonte criativa através da entidade, projetam o aspecto masculino dessa entidade, são recebidas pelo aspecto feminino da outra entidade e retornam à fonte através dessa segunda entidade.

A sexualidade física é uma expressão desse padrão, mas está longe de ser a única. A tradição ocultista dos corpos sutis e dos planos da existência acrescentam maior complexidade, pois cada ser é basicamente masculino em certos planos e basicamente feminino em outros.

No caso dos seres humanos, por exemplo, os homens são (obviamente) masculinos no plano físico e no plano etérico, que lhe é bastante próximo, mas a maioria tende a ser receptiva ou feminina no plano astral (o nível das emoções), novamente masculina no plano mental e feminina no plano espiritual. As mulheres, por sua vez, são femininas nos planos físico e etérico, mas tendem a ser masculinas ou ativas no astral, receptivas no mental e ativas no espiritual. *VEJA* CORPOS SUTIS.

Nos trabalhos de magia, a polaridade pode ser usada como fonte de poder, geralmente formando-se pares entre homens e mulheres e usando as correntes de energia sutil entre eles. Na maioria dos sistemas de polaridade mágica, porém, diz-se que o contato sexual direto entre parceiros trabalhando com polaridade drena as energias para o nível físico, onde não podem ser usadas com eficiência para fins mágicos. *VEJA TAMBÉM* FORTUNE, DION; SEXO E OCULTISMO. LEITURA ADICIONAL: FORTUNE, 1930.

pontos cardeais. *VEJA* PONTOS CARDINAIS; DIREÇÕES NO OCULTISMO.

pontos cardinais. Quatro pontos principais de um mapa astrológico. São: o ascendente, que é o ponto do zodíaco que se ergue sobre o horizonte oriental no momento e local para o qual o mapa é calculado; o zênite, também chamado meio-céu ou meio do céu, que corresponde ao ponto mais elevado do zodíaco no céu; o descendente, ponto do zodíaco que se põe abaixo do horizonte ocidental; e o nadir, ou fundo do céu, ponto situado mais abaixo da Terra. Esses pontos são também conhecidos como ângulos de um mapa.

Na astrologia moderna, o ascendente e o meio do céu são considerados os mais importantes, e hoje muitos astrólogos atribuem pouca importância ao descendente e ao nadir. *VEJA* ASCENDENTE; DESCENDENTE; MEIO DO CÉU; NADIR.

Populus. (latim, "povo") Figura geomântica governada pela Lua. Populus é uma figura neutra em adivinhações, tradicionalmente descrita como "bom com bom e mau com mau". *VEJA* GEOMANCIA.

• •
• •
• •
• •

Figura geomântica Populus

Portões de Alba. No druidismo moderno, os quatro festivais solares de Alban Eiler, Alban Heruin, Alban Elued e Alban Arthuan, celebrados nos solstícios e equinócios ou perto deles. Até a década de 1950, eram as celebrações anuais realizadas pela maioria dos grupos druidas da Inglaterra, mas os quatro festivais do fogo ou dias do meio da estação – Imbolc (Candlemas), Beltane, Lughnasadh (Lammas) e Samhain – foram acrescentados aos calendários rituais de muitas ordens druidas, fazendo com que o calendário druida e a roda anual Wicca ficassem basicamente idênticos. *VEJA* DRUIDISMO; FESTIVAIS DO FOGO; SABÁ.

Posismo. Nos ensinamentos do ocultista norte-americano P. B. Randolph, a terceira e última fase do processo mágico, consistente num estado receptivo no qual a consciência se mantém perfeitamente vazia e aberta. As fases precedentes chamam-se Volantia e Decretismo. *VEJA* DECRETISMO; RANDOLPH, PASCHAL BEVERLY; VOLANTIA.

Nos ensinamentos da Fraternidade Hermética de Luxor, que se baseou muito no trabalho de Randolph, o Posismo recebeu o nome de Recepção. As duas fases anteriores foram chamadas de Formação e Execução. *VEJA* FRATERNIDADE HERMÉTICA DE LUXOR (F. H. DE L.).

possessão demoníaca. Estado no qual o corpo de um ser humano (ou, ocasionalmente, de outro organismo vivo) é dominado por uma entidade demoníaca. A possessão por demônios é encontrada nas tradições folclóricas e mágicas do mundo todo e ao longo dos registros históricos, embora os detalhes da experiência recebam forte componente cultural, variando principalmente segundo a religião. A forma ocidental clássica, tornada famosa pela versão cinematográfica de *O Exorcista*, raramente é encontrada fora de uma associação com o cristianismo.

As denominações cristãs mais tradicionais praticam há muito tempo a arte do exorcismo como tratamento contra a possessão, e o cargo de exorcista é uma das ordens menores tradicionais. *VEJA* ORDENS SAGRADAS. Na Idade Média e no Renascimento, tais práticas costumavam beirar a magia, e exorcistas que se interessavam em lidar mais com os demônios do que expulsá-los constituíram boa parte do submundo goético da Idade Média. *VEJA* OCULTISMO CRISTÃO; GOÉTIA. *VEJA TAMBÉM* DEMÔNIO; EXORCISMO; OBSESSÃO. LEITURA ADICIONAL: GOODMAN, 1988; J. GREER, 2001.

postura da Deusa. Na prática da Wicca, uma posição assumida ao se invocar a Deusa, especialmente quando se usa a Lua. Consiste em ficar em pé com as pernas bem afastadas, corpo reto e braços erguidos em ângulo, para que os membros formem um X. *VEJA TAMBÉM* POSTURA DO DEUS; DEUSA, A; WICCA.

postura do Deus. Na prática da Wicca, uma posição assumida quando se invoca o Deus. Essencialmente, é idêntica ao Signo de Osíris Ferido, da Golden Dawn: pernas e tornozelos juntos, corpo ereto e braços dobrados sobre o peito. A cabeça deve estar curvada, para representar o Deus como o agonizante Deus da Colheita, ou erguida, para representar o Deus renascido. *VEJA TAMBÉM* DEUS, O; POSTURA DA DEUSA; WICCA.

pralaya. Na Teosofia, um intervalo de dissolução e latência. Cada pralaya alterna com um manvantara ou período de manifestação. Manvantaras e pralayas são os elementos constitutivos da doutrina teosófica dos ciclos cósmicos. VEJA CICLOS CÓSMICOS; MANVANTARA; TEOSOFIA.

prana. (sânscrito, "respiração") Expressão que designa a respiração e/ou a energia vital, emprestada de fontes hindus clássicas pela Teosofia, e da Teosofia por um número significativo de grupos esotéricos dos séculos XIX e XX. Parece ser basicamente o mesmo que o conceito mágico ocidental de éter. VEJA ÉTER; CORPO ETÉRICO.

pranayama. (sânscrito, "controle da respiração") Tradicionalmente, expressão que designa os exercícios de respiração no yoga hindu, usada (bem como alguns dos próprios exercícios) por diversos mestres e grupos esotéricos nos séculos XIX e XX. São muitos os exercícios de pranayama nas fontes hindus, mas apenas alguns deles foram adotados pelas tradições mágicas ocidentais.

Um pranayama muito comum nas fontes ocidentais é a simples respiração rítmica. Sua forma mais popular é a respiração em quatro fases, na qual inspira-se o ar contando-se até quatro, prende-se a respiração na mesma contagem, exala-se com o mesmo número e prende-se também por quatro tempos.

A respiração com narinas alternadas também é ensinada em diversas tradições mágicas ocidentais modernas. Nesta, o ar entra por uma narina e sai por outra, depois entra por esta e sai pela primeira, com os dedos abrindo e fechando cada narina apertando contra as laterais do nariz.

No yoga tradicional e na moderna prática da magia, o pranayama também é usado para equilibrar, estabilizar e acalmar os corpos sutis do praticante, aprimorando a saúde física e emocional e preparando para a meditação. VEJA MEDITAÇÃO. VEJA TAMBÉM RESPIRAÇÃO; YOGA. LEITURA ADICIONAL: CROWLEY, 1991; SADHU, 1959.

praticante solitário. Na moderna linguagem pagã e mágica, uma pessoa que pratica magia ou alguma religião pagã por conta própria, em vez de pertencer a um coven, ordem, loja ou qualquer outro grupo de trabalho. Historicamente, a maioria dos praticantes de magia atuou sozinho, ou, no máximo, na companhia de alguns alunos ou assistentes. O material dos papiros mágicos greco-egípcios, a melhor fonte sobrevivente para a prática da magia no mundo antigo, destina-se à prática solitária, bem como a maioria dos ritos apresentados em textos mágicos árabes como o *Picatrix* e seus descendentes medievais europeus. VEJA PAPIROS MÁGICOS GRECO-EGÍPCIOS; GRIMÓRIO; PICATRIX. Os poucos registros de treinamento mágico restantes sugerem que eles eram passados de mestre para aprendiz, sem a presença de algum grupo maior.

O surgimento da loja esotérica, do coven ou de grupos de trabalho como ambiente-padrão para o treinamento e prática da magia foi fruto da fusão entre ocultismo e Maçonaria nos séculos XVIII e XIX. Por volta do final do século XIX, lojas mágicas como a Fraternidade Hermética de Luxor e a Ordem Hermética da Aurora Dourada se apresentavam como guardiãs de tradições iniciáticas secretas que só os seus membros podiam conhecer. VEJA GOLDEN DAWN; FRATERNIDADE HERMÉTICA DE LUXOR (F. H. DE L.). A Wicca e a maioria de suas vertentes no moderno ressurgimento pagão fizeram basicamente a mesma afirmação na época de seu aparecimento, em meados e final do século XX. VEJA NEOPAGANISMO; WICCA.

O resultado disso foi a ideia, muito comum entre ocultistas e pagãos em meados do século XX, de que pertencer a uma organização seria essencial para pessoas que quisessem se tornar um mago ou bruxo "de verdade". Isso levou a muita desilusão e má-fé, pois pessoas que procuravam criar seus próprios caminhos na magia ou no paganismo consideravam necessário mentir a respeito da origem de seus sistemas para que seu trabalho fosse levado a sério. *VEJA* TRADIÇÃO FAMILIAR.

O trabalho solitário de busca espiritual por esse meio nunca saiu completamente de moda, pois sempre houve um certo número de livros apresentando métodos de prática da magia para trabalhos individuais. No paganismo, porém, o aparecimento do praticante solitário pode ser localizado num evento específico: a publicação, em 1988, do livro de Scott Cunningham, *A Guide for the Solitary Practitioner*. *VEJA* CUNNINGHAM, SCOTT. Duramente criticado por muitos praticantes renomados da Wicca, tornou-se, mesmo assim, um sucesso, com mais de 500 mil exemplares vendidos, e inaugurou toda uma subcultura dentro do movimento neopagão moderno. Embora os tradicionalistas na comunidade Wicca ainda rejeitem a ideia de autoiniciação e de prática solitária, os "solitários" parecem ter seu lugar garantido como um importante segmento do paganismo moderno. *VEJA TAMBÉM* NEOPAGANISMO; AUTOINICIAÇÃO. LEITURA ADICIONAL: BARDON, 1962; CUNNINGHAM, 1988.

precessão dos equinócios. Lento deslocamento das posições do eixo da Terra com relação ao Sol e às estrelas fixas, a precessão é fonte de muitos mitos, especulações e teorias esotéricas. O eixo da Terra está inclinado num ângulo de pouco mais de 23 graus com relação à sua órbita ao redor do Sol e, neste período da história, sua extremidade norte aponta para a estrela Polaris. Em períodos de tempo mais longos, porém, a direção do eixo muda num lento círculo em sentido anti-horário. Por isso, a estrela polar muda gradualmente com o tempo. O mesmo acontece com as posições aparentes do Sol contra o pano de fundo das estrelas nos solstícios e equinócios, pois estes são determinados pela relação entre o ângulo de inclinação da Terra, por um lado, e o plano de sua órbita ao redor do Sol, por outro.

As estimativas variam sobre a duração real desse ciclo, mas o valor tradicional – 25.920 anos para se completar um círculo – está próximo dos números mais recentes. Nesse ritmo, os pontos dos equinócios e dos solstícios vão recuando um grau ao longo do zodíaco a cada 72 anos.

Essas mudanças têm um grande impacto sobre os padrões do céu noturno. Há 4 mil anos, quando o Egito Antigo e a Suméria floresciam, a estrela polar não era Polaris, mas Alfa Draconis (estrela da constelação do Dragão, não muito distante da Ursa Maior), e no dia do equinócio da primavera, o Sol passava pela constelação de Touro. Atualmente, o polo norte da Terra aponta para Polaris, e o Sol se levanta nos primeiros graus de Peixes no equinócio da primavera; em mais 4 mil anos, aproximadamente, a estrela polar será Alfa Cepheus, parte da constelação em forma de casa do outro lado do céu com relação à Ursa Maior, e o Sol de primavera vai se levantar perto do limite entre Capricórnio e Sagitário.

O atual consenso entre estudiosos do assunto é que a precessão foi descoberta por volta de 128 a.e.c. pelo astrônomo grego Hiparco. Uma minoria persistente de estudiosos, porém, afirma que essa hipótese não só não foi provada, como é improvável. Em épocas quando os movimentos das estrelas eram usados para localizar as estações do ano e prever tempos favoráveis para caça e coleta ou para o plantio e colheita na lavoura, as mudanças causadas pela precessão teriam ficado aparentes dentro de um número pequeno de gerações.

Esses estudiosos afirmam que a tradição astronômica teve um papel crucial na mitologia, pois, em culturas sem escrita, as narrativas míticas apresentavam a única forma segura de transmitir informações de geração para geração. Pode-se supor que certas características encontradas em mitos do mundo todo seriam os resquícios de uma antiga linguagem de simbolismo astronômico, com profundos vínculos com religião e espiritualidade.

Até aqueles que aceitam a descoberta da precessão por Hiparco admitem que certa parcela de conhecimento do fenômeno pode ter tido um papel nas religiões antigas. Especificamente, o simbolismo dos Mistérios Mitraicos, que de outro modo seria obscuro, faz sentido quando lido como resposta à precessão. *VEJA* MISTÉRIOS MITRAICOS.

Fora do domínio acadêmico oficial, a precessão teve um papel muito mais importante na teoria e no simbolismo. Comparações entre o movimento do Sol à volta do zodíaco e os movimentos da precessão, muito mais lentos, levaram, na Antiguidade, ao conceito do ciclo precessional como um Grande Ano. Os doze meses desse ano eram marcados pela passagem do ponto do equinócio da primavera através de cada um dos doze signos zodiacais.

Esse conceito foi a forma mais persistente e difundida de simbolismo precessional nas tradições ocultistas ocidentais. O simbolismo cristão foi rotineiramente interpretado em termos precessionais; Peixes, que tornou-se o ponto equinocial da primavera na época do nascimento de Jesus, e Virgem, que assumiu o ponto outonal na mesma época, refletem-se no símbolo do peixe adotado pelos primeiros cristãos, e na Virgem Maria. *VEJA* OCULTISMO CRISTÃO. A Era de Aquário, tão popularizada na década de 1960, é apenas o mês do Grande Ano para o qual estamos nos dirigindo lentamente, com a passagem do ponto equinocial de Peixes para Aquário. *VEJA* AQUÁRIO, ERA DE.

Discussões da precessão nas fontes esotéricas costumam combinar ou confundir a precessão com diversos outros ciclos cósmicos hipotéticos ou reais e com mudanças no ângulo de inclinação do eixo da Terra – outro grande interesse dos teóricos do ocultismo no século XIX. A simples falta de conhecimentos astronômicos parece estar por trás de muitas dessas confusões. *VEJA TAMBÉM* APOCATÁSTASE; CICLOS CÓSMICOS. LEITURA ADICIONAL: DE SANTILLANA, 1977; EVANS, 1998; FIDELER, 1993; ULANSEY, 1989.

presságios. Eventos do mundo exterior com significado divinatório, a base dos mais antigos e difundidos sistemas de adivinhação. Quase toda cultura do passado prestava muita atenção nos presságios e em sua interpretação. Uma boa parcela das tradições mesopotâmicas de presságios sobreviveu nas bibliotecas de tabletes de argila recuperadas por arqueólogos, embora poucas tenham sido traduzidas.

As tradições gregas e romanas de presságios estão mais disponíveis para aqueles que leem línguas modernas, e diversos tratados intactos – notadamente o *De Divinatione*, de Marco Túlio Cícero – podem ser encontrados em boas traduções. A tradição de presságios dessas duas culturas tinha algumas diferenças, mas havia superposições consideráveis. Ambas valorizavam os augúrios, ou adivinhações pelo voo das aves, e a hieromancia, ou a adivinhação conforme as entranhas (especialmente o fígado) de animais sacrificados aos deuses. Outra forma comum de adivinhação era a cledonomancia, que usava palavras ouvidas ao acaso como fonte de presságios. *VEJA* CLEDONOMANCIA; SACRIFÍCIO.

Os povos pagãos que viviam fora das fronteiras do Império Romano eram, no mínimo, tão dedicados aos presságios quanto seus vizinhos latinos. O historiador romano Tácito, no século I E.C., descreveu como as tribos germânicas de sua época observavam o comportamento de cavalos sagrados para deduzir presságios; ele e as sagas nórdicas posteriores concordam em que os povos germânicos também prestavam muita atenção ao voo das aves. Os julgamentos tirados de combates, que foram comuns na Idade Média cristã, começaram como um costume pagão germânico, relacionado com a tradição dos presságios; dizia-se que os deuses mostrariam sua decisão pela vitória de um dentre dois combatentes.

Na Idade Média, embora os cristãos reprovassem a maioria dos métodos de adivinhação, a tradição dos presságios ainda era cuidadosamente estudada. Manuscritos que chegaram até nós, provenientes de diversos países europeus, mostram tabelas para predição do futuro a partir de canto das aves, da data e da direção das trovoadas e de muitos outros sinais. Como a maioria dos métodos tradicionais de adivinhação, porém, a arte de ler presságios caiu em desuso na época da Revolução Científica, e tem recebido muito pouca atenção depois disso. VEJA TAMBÉM ADIVINHAÇÃO. LEITURA ADICIONAL: H. DAVIDSON, 1981; FLACELIERE, 1965; KIECKHEFER, 1989; MORRISON, 1981.

Princípios, Três. VEJA TRÊS PRINCÍPIOS.

Priorado de Sion. VEJA SIÃO, PRIORADO DE.

Proclo. Filósofo grego, 412-485. Último grande teórico do platonismo pagão, Proclo nasceu numa família aristocrática de Constantinopla, na época a capital da metade oriental do Império Romano. Seus pais, Patrício e Marcela, eram de Lícia, na Ásia Menor, e voltaram para lá pouco depois do nascimento de Proclo. Ele frequentou a escola na cidade de Xanthus, na Lícia, e depois foi a Alexandria para estudar retórica e Direito. Visitando Constantinopla, teve uma visão da deusa Atena, que o impeliu a estudar filosofia. Ao regressar a Alexandria, seguiu o conselho da deusa, estudando filosofia neoplatônica com Olympiodorus, o Jovem e matemática com Heron.

Depois, suas viagens levaram-no a Atenas, onde tornou-se aluno da Academia, estudando com Plutarco e Siriano. Excetuando-se um ano de exílio na Lídia, que lhe foi imposto pela oposição dos cristãos, passou o resto de sua vida em Atenas, chegando a se tornar o líder da Academia.

Sua produção literária foi substancial; escreveu cerca de quarenta livros importantes, bem como hinos, poemas e obras menores. Segundo seu aluno e biógrafo Marinus de Smirna, ele escrevia umas 700 linhas por dia, dava quatro aulas diárias a seus alunos e observava todos os feriados, tanto no calendário grego quanto no egípcio. Normalmente, era vegetariano, mas comia um pouco de carne em sacrifícios, quando a homenagem aos deuses o exigia.

Seus ensinamentos filosóficos foram a última e mais complexa manifestação do neoplatonismo pagão. Tomando como ponto de partida o sistema de Jâmblico, ele expandiu sua lógica interna e aplicou-a a todos os detalhes, buscando um modo de compreender o universo que fosse, a um só tempo, consistente em termos lógicos e válido em termos místicos. Sua principal obra, *Elementos de Teologia*, leva essa busca a extremos, demonstrando cada aspecto da teoria neoplatônica com uma série de provas lógicas.

Seu trabalho foi influente em sua época nos círculos intelectuais pagãos e também exerceu enorme influência sobre os primeiros neoplatônicos cristãos. Sua complexidade e profundidade deixaram-no, porém, de fora do pensamento ocultista convencional em séculos mais recentes. VEJA TAMBÉM PAGANISMO; PLATONISMO; TEURGIA. LEITURA ADICIONAL: GEFFCKEN, 1978; MARINUS OF SAMARIA, 1986; PROCLO, 1963; SIORVANES, 1966.

progressões. Na astrologia, um conjunto de métodos usados para projetar eventos e tendências importantes da vida de uma pessoa por meio de manipulações do mapa astral. O método mais comum de progressão usado hoje em dia é o da progressão secundária, que começa no nascimento e considera cada dia que se segue a ele como a representação de um ano na vida do nativo. Para estudar as tendências astrológicas no 35º ano de vida de uma pessoa, em outras palavras, o astrólogo calcula o mapa para o momento natal do 35º dia de vida da pessoa e compara essas posições planetárias com as do mapa natal. Essa abordagem "dia a dia" é relativamente arbitrária, mas tem sido usada com sucesso há muitos anos.

Duas outras formas de progressão também são usadas: a progressão terciária, que faz cada dia igual a um período lunar (27, 32 dias), e a progressão menor, que faz cada período lunar igual a um ano na vida do nativo.

Geralmente, essas progressões são combinadas com trânsitos — as posições dos planetas durante o ano da vida do nativo sendo analisadas, vistas em relação com o mapa natal — para fins de interpretação. VEJA TRÂNSITOS. VEJA TAMBÉM ASTROLOGIA; DIREÇÃO.

projeção. Na alquimia, a etapa final da Grande Obra, processo pelo qual a Pedra Filosofal é aquecida juntamente com um metal comum, convertendo-o em ouro ou prata. O simbolismo astrológico associa a esse processo o signo de Peixes. VEJA ALQUIMIA; PEDRA FILOSOFAL.

projeção astral. Processo de separação entre o corpo astral e os corpos físico e etérico, produzindo aquilo que se costuma chamar de experiência fora do corpo, ou EFC. VEJA CORPO ASTRAL. Métodos de projeção astral têm sido ensinados nas tradições mágicas há muitos séculos, e a maioria dos sistemas mágicos ativos no presente inclui técnicas eficientes para essa operação.

Segundo a teoria esotérica, a projeção astral ocorre naturalmente todas as noites durante o sono, e é responsável pela experiência dos sonhos. Sonhos controlados (os chamados "sonhos lúcidos") são, portanto, um dos meios mais comuns para desenvolver a técnica de projeção astral. Outros métodos vão desde a indução de estados de transe até a construção de um corpo de luz por meio da visualização e respiração controlada, seguida da transferência da consciência para o corpo secundário por meio da vontade.

Cada tradição mágica atribui um nível distinto de importância à arte da projeção astral. Em alguns sistemas, é considerada como pouco mais do que um truque, ou, basicamente, um modo de desenvolver a vontade e a imaginação. Em outros, a capacidade de sair à vontade do corpo físico é vista como uma meta central da prática da magia, ou até mesmo um requisito central para a iniciação mágica.

Nos textos alquímicos de Mary Ann Atwood, todo o corpo dos ensinamentos e simbolismos alquímicos é reinterpretado como um modo críptico de falar sobre a projeção astral. VEJA ATWOOD, MARY ANN. VEJA TAMBÉM PROJEÇÃO ETÉRICA. LEITURA ADICIONAL: BARDON, 1962; W. BUTLER, 1962; CROWLEY, 1976.

projeção etérica. Tipo de experiência fora do corpo na qual o praticante forma um corpo secundário, usando a energia etérica como veículo; por isso, difere da projeção astral, na qual o veículo é formado puramente por padrões astrais. *VEJA* PROJEÇÃO ASTRAL. O material etérico usado na projeção costuma ser tirado do corpo etérico do praticante, mas pode sair de outras fontes.

Na projeção etérica, o corpo projetado tem um grau de solidez muito maior do que na projeção astral; o praticante pode até afetar objetos físicos, bem como ser afetado por eles. Portanto, é muito mais perigosa, em virtude do potencial de repercussão caso o corpo projetado seja danificado por materiais condutores, como metais. *VEJA* REPERCUSSÃO.

A prática da projeção astral tem tido um papel fundamental nas tradições da mudança de forma e da licantropia. *VEJA* LICANTROPIA. *VEJA TAMBÉM* PROJEÇÃO ASTRAL.

Proporção Áurea. A mais importante proporção usada na geometria sagrada tradicional, também conhecida como φ (fi). A Proporção Áurea é a relação entre duas medidas, de maneira que a menor relaciona-se com a maior tal como a maior delas se relaciona com a soma de ambas – em termos matemáticos, A:B::B:A+B, "A está para B assim como B está para A+B". A única razão que atende a esses critérios, em termos numéricos, é 1 para 1,6180339... e assim por diante, com um número infinito de algarismos que não seguem nenhum padrão repetitivo. Em termos geométricos, a Proporção Áurea é a relação entre o lado de um pentágono e o lado de um pentagrama desenhado dentro do pentágono; também pode ser produzida geometricamente de várias outras maneiras.

Estudos em laboratório mostraram que retângulos e outras formas baseadas na Proporção Áurea são considerados mais equilibrados e atraentes por mais pessoas do que outros baseados em qualquer proporção. No mundo natural, a Proporção Áurea aparece numa profusão de modos, desde a disposição das sementes no androceu de um girassol à estrutura das conchas nautilus. *VEJA TAMBÉM* PENTAGRAMA; GEOMETRIA SAGRADA. LEITURA ADICIONAL: GHYKA, 1977; LAWLOR, 1982.

psicologia analítica. Nome formal das teorias psicológicas de C. G. Jung. *VEJA* JUNG, CARL GUSTAV; PSICOLOGIA JUNGUIANA.

psicologia junguiana. Oficialmente conhecido como "psicologia analítica", o sistema de psicologia desenvolvido pelo psicólogo suíço Carl Jung (1875-1961) tornou-se uma das mais comuns interpretações de fenômenos ocultistas no mundo ocidental durante a segunda metade do século XX. O conceito central da psicologia junguiana é que os fenômenos ocultistas e religiosos de todo tipo têm natureza psicológica e associam-se com o relacionamento entre o indivíduo e o mundo do inconsciente coletivo.

O conceito de inconsciente coletivo constitui a principal linha divisória entre a psicologia junguiana e a maioria das outras escolas de pensamento psicoterapêutico. A psicologia freudiana, por exemplo, trata o inconsciente como pouco mais do que um depósito de lixo para memórias e desejos reprimidos. No pensamento junguiano, por sua vez, o inconsciente apresenta, além de uma camada pessoal (que corresponde ao conceito de Freud), um aspecto mais profundo, coletivo e inato, que contém forças arcaicas tão antigas quanto a espécie humana. *VEJA* INCONSCIENTE COLETIVO.

Os habitantes mais importantes do inconsciente coletivo são os arquétipos, categorias fundamentais da percepção humana intimamente relacionadas com instintos humanos básicos. Exemplos de arquétipos normalmente encontrados são a Sombra, que representa todos os aspectos do indivíduo que a personalidade não está disposta a enfrentar; a Anima (nos homens) e o Animus (nas mulheres), que representam o sexo oposto; a Mãe, o Pai e o mais importante de todos, o eu, arquétipo da integralidade psicológica. *VEJA* ARQUÉTIPO.

De acordo com a teoria junguiana, os arquétipos são os profundos princípios estruturais da consciência humana, e devem ser encontrados a fim de que ocorra o crescimento e a cura psicológica. A meta da psicoterapia junguiana é favorecer a individuação, processo pelo qual se ganha autoconhecimento e força, chegando à unidade interior. *VEJA* INDIVIDUAÇÃO.

As tradições da alquimia e do gnosticismo foram elementos importantes do desenvolvimento que Jung deu a seu sistema psicológico. Jung chegou a argumentar que esses e todos os outros fenômenos ocultistas, místicos ou religiosos eram, na verdade, tentativas confusas de lidar com os mesmos fatores psicológicos que ele estava explorando. Afirmou que a alquimia lidava com caldeiras, produtos químicos e reações apenas acidentalmente; o trabalho exterior da alquimia, segundo acreditava, servia apenas de conveniente borrão de Rorschach sobre o qual os alquimistas projetavam símbolos arquetípicos de seu interior. Essa visão tem sido seriamente questionada pelos modernos praticantes da alquimia, que dizem que essa interpretação demonstra um completo desconhecimento sobre a prática da alquimia. *VEJA* ALQUIMIA. *VEJA TAMBÉM* JUNG, CARL GUSTAV. LEITURA ADICIONAL: HOELLER, 1982; SINGER, 1987; YOUNG-EISENDRATH E DAWSON, 1997.

Puella. (latim, "menina") Figura geomântica governada por Vênus. Puella é favorável na maioria das questões divinatórias, mas desfavorável em adivinhações que envolvem dinheiro. *VEJA* GEOMANCIA.

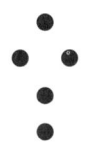

Figura geomântica Puella

Puer. (latim, "menino") Figura geomântica governada por Marte. Puer é favorável em questões divinatórias envolvendo amor e conflitos, mas desfavorável na maioria das outras. *VEJA* GEOMANCIA.

Figura geomântica Puer

Q

Qabala. *VEJA* CABALA.

Qesheth. (hebraico QShTh, "arco") Na maioria das versões da Árvore Cabalística da Vida, três caminhos saem da Sefirah mais baixa, Malkuth, até Esferas situadas em pontos mais elevados da Árvore. No sistema da Golden Dawn, as letras hebraicas associadas a esses Caminhos são Qoph, Shin e Tau, que formam a palavra *qesheth* – que em hebraico significa "arco-íris", bem como o arco usado para disparar flechas. Os dois significados são usados com frequência no simbolismo da cabala da Golden Dawn, o primeiro para significar as cores reluzentes do plano astral, o segundo para referir-se ao Caminho 25, o "Caminho da Flecha", que vai de Yesod até Tiphareth. *VEJA* PLANO ASTRAL; CABALA.

Qlippoth. (hebraico "cascas", "conchas") Na tradição cabalística, os "Senhores da Força Desequilibrada", entidades demoníacas de um universo anterior que sobreviveram e chegaram ao universo atual. Os Qlippoth são tema de uma tradição demonológica vasta e às vezes contraditória, originária de fontes judaicas mas adotada e até ampliada por teóricos ocultistas posteriores. Como a maioria das palavras hebraicas, Qlippoth tem várias grafias em alfabeto latino; outra muito utilizada é Kelippoth.

De acordo com os textos cabalísticos, os Qlippoth se originaram como poderes governantes de um universo que existiu antes deste, um mundo de forças desequilibradas que foi destruído nos estágios iniciais da criação do universo. Nos textos cabalísticos anteriores a Isaac Luria (1534-1572), às vezes os Qlippoth são apresentados em termos neoplatônicos como o último elo na corrente da emanação, a coisa mais distante de Deus ainda com uma quantidade de poder criativo divino suficiente para existir. Outros trechos, mais metafóricos, relacionam os Qlippoth com a Árvore da Vida como a casca se relaciona com a madeira viva de uma árvore real – o resultado natural e necessário do processo orgânico da criação, como os excrementos, a borra do vinho ou a escória que sobra do refino do ouro.

É comum os textos cabalísticos sugerirem que o mal é apenas a manifestação da Sefirah Geburah (Severidade) levada a extremos e separada do poder equilibrador de Chesed (Misericórdia); *VEJA* GEBURAH; SEFIROT. O conceito dos Qlippoth como parte natural da existência atinge seu zênite no comentário do Zohar de que tudo é uma "concha" ou "casca" se visto de um nível superior da existência, e o grão dentro da casa se visto de um nível inferior.

Os ensinamentos de Isaac Luria e sua escola introduziram uma visão radicalmente diferente dos Qlippoth. Na cabala de Luria, o processo organizado da Criação foi interrompido por um desastre; os frascos que deveriam conter as sete Sefirot de Chesed a Malkuth eram inadequados e quebraram-se durante a corrente descendente da luz criativa. Dos fragmentos desses frascos, trazidos à vida pelas centelhas de luz divina que ainda havia neles, surgiram os Qlippoth. O salvamento das centelhas de luz de sua prisão no Mundo das Conchas é o grande tema da cabala de Luria e tem muito em comum com mitologias gnósticas bem mais antigas. VEJA GNOSTICISMO; LURIA, ISAAC.

Em sua totalidade, os Qlippoth formam o Sitra Achra ou "Outro Lado", o mundo dos demônios. Esse mundo e seus habitantes são descritos ricamente na literatura cabalística. A escola de Burgos, no início da cabala espanhola, e os sucessores de Isaac Luria foram particularmente ativos nessa demonologia cabalística. Dez ordens de Qlippoth, correspondendo às dez Sefirot da Árvore da Vida, são as mais conhecidas. Thaumiel, as Duas Forças em Confronto, opõem-se à unidade de Kether; Augiel, que "se apegam às aparências vivas e materiais", corresponde a Chokmah; Satariel, os Ocultadores, correspondem a Binah. A Chesed correspondem Ga'ashekelah, os Quebradores ou Rompedores em Pedaços; a Geburah, Golohab, os Queimadores; a Tiphareth, Tagiriron, os Litigantes, enquanto que a Netzach e a Hod correspondem respectivamente Aarab Tzereq, os Corvos de Dispersão, e Samael, os Mentirosos. Yesod tem Gamaliel, os Obscenos, enquanto Malkuth tem Lilith, a Mulher da Noite. Cada um tem suas próprias formas e atribuições tradicionais e podem ser encontrados com seus próprios verbetes nesta enciclopédia.

A tradição dos Qlippoth recebeu muita atenção nos círculos cabalísticos judaicos e em lojas ocultistas herméticas – por exemplo: um texto detalhado sobre o tema fazia parte do currículo da Ordem Hermética da Aurora Dourada. Recentemente, em coerência com o hábito moderno e generalizado de envolver o mal em uma aura romântica, certo número de magos cerimoniais passou a usar os Qlippoth na prática. Para citar um exemplo, o mago inglês Kenneth Grant publicou diversos livros sobre trabalhos de magia envolvendo os Qlippoth, que ele identifica com as entidades do grimório fictício de H. P. Lovecraft, o *Necronomicon*. VEJA NECRONOMICON. VEJA TAMBÉM CABALA. LEITURA ADICIONAL: GRANT, 1980; MATHERS, 1983; SCHOLEM, 1974.

Qoph. (hebraico QVP, "nuca") Décima nona letra do alfabeto hebraico, Qoph é uma das letras simples, com um valor sonoro que não tem equivalente na língua inglesa – como um *k* feito com a parte posterior da garganta – e valor numérico 100. Seu simbolismo tradicional é o seguinte:

Caminho da Árvore da Vida: Caminho 29, de Netzach a Malkuth.
Correspondência astrológica: Peixes.
Correspondência no tarô: Arcano XVIII, A Lua.
Parte do Cubo do Espaço: Aresta sul inferior.
Cores: em Atziluth, magenta.
    em Briah, amarelo-claro salpicado de branco-prateado.
    em Yetzirah, marrom-rosado pálido e translúcido.
    em Assiah, pedra marrom-acinzentada.

Seu texto, no *Trinta e Dois Caminhos da Sabedoria*, diz: "O Vigésimo nono Caminho é chamado de Inteligência Corpórea, assim chamado porque molda todos os corpos formados abaixo dos mundos, bem como o seu desenvolvimento". VEJA TAMBÉM CABALA; ALFABETO HEBRAICO.

ק

Letra hebraica Qoph

quadrado mágico. Conjunto de números inteiros, começando pelo um, dispostos de forma tal que, quando os números das linhas verticais, horizontais ou diagonais são somados, o total é sempre o mesmo. Tradicionalmente, foram atribuídos sete quadrados mágicos aos sete planetas desde a Antiguidade, que ainda são muito usados em magia talismânica.

Pela gematria, as letras de uma palavra em hebraico ou em outro alfabeto antigo podem ser convertidas em números. O nome de qualquer espírito associado a um planeta, transformado numa sequência de números, pode ser colocado no quadrado mágico desse planeta por um processo do tipo "ligue os pontos", resultando num desenho linear chamado de selo. Na magia cerimonial, o selo de um espírito é usado para chamar, comandar ou banir o espírito. VEJA GEMATRIA.

Quadrados mágicos feitos com letras no lugar de números também são encontrados na tradição ocultista – embora esse conceito só faça sentido em culturas que distinguem ambos; VEJA ARITMANCIA. O chamado quadrado "Sator-Rotas", formado pela frase latina *sator arepo tenet opera rotas*, deve ser o mais famoso deles; VEJA SATOR AREPO TENET OPERA ROTAS. VEJA TAMBÉM ARITMOLOGIA; CABALA.

quadratura. Na astrologia, um arco de 90 graus que separa dois planetas ou pontos do céu. O aspecto da quadratura dá origem a um relacionamento "difícil" e conflituoso entre as energias afetadas. VEJA ASPECTO ASTROLÓGICO.

quadrivium. (latim, "quatro vias") As quatro antigas ciências dos números, geralmente relacionadas como aritmética, geometria, música e astronomia. Essas categorias, porém, não devem ser entendidas de maneira puramente científica. Antigamente, "aritmética" incluía uma boa dose de simbolismo numérico e daquilo que hoje chamaríamos de aritmologia e de aritmancia; "geometria" incluía o tipo de perspectiva mística que hoje classificamos como geometria sagrada; "música" incluía todas as artes, concentrando-se principalmente nos relacionamentos numéricos harmoniosos; e "astronomia" incluía não apenas a astrologia, como todas as formas de acompanhar os ciclos do tempo.

As ciências que depois se tornaram o quadrivium foram formuladas originalmente no mundo ocidental pela Fraternidade Pitagórica, que se valeu de tradições egípcias e mesopotâmicas mais antigas, que foram organizadas num conjunto de quatro no período clássico posterior. No início da Idade Média, o quadrivium foi considerado o segundo estágio de uma educação liberal, seguindo-se ao trivium, que consistia em gramática latina, lógica e retórica. O trivium e o quadrivium formavam as sete artes liberais e foram o centro da educação no mundo ocidental até o início da era moderna. Tiveram um papel particularmente importante no ocultismo renascentista, e talvez essa conexão tenha feito com que o quadrivium tenha sido negligenciado após o triunfo das filosofias materialistas no século XVII. VEJA TAMBÉM

ARITMOLOGIA; ASTROLOGIA; PITÁGORAS; GEOMETRIA SAGRADA. LEITURA ADICIONAL: HENINGER, 1974.

quatro. Na cabala, o quatro é Chesed, a Mercê, a quarta Sefirah, além do número da letra Daleth. Quatro anjos sustentam o Trono de Deus. O mais poderoso dos Nomes de Deus, o Tetragrammaton YHVH, tem quatro letras; outros nomes de quatro letras incluem AHIH, Eheieh, e AGLA, Agla. *VEJA* CABALA.

No simbolismo cristão, quatro é o número dos evangelistas.

No simbolismo mágico do Renascimento, o quatro é chamado de fonte da natureza e raiz e fundação dos números. É o número dos elementos, das estações, das direções e de um número infindável de correspondências. LEITURA ADICIONAL: MCLEAN, 1994; WATERFIELD, 1988; WESTCOTT, 1984.

Quatro Mundos. Na cabala, quatro níveis fundamentais da existência. O primeiro mundo é Atziluth (hebraico, proximidade), o mundo divino ou dos arquétipos; o segundo é Briah (criação), o mundo angelical dos padrões eternos, equivalente ao mundo das Ideias de Platão; o terceiro é Yetzirah (formação), o mundo angelical onde força e forma se entrelaçam; e o quarto é Assiah (ação), o mundo físico de energia e matéria.

Os mundos se relacionam com a Árvore Cabalística da Vida de duas maneiras, que são distintas e não mutuamente exclusivas. Em um sistema, há uma Árvore da Vida diferente para cada mundo. Em outro, cada nível da Árvore se relaciona com um mundo diferente. Há diversas maneiras diferentes de correlação, mas, na mais comum, a primeira Sefirah, Kether, corresponde a Atziluth; a segunda e a terceira, Chokmah e Binah, correspondem a Briah; a quarta até a nona, Chesed a Yesod, correspondem a Yetzirah; e a última, Malkuth, corresponde a Assiah. *VEJA* ÁRVORE DA VIDA.

Esses mundos têm um relacionamento especial com o Tetragrammaton, o Nome de Deus com quatro letras, que tem um papel central na cabala. Os mundos correspondem às quatro letras do Tetragrammaton, e o próprio Tetragrammaton tem uma pronúncia diferente em cada um dos mundos. *VEJA* TETRAGRAMMATON. *VEJA TAMBÉM* CABALA. LEITURA ADICIONAL: FORTUNE, 1984; J. GREER, 1996.

Queda, a. Na mitologia cristã, o processo pelo qual os seres humanos tornaram-se sujeitos à morte, ao sofrimento e à condenação eterna, e as cobras perderam seus membros. A história original aparece no Antigo Testamento (Gênesis 3,1-19). Adão e Eva, os dois primeiros seres humanos, foram proibidos de comer o fruto da Árvore do Conhecimento do Bem e do Mal. Uma serpente convenceu Eva a comer, e depois ela convenceu Adão a fazê-lo; depois, ambos perceberam que estavam nus, e se esconderam na vegetação. Então, Deus amaldiçoou a serpente e a obrigou a rastejar sobre o próprio ventre a partir de então; Eva teve de sofrer dores durante o parto e ser submissa a Adão, ao passo que este teve de trabalhar para se sustentar e depois morrer. Deus fez algumas vestes de couro para ambos, e expulsou-os do Jardim do Éden.

Na forma como o apresenta o Antigo Testamento, temos uma nítida história da origem, visando claramente explicar a origem da morte, das dores do parto, do trabalho, das roupas e de outros desagradáveis fatos da vida, bem como o motivo pelo qual cobras não têm membros. No entanto, os primeiros teólogos cristãos afirmaram que entre os efeitos colaterais da ingestão do fruto havia também a condenação a uma tortura eterna no inferno para todos os descendentes de Adão e Eva, exceto para aqueles que acreditam na versão correta do cristianismo. Essa nova interpretação foi redigida no Novo Testamento e desde então tornou-se uma afirmação central do cristianismo.

As duas versões da Queda tiveram inúmeros papéis nos ensinamentos ocultistas. Os antigos gnósticos exerceram uma engenhosidade extraordinária na história da Queda, criando versões de "o que aconteceu de verdade" que pareciam equivalentes religiosos das teorias da conspiração. *VEJA* GNOSTICISMO. Muitas outras tradições ocultistas interpretaram e reinterpretaram o breve relato do Gênesis de várias maneiras.

Uma interpretação conhecida situa o Éden no plano astral, e não no plano físico. As roupas de couro, ou "peles de animais", dadas por Deus a Adão e Eva após a Queda são interpretadas como corpos físicos, e a expulsão do Éden é vista como a descida da humanidade ao plano físico. *VEJA* PLANO ASTRAL.

Mais recentemente, teorias da comunidade da Nova Era tendem a interpretar toda a história do Éden e da Queda em termos inspirados na ficção científica, com extraterrestres no papel de Deus. Embora seja difícil justificar essa postura com base em evidências ou na tradição, tem sido compreensivelmente popular, numa cultura obcecada por seus próprios brinquedos tecnológicos. *VEJA TAMBÉM* ADÃO; ÉDEN; EVA.

Queremon. Sacerdote e filósofo egípcio, falecido no século I E.C. Pouco se sabe sobre sua vida. Líder da Escola de Alexandria de Gramática e possível curador do Museu de Alexandria, também era um importante membro do corpo sacerdotal. Fazia parte de um grupo de alexandrinos notáveis da corte do imperador romano Cláudio em 40 E.C. e, em algum momento antes de 49 E.C., foi professor do futuro imperador Nero. Sabe-se que teria escrito uma história do Egito, um livro sobre cometas e um tratado sobre hieróglifos; este foi influente durante todo o período clássico tardio e ainda era lido e mencionado no século XII E.C. Infelizmente, só restaram citações esparsas de seus livros.

Sua carreira é importante na história da magia, mesmo levando-se em conta quão pouco se sabe sobre ele, porque demonstra a completa interpenetração dos pensamentos grego e egípcio ocorrida no Egito na época romana. O fato de que um sacerdote de templo egípcio plenamente consagrado podia ser também um filósofo estoico de renome diz muito sobre a política cultural de Alexandria no período que viu o nascimento das tradições ocultistas ocidentais. *VEJA TAMBÉM* ALEXANDRIA; OCULTISMO EGÍPCIO; ESTOICISMO. LEITURA ADICIONAL: VAN DER HORST, 1984.

Quert. (irlandês antigo, "trapos") Décima letra do alfabeto Ogham, com o valor sonoro de *q*. Corresponde à macieira entre as árvores, à galinha entre as aves, à cor marrom do rato (*quiar*, em gaélico) e a nenhum número. Na versão de Robert Graves para o calendário das árvores-Ogham, reparte o mês que vai de 6 de agosto a 2 de setembro com a letra Coll. *VEJA* OGHAM.

Letra Quert em Ogham

Querubim. (também grafado **Kerubim** em hebraico, do acádio *karibu*, "intercessor") Na tradição judaico-cristã, anjo de uma hoste associada na cabala à nona Sefirah, Yesod. Originalmente, os querubins eram touros alados com cabeça humana, e nessa forma podem ser encontrados nas lendas e na arte mesopotâmica. Mais tarde, depois de serem adotados pela tradição angélica judaica, foram transformados em anjos com quatro asas e quatro faces, recebendo seu lugar, agora definido como padrão, na Árvore da Vida. *VEJA* YESOD.

Mais tarde ainda, após sua absorção pela angelologia cristã, a palavra (geralmente grafada "Querubim", nesse contexto), passou a ser usada para definir a mais elevada classe de anjos, seres de puro amor que contemplariam a ordem e providência divinas. *VEJA* ANJO.

Quimby, Phineas Parkhurst. Médico e ocultista norte-americano, 1802-1866. Nascido em New Hampshire, passou a maior parte de sua vida na pequena cidade de Belfast, no Maine. Em 1838, no apogeu da mania norte-americana do mesmerismo, interessou-se pelas descobertas de Mesmer e começou uma carreira bem-sucedida como médico mesmerizador. Nos últimos anos de sua vida, porém, convenceu-se de que todas as doenças físicas eram o resultado de atitudes e ideias errôneas do paciente e podiam ser curadas substituindo essas ideias por outras corretas.

Entre seus pacientes nessa fase final da carreira, estava Mary Baker Eddy, que mais tarde fundaria a Ciência Cristã exatamente segundo esse princípio. Embora Eddy tenha negado a influência de Quimby ou de outras pessoas, uma coleção de documentos do antigo curador (chamados "manuscritos Quimby") tornou-se um clássico alternativo em círculos da Ciência Cristã por mais de um século. *VEJA* CIÊNCIA CRISTÃ. *VEJA TAMBÉM* NOVA ERA, MOVIMENTO DA.

quinâncio. Em astrologia, seção do zodíaco com cinco graus de arco; meio decanato, ou um sexto de um signo zodiacal. Em algumas fontes astrológicas mais antigas, cada quinâncio tem um planeta regente e alguns outros simbolismos. No entanto, não são muito usados na astrologia moderna. *VEJA* ASTROLOGIA; DECANATOS.

quincunce. Em astrologia, um aspecto formado por dois planetas num ângulo de 150 graus, ou cinco signos de distância. Foi introduzido pelo astrólogo francês Jean-Baptiste Morin (1583-1656). Um aspecto menor e pouco convencional, é ignorado por muitos astrólogos, embora outros lhe deem atenção. Sua interpretação mais comum é como sinal de interações que não dão certo, ou que seguem direções inesperadas e perturbadoras. *VEJA* ASPECTO ASTROLÓGICO.

quintil. Em astrologia, aspecto formado por dois planetas num ângulo de 72 graus, ou um quinto do zodíaco. Foi introduzido na astrologia pelo astrólogo alemão Johannes Kepler (1571-1630). Aspecto menor, relaciona-se com o talento e também com o poder, e costuma ser visto como favorável. *VEJA* ASPECTO ASTROLÓGICO.

quiromancia. Arte da adivinhação pelas linhas e formas da mão humana, também conhecida como quiroscopia. Uma das mais antigas formas de adivinhação ainda em uso, ao que parece a leitura das mãos foi inventada na Índia, onde foi atestada por textos védicos anteriores a 1800 A.E.C. De lá, seguiu para o leste, para a China e o Japão, onde ainda é muito praticada, e para o oeste, pelos povos persas e do Oriente Médio, até a Europa, onde chegou na época helenística. Aristóteles e Plínio mencionam-na, e um tratado (infelizmente, hoje perdido) foi escrito em grego sobre o assunto por volta de 250 A.E.C.

A arte do quiromante parece ter sido perdida no Ocidente perto da queda do Império Romano, mas retornou no final da Idade Média graças aos árabes, que, juntamente com outros sistemas divinatórios, a dominavam. Muito praticada no Renascimento, foi tema de textos de Robert Fludd e de Paracelso, entre outros; VEJA FLUDD, ROBERT; PARACELSO. Como a maioria dos sistemas divinatórios ocidentais, porém, perdeu muito terreno com a Revolução Científica e estava praticamente esquecida por volta de 1750.

O ressurgimento da quiromancia deveu-se a dois adivinhos franceses, Casimir d'Arpentigny e Adrien Desbarolles, que publicaram livros sobre o tema em 1839 e 1859, respectivamente. Suas obras trouxeram à quiromancia novos seguidores e serviram de base para a maioria dos sistemas modernos de leitura das mãos. Outra influência importante sobre a quiromancia moderna foi Louis Hamon, conhecido como Cheiro, cujo *The Language of the Hand* (1897) até hoje é um clássico; VEJA CHEIRO. Apesar da concorrência das cartas do tarô, da astrologia e dos sistemas divinatórios mais modernos, a quiromancia ainda é popular.

As diferentes características da mão proporcionam ao quiromante competente diversos símbolos e fontes de informação. A forma geral da mão e as proporções relativas dos dedos e das palmas dão uma ideia geral do caráter, e a forma e o tamanho de cada dedo oferecem informações mais específicas; as divisões (chamadas "falanges") dos dedos, os "montes", que são as áreas carnudas nas bases dos dedos, e as linhas que cruzam a palma também contam histórias. Muitas dessas características estão intimamente associadas ao simbolismo astrológico; por exemplo, o polegar e o "monte" na base do polegar correspondem a Vênus, e revelam informações sobre a energia vital e a vida emocional do consulente, enquanto o dedo mínimo e seu monte correspondem a Mercú-

rio e mostram o desenvolvimento da mente do consulente e suas características.

Ao contrário da astrologia e da adivinhação pelo tarô, a quiromancia foi pouco incorporada à tradição esotérica ocidental como tema de estudos. A única exceção importante é a cabala judaica clássica, que tem abundantes detalhes sobre quiromancia. Alguns destes datam dos primeiros séculos da Era Comum, e faziam parte da Ma'aseh Merkabah, sistema de misticismo judaico mais antigo que a própria cabala. VEJA MA'ASEH MERKABAH. Diversos capítulos do Zohar lidam com quiromancia, e o grande cabalista Isaac Luria tinha a fama de ser hábil quiromante. VEJA LURIA, ISAAC.

Como muitos outros aspectos da cabala judaica, a quiromancia cabalística nunca encontrou espaço na cabala hermética. Como a teimancia (leitura das folhas de chá) e a adivinhação com cartas de baralho comuns, a quiromancia sobreviveu e floresceu primariamente no ambiente social menos exaltado da adivinhação profissional, e até hoje é uma força importante nesse campo. LEITURA ADICIONAL: CAMPBELL, 1996; CHEIRO, 1987; GETTINGS, 1965; SCHOLEM, 1974.

Quíron. Asteroide localizado numa órbita entre Saturno e Urano, utilizado em algumas versões modernas da astrologia. Quíron foi descoberto em 1977, por Charles Kowal. Tem 150-200 quilômetros de diâmetro e uma "coma", ou cauda, como um cometa. As pesquisas mais recentes sugerem que é, de fato, um cometa gigante e não um asteroide. Sua órbita é instável e ele pode acabar entrando ainda mais no sistema solar; no momento, leva cerca de cinquenta anos para completar sua órbita ao redor do Sol.

A existência de um corpo planetário ou planetoide foi prevista bem antes da descoberta de Kowal por dois astrólogos, Dane

Rudhyar em 1936 (ver Rudhyar, 1970) e Charles Jayne em 1961, sendo que este previu também seu período orbital com precisão. *VEJA* RUDHYAR, DANE.

Na astrologia moderna, seu simbolismo baseia-se principalmente no mito de Quíron, o centauro, lendário por seus poderes de cura. Com essa base mítica, o planetoide recebeu a regência sobre a cura, a transformação xamânica, experiências psíquicas e transições entre diversos estados da existência. Foi proposto como planeta regente do signo de Virgem, embora essa proposta esteja longe de ser aceita. *VEJA TAMBÉM* ASTEROIDES; ASTROLOGIA. LEITURA ADICIONAL: CLOW, 1988.

quiroscopia. *VEJA* QUIROMANCIA.

R

raça-raiz. Na Teosofia e sistemas ocultistas influenciados por ela, uma das sete raças humanas ou quase humanas sucessivas, cujas evoluções e tribulações constituem o eixo principal da história da Terra. A primeira raça-raiz, a Polar, viveu no "Imperecível Continente Sagrado" [também conhecido como Ilha Branca, a Terra Sagrada – N. E.], no polo norte, e não tinha natureza física, com corpos formados por "bruma de fogo espiritual". A segunda, a Hiperbórea, viveu num continente que ia desde o norte da Ásia, passando por Groenlândia, Suécia e Noruega, até as Ilhas Britânicas, e tinha natureza semifísica [sua reprodução se dava de duas formas: por expansão e brotamento (geração assexuada) ou por meio do suor, com indícios de sexualidade – N. do E.]. Em terceiro lugar veio a raça Lemuriana, que eram gigantes simiescos, telepatas, alguns ovíparos e outros com quatro braços [em suas três fases principais – N. do E.]. Em quarto lugar, vieram os atlantes, mais ou menos humanos no atual sentido da palavra, que foram os ancestrais da maior parte da população não ariana do mundo. A raça Ariana (ou seja, os povos da Europa, do Oriente Médio e da Índia) é a quinta, e ainda deve haver mais duas raças-raiz antes que a humanidade atual encerre seu ciclo neste planeta e vá a Mercúrio para progredir ainda mais ao longo da escala evolutiva.

Cada raça-raiz, segundo o ensinamento teosófico, tem um manu, que é seu governante e progenitor físico; um bodhisattva, que é o responsável por sua vida religiosa; e diversos outros oficiais que são membros da Grande Loja Branca, a fraternidade secreta que supervisiona a evolução espiritual da Terra. O manu e o bodhisattva da quinta raça-raiz são Vaivasvata e Maitreya, respectivamente. No século XXVI, época em que a sexta raça-raiz deve surgir na Califórnia, os Mestres El Morya e Kuthumi serão promovidos a manu e bodhisattva da nova curva da espiral evolutiva.

A doutrina das raças-raiz tem muito em comum com as ideologias raciais populares no final do século XIX e início do XX e foi facilmente absorvida por racistas ligados ao ocultismo, como os ariosofistas para justificar suas ideologias. *VEJA* ARIOSOFIA. *VEJA TAMBÉM* TEOSOFIA. LEITURA ADICIONAL: J. GODWIN, 1993; LEADBEATER, 1925.

Rad. *VEJA* RAIDO.

radiestesia. Também conhecida como método da forquilha ou "feitiço da água", a radiestesia é uma arte divinatória tradicional, originalmente usada para encontrar fontes subterrâneas de água, mas em tempos recentes também usada para diversos propósitos divinatórios. Em sua forma clássica, a radiestesia é praticada com um galho de aveleira em forma de Y. O radiestesista segura as duas extremidades nas mãos, com a terceira apontando para a frente, mais ou menos em linha reta. As mãos puxam levemente para os lados, para criar certa tensão na forquilha. Então, o radiestesista caminha pelo terreno a ser analisado. Quando ele passa sobre um curso d'água subterrâneo, geralmente a extremidade livre da forquilha dobra-se para baixo, às vezes com força.

Muitos radiestesistas modernos usam pêndulos ou varetas metálicas em forma de L no lugar da tradicional forquilha. O pêndulo dá respostas movendo-se em várias direções; as varetas metálicas, usadas em pares e seguradas pelo braço curto do L com o lado longo paralelo ao solo, giram na direção uma da outra e se cruzam para indicar que foi encontrada alguma coisa. A radiestesia sobre um mapa, e não sobre o terreno em si, tem se tornado popular nos últimos anos.

A radiestesia mantém um relacionamento complicado com as tradições ocultistas ocidentais em geral. Até recentemente, era praticada por pessoas que tinham pouco contato com outras práticas ocultistas. De vez em quando, porém, a radiestesia aparece na tradição mágica. Por exemplo, os círculos ocultistas de caçadores de tesouros nos quais Joseph Smith, depois fundador da Igreja Mórmon, aprendeu a magia também eram radiestesistas ativos, usando forquilhas para adivinhações em geral. *VEJA* SMITH, JOSEPH.

Um ponto de contato importante entre a radiestesia e o ocultismo tem sido o campo das linhas ley e outros mistérios terrestres. Diversos radiestesistas ingleses do século XX exploraram a rede de linhas ley (alinhamentos pré-históricos) que, segundo Alfred Watkins e outros pesquisadores, cruzam o interior da Inglaterra, e descobriram que eles correspondem a redes de energia sutil detectáveis por meio da radiestesia. A adoção da pesquisa dos mistérios da Terra e suas conclusões, por muitos pagãos e tradições ocultistas atuais, fez com que a radiestesia entrasse na bagagem de muitas tradições pagãs e druidas modernas, tanto na Inglaterra como em outros lugares. *VEJA* DRUIDISMO; LINHAS LEY.

Para muitos radiestesistas, por outro lado, sua arte não tem relação com o ocultismo, e muitos radiestesistas com formação cristã ou científica ficam horrorizados com aquilo que eles consideram uma intromissão do ocultismo em sua arte. *VEJA TAMBÉM* ADIVINHAÇÃO. LEITURA ADICIONAL: BARRETT E BESTERMAN, 1968; FIDELER, 1993.

Rafael. (do hebraico RPAL, "Deus curou") Um dos mais importantes arcanjos da tradição judaica, cristã e mágica (ou esotérica), Rafael aparece primeiro no Livro de Tobit, apócrifo, no qual acompanha Tobias de Nínive até a Média e o ajuda a vencer as maquinações do demônio Asmodeus. Atribuem-lhe ora a Sefirah Tiphareth, ora Hod, e assim é governante angelical do Sol ou de Mercúrio. Segundo fontes cabalísticas, seu nome original era Labbiel e recebeu o nome Rafael quando ajudou Deus na criação de Adão. *VEJA* ARCANJO.

Ra Hoor Khuit. (egípcio antigo *Re Heru-khuti*, "Rá como Hórus dos dois horizontes") No sistema mágico-religioso da Thelema, de Aleister Crowley, a divindade que governa o Novo Éon anunciado ao mundo pela revelação do Livro da Lei em 1904. "Ra Hoor Khuit" é hoje uma transliteração obsoleta de Rá Heru-khuti ou Ra Horakhte, um aspecto do deus solar Rá, muito reverenciado no período do Novo Reinado da história do Egito Antigo.

Segundo os textos de Crowley, Ra Hoor Khuit é a manifestação ativa da divindade governante do Novo Éon, ao lado da manifestação passiva Hoor-par-kraat; juntos, os dois constituem a divindade sintética Heru-ra-ha. *VEJA TAMBÉM* CROWLEY, ALEISTER; THELEMA.

Raido. (germânico antigo, "jornada") Quinta runa do futhark antigo, associada a viagens, especialmente a cavalo; a conselhos e orientações; e com o deus Hermod. Seu valor sonoro é *r*. *VEJA* FUTHARK ANTIGO.

A mesma runa, com o nome Rad (inglês antigo, "cavalgada"), é a quinta runa do futhorc anglo-saxão e tem os mesmos significados e valor sonoro. *VEJA* FUTHORC ANGLO-SAXÃO.

Com o nome Reidh (norueguês antigo, "cavalgando"), com os mesmos significados e valor sonoro, a mesma runa também ocupa o quinto lugar no futhark recente. O poema rúnico diz, com sensatez, que a alegria do cavaleiro é trabalho duro para o cavalo!

Finalmente, com o nome Rit, a mesma runa é a quinta das runas Armanen e representa uma roda. Está associada a Ragnarök, o crepúsculo dos deuses, ao signo zodiacal de Leão e ao poder de deter o voo de flechas, lanças e pedras, como descrito no poema rúnico de Odin "Havamal". *VEJA* RUNAS ARMANEN.

Runa Raido (Rad, Reidh, Rit)

Raio Azul. Na filosofia esotérica, o primeiro dos Sete Raios, as energias criativas primárias do universo. O Raio Azul é o raio do poder e da vontade. Na tradição teosófica, o Raio Azul acha-se sob a direção do Mestre El Morya, um Chohan da Grande Loja Branca. Sua pedra simbólica é a safira. *VEJA* EL MORYA, MESTRE. *VEJA TAMBÉM* RAIOS, SETE.

Raio Branco. Na filosofia esotérica, o quarto dos Sete Raios, as energias criadoras básicas do universo. O Raio Branco é o raio da harmonia entre os opostos, da beleza e das artes, e também está intimamente ligado ao mundo natural. Na tradição teosófica, o Raio Branco acha-se sob a direção do Mestre Serapis, um chohan da Grande Loja Branca. Sua pedra simbólica é o jaspe. *VEJA* SERAPIS, MESTRE. *VEJA TAMBÉM* RAIOS, SETE.

Raio Dourado. Na filosofia ocultista, o segundo dos Sete Raios, as energias criativas primárias do universo. O Raio Dourado é o raio da sabedoria. Na tradição teosófica, o Raio dourado acha-se sob a direção do Mestre Kuthumi, um Chohan da Grande Loja Branca. Sua pedra simbólica é a safira. *VEJA* KUTHUMI, MESTRE. *VEJA TAMBÉM* RAIOS, SETE.

Raio Rosa. Na filosofia esotérica, o terceiro dos Sete Raios, as energias criativas básicas do universo. O Raio Rosa é o raio da inteligência ativa, e sua principal característica é a adaptabilidade; corresponde ao conceito budista de "meios hábeis", a adaptação de todos os recursos disponíveis na busca pela iluminação. O Raio Rosa também está muito ligado à astrologia e a outros sistemas que determinam as influências do tempo. *VEJA* ASTROLOGIA.

Na tradição teosófica, o Raio Rosa fica sob a direção do Chohan Veneziano, um Mestre da Grande Loja Branca. Sua pedra simbólica é a esmeralda. *VEJA* CHOHAN VENEZIANO. *VEJA TAMBÉM* RAIOS, SETE.

Raios, Sete. Na filosofia esotérica dos séculos XIX e XX, as sete energias criativas básicas do universo, correspondentes às sete cores do espectro. Ensinamentos sobre os Sete Raios foram desenvolvidos inicialmente na Teosofia, mas espalharam-se rapidamente para fora do âmbito teosófico e tornaram-se um dos modos mais comuns de classificação dos níveis e forças sutis do universo nos círculos ocultistas e esotéricos do mundo ocidental.

1. Azul. *Característica*: Poder, Vontade. *Mestre*: El Morya.
Atributo: Xamanismo, magia "primitiva".
2. Dourado. *Característica*: Sabedoria. *Mestre*: Kuthumi.
Atributo: Meditação.
3. Rosa. *Característica*: Inteligência Ativa. *Mestre*: Chohan Veneziano.
Atributo: Astrologia e outras formas de adivinhação.
4. Branco. *Característica*: Harmonia entre opostos. *Mestre*: Serapis.
Atributo: Misticismo natural, exercícios físicos e etéricos.
5. Verde. *Característica*: Conhecimento e Ciência. *Mestre*: Hilarion.
Atributo: Alquimia.
6. Vermelho-Rubi. *Característica*: Amor, Sabedoria. *Mestre*: Jesus.
Atributo: Devoção, idealismo.
7. Violeta. *Característica*: Ordem e organização. *Mestre*: Conde de Saint-Germain.
Atributo: Magia cerimonial.

Os Raios ainda são muito usados nos ramos do ocultismo inspirados pela Teosofia e também podem ser encontrados no Movimento da Nova Era. Porém, a ampla rejeição da Teosofia por muitos ocultistas modernos tem feito com que a tradição dos Raios seja negligenciada por muitos outros elementos da comunidade ocultista. *VEJA* TEOSOFIA. *VEJA TAMBÉM* VERBETES SOBRE CADA RAIO. LEITURA ADICIONAL: LEADBEATER, 1925.

Raio Verde. Na filosofia esotérica, o quinto dos Sete Raios, as energias criativas primárias do cosmos. É o raio da ciência e do conhecimento. Na tradição teosófica, o Raio Verde é dirigido pelo Mestre Hilarion, um chohan da Grande Loja Branca. Sua pedra simbólica é o topázio. *VEJA* HILARION, MESTRE. *VEJA TAMBÉM* RAIOS, SETE.

Raio Vermelho-Rubi. Na filosofia esotérica, o sexto dos Sete Raios, as energias criativas básicas do universo. O Raio Vermelho-Rubi é o raio do amor, da sabedoria e do misticismo devocional. Na tradição teosófica, o Raio Vermelho-Rubi é dirigido pelo Mestre Jesus, um dos chohans da Grande Loja Branca. Sua pedra simbólica é o rubi. *VEJA* JESUS DE NAZARÉ. *VEJA TAMBÉM* RAIOS, SETE.

Raio Violeta. Na filosofia esotérica, o sétimo dos Sete Raios, as energias criativas básicas do universo. O Raio Violeta é o mais sutil e misterioso dos raios, e está fortemente associado com a ordem e a organização. Na tradição teosófica, o Raio Violeta é dirigido pelo Mestre Rakoczy, mais conhecido como Conde de Saint-Germain, um chohan da Grande Loja Branca. Sua pedra simbólica é a ametista. *VEJA* SAINT-GERMAIN, CONDE DE. *VEJA TAMBÉM* RAIOS, SETE.

Rakoczy, o Mestre. *VEJA* SAINT-GERMAIN, CONDE DE.

Ramacháraca, Yogue. *VEJA* ATKINSON, WILLIAM WALKER.

Randolph, Paschal Beverly. Ocultista norte-americano, 1825-1875. Nascido e criado em Five Points, a mais famosa área de favelas da Nova York do século XIX, Randolph foi filho ilegítimo de Flora Clark, uma negra pobre, e de William Beverly Randolph, homem branco que devia estar ligado à rica família Randolph da Virgínia. Seu pai abandonou sua mãe quando Randolph ainda era menino, e sua mãe morreu quando Randolph estava com 6 ou 7 anos. Depois, levou uma vida precária, passando algum tempo no asilo de indigentes do Bellevue Hospital, de Nova York, trabalhando como engraxate e pedindo esmolas de porta em porta.

Quando adolescente, trabalhou como camareiro num navio mercante do Atlântico. Por volta de 1845, foi morar no interior de Nova York, trabalhando como barbeiro. Lá, conheceu o espiritualismo e converteu-se, tornando-se depois médium, realizando sessões regularmente por volta de 1853. VEJA ESPIRITUALISMO. Ele também trabalhou como "médico clarividente", especializando-se em problemas sexuais. Em 1854, iniciou a carreira literária com um romance, *Waa-gu-Mah*, que se perdeu. O ano de 1855 viu-o viajando pela Inglaterra, França e Alemanha, onde entrou em contato com espiritualistas e ocultistas de diversos tipos e aprendeu sobre espelhos mágicos e haxixe – duas coisas que ocupariam boa parte de sua carreira. No final desse ano, estava de volta aos Estados Unidos, mas em 1857 atravessou novamente o Atlântico e em 1861 e 1862 voltou ao Velho Mundo, viajando para o leste e chegando ao Egito e à Palestina.

Nesse período, ele esteve desenvolvendo uma complexa e singular filosofia esotérica baseada em sexo, experiências clarividentes e desenvolvimento de poderes ocultos. Em 1858, voltou-se contra o espiritualismo, acusando-o de "vampirismo" passivo do médium por espíritos malignos, e, durante algum tempo, percorreu o circuito de palestras antiespiritualistas, atacando o espiritualismo com a mesma veemência com que o louvara alguns anos antes. Durante um breve período, esteve envolvido com uma Igreja cristã, mas passou para o rosacrucianismo e as práticas ocultistas no início da década de 1860. Depois de algum tempo envolvido em política durante e após a Guerra Civil, dedicou totalmente sua atenção ao ocultismo, escrevendo numerosos livros e panfletos sobre o assunto e tentando, por diversas vezes, encontrar uma ordem mágica que transmitisse seus ensinamentos.

Cada um de seus livros sobre o tema apresentou sua filosofia sob um ponto de vista distinto e parecem contradizer-se uns aos outros. Mesmo assim, os perfis básicos permaneceram os mesmos. Todas as almas, ou "atomônadas", são produzidas pelo sol espiritual central e se desenvolvem gradualmente através de incontáveis mundos antes de chegarem à encarnação humana; após uma vida humana, a evolução da alma continua em outros mundos. O treinamento básico para o aspirante a mago incluía "volantia" (concentração calma e focada), "decretismo" (unidade da vontade) e "posismo" (estado de receptividade), e o desenvolvimento da clarividência com exercícios usando o espelho mágico. Mais avançada era a "fusão", uma forma de transe consciente na qual o mago e a entidade espiritual repartiam a posse do corpo e da consciência do mago; para Randolph, esta era a chave para a comunicação com reinos espirituais superiores. VEJA FUSÃO; DECRETISMO; POSISMO; VOLANTIA.

O mistério supremo da magia no sistema de Randolph, porém, era sexual. No momento do orgasmo simultâneo, um ato de vontade realizado pelos dois parceiros teria poderes quase ilimitados. Randolph afirmava que as mulheres eram capazes de experimentar orgasmos e prazer sexual – um ponto francamente negado por muitos médicos e moralistas de sua época – e criticava homens que não faziam nada para proporcionar prazer às suas parceiras.

As origens de seus ensinamentos têm sido alvo de discussão. Sabe-se que ele se inspirou muito em teóricos espiritualistas da época, especialmente Andrew Jackson Davis; VEJA DAVIS, ANDREW JACKSON. Mais tarde, afirma ter sido iniciado pelos rosa-cruzes e também pelo "Ansairee" (al-Nusa'iri), um desdobramento herético do islamismo, ativo até hoje na Síria. Em seus próprios textos, porém, também admite ter inventado essas conexões do nada, para dar às suas ideias a dignidade emprestada de uma tradição antiga. Nisso, estaria seguindo a tradição ocultista e antiga da desonestidade histórica; VEJA HISTÓRIA OCULTA.

Infelizmente, a considerável criatividade e inteligência de Randolph eram desequilibradas por sua arrogância, egoísmo e temperamento violento. Sujeito a intensas oscilações de humor, sabia ofender amigos e fazer inimigos, e poucos de seus alunos conseguiam suportá-lo por muito tempo. Ele fundou diversas ordens de magia ou esotéricas para transmitir seus ensinamentos, mas a maioria desapareceu poucos meses após sua fundação por causa de discussões provocadas pelo próprio Randolph. Sua vida pessoal também era instável, com uma série de casamentos e relacionamentos fracassados. Em seus últimos anos, suas oscilações de humor ficaram cada vez piores e em 1875 cometeu suicídio num período de extrema depressão.

Após sua morte, diversos elementos dos ensinamentos de Randolph foram adotados pela Fraternidade Hermética de Luxor, pela Fraternitas Rosae Crucis e pela Societas Rosicruciana in America, entre outros. VEJA FRATERNITAS ROSAE CRUCIS (FRC); FRATERNIDADE HERMÉTICA DE LUXOR (F. H. DE L.); RAIDO.

Há fortes ecos de alguns de seus ensinamentos nos primeiros textos de H. P. Blavatsky, enquanto seus ensinamentos sexuais (que Blavatsky rejeitou) tornaram-se o ensinamento mágico central da Ordo Templi Orientis. VEJA BLAVATSKY, HELENA PETROVNA; ORDO TEMPLI ORIENTIS (OTO). LEITURA ADICIONAL: DEVENEY, 1997; RANDOLPH, 1874.

Raqia. (hebraico RQIAa, "firmamento") Na tradição cabalística, o segundo dos sete céus, correspondendo à Sefirah Hod. VEJA CÉUS, SETE.

Rashith ha-Gilgalim. (hebraico, "começo dos giros") A mais elevada das esferas celestes na cosmologia cabalística, correspondendo à Sefirah Kether no mundo de Assiah. Seu equivalente astrológico na época anterior a Copérnico era o *primum mobile*, a esfera por trás das estrelas que, segundo se acreditava, era a fonte de todo movimento celeste. As opiniões mais recentes se dividem, e algumas escolas a associam à galáxia da Via Láctea, enquanto outras a equiparam com o planeta Netuno. VEJA KETHER; ÁRVORE DA VIDA.

rastro. VEJA PEGADAS.

Raziel. (hebraico RZIAL, "segredo de Deus") Na tradição da cabala, o arcanjo da Sabedoria Secreta, suposto autor do Sepher Raziel e revelador dos Mistérios a Adão, Enoque, Noé e Salomão. Segundo fontes rabínicas, ele fica em pé sobre o monte Horeb todos os dias e proclama os segredos dos homens para toda a humanidade. Ele corresponde à Sefirah Chokmah no mundo de Briah. VEJA ARCANJO; BRIAH; CHOKMAH.

Reclaiming Tradition. Movimento influente no paganismo norte-americano recente, a

Reclaiming Tradition tomou forma em San Francisco no início da década de 1980 em torno de uma série de aulas apresentadas pelas bruxas Starhawk e Diane Baker. Várias dessas turmas de alunos se transformaram em covens e, junto a outros com postura similar, se tornaram o Reclaiming Collective no decorrer da década. O Collective se transformou numa corporação religiosa sem fins lucrativos em 1990. No final da década de 1990, o aspecto coletivo da organização foi dissolvido e substituído pela Whell, um conselho formado por representantes de células (aproximadamente como os covens ou grupos de outras tradições pagãs) da Reclaiming Tradition.

Ao contrário de muitos outros ramos da comunidade ocultista, a Reclaiming Collective é intensamente política, combinando práticas religiosas e mágicas pagãs com ativismo político de esquerda, especialmente nas áreas do ambiente e do feminismo. Muitos dos aspectos mais tradicionais do paganismo moderno, por sua vez, são menosprezados; a iniciação é um evento opcional e não tem padrão fixo, as formas dos rituais são improvisadas na hora, e não existe um panteão específico de divindades comum aos praticantes do Reclaiming. A postura básica do Reclaiming tem sido resumida como EIAIO: Extática, Improvisadora, Anexadora, Inspirada e Orgânica.

Graças a "Acampamentos de Bruxas" intensivos no verão, realizados em diversas partes do mundo, e à sua publicação periódica *Reclaiming Quarterly*, a Reclaiming Tradition tem exercido uma influência significativa na cultura pagã dos Estados Unidos e de algumas partes da Europa. Do ponto de vista de grupos organizados, porém, ela é basicamente um movimento da região da Baía de San Francisco. VEJA TAMBÉM WICCA DIÂNICA; NEOPAGANISMO; WOMEN'S INTERNATIONAL TERRORIST CONSPIRACY FROM HELL.

reconstrucionismo celta. Movimento neopagão moderno dedicado à reconstrução da antiga espiritualidade celta, pré-cristã. Um produto das décadas de 1980 e 1990, o movimento reconstrucionista celta é um dos menores ramos do neopaganismo, mas causou um impacto significativo sobre a tradição maior, graças a diversos grupos e professores influentes.

A motivação básica do movimento reconstrucionista celta é a tentativa de deduzir, principalmente com base em fontes acadêmicas, a religião dos antigos celtas, tentando reformulá-la para os dias de hoje. Com isso, foi rejeitada boa parte do folclore "celta" da renovação druida, bem como a maior parte do druidismo inglês tradicional, até pouco tempo o movimento que se considerava o maior representante celta na comunidade ocultista; VEJA DRUIDISMO. Outra fonte muito rejeitada é a Wicca, que alega provir de raízes celtas mas parece ter pouca ligação com as verdadeiras tradições celtas; VEJA WICCA.

Enquanto este texto é escrito, o movimento reconstrucionista celta parece consistir principalmente de grupos e indivíduos dispersos com ideias e propostas bastante variadas. A comunicação, e a eventual organização, dá-se basicamente pela internet. O movimento, porém, está numa fase relativamente incipiente. VEJA TAMBÉM NEOPAGANISMO.

Rede Wicca. (ou **Rede Wiccana**) Poema de 52 versos escrito por Gwen Thompson na década de 1960 e que circulou entre membros dos New England Covens of Traditionalist Witches. Como muitos poemas e invocações do início da Wicca, copiou muitas coisas sem fazer referência aos originais e pode ser encontrado em muitas fontes como um "antigo ensinamento da Wicca". Ele inclui princípios éticos, regras mágicas, histórias sobre a Lua e os ventos, além de conselhos práticos.

A expressão "rede wicca" também é usada como referência à principal regra ética da Wicca, extraída dos dois últimos versos do poema, e foi copiada pela maioria dos grupos pagãos modernos de uma forma ou de outra. Diz:

Oito palavras a rede wicca representa:
Nenhum mal a ninguém, faça o que quiser.

Tal como ocorre com a maior parte da tradição da Wicca, não parece haver evidências de que essa regra seja mais antiga do que meados do século XX, embora se pareça muito com o lema de Crowley, "Faze o que tu queres será o todo da lei; o amor é a lei, mas o amor sob a vontade". *VEJA* CROWLEY, ALEISTER. *VEJA TAMBÉM* COVENS DE BRUXOS TRADICIONALISTAS DA NOVA INGLATERRA; WICCA.

redução teosófica. *VEJA* AIQ BEKER.

reencarnação. A crença de que as almas dos mortos renascem em outros corpos, humanos ou animais; também chamada de transmigração ou metempsicose. De longe o ensinamento mais comum sobre o pós-vida nas tradições ocultistas e esotéricas ocidentais, a reencarnação tem uma genealogia bem antiga no Ocidente. Pitágoras (c. 570 – c. 495 A.E.C.), indiscutivelmente a primeira figura histórica de destaque nas tradições esotéricas ocidentais, não apenas acreditava em reencarnação, como afirmava lembrar-se de várias vidas anteriores, inclusive uma na Guerra de Troia. *VEJA* PITÁGORAS. Seu prestígio, e a adoção da mesma crença por parte de Platão em seu diálogo *A República*, fizeram da reencarnação uma crença básica nos círculos platonistas de orientação mais mística ao longo da Antiguidade. *VEJA* PLATONISMO. Acredita-se também que os antigos druidas teriam ensinado a reencarnação como um dos elementos de sua tradição; *VEJA* DRUIDAS.

A ascensão do cristianismo, com sua insistência na salvação ou condenação eterna após uma única vida, fez com que a ideia da reencarnação passasse a uma existência clandestina. Diversas seitas gnósticas parecem ter ensinado a doutrina, mas após a eliminação do gnosticismo nos últimos séculos do Império Romano, as ideias ortodoxas de Céu e Inferno definiram a natureza do pós-vida praticamente para todo o mundo ocidental durante séculos. *VEJA* GNOSTICISMO.

A única tradição viva que manteve a crença na reencarnação durante a Idade Média foi a cabala; *VEJA* CABALA. A ideia da reencarnação parece ter entrado no judaísmo em algum ponto dos primeiros séculos da Era Comum, mas na melhor das hipóteses era uma visão minoritária até a ascensão da cabala; a maioria dos mais importantes filósofos judeus da época a rejeitava. Nos primeiros textos cabalísticos, como o *Bahir*, por outro lado, a reencarnação é apresentada como uma realidade, embora esses primeiros textos não tenham muita certeza sobre como lidar com ela. Várias dessas fontes sugerem que a reencarnação é uma punição por pecados específicos, e não a forma corriqueira do pós-vida para todos.

No final do século XV, porém, a ideia da reencarnação já era aceita nos círculos cabalistas judeus, e alguns autores cabalísticos incluíam a possibilidade de encarnações animais em sua avaliação do tema. O grande cabalista Yosef ben Shalom Ashkenazi (que viveu no início do século XIV) e seus seguidores ensinaram que a reencarnação era uma realidade por todo o universo, e que tudo, desde Sefirot e anjos, até a matéria inorgânica, passava por um ciclo interminável de transformações, descendo das alturas até as profundezas e retornando depois às alturas.

A versão cabalística da reencarnação ganhou outra visão nos ensinamentos de Isaac

Luria e sua escola. Nessa doutrina, todas as almas eram consideradas parte de Adão Kadmon, o Homem Primordial, mas diferentes almas ou "centelhas" vinham de diferentes "membros" e "raízes" desse corpo. Pessoas cujas almas pertenciam à mesma raiz teriam uma afinidade natural pelas demais e compartilhariam uma tarefa espiritual comum, que seria a redenção de sua raiz. *VEJA* LURIA, ISAAC.

O ressurgimento da reencarnação fora dos círculos cabalísticos foi, em boa parte, resultado do mesmo ressurgimento da literatura espiritual grega e romana que teve um papel de destaque no início do próprio Renascimento. Relatos antigos de filósofos pitagóricos e platonistas apresentaram novamente o conceito ao mundo ocidental. O desenvolvimento de contatos com a Índia, especialmente após o início do colonialismo inglês no século XVIII, fortaleceu a influência da doutrina e levou algumas tradições esotéricas a adotá-la. No início do século XIX, pelo menos duas tradições inglesas – o ressurgimento do paganismo grego liderado por Thomas Taylor (1758-1835) e os grupos druidas influenciados pelo polímata galês Iolo Morganwg (Edward Williams, 1747-1826) – tinham adotado a reencarnação como artigo de fé. *VEJA* DRUIDAS; NEOPAGANISMO; TAYLOR, THOMAS.

No final do século XIX, a comunidade ocultista estava nitidamente dividida entre crentes num pós-vida cristão convencional, por um lado, e proponentes da reencarnação, por outro. Oponentes da reencarnação tratavam-na com termos duros – um espiritualista do século XIX descrevia-a como uma "doutrina repulsiva e antinatural", disseminada por "missionários de Satã". O próprio movimento espiritualista dividiu-se quanto à questão, com os seguidores do espiritualista francês Allan Kardec (H. L. D. Rivail, 1804-1869), que aceitava a reencarnação, formando um movimento separado com o nome de "Espiritismo". *VEJA* KARDEC, ALLAN; ESPIRITISMO; ESPIRITUALISMO.

Outras organizações ocultistas do século XIX, como a Fraternidade Hermética de Luxor, rejeitavam a reencarnação, sustentando que as almas humanas passam para outros reinos da vida após uma única existência. Esse mesmo ponto de vista era compartilhado por ninguém menos do que H. P. Blavatsky, fundadora da Sociedade Teosófica, em seu primeiro e importante livro, *Ísis Sem Véu* (publicação original, 1877) – embora ela tenha mudado de posição depois. Mesmo assim, quando a Sociedade Teosófica e as tradições místicas asiáticas ganharam destaque no cenário da espiritualidade alternativa, a reencarnação tornou-se uma visão cada vez mais comum do pós-vida, e as ideias cristãs e similares sobre o Céu foram ficando cada vez mais de lado; *VEJA* TEOSOFIA.

A maioria das tradições ocultistas atuais trata a reencarnação como um fato corriqueiro da vida. A reencarnação também se tornou a interpretação-padrão do pós-vida entre pagãos modernos de quase todos os matizes. Os seguidores da Wicca situam a origem da ideia entre eles em Charles Godfrey Leland, cujo livro de 1899 *Aradia, o Evangelho das Bruxas*, é uma das fontes primárias para as tradições da Wicca. Um livro anterior de Leland (*Etruscan Roman Remains*, de 1892) fala de uma tradição italiana encontrada entre famílias de bruxos, segundo a qual feiticeiros e bruxos renascem entre seus descendentes biológicos. *VEJA* LELAND, CHARLES GODFREY; NEOPAGANISMO.

A teoria da reencarnação também tem sido aceita entre seguidores do movimento da Nova Era. *VEJA* NOVA ERA, MOVIMENTO DA. LEITURA ADICIONAL: LELAND, 2002; SCHOLEM, 1974.

Reformed Druids of North America. (RDNA, ou Druidas Reformados da América do Norte) Uma das primeiras organizações pagãs importantes do período moderno, a RDNA pode também ser o mais influente movimento religioso criado por estudantes universitários. Foi criado em 1963 no Carleton College, uma faculdade particular de Minnesota, que exigia que todos os alunos comparecessem a algum tipo de culto religioso nos domingos. Um grupo de alunos decidiu protestar contra essa exigência formando sua própria religião, os Druidas Reformados da América do Norte ("Reformados" no sentido de não praticarem mais sacrifícios com sangue). Foram criadas uma liturgia e uma teologia básica, e o grupo começou a realizar cultos ao ar livre todos os domingos, durante o ano letivo de 1963-1964.

No ano seguinte, a exigência dos cultos religiosos foi oficialmente revogada pela diretoria da faculdade, mas os membros da RDNA continuaram a se reunir e a expandir aquela que se tornara uma tradição viva de adoração à natureza. Com membros saindo de Carleton e indo para outros lugares, foram sendo formados novos covens da RDNA em diversos pontos do país. Sem nunca ter sido uma organização de porte – em seu apogeu, a RDNA teve doze covens ativos – foi, mesmo assim, uma influência importante sobre grupos druidas e outras organizações pagãs nos Estados Unidos, e muitas das mais ativas ordens druidas da atualidade tiveram origem numa fonte da RDNA. *VEJA* AR NDRAIOCHT FEIN (ADF).

O panteão da RDNA inclui Dalon ap Landu, deus dos covens; Grannos, deus da cura; Braciaca, deus do malte; Belenos, deus do Sol; Sirona, deusa dos rios; Taranis, deus do trovão e do relâmpago; Llyr, deus do mar; e Danu, deusa da fertilidade. Todos são secundários aos dois grandes poderes: Be'al, que representa o Espírito abstrato, e a Mãe Terra. Esse panteão um tanto quanto eclético é acompanhado pela liturgia da RDNA, ou Ordem de Adoração, que tem muito em comum com os ritos religiosos protestantes liberais, inclui a leitura de uma ampla variedade de textos espirituais e culmina num rito de comunhão, no qual ou as Águas da Vida (uísque irlandês) ou as Águas do Sono (água comum) são ingeridas por todos os presentes. Os dois fundamentos básicos do Druidismo Reformado são os seguintes:

1. O objetivo da procura pela verdade religiosa, que é uma procura universal e incessante, pode ser encontrado através da Mãe Terra, que é a Natureza; mas este é um caminho entre muitos.
2. Grande é a importância, que é uma importância espiritual, da Natureza, que é a Mãe Terra, pois ela é um dos objetos da Criação e com ela as pessoas vivem, sim, lutam pela vida e se defrontam com ela.

Existe uma versão mais simplificada disso:

1. A Natureza é boa!
2. Do mesmo modo, a Natureza é boa!

O grau de seriedade com que isso era dito ou compreendido é uma pergunta aberta. O senso de humor da RDNA sempre foi um de seus pontos fortes; sua história original, o *Druid Chronicles*, foi escrita inteiramente como paródia do estilo bíblico, e o rito de ordenação num de seus níveis de sacerdócio inclui erguer o candidato e lançá-lo no mais próximo corpo de água.

A RDNA ainda está ativa, até no Carleton College, onde foi comemorado o 40º aniversário da Reforma em 2003. Há diversos grupos próximos à RDNA relacionados nos websites da organização, inclusive os Hasidic Druids of

North America, os Reformed Druids of North Asia e os Recombinant Druids of North America, que vão de moderadamente ativos a provavelmente imaginários. Tendo em vista que pelo menos um coven perfeitamente constituído da RDNA é formado apenas por árvores, é difícil separar os fatos da ficção. *VEJA TAMBÉM* DRUIDISMO. LEITURA ADICIONAL: ADLER, 1986; HANSEN, 1995; REFORMED DRUIDS OF NORTH AMERICA, 2003.

Regardie, Israel. (Regudy, Francis Israel) Ocultista norte-americano, 1907-1985. Nascido nas favelas do East End de Londres, Regardie emigrou para os Estados Unidos com seus pais em 1921 e cresceu na capital, Washington. Na adolescência, começou a se interessar pelo ocultismo, interesse que cultivou na Biblioteca do Congresso e tornando-se membro da Societas Rosicruciana in America, onde foi iniciado como Zelator. *VEJA* RAIDO. Aos 20 anos de idade, conheceu os textos de Aleister Crowley; muito impressionado, escreveu para Crowley. Conheceu-o pouco tempo depois em Paris e conseguiu um emprego como secretário de Crowley.

Esteve empregado até o ano de 1931, quando Crowley ficou sem dinheiro; os dois ainda se entenderam até 1937, quando uma discussão explosiva acabou de vez com a amizade. Nessa época, já tinha escrito dois livros: o breve mas útil estudo cabalístico *A Garden of Pomegranates* (1932) e o profundo *The Tree of Life* (1932), até hoje uma das principais obras teóricas do sistema de magia da Golden Dawn. Esses trabalhos granjearam-lhe acesso aos círculos mágicos e ocultistas da Inglaterra e, em 1934, foi iniciado no Templo de Hermes da Stella Matutina, uma das ordens sucessoras da Golden Dawn.

Sua permanência no Templo de Hermes foi breve. Ele subiu rapidamente pelos escalões, chegando ao grau de Theoricus Adeptus Minor, mas ficou atônito ao ver aquilo que considerou como a ignorância e a incompetência dos Chefes e adeptos do Templo. Percebeu, com espanto, que muitos elementos do sistema original da Golden Dawn tinham sido tirados de circulação e que textos importantes foram escondidos ou mesmo destruídos. Ele também questionou a ênfase que o cenário ocultista inglês dava aos contatos do plano interior, que, para ele, era um esforço impróprio e fonte de decepções.

Em 1935, saiu da Stella Matutina e voltou aos Estados Unidos com sua coleção de documentos da Golden Dawn. Ele tinha decidido que a única maneira de salvar o sistema mágico ou esotérico da ordem daqueles que, para ele, eram guardiões indignos, seria torná-lo público. A obra resultante, intitulada *The Golden Dawn*, foi publicada em quatro volumes pela Aries Press em Chicago entre 1937 e 1940.

Após o regresso aos Estados Unidos, ele começou a estudar psicologia, fez um curso de psicanálise freudiana e em pouco tempo passou para o sistema criado por Wilhelm Reich, que, para ele, estaria profundamente ligado à magia. *VEJA* REICH, WILHELM. Ele também estudou quiropraxia e massagem e começou a trabalhar como terapeuta. Morou muitos anos em Los Angeles e lá, em seus últimos anos, trabalhou com diversos magos jovens da Golden Dawn. *VEJA TAMBÉM* CROWLEY, ALEISTER; GOLDEN DAWN; STELLA MATUTINA, ORDEM DA. LEITURA ADICIONAL: KNIGHT, 2000; REGARDIE, 1972; SUSTER, 1990.

regente elemental. Na magia cabalística, classe de espíritos que governam os quatro elementos, situados acima dos reis elementais mas abaixo dos anjos dos elementos. Seu papel no mundo Elemental equivale ao das inteligências planetárias, situadas, de modo similar, entre os anjos planetários e os espíritos planetários.

Os quatro regentes são Seraph (fogo), Tharsis (água), Aral (ar) e Kerub (terra); esses quatro nomes derivam dos nomes das Hostes Angelicais de quatro das Sefirot da Árvore da Vida. *VEJA TAMBÉM* ARAL; KERUB; SERAPH; THARSIS.

Reghini, Arturo. Escritor, matemático e ocultista italiano, 1878-1946. Nascido em Florença numa família aristocrática, Reghini estudou matemática na Universidade de Pisa e lá fez contato com o agitado cenário ocultista italiano. Em 1898, ele e a amiga de H. P. Blavatsky, Elizabeth Cooper-Oakley, fundaram a filial italiana da Sociedade Teosófica; *VEJA* SOCIEDADE TEOSÓFICA. Enquanto ainda estava profundamente envolvido com a Teosofia, Reghini adentrou o universo da Maçonaria de alto grau, recebendo a iniciação no Rito de Éon e Misraim em 1902. Em pouco tempo, atingiu uma posição de liderança na complexa política da Maçonaria italiana e ajudou a organizar o Rito Filosófico Italiano da Maçonaria, um ramo da Ordem que tentou encontrar um espaço intermediário entre a esquerda e a direita radicais. *VEJA* MAÇONARIA.

No período entre o início do século e o começo da Primeira Guerra Mundial, Reghini foi uma presença notável na comunidade ocultista italiana. Foi editor de dois jornais importantes, *Ignis* e *Atanor*, publicando artigos por luminares como René Guénon e Julius Evola. Seus próprios textos sobre Maçonaria, matemática sagrada pitagórica e espiritualidade pagã foram bastante influentes.

A deflagração da Primeira Guerra Mundial prejudicou a carreira esotérica de Reghini, e em 1919 o Rito Filosófico fundiu-se com uma das jurisdições maçônicas existentes. Reghini lutou no exército. Após a guerra, o poder crescente do Partido Fascista de Benito Mussolini tornou-se um problema para a Maçonaria italiana. Muitos maçons italianos, entre os quais Reghini, apoiaram cautelosamente os fascistas, mas depois da tomada do poder por Mussolini em 1922, eles perceberam que o novo regime não gostava nem um pouco de sua ajuda. Em 1924, o Partido Fascista declarou que a filiação à Maçonaria era incompatível com a presença no partido e no ano seguinte organizou ataques violentos contra maçons e lojas. Os protestos de Reghini contra esses eventos e contra a aliança entre o Partido Fascista e a Igreja Católica tiveram pouco efeito sobre a política governamental.

Entre 1928, quando foi forçado a se demitir de seu cargo como professor de matemática, e sua morte em 1946, Reghini viveu quase isolado, escrevendo e dando aulas sobre espiritualidade e matemática pitagórica. Suas obras ainda são importantes para as tradições ocultistas europeias em geral, mas foram praticamente ignoradas no mundo anglófono. *VEJA TAMBÉM* PITÁGORAS; QUADRIVIUM. LEITURA ADICIONAL: THOMAS, 1997.

Regulus. A estrela mais brilhante da constelação de Leão, também conhecida como Cor Leonis (Coração do Leão). Na versão dada pela Golden Dawn à astrologia, o zodíaco teria sido idealizado tomando-se Regulus como grau zero de Leão. *VEJA* GOLDEN DAWN.

Alguns relatos sobre as eras astrológicas do mundo situam o início da Era de Aquário quando Regulus entrar no signo zodiacal de Virgem, o que está previsto para acontecer em 2012. *VEJA* AQUÁRIO, ERA DE; PRECESSÃO DOS EQUINÓCIOS.

Rei Azevinho. Em algumas tradições modernas pagãs e da Wicca, o deus da metade sombria do ano, que luta contra o Rei Carvalho (o senhor da metade luminosa do ano), num eterno combate pelos favores da Deusa. O conceito dos reis Carvalho e Azevinho deriva dos textos do poeta inglês Robert Graves, cujo livro *A Deusa Branca* (publicação original, 1948) é a fonte de boa parte das modernas imagens e tradições pagãs. *VEJA TAMBÉM* DEUS, O; REI CARVALHO.

Rei Carvalho. Em algumas tradições modernas pagãs e da Wicca, o representante da metade luminosa do ano, que briga eternamente com o Rei Azevinho, representante da metade sombria do ano, pelos favores da Deusa. O Rei Carvalho, bem como outros elementos dessa mitologia, foi introduzido no paganismo moderno pelo poeta inglês Robert Graves, cujo livro *A Deusa Branca*, foi um guia básico para todo o movimento neopagão. *VEJA* NEOPAGANISMO; WICCA.

Reichenbach, Karl von. Cientista austríaco, 1788-1869. Um dos nobres de mentalidade científica que povoavam a Europa continental no século XVIII e no início do XIX, o barão Reichenbach era membro de uma distinta e rica família da aristocracia austríaca. Passou a maior parte de sua vida em Viena ou na propriedade da família, o castelo Riesenberg, que ficava não muito distante dali. Teve uma carreira distinta como químico, sendo, entre outras coisas, responsável pela descoberta da parafina.

Mais tarde, o barão voltou sua atenção para o fenômeno do magnetismo, então ainda cercado em mistério, e descobriu que certos indivíduos sensíveis eram capazes de ver uma leve luz emanando dos polos de um ímã. Novos experimentos levaram-no à convicção de que a luz e outros efeitos, longe de serem um mero efeito colateral do magnetismo, seriam um indicador de outra forma de energia, que ele chamou de od, ou força ódica. Reichenbach realizou diversos experimentos sobre a força ódica, usando diversos sensitivos, e publicou vários trabalhos sobre o assunto.

Apesar de críticas duras e, muitas vezes, bastante imprecisas da ortodoxia científica de sua época, ele continuou a fazer pesquisas sobre o od até a época de sua morte. *VEJA* OD. LEITURA ADICIONAL: REICHENBACH, 1965.

Reich, Wilhelm. Psicólogo austríaco, 1897- -1957. Nascido numa família judia de classe média em Viena, Reich formou-se com excelentes notas num colégio técnico em 1915. Depois de passar um período no exército austríaco, servindo na frente italiana, cursou a escola de medicina na Universidade de Viena, formando-se em 1922. Enquanto estudava, desenvolveu um interesse pela sexologia e pela psicanálise, tornando-se membro da Sociedade Psicológica de Viena.

Graças a seu trabalho com a Clínica Neurológica Universitária, onde fez estudos de pós-graduação, ele ficou convencido de que não apenas a mente, mas o corpo, precisavam ser incluídos na terapia psicológica. Isso o levou à criação de uma forma de terapia que ele chamou de "vegetoterapia" (em função de seu foco sobre o sistema nervoso autônomo ou vegetativo), que combinava a análise freudiana com a massagem de tecidos profundos.

No final da década de 1920, flertou com o marxismo, filiando-se ao Partido Comunista e argumentando que a libertação sexual das massas seria a primeira etapa para sua libertação econômica. Com a década de 1930, essas questões ficaram menos importantes para seu trabalho quando começou a pesquisar a base da energia sexual. No final dessa década, ele estava convencido de que tinha descoberto uma nova forma de energia – o orgônio, a força vital básica do universo – e dedicou o resto de sua vida a uma série de textos e pesquisas cada vez mais estranhas a respeito. *VEJA* ORGÔNIO.

Reich mudou-se para os Estados Unidos antes da Segunda Guerra Mundial. Nessa época, desenvolveu os acumuladores de orgônio – grandes caixas verticais com camadas alternadas de metal e madeira – e não perdeu tempo em anunciá-las e vendê-las pelo correio. Isso atraiu a atenção pouco amigável da Food and Drug Administration, que proibiu a venda do equipamento [a FDA é a entidade governamental que controla medicamentos e similares, equivalente ao Ministério da Saúde no Brasil – N. do T.]. Ele ignorou a proibição e os problemas legais que se seguiram terminaram com sua morte na prisão, em 1957.

A última parte de sua vida foi dedicada a teorias e experimentos que até seus seguidores mais entusiásticos evitam discutir. Convenceu-se de que um aparelho movido a orgônio inventado por ele poderia desintegrar nuvens no céu, em seguida dedicou-se a discos voadores, tendo concluído que a Terra era um campo de batalha numa guerra cósmica entre naves alienígenas – uma pequena frota de discos, segundo dizia, estava tentando roubar o orgônio da Terra, enquanto outra tentava repô-la.

Fosse qual fosse o valor dessas teorias, seu sistema de vegetoterapia mostrou-se eficaz e, tanto esse texto, quanto outros, tornaram-se populares entre ocultistas na última parte do século XX. Seu orgônio foi equiparado ao magnetismo animal de Mesmer, à força ódica de Reichenbach e à Luz Astral de Éliphas Lévi, todos muito parecidos, como outra redescoberta da energia etérica conhecida pelos magos ao longo de séculos. *VEJA* ÉTER; MESMER, FRANZ ANTON; LÉVI, ÉLIPHAS; REICHENBACH, KARL VON. LEITURA ADICIONAL: REICH, 1942.

Reidh. *VEJA* RAIDO.

rei elemental. Na tradição da magia cerimonial, um dos quatro seres que, segundo se supõe, governariam os espíritos elementais; *VEJA* ELEMENTAL. Sua natureza e seu lugar nas hierarquias dos seres espirituais são incertos, embora muitas autoridades sugiram que um rei elemental é, em essência, a mente coletiva de toda uma classe de espíritos elementais. O rei elemental do ar é Paralda, o do fogo é Djin, o da água é Nichsa e o da terra é Ghob. *VEJA TAMBÉM* ELEMENTOS MÁGICOS.

Relâmpago. Na cabala, um diagrama formado pela conexão das dez Sefirot da Árvore da Vida em sua ordem numérica; também conhecido como Espada Flamejante. A teoria cabalística vê no Relâmpago uma representação da descida do poder criativo através dos Planos da Existência no início do universo. *VEJA TAMBÉM* CABALA; ESPADA FLAMEJANTE; ÁRVORE DA VIDA.

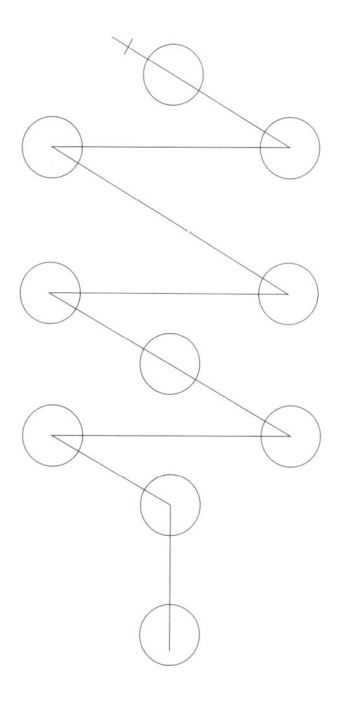

Relâmpago

remédio dos metais. Na alquimia, outra expressão para a Pedra Filosofal. *VEJA* PEDRA FILOSOFAL.

repercussão. Na tradição mágica, o maior perigo da projeção etérica, da mudança de forma e de outros modos de experiência fora do corpo que fazem uso de substância etérica. Se um corpo de transformação formado desse modo for atingido por um metal etericamente condutor, como prata ou ferro, o dano feito ao corpo será refletido no corpo físico do projetor. Se o material condutor passar pelo centro do corpo de transformação, o projetor corre o risco de morrer na hora.

A repercussão é uma característica constante do folclore da mudança de forma, e magos do século XIX e início do XX afirmavam que esses relatos baseavam-se na realidade. Pouco, porém, tem sido falado sobre a repercussão desde a ascensão de abordagens mais psicológicas sobre a magia. *VEJA TAMBÉM* CORPO ETÉRICO; PROJEÇÃO ETÉRICA; LICANTROPIA.

Resh. (hebraico, "cabeça") Vigésima letra do alfabeto hebraico, letra dupla com valor sonoro de *r* e valor numérico 200. Suas correspondências ocultistas mais comuns são:

> *Caminho da Árvore da Vida*: Caminho 30, de Hod a Yesod.
> *Correspondência astrológica*: O Sol.
> *Correspondência no tarô*: Arcano XIX, O Sol.
> *Parte do Cubo do Espaço*: Face sul do cubo.
> *Cores*: em Atziluth, laranja.
> em Briah, amarelo dourado.
> em Yetzirah, âmbar intenso.
> em Assiah, âmbar rajado de vermelho.

Seu texto, no *Trinta e Dois Caminhos da Sabedoria*, diz: "O Trigésimo Caminho é a Inteligência Coletiva, assim chamado porque os Astrólogos deduzem dele o juízo das estrelas e dos signos celestiais e aperfeiçoam sua ciência de acordo com as regras dos movimentos das estrelas". *VEJA TAMBÉM* CABALA; ALFABETO HEBRAICO.

Letra hebraica Resh

respiração. Na teoria ocultista, a respiração é o principal canal de movimentação da energia etérica para dentro e para fora do corpo humano. Muitas das antigas palavras que significam "respiração" também significam "espírito": o hebraico *ruach*, o grego *pneuma* e o latim *spiritus* são exemplos. Uma boa variedade de exercícios de respiração, alguns desenvolvidos de forma independente, outros importados de sistemas espirituais asiáticos, tem sido usada há muitos séculos na prática ocultista ocidental como forma de direcionar, equilibrar e usar os efeitos etéricos da respiração. *VEJA* ÉTER. *VEJA TAMBÉM* EXSUFLAÇÃO; INSUFLAÇÃO.

respiração, narina alternada de. *VEJA* PRANAYAMA.

respiração, quatro fases. *VEJA* PRANAYAMA.

retorno lunar. *VEJA* RETORNO SOLAR.

retorno solar. Na astrologia, o momento em que o Sol retorna à mesma posição que ocupava quando uma pessoa nasceu. Como o calendário moderno não acompanha com precisão o movimento do Sol, a data e horário exatos do retorno solar não serão os mesmos que a data e o horário do nascimento, devendo cair numa faixa de até um dia a mais ou a menos do que este. Um mapa traçado para o momento do retorno solar pode ser usado, especialmente em comparação com o mapa natal da mesma pessoa, para prever tendências e eventos no ano vindouro.

Alguns astrólogos usam também o retorno lunar, que ocorre uma vez a cada mês lunar quando a Lua atinge a mesma posição que tinha no mapa natal, como um guia mensal de tendências e eventos. VEJA TAMBÉM ASTROLOGIA.

retrógrado. Na astrologia, o movimento aparente de um planeta no sentido contrário ao do zodíaco. Isso acontece com todos os planetas pelo menos uma vez ao ano, e até quatro vezes num ano no caso do veloz Mercúrio. O efeito é uma ilusão de óptica causado pelo movimento da própria Terra ao redor do Sol. Quando a Terra ultrapassa os planetas mais lentos, eles parecem recuar contra o pano de fundo das estrelas; os planetas interiores, Mercúrio e Vênus, parecem mover-se para trás quando estão do mesmo lado do Sol que a Terra e passam por nosso mundo.

Os planetas retrógrados têm um papel importante em diversos ramos da astrologia. Quando um planeta está retrógrado, sua influência se reduz e fica sujeita a complicações. Muitos acreditam que quando Mercúrio, por exemplo, está retrógrado, as comunicações e as viagens – ambos regidos por Mercúrio – sofrem dificuldades e atrasos inesperados. VEJA TAMBÉM ASTROLOGIA.

Reuchlin, Johannes. Estudioso e cabalista alemão, 1455-1522. Na infância, sua bela voz canora granjeou-lhe um lugar no coro da capela do Margrave de Baden. Frequentando a escola do palácio, mostrou tamanho potencial para os estudos que o Margrave fez dele acompanhante de viagens de seu filho Friedrich, o que possibilitou a Reuchlin estudar na Universidade de Paris, para onde Friedrich foi enviado em 1473. Dominou latim, grego e hebraico em Paris e escreveu um dicionário de latim que foi publicado em 1478. Nesse mesmo ano, foi a Orleans para estudar Direito, sustentando-se com o ensino de línguas antigas. Em 1481, voltou à Alemanha e aceitou um emprego na Universidade de Tübingen.

Não demorou para conquistar a fama de melhor mente jurídica da Alemanha e, em 1490, participou de uma missão diplomática à Itália, onde conheceu Pico della Mirandola e outros hermetistas florentinos; VEJA PICO DELLA MIRANDOLA, GIOVANNI. Seus estudos de hebraico também foram famosos e incluíam estudos profundos de textos cabalísticos. Seu primeiro livro sobre a cabala, *De Verbo Mirifico*, incluiu um estudo detalhado da magia angélica cabalística e analisou o nome de Jesus pelo Tetragrammaton. VEJA PENTAGRAMMATON; TETRAGRAMMATON.

Em 1509, tornou-se centro de uma controvérsia de dimensão continental quando Johann Pfefferkorn, judeu convertido, e diversos oficiais da Inquisição propuseram ao imperador Maximiliano que todos os livros judeus, exceto o Antigo Testamento, fossem apreendidos e queimados. Maximiliano consultou Reuchlin, o mais destacado estudioso de hebraico na Alemanha, e, seguindo seu conselho, rejeitou o plano. Pfefferkorn e seus associados voltaram suas forças contra Reuchlin, acusando-o de heresia nos tribunais da Inquisição e em uma série de panfletos insultuosos. Os amigos de Reuchlin, que incluíam muitos estudiosos influentes e membros da nobreza, apoiaram-no, e a batalha prosseguiu.

O lado jurídico da questão só foi decidido em 1516, quando o próprio papa ordenou que todas as acusações contra Reuchlin fossem retiradas. Nesse mesmo ano, foi publicado *Epistolae Obscurorum Virorum*, uma brilhante e impiedosa paródia do processo contra Reuchlin, idealizada e publicada anonimamente por vários de seus amigos. *Epistolae* fez dos adversários de Reuchlin motivo de chacota na Europa e ajudou a afastar ataques contra cabalistas cristãos pelo resto do século XVI.

Nas últimas fases da controvérsia, Reuchlin publicou seu segundo e mais importante livro sobre a cabala, *De Arte Cabalistica* (1517). Este foi o primeiro tratado abrangente da cabala cristã e abordou a maior parte da tradição cabalística da época. Em 1518, começou a dar aulas na Universidade de Ingolstadt, onde lecionou até pouco antes de sua morte. LEITURA ADICIONAL: REUCHLIN, 1993; YATES, 1979.

ristir. (norueguês antigo, "cortar", "escavar") Na moderna magia rúnica, faca tradicional usada para gravar ou escavar uma ou mais runas numa superfície dura. A gravação das runas é uma parte importante da maioria das tradições rúnicas; pedaços de madeira, chifre ou alguma outra substância dura podem ter o mesmo papel que têm os talismãs de substâncias como papel e pergaminho na magia hermética. *VEJA TAMBÉM* RUNAS; TALISMÃ. LEITURA ADICIONAL: PENNICK, 1989; THORSSON, 1998.

Rit. *VEJA* RAIDO.

Rito Escocês. *VEJA* MAÇONARIA.

ritual do Não Nascido. Cerimônia dos papiros mágicos greco-egípcios que entrou para o ocultismo inglês do século XIX e tornou-se um dos rituais habituais da atual prática da Golden Dawn e da Thelema. O ritual foi encontrado num papiro que hoje está no Museu Britânico, em Londres, conhecido pelos estudiosos como PGM V. Seu título original é "a Estela de Jeu, o Hieroglifista". Em sua forma original, era um ritual de exorcismo que invocava um deus misterioso, o Decapitado ou Sem Início, para que expulsasse um demônio de uma pessoa possuída. Como muitos dos trabalhos greco-egípcios, inclui uma seção na qual o mago assume a identidade e os poderes desse deus.

O ritual foi publicado e traduzido originalmente pelo antiquário inglês Charles Wycliffe Goodman (1817-1878) em 1853, e adotado pela comunidade mágica inglesa nos últimos anos do século XIX. Em 1890, no máximo, já tinha sido totalmente remodelado e ampliado, sendo utilizado por um pequeno círculo de membros da Golden Dawn. *VEJA* GOLDEN DAWN.

Essa versão expandida foi publicada inicialmente em 1903, quando Aleister Crowley a usava como "Invocação Preliminar" em sua edição surrupiada da tradução feita por Samuel Mathers de *Goétia*. Mais tarde, Crowley revisou-a para adequá-la a seus próprios interesses mágicos e sexuais, publicando-a como *Liber Samekh*; esta última é bem popular, principalmente entre thelemitas. *VEJA* CROWLEY, ALEISTER; THELEMA. *VEJA TAMBÉM* PAPIROS MÁGICOS GRECO-EGÍPCIOS. LEITURA ADICIONAL: BETZ, 1986; REGARDIE, 1980.

roda. *VEJA* CIRCUM-AMBULAÇÃO.

Roda da Fortuna. Décimo Arcano Maior do tarô, a Roda da Fortuna era uma imagem alegórica tradicional na Idade Média, representando as marés altas e baixas da sorte na vida. A maioria das versões dos arcanos do tarô mostra uma roda com figuras variadas subindo e descendo com ela. No sistema de tarô da Aurora Dourada, este Arcano está associado à letra hebraica Kaph, enquanto o sistema francês associa-o a Yod. Seus significados mais comuns incluem a mudança da sorte, um grau moderado de felicidade, transição e evolução.

Seu título mágico é "Senhor das Forças da Vida". *VEJA TAMBÉM* TARÔ.

Carta de tarô a Roda da Fortuna (tarô Universal)

roda do ano. *VEJA* SABÁ.

rosa. (*Rosa* spp.) Mais importante flor simbólica na tradição ocidental, a rosa aparece constantemente em imagens ocultistas, especialmente por causa de sua associação com o movimento rosa-cruz; *VEJA* ROSA-CRUZES. Embora seu significado varie muito, geralmente a rosa representa o amor em todas as suas formas, desde os níveis mais espirituais da compaixão até a mais terrena das paixões. É equilibrada pelo lírio, símbolo da pureza. *VEJA* LÍRIO. LEITURA ADICIONAL: WILKINS, 1969.

Rosa-cruzes. Na tradição ocultista ocidental, uma ordem secreta de adeptos usando o símbolo da Rosa e da Cruz. Muitos grupos e professores diferentes têm afirmado o direito sobre o legado rosa-cruz ao longo dos anos, criando uma espessa nuvem de confusão em torno do assunto.

A primeira menção à Ordem Rosa-Cruz data do ano 1614, quando foi publicado um folheto por Wilhelm Wessel na cidade alemã de Cassel. O título completo do documento merece ser citado: *Reforma universal e geral de todo o vasto mundo; juntamente com a Fama Fraternitatis da louvável fraternidade da Rosa-Cruz, escrito para todos os sábios e governantes da Europa; além disso, breve resposta enviada por Herr Haselmayer, pela qual ele foi preso pelos jesuítas e condenado às galés; agora publicado e transmitido a todos os corações sinceros*. A primeira parte do folheto, a "Reforma universal e geral", é uma tradução feita para o alemão de um capítulo do *Ragguagli di Parnasso* (1612), de Traiano Boccalini; é uma sátira mordaz, na qual Apolo se dispõe a reformar o mundo, ouve os esquemas estúpidos de diversos sábios e finalmente limita sua reforma a novas leis concernentes ao preço das verduras. Segue-se a *Fama Fraternitatis* ou "Divulgação da Fraternidade", que proclama a existência de uma sigilosa Fraternidade da Rosa-Cruz, descreve a vida de seu fundador, Christian Rosenkreuz, e a descoberta do túmulo no qual ele e muitos dos segredos da fraternidade foram enterrados, e convida todas as pessoas com a mesma mentalidade a entrar em contato com a Fraternidade para compartilhar sua sabedoria e sua riqueza alquímica. O item final, a carta de Herr Haselmayer, é uma tentativa de se fazer contato com a ordem.

A publicação de *Fama* causou um extraordinário furor pela Europa. Os conservadores denunciaram a ordem misteriosa, os céticos questionaram sua existência. Os hermetistas a defenderam, e muitas pessoas tentaram se associar a ela. Livros, panfletos, prospectos, cartas e outras publicações sobre o assunto saíram de gráficas europeias.

Em 1615, surgiu um segundo panfleto da mesma gráfica. Este chamava-se "Uma breve consideração da mais secreta filosofia, escrita por Philip à Gabella, estudante de filosofia, agora publicada pela primeira vez junto com a Confissão da Fraternidade R.-C.". A "breve consideração" era um ensaio sobre filosofia mágica baseado no *A Mônada Hieroglífica* (1564) de John Dee; o *Confessio*, que vinha em seguida, ampliava o material da *Fama* desde um ponto de vista luterano, mais doutrinário. VEJA DEE, JOHN; MÔNADA HIEROGLÍFICA.

Um ano depois, com a controvérsia ainda a todo vapor, o terceiro "manifesto" – chamado *As Núpcias Alquímicas de Christian Rosenkreuz, Ano 1549* – foi publicado por Lazarus Zetzner, impressor de Estrasburgo. Sem ser um manifesto, essa obra é uma fábula alquímica e alegórica, narrada na primeira pessoa pelo próprio Christian Rosenkreuz, que descreve a viagem para comparecer ao casamento de um misterioso rei e sua rainha, e as pomposas e complexas cerimônias que cercam esse evento, culminando na morte e ressurreição do noivo e da noiva.

As três obras originais foram publicadas de maneira anônima. A terceira, *Núpcias Alquímicas*, parece ter sido a primeira a ser escrita, e seu autor foi Johann Valentin Andreae. No fim de sua vida, foi um sóbrio ministro luterano, mas na época em que a escreveu, Andreae estudava na faculdade e estava envolvido em círculos hermetistas da Universidade de Tübingen; seu pai e seu irmão eram alquimistas. Em sua autobiografia, escrita no final da vida e que ficou inédita até 1799, ele admite ter escrito alguns anos depois de iniciar seus estudos em Tübingen em 1601; um verbete encontrado em outro texto seu fixa a data da autoria em 1605. Sua publicação em 1616 deu-se pelas mãos de um "falso irmão", segundo o relato de Andreae, causando muito desconforto a Andreae; ele tinha sido nomeado para seu primeiro cargo eclesiástico dois anos antes e estava preocupado em deixar as partes mais escandalosas de sua carreira universitária para trás. Outras evidências apoiam esse relato, e a autoria desse texto por Andreae é aceita por quase todos os estudiosos. VEJA ANDREAE, JOHANN VALENTIN.

O *Fama* e o *Confessio* são mais complexos. Embora Andreae possa ter participado deles, certamente conhecendo as pessoas envolvidas, ele não estava agindo sozinho. Na época em que foram publicados (c. 1608-1610), Andreae era membro de um círculo de hermetistas cristãos que cercava o médico Tobias Hess (1568-1614), seguidor de Paracelso, e – mais uma vez, segundo os comentários num dos textos de Andreae – sabemos que Hess escreveu pelo menos parte do *Confessio*. Talvez os dois manifestos fossem obra de vários autores trabalhando juntos, uma prática comum na época.

O propósito dos dois manifestos deu margem a inúmeras especulações, mas uma importante pista sobre a questão recebeu pouca atenção. O *Fama*, o primeiro dos manifestos, não apareceu isoladamente; foi publicado juntamente com a tradução de uma sátira italiana. (A tradução em si foi feita por Christoph Besold, outro hermetista de renome de Tübingen e amigo pessoal de Andreae.) *A Reforma Geral* é uma mordaz sátira mitológica sobre esquemas de reforma social; é seguida de um manifesto que proclama, entre outras coisas, um esquema mitológico para reforma social. É impossível deixar de ver que o projeto todo foi concebido como uma brincadeira.

Com certeza, esta era a opinião de Andreae. Já idoso, ele se referia consistentemente aos textos rosa-cruzes como um *ludibrium*, palavra que pode significar "piada", "comédia", "brincadeira" ou "ironia". Num de seus textos (*Mythologiae Christiana*, 1618), ele faz um curioso comentário sobre a "comédia" que teria envolvido "uma mudança completa de atores". Aparentemente, o que aconteceu foi o seguinte: algo que teria começado dentro do círculo de amizades de Andreae acabou saindo de seu controle pouco depois da primeira publicação. O que havia começado como uma piada complexa, tal como as praticadas na época, tornou-se algo muito mais sério. Autores que não estavam ligados ao círculo original começaram a usar a história e o simbolismo rosa-cruz como estrutura para o luteranismo e para ensinamentos alquímicos e mágicos, ou para profecias milenaristas do fim do mundo que se aproximaria.

Além disso, parece ter havido uma dimensão política, algo que teria consequências desastrosas. Enquanto os manifestos originais estavam sendo escritos, uma complexa intriga política em torno de Frederico V, príncipe palatino do Reno, estava sendo forjada. Frederico era um dos principais luminares entre os monarcas protestantes da época. Rodolfo II, rei da Boêmia e santo imperador romano, tinha abdicado em 1611, e seu sucessor, Matias, morreu apenas cinco anos depois. Como a coroa da Boêmia era eletiva, não hereditária, os conselheiros e partidários de Frederico estavam procurando posicioná-lo como o futuro rei da Boêmia, com a coroa imperial como uma fascinante possibilidade. O esquema fracassou catastroficamente; Frederico foi coroado rei da Boêmia em 1619, mas ele e seus aliados foram depostos por exércitos católicos na batalha de Monte Branco em 1620. Frederico também foi deposto como príncipe palatino no mesmo ano e se exilou na Holanda pelo resto da vida.

Com Frederico, o palatinado do Reno tornou-se um centro de influências luteranas, herméticas e alquímicas. Os manifestos rosa-cruzes e outras publicações herméticas do mesmo período podem ter tido uma participação num esquema deliberado de propaganda para fomentar um movimento luterano-hermetista apoiando Frederico e opondo-se à Casa de Habsburgo, defensores da reação católica.

A Guerra dos Trinta Anos, que começou após o fracasso do esquema de Frederico, encerrou definitivamente o ressurgimento ocultista alemão daquela época, e aqueles que poderiam ter estado por trás dos manifestos rosa-cruzes parecem ter se ocultado ou desaparecido também. Só na Inglaterra e nos países escandinavos, onde a Igreja Católica tinha realmente perdido poder décadas antes, é que escritores alinhados com o movimento rosa-cruz mantiveram-se ativos. Mesmo assim, o movimento (se é que era um movimento) parece ter desaparecido perto do final do século XVII.

O renascimento das ordens rosa-cruzes no século seguinte foi provocado pela difusão da Maçonaria, que emergiu da obscuridade na Inglaterra, na segunda década do século XVIII, e se espalhou por diversos países europeus algumas décadas depois. Quando os iniciados maçons começaram a acrescentar aos três graus originais de Aprendiz, Companheiro e Mestre, quase todas as sociedades secretas tradicionais e cultos dos Mistérios do passado foram vasculhados em busca de inspiração, e a Rosa-Cruz não foi exceção. O resultado foi uma enxurrada de ordens maçônicas rosa-cruzes a partir do século XVIII, chegando aos dias atuais. *VEJA* MAÇONARIA; ORDEM DA CRUZ ÁUREA E ROSA; SOCIETAS ROSICRUCIANA IN ANGLIA (SRIA).

Motivos similares no importante renascimento ocultista do final do século XIX e início do XX deram origem a um novo influxo de organizações rosa-cruzes. A Ordem Hermética da Aurora Dourada na Inglaterra e a Ordem Cabalística da Rosa-Cruz na França, ambas com papel dominante no cenário ocultista europeu da virada do século, diziam pertencer à linhagem rosa-cruz e usavam muito simbolismo rosa-cruz. *VEJA* GOLDEN DAWN. "Sâr" Joséphin Péladan, cujos espetáculos artísticos de inspiração ocultista foram a sensação de Paris no final do século XIX, inspirou-se nessa mesma fonte. *VEJA* PÉLADAN, JOSÉPHIN; SALÕES ROSA-CRUZES.

Nas primeiras décadas do século XX, surgiram nos Estados Unidos diversas ordens mágicas rosa-cruzes em grande escala, operando na base de cursos por correspondência e ensinando as bases da filosofia e prática ocultistas para duas gerações de magos norte-americanos. *VEJA* ANTIGA E MÍSTICA ORDEM ROSAE CRUCIS (AMORC); FRATERNITAS ROSAE CRUCIS (FRC); FRATERNIDADE ROSA-CRUZ; RAIDO. Outra adição do século XX aos escalões rosa-cruzes foi o ocultista austríaco Rudolf Steiner (1861-1925), que usou as tradições rosa-cruzes em muitos de seus volumosos textos sobre teoria e prática ocultistas. A tradição rosa-cruz tem até lugar na pré-história da Wicca moderna; *VEJA* ORDEM ROSA-CRUZ DA FRATERNIDADE CROTONA (ROCF). É possível esperar novos desdobramentos rosa--cruzes também no século XXI.

Nos dois últimos séculos, mantendo a grandiosa tradição da falsificação histórica, circularam diversos relatos das origens do movimento rosa-cruz afirmando que este teria origem no Egito Antigo, na Atlântida ou em algum período igualmente remoto; pelo menos uma ordem rosa-cruz ativa na atualidade afirma que a tradição recua até o faraó herege Akhenaton no século XIV A.E.C. *VEJA* AKHENATON. Infelizmente, essas alegações não têm evidências históricas a apoiá-las, e representam mais um desdobramento do rico legado da pseudo-história ocultista. *VEJA* HISTÓRIA OCULTA. *VEJA TAMBÉM* FLUDD, ROBERT; MAIER, MICHAEL; ROSENKREUZ, CHRISTIAN. LEITURA ADICIONAL: ÅKERMAN, 1998; DICKSON, 1998; MCINTOSH, 1987; YATES, 1972.

Rosenkreuz, Christian. Lendário fundador da ordem rosa-cruz (1378-1484). *Fama Fraternitatis*, o primeiro dos documentos rosa-cruzes originais, é a única fonte sobre sua biografia e refere-se a ele apenas como C. R. ou C. R. C. Seu nome completo foi publicado pela primeira vez em *As Núpcias Alquímicas de Christian Rosenkreuz*, o terceiro dos documentos. Seu nome tem várias grafias; a grafia empregada neste verbete é a mais comum.

Segundo o relato do *Fama*, Rosenkreuz nasceu na Alemanha numa família nobre, mas sem um tostão. Com cinco anos de idade, foi para um mosteiro, onde aprendeu grego e latim. Ainda adolescente, saiu em peregrinação à Terra Santa com um irmão mais velho do mesmo mosteiro, cujas iniciais eram P.A.L.

A viagem foi interrompida pela morte de P.A.L. em Chipre, mas Rosenkreuz não estava disposto a voltar e prosseguiu até Damasco, esperando ir de lá para Jerusalém. Não pôde fazê-lo por "fraqueza do corpo" – embora a mesma fonte fale mais tarde de sua constituição robusta – e ganhou favores dos turcos de Damasco graças à sua habilidade como médico.

Enquanto estava em Damasco, ouviu falar de Damear (a atual Dhamar), uma cidade de sábios na Arábia, onde eram feitas maravilhas e revelados os segredos da natureza. Mudando os planos de viagem, pagou a um grupo de árabes para que o levassem a Damear. Lá, segundo o *Fama*, os moradores o saudaram como se o conhecessem há muito tempo, chamaram--no pelo nome e mostraram-lhe segredos do mosteiro onde ele vivera. Ele ficou em Damear por três anos, estudando medicina e matemática e aperfeiçoando seu domínio do árabe. Depois, viajou pelo Egito até a cidade de Fez, onde passou dois anos estudando magia e cabala. *VEJA* DAMEAR; FEZ.

Concluindo seus estudos, foi à Espanha, esperando compartilhar o que tinha aprendido com os estudiosos da Europa. Sua expectativa se desfez, e suas descobertas foram rejeitadas e ironizadas, não só na Espanha como no resto da Europa. Assim, finalmente, Rosenkreuz voltou à Alemanha onde, após cinco anos de novos estudos, procurou três irmãos do antigo mosteiro e com eles formou a Fraternidade da Rosa-Cruz. Mais quatro, um deles sobrinho de Rosenkreuz, entraram para a fraternidade um pouco depois. Enquanto a maioria dos irmãos viajavam pelo mundo, Rosenkreuz ficou na sede da fraternidade, o Collegium Spiritus Sancti, até a sua morte, sendo enterrado lá num túmulo subterrâneo oculto. A redescoberta desse túmulo e do corpo intacto de Rosenkreuz em 1604 deu azo à publicação dos manifestos rosa-cruzes, e tornou-se a narrativa central do movimento.

O segundo dos documentos originais, o *Confessio Fraternitatis*, nada acrescenta de substancioso à biografia apresentada. O terceiro, *Núpcias Alquímicas*, é uma complexa fábula alquímica narrada por Rosenkreuz na primeira pessoa, mas sua relação com a figura descrita no *Fama* é incerta.

Houve vários esforços para mostrar que Rosenkreuz foi uma figura histórica real. Alguns teósofos afirmam que ele teria sido uma encarnação anterior do Conde de Saint-Germain, e uma pintura de Rembrandt – "O Cavaleiro Polonês", pintada por volta de 1655 – foi identificada como um retrato do Conde ou do próprio Rosenkreuz. Outros autores disseram que o modelo original teria sido Paracelso ou o alquimista polonês Michael Sendivogius. Essas alegações são de difícil comprovação e têm pouca evidência a seu favor. *VEJA TAMBÉM*: SAINT-GERMAIN, CONDE DE; MESTRES; ROSA-CRUZES; CHRISTIAN ROSENKREUZ, TÚMULO DE. LEITURA ADICIONAL: ALLEN, 1968; J. GODWIN, 1991; MCINTOSH, 1987.

ruach. (hebraico RVCh, "sopro", "espírito") Na cabala e em muitas tradições mágicas, uma expressão que costuma ser usada para o espírito, com a mesma origem e muitas das mesmas ambiguidades que a palavra "espírito". *VEJA* ESPÍRITO.

Na tradição da Golden Dawn e em muitas fontes cabalísticas, *ruach* era usada para designar o eu consciente comum, composto por intelecto, emoção, imaginação, vontade e memória. Ela é orientada desde o alto pelo eu espiritual ou neshamah, e se liga com o corpo físico, abaixo, através do corpo vital ou da consciência automática, o *nephesh*. *VEJA* NEPHESH; NESHAMAH. *VEJA TAMBÉM* CABALA.

Ruach Elohim. (hebraico RVCh ALHIM, "espírito de Deus") Na cabala, o espírito divino. As letras dessas duas palavras somam 300, o número da letra hebraica Shin; este detalhe da gematria tem papel importante no simbolismo e significado dessa letra. *VEJA* GEMATRIA; SHIN.

Rubeus. (latim, "vermelho") Figura geomântica governada por Marte. Rubeus costuma ser considerada uma figura desafortunada, exceto em questões relacionadas com a paixão e com a devassidão. *VEJA* GEOMANCIA.

● ●
 ●
● ●
 ●

Figura geomântica Rubeus

Rudhyar, Dane. (Daniel Chennevière) Astrólogo, compositor, artista e ocultista franco--americano, 1895-1985. Nascido em Paris numa família rica, Rudhyar foi um menino--prodígio que se formou em filosofia aos 16 anos e publicou um notável livro sobre o compositor francês Claude Debussy dois anos depois. Livre do serviço militar graças à sua saúde fraca, saiu da França em 1916 e foi para os Estados Unidos, mudando de nome para Dane Rudhyar e, estabelecendo-se em Nova York, não demorou muito para se tornar uma estrela em ascensão no cenário musical norte-americano. Figura de destaque do modernismo americano, um movimento de música erudita ativo na década de 1920, também escreveu trilhas sonoras para diversas produções cinematográficas de Hollywood.

Em 1931, saiu subitamente de Nova York, abandonou todos os contatos com o mundo musical e foi morar em Santa Fé, no Novo México. Lá, dedicou-se ao estudo da astrologia, um antigo interesse, e começou a estudar a filosofia esotérica de Alice Bailey, tornando-se membro de sua Escola Arcana. VEJA ESCOLA ARCANA, A; ASTROLOGIA; BAILEY, ALICE. Em 1933, escrevia artigos mensais para respeitáveis publicações astrológicas e em 1936 publicou aquela que é considerada sua obra-prima, *A Astrologia da Personalidade*, livro dedicado a Bailey e publicado originalmente pela editora desta. Nessa obra, ele previu a descoberta de um corpo planetário entre Saturno e Urano; pouco mais de quarenta anos depois, essa previsão mostrou-se acertada, pois Charles Kowal descobriu o cometa gigante Quíron na localização prevista por Rudhyar. VEJA QUÍRON.

Rudhyar tornou-se pintor de sucesso no final da década de 1930, e publicou dois romances e diversos volumes de poesia. Casado quatro vezes, passou a maior parte do resto de sua vida no Novo México e na Califórnia, escrevendo cerca de trinta livros sobre astrologia, filosofia, música e arte. Foi o fundador da astrologia humanística, movimento da astrologia moderna que rejeita a abordagem científica das forças astrológicas e prefere uma postura baseada na psicologia profunda e na filosofia holística. Sua morte em San Francisco aos 90 anos provocou panegíricos de todo o mundo astrológico. LEITURA ADICIONAL: RUDHYAR, 1970.

Ruis. (irlandês antigo, "avermelhado") Décima quinta letra do alfabeto Ogham, com valor sonoro *r*. Corresponde ao sabugueiro entre as árvores, à gralha-calva entre as aves, à cor vermelha e ao número quinze. Na versão do calendário das árvores-Ogham de Robert Graves, seu mês vai de 26 de novembro a 22 de dezembro. VEJA OGHAM.

Letra Ruis em Ogham

runas. (norueguês antigo, "segredo") Grupo de antigos alfabetos usados pelos povos germânicos e escandinavos como sistema de escrita para fins práticos e como ferramenta mágica e divinatória. O mais antigo sistema de runas conhecido, o futhark antigo de 24 letras, aparentemente foi criado antes de 50 E.C., data do mais antigo artefato rúnico conhecido. (A expressão *futhark*, usada para um alfabeto rúnico, compõe-se dos valores sonoros das seis primeiras letras.) Uma versão ampliada, o futhorc anglo-saxão de 29 ou 33 letras, era usada por volta de 400 E.C. Entre os povos da Escandinávia, por sua vez, o alfabeto rúnico evoluiu em outra direção, simplificando-se e tornando-se o futhark recente com dezesseis runas.

Há mais de um século que os estudiosos discutem a origem das runas, sugerindo alfabetos como o grego, o latim e o etrusco como fonte original das letras rúnicas. Contudo, está claro que as runas estavam profundamente ligadas a tradições mágicas alemãs desde o início, como sugere o significado de "runa".

O historiador romano Tácito, em seu relato sobre as tribos germânicas (o *Germania*, escrito em 98 E.C.), menciona superficialmente um sistema de adivinhação usando *notae* ("signos"). Pedaços da madeira de uma nogueira foram marcados com as notae, e três delas foram desenhadas e interpretadas. O primeiro artefato rúnico conhecido, um broche encontrado em Meldorf, na Alemanha, data aproximadamente de 50 E.C., e por isso o comentário de Tácito pode ser uma referência à adivinhação rúnica (ou protorrúnica).

Inscrições rúnicas posteriores, inclusive as impressionantes pedras rúnicas encontradas pelo sul da Escandinávia, também incluem palavras mágicas de poder e longos e incompreensíveis trechos similares aos *nomina barbara* da magia contemporânea, mais ao sul. *VEJA* ALU; PALAVRAS BÁRBARAS; LAUKAR; LINA. As sagas nórdicas e outros materiais escritos dos últimos anos da tradição rúnica apresentam as runas como objetos mágicos, e o deus Odin recebe o crédito por sua descoberta. Os mestres em runas, chamados *erilaz* na época do futhark antigo, parecem ter tido um papel influente na vida mágica e espiritual das tribos germânicas da Era das Migrações (c. 300 – c. 800 E.C.), tal como os equivalentes nórdicos posteriores fizeram até a Escandinávia ser cristianizada no século XI.

Com a chegada do cristianismo e do alfabeto latino, as runas foram caindo em desuso. Inscrições rúnicas da Idade Média costumam incluir elementos de tradições mágicas clássicas, árabes e medievais, mostrando que a magia nativa do norte estava sendo esquecida. No início do Renascimento, a tradição rúnica sobreviveu apenas de modo fragmentado num punhado de fontes manuscritas.

A redescoberta das runas começou com o trabalho do grande estudioso e mago do Renascimento Johannes Bureus (1568-1652) na Suécia, que utilizou as clássicas ferramentas acadêmicas da sua época para estudar as relíquias restantes da cultura pagã escandinava. *VEJA* BUREUS, JOHANNES. Remanescentes da tradição rúnica anglo-saxã também chamaram a atenção de historiadores ingleses a partir do Renascimento.

O ressurgimento das runas como presença determinante na tradição ocultista ocidental, porém, começou com o trabalho de Guido von List (1848-1919), figura central do moderno ressurgimento teutônico. *VEJA* LIST, GUIDO VON. Em 1902, recuperando-se de uma operação na vista, List teve uma experiência mística na qual as runas tiveram um papel fundamental. A partir dessa experiência, ele idealizou um sistema um tanto quanto idiossincrático com dezoito runas, baseado num trecho do *Elder Edda* no qual o deus Odin fala dos poderes secretos das runas. Esse sistema ainda é popular nos países teutófonos, mas não tem muitos seguidores no resto do mundo. Outra figura dominante nos estudos das runas alemãs foi Friedrich Marby (1882-1966), que desenvolveu um método de yoga rúnica como parte de um complexo e impressionante sistema de misticismo e magia rúnica. *VEJA* MARBY, FRIEDRICH BERNHARD.

No mundo anglófono, por sua vez, os estudos das runas não progrediram muito antes do surgimento dos primeiros movimentos pagãos teutônicos importantes no início da década de 1970 e foram seguidos por muito poucos estudiosos depois disso. A publicação da obra de Ralph Blum, *The Book of Runes*, em 1978, mudou essa situação. Embora o trabalho de Blum tenha sido duramente criticado como superficial e impreciso, serviu para apresentar as runas a um público mais amplo e criou mercado para estudos mais substanciais da tradição rúnica. Nas décadas seguintes, floresceram os estudos das runas, em conjunto com o desenvolvimento e difusão do ressurgimento pagão teutônico. *VEJA* ASATRÚ. *VEJA TAMBÉM* FUTHORC ANGLO-SAXÃO; RUNAS ARMANEN; FUTHARK ANTIGO; FUTHARK RECENTE. LEITURA ADICIONAL: ASWYNN, 1998; DAVIDSON,

runas armanen

1981; FLOWERS, 1986; LIST, 1988; THORSON, 1989B E 1998.

runas armanen. Alfabeto rúnico idealizado por Guido von List, que acreditava que ele pertenceria à sabedoria antiga dos sacerdotes armanen; *VEJA* ARMANEN. Em 1902, enquanto se recuperava de uma operação no olho, List teve uma experiência mística na qual enxergou conexões entre dezoito das runas do futhark antigo e os dezoito versos do poema rúnico do "Havamal", uma seção da coletânea dos *Eddas*. Após recuperar-se, publicou as correspondências e as expandiu bastante em seu livro de 1908, *The Secret of the Runes*. Embora não haja evidência histórica da existência do futhark armanen antes de List, trata-se de um alfabeto mágico bem desenvolvido e ainda em uso por praticantes das runas em países teutófonos.

Runa	Valor sonoro	Nome	Significado
ᚠ	F	Fa	Transitório
ᚢ	U	Ur	Primordial
ᚦ	Th	Thorn	Relâmpago
ᚨ	O	Os	Boca
ᚱ	R	Rit	Roda
ᚲ	K	Ka	Solteira
ᚺ	H	Hagal	Introspecção
ᚾ	N	Not	Necessidade
ᛁ	I	Is	Vontade
ᛃ	A	Ar	Luz Solar
ᛋ	S	Sig	Vitória
ᛏ	T	Tyr	Espada
ᛒ	B	Bar	Canção
ᛚ	L	Laf	Lei
ᛘ	M	Man	Maternidade
ᛦ	Y	Yr	Arco-íris
ᛖ	E	Eh	Casamento
ᚷ	G	Gibor	Presente

VEJA TAMBÉM RUNAS. LEITURA ADICIONAL: LIST, 1988; THORSSON, 1989B.

Ruta. De acordo com a tradição teosófica, uma das duas ilhas que restaram após o primeiro afundamento parcial da Atlântida; a outra seria Daitya. A versão teosófica da Atlântida foi adotada por muitos outros sistemas esotéricos do final do século XIX e início do XX, e é possível encontrar nela referências à Ilha de Ruta, bem como na ficção fantástica. *VEJA TAMBÉM* ATLÂNTIDA.

S

sabá. (também grafado **sabbat**) Expressão que tradicionalmente designa um encontro de bruxas, adotado pelo moderno movimento pagão; para informações sobre tradições mais antigas, *VEJA* SABÁ DAS BRUXAS. Na moderna prática pagã, os sabás são os oito festivais mais importantes da roda do ano, o calendário sagrado pagão, e consiste em solstícios, equinócios e de quatro dias "intermediários", situados aproximadamente entre os solstícios e os equinócios [as datas indicadas se aplicam ao hemisfério Norte – N. do T.]. Os sabás têm nomes distintos segundo cada tradição pagã, mas Samhain, Yule, Imbolc, Ostara, Beltane, Litha, Lammas e Mabon são os mais comuns. Uma divisão em sabás maiores – os dias intermediários – e sabás menores – solstícios e equinócios – é comum em muitas tradições.

Sabá: Samhain. *Nomes Alternativos*: Hallowmas, Noite de inverno. *Data*: 31 de outubro.

Sabá: Yule. *Nomes Alternativos*: Solstício de Inverno, Alban Arthuan. *Data*: 21 de dezembro.

Sabá: Imbolc. *Nomes Alternativos*: Oimelc, Brigid, Candlemas, Disting. *Data*: 2 de fevereiro.

Sabá: Ostara. *Nomes Alternativos*: Equinócio de Primavera, Alban Eiler. *Data*: 21 de março.

Sabá: Beltane. *Nomes Alternativos*: Roodmas, Walburga. *Data*: 1º de maio.

Sabá: Litha. *Nomes Alternativos*: Solstício de Verão, Alban Heruin. *Data*: 21 de junho.

Sabá: Lammas. *Nomes Alternativos*: Lughnasadh, Thingtide. *Data*: 1º de agosto.

Sabá: Mabon. *Nomes Alternativos*: Equinócio de Outono, Descoberta do inverno, Alban Elued. *Data*: 21 de setembro.

Embora alguns dos sabás tenham raízes antigas, o moderno calendário pagão como um todo é uma criação do século XX. As origens variadas dos atuais nomes padronizados dos sabás são um bom indicador de que a lista foi uma criação moderna montada a partir de fontes escritas: *Samhain*, *Beltane* e *Imbolc* são expressões tiradas do gaélico irlandês; *Yule* e

Lammas são palavras do inglês antigo; *Ostara* é do alemão antigo; *Mabon* é galês medieval; *Litha* foi tirada da ficção fantástica de J. R. R. Tolkien e não aparece em nenhum outro lugar. VEJA BELTANE; IMBOLC; LAMMAS; LITHA; MABON; OSTARA; SAMHAIN; YULE.

Registros históricos dos festivais são um tema completamente diferente. As comemorações de Beltane e de Samhain são bem atestadas em diversas fontes celtas, e listas dos quatro dias intermediários, tratadas como um conjunto, são encontradas em algumas fontes irlandesas antigas. Festivais nas datas de solstícios são comuns à maioria das culturas do planeta. Não há evidências, porém, de que os equinócios fossem comemorados na Europa pagã, e muitas evidências de que diversos outros festivais, que não fazem parte da moderna roda do ano pagã, tinham papel muito mais importante.

A julgar pelos ritos de fertilidade e pelos festivais populares que aparecem em registros antigos ou sobrevivem até hoje, o antigo calendário pagão de festivais era tão complexo, tão próprio de cada lugar e tão variado quanto outros aspectos do paganismo antigo. Nenhum deles torna os sabás atuais impróprios como calendário ritual para pagãos modernos, e um conjunto de cerimônias espaçadas de maneira uniforme ao longo do ano recomenda-o muito em termos práticos. VEJA TAMBÉM NEOPAGANISMO; PAGANISMO; WICCA. LEITURA ADICIONAL: FARRAR E FARRAR, 1981; HUTTON, 1994.

sabá das bruxas. No folclore da bruxaria medieval, as supostas reuniões para as quais as bruxas voavam a fim de adorar o Diabo e realizar atividades mágicas. Os sabás aconteciam em datas variadas – não havia calendário fixo nos manuais de caça às bruxas ou fontes contemporâneas similares – e envolviam diversas atividades, entre as quais banquetes, danças, matar e comer criancinhas e sexo com outras bruxas e/ou demônios eram citadas normalmente. A palavra *sabá* já foi explicada de diversas maneiras por estudiosos da bruxaria, mas a maioria dos pesquisadores modernos concorda que ela foi emprestada da palavra hebraica *shabbat*, "sabbath", como parte do hábito cristão de considerar todos os que não fossem cristãos como adoradores do Diabo cristão.

Nos julgamentos de bruxas, a admissão de que tinha comparecido a um sabá era importante para se provar a culpa, e questões detalhadas e direcionadas sobre o assunto eram usadas na maioria das listas durante o interrogatório de suspeitos de bruxaria. Como a tortura era quase sempre usada nesses suspeitos, descrições pitorescas do sabá e de suas atividades eram comuns. A comparação com o atual conceito de "abusos em rituais satânicos", para os quais as evidências costumam ser extraídas mediante listas de perguntas detalhadas e que conduzem os supostos "sobreviventes" sob hipnose ou intensa pressão psicológica, não escapou a diversos estudiosos modernos do tema.

Fica evidente que o sabá dos manuais de caça às bruxas não tinha nenhuma realidade histórica e foi criado com alegações do folclore europeu e do cristianismo tradicional acerca de outras religiões – alegações que, ironicamente, eram usadas contra os cristãos na época romana. Já foi dito, porém, que grandes parcelas do mito do sabá vieram de diversas tradições medievais pouco compreendidas sobre voos espirituais na companhia de uma deusa noturna. VEJA CÂNONE EPISCOPI. VEJA TAMBÉM FOGUEIRAS, ERA DAS; MAGIA, PERSEGUIÇÃO À PRÁTICA DA; PAGANISMO. LEITURA ADICIONAL: COHN, 1975; GINZBURG, 1991.

Sabaoth. (hebraico TzBAVTh, "exército") Um elemento de diversos Nomes de Deus, bíblicos e cabalísticos (por exemplo, ALHIM

TzBAVTh, Elohim Tzabaoth, "Elohim das Hostes"), que foi erroneamente considerado como um Nome independente por magos helenísticos e usado livremente na magia antiga, medieval e moderna. A grafia "Sabao" também é encontrada em algumas fontes antigas, especialmente em textos mágicos gnósticos e greco-egípcios. VEJA GNOSTICISMO; PAPIROS MÁGICOS GRECO-EGÍPCIOS. VEJA TAMBÉM CABALA.

sabbat. VEJA SABÁ.

sabianos, símbolos. Conjunto de símbolos, um para cada um dos 360 graus do zodíaco, usado por alguns astrólogos modernos como auxiliar na interpretação de mapas. Uma adição recente à astrologia, os símbolos sabianos (alguns chamam-nos *sabeus*) foram idealizados em 1925 pelo astrólogo norte-americano Marc Edmund Jones e a clarividente Elsie Wheeler. Foram divulgados inicialmente por Jones em aulas apresentadas a membros do Coven Sabiano, a escola de astrologia e de pensamento esotérico que ele administrava, e depois publicado em seu livro *Os Símbolos Sabianos em Astrologia* (publicação original, 1953). Em 1973, o astrólogo Dane Rudhyar publicou uma versão ampliada e reinterpretada dos símbolos em seu livro *Uma Mandala Astrológica*; esta tornou-se a versão mais usada na moderna prática astrológica.

O tom dos símbolos sabianos pode ser avaliado por alguns exemplos. O primeiro grau de Áries é "Uma mulher surgiu do oceano. Uma foca a abraça". Na interpretação de Rudhyar, ele representa "o indivíduo está emergindo do coletivo", "potencialidade de individualidade" (no original em inglês, Rudhyar, 1974 p. 49); dezesseis graus de Virgem é "multidão de crianças ao redor da jaula do orangotango no zoológico"; o significado é "a lição que os muito velhos podem dar aos muito jovens" (ibid., p. 160). Vinte e oito graus de Peixes é "Sob a Lua Cheia, os campos parecem estranhamente vivos"; a interpretação é "chamado da mente universal ao coração" (ibid., p. 286). [A tradução para o português dos símbolos mencionados seguiu a obra de Dane Rudhyar, *Astrologia da Personalidade*, tradução de Ingrid Lena Klein para a Editora Pensamento, 1989 – N. do T.]

Os símbolos sabianos também têm sido usados isoladamente como ferramenta divinatória, usando diversos métodos aleatórios para escolher um determinado símbolo, que então é interpretado. VEJA TAMBÉM ASTROLOGIA. LEITURA ADICIONAL: RUDHYAR, 1974.

sabugueiro. (*Sambucus* sp.) Árvore importante na magia popular da maior parte da Europa, o sabugueiro era plantado nos cantos dos jardins como proteção contra o mal. Queimar uma acha de sabugueiro, no entanto, significava convidar o Diabo para entrar em casa, e os berços nunca eram feitos da madeira do sabugueiro porque qualquer bebê colocado dentro de um berço assim seria beliscado por duendes até ficar roxo. VEJA FADAS. VEJA TAMBÉM MAGIA NATURAL. Com o nome Ruis, o sabugueiro também é uma árvore Ogham. VEJA OGHAM; RUIS.

Sacerdotisa, a. Segundo Arcano Maior do tarô, chamada de Suma Sacerdotisa ou Juno em alguns baralhos. A ilustração costuma acompanhar o nome, mostrando uma Suma Sacerdotisa sentada à frente de um véu ou uma mulher com roupas de papa ou a deusa Juno num trono. Na tradição da Golden Dawn, corresponde à letra hebraica Gimel, enquanto o sistema francês a associa a Beth. Seus significados mais comuns incluem sabedoria, revelação, intuição e o fluxo dos fenômenos cíclicos.

O título mágico deste arcano é "Sacerdotisa da Estrela Prateada". *VEJA TAMBÉM* TARÔ.

Carta de tarô a Sacerdotisa (tarô Universal)

Sachiel. Na magia cerimonial, o anjo do planeta Júpiter. *VEJA* ANJO.

sacrifício. Principal ritual religioso das antigas religiões pagãs, no qual oferendas – geralmente, embora nem sempre, de gado – eram feitas no altar de um ou mais deuses. No caso do gado, o deus ou deuses recebiam uma parte da oferenda, e o resto costumava ser cozido e repartido entre os adoradores. Outras formas de sacrifício incluíam jogar bens valiosos em lagos ou fontes, ou dentro de poços ou fossos rituais. Informações detalhadas sobre rituais de sacrifício nas antigas Grécia e Roma sobreviveram na literatura clássica. Essas, juntamente com informações esparsas e descobertas arqueológicas do resto da Europa, bem como paralelos transculturais de outros povos indo-europeus, como as antigas Pérsia e Índia védica, permitiram que os rituais de sacrifícios pagãos de outras culturas ocidentais fossem reconstruídos com certo detalhamento.

A teoria básica dos antigos sacrifícios foi sintetizada pelos romanos na frase *do ut des* – "dou para que você possa dar". O sacrifício era parte de uma troca de favores entre os deuses e a humanidade; os deuses davam fertilidade às lavouras e ao gado, e as pessoas devolviam um pouco dessas coisas como retribuição. Além de grãos e gado, podiam ser oferecidos outros itens de valor; a maioria das religiões pagãs da região mediterrânea oferecia incenso, por exemplo, e os antigos celtas ficaram famosos por jogarem objetos de ouro e prata em rios e lagos como oferendas às suas divindades.

O sacrifício também estava intimamente ligado à adivinhação. As entranhas de reses que eram oferecidas aos deuses eram analisadas por sacerdotes adivinhos, que as liam – especialmente o fígado, associado a deuses celestes como Júpiter – como um sinal da resposta dos deuses à oferenda. Essa prática era conhecida como aruspício, hieromancia ou hepatoscopia. O comportamento das chamas durante a queima de alguma oferenda também era observado como um presságio. Os movimentos da fumaça de incensos e o crepitar de oferendas de grãos ao fogo também eram usados para julgar se os deuses teriam aceito ou não a oferenda. *VEJA* ADIVINHAÇÃO; PRESSÁGIOS.

No judaísmo, sacrifícios rituais semelhantes aos de seus vizinhos pagãos foram praticados até a destruição final do Templo de Jerusalém em 70 E.C., e detalhes dos rituais ainda podem ser encontrados no Antigo Testamento e nos comentários judaicos. Muito do simbolismo cristão é baseado de fato nessas antigas formas de ritual, com Jesus de Nazaré no papel de cordeiro do sacrifício.

A ascensão da Igreja cristã ao posto dominante nos últimos anos do período clássico fez com que as antigas tradições de sacrifício fossem eliminadas na maior parte do mundo ocidental. No início, isso foi justificado pela ideia de que o sacrifício de Jesus teria tornado desnecessário qualquer outro sacrifício. Mais tarde, na Idade Média, os teólogos cristãos redefiniram o "sacrifício" como o ato individual de doar alguma forma de prazer a fim de provar o amor a Deus. Isso teria sido incompreensível para um pagão romano, que questionaria o benefício que um deus poderia obter vendo um adorador se prejudicando; mesmo assim, até hoje essa é uma noção muito comum (embora errônea).

Muito poucos ramos do moderno ressurgimento neopagão têm se valido do conceito tradicional de sacrifício. Entre as exceções, temos alguns grupos reconstrucionistas norugueses e celtas e um punhado de grupos druidas como o Ar nDraiocht Fein (ADF). *VEJA* AR NDRAIOCHT FEIN (ADF); ASATRÚ; RECONSTRUCIONISMO CELTA. As oferendas usadas por esses grupos consistem em grãos, bebidas alcoólicas, alimentos cozidos e joias, bem como música e poesia. Alguns grupos chegaram ao ponto de assar pães em forma de animais, oferecendo-os numa imitação da tradição milenar. *VEJA TAMBÉM* PAGANISMO. LEITURA ADICIONAL: FLACELIERE, 1965; MERRIFIELD, 1987.

Sadhu, Mouni. (Sudowski, Dymitr) Ocultista polonês, c. 1898-1966. Nascido em São Petersburgo de pai católico polonês e mãe teósofa alemã, ele teve uma infância normal, mas seus estudos formais terminaram quando irrompeu a Revolução Russa. Como cadete no exército Branco (anticomunista) após a guerra, ele participou de combates mas fugiu para a Polônia após o colapso das forças Brancas em 1919. Aliou-se ao exército polonês como tenente e deve ter lutado na guerra entre Polônia e União Soviética em 1920-1921.

O fim da guerra encontrou Sudowski em Varsóvia, onde trabalhou nos correios e começou a estudar ocultismo no ramo polonês da Sociedade Teosófica; *VEJA* SOCIEDADE TEOSÓFICA. No final da década de 1920, já tinha criado seu próprio círculo de estudos, concentrando seus esforços no sistema de tarô idealizado por Grigorii Mebes (1869-1930). Ele também fez contato com círculos martinistas em Varsóvia e Paris, e aparentemente aliou-se também a várias outras sociedades ocultistas; *VEJA* MARTINISMO.

Após a súbita conquista da Polônia pela Alemanha em 1939, Sudowski tornou-se colaborador do governo nazista de ocupação. Com o fim da guerra, foi para a Alemanha para fugir dos soviéticos, e de lá passou, por meio de um mosteiro católico em Paris, para o Brasil – muito provavelmente, utilizando a mesma rede de rotas secretas que permitiu que muitos outros nazistas e simpatizantes do regime fugissem da Europa após o colapso do Terceiro Reich.

No Brasil, estudou yoga numa comunidade em Curitiba organizada por seguidores do guru indiano Ramana Maharshi. Em 1949, foi a Tiruvannamalai, na Índia, onde ficava o ashram de Maharshi, e estudou meditação com Maharshi durante seis meses antes de mudar-se para Melbourne, na Austrália, onde passou o resto de sua vida.

Seu período na Índia inspirou Sudowski a adotar o pseudônimo literário de Mouni Sadhu, sob o qual escreveu um livro sobre seu período com Maharshi, *Dias de Grande Paz*, publicado pela Editora Pensamento, São Paulo 1970 [fora de catálogo], publicação original, 1957. Seguiram-se outros livros, voltando cada vez mais aos estudos esotéricos de sua juventude. O mais importante deles foi *The Tarot* (publicado originalmente em 1962), que apresenta um sistema detalhado de teoria e prática esotérica, usando os 22 Arcanos Maiores do tarô como estrutura. Boa parte do material desse livro provém dos textos de G. O. Mebes sobre o assunto.

Sudowski também organizou diversos grupos de estudos em Melbourne e Sydney, e sua casa no subúrbio de Box Hill, em Melbourne, era um ponto de encontro para muitos estudantes locais de ocultismo. Ele morreu após uma breve enfermidade em 1966.
LEITURA ADICIONAL: DECKER E DUMMETT, 2002; SADHU, 1962.

Sagitário. (do latim, "arqueiro") Nono signo do zodíaco, um signo mutável de Fogo e polaridade masculina. Em Sagitário, Júpiter é regente e Mercúrio está em exílio. Esse signo governa os quadris, coxas e fígado.

O Sol fica em Sagitário aproximadamente entre 23 de novembro e 21 de dezembro. Pessoas com o Sol nessa posição costumam ser otimistas, joviais e honestas, com forte viés filosófico; podem também ser irresponsáveis, rudes e pouco práticas.

No sistema de tarô da Golden Dawn, Sagitário corresponde à Carta XVI, Temperança. *VEJA* TARÔ; TEMPERANÇA. *VEJA TAMBÉM* ASTROLOGIA.

Símbolo astrológico de Sagitário

Saille. (irlandês antigo, "salgueiro") A quarta (em Boibeloth) ou quinta (em Beth-Luis-Nion) letra do alfabeto Ogham, com valor sonoro *s*. Saille corresponde ao salgueiro entre as árvores, à águia entre as aves, à cor amarelo pálido ou marfim (*sodath*, em gaélico) e ao número 16. Na versão de Robert Graves do alfabeto das árvores, seu mês vai de 15 de abril a 12 de maio. *VEJA* OGHAM.

Letra Saille em Ogham

Saint-Germain, Conde de. Aventureiro europeu, 1691?-1784. Muito pouco se sabe ao certo sobre essa pessoa extraordinária. O final do século XVIII era uma época em que as cortes da Europa estavam repletas de personalidades exóticas, que viviam segundo sua astúcia. Era a época de Casanova, de Cagliostro e do transformista Chevalier d'Eon, para citar apenas alguns dos mais fascinantes luminares do firmamento de aventureiros, mas o indivíduo que se intitulava Conde de Saint-Germain (bem como Conde Belamare, Conde Surmont, Marquês de Montferrat, Chevalier Schöning, General Soltikov, Conde Tsarogy, Lorde Weldon e muitos outros pseudônimos) ficava adiante e acima de todos.

Era fluente em seis línguas, pelo menos, um brilhante contador de casos, além de hábil músico, pintor, químico e médico, e tinha a habilidade de conseguir escrever igualmente bem com as duas mãos.

As circunstâncias de seu nascimento e criação, surpreendentemente, são completamente desconhecidas. Já mais velho, afirmava ser filho e herdeiro de Francis Rakoczy, o último príncipe independente da Transilvânia, nascido em 1691 e educado na casa do último dos Médici. Uma comparação entre os retratos de Saint-Germain e os de Francis Rakoczy mostra uma semelhança familiar. Outras histórias que corriam enquanto ele estava vivo afirmam que ele seria o filho ilegítimo de um rei de Portugal, o filho de um cobrador de impostos da Saboia chamado Rotondo, o filho de um médico judeu da Alsácia chamado Wolff, ou o filho de uma princesa árabe e de um *jinn*. Provavelmente, nunca chegaremos a distinguir fatos e ficção.

A primeira data certa em sua biografia é 1735, quando ele estava na Holanda e escreveu uma carta que foi preservada no Museu Britânico. Ele também foi visto na Holanda em 1739. Em 1743, vemo-lo chegar à Inglaterra, onde causou comoção na corte. Em 1745, durante a revolta jacobita desse ano, um rival na estima de alguma dama enfiou uma carta em seu bolso implicando-o numa conspiração a favor dos Stuart, o que o levou à prisão; o plano foi tão amadorístico que ele foi solto quase que na mesma hora.

Seu paradeiro entre 1745 e 1757 é um tanto incerto; alguns relatos colocam-no em Viena, enquanto ele mesmo afirma ter visitado a Índia duas vezes nesse período. Em 1757, estava em Paris e rapidamente tornou-se frequentador da corte, onde suas maneiras e suas tiradas tornaram-no um favorito do rei Luís XV. Em 1760, esse monarca confiou-lhe uma missão secreta na Holanda, onde ele deveria manter contato com representantes do governo britânico e explorar a possibilidade de paz entre a Inglaterra e a França, então em meio à Guerra dos Sete Anos. Aparentemente, Saint-Germain não resistiu à tentação de se gabar publicamente de sua missão e acabou prejudicando as negociações; quando esse fato chegou a Paris, foram emitidas ordens para a prisão de Saint-Germain e por pouco ele não foi para a Bastilha.

Foi à Inglaterra e depois à Alemanha. Em 1762, estava na Holanda, onde tirou quase 100 mil gulden de um industrial da região pelo direito a usar métodos secretos de produção de corantes e de acabamento de couros, e depois desapareceu sem transmitir os supostos segredos. Durante a guerra entre a Rússia e a Turquia de 1768-1774, estava na Itália e ofereceu à marinha russa uma receita de seu famoso chá curativo – um laxante suave feito de vagens de sene-da-índia –, que lhe granjeou o título honorário de general russo. Em 1774, estava novamente na Alemanha, em circunstâncias bastante limitadas, sustentando-se graças a uma sucessão de nobres alemães que ficaram encantados com o charme de Saint-Germain, ainda poderoso. Morreu em 1784 na casa do príncipe Charles de Hesse-Cassel.

O mistério cultivado por Saint-Germain sobreviveu a ele, e sua reputação cresceu descontroladamente após sua morte. Embora eminentes maçons e rosa-cruzes que o conheceram estivessem convencidos de que ele não era membro de nenhuma dessas sociedades, teóricos da Maçonaria e do ocultismo afirmaram mais tarde que ele seria um adepto dos Mistérios, e a ascensão da Teosofia colocou-o como Mahatma e o Head Of All True Masonry [H.O.A.T.F., ou Líder de toda Maçonaria verdadeira]. Seu último anfitrião, Charles de Hesse-Cassel, diz que quando os dois conversavam sobre filosofia ou religião, Saint-Germain tinha posições puramente materialistas e rejeitava tanto a religião quanto o ocultismo.

Um importante acréscimo à lenda de Saint-Germain foi feito com a publicação, em 1836, das supostas memórias da Condessa d'Adhémar, que fazia parte da corte de Maria Antonieta na véspera da Revolução Francesa. Essas memórias falam das aparições de Saint-Germain após sua suposta morte, e suas tentativas de avisar a corte francesa da iminente Revolução. Embora elas possam ter sido recontadas interminavelmente por autores ocultistas, as memórias em si eram fraudulentas: foram inventadas pelo notório Étienne Léon de Lamothe-Langon, um escritor francês do século XIX que ganhava a vida forjando memórias de pessoas famosas. (Essa não foi a única contribuição de Lamothe-Langon para a história do ocultismo. Ele também inventou uma série de julgamentos de bruxas no século XIV no sul da França que foram consideradas autênticas até a década de 1970.)

A tradição teosófica o identifica como o Mestre Rakoczy, o chohan ou principal adepto do Sétimo Raio ou Raio Violeta, o misterioso raio da magia cerimonial e do poder elemental. De acordo com essas fontes, suas identidades em encarnações anteriores incluem o neoplatonista grego Proclo; Christian Rosenkreuz, fundador da Rosa-Cruz; e tanto Roger como Francis Bacon, entre outros. VEJA RAIO VIOLETA; TEOSOFIA.

Na Teosofia, e em muitos outros movimentos esotéricos como a Atividade EU SOU de Guy Ballard, seu nome ainda encontra fortes ressonâncias. A absorção de ideias ocultistas pelo movimento da Nova Era também lhe deu certa presença nesses círculos. VEJA BALLARD, GUY; MESTRES. VEJA TAMBÉM CAGLIOSTRO, CONDE ALESSANDRO. LEITURA ADICIONAL: E. BUTLER, 1948; FULLER, 1988; LEADBEATER, 1925; PATAI, 1994.

Saint-Martin, Louis-Claude de. Filósofo e místico francês, 1743-1803. Nascido em Amboise numa família empobrecida da nobreza francesa, Saint-Martin teve saúde frágil durante a maior parte da infância. Seu pai, um homem frio e ambicioso, tentou forçá-lo a seguir uma carreira pública na esperança de recuperar a fortuna da família. Ele frequentou a escola jesuíta de Pontlevoi, depois foi mandado por seu pai para a escola de Direito de Orléans. Depois de seis meses trabalhando como advogado, revoltou-se e pediu a seu pai que o autorizasse a seguir a carreira militar. Ele recebeu o cargo de oficial no regimento de Foix, estacionado em T<ours e depois em Bordeaux.

Muitos dos oficiais do regimento eram maçons, e muitos destes pertenciam à ordem Élus Coens de Martinez de Pasquallys. VEJA ÉLUS COENS; PASQUALLYS, MARTINEZ DE. Neste grupo, um capitão dos granadeiros chamado Grainville pôs Saint-Martin em contato com Pasquallys, e o jovem nobre foi iniciado na Élus Coen em 1765, um evento que mais tarde Saint-Martin considerou o momento de transformação de sua vida.

Saint-Martin ficou abalado com a magia cerimonial praticada por Pasquallys e seus seguidores, mas encontrou nos ensinamentos filosóficos e espirituais de Pasquallys uma rica fonte de iluminação. Em 1768, tornou-se o oficial presidente da loja dos Élus Coens em Bordeaux e em 1771 encerrou sua carreira militar, tornando-se secretário pessoal de Pasquallys. Quando Pasquallys saiu da França e foi para o Haiti, em 1772, Saint-Martin e Jean-Baptiste Willermoz assumiram a administração da ordem, e a morte de Pasquallys em 1774 deixou-os oficialmente no comando. Saint-Martin mudou-se para Lyon em 1773 e montou uma loja com Willermoz, ajudando-o nos assuntos da ordem enquanto escrevia seu primeiro livro, *Des Erreurs et de la Vérité*. Essa obra apresentou a filosofia de Pasquallys numa linguagem bastante obscura e simbólica.

Des Erreurs foi um sucesso imediato nos círculos maçônicos e mágicos, em parte porque ninguém conseguia entender o que a obra queria dizer, e acabou conquistando a entrada de Saint-Martin na alta sociedade. Seus estudos, sua inteligência e sagacidade fizeram dele um sucesso nos salões de Paris e conquistaram-lhe o apoio de personagens influentes. Diante da insistência de seu crescente círculo de amigos e seguidores, ele escreveu um segundo livro, *Tableau Naturel des Rapports qui Existent Entre Dieu, L'homme et l'Univers*, que explicou com mais clareza ainda o material em *Des Erreurs* e foi publicado em 1782. Embora seu relacionamento com Willermoz estivesse ficando cada vez mais tenso nessa época, este levou exemplares de *Tableau Naturel* para a grande convenção maçônica de Wilhelmsbad em 1784 e distribuiu-os para todos os presentes.

Em 1784, como muitos outros, Saint-Martin ficou fascinado com a obra de Franz Anton Mesmer, então recém-chegado em Paris. VEJA MESMER, FRANZ ANTON. Ele se filiou à loja de Mesmer e realizou experiências sobre mesmerismo com o marquês de Puységur, mas pouco depois perdeu o interesse pelo fenômeno, considerando que este tinha pouca relação com a jornada espiritual que era o foco de sua própria obra.

Em 1787, durante as viagens que o levaram à Inglaterra, Alemanha, Suíça e Itália, ele conheceu as ideias de Jacob Böehme, que considerou do seu gênero. VEJA BÖEHME, JACOB. Depois de dominar o difícil alemão dos tratados de Böehme, ele mergulhou no estudo dos escritos desse teósofo e traduziu diversas de suas obras para o francês. Seu encontro com Böehme convenceu-o ainda de que ele devia romper definitivamente com o mundo maçônico e mágico de Willermoz e dos Élus Coens e encerrou formalmente todos os seus envolvimentos maçônicos em 1790.

Quando seu pai morreu, em 1792, voltou a Amboise onde viveu pelo resto de sua vida, ocupando-se com seus textos e traduções. Apesar de sua formação aristocrática, recebeu a Revolução Francesa como uma purgação necessária e por isso escapou das execuções em massa que atingiram boa parte da nobreza. Morreu pacificamente em 1803. VEJA TAMBÉM MARTINISMO; TEOSOFIA. LEITURA ADICIONAL: HUBBS, 1971.

Saint-Yves d'Alveydre, Joseph-Alexandre. Ocultista francês, 1842-1909. Provavelmente o mais excêntrico dentre tantas figuras fascinantes do renascimento ocultista francês do século XIX, Saint-Yves foi professor de Papus, decano dos círculos ocultistas parisienses por meio século e criador do famoso Arqueômetro – "a chave para todas as religiões e ciências da Antiguidade" e a "reforma sintética de todas as artes contemporâneas", segundo seu inventor. Egomaníaco dos egomaníacos, gostava de ver-se como uma figura central na evolução do universo. Mas seus talentos como músico e ocultista aproximaram-se muito de suas pretensões.

Ele nasceu em Paris, filho de um médico. Seu talento para música revelou-se desde cedo, tendo chamado atenção na infância por sua habilidade como organista. Seu relacionamento com os pais foi difícil e piorou ainda mais na adolescência em função de sérios desentendimentos sobre seu futuro. Ele estava interessado em seguir carreira literária, mas seu pai queria que ele fosse militar. O resultado foi um breve e malfadado período como médico do exército, seguido por vários anos de exílio voluntário na ilha de Jersey, no Canal da Mancha. Em 1871, no caótico período que se seguiu à Guerra Franco-Prussiana, voltou à França e conseguiu um emprego no governo.

Em 1877, casou-se com Marie-Victoire de Riznich, uma rica e aristocrática viúva que era amiga da imperatriz Eugênia, esposa do antigo chefe de estado francês, Napoleão III. Foi uma união vantajosa, pois sua fortuna livrou-o da necessidade de trabalhar para se sustentar e permitiu-lhe dedicar seu tempo à música, a estudos ocultistas e a utopias políticas. Neste campo, idealizou um sistema que chamou de "Sinarquia", popular nas fontes ocultistas francesas desde então.

Em 1885, começou a aprender sânscrito e encontrou como professor um certo Haji Sharif, proprietário de uma loja de animais em Le Havre que tinha fugido da Índia na época da revolta de 1857. Além de competente professor de sânscrito, Sharif tinha outros ensinamentos a oferecer e apresentou a Saint-Yves ideias sobre a cidade oculta de Agharta e sua misteriosa linguagem e alfabeto, o vataniano. Aparentemente, este último era uma invenção de Sharif, embora as raízes de Agharta se encontrem nas fantasias especulativas de Louis Jacolliot e, por ele, numa literatura quase esquecida dos séculos XVIII e XIX na qual mitologias europeias eram transformadas em supostas histórias de um passado remoto. VEJA AGHARTA; EVEMERISMO.

Em pouco tempo, Saint-Yves e seu professor brigaram, mas aquele tinha outra rota de informação sobre Agharta – a projeção astral, que ele usou para espionar os segredos da cidade oculta. Estes foram revelados em seu livro *Mission de l'Inde en Europe*, que ele publicou às suas próprias custas em 1886. Poucas semanas após a publicação, preocupado por achar que teria revelado o que não devia, recolheu toda a edição e destruiu quase todos os exemplares, guardando dois. A obra voltou a ser publicada um ano após sua morte. Este foi um dentre vários livros nos quais ele discutiu as "missões" de diversos grupos: os soberanos da Europa, os trabalhadores, os judeus e assim por diante. Todos eles, como *Mission de l'Inde*, tinham por base uma mescla entre sinarquia e hermetismo cristão do século XIX.

As lições de vataniano foram a chave para muitas outras coisas. As 22 letras do alfabeto vataniano, interpretadas pela cabala e por informações recebidas do espírito de sua mulher após sua morte em 1895, tornaram-se a base do grande Arqueômetro, uma mandala de correspondências na qual os números três, sete e doze estruturaram um arranjo de cores, notas musicais, números, forças astrológicas e letras hebraicas e vatanianas. Tudo isso tornou-se público em 1900, por ocasião do Congresso Espírita e Espiritualista Internacional de Paris, em 26 de setembro desse ano, e em minuciosos detalhes num livro, *L'Archéomètre*, editado por Papus e publicado em 1912.

Após a morte de sua esposa, Saint-Yves viveu recluso em Versalhes, dedicando seu tempo a estudos esotéricos e a ensinar um pequeno número de seguidores, dentre os quais destacou-se Papus. Morreu em 1909, ainda trabalhando intensamente no Arqueômetro e no sistema filosófico relacionado a este. VEJA TAMBÉM PAPUS. LEITURA ADICIONAL: J. GODWIN, 1994 E 1995.

sais celulares. Doze minerais que são usados na medicina bioquímica, um sistema de medicina alternativa relacionado com a homeopatia e também influente em alguns sistemas alquímicos e ocultistas. Se todas as substâncias orgânicas e a água fossem removidas do corpo humano, doze compostos minerais formariam a ampla maioria do restante. O médico homeopata alemão Wilhelm Schüssler propôs, em 1873, que esses minerais, preparados de forma homeopática, fossem usados como base de um sistema de cura, argumentando que as deficiências desses minerais estariam na raiz da maioria das doenças humanas.

O sistema de Schüssler conquistou muitos seguidores na época anterior às restrições à prática da medicina, e, nas décadas em torno de 1900, foi popular na maior parte do mundo ocidental, bem como na Índia. Como a maioria das tradições da medicina alternativa, foi forçado a atuar clandestinamente em meados do século XX em função da pressão exercida por médicos convencionais, mas manteve-se popular na Inglaterra e na Índia. Alguns médicos naturopatas norte-americanos também usam os sais celulares.

A conexão entre os sais celulares e as tradições ocultistas ocidentais foi criação do dr. George W. Carey (1845-1924), médico bioquímico e ocultista que atribuiu os doze sais celulares aos signos do zodíaco como parte de um complexo sistema de cura mística que reinterpreta a Bíblia como manual para transformação do corpo humano. *VEJA* CAREY, GEORGE WASHINGTON. A visão de Carey sobre os sais celulares foi adotada por muitos astrólogos e estudantes de ocultismo, e ainda é possível encontrar discussões sobre os sais celulares com relação à astronomia, à alquimia e à transformação pessoal em algumas tradições esotéricas de hoje. *VEJA TAMBÉM* HOMEOPATIA. LEITURA ADICIONAL: CAREY E PERRY, 1932.

Saklas. (aramaico, "tolo") Na teologia gnóstica, nome do chefe dos arcontes e criador do mundo decaído e material. *VEJA* GNOSTICISMO; IALDABAOTH.

sal. Palavra com diversos significados distintos na tradição ocultista ocidental, "sal" pode referir-se ao sal comum de cozinha (cloreto de sódio ou NaCl) ou a um dentre inúmeros sais orgânicos usados em alquimia e na medicina alternativa. O sal comum é quase sempre o significado da expressão na magia e na moderna prática pagã. Na alquimia e em áreas correlatas como a espagíria, por outro lado, a palavra "sal" tem uma gama de significados bem mais ampla.

O sal comum é usado na magia basicamente como forma de purificação. No moderno meio pagão, o sal também é um modo de purificação e pode ser misturado com a água que vai purificar um círculo ritual ou espalhado diretamente sobre o chão. Em algumas tradições, uma vasilha de sal é posta no altar como símbolo do elemento Terra. *VEJA* NEOPAGANISMO. Magos cerimoniais também usam o sal como substância de purificação.

Os doze sais minerais que formam a maior parte das substâncias inorgânicas do corpo humano, sob o título de "sais celulares", têm sido usados como remédios em um sistema de cura com importantes conexões com o ocultismo e a alquimia. *VEJA* SAIS CELULARES.

Na alquimia, o sal é um dos Três Princípios da teoria alquímica de Paracelso; ele representa o princípio da solidez e da estabilidade. Cada substância contém seu próprio sal, que consiste das porções que restam quando a substância é aquecida a altas temperaturas. Na espagíria, por exemplo, o sal de uma erva é extraído macerando-se (embebendo) a erva em álcool durante um longo período, retirando-se o álcool, queimando a erva remanescente e depois calcinando-a a alta temperatura até ela se reduzir a cinzas brancas; *VEJA* CALCINAÇÃO. A cinza é macerada com álcool e depois filtrada; o álcool evapora e o sal da erva se cristaliza no prato de evaporação. *VEJA* ALQUIMIA; ESPAGÍRIA.

salamandras. Na tradição da magia cerimonial, os espíritos elementais do fogo. Seu rei é Djin. (A palavra "salamandra" também é usada para uma classe de animais pequenos, semelhantes a lagartos e relacionados com os sapos, que vivem em troncos podres e às vezes saem do meio de troncos sendo queimados.) *VEJA* ELEMENTAL.

salitre. (do inglês *niter*) Na teoria alquímica do final do Renascimento e no início do período moderno, uma substância vital essencial que se aglutina no ar a partir do primitivo fogo criativo da natureza. O salitre desce com a chuva e outras formas de precipitação, e o orvalho colhido quando o Sol está nos signos zodiacais de Áries e Touro contém grandes quantidades dele em sua forma mais pura.

Salitre é um sinônimo de nitrato de potássio, KNO_3, mineral muito usado no Renascimento e no início da alquimia moderna. Como acontece na alquimia, porém, é quase impossível saber com certeza se essa expressão e sua sinônima *nitro* referem-se ao mineral, a uma energia sutil da vida ou a um conceito abrangente, que engloba ambas.

O lugar do salitre na teoria alquímica foi, em grande parte, fruto do trabalho do alquimista polonês Michael Sendivogius (1566--1636), que fez do salitre o centro de sua postura diante da alquimia. Ele se referiu ao salitre como o início e a chave de todo conhecimento alquímico, e usou-o para obter o Mercúrio dos Filósofos, o princípio essencial da fluidez que é a chave da transformação alquímica. *VEJA* MERCÚRIO; SENDIVOGIUS, MICHAEL.

Na alquimia dos séculos XVII e XVIII, o salitre era equiparado ao sal numa visão cíclica do mundo, muito similar às ideias da ecologia moderna. Segundo essa visão, o salitre descia do céu para a terra, era absorvido pela terra e, nela, transmutado em sal. O sal subia novamente da terra para o céu, e voltava a ser salitre em virtude das energias do Sol.

Quando o salitre é aquecido, libera oxigênio em grandes quantidades. Há evidências de que os alquimistas sabiam que o vapor liberado pelo salitre podia sustentar a vida, e ao que parece o alquimista Cornelis Drebbel fez uso desse fato para realizar sua famosa proeza, navegando debaixo d'água num submarino de madeira impelido por doze remadores, de Westminster até Greenwich. *VEJA* DREBBEL, CORNELIS.

Outros sinônimos para o salitre são: nitro aéreo, sal central e *chalybs*. As expressões *magnésia*, *nosso sal* e *água que não molha as mãos* também eram usadas para designar ora o salitre, ora outras substâncias. *VEJA TAMBÉM* ALQUIMIA. LEITURA ADICIONAL: SZYDLO, 1994.

Salões Rosa-Cruzes, os. Exposições de arte de inspiração ocultista realizadas anualmente em Paris no período de seis anos entre 1892 e 1897, sob a direção do autor e crítico rosa-cruz Joséphin Péladan, que associava obras de arte a temas místicos, ocultistas e mitológicos. Nessa época, o mundo artístico francês girava em torno do salão anual patrocinado por La Société des Artistes Français, uma organização conservadora de pintores acadêmicos que excluía sistematicamente impressionistas, simbolistas e outros rebeldes contra os padrões oficiais. O "Sâr" Péladan (como ele se intitulava) fez carreira com devastadoras críticas dos artistas desse salão, que, em suas palavras, "forçam a mediocridade para além dos limites da decência" (Pincus-Witten, 1976, p. 40). A criação dos Salões Rosa-Cruzes foi uma extensão adicional de sua cruzada e formou o divisor de águas do movimento simbolista na arte.

O primeiro Salão Rosa-Cruz foi inaugurado no dia 9 de março de 1892 na Galeries Durand-Ruel, situada na rua Le Peletier 11, em Paris, ao som do Prelúdio de *Parsifal*, de Wagner, e com o aroma de incensos e rosas. Sessenta e três artistas tinham obras em exposição. Apareceram enormes multidões, tão grandes que o congestionamento de carruagens obrigou a polícia a fechar a rua. Cinco noites do período do salão foram dedicadas a noitadas musicais, nas quais a música de Wagner repartia espaço com a de Erik Satie, compositor oficial da ordem Rosa-Cruz de Péladan, que escreveu três "Sonneries de la Rose+Croix" para a ocasião. Segundo os relatos, a exposição foi um espetáculo magnífico do começo ao fim.

Quando o salão se encerrou, porém, em 11 de abril, Péladan tinha conseguido discutir com o conde de Rochefoucauld, seu principal apoio financeiro, e o Sâr e Satie se afastaram alguns meses depois. Os Salões Rosa-Cruzes seguintes nunca conseguiram atingir o padrão estabelecido pelo primeiro. O objetivo do salão oficial fora atingido, mas os principais beneficiários da vitória do Sâr foram os impressionistas e outros artistas de vanguarda, que rejeitaram totalmente a abordagem de Péladan. Foram organizados outros salões de arte idealista e simbolista. Em 1897, após o sexto Salão ter recebido críticas favoráveis mas mornas, Péladan anunciou que eles não seriam mais realizados. VEJA TAMBÉM PÉLADAN, JOSÉPHIN; SATIE, ERIK. LEITURA ADICIONAL: PINCUS-WITTEN, 1976.

Salomão. Rei de Israel, c. 986–c. 933 A.E.C. Filho de Davi, segundo rei de Israel, e da esposa favorita deste, Betsabá, Salomão subiu ao trono com a morte de seu pai, reinando durante quarenta anos. Seu reino marcou o ponto alto do reino de Israel, principalmente em função dos sucessos de seu pai, de sua própria e cuidadosa gestão do comércio e das finanças, e da fraqueza temporária do Egito e da Babilônia, as grandes potências da região oriental do Mediterrâneo. Com a ajuda de seu aliado Hiram, rei de Tiro, construiu o primeiro e mais famoso Templo de Jerusalém; VEJA TEMPLO DE SALOMÃO. Nos últimos anos de seu reinado, as despesas de sua corte, seus projetos arquitetônicos e a manutenção de um numeroso exército criaram uma crescente onda de descontentamento, e após sua morte uma rebelião dividiu o reino em dois estados, Judá e Israel.

Relatos bíblicos sobre Salomão falam de sua sabedoria e conhecimento universal, e dizem que sua fama foi crescendo gradualmente até abranger os ramos ocultos do conhecimento. Na época romana, Salomão tinha a fama de ter sido o mestre supremo da magia; um disco-talismã de bronze escavado da era romana em Ostia mostra sua efigie mexendo num caldeirão de encantamentos com uma longa vara. No primeiro século da Era Comum, o escritor judeu Flávio Josefo já se referia a livros para invocação de demônios escritos sob o nome de Salomão.

Na Idade Média e depois, muitos livros de magia foram atribuídos a ele. O mais famoso de todos os grimórios, *As Chaves de Salomão*, foi atribuído a ele, bem como o *Lemegeton*, o *Shemhamphorash do Rei Salomão*, o *Livro do Trono de Salomão*, o *Livro de Salomão sobre Pedras Preciosas e Espíritos* e muitos outros títulos ocultistas, a maioria dos quais não escapou às tentativas da Igreja cristã de localizá-los e queimá-los. VEJA GRIMÓRIO; CHAVES DE SALOMÃO, AS; LEMEGETON, O; SHEMHAMAPHORASH. Salomão também era considerado, na época medieval, o fundador da Arte Notória; VEJA ARTE NOTÓRIA.

Provavelmente, seria bom mencionar que na verdade não há evidências de que o próprio Salomão teria tido algum envolvimento com a prática da magia e sua fama como mago é outro exemplo da fama retrospectiva tão comum na história do ocultismo. VEJA HISTÓRIA OCULTA. LEITURA ADICIONAL: E. BUTLER, 1949; THORNDYKE, 1923.

Samael. (hebraico, "cegueira de Deus") Desde os primeiros séculos da Era Comum, a expressão judaica mais comum para o Diabo. Identifica-se com a serpente que tentou Eva e é o espírito guardião do Império Romano e do cristianismo. Junto com Lilith, sua esposa, governa o *sitra acha*, o "Outro Lado", o mundo dos poderes do mal.

Porém, como ocorre em boa parte das tradições, esses resumos abrangem uma enorme variedade de alternativas. Samael também é o anjo da morte e, como tal, um fiel servo de Deus; ele é o anjo que Deus enviou para acompanhar a alma de Moisés — pelo menos, em algumas tradições. Em outros textos, Samael é o anjo do planeta Marte ou o arcanjo de Geburah, a quinta Sefirah da Árvore Cabalística da Vida, embora este papel costume ser de Kamael. E Lilith não é a única companheira de Samael; os demônios Naamah, Agrat bat Mahlah e Eisheth Zenunim são descritos em diversos lugares como companheiros de Samael e como rainhas dos demônios.

Para aumentar a confusão, na tradição da cabala, os Samael ou Mentirosos (plural) são os Qlippoth ou poderes demoníacos associados a Hod, a oitava Sefirah da Árvore da Vida. Sua aparência tradicional é a de cães furta-cor com cabeça de demônios. Sua corte ou mundo no Reino das Conchas é chamada Theumiel, e seu arquidemônio é Adramelek. VEJA QLIPPOTH.

Como anjo (ou demônio) individual, Samael foi adotado pelos gnósticos no terceiro ou quarto século da Era Comum como um outro nome para Ialdabaoth, o governante dos arcontes e criador do mundo material decaído. VEJA IALDABAOTH.

Segundo a tradição cabalística, seja qual for a relação atual entre Samael e o divino, é provável que, mais cedo ou mais tarde, ele acabe ficando do lado certo. No final deste ciclo do tempo, Samael irá se arrepender e tornar-se-á um anjo sagrado, perdendo a letra Mem (מ) do seu nome; então, ele será Sael, um dos 72 nomes sagrados de Deus no Shemhamphorash. Mem significa *maveth*, "morte", e depois dessa transformação não haverá nem mortes, nem sofrimento. VEJA APOCATÁSTASE; SHEMHAMPHORASH.

Samech. (hebraico SMK, "aparato") Décima quinta letra do alfabeto hebraico, uma letra simples com o valor sonoro *s* e valor numérico 60. Suas correspondências mais comuns são as seguintes:

Caminho da Árvore da Vida: Caminho 25, de Tiphareth a Yesod.
Correspondência astrológica: Sagitário, o Arqueiro.
Correspondência no tarô: Arcano XIV, A Temperança.
Parte do Cubo do Espaço: Aresta oeste superior.
Cores: em Atziluth, azul.
　em Briah, amarelo.
　em Yetzirah, verde.
　em Assiah, azul escuro vivo.

Seu texto, no *Trinta e Dois Caminhos da Sabedoria*, diz: "O Vigésimo Quinto Caminho é a Inteligência de Prova ou Tentação e é chamada assim porque é a tentação primária, pela qual o Criador põe à prova todas as pessoas justas". VEJA TAMBÉM CABALA; ALFABETO HEBRAICO.

ס

Letra hebraica Samech

Samhain. Início e final do ano no antigo calendário celta, situado perto do início de novembro do ponto de vista moderno. Samhain é o mais antigo festival documentado do paganismo celta; o calendário de Coligny, um calendário druida da antiga Gália, inclui as "três noites de Samonios". VEJA CALENDÁRIO DE COLIGNY.

Samhain ficou associado aos espíritos dos mortos, que, segundo se acredita, caminhavam pelo mundo nessa época. Após o advento do cristianismo, a festa de Samhain tornou-se o Dia de Todos os Santos. A noite que o antecede, hoje chamada de Halloween, preservou boa parte desse simbolismo.

Na moderna tradição pagã, Samhain é um dos oito sabás da roda do ano e se dá no dia 1º de novembro, ou em torno dessa data. É dedicado especialmente aos espíritos dos mortos e às divindades relacionadas mais diretamente com a morte (e que variam muito de um panteão neopagão para os demais). Em algumas tradições, a celebração de Samhain inclui a invocação dos mortos; *VEJA* NECROMANCIA. Outras tradições lidam com sua presença de forma mais simbólica. *VEJA TAMBÉM* SABÁ.

Sanat Kumara. Na tradição da Teosofia e sistemas filosóficos relacionados, o Senhor do Mundo, o governante espiritual da Terra e líder da Grande Loja Branca. A palavra "Kumara" significaria "Senhor", e Sanat seria o nome desse ser. Um Senhor da Chama do planeta Vênus, Sanat Kumara veio à Terra numa carruagem de fogo há uns 6,5 milhões de anos, na época da Lemúria, para assumir sua posição. Houve outros dois Senhores do Mundo antes dele. Três outros Senhores da Chama o auxiliam em seu trabalho. *VEJA* SATÃ.
LEITURA ADICIONAL: LEADBEATER, 1925. *VEJA TAMBÉM* GRANDE LOJA BRANCA; TEOSOFIA.

Sandalphon. (hebraico SNDLPhVN, de significado incerto) Um dos principais arcanjos da angelologia judaica e cabalística. Nos textos judaicos, diz-se que Sandalphon teria sido originalmente o profeta Elias, que subiu ao céu numa carruagem de fogo, mas ele também é descrito como o irmão gêmeo de Metatron e o querubim feminino do lado esquerdo da Arca da Aliança. Ele (ou ela) é o arcanjo de Malkuth, a décima esfera da Árvore da Vida. *VEJA* ARCANJO; MALKUTH; METATRON.

Sanders, Alex. Bruxo inglês, 1926-1988. Figura controvertida e teatral, Sanders afirmava ter sido criado numa família pagã e que fora iniciado na tradição aos 7 anos de idade, quando surpreendeu sua avó galesa executando um ritual. Ele também afirmava ter sido eleito "Rei dos Bruxos" por um coven de 1.623 bruxos ingleses em 1965.

Por outro lado, as evidências documentais indicam que em 1961 ele escreveu para um coven gardneriano na Inglaterra, comentando, "Ser um bruxo é algo que sempre desejei, mas nunca consegui entrar em contato com alguém que pudesse me ajudar" (Valiente, 1989, p. 165-66). Aparentemente, ele foi iniciado por um coven gardneriano no ano seguinte. Quanto ao título de "Rei dos Bruxos" e ao coven que o teria eleito parecem ter saído da imaginação ativa de Sanders.

Detalhes sobre sua infância são escassos, e, ao que parece, as histórias são conflitantes; é possível que muitas tenham sido espalhadas pelo próprio Sanders. Além da carta mencionada acima, ele apareceu na imprensa sensacionalista britânica em 1961, quando iniciou um candidato num coven à vista de três repórteres fotográficos, usando um ritual que criou para a ocasião valendo-se de trechos de um grimório medieval. A publicidade resultante fez com que ele fosse despedido de seu emprego como zelador de uma biblioteca de Manchester.

Era raro que ficasse fora das manchetes por muito tempo e, depois de se mudar para Londres, em 1967, atraiu um grande número de alunos e iniciados. Sua Suma Sacerdotisa e esposa Maxine Morris, tinha 18 anos quando uniram as mãos em 1965. A maior parte das atuais linhagens da Wicca alexandrina situa suas raízes em pessoas iniciadas por Sanders nesse período. Em 1973, porém, ele e Maxine se divorciaram, e ele se mudou para a cidade litorânea de Bexhill em Sussex, onde continuou a atrair publicidade sem muito sucesso até sua morte por câncer de pulmão em 1988.

Embora o senso teatral de Sanders, sua desonestidade e seu apreço pelos holofotes lhe dessem má reputação entre os bruxos ingleses enquanto esteve vivo, muitos dos que se tornaram figuras de destaque na Wicca inglesa a partir da década de 1970 foram iniciados e orientados por ele, e a tradição alexandrina ainda é um dos maiores e mais ativos ramos da Wicca até hoje. *VEJA TAMBÉM* WICCA ALEXANDRINA. LEITURA ADICIONAL: VALIENTE, 1989.

Sangreal. *VEJA* GRAAL, SANTO.

Sangreal Sodality. (inglês, "Sodalício do Sangreal") Tradição mágica fundada pelo ocultista inglês William Gray, iniciada em 1982 com a publicação do primeiro de quatro livros expondo os ensinamentos e práticas da tradição. Gray idealizou esses livros como "uma experiência singular em sociologia espiritual" (Gray, 1983, p. ix) – a criação de um movimento esotérico ocidental a partir do zero. Leitores dos livros eram incentivados a praticar as meditações e rituais do sistema, a organizar grupos para trabalhar com os ensinamentos do Sangreal e a entrar em contato com o próprio Gray como primeiro passo para estabelecer uma rede de contato com outros estudantes do Sangreal.

O sistema Sangreal é definido como um sistema esotérico especificamente ocidental; sua direção sagrada é o oeste, e excluem-se rigorosamente materiais de fora da Europa. A expressão "Sangreal" é lida tanto como "sang real" ("sangue real") quanto "san greal" ("Santo Graal"); ambas referem-se aos reis sagrados do passado, que se sacrificavam em benefício de suas comunidades, e servem de modelo para os rituais, ensinamentos e orientação do Sodalício. A versão da cabala feita por Gray, que atribui letras inglesas aos Caminhos da Árvore da Vida, é a base de boa parte de sua teoria e prática mais avançadas. Um ritual central, o Sacramento do Sangreal, e diversas cerimônias adicionais fazem parte do sistema; detalhes sobre esses pontos podem ser encontrados no livro de Gray.

Os experimentos de Gray tiveram pouco sucesso, com alguns grupos do Sangreal Sodality fundados na Inglaterra e nos Estados Unidos. Embora não se tenha tornado um grande movimento, ainda há vários grupos e pessoas trabalhando com o sistema enquanto este verbete é escrito. *VEJA TAMBÉM* GRAAL, SANTO; GRAY, WILLIAM G. LEITURA ADICIONAL: GRAY, 1982, 1983, 1984 E 1985.

Sangue do Leão. No simbolismo alquímico, um símbolo do enxofre, um dos dois (ou três) componentes essenciais dos metais. *VEJA* ENXOFRE.

Santo Anjo Guardião. Na moderna linguagem mágica, ou um sinônimo para o eu superior ou uma entidade angelical distinta, designada para um indivíduo como seu guardião e guia. A expressão começou a ser usada popularmente graças a *O Livro de Magia Sagrada de Abramelin, o Mago*, um grimório que instrui o aluno a passar seis meses invocando o Santo Anjo Guardião antes de tentar chamar e comandar demônios; *VEJA* ABRAMELIN, O MAGO, O LIVRO DA MAGIA SAGRADA DE. Esse texto foi descoberto, traduzido e publicado em 1898 por Samuel Mathers (1854-1918), famoso pela Golden Dawn, e tem sido uma referência popular para magos cerimoniais desde então. No entanto, não define a natureza da entidade que o mago vai invocar.

Alguns estudantes do texto, tomando por empréstimo o conceito cristão e judaico de anjo da guarda, presumem que o Santo Anjo Guardião é um anjo no sentido exato da palavra, ou seja, um ser espiritual consciente, separado da pessoa que o invoca, e dotado de poder e sabedoria superiores, além de outras características angelicais. *VEJA* ANJO. Outros, valendo-se do conceito de Gênio Superior e Divino ensinado pela Golden Dawn, presumem que o Santo Anjo Guardião é um sinônimo dessa entidade – ou seja, um nível do eu que está em contato total com o divino, e que pode ser contatado pelo eu inferior por meio de práticas espirituais e mágicas.

A confusão resultante levou a muita comunicação truncada nos círculos mágicos. Pode ser interessante observar que a operação de Abramelin parece funcionar direito quando realizada com um desses dois conceitos sobre a entidade que o mago procura contatar. *VEJA TAMBÉM* INVOCAÇÃO. LEITURA ADICIONAL: MATHERS, 1974.

Satã. (do hebraico, "acusador, adversário") Na mitologia e na teologia judaico-cristã, um anjo que se rebelou contra Deus e tornou-se o Príncipe das Trevas, Senhor deste Mundo e líder das forças do mal. Na maioria das tradições ocultistas ocidentais, Satã é uma figura relativamente menor, e muitos ramos do ocultismo ocidental negam especificamente a existência de um poder singular e consciente do mal. O esoterismo cristão e a heresia cristã do satanismo são exceções importantes; alguns sistemas de magia goética também encontram espaço para Satã em suas demonologias. *VEJA* OCULTISMO CRISTÃO; GOÉTIA; SATANISMO.

satanismo. Heresia cristã que venera Satã, o poder do mal na mitologia cristã, e engloba ações e atitudes classificadas por cristãos mais ortodoxos como "pecaminosas". O satanismo tem sido tema de fantasias e paranoias cristãs há quase 2 mil anos, e seu papel como coletivo de ideias cristãs sobre o mal, a sexualidade e as demais religiões tem sido importante. Na prática, por outro lado, o satanismo tem sido relativamente raro e parece ter sido gerado quase que inteiramente pela propaganda cristã contra ele.

A ideia de que existem pessoas que reverenciam Satã parece ter surgido cedo no mundo cristão, principalmente como forma de atacar as religiões pagãs do Império Romano. Desde o início, a propaganda cristã afirmava que deuses e deusas pagãs simplesmente não existiam. Como os templos e os sacerdotes pagãos relatavam milagres com a mesma frequência que os cristãos, porém, houve um contínuo fluxo de alegações de que as divindades pagãs eram, na verdade, demônios a serviço de Satã. Essas alegações conflitantes, por sua vez, eram aplicadas a todas as outras religiões que o cristianismo encontrou em suas expansões antigas, medievais e modernas: judaísmo, islamismo e as diversas religiões pagãs europeias foram, em épocas distintas, classificadas como adorações a seres inexistentes, como veneração ao Diabo ou (inconsistentemente) como as duas coisas ao mesmo tempo.

Na literatura cristã antiga e medieval, pagãos e judeus foram acusados rotineiramente de invocar demônios propositalmente para fins nefastos. Duas das mais importantes lendas cristãs primitivas sobre magia – as histórias de São Cipriano de Antioquia e de Teófilo de Adana – tinham, respectivamente, um feiticeiro pagão e um judeu como personagens de destaque, e ambos invocavam o Diabo cristão por meio de artes mágicas. Essas lendas, e o padrão de pensamento por trás delas, tiveram papel fundamental na formação das bases das crenças posteriores no satanismo. *VEJA* CIPRIANO DE ANTIOQUIA, SÃO; TEÓFILO DE ADANA.

A ideia de que teria mesmo existido uma rede secreta de satanistas na sociedade cristã, porém, foi uma invenção do século XIV, desenvolvida por conta de vários pânicos conspiratórios que tomaram de assalto a Europa medieval nessa época. Após a Peste Negra de 1347-1351 E.C., em especial, correram histórias de que diversas pessoas – judeus, leprosos, muçulmanos – tinham conspirado para que a praga chegasse ao cristianismo. No final desse século, surgiram outros rumores no atual oeste da Suíça, afirmando que uma seita secreta de adoradores de Satã se encontrava à noite para invocar o Diabo, matar bebês, fazer orgias sexuais e lançar feitiços maléficos contra seus vizinhos. O pânico resultante deu origem à era de julgamentos e execuções que os pagãos modernos chamam de era das fogueiras. *VEJA* FOGUEIRAS, ERA DAS.

Ironicamente, a vasta publicidade dada a essas supostas conspirações satânicas funcionou como uma espécie de propaganda involuntária para o satanismo, e, quando o poder do cristianismo sobre o mundo ocidental diminuiu, algumas pessoas parecem ter sido atraídas pelo satanismo em função de suas supostas promessas de poder e de prazer mundanos. Um exemplo desse tipo de satanismo surgiu no "Caso das Poções" na França, no final do século XVII. Os implicados nesse grande escândalo incluíam importantes membros da nobreza, bem como a amante do rei Luís XIV, madame de Montespan; os participantes estiveram em Missas Negras, nas quais uma mulher nua (em diversas ocasiões, a própria madame de Montespan) era usada como altar e diversos demônios eram invocados. Os líderes do grupo também estavam envolvidos em prostituição, envenenamentos e abortos. Não se sabe se levavam as cerimônias satânicas a sério, ou se eram apenas uma forma de entretenimento exótico para aristocratas entediados.

Do mesmo modo, outros exemplos práticos de satanismo põem em dúvida a seriedade com que seus praticantes o adotam. O Clube do Fogo do Inferno, um grupo de ingleses de classe alta do século XVIII cujo gosto pendia para cerimônias góticas, álcool e orgias, é um bom exemplo disso; *VEJA* CLUBE DO FOGO DO INFERNO. Atividades semelhantes aconteciam na França e na Bélgica no final do século XIX, como parte da elegante decadência do período do *fin-de-siècle*. J.-K. Huysmans, autor do clássico de terror *Là-Bas*, disse que esteve presente a diversas missas negras, e não há motivo para duvidar de seu testemunho sobre o assunto.

Outro fator confuso é o hábito de acusar de satanismo qualquer ocultista que praticasse magia sexual. O abade Boullan, uma escandalosa figura expulsa da Igreja por promover uma espécie de magia sexual católica, foi acusado, com base apenas nisso, de ser pura e simplesmente um satanista. *VEJA* BOULLAN, JOSEPH-ANTOINE.

Aleister Crowley, que volta e meia tem sido acusado de ser satanista, mas que na verdade adorava o panteão pseudoegípcio de sua própria religião, a Thelema, é um caso semelhante — embora sua alegação de que era a Grande Besta 666 tenha dado aos cristãos alguma razão para confundir sua religião com o satanismo. *VEJA* CROWLEY, ALEISTER; THELEMA. Nenhum desses homens pode ser chamado de satanista no sentido estrito da palavra, mas ambos ainda são mencionados como tal em livros populares sobre o tema.

O surgimento do satanismo moderno foi, em grande parte, fruto de uma enorme farsa levada a cabo pelo jornalista francês Léo Taxil no final do século XIX. Taxil, jornalista de esquerda e autor de livros pornográficos, subitamente anunciou em 1884 que tinha se reconciliado com a Igreja Católica Romana e passou a publicar uma série de textos detalhando uma vasta organização satânica, a Ordem Paladiana, que estaria associada à Maçonaria.

Após vários anos e muita confusão, na qual diversos líderes católicos de renome deram pleno apoio à cruzada antipaladiana, Taxil soltou outra bomba, anunciando, numa reunião com grande público, que tudo fora uma fraude, idealizada para demonstrar como a Igreja Católica era crédula e supersticiosa. Os legados da fraude incluem a palavra "satanismo", que entrou pela primeira vez para a língua inglesa em função dos relatos da imprensa sobre o caso paladiano, e um grande interesse pela ideia de conspirações satânicas nas mentes de cristãos conservadores que se recusavam a acreditar que foram enganados. *VEJA* ORDEM PALADIANA.

A primeira organização religiosa satânica pública só surgiu em 1966, quando Anton Szandor LaVey (1930-1997) fundou a Igreja de Satã em San Francisco. Em parte exibicionismo, em parte religião séria, a Igreja de Satã extraiu boa parcela de sua filosofia dos textos de Ayn Rand e usou os trajes do satanismo principalmente como forma de publicidade. A presença de LaVey na mídia, porém, inspirou muitos grupos que levaram mais a sério a adoração ao Diabo, e também deu origem a um grupo dissidente, o Templo de Set, dedicado à prática séria do Caminho da Esquerda. *VEJA* IGREJA DE SATÃ; LAVEY, ANTON SZANDOR; TEMPLO DE SET.

As décadas de 1960 e 1970 também viram, em grande escala, a renovação de insinuações feitas por cristãos conservadores de que conspirações secretas de satanistas estariam agindo na sociedade norte-americana, cometendo crimes horríveis e incentivando o sexo, a violência e o liberalismo. Essas alegações saíram da subcultura fundamentalista no início da década de 1980 com o começo do furor sobre abuso em rituais satânicos. O frenesi de acusações e de processos legais que resultou de supostos relatos de abusos em rituais satânicos – frenesi que foi o mais perto que chegamos de uma nova era das fogueiras no mundo ocidental nos últimos séculos – levou dezenas de pessoas à cadeia com base em testemunhos extraídos de crianças e adultos por meios bastante questionáveis, e sem um vestígio de evidências para embasá-los.

A década de 1980 também viu o surgimento do satanismo como uma pequena mas bastante visível subcultura entre adolescentes norte-americanos. Inspirando-se principalmente na *Satanic Bible* de Anton LaVey e nas mais populares cópias do *Necronomicon* em circulação, além de ideias e imagens mais ou menos relacionadas a Satã na música e na cultura popular, os satanistas adolescentes tornaram-se foco de intensas discussões e consternação na mídia, na educação e em círculos cristãos conservadores. O fato de alguns adolescentes perturbados terem cometido crimes violentos sob o manto do satanismo não contribuiu em nada para diminuir o furor. Como o folclore sobre os abusos em rituais satânicos, porém, o satanismo como subcultura adolescente teve muito mais a ver com a cultura popular do que com a corrente histórica da tradição e da prática do satanismo. *VEJA* OCULTISMO FANTÁSTICO; NECRONOMICON. LEITURA ADICIONAL: F. KING, 1971B, MEDWAY, 2001; MORIARTY, 1992.

Satariel. (hebraico SAThARIAL, "Ocultadores de Deus") Na tradição da cabala, os Satariel ou Ocultadores são os Qlippoth ou poderes demoníacos associados a Binah, a terceira Sefirah da Árvore da Vida. Sua forma tradicional é a de uma gigantesca cabeça velada, com chifres e olhos que mal se percebem sob o véu, seguido por centauros malignos. Seu arquidemônio é Lucifuge. *VEJA* QLIPPOTH.

Sat B'hai, Ordem do. Ordem inglesa cujo título completo é "A Real Ordem Oriental de Sikha (Apex) e do Sat B'hai". A Sat B'hai foi fundada por volta de 1871 pelo capitão J. H. Lawrence-Archer, um maçom inglês que tinha servido na Índia. Aparentemente, existiu apenas no papel até 1875, quando Kenneth Mackenzie se uniu à ordem e levou consigo vários pilares do cenário maçônico inglês, inclusive Francis Irwin e o inquieto John Yarker.

Do modo como foi criada por Lawrence--Archer, a ordem consistia de pouco mais do que uma hierarquia de títulos pomposos. Mackenzie idealizou uma série de ritos de iniciação para a ordem, mas suas tentativas de recrutar membros e de estabelecer a ordem na Inglaterra não foram muito eficazes. Por volta de 1879, Mackenzie tinha desistido, embora Irwin e alguns irmãos maçons a tenham mantido funcionando em pequena escala por mais alguns anos.

A Sat B'hai alegava que se inspirava na Índia e usava algumas expressões hindus numa estrutura baseada na Maçonaria. As lojas eram chamadas de "Ashayams", e os sete graus eram formados por Arqui Mudo, Arqui Auditor, Arqui Escriba, Arqui Arauto, Arqui Ministro, Arqui Mensageiro e Arqui Censor. Todos tinham seus próprios símbolos, emblemas, nomes místicos e títulos. A admissão aos três graus iniciais, de Arqui Mudo a Arqui Escriba, era franqueada a homens e mulheres de bom caráter, mas os quatro graus superiores só eram acessíveis para maçons, e para ser Arqui Mensageiro e Arqui Censor, era necessário ser mestre maçom. *VEJA TAMBÉM* MACKENZIE, KENNETH ROBERT HENDERSON. LEITURA ADICIONAL: HOWE, 1997.

Satélite Negro. Nos ensinamentos da Fraternidade Hermética de Luxor e de grupos ocultistas derivados dela, é um planeta invisível, "semiespiritual". O Satélite Negro é o lugar onde as almas que deixaram de fazer contato com seus eus superiores, com o que conquistariam a imortalidade, vão desaparecendo lentamente. Sua localização exata varia de acordo com a fonte, mas às vezes está associada com a sombra lançada pela Terra no espaço.

O "hierofante e governante espiritual" do Satélite Negro chama-se Ob, e dizem que sua influência seria a fonte de poder das sinistras Lojas Negras. *VEJA* LOJAS NEGRAS; OB. *VEJA TAMBÉM* FRATERNIDADE HERMÉTICA DE LUXOR (F. H. DE L.).

Satie, Erik. Músico e compositor francês (1866-1925). Descrito por Igor Stravinsky como "a pessoa mais estranha que já conheci", Erik Satie foi, durante algum tempo, o compositor oficial da Rosa-Cruz Católica, a ordem rosa-cruz fundada pelo filósofo e crítico de arte Joséphin Péladan, e tinha numerosos contatos no cenário ocultista de Paris no final do século XIX.

Nascido em Honfleur, Normandia, onde seu tio Adrien tinha a fama de ser um exótico personagem, Satie estudou no Conservatório de Paris e depois viveu na boemia da cidade, sustentando-se como pianista de cafés e compositor de aluguel. Em algum momento da década de 1880, associou-se a Péladan, e as três "Sonneries de la Rose+Croix" foram executadas na inauguração do primeiro Salão Rosa-Cruz em 1892. Nesse mesmo ano, porém, desentendeu-se com o Sâr e, durante algum tempo, trabalhou com Jules Bois – outro personagem do cenário ocultista parisiense – cuja peça *La Porte Heroique du Ciel* teve como fundo musical composições de Satie.

Os envolvimentos ocultistas de Satie parecem ter cessado no final da década de 1890, sendo substituídos por um hesitante misticismo católico e por algumas excentricidades. As obras citadas acima, e algumas outras compostas na mesma época, representam sua principal contribuição para a tradição ocultista. *VEJA TAMBÉM* PÉLADAN, JOSÉPHIN; SALÕES ROSA-CRUZES.

sator arepo tenet opera rotas. Mais famoso de todos os quadrados mágicos, o chamado "quadrado Rotas-Sator" data da época romana, quando era muito usado em magia de proteção. Suas origens são completamente desconhecidas, embora tenham surgido diversas propostas. Geralmente, ele tem a seguinte forma:

```
S A T O R
A R E P O
T E N E T
O P E R A
R O T A S
```

Assim, era lido tanto vertical quanto horizontalmente, para cima ou para baixo, da esquerda ou da direita. Escrito como frase, além disso, é um palíndromo – ou seja, lê-se do mesmo modo da esquerda para a direita como no sentido contrário – e isso funciona também quando cada palavra é posicionada na ordem inversa (*rotas opera tenet arepo sator*).

Em latim, as palavras significam algo como "Arepo, o plantador, segura as obras das rodas". O significado disso fica a critério de cada um. Já foi dito que as mesmas letras podem ser reorganizadas para formar o seguinte:

```
            A
            P
            A
            T
            E
            R
A P A T E R N O S T E R O
            O
            S
            T
            E
            R
            O
```

Em outras palavras, temos "pai nosso" em latim, além de *A* e *O* significando alfa e ômega, repetidos duas vezes. Se isso tem alguma importância para as origens do quadrado mágico, ou se é apenas uma coincidência, tem sido tema para muitas discussões entre estudiosos. *VEJA TAMBÉM* PALAVRAS BÁRBARAS; PALÍNDROMOS. LEITURA ADICIONAL: MERRIFIELD, 1987.

Saturno. Um dos sete planetas tradicionais da astrologia, no mapa natal Saturno representa limitações e desafios, bem como áreas de estabilidade. No simbolismo astrológico, Saturno governa os signos de Capricórnio e Aquário (embora os astrólogos modernos costumem associar Aquário a Urano); está exaltado em Libra, em exílio em Câncer e Leão, e em queda em Áries. *VEJA* ASTROLOGIA.

Na alquimia, Saturno costuma representar o chumbo, e também é usado para representar o nigredo ou fase negra da Grande Obra. *VEJA* ALQUIMIA.

♄

Símbolo astrológico de Saturno

Schwaller de Lubicz, René A. Ocultista e estudioso de geometria sagrada, 1887-1961. Nascido René Schwaller na Alsácia, de Lubicz chegou a Paris em 1905 e tornou-se parte do cenário ocultista da cidade, unindo-se à Sociedade Teosófica e dedicando seu tempo ao estudo da alquimia e ao simbolismo das catedrais góticas. Fez amizade e foi adotado pelo poeta lituano-francês O. V. de Lubicz-Milosz e manteve contatos com o círculo de alquimistas que rodeava o misterioso Fulcanelli. Segundo de Lubicz, o livro mais famoso de Fulcanelli, *O Mistério das Catedrais*, baseava-se em materiais que Fulcanelli plagiou dele. *VEJA* FULCANELLI.

Em 1919, após a Primeira Guerra Mundial, de Lubicz tornou-se líder de um grupo chamado *Les Veilleurs* ("os Vigias"), que combinava interesses ocultistas com uma agenda política de direita e ideias antissemitas. Entre seus membros, estava Rudolf Hess, que morava em Paris nessa época, e passou a se dedicar ao mesmo tipo de política e de magia do outro lado do Reno nas décadas seguintes.

No início da década de 1920, de Lubicz passou a liderança de *Les Veilleurs* e mudou-se para St. Moritz, na Suíça, e fundou a Suhalia, comunidade com oficinas de artesanato e laboratórios alquímicos. Morou lá até 1927, quando mudou-se para Majorca; a comunidade Suhalia dissolveu-se após sua saída.

Com o início da guerra civil espanhola, em 1936, de Lubicz mudou-se para o Egito, onde o contato com as antigas esculturas egípcias convenceu-o de que os mesmos ensinamentos que ele havia encontrado em velhos textos alquímicos podiam ser encontrados com maior riqueza de detalhes nas geometrias sagradas do Egito faraônico. O resto de sua vida foi dedicado a escrever uma série de obras mostrando as filosofias esotéricas e geometrias da arte e da arquitetura egípcias. Ele passou seus últimos anos em Grasse, no sul da França, onde morreu em 1961. *VEJA TAMBÉM* GEOMETRIA SAGRADA. LEITURA ADICIONAL: VANDENBROECK, 1987.

Scot, Michael. Estudioso e astrólogo escocês, c. 1175–1235. Michael Scot foi o mais renomado intelectual da Europa Ocidental no início do século XIII. Sua data e local de nascimento são incertos, embora uma tradição afirme que ele nasceu no Castelo Balwearie em Fife. Imagina-se que teria estudado em Oxford e em Paris, mas a primeira data certa em sua vida é 18 de agosto de 1217, quando ele concluiu a tradução para o latim de um importante tratado astronômico do escritor árabe al-Bitrûgi.

Nessa época, ele morava em Toledo, no coração da Espanha muçulmana, junto com a comunidade de estudiosos europeus que estava fazendo a conexão entre os conhecimentos árabes e o Ocidente. Scot também traduziu importantes obras de Aristóteles e de Averroes durante sua estada em Toledo. Por volta de 1220 ele estava na Itália, onde ganhou a proteção do papa Honório III, que lhe garantiu uma renda vinda da Igreja. No início da década de 1220, estava ensinando astronomia e astrologia na Universidade de Paris. Em algum momento do final dessa década e o início da seguinte, passou a servir o sacro imperador romano Frederico II, para quem escreveu três livros: *Liber Introductorius*, um manual de astrologia para iniciantes; *Liber Particularis*, um livro de perguntas e respostas sobre astrologia; e *Liber Physiognomiae*, lidando com a arte da fisiognomonia – um método comum de adivinhação medieval através das formas do corpo e do rosto. *VEJA* FISIOGNOMONIA. Na época de sua morte, ainda estava a serviço do imperador.

Os textos de Scot condenam duramente a magia como "a senhora de toda iniquidade e de todo o mal", mas fica claro que ele conhecia muito a teoria e a prática desse assunto. Seu *Liber Introductorius* inclui coisas como uma lista de palavras de poder para comandar espíritos, um método para calcular a hora apropriada para chamá-los, os nomes dos anjos dos sete planetas, os espíritos das sete esferas celestiais e os guardiões dos sete metais. Se ele era ou não um mago praticante é outra questão, mas durante séculos após sua morte foi conhecido por seus vastos poderes mágicos e divinatórios. LEITURA ADICIONAL: THORNDYKE, 1965.

scrying. *VEJA* ESCRIAÇÃO.

Seax Wica. Ramo da Wicca fundado pelo iniciado gardneriano Raymond Buckland em 1973. Originalmente criado para uso pessoal, foi adotado por muitos estudantes ao longo dos anos, especialmente após a publicação do livro de Buckland sobre o assunto, *The Tree*:

The Complete Book of Saxon Witchcraft (1974). Buckland também manteve um curso por correspondência sobre a Seax Wica durante vários anos; o curso ainda pode ser encontrado até hoje, embora sob nova direção.

Diferentemente de diversas tradições modernas da Wicca, a Seax Wica não afirma ter conexão direta com antigas tradições pagãs, mas o simbolismo anglo-saxão foi adotado como base do sistema. A Deusa e o Deus são chamados Freya e Woden. Não há graus de iniciação ou juramentos de sigilo, e os rituais foram publicados em sua íntegra. São eleitos membros do coven para servir como sacerdotes durante um ano e um dia, como forma de prevenir abusos de poder.

Os estudantes da Seax Wica começam como *Theows* ou não iniciados, que podem frequentar reuniões do grupo se convidados. Os aceitos para treinamento tornam-se *Ceorls*, e aqueles que são iniciados têm o título de *Gesith*. Qualquer Gesith pode fundar um coven, e qualquer pessoa pode assumir o título de Gesith e fundar um coven a partir do zero se estudar os ensinamentos da Seax Wica no livro de Buckland ou em seu curso por correspondência, realizando um rito de autodedicação e começando a treinar e a iniciar outras pessoas.

Atualmente, há covens da Seax Wica na Europa, nos Estados Unidos e na Australásia, bem como em outros países. *VEJA TAMBÉM* WICCA. LEITURA ADICIONAL: BUCKLAND, 1974.

Seção de Perfeição. Ordem rosa-cruz fundada na Alemanha no final do século XVII pelo alquimista e teólogo pietista Johann Jacob Zimmermann. Pouco se conhece ao certo sobre os ensinamentos da Seção, mas acredita-se que incluam o misticismo cabalístico cristão, a alquimia e a astrologia, bem como a forte convicção de que o fim do mundo estava próximo. Os membros eram exclusivamente homens solteiros.

Ao ouvir dizer que o nobre inglês e quacre William Penn estava convidando minorias religiosas de todo tipo para sua nova colônia norte-americana da Pensilvânia, Zimmermann e seu grupo decidiram emigrar, mas ele morreu pouco antes do embarque do grupo, em 1694. Sob a liderança de Johannes Kelpius (1673--1708), o grupo zarpou para o Novo Mundo e se estabeleceu onde hoje é Germantown Creek, Pensilvânia.

A Seção estabeleceu o que hoje chamaríamos de comunidade no interior da Pensilvânia, com as propriedades compartilhadas por todos e todos os membros morando numa casa comunitária. Um observatório no piso superior da casa permitia aos membros acompanharem o firmamento para uso astrológico, pois acreditavam que em pouco tempo os céus anunciariam a Segunda Vinda de Cristo. Kelpius morreu por causa do excesso de austeridade em sua vida pessoal, em 1708, e Conrad Matthai tornou-se o líder da comunidade. Sob sua orientação, a estrutura comunitária foi dissolvida e os membros do grupo tornaram-se eremitas, buscando a salvação individualmente. Alguns membros se dedicaram à cura e à magia nas comunidades de migrantes alemãs próximas, e contribuíram muito para as tradições mágicas holandesas que surgiram depois na Pensilvânia. *VEJA TAMBÉM* ROSA--CRUZES.

Sefirot. (hebraico, "numerações") Na cabala, as dez emanações de Deus que formam a Árvore Cabalística da Vida; o singular da expressão hebraica plural Sephiroth é Sephirah. A doutrina das Sefirot está no núcleo da cabala e forma o principal elemento que distingue a cabala de formas anteriores de misticismo judaico, como a Ma'aseh Berashith e a Ma'aseh

Merkabah. *VEJA* MA'ASEH BERASHITH; MA'ASEH MERKABAH.

A ideia original de dez poderes ou manifestações especiais do divino é mais antiga que a cabala, e tanto essa ideia quanto a expressão Sefirot aparecem no *Sepher Yetzirah*, texto muito antigo que provavelmente deriva da Ma'aseh Berashith; *VEJA* SEPHER YETZIRAH. Os primeiros estágios de evolução da cabala viram diversos nomes e atributos aplicados às Sefirot. Em meados do século XIII, o conjunto-padrão de nomes já fora estabelecido, mas ainda existe muita variação entre as diferentes tradições cabalísticas no que diz respeito aos Nomes de Deus e a outros atributos que correspondem às Sefirot.

Os nomes e atribuições a seguir são costumeiros em muitos ramos do ocultismo ocidental:

Número: 1. *Nome*: Kether. *Significado*: Coroa.
Atribuição Astrológica: Primum Mobile.
Número: 2. *Nome*: Chokmah. *Significado*: Sabedoria.
Atribuição Astrológica: Esfera das Estrelas.
Número: 3. *Nome*: Binah. *Significado*: Compreensão.
Atribuição Astrológica: Saturno.
Número: 4. *Nome*: Chesed. *Significado*: Mercê.
Atribuição Astrológica: Júpiter.
Número: 5. *Nome*: Geburah. *Significado*: Severidade.
Atribuição Astrológica: Marte.
Número: 6. *Nome*: Tiphareth. *Significado*: Beleza.
Atribuição Astrológica: Sol.
Número: 7. *Nome*: Netzach. *Significado*: Vitória.
Atribuição Astrológica: Vênus.
Número: 8. *Nome*: Hod. *Significado*: Glória.
Atribuição Astrológica: Mercúrio.
Número: 9. *Nome*: Yesod. *Significado*: Fundação.
Atribuição Astrológica: Lua.
Número: 10. *Nome*: Malkuth. *Significado*: Reino.
Atribuição Astrológica: Terra.

Nos textos cabalísticos mais antigos, as Sefirot também são chamadas de "ditados", "nomes", "luzes", "poderes", "coroas", "estágios", "trajes", "espelhos" e muitas outras expressões. Também são vistas como membros ou partes do corpo de Adão Kadmon, o Homem Primordial. *VEJA* ADÃO.

Como essa enxurrada de nomes sugere, as Sefirot têm vários aspectos diferentes. Cada Sefirah contém toda uma Árvore da Vida. Como dizem os antigos textos cabalísticos, cada Sefirah "desce em si mesma", criando uma infinidade de reinos e mundos em seu interior. Há, assim, mundos ocultos de mercê, justiça, beleza e assim por diante, desdobrando-se incessantemente dentro de cada Sefirah.

Nas modernas versões herméticas e pagãs da cabala, as Sefirot costumam ser equiparadas aos deuses e deusas de diversas religiões pagãs. *VEJA TAMBÉM* OS VERBETES DE CADA SEFIROT; CABALA; ÁRVORE DA VIDA. LEITURA ADICIONAL: FORTUNE, 1984; J. GREER, 1996; SCHOLEM, 1974.

Seg. Na cabala, o nome secreto do mundo de Briah. O valor numérico de suas letras soma 63, que também é a soma de YVD HI VAV HI, a grafia do Tetragrammaton em Briah. *VEJA* BRIAH; TETRAGRAMMATON.

Segunda Morte. Na teoria esotérica, a segunda e mais importante fase do processo da morte, que se segue à Primeira Morte (a morte do corpo físico) após horas, dias ou semanas. A compreensão ocultista da morte é complexa e deriva da igualmente complexa tradição oculta sobre o corpo sutil. *VEJA* CORPOS SUTIS.

Segundo a maioria das tradições ocultistas, os corpos inferiores – físico, etérico e astral – separam-se da parte imortal do eu nessa ordem. A separação do corpo etérico ou corpo de energia vital é a fase crucial, pois esse corpo permite que o eu se mantenha em contato com o mundo da matéria comum. Antes da Segunda Morte, o falecido pode atuar como fantasma ou vampiro, ou até reanimar o corpo físico sob certas circunstâncias, muito raras; depois disso, as partes imortais do eu vão para o pós-vida ou além, enquanto o resto se decompõe. *VEJA TAMBÉM* PROJEÇÃO DE MORTO-VIVO; VAMPIRO.

seidhkona. (norueguês antigo, "mulher *seidhr*") Na antiga tradição nórdica e em alguns círculos modernos do Asatrú, uma mulher que pratica seidhr. *VEJA* SEIDHR.

seidhr. (também grafado **seith**) No antigo e no moderno paganismo nórdico, uma tradição de trabalho em transe usada para se entrar em contato com outros mundos e trazer mensagens dos deuses e dos espíritos. Segundo a lenda nórdica, originalmente o seidhr foi um presente especial da deusa Freyja, que o ensinou a Odin. Referências nas sagas e nas histórias sugerem que ele era praticado tradicionalmente por mulheres e que sua reputação era um tanto duvidosa.

A praticante, chamada *volva* (profetisa), *seidhkona* (mulher seidhr) ou *spakona* (vidente), ficava num assento erguido sobre uma plataforma. Ao redor da plataforma ficava um grupo de cantoras, que entoavam canções mágicas. O costume da volva é descrito na Saga de Erik, o Vermelho; incluía uma capa azul decorada com joias e fitas, um capuz, luvas de pele de gato decoradas com pelo de marta, botas de camurça, miçangas, uma bolsa de couro cheia de amuletos e um cajado com apliques de latão e uma bola na ponta.

Na moderna religião Asatrú, a prática do seidhr foi revivida, baseando-se principalmente em ideias modernas sobre xamanismo. É usado um tambor para ajudar a induzir um estado alterado de consciência no praticante, que visualiza uma viagem até um dos reinos míticos da tradição pagã nórdica e entra em contato com um ou mais seres espirituais. A forma mais praticada de seidhr na Asatrú moderna foi idealizada pela autora e praticante pagã norte-americana Diana Paxson, e envolve uma jornada em grupo pelos mundos da cosmologia nórdica, seguida pela entrada de um membro do grupo pelo portal de Hella, a deusa do mundo inferior. O membro escolhido senta-se numa plataforma, entra em transe e responde a perguntas.

Há muitas semelhanças entre seidhr e a mediunidade espiritualista; *VEJA* ESPIRITUALISMO. *VEJA TAMBÉM* ASATRÚ; ADIVINHAÇÃO; GALDOR. LEITURA ADICIONAL: ASWYNN, 1998; BLAIN, 1999; DAVIDSON, 1981; ENRIGHT, 1996; THORSSON, 1998.

seios, adivinhação pelos. Um dos mais incomuns sistemas divinatórios inventados ao longo dos anos, a adivinhação pelos seios afirma que é possível ler a personalidade de uma mulher pela forma de seus seios. O inventor (e, ao que parece, único praticante) do sistema foi Timothy Burr, cujo livro detalhado sobre o tema pode ser encontrado ocasionalmente em sebos. LEITURA ADICIONAL: BURR, 1965.

seis. No simbolismo platônico e pitagórico, o seis está associado a Anfitrite, esposa do deus do mar, Poseidon; a Hécate, a guardiã de três faces das encruzilhadas; e a Tália, uma das Musas. Seu título inclui "casamento", "paz", "reconciliação" e "cosmos", pois ele é o resultado da união dos opostos, sendo o produto do 2 (o primeiro número par) multiplicado por 3 (o primeiro número ímpar), bem como "perfeito" e de "membros iguais", pois é a soma de todos os seus fatores: 1 + 2 + 3 = 6. Está associado à cura, à fertilidade e à beleza.

Na cabala, 6 é Tiphareth, Beleza, a sexta Sefirah da Árvore, e também o número da letra Vau. O Nome de Deus com seis letras é AL GBVR, El Gibor. *VEJA* CABALA.

No simbolismo mágico do Renascimento, 6 é o número da perfeição, da redenção e da humanidade. LEITURA ADICIONAL: MCLEAN, 1994; WATERFIELD, 1988; WESTCOTT, 1984.

seith. *VEJA* SEIDHR.

semiquadratura. Na astrologia, um aspecto menor formado por dois planetas num ângulo de 45 graus. É um dos mais fortes dos aspectos menores, e tem um efeito um tanto quanto desfavorável, representando fontes de dificuldade ou de tensão. *VEJA* ASPECTO ASTROLÓGICO.

semiquintil. Na astrologia, um aspecto menor formado por dois planetas num ângulo de 36 graus. Está associado ao talento, e tem uma influência levemente favorável. *VEJA* ASPECTO ASTROLÓGICO.

semissextil. Na astrologia, um aspecto menor formado por dois planetas num ângulo de 30 graus. É um aspecto neutro, associado a oportunidades que podem ou não se concretizar. *VEJA* ASPECTO ASTROLÓGICO.

Sendivogius, Michael. (Michal Sedziwoj) Aristocrata e alquimista polonês, 1566-1636. Nascido numa família da nobreza rural da Polônia, Sendivogius foi educado na Cracóvia, na época a capital da Polônia e centro de estudos alquímicos e ocultistas. Na década de 1580 e início da seguinte, viajou para o exterior para concluir seus estudos, tendo aulas nas universidades de Leipzig, Viena e Altdorf. Em 1593, mudou-se para Praga e assumiu um cargo na corte do sacro imperador romano Rodolfo II, apaixonado pela alquimia e por ocultismo. Em Praga, Sendivogius fez contato com Michael Maier, outro dos grandes alquimistas da época. *VEJA* MAIER, MICHAEL. Além da alquimia, Sendivogius participou de missões diplomáticas entre o imperador e o rei Zygmunt III da Polônia.

O ano de 1604 assinalou um ponto crucial da carreira alquímica de Sendivogius. Nesse ano, segundo fontes contemporâneas, ele conseguiu transmutar com sucesso um metal básico em ouro, na presença de Rodolfo II e de muitas outras testemunhas. No mesmo ano, foi publicado seu mais importante texto alquímico, *Novum Lumen Chymicum*, que o tornou famoso em todo o continente europeu como filósofo alquímico.

Essa fama não teve apenas vantagens. No ano seguinte, Sendivogius recebeu um convite para visitar Frederico, duque de Württemburg, e acabou ficando preso pelo duque e pelo alquimista de sua corte, numa tentativa de forçá-lo a revelar segredos alquímicos. A intervenção do imperador e do rei da Polônia acabou libertando Sendivogius, após vários meses aterrorizantes.

Ele voltou à sua terra natal, onde ficou entre 1607 e 1616, e depois viajou pela Alemanha e Áustria, estabelecendo-se em Viena na corte do sucessor de Rodolfo, Fernando II, onde ficou até 1624. Seus últimos anos foram passados na Polônia, onde morreu em 1636.

Sendivogius foi um dos últimos pensadores originais da alquimia renascentista, e seus livros foram muito lidos e citados por alquimistas até o advento da Revolução Científica. Seu conceito mais importante foi o nitro aéreo, um espírito vital essencial da atmosfera. Esse conceito levou ao desenvolvimento da teoria nitro-sal, o último dos grandes sistemas teóricos da alquimia tradicional, e pode ter permitido que o contemporâneo de Sendivogius, Cornelis Drebbel, desenhasse e testasse um submarino funcional, com equipamento alquímico de purificação do ar, em 1621. VEJA DREBBEL, CORNELIS; SALITRE. VEJA TAMBÉM ALQUIMIA. LEITURA ADICIONAL: PRINKE, 1990; SZYDLO, 1994.

separação. Na alquimia, o processo de dividir uma substância em seus três princípios alquímicos, mercúrio, enxofre e sal (que não são as mesmas substâncias com esses nomes; VEJA MERCÚRIO; SAL; ENXOFRE). Há diversos métodos para se obter a separação na alquimia. O simbolismo alquímico associa esse processo ao signo zodiacal de Escorpião. VEJA ALQUIMIA.

Sepher Yetzirah. (hebraico, "Livro da Formação ou Criação") O mais antigo documento a fazer parte do atual cânone cabalístico, o Sepher Yetzirah recua tradicionalmente aos tempos de Abraão, ancestral do povo judeu. Suas origens reais são muito discutíveis, mas uma data entre 100 A.E.C. e 900 E.C. é tida como provável pela maioria dos estudiosos modernos. Provavelmente, foi o fruto de um escritor ou de uma escola que praticava o Ma'aseh Berashith, sistema de misticismo judaico que data do começo da Era Comum e que foi ancestral da cabala; VEJA MA'ASEH BERASHITH.

O Sepher Yetzirah é um comentário simbólico e místico sobre as 22 letras do alfabeto hebraico, com uma gama de correspondências para cada letra e uma série de práticas meditativas que combinam as letras de diversas formas. O misticismo cabalístico bem posterior, que lida com letras, foi desenvolvido a partir do Sepher Yetzirah, e as complexas combinações de letras do cabalista Abraham Abulafia (1240-após 1292) são particularmente dependentes dessa antiga fonte. VEJA ABULAFIA, ABRAÃO. O Cubo do Espaço, um diagrama tridimensional relacionando as letras hebraicas às dimensões do espaço, também é derivado do Sepher Yetzirah; VEJA CUBO DO ESPAÇO.

Considera-se o Sepher Yetzirah como o principal documento na criação do golem; VEJA GOLEM. VEJA TAMBÉM CABALA; ALFABETO HEBRAICO. LEITURA ADICIONAL: A. KAPLAN, 1990.

Sephirot. VEJA SEFIROT.

Serafim. (do hebraico, "serpentes de fogo") Ordem de anjos atribuídos de diversas formas segundo o sistema de angelologia. Na cabala, os Serafins correspondem a Geburah, a quinta esfera da Árvore da Vida, e são vistos como anjos de julgamento. Na angelologia, por sua vez, os Serafins são a mais elevada das nove ordens angelicais e são principalmente anjos de amor. VEJA ANJO; GEBURAH.

Seraph. Na magia cabalística, regente do elemento Fogo. Seu nome deriva dos Serafins, hoste angelical associada à Sefirah Geburah. VEJA REGENTE ELEMENTAL; SERAFIM.

Serapis, Mestre. Na tradição da Teosofia e de sistemas de ensinamento ocultista relacionados a ela, um dos Mestres da Grande Loja Branca, a fraternidade que supervisiona a evolução espiritual da Terra. Mestre Serapis é o chohan ou principal adepto do Quarto Raio ou Raio Branco, o raio da harmonia, beleza, natureza e artes. VEJA TAMBÉM RAIO BRANCO; MESTRES; TEOSOFIA.

Servos da Luz. (Servants of the Light – SOL). Ordem mágica internacional fundada em 1965 pelos ocultistas ingleses W. E. Butler e Gareth Knight, ambos antigos alunos de Dion Fortune e membros de sua ordem mágica, a Sociedade da Luz Interior. *VEJA* BUTLER, W. E.; FORTUNE, DION; SOCIEDADE DA LUZ INTERIOR. Originalmente conhecido como Curso Helios sobre cabala prática, tornou-se uma ordem mágica em 1975 quando Knight saiu da organização para se dedicar a outros interesses ocultistas e mudou seu nome para Escola de Ciência Ocultista Servos da Luz. Com a morte de Butler em 1978, a posição de Diretor passou para Dolores Ashcroft-Nowicki, que lidera a ordem até este verbete ser escrito.

Os ensinamentos da SOL seguem a tradição de Dion Fortune, e aqueles que estão familiarizados com os textos de Fortune vão perceber isso facilmente. A SOL produz um curso por correspondência sobre magia cabalística, ministra seminários sobre magia ritual e temas correlacionados, além de conferir iniciações por meio de lojas locais. Atualmente, são quinze as lojas da SOL, situadas na Inglaterra, Europa continental e Estados Unidos, bem como quatro lojas independentes associadas à ordem. *VEJA TAMBÉM* LOJA MÁGICA.

sesquiquadratura. Na astrologia, um aspecto menor formado por dois planetas num ângulo de 135 graus. É considerado levemente desfavorável. *VEJA* ASPECTO ASTROLÓGICO.

sesquiquintil. Na astrologia, um aspecto menor formado por dois planetas num ângulo de 108 graus. É considerado levemente favorável, relacionado com o talento. *VEJA* ASPECTO ASTROLÓGICO.

sete. Na cabala, 7 é Netzach, a sétima Sefirah, e o número da letra Zayin. Sobre o número 7, o Sepher Yetzirah comenta que "Deus amou e abençoou o número 7 mais do que qualquer coisa sob o céu". Há sete letras duplas no alfabeto hebraico, sete anjos que se postam na presença de Deus, sete céus, sete terras e sete infernos. Nomes de Deus com sete letras incluem ARARITA, Ararita e AShR AHIH, Asher Eheieh. *VEJA* CABALA.

No simbolismo cristão, 7 é o número de sacramentos e de horas canônicas. O Livro do Apocalipse está repleto de setes: sete candelabros, sete estrelas, sete coroas, sete Igrejas na Ásia, sete selos, sete chifres, sete olhos, sete espíritos de Deus, sete anjos com sete trombetas, sete cabeças do dragão, sete montanhas com sete reis sentados sobre elas e sete trovões que anunciam o fim. Há sete pedidos no Pai-Nosso, e sete palavras que Jesus murmurou na cruz.

No simbolismo mágico do Renascimento, 7 é sagrado para o Espírito Santo. É chamado de veículo da vida humana, e é o número de planetas, de virtudes, de dias da semana e de dons do Espírito Santo. *VEJA TAMBÉM* ARITMOLOGIA. LEITURA ADICIONAL: MCLEAN, 1994; WATERFIELD, 1988; WESTCOTT, 1984.

Setne Khamwas. Mago-sacerdote egípcio, c. 1300–c. 1245 A.E.C. Filho do faraó Ramsés II e de sua principal rainha, Isis-neferet, Setne Khamwas (também grafado Setne Khamu'ast) serviu como soldado na juventude e depois seguiu a carreira de sacerdote, chegando à posição de Sumo Sacerdote de Ptah em Mênfis. Provável herdeiro do trono, morreu dez anos antes de seu pai, que teve uma vida extremamente longa. Tornou-se um dos maiores magos do Egito, e ainda se contavam histórias a seu respeito mais de mil anos após a sua morte.

Quando Dion Fortune foi líder da Sociedade da Luz Interior, ao que parece Setne Khamwas teria sido um dos contatos do plano interior com papel de destaque nos trabalhos da fraternidade. *VEJA* SOCIEDADE DA LUZ INTERIOR. LEITURA ADICIONAL: FOWDEN, 1986; A. RICHARDSON, 1985.

sexo e esoterismo. Como quase todas as outras atividades humanas, o ocultismo tem seus pontos de contato com a sexualidade humana. A maioria das versões da filosofia esotérica afirma que as energias sexuais do organismo humano são uma expressão dos poderes criadores primais do universo. A partir desse ponto de origem, porém, as tradições esotéricas do Ocidente tendem a tomar dois caminhos bem distintos. Alguns sistemas ocultistas afirmam que as energias do sexo devem ser impedidas de encontrar seu canal de vazão convencional, sendo redirecionadas para outros fins. Outros sugerem que as energias devem se expressar no ato amoroso, mas esse ato amoroso em si pode ser usado como veículo para operações mágicas.

Essas duas posturas têm raízes antigas. Registros que chegaram a nós sobre os gnósticos sugerem que alguns deles praticavam disciplinas ascéticas que envolviam o redirecionamento de energias sexuais que subiam pela espinha e chegavam ao cérebro; referiam-se a isso, numa metáfora de origem judaica, como "as águas do Jordão que fluem morro acima". Aparentemente, tais métodos exigiam o celibato absoluto. Outros gnósticos, em contraste, parecem ter praticado o sexo ritual, saboreando os fluidos sexuais mesclados como uma forma de comunhão. *VEJA* GNOSTICISMO.

Ninguém sabe ao certo se algo desse gênero foi praticado no ocultismo da Europa medieval ou renascentista. Os grimórios – manuais de magia da era medieval e início da era moderna, tratando principalmente da arte de conjurar demônios – costumam exigir alguns dias de celibato antes de se poder realizar trabalhos rituais, mas não fazem outra referência ao sexo. O mesmo se aplica à muito mais complexa literatura da alta magia renascentista. *VEJA* GRIMÓRIO; HERMETISMO.

A literatura da alquimia medieval está repleta de simbolismo sexual e tem sido identificada como uma linguagem codificada discutindo práticas sexuais. Como muitas outras tentativas de redefinir a alquimia como algo diferente de uma arte laboratorial, porém, essa interpretação peca pela simples falta de evidências. Condenações legais e teológicas da alquimia, que não eram incomuns na Idade Média, acusavam alquimistas de fraudes e outros crimes, mas aparentemente a imoralidade sexual não entrou em jogo. Se havia um componente sexual na alquimia, seria o foco na repressão e o redirecionamento das energias sexuais, e não em sua manifestação; diversas fontes, inclusive a satírica mas bem informada peça de Ben Jonson *The Alchemist* (1612), referem-se à ideia de que o trabalho alquímico falha na presença de qualquer expressão de desejo sexual. *VEJA* ALQUIMIA.

Certamente, porém, abordagens esotéricas diante do sexo eram comuns em certos movimentos místicos da vanguarda do ocultismo. A cabala, originalmente um sistema de interpretação mística judaica das Escrituras e dos rituais, desenvolveu uma prática sexual clara no final da Idade Média; *VEJA* CABALA. Como descrevem textos cabalísticos como o *Iggeret ha-Qodesh* ("Carta Sagrada"), uma breve obra instrutiva datada do final da era medieval, esse sistema envolvia o ato sexual na véspera do Sabbath como forma de participar da união entre Deus e Shekinah, a presença divina personificada no mundo. Esta união foi interpretada por muitos autores judeus bastante ortodoxos da época com termos nitidamente sexuais, e o sexo em si nunca teve no judaísmo a mesma aura negativa que tem no cristianismo. *VEJA* SHEKINAH.

Como a cabala foi a corrente dominante no pensamento judeu desde meados do século XVI até meados do XIX, esses ensinamentos sexuais tornaram-se muito difundidos entre judeus praticantes. O desenvolvimento da cabala cristã, a partir do século XV, e da cabala hermética puramente esotérica desde o século XVI, difundiu essas ideias também nas comunidades gentias, mas evidências efetivas de prática de técnicas sexuais cabalísticas entre cristãos e cabalistas herméticos raramente são encontradas senão alguns séculos depois.

Por volta do século XVIII, métodos de prática sexual eram usados em alguns círculos ocultistas, e o século XIX viu um importante florescer do ocultismo sexual. Alguns pensadores dos séculos XVIII e XIX reinterpretaram o paganismo antigo como a adoração de energias sexuais, tendo no pênis e na vagina os principais símbolos sagrados; livros sobre a "religião fálica", como era chamada a teoria, eram publicados numa região cinzenta onde se sobrepunham mundo acadêmico e pornografia. Outra figura dessa mesma região cinzenta foi Edward Sellon (1818-1866), mestre em esgrima, agente de viagens, pornógrafo e autor de uma das mais indecentes autobiografias existentes, *The Ups and Downs of Life* (1867). Sellon também foi responsável por *Annotations on the Sacred Writings of the Hindoos* (1865), a primeira apresentação detalhada da teoria e da prática sexual tântrica dos hindus na língua inglesa. *VEJA* FÁLICA, RELIGIÃO.

Mais ou menos nessa mesma época, começou a surgir a mais comum das abordagens modernas à prática sexual ocultista na mente de um ocultista norte-americano descendente de africanos, Paschal Beverly Randolph (1825-1875). Espiritualista e estudioso do "magnetismo animal", do ocultista e médico austríaco Franz Anton Mesmer (1734-1815), Randolph idealizou um método de prática mágica envolvendo o ato amoroso heterossexual, no qual os parceiros se concentravam intensamente na meta do trabalho de magia no instante do orgasmo simultâneo. *VEJA* RANDOLPH, PASCHAL BEVERLY.

Randolph mencionava seus métodos em seus livros, mas transmitia-os na íntegra apenas a alguns alunos. Após sua morte, o sistema de Randolph foi adotado pela Fraternidade Hermética de Luxor (F. H. de L.), uma das mais importantes ordens mágicas do final do século XIX; *VEJA* FRATERNIDADE HERMÉTICA DE LUXOR (F. H. DE L.). Entre os membros da F. H. de L., estavam dois ocultistas alemães, Carl Kellner (1851-1905) e Theodor Reuss (1855-1923), que adaptaram os ensinamentos de Randolph e fizeram deles o segredo central de uma nova ordem ocultista, a Ordo Templi Orientis (OTO); *VEJA* ORDO TEMPLI ORIENTIS (OTO).

Em 1912, a OTO recrutou seu membro mais famoso, o ocultista inglês e autointitulado Besta do Apocalipse, Aleister Crowley (1875-1947). Crowley, para quem a expressão "hipersexual" pode ter sido inventada, adotou de imediato a magia sexual, proclamando-a como o segredo essencial de toda magia e religião. A bissexualidade de Crowley levou-o a mexer no sistema de Randolph para incluir o ato homossexual, além do heterossexual. Crowley também inventou uma prática à qual denominou "lucidez por erotocomatose", que consistia de orgasmos repetidos até que a pura e simples exaustão induzisse ao transe. *VEJA* CROWLEY, ALEISTER; TRANSE.

De Crowley, por sua vez, o sistema passou para Gerald Gardner (1884-1964), que estudou com Crowley no último ano de vida da Besta. Gardner reformulou e simplificou o misticismo sexual de Randolph ao idealizar sua nova religião, a Wicca. Como resultado, aquilo que começou como o ensinamento ocultista de um mago afro-americano agora é apresentado, por muitos grupos pagãos modernos, como uma antiga tradição pagã herdada da Inglaterra primitiva. *VEJA* GARDNER, GERALD BROUSSEAU; GRANDE RITO; WICCA.

O outro lado do ocultismo sexual também se desenvolveu bastante nos séculos XIX e XX. Tanto a Sociedade Teosófica quanto a Ordem Hermética da Aurora Dourada, principais rivais da F. H. de L. no cenário ocultista do final do século XIX, desestimulavam a magia sexual, atitude adotada pela maioria das outras organizações ocultistas da época. Nos Estados Unidos, em particular, a ideia de que o celibato absoluto seria um elemento essencial da prática esotérica encontrou raízes profundas, e organizações como a Fraternidade Esotérica de Hiram Butler ensinavam que o celibato, por si só, conduziria ao desenvolvimento espiritual. *VEJA* FRATERNIDADE ESOTÉRICA.

Nas mesmas linhas, embora bem mais estranhos, eram os ensinamentos de Thomas Lake Harris (1823-1906), um antigo ministro swedenborguiano cuja Fraternidade da Nova Vida ensinava um sistema de desenvolvimento espiritual no qual alimentação, exercícios respiratórios e celibato absoluto faziam com que milhares de fadas felizes e distribuidoras de saúde vivessem dentro do corpo do praticante, que teria o privilégio adicional de manter "uniões de contrapartida" intensamente eróticas com seres espirituais. Harris, que sempre praticava o que pregava, escreveu inúmeros poemas românticos para sua "contrapartida" angelical, com quem teria tido três filhos espirituais. *VEJA* HARRIS, THOMAS LAKE.

O sistema de Harris derivava, em parte, de uma ampla tradição de acasalamento entre humanos e espíritos. Essa tradição teve origem num romance satírico, *Le Comte de Gabalis*, do abade de Montfaucon de Villars (1635-1673), que ironizava o ocultismo do século XVII afirmando que ele se resumia a sexo com espíritos elementais. Apesar do tom altamente satírico do romance, um número surpreendente de ocultistas posteriores não percebeu a piada e tratou-o como uma apresentação séria de verdades ocultistas. Por isso, tentativas de relacionamentos de "contrapartida" eram tão comuns no cenário esotérico que diversos ocultistas dos séculos XIX e XX tiveram de aconselhar os estudantes a não se dedicarem a essa prática. *VEJA* COMTE DE GABALIS, LE; OCULTISMO FANTÁSTICO.

Dion Fortune (1890-1946) foi um deles. Seu trabalho sobre sexo é, provavelmente, o mais completo sistema de magia sexual surgido na tradição ocultista do século XX. Fortune, como quase todos os teóricos ocultistas do tema, dizia que as energias sexuais são uma expressão das energias criativas primárias do universo; podem ser expressadas por meio do ato sexual ou por interações em outros níveis da existência. Os métodos sexuais de Fortune focalizam o redirecionamento da força criativa para longe do sexo físico, mas sem o desprezo pela sexualidade que costuma ser visto do lado celibatário da discussão; em seu último trabalho, em particular, Fortune trata as energias eróticas como uma força neutra que pode ser direcionada para o sexo físico ou para outros fins, dependendo das circunstâncias e necessidades. *VEJA* FORTUNE, DION; POLARIDADE.

Atualmente, é possível encontrar todas as posturas possíveis do esoterismo diante do sexo no mercado espiritual do Ocidente. Sistemas pregando os benefícios do celibato absoluto aparecem ao lado de sistemas que propõem bacanais como a expressão adequada para a energia sexual humana, com todos os nuances entre esses extremos. A única coisa que pode ser dita com certeza é que o ocultista aspirante pode escolher um dentre quase todos os níveis ou tipos de atividade sexual, mantendo-se coerente com a tradição escolhida.

Toda a questão do sexo e do esoterismo ficou ainda mais complexa por causa de alguns mitos populares sobre a interface entre magia e sexo; como muitas fantasias sobre o esoterismo, aquelas também se refletem de tempos em tempos sobre o comportamento de alguns ocultistas. Tais mitos são, quase sempre, criações do cristianismo, com raízes na postura extremamente conflituosa entre essa religião e a sexualidade humana.

Desde a época de Jesus de Nazaré, muitas versões do cristianismo têm reagido ao sexo com medo, dissabor, desprezo e fascínio obsessivo. As origens dessa estranha mistura de atitudes são complexas e muito controvertidas entre os estudiosos. Um dos resultados disso, porém, é que nos últimos 2 mil anos os cristãos têm presumido, com frequência, que qualquer coisa que não seja cristã trata de sexo.

É possível citar exemplos à exaustão. Relatos medievais de hereges e bruxas falavam principalmente das alucinantes aventuras sexuais que, segundo se supunha, aconteciam nos conventículos hereges e no Sabá das Bruxas, assim como os missionários vitorianos excitavam seu público com histórias de "orgias pagãs" nos mais remotos recantos do planeta. Do mesmo modo, muitos cristãos conservadores de hoje estão convencidos de que o mundo está repleto de adoradores do Diabo que passam a maior parte do tempo dedicando-se a atividades sexuais pervertidas – uma atitude que tem muito a ver com a epidemia imaginária de "abusos em rituais satânicos" de tempos recentes.

É bom comentar que esse tipo de ideologia tem se mostrado como fonte fértil do satanismo há 400 anos, pelo menos. Diante de afirmações como a de que os satanistas passam seu tempo dedicados a alucinantes orgias sexuais, e de ideologias cristãs que rejeitam quase todos os prazeres humanos como pecaminosos, nos últimos anos um número considerável de cristãos tem considerado que a grama é mais verde do outro lado da cerca teológica. Não foi à toa que Aleister Crowley nasceu e foi criado na Irmandade Plymouth, uma das mais restritas seitas evangélicas do século XIX. Muitos dos modernos satanistas adolescentes cujas micagens ocupam a imprensa sensacionalista vieram de ambientes similares. *VEJA* SATANISMO. LEITURA ADICIONAL: COHEN, 1976; CROWLEY, 1976; FORTUNE, 1930; J. GODWIN, 1994; GODWIN ET. AL., 1995; F. KING, 1971B.

sextil. Na astrologia, um arco de 60 graus entre dois planetas ou pontos. O aspecto de sextil denota um relacionamento levemente harmonioso entre as energias afetadas.

Sexto e Sétimo Livros de Moisés. Manual mágico de origem alemã, publicado em Stuttgart em 1849, que depois se tornou um dos mais famosos livros de magia entre praticantes norte-americanos de hudu e magia popular. O texto dos supostos *Sexto e Sétimo Livros* ocupa apenas 22 páginas na edição mais comum, com as outras 168 páginas ocupadas por ensaios sobre história e teoria da magia, coleções de talismãs cabalísticos, explicações sobre o uso mágico dos Salmos e materiais similares.

Exemplares manuscritos do *Sexto e Sétimo Livros* circularam na Pensilvânia e outras áreas de colonização alemã dos Estados Unidos na época colonial. A edição de Stuttgart foi reeditada por editores norte-americanos na década de 1850, e a tradução inglesa surgiu em 1880. Uma década depois, era usado por praticantes de hudu nos Estados Unidos e nas Índias Ocidentais, e sua reputação na comunidade hudu atingiu proporções lendárias. *VEJA TAMBÉM* GRIMÓRIO; HUDU; MAGIA HOLANDESA DA PENSILVÂNIA. LEITURA ADICIONAL: ANÔNIMO, 1910; K. HAYES, 1997.

Seymour, Charles Richard Foster. Ocultista irlandês, 1880-1943. Nascido em Galway numa família de proprietários de terras, formou-se no Trinity College em Dublin em 1899 e iniciou uma carreira militar, servindo no Regimento Hampshire do exército inglês. Após combater na Guerra dos Bôeres com distinção, foi transferido para o exército da Índia. Na Primeira Guerra Mundial, estava na então África Oriental Britânica, sendo ferido em combate com as forças coloniais alemãs. Durante sua carreira militar, serviu como intérprete na missão diplomática britânica em Moscou e como professor na faculdade reservada a familiares de oficiais britânicos na Índia, em Quetta. Reformou-se do exército em 1927 e voltou à faculdade, recebendo o mestrado em 1929.

Ao longo de sua carreira militar, foi maçom atuante, pertencendo a lojas regimentais, além de membro da Grande Loja da Escócia. Aparentemente, graças a esses contatos maçônicos, entrou em contato com a Fraternidade da Luz Interior de Dion Fortune. Foi iniciado em 1933, subiu rapidamente pelos graus e, em 1934, tornou-se Oficial Executivo, cargo recém-criado, com plena responsabilidade por administrar o programa de treinamento e de testes da fraternidade. Além disso, assumiu uma boa parte das palestras públicas da fraternidade e escreveu artigos para sua revista. VEJA FORTUNE, DION; SOCIEDADE DA LUZ INTERIOR.

Em 1937, começou uma atividade mágica intensa com Christine Campbell Thompson, outro membro da Fraternidade, fazendo diversos contatos com o plano interior e recebendo materiais de fontes atlantes e celtas. Com a expansão desse trabalho, o interesse de Seymour pela Fraternidade da Luz Interior diminuiu, embora tenha se mantido como membro ativo da Fraternidade até o início da guerra, em 1939. Durante a Segunda Guerra Mundial, Seymour e Thompson trabalharam com um pequeno templo londrino derivado da Golden Dawn e prosseguiram com seu próprio trabalho particular. Essas atividades terminaram com a morte inesperada de Seymour, causada por hemorragia cerebral, em 1943. LEITURA ADICIONAL: ASHCROFT-NOWICKI, 1986; KNIGHT, 2000; A. RICHARDSON, 1985.

Shaare Moth. (hebraico, "portões da morte") Na tradição cabalística, o terceiro dos sete infernos, correspondente à Sefirah Netzach. VEJA INFERNOS, SETE.

Shabbathai. (hebraico, "Saturno") Na cabala, o planeta Saturno, esfera celeste correspondente a Binah no mundo de Assiah. VEJA ASSIAH; BINAH.

Shad Barshemoth ha-Shartathan. Na magia cerimonial, o Espírito dos Espíritos da Lua. A Inteligência das Inteligências que o governa é Malkah be-Tarshishim ve-ad Ruachoth Shechalim. VEJA ESPÍRITO.

Shambhala. Nas lendas e tradições do Tibete, uma cidade situada em algum ponto do norte desse país, nas terras quase desabitadas da Ásia Central, governada por uma linhagem de reis iluminados. Seu nome também é grafado Shamballah, Shambhalla e Schamballah em fontes ocidentais. Seja qual for a grafia, nas tradições tibetanas Shambhala é a fonte dos ensinamentos do Kalachakra, importante sistema de teoria e prática do budismo tibetano. Segundo alguns relatos, um rei messiânico chamado Rigden-jyepo virá de Shambhala um dia para derrotar as forças do mal e conquistar o mundo.

A Teosofia adotou Shambhala desde o início, e há referências à cidade oculta tanto em *Ísis sem Véu* como em *A Doutrina Secreta*. Segundo os relatos da literatura teosófica posterior, Shambhala foi uma cidade fundada pelo manu da quinta raça-raiz por volta de 70.000 a.e.c. nas margens do Mar de Gobi, do outro lado da fabulosa Ilha Branca. Inspirado por esses trechos, o teósofo e viajante da Ásia Central Nicholas Roerich fez diversas expedições em busca de Shambhala, e nunca abandonou a ideia de que Rigden-jyepo surgiria em breve.

Tentativas de relacionar Shambhala com Agharta, o outro centro oculto da Ásia Central e alvo de especulações dos séculos XIX e XX, não foram incomuns e tinham duas tendências: alguns autores viam ambas como uma única cidade, e outros como centros de influência distintos, ou mesmo conflitantes. *VEJA* AGHARTA.

A popularidade de Shambhala nos círculos teosóficos e em movimentos ligados a ela no século XX assegurou-lhe as boas-vindas nos atuais círculos da Nova Era, e ainda se podem ouvir muitos comentários sobre Shambhala na atual comunidade da Nova Era. Assim, ela representa outro exemplo do legado da Teosofia à Nova Era. *VEJA* NOVA ERA, MOVIMENTO DA. *VEJA TAMBÉM* HISTÓRIA OCULTA. LEITURA ADICIONAL: BERNBAUM, 1980; J. GODWIN, 1993.

Shasta, Monte. Pico vulcânico no norte da Califórnia, com altitude de 4.316 metros, figura central de várias tradições esotéricas norte-americanas modernas. Importante nas lendas das tribos locais como morada de criaturas semelhantes a fadas e de gigantes peludos como o sasquatch, parece ter entrado para a tradição esotérica ocidental com o surgimento do romance de Frederick Oliver *Um Habitante de Dois Planetas*, publicado pela primeira vez em 1894, que descrevia uma cidadela oculta de Mestres atlantes nesse pico. Oliver afirmava que a história era absolutamente verídica, recebida telepaticamente por ele e enviada por um Mestre chamado Phylos, o Tibetano. O relato de Oliver tornou-se muito popular nas comunidades esotéricas e teosóficas nos Estados Unidos, e a ideia de uma cidade oculta de Mestres dentro de Shasta passou rapidamente para o grande público.

Por volta da década de 1930, o papel da montanha nos círculos ocultistas estava seguro, e a maioria dos mestres ocultistas da época a incluíram em seus sistemas. H. Spencer Lewis, fundador da ordem rosa-cruz AMORC, publicou um livro em 1931 – *Lemúria: O Continente Perdido do Pacífico* – que afirmava que essa montanha era o mais alto pico da antiga Lemúria, unida ao continente norte-americano em virtude do deslocamento continental e repleta de cavernas nas quais os mestres lemurianos preservaram sua sabedoria milenar. Moradores antigos da área do Monte Shasta dizem que várias equipes de pesquisa foram enviadas pela sede da AMORC em San Jose na década de 1930 na esperança de se encontrar uma entrada oculta para a colônia lemuriana. *VEJA* ANTIGA E MÍSTICA ORDEM ROSAE CRUCIS (AMORC).

Também na década de 1930, Guy Ballard, fundador do movimento I Am (Eu Sou), disse ter se encontrado com o Conde de Saint-Germain nesse pico; *VEJA* BALLARD, GUY. A organização I AM ainda tem uma propriedade de grande porte não muito longe de Mount Shasta City e faz lá uma apresentação anual sobre a vida do Mestre Jesus em agosto.

Em virtude da reputação do Monte Shasta, várias cidadezinhas aos pés da montanha tornaram-se centros de esoterismo ao longo dos anos e recentemente receberam um novo influxo de pessoas ligadas ao movimento da Nova Era. Histórias sobre as cidades ocultas de Ilethelme e Yaktayvia, que se localizariam no pico ou dentro dele, ainda são muito comentadas, e afirma-se que ÓVNIs são vistos rotineiramente saindo e entrando da montanha. O que existe por trás dessa exuberante mitologia, se é que existe algo, não se sabe ao certo. VEJA TAMBÉM LEMÚRIA; NOVA ERA, MOVIMENTO DA; HISTÓRIA OCULTA. LEITURA ADICIONAL: KAFTON-MINKEL, 1989; PHYLOS, O TIBETANO, 1929.

Shechaqim. (hebraico, "nuvens") Na tradição cabalística, o terceiro dos sete céus, correspondendo à Sefirah Netzach. VEJA CÉUS, SETE.

Shekinah. (hebraico, "presença") Originalmente uma expressão para a presença de Deus, especialmente como a manifestada no Templo de Jerusalém, gradualmente a palavra tornou-se o nome de um aspecto feminino de Deus correspondente a Malkuth, a décima Sefirah da Árvore Cabalística da Vida. VEJA CABALA; MALKUTH. A Shekinah é vista como a presença criativa de Deus no universo manifestado. Originalmente pertencente ao mundo de Briah, ela está em exílio em Assiah por causa da Queda. VEJA QUEDA, A.

Em algumas escolas cabalísticas mais mitológicas, a relação entre a Shekinah e Deus assume a forma de um melodrama romântico que se desenrola contra o pano de fundo da criação e destruição do universo, com Deus e a Shekinah como amantes destinados a uma longa série de separações e reconciliações a caminho do estado escatológico e final do sublime conúbio. Já foi sugerido que esse padrão de pensamento representa um legado dos mitos da deusa do antigo politeísmo hebraico.

Se isso é verdade ou não, já faz séculos que judeus cabalistas devotos fazem amor na noite do sabbath com a intenção de participar da reconciliação entre Deus e sua Shekinah, e de ampliá-la. O conhecido documento cabalístico *Iggeret HaQodesh*, ou *Carta Sagrada*, dá instruções detalhadas sobre as contemplações e práticas que devem acompanhar esse judaísmo tântrico. VEJA SEXO E OCULTISMO. VEJA TAMBÉM CABALA. LEITURA ADICIONAL: COHEN, 1976; PATAI, 1967.

Shemhamphorash. (hebraico *Shem ha-mephoresh*, "nome dividido") Um dos mais complexos produtos da análise cabalística das escrituras judaicas, o Shem-ham-phorash consiste em 72 sequências de três letras formadas por três versos do Livro do Êxodo. No original hebraico, Êxodo 14,19, 14,20 e 14,21 contém cada um exatamente 72 letras; para transformar isso em Shemhamphorash, o primeiro verso é escrito da direita para a esquerda (como no hebraico convencional), o segundo sob ele é escrito da direita para a esquerda. As 72 seções do nome são lidas em colunas verticais.

Na prática, os segmentos de três letras do nome são usados como nomes divinos, ou complementados pelos sufixos angelicais tradicionais, -el ou –iah, para se tornarem os nomes de 72 anjos, associados aos quinâncios do zodíaco; VEJA QUINÂNCIO. Cada um desses anjos está associado a um verso dos Salmos e pode ser invocado para fins específicos. Por exemplo, o oitavo anjo da Shemhamphorash, Kehethel, que governa o segundo quinâncio de Virgem, também governa a agricultura, a caça, o ambiente rural e a prática mística, podendo ser invocado recitando-se o Salmo 94,6.

Esse uso limitado do nome deve ser o melhor, pois a tradição cabalística afirma que, se for pronunciado corretamente, o Shemhamphorash completo pode abalar todo o universo. VEJA TAMBÉM CABALA. LEITURA ADICIONAL: D. GOODWIN, 1989; PAPUS, 1977.

Shemittoth. VEJA CICLOS CÓSMICOS.

Sheol. (hebraico, "profundeza", "abismo") Na tradição cabalística, o sétimo e mais baixo dos sete infernos, correspondendo às três Sefirot Supernais. VEJA INFERNOS, SETE.

Shin. (hebraico, "dente") A vigésima primeira letra do alfabeto hebraico, uma das três letras-mãe, com valor sonoro de *sh* e valor numérico 300. Seus significados mágicos mais comuns são:

> *Caminho da Árvore da Vida*: Caminho 31, de Hod a Malkuth.
> *Correspondência astrológica*: Fogo.
> *Correspondência no tarô*: Arcano XX, O Julgamento.
> *Parte do Cubo do Espaço*: Eixo norte-sul.
> *Cores*: em Atziluth, laranja-escarlate luminescente.
> em Briah, vermelho-escuro.
> em Yetzirah, escarlate salpicado de dourado.
> em Assiah, vermelho-escuro salpicado de carmim e esmeralda.

Seu texto, no *Trinta e Dois Caminhos da Sabedoria*, diz: "O trigésimo primeiro caminho é chamado Inteligência Perpétua, e por que tem esse nome? Porque regula o movimento do Sol e da Lua segundo sua ordem e os faz gravitar um e outro numa órbita conveniente."

Shin também é um símbolo cabalístico comum para o espírito de Deus, pois a frase *ruach ha-Qodesh*, "espírito santo", soma 300 – o valor numérico da letra Shin – pela gematria. *VEJA* GEMATRIA. A cabala cristã também tomou por empréstimo essa definição, e a letra Shin é adicionada ao Tetragrammaton para criar o Pentagrammaton ou nome cabalístico de Jesus. *VEJA* PENTAGRAMMATON. *VEJA TAMBÉM* CABALA; ALFABETO HEBRAICO.

Letra hebraica Shin

Sialam, Sono de. Em textos ocultistas dos séculos XIX e início do XX, a forma mais elevada de transe mágico, no qual uma pessoa especialmente escolhida e preparada entra num estado expandido de percepção e consegue profetizar o futuro. A expressão surgiu inicialmente no ocultismo ocidental em *Ravalette*, um romance de 1863 do ocultista norte-americano P. B. Randolph, como "o Sono de Sialam Boaghiee", mas que parece ter origem índia.

Mais tarde, foi adotada pela maioria dos escritores importantes de ocultismo do final do século XIX, inclusive H. P. Blavatsky (que se refere discretamente ao "Sono de ★★★" em *Ísis Sem Véu* (no original, Blavatsky, 1877, v. 1, p. 357-58) e a Fraternidade Hermética de Luxor. *VEJA* FRATERNIDADE HERMÉTICA DE LUXOR (F. H. DE L.).

Em seu livro sobre o tarô (Crowley, 1969, p. 98), Aleister Crowley associou a Carta 12, o Enforcado, ao "Sono de Shiloam", que deve ser a mesma coisa. *VEJA* CROWLEY, ALEISTER; ENFORCADO, O. LEITURA ADICIONAL: DEVENEY, 1997; RANDOLPH, 1874.

Sião, Priorado de. (do francês *Prieure de Sion*) Sociedade esotérica semissecreta francesa, supostamente fundada em 1178 pelos criadores da Ordem dos Cavaleiros Templários como guardiões de uma linhagem secreta que descenderia de Jesus por Maria Madalena. Afirma-se que essa linhagem tornou-se a casa real da França no período merovíngio (476-750 E.C.), continuou a existir após perder o trono e sobrevive até hoje na pessoa de um certo Pierre Plantard, atual líder do priorado. Apesar de uma séria falta de evidências, numerosos livros, bastante difundidos e baseados nessas afirmações, têm sido publicados nas últimas décadas.

Na verdade, o Priorado de Sião teria sido fundado por Plantard em 1956, usando o nome de uma ordem religiosa católica que foi absorvida pelos jesuítas em 1617 e fabricando uma história impressionante ao redor de seu nome, de um modo que tem se popularizado através dos tempos; *VEJA* HISTÓRIA OCULTA. Plantard e vários outros membros fundadores do Priorado têm sido membros da Alpha Galates, sociedade esotérica com conexões com movimentos políticos franceses de direita e um histórico de colaboração com os nazistas durante a Segunda Guerra Mundial. Artigos na revista do Priorado, *Circuit*, além das que tratam da genealogia de Plantard e de suas elevadas qualidades, estão relacionados com os temas mais comuns do esoterismo conservador francês – mito, astrologia, esquemas políticos variados e a necessidade de renovação da França através do ressurgimento do espírito dos cavaleiros.

Aparentemente, o priorado está adormecido no presente, embora pessoas que afirmam ser seus representantes ainda tentam promover seus pontos de vista em diversos fóruns de discussão. *VEJA TAMBÉM* ALFA GALATES; GRAAL, SANTO; JESUS DE NAZARÉ. LEITURA ADICIONAL: BAIGENT ET. AL, 1982; R. RICHARDSON, 1999; WILSON, 1988.

siddhi. (sânscrito, "realização") Na teosofia e em outras tradições baseadas em fontes hindus, um poder paranormal resultando da prática sistemática de disciplinas espirituais. Como a maioria dos sistemas de misticismo, a Teosofia tende a desestimular abertamente a busca de siddhis por si mesmos, mostrando que o desenvolvimento desses poderes é uma distração do trabalho real de transformação interior, que também pode levar à inflação do ego. *VEJA* MAGIA; TAUMATURGIA; TEOSOFIA; TEURGIA.

silfos. Na tradição da magia cerimonial, os espíritos elementais do ar. Seu rei é Paralda. *VEJA* ELEMENTAL.

Sig. *VEJA* SOL.

Sigil. (runa anglo-saxã) *VEJA* SOWILO; SOL.

sigilo. (do latim *sigillum*, "selo") Um símbolo abstrato, criado por um dentre vários métodos diferentes, usado em magia como a assinatura de um espírito ou força mágica, ou como a representação simbólica do resultado desejado pelo mago.

Na magia antiga, medieval e renascentista, o modo comum de fazer e de usar sigilos começou com os *kameas* ou quadrados mágicos dos sete planetas. Os nomes hebraicos ou gregos dos espíritos eram convertidos em números – essas duas línguas usam alfabetos que têm valor numérico – e os números eram localizados no quadrado mágico relevante, dividindo-se por 10 ou por 100 quando necessário para que os números pudessem ser identificados com os números constantes do quadrado mágico. Ligados por uma linha, como se fosse um desses passatempos do tipo "una os pontos", os números davam origem a uma figura abstrata linear, que é o sigilo do espírito. Este pode ser traçado no ar, marcado no chão com giz ou a ponta de uma espada, escrito em talismãs ou manipulado como uma representação do espírito ou força que visava representar. *VEJA* QUADRADO MÁGICO.

Esses métodos, e outros relacionados a eles, foram usados no grande ressurgimento mágico dos séculos XIX e início do XX. Na Ordem Hermética da Aurora Dourada, por exemplo, a grande Lâmina Rosa-Cruz – um item essencial de equipamento mágico, feito e usado por todo Adeptus Minor da Ordem – tinha uma rosa contendo as 22 letras hebraicas numa ordem específica; *VEJA* LÂMINA. Entre outros usos, essa era a base dos "Sigilos da Rosa", feitos traçando-se uma linha de letra para letra e usando-se a forma linear resultante.

Nas últimas décadas, porém, tornou-se bem mais comum uma forma nitidamente diferente de sigilo mágico, especialmente em círculos ocultistas de vanguarda na Inglaterra, Alemanha e Estados Unidos. Essa nova abordagem tem raízes nos trabalhos do artista e ocultista inglês Austin Osman Spare (1886--1956). O sistema pessoal (e muito idiossincrático) de magia de Spare, o Zos Kia Cultus, envolvia sigilos feitos combinando-se letras inglesas ou formas geométricas para simbolizar o que quer que o trabalho de magia desejasse realizar. Uma concentração intensa num sigilo desse tipo, especialmente no momento do orgasmo, era feita para focalizar a vontade mágica nas metas do trabalho. VEJA SPARE, AUSTIN OSMAN; ZOS KIA CULTUS.

Os métodos de Spare tornaram-se populares nos modernos círculos da magia do Chaos, em grande parte porque não exigem a crença em nenhuma forma de divindade ou de ser espiritual. Como resultado, a maioria das referências a sigilos mágicos na atual comunidade ocultista lida com essa abordagem, e não com o significado mais antigo da palavra. LEITURA ADICIONAL: REGARDIE, 1971; U. D. 1991.

sinastria. (do grego *syn-*, "junto", + *astron*, "estrela") Ramo da astrologia que trata da exploração dos relacionamentos humanos comparando-se os mapas natais e outros dados astrológicos das pessoas envolvidas. Embora a sinastria costume ser mais usada para avaliar o potencial de um casamento ou de outra forma de relacionamento emocional íntimo, também pode ser usada para analisar as possibilidades de um relacionamento comercial ou para explorar a dinâmica familiar entre pais e filhos, irmãos e outros parentes.

Tal como ocorre com outros ramos da astrologia, os princípios da sinastria são complexos e não podem ser resumidos rapidamente. A sinastria dos horóscopos de jornal, que afirma que certos signos solares são compatíveis entre si e outros não, é rejeitada pela maioria dos astrólogos competentes. Na sinastria, aspectos entre os planetas de um mapa e os do outro assumem importância crítica, e a relação entre os planetas de um mapa com o ascendente, o meio-céu e as cúspides das casas do outro também podem ser importantes. Mapas compostos, usando os pontos médios entre cada par de planetas – em outras palavras, o grau do zodíaco que fica no meio do caminho entre um planeta de um mapa e o mesmo planeta do outro mapa – também são usados por alguns astrólogos. *VEJA TAMBÉM* ASTROLOGIA.

sino, livro e vela. Originalmente, uma expressão do ritual católico da excomunhão, uma cerimônia usada para expulsar uma pessoa batizada da comunidade cristã e condená-la à danação eterna. Como a frase "hocus pocus", originalmente uma frase da missa em latim, a expressão "sino, livro e vela" ficou associada à magia depois que a Revolução Científica tornou suspeitos todos os conceitos sobrenaturais; como resposta, algumas tradições pagãs e mágicas recentes incorporaram um sino, um livro e uma vela a algumas cerimônias. *VEJA TAMBÉM* HOCUS POCUS.

Sirius. A estrela mais brilhante do céu terrestre, com magnitude de 1,6, Sirius fica na boca da constelação do Cão Maior. Tem tido papéis variados nas tradições esotéricas, tanto antigas quanto modernas. Seu lugar no folclore estelar antigo e medieval costuma estar associado à sua relação com o calendário. No Egito Antigo, por exemplo, estava associada à deusa Ísis, e sua primeira ascensão pouco antes do amanhecer, nessa época, assinalava a chegada da cheia do Nilo. (Desde então, isso mudou em virtude da precessão dos equinócios; VEJA PRECESSÃO DOS EQUINÓCIOS.)

Na moderna tradição esotérica, Sirius tem tido um papel um pouco mais estranho. Os textos de Dion Fortune e de outros membros de sua escola identificam Sirius como o "Sol por trás do Sol", representando o eu superior do Logos Solar ou o poder espiritual que habita nosso Sol; VEJA LOGOS SOLAR. Ela também é considerada a Esfera dos Mestres Maiores; VEJA MESTRES. VEJA TAMBÉM FORTUNE, DION; SOCIEDADE DA LUZ INTERIOR. Certos trabalhos de magia nessa tradição têm seu momento inicial marcado pela ascensão de Sirius ou sua chegada ao meio do céu.

Nos textos ocultistas, Sirius costuma ser chamada de Sothis, a grafia grega de seu antigo nome egípcio. VEJA TAMBÉM ASTROLOGIA.

sistro. Instrumento musical usado em antigos rituais egípcios, o sistro é uma variedade de chocalho consistente numa estrutura que sustenta diversas barras paralelas. As barras passam pelos centros de discos metálicos, que deslizam livremente por elas. A estrutura tem um cabo. O sistro é agitado ritmicamente para produzir um tilintar delicado. No Egito Antigo, ele era consagrado às deusas Ísis e Hathor. VEJA TAMBÉM ÍSIS.

Smith, Harry. Excêntrico ocultista norte-americano, 1923-1991. Nascido em Portland, Oregon, numa família de teósofos, cresceu perto da pequena cidade de Bellingham, estado de Washington; seu pai trabalhava numa fábrica de conservas e sua mãe era professora na reserva dos Lummi, que ficava nas vizinhanças. O contato com a nação Lummi despertou o interesse pela antropologia, que estudou na Universidade de Washington em 1943-1944, de onde saiu sem se formar. Em 1946, mudou-se para San Francisco e participou do movimento *Beat* do final da década de 1940, ficando famoso como um dos mais inovadores cineastas experimentais de sua época. Ele também começou a estudar magia, mantendo contato com Charles Stanfield Jones, entre outros. VEJA ACHAD, FRATER.

Em 1950, mudou-se para a cidade de Nova York, onde dedicou-se a vários interesses com sua habitual combinação de entusiasmo e desorganização. Em 1952, foi publicada sua obra mais importante, o marcante *Anthology of American Folk Music*, publicado pela Folkways, que reuniu dezenas de gravações esquecidas das décadas de 1920 e 1930 e ao qual muitos atribuem o início do movimento de música *folk* das décadas de 1950 e 1960. Seu talento como pintor rendeu-lhe uma das primeiras exposições de artistas norte-americanos no Louvre, compartilhada com o surrealista francês Marcel Duchamp. Reuniu a maior coleção de aviões de papel do mundo e doou-a ao Smithsonian. Além disso, tornou-se um grande especialista em camas de gato [as figuras formadas com barbante entrelaçados nos dedos, que devem ser retirados por outra pessoa, formando desenhos característicos – N. do T.].

Smith nunca teve muito dinheiro e gastava mais do que tinha com bebidas, drogas e várias excentricidades. Seu envolvimento com o ocultismo foi intenso, mas tão ímpar quanto o resto de sua vida – ele dedicava meses, por exemplo, ao estudo comparativo das estruturas internas dos tabletes enoquianos e os desenhos dos tartans das Highlands escocesas, tendo idealizado diversos tabletes elementais que combinavam os dois sistemas. VEJA ENOQUIANA, MAGIA.

Em seus últimos anos, tornou-se uma presença importante nas reuniões da Ordo Templi Orientis (OTO) e foi consagrado como bispo na Igreja gnóstica da OTO, a Ecclesia Gnostica Catholica, em 1986. VEJA

ORDO TEMPLI ORIENTIS (OTO). Sua situação financeira tornou-se mais tranquila em função de donativos liberais de amigos como o poeta Allen Ginsburg e uma generosa mesada anual do Grateful Dead. Ele também teve o cargo de Xamã Residente do Naropa Institute em Boulder, Colorado, nos seus últimos anos. Morreu na cidade de Nova York em 1991.
LEITURA ADICIONAL: IGLIORI, 1996; SINGH E CROSON, 1998.

Smith, Joseph. Religioso e político norte-americano, profeta e fundador da Igreja de Jesus Cristo dos Santos dos Últimos Dias, 1805-1844. Nascido numa família da zona rural de Vermont e educado no "Distrito Inflamado" do interior de Nova York – uma região famosa por manifestações religiosas e depois o berço do Espiritualismo – Smith conheceu a prática da magia desde cedo. Seu pai, Joseph Smith Sr., era radiestesista e caçador de tesouros, possuía uma adaga mágica gravada com o sigilo de Marte e, segundo um relato, pertencia a uma seita apocalíptica de radiestesistas que previram o fim do mundo em 1802. *VEJA* RADIESTESIA.

Ao 13 anos de idade, Joseph Jr. já estava fazendo experimentos com varinhas de radiestesia e, alguns anos depois, começou a lidar com a vidência em bola de cristal; *VEJA* ESCRIAÇÃO; SHEWSTONE. Na adolescência, esteve envolvido ativamente em tentativas de localizar tesouros perdidos por meios mágicos ou espirituais e foi parar na justiça em 1826 e em 1830 por causa de leis que classificavam magos e videntes como "pessoas desordeiras". Ao que parece, estudou magia com Luman Walters, médico e caçador de tesouros que estudou magnetismo animal na Europa.

Nada disso era incomum nessa região onde ele cresceu. O interior de Nova York ficou conhecido pela magia popular, radiestesia e caça ao tesouro durante os séculos XVIII e início do XIX, e os estudiosos documentaram dezenas de praticantes de magia ativos na região durante a juventude de Smith.

Em 1820, com 14 anos, Smith teve sua primeira visão, na qual uma coluna de fogo desceu sobre ele e uma voz divina disse-lhe que seus pecados tinham sido perdoados e o advertiu de que não deveria seguir nenhuma seita já existente. Em 1823, numa segunda experiência visionária, o anjo Moroni apareceu diante dele e lhe falou de placas de ouro escondidas numa colina próxima. Moroni apresentou diversas condições que deveriam ser obedecidas antes que as placas pudessem ser obtidas. Smith levou quatro anos para cumprir as condições, mas, segundo seu testemunho e o de outros membros da família, nas primeiras horas de 22 de setembro de 1827, ele e sua esposa Emma conseguiram as placas.

Smith traduziu as placas, que estariam escritas em "egípcio reformado", por meio de um par de bolas de cristal que os ensinamentos dos mórmons identificam com os bíblicos Urim e Thummim. O resultado da tradução foi o Livro de Mórmon, publicado em 1830. A Igreja de Jesus Cristo dos Santos dos Últimos Dias, mais conhecida como a Igreja mórmon, foi fundada no mesmo ano.

Nos catorze anos seguintes, a Igreja expandiu-se bastante. Smith levou seus seguidores do interior de Nova York para Kirtland, Ohio, e depois para Nauvoo, Missouri, em busca de um lugar onde ficariam a salvo de perseguições religiosas. Em 1844, ele foi assassinado por uma multidão em Carthage, Missouri.

Nos anos entre 1830 e sua morte, Smith recebeu mais de cem novas revelações, estabelecendo a maior parte da teologia e da prática mórmon. Esse conjunto de ensinamentos inclui os rituais de dotação do templo – uma série de cerimônias de iniciação que, segundo os mórmons, seriam a forma original dos antigos mistérios, e que muitos estudiosos não mórmons acreditam que foram copiados da Maçonaria. *VEJA* MAÇONARIA.

Smith estudou a cabala com Alexander Neibahr, um judeu alsaciano que se mudou para a Inglaterra, converteu-se primeiro para o cristianismo e depois para o mormonismo, mudando-se para Nauvoo, Illinois, e tornou-se amigo do profeta mórmon. Neibahr publicou uma série de artigos na publicação periódica mórmon *Times and Seasons*, explicando elementos da doutrina cabalística e citando longos trechos de importantes obras cabalísticas, como o Zohar. Muitos dos conceitos da teologia mórmon parecem ter vindo dessa fonte. *VEJA* CABALA.

Após a fundação de sua Igreja, a carreira de Joseph Smith parece ter incluído muito pouco ocultismo prático. Mesmo assim, evidências sugerem que seu envolvimento precoce com o esoterismo não desapareceu de todo. Na época de sua morte, foi encontrado um medalhão junto a seu corpo. Fotos do medalhão, que ainda existe, mostram que era um talismã-padrão de Júpiter, tal como descrito nos textos de Cornélio Agrippa. *VEJA* TALISMÃ.
LEITURA ADICIONAL: BRODIE, 1971; BROOKE, 1994; QUINN, 1987.

Smith, Pamela Colman. Artista e ocultista inglesa, 1878-1951. Criadora do mais influente baralho ocultista de tarô dos tempos modernos, Smith nasceu em Middlesex, Inglaterra, numa próspera família norte-americana, e passou sua infância em diversos lugares da Inglaterra, das Índias Ocidentais e dos Estados Unidos, em função da carreira de seu pai. Atriz quando adolescente, fez uma turnê com o famoso Lyceum Theatre de Ellen Terry, depois matriculou-se no Pratt Institute em 1893 e formou-se em artes em 1897. Sua carreira começou bem, com uma série de contratos para ilustrar livros e criar cartões de Natal, mas ela nunca conseguiu obter uma renda contínua com sua arte. Seu trabalho seguia o estilo simbolista, que era popular na virada do século, mas depois foi sendo esquecido rapidamente. *VEJA* SALÕES ROSA-CRUZES, OS.

Mudou-se para a Inglaterra em 1899 e em pouco tempo conheceu o poeta irlandês e membro da Golden Dawn W. B. Yeats; *VEJA* YEATS, WILLIAM BUTLER. Foi Yeats que a apresentou à Ordem Hermética da Aurora Dourada, à qual ela se filiou em 1901, assumindo o lema mágico *Quod Tibi Id Aliis* ("Aos Outros Como a Ti Mesmo"). Nas divisões de facções internas que ocorreram depois na ordem, porém, ela se aliou a Arthur Edward Waite, filiando-se a seu Rito Independente e Retificado em 1903.

Foi Waite quem encomendou, em 1909, um baralho do tarô baseado em suas pesquisas sobre as cartas. Ele havia encontrado, no baralho de tarô italiano do século XV conhecido como Sola-Busca, a ideia de atribuir imagens visuais às cartas menores e aos Arcanos Maiores, e dedicara anos de estudo e pesquisa ao tarô e à filosofia hermética. Os dois trabalharam juntos no baralho: Waite fornecia o simbolismo e Smith lidava com todos os outros aspectos do desenho. O baralho foi publicado por Rider em 1910 e, com o nome de baralho Rider-Waite, tornou-se o mais exitoso e influente baralho de tarô do século XX.

O envolvimento de Smith com o ocultismo diminuiu pouco depois da publicação do baralho, e ela tornou-se católica apostólica romana em 1911. Continuou a ganhar a vida ilustrando livros, vendendo gravuras e pinturas e também contando histórias profissionalmente, baseando-as principalmente em contos populares jamaicanos que aprendera na infância. Contudo, as amplas mudanças culturais provocadas pela Primeira Guerra Mundial e sua própria falta de tino comercial deixaram-na praticamente sem recursos; a frenética sociedade da Era do Jazz tinha pouco tempo para o caráter discreto e místico de sua arte.

Um modesto fundo permitiu que ela e uma amiga íntima, Nora Lake, sobrevivessem num pequeno apartamento numa cidade isolada na Cornualha, mas na época de sua morte suas dívidas eram tão grandes que a venda de todos os seus bens cobriram apenas um quarto do total. Embora tenha se tornado Fellow da Royal Society of Arts em 1948, ela e sua obra tinham sido praticamente esquecidas por ocasião de sua morte, em 1951. *VEJA TAMBÉM* TARÔ. *LEITURA ADICIONAL*: S. KAPLAN, 1990.

Sociedade Antroposófica. Organização criada pelo ocultista austríaco Rudolf Steiner (1861-1925) como veículo para sua "ciência espiritual", a Antroposofia. Muito antes de Steiner romper com a Sociedade Teosófica, em 1913, já era uma figura conhecida nos círculos teosóficos europeus, dando palestras para grandes plateias em Berlim e em outros lugares, sobre temas que mais tarde tornaram-se o cerne da Antroposofia.

Em 1906, ele foi convidado a apresentar uma série de palestras numa importante conferência teosófica em Paris e atraiu mais atenções do que a conferência em si; com isso, começou a ter um número expressivo de seguidores pessoais. Em 1912, seus patronos eram os principais teósofos alemães. Nesse ano, as manifestações de Annie Besant sobre a Ordem da Estrela do Oriente e sobre a posição messiânica de Jiddu Krishnamurti foram mais do que Steiner (e muitos outros) conseguiu tolerar, e um grande cisma dividiu a Sociedade Teosófica na Alemanha e em outros lugares. *VEJA* ESTRELA DO ORIENTE, ORDEM DA; SOCIEDADE TEOSÓFICA.

A Sociedade Antroposófica de Steiner foi fundada no início do ano seguinte, e atraiu um número significativo de pessoas na Alemanha e em outros países. Também atraiu certa hostilidade por parte dos teósofos remanescentes da antiga ordem, de grupos cristãos e de ocultistas ariosofistas como Gregor Schwartz-Bostunich. *VEJA* ARIOSOFIA.

Como não conseguiu a permissão do governo para instalar sua sede perto de Munique, Steiner estabeleceu-se em Dornach, na Suíça. Ele e seus seguidores projetaram um edifício em madeira, o Goetheanum, mas um ou mais incendiários queimaram-no até a base pouco antes de terminar a construção, na véspera do Ano Novo de 1923. Depois disso, foi erguido um segundo Goetheanum, com materiais menos inflamáveis. Lá, Steiner estabeleceu a Escola de Ciência Espiritual, que funciona até hoje.

A Sociedade Antroposófica nunca foi muito mais do que um canal para as ideias e ensinamentos de Steiner, e após sua morte, em 1925, prosseguiu nos mesmos moldes. Atualmente, a Sociedade tem ramificações na Europa, nas Américas e na Australásia. Grupos locais administram círculos de estudos que leem e discutem os principais livros de Steiner, e há programas para pessoas interessadas em se dedicar à medicina antroposófica, agricultura biodinâmica, euritmia, educação Waldorf e outros ensinamentos de Steiner. *VEJA TAMBÉM* ANTROPOSOFIA; STEINER, RUDOLF. *LEITURA ADICIONAL:* WEBB, 1976; STEINER, 1933.

Sociedade da Luz Interior. Ordem mágica inglesa fundada em 1924 por Dion Fortune como Fraternidade da Luz Interior (FLI); a mudança de "Fraternidade" para "Sociedade" deu-se após a morte de Fortune em 1946. Segundo suas publicações atuais, é uma "Sociedade para o estudo de Ocultismo, Misticismo e Psicologia Esotérica, e o desenvolvimento de sua prática. Suas metas são cristãs e seus métodos são ocidentais".

Os ensinamentos da sociedade derivam de materiais produzidos durante transes por Dion Fortune, a partir de 1922, de uma variedade de contatos no plano interior. Os livros de Fortune *A Doutrina Cósmica* e *A Cabala Mística* são textos centrais. A estrutura em graus da sociedade inclui três graus dos Mistérios Menores, originalmente derivados dos rituais de grau da Comaçonaria, e dois graus dos Mistérios Maiores.

A sociedade passou por uma série de transformações ao longo dos anos. Durante a vida de Dion Fortune, parece ter sido basicamente um veículo para suas obras e ensinamentos, e mudou de tom com as mudanças da própria Fortune. Após sua morte e um breve período de transição, Arthur Chichester tornou-se o líder efetivo da sociedade, e Margaret Lumley Brown a principal médium de transe; nesse período, a sociedade trabalhou todo o sistema de graus e ampliou-se consideravelmente com base nos trabalhos de Fortune.

Em 1961, porém, a sociedade parou de trabalhar todos os graus, exceto o Primeiro Grau dos Mistérios Menores, e reformulou-se no sentido da mística cristã. Nessa época, muitos membros a abandonaram, e surgiram diversas lojas mágicas baseadas no antigo sistema na Inglaterra e nos Estados Unidos. Mais recentemente, a partir de 1990, a sociedade voltou a trabalhar mais ou menos segundo as linhas originais, restabelecendo toda a estrutura em graus e promovendo a publicação de muitos ensaios de Dion Fortune, até então inéditos, na forma de livros. VEJA TAMBÉM FORTUNE, DION. LEITURA ADICIONAL: FORTUNE, 2000; KNIGHT, 2000.

Sociedade Teosófica. Mais importante força motora do renascimento do ocultismo do século XIX, a Sociedade Teosófica foi fundada em 1875 na cidade de Nova York por Helena Petrovna Blavatsky, coronel H. S. Olcott e várias outras pessoas interessadas em questões do ocultismo. Durante seus primeiros anos de existência, era indistinguível das centenas de outros pequenos grupos ocultistas do mundo ocidental da época e, durante certo tempo, chegou a ter a parafernália tradicional das lojas, com palavras de passe, graus e sinais de reconhecimento. Com Blavatsky, porém, a sociedade contava com um recurso que nenhum outro grupo poderia ter e, com a publicação de seu primeiro livro, *Ísis Sem Véu* (1877), a frágil sociedade começou a ganhar proeminência internacional.

Ísis Sem Véu baseou-se principalmente em ensinamentos ocultistas ocidentais já existentes; ao contrário de textos teosóficos posteriores, por exemplo, rejeitava a ideia da reencarnação exceto em casos especiais e falava em termos positivos de ocultismo prático. VEJA REENCARNAÇÃO. No entanto, sua semelhança com outros sistemas ocultistas ocidentais da época limitou sua difusão e, durante sua primeira década de vida, a sociedade foi relativamente pequena.

No final de 1878, Blavatsky, Olcott e mais alguns teósofos saíram de Nova York e, após uma breve estadia na Inglaterra, chegaram à Índia em 1879 e formaram uma sede em Adyar, perto de Madras. Nos anos seguintes, a sociedade se associou à Arya Samaj, movimento hindu de renovação nacional e religiosa. Os textos de Blavatsky e suas ações de publicidade proporcionaram-lhes um fluxo contínuo de visitantes europeus, e as notícias sobre alguns pequenos milagres mantinham a imprensa de sobreaviso.

Em 1884, Blavatsky e Olcott voltaram para a Inglaterra, onde deram palestras para grandes plateias e lançaram a Sociedade Teosófica na Europa em grande escala. Enquanto estavam fora, a caseira de Blavatsky em Adyar entrou em contato com jornalistas locais e forneceu detalhes de como ela e seu companheiro tinham forjado "milagres" a pedido de Blavatsky. A respeitável Society for Psychic Research enviou imediatamente um investigador. Antes que Blavatsky pudesse voltar para casa, o investigador tinha fortes evidências de fraude proposital. O escândalo que se seguiu foi divulgado por jornais dos cinco continentes, mas não conseguiu arrefecer muito o crescimento meteórico da sociedade.

Blavatsky voltou para Londres quando o furor com os "fenômenos" forjados amainou, e passou seus últimos anos de vida lá, administrando a sociedade e organizando um círculo interno, a Divisão Esotérica, que oferecia instruções sobre certos tipos de ocultismo prático e que pode ter sido criada para competir com ordens mágicas como a Fraternidade Hermética de Luxor e a Ordem Hermética da Aurora Dourada. *VEJA* GOLDEN DAWN; FRATERNIDADE HERMÉTICA DE LUXOR (F. H. DE L.).

Ela também dedicou um bom tempo à redação de um segundo e vasto livro, *A Doutrina Secreta*. Profundamente influenciado por seus estudos sobre hinduísmo e budismo, *A Doutrina Secreta* toma a forma de um imenso comentário sobre as *Estâncias de Dzyan*, que, segundo afirmava Blavatsky, era o livro mais antigo do mundo. Enquanto elucida as *Estâncias*, *A Doutrina Secreta* apresenta uma vasta cosmologia com raios, sons, planos, raças-raiz, continentes perdidos e sábios imortais. Fazendo um giro de 180° com relação a *Ísis Sem Véu*, *A Doutrina Secreta* (como todas as obras de Blavatsky escritas a partir de sua estada na Índia) aceitava a reencarnação e rejeitava o ocultismo prático, privilegiando estudos filosóficos, meditação e a devoção aos Mahatmas. Nesse processo, implantou o cenário para a maior parte daquilo que depois se tornaria o conjunto básico de ensinamentos teosóficos.

Com a morte de Blavatsky em 1891, começou na sociedade uma série de discussões sobre liderança e direção. A nova líder da ordem, Annie Besant, tinha muita energia e entusiasmo, mas pouco tato e capacidade de chegar a consensos, e sob sua liderança a sociedade sofreu uma série de cisões devastadoras. Em 1895, a maioria dos teósofos dos Estados Unidos formou uma nova organização sob a liderança de William Quan Judge. Em 1909, G. R. S. Mead, amigo de Blavatsky e estudioso de ocultismo altamente respeitado, deixou a ordem e fundou a Quest Society em Londres, e no mesmo ano a United Lodge of Theosophists foi fundada em Los Angeles por Robert Crosbie e outro grupo de dissidentes. Em 1913, o presidente da divisão alemã da Sociedade Teosófica, Rudolf Steiner, levou mais de 90% dos teósofos alemães para sua recém-criada Sociedade Antroposófica.

Vários desses cismas tiveram origem em algumas das novas direções seguidas por Besant e seu associado, C. W. Leadbeater para a sociedade. Besant fora iniciada na Comaçonaria, uma pequena ordem maçônica que aceitava mulheres e homens, e promoveu-a através de canais teosóficos; Leadbeater tornara-se bispo da Igreja Católica Liberal, um grupo místico cristão com raízes no mundo clandestino de bispos independentes. *VEJA* MAÇONARIA; BISPOS INDEPENDENTES; IGREJA CATÓLICA LIBERAL (ICL). Por diversos motivos, esses dois envolvimentos foram ofensivos a muitos teósofos mais tradicionalistas.

No longo prazo, mais séria foi a Ordem da Estrela do Oriente, fundada por Besant para promover Jiddu Krishnamurti – filho de um funcionário da sede da Sociedade Teosófica em Adyar – como o Messias da Nova Era. Fundada em 1911, a ordem foi muito bem-sucedida durante algum tempo, mas desmoronou subitamente em 1929 quando o próprio

Krishnamurti renegou as alegações feitas em seu nome [e desfez a ordem – N. do E.]. *VEJA* ESTRELA DO ORIENTE, ORDEM DA.

Este último golpe quase acabou com a sociedade, e o número de membros caiu para 33 mil por volta de 1935. Sobreviveu, porém, e continuou seu trabalho em pequena escala, baseando-se nos ensinamentos que lhe foram legados por Blavatsky e publicando diversas obras de sucesso. *VEJA TAMBÉM* BLAVATSKY, HELENA PETROVNA; TEOSOFIA. LEITURA ADICIONAL: BLAVATSKY, 1877 E 1888; GODWIN ET AL., 1995.

Sociedade Vril. Na mitologia moderna do ocultismo nazista, uma organização – também referida como "Loja Luminosa" – sediada em Berlim e que estaria profundamente envolvida com a origem e a direção do Partido Nazista. Como boa parte da mitologia envolvida, essa afirmação mistura uma pequena dose de fato com uma porção generosa de especulação.

Segundo um artigo publicado em 1947 por Willy Ley – engenheiro de foguetes alemão que fugiu da Alemanha nazista em 1933 e tornou-se bem-sucedido escritor de divulgação científica nos Estados Unidos – havia em Berlim uma pequena organização chamada Wahrheitsgesellschaft ("Sociedade da Verdade") entre as guerras. Dedicava-se ao estudo do vril e ensinava que o segredo do vril podia ser descoberto contemplando-se a estrutura de uma maçã cortada ao meio. Como uma maçã cortada ao meio horizontalmente mostra um pentagrama no centro, formado pelas sementes e pela estrutura do miolo, presume-se que os ensinamentos da Wahrheitsgesellschaft estavam, de modo geral, alinhados com a tradição ocultista. Seu tamanho e o nível de sua organização podem ser julgados pelo fato de que sua revista, segundo Ley, só conseguiu ser publicada uma vez. *VEJA TAMBÉM* NACIONAL-SOCIALISMO; VRIL. LEITURA ADICIONAL: J. GODWIN, 1993; LEY, 1947; PAUWELS E BERGIER, 1968.

Societas Rosicruciana in America (SRIA). (latim, "Sociedade Rosa-Cruz da América") Ordem Rosa-Cruz Norte-Americana, fundada em 1907 como cisma da Societas Rosicruciana in Civitatibus Foederatis (SRICF), ramo norte-americano da Societas Rosicruciana in Anglia (SRIA); *VEJA* SOCIETAS ROSICRUCIANA IN ANGLIA (SRIA). A SRICF, como sua organização central, limitava a filiação a Mestres Maçons, mas vários de seus membros norte-americanos queriam franquear o acesso a não maçons. Sylvester C. Gould, membro do colegiado da SRICF em Boston, rompeu com a antiga organização e organizou a Societas Rosicruciana in America em 1907. Por ocasião de sua morte, dois anos depois, outro ex-membro do colegiado de Boston, o dr. George Winslow Plummer (1877-1944), assumiu a liderança da nova organização.

Plummer, com o título de Khei X°, reformulou a SRIA num padrão que se tornaria praticamente universal entre ordens ocultistas norte-americanas na maior parte do século XX. Um curso de correspondência formou a espinha dorsal da nova estrutura, com uma seleção de livros que era tanto uma expansão ao curso como uma ferramenta de recrutamento. Uma revista distribuída apenas para membros auxiliava as comunicações. Membros que concluíssem o curso básico eram incentivados a se filiar a grupos locais – colégios, na SRIA – que ofereciam uma série de iniciações. Esse programa foi um sucesso, e por volta de 1930 dezoito colégios tinham recebido autorizações para funcionamento, embora nem todos estivessem operacionais.

Com a morte de Plummer em 1944, a liderança da SRIA passou para sua viúva, Gladys Plummer, geralmente conhecida por seu título religioso, Madre Serena. Serena morreu em 1989, e foi sucedida pela Irmã Lucia Grosch, atual líder. A SRIA funciona de maneira discreta, com sede no estado de Nova York e membros espalhados pelos Estados Unidos. *VEJA TAMBÉM* ROSA-CRUZES. LEITURA ADICIONAL: KHEI, 1920; MCINTOSH, 1987.

Societas Rosicruciana in Anglia (SRIA). (latim, "Sociedade Rosa-Cruz da Inglaterra") Ordem rosa-cruz e maçônica britânica, fundada em 1866 pelo maçom inglês Robert Wentworth Little. A ordem baseou-se bastante nas tradições das ordens rosa-cruzes da Alemanha no século XVIII, valendo-se da estrutura de graus da Ordem da Cruz Áurea e Rosa; *VEJA* ORDEM DA CRUZ ÁUREA E ROSA. Segundo sua história oficial, ela foi fundada com base em documentos encontrados por Little no Freemasons' Hall em Londres, mas buscas feitas posteriormente pelo membro da SRIA William Wynn Westcott por esses documentos foram infrutíferas.

Um ramo escocês, o Societas Rosicruciana in Scotia, foi organizado pouco depois da fundação do Metropolitan College em Londres, e as décadas seguintes viram a abertura de outros colégios (expressão usada pela SRIA para tratar as lojas locais) em Bristol, Manchester, Sheffield e Newcastle. Foi criado um colégio na Austrália em 1878, e em 1880 fundada a filial norte-americana, a Societas Rosicruciana in Civitatibus Foederatis [SRICF, ou Sociedade Rosa-Cruz nos Estados Unidos]. Esta organização sofreu um cisma em 1907 por parte de membros que queriam eliminar a exigência de que os filiados fossem maçons, e criaram a Societas Rosicruciana in America (que também usa as iniciais SRIA); *VEJA* RAIDO.

Provavelmente, a SRIA original obteve seu membro mais importante em 1880, quando William Wynn Westcott filiou-se à ordem. Em pouco tempo, tornou-se chefe do Metropolitan College e em 1891 assumiu a posição de Magus Supremo. Bem antes disso, seu interesse pelo trabalho com lojas de magia e com ocultismo prático tinha encontrado outro canal de vazão, quando ele e seu colega de SRIA Samuel "MacGregor" Mathers fundaram a Ordem Hermética da Aurora Dourada. *VEJA* GOLDEN DAWN; MATHERS, SAMUEL LIDDELL. Quando Westcott se afastou do envolvimento com sua criação, porém, manteve-se ativo na SRIA pelo resto da vida.

Exigia-se (e ainda se exige) que membros da SRIA e de suas ramificações internacionais fossem Mestres maçons de boa reputação. Os interesses da ordem, tal como revelados ao longo de um século e meio de publicações, são filosóficos e esotéricos, mas parecem ficar longe do ocultismo prático. A SRIA está ativa até hoje, embora de maneira discreta. *VEJA TAMBÉM* ROSA-CRUZES, OS. LEITURA ADICIONAL: J. GODWIN, 1994; HOWE, 1997.

Sol (astrologia). Um dos sete planetas da astrologia tradicional, num mapa astral o Sol representa o eu, e, em particular, o eu público – a face que a pessoa mostra para o mundo. Do ponto de vista astrológico, o Sol rege o signo de Leão, exalta-se em Áries, está em exílio em Aquário e em queda em Libra. *VEJA* ASTROLOGIA.

Na alquimia, o Sol é um símbolo comum para o ouro, e também representa o rubedo ou fase vermelha da Grande Obra. *VEJA* ALQUIMIA.

☉

Símbolo astrológico do Sol

Sol. (norueguês antigo, "sol") Décima primeira runa do futhark recente, representando o Sol como fonte de luz e de vida. Seu valor sonoro é *s*. *VEJA* FUTHARK RECENTE.

A mesma runa, com o nome de Sigil, é a décima sexta runa no futhorc anglo-saxão e tem o mesmo significado; o poema rúnico em inglês antigo descreve-o como o Sol, que guia os pescadores até suas casas quando voltam do trabalho.

Com o nome Sig, finalmente, a mesma runa representa a vitória como a décima primeira runa do sistema rúnico Armanen. Seu poder, segundo o encantamento rúnico do poema "Havamal", é a capacidade de liderar uma batalha e voltar para casa sem ferimentos. Corresponde ao deus Njord e ao signo zodiacal de Aquário e tem o valor sonoro *s*. Esta foi a runa usada pela SS como um de seus principais símbolos. *VEJA* RUNAS ARMANEN; SS. *VEJA TAMBÉM* SOWILO.

Runa Sol (Sigil, Sig)

Sol Espiritual. Diversas tradições ocultistas afirmam que o sol físico é um símbolo ou representação de um sol espiritual, primevo, fonte de toda energia e vida do universo. O conceito do sol espiritual foi um tema dominante do ocultismo do século XIX, onde serviu de versão mais impessoal do Deus cristão.

A imagem do "sol central", criando camadas concêntricas de universo ao seu redor, parece ter aparecido inicialmente nos textos do místico norte-americano Andrew Jackson Davis (1826-1909), passando de sua obra para o espiritualismo e deste tornou-se parte da linguagem comum de quase todas as tradições ocultistas do século XIX. Foi adotada por figuras como P. B. Randolph, Emma Hardinge Britten e H. P. Blavatsky. Contudo, o ressurgimento da espiritualidade pagã no século XX, com suas imagens do divino radicalmente diferentes, parece ter deixado o sol espiritual de lado por enquanto. *VEJA* DAVIS, ANDREW JACKSON; ESPIRITUALISMO; TEOSOFIA. *VEJA TAMBÉM* SOL.

Sol, o. Décimo nono Arcano Maior do tarô, geralmente exibindo a imagem de um sol, quase sempre com uma ou mais crianças num jardim murado. No sistema de tarô da Golden Dawn, esse Arcano corresponde à letra hebraica Resh, enquanto o sistema francês associa-o a Qoph. Suas interpretações costumam ser positivas, incluindo sucesso, vitória, cura e felicidade, mas tradicionalmente também pode significar morte súbita.

Seu título mágico é "Senhor do Fogo do Mundo". *VEJA TAMBÉM* RESH; TARÔ.

Carta do tarô o Sol (tarô Universal)

sonhos. A maioria das versões da teoria mágica considera os sonhos como uma forma de percepção do reino astral, e o seu controle proposital tem sido praticado por diversas tradições mágicas como meio de viagem astral. *VEJA* PLANO ASTRAL.

O estudo e a interpretação dos sonhos também constitui uma forma muito antiga e praticada de adivinhação. Encontram-se manuais de interpretação de sonhos desde a época da Grécia antiga, se não antes; a maioria, como seus equivalentes modernos, apresenta longas listas de objetos ou pessoas, junto com o significado de cada um caso surja num sonho. O foco nos sonhos da psicologia moderna é, portanto, apenas uma forma recente de uma tradição muito antiga (e geralmente oculta). VEJA TAMBÉM ADIVINHAÇÃO.

Sophia. (grego, "sabedoria") O espírito, a deusa ou personificação da sabedoria, uma figura que teve muitos papéis diferentes na tradição ocultista ocidental. Em grego e em hebraico, as palavras que designam sabedoria (respectivamente *sophia* e *chokmah*) têm natureza gramatical feminina, e essa peculiaridade da linguagem estimulou o conceito de "sabedoria" como uma deusa em culturas e religiões onde deusas desse tipo eram proibidas.

Sophia foi uma das figuras centrais do mito gnóstico. Segundo o livro bíblico *Apocalipse Segundo São João* e outros textos gnósticos clássicos, ela foi a última dos éons ou poderes divinos do reino espiritual. Desejando ter ela própria suas criações, sem a colaboração de seu consorte ou a permissão de entidades superiores, deu à luz ao demiurgo maligno Ialdabaoth. Essa ação provocou sua queda na matéria, e essa queda e sua eventual volta ao reino espiritual constituem o movimento central do mito gnóstico da criação e da redenção.

Em alguns ramos da moderna espiritualidade feminina e do movimento da Nova Era, Sophia foi redefinida e voltou a ganhar destaque como a contrapartida feminina das imagens masculinas do divino, comuns no judaísmo e no cristianismo. VEJA TAMBÉM GNOSTICISMO; IALDABAOTH. LEITURA ADICIONAL: FIDELER, 1985; LAYTON, 1987; C. MATTHEWS, 1991.

Sorath. Na tradição da magia cerimonial e da geomancia, o espírito planetário do Sol. Sua inteligência governante é Nakhiel. VEJA ESPÍRITO.

sorveira. (*Sorbus aucuparia*) Árvore importante na tradição mágica, a sorveira também é conhecida como freixo da montanha; pequena árvore folhuda cujas folhas se subdividem e com frutos de viva cor vermelha, é encontrada na maior parte do hemisfério Norte. A sorveira tem sido muito usada como proteção contra magia hostil e seres perturbadores.

No alfabeto das árvores-Ogham dos antigos celtas, a sorveira está associada com a letra Luis. VEJA LUIS; OGHAM.

Sowilo. (germânico antigo, "sol") Décima sexta runa do futhark antigo, representando luz, energia e o Sol. Representa o Sol como fonte de vida, bem como a alma como princípio da vida individual. Os modernos estudiosos das runas associam-no à deusa germânica do Sol, Sunna, e aos deuses Thor e Baldur. Seu valor sonoro é *s*. VEJA FUTHARK ANTIGO. VEJA TAMBÉM SOL.

ᛋ

Runa Sowilo

Spare, Austin Osman. Artista e ocultista inglês, 1886-1956. Nascido numa família londrina da classe operária, Spare mostrou notável talento para pintura e desenho desde cedo, e ganhou uma bolsa para o Royal College of Arts em Kensington. Um de seus desenhos foi exibido na Royal Academy quando ele ainda era adolescente.

A seus talentos artísticos, porém, Spare acrescentou um interesse vitalício pelo ocultismo, despertado na juventude graças à sua amizade com uma bruxa e adivinha local chamada Margaret Paterson. Embora produzisse arte de alta qualidade sobre temas cotidianos, boa parte de seu tempo e energia era dedicada a estranhas pinturas e desenhos que expressavam o mundo dos espíritos e de poderes com os quais ele lidava em seu trabalho de magia. A reação do público e da imprensa a essas obras abreviaram sua carreira como artista convencional, embora sempre tenha conseguido trabalhar.

A magia de Spare era bastante pessoal e idiossincrática, baseada na ideia de que os níveis mais arcaicos e primitivos da mente subconsciente contêm poderes sobre-humanos antigos, aos que podemos ter acesso por meio da magia. Com aquilo que ele chamava de "Fórmula do Ressurgimento Atávico", esses poderes podiam se manifestar. As técnicas de sua magia incluíam a elaboração de sigilos com palavras e nomes, além de uma forma de magia sexual masturbatória na qual a percepção concentrada era focalizada sobre um sigilo no momento do orgasmo. Spare sistematizava essa combinação de técnicas num sistema de magia ao qual dava o nome de Zos Kia Cultus; *VEJA* ZOS KIA CULTUS.

Homem muito solitário, Spare preferia a companhia de gatos à das pessoas, e passou suas três últimas décadas de vida morando em bairros pobres do sul de Londres. Após sua morte, suas descobertas mágicas foram adotadas por ocultistas de vanguarda na Inglaterra e em outros lugares, e, recentemente, tiveram importante papel na teoria e prática da magia do Chaos. *VEJA* MAGIA DO CAOS. LEITURA ADICIONAL: GRANT, 1974.

spiritus loci. (latim, "espírito do lugar") Nas antigas tradições pagãs, a entidade espiritual que habita uma região geográfica específica. Alguns autores modernos têm interpretado a frase erroneamente, considerando-a como um "lugar onde um espírito se manifesta", mas em latim isso seria *locus spiritus*.

spiritus mundi. (latim, "espírito do mundo") Na filosofia e na alquimia medieval e renascentista, e em ensinamentos ocultistas posteriores, a segunda das três partes essenciais do universo, unindo a *anima mundi* ou Alma do Mundo ao *corpus mundi* ou Corpo do Mundo. Em termos modernos, *spiritus mundi* poderia ser traduzido como "corpo energético sutil do planeta", pois a expressão latina *spiritus*, dependendo do contexto, pode significar um nível de existência acima da alma ou, como aqui, um nível que une a alma à matéria.

No pensamento alquímico e mágico, o *spiritus mundi* é visto como uma substância ou energia intangível, que se move constantemente e flui por todas as coisas, moldando as substâncias naturais do mundo segundo os padrões da anima mundi. Pode ser coletada pelos alquimistas principalmente no orvalho e subsidiariamente em todas as formas de precipitação, especialmente quando o Sol está nos signos zodiacais de Áries e Touro (21 de março a 20 de maio). *VEJA* ALQUIMIA; SALITRE. *VEJA TAMBÉM* ANIMA MUNDI; CORPUS MUNDI. LEITURA ADICIONAL: KIRCHWEGER, 2002.

Sprengel, Anna. Adepta alemã fictícia que, segundo afirmações feitas pelos fundadores da Ordem Hermética da Aurora Dourada, teria autorizado a fundação da ordem. Demonstrou-se que as cartas que teriam sido escritas por ela e endereçadas a William Wynn Westcott foram forjadas por alguém que não dominava a língua alemã. *VEJA* GOLDEN DAWN.

SS. (Schutzstaffel) [alemão, "esquadrão de proteção"] Infame "Ordem Negra" da Alemanha nazista, a SS teve início em 1925 como um pequeno grupo oriundo das SA (Sturmabteilung), liderados por Ernst Röhon, que serviam como guarda-costas voluntários de Adolf Hitler. Nos primeiros anos de existência, eram uma pequena parte da referida organização, que respondia aos Sturmabteilung, ou Camisas Pardas, exército pessoal de durões recrutados pelo partido nazista para confrontos de rua contra comunistas e socialistas.

Em 1929, uma série de conflitos políticos e de renúncias levou Heinrich Himmler ao cargo de comandante das SS. Himmler, um jovem apagado com modos de professor universitário, era estudioso do ocultismo e se interessava particularmente pelo ocultismo racista chamado Ariosofia. *VEJA* ARIOSOFIA. Ele convenceu Hitler de que a débil SS poderia tornar-se um corpo de elite dentro do partido nazista, e começou a remodelar a defesa do Führer, transformando-a em algo que era praticamente uma ordem mística ou ocultista.

Fortes semelhanças ligam as SS desenvolvidas por Himmler a ordens ariosóficas anteriores, como a Ordo Novi Templi e a Thule-Gesellschaft. *VEJA* ORDO NOVI TEMPLI (ONT); THULE-GESELLSCHAFT. A suástica e a adaga, símbolos da Sociedade Thule, surgiram como a braçadeira com a suástica e a adaga cerimonial usada por todos os membros das SS, e os parâmetros raciais que governavam a admissão à ONT foram copiados pelas SS. O mais famoso símbolo das SS, a runa Sig, foi inspirada na tradição ariosófica; era a décima primeira runa do sistema rúnico Armanen e significava vitória. *VEJA* RUNAS ARMANEN; SOL.

A mesma combinação entre ativismo político e estudos ocultistas, focalizando as tradições pagãs alemãs interpretadas por um filtro ariosófico, formou o perfil básico das SS. Padrões rígidos de disciplina para os membros, muito similares aos dos movimentos ariosóficos, destacavam as SS dos toscos membros das SA, e lentamente foi sendo criado um complexo sistema de simbolismos e rituais. A maioria dos membros das SS era de voluntários que trabalhavam de graça, mas foi organizada uma pequena equipe permanente, que foi aumentando à medida em que o partido nazista saiu do papel de movimento periférico e tornou-se a mais poderosa força da política alemã.

Em 1933, pouco depois do acesso de Hitler ao poder, as SS e as SA receberam poder de polícia, e cerca de 27 mil pessoas foram presas e confinadas nos primeiros campos de concentração. A falta de confiabilidade das SA tornou necessária uma força militar leal e confiável para a liderança nazista, e os campos também precisavam de guardas confiáveis. Em resposta, as SS criaram um novo ramo, as Waffen-SS ou SS Armada, que incluía o conjunto de guarda-costas de Hitler, numerosos destacamentos militares e guardas para os novos campos. Destacamentos das Waffen-SS e das SS originais participaram na infame "Noite das Facas Longas", em 1934, quando a liderança das SA foi reunida e assassinada sob o comando de Hitler.

Os planos de Himmler para as SS visavam à criação de uma *Deutsche Männerordern* ou Ordem da Masculinidade Alemã, selecionada por sua disciplina, caráter, pureza racial e confiabilidade política. A maioria de seus membros tinha outros empregos e comparecia às reuniões das SS uma ou duas vezes por semana, à noite ou nos finais de semana, onde ouviam palestras sobre as teorias nazistas e praticavam exercícios militares. Mesmo historiadores ortodoxos se referem às SS como a "Maçonaria Nazista" e, na verdade, muitos aspectos da Maçonaria e de outras ordens fraternais foram copiados por Himmler e incorporados ao sistema ocultista das SS.

As SS também tinham um lado mais esotérico. Três departamentos distintos da equipe da sede das SS eram dedicados integralmente, ou em parte, a pesquisas sobre temas ocultistas, pagãos ou ariosóficos. O mais importante deles era a *Ahnenerbe Forschungsund Lehrgemeinschaft*, a Sociedade para Pesquisa e

Educação da Herança Ancestral, geralmente mencionada apenas como a Ahnenerbe. Esse ramo das SS empregava vários historiadores, arqueólogos, ocultistas e mestres nas artes esotéricas, incluindo figuras importantes do ocultismo como Julius Evola, e dedicava-se a detalhados programas de pesquisa sobre a história da bruxaria, da magia das runas e da Maçonaria alemãs. *VEJA* EVOLA, JULIUS.

Os aspectos esotéricos mais sigilosos das SS tomaram forma no isolamento de Wewelsburg, um castelo na província alemã da Renânia do Norte-Vestfália que Himmler reconstruiu como centro cerimonial das SS. Ele e doze membros antigos das SS, selecionados com rigor, reuniam-se lá várias vezes ao ano. Ninguém sabe ao certo o que acontecia no castelo; Wewelsburg e seu conteúdo foram destruídos por ordem de Himmler em abril de 1945, quando o Terceiro Reich estava à beira do colapso. Parece provável, tendo em vista os interesses ocultistas de Himmler, que os encontros de Wewelsburg tinham pelo menos alguns elementos ligados a magia ritual, e é possível que o castelo tenha sido o centro de um núcleo organizado de magia do Terceiro Reich, de cuja existência muitos ocultistas na época suspeitavam. [Seu membro mais entusiasta ligado a essa visão mágico-religiosa foi Kal Maria Willigut, SS-Oberführer, tenente-brigadeiro das SS, conhecido também pela alcunha de "o Rasputin de Himmler". Willigut era responsável, entre outras tarefas, por conduzir rituais que visavam atrair os poderes do Sol Negro – hipotética estrela de nosso sistema solar que possuiria uma polaridade energética negativa em relação ao nosso Sol – como o Gotos-Kalanda e os Encantamentos Halgarita, tornando o castelo de Wewelsburg numa espécie de Vaticano SS. – N. do E.]

Com o colapso do poder nazista e o suicídio ou execução da maioria do comando nazista, as SS se desintegraram e os membros que sobreviveram ao final da guerra e aos julgamentos de Nuremberg espalharam-se e se esconderam. Não se sabe dizer ao certo que parcela da "Ordem Negra", ou Ordem do Sol Negro (Schwarze Sonne) pode ter sobrevivido em exílio na América Latina, mas até agora, pelo menos, os segredos ocultistas mais profundos das SS parecem ter se perdido. *VEJA TAMBÉM* HITLER, ADOLF; NACIONAL-SOCIALISMO. LEITURA ADICIONAL: LUMSDEN, 1997.

staff. *VEJA* BORDÃO.

Stan. (inglês antigo, "pedra") Trigésima segunda runa do futhorc anglo-saxão, representando um altar de pedra. Não é mencionada no poema rúnico em inglês antigo, que termina na vigésima nona runa. Seu valor sonoro é *st*. *VEJA* FUTHORC ANGLO-SAXÃO.

Runa Stan

Stebbins, Genevieve. Atriz, professora e ocultista norte-americana, 1857–c. 1935. Nascida em San Francisco numa família de classe média, começou a atuar na infância e aos 18 anos de idade foi estudar teatro em Nova York. Por volta de 1877, envolveu-se com o sistema Delsarte de treinamento de voz e de movimento, algo que estava ficando bastante popular nos Estados Unidos na época. Em 1885, saiu dos palcos e começou a ensinar o sistema Delsarte e a escrever, fundando uma escola em Nova York e apresentando os exercícios Delsarte em todos os estados do nordeste.

Casou-se durante breve período com Joseph Thompson, advogado, mas o casamento foi dissolvido em 1892. Nessa época, aparentemente Stebbins já era membro de um dos ramos restantes da Fraternidade Hermética de Luxor, embora não se saiba ao certo em que época ela se filiou à ordem. *VEJA* FRATERNIDADE HERMÉTICA DE LUXOR (F. H. DE L.). Em 1893, casou-se com um topógrafo e jornalista inglês chamado Norman Astley, que também se interessava pelo ocultismo, e nesse mesmo ano foi publicada sua principal obra, *Dynamic Breathing and Harmonic Gymnastics*. Ela combinava o sistema Delsarte com os exercícios de saúde do sueco Per Henrik Ling (1776-1839) e mesclou-os com o que ela chamou de "a respiração e as imagens mentais que têm sido propriedade comum de toda fraternidade mística e ocultista sob o Sol" (citada em Ruyter, 1999, p. 95). A maioria desse material parece ter chegado até ela através de fontes da F. H. de L. e mostra paralelos importantes com os ensinamentos da ordem. O próprio Astley tinha trabalhado antes com Thomas Burgoyne, um fundador da Fraternidade Hermética de Luxor, e ajudou-o na produção de seu livro *The Light of Egypt*; *VEJA* BURGOYNE, THOMAS HENRY.

Stebbins aposentou-se do ensino e das artes cênicas em 1907 e mudou-se com seu marido para o norte da Califórnia, onde tornaram-se ativos nos círculos ocultistas. Eles ajudaram Elbert Benjamine (C. C. Zain) a organizar a Igreja da Luz, que passou a transmitir os ensinamentos da F. H. de L. *VEJA* IGREJA DA LUZ; ZAIN, C. C. Seus últimos livros, uma obra de filosofia esotérica intitulada *The Quest of the Spirit* e um manual abrangente de exercícios, *The Genevieve Stebbins System of Physical Training*, foram publicados em 1913. As datas exatas de sua morte e de seu marido não foram descobertas pelos pesquisadores. *VEJA TAMBÉM* EDUCAÇÃO FÍSICA. LEITURA ADICIONAL: RUYTER, 1999; STEBBINS, 1893, 1913.

Steganographia. Livro escrito pelo estudioso e mago alemão Johannes Trithemius (1462-1516), e famoso durante os dois séculos seguintes. Aparentemente um grimório para a invocação de espíritos e demônios, é, na verdade, um manual de criptografia, a ciência dos códigos e das cifras. Muitos métodos diferentes de escrita secreta, bem como instruções para seu uso e exemplos desses usos, estão escondidos em longas séries de algaravias incluídas no que parecem ser invocações mágicas.

Uma frase, como por exemplo – *Pamersiel Anoyr Madrisel Ebrasothean Abrulges Itrasbiel Nadres Ormenu Itules Rabion Hamorphiel* – pode parecer um belo exemplo de invocação mágica, mas é, na verdade, uma instrução para uma cifra simples. A primeira e a última palavra são o que os criptógrafos chamam de "nulas" – ou seja, sem sentido. Contudo, se tirarmos letras alternadas da frase, o resultado fica "nym die ersten Bugstaben de omni uerbo", que é uma mistura de latim e alemão medieval e significa "tire a primeira letra de cada palavra". Usando essa cifra, a mensagem oculta seria transmitida pela primeira letra de cada palavra num texto de aparência inócua: "A sabedoria glorifica tudo que Tu és, Rei Celeste, e ensina novas observações da natureza", que soa como parte de uma meditação devocional, mas significaria "nós atacamos ao meio-dia".

O *Steganographia* circulou como manuscrito durante quase um século após a morte de seu autor; uma carta do mago elisabetano John Dee (1527-1608) menciona que grandes importâncias foram oferecidas por ele na Europa. Finalmente, foi impresso em 1606, e diversos manuais de escrita secreta baseados nele foram publicados no século XVII. Muita gente, no entanto, nunca conseguiu ultrapassar a falsa "magia" usada para ocultar os códigos; o livro foi condenado pela Inquisição espanhola e

ajudou a dar a seu autor a fama de feiticeiro.
VEJA TAMBÉM TRITHEMIUS, JOHANNES. LEITURA ADICIONAL: SHUMAKER, 1982.

Steiner, Rudolf. Filósofo e ocultista austríaco, 1861-1925. Steiner nasceu na atual Eslovênia e passou a infância numa sucessão de cidades espalhadas por boa parte do Império Austro-Húngaro, onde seu pai, funcionário da estrada de ferro, trabalhou. Cursou o colegial e a faculdade em Viena, onde conheceu a Teosofia e o pensamento progressista. Nessa época, conheceu e estudou com Felix Kogutski, herbalista local.

Tornou-se conhecido como estudioso das obras de Goethe e em 1883 foi convidado a editar todos os textos científicos de Goethe para uma edição completa. *VEJA* GOETHE, JOHANN WOLFGANG VON. Em 1890, após a conclusão satisfatória dessa obra portentosa, mudou-se para Weimar, na Alemanha, para trabalhar no Instituto Goethe de lá, e nos anos seguintes publicou diversas obras de filosofia, inclusive sua dissertação de doutorado, *A Filosofia da Liberdade*.

Em 1897, mudou-se para Berlim e tornou-se editor da *Magazin für Literatur* e em pouco tempo tornou-se uma figura de destaque nos círculos intelectuais da capital da Alemanha. Casou-se com Anna Eunicke, uma viúva com quem ficara hospedado em Weimar, em 1899; o casamento não foi bem-sucedido, e ela o deixou em 1906. Nesse mesmo período, ele voltou a seu antigo interesse pela Teosofia e em pouco tempo dava palestras sobre filosofia esotérica nos canais teosóficos de Berlim e de outras cidades. Outra teósofa, a atriz Marie von Sivers, tornou-se sua confidente e amiga íntima – um detalhe que não deve ter ajudado seu relacionamento com sua esposa. Ele e Sivers casaram-se em 1914, poucos anos depois da morte de sua primeira esposa.

Em 1906, com a solidificação das ideias pessoais de Steiner sobre a "ciência espiritual", ele entrou em contato com Theodor Reuss – que fundou a Ordo Templi Orientis nesse mesmo ano – e recebeu a autorização para fundar uma loja da Ordem de Éon e Misraim. O plano de Steiner parece ter sido o estabelecimento de uma organização para ensinar o sistema que ele estava desenvolvendo. Esse projeto foi suplantado em 1911 quando ele foi eleito presidente da seção alemã da Sociedade Teosófica. O apoio dado pela sociedade a Jiddu Krishnamurti como novo Mestre do Mundo foi mais do que Steiner podia tolerar, porém, e em 1913 ele levou a maioria dos teósofos da Alemanha para fora da sociedade, conduzindo-os para a nova organização que ele fundara, a Sociedade Antroposófica. *VEJA* ESTRELA DO ORIENTE, ORDEM DA.

A nova sociedade cresceu solidamente em meio à confusão da Primeira Guerra Mundial e de suas consequências e estabeleceu sua sede em Dornach, Suíça, em 1921. A partir desse centro, Steiner deu palestras e escreveu copiosamente até os últimos anos de sua vida. Sua produção cobriu não apenas filosofia e treinamento ocultistas, como também agricultura, educação, medicina e artes. Ele morreu em 1925. *VEJA TAMBÉM* ANTROPOSOFIA; TEOSOFIA. LEITURA ADICIONAL: STEINER, 1933 E 1995.

Stella Matutina, Ordem da. (latim, "estrela da manhã") Ordem esotérica fundada por Robert Felkin e outros adeptos da Golden Dawn após a desintegração da Ordem Hermética da Aurora Dourada original em 1903. Sob a direção de Felkin, criou templos em Londres, em Bristol e em muitas outras cidades inglesas, enquanto que, com o apoio do poeta e mago William Butler Yeats, revisou as cerimônias originais da Golden Dawn e deu-lhes as formas com que são usadas hoje. *VEJA* YEATS, WILLIAM

BUTLER. Em pouco tempo, a Stella Matutina tornou-se o maior dos grupos sucessores da Golden Dawn e também revelou-se como a mais duradoura.

A Stella Matutina tinha 123 membros por volta de 1915 e acrescentou diversas cerimônias de grau que não eram usadas na Golden Dawn original. Os graus de Adeptus Major (6° = 5☐), Adeptus Exemptus (7° = 4☐) e Magister Templi (8° = 3☐) foram criados em 1913 e postos em uso nos anos seguintes. A ordem também fez contato com a Sociedade Antroposófica, liderada por Rudolf Steiner, e inspirou-se nos trabalhos de Steiner para formar alguns de seus ensinamentos. *VEJA* ANTROPOSOFIA; STEINER, RUDOLF.

Em 1916, após receber um convite de um grupo de ocultistas da Nova Zelândia, Felkin mudou-se para lá e fundou um novo ramo da Stella Matutina com o nome de Smaragdum Thalasses ("esmeralda do mar"). Ele deixou a Stella Matutina da Inglaterra sob a direção de Christine Stoddart, William Reason e F. N. Heazell. O templo da Nova Zelândia floresceu e manteve-se ativo até a década de 1970.

Na Inglaterra, por sua vez, a ordem teve sérios problemas. Em 1918 e 1919, Stoddart convenceu-se de que forças satânicas estavam agindo por trás da Stella Matutina, e suas denúncias cada vez mais erráticas deram início a uma série de disputas que destruíram o Templo Amoun em Londres, o principal templo da ordem. A Stella Matutina nunca se recuperou totalmente dessas disputas, embora vários templos tenham sobrevivido durante décadas depois dos conflitos. Finalmente, Stoddart abandonou a ordem, tornou-se cristã conservadora e publicou dois livros afirmando que a Stella Matutina fazia parte de uma ampla conspiração satanista-comunista-sionista, usando energias sexuais para controlar o mundo.

Outro membro da Stella Matutina que seguiu direções inesperadas foi Israel Regardie, que foi convidado a se filiar ao templo restante em Bristol após a publicação de seu livro *The Tree of Life* em 1932. Depois de ascender pelos graus da ordem, Regardie ficou descontente com aquilo que interpretou como a incompetência e a falta de compreensão dos chefes dos templos; ele percebeu que vários trechos do currículo da Golden Dawn original tinham sido tirados de circulação e receou que o restante pudesse ter o mesmo destino. Por isso, Regardie publicou todo o material da Golden Dawn que pôde encontrar em quatro volumes, como *The Golden Dawn*. A publicação de ensinamentos que antes eram secretos permitiu que pessoas interessadas no sistema da Golden Dawn pudessem usá-los sem se envolverem nas políticas internas cada vez mais restritas dos ramos sobreviventes da ordem e isso parece ter acelerado o desaparecimento de vários templos que ainda restavam.

Pelo menos um templo da Stella Matutina, o templo de Bristol, parece ter chegado à década de 1970, e o ramo neozelandês da ordem ainda estava ativo nessa mesma década. Alguns têm dito que outras lojas da Stella Matutina podem ter permanecido ativas por mais tempo ainda. Tendo em vista o sigilo habitual da tradição da Golden Dawn, talvez nunca venhamos a conhecer os fatos. *VEJA TAMBÉM* GOLDEN DAWN. LEITURA ADICIONAL: HARPER, 1974; REGARDIE, 1971; ZALEWSKI, 1988.

Stoeckhlin, Chonrad. Domador de cavalos e xamã alemão, 1549-1587. Morador da pequena aldeia de Oberstdorf nos Alpes da Baviera, Stoeckhlin tornou-se o domador de cavalos da aldeia em 1567, herdando o cargo de seu pai. Pouco depois da morte de um amigo em 1578, Stoeckhlin começou a ter visões, primeiro a do espírito desse amigo, depois de um anjo vestido de branco com uma cruz vermelha na testa. Após a primeira aparição do anjo, Stoeckhlin começou a entrar em transe quatro vezes por ano, na época das quatro têmporas; *VEJA* TÊMPORAS, QUATRO. Durante esses transes, ele viajava pelo ar por muitas horas com um grupo de homens e mulheres chamados de *Nachtschar* ("tropa noturna").

Stoeckhlin também alegava ter a capacidade de curar doenças e detectar bruxas em função dessas viagens. Em 1586, ano de clima desfavorável e doenças epidêmicas, os aldeões pediram-lhe que identificasse a pessoa responsável, e ele deu o nome de uma senhora local, Anna Enzenbergerin. A acusação foi encaminhada ao tribunal do arcebispo de Augsburg, que mandou que Enzenbergerin e Stoeckhlin fossem presos sob a suspeita de bruxaria. Enzenbergerin morreu em resultado das torturas, e Stoeckhlin confessou após várias sessões de torturas intensas, sendo queimado na fogueira em 23 de janeiro de 1587. Dezesseis outros aldeões seguiram-no na fogueira, e outros sete morreram por causa das torturas antes que pudessem ser executados.

O caso de Chonrad Stoeckhlin tem muitas semelhanças com o dos benandanti do Friuli, os "seguidores de Diana", descritos no cânone *Episcopi* do século IX e por outras tradições pagãs de diversos pontos da Europa medieval. *VEJA* BENANDANTI; CÂNONE EPISCOPI; HERODIAS. LEITURA ADICIONAL: BEHRINGER, 1998.

Straif. (irlandês antigo, "enxofre") Décima quarta letra do alfabeto Ogham, com valor sonoro de *z* ou *str*. Corresponde à abrunheira entre as árvores, ao tordo entre as aves e à cor "brilhante" (*sorcha*, em gaélico); não tem valor numérico. Na versão de Robert Graves para o calendário das árvores-Ogham, ela compartilha com a letra Saille o mês que vai de 16 de abril a 13 de maio. *VEJA* OGHAM.

Letra Straif em Ogham

Stuart, Casa dos. Antiga casa real da Escócia e da Inglaterra, profundamente envolvida com o início da história da Maçonaria e com diversas correntes do ocultismo europeu. Originalmente uma família bretã chamada Fitzlaad, que atravessou o Canal da Mancha em 1066 com Guilherme, o Conquistador, os Stuart (também grafado Stewart) adotaram esse nome quando se tornaram *stewards* (senescais ou mordomos-mores) hereditários da Escócia no século XII e ganharam o trono escocês em 1371. Em 1603, com a morte de Elizabeth I da Inglaterra, James VI da Escócia, um Stuart, uniu os tronos da Escócia e da Inglaterra como James I da Grã-Bretanha, levando a dinastia ao seu apogeu.

Nenhum dos Stuart mais recentes foram reis particularmente hábeis, e hábitos como arrogância e excesso de confiança fizeram de seu domínio dos reinos unidos um período conturbado. Na década de 1630, o filho de James, Charles I, tentou mudar o sistema parlamentarista inglês e impor um governo autocrático, mas foi derrotado na Guerra Civil inglesa de 1640-1645 e executado pelo parlamento vitorioso em 1649. O filho de Charles voltou ao poder como Charles II em 1666; seu irmão e sucessor, James II, tentou levar a cabo algumas das ideias autocráticas de seu pai e foi destronado na revolução de 1688. As duas irmãs de Charles II, Mary e Anne, ocuparam o trono em sucessão, mas morreram sem herdeiros. Com a morte de Anne em 1714, o trono da Grã-Bretanha foi dado a George de Hanover, um príncipe alemão menor que descendia dos Stuart através de uma filha de James I.

Os herdeiros de James II – seu filho James, o "Velho Pretendente", e seu neto Charles, o "Bonnie Prince Charlie" da canção e lenda das Highlands – fizeram várias tentativas de destronar a dinastia de Hanover, culminando com insurreições armadas em 1715 e 1745. Esses golpes foram apoiados pela França, que estava em guerra com a Inglaterra nesse período, e pelos clãs das Highlands escocesas, que lutavam por sua sobrevivência cultural. As tropas inglesas esmagaram as duas insurreições, e leis repressivas baixadas após o "Quarenta e Cinco" desmontaram o sistema de clãs e eliminaram a ameaça militar dos habitantes das Highlands.

Após a assinatura do tratado de paz entre França e Grã-Bretanha em Aix-la-Chapelle, em 1748, os franceses tiraram seu apoio dos Stuart, e a esperança da restauração do trono se esvaiu. Charles Stuart viveu até 1788, quando morreu em função do alcoolismo crônico e de sífilis, sem deixar herdeiros legítimos. Como seu irmão Henry tinha entrado para o sacerdócio, a morte de Charles marcou o final efetivo da linhagem Stuart.

As conexões entre a Casa dos Stuart e as tradições ocultistas são bastante complexas. Tanto James I como Charles I foram responsáveis por baixarem leis duras contra a prática da magia – e James escreveu um livro, *Daemonologie*, que falava da natureza real e diabólica da bruxaria e sugeria a execução das bruxas – mas ambos se envolveram a fundo nas formas mais políticas do hermetismo renascentista, tendo uma postura mágica para com a arte, arquitetura, teatro e cerimônia a fim de fortalecerem seus regimes. Com Charles I, essas atividades atingiram o auge num plano grandioso para reconstruir Londres como a Cidade Hermética do Sol, centralizada numa nova Catedral de St. Paul reconstruída na forma do Templo de Salomão. O projeto foi cancelado com o início da guerra civil em 1640, e quase todos os vestígios do programa arquitetônico dos Stuart foram eliminados após a vitória dos rebeldes do parlamento.

Nem Charles II, nem James II parecem ter tido muito interesse pela tradição ocultista, bem como o filho de James, o "Velho Pretendente"; os três eram católicos devotos e parecem ter aceito as proibições cada vez mais restritivas da Igreja com relação ao estudo e à prática do ocultismo. O filho do Velho Pretendente é outra história. Se Charles Stuart esteve ou não envolvido pessoalmente com o ocultismo é uma questão em aberto, mas as intrigas dos jacobitas (nome pelo qual eram conhecidos os seguidores dos Stuart exilados) tiveram um impacto significativo sobre o movimento ocultista da época.

O florescente movimento maçônico do início do século XVIII, com seus juramentos de sigilo e sua difusão internacional, apresentou possibilidades substanciais para intrigas políticas, e há evidências de que o Rito Escocês da Maçonaria – que surgiu na França nos anos que levaram à insurreição de 1745 – pode ter começado como um veículo para atividades jacobitas. A conexão entre a dinastia Stuart e a Maçonaria de alto nível era forte o suficiente, pelo menos nos círculos maçônicos franceses, para que o formidável Martinez de Pasquallys – uma das figuras centrais das origens do martinismo – fundasse sua ordem mágica com base em uma autorização supostamente assinada por Bonnie Prince Charlie. *VEJA* MARTINISMO; PASQUALLYS, MARTINEZ DE.

A aura romântica da causa jacobita fez com que o interesse pelos Stuart, bem como tentativas de usar sua reputação e legado, sobrevivessem à extinção da própria linhagem Stuart. Durante o final do século XIX, diversos ocultistas de renome adotaram a causa jacobita e circularam tratados apoiando os reclamos de nobres europeus menores com vestígios de ascendência Stuart. Samuel Mathers, famoso pela Golden Dawn, incluiu a causa jacobita como um de seus interesses; *VEJA* MATHERS, SAMUEL LIDDELL.

Nos dois séculos mais recentes, surgiram diversos supostos Stuart. Segundo registros contemporâneos, Charles Stuart morreu sem nenhum herdeiro vivo – seus filhos legítimos sofriam de sífilis congênita e morreram antes dele – mas a maioria desses supostos Stuart afirma que descenderia dele por meio de diversos casamentos sem documentação histórica, apresentando relatos pitorescos das diversas conspirações dedicadas a eliminar a verdade acerca de sua ascendência real. *VEJA TAMBÉM* DREBBEL, CORNELIS; MAÇONARIA; CAVALEIROS TEMPLÁRIOS; HISTÓRIA OCULTA. LEITURA ADICIONAL: HART, 1994; SHUCHARD, 1975.

sublimação. Na alquimia, o processo pelo qual uma substância sólida é transformada em vapor por meio de aquecimento; o vapor pode se condensar novamente num sublimado. O simbolismo alquímico associa esse processo ao signo zodiacal de Libra. *VEJA* ALQUIMIA.

súcubo. (do latim, "aquele que se deita sob") Na demonologia ocidental, um espírito que procura manter relações sexuais com homens. Monges, sacerdotes e outros homens dedicados ao celibato, segundo se acredita, correm o risco de ataque de súcubos. Um detalhe relatado por muitas fontes dá conta de que os súcubos, embora costumem ter formas femininas, são, na verdade, espíritos masculinos dotados de pênis. A contraparte de um súcubo é o íncubo; *VEJA* ÍNCUBO. *VEJA TAMBÉM* DEMÔNIO.

Suma Sacerdotisa. Na Wicca e em muitos outros sistemas pagãos modernos, o título de uma iniciada do terceiro grau. Esse *status* confere o direito de fundar e gerir um coven, ou grupo. Algumas tradições pagãs que não têm estrutura em graus definida tomaram essa expressão como empréstimo, usando-a como título da líder de um coven. *VEJA* NEOPAGANISMO; WICCA.

Summerland. (inglês, "terra do verão") No espiritualismo do século XIX e no paganismo do século XX, uma expressão que designa o lugar para onde vão as almas humanas após a morte. Na maioria das formas de espiritualismo, Summerland seria pouco mais do que uma expressão alternativa para o Céu dos cristãos.

Na moderna prática pagã e nas tradições espiritualistas que aceitam a reencarnação, Summerland é um mundo não físico no qual vivem as almas dos mortos antes de voltarem a nascer em outro corpo físico. Fontes pagãs modernas tendem a retratar Summerland como um paraíso habitado por unicórnios, fadas e outros seres lendários, repleto de beleza natural e de abundantes recursos. *VEJA TAMBÉM* NEOPAGANISMO; REENCARNAÇÃO; ESPIRITUALISMO.

Summoner. *VEJA* OFICIAL.

Sumo Sacerdote. Na Wicca, título de um iniciado do terceiro grau; além disso, o título do parceiro da Suma Sacerdotisa de um coven. *VEJA* SUMA SACERDOTISA; WICCA.

Surrealismo. Movimento artístico do século XX, centralizado na França, que se inspirou bastante em tradições ocultistas como base teórica. As raízes do Surrealismo encontram-se no Dadaísmo, movimento que surgiu pouco antes e que se propôs a enfraquecer todos os padrões sociais e artísticos como protesto contra a desumanidade da Primeira Guerra Mundial. André Breton, que se tornou a figura central do Surrealismo, uniu-se aos dadaístas em Paris logo após a guerra, mas rompeu com o movimento em 1923, alegando que ele se tornara muito premeditado e previsível.

O primeiro *Manifesto Surrealista*, redigido por Breton, foi publicado em 1924. Conclamava a rejeição de ideias racionais, estéticas e morais na arte, e o uso de escrita automática, estados de transe e outros métodos para remover o obstáculo representado pela mente consciente no processo de criação artística. Um segundo manifesto emergiu em 1929, e nessa época o movimento tinha atraído diversos poetas e artistas significativos, inclusive Antonin Artaud, Man Ray e Max Ernst. O movimento passou por diversos altos e baixos, tornando-se cada vez mais próximo da ideologia marxista e hostil ao ocultismo, desaparecendo de vez como movimento no final da década de 1940. Diversos membros do movimento, inclusive a artista inglesa Leonora Carrington (1917-2011), continuaram a trabalhar no estilo surrealista com fortes influências ocultistas desde essa época.

O próprio Breton foi bastante influenciado por Éliphas Lévi e outros autores ligados à alta magia, embora tenha rejeitado a existência de espíritos e de forças mágicas objetivamente reais, afirmando que os métodos ocultistas eram apenas formas de tocar na mente inconsciente do praticante. A maioria dos surrealistas parece ter tido opinião similar, embora a obscuridade proposital de suas declarações teóricas dificulte uma conclusão. Com certeza, figuras como o mago norte-americano P. B. Randolph, praticamente esquecido por todos os demais durante o século XX, mantiveram-se conhecidas dentro do movimento surrealista. *VEJA* RANDOLPH, PASCHAL BEVERLY.

Um verso de Lautréamont, poeta francês do século XIX, louvado pelos surrealistas como a imagem poética por excelência, dá uma ideia de como era o tom do movimento: "Tão belo quanto o encontro fortuito, sobre uma mesa cirúrgica, entre uma máquina de costura e um guarda-chuvas" (Choucha, 1991, p. 54). LEITURA ADICIONAL: CHOUCHA, 1991.

Swedenborg, Emmanuel. Cientista e místico sueco, 1688-1772. Filho de um bispo da Igreja Luterana sueca, Swedenborg cursou a universidade em Uppsala, onde estudou hebraico com seu cunhado, o cabalista Erik Benzelius, e outro cabalista do corpo docente da universidade, Johan Kemper. *VEJA* CABALA. Na época, o principal interesse de Swedenborg era o novo pensamento científico, e ele estudou engenharia. Após estudos avançados na Inglaterra, na França, na Holanda e na Alemanha, ele criou a primeira revista científica da Suécia e assumiu um cargo no governo como avaliador de minas. Enquanto isso, escreveu nada menos do que 154 livros sobre matemática e ciência. Como membro da classe alta e instruída da Suécia, próximo da família real sueca e de importantes membros da nobreza, Swedenborg envolveu-se com a diplomacia internacional, realizando missões secretas para o governo sueco em diversos países europeus. A Suécia e a França apoiaram as tentativas de restaurar a Casa dos Stuart ao trono britânico em 1715 e 1745. Aparentemente, Swedenborg esteve bastante envolvido com esses esforços e com as complexas intrigas maçônicas e mágicas que as cercaram. Acredita-se que tenha sido maçom, embora os registros de sua iniciação tenham sido perdidos. *VEJA* MAÇONARIA; STUART, CASA DOS.

Com quase 60 anos, Swedenborg ficou fascinado com o estudo daquilo a que hoje damos o nome de psicologia, registrava seus sonhos e usava controle da respiração e concentração mental como método de exploração interior. Em 1744, teve uma intensa experiência visionária que reunia Jesus e seu falecido pai. Outra visão, esta em 1745, convenceu Swedenborg de que ele tinha uma missão espiritual especial a cumprir no mundo.

A mesma abordagem sistemática que ele aprendera como engenheiro e cientista levou-o a um estudo abrangente da Bíblia, correlacionando-o com suas prósperas experiências religiosas. Entre elas, conversas com anjos e outras entidades espirituais, que transmitiram um complexo sistema teológico e uma descrição dos mundos espirituais. Swedenborg anotou e sistematizou todo esse material.

O primeiro fruto dessas experiências foi a obra em doze volumes intitulada *Arcana Coelestia*, publicada pela primeira vez em 1749, na qual Swedenborg descreveu a natureza do Céu, do Inferno e do destino humano com riqueza de detalhes. Seguiram-se mais de duzentos livros sobre temas religiosos. Embora *Arcana Coelestia* tenha sido publicado anonimamente, a identidade de seu autor ficou conhecida depois de alguns anos, e o resultado foi uma interminável controvérsia no último terço de sua vida. Intelectuais europeus da estatura de Immanuel Kant e de F. C. Oettinger participaram da discussão sobre as visões de Swedenborg, e em 1769 ele e sua obra escaparam por pouco de uma condenação pela Igreja Luterana sueca.

A capacidade visionária de Swedenborg também teve aplicações mais práticas. Segundo relatos contemporâneos, ele descreveu com precisão os detalhes de um incêndio em Estocolmo enquanto estava numa festa a mais de 150 quilômetros da cidade, e anteviu com detalhes a morte de várias pessoas, inclusive a sua própria. Ele morreu em Londres enquanto visitava amigos na cidade, na data que previra. Depois de sua morte, suas obras tornaram-se a base de uma Igreja, a Igreja de Nova Jerusalém (mais conhecida como Igreja Swedenborguiana), que tem se esforçado consistentemente para se distanciar do ocultismo e atingir o mais elevado grau de respeitabilidade. LEITURA ADICIONAL: DOLE E KIRVEN, 1992; SCHUCHARD, 1995; G. TROBRIDGE, 1992.

tablete de amarração. (do grego *katadesmos*, "ligação"; em latim *defixio*, "fixação") Na época greco-romana, um meio comum de magia hostil para amaldiçoar, seduzir ou controlar outras pessoas. Normalmente, um tablete de amarração era um texto escrito numa placa de chumbo, consagrada ritualmente e depois jogada num poço, numa fonte, num túmulo, na abertura de uma caverna ou em qualquer outro ponto de acesso ao mundo inferior. Em muitos casos, o texto mencionava as divindades do mundo inferior, especialmente Perséfone, pedindo que concedesse ao mago o poder sobre alguém, ou amarrasse uma pessoa específica aos poderes do mundo dos mortos. Muitos símbolos e palavras de poder, inclusive a famosa *Ephesia grammata*, costumam aparecer em tabletes de amarração. *VEJA* EPHESIA GRAMMATA.

A estabilidade química do chumbo, especialmente quando preservado em segurança sob a água ou sob o solo, fez dos tabletes de amarração um dos mais duráveis artefatos da cultura clássica, e mais de 1500 deles foram desenterrados e catalogados por estudiosos nos últimos 150 anos. Os exemplos mais antigos são da Sicília e de Ática (área próxima a Atenas, na Grécia) e datam do século V A.E.C.

Na época romana (século I E.C. e seguintes), a prática estava bastante disseminada. Instruções para sua confecção e consagração aparecem nos papiros mágicos greco-egípcios; *VEJA* PAPIROS MÁGICOS GRECO-EGÍPCIOS. Eram feitos numa quantidade impressionante de línguas; dois tabletes de amarração feitos em chumbo na Gália romana, por exemplo, proporcionam os mais longos textos em prosa restantes da antiga língua gaulesa.

Os propósitos para os quais eram feitos e usados cobrem uma gama familiar para qualquer estudante de magia prática: amor, vingança, justiça, sucesso nos negócios ou em questões jurídicas, sorte no jogo ou nos esportes, e assim por diante. As corridas de bigas, o mais popular esporte da época romana, era um assunto muito comum nos tabletes de amarração, e, em pelo menos um caso, um tablete de amarração foi levado até a pista de corridas e enterrado sob a linha de largada antes de uma corrida importante.

Os tabletes de amarração foram elementos corriqueiros da vida no mundo mediterrâneo até as proibições religiosas cristãs e muçulmanas forçarem o fim de seu uso em algum momento do século VIII E.C. Uma intrigante coleção de exemplares ingleses data do século XVII, provavelmente em virtude do importante renascimento da magia nesse período; é possível que tenham surgido nessa época documentos relativos a esse método mágico tão antigo, mas não há evidências disso além dos próprios tabletes. LEITURA ADICIONAL: GAGER, 1992; MERRIFIELD, 1987.

tablete piscante. (do inglês *flashing tablet*) Na tradição de magia da Golden Dawn, um aparato usado para trabalhos práticos de magia. O tablete piscante é um quadrado ou um retângulo de papelão, cartolina ou madeira, pintado com símbolos de algum elemento, planeta, Sefirah ou de outra energia mágica em cores piscantes, e depois consagrado como um talismã para realizar um propósito específico. Depois, é embrulhado em seda ou linho.

Todos os dias depois da consagração, o mago o desembrulha e o coloca em pé no altar, senta-se diante dele e o percorre em sua imaginação, usando-o como portal para o reino de energia anteriormente associado a ele pela consagração. Uma vez nesse reino, o mago realiza um ritual de invocação dessa mesma energia, chamando forças adicionais para a realização do propósito do tablete piscante. Esse processo carrega o tablete piscante, dando-lhe mais poder do que um talismã comum. *VEJA TAMBÉM* CORES PISCANTES; TALISMÃ. LEITURA ADICIONAL: J. GREER, 1997; REGARDIE, 1971.

Tábua de Esmeralda. Mais famoso texto alquímico, supostamente escrito numa lâmina de esmeralda por Hermes Trismegisto e descoberto por um dos diversos personagens lendários no túmulo de Hermes. Em sua tradução mais comum para a língua portuguesa, eis o que diz:

É verdade, sem erro, certo e muito verdadeiro: aquilo que está em cima é como o que está embaixo, e o que está embaixo é como o que está em cima, para realizar os milagres do Um. E como todas as coisas vieram do Um, pela mediação do Um, assim todas as coisas são únicas por adaptação. Seu pai é o Sol; sua mãe, a Lua; o vento carregou-o no ventre; a Terra é sua nutriz. É o pai de toda perfeição e a consumação do mundo. Seu poder é integral se dirigido à Terra. Separarás a Terra do Fogo, o sutil do grosseiro, suavemente e com muito engenho. Ele sobe da Terra para o Céu, e de novo desce à Terra e recebe a força das coisas superiores e inferiores. Terás, por esse meio, toda glória do mundo; por isso, deixa a obscuridade se afastar de ti. É a Força forte de todas as Forças, superando toda coisa sutil e penetrando toda coisa sólida. Assim são todas as maravilhosas adaptações, das quais este é o modo. Por isso fui chamado de Hermes Trismegisto, tendo as três partes da filosofia do mundo. O que disse da operação do Sol está realizado e aperfeiçoado.

A origem da Tábua de Esmeralda é desconhecida. Apareceu na Europa no século XIII, quando foi citada num livro de Alberto Magno, e uma versão incompreensível apareceu em árabe por volta de 900 E.C. Joseph Needham, o notável estudioso da ciência chinesa, comentou que os conceitos básicos podem ser encontrados em textos alquímicos chineses de um período muito anterior e sugeriu que o texto poderia ser originário da China, mas isso é puramente especulativo.

Seja qual for sua fonte e sua história inicial, o texto acabou se tornando central para os alquimistas europeus medievais, renascentistas e modernos, e ainda é usado em círculos hermetistas hoje em dia. *VEJA TAMBÉM* ALQUIMIA; HERMES TRISMEGISTO; HERMETISMO. LEITURA

ADICIONAL: ANÔNIMO, 1988; LINDSAY, 1970; READ, 1937; SMOLEY, 1996.

Tábua de União. No sistema enoquiano de magia, um padrão retangular de vinte letras, usado para representar o elemento espírito. Quatro nomes divinos, governantes dos quatro elementos, e os nomes de três anjos, governantes do espírito, são extraídos dele. *VEJA* ENOQUIANA, MAGIA.

```
E X A R P
H C O M A
N A N T A
B I T O M
```
─────────

Tábua de União

taça. *VEJA* CÁLICE.

Tagiriron. (hebraico ThGRIRVN, "disputantes") Na tradição cabalística, os Disputantes ou Brigões, o Qlippoth ou poder demoníaco associado a Tiphareth, a sexta Sefirah da Árvore da Vida. Sua forma tradicional é descrita como enormes gigantes brigando uns com os outros. *VEJA* QLIPPOTH.

Talbot, Edward. *VEJA* KELLY, EDWARD.

Taliahad. (hebraico ThLIHD) Na magia cerimonial, o anjo do elemento Água. Taliahad é invocado na consagração da taça na magia da Golden Dawn. *VEJA* ANJO.

talismã. (do árabe *tilsam*, do grego *tetelesmenon*, "aquilo que foi consagrado") Na tradição mágica, um objeto carregado ou consagrado por energias mágicas para a realização de algum propósito específico. A magia talismânica tem tido papel importante no ocultismo ocidental desde a Antiguidade, e uma variedade delirante de objetos foram consagrados para diversos propósitos talismânicos.

Os talismãs podem ser identificados em todas as tradições mágicas que contribuíram para o ocultismo ocidental. Os antigos magos e sacerdotes egípcios tinham uma vasta gama de métodos talismânicos ao seu dispor. Por exemplo, enormes blocos de pedra eram gravados com encantamentos de cura e postos em bacias; os doentes despejavam água sobre a pedra gravada, bebiam a água e se beneficiavam da magia. Ritos mais sinistros eram usados para atacar os inimigos estrangeiros e domésticos do estado egípcio; alguns deles usavam estátuas de soldados inimigos que eram amarrados ou maltratados e depois enterrados num local secreto. *VEJA* OCULTISMO EGÍPCIO.

Tradições similares podem ser encontradas na magia das animadas cidades-estado da Mesopotâmia, e as vastas bibliotecas palacianas de Assurbanípal, o último grande rei da Assíria, incluíam instruções detalhadas para diversos trabalhos de magia com talismãs. *VEJA* ASSURBANÍPAL; OCULTISMO MESOPOTÂMICO. Os magos da Suméria, da Babilônia e de outras culturas mesopotâmicas inspiraram-se profundamente na tradição astrológica da região, estabelecendo um precedente que foi seguido por magos talismânicos desde então.

Na Grécia e Roma antigas, era abundante a tradição dos talismãs, incluindo a elaboração de estátuas mágicas; *VEJA* ESTÁTUAS MÁGICAS. Uma forma muito comum de talismã era o tablete de amarração – uma placa de chumbo que era lançada em poços, grutas, cavernas e outros pontos de fácil acesso ao mundo inferior, para levar mensagens aos poderes do invisível e realizar várias formas de magia, geralmente hostil ou de propósitos malignos. *VEJA* TABLETE DE AMARRAÇÃO.

Na forma como são usados hoje em magia, os talismãs começaram a evoluir no final do período clássico, tendo no Egito – onde a arte da escrita nunca chegou a perder sua aura mágica – um ponto focal. Os papiros mágicos greco-egípcios, manuais de magos dos primeiros séculos da Era Comum, incluíam instruções para se fazer uma série de talismãs. Depois que o Egito caiu em mãos árabes no século VIII, porém, os magos muçulmanos começaram a remodelar as tradições herdadas do mundo antigo e criaram os talismãs tais como são usados até hoje.

No sentido moderno, um talismã é um pedaço de metal, papel, pergaminho ou qualquer material que possa ser gravado ou no qual se possa escrever. Geralmente, é feito na forma de um disco plano, embora haja outras formas. Feito e gravado com palavras e símbolos de eficiência mágica, o talismã é consagrado de maneira ritual e depois escondido para fazer seu trabalho.

Um talismã de Mercúrio, inscrito com palavras hebraicas de poder, símbolos planetários e figuras geométricas (acima: frente do talismã; abaixo: verso do talismã)

Os métodos usados para consagrar um talismã variam muito conforme a tradição mágica. Em manuais árabes medievais como o *Picatrix* e em muitas outras obras recentes, o talismã é simplesmente feito de um metal com o simbolismo adequado e sustentado sobre a fumaça de um incenso preparado especialmente, depois envolvido em seda e posto para funcionar. *VEJA* PICATRIX. A gama de métodos vai deste descrito até técnicas muito complexas, do tipo usado pela Ordem Hermética da Aurora Dourada, nas quais o mago pode passar facilmente duas horas recitando conjurações, entoando nomes divinos, evocando espíritos, canalizando energias e submetendo o talismã ao equivalente de uma cerimônia de iniciação em loja. *VEJA* GOLDEN DAWN. Essas duas abordagens, e muitas que se situam entre esses extremos, funcionam bem na prática.

Segundo a teoria ocultista convencional, os talismãs funcionam porque sua base material forma um "corpo" para as energias lançadas sobre ele no momento da consagração. Com essa âncora no plano físico, o talismã se mantém funcionando firme e descontraidamente na realização do propósito para o qual foi criado. Quando o talismã terminou seu trabalho, ou quando a situação mudou e suas energias não são mais necessárias, ele deve ser desconsagrado cerimonialmente e sua forma física destruída.

Embora talismãs físicos do tipo descrito acima sejam, de longe, o método mais comum entre magos cerimoniais, podem ser encontradas posturas visivelmente distintas entre aqueles que se baseiam em tradições mágicas populares, especialmente aquelas do Hudu norte-americano; *VEJA* HUDU. Nesse sistema, um mojo ou patuá – ou seja, um pequeno saco de tecido preenchido com substâncias magicamente ativadas – pode ser usado para a maioria dos propósitos que os talismãs clássicos poderiam ter. *VEJA* MOJO. Outras tradições se valem de diversas formas de magia natural para realizar as mesmas coisas; VEJA MAGIA NATURAL. VEJA TAMBÉM AMULETO. LEITURA ADICIONAL: FARAONE, 1992; J. GREER, 1997; REGARDIE, 1971.

Taphthartharath. Na magia cerimonial, o espírito planetário de Mercúrio. Sua inteligência é Tiriel. VEJA ESPÍRITO.

tarô. Baralho com 78 cartas que constitui a mais popular ferramenta divinatória do ocultismo moderno. O tarô é indispensável em muitos dos atuais sistemas de teoria e prática ocultista. Além de seu uso como método divinatório, no qual as cartas são distribuídas, depois de embaralhadas, e interpretadas de diversas formas, o tarô também é usado como tema de meditação, foco para vidência e um conveniente alfabeto simbólico em muitos ramos da prática ocultista. VEJA MEDITAÇÃO; ESCRIAÇÃO. Seu papel, porém, é relativamente recente, e há até duzentos anos era praticamente desconhecido da maioria dos ocultistas.

O baralho de tarô consiste em três grupos de cartas. Primeiro, há 22 trunfos, ou Arcanos Maiores, cada um com um número, um título e uma imagem tradicional. Depois, há quarenta cartas menores, sendo dez de cada um dos quatro naipes – paus, copas, espadas e moedas, discos ou pentáculos – que correspondem às cartas comuns de um baralho de jogo. Finalmente, há dezesseis cartas da corte – rei, dama, valete e pajem ou servo de cada naipe – que correspondem às cartas mais altas do baralho comum [com a exceção do pajem – N. do T.].

Bem mais de mil baralhos diferentes de tarô foram desenhados e produzidos nos últimos séculos. Surgiram muitas variações em nome, número e imagens, especialmente nos trunfos, a parte mais enigmática e de simbologia mais rica do baralho. Os números e títulos dos trunfos na maioria dos baralhos de tarô do ocultismo moderno são os seguintes:

0.	O Louco
I.	O Mago
II.	A Sacerdotisa
III.	A Imperatriz
IV.	O Imperador
V.	O Papa
VI.	O Enamorado
VII.	O Carro
VIII.	A Força
IX.	O Eremita
X.	A Roda da Fortuna
XI.	A Justiça
XII.	O Enforcado
XIII.	A Morte
XIV.	Temperança
XV.	O Diabo
XVI.	A Torre
XVII.	A Estrela
XVIII.	A Lua
XIX.	O Sol
XX.	Julgamento
XXI.	O Mundo

Geralmente, os baralhos mais antigos não têm muito simbolismo ocultista, enquanto os mais recentes costumam tê-lo até demais. Por exemplo, nos baralhos mais antigos, o Mago é chamado de Prestidigitador ou Charlatão e fica por trás de um monte de coisas inúteis postas sobre uma mesa simples, enquanto os baralhos modernos, na sua maioria, equipam o Mago com um altar onde repousam uma varinha, uma taça, uma espada ou adaga, e o pentáculo do mago cerimonial bem equipado. Por trás dessas mudanças, acha-se a complexa história do próprio tarô.

Segundo a história oculta, que adornou bastante esse tema, o tarô surgiu no Egito Antigo, e a palavra "tarot", em si, seria a união entre as palavras em egípcio antigo *tar*, "estrada", e *rosh* ou *rog*, que significa "real". Essa afirmação foi feita por um estudioso francês, Antoine Court de Gébelin (1728-1784), num livro muito popular sobre o Egito Antigo publicado em 1781, e tem sido repetida em livros sobre tarô desde então.

Infelizmente, Court de Gébelin escreveu sobre o assunto mais de quarenta anos antes que fossem decifrados os hieróglifos egípcios, e suas expressões em "egípcio antigo" saíram de sua própria imaginação. As palavras que se traduzem em "estrada" e "real" em egípcio antigo são respectivamente *w3t* e *nsw*. Na verdade, a julgar pelos modernos dicionários de hieróglifos egípcios, nem *tar*, nem *rog* ou *rosh* são palavras em egípcio antigo. A palavra "tarot" é simplesmente a versão francesa de uma palavra italiana um pouco mais antiga, *tarocchi* ou *tarocco*, uma expressão em gíria renascentista de significado desconhecido; antes de 1500, o baralho de tarô era chamado de *trionfi*, "triunfos" ou "trunfos".

Problemas similares cercaram as outras duas teorias ocultistas mais comuns acerca das origens do tarô – que ele foi inventado por ciganos e levados por eles à Europa, por um lado, e que foi criado por uma convenção de ocultistas que se reuniu na cidade de Fez, no Marrocos, em 1300. A primeira teoria é vítima do fato de que o tarô já circulava pela Itália muito antes de os primeiros ciganos chegarem lá. A segunda teoria simplesmente não tem qualquer evidência a apoiá-la; embora não possa ser desmentida – talvez a convenção tenha se dado de forma tão sigilosa que não restou nenhum fragmento de evidência para os historiadores – o mesmo tipo de argumento pode ser usado para "provar" que o tarô foi inventado em Marte e veio à Terra em discos voadores.

A verdadeira história do tarô começa na Itália renascentista no início do século XV. Em meados do século anterior, as cartas de jogar foram importadas do mundo árabe e tiveram uma calorosa recepção entre os jogadores europeus. O baralho levado à Itália tinha o mesmo número de naipes e de cartas que o baralho moderno, embora não tivesse o curinga. Seus naipes eram paus, copas, espadas e moedas, os mesmos símbolos ainda usados nos baralhos italianos tradicionais; paus, espadas, copas e ouros, comuns nos países anglófonos, são uma invenção francesa posterior, e usa-se ainda outro conjunto de naipes na Europa Central.

Em algum momento das primeiras décadas do século XV, algum membro das cortes ducais de Milão ou Ferrara – talvez Marziano da Tortona, secretário de Filippo Maria Visconti, duque de Milão – veio com a ideia de acrescentar outras cartas ao baralho. Nos jogos de cartas da época, ancestrais do bridge e do pinocle, essas cartas adicionais tornavam o jogo mais animado, pois permitiam aos jogadores vencer com os trunfos qualquer carta dos quatro naipes convencionais.

Um baralho criado por Marziano da Tortona, provavelmente antes de 1418, é descrito numa carta que chegou até nossos dias. Tinha dezesseis cartas de trunfos que exibiam uma coleção de deuses pagãos clássicos. Houve muitas outras versões, embora nenhuma seja comprovadamente mais antiga que a de Marziano. Por volta da década de 1440, porém, alguma coisa próxima do atual baralho de tarô estava se tornando comum, e por volta de 1450 – data provável do grande baralho Pierpont Morgan-Bergamo, o mais completo dos primeiros baralhos pintados à mão – os números, nomes e ordem aproximada dos trunfos tinham sido estabelecidos.

Merece ser dito que todas as evidências disponíveis desses primeiros baralhos de tarô indicam que eles foram feitos para uso em jogos de cartas; as primeiras referências a adivinhações com tarô datam de séculos mais tarde. Como jogo, o tarô mostrou-se muito popular; espalhou-se da Itália à França e à Suíça, no início do século XVI, e de lá para a maior parte da Europa no início do XVII. Em meados do século XVI, segundo uma fonte, o tarô era mais popular na França do que o xadrez.

A própria cartomancia parece ter começado em meados do século XVIII, e cartas comuns de jogo eram usadas. As primeiras tentativas de adivinhação pelo tarô parecem ter ocorrido em Bolonha, na Itália, onde um baralho especial de tarô – o *Tarocco bolognese* com 62 cartas – tornou-se o padrão; um manuscrito anterior a 1750 apresenta significados divinatórios para 35 dessas cartas. Contudo, isso teve pouca influência sobre interpretações posteriores do tarô.

A tradição ocultista do tarô teve suas origens nos textos de Antoine Court de Gébelin, estudioso francês cuja terminologia egípcia imaginária foi mencionada anteriormente. Maçom, membro fundador da Philaléthes, uma organização profundamente esotérica, e provavelmente também membro da Élus Coens de Martinez de Pasquallys, esteve bastante envolvido com o cenário ocultista de Paris. *VEJA* ÉLUS COENS; MAÇONARIA. Sua obra-prima, *Le Monde Primitif*, publicada em nove volumes entre 1773 e 1782, alegava que todas as línguas, religiões e culturas modernas eram descendentes da grande cultura de uma Era Dourada primeva, que ele identificava com o Egito Antigo. Num ensaio no oitavo volume, ele identificou o tarô como um antigo livro egípcio, transmitindo ensinamentos secretos na forma de símbolos hieroglíficos.

As afirmações de Court de Gébelin foram aceitas rapidamente por Etteila (Jean-Baptiste Aliette, 1738-1791), que antes havia publicado um livro sobre adivinhação com o baralho comum de 32 cartas do jogo de picquet. Esse livro, publicado em 1770, referia-se superficialmente à adivinhação com "les Taraux"; é possível que Etteila tivesse ouvido falar na tradição bolonhesa. Em 1782, ano em que foi publicado o ensaio de Court de Gébelin sobre o tarô, Etteila escreveu um livro sobre adivinhação com cartas de tarô; impedido de publicá-lo naquele ano pelos censores reais, ele tornou a apresentá-lo com outro título no ano seguinte e conseguiu a publicação.

Depois, Etteila produziu uma série de livros sobre o tema, ampliando a tese dos mistérios egípcios do tarô e o uso de suas cartas em adivinhação. Nesse processo, foi o primeiro a relacionar o tarô e a astrologia e inventou a frase "o Livro de Thoth" como título para o baralho. Criou uma organização, a Société des Interprètes du Livre de Thot para transmitir seus ensinamentos, e seus alunos e sucessores foram personagens importantes do cenário alternativo do ocultismo parisiense durante meio século após sua morte. *VEJA* ETTEILA.

Apesar de todas essas contribuições, foi Éliphas Lévi (Alphonse Louis Constant, 1810-1875), um dos arquitetos do renascimento ocultista no século XIX, que fez com que o tarô se tornasse um dos principais elementos do ocultismo moderno. Ele conseguiu isso percebendo que o número de Arcanos Maiores, 22, era igual ao número de letras do alfabeto hebraico, um dos elementos essenciais da cabala – e usou esse fato para fundir o tarô e a cabala de maneira tão completa que desde então os magos têm visto os dois como uma unidade. O grande livro de Lévi, *Dogme et Rituel de la Haute Magie* (1855), foi estruturado nas linhas dessa fusão entre cabala e tarô – por exemplo, as duas partes (Doutrina e Ritual) tinham 22 capítulos cada, lidando com questões sugeridas pelo simbolismo conjunto da respectiva letra hebraica e carta do tarô. *VEJA* CABALA; ALFABETO HEBRAICO; LÉVI, ÉLIPHAS.

A enorme popularidade dos livros de Lévi inseriu firmemente o estudo do tarô nos sistemas de ocultismo do século XIX. As cartas foram adotadas pela Ordem Hermética da Aurora Dourada, a mais influente das ordens mágicas da época, e tornaram-se o centro de todo o sistema de teoria e prática mágica da Golden Dawn. *VEJA* GOLDEN DAWN. A Golden Dawn baseou-se na interpretação dada por Lévi ao tarô, mudando as atribuições das letras hebraicas aos trunfos – Lévi tinha associado Aleph, a primeira letra, ao trunfo I, o Mago, posicionando o Louco (carta 0) antes do Universo, no final da sequência, enquanto a Golden Dawn moveu o Louco para o começo e associou-o a Aleph. A Golden Dawn também ampliou e sistematizou o simbolismo do baralho, criando a abordagem que se tornou padrão para o assunto, além de redesenhar várias cartas.

Embora o baralho secreto de tarô da Golden Dawn tenha se mantido inédito até o final do século XX, dois baralhos inspirados nele tiveram um papel importante na mania pelo tarô vista no século XX. O primeiro foi desenhado por um aluno da Golden Dawn, Arthur Edward Waite (1857-1942) e pintado por Pamela Colman Smith (1878-1951), artista profissional que pertencia ao ramo de Waite na Golden Dawn. Publicado pela Rider & Co. em 1909, ficou conhecido como tarô Rider--Waite e tornou-se o mais popular baralho de tarô do período moderno. *VEJA* SMITH, PAMELA COLMAN; WAITE, ARTHUR EDWARD.

Waite tinha descoberto um baralho de tarô do final do século XV, o baralho Sola-Busca, que tinha ilustrações simbólicas em todas as 78 cartas. A maioria dos outros baralhos simplesmente usava números dos indicadores dos naipes para gravar os Arcanos Menores; o seis de espadas, por exemplo, na maioria dos baralhos mais antigos, tinha seis espadas nele, e quase nada a mais. Usando o conceito do Sola-Busca e, em muitos casos, também os seus desenhos, Waite e Smith criaram um baralho que podia ser interpretado apenas com base em suas imagens visuais. Ele tornou-se muito popular, e a maioria dos baralhos modernos de tarô tem se valido desse conceito.

O segundo baralho influente inspirado na versão da Golden Dawn foi o baralho de Thoth, desenhado pelo ocultista britânico Aleister Crowley (1875-1947) e executado por lady Frieda Harris, uma artista fortemente influenciada pelo Futurismo italiano e outras correntes modernistas do mundo artístico de sua época. Com base na erudição cabalística de Crowley e em sua nova religião pós-cristã, Thelema, o baralho de Thoth remodelou drasticamente as imagens das cartas e rompeu com o hábito de utilizar imagens medievais para elas. O baralho foi concluído em 1944. *VEJA* CROWLEY, ALEISTER; THELEMA.

O baralho de Thoth existia apenas como um jogo de pinturas e ilustrações num livro até a década de 1960, quando 250 exemplares de uma edição em duas cores (as ilustrações foram impressas totalmente em azul, o verso das cartas em vermelho) foram produzidos pela Sangreal Society, uma organização esotérica com sede no Texas. Em 1969, saiu a primeira edição totalmente colorida do baralho, mas com qualidade limitada. Só em 1977 é que uma nova edição, feita a partir das pinturas originais, deu ao tarô de Thoth uma forma próxima daquela com que foi idealizado.

Na década de 1970, surgiram novos baralhos de tarô no mercado, num fluxo discreto; na década de 1980, o fluxo tornou-se um ribeirão, e na década de 1990 o ribeirão se tornou um dilúvio. Enquanto este verbete é escrito, são publicadas dezenas de novos baralhos a cada ano, para não falar dos baralhos de adivinhação que não se intitulam tarô – a maioria inspirada, pelo menos em parte, pelo tarô. Há tarôs baseados em todo tipo de mitologia, desde a China até os antigos maias, e em todas as tradições espirituais, desde a Wicca até o Zen, e em todas as tradições artísticas, desde pinturas das cavernas até os trabalhos de Salvador Dalí – para não falar de tarôs de classificação impossível, como o tarô Herbáceo, o tarô de Beisebol, o tarô Alice no País das Maravilhas, o tarô do Senhor dos Anéis e assim por diante.

Em meio a todo esse crescimento fervente, surgiram algumas vozes dissidentes. Alguns cabalistas judeus tradicionais, bem como judeus estudiosos da história da cabala como Gershom Scholem, têm rejeitado firmemente a ideia de que o tarô tenha qualquer conexão com a cabala. Da mesma forma, alguns estudiosos modernos da história das cartas de jogo têm descartado a dimensão ocultista do tarô como algo absurdo.

Tais posições estão corretas, uma vez que o tarô realmente parece ter começado como um acréscimo interessante às cartas de jogo, e nada mais. Contudo, definir sempre o tarô com base em suas origens é tratá-lo de maneira simplória. Há mais de dois séculos, desde que começou a ser adotado por ocultistas no final do século XVIII, o tarô tem sido redesenhado e desenvolvido por aqueles que perceberam seu potencial ocultista e não tiveram medo de transformar esse potencial em realidade. Em outras palavras, mesmo que o tarô não estivesse ligado ao ocultismo no início, hoje certamente está – e as contribuições de muitos ocultistas, adivinhos e magos ajudaram a fazer do tarô moderno um dos elementos mais importantes da tradição ocultista ocidental. *VEJA TAMBÉM ADIVINHAÇÃO; FEZ; E VERBETES COM OS NOMES DE CADA CARTA DOS ARCANOS MAIORES. LEITURA ADICIONAL: DECKER ET. AL, 1996; DUMMETT, 1986; S. KAPLAN, 1978, 1986 E 1990; OLSEN, 1994.*

Tarocchi di Mantegna. *VEJA* TARÔ DE MANTEGNA.

tarô de Mantegna (também grafado **Tarocchi di Mantegna**). Baralho de cartas relacionadas com o tarô, tem um nome nada apropriado: não é nem um baralho de tarô (Tarocchi), nem foi criado pelo artista do Renascimento Andrea Mantegna. É um baralho com cinquenta cartas com propósito desconhecido, criado em algum momento do final do século XV, com algumas semelhanças notáveis com os arcanos do tarô. Dois exemplares sobreviveram, e o famoso artista alemão Albrecht Dürer (1471-1528) fez desenhos baseados em 22 dessas cartas por volta do início do século XVI.

As cinquenta cartas do tarô de Mantegna se dividem em cinco grupos de dez, que correspondem às classes sociais, às Musas, às artes liberais, aos princípios abstratos e às esferas astronômicas, respectivamente. Seus títulos, no dialeto veneziano renascentista, são:

I. Misero (mendigo)
II. Fameio (servo)
III. Artixan (artesão)
IV. Merchadante (comerciante)
V. Zintilomo (gentil-homem)
VI. Chavalier (cavaleiro)
VII. Doxe (duque)
VIII. Rá (rei)
IX. Imperator (imperador)
X. Papa
XI. Caliope (Calíope, musa da poesia épica)
XII. Urania (Urânia, musa da astronomia)
XIII. Terpsicore (Terpsícore, musa da dança)

XIV. Erato (musa da poesia erótica)
XV. Polimnia (Polímnia, musa dos hinos)
XVI. Talia (Tália, musa da comédia)
XVII. Melpômene, musa da tragédia
XVIII. Euterpe (musa da música)
XIX. Clio (musa da história)
XX. Apollo (Apolo, patrono divino das artes)
XXI. Grammatica (gramática)
XXII. Loica (lógica)
XXIII. Rhetorica (retórica)
XXIV. Geometria
XXV. Aritmetricha (aritmética)
XXVI. Musicha (música)
XXVII. Poesia
XXVIII. Philosofia (filosofia)
XXIX. Astrologia
XXX. Theologia (teologia)
XXXI. Iliaco (espírito do Sol)
XXXII. Chronico (espírito do tempo)
XXXIII. Cosmico (espírito do universo)
XXXIV. Temperancia (temperança)
XXXV. Prudencia (prudência)
XXXVI. Forteza (força)
XXXVII. Justicia (justiça)
XXXVIII. Charita (caridade)
XXXIX. Speranza (esperança)
XXXX. Fede (fé)
XXXXI. Luna (Lua)
XXXXII. Mercurio (Mercúrio)
XXXXIII. Venus (Vênus)
XXXXIV. Sol
XXXXV. Marte
XXXXVI. Iupiter (Júpiter)
XXXXVII. Saturno
XXXXVIII. Octava Spera (oitava esfera)
XXXXIX. Primo Mobile (primeiro movedor)
XXXXX. Prima Causa (primeira causa)

Parece que o tarô de Mantegna foi puramente um fenômeno do final do século XV, tendo caído completamente em desuso pouco depois. No século XX, foram produzidas algumas edições para colecionadores, mas o baralho como um todo recebeu pouca atenção dos ocultistas modernos. *VEJA TAMBÉM* BARALHO MINCHIATE; TARÔ. LEITURA ADICIONAL: S. KAPLAN, 1978.

Tárrega, Ramon de. Alquimista e mago espanhol, c. 1295-1371. Filho de pais judeus, nasceu na cidade espanhola de Tárrega. Segundo seu testemunho à Inquisição em 1370, converteu-se ao cristianismo aos 12 anos de idade e entrou para a Ordem Dominicana. Estudou medicina e tornou-se médico hábil e por volta de 1319 escreveu seu primeiro livro, *De Secretis Naturae sive Quinta Essentia*, importante obra de medicina alquímica. Seguiram-se outros diversos livros, a maioria sobre temas alquímicos.

Os detalhes de sua vida e de suas viagens não são muito conhecidos, mas comentários em seus livros sugerem que ele esteve em Paris em 1319, em Montpellier em 1330 e em Londres em 1332, 1337, 1355 e 1357. Segundo um relato que costuma ser repetido em textos alquímicos, ele trabalhou como alquimista para o rei Edward III da Inglaterra e passou algum tempo na Torre de Londres antes de fugir para a França.

Em algum momento da década de 1350, um de seus livros, um texto mágico intitulado *De Invocatione Daemonum*, chamou a atenção do inquisidor dominicano Nicholas Eymeric (1320-1399) e foi condenado como herético. Quando Ramon voltou para a Espanha, provavelmente em 1367, foi levado ao tribunal da Inquisição. Em 1368, foi preso no mosteiro dominicano em Barcelona, onde ficou até morrer. Foi condenado formalmente em 1371, e seus livros foram queimados. Pouco depois da chegada da condenação que partira de Roma, Ramon foi encontrado morto em sua cela.

Seus livros conseguiram sobreviver graças a um expediente simples – foram atribuídos a outra pessoa, no caso, o místico espanhol Raimundo Lúlio (1232-1315), que assim acabou com a imerecida reputação de ter sido alquimista. *VEJA* LÚLIO, RAIMUNDO. *VEJA TAMBÉM* ALQUIMIA. LEITURA ADICIONAL: PATAI, 1994; PERIERA, 1989.

Tarshishim. (hebraico ThRShShIM, "crisólitos", "pedras reluzentes") Na tradição da cabala, uma ordem angelical, às vezes associada à Sefirah Netzach. *VEJA* ANJO; NETZACH.

tassomancia. (do grego *tassos*, "xícara", e *manteia*, "adivinhação") A arte da adivinhação pelas folhas de chá. Raramente explorada ou praticada por aqueles que se definem como ocultistas, a tassomancia ainda é um importante sistema divinatório na tradição popular e entre adivinhos profissionais.

Na prática da tassomancia, o adivinho usa uma xícara de chá quase vazia com folhas da erva no fundo, faz girar o chá para que as folhas se depositem nas laterais da xícara e interpreta as imagens formadas pelas folhas. Cada posição na xícara significa um período de tempo diferente. Além disso, existem xícaras especiais para tassomancia, nas quais as laterais são divididas em segmentos, cada um com seu próprio significado. *VEJA TAMBÉM* ADIVINHAÇÃO. LEITURA ADICIONAL: HEWITT, 1999.

tattvas. Conjunto de símbolos dos elementos copiados de fontes hindus pela tradição esotérica ocidental, os tattvas (também grafados tattwas) foram levados à prática ocultista ocidental pela Ordem Hermética da Aurora Dourada, que as copiou da literatura teosófica [e dos textos clássicos de H.P. Blavatsky – N. do E.]. Há cinco tattvas primários, como segue:

Nome	*Elemento*	*Cor*	*Forma*
Prithivi	Terra	Amarelo	Quadrado
Apas	Água	Prata	Crescente
Tejas	Fogo	Vermelho	Triângulo
Vayu	Ar	Azul	Círculo
Akasha	Espírito	Preto	Oval

Tattva de Terra

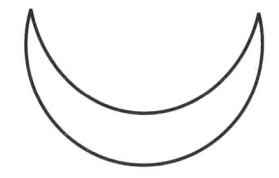

Tattva de Água

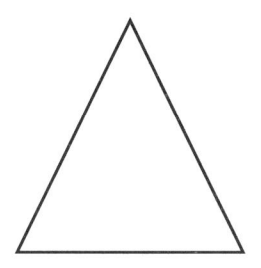

Tattva de Fogo

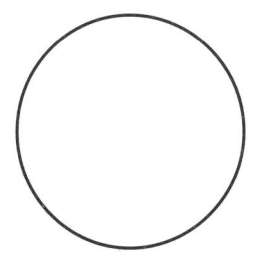

Tattva de Ar

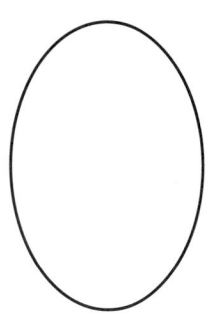

Tattva do Espírito

Essas formas são usadas para construir 25 tattvas combinados, feitos simplesmente com a superposição da imagem pequena de um tattva sobre a imagem maior de outro. Por exemplo, Fogo de Água (Tejas de Apas) é um pequeno triângulo vermelho superposto a uma crescente de prata, enquanto Água de Ar (Apas de Vayu) é uma pequena crescente de prata superposta a um círculo azul.

Os tattvas foram muito usados pela Golden Dawn como ferramenta para o treinamento da clarividência; os estudantes se sentavam e se concentravam num tattva – primário ou combinado – e depois fixavam o olhar numa parede branca vazia, onde a imagem fantasma do tattva surgia em cores complementares. Com a prática, isso podia se transformar num portal mágico pelo qual o clarividente pode passar para o reino elemental simbolizado pelo tattva. A prática saiu dos círculos da Golden Dawn logo no início e hoje faz parte de muitos programas de treinamento em magia.

O sistema de esoterismo hindu que incluía os tattvas também proporcionou à Golden Dawn a tradição das marés tattvicas. VEJA MARÉS TATTVICAS. VEJA TAMBÉM CLARIVIDÊNCIA; ELEMENTOS MÁGICOS. LEITURA ADICIONAL: REGARDIE, 1971.

tattwas. VEJA TATTVAS.

Tau. (hebraico TV, "cruz") A vigésima segunda e última letra do alfabeto hebraico, uma letra dupla com valor sonoro *t* e *th*. Seu valor numérico é 400 e seu simbolismo mágico costuma ser o seguinte:

Caminho da Árvore da Vida: Caminho 32, de Yesod a Malkuth.
Correspondência astrológica: O planeta Saturno.
Correspondência no tarô: Arcano XXI, O Mundo.
Parte do Cubo do Espaço: O centro.
Cores: em Atziluth, índigo.
  em Briah, preto.
  em Yetzirah, preto azulado.
  em Assiah, preto rajado de azul.

Seu texto, no *Trinta e Dois Caminhos da Sabedoria*, diz: "O Trigésimo Segundo Caminho é a Inteligência Administrativa e é chamado assim porque dirige e associa os movimentos dos sete planetas em todas as suas operações, cada um em seu próprio e devido caminho". VEJA TAMBÉM CABALA; ALFABETO HEBRAICO.

Letra hebraica Tau

taumaturgia. (do grego *thaumaturgeia*, de *thaumata*, "maravilhas", e *ergon*, "trabalho") Ramo da magia prática direcionado para mudar o universo de experiências. Contrasta com a teurgia, ramo da magia prática voltada para a transformação do mago. VEJA MAGIA.

Em algumas tradições pagãs modernas, a "taumaturgia" é usada para tratar da magia feita sem a invocação de energias divinas, enquanto a "teurgia" é a magia na qual os deuses são invocados. VEJA TAMBÉM TEURGIA.

Taylor, Thomas. Filósofo e pagão inglês, 1758-1835. Nascido em Londres numa família de classe operária, foi uma criança doentia e foi levado para Staffordshire com 6 anos de idade por causa de sua saúde. Voltou a Londres três anos depois e foi matriculado na St. Paul's School e em pouco tempo demonstrou talento para línguas clássicas e fascínio por filosofia. Seu pai queria que ele se tornasse ministro protestante, uma profissão que não tinha atrativo algum para Taylor. Ele passou três anos da adolescência trabalhando nas docas e outros dois como assistente de um ministro, período no qual se dedicou ainda mais ao domínio de línguas.

Aos 12 anos de idade, conheceu Mary Morton, filha de um comerciante de carvão local, e os dois se apaixonaram. Espantosamente, o relacionamento durou sua vida toda. Quando Taylor estava com 20 anos, o pai de Mary decidiu casá-la com um homem rico, e ela e Taylor reagiram casando-se imediatamente. Eles não tinham dinheiro, e Taylor foi forçado a trabalhar durante algum tempo como porteiro numa escola, tendo depois conseguido emprego num banco. Passava noites estudando, primeiro aprendendo matemática e química, depois os trabalhos de Aristóteles e finalmente os textos de Platão e de Plotino. Estes últimos não apenas o converteram à filosofia platônica, como a um franco paganismo grego, que ele praticou e pregou abertamente até o fim de sua vida.

Nessa época, publicou seu primeiro livro, um tratado de matemática, e idealizou uma lâmpada perene, que ele demonstrou na Freemason's Tavern em Londres. A demonstração culminou num incêndio que quase destruiu o prédio, mas chamou a atenção de patronos ricos que lhe permitiram sair do banco e começar a trabalhar em tempo integral como escritor e tradutor. O resultado foi um fluxo constante de boas e eruditas traduções para a língua inglesa, que acabaram incluindo todas as obras importantes da filosofia platonista e da mitologia grega, bem como muitos outros trabalhos filosóficos importantes.

Essas traduções e suas palestras sobre platonismo puseram Taylor em contato com círculos artísticos e eruditos da Inglaterra e de outros países. Ele se tornou secretário assistente da Society of Arts, cargo que pagava suas contas e exigia pouco de seu tempo. Tinha como amigos artistas importantes da época, como William Blake e John Flaxman. Seu paganismo declarado, que chegava ao ponto de fazer libações de vinho a Júpiter e de sacrificar cordeiros para diversos deuses gregos, acarretaram-lhe a denúncia de críticos cristãos. Ele respondeu à altura, acusando publicamente o cristianismo de ser uma religião "bastarda e bárbara" que um dia daria lugar a uma renovação do paganismo platônico que ele adorava.

Suas obras foram muito importantes na Inglaterra, onde se tornaram leitura obrigatória para duas gerações de poetas românticos, e nos Estados Unidos, onde foram apreciadas pelos transcendentalistas; *VEJA* TRANSCENDENTALISMO. Seu paganismo declarado também teve forte impacto na Inglaterra, onde o renovado paganismo grego tornou-se uma tradição viva entre poetas e intelectuais durante e depois de Taylor, e tiveram um papel fundamental na preparação do cenário para o moderno ressurgimento neopagão; *VEJA* NEOPAGANISMO. *VEJA TAMBÉM* PAGANISMO; PLATONISMO. LEITURA ADICIONAL: TAYLOR, 1969 E 1972.

Tebel. (hebraico ThBL, "mundo") Na tradição da cabala, uma das sete terras, correspondendo (com Cheled) a Yesod e a Malkuth. *VEJA* CHELED; TERRAS, SETE.

Tebel Vilon Shamayim. *VEJA* VILON.

Teiwaz. *VEJA* TIWAZ.

Temperança. Décimo quarto Arcano Maior do tarô, geralmente mostrando uma mulher ou anjo despejando um líquido de um frasco para outro; esse é um tradicional símbolo renascentista da temperança e representa o antigo costume de se aguar o vinho forte para torná-lo menos inebriante. No sistema da Golden Dawn, esse arcano é associado à letra hebraica Samech, enquanto o sistema francês associa-o a Nun. Seus significados divinatórios mais comuns incluem combinação de forças, reconciliação, moderação e arbitramento

O título mágico desse Arcano é "Filha dos Reconciliadores, a que Traz a Vida". *VEJA TAMBÉM* TARÔ.

Carta do tarô a Temperança (tarô Universal)

Templários. *VEJA* CAVALEIROS TEMPLÁRIOS.

Temple ov Psychick Youth, Thee (TOPY). Ordem ocultista britânica de vanguarda, fundada em 1981 pelo músico de rock industrial Genesis P-Orridge. Tanto obra de arte performática quanto sociedade ocultista tradicional, o TOPY deve seu sistema mágico em parte ao interesse de P-Orridge por modificações corporais e experiências extremas e em parte aos trabalhos de Austin Osman Spare (1886-1956);

VEJA SPARE, AUSTIN OSMAN. Seu manifesto, o *Grey Book*, proclama a mágicka (a grafia inglesa usada pelo TOPY é *majick*) como uma atividade libertadora que usa "poderes implícitos do cérebro humano (neuromancia) associados à sexualidade sem culpa, focalizada pela estrutura da vontade (sigilos)", e rejeita explicitamente "mistificações, deuses ou demônios" (TOPY, s/d). Os documentos do TOPY, em inglês, costumam usar "thee" no lugar de "the" ("o" ou "a"), "ov" no lugar de "of" ("de"), "coum" no lugar de "come" ("vir") e muitos outros costumes de grafia, num esforço, como afirmam membros do TOPY, de superar magicamente os limites do habitual e do convencional. Em termos organizacionais, o TOPY é uma rede tribal, não hierárquica, com muito pouca estrutura visível. Durante seu período de maior popularidade, entre 1980 e 1992, praticamente a única aparência de organização que tinha era o próprio P-Orridge, que servia como líder de fato do templo entre uma apresentação e outra de sua banda, Psychic TV. Depois que P-Orrıdge abdicou da liderança do templo em 1992 e tentou (sem efeitos perceptíveis) dissolvê-lo, o templo se transformou numa estrutura desestruturada [sic] consistente em três Estações (na Inglaterra, na Europa e nos Estados Unidos) e em diversos grupos locais chamados de Pontos de Acesso. Foi registrado como uma organização religiosa sem fins lucrativos em 1993.

Os rituais e ensinamentos do TOPY, como o da maior parte dos sistemas mágicos do Caos, fundamentam-se na tentativa de despir a prática da magia de todos os seus elementos teístas e dogmáticos, dando preferência a uma postura meramente técnica. Orgasmo, fluidos corporais e cantos têm um papel central. Para se tornarem iniciados do templo, os membros do TOPY precisam criar um sigilo, anotando sua fantasia sexual preferida, ungindo-a com três fluidos corporais diferentes e pelos de duas áreas do corpo na vigésima terceira hora do vigésimo terceiro dia do mês. Então, o sigilo é enviado para a sede, onde, segundo o TOPY, serve para se acumular uma reserva de energia psíquica da qual os membros podem se valer. Quando isso tiver sido feito 23 vezes, a pessoa que o fez será um Iniciado. Os iniciados adotam nomes mágicos que consistem nas palavras "Coyote", "Kali" e "Eden" seguidas de um número.

O TOPY atingiu seu nível mais elevado de visibilidade pública em 1992, quando a polícia britânica invadiu a casa de P-Orridge em Brighton, esperando encontrar evidências de rituais satânicos. Embora o material encontrado lá não tivesse nenhuma relação com rituais satânicos, manteve os tabloides ingleses ocupados durante meses e deve ter atraído mais gente para o TOPY do que qualquer projeto publicitário do próprio templo.

Atualmente, o templo está ativo e tem Pontos de Acesso em diversas cidades norte-americanas, inglesas e europeias. Ele também se vangloria de contar com uma importante presença on-line. *VEJA TAMBÉM* MAGIA DO CAOS. LEITURA ADICIONAL: TOPY, S.D.

Temple Solaire. Organização ocultista fundada em 1984 pelo ocultista e homeopata belga Luc Jouret (1947-1994), valendo-se de materiais do ressurgimento templário francês dos séculos XIX e XX. Figura de sucesso no cenário da cura alternativa da França, Suíça e Canadá, Jouret fez contato com diversas comunidades ocultistas em Genebra e em Montreal. Durante um breve período, foi membro da Ordem Renovada do Templo, uma ordem neotemplária chefiada pelo político de direita Julien Origas. Jouret saiu da Ordem Renovada do Templo em 1984 e logo em seguida fundou sua própria organização. *VEJA* CAVALEIROS TEMPLÁRIOS.

Aos ensinamentos ocultistas normalmente difundidos pelas ordens neotemplárias francesas, Jouret acrescentou seu interesse pessoal por saúde alternativa e a preocupação crescente com a ideia de que a poluição ambiental iria destruir a Terra. No final da década de 1980, ele e outros membros de seu grupo estavam em contato com outros adeptos do sobrevivencialismo e com grupos cristãos de "Fim dos Tempos" no Canadá e nos Estados Unidos. O Temple Solaire ocultou-se por trás de dois grupos espirituais, o Club Amenta e o Club Archédia, que não faziam referência às crescentes fantasias apocalípticas de Jouret.

Apesar desse acobertamento, as verdadeiras intenções do Temple Solaire tornaram-se conhecidas, principalmente em função das revelações de ex-membros insatisfeitos. Tanto o Club Amenta quanto o Club Archédia foram dissolvidos, e diversos membros do Templo – inclusive o próprio Jouret – foram acusados de posse ilegal de armas. Jouret e seus seguidores restantes se refugiaram em bases isoladas na Suíça e no Canadá. Lá, em 5 de outubro de 1994, 53 membros do Temple Solaire, adultos e crianças, morreram por ferimentos a bala, muitos deles autoinfligidos. O corpo de Jouret foi encontrado na base suíça. Ele deixou uma série de documentos afirmando que ele e os outros membros do templo estavam deixando para trás seus corpos físicos a fim de escapar da Terra na véspera de sua destruição. *VEJA TAMBÉM* IDENTIDADE CRISTÃ.

Templo de Cromlech. Grupo ocultista inglês fundado por volta de 1900, com membros provenientes principalmente dos círculos da Golden Dawn e de uma conexão semioficial com a Alfa e Ômega – a seção da Golden Dawn que permaneceu fiel a Samuel Mathers após a revolta de 1900.

Apesar do nome de som celta, o Templo de Cromlech dedicava-se ao ocultismo e ao misticismo cristãos, e seus rituais de iniciação eram inspirados em elementos zoroastristas – uma mistura não muito incomum para um grupo inglês de ocultismo daquela época. Os membros praticavam diversos rituais, inclusive uma cerimônia completamente cristianizada e baseada no Ritual Menor do Pentagrama. Boa parte desse material foi recebida de uma fonte do plano interior que se intitulava Ara ben Shemesh, um Mestre Solar.

O Templo de Cromlech parece ter desaparecido por volta da Segunda Guerra Mundial na Inglaterra, embora um grupo na Nova Zelândia, conectado ao ramo Smaragdum Thalasses, da Golden Dawn, tenha mantido os rituais até a década de 1960. Recentemente, foi reativado na Inglaterra. *VEJA TAMBÉM* OCULTISMO CRISTÃO; GOLDEN DAWN. LEITURA ADICIONAL: KING, 1971A.

Templo de Salomão. Mais importante edifício do simbolismo esotérico do Ocidente, o Templo de Salomão foi construído em Jerusalém em meados do século X A.E.C. Era um edifício retangular feito de pedra, cedro e ouro, com 60 cúbitos (31,39 m) de comprimento, 20 cúbitos (10,36 m) de largura e 30 cúbitos (15,85 m) de altura. A entrada ficava voltada para o leste e era ladeada por dois pilares de latão chamados Jaquin ("estabilidade") e Boaz ("força"). Dentro dele ficava o santuário, com 40 cúbitos de comprimento (20,72 m), e além dele o Santo dos Santos, a câmara interna na qual eram mantidos a Arca da Aliança e outros itens sagrados. O Santo dos Santos, ou o Santíssimo, era inacessível para todos, menos para o Sumo Sacerdote, que entrava nele uma vez por ano.

O templo foi destruído em 586 A.E.C. pelo Império Assírio após uma rebelião malfadada dos judeus e ficou em ruínas durante uns setenta anos, período no qual o Império Assírio deu lugar a um Império Babilônio de curta duração, e boa parte da população de Israel foi deportada para a Babilônia. Quando o Império Babilônio foi derrotado pelos persas, os novos conquistadores permitiram que os judeus voltassem para casa, e um novo templo foi construído segundo as linhas do original. Ele foi completamente remodelado por Herodes, o Grande, rei da Judeia, a partir de 20 A.E.C., e destruído até a base em 70 E.C. pelos romanos.

As descrições detalhadas do templo e de seu interior, incluídas no Antigo Testamento (1 Reis 5,15-7:51 e 2 Crônicas 1,18-5:1), suscitaram especulações, cálculos e fantasias por mais de 2 mil anos. Os Cavaleiros Templários da Idade Média tinham sua sede original no local do templo, e seu nome deve-se a ele; *VEJA* CAVALEIROS TEMPLÁRIOS. A mitologia central da Maçonaria gira em torno da construção do templo, e maçons cujo entusiasmo excede seu conhecimento histórico às vezes afirmam que suas raízes são da época de Salomão; *VEJA* MAÇONARIA. As medidas e proporções do templo, descritas nos trechos escriturais relacionados acima, também foram adotadas por estudantes da cabala e da geometria sagrada a partir da Idade Média. *VEJA* CABALA; GEOMETRIA SAGRADA. *VEJA TAMBÉM* SALOMÃO. LEITURA ADICIONAL: STIRLING, 1999; YATES, 1979.

Templo de Set. Ordem ocultista internacional dedicada ao Caminho da Esquerda, fundada em 1975 por Michael Aquino e um grupo de antigos membros da Igreja de Satã; *VEJA* IGREJA DE SATÃ. Menos pitoresca, mas bem mais séria do que a organização da qual descende, o Templo de Set é uma das poucas organizações ativas atualmente a apresentar um sistema filosófico e prático detalhado daquilo que seria considerado, por quase todos os outros ramos das tradições ocultistas ocidentais, magia negra.

Sediado em San Francisco, o Templo de Set oferece seis graus de iniciação: Setian Iº, Adepto IIº, Sacerdote/Sacerdotisa de Set IIIº, Magister/Magistra IVº, Magus/Maga Vº e Ipsissimus/Ipsissima VIº. O primeiro desses graus é probatório e o segundo é o principal grau de trabalho. Os outros graus são ofícios religiosos especializados, conferidos pela hierarquia do Templo. Membros que se filiam e são admitidos no primeiro grau precisam se qualificar para o segundo no prazo de dois anos, ou correm o risco de perder a filiação.

Dentro do templo, os grupos locais são Pilares; alguns deles têm localização geográfica, e os outros são "pilares correspondentes", que atraem membros do mundo inteiro. O templo também tem uma série de ordens, que são grupos de interesses especiais que se concentram em certas artes mágicas ou nas tradições mágicas de certas culturas. A mais conhecida dessas ordens é a Ordem do Trapezoide, que se vale de materiais ocultistas que antes eram usados pelos ocultistas alemães partidários do Nacional-Socialismo; VEJA NACIONAL-SOCIALISMO. Enquanto este verbete é escrito, parece haver nove ordens em funcionamento.

Os textos do Templo de Set fazem distinção entre religiões que veneram a consciência – classe à qual pertence o templo – e religiões que veneram a natureza, classe que inclui quase todas as outras. Estas são consideradas muletas emocionais para aqueles que não conseguem ou não estão dispostos a se manter em pé sozinhos, e a renúncia a todos os outros compromissos religiosos é uma das condições para se progredir ao segundo grau do templo. A antinomia – a rejeição e a negação à moral convencional – é vista como parte essencial do processo de ruptura com a "mentalidade de manada", e a autodisciplina, a clareza mental e a autonomia individual são outros elementos importantes do caminho de Set.

Os trabalhos de magia são feitos para satisfazer a vontade pessoal do mago. A ideia de que a magia (ou outras ações) deve ser realizada em harmonia com o universo ou com a vontade de Deus ou dos deuses é completamente rejeitada.

A meta do caminho de Set é a realização da divindade individual, entendida como a autoconsciência eterna, isolada, separada da natureza e do universo natural. É interessante observar que essa meta é bem próxima do conceito de condenação eterna, aceito por místicos e filósofos de muitas das principais religiões do mundo.

Os seguidores de Set afirmam que o éon atual, o Éon de Set, começou com a fundação do Templo de Set em 1975, e que o Verbo do éon é *Xeper* (pronuncia-se "quéfer"), palavra em egípcio antigo que significa "passar a existir". *VEJA* ÉON. *VEJA TAMBÉM* SATANISMO.

templo mágico. Na moderna prática ocultista, o espaço no qual se realizam operações mágicas. Apesar do título impressionante, a maioria dos "templos mágicos" do ocultismo na atualidade são quartos residenciais adaptados para uso do mago, com círculos mágicos e outros diagramas desenhados no chão e decorações simbólicas apropriadas nas paredes, quando não são apenas a sala ou dormitório do mago usados para a prática da magia. Há vários livros úteis dando instruções detalhadas para se reunir o equipamento necessário para um templo mágico.

A expressão *templo mágico* também é usada na tradição da Golden Dawn, bem como em algumas outras, para designar uma loja mágica. *VEJA* LOJA MÁGICA. LEITURA ADICIONAL: CICERO E CICERO, 1992; WANG, 1980.

têmporas, quatro. (em inglês atual, *ember days*; em inglês arcaico, *ymbrene daeg*, "dia do circuito") A quarta-feira, a sexta-feira e o sábado da primeira semana da Quaresma, da semana após Pentecostes, da terceira semana de setembro e da terceira semana do Advento no calendário religioso católico. As têmporas eram dias de jejum (ou de abstinência de alguns alimentos), e as tradições populares de boa parte da Europa afirmavam que os espíritos apareciam nesses dias. Sua proximidade com os solstícios e equinócios sugere uma possível conexão com antigas crenças pagãs. Tal como antes de o calendário da Igreja adquirir sua forma atual, as têmporas eram os três dias anteriores a um equinócio ou solstício, e esse uso foi revivido nas modernas tradições pagãs.

As têmporas também eram importantes em diversas tradições pagãs da Europa medieval. Grupos como os benandanti e o culto pagão descrito no cânone *Episcopi* realizavam suas jornadas visionárias nas têmporas de cada ano, ou nos dias próximos a elas. *VEJA* BENANDANTI; CÂNONE EPISCOPI; STOECKHLIN, CHONRAD.

Tempus Consilii. (latim, "tempo de planejamento") Nome dado pela Aurum Solis para a estação do outono. *VEJA* AURUM SOLIS; MARÉS SAZONAIS.

Tempus Eversionis. (latim, "tempo de destruição") Nome dado pela Aurum Solis para a estação do inverno. *VEJA* AURUM SOLIS; MARÉS SAZONAIS.

Tempus Messis. (latim, "tempo de colheita") Nome dado pela Aurum Solis para a estação do verão. *VEJA* AURUM SOLIS; MARÉS SAZONAIS.

Tempus Sementis. (latim, "tempo de plantio") Nome dado pela Aurum Solis para a estação da primavera. *VEJA* AURUM SOLIS; MARÉS SAZONAIS.

temurah. (hebraico, "permutação") Um dos três métodos clássicos de análise cabalística, temurah é um método pelo qual uma letra hebraica pode ser substituída por outra. De certo modo, isso constitui uma cifra de substituição simples – ou, melhor dizendo, toda uma série delas, pois há diversos sistemas de temurah. Na análise cabalística, as letras de uma palavra podem ser transformadas pelo temurah para criar outra palavra, que pode ser vista como o "significado oculto" da primeira palavra.

Por exemplo, o método de temurah conhecido como Atbash (hebraico, AThBSh, de seus dois primeiros pares) transforma cada letra do alfabeto hebraico em sua equivalente na outra extremidade do alfabeto – assim, Aleph, a primeira letra, torna-se Tau, a última letra, e vice-versa; Beth, a segunda letra, torna-se Shin, a penúltima letra, e assim por diante. Se analisarmos Baphomet, o nome do ídolo supostamente adorado pelos Cavaleiros Templários, e transliterarmos a palavra para o hebraico, teremos בפומת, BPhVMTh. Se fizermos o temurah da palavra por Atbash, o resultado será שופיא, SVPhIA, Sophia ou Sabedoria Divina. Se era essa a palavra que Baphomet visava ocultar, ninguém sabe – e esse é o principal problema de se usar o temurah como ferramenta de interpretação. *VEJA* BAPHOMET; CAVALEIROS TEMPLÁRIOS.

Uma das formas mais comuns de temurah é Aiq Beker, também chamado de cabala das Nove Câmaras; *VEJA* AIQ BEKER. *VEJA TAMBÉM* CABALA; GEMATRIA; NOTARIKON.

Teófilo de Adana. Segundo a lenda cristã, a primeira pessoa que teria feito um pacto com o Diabo. Embora a história se passe no início do século VI E.C., aparentemente foi escrita entre 650 e 850 e todas as evidências sugerem que seja uma obra de ficção religiosa, sem qualquer base histórica.

De acordo com a história, Teófilo era clérigo na Igreja de Adana. Quando o bispo de Adana morreu, pediram-lhe para assumir o cargo, mas ele afirmou que não se sentia digno do ofício e pediu para manter-se como clérigo. Outro homem ocupou o cargo e o novo bispo substituiu Teófilo, indicando um novo clérigo em seu lugar. A mágoa e o orgulho ficaram remoendo Teófilo durante meses e ele acabou procurando um feiticeiro judeu que morava na cidade. O feiticeiro invocou o Diabo, e Teófilo assinou e selou um papel negando Cristo e a Virgem Maria em troca da recuperação de seu posto.

No dia seguinte, Teófilo foi chamado à casa do bispo e recuperou seu cargo. Depois de algum tempo, porém, a culpa começou a atormentá-lo; ele se arrependeu e invocou a Virgem Maria com preces e jejuns. Milagrosamente, a Virgem devolveu a Teófilo o papel que ele havia assinado, e Teófilo, confessando seus pecados e distribuindo sua fortuna aos pobres, morreu e foi levado ao céu.

O pacto descrito na história era apenas uma declaração de que Teófilo rejeitava Cristo e a Virgem – ou seja, os dois personagens principais da mitologia cristã. Foi preciso uma história elaborada e com desdobramentos para transformar essa declaração no pacto diabólico das lendas cristãs posteriores. *VEJA* PACTO. *VEJA TAMBÉM* SATANISMO. LEITURA ADICIONAL: P. PALMER, 1936.

Teosébia. *VEJA* ZÓZIMO DE PANÓPOLIS.

Teosofia. Os ensinamentos da Sociedade Teosófica, fundada em 1875 por Helena Petrovna Blavatsky, sem qualquer relação com a antiga tradição da teosofia cristã; para esta, *VEJA* TEOSOFIA (MÍSTICA CRISTÃ).

É difícil resumir o imenso conjunto de ensinamentos teosóficos num espaço breve. Os textos teosóficos compreendem uma visão da realidade na qual todo o universo, e tudo o que existe nele, surge do vazio primitivo em intervalos de tempo, voltando, mais cedo ou mais tarde, ao vazio. Um período de manifestação é chamado de *manvantara*, e um período de latência nesse vazio é um *pralaya*. Os prodigiosos períodos de tempo dos manvantaras e pralayas foram calculados e expostos com exatidão na literatura teosófica. *VEJA* CICLOS CÓSMICOS.

Nesse universo cíclico, as mônadas – unidades básicas de consciência – descem da unidade primitiva e entram na evolução. Elas começam no mais baixo nível possível, o terceiro reino elemental, que (como os outros dois reinos elementais) é invisível para nós porque funciona em planos abaixo daqueles que podemos perceber. Após evoluir pelos três reinos elementais, cada mônada entra no reino mineral, progredindo deste pelos reinos vegetal, animal e humano, aprendendo a cada etapa as lições desses níveis. Quando superam o nível humano, as mônadas tornam-se Dhyan Chohans (também grafado Dhyani-Chohans), seres espirituais que vivem em planos acima de nossos limites de percepção e que ocupam uma hierarquia extraordinariamente complexa de poderes espirituais dedicados a milhares de funções no universo.

Durante essa jornada ascendente, as mônadas reencarnam ao longo de uma cadeia de sete globos ou mundos, que estão dispostos no quarto, quinto, sexto e sétimo planos do universo. Nosso mundo é o quarto globo, o mais material de sua cadeia, e é a reencarnação de uma cadeia anterior – agora morta – cujo quarto globo é nossa Lua. As mônadas começam a encarnar no primeiro globo de uma cadeia, e continuam a encarnar nele até seu trabalho estar concluído, quando então passam ao globo seguinte. Um circuito completo de globos de uma cadeia é uma ronda, e sete rondas devem ser concluídas antes que uma mônada consiga passar de um nível (como o reino humano) para o seguinte; a humanidade atual está no quarto globo de sua quarta ronda.

Enquanto aprende as lições desse estágio da jornada, o grupo de mônadas que constitui a humanidade precisa passar por sete raças-raiz, cada uma com sete sub-raças. A humanidade ariana é da quinta raça-raiz [da qual já surgiram cinco sub-raças: ária, ário-semítica, céltica, iraniana e teutônica, sendo que esta ainda se encontra em desenvolvimento – N. do E.], enquanto as outras raças pertencem à quarta raça-raiz, ou atlante, e a remanescentes retardatários da terceira raça-raiz, ou lemuriana. A sexta raça-raiz deve aparecer na Califórnia em algum ponto do século XXVI. *VEJA* RAÇA-RAIZ.

A quinta raça-raiz está ativa há cerca de um milhão de anos, enquanto as raças-raiz anteriores estiveram aqui em períodos muito maiores, com várias formas radicalmente diferentes – os lemurianos, por exemplo [em alguns dos seus vários estágios ou sub-raças – N. do E.], tinham quatro braços, três olhos e punham ovos. Por isto, os ensinamentos teosóficos fazem com que a ideia convencional de evolução vire de cabeça para baixo; em vez de a humanidade ter evoluído dos animais, consideram que todos os mamíferos primatas desenvolveram-se das várias raças-raiz humanas [ou das sub-raças lemurianas em muitos dos cruzamentos com outros tipos de animais – N. do E.].

As mônadas que já concluíram a transição para o estado de Dhyan Chohan, como mencionado acima, têm vários papéis na hierarquia imensamente complexa dos Dhyan Chohans. Os Pitris Lunares, por exemplo, são aqueles que completaram suas sete rondas na cadeia de globos associados à Lua e que então receberam a tarefa de criar os corpos para a nova humanidade da cadeia terrestre. Os Pitris Solares ou Senhores da Chama, por sua vez, terminaram suas rondas em cadeias anteriores e foram responsáveis por despertar as mentes da humanidade na época da terceira raça-raiz. Os manus, um dos quais recebe a tarefa de orientar cada raça-raiz, situam-se entre os Pitris Solares e Lunares no esquema geral. Ainda mais elevados na escala da existência, temos os sete Vigilantes ou Logoi Planetários que observam os sete globos de uma cadeia, e acima deles temos o Logos Solar, que preside todo um sistema planetário – e que é, por sua vez, subordinado a outros poderes ainda mais elevados.

Mais perto da vida habitual da humanidade, temos a Grande Loja Branca, consistente em adeptos humanos que progrediram muito além do nível humano normal. Atualmente, a Grande Loja Branca é liderada por Sanat Kumara, que é o Senhor da Chama de Vênus e que assumiu sua posição há cerca de seis e meio milhões de anos atrás; *VEJA* SANAT KUMARA. Abaixo dele, fica Gautama, o buddha da quinta raça-raiz, e três pratyeka buddhas assistentes; o manu da atual raça-raiz, Vaivasvata, e o segundo em comando ou bodhisattva, Maitreya; e diversas outras figuras. Outros personagens importantes da loja são os sete chohans dos Raios: El Morya, Kuthumi, o Chohan Veneziano, Hilarion, Serapis, Jesus e o Conde de Saint-Germain. *VEJA* GRANDE LOJA BRANCA.

Talvez não surpreenda saber, ao ir da teoria teosófica à sua prática, que uma das principais atividades das organizações teosóficas é o estudo dessa imensa cosmologia. Os livros de Blavatsky são estudados a fundo pelos teósofos, e há resumos bastante úteis, dentre os quais o mais popular é *The Divine Plan*, de 1964, de Geoffrey Barborka. A meditação também é ensinada e praticada nas aulas da fraternidade. No entanto, muitas das formas de ocultismo prático são desestimuladas, e os alunos são incentivados a concentrar seus esforços em meditação, estudos e devoção ao trabalho dos Mestres. Embora não seja bem um requisito, o vegetarianismo é comum e muito incentivado nos círculos teosóficos.

Quase todos os ensinamentos da Teosofia derivam do segundo livro importante de Blavatsky, *A Doutrina Secreta*, escrito após ter ido à Índia e adotado muitos conceitos de fontes budistas e hindus. Sua obra anterior, *Ísis Sem Véu*, apresenta, na verdade, uma cosmologia e uma espiritualidade diferentes, nas quais a reencarnação é um evento raro e a prática da magia é estimulada. Muito do material desse livro anterior tem forte semelhança com os conceitos difundidos por ocultistas do século XIX que a precederam, como P. B. Randolph e Emma Hardinge Britten. *VEJA* BRITTEN, EMMA HARDINGE; RANDOLPH, PASCHAL BEVERLY.

Durante o que poderia ser chamado de "Século Teosófico", entre 1875 e 1975, os ensinamentos da Teosofia exerceram um imenso impacto em todo o cenário do ocultismo ocidental, e muito poucas das tradições e ordens ocultistas fundadas nesse período conseguiram sucesso sem adotar alguma versão dos ciclos evolucionários, continentes perdidos e Mestres ocultos da Teosofia. No último quarto do século XX, porém, como parte de um processo de redirecionamento das tradições ocultistas, afastando-se dos grandes sistemas da filosofia esotérica e visando maior atenção ao trabalho prático, esses ecos teosóficos ficaram bem menos comuns. A ascensão do ressurgimento neopagão, com sua história ocultista radicalmente diferente de remanescentes pagãos e matriarcados antigos, também desviou a atenção das raças-raiz e das rondas planetárias da tradição teosófica. *VEJA* MATRIARCADOS ANTIGOS; NEOPAGANISMO.

Ironicamente, porém, o abandono das ideias teosóficas por grandes parcelas da comunidade ocultista ocorreu ao mesmo tempo que essas ideias foram adotadas por um novo fenômeno cultural. O movimento da Nova Era, que se cristalizou na década de 1970 e explodiu na consciência popular na década de 1980, tomou emprestada boa parte de seus interesses e posturas da Teosofia. O movimento da Nova Era ficou caracterizado, como um todo, como "Teosofia mais terapia" e, embora esta seja uma simplificação exagerada, contém uma boa parcela de verdade. *VEJA* NOVA ERA, MOVIMENTO DA. *VEJA TAMBÉM* BLAVATSKY, HELENA PETROVNA; SOCIEDADE TEOSÓFICA. LEITURA ADICIONAL: BARBORKA, 1964; BLAVATSKY, 1888; LEADBEATER, 1925.

teosofia (mística cristã). (do grego *theosopheia*, "sabedoria divina") Uma tradição do ocultismo cristão que data do século XVI e que não tem relação com os ensinamentos da Sociedade Teosófica (fundada em 1875); a respeito desta, *VEJA* TEOSOFIA.

A palavra "teosofia" surge pela primeira vez nos textos de neoplatonistas gregos como Porfírio e Jâmblico, em cujo contexto significa "sabedoria referente aos deuses". Em autores cristãos da Idade Média, era sinônimo de "teologia". No final do Renascimento, porém, passou a ser usada para designar um novo movimento que combinava misticismo cristão clássico com ideias dos alquimistas e geralmente com vários outros ramos da teoria e da prática ocultistas.

Para essa nova teosofia, Deus, a natureza e a humanidade compartilhavam estruturas profundas similares, que podiam ser identificadas pela doutrina das correspondências. Os processos que transformavam chumbo em ouro na retorta alquímica eram refletidos por aqueles que transformavam pela iluminação na retorta do corpo humano a alma humana não recuperada. Nos textos dos teósofos mais ousados, esses mesmos processos também eram traçados dentro da essência em evolução de Deus. Assim, os ensinamentos da teosofia formavam uma ponte entre o misticismo cristão e a diversos tipos de prática ocultista, especialmente a alquimia.

Essa tradição teosófica emergiu na Alemanha no final do século XVI com os textos de Valentin Weigel (1533-1588), que combinava o misticismo cristão de grandes místicos renanos como Mestre Eckhart com a nova síntese alquímica de Paracelso; *VEJA* PARACELSO. O alquimista místico Heinrich Khunrath (1560--1605), cujo *Amphitheatrum Sapientiae Aeternae* exerceu forte influência sobre os primeiros rosa-cruzes, e Gerhard Dorn (c. 1530 – c. 1584), primeiro editor e comentarista importante das obras de Paracelso, também foram importantes figuras iniciais do movimento.

Os textos de Jacob Böehme (1575-1624), o sapateiro místico de Görlitz, deram forma definida à teosofia e tornaram-se os textos clássicos dessa tradição. Os ensinamentos de Böehme, uma fusão entre ideias alquímicas e misticismo cristão estimulado por suas experiências visionárias, tornaram-se imensamente populares nos círculos ocultistas do século XVII. *VEJA* BÖEHME, JACOB.

De várias maneiras, o século XVII foi a era dourada da teosofia. Na Alemanha, entre os teósofos importantes desse período, tivemos Johann Georg Gichtel (1638-1710) e Gottfried Arnold (1666-1714). Os mais importantes teósofos ingleses foram Jane Leade (1623-1704) e John Pordage (1608-1681), centros de um ativo círculo de teósofos e estudantes de Böehme em Londres. A Holanda contribuiu com Johann Baptist van Helmont (1618--1699), que também foi um célebre alquimista. Na França, o movimento deu origem ao discreto misticismo de Pierre Poiret (1646-1719) e Antoinette Bourignon (1616-1680). Muitos desses escritores foram bastante influenciados por Böehme. Em todo esse período, as obras de Böehme e de teósofos contemporâneos exerceram grande influência sobre círculos alquímicos e ocultistas de toda a Europa.

No início do século XVIII, houve certo declínio na popularidade da teosofia, embora autores importantes como Friedrich Christoph Oettinger (1702-1782) tenham mantido viva a corrente. No final desse século, movido pelo movimento romântico, o interesse pela tradição tornou a surgir em boa parte da Europa. Os textos de Louis-Claude de Saint-Martin (1743-1803), o "Filósofo Desconhecido", tiveram papel de destaque nessa tendência. Saint-Martin foi discípulo do mago Martinez de Pasquallys e iniciado na ordem dos Élus Coens; suas traduções de Böehme e seus próprios textos apresentaram as ideias teosóficas a um vasto público nos círculos maçônicos e ocultistas. *VEJA* ÉLUS COENS; PASQUALLYS, MARTINEZ DE; SAINT-MARTIN, LOUIS-CLAUDE DE.

No início do século XIX, a teosofia era um elemento importante do movimento da Naturphilosophie na Alemanha, que procurou criar uma forma de ciência que não fosse hostil ao espírito, e produziu o maior dos últimos teósofos, Franz von Baader (1765-1841). Teve ainda um papel crucial na formação do ressurgimento ocultista do final do século XIX. A escala e o impacto popular desse ressurgimento, porém, superaram rapidamente a tradição teosófica e, com a criação da Sociedade Teosófica em 1875 – uma organização que tomou por empréstimo a palavra "teosofia" mas usando muito poucos dos ensinamentos teosóficos clássicos – a teosofia tornou-se um fator relativamente secundário no ocultismo moderno.

Elementos importantes dos ensinamentos teosóficos ainda têm papel de destaque no martinismo, na Antroposofia de Rudolf Steiner e em várias outras tradições. O final do século XX viu ainda a publicação anônima do texto profundamente teosófico do *Meditations on the Tarot*, de Valentin Tomberg (1900-1973), que exerceu uma influência substancial sobre círculos ocultistas e ainda pode levar a teosofia clássica a um público maior. *VEJA* TOMBERG, VALENTIN. *VEJA TAMBÉM* OCULTISMO CRISTÃO. LEITURA ADICIONAL: FAIVRE, 2000; GIBBONS, 1996; VERSLUIS, 1998 E 2000.

termos astrológicos. Conjunto de correspondências entre cinco dos sete planetas tradicionais e diversos segmentos do zodíaco; o Sol e a Lua não tem termos. Os termos têm extensão diferente e não seguem nenhum esquema de fácil compreensão. Por exemplo, os seis primeiros graus de Áries são o termo de Júpiter; os oito graus seguintes (entre 7 e 14 graus) são o termo de Vênus; depois, vem o termo de Mercúrio, entre 15 e 21 graus; depois, os termos de Marte, entre 22 e 26 graus, e de Saturno, entre 27 e 30 graus.

Os termos foram introduzidos na astrologia na época da Grécia antiga, e formam (juntamente com os decanatos e com as dodecatemórias) uma das mais negligenciadas complexidades da astrologia antiga. *VEJA* DECANATOS; DODECATEMÓRIAS. Hoje em dia, os termos são usados principalmente em astrologia horária. *VEJA TAMBÉM* ASTROLOGIA; ASTROLOGIA HORÁRIA. LEITURA ADICIONAL: APPLEBY, 1985.

Terra (elemento). No simbolismo mágico, um dos quatro (ou cinco) elementos, correspondente à matéria no estado sólido, às qualidades fria e seca, e ao humor melancólico. Como ocorre com todos os elementos, há associações variadas com o elemento Terra, mas os apresentados a seguir são comuns na maioria dos sistemas ocultistas ocidentais da atualidade:

Símbolo: ▽
Letra do Tetragrammaton: ה, Heh final
Nome de Deus: אדני, ADNI, Adonai (Senhor)
Arcanjo: אוריאל, AVRIAL, Auriel (Luz de Deus)
Anjo: פורלאך, PVRLAK, Phorlakh
Regente: כרוב, KRVB, Kerub
Rei elemental: Ghob
Elemental: Gnomos
Nome hebraico do elemento: ארץ, ARTz, Aretz
Direção: צפון, TzPVN, Tzaphon, o Norte
Estação: Inverno
Hora do dia: Meia-noite
Qualidades: Frio e seco
Natureza: Estabilidade

VEJA TAMBÉM DIREÇÕES NO OCULTISMO; ELEMENTOS MÁGICOS; HUMORES.

terras, sete. Segundo a tradição cabalística, há sete terras, sete céus e sete infernos. As sete terras são mundos habitados por seres humanos ou por outras criaturas inteligentes que não descendem de Adão. Segundo fontes da Golden Dawn, que derivam do Zohar, as sete terras e suas correspondências são as seguintes:

Nome	Tradução	Sefirah
1. Aretz	terra seca	as Supernais
2. Adamah	barro vermelho	Chesed
3. Gia	vale	Geburah
4. Neshiah	pasto ou ravina	Tiphareth
5. Tziah	deserto	Netzach
6. Arqa	terra	Hod
7. Thebel	mundo	Yesod e Malkuth ou Cheled

Nossa Terra em si é Cheled, descrita como uma mistura de terra e água – o que parece bastante preciso. Os sete infernos ficam em Arqa, o mundo correspondente a Hod. *VEJA TAMBÉM* CÉUS, SETE; INFERNOS, SETE.

Terrebia. *VEJA* GAIA, HIPÓTESE.

tesoura. *VEJA* COSCINOMANCIA.

Teth. (hebraico TTh, "serpente") Nona letra do alfabeto hebraico, uma letra simples com valor sonoro *t*. Seu valor numérico é 9, e seu simbolismo mágico é o seguinte:

> *Caminho da Árvore da Vida*: Caminho 19, de Chesed a Geburah.
> *Correspondência astrológica*: Leão.
> *Correspondência no tarô*: Arcano VIII, A Força.
> *Parte do Cubo do Espaço*: Aresta sudeste.
> *Cores*: em Atziluth, amarelo limão.
> em Briah, púrpura-escuro.
> em Yetzirah, cinza.
> em Assiah, âmbar avermelhado.

Seu texto, no *Trinta e Dois Caminhos da Sabedoria*, diz: "O Décimo Nono Caminho é a Inteligência do segredo de todas as atividades dos seres espirituais e é chamada assim pela influência difundida por ela desde a glória sublime mais alta e exaltada". *VEJA TAMBÉM* CABALA; ALFABETO HEBRAICO.

Letra hebraica Teth

tétrade. No misticismo numérico pitagórico, uma disposição triangular de dez pontos ou números, dispostos em filas de um, dois, três e quatro, conforme segue:

★
★ ★
★ ★ ★
★ ★ ★ ★

Pitágoras chamava-a de "fonte e raiz da natureza visível" e fazia seus juramentos mais solenes sobre ela. Teve aproximadamente o mesmo papel, no simbolismo pitagórico da Antiguidade e do Renascimento, que a Árvore da Vida tem na cabala moderna. Era usada em particular como chave para o quadrivium, as quatro disciplinas pitagóricas da matemática mística – aritmética, geometria, música e astronomia; *VEJA* QUADRIVIUM. Por exemplo, as quatro linhas de pontos representavam os números um, dois, três e quatro, bases da teoria numérica de Pitágoras. Do mesmo modo, podiam ser usadas para formar os três intervalos básicos da teoria musical – a oitava, que é formada por uma relação de 1:2 no comprimento da corda; a quinta, formada por uma relação de 2:3; e a quarta, formada por uma relação de 3:4.

A tétrade aparece em várias formas no simbolismo e nas imagens do ocultismo ocidental. Como a maioria dos aspectos da tradição pitagórica, porém, recebeu pouca atenção da comunidade ocultista nos últimos anos. *VEJA TAMBÉM* PITÁGORAS. LEITURA ADICIONAL: GUTHRIE, 1987; HENINGER, 1974.

Tetragrammaton. (grego, "palavra de quatro letras") O mais sagrado dos nomes de Deus na cabala, bem como na religião hebraica, o Tetragrammaton consiste nas quatro letras יהוה (Yod, Heh, Vau, Heh). A maioria dos estudiosos modernos diz que sua pronúncia é Yahweh (Javé), enquanto uma tradição mais antiga, com raízes na Igreja cristã primitiva, translitera-a como Jehovah (Jeová, que, em latim clássico, língua na qual a versão foi originalmente escrita, pronuncia-se Yehowah, ou Ieouá). Muitos magos modernos a "pronunciam", mesmo na prática de rituais, simplesmente soletrando-a, letra por letra. Judeus praticantes não a pronunciam, e onde ela aparece nas escrituras, usa-se a palavra "Adonai" ("Senhor").

Provavelmente, a palavra é uma forma arcaica do verbo hebraico "ser", e pode significar algo como "Aquele Que Existe". Contudo, em particular na pronúncia antiga "Yehowah", é muito parecida com toda uma família de nomes de deuses e de palavras sagradas em diversas tradições antigas – por exemplo, o título romano de Júpiter, Jove (em latim clássico, pronunciado "Yoweh") ou o nome divino gnóstico IAO. Toda a tradição pode ter raízes no antigo uso de sequências de vogais como palavras de poder; *VEJA* VOGAIS.

Na cabala, que transformou o Tetragrammaton em um de seus temas principais, desenvolveu-se um imenso e complexo simbolismo a partir dele. Cada um dos quatro mundos cabalísticos de Atziluth, Briah, Yetzirah e Assiah corresponde a uma das letras do Nome, que tem uma pronúncia especial em cada mundo; isto, por sua vez, dá origem ao nome secreto do mundo. *VEJA* ASSIAH; ATZILUTH; BRIAH; YETZIRAH. As letras do Tetragrammaton também são permutadas pelos cabalistas, tornando-se doze palavras de poder, chamadas de Doze Bandeiras do Nome, cada uma correspondendo a uma das doze tribos de Israel, aos doze signos do zodíaco e assim por diante. Todas essas permutações têm seus usos mágicos.

O poeta inglês Robert Graves, cujo trabalho com o antigo alfabeto celta Ogham chamou a atenção do moderno movimento pagão, afirmava que a pronúncia correta do Tetragrammaton podia ser encontrada em fontes Ogham. Sua versão era YIEUOAO; porém, ela não parece ter sido adotada por círculos ocultistas. *VEJA* OGHAM. *VEJA TAMBÉM* PALAVRAS BÁRBARAS; CABALA; ALFABETO HEBRAICO. LEITURA ADICIONAL: TYSON, 1998.

teurgia. (do grego *theurgeia*, de *theos*, "deus", e *ergeia*, "trabalho") Na Antiguidade, a ala mágica do platonismo, que adotava a magia cerimonial e o ritual religioso tradicional como um processo de purificação necessário para limpar os aspectos mais baixos do eu e assentar as bases para o trabalho superior da contemplação filosófica. A teurgia emergiu como escola distinta nos primeiros séculos da Era Comum, como parte da mesma fusão entre filosofia platônica e ocultismo popular que também produziu o hermetismo e muitas tradições gnósticas. *VEJA* GNOSTICISMO; HERMETISMO. A principal figura na formulação da teurgia foi Jâmblico de Cálcis (?–c. 330). *VEJA* JÂMBLICO DE CÁLCIS.

Os teurgos lideraram a última resistência organizada contra o cristianismo no mundo clássico. Juliano, o último imperador pagão de Roma, foi um teurgo dedicado e estudioso aplicado dos textos de Jâmblico, e o grande ressurgimento do pensamento e da prática pagã no século IV baseou-se bastante na teurgia, quer como postura filosófica, quer como base para tolerância e apoio recíproco. Mesmo depois da derrota política do paganismo, teurgos como Proclo e Sosipatra continuaram a ensinar e a praticar. A tradição esmoreceu lentamente no Império Bizantino, e há motivos para crer que sobreviveu em lugares remotos como Harã até a Idade Média; *VEJA* HARÃ.

A linguagem da teurgia e algumas de suas práticas foram revividas no Renascimento após a momentosa tradução dos tratados herméticos feita por Marsílio Ficino. *VEJA* CORPUS HERMETICUM; FICINO, MARSÍLIO. Com a difusão do conhecimento relativo ao platonismo e ao hermetismo clássicos no Renascimento, a teurgia tornou-se um elemento importante das tradições ocultistas da época, e é discutido amplamente em obras ocultistas clássicas do Renascimento como o *Três Livros de Filosofia Oculta* (publicação original, 1531), de Cornélio Agrippa.

Recentemente, a expressão *teurgia* passou a se referir a qualquer forma de magia que vise à transformação espiritual do mago – que era, claramente, a principal meta da teurgia clássica. VEJA MAGIA. No entanto, há diversos significados diferentes. Em alguns sistemas franceses de esoterismo cristão, a palavra é usada para definir um sistema de prece contemplativa focalizada que visa metas práticas e espirituais; VEJA OCULTISMO CRISTÃO. Em alguns círculos pagãos modernos, é usada para qualquer trabalho de magia que se valha dos deuses, em oposição à taumaturgia, que usa os poderes de substâncias naturais ou do próprio mago. VEJA TAUMATURGIA. VEJA TAMBÉM PLATONISMO. LEITURA ADICIONAL: AGRIPPA, 1993; GEFFCKEN, 1978; JOHNSTON, 1990; LEWY, 1978; SADHU, 1965.

Teutões, Ordem dos. VEJA GERMANENORDEN.

TGAOTU. Abreviação maçônica da frase em inglês "the Great Architect of the Universe" (em português, "Grande Arquiteto do Universo", abreviado G∴A∴D∴U∴), usada às vezes em textos rituais fora da Maçonaria e considerada ocasionalmente como um *nomen barbarum*. Um dos ensaios de Dion Fortune fala de sua descoberta de um ritual que parecia tratar o divino pelo "nome sagrado" Tegatoo; segundo se apurou com uma pesquisa mais detalhada, era TGAOTU. VEJA MAÇONARIA; PALAVRAS BÁRBARAS.

Tharsis. Na magia cabalística, o regente do elemento Água. Seu nome deriva de Tarshishim ou Tarshishim, a hoste angelical que corresponde (em alguns relatos) à Sefirah Netzach. VEJA REGENTE ELEMENTAL; TARSHISHIM; ÁRVORE DA VIDA.

Thaumiel. (hebraico ThAVMIAL, "Gêmeos de Deus") Na tradição cabalística, os Qlippoth ou poderes demoníacos associados a Kether, a primeira Esfera da Árvore da Vida. A forma tradicional dos Thaumiel é a de duas cabeças gigantescas com asas de morcego e sem corpos. VEJA QLIPPOTH.

Thelema. (grego, "vontade") Religião fundada pelo mago inglês Aleister Crowley (1875-1947) e propagada por seus seguidores desde sua morte. O texto central da Thelema é o *Livro da Lei*, que foi revelado a Crowley em 1904 por uma inteligência incorpórea chamada Aiwass. VEJA LIVRO DA LEI.

O ensinamento central da Thelema é que toda alma é eterna e possui uma "Vontade Verdadeira" ou propósito essencial, que é a lei segundo a qual ela vive. Em cada encarnação, a alma procura encontrar e realizar sua vontade verdadeira. Qualquer ação em harmonia com a vontade verdadeira de cada um é boa, corresponda ou não às ideias habituais de moralidade, e toda ação que não está em harmonia com a vontade individual é errada. Como diz a frase thelemita: "Não tens direitos, exceto o de fazer tua vontade".

Outro aspecto da crença thelemita tem relação com ciclos cósmicos nos quais uma sucessão de deuses ou poderes espirituais governantes se substituem no comando do universo. A redação do *Livro da Lei*, segundo a Thelema, assinalou o término do Éon de Osíris – uma era na qual a virtude consistiu no sacrifício e na autodepreciação – e o início do Éon de Hórus, na qual a vontade e a realização desinibida dos desejos são os temas dominantes. Ao que parece, os éons são aproximadamente equivalentes aos doze grandes meses do ciclo de precessão. *VEJA* CICLOS CÓSMICOS; PRECESSÃO DOS EQUINÓCIOS.

Atualmente, a maior parte da atividade thelêmica organizada está associada à Ordo Templi Orientis (OTO), organização de lojas mágicas cujo comando foi assumido por Crowley na década de 1920 e remodelada como veículo para a revelação thelemita. *VEJA* ORDO TEMPLI ORIENTIS (OTO). A Missa Gnóstica, um ritual escrito por Crowley, é celebrado pela maioria dos grupos da OTO como o principal ritual público da Thelema. *VEJA TAMBÉM* CROWLEY, ALEISTER. LEITURA ADICIONAL: CROWLEY, 1975; DUQUETTE, 1992.

Theon, Max. Ocultista europeu(?), c. 1848--1927. Uma das figuras mais enigmáticas na história do ocultismo moderno, Theon conseguiu ocultar a maioria dos detalhes sobre suas origens de pesquisadores contemporâneos e modernos. Ao que parece, seu nome era Louis Maximilian Bimstein e era de família judia, embora não se saiba ao certo se era do Leste Europeu ou do Oriente Médio. O que se sabe é que parece ter estado na Polônia na época da malfadada insurreição contra a Rússia em 1863. À parte isso, sua biografia é um ponto de interrogação.

Aparentemente, esteve em Paris em 1870 e na Inglaterra em 1873. Lá, estabeleceu-se como curador espiritual e em 1885 casou-se com Mary Ware, médium e conferencista espiritualista que fundara uma organização chamada Universal Philosophical Society no ano anterior. *VEJA* ESPIRITUALISMO.

Em 1884, Theon já havia criado uma organização muito mais importante, com um anúncio numa nova edição de *Corpus Hermeticum*; *VEJA* CORPUS HERMETICUM. Ele convidava "Estudantes da Ciência Oculta, Buscadores da Verdade e Teósofos" a se tornarem membros de uma fraternidade oculta. Essa fraternidade era a Fraternidade Hermética de Luxor (F. H. de L.), que acabou por se tornar uma das maiores organizações ocultistas do ressurgimento da magia no século XIX e que teve um papel central na pré-história de sociedades ocultistas posteriores como a Ordo Templi Orientis e a Igreja da Luz. *VEJA* FRATERNIDADE HERMÉTICA DE LUXOR (F.H. DE L.).

Depois de fundar a fraternidade, Theon parece ter deixado sua administração quase que inteiramente nas mãos de seu discípulo Peter Davidson (1837-1915) e do associado de Davidson, T. H. Burgoyne (c. 1855 – c. 1895). *VEJA* BURGOYNE, THOMAS HENRY. Em 1886, a tempo de evitar o escândalo que prejudicou muito a F. H. de L., Theon mudou-se para a Argélia, na época uma colônia francesa, e ele e sua esposa se estabeleceram em Tlemcen. Sua casa tornou-se sede de uma nova organização, o Groupe Cosmique. O Groupe publicou uma revista, a *Revue Cosmique*, e desenvolveu uma filosofia esotérica abrangente, muito influente na França.

A *Philosophie Cosmique*, incorporada em mais de 10 mil páginas de texto, tem semelhanças substanciais com os ensinamentos difundidos por Theon na F. H. de L. A magia sexual, porém, foi substituída por materiais extraídos de fontes hindus, com um foco crescente na meta da imortalidade física. Um tema cada vez mais importante no trabalho de Theon, nessa última fase de sua carreira, era o "patotismo", que, segundo dizia, era a antiga forma do magnetismo (no sentido que Mesmer dava à palavra) e combinava trabalho de polaridade com experiências no plano interior por meio de transes, como forma de se obter conhecimentos ocultos. *VEJA* MESMERISMO; PATOTISMO; POLARIDADE.

Theon, coerente com sua postura, publicou a maior parte da *Philosophie Cosmique* sob o pseudônimo Aia Aziz e continuou a evitar os holofotes, mesmo quando administrou uma organização esotérica de porte. Sua morte em 1927 é um dos poucos detalhes a seu respeito sobre o qual se tem alguma certeza. LEITURA ADICIONAL: GODWIN ET. AL, 1995; RHONE, 2000.

Thibault, Gerard. Pintor, arquiteto, médico, espadachim e hermetista holandês, 1574-1629. Nascido em Antuérpia numa família de comerciantes de lã, Thibault viajou na juventude a Sanlucar de Barrameda, sul da Espanha, onde estudou com mestres do estilo espanhol de esgrima – um sistema baseado em princípios geométricos e ligado a tradições da geometria sagrada. Em 1611, depois de voltar para casa, entrou numa competição contra os mestres consagrados de esgrima da Holanda e tirou o primeiro lugar, depois enfrentou e venceu todos os desafiantes numa célebre apresentação para o príncipe Maurício de Nassau.

Seu complexo manual de esgrima, *Academie de l'Espee* (1630), baseia-se inteiramente na geometria sagrada do Renascimento. O primeiro capítulo do livro, bastante filosófico, cita o *Três Livros de Filosofia Oculta* de Cornélio Agrippa e vários outros textos ocultistas da época, e seus complexos diagramas incluem muito simbolismo hermético e pitagórico.

Após a morte de Thibault, seu sistema de esgrima esotérica foi praticamente esquecido, embora os complexos diagramas geométricos usados para ilustrar seu livro tenham sido estudados e ampliados posteriormente por maçons estudiosos de geometria sagrada. *VEJA TAMBÉM* GEOMETRIA SAGRADA. LEITURA ADICIONAL: DE LA FONTAINE VERWEY, 1978; THIBAULT, 1998.

Thorn. *VEJA* THURISAZ.

Thoth. (também grafado **Toth**) [em egípcio antigo, *Djehuti*] Antigo deus egípcio do conhecimento, da magia, da fala e da escrita, deus da Lua e primeiro-ministro do Firmamento, Thoth foi um dos mais complexos e populares deuses egípcios e um dos que recebiam o título "Grande da Magia". No período que se seguiu à conquista grega do Egito, em 323 A.E.C., Thoth foi equiparado ao deus grego Hermes, e dessa fusão surgiu Hermes Trismegisto, "Hermes, o Três Vezes Grande", lendário fundador do hermetismo. *VEJA* HERMES TRISMEGISTO. *VEJA TAMBÉM* OCULTISMO EGÍPCIO. LEITURA ADICIONAL: FOWDEN, 1986.

Thule. Em antigos textos geográficos gregos e romanos, uma ilha distante, situada em algum ponto do norte da Inglaterra, também conhecida como Ultima Thule ("Thule Mais Distante"). Em algumas ideologias alemãs do século XIX, o nome foi adotado para uma suposta terra ártica perdida dos povos arianos, também conhecida como Arktogäa; nessa forma, tornou-se um elemento de movimentos ariosóficos e de outros movimentos ocultistas que antecederam a filosofia e a doutrina presentes na Alemanha nazista. *VEJA* ARIOSOFIA; ARKTOGÄA; THULE-GESELLSCHAFT.

Thule-Gesellschaft. (alemão, "Sociedade Thule") Elo final da cadeia entre ordens ocultistas e sociedades secretas que culminou na filosofia e doutrina nazista, a Thule-Gesellschaft surgiu como o ramo bávaro da Germanenorden, uma importante ordem ocultista ariosófica do início do século XX. *VEJA* ARIOSOFIA; GERMANENORDEN. Antes de 1917, a Germanenorden da Baviera não tinha conseguido muita coisa, mas nesse ano o carismático aventureiro Rudolf von Sebottendorf filiou-se à ordem e dedicou sua energia ao recrutamento de novos membros, aumentando o número de filiados de 200 para 1.500 até o final de 1918.

Devido ao caótico clima político, a ordem alugou salas e levou a cabo suas atividades na Baviera sob o pseudônimo de Sociedade Thule. Com esse nome, deu continuidade à singular mescla de ocultismo racial ariosófico da Germanenorden e ativismo político de direita.

Em novembro de 1918, depauperada por quatro anos de guerra, enfrentando motins no exército e imensa inquietação civil, o governo alemão ruiu. Na Baviera, uma coalizão socialista assumiu o poder, perdendo-o depois para uma facção comunista de linha mais dura, liderada por imigrantes russos. Munique foi palco de assassinatos, execuções por pelotões de fuzilamento e batalhas entre forças da esquerda e da direita. Em todo esse período, a Sociedade Thule teve um papel central no apoio e na organização do lado conservador. Membros da Thule armazenaram armas, forjaram passes ferroviários e organizaram uma unidade de milícia de porte considerável – a Kampfbund Thule – que teve um papel ativo na luta que deu fim à República Soviética da Baviera em maio de 1919.

Outra medida tomada pela Sociedade Thule nessa época teve consequências mais amplas. A pedido de Sebottendorf, dois membros da Thule, Karl Harrer e Anton Drexler, formaram um grupo de discussão entre trabalhadores de Munique no outono de 1918. Em janeiro de 1919, em resposta à tomada de poder pelos comunistas, o grupo de discussão transformou-se num partido político chamado Deutsche Arbeiterpartei [DAP, ou Partido dos Trabalhadores Alemães], em fevereiro de 1920, e depois mudou seu nome para Nationalsozialistische Deutsche Arbeiterpartei, mais conhecido posteriormente como Partido Nazista. Na época, já estava a caminho de tornar-se um movimento de massas e tinha conquistado seu membro mais importante, um intenso e estranho jovem veterano austríaco chamado Adolf Hitler.

Durante a década de 1920, a Sociedade Thule continuou a ter um papel fundamental no crescimento e orientação do movimento nazista, e membros da Thule ajudaram Hitler a fazer contato com ricos conservadores na Baviera e em outros lugares. Um associado da Sociedade Thule, o dramaturgo e jornalista antissemita Dietrich Eckart, assumiu o papel de mentor de Hitler, algo que só terminou com a morte de Eckart em 1923. A rede de conexões que saía da Sociedade Thule se estendia até a Índia, onde A. K. Mukherji – amigo e depois marido da teóloga neonazista Savitri Devi – conheceu o trabalho da sociedade e apresentou Devi aos textos de Dietrich Eckart. *VEJA* DEVI, SAVITRI.

A Sociedade Thule parece ter desaparecido perto de 1925, embora seja difícil encontrar detalhes (um problema constante na história das ordens secretas). Quase todos os seus membros, funções e projetos foram transferidos de maneira mais ou menos direta para seu desdobramento, o partido nazista. As dimensões interiores, simbólicas e ocultistas, da Sociedade Thule, herdadas da Germanenorden, foram adotadas em grande parte pelas SS depois que Heinrich Himmler passou a chefiá-la em 1929; *VEJA* SS. *VEJA TAMBÉM* HITLER, ADOLF; NACIONAL-SOCIALISMO. LEITURA ADICIONAL: GOODRICK-CLARKE, 1998.

Thurisaz. (germânico antigo, "gigante") A terceira runa do futhark antigo, correspondendo ao poder desagregador, à oposição e à energia primitiva. Representa os gigantes, poderosas mas geralmente tolas figuras da mitologia germânica que representam as forças hostis da natureza. Thurisaz também é a origem do nome de Thor, o mais forte e mais gigantesco dos Aesir. Seu valor sonoro é *th*. *VEJA* FUTHARK ANTIGO.

A mesma runa, com o nome de Thurs (norueguês antigo, "gigante"), é a terceira runa do futhark recente, com os mesmos significados e valor sonoro que Thurisaz. *VEJA* FUTHARK RECENTE.

No futhorc anglo-saxão, esta runa assume o nome Thorn (inglês antigo, "espinho"), mas é a terceira runa da sequência. O poema rúnico em inglês antigo fala do thorn como "excessivamente pontiagudo" e "ruim para o toque de um guerreiro". O valor sonoro e significado geral dessa runa são os mesmos que nos futharks antigo e recente. *VEJA* FUTHORC ANGLO-SAXÃO.

No sistema rúnico Armanen, finalmente, essa runa tem o nome Thorn e significa relâmpago. Seu poder no encantamento rúnico em norueguês antigo "Havamal" é a capacidade de tirar o gume das armas dos inimigos quando necessário. Corresponde ao deus Thor, ao ato de engendrar e ao signo zodiacal de Gêmeos, e representa o som *th*. *VEJA* RUNAS ARMANEN.

Runa Thurisaz (Thurs, Thorn)

Thurs. *VEJA* THURISAZ.

Tibetano, o. *VEJA* DJWAL KUL, MESTRE.

Tífon. (também grafado **Tifão**) Na antiga mitologia grega, o último e mais temível inimigo de Zeus, também chamado Tifeu. Tifão era filho de Gaia e de Tártaro, nascido depois que Zeus derrotou os Titãs e tornou-se senhor do universo. Um deus da tempestade, Tifão tinha cem cabeças de serpente que respiravam fogo em seus ombros. Pouco depois de nascer, atacou o Olimpo e após uma longa batalha foi derrotado, mutilado e lançado ao Hades por Zeus.

Após a conquista grega do Egito, com Alexandre, o Grande, Tifão passou a ser identificado com Apep ou Apópis, a monstruosa cobra devoradora do Sol da mitologia egípcia. Essa conexão tornou-se parte do conceito-padrão sobre a mitologia egípcia em culturas ocidentais posteriores e desempenha um papel no simbolismo da tradição da Golden Dawn, bem como outros ramos do ocultismo. LEITURA ADICIONAL: HESÍODO, 1973; REGARDIE, 1971.

Tinne. (irlandês antigo, "barra de ferro") Oitava letra do alfabeto Ogham, com valor sonoro *t*. Corresponde ao azevinho entre as árvores, ao estorninho entre as aves, à cor cinza escuro e ao número onze. Na versão de Robert Graves para o calendário das árvores-Ogham, seu mês vai de 9 de julho a 5 de agosto. *VEJA* OGHAM.

Letra Tinne em Ogham

Tiphareth. (hebraico TPhARTh, "beleza") Sexta Sefirah, e central, da Árvore Cabalística da Vida, localizada no centro do Pilar do Equilíbrio ou Consciência. Suas correspondências mais comuns são:

> *Nome de Deus*: YHVH ALVH VDAaTh, Tetragrammaton Eloah va-Daath (Senhor Deus do Conhecimento).
> *Arcanjo*: MKAL, Michael (Aquele Que é Como Deus).
> *Hoste angelical*: MLKIM, Malakim (Reis).
> *Correspondência astrológica*: ShMSh, Shemesh (o Sol).
> *Correspondência no tarô*: Os quatro Seis e os quatro Cavaleiros ou príncipes.
> *Elemento correspondente*: Ar.

Imagens Mágicas: Uma criança nua; um rei coroado e entronizado; um homem crucificado.

Símbolos adicionais: O cubo, a cruz de seis quadrados, a pirâmide truncada.

Título Adicional: Microprósopo, a Face Curta.

Cores: em Atziluth, rosa claro.
em Briah, amarelo-ouro.
em Yetzirah, salmão rosado intenso.
em Assiah, âmbar dourado.

Correspondência no microcosmo: A imaginação em Ruach.

Correspondência no corpo: O plexo solar.

Grau de iniciação: 5=6, Adeptus Minor.

Poder negativo: ThGRIRVN, Tagiriron (os Disputantes).

O texto do *Trinta e Dois Caminhos da Sabedoria* diz: "O Sexto Caminho é chamado Inteligência Mediadora, porque nele multiplicam-se os influxos das Emanações, pois ele faz com que a influência flua para todos os reservatórios de bênçãos, com os quais se une. VEJA TAMBÉM CABALA; ÁRVORE DA VIDA.

Tir. VEJA TIWAZ.

Tiriel. Na magia cerimonial, a inteligência planetária de Mercúrio. Seu espírito planetário subordinado é Taph-thartharath. VEJA INTELIGÊNCIAS PLANETÁRIAS.

tirso. Vara ou bastão ritual usado nos antigos mistérios gregos, o tirso consiste num longo caule de erva-doce encimada por um cone de pinheiro, ocasionalmente envolvido por uma vinha. O tirso era usado principalmente nos Mistérios de Dionísio. VEJA ERVA-DOCE; MISTÉRIOS, OS.

Tit ha-Yon. (hebraico TIT HYVN, "lodaçal") Na tradição cabalística, quarto dos sete infernos, correspondendo à Sefirah Tiphareth. VEJA INFERNOS, SETE.

Tiwaz. (germânico antigo, "deus-céu") A décima sétima runa do futhark antigo, correspondendo ao poder divino, à justiça, ao confronto e à coragem. Também conhecido como Teiwaz, Tiwaz é o equivalente em germânico antigo do Zeus grego e do latim deus, e Tyr ou Tiw – a figura equivalente nas mitologias nórdicas e germânicas restantes – era o deus supremo original das tribos germânicas, uma posição assumida depois por Odin. O valor sonoro desta runa é t. VEJA FUTHARK ANTIGO.

A mesma runa, chamada Tyr, é a décima segunda runa do futhark recente e, com o nome Tir, é a décima sétima runa do futhorc anglo-saxão. Seu significado e valor sonoro são idênticos aos de Tiwaz; o poema rúnico em inglês antigo acrescenta o detalhe útil de que esta runa corresponde ao planeta Marte e/ou à estrela polar. VEJA FUTHORC ANGLO-SAXÃO; FUTHARK ANTIGO.

A mesma runa, finalmente, é a décima segunda do sistema rúnico Armanen com o nome Tyr e significa a espada. Seu poder no encantamento rúnico em norueguês antigo "Havamal" é o de permitir que os mortos falem com os vivos. Corresponde ao deus Vidar e ao signo zodiacal de Peixes. VEJA RUNAS ARMANEN.

↑

Runa Tiwaz (Tyr, Tir)

Tomberg, Valentin. Ocultista estoniano, 1900-1973. Tomberg nasceu em São Petersburgo, onde seu pai – um estoniano de origem alemã – era oficial do governo czarista. Em sua casa, quando criança, falava-se francês, alemão e russo. Sua mãe morreu na Revolução Russa de 1917. Pouco depois, mudou-se para a Estônia e por volta de 1925 era o presidente do ramo estoniano da Sociedade Antroposófica. *VEJA* ANTROPOSOFIA.

Ele se manteve bastante ativo na Antroposofia dando palestras, até a Estônia ser invadida pela União Soviética em 1940. Ele conseguiu escapar e foi a Londres, onde conseguiu um cargo na BBC. Durante a guerra, converteu-se ao catolicismo, escreveu dois livros sobre Direito e começou a escrever uma série de obras sobre o pensamento esotérico. Seu livro mais famoso, *Meditations on the Tarot*, foi publicado anonimamente em 1972.

Os trabalhos de Tomberg são documentos importantes do ocultismo cristão, e o *Meditations on the Tarot* em particular tornou-se um dos clássicos dessa tradição. Sua abordagem vale-se bastante do misticismo cristão convencional, mas também de escritores teosóficos como Saint-Martin; *VEJA* SAINT-MARTIN, LOUIS-CLAUDE DE; TEOSOFIA (MÍSTICA CRISTÃ). O misticismo evolucionário de Pierre Teilhard de Chardin também figura com destaque entre suas fontes. *VEJA TAMBÉM* OCULTISMO CRISTÃO. LEITURA ADICIONAL: FAIVRE, 2000; TOMBERG, 1972.

toques. Na terminologia das lojas, um modo especial de cumprimento usado como método de identificação entre membros de lojas. Como muitos outros elementos do sistema de lojas, os toques eram usados como forma de simbolismo muito antigamente, tanto em lojas fraternais quanto mágicas. *VEJA* LOJA FRATERNAL; LOJA MÁGICA.

Torre, a. Décimo sexto Arcano Maior do tarô, geralmente mostrando a imagem de uma torre atingida por um raio, com duas pessoas caindo dela. Seus nomes alternativos são "a Casa de Deus" e "a Torre Atingida por um Raio". No sistema da Golden Dawn, corresponde à letra hebraica Peh, enquanto no sistema francês corresponde a Ayin. Seus significados comuns incluem perigo, crise, destruição e libertação.

Seu título mágico é "Senhor das Hostes do Poderoso". *VEJA TAMBÉM* TARÔ.

Carta do tarô a Torre (tarô Universal)

torres de vigia. Na moderna prática pagã, manifestações dos quatro poderes direcionais, em geral correspondentes aos quatro elementos e a outros aspectos do simbolismo quádruplo que é tão importante na moderna prática mágica pagã. As quatro torres de vigia são imaginadas como se estivessem situadas além do círculo mágico, nas quatro direções. Cada uma funciona como um poder protetor para o círculo, bem como um portal para outros mundos da existência.

As torres de vigia são controladas pelos Guardiões; *VEJA* GUARDIÕES. Na maioria dos rituais em que se cria um círculo mágico no paganismo moderno, os chamados para as torres de vigia têm papel importante.

As quatro torres de vigia não são encontradas na prática pagã antes do século XX e provavelmente foram inspiradas na magia da

Golden Dawn, onde as torres de vigia enoquianas têm papel similar em alguns trabalhos rituais. *VEJA* ENOQUIANAS, TORRES DE VIGIA.

Toth. *VEJA* THOT.

Touro. Segundo signo do zodíaco, um signo fixo de Terra com polaridade feminina. Em Touro, Vênus é o regente, a Lua se exalta e Marte está em exílio. Este signo governa a garganta e o pescoço. *VEJA* ZODÍACO.

O Sol fica em Touro aproximadamente entre 21 de abril e 21 de maio. Pessoas com o Sol nesse signo costumam ser confiáveis, firmes, calmas, persistentes e capazes de trabalhar muito; também podem ser interesseiras, possessivas e intolerantes a mudanças.

No sistema de tarô da Golden Dawn, Touro corresponde à carta 5, o Papa. *VEJA* PAPA, O; TARÔ.

Símbolo astrológico de Touro

trabalho de raiz. Nome alternativo do hudu, especialmente nos estados da Costa Leste dos Estados Unidos. *VEJA* HUDU.

Tradição 1734. Sistema de bruxaria norte-americana com raízes britânicas, a Tradição 1734 surgiu da obra de Robert Cochrane (1931-1966), bruxo inglês que teria sido iniciado numa tradição familiar de bruxaria. Cochrane foi uma figura importante no cenário da bruxaria britânica na década de 1960, uma espécie de pioneiro cujo sistema de bruxaria – o Clã de Tubal-Cain – foi bem diferente do método que era comum na época, o gardneriano. *VEJA* CLÃ DE TUBAL-CAIN; COCHRANE, ROBERT.

Em meados da década de 1960, Cochrane começou a se corresponder com um aluno norte-americano, Joseph Wilson. As cartas de Cochrane estavam repletas de enigmas, poesia, sugestões e perguntas mal respondidas, e Wilson e alguns de seus amigos e conhecidos desenvolveram seu próprio sistema com base nessas instruções evasivas. Cópias das cartas tiveram grande circulação, dando origem a diversos ramos da tradição.

Os atuais membros da Tradição 1734 referem-se a ela como um sistema anglo-celta ou celta-eclético. O número 1734 não é, como dizem alguns, uma data ou o endereço da Suma Sacerdotisa original de Cochrane. É um criptograma que esconde o nome da Deusa Suprema do sistema, assim como 1737 esconde o nome do Deus Supremo.

Os atuais praticantes da Tradição 1734 usam a meditação e a experiência visionária como ferramentas centrais de seu trabalho. Como o grupo original de Cochrane, eles trabalham ao ar livre sempre que possível. Ao contrário de Cochrane, porém, cujos experimentos com plantas psicodélicas nativas levou à sua morte, os atuais iniciados da 1734 não parecem usar narcóticos ou drogas alucinógenas em seus ritos. *VEJA TAMBÉM* BRUXARIA.

tradição familiar. Na Wicca e em outros movimentos pagãos modernos, a tradição familiar (geralmente abreviada para "fam-trad" em inglês) é um sistema de ensino e de prática que teria sido passado de geração em geração, dentro de uma determinada família, desde a Antiguidade. É certo que existem tradições autênticas desse tipo, em ramos das tradições ocultistas que vão desde o hudu ao misticismo rosa-cruz. Contudo, supostas "fam-trads" têm sido usadas tão frequentemente para produzir uma história fictícia para sistemas recentemente criados, especialmente em grupos da Wicca e de neopagãos norte-americanos, que o conceito passou a ser menosprezado em muitas partes da comunidade ocultista. VEJA TAMBÉM HISTÓRIA OCULTA; WICCA.

tradição georgiana. Tradição da Wicca norte-americana fundada em 1970 em Bakersfield, Califórnia, por George "Pat" Patterson. Em 1971, tornou-se um dos primeiros grupos da Wicca norte-americana a ter o *status* legal de Igreja, sendo constituída pela Igreja da Vida Universal como Igreja da Wicca Bakersfield. Bem eclética, inspira-se em tradições como a gardneriana, alexandrina e outras da Wicca inglesa e norte-americana.

Há covens georgianos ativos na maior parte dos Estados Unidos, bem como na Inglaterra e na Australásia. A tradição georgiana tem sido particularmente bem-sucedida nas forças armadas dos Estados Unidos; ao contrário de outros grupos tradicionalistas da Wicca, tem visto uma importante expansão em atividades e em números nos últimos anos. VEJA TAMBÉM WICCA.

Tradição Mohsiana. Tradição da Wicca norte-americana, fundada na Califórnia no início da década de 1960, por Bill e Helen Mohs, usando materiais extraídos da Tradição 1734, da Plant Bran e da Wicca de Gardner. Por volta de 1969, o sistema eclético praticado pelos Mohs e seu coven começaram a ser chamados de "Tradição Americana" ou "Tradição Americana Eclética"; a palavra "Mohsiana" surgiu no início da década de 1970. VEJA GARDNER, GERALD BROUSSEAU; PLANT BRAN; TRADIÇÃO 1734.

Os covens mohsianos celebram os oito sabás e fazem Esbás ou Esbats na noite de Lua Cheia; funcionam no sistema tradicional de três graus, com um rito de dedicação externo antes do primeiro grau, e os rituais de Gardner são usados como iniciação. LEITURA ADICIONAL: DAVIES, 2001.

Tradição Ogdoádica. VEJA AURUM SOLIS.

Transcendentalismo. Movimento literário e espiritual do século XVIII na Nova Inglaterra, o transcendentalismo foi um dos primeiros movimentos místicos norte-americanos e também inaugurou o longo e complexo caso amoroso dos Estados Unidos com as tradições espirituais asiáticas. Tudo começou a tomar forma por volta de 1830, quando um grupo de escritores e filósofos – entre os quais Ralph Waldo Emerson (1803-1882), Henry Thoreau (1817-1862) e Bronson Alcott (1799-1888), pai da famosa autora de livros infantis Louisa May Alcott – começaram a reagir à filosofia mística alemã, às traduções de textos platonistas que saíam da caneta de Thomas Taylor na Inglaterra e aos primeiros relatos de filosofia hindu nas revistas inglesas. VEJA PLATONISMO; TAYLOR, THOMAS.

Por volta de 1836, quando começaram a ser realizadas reuniões de um "Clube Transcendental" na casa de George Ripley, um ministro unitarista de Boston, o movimento assumiu forma coerente. Uma revista, *The Dial*, foi criada em 1840; embora nunca tenha sido um sucesso financeiro, e tenha fechado após quatro anos, era muito lida e influente e incluiu os primeiros textos hindus publicados em solo norte-americano. O movimento também gerou uma comunidade, Brook Farm, que foi fundada em 1841 e ainda existia em 1857.

Na época em que a Brook Farm fechou, o movimento já perdera seu ímpeto, embora vários de seus membros tenham prosseguido no mesmo caminho durante o resto de suas carreiras. Durante sua existência, o impacto do Transcendentalismo foi limitado e mais visível por conta das ironias e condenações recebidas pelo movimento, tanto por parte de materialistas como de cristãos ortodoxos. Mesmo assim, os transcendentalistas abriram uma trilha que foi seguida por todos os movimentos posteriores; Espiritualismo, Novo Pensamento, Teosofia e o vasto "Jornada para o Leste" das décadas de 1960 e 1970, de várias formas, podem ser mais bem compreendidos se vistos como reações continuadas ao impulso transcendentalista. LEITURA ADICIONAL: FROTHINGHAM, 1876; GELDARD, 1993; VERSLUIS, 1993.

transe. Estado alterado de consciência no qual a pessoa que o experimenta perde a consciência da realidade cotidiana. Pode ser produzido por hipnose, auto-hipnose, drogas e outros meios. A maioria dos sistemas de prática ocultista do Ocidente inclui algum tipo de trabalho em transe, embora os detalhes variem muito. Tradições semiocultistas como o espiritualismo e o movimento da Nova Era também usam algum tipo de transe. *VEJA* NOVA ERA, MOVIMENTO DA; ESPIRITUALISMO.

Práticas como a vidência em superfície refletora, ou escriação, e a projeção astral, que constituem um ramo importante da prática mágica em alguns sistemas, dependem de métodos eficientes de indução ao transe para funcionar. *VEJA* PROJEÇÃO ASTRAL; ESCRIAÇÃO. *VEJA TAMBÉM* ATWOOD, MARY ANN; PATOTISMO.

trânsitos. Na astrologia, movimentos dos planetas com relação às posições planetárias num mapa existente. Segundo a teoria fundamental da astrologia, o estado do céu no momento do nascimento ou de origem deixa traços duradouros na pessoa nascida ou na coisa criada naquele momento. Como os céus continuam seus ciclos após esse momento, planetas, signos zodiacais e outros fatores passam por relacionamentos com a impressão astrológica deixada na pessoa ou na coisa. Esses relacionamentos e seus efeitos são acompanhados por meio de trânsitos.

Por exemplo, a cada trinta anos, aproximadamente, o planeta Saturno volta à mesma posição zodiacal. Uma pessoa nascida quando Saturno está, digamos, em quinze graus de Touro, terá Saturno passando novamente por essa posição perto de seu trigésimo aniversário. (A data exata pode variar em até alguns anos, em função do efeito de retrogradações e de velocidades orbitais diferentes em cada ponto da órbita de Saturno ao redor do Sol.) Esse trânsito, chamado de retorno de Saturno, costuma trazer mudanças e desafios importantes relacionados com o signo e a casa habitados por Saturno no mapa natal da pessoa.

Num dado momento do tempo, um ou mais planetas estarão transitando por algum aspecto de um mapa natal e os astrólogos que se especializam na análise de trânsitos podem prever muitos dos altos e baixos da vida cotidiana acompanhando os trânsitos diariamente. De modo mais geral, porém, o retorno solar – o regresso do Sol à sua posição no mapa natal – e os trânsitos de Júpiter, Saturno e os planetas exteriores, são usados para acompanhar os perfis gerais da vida da pessoa. *VEJA* RETORNO SOLAR. Os trânsitos dos planetas exteriores costumam ser combinados com progressões; *VEJA* PROGRESSÕES. *VEJA TAMBÉM* ASTROLOGIA.

transmigração. *VEJA* REENCARNAÇÃO.

transvecção. Em textos acadêmicos e teológicos, uma expressão que designa o poder de voar atribuído a bruxas e seres sobrenaturais. A natureza da transvecção foi muito discutida por teólogos cristãos durante a era das fogueiras, com um lado alegando que era uma ilusão causada por demônios e o outro afirmando, com o mesmo fervor, que os demônios carregavam fisicamente as bruxas pelo ar.

Dentro do sistema prático da magia ligada ao paganismo durante a Idade Média, Renascimento e início do período moderno, o poder de voar parece ter sido em parte o fruto do uso de drogas e em parte o efeito daquilo que mais tarde seria chamado de projeção astral. Unguentos para voar, registrados em textos medievais e renascentistas, incluem poderosos alucinógenos, e experiências modernas com essas receitas teriam produzido "viagens" com muitas das características comuns ao Sabá das Bruxas da tradição popular. Em outros casos, grupos pagãos ou semipagãos como os benandanti e os cultos a Diana mencionados no Cânone Episcopi faziam seus voos no estado onírico, aparentemente sem o auxílio de drogas. *VEJA* BENANDANTI; CÂNONE EPISCOPI.

três. Na tradição numérica pitagórica, três é o primeiro número, pois tem um começo, um meio e um fim; o um e o dois são considerados princípios básicos dos números, e não números em si. Ele representa o espaço bidimensional, uma vez que três pontos determinam um plano. Seus títulos incluem "sabedoria", "piedade" e "amizade".

Na cabala, o três é Binah, Compreensão, a terceira Sefirah da Árvore da Vida. Também é o número da letra Gimel. Há três letras-mãe no alfabeto hebraico. Nomes de Deus contendo três letras incluem ShDI, Shaddai, e HUA, Hu. *VEJA* CABALA.

No simbolismo mágico do Renascimento, três é o mais sagrado e o mais poderoso dos números. É o número da perfeição e das formas ideais e está associado à Santíssima Trindade. LEITURA ADICIONAL: MCLEAN, 1994; WATERFIELD, 1988; WESTCOTT, 1984.

Três Mundos. Vários sistemas com três mundos ou reinos da existência podem ser encontrados nas tradições ocultistas ocidentais. Muitos deles não parecem ter nenhuma outra conexão exceto o número em si, que é um número simbólico importante em todas as culturas indo-europeias.

No druidismo, um sistema de três mundos foi adotado dos textos de Iolo Morganwg (1747-1826). Nesse sistema, que é a base dos ensinamentos de Morganwg sobre a evolução espiritual, cada alma passa a existir a partir do caldeirão de Annwn ou a existência mineral no primeiro mundo, chamado Abred, que é o mundo das plantas e da vida animal. Almas que progridem pelos círculos de Abred atingem finalmente o nível humano e, obtendo sabedoria, fazem a transição para o segundo mundo, Gwynfydd, o mundo da vida angelical ou iluminada. Acima de Gwynfydd fica Ceugant, o terceiro mundo, o reino insondável do divino. *VEJA* DRUIDISMO.

Nos ensinamentos dos martinistas franceses, usa-se outro conjunto de três mundos como estrutura da teoria e prática mágica. São o mundo mental ou mundo do Arquétipo, o mundo astral ou mundo da Humanidade e o mundo físico ou mundo da Natureza. *VEJA* MARTINISMO. LEITURA ADICIONAL: NICHOLS, 1990; SADHU, 1962.

Três Princípios. No Renascimento e na alquimia moderna, os três constituintes da matéria, chamados enxofre, mercúrio e sal, embora não devam ser confundidos com as substâncias físicas do mesmo nome. Enxofre é o princípio volátil e energético, mercúrio é o princípio fluido e mediador, o sal o princípio sólido e estabilizador; os alquimistas consideram que todos os três estão presentes em toda substância material. *VEJA* ALQUIMIA; MERCÚRIO; SAL; ENXOFRE.

O ensinamento dos Três Princípios evoluiu de um ensinamento mais antigo da alquimia árabe e da alquimia europeia medieval, nas quais os metais eram vistos como uma combinação de enxofre e mercúrio. As diferenças entre os metais eram uma função dos diferentes níveis de pureza dessas duas substâncias; só quando a forma mais pura de ambas se uniam no interior da terra é que se formava o ouro. Este ensinamento foi promulgado inicialmente pelo alquimista árabe Jabir ibn Hayyan; *VEJA* GEBER.

Na alquimia espagírica, a forma da alquimia medicinal que lida com ervas, o enxofre de uma planta consiste em seus óleos essenciais e outros componentes voláteis; o mercúrio é sua seiva, ou, na forma fermentada, álcool puro; o sal é o material sólido que resta quando a planta é queimada. *VEJA* ESPAGÍRIA.

tríades. Na tradição barda galesa, textos curtos usados para classificar diversas informações lendárias, legais, técnicas e práticas. Até o século XVI, quando as antigas tradições de instrução oral ruíram em função da invenção da imprensa, os bardos aprendizes de Gales memorizavam centenas de tríades como índice mental para as histórias que tinham de aprender. Eram particularmente importantes a *Trioedd Ynys Prydein* ("Tríades da Ilha da Britânia"), que incluíam detalhes importantes dos mitos e lendas, e a *Trioedd Cerdd* ("Tríades Bardas"), que cobriam regras da arte dos bardos.

Um exemplo da *Trioedd Ynys Prydein* é:
Os três nobres sapateiros da ilha da Britânia:
Caswallawn filho de Beli, quando foi a Roma, buscar Fflur;
Manawyddan, filho de Llyr, quando o encanto estava em Dyved;
Llew Llaw Gyffes, quando ele e Gwydion buscavam armas e um nome de sua mãe Arianrhod.

Um exemplo do *Trioedd Cerdd* é:
Três coisas que dão amplidão a um poeta:
Conhecimento de histórias;
A arte dos bardos;
Uma reserva de versos antigos.

O *Trioedd Ynys Prydein* refere-se a uma vasta gama de mitos e lendas, muitos dos quais se perderam ou sobreviveram apenas em forma fragmentar. Tem sido dito, com bases razoavelmente sólidas, que pelo menos parte desse material recua às tradições druidas.

Surpreendentemente, as tríades têm recebido pouca atenção do moderno ressurgimento pagão, embora tenham sido usadas por várias ordens druidas modernas e alguns dos grupos neopagãos celtas mais eruditos. A grande popularidade das tradições irlandesas e escocesas entre modernos celtófilos, e o correspondente descaso de outras culturas celtas, devem ter muito a ver com o descaso geral quanto às tríades. *VEJA TAMBÉM* BARDO. LEITURA ADICIONAL: BROMWICH, 1961.

triângulo de manifestação. Na magia goética, um triângulo desenhado no chão ou no solo, fora do círculo mágico, geralmente ao norte, como local no qual um espírito invocado deve se manifestar. Nos grimórios tradicionais, os triângulos de manifestação são marcados com nomes divinos e costumam ficar em torno de um incensório que queima incenso correspondente ao tipo de espírito sendo invocado. *VEJA* GOÉTIA; GRIMÓRIO.

Diversos magos modernos sugeriram que o triângulo de manifestação dos antigos grimórios era, na verdade, a moldura de um espelho mágico, no qual aparecia o espírito invocado. *VEJA* ESPELHO MÁGICO.

tribos de Israel. De acordo com a Bíblia (Gênesis 49,2-28), as doze tribos de Israel descendiam de dez filhos de Jacó – Rúben, Simeão, Judá, Zabulon, Issacar, Dã, Gad, Aser, Neftali e Benjamim – e dois netos de Jacó, Efraim e Manassés. Desde a Antiguidade, foram feitas tentativas de associar as doze tribos aos doze signos do zodíaco, com base nas bênçãos dadas a cada ancestral por Jacó, e a cada tribo por Moisés (Deuteronômio 33,6-25). Essas associações têm seu papel em alguns sistemas de simbolismo cabalístico, especialmente na cabala maçônica dos séculos XVIII e XIX.

Nome da Tribo	*Mathers/Pike*	*Halevi*
Judá	Leão	Áries
Issacar	Câncer	Touro
Zabulon	Capricórnio	Gêmeos
Rúben	Aquário	Câncer
Simeão	Peixes	Leão
Gad	Áries	Virgem
Efraim	Touro	Libra
Manassés	Gêmeos	Escorpião
Benjamim	Sagitário	Sagitário
Dã	Escorpião	Capricórnio
Aser	Libra	Aquário
Neftali	Virgem	Peixes

O primeiro conjunto de associações nessa tabela é o mais comum e pode ser encontrado em fontes da Golden Dawn, bem como no imenso compêndio de Albert Pike, *Morals and Dogma*. O segundo é usado pelo moderno cabalista judeu Z'ev ben Shimon Halevi e pode ser encontrado em mais algumas fontes.

O peitilho do Sumo Sacerdote, que tem doze joias, também está associado às doze tribos, e surgiram vários métodos diferentes para relacionar os dois. *VEJA* PEITORAL DO SUMO SACERDOTE. *VEJA TAMBÉM* CABALA; ZODÍACO. LEITURA ADICIONAL: D. GODWIN, 1991; HALEVI, 1980; MATHERS, 1983; PIKE, 1871.

tridente mágico. Instrumento muito usado em diversas tradições europeias de magia hermética, o tridente mágico é uma arma usada para comandar, banir ou destruir inimigos hostis. Geralmente, é feito de ferro ou aço, com três pontas aguçadas e cabo de madeira ou algum outro material não condutor. Segundo a tradição da magia natural, pontas aguçadas de ferro podem descarregar a substância etérica que constitui os corpos de certos tipos de inimigos hostis. LEITURA ADICIONAL: BARDON, 1967; SADHU, 1962.

O tridente mágico

trígono. (do inglês *trine*) Na astrologia, um aspecto de 120 graus entre dois planetas ou pontos importantes. Normalmente, um trígono é um aspecto favorável ou "fácil", produzindo um relacionamento harmonioso entre os dois fatores envolvidos. *VEJA* ASPECTO ASTROLÓGICO.

trígono (de Júpiter e Saturno). Na astrologia, a figura triangular formada no zodíaco pelas conjunções entre Júpiter e Saturno, que ocorre aproximadamente a cada vinte anos. Devido à relação entre os quatro elementos tradicionais e os signos do zodíaco, todos os três pontos do trígono ficam em signos do mesmo elemento; assim, antigos livros de astrologia falam do "trígono de água" ou do "trígono de fogo", indicando períodos em que as conjunções entre Júpiter e Saturno se davam, respectivamente, em signos de água ou de fogo.

A cada 240 anos, as conjunções entre esses dois planetas mudavam de um conjunto de signos para outro, e assim mudavam seu simbolismo Elemental. Na astrologia mundana tradicional, essa mudança representa o final de uma era do mundo e o começo de outra. VEJA CICLOS CÓSMICOS; ASTROLOGIA MUNDANA. VEJA TAMBÉM ASTROLOGIA.

Trinta e Dois Caminhos de Sabedoria. Texto místico judaico tradicional relacionado com o Sepher Yetzirah, de autoria incerta, escrito provavelmente entre os séculos VII e X e.c. Os *Trinta e Dois Caminhos de Sabedoria* consistem em 32 trechos breves, que descrevem cada Caminho como uma "inteligência" ou estado específico de consciência. Na moderna cabala mágica, às vezes esses trechos são chamados (incorretamente) de "textos da Yetzirah", pois os *Trinta e Dois Caminhos de Sabedoria* têm sido incluídos em edições do Sepher Yetzirah desde o final da Idade Média. VEJA SEPHER YETZIRAH.

Tríplice, lei. VEJA TRIPLO RETORNO, LEI DO.

triplo retorno, lei do. Ensinamento comum à maioria das tradições pagãs modernas, a lei do triplo retorno ou lei tríplice diz que qualquer ação mágica, positiva ou negativa, volta com intensidade triplicada para o mago. A preocupação com a dimensão moral da magia é um fenômeno relativamente moderno nas tradições mágicas ocidentais, e muitos sistemas de magia prática da Idade Média e anteriores a esta não davam muita atenção a questões éticas; a magia dos grimórios, como a dos papiros mágicos greco-egípcios, tem objetivos que vão da cura e bênção a maldições mortais e magia erótica destinada a extrair favores sexuais de pessoas incautas. Apesar disso, muitas evidências apoiam a ideia de que o uso regular da magia para finalidades egoístas e/ou destrutivas acaba voltando para o mago, e a lei do triplo retorno é, provavelmente, uma regra sábia e útil para o ocultista praticante. VEJA PAPIROS MÁGICOS GRECO-EGÍPCIOS; GRIMÓRIO; MAGIA.

Trismegisto, Hermes. VEJA HERMES TRISMEGISTO.

Tristitia. (latim, "tristeza") Figura geomântica governada por Saturno. Na adivinhação, favorável para bases e elaboração de projetos, mas desfavorável para a maioria das outras questões. VEJA GEOMANCIA.

```
 . .
  .
 . .
  .
```

Figura geomântica Tristitia

Trithemius, Johannes. Humanista e ocultista alemão, 1462-1516. Nascido Johann Heidenberg na cidade de Trittenheim, da qual deriva seu pseudônimo latino, Trithemius decidiu, aos 15 anos, dedicar sua vida aos estudos, apesar da oposição de seu padrasto. Saindo de casa, perambulou pelo noroeste da Alemanha e pela Holanda antes de entrar na Universidade de Heidelberg, onde estudou com algumas das mentes mais destacadas de sua época. Depois de se formar em 1482, Trithemius tentou visitar sua família, mas foi detido por uma nevasca e procurou abrigo no mosteiro beneditino de Saint Martin, em Sponheim. Fortemente atraído pela vida monástica do lugar, fez votos como noviço assim que a nevasca terminou e, aos 21 anos de idade, foi eleito abade do mosteiro, cargo que ocupou pelos 23 anos seguintes. Brilhante estudioso e colecionador de livros, tornou-se renomado por toda a Europa, e os principais acadêmicos da literatura da época frequentaram Sponheim enquanto ele esteve lá.

Sua substancial produção literária incluiu obras sobre teologia mística, história da Igreja, reforma monástica e estudos humanistas. Elas foram superadas, porém, quando surgiram rumores de que ele havia escrito um livro sobre esteganografia – a arte das comunicações secretas – que, aparentemente, baseava-se em invocações mágicas. Embora ele nunca tenha sido censurado oficialmente pela Igreja Católica, o furor que se ergueu em torno dele forçou-o a ocultar o manuscrito da *Steganographia*, e a terceira parte dessa obra nunca foi concluída. VEJA STEGANOGRAPHIA.

Em 1505, ele saiu do mosteiro de Sponheim, onde ele e os monges estavam se desentendendo cada vez mais, e tornou-se abade do mosteiro de São Jacó em Würzburg. Lá, escreveu vários outros livros, inclusive *Polygraphia*, um manual mais convencional de cifras e escrita secreta; *De Septem Secundeis*, um tratado profundamente mágico sobre a influência dos sete anjos planetários sobre os ciclos da história humana, e vários livros apoiando a perseguição às bruxas. Estes últimos podem parecer surpreendentes para os leitores modernos, mas ele dizia sempre que a magia cerimonial era totalmente compatível com a ortodoxia católica, enquanto a bruxaria – que, como a maioria de seus contemporâneos, ele interpretava como idolatria ao Diabo – não era. Ele morreu em 1516. LEITURA ADICIONAL: BRANN, 1999; SHUMAKER, 1982.

trivium. *VEJA* QUADRIVIUM.

Tuatha de Danaan. (irlandês, "Filhos da Deusa Dana") A mais importante dentre muitas e variadas raças de seres sobrenaturais irlandeses. Segundo o *Livro de Invasões*, fonte primária de história da mitologia irlandesa, os Tuatha de Danaan eram uma raça de magos que migrou para a Irlanda vindos de quatro cidades – Gorias, Falias, Finias e Murias – situadas no norte do mundo. Eles conquistaram a Irlanda aos Fir Bolg, uma raça anterior de invasores, e passaram boa parte de seu domínio brigando com os monstruosos Fomorianos. Finalmente, foram expulsos pelos Milésios, ancestrais dos atuais irlandeses, e fugiram para locais subterrâneos, tornando-se os Sidhe ou o povo das fadas das lendas irlandesas. *VEJA* FADAS.

Segundo a maioria dos estudiosos do folclore e mitos da Irlanda, os Tuatha de Danaan eram apenas os deuses da Irlanda pagã, transformados em figuras históricas após o advento do cristianismo pelo processo de evemerismo; *VEJA* EVEMERISMO. Muitos costumes irlandeses relacionados com os Tuatha de Danaan parecem ser remanescentes de antigas tradições de adoração. Em muitas tradições pagãs celtas modernas, diversos membros importantes dos Tuatha de Danaan são venerados como divindades.

Tubal-Cain. *VEJA* CLÃ DE TUBAL-CAIN.

Tubal-Cain, Clã de. *VEJA* CLÃ DE TUBAL-CAIN.

turíbulo. Expressão antiga que designa um recipiente onde se queima incenso, ainda usada em alguns textos mágicos. O turíbulo-padrão é uma tigela ou copo de metal raso, cheio até a metade de areia; põe-se carvão sobre a areia e se acende, queimando-se incenso sobre o carvão.

Tyr. *VEJA* TIWAZ.

Tzaddi. (hebraico TzDI, "anzol") Décima oitava letra do alfabeto hebraico, uma das letras simples, com valor sonoro *ts* e valor numérico

90 (em sua forma final, 900). Suas correspondências mais comuns são as seguintes:

> *Caminho da Árvore da Vida*: Caminho 28, de Netzach a Yesod.
> *Correspondência astrológica*: Aquário.
> *Correspondência no tarô*: Arcano XVII, A Estrela.
> *Parte do Cubo do Espaço*: Aresta sul superior.
> *Cores*: em Atziluth, violeta.
>   em Briah, azul-celeste.
>   em Yetzirah, malva azulado.
>   em Assiah, branco tingido de púrpura.

Seu texto, no *Trinta e Dois Caminhos da Sabedoria*, diz: "O Vigésimo oitavo Caminho é chamado Inteligência Natural; por ela se completa e aperfeiçoa a natureza de tudo o que existe abaixo do Sol". VEJA TAMBÉM CABALA; ALFABETO HEBRAICO.

Letra hebraica Tzaddi, esquerda, e sua forma final, direita

Tzadkiel. (hebraico TzDQIAL, "justiça de Deus") Na cabala, o arcanjo associado com Chesed, a quarta Sefirah da Árvore da Vida, no mundo de Briah. VEJA ARCANJO; BRIAH; CHESED.

Tzaphkiel. (hebraico TzPhQIAL, "contemplação de Deus") Na cabala, o arcano associado com Binah, a terceira Sefirah da Árvore da Vida, no mundo de Briah. VEJA ARCANJO; BINAH; BRIAH.

Tzedek. (hebraico TzDQ, "justiça") Palavra hebraica para o planeta Júpiter, usada em magia cerimonial como o nome mágico da esfera de Júpiter. VEJA JÚPITER.

Tzelmoth. (hebraico TzLMVTh, "sombra da morte") Na tradição cabalística, o segundo dos sete infernos, associado com a Sefirah Hod. VEJA INFERNOS, SETE.

U

Uilleand. (irlandês antigo, "madressilva") Terceira das cinco letras adicionais do alfabeto Ogham, usada para representar a combinação de vogais *ui* ou a consoante *p*. Corresponde à madressilva entre as árvores, mas não tem o simbolismo complexo das vinte letras regulares do alfabeto Ogham.

Letra Uilleand em Ogham

um. Na tradição pitagórica da numerologia, o um – a mônada – não é um número, mas a *fonte* dos números. Seus títulos incluem "artífice", "modelador", "matriz", "matéria" e "Prometeu", como fonte de todas as formas numéricas; "andrógino", pois não era nem par nem ímpar (para os pitagóricos, o primeiro número ímpar era o 3); "caos", "obscuridade" e "trevas", pois nenhum outro número podia ser encontrado nele; "nau" e "carro", pois continha todas as outras coisas nele; e "Proteus", pois torna-se todas as coisas. Como senhor e regente dos números, foi associado a Zeus.

No simbolismo cabalístico, o 1 é Kether, a Coroa, a primeira Sefirah e também o número da letra Aleph. Tanto Aleph como a letra Yod, a fonte de todas as letras hebraicas, são considerados Nomes de Deus no pensamento cabalístico, e como tal são os Nomes com uma letra apenas. *VEJA* CABALA.

No simbolismo mágico do Renascimento, o 1 é o número de Deus, do Sol, do coração, da Pedra Filosofal e da fênix; representa a unidade, a piedade, a concórdia e a amizade. Também é o número da *anima mundi*, ou Alma do Mundo. *VEJA TAMBÉM* ARITMOLOGIA. LEITURA ADICIONAL: MCLEAN, 1994; WATERFIELD, 1988; WESTCOTT, 1984.

um ano e um dia. Na Wicca moderna e em muitas tradições pagãs modernas, o período de tempo que deve ser empregado no estudo de um determinado grau antes que se possa receber o seguinte. A medida de tempo com um ano e um dia é um hábito muito antigo na Inglaterra. Na lei inglesa medieval, por exemplo, se uma pessoa ferida morresse no prazo de um ano e um dia a contar do incidente, a pessoa responsável pelo ferimento receberia pena de morte.

Em seu livro *A Deusa Branca*, importante fonte para o ressurgimento pagão do século XX, Robert Graves afirma que "um ano e um dia" referia-se, originalmente, a um calendário tradicional no qual o dia do solstício de inverno não fazia parte de qualquer mês. *VEJA TAMBÉM* CALENDÁRIO DAS ÁRVORES-OGHAM. LEITURA ADICIONAL: GRAVES, 1966.

unção. Aplicação de óleo em uma pessoa ou objeto. O ato de ungir tem feito parte da magia prática há milhares de anos. Na Grécia antiga, magos que queriam consagrar uma pedra como morada para um espírito ou deus a ungiam com azeite de oliva e a ornamentavam com uma guirlanda de flores enquanto recitavam um encantamento apropriado. Ritos similares eram usados em muitas culturas antigas para consagrar estátuas de deuses e deusas. *VEJA* ESTÁTUAS MÁGICAS.

A Igreja Católica usa óleo consagrado em três dos sete sacramentos – batismo, crisma e ordenação de sacerdotes – e muitas outras Igrejas cristãs mantiveram alguns aspectos dessa tradição. Alguns ramos da magia medieval e da renascentista costumavam valer-se da unção com óleos como forma de consagrar utensílios para uso mágico. Na moderna prática da magia, a unção é usada em rituais iniciáticos, bênçãos e em cerimônias da Wicca, bem como em diversas outras atividades. A magia com velas, em especial, costuma envolver a unção de uma ou mais velas com óleo perfumado; *VEJA* VELAS, MAGIA COM.

Uncia Coeli. (latim, "onça do céu") No sistema de magia da Aurum Solis, o segundo centro de energia mais elevado dentre os seis do corpo humano, localizado no meio da fronte. No Despertar das Cidadelas, exercício da Aurum Solis aproximadamente equivalente ao exercício do Pilar do Meio, ele é visualizado como uma esfera acinzentada, metade da qual projeta-se desde a fronte. Seu Nome de Poder é YHVH ALHIM, Tetragrammaton Elohim.

Corresponde ao chakra do terceiro olho, mas não tem relação nem com as Sefirot da Árvore da Vida, nem com os centros do exercício do Pilar do Meio. *VEJA* AURUM SOLIS; PILAR DO MEIO, EXERCÍCIO DO; DESPERTAR DAS CIDADELAS.

Ur. (irlandês antigo, "terra") Décima oitava letra do alfabeto Ogham, com valor sonoro *u*. Corresponde à urze entre as árvores, à cotovia entre as aves, à cor da resina (*usgdha*, em gaélico) e ao número 5. Na versão de Robert Graves para o calendário das árvores-Ogham, está associada ao solstício de verão. *VEJA* OGHAM.

Letra Ur em Ogham

Ur. (runa) *VEJA* URUZ.

Urano. Descoberto por *sir* William Herschel em 1781, Urano foi o primeiro dos planetas exteriores a ser revelado pelo telescópio. Sua descoberta levou a muitos anos de discussão por parte dos astrólogos, que não tinham lugar para ele na elegante estrutura simbólica da astrologia clássica. No moderno pensamento astrológico, porém, Urano representa o poder da mudança radical e da desagregação, e está associado a rebeliões, invenções, novas tecnologias, sexualidades alternativas e contraculturas. Ele governa o signo de Aquário, e está em exílio em Leão. *VEJA TAMBÉM* ASTROLOGIA.

Símbolo astrológico de Urano

uroboros. (também grafado **ouroboros**; grego, "que morde a cauda") A serpente que engole a própria cauda, imagem comum na magia e na alquimia desde a Antiguidade até o presente. Sua origem parece ser egípcia – aparece, por exemplo, nos adornos da tumba de Tutankhamon – mas na época clássica estava espalhada em boa parte do mundo ocidental.

Sua interpretação tem sido variada. Na alquimia, costuma representar o processo da circulação, no qual uma substância é destilada e o produto disso é posto de novo junto com o resíduo, e o processo é repetido. VEJA ALQUIMIA; CIRCULAÇÃO.

Ursa Maior. Também conhecida em inglês como Big Dipper ("Panelão"), a mais brilhante e visível das constelações polares do hemisfério Norte, a Ursa Maior vem tendo papel de destaque na mitologia e na magia há milhares de anos. Esse papel tem muito a ver com o simbolismo do polo norte, pois no passado a Ursa Maior esteve ainda mais próxima do polo do que está hoje.

A precessão dos Equinócios, a lenta oscilação do eixo terrestre que produz as eras astrológicas, também altera o local do polo celeste (o ponto do céu situado diretamente acima do polo norte terrestre) ao longo de um amplo círculo do céu e de um período de 25.920 anos, aproximadamente. Hoje, Polaris é a estrela polar, mas até a Idade Média as quatro estrelas da "panela" da Ursa Maior estavam mais perto do polo celeste. Podem ter sido as quatro cidades simbólicas dos Tuatha de Danaan da lenda irlandesa, situada no norte do mundo; podem também ter formado Caer Pedryvan, o mítico castelo "que gira quatro vezes" e que é o lugar onde se oculta o Caldeirão do Renascimento mencionado no poema místico galês "Preidden Annwn". VEJA PRECESSÃO DOS EQUINÓCIOS.

Nos papiros mágicos greco-egípcios, a constelação da Ursa Maior está relacionada com a deusa Ártemis, que evoluiu no final do período clássico e se tornou Perséfone, uma deusa do mundo inferior associada a Hécate e relacionada ainda com a deusa babilônica da morte, Ereshkigal. Os papiros mágicos greco-egípcios contêm uma invocação da Ursa Maior para propósitos mágicos gerais (PGM VII 686-702); *VEJA* PAPIROS MÁGICOS GRECO-EGÍPCIOS. Ártemis foi, de certo modo, uma deusa-urso, como deixam claros os rituais de seu templo em Brauron, na Grécia.

Muito pouco dessa antiga tradição polar chegou à moderna tradição ocultista, mas vários sistemas mágicos atribuíram à Ursa Maior um papel significativo, por outras razões. Diversas tradições mágicas fortemente influenciadas pela Teosofia adotaram, como a própria Teosofia, a antiga associação hindu entre as sete estrelas principais da Ursa Maior e os Sete Rishis ou sábios primordiais. Segundo se diz, essas estrelas e os sábios seriam responsáveis pelos padrões evolucionários de sete planetas, inclusive a Terra. VEJA TEOSOFIA.

As mesmas sete estrelas seriam a fonte do padrão essencial da Távola Redonda, que teria sido trazida à Terra por Merlim para o rei Arthur. VEJA LENDAS ARTHURIANAS. LEITURA ADICIONAL: J. GODWIN, 1993; KNIGHT, 1983.

Uruz. (germânico antigo, "boi selvagem") A segunda runa do futhark antigo e, com o nome Ur, do futhark recente, do futhorc anglo-saxão e do alfabeto rúnico Armanen também. No futhark antigo e no futhorc anglo-saxão, cor-

Uruz

responde aos enormes e ferozes auroques, espécie extinta de gado selvagem, e a conceitos de força primitiva e vitalidade; o poema rúnico em inglês antigo fala dos auroques percorrendo as charnecas e lutando com chifres. A runa representa o som *u*, e alguns estudiosos modernos das runas associam-na ao deus Thor.

No futhark recente, essa runa tem o nome de Ur, que significa "escória" ou "garoa". Está associada à tenacidade e à purificação. *VEJA* FUTHARK RECENTE.

No sistema rúnico Armanen, essa runa, com o nome de Ur, representa força primordial. Seu poder, de acordo com o poema rúnico "Havamal", é o de curar. Corresponde ao deus Uller, à mãe e ao signo zodiacal de Touro, e tem o som de *u*. *VEJA* RUNAS ARMANEN.

Runa Uruz (Ur)

V

Vaivasvata Manu. Na tradição teosófica, o manu ou governante da quinta raça, a atual ou ariana. *VEJA* MANU; TEOSOFIA.

Valentim, Basílio. (em latim, **Basilius Valentinus**) Alquimista alemão, datas desconhecidas. Autor de várias das obras mais influentes da tradição alquímica tardia, Valentim Basílio é descrito nos textos alquímicos como um monge beneditino no mosteiro de São Pedro em Erfurt, mas ainda não surgiu registro de sua existência nos minuciosos registros da Ordem Beneditina. Afirma-se ainda que ele viveu no final do século XV, mas evidências internas datam seus livros no começo do XVI.

O legado de Valentim consiste inteiramente em seus textos, publicados inicialmente por volta de 1600. Suas obras mais importantes foram *A Carruagem Triunfal do Antimônio* (publicação original, 1604), considerada pelos historiadores da ciência como a primeira monografia escrita sobre um elemento químico específico, e *Twelve Keys*, publicada pela primeira vez em 1599, que apresenta uma complexa alegoria simbólica do processo alquímico. *VEJA TAMBÉM* ALQUIMIA.

Valiente, Doreen. Bruxa e autora inglesa, 1922-1999. Uma das mais influentes figuras da história da Wicca moderna, Valiente nasceu no sul de Londres mas cresceu no sudoeste da Inglaterra, onde o folclore da bruxaria fazia parte da vida cotidiana até meados do século XX. Seus pais eram cristãos devotos que tentaram educá-la nessa fé, mandando-a para um internato de freiras; ela saiu de lá aos 15 anos de idade e recusou-se a voltar.

Seu interesse pelo ocultismo data da infância, e ela já fazia feitiços simples na juventude. Pouco depois da revogação da Lei da Bruxaria em 1951, ela entrou em contato com Cecil Williamson, na época proprietário de um museu da bruxaria na Ilha de Man, esperando fazer contato com um bruxo. Williamson colocou-a em contato com Gerald Gardner (1884-1964), fundador da Wicca, que a iniciou em 1953; *VEJA* GARDNER, GERALD BROUSSEAU. Valiente tornou-se a Suma Sacerdotisa de Gardner pouco depois e teve um papel fundamental na revisão dos rituais originais da Wicca, excluindo trechos substanciais que tinham sido inspirados ou copiados das obras de Aleister Crowley (1875-1947). *VEJA* LIVRO DAS SOM-

BRAS; CROWLEY, ALEISTER. Suas obras incluem a versão-padrão do Ofício da Deusa, usada pela maioria das tradições modernas da Wicca.

Ela saiu do coven de Gardner em 1957 e fundou seu primeiro coven. Em 1964 foi iniciada por Robert Cochrane no Clã de Tubal-Cain, uma tradição muito antiga da bruxaria que Cochrane alega ter herdado de seus familiares. *VEJA* CLÃ DE TUBAL-CAIN; COCHRANE, ROBERT. Ela rompeu com Cochrane alguns anos depois em decorrência de seu comportamento cada vez mais instável.

Até o fim da vida, Valiente manteve-se ativa nos círculos ingleses da Wicca, tendo escrito vários livros sobre o assunto, e em seus últimos anos foi amplamente considerada a grande dama da Wicca inglesa. Em 1972, fez pressão sobre o Parlamento, com sucesso, para impedir que a Lei da Bruxaria fosse reeditada. Passou seus últimos anos em Sussex, onde morreu de câncer em 1999. *VEJA TAMBÉM* WICCA. LEITURA ADICIONAL: HUTTON, 1999; VALIENTE, 1987, 1989.

vampiro. Na tradição ocultista, um tipo de criatura espectral que sobrevive sugando a energia de seres humanos vivos. O vampiro da tradição ocultista tem pouca coisa em comum com o cadáver animado e sugador de sangue da moderna mídia de terror, embora os relatos de ocultistas variem muito e tenha havido certa penetração de estereótipos da mídia nos textos ocultistas nas últimas décadas.

No entanto, a maioria das discussões ocultistas sobre vampirismo enfatiza que o vampiro sai de seu túmulo numa forma etérica e não física, nutrindo-se de energia vital e não de sangue físico. A palavra *vampiro* – geralmente indicando o vampiro psíquico – também é usada para tratar de seres humanos vivos que se nutrem de forma parasitária dos corpos etéricos de outras pessoas, drenando sua força vital.

Alguns escritores de ocultismo têm dado bastante atenção ao vampirismo, em parte por causa das possibilidades do terror gótico inerente ao tema, em parte porque pode ser usado para realçar certos detalhes da composição dos corpos sutis humanos e a natureza da experiência do pós-morte. LEITURA ADICIONAL: FORTUNE, 1930; J. GREER, 2001; LÉVI, 1972.

vara. *VEJA* BORDÃO.

vara de medição. Vara com marcas segundo algum sistema tradicional de medidas, importante em sistemas de magia que dependem de métodos específicos de medição, de proporção ou de geometria sagrada. As varas de medição não costumam ser consagradas, embora algumas varas e cajados consagrados tenham medidas e sirvam para medição. *VEJA* GEOMETRIA SAGRADA; BORDÃO.

varinha. De longe, o mais comum dos instrumentos mágicos, tanto nas lendas como na prática, a varinha mágica era, na origem, um dentre muitos itens da caixa de ferramentas do mago cerimonial antigo e medieval. Em As *Chaves de Salomão*, o mais famoso grimório medieval, ela é uma dentre mais de doze ferramentas levadas pelo mago e seus cinco discípulos, embora sua importância seja destacada pelo fato de que o próprio mago, e não um dos discípulos, precisa transportá-la. *VEJA* CHAVES DE SALOMÃO, AS. Muitos outros grimórios dão-lhe um lugar menor, ou então a omitem.

Os textos do mago francês Éliphas Lévi (1810-1875), que iniciou sozinho o ressurgimento mágico do século XIX, davam muita atenção à varinha como símbolo da vontade, e foi Lévi quem associou a varinha ao elemento Fogo, que ainda é sua associação mais frequente. Seguindo tal orientação, a Ordem Hermética da Aurora Dourada e os grupos que

varinha de lótus

a sucederam deram muita atenção à varinha, e o aluno da Golden Dawn, Aleister Crowley (1875-1947) escreveu muito sobre o simbolismo e uso da varinha. *VEJA* CROWLEY, ALEISTER; GOLDEN DAWN; LÉVI, ÉLIPHAS. Outros magos do século XX, como Franz Bardon, também trabalharam muito com a varinha como ferramenta mágica; *VEJA* BARDON, FRANZ.

Atualmente, a varinha é usada basicamente em tradições mágicas que sucederam às principais ordens mágicas cerimoniais dos séculos XIX e XX ou que se inspiraram nelas. No movimento neopagão, seu lugar costuma ser ocupado pelo athame, embora alguns dos sistemas mais tradicionais da Wicca tenham lugar para a varinha. *VEJA* ATHAME; NEOPAGANISMO. *VEJA TAMBÉM* VARINHA DE LÓTUS. LEITURA ADICIONAL: CROWLEY, 1980; MATHERS, 1888; REGARDIE, 1971.

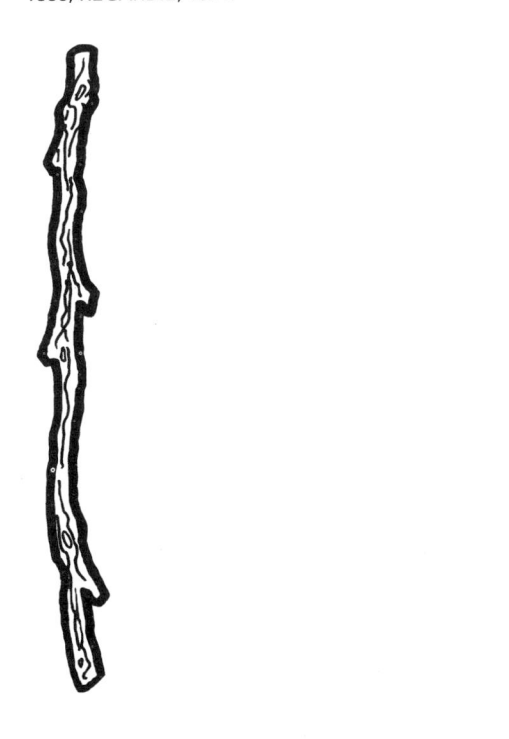

Exemplo de uma varinha de madeira; a varinha é um símbolo do elemento Fogo.

varinha de lótus. Na prática mágica da Golden Dawn, uma das três principais ferramentas práticas usadas pelo adepto, juntamente com a espada mágica e a lâmina. A varinha de lótus tem a extremidade superior em forma de flor de lótus e a haste dividida em catorze faixas – a superior branca, representando o espírito; a inferior preta, representando a força material; e as doze intermediárias com cores que representam as forças do zodíaco. Quando a utiliza, o mago segura a varinha pela faixa que corresponde à força que deseja invocar. *VEJA TAMBÉM* VARINHA. LEITURA ADICIONAL: REGARDIE, 1971.

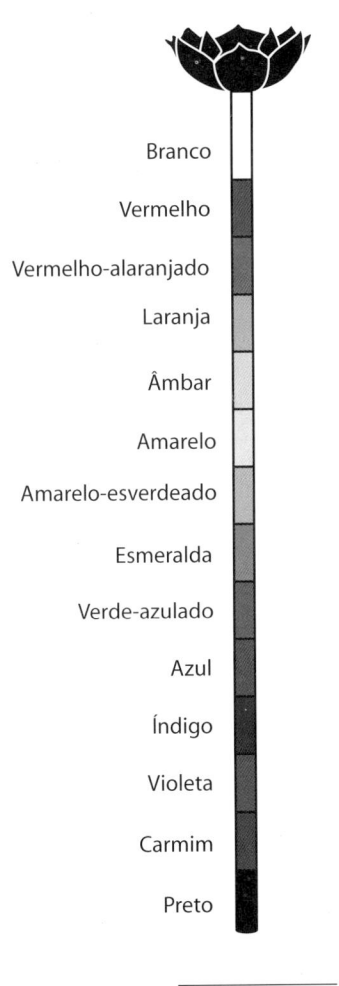

Varinha de lótus

vassoura. *VEJA* BESOM.

vate. (do latim *ovatus*, do galês antigo; cognato do gaélico *fáith*, "vidente") Segundo fontes gregas e romanas, uma classe subordinada de druidas que lidavam com adivinhações e filosofia natural. Praticamente nada se sabe sobre os vates originais além do fato de sua existência.

Durante o ressurgimento druida dos séculos XVIII e XIX, acreditava-se que a palavra inglesa para "vate", *ovate*, estaria relacionada com a palavra latina *ovum*, "ovo", e ordens druidas fundadas nesse período costumavam usá-la como o primeiro nível de seu sistema de graus, seguido por bardos e druidas. Estudos mais recentes, baseados mais em fontes irlandesas do que nas latinas, revisaram essa diretriz, e na maioria das ordens druidas fundadas no século XX o grau de vate é o segundo no sistema de graus, se é que chegam a usar as expressões tradicionais. *VEJA TAMBÉM* DRUIDAS.

Vau. (hebraico VV, "prego") Sexta letra do alfabeto hebraico, uma letra simples com valores sonoros *v*, *u* e *w* (dependendo do dialeto hebraico) e valor numérico 6. Também grafada Vav; suas correspondências mais comuns são as seguintes:

Caminho da Árvore da Vida: Caminho 16, de Chokmah a Chesed.
Correspondência astrológica: Touro.
Correspondência no tarô: Arcano V, O Hierofante.
Parte do Cubo do Espaço: Aresta sudeste.
Cores: em Atziluth, vermelho alaranjado.
em Briah, índigo escuro.
em Yetzirah, verde-oliva escuro.
em Assiah, marrom intenso.

Seu texto, no *Trinta e Dois Caminhos da Sabedoria*, diz: "O Décimo Sexto Caminho é a Inteligência Triunfal ou Eterna, assim chamada porque é o prazer da Glória, mais além da qual não há outra Glória semelhante a ela, e é chamado também de paraíso preparado para os justos". *VEJA TAMBÉM* CABALA; ALFABETO HEBRAICO.

Letra hebraica Vau (Vav)

vegetarianismo. A crença de que a carne deve ser excluída da alimentação humana. Desde a Antiguidade, certos ramos da tradição esotérica ocidental têm afirmado que a ingestão de carne animal é incompatível com o desenvolvimento espiritual. A primeira tradição ocidental a ter exigido o vegetarianismo foi a fraternidade pitagórica, fundada por Pitágoras de Samos antes de 500 A.E.C.; *VEJA* PITÁGORAS. Alguns questionam se o vegetarianismo foi ensinamento do próprio Pitágoras, pois relatos antigos variam quanto a isso. Certamente, porém, o mestre e filósofo pitagórico Empédocles de Agrigento (ativo no século V A.E.C.) condenava a ingestão de carne em seus textos que chegaram até nós, e pitagóricos posteriores tratavam o vegetarianismo como parte essencial de sua disciplina. *VEJA* EMPÉDOCLES DE AGRIGENTO.

Fora dos círculos pitagóricos, muito poucos ocultistas ocidentais praticaram o vegetarianismo até o século XIX, quando a Sociedade Teosófica importou ideias hindus sobre o tema para um público ocidental; *VEJA* SOCIEDADE TEOSÓFICA. Desde então, os movimentos esotéricos ocidentais podem ser divididos aproximadamente em duas facções: aquela que segue o vegetarianismo e aquela que não segue, com os grupos mais teosóficos e meditativos recaindo na primeira facção e os mais focados na magia ritual, na segunda.

Alguns destes últimos, porém, condenam especificamente essa prática. Os textos da ocultista inglesa Dion Fortune (1898-1946), por exemplo, afirmam que uma alimentação vegetariana faz com que a maioria das pessoas com ancestrais ocidentais fique sensível demais para a vida comum, sem falar na tensão psíquica envolvida na magia cerimonial. Tal como ocorre com a maioria dos detalhes da magia prática, provavelmente a questão da dieta vegetariana deve ser deixada ao critério pessoal do mago. *VEJA TAMBÉM* FEIJÕES.

Veilleurs, Les. (francês, "os Vigilantes") Grupo ocultista e político francês ativo entre as duas guerras mundiais. Les Veilleurs surgiram no cenário ocultista de Paris em 1919, pregando uma mistura de espiritualidade esotérica, política de direita e antissemitismo. Entre seus membros estava R. A. Schwaller de Lubicz, fundador do grupo e seu primeiro líder, que se tornou uma figura central no moderno ressurgimento da geometria sagrada; Rudolf Hess, mais tarde um importante oficial do Partido Nazista; e O. V. de Lubicz-Milosz, poeta franco-lituano. *VEJA* NACIONAL-SOCIALISMO; SCHWALLER DE LUBICZ, RENÉ A.

velas, magia com. O início do uso de velas em magia data de muitos séculos atrás, mas o sistema mágico específico no qual velas coloridas e untadas são as ferramentas primárias é uma inovação relativamente recente, desenvolvida no século XIX a partir das práticas devocionais católicas com velas de diversos tipos.

As práticas básicas da magia com velas envolvem um detalhado simbolismo das cores, no qual a vela vermelha muitas vezes representa o desejo sexual, a verde significa dinheiro, a branca simboliza a espiritualidade e a cura, a preta serve para amaldiçoar e banir, e assim por diante. As velas usadas em magia são "vestidas" ou untadas com óleos específicos, normalmente esfregados na vela do meio para as extremidades. Uma prática pode envolver o simples ato de acender uma ou mais velas e recitar um cântico enquanto ela queima; pode envolver uma redistribuição de velas num altar para representar a redistribuição prática que aquele trabalho deseja produzir.

A magia com velas era mais praticada por magos populares de diversas tendências, mas recentemente ela se espalhou. Muitos bruxos e pagãos dos atuais movimentos de renovação pagã fazem uso dela, assim como muitos ocultistas que simplesmente abrem um livro sobre o tema e acabam gostando do conteúdo. *VEJA TAMBÉM* HUDU. LEITURA ADICIONAL: BUCKLAND, 1970; MALBROUGH, 1986, 1998.

velocia. (latim, "os rápidos") Expressão usada para as marés tattvicas do sistema mágico da Aurum Solis. *VEJA* AURUM SOLIS; TATTVAS.

Veneziano. *VEJA* CHOHAN VENEZIANO.

Vênus. Um dos sete planetas tradicionais da astrologia, em um mapa natal Vênus está associado ao amor, aos relacionamentos e ao lado feminino da personalidade. Ele governa os signos de Touro e de Libra, está exaltado em Peixes, em exílio em Escorpião e Áries e em queda em Virgem. *VEJA* ASTROLOGIA.

Na alquimia, Vênus é um símbolo comum do cobre. *VEJA* ALQUIMIA.

♀

Símbolo astrológico de Vênus

verdes. *VEJA* BRUXARIA VERDE.

Vesta. Asteroide ocasionalmente usado na astrologia. Tem sido associado ao signo zodiacal de Virgem. *VEJA* ASTEROIDES.

vestido de céu. Na Wicca e em outras tradições neopagãs modernas, uma expressão ritual que significa "despido". A palavra é a tradução literal do sânscrito *digambara*, usada por diversas seitas de ascetas jainistas e hinduístas que abrem mão de suas roupas e de todos os outros bens mundanos. Embora tenha sido dito por alguns participantes do cenário da Wicca e do neopaganismo que a expressão tradicional é usada há séculos no Ocidente, não há sinal dela em fontes ocultistas ocidentais anteriores ao surgimento da Wicca moderna. Ao que parece, teria sido introduzida por Gerald Gardner, fundador da Wicca, que a teria tomado de fontes anglófonas sobre tantrismo. *VEJA* GARDNER, GERALD BROUSSEAU; WICCA.

Véu do Santuário. No Templo do Rei Salomão, na Israel antiga, um véu que separava o Santo dos Santos, onde ficava a Arca da Aliança, do resto do interior do templo. Originalmente, o véu fazia parte da decoração do tabernáculo construído pelos israelitas durante suas perambulações e era azul, púrpura e escarlate, ornado com querubins; as especificações são encontradas em Êxodo 26,31-33. Segundo Mateus 27,51, Marcos 15,38 e Lucas 23,45, o Véu do Santuário rasgou-se de alto a baixo na época da crucificação de Jesus de Nazaré.

Em textos místicos e ocultistas, o Véu do Santuário foi usado como rótulo metafórico para as limitações da percepção que impedem os seres humanos de perceber diretamente as realidades divinas. Na cabala, o Véu do Santuário foi posicionado na Árvore da Vida logo abaixo de Tiphareth, a sexta Sefirah. *VEJA* CABALA; ÁRVORE DA VIDA. Na tradição da Golden Dawn, o grau do Portal representava a passagem pelo Véu do Santuário a caminho de Tiphareth, e "Paroketh", nome do véu em hebraico, era usado como palavra de passe do grau. *VEJA* GOLDEN DAWN; PAROKETH. *VEJA TAMBÉM* TEMPLO DE SALOMÃO.

Via. (latim, "caminho") Figura geomântica governada pela Lua. Na adivinhação, Via é uma figura de aspecto variável, afortunada para viagens, mas desafortunada em muitas outras questões. *VEJA* GEOMANCIA.

●
●
●
●

Figura geomântica Via

vibração. Na magia cerimonial, um modo de pronunciar nomes divinos e outras palavras de poder para obter efeito máximo. Consiste em cantar ou entoar as palavras de modo a estabelecer uma sensação de tremor ou de zumbido no corpo. De acordo com folhetos instrutivos, é melhor aprendida praticando-se com simples sons de vogais, alterando o tom e a forma da boca até o efeito requerido começar a surgir. Com a prática, a sensação pode ser focalizada em qualquer lugar, fora ou dentro do corpo físico, e energias mágicas maximizam-se no local onde a vibração é focalizada. *VEJA TAMBÉM* FÓRMULA VIBRATÓRIA DO PILAR DO MEIO. LEITURA ADICIONAL: J. GREER, 1997; REGARDIE, 1971.

viburno. (*Viburnum* spp.) Muito usada no hudu norte-americano tradicional, é a raiz de diversas espécies de *Viburnum* spp. As raízes são longas, finas e flexíveis. Na tradição do hudu, utilizam-se como proteção contra ataques mágicos e maledicências, para se ter sorte no jogo e sucesso na obtenção de emprego. *VEJA* HUDU.

Vigia do Umbral. Um dos conceitos com nome mais pitoresco da filosofia mágica, o Vigia do Umbral é uma entidade ou experiência – as definições variam – que perturba o progresso nos primeiros estágios de avanço do treinamento mágico. A palavra parece ter surgido em círculos ocultistas do início do século XIX e foi divulgada pelo romancista e ocultista Edward Bulwer-Lytton (1803-1873) em sua famosa obra *Zanoni*, publicada originalmente em 1842.

A natureza exata do Vigia é alvo de grande controvérsia. Bulwer-Lytton o descreve como a soma total dos maus hábitos e ações passadas do mago. Muitos teóricos da magia identificaram o Vigia como o medo que o ego tem de crescer e mudar, que deve ser enfrentado e vencido antes que possa fazer progressos significativos no caminho mágico. Nos textos do sistema de magia da Aurum Solis, o Vigia é visto como um reflexo mal compreendido do próprio eu superior, transformado numa figura de medo pelas incompreensões do eu inferior. *VEJA* AURUM SOLIS.

Na filosofia esotérica de Alice Bailey, o Vigia do Umbral é a soma total da ilusão, da miragem e de maya – ou seja, as distorções, respectivamente, do pensamento, do sentimento e da ação – que cada indivíduo acumula ao longo de suas vidas passadas e deve enfrentar no processo de iniciação. *VEJA* MIRAGEM.

Seja qual for sua verdadeira natureza, porém, a experiência do Vigia é algo que quase todo aspirante ao treinamento mágico conhece em algum momento dos primeiros estágios de sua jornada. Tédio, irritação, distrações e outros inúmeros obstáculos emocionais ao estudo e à prática contínuas postam-se diante do candidato a mago. Se forem resistidos ou explorados por meio da introspecção, darão lugar a um medo paralisante e nítido, geralmente de intensidade avassaladora.

A única maneira de vencer o Vigia é manter o estudo e a prática da magia apesar de tudo isso. Depois de um período relativamente curto, o medo e os obstáculos desaparecem e começa a aflorar o primeiro potencial real de poder mágico. LEITURA ADICIONAL: BAILEY, 1950; W. BUTLER, 1962.

Vigilâncias, Criação das. No sistema mágico da Aurum Solis, o padrão básico de ritual de proteção, usado do mesmo modo que o Ritual Menor do Banimento do Pentagrama da Golden Dawn, tendo sido inclusive baseado nele; *VEJA* PENTAGRAMA, RITUAIS DO. Há duas versões: o ritual da Criação das Vigilâncias do Poder, que pode ser realizado em hebraico ou grego, e o Criação das Vigilâncias do Veemente, que é realizado em latim. *VEJA* AURUM SOLIS.

Uma operação mágica fictícia com esse nome, mas com forma completamente diferente, foi inventada pela escritora de ficção fantástica Katherine Kurtz em seus populares romances Deryni. Como muitos outros elementos da atual ficção fantástica, ela tem sido copiada e usada por algumas pessoas na comunidade mágica moderna. *VEJA* OCULTISMO FANTÁSTICO.

vigilante. Que protege ou guarda, geralmente no sentido mágico. Feitiço vigilante é um trabalho de magia destinado a proteger ou a impedir o acesso a uma pessoa, lugar ou coisa. *VEJA TAMBÉM* BANIMENTO.

Vilon. (hebraico VILVN, "véu") Na tradição cabalística, o primeiro e mais baixo dos sete céus, correspondendo às Sefirot Yesod e Malkuth. *VEJA* CÉUS, SETE.

Virgem. Sexto signo do zodíaco, um signo mutável de Terra e polaridade feminina. Em Virgem, Mercúrio é regente e se exalta; Júpiter está em exílio e Vênus em queda. Virgem governa o sistema nervoso e os intestinos.

Os asteroides Ceres e Vesta e, segundo algumas autoridades, Juno e Palas também estão associados a este signo. *VEJA* ASTEROIDES.

O Sol está em Virgem aproximadamente entre 24 de agosto e 22 de setembro. Pessoas com o Sol nessa posição costumam ser diligentes e perspicazes, com atenção aos detalhes e hábitos modestos; podem ser implicantes, perfeccionistas e tensas.

No sistema de tarô da Golden Dawn, Virgem corresponde à carta 9, o Eremita. *VEJA* EREMITA, O; TARÔ. *VEJA TAMBÉM* ZODÍACO.

♍

Símbolo astrológico de Virgem

Virgílio. (Publius Vergilius Maro) Poeta romano, 70 A.E.C.–19 E.C. Nascido na região rural do norte da Itália, numa família de origem humilde, mas de respeitável fortuna, frequentou escolas em Cremona, Nápoles e Roma, e deu início à sua carreira literária. Em 42 A.E.C., tornou-se parte do círculo literário ao redor de Mecenas, o escravo liberto e primeiro ministro extraoficial de Otaviano (mais tarde, Augusto César, primeiro imperador de Roma, 63 A.E.C. – 14 E.C.). O patrocínio de Otaviano, já um dos dois homens mais poderosos de Roma, permitiu que Virgílio dedicasse toda a sua vida à escrita, o que lhe deu a oportunidade de produzir suas principais obras poéticas – as *Éclogas*, coleção de dez poemas pastorais; as *Geórgicas*, celebração dos ciclos da natureza e do ano agrícola; e a *Eneida*, sua última e mais famosa obra, um drama épico sobre as origens do povo romano. Durante uma viagem de pesquisas à Grécia para reunir material local para revisar trechos da *Eneida*, foi acometido por uma febre. Voltando à Itália de navio, morreu pouco depois de chegar a Brundisium (a moderna Brindisi).

Segundo dizem as fontes antigas, Virgílio não tinha relação alguma com a magia ou com o ocultismo. Por isso, é uma das ironias da história que lendas da Idade Média tenham-no transformado no feiticeiro supremo da Antiguidade. Ao que parece, isso foi ocasionado por uma confusão com um personagem obscuro do início da Idade Média, Virgílio de Sevilha. Sejam quais forem os detalhes, a figura de Virgílio, o Encantador, era comum nos textos medievais. Por outra ironia do destino, essas lendas – causadas por uma tradução galesa errônea – terminaram criando um livro inexistente e uma ordem igualmente inexistente de alquimistas druidas na imaginação de alguns escritores druidas modernos. *VEJA* PHERYLLT.

virgindade. Num sentido estrito, o estado de um ser vivo que não teve relacionamento sexual; num sentido mais amplo, o estado de qualquer objeto ou substância que ainda não foi usada com um propósito específico. Neste sentido, geralmente a virgindade é uma exigência sobre materiais usados em operações mágicas tradicionais. Cera virgem, pergaminho, roupas e coisas do gênero costumam ser estipuladas pelos grimórios, afirmando que esses materiais precisam estar livres da influência de qualquer outra forma de atividade, para que as energias do ritual não sejam contaminadas.

No sentido estrito, a virgindade também tem lugar nas tradições mágicas mais antigas. Segundo algumas fontes, o clarividente ou vidente usado numa operação mágica precisa ser virgem, para que as visões evocadas sejam puras e precisas. O fato de muitas das fontes antigas simplesmente exigirem uma criança impúbere lembra-nos de que o sexo pré--matrimonial era tão comum no passado quanto é hoje. VEJA TAMBÉM POLARIDADE; SEXO E OCULTISMO.

Visão, Uma. (inglês, *A Vision*). Livro do ocultista e poeta William Butler Yeats (1865--1939), apresentando um inovador sistema de filosofia esotérica baseado nas 28 fases da Lua. O sistema foi obtido por meio de escrita automática e comunicação mediúnica pela esposa de Yeats, Georgie, a partir de 1917 e continuando por mais de uma década. As entidades que transmitiram o sistema, chamadas de "os comunicadores" por Yeats, apresentaram-no especificamente como um conjunto de "metáforas para poesia".

O conceito central de *Uma Visão* é a dualidade da alma humana entre o Primário, que é objetivo e se relaciona com o mundo dos fatos, e o Antitético, que é subjetivo e se relaciona com o mundo da imaginação. O Primário se expressa no indivíduo como a Mente Criativa, que procura entender o Corpo de Destino, a soma total de fatos que afetam o indivíduo. O Antitético se expressa como a vontade, que procura trazer à existência a Máscara, o objeto ou ideal de tudo que o indivíduo deseja.

Pontos diferentes do ciclo de 28 fases combinam proporções diferentes do Primário e do Antitético e produzem diferentes tipos de personalidade, cada um com seu tipo distinto de Vontade, Máscara, Mente Criativa e Corpo de Destino. Cada alma vai trabalhando seu percurso no ciclo, desde o Primário puro da Fase 1 (a Lua Nova) até o Antitético puro da Fase 15 (a Lua Cheia) e volta ao início. Esse mesmo ciclo governa o movimento da alma entre encarnações, bem como o movimento dos ciclos históricos de mil e de 2 mil anos de duração.

Uma Visão foi publicada inicialmente numa edição limitada e particular em 1925, circulando entre contatos e amigos ocultistas de Yeats. Uma edição bastante revisada e expandida surgiu em 1937 e foi destinada ao grande público. Desde então, o livro tem sido estudado por apreciadores da poesia de Yeats, embora os astrólogos o tenham usado como forma de interpretar as posições lunares no mapa. VEJA ASTROLOGIA; LUA. VEJA TAMBÉM YEATS, WILLIAM BUTLER. LEITURA ADICIONAL: YEATS, 1956.

visco. (*Viscum album*) Planta parasita que cresce em diversas árvores, o visco era a planta mais sagrada para os antigos druidas, que a valorizavam ainda mais quando encontrada sobre um carvalho. Na tradição mágica, tem o poder de conferir a fertilidade e o de banir espíritos hostis.

A medicina humoral tradicional considera-a quente e seca no terceiro grau, e por isso associada ao fogo. VEJA TAMBÉM DRUIDAS; MAGIA NATURAL.

vitríolo. Expressão fundamental da alquimia, com muitos significados diferentes. No sentido físico mais básico, o vitríolo é uma expressão que representa diversos sais de sulfato metálico hidratados: sulfato de cobre ($CuSO_4$), ou vitríolo azul; sulfato de ferro ($FeSO_4$), ou vitríolo verde; e sulfato de zinco ($ZnSO_4$), ou vitríolo branco – produzidos quimicamente tratando metais com ácido sulfúrico. Como é normal na alquimia, porém, a expressão recebeu outros significados.

A palavra "vitríolo" também tem sido usada desde a época medieval como sigla para a frase latina *Visita interiora terrae rectificando invenies occultum lapidem*, "Visite o interior da terra; retificando, encontrará a pedra oculta". VEJA TAMBÉM ALQUIMIA.

Vitrúvio. (Marcus Vitruvius Pollio) Arquiteto e engenheiro romano, ativo no século I E.C. As datas de seu nascimento e de sua morte são desconhecidas, e os únicos detalhes de sua carreira que sobrevivem são aqueles que ele apresenta em sua obra sobrevivente, *Dez Livros de Arquitetura*. Aparentemente, ele trabalhou para Augusto César como engenheiro militar antes de regressar à vida civil como arquiteto, registrando suas ideias sobre arquitetura.

Vitrúvio era mais um construtor prático do que um teórico, mas – como todos os arquitetos de sua época – ele fez uso de regras pitagóricas básicas de geometria e proporção em seus trabalhos de projetos e comentou muitos deles em seu livro. A redescoberta deste em meados do século XV teve papel fundamental no ressurgimento da geometria sagrada e do pensamento pitagórico durante o Renascimento. *VEJA* PITÁGORAS; GEOMETRIA SAGRADA. LEITURA ADICIONAL: VITRÚVIO, 1960.

Voarchadumia. Segundo o livro do mesmo nome – *Voarchadumia Contra Alchimiam: Ars Distincta ab Archimia, et Sophia, Cum Additionibus, Proportionibus, Numeris, et Figuris Opportunis Joannis Augustini Panthei Veneti Sacerdotis* [*Voarchadumia Contra a Alquimia: Uma Arte Distinta da Arquimia e Sabedoria, com Adições, Proporções, Números e Figuras Oportunas, por Johannes Augustinus Pantheus, Sacerdote em Veneza*], para dar-lhe a glória de seu título completo – a arte suprema da transmutação, diferente da alquimia comum. É difícil determinar, a partir do livro de Pantheus, exatamente como a Voarchadumia se distingue da alquimia, e poucos autores parecem ter se valido da distinção.

Voarchadumia foi alvo do interesse de John Dee (1527-1608), o mais importante mago inglês do período elisabetano, que fez muitas anotações em seu exemplar do livro de Pantheus e usou elementos importantes da abordagem de Pantheus em seus primeiros livros *Propaedumata Aphoristica* (1558) e *A Mônada Hieroglífica* (1564). *VEJA* DEE, JOHN.

Embora a Voarchadumia tenha sido um dos conceitos ocultistas mais esquecidos, o manifesto recém-publicado por uma ordem ocultista afirma terem o domínio da "arte da Voarchadumia" e que seriam os herdeiros do próprio Pantheus – uma possível evidência de que os ocultistas modernos estão mais atentos às fontes históricas do que no passado recente. O que está por trás daquela improvável alegação fica a critério de cada um. *VEJA* ORDEM PALADIANA. *VEJA TAMBÉM* ALQUIMIA. LEITURA ADICIONAL: ANÔNIMO, 2001; YATES, 1964.

Vodu. Também grafado Vudu, Vodun, Vodoun e Voodoo, uma religião caribenha com raízes em tradições da África Ocidental levadas ao Novo Mundo por povos africanos escravizados. Como tantas tradições africanas, o Vodu foi tratado com menosprezo indevido por muitos estudiosos europeus e norte-americanos até o final do século XX, e a palavra passou a ser usada como sinônimo de "magia" ou "superstição" em muitas áreas. A confusão com o hudu, uma tradição distinta de magia popular norte-americana desenvolvida nos estados do sul dos Estados Unidos, piorou as coisas. Embora tenham sido feitas tentativas de levar o Vodu para certas sínteses específicas da magia ocidental, ele ainda é um sistema religioso distinto e que deve ser estudado isoladamente, ou com outras tradições oriundas da diáspora africana. *VEJA TAMBÉM* HUDU.

vogais. Na Antiguidade, sequências de vogais eram usadas pelos sacerdotes e magos de várias nações como cantos ou palavras de poder. A maioria da documentação que resta sobre o tema é grega, mas os próprios autores gregos afirmavam que o uso de vogais era uma antiga prática egípcia. Sequências de vogais são muito usadas nos papiros mágicos greco-egípcios e também aparecem em antigos textos gnósticos.

VEJA GNOSTICISMO; PAPIROS MÁGICOS GRECO-EGÍPCIOS.

O grego antigo tem sete vogais, identificadas com os sete planetas, as sete notas diatônicas da oitava musical e várias outras sequências de sete; infelizmente, as correspondências exatas não sobreviveram em nenhuma fonte antiga, e diversos esquemas foram propostos.

Muitos dos nomes divinos e palavras sagradas das religiões antigas e tradições mágicas são feitos de vogais. O Nome Gnóstico de Deus, IAO, e o título romano de Júpiter, Jove (pronunciado "Yoweh" em latim clássico) são dois exemplos, e o Tetragrammaton, o mais sagrado nome judeu de Deus, é outro. *VEJA* TETRAGRAMMATON. LEITURA ADICIONAL: D. GODWIN, 1991.

Volantia. Nos ensinamentos do ocultista norte-americano P. B. Randolph (1825-1875), o primeiro dos três estágios da prática mágica, consistente em intenso foco mental sobre imagens visualizadas; os estágios seguintes eram o Decretismo e o Posismo; *VEJA* DECRETISMO; POSISMO. O estudante de magia aprendia a Volantia concentrando-se num cartão branco com um círculo preto e depois olhando para uma parede vazia e concentrando-se na imagem residual. A meta a ser buscada é a capacidade de ver um objeto imaginado, com os olhos abertos, com a mesma clareza e precisão como se o objeto estivesse fisicamente presente. *VEJA* RANDOLPH, PASCHAL BEVERLY.

Na Fraternidade Hermética de Luxor, que se valeu fartamente dos trabalhos de Randolph, esse estágio era chamado de Formação. Os outros estágios eram Execução e Recepção. *VEJA* FRATERNIDADE HERMÉTICA DE LUXOR.

vontade. Talvez o conceito mais importante da magia moderna, a vontade é entendida pela maioria dos ocultistas praticantes como a energia fundamental por trás da ação mágica. A teoria da vontade mágica foi introduzida pelo mago francês Éliphas Lévi (1810-1875) em seu influente *Dogme et Rituel de la Haute Magie*, publicado originalmente em 1855, o livro que deu início ao moderno ressurgimento mágico e que foi adotado sem alterações por muitos escritores e teóricos da magia desde essa época. *VEJA* LÉVI, ÉLIPHAS.

A vontade pode ser definida como a parte do eu que escolhe, decide ou exerce intenção. A chave central de toda magia, conforme entendia Lévi e autores posteriores, é aprender a focalizar intensamente a vontade numa única coisa, com total foco mental, durante um longo período. O simbolismo, seja imaginado ou expressado numa forma física, é usado para canalizar as energias da vontade sobre o alvo escolhido, e métodos rituais e trabalhos com energia são usados para cuidar de fatores secundários (como o banimento de influências indesejáveis do círculo mágico) ou para manifestar a vontade em um ou em outro plano da existência – mas a vontade permanece o centro de tudo.

O conceito de Lévi acerca da vontade na magia foi profundamente influenciado pelos textos do filósofo alemão Arthur Schopenhauer (1788-1860), cuja principal obra, *O Mundo como Vontade e Representação* (1818) afirmava que a vontade humana é uma faceta ou expressão de uma vontade universal e que todas as coisas que são percebidas pelos sentidos ou pela mente – todas as "representações", segundo Schopenhauer – são meras expressões de diferentes aspectos ou "graus" da vontade. Schopenhauer foi um dos poucos pensadores fora da comunidade mágica a aceitar a realidade e o poder da magia, e seu ensaio "Sobre a Vontade na Natureza" inclui uma análise de textos mágicos herméticos e de Paracelso.

Muitos exercícios para treinamento e desenvolvimento da vontade são ensinados nas tradições mágicas cerimoniais do mundo moderno. Estas representam uma pequena fração do corpo total de métodos que circulavam no final do século XIX e início do XX, quando a ideia de treinar a vontade era praticada em círculos que tinham pouco ou nada a ver com o ocultismo. O movimento da educação física, que focalizava tanto o desenvolvimento do controle consciente sobre o corpo quanto o aumento da força física e da resistência, teve um papel importante nesse desenvolvimento; *VEJA* EDUCAÇÃO FÍSICA. LEITURA ADICIONAL: CROWLEY, 1976; CROWLEY, 1980; HADDOCK, 1918; LÉVI, 1972.

vril. No romance *A Raça Vindoura* (publicação original, 1873) de Edward Bulwer-Lytton, uma energia misteriosa extraída da atmosfera pelos Vril-ya, habitantes de uma civilização subterrânea. Controlado por um bordão vril, uma vara metálica, o vril podia realizar quase qualquer coisa. Não tardou para que a expressão fosse adotada pelos ocultistas como sinônimo de energia etérica. *VEJA* ÉTER. LEITURA ADICIONAL: ANÔNIMO, 1911; BULWER-LYTTON, 1873; KAFTON-MINKEL, 1989.

Vulcano. Planeta hipotético dentro da órbita de Mercúrio, previsto no século XIX com base em flutuações do movimento de Mercúrio; às vezes chamado de Hefaísto, nome grego do mesmo deus ferreiro. O planeta nunca foi visto de fato, e as variações na órbita observada de Mercúrio encontraram outra explicação quando a teoria da relatividade de Einstein mostrou que a distorção gravitacional da luz a explica. Mesmo assim, um contingente de astrólogos modernos continua a usar antigas tabelas para calcular a posição de Vulcano, usando-o em suas interpretações. *VEJA* ASTROLOGIA; LILITH.

W

Waite, Arthur Edward. Autor e ocultista inglês, 1857-1942. Nascido no Brooklyn, Nova York, filho ilegítimo de uma inglesa e de um capitão de navio norte-americano, Waite mudou-se para a Inglaterra com sua mãe em 1859 e foi criado como católico. Teve uma educação limitada e começou a trabalhar como balconista aos 15 anos. Porém, era leitor voraz, com gosto por filosofia e teologia, e, no final da adolescência, estava escrevendo poemas, ensaios e histórias para publicação.

Em 1878, descobriu o espiritualismo e passou vários anos profundamente mergulhado no movimento espiritualista; *VEJA* ESPIRITUALISMO. No início da década de 1880, voltou ao catolicismo, mas manteve-se fascinado com os meandros do ocultismo pelo resto de sua vida. Seu primeiro livro ocultista, uma antologia de textos do mago francês Éliphas Lévi (1810-1875), foi publicado em 1886. *VEJA* LÉVI, ÉLIPHAS. Seguiram-se vários títulos, explorando a tradição rosa-cruz, as lendas do Santo Graal, a alquimia, a Maçonaria e muitos outros tópicos.

Seu interesse pelo ocultismo não se limitou a escrever livros a seu respeito. Em 1891, após sua admissão ter sido recusada uma vez, tornou-se membro da Ordem Hermética da Aurora Dourada, assumindo o lema *Sacramentum Regis* ("Sacramento do Rei"). Chegou ao grau de Philosophus, o mais alto da Ordem Exterior, mas saiu da Ordem em 1893. Em 1896, foi readmitido e entrou para a Segunda Ordem em 1899. Durante a confusão que envolveu a ordem após a revolta de 1900, Waite teve papel ambíguo, apoiando os rebeldes e depois liderando uma facção que tentou assumir o controle de tudo.

Não conseguindo seu intento, a facção de Waite fundou uma organização separada, o Rito Independente e Retificado da Golden Dawn, que descartou boa parte dos ensinamentos mágicos da ordem original em nome de uma forma de misticismo cristão temperado com elementos cabalísticos e ocultistas. Dissídios internos acabaram com o Rito Independente e Retificado em 1914, e, no ano seguinte, Waite e um grupo de antigos membros do rito fundaram a Fellowship of the Rose Cross, com uma versão bastante revisada dos rituais originais. Essa ordem continuou ativa enquanto Waite viveu, e foi reativada recentemente.

A mais importante contribuição de Waite para o ocultismo, porém, foi seu papel na criação do baralho de tarô Rider-Waite, o mais popular e influente baralho do século XX. Em suas pesquisas sobre o tarô, Waite encontrou um obscuro baralho do século XV, o Sola-Busca, que apresentava imagens complexas tanto para as cartas comuns quanto para os Arcanos Maiores. Pamela Colman Smith (1878-1951), hábil artista e membro do Rito Independente e Retificado, ilustrou as cartas segundo os desenhos de Waite. O baralho foi publicado em 1909 e raramente tem saído dos catálogos. *VEJA* SMITH, PAMELA COLMAN; TARÔ.

Menos conhecido é o fato de que Waite desenhou um segundo baralho de tarô, realizado entre 1920 e 1921 como uma série de aquarelas feitas por seu associado John Brahms Trinick (1890-1974), artista e místico cristão de origem australiana. Este baralho foi usado na Fraternitas Rosae Crucis como um conjunto de imagens para meditação e contemplação, mas nunca chegou a ser publicado como baralho; recentemente (2002), algumas das imagens foram publicadas por Decker e Dummett.

Diversos outros baralhos de tarô, inclusive o Waite Universal usado para ilustrar esta enciclopédia, adotaram o trabalho de Waite com Pamela Colman Smith como base.

Waite combinou sua carreira no ocultismo com uma vida profissional extremamente ativa como escritor, jornalista e editor, e foi maçom entusiasta, tendo se iniciado em 1901. Ele continuou a escrever, a publicar e a presidir as reuniões da Fellowship até seus últimos meses de vida. *VEJA TAMBÉM* GOLDEN DAWN. LEITURA ADICIONAL: DECKER E DUMMETT, 2002; GILBERT, 1987.

Warner, William John. *VEJA* CHEIRO.

Welsh Traditional, bruxaria. (bruxaria galesa tradicional) Tradição pagã norte-americana fundada na cidade de Nova York no início da década de 1970, baseada no folclore celta, principalmente nas lendas galesas incluídas no *Mabinogion*. Muito parecida com a Wicca norte-americana da época, celebra os oito sabás, realiza esbás na Lua Cheia e reverencia a Grande Mãe e o Deus Cornífero – aquela com os nomes de Arianrhod, Blodeuwedd e Ceridwen, este como Mabon e Cernunnos. Os grupos Welsh Traditional são chamados de groves em vez de covens, usam mantos e cordas verdes rituais. A espada é parte importante do sistema.

A bruxaria Welsh Traditional teve sua época de maior influência durante a década de 1970 e início da década de 1980, mas hoje ainda há grupos e indivíduos trabalhando nessa tradição em boa parte dos Estados Unidos. *VEJA TAMBÉM* MABINOGION; WICCA.

Wesak, festival. Na tradição da Teosofia e de sistemas correlatos de ensinamento ocultista, uma celebração realizada pela Grande Loja Branca na Lua Cheia do mês hindu de Vaisakh (aproximadamente maio no calendário ocidental), num vale oculto na encosta norte do Himalaia. O espetáculo é descrito com detalhes no livro de C. W. Leadbeater *Os Mestres e a Senda*, que também inclui uma grande ilustração colorida do festival de Wesak, com base nas visitas astrais de Leadbeater feitas ao local. Que realidade o festival teria, fora dos ensinamentos teosóficos, é questão de opinião e de experiência pessoal. *VEJA TAMBÉM* GRANDE LOJA BRANCA; MESTRES. LEITURA ADICIONAL: LEADBEATER, 1925.

Westcott, William Wynn. Ocultista inglês, 1848-1925. Nascido em Leamington, Warwickshire, filho e sobrinho de médicos, Westcott também estudou medicina. Em 1871, já formado, foi praticar a profissão junto com o tio e no mesmo ano deu início a seu envolvimento vitalício com a Maçonaria.

Por volta de 1879, ficou fascinado pelo ocultismo e deixou a prática médica por dois anos para dedicar-se intensamente ao estudo de textos cabalísticos, herméticos, alquímicos e rosa-cruzes. Embora tenha descrito esse período, anos depois, como uma "vida de reclusão", manteve-se suficientemente ligado ao mundo a ponto de casar-se e de filiar-se à Societas Rosicruciana in Anglia (SRIA), dois marcos que ocorreram no início de 1880.

Em 1881, mudou-se para Londres e entrou para o serviço público como assistente de legista. A década seguinte foi bastante atarefada e viu o envolvimento ocultista de Westcott expandindo-se rapidamente. Em 1883, tornou-se membro da Sociedade de Oito, grupo secreto dedicado à alquimia e a outros estudos ocultistas, que foi fundado pelo inquieto ocultista Kenneth Mackenzie. Ele também deu palestras sobre cabala e hermetismo para a Hermetic Society de Anna Kingsford. Em 1886, após a morte de Kenneth Mackenzie, ele assumiu o Rito de Swedenborg da Maçonaria e reviveu-o, e nesse processo conseguiu diversos lotes de registros, rituais e textos variados com a viúva de Mackenzie.

Pode ter sido assim que Westcott obteve o Manuscrito Cifrado, que tornou-se a base de seu mais duradouro legado, a Ordem Hermética da Aurora Dourada. No verão de 1887, segundo seu diário, Westcott dedicou-se ao código e decodificou o manuscrito, passando os resultados para que Samuel Mathers os revisasse em setembro do mesmo ano. No início de outubro, Westcott e Mathers já planejavam uma ordem mágica baseada no material do manuscrito. Em algum momento desse período, parece que Westcott teria forjado as cartas de "Anna Sprengel", que foram apresentadas a outros membros da Golden Dawn como prova da genealogia da nova ordem. Em março de 1888, a Ordem Hermética da Aurora Dourada foi instituída formalmente, celebrou sua primeira cerimônia de equinócio e iniciou seus primeiros Neófitos.

Westcott, com os lemas *Non Omnis Moriar* ("Não vou morrer completamente") e *Sapere Aude* ("Ouse ser sábio"), foi um dos três Chefes Regentes da Ordem Hermética da Aurora Dourada, escreveu muitos de seus textos educativos e manteve-se como figura de destaque na ordem até 1897. Em março desse ano, foi forçado a deixar o cargo; seus superiores no ministério foram informados de que ele seria membro de uma ordem mágica e exigiram que escolhesse entre sua ordem e seu emprego. Sua saída deixou Mathers no comando da ordem e assim contribuiu bastante para a crise que afligiu a ordem alguns anos depois.

A Golden Dawn não foi, de modo algum, seu único envolvimento esotérico nesse período. Em 1892, ele tornou-se Magus Supremo da SRIA, um cargo que manteve até a sua morte; durante algum tempo, esteve envolvido ativamente na Seção Esotérica da Sociedade Teosófica e deu palestras sobre cabala para membros da sociedade. Aparentemente, ele se afastou do envolvimento ativo na Teosofia na época de sua saída da Golden Dawn.

Em 1918, Westcott aposentou-se e mudou-se para Durban, África do Sul, para morar com sua filha e seu genro. Ele se manteve ativo nos círculos maçônicos, e continuou com seus estudos, correspondência e textos até a sua morte, em 1925. *VEJA TAMBÉM* MANUSCRITO CIFRADO; MAÇONARIA; GOLDEN DAWN; MACKENZIE, KENNETH ROBERT HENDERSON; SOCIETAS ROSICRUCIANA IN ANGLIA (SRIA). LEITURA ADICIONAL: GILBERT, 1983c.

White Eagle, loja. Organização esotérica internacional fundada em 1936 pela médium

Grace Cooke e seu marido Ivan como veículo para os ensinamentos transmitidos por meio da Sra. Cooke por seu guia espiritual, White Eagle. Atuando inicialmente numa sala alugada em Londres, a loja adquiriu terras no interior de Hampshire após a Segunda Guerra Mundial e fundou lá um templo com domo em 1974. A organização tem tido crescimento modesto mas firme. Outros dois templos foram fundados, um no Texas e outro em Queensland, Austrália, e mais de uma dezena de lojas e grupos de estudo trabalhando com os ensinamentos de White Eagle podem ser encontrados em diversas partes do mundo.

A loja White Eagle define-se como uma Igreja cristã não denominacional fundada a fim de dar expressão prática para os ensinamentos de White Eagle. Os membros praticam meditação e a cura espiritual, e há grupos da fraternidade interior em templos e lojas que realizam trabalho ritual. Obras publicadas sobre os ensinamentos de White Eagle têm um quê de Teosofia, com os Sete Raios, os chakras, vegetarianismo e conversas sobre o Mestre Jesus em destaque. *VEJA* TEOSOFIA.

O emblema da loja White Eagle é uma estrela de seis pontas no centro de uma cruz com braços iguais, cercados por um círculo. LEITURA ADICIONAL: HODGSON, 1983; LIND, 1984.

Wica. A grafia original de Gerald Gardner para a Wicca, usada por ele no final da década de 1940 e início da década seguinte, e abandonada depois disso, sendo usada a atual, Wicca. *VEJA* WICCA.

Wicca. O movimento neopagão mais bem-sucedido e influente do século XX, com uma imensa variedade de tradições e ramos. A Wicca e seus muitos desdobramentos tornaram-se a força dominante na comunidade ocultista do mundo anglófono nos últimos anos. Suas origens e sua história antes de 1951, porém, são tema de constante controvérsia.

Seu criador ou descobridor original, Gerald Gardner, afirmou que ela era a religião pré-cristã original das ilhas britânicas, transmitida em segredo ao longo de séculos. Essas alegações foram baseadas principalmente nas teorias de Margaret Murray, pesquisadora da bruxaria e amiga de Gardner, e foram repetidas e ampliadas por numerosos membros da Wicca desde sua época. *VEJA* GARDNER, GERALD BROUSSEAU; HIPÓTESE DE MURRAY.

Segundo este relato, a Wicca descenderia da mais antiga religião das ilhas britânicas, a veneração a uma deusa primitiva da fertilidade; depois, um Deus cornífero, senhor dos animais e aspecto masculino da fertilidade, foi adorado juntamente com a Deusa. Com a chegada do cristianismo, as classes superiores converteram-se à nova fé, mas os camponeses continuaram fiéis à sua Religião Antiga, reunindo-se em covens em seus dias santos tradicionais para celebrar os poderes da vida e praticar sua magia. As perseguições às bruxas, segundo essa visão, eram tentativas cristãs de esmagar a Religião Antiga, mas os covens da Wicca sobreviveram em áreas isoladas. Foi um desses covens sobreviventes, disse Gardner, que ele conheceu em New Forest no final da década de 1930. *VEJA* CLUTTERBUCK, DOROTHY; ORDEM ROSA-CRUZ DA FRATERNIDADE CROTONA (ROCF).

Gardner não foi a primeira pessoa a afirmar isso, nem a última. Vários outros ressurgimentos pagãos mais antigos, inclusive as ordens druidas fundadas na Inglaterra do século XVIII e o sistema Armanen protonazista de Guido von List, situam suas raízes na época pagã de maneira similar. *VEJA* DRUIDISMO; LIST, GUIDO VON. No período que se seguiu ao aparecimento público da Wicca, surgiram muitas pessoas afirmando possuir o mesmo tipo de tradição pagã secreta transmitida desde o passado distante, preservada dentro de famílias específicas (as chamadas "tradições familiares ou *fam-trads*, em inglês) ou organizadas numa escala maior. *VEJA* TRADIÇÃO FAMILIAR. Enquanto escrevo, há bem mais de cem tradições da Wicca, pagãs ou similares à Wicca que afirmam ter origens num passado distante.

Contudo, muitos dos praticantes atuais da Wicca e praticamente todos os pesquisadores externos dizem que é impossível aceitar a alegação de uma origem antiga para a Wicca. As evidências a favor dessa postura mais cética são muito fortes. Foi mostrado, por exemplo, que todos os elementos da Wicca estavam disponíveis para Gardner em fontes do cenário ocultista britânico de sua época, inclusive o movimento Woodcraft, o druidismo e os ensinamentos de Aleister Crowley. *VEJA* CROWLEY, ALEISTER; WOODCRAFT. Os estudiosos também mostraram que as verdadeiras religiões pré-cristãs das ilhas britânicas e de outros lugares não têm, em essência, nada em comum com a Wicca atual; *VEJA* PAGANISMO.

Sejam quais forem as verdadeiras origens da Wicca – e talvez nunca cheguemos a saber a verdade – ela estabeleceu uma grande e crescente presença no mundo anglófono. Os primeiros covens da Wicca foram fundados por Gardner e seus alunos diretos na Inglaterra no final da década de 1940 e início da seguinte. Num curto prazo após a publicação dos livros de Gardner sobre a Wicca, apareceram várias pessoas afirmando ter herdado tradições de bruxaria familiares. *VEJA* COCHRANE, ROBERT; SANDERS, ALEC. Embora todas essas tradições tenham sido alvo de campanhas hostis por parte da mídia, elas cresceram firmemente nas décadas de 1950 e 1960 e explodiram nos anos seguintes.

Os primeiros grupos da Wicca nos Estados Unidos foram fundados no início da década de 1960, mas só com a grande explosão cultural do final dessa década é que a Wicca começou a ganhar corpo significativo nos Estados Unidos. A década de 1970 foi, de várias maneiras, o apogeu da Wicca tradicional nesse país e viu uma proliferação de covens gardnerianos e alexandrinos, bem como outras tradições locais inspiradas pelos textos de Gardner e outros similares.

A década de 1980 trouxe uma nova corrente, com a ascensão de uma Wicca intensamente política e feminista, da qual a Wicca diânica e a Reclaiming Tradition são formas típicas. *VEJA* WICCA DIÂNICA; RECLAIMING TRADITION. Ao mesmo tempo, junto com o resto do cenário neopagão, a Wicca expandiu-se muito, e covens de algum tipo podem ser encontrados em quase todos os lugares nos Estados Unidos; o chamado Cinturão Bíblico tem, cada vez mais, um pentagrama na fivela. [O Cinturão é formado por estados do sudeste norte-americano, com forte presença de Igrejas protestantes e que interpretam a Bíblia literalmente – N. do T.]

Internacionalmente, a Wicca conquistou uma presença considerável na Austrália, Canadá, Nova Zelândia e vários países do oeste europeu. Além disso, há alguns covens da Wicca e praticantes isolados no Japão e na América Latina, inclusive no Brasil.

Mais recentemente, o movimento Wicca tornou-se ainda mais diversificado, pois tradições da Wicca e outras formas de paganismo moderno juntaram-se livremente; muitos grupos que se intitulam como da Wicca não têm nada em comum com o movimento iniciado por Gerald Gardner no início da década de 1950.

Num ambiente tão variado, poucas generalizações podem ser feitas sobre a Wicca moderna. Os pontos a seguir referem-se primariamente àquilo que às vezes é chamado de "Wicca tradicionalista" – ou seja, a Wicca que se mantém razoavelmente próxima dos ensinamentos originais de Gardner.

A Wicca é uma religião duoteísta – ou seja, venera duas divindades, um Deus e uma Deusa, cujos nomes variam muito em função do ramo do movimento e costumam ser um dos segredos transmitidos durante a iniciação. O Deus é cornífero, associado à divindade grega Pã e à celta Cernunnos. A Deusa tem três formas, Virgem, Mãe e Anciã, e está associada basicamente à Lua; seus equivalentes antigos incluem Diana, Hécate e Ísis. Ambos são poderes da fertilidade e da natureza e sua união é a polaridade criativa da qual nascem todas as coisas. *VEJA* DEUS, O; DEUSA, A.

Ensinamentos e tradições sobre o Deus e a Deusa constituem uma parte do corpo de conhecimentos da Wicca, transmitido para os membros através de um sistema de três graus. Tradicionalmente, os estudantes do sexo masculino são iniciados por uma mulher, e estudantes do sexo feminino, por um homem. Cada grau é precedido por um curso de estudos que abrange uma série de exercícios e ensinamentos mágicos extraídos de diversas fontes, a maioria das quais é moderna.

Nessas tradições da Wicca que ainda seguem de perto a linha de Gardner, os iniciados do primeiro grau são intitulados "Sacerdote e Bruxa da Grande Deusa"; os do segundo têm o título de "Rainha Bruxa" se mulheres e "Mago" se homens, e os iniciados do terceiro grau têm o título "Suma Sacerdotisa" ou "Sumo Sacerdote". A iniciação do primeiro grau inclui quarenta golpes com um açoite, um juramento de sigilo e a apresentação dos "instrumentos da Arte". No segundo grau, o candidato recebe novamente quarenta chibatadas e depois chicoteia 120 vezes o iniciador, simbolizando a "lei do triplo retorno"; depois, a Lenda da Deusa é lida ou encenada e o candidato é introduzido aos poderes dos quatro elementos. O terceiro grau, por sua vez, centraliza-se em um ato sexual ritual entre o candidato e o iniciador dentro do círculo consagrado; em algumas tradições, isso é feito de maneira apenas simbólica, mergulhando o athame num cálice de vinho.

Uma parte importante da magia da Wicca é o Grande Rito ou sexo ritual. Na tradição gardneriana original, pelo menos, os métodos envolvidos eram muito semelhantes àqueles ensinados por P. B. Randolph e depois adaptados pela Ordo Templi Orientis para seu IXº – ou seja, relacionamento heterossexual com os dois participantes concentrando-se e visualizando o propósito do rito (Valiente, 1987, p. 147-148). *VEJA* GRANDE RITO; SEXO E OCULTISMO.

Juntamente com as cerimônias de grau e processos de treinamento, as atividades de um coven incluem um calendário de oito sabás ou rituais sazonais – os quatro sabás maiores de Candlemas ou Imbolc (2 de fevereiro), Beltane ou Véspera de Maio (30 de abril), Lammas ou Lughnasadh (1º de agosto) e Halloween ou Samhain (31 de outubro) e os quatro sabás menores, que são os solstícios e equinócios – bem como os encontros mensais regulares ou esbás, realizados na noite de Lua Cheia. *VEJA* ESBÁ; SABÁ. Quando clima e circunstâncias permitem, essas cerimônias são realizadas sem roupa, ou "vestido de céu", no jargão da Wicca; *VEJA* VESTIDO DE CÉU. Geralmente, são usados mantos em climas menos favoráveis quando os trabalhos são ao ar livre.

O equipamento-padrão dos membros da Wicca inclui o athame ou faca de cabo preto, que é o principal instrumento de trabalho; a varinha ou bordão; o caldeirão; o pentáculo e a liga da bruxa, um pedaço de cordão de cor escarlate que fica enrolado acima do joelho esquerdo quando não está em uso. Eles correspondem, respectivamente, aos elementos do ar, do fogo, da água, da terra e do espírito.

Embora as iniciações da Wicca incluam juramentos de sigilo, muito do material envolvido nesses juramentos já foi publicado várias vezes. Segundo Doreen Valiente, uma das Sumas Sacerdotisas de Gardner, os rituais usados no coven de Gardner em 1953 eram "praticamente idênticos" aos apresentados no romance de Gardner *High Magic's Aid*, publicado em 1949 (Valiente, 1987, p. 14). Livros posteriores de Gardner, Valiente e outras figuras da comunidade da Wicca deram muitas informações sobre os fundamentos e práticas da Wicca, e podem ser consultados para mais detalhes. VEJA TAMBÉM SUMO SACERDOTE; SUMA SACERDOTISA. LEITURA ADICIONAL: BRACELIN, 1960; GARDNER, 1959; HESELTON, 2000; HUTTON, 1999; VALIENTE, 1987; VALIENTE, 1989.

Em inglês antigo, a palavra *wicce* (forma feminina) ou *wicca* (forma masculina) indicava uma pessoa capaz de fazer adivinhações ou lançar feitiços. Além desse ponto, surgem as discussões.

Segundo a etimologia popular introduzida pelo fundador ou descobridor da Wicca, Gerald Gardner, e aceita por muitos pagãos modernos, *wicce* deriva de uma antiga raiz indo-europeia que significa "sábio", e por isso *witchcraft* ("bruxaria") significa "a arte do sábio". Estudiosos de linguística histórica rejeitam essa alegação, dizendo que viola diversas leis fonológicas conhecidas, e já foi dito que *wise one* ("o sábio") seria, na verdade, o significado literal de um sinônimo completamente diferente para praticantes de magia – *wizard* ("mago" ou "mágico").

Uma interpretação alternativa, mais aceita pelos estudiosos mas muito rejeitada pela maioria dos membros da Wicca, alega que *wicce* descende de uma raiz diferente, que significa "torcer" ou "entortar". Como o inglês antigo, como todas as línguas indo-europeias, atribui uma forte conotação moral à oposição entre o que é "reto" (ou "certo") e o que é "torto" (ou "errado"), esta interpretação é bem menos elogiosa do que pode parecer.

Wicca alexandrina. Ramo da Wicca fundado ou tornado público por Alex Sanders no início da década de 1960. Como acontece com boa parte da Wicca, suas origens são controvertidas; Sanders afirma que foi iniciado por sua avó aos 7 anos de idade, enquanto membros de tradições rivais alegam que ele nunca chegou a ser iniciado, tendo apenas conseguido um exemplar do *Livro das Sombras* de Gardner e se autoproclamado um iniciado do Terceiro Grau. Evidências documentais indicam que ele realmente foi iniciado por um coven gardneriano, no início da década de 1960. VEJA SANDERS, ALEX.

A tradição alexandrina é próxima da Wicca gardneriana tradicional, mas seus ensinamentos incluem material sobre condensadores de fluidos, magia cerimonial derivada da Golden Dawn e conjurações enoquianas – temas que normalmente fazem parte da magia hermética e não da Wicca, pelo menos em tempos mais recentes. VEJA ENOQUIANA, MAGIA; CONDENSADOR DE FLUIDOS; GOLDEN DAWN. Os covens alexandrinos são autônomos, com alguma variação entre eles no ritual e na prática; a maioria dos covens se reúne nas Luas Nova e Cheia, bem como para os oito sabás. O sistema-padrão de três graus é empregado, embora alguns covens tenham acrescentado um grau introdutório de Dedicante.

Muito bem-sucedida na primeira década da atual expansão da Wicca, a Wicca alexandrina parece ter perdido um pouco de seu impulso com o surgimento da Wicca feminista na década de 1980, mas ainda é uma força significativa na comunidade pagã. Os covens alexandrinos permanecem ativos na Grã-Bretanha, nos Estados Unidos, na Oceania e em diversos países da Europa, e há uma revista, *The Guardian*, que circula entre iniciados alexandrinos. VEJA TAMBÉM WICCA. LEITURA ADICIONAL: DAVIES, 2001; VALIENTE, 1987.

Wicca algard. Fundada em 1972 por Mary Nesnick, iniciada americana na Wicca alexandrina e gardneriana, a tradição algard foi uma força importante na comunidade Wicca norte-americana na década de 1970. Como a maioria dos sistemas Wicca tradicionalistas, perdeu muito de sua popularidade nas décadas seguintes, mas ainda há alguns covens na América do Norte que trabalham na tradição algard. Seus rituais e ensinamentos baseiam-se numa combinação entre as tradições alexandrina e gardneriana. VEJA WICCA ALEXANDRINA; WICCA.

Wicca cristã. Um dos mais originais frutos do atual fermento neopagão, a Wicca cristã surgiu na década de 1990 nos Estados Unidos, quando pessoas interessadas em práticas neopagãs, mas fortemente atraídas pelas imagens cristãs do divino, tentaram criar uma ponte entre as duas. No momento em que este texto é escrito, o movimento da Wicca cristã (ou Cristo-Wicca) é relativamente pequeno, mesmo pelos padrões neopagãos, e muito difuso, com poucos porta-vozes e muito poucas publicações importantes.

Embora seja arriscado fazer uma generalização – não há dois praticantes da Wicca cristã que lidem com ela da mesma maneira – o movimento se concentra no uso dos padrões de ritual e de prática da Wicca para reverenciar a Santíssima Trindade, a Virgem Maria e os santos. A Virgem Maria e Maria Madalena ocupam o papel que a Deusa ocupa em outras formas da Wicca, e Deus-Pai parece menos enfatizado do que na maioria das demais denominações cristãs. O ano ritual cristão e os oito sabás da Wicca costumam ser combinados, geralmente deslocando as festas cristãs para coincidirem com o sabá mais próximo.

A Wicca cristã não foi muito bem recebida pela comunidade pagã, despertando reações que foram de críticas racionais a denúncias histéricas (e às vezes histericamente engraçadas). Muitos pagãos modernos incorporaram uma atitude bastante dualista com relação às religiões, e reagem à ideia de se venerar Cristo num círculo pagão, da mesma maneira que cristãos fundamentalistas reagiriam à veneração ao Deus Cornífero em uma igreja. Mesmo assim, tendo em vista que o paganismo moderno defende a absoluta liberdade religiosa (e abre espaço para criações duvidosas como a Wicca Klingon; VEJA OCULTISMO FANTÁSTICO), é difícil entender por que a Wicca cristã deveria ser excluída. VEJA TAMBÉM OCULTISMO CRISTÃO; NEOPAGANISMO; WICCA.

Wicca diânica. Movimento dentro da Wicca moderna dedicado a uma visão puramente feminina e politicamente feminista da espiritualidade pagã. Originalmente iniciada por Zsuzsanna Budapest (nascida em 1940), que fundou o coven Susan B. Anthony Nº 1 na Califórnia no início da década de 1970, manteve-se principalmente um movimento norte-americano, embora haja covens diânicos em alguns países.

Diferente até para os padrões neopagãos, a Wicca diânica inclui uma vasta gama de rituais, tradições e abordagens distintas, unidas principalmente pela dedicação a uma visão espiritual centrada na mulher, uma postura política feminista e a exclusão de homens e de imagens masculinas do divino de rituais e de ensinamentos diânicos.

Apesar das implicações do nome do movimento, a deusa Diana está longe de ser a única divindade reverenciada pelas bruxas diânicas. As atitudes diante da divindade variam muito;

algumas bruxas diânicas veem a Deusa como uma entidade real, outras relacionam-se com ela como uma metáfora para o poder da mulher. De modo similar, a magia é praticada como uma disciplina oculta com poderes reais por algumas bruxas diânicas, enquanto outras lidam com os rituais apenas como ferramenta de auto-fortalecimento psicológico ou modo de propaganda. Muitos dos elementos normais de outras tradições da Wicca – como o calendário de oito sabás e a designação de direções aos elementos – também são comuns em círculos diânicos. *VEJA TAMBÉM* NEOPAGANISMO; WICCA.

Wiccaning. Equivalente Wicca do batismo, uma cerimônia para abençoar um recém-nascido e colocá-lo sob a proteção do Deus e da Deusa. Na maioria das versões da cerimônia de Wiccaning, a criança é apresentada às quatro torres de vigia, ungida com óleo bento ou água benta e passada pela fumaça de incenso aceso; *VEJA* TORRES DE VIGIA. A criança também recebe um nome secreto de ofício, que será usado até que ela tenha idade suficiente para escolher seu próprio nome de ofício. *VEJA* NOME DE OFÍCIO.

Um rito similar praticado por grupos pagãos fora da Wicca é chamado de Paganing. *VEJA* NEOPAGANISMO. *VEJA TAMBÉM* WICCA.

widdershins. Expressão em dialeto escocês que significa "movimento anti-horário". Na tradição da maior parte da Europa, mover-se ao redor de alguma coisa num sentido widdershins significava má sorte, e podia ser usado propositalmente para amaldiçoar alguém.

Na moderna prática mágica, o movimento widdershins é usado para dispersar e dissolver energias. Muitas tradições usam-no no processo de encerramento de um trabalho de magia, para dispersar qualquer energia que reste do rito.

O contrário de widdershins no atual cenário pagão é deosil; *VEJA* DEOSIL.

Williams, Charles. Poeta, escritor e ocultista inglês, 1886-1945. Nascido numa família de classe média em Londres, mudou-se na infância para St. Albans. Foi anglicano devoto desde cedo e quando criança adorava passar o tempo na Igreja. Frequentou o University College de Londres durante dois anos e depois foi trabalhar com livros, primeiro em uma pequena livraria, depois na Oxford University Press em Londres, chegando ao cargo de editor.

Seu primeiro livro de poesias foi publicado em 1912 e foi seguido por vários outros. Enquanto isso, começou a trabalhar em poemas baseados nas lendas arthurianas. Isso o levou aos textos de A. E. Waite sobre o Santo Graal, e dali para as outras obras de Waite, com sua estranha mescla de teologia cristã e alta magia hermética. Williams entrou em contato com Waite em 1915, e em 1917 solicitou a inscrição na Sociedade Rosa-Cruz de Waite, um desdobramento da Ordem Hermética da Aurora Dourada. *VEJA* GOLDEN DAWN; WAITE, ARTHUR EDWARD.

Ele foi iniciado em 21 de setembro de 1917, assumindo o lema *Qui Sitit Veniat* ("Quem tem sede, que venha") e ascendeu rapidamente pelos graus da fraternidade. No equinócio de outono de 1923, foi instalado como Mestre do Templo – grau equivalente ao de Hierofante na Golden Dawn original – durante seis meses e tornou a assumir essa posição no outono de 1924. Manteve-se membro ativo até 1927.

Em 1922, começou a dar palestras noturnas através de um programa londrino de educação continuada e em pouco tempo tornou-se um conferencista muito popular sobre literatura e teologia cristãs. Conquistou um público fiel, na maioria mulheres jovens, que se sentiam atraídas por seu carisma e por sua abordagem mística do cristianismo anglicano. Em 1939, transformou esse grupo numa ordem, os Companions of the Coinherence [Companheiros da Coinerência], usando como nome um dos conceitos centrais de sua teologia – a ideia de que todos os seres compartilham uma vida comum e conseguem a salvação através dos demais. *VEJA* COMPANHEIROS DA COINERÊNCIA.

A carreira de Williams como escritor e poeta foi profundamente influenciada tanto por seus estudos ocultistas quanto por suas crenças cristãs. Ele escreveu sete romances com temas inspirados pelo ocultismo cristão e suas duas coleções de poemas arthurianos, *Taliessin Through Logres* e *The Region of the Summer Stars* contêm poemas que incluem descrições detalhadas de operações mágicas da Golden Dawn, como a Ascensão pelos Planos. Escreveu também uma história da bruxaria, chamada simplesmente *Witchcraft* (1941), com um capítulo sobre alta magia bastante permeado de ideias extraídas de Waite e do trabalho de Dion Fortune sobre polaridade sexual.

Em 1939, com o início da Segunda Guerra Mundial, Williams foi enviado para Oxford juntamente com toda a filial londrina da Oxford University Press. Lá, ele fez contato, através de seu amigo C. S Lewis, com os Inklings, uma sociedade literária informal que incluía Lewis e J. R. R. Tolkien entre seus membros. Williams deve ter sido a fonte de boa parcela do material esotérico na trilogia espacial de Lewis: *Além do Planeta Silencioso*, *Perelandra* e *Aquela Força Medonha*, escrita durante o período da guerra. A saúde de Williams piorou inesperadamente no final da guerra e ele morreu após uma cirurgia de rotina poucos dias depois da rendição da Alemanha em 1945. *VEJA TAMBÉM* OCULTISMO CRISTÃO. LEITURA ADICIONAL: HADFIELD, 1959; WILLARD, 1995; WILLIAMS, 1941 E 1954.

Wirth, Oswald. (Joseph Paul Oswald) Ocultista suíço, 1860-1943. Nascido em Brienz, Suíça, numa família da Alsácia que fugiu da terra natal após a revolução de 1848, Wirth foi criado como católico mas interessou-se pelo mesmerismo desde a juventude. Depois de sair de casa e trabalhar durante algum tempo como contador em Londres, mudou-se para a França, onde tornou-se maçom e começou a carreira de curador mesmerista.

Em 1887, conheceu Stanislas de Guaita, principal figura do renascimento ocultista francês da época, tornando-se seu secretário pessoal e amigo íntimo. *VEJA* GUAITA, STANISLAS DE. O envolvimento com Guaita colocou-o no meio do cenário ocultista parisiense e ele foi membro fundador da Ordem da Rosa-Cruz Cabalística, a principal loja mágica de Paris, organizada em 1888. Em 1889, seguindo uma sugestão de Guaita, Wirth lançou um baralho de tarô baseado no simbolismo ocultista francês contemporâneo e contribuiu com um ensaio sobre o simbolismo astronômico do tarô para o livro de Papus *O Tarot dos Boêmios*.

Guaita morreu de overdose de drogas em 1897, e os amigos de Wirth conseguiram-lhe um cargo na biblioteca do Ministério Colonial do governo francês. Durante os quarenta anos seguintes, ele continuou a escrever bastante sobre temas ocultistas e maçônicos, e em 1927 lançou um segundo baralho de tarô, baseado essencialmente nos mesmos princípios do primeiro, mas com uma estrutura simbólica mais complexa.

Quando os alemães invadiram a França em 1940, Wirth estava em férias em Ardennes – ponto focal da invasão – com sua irmã e sua sobrinha. Eles conseguiram fugir para o sul da França, indo morar em Vienne, ao sul de Lyon. Morreu nessa cidade em 1943. LEITURA ADICIONAL: DECKER E DUMMETT, 2002; WIRTH, 1985.

Witta. Moderna tradição pagã criada nos Estados Unidos no final do século XX e popularizada pelo escritor pagão Edain McCoy em dois livros. Embora a Witta afirme ter antigas raízes irlandesas, a palavra *Witta* em si é de pronúncia impossível em irlandês, que não dobra a letra *t* e não tem a letra *w*. A tradição inclui também práticas inglesas, como a dança ao redor do mastro de maio, que nunca foi praticada pelos nativos da Irlanda. *VEJA* MASTRO DE MAIO.

Como a maioria das modernas tradições pagãs, ela celebra os oito sabás e faz reuniões mensais por ocasião da Lua Cheia. Usa os nomes Brighid e Lugh para referir-se ao Deus e à Deusa, mas incentiva os praticantes a reverenciar qualquer deus ou deusa tradicional da Irlanda. Não há graus de iniciação. A Witta tem uma presença organizada em vários estados norte-americanos e um punhado de praticantes solitários espalhados pelo planeta. *VEJA TAMBÉM* NEOPAGANISMO; WICCA. LEITURA ADICIONAL: MCCOY, 1993.

Women's International Terrorist Conspiracy From Hell. (WITCH, ou Conspiração Internacional Terrorista de Mulheres do Inferno) Movimento que teve curta duração na contracultura do final da década de 1960, a WITCH foi fundada na véspera de Halloween de 1968 e seus membros eram, quase todos, jovens estudantes universitárias. Os manifestos da WITCH apresentavam-na como uma organização guerrilheira revolucionária, proclamando que bruxas e ciganos eram os combatentes originais contra a opressão. Como boa parte dos movimentos radicais de jovens da época, porém, as atividades da WITCH eram bem menos militantes do que sua retórica fazia crer, e os membros da WITCH satisfaziam-se em vestir mantos negros e chapéus pontudos em passeatas.

Segundo os folhetos da WITCH, qualquer mulher podia tornar-se uma bruxa pronunciando as palavras "Eu sou uma Bruxa" três vezes, pensando no significado das palavras. Esse conceito não foi confirmado por outras tradições de bruxaria.

Ao que parece, a WITCH desapareceu do cenário no início da década de 1970, juntamente com o restante da contracultura da década anterior. Têm havido, desde então, tentativas esparsas de ressuscitar o movimento, aparentemente sem muito sucesso. *VEJA TAMBÉM* WICCA DIÂNICA; RECLAIMING TRADITION.

Woodcraft. Movimento jovem semipagão organizado em 1902 pelo autor escocês, naturalizado norte-americano, Ernest Thompson Seton (1860-1946), especializado em natureza. Um dos primeiros movimentos a propor um retorno à natureza no mundo ocidental, o Woodcraft inspirou-se bastante nos rituais e tradições dos índios norte-americanos, num esforço de preencher a crescente lacuna entre os seres humanos e o mundo natural e de ensinar valores como autodisciplina e cooperação para os jovens.

Com grande sucesso em seus primeiros anos, o movimento Woodcraft foi de uma singela "tribo" com 42 pessoas, em 1902, a 200 mil membros em 1910, ano em que foi fundado o Boy Scouts of America (BSA, ou Jovens Escoteiros da América). Sofrendo a pressão dos ricos e influentes fundadores do BSA, Seton levou seu movimento para junto dos Boy Scouts, mas a aliança rompeu-se em 1915 em função de divergências quanto a metas. Seton tornou a fundar sua Woodcraft League em 1916 e abriu as tribos da Woodcraft tanto para meninos quanto para meninas, fundando ainda os Woodcraft Clubs para adultos e uma ordem interna semissecreta, a Red Lodge (Loja Vermelha) ou Sun Lodge (Loja do Sol), também dedicada ao lado mais místico do Woodcraft e com três graus de iniciação.

Não tardou para que Seton tivesse seguidores internacionais, com grupos baseados nos princípios do Woodcraft ativos na Grã-Bretanha e na Europa central. Os grupos Woodcraft britânicos, a Ordem dos Cavaleiros Woodcraft e a Irmandade de Kibbo Kift, tiveram um papel fundamental na pré-história da Wicca moderna. *VEJA* KIBBO KIFT, IRMANDADE DE; ORDEM DOS CAVALEIROS WOODCRAFT (OWC); WICCA.

A Woodcraft tinha um caráter nitidamente pagão, incluindo certas características que seriam reconhecidas imediatamente pela maioria dos pagãos atuais. Os membros da Woodcraft se reuniam num círculo criado segundo um ritual, com quatro lamparinas nas quatro direções para assinalar os quadrantes, que tinham símbolos e cores sagradas. Perto do centro, havia uma imagem do Deus Vermelho, o espírito cornífero do "Vento do Búfalo" que conclamava a humanidade excessivamente civilizada de volta às suas origens selvagens. Wakanda, o Grande Espírito, e Maka Ina, a Mãe Terra, também eram reverenciadas nas cerimônias do Woodcraft.

Embora tenha sido um rival importante para o escotismo em seu apogeu, na década de 1920, o Woodcraft sofreu um declínio durante a Grande Depressão e a Segunda Guerra Mundial, e a morte de Seton em 1946 deixou-o sem rumo. Ainda há um pequeno número de grupos Woodcraft nos Estados Unidos e na Grã-Bretanha, e um movimento importante na República Checa. A maior parte do legado de Seton, porém, permanece esquecida e inexplorada pelos pagãos modernos. LEITURA ADICIONAL: GREER & COOPER, 1998; SETON, 1920 E 1926.

Wronski, Joseph-Marie-Hoené. Polímata e ocultista polonês, 1776-1853. Filho do arquiteto real do último rei da Polônia, Wronski começou a carreira militar e distinguiu-se na defesa de Varsóvia em 1794 contra os exércitos da Prússia e da Rússia. Em 1797, ele saiu do exército e foi à Alemanha, onde estudou filosofia, matemática e direito. Em 1800, estava na França, dando início a uma longa e excêntrica carreira editorial com diversos estudos da filosofia de Kant. Em 1803, segundo seu próprio relato, ele descobriu o Absoluto e o resto de sua vida foi dedicado a escrever e a publicar livros cada vez mais complexos e obscuros sobre suas percepções, suscitando acirradas disputas com um número crescente de pessoas que, segundo ele, o menosprezaram ou ignoraram suas realizações, e ensinando um punhado de alunos, dentre os quais o mais famoso foi Éliphas Lévi. Ele morreu na mais absoluta miséria.

O sistema de pensamento de Wronski é excepcionalmente difícil, mesmo pelos padrões da filosofia do século XIX. Segundo Wronski, a Lei da Criação — uma estrutura numérica baseada principalmente nos números três e sete, que governam o desdobramento de todas as coisas a partir da polaridade entre o Espírito e o Nada — manifesta-se no mundo da experiência através da Lei do Progresso. O jogo entre essas duas leis dá origem a uma estonteante variedade de trindades e setenários que se espalham de modo a abranger todos os fenômenos imaginários. Há motivos para crer que essa estrutura tem raízes na cabala, que foi muito estudada na Polônia por judeus e não judeus na época da juventude de Wronski.

Uma de suas criações mais intrigantes foi um "Prognômetro", uma complexa máquina para prever o futuro através da aplicação da Lei de Criação. Ela e seu método de operação eram os segredos mais bem guardados de Wronski. Após sua morte, o "Prognômetro" caiu nas mãos de Éliphas Lévi, que descobriu o aparato de seu professor numa loja de objetos usados; o que aconteceu com ela depois da morte de

Lévi é outro mistério. *VEJA TAMBÉM* LÉVI, ÉLIPHAS. LEITURA ADICIONAL: J. GODWIN, 1995.

Wunjo. (germânico antigo, "alegria") A oitava runa do futhark antigo, correspondendo a conceitos como alegria, sucesso e perfeição. Representa o som *w*. Alguns estudiosos modernos das runas associam essa runa ao deus Odin, outros a Ullr. *VEJA* FUTHARK ANTIGO. A mesma runa, com o nome de Wynn (inglês antigo, "alegria"), é a oitava runa do futhorc anglo-saxão. O poema rúnico em inglês antigo relaciona-a com a alegria sem sofrimentos, tristezas ou ansiedade. *VEJA* FUTHORC ANGLO-SAXÃO.

Runa Wunjo (Wynn)

Wynn. *VEJA* WUNJO.

X

xadrez enoquiano. Variante do xadrez praticada na Ordem Hermética da Aurora Dourada, e idealizada pelo co-fundador da ordem, William Wynn Westcott. Baseado no *chaturanga*, a antiga versão hindu do xadrez, é um jogo para quatro pessoas no qual as peças são deuses egípcios e o tabuleiro é derivado de um dos quatro tabletes elementais enoquianos. É possível encontrar uma descrição detalhada do jogo nas coleções de textos da Golden Dawn. *VEJA TAMBÉM* ENOQUIANA, MAGIA. LEITURA ADICIONAL: REGARDIE, 1979; WESTCOTT, 1983.

Xaos, magia do. *VEJA* MAGIA DO CAOS.

Y

yarthkin. Segundo uma crença popular inglesa, um espírito da terra hostil ou malévolo, que pode ser mantido a distância por intermédio de trabalhos de magia apropriados. *VEJA TAMBÉM* GNOMOS; HYTERSPRITE.

Yeats, William Butler. Poeta e ocultista irlandês, 1865-1939. Nascido em Dublin, filho de um artista, Yeats passou a maior parte de seus oito primeiros anos de vida em Sligo, no interior da Irlanda, e depois frequentou a escola em Londres e em Dublin. Suas notas baixas impediram-no de cursar a universidade, e ele frequentou uma escola de artes durante pouco mais de um ano. Quando saiu da escola, estava decidido a tornar-se poeta.

Seu interesse pelo ocultismo é quase tão antigo quanto sua dedicação à poesia. Em 1885, ano em que seus primeiros poemas foram publicados, ele ajudou a fundar a Sociedade Hermética de Dublin para o estudo do ocultismo, religiões orientais e filosofia. Em 1887, após mudar-se para Londres, filiou-se à Sociedade Teosófica e progrediu até a Seção Esotérica, uma ordem interior, em 1888, saindo da sociedade em 1890. *VEJA* SOCIEDADE TEOSÓFICA; TEOSOFIA.

Contudo, suas conexões teosóficas levaram-no à Ordem Hermética da Aurora Dourada, que teve um papel muito mais importante em sua vida. Ele foi iniciado como Neófito em 1890, pouco antes de sair da Sociedade Teosófica, e ascendeu rapidamente pelos graus da ordem, chegando ao grau de Adeptus Minor no início de 1893. *VEJA* GOLDEN DAWN. Ele e Samuel Mathers, um dos fundadores da ordem, tornaram-se muito amigos, e os dois – juntamente com a esposa de Mathers, Moina, e Maud Gonne, ativista política irlandesa e amante ocasional de Yeats – formularam planos para uma ordem ocultista irlandesa, o Castelo de Heróis; *VEJA* CASTELO DE HERÓIS.

Na crise de liderança que quase destruiu a ordem em 1900, Yeats teve papel ativo na organização da revolta contra Mathers e saiu do conflito como um dos líderes da ordem. No período difícil que se seguiu, ele tentou manter a ordem num curso moderado e, quando a ordem se fragmentou em 1903, tornou-se membro do maior dos grupos sucessores, a Stella Matutina. Ele se manteve ativo até 1922, quando a loja de Londres foi encerrada. *VEJA* STELLA MATUTINA, ORDEM DA.

Antes disso, ele começou a explorar o mundo invisível de maneira mais pessoal. Em 1917, Yeats casou-se com Georgia Hyde-Lees e, poucos dias após o casamento, sua esposa surpreendeu-o ao decidir tentar a escrita automática. As mensagens que vieram por ela esboçaram um sistema completo de filosofia esotérica baseado nas 28 fases simbólicas da Lua. Um livro que apresentava o sistema, *A Vision* ("Uma Visão"), foi publicado em 1925 numa tiragem reservada, sendo depois revisado e publicado novamente em 1937. Muito de sua poesia, do início das comunicações em diante, inspirou-se nas imagens do sistema. VEJA VISÃO, UMA.

As atividades ocultistas de Yeats tiveram lugar em meio a uma das mais exitosas carreiras poéticas da história moderna, uma carreira que rendeu a Yeats o Prêmio Nobel de Literatura de 1923 e deu ao século XX alguns de seus mais conhecidos e respeitados poemas. O próprio Yeats julgou seus estudos mágicos numa carta de 1892 para John O'Leary:

> Se eu não tivesse feito da magia meu estudo constante, não teria escrito uma única palavra de meu livro sobre Blake, nem *The Countess Kathleen* teria chegado a existir. A vida mística é o centro de tudo que faço e de tudo que penso e de tudo que escrevo (Yeats 1955b, p. 211).

Após a independência da Irlanda em 1921, Yeats foi membro do senado irlandês antes que sua saúde o forçasse a se afastar. Ele morreu no sul da França em 1939. LEITURA ADICIONAL: HARPER, 1974; YEATS, 1955A E 1956.

yechidah. (hebraico YChDH, "o único") Na teoria cabalística, o aspecto mais elevado da alma humana, correspondendo à Sefirah Kether, e incluído no neshamah. O yechidah corresponde ao conceito neoplatônico de *scintilla* ou *synteresis*, a centelha de luz divina no centro do eu. VEJA CABALA; NESHAMAH; PLATONISMO.

Yesod. (hebraico YSVD, "fundação") A nona Sefirah da Árvore Cabalística da Vida, localizada no Pilar do Meio entre Tiphareth e Malkuth. Seu simbolismo mágico mais comum é o seguinte:

> *Nome de Deus*: ShDI AL ChI, Shaddai El Chai (Todo-Poderoso Deus Vivo).
> *Arcanjo*: GBRIAL, Gabriel (Força de Deus).
> *Hoste angelical*: KRVBIM, Kerubim, ou Querubim, Poderes dos Elementos.
> *Correspondência astrológica*: LBNH, Levanah (a Lua).
> *Correspondência no tarô*: Os quatro Noves.
> *Elemento correspondente*: Ar.
> *Imagens Mágicas*: Um homem nu, belo e muito forte.
> *Título Adicional*: A Casa do Tesouro de Imagens.
> *Cores*: em Atziluth, índigo.
> em Briah, violeta.
> em Yetzirah, púrpura muito escuro.
> em Assiah, citrino salpicado de azul.
> *Correspondência no microcosmo*: O nephesh.
> *Correspondência no corpo*: A genitália.
> *Grau de iniciação*: 2=9, Theoricus.
> *Poder negativo*: GMLIAL, Gamaliel (os Obscenos).

O texto do *Trinta e Dois Caminhos da Sabedoria* diz: "O Nono Caminho chama-se Inteligência Pura porque purifica as Numerações; ele prova e corrige o desenho de suas representações e dispõe a unidade em que elas estão combinadas, sem diminuição ou divisão". VEJA TAMBÉM CABALA; ÁRVORE DA VIDA.

Yetzirah. (hebraico ITzIRH, "formação") Na cabala, o terceiro dos quatro mundos, associado com o nível angélico de existência e o Vau do Tetragrammaton. É representado, na Árvore da Vida como um todo, por dez ordens de anjos, mas corresponde mais de perto às seis Sefirot que vão de Chesed a Yesod. Em Yetzirah, o Tetragrammaton é grafado YVD HA VAV HA, e o nome secreto do mundo de Yetzirah é Mah. *VEJA* CABALA; MAH; TETRAGRAMMATON.

Yod. (hebraico YVD, "mão", "punho") Décima letra do alfabeto hebraico, uma letra simples com os valores sonoros *i* e *y* e valor numérico 10. Seu simbolismo mágico mais comum é o seguinte:

> *Caminho da Árvore da Vida*: Caminho 20, de Chesed a Tiphareth.
> *Correspondência astrológica*: Virgem.
> *Correspondência no tarô*: Arcano IX, O Eremita.
> *Parte do Cubo do Espaço*: Aresta norte inferior.
> *Cores*: em Atziluth, verde amarelado.
>   em Briah, cinza ardósia.
>   em Yetzirah, cinza esverdeado.
>   em Assiah, ameixa.

Seu texto, no *Trinta e Dois Caminhos da Sabedoria*, diz: "O Vigésimo Caminho é a Inteligência da Vontade e é chamado assim porque é o meio de preparação de todo e cada ser criado, e por essa inteligência se conhece a existência da Sabedoria Primordial". *VEJA TAMBÉM* CABALA; ALFABETO HEBRAICO.

Letra hebraica Yod

yoga. (sânscrito, "jugo", "junção") Na tradição hindu, um dentre vários sistemas de treinamento e prática espiritual destinados a produzir o estado de iluminação. A forma mais conhecida de yoga é o hatha yoga, sistema de exercício físico e espiritual no qual o corpo é posicionado em posturas especiais [chamadas asanas – N. do E.] para facilitar o relaxamento, o equilíbrio, a saúde e a meditação. O hatha yoga em si é apenas um elemento do *raja* yoga (yoga integral), também chamado yoga *ashtanga* ("oito passos" ou "oito membros"), um sistema de desenvolvimento espiritual no qual posturas, exercícios de respiração, desenvolvimento moral e prática da meditação combinam-se para levar à experiência de *samadhi* ou união com o divino.

Há séculos, o yoga vem sendo tema de grande fascinação para os ocultistas ocidentais, pois os primeiros viajantes ocidentais para a Índia relataram as práticas místicas dos yogues hindus. É possível encontrar referências a práticas do yoga em antigas fontes gregas e romanas, e diz-se que figuras como Pitágoras e Apolônio de Tiana teriam viajado à Índia para estudar a sabedoria do Oriente. *VEJA* APOLÔNIO DE TIANA; PITÁGORAS.

A conquista britânica da Índia no final do século XVIII deu início a uma nova onda de interesse pelo yoga, pois os oficiais ingleses fizeram relatos das fascinantes capacidades físicas e espirituais de alguns yogues hindus. Até o final do século XIX, porém, sabia-se muito pouco de preciso sobre as práticas yogues e circulava muita informação errada. O ocultista e adepto da educação física William Walker Atkinson (1862-1932), por exemplo, escreveu uma série de livros sobre yoga nas primeiras décadas do século XX sob o pseudônimo Yogue Ramacháraca; o material desses livros não tinha praticamente nenhuma relação com o yoga, sendo extraído do ocultismo contemporâneo, do Novo Pensamento e de práticas de educação física. *VEJA* ATKINSON, WILLIAM WALKER; EDUCAÇÃO FÍSICA.

A ascensão da Teosofia nas últimas décadas do século XIX abriu a porta para uma percepção mais precisa do yoga. A Sociedade Teosófica mostrou o caminho, patrocinando e publicando traduções de textos básicos do yoga para a língua inglesa, apresentando ainda instruções básicas sobre meditação yogue numa série de livros populares. *VEJA* SOCIEDADE TEOSÓFICA. A partir do início do século XX, como resultado desse interesse, uma série de praticantes hindus do yoga viajaram para os Estados Unidos e para a Europa, dando início ao moderno movimento do yoga no Ocidente. Ao mesmo tempo, diversos ocidentais escreveram livros importantes sobre o assunto, que tiveram ampla circulação. Dois autores que exerceram uma influência especial no cenário ocultista ocidental foram *sir* John Woodroffe, cujos trabalhos originais e traduções de textos clássicos do yoga introduziram o conceito dos chakras no ocultismo ocidental, e Aleister Crowley, cujos influentes livros *Book Four* (1911) e *Eight Lectures on Yoga* (1939) apresentaram um sistema de yoga baseado em textos clássicos hindus, mas adaptados para os estudantes ocidentais. *VEJA* CHAKRA; CROWLEY, ALEISTER.

Nas últimas décadas do século XX, tornou-se possível encontrar instrutores competentes de yoga clássico na maioria das cidades do mundo ocidental, e livros, vídeos e outros recursos sobre o assunto ficaram ainda mais disponíveis. Muitas tradições ocultistas ocidentais usaram ativamente tais recursos, e diversas formas de yoga têm hoje papel de destaque em vários sistemas ocultistas ocidentais. LEITURA ADICIONAL: CROWLEY, 1980 E 1991.

Yogue Ramacháraca. *VEJA* ATKINSON, WILLIAM WALKER.

Yr. (runa anglo-saxônica) (inglês antigo, "machado") A vigésima sétima runa do futhorc anglo-saxão, descrita no poema rúnico em inglês antigo como uma arma confiável quando se está a cavalo. Ela representa o som *y*. *VEJA* FUTHORC ANGLO-SAXÃO.

Runa Yr

Yr. (runa do futhark recente) (norueguês antigo, "teixo") Yr é a décima sexta e última runa do futhark recente, significando términos, vida eterna e morte súbita. Representa o som *r*. *VEJA* FUTHARK RECENTE.

A mesma runa também é a décima sexta runa do sistema rúnico Armanen, e representa o arco-íris. Seu poder mágico, segundo encantamento rúnico do poema "Havamal", é encantar e unir os corações dos jovens. Corresponde ao deus Ymir e à criança e representa o som *y*. *VEJA* RUNAS ARMANEN.

Runa Yr

Yule. (corresponde à época do Natal) No paganismo moderno, o nome mais comum do solstício do meio do inverno, um dos oito sabás do ano cerimonial pagão. *VEJA* SABÁ.

Z

Zain, C. C. (Elbert Benjamine) Astrólogo e ocultista norte-americano, 1882-1951. Filho de um respeitado médico do Iowa, seu nome original era Benjamin Williams. Frequentou escolas públicas e formou-se em biologia na Iowa State University.

Seu interesse pelo ocultismo data de 1898, depois de assistir a uma apresentação de um hipnotizador e mentalista ambulante. Dois anos depois, ele montou seu primeiro horóscopo, dando início a um envolvimento vitalício com a astrologia, e fez contato com a Fraternidade da Luz, um dos fragmentos restantes da Fraternidade Hermética de Luxor (F. H. de L.). *VEJA* FRATERNIDADE HERMÉTICA DE LUXOR (F. H. DE L.). Em 1909, convidaram-no para fazer parte do conselho diretor da fraternidade e, para todos os fins práticos, ele ficou encarregado daquela que, na época, era apenas uma pequena e crescente organização.

Em 1914, ele começou a trabalhar num curso por correspondência que divulgaria o sistema de filosofia e prática ocultistas da fraternidade. Ele se mudou para Los Angeles em 1915 e dedicou seu tempo a estabelecer a Fraternidade da Luz. Auxiliou-o nessa tarefa Genevieve Stebbins, antiga associada da Fraternidade da Luz que se tornou uma importante figura na ala ocultista do movimento de educação física. *VEJA* EDUCAÇÃO FÍSICA; STEBBINS, GENEVIEVE.

Ele se casou com Elizabeth Dorris em 1916 e começou a dar aulas para o público em 1918. Como o ensino e a publicação de livros ocultistas não bastavam para sustentar Benjamine e sua família, ele teve uma série de empregos — pescador comercial, caubói, lenhador e capataz de fazenda, entre outras coisas. Ele também encontrou tempo para fazer caminhadas e acampar e envolveu-se com a criação do primeiro santuário para aves da região de Los Angeles.

O curso por correspondência ficou pronto em 1934. Nessa época, Benjamine já havia fundado outra organização, a Igreja da Luz, que foi instituída em 1932. Benjamine passou o resto da vida em Los Angeles, dando aulas e administrando a Igreja da Luz. Ele morreu em 1951. *VEJA TAMBÉM* IGREJA DA LUZ. LEITURA ADICIONAL: GIBSON, 1996.

Zanoni. Personagem central do romance do mesmo nome, escrito por Edward Bulwer-Lytton e publicado inicialmente em 1842.

Bastante inspirado no conde de Saint-Germain, Zanoni é um adepto misterioso e imortal, um dos dois últimos membros de uma antiga ordem mágica da Caldeia. Suas aventuras, que terminam com sua morte voluntária em meio à Revolução Francesa, envolve muitos dos clichês e detalhes do ocultismo do século XIX.

O personagem de Zanoni, e o romance de Bulwer-Lytton de modo geral, exerceram grande influência sobre os ocultistas por mais de um século após a publicação do livro. Samuel Mathers, um dos fundadores da Ordem Hermética da Aurora Dourada, copiou Zanoni de forma quase descarada, usando "Zan" e "Zanoni" como apelidos. *VEJA* MATHERS, SAMUEL LIDDELL. *VEJA TAMBÉM* SAINT-GERMAIN, CONDE DE. LEITURA ADICIONAL: BULWER--LYTTON, S/D., J. GODWIN, 1994.

Zarathustra. *VEJA* ZOROASTRO.

Zata, Elman. Na tradição rosa-cruz, um dos três Chefes supremos da Ordem Rosa-Cruz. No ritual Adeptus Minor da Ordem Hermética da Aurora Dourada, ele é descrito como um árabe que teria morrido com 463 anos de idade. *VEJA* ALVERDA, HUGO; BRY, FRANCISCUS DE. *VEJA TAMBÉM* GOLDEN DAWN.

Zauir Anpin. (hebraico, ZAVIR ANPIN, "pequena face") No pensamento cabalístico, um dos Partzufim ou Personificações da Árvore da Vida, também conhecido como Micropróspo ou Face Curta. Zauir Anpin representa Deus como uma entidade presente e ativa no universo, representada pelo Tetragrammaton, YHVH. Como a frase hebraica "pequena face" também significa "temperamento explosivo", Zauir Anpin tem, em muitos textos cabalísticos, uma associação com o deus irado e ciumento do Antigo Testamento.

Na Árvore da Vida, Zauir Anpin é representado pelas seis Sefirot, de Chesed a Yesod. *VEJA* ÁRVORE DA VIDA. *VEJA TAMBÉM* CABALA.

Zayin. (hebraico ZIN, "espada") A sétima letra do alfabeto hebraico, uma letra simples com valor sonoro de *z* e valor numérico 7. Seu simbolismo mágico mais comum é o seguinte:

> *Caminho da Árvore da Vida*: Caminho 17, de Binah a Tiphareth.
> *Correspondência astrológica*: Gêmeos.
> *Correspondência no tarô*: Arcano VI, O Enamorado.
> *Parte do Cubo do Espaço*: Aresta leste superior.
> *Cores*: em Atziluth, laranja.
> em Briah, malva pálido.
> em Yetzirah, couro amarelo novo.
> em Assiah, cinza avermelhado tingido de malva.

Seu texto, no *Trinta e Dois Caminhos da Sabedoria*, diz: "O Décimo Sétimo Caminho é a Inteligência Disponível, que proporciona fé aos justos, que são vestidos por ela com o espírito santo, e é chamada de base da excelência no estado das coisas superiores". *VEJA TAMBÉM* CABALA; ALFABETO HEBRAICO.

ז

Letra hebraica Zayin

Zazel. Na magia cerimonial, o espírito planetário de Saturno. Sua inteligência governante é Agiel. *VEJA* ESPÍRITO.

Zebul. (hebraico ZBVL, "morada") Na tradição cabalística, o quarto dos sete céus, associado à Sefirah Tiphareth. *VEJA* CÉUS, SETE.

zênite. (do árabe *al-zenit*, "altura") Num mapa astral, o ponto mais alto do zodíaco conforme visto de um dado local e num dado momento; também chamado meio do céu. No hemisfério Norte, o zênite é o ponto do zodíaco situado ao sul do observador no momento para o qual o horóscopo é calculado. Muitos sistemas de casas localizam a cúspide da décima casa no zênite. VEJA ASTROLOGIA.

zodíaco. (do grego *kyklos zodiakos*, "círculo de animais") Na astrologia, o círculo descrito pelo Sol em seu movimento aparente pelo céu, tal como visto da Terra, dividido em doze setores que recebem os nomes das constelações pelas quais passa o círculo. Esses doze setores são os conhecidos signos do zodíaco:

Nome	*Glifo*	*Símbolo*
Áries	♈	carneiro
Touro	♉	touro
Gêmeos	♊	gêmeos
Câncer	♋	caranguejo
Leão	♌	leão
Virgem	♍	virgem
Libra	♎	balança
Escorpião	♏	escorpião
Sagitário	♐	arqueiro
Capricórnio	♑	cabra
Aquário	♒	aguadeiro
Peixes	♓	peixes

Há uma diferença importante entre o zodíaco e as doze constelações que dão nome aos signos. As constelações têm extensão variável, ao contrário dos signos, todos com um arco de 30 graus. Além disso, devido à precessão dos equinócios, as constelações movem-se gradualmente pelo zodíaco ao longo do tempo, e por isso as estrelas da constelação de Peixes são visíveis agora na seção do firmamento rotulada como Áries. VEJA PRECESSÃO DOS EQUINÓCIOS.

Cada um dos doze signos tem sua própria relação com os outros fatores da astrologia. Os planetas, em particular, têm suas próprias e complexas amizades e inimizades entre os signos. Cada signo tem seu regente planetário, e um planeta situado no signo que governa exibe o máximo de sua força. Quando um planeta se situa no signo oposto ao governado por ele, acha-se em exílio, e com força mínima. Cada planeta tem um signo no qual se exalta, e um planeta em exaltação exibe sua expressão mais positiva; um planeta no signo oposto ao signo de sua exaltação está em sua queda, e tem sua expressão mais negativa.

Apesar do nome grego, o zodíaco foi, como a maior parte da astrologia, uma invenção da Mesopotâmia. É um dentre vários modos diferentes de dividir o caminho do Sol através do firmamento na astrologia antiga; os decanatos, um sistema egípcio de 36 divisões, também eram muito usados na Antiguidade. VEJA DECANATOS. VEJA TAMBÉM ASTROLOGIA E VERBETES PARA OS SIGNOS ZODIACAIS.

zodíaco terrestre. Na moderna tradição ocultista, um padrão zodiacal disposto na paisagem em ampla escala na época pré-histórica, descoberto por meio do estudo meticuloso de mapas e de fotos aéreas. O primeiro desses zodíacos ou foi descoberto ou foi inventado, dependendo da opinião do autor, por Katherine Maltwood na década de 1920 e anunciado em seu livro *A Guide to Glastonbury's Temple of the Stars* em 1929. Segundo Maltwood, o esboço de uma imagem colossal do zodíaco, semelhante à versão moderna, embora não propriamente idêntica a ela, pode ser visto nas formas do terreno, em antigas estradas, rios e morros ao longo de vários quilômetros quadrados de território perto de Glastonbury.

O ajuste entre a paisagem e o zodíaco traçado por Maltwood é impressionante, embora os céticos tenham dito que muitas das características que criam o perfil das figuras zodiacais devem ser modernas, e que muitas outras características que não contribuem para o padrão geral são discretamente ignoradas. A arqueologia oficial tem rejeitado consistentemente o zodíaco de Glastonbury em função disso, tratando-o como o equivalente geográfico de um borrão de Rohrshach, enquanto muitos membros da comunidade arqueológica alternativa continuam a aceitá-lo como um autêntico artefato pré-histórico.

Desde a publicação do livro de Maltwood, foram encontrados outros zodíacos em outras partes da Inglaterra e do mundo. Um foi encontrado a oeste de Londres; embora as características que o delineiam datem apenas do final do século XIX, seu descobridor alega que o padrão já estava lá nos planos interiores e simplesmente se manifestaram abertamente por meio dos arquitetos da Londres vitoriana. *VEJA TAMBÉM* LINHAS LEY. LEITURA ADICIONAL: MALTWOOD, 1929; MICHELL, 1969.

Zohar. (hebraico, "esplendor") Mais importante de todos os livros cabalísticos, o Zohar é mais uma coleção do que um tratado singular, compreendendo uma série de tratados separados que preenchem cinco volumes nas edições impressas. Ele se apresenta como as discussões registradas entre Shimon bar Yochai, importante professor judeu de mística do século II E.C., e seus colegas e amigos. Essa atribuição foi aceita pela maioria dos cabalistas até pouco tempo atrás, e por volta do século XVI surgiu a lenda de que o Zohar atualmente existente é um fragmento da obra original, que teria ocupado quarenta camelos de carga.

Contudo, evidências linguísticas e literárias mostram que o Zohar é uma obra bem mais recente, e todos os estudiosos modernos concordam que ele teria sido escrito por Moses de Leon (falecido em 1305), um cabalista judeu que viveu a maior parte de sua vida na pequena cidade de Guadalajara, na Espanha. Teria sido escrito em etapas entre 1270 e 1300, e a maior parte dele já circulava na época da morte de seu autor.

Vasto, desconexo e difuso, o Zohar é impossível de ser resumido e quase tão difícil de ser interpretado. Pressupõe um conhecimento prévio bastante vasto sobre o Antigo Testamento e sobre os pensamentos legal, teológico, filosófico e místico dos judeus. Boa parte dele consiste em comentários sobre versos das escrituras, que são entremeados com exposições sobre diversas partes da doutrina cabalística, narrativas sobre as atividades de Shimeon bar Yochai e seus colegas, histórias lendárias e outros diversos materiais. A maior parte dos temas e ideias da cabala judaica tradicional é coberta ao longo do texto.

O Zohar consiste numa porção central, que é um comentário cabalístico sobre as seções da Torá lidas semanalmente nos cultos judeus, entremeada com diversos trechos curtos sobre inúmeros assuntos, desde a criação do universo até a prática da quiromancia. Muitos destes talvez não tenham sido escritos por Moses de Leon, sendo compostos por autores posteriores e considerados como partes do Zohar.

Esse tipo de erro era quase inevitável por causa da maneira como o Zohar foi "publicado". Ele foi lançado em trechos por seu autor, com as primeiras partes circulando antes de 1281 (data da primeira citação a seu respeito em outro texto cabalístico), enquanto outras partes só surgiram dez anos depois, no mínimo. Durante vários séculos, coleções manuscritas das diversas partes do Zohar circularam entre estudiosos, e cada cabalista se satisfez com as partes que conseguiu obter. Por volta do século

XV, surgiram manuscritos completos, e estes foram usados para produzir as primeiras edições impressas, publicadas por editores concorrentes em Mântua e Cremona entre 1558 e 1560.

Originalmente, o Zohar foi escrito em aramaico, a língua comum da Palestina durante o século II E.C., como parte da tentativa feita por Moses de Leon para apresentar suas ideias como sendo as de Shimeon bar Yochai. Trechos importantes do Zohar foram traduzidos para o latim pelo místico francês Guillaume Postel e pelo ocultista alemão Christian Knorr von Rosenroth; o trabalho deste último serviu de base para a tradução para o inglês de três partes do Zohar, feita por Samuel Mathers e publicada inicialmente em 1898 como *The Kabbalah Unveiled*, fonte importante de informações sobre o Zohar para a comunidade ocultista anglófona desde então. *VEJA TAMBÉM* CABALA. LEITURA ADICIONAL: MATHERS, 1968; SCHOLEM, 1941 E 1974; SPERLING E SIMON, 1949.

Zoroastro. Profeta e fundador da religião zoroastrista, datas desconhecidas; seu nome aparece como Zarathushtra na língua avesta, que é a dos mais antigos textos zoroastristas, e Zardusht nos textos posteriores em pahlavi. Não se sabe quase nada ao certo sobre sua vida. Mesmo o período em que teria vivido é alvo de conjecturas; estimativas modernas vão do século VII ao XVII A.E.C., enquanto os gregos antigos afirmam que ele teria vivido 5 mil anos antes da queda de Troia. Os Gathas – a parte mais antiga das escrituras zoroastristas – são escritos num dialeto iraniano tão arcaico que se aproxima do sânscrito dos Vedas, e até o avesta recente contém referências a armas e pontas de flecha de pedra (e não de metal), e por isso a possibilidade de uma data bem antiga para Zoroastro não deve ser descartada.

As lendas que o cercam afirmam que ele teria nascido de uma virgem, rindo alto no instante do parto. Após uma infância e uma juventude ameaçadas por males sobrenaturais e repletas de milagres e austeridades, ele recebeu sua primeira revelação de Ahura Mazda, o espírito da Verdade, aos 30 anos de idade. Foram-lhe concedidas outras sete revelações no decorrer dos anos seguintes. Ele passou dez anos solitários perambulando e pregando o evangelho de Ahura Mazda, sendo constantemente desafiado pelos kigs e karaps, sacerdotes da antiga religião persa. Finalmente, ele converteu um rei local chamado Vishtaspa, e com o apoio deste conseguiu estabelecer sua nova religião. Seus seguidores lançaram-se numa série de guerras santas contra os kigs e karaps e numa delas, com 77 anos, Zoroastro foi morto.

Os gregos e romanos conheciam Zoroastro vagamente como um mago magistral, o primeiro dos Magos e fundador da astrologia e da magia. Um antigo intérprete grego de um dos diálogos de Platão comentou sobre ele, dizendo que "alguns dizem que era grego, ou um homem daquela nação que veio do continente, do outro lado do grande mar" – um comentário que parece referir-se à Atlântida ou ao continente que, segundo o pensamento grego, ficaria além da Atlântida, do outro lado do oceano Atlântico. *VEJA* ATLÂNTIDA. Uma parcela considerável do misticismo e da magia do final do período clássico foi atribuída a ele, um processo que atingiu a culminação quando os Oráculos Caldeus de Juliano, o Teurgo – importante texto mágico do século II E.C. – foram atribuídos a ele; *VEJA* ORÁCULOS CALDEUS. Muitas das referências a Zoroastro nos textos mágicos posteriores valeram-se dessa imagem, com seu pesado fardo de história oculta; *VEJA* HISTÓRIA OCULTA. LEITURA ADICIONAL: E. BUTLER, 1948; MEHR, 1991; SETTEGAST, 1990; ZAEHNER, 1961.

zorvidência. Nos textos do mago norte-americano P. B. Randolph (1825-1875), a forma de clarividência que percebe as entidades dos "Espaços do meio" – na terminologia esotérica convencional, o plano astral. *VEJA* PLANO ASTRAL; CLARIVIDÊNCIA; RANDOLPH, PASCHAL BEVERLY. *VEJA TAMBÉM* ETEVIDÊNCIA.

Zos. Na filosofia mágica de Austin Osman Spare (1886-1956), um dos dois princípios primários. Zos representa o corpo físico em todos os seus aspectos e é simbolizado pela mão. Zos também era o nome mágico de Spare. *VEJA* KIA; SPARE, AUSTIN OSMAN; ZOS KIA CULTUS.

Zos Kia Cultus. Filosofia mágica idealizada pelo artista e ocultista britânico Austin Osman Spare (1886-1956). Tinha como dois princípios centrais Zos, que representava o corpo físico em todos os aspectos, e Kia, o "Eu atmosférico", que representava a alma e o espírito. Zos tinha como símbolo a mão, e Kia, o olho ou o falo. As implicações masturbatórias da união simbólica de Zos e Kia não eram acaso, e a masturbação ritual constituía uma parte importante dos instrumentos da magia de Spare.

O Cultus parece ter sido praticado, em sua forma original, apenas pelo próprio Spare, mas exerceu grande influência nas origens da magia do Caos. *VEJA* MAGIA DO CAOS; ILUMINADOS DE THANATEROS. *VEJA TAMBÉM* SPARE, AUSTIN OSMAN.

Zózimo de Panópolis. Alquimista egípcio, viveu c. 300 E.C. Pouco se sabe sobre as circunstâncias de sua vida. Ele nasceu em Panópolis, no Alto Egito, depois morou em Alexandria e por um de seus textos sabemos que ele visitou Mênfis, certa vez, para inspecionar uma antiga fornalha alquímica num templo local. Ele menciona diversos autores alquímicos anteriores com frequência e tinha um respeito muito grande por Maria, a Judia; *VEJA* MARIA.

Os textos de Zózimo são fontes claras a evidenciar que a alquimia, tivesse ou não uma dimensão mística desde o início, certamente tinha uma no início do século IV. Profundamente influenciado por textos herméticos, que cita em diversos trechos, ele via a alquimia como um meio de purificação e de transformação espiritual e registra intensas experiências oníricas repletas de imagens alquímicas.

Várias de suas obras são dirigidas a uma mulher chamada Teosébia, aparentemente uma influente professora de alquimia com méritos próprios. Ele parece ter discordado dela sobre a questão do sigilo na alquimia. À maneira de professores de alquimia posteriores à sua época, Teosébia dava aulas aos alunos em pequenos grupos, que tinham de jurar segredo. Zózimo, por sua vez, alegava que os mistérios alquímicos eram tão importantes e tão necessários para o crescimento espiritual do homem que nunca deveriam ser cobertos de sigilo. Não sabemos mais nada sobre Teosébia, mas parece claro que seu ponto de vista nessa controvérsia foi o vencedor. *VEJA TAMBÉM* ALQUIMIA; HERMETISMO. LEITURA ADICIONAL: FOWDEN, 1986; PATAI, 1994.

FINIS CORONAT OPUS

BIBLIOGRAFIA

Abraham, Lyndy. "Arthur Dee, 1579-1651: A Life", *Cauda Pavonis* 13/2 (1994), 1-14.

Abusch, I. Tzvi. *Babylonian Witchcraft Literature* (Atlanta: Scholars Press, 1987).

Abusch, Tzvi e van der Toorn, Karel, orgs. *Mesopotamian Magic* (Groningen: Styx, 1999).

Adams, Alison e Linden, Stanton J., orgs. *Emblems and Alchemy* (Glasgow: Glasgow Emblem Studies, 1998).

Adler, Margot. *Drawing Down the Moon* (Boston: Beacon, 1986).

Agrippa, Henry Cornelius. *Three Books of Occult Philosophy*, org. por Donald Tyson (St. Paul: Llewellyn, 1993).

Aho, Wayne. *The Politics of Righteousness* (Seattle: U. of Washington Press, 1990).

Åkerman, Susanna. *Rose Cross Over the Baltic* (Leiden: Brill, 1998).

Albertus, Frater. *Alchemist's Handbook* (N.Y.: Weiser, 1974).

Alciatus, Andreus. *Works*. org. por M. Daly, Peter e Callahan, Virginia W., 2 vols. (Toronto: Univ. of Toronto Press, 1985).

Aldred, Cyril. *Akhenaten, King of Egypt* (Londres: Thames and Hudson, 1988).

Allen, Michael B. *The Platonism of Marsilio Ficino* (Berkeley: U. of California Press, 1984).

Allen, Paul A., org. *A Christian Rosenkreuz Anthology* (Blauvelt, N.Y.: Rudolf Steiner Publications, 1968).

AMORC (Ancient Mystic Order Rosae Crucis). *Rosicrucian Manual* (San Jose, Calif.: AMORC, 1948).

Anderson, William. *Green Man* (San Francisco: Harper-Collins, 1990).

Anônimo. *Manifesto of the New Order of the Palladium* (Rochester, N.Y.: New Order of the Palladium, 2001).

Anônimo. *The Sixth and Seventh Books of Moses* (Chicago: de Laurence, 1910).

Anônimo. *Tabula Smaradigna* (Laytonville, Calif.: Smithtown Press, 1988).

Anônimo. *Vril or Vital Magnetism* (Chicago: McClurg, 1911).

Anson, Peter F. *Bishops at Large* (Londres: Faber & Faber, 1964).

Anton, Ted. *Eros, Magic, and the Murder of Professor Culianu* (Evanston, Ill.: Northwestern UP, 1996).

Appleby, Derek. *Horary Astrology* (Wellingborough, Northamptonshire: Aquarian, 1985).

Armstrong, A. H., org. *Classical Mediterranean Spirituality* (N.Y.: Crossroad, 1986).

Arnold, E. Vernon. *Roman Stoicism* (Londres: Routledge & Kegan Paul, 1911).

Ashcroft-Nowicki, Dolores. *The Forgotten Mage* (Wellingborough: Aquarian, l986).

Ashmole, Elias. *Theatrum Chemicum Brittanicum* (Londres: J. Grismond for Nathaniel Brooke, 1652).

Bibliografia

Assmann, Jan. *Egyptian Solar Religion in the New Kingdom,* trad. Anthony Alcock (Londres: Kegan Paul, 1995).

Aswynn, Freya. *Northern Mysteries and Magick* (St. Paul: Llewellyn, 1998).

Atwood, Mary Ann. *A Suggestive Inquiry into the Hermetic Mystery* (Belfast: William Tait, 1918).

Aurelius, Marcus. *The Meditations of Marcus Aurelius,* trad. George Long (N.Y.: Collier, 1909).

Avalon, Arthur (John Woodroffe). *The Serpent Power* (N.Y.: Dover, 1974).

Axelrod, Alan. *The International Encyclopedia of Secret Societies and Fraternal Orders* (N.Y.: Facts on File, 1997).

Baigent, Michael; Leigh, Richard e Lincoln, Henry. *Holy Blood, Holy Grail* (N.Y.: Delacorte, 1982).

Bailey, Alice. *A Treatise on White Magic* (N.Y.: Lucis Trust, 1951).

_____. *Glamour: A World Problem* (N.Y.: Lucis Trust, 1950).

Barber, Malcolm. *The Cathars* (Harlow, Essex: Longman, 2000).

_____. *The New Knighthood: A History of the Order of the Temple* (Cambridge: Cambridge UP, 1994).

Barborka, Geoffrey. *The Divine Plan* (Adyar: Theosophical Publishing House, 1964).

Bardon, Franz. *Initiation Into Hermetics* (Kettig uber Koblenz: Osiris-Verlag, 1962).

_____. *The Key to the True Quabbalah* (Wuppertal: Dieter Ruggeberg, 1971).

_____. *The Practice of Magical Evocation* (Graz: Rudolf Pravica, 1967).

Barkun, Michael. *Religion and the Racist Right: The Origins of the Christian Identity Movement* (Chapel Hill, N.C.: Univ. of North Carolina Press, 1994).

Baron, Frank. *Doctor Faustus: From History to Legend* (Munique: Wilhelm Fink, 1978).

Barrett, William e Besterman, Theodore. *The Divining Rod* (N.Y.: University Books, 1968).

Barry, Jonathan; Hester, Marianne e Roberts, Gareth, orgs. *Witchcraft in Early Modern Europe* (Cambridge: Cambridge UP, 1996).

Barrow, Logie. *Independent Spirits: Spiritualism and English Plebeians 1850-1910* (Londres: Routledge & Kegan Paul, 1986).

Barton, Tamsyn. *Ancient Astrology* (Londres: Routledge, 1994); citado como Barton 1994a.

_____. *Power and Knowledge: Astrology, Physiognomics, and Medicine in the Roman Empire* (Ann Arbor: Univ. of Michigan Press, 1994); citado como Barton 1994b.

Bath, Michael. *Speaking Pictures: English Emblem Books and Renaissance Culture* (Londres: Longman 1994).

Behringer, Wolfgang. *Shaman of Oberstdorf: Chonrad Stoeckhlin and the Phantoms of the Night,* trad. por H. C. Erik Midelfort (Charlottesville: UP of Virginia, 1998).

Bendit, Lawrence J. e Bendit, Phoebe D. *The Etheric Body of Man* (Wheaton, Ill: Quest, 1977). [*O Corpo Etérico do Homem,* publicado pela Editora Pensamento, São Paulo, 1979.]

Benes, Peter, org. *Wonders of the Invisible World: 1600-1900* (Boston: Boston University, 1995); citado como Benes 1995a.

_____. "Fortunetellers, Wise Men, and Magical Healers in New England, 1644-1850", in Benes 1995a, 127-48; citado como Benes 1995b.

Bennett, J. G. *Enneagram Studies* (York Beach, Maine: Weiser, 1983).

Benz, Ernst. *The Mystical Sources of German Romantic Philosophy,* trad. Blair R. Reynolds

Bibliografia

e Eunice M. Paul (Allison Park, Pa.: Pickwick, 1983).

Beresford Ellis, Peter. *The Druids* (Londres: Constable, 1994).

Bernbaum, Edwin. *The Way to Shambhala* (N.Y.: Anchor, 1980).

Best, Michael R. e Brightman, Frank H., orgs. *The Book of Secrets of Albertus Magnus of the Virtues of Herbs, Stones and Certain Beasts, Also a Book of the Marvels of the World* (Oxford: Clarendon Press, 1973).

Besterman, Theodore. *Crystal-Gazing* (New Hyde Park, N.Y.: University Books, 1965).

Betz, Hans Dieter. *The Greek Magical Papyri in Translation* (Chicago: U. of Chicago, 1986).

Blain, Jenny e Wallis, Robert. "Men and 'Women's Magic': Gender, Seidhr and 'Ergi'", *Pomegranate 9* (agosto, 1999), 4-16.

Blau, Joseph Leon. *The Christian Interpretation of the Cabala in the Renaissance* (N.Y.: Columbia UP, 1944).

Blavatsky, Helena Petrovna. *Isis Unveiled* (N.Y.: Bouton, 1877). [*Ísis sem Véu*, publicado pela Editora Pensamento, São Paulo, 1991.]

_____. *The Secret Doctrine* (Adyar: TPH, 1888). [*A Doutrina Secreta*, publicado pela Editora Pensamento, São Paulo, 1980.]

Böehme, Jacob. *Essential Readings*, org. por Robin Waterfield (Wellingborough: Aquarian, 1989).

_____. *The Way to Christ* (N.Y.: Paulist, 1978).

Bonner, Andrew. *Selected Works of Ramon Lull*, 2 vols. (Princeton: Princeton UP, 1985).

Boyd, Hamish, M.D. *Introduction to Homeopathic Medicine* (New Canaan, Conn.: Keats, 1981).

Bradbrooke, Muriel C. *The School of Night* (N.Y.: Russell & Russell, 1965).

Bracelin, Jack, *Gerald Gardner: Witch* (Londres: Octagon, 1960).

Brann, Noel L. *Trithemius and Magical Theology* (Albany: SUNY, 1999).

Brickman, George. *An Introduction to F. Patrizi's Nova de Universis Philosophia* (dissert. de doutorado, Columbia University, 1941).

Briggs, Robin. *Witches and Neighbors* (Londres: Harper-Collins, 1996).

Britten, Emma Hardinge. *Autobiography of Emma Hardinge Britten* (Manchester: John Heywood, 1900).

Brodie, Fawn M. *No Man Knows My History* (N.Y.: Alfred A. Knopf, 1971).

Bromwich, Rachel. *Trioedd Ynys Prydein: The Welsh Triads* (Cardiff: University of Wales Press, 1961).

Brooke, John L. *The Refiner's Fire: The Making of Mormon Cosmology, 1644-1844* (Cambridge: Cambridge UP, 1994).

_____. "'The True Spiritual Seed': Sectarian Religion and the Persistence of the Occult in Eighteenth-Century New England", *in* Benes 1995a, 107-26.

Brumbaugh, Robert, org. *The Most Mysterious Manuscript* (Carbondale, Ill.: Univ. of Southern Illinois Press, 1978).

Brzustowicz, Richard. *The Mandrake Tradition* (tese de mestrado, University of Washington, 1974).

Buber, Martin. *The Legend of the Baal-Shem* (Princeton: Princeton UP, 1955).

Buckland, Raymond. *Practical Candleburning Rituals* (St. Paul: Llewellyn, 1970).

_____. *The Tree: The Complete Book of Saxon Witchcraft* (St. Paul: Llewellyn, 1974).

_____. *Witchcraft from the Inside* (St. Paul: Llewellyn, 1975).

Budge, E. A. Wallis. *The Egyptian Book of the Dead* (N. Y.: Dover, 1967). [*O Livro Egípcio dos Mortos*, publicado pela Editora Pensamento, São Paulo, 1985.]

Bibliografia

Bulwer-Lytton, Edward. *The Coming Race* (Londres: s.d., 1873.)

_____. *Zanoni* (Filadélfia: Wanamaker, s.d.). [*Zanoni*, publicado pela Editora Pensamento, São Paulo, 1957.] (fora de catálogo)

Buranelli, Vincent. *The Wizard from Vienna* (N.Y.: Coward, McCann and Geoghan, 1975).

Burkert, Walter. *Ancient Mystery Cults* (Cambridge, Mass.: Harvard UP, 1987).

_____. *Lore and Science in Ancient Pythagoreanism*, trad. por Edwin L. Minar Jr. (Cambridge, Mass.: Harvard UP, 1972).

Burr, Timothy. *BISBA* (Trenton: Hercules, 1965).

Butler, E. M. *The Fortunes of Faust* (Cambridge: Cambridge UP, 1952).

_____. *The Myth of the Magus* (Cambridge: Cambridge UP, 1948).

_____. *Ritual Magic* (Cambridge: Cambridge UP, 1949).

Butler, Jon. "The Dark Ages of American Occultism, 1760-1848", in Kerr and Crow (1983), 58-78.

Butler, W. E. *Apprenticed to Magic* (Wellingborough: Aquarian, 1962).

_____. *How to Read the Aura, Practice Psychometry, Telepathy and Clairvoyance* (Rochester, Vt.: Destiny, 1987).

_____. *Lords of Light* (Rochester, Vt.: Destiny, 1990).

_____. *The Magician: His Training and Work* (No. Hollywood, Calif.: Wilshire, 1959).

Calder, George, trad. *Auraicept na n-Éces: The Scholar's Primer* (Edimburgo: John Grant, 1917).

Cammell, C. R. *Aleister Crowley: The Man, The Mage, The Myth* (Londres: Richards, 1951).

Campanella, Tommaso, *The City of the Sun*, trad. por Daniel J. Donno (Berkeley: U. of California Press, 1981).

Campbell, Edward D. *The Encyclopedia of Palmistry* (N.Y.: Perigee, 1996).

Campion, Nicholas. *The Great Year: Astrology, Millenarianism and History in the Western Tradition* (N.Y.: Arkana, 1994).

Carabine, Deirdre. *John Scottus Eriugena* (Oxford: Oxford UP, 2000).

Cardan, Jerome. *The Book of My Life*, trad. por J. Stoner (Londres: s.d., 1931).

Carey, George W. *The Biochemic System of Medicine* (Nova Délhi, Índia: B. Jain, 1996).

_____ e Perry, Inez E. *The Zodiac and the Salts of Salvation* (N.Y.: Weiser, 1932).

Carlson, Shawn; LaRue, Gerald *et. al. Satanism in America: How the Devil Got Much More Than His Due* (El Cerrito, Calif: Gaia, 1989).

Carnes, Mark C., *Secret Ritual and Manhood in Victorian America* (New Haven, Conn.: Yale UP, 1989).

Carr-Gomm, Philip. *The Druid Way* (Shaftesbury, Dorset: Element, 1993).

_____, org. *The Druid Renaissance* (Londres: Thorsons, 1996).

_____. *In the Grove of the Druids: The Druid Teachings of Ross Nichols* (Londres: Watkins, 2002).

Carroll, Peter. *Liber Null and Psychonaut* (York Beach, Maine: Weiser, 1978).

Carter, John (pseud.). *Sex and Rockets: The Occult World of Jack Parsons* (Venice, Calif.: Feral, 1999).

Case, Paul Foster. *The Tarot: A Key to the Wisdom of the Ages* (Richmond, Va.: Macoy, 1947).

_____. *The True and Invisible Rosicrucian Order* (York Beach, Maine: Weiser, 1985).

Bibliografia

Cassirer, Ernst. *The Platonic Renaissance in England*, trad. por James P. Pettigrove (Austin, Tex.: U. of Texas Press, 1953).

Chadwick, Henry. *Priscillian of Avila: The Occult and the Charismatic in the Early Church* (Oxford: Clarendon Press, 1976).

_____. *The Early Church* (Londres: Penguin, 1993).

Chadwick, Nora K. *The Druids* (Cardiff: U. of Wales Press, 1966).

Chapman, Janine. *Quest for Dion Fortune* (York Beach, Maine: Weiser, 1993).

Charmasson, Therese. *Recherches sur une Technique Divinatoire: La Geomancie dans l'Occident Medieval* (Genebra: Librairie Droz, 1980).

Charpentier, Louis. *The Mysteries of Chartres Cathedral* (N. Y.: Avon, 1972).

Cheiro. *The Language of the Hand* (N.Y.: Prentice-Hall, 1987).

Childress, David Hatcher e Shaver, Richard. *Lost Continents and the Hollow Earth* (Kempton, Ill.: Adventures Unlimited, 1999).

Choucha, Nadia. *Surrealism and the Occult* (Oxford: Mandrake, 1991).

Christian, Paul. *The History and Practice of Magic*, trad. por James Kirkup e Julian Shaw (Londres: Forge Press, 1952).

Churchward, James. *The Lost Continent of Mu* (N.Y.: Ives Washburn, 1931).

Chuvin, Pierre. *A Chronicle of the Last Pagans*, trad. por B. A. Archer (Cambridge, Mass.: Harvard UP, 1989).

Cicero, Chic e Cicero, Sandra Tabatha. *Secrets of a Golden Dawn Temple* (St. Paul: Llewellyn, 1992).

Clauss, Manfred. *The Roman Cult of Mithras*, trad. por Richard Gordon (N.Y.: Routledge, 2000).

Clow, Barbara Hand. *Chiron* (St. Paul: Llewellyn, 1988).

Clulee, Nicholas H. *John Dee's Natural Philosophy* (N.Y.: Routledge, 1988).

Cohen, Seymour J. *Iggeret HaKodesh, the Holy Letter* (N.Y.: Ktav, 1976).

Cohn, Norman. *Europe's Inner Demons* (Nova York: Basil Books, 1975).

Colmer, Michael. *Napoleon's Book of Fate* (Londres: Blandford, 1994).

Colquhon, Ithell. *Sword of Wisdom* (Londres: Spearman, 1975).

Crowley, Aleister. *Atlantis Liber LI: The Lost Continent* (s.d.: Dove Press, 1970).

_____. *Book Four* (York Beach, Maine: Weiser, 1980).

_____. *The Book of Thoth* (York Beach, Maine: Weiser, 1969).

_____. *The Confessions of Aleister Crowley: An Autohagiography* (repr. Londres: Arkana, 1989).

_____. *Eight Lectures on Yoga* (Scottsdale, Ariz.: New Falcon, 1991).

_____. *The Law Is for All* (St. Paul: Llewellyn, 1975).

_____. *Magick in Theory and Practice* (N.Y.: Dover, 1976).

_____. *777 and Other Qabalistic Writings of Aleister Crowley* (York Beach, Maine: Weiser, 1973).

Culianu, Ioan P. *Eros and Magic in the Renaissance* (Chicago: U of Chicago Press, 1987).

Cunningham, Scott. *Magical Herbalism* (St. Paul: Llewellyn, 1982).

_____. *Wicca: A Guide for the Solitary Practitioner* (St. Paul: Llewellyn, 1988).

Curl, James Stevens. *The Art and Architecture of Freemasonry* (Woodstock, N.Y.: Overlook, 1993).

Bibliografia

Darnton, Robert. *Mesmerism and the End of the Elightenment in France* (Cambridge, Mass.: Harvard UP, 1968).

Darrah, John. *Paganism in Arthurian Romance* (Woodbridge, Suffolk: Boydell, 1994).

Davidson, Gustav. *A Dictionary of Angels* (N.Y.: Macmillan, 1967).

Davidson, Hilda Ellis. "The Germanic World", in Loewe and Blacker, 1981.

Davies, Morganna e Lynch, Aradia. *Keepers of the Flame: Interviews with Elders of Traditional Witchcraft in America* (Providence, R.I.: Olympian, 2001).

Dawson, Warren R. *A Leechbook or Collection of Medical Recipes of the Fifteenth Century* (Londres: Macmillan, 1934).

de Camp, L. Sprague. *Lost Continents* (N.Y.: Dover, 1970).

Deck, John N. *Nature, Contemplation and the One* (Toronto: Univ. Toronto Press, 1967).

Decker, Ronald; DePaulis, Thierry e Dummett, Michael. *A Wicked Pack of Cards: Origins of the Occult Tarot* (N.Y.: St. Martin's, 1996).

Decker, Ronald e Dummet, Michael. *A History of the Occult Tarot 1870-1970* (Nova York: St. Martin's, 2002).

Dee, John. *The Hieroglyphic Monad* (Edmonds, Wash.: Sure Fire, 1986).

De la Fontaine Verwey, Herman. "Gerard Thibault and his Academie de l'Espee" *Quarendo* 8 (Leiden: E. J. Brill, 1978).

Della Porta, Giambattista. *Natural Magick* (Nova York, Basic Books, 1957).

DeLuce, Robert. *Horary Astrology* (s.d.: DeLuce, 1932).

de Montfaucon de Villars, N. *Comte de Gabalis* (repr. Mokelumne Hill, Calif.: Health Research, 1963).

Denning, Melita e Phillips, Osborne. *The Apparel of High Magick* (St. Paul: Llewellyn, 1975); citado como Denning e Phillips, 1975a.

_____. *Mysteria Magica* (St. Paul: Llewellyn, 1981).

_____. *Robe and Ring* (St. Paul: Llewellyn, 1974).

_____. *The Sword and the Serpent* (St. Paul: Llewellyn, 1975); citado como Denning e Phillips, 1975b.

_____. *The Triumph of Light* (St. Paul: Llewellyn, 1978).

de Santillana, Giorgio e von Dechend, Hertha. *Hamlet's Mill* (Boston: David R. Godine, 1977).

Deveney, John. *Paschal Beverly Randolph* (Albany, N.Y.: SUNY, 1997).

Devi, Savitri. *The Lightning and the Sun* (Calcutá: ed. do autor, 1958).

Dickson, Donald R. *The Tessera of Antilia: Utopian Brotherhoods and Secret Societies in the Early Seventeenth Century* (Leiden: Brill, 1998).

Dillon, John. *The Middle Platonists* (Ithaca: Cornell UP, 1977).

Dobbs, Betty Jo Teeter. *Foundations of Newton's Alchemy, or, "The Hunting of the Greene Lyon"* (Cambridge: Cambridge UP, 1975).

_____. *The Janus Faces of Genius: The Role of Alchemy in Newton's Thought* (Cambridge: Cambridge UP, 1991).

Dole, George F. e Kirven, Robert H. *A Scientist Explores Spirit* (N.Y.: Swedenborg Foundation, 1992).

Donnelly, Ignatius. *Atlantis: The Antediluvian World* (Blauvelt, N.Y.: Steinerbooks, 1973).

Drakeford, Mark. *Social Movements and their Supporters* (N.Y.: Saint Martin's, 1997).

Drury, Neville. *Pan's Daughter* (Oxford: Mandrake, 1993).

Dummett, Michael. *The Visconti-Sforza Tarot Cards* (N.Y.: George Braziller, 1986).

Bibliografia

Duncan, Robert L. *Reluctant General: The Life and Times of Albert Pike* (N.Y.: Dutton, 1961).

Duquette, Lon Milo. *Aleister Crowley's Illustrated Goetia* (Phoenix: New Falcon, 1992).

_____. *The Magic of Thelema* (York Beach, Maine: Weiser, 1993).

Dzielska, Maria. *Apollonius of Tyana in Legend and History* (Roma: "L'Erma" de Breitschneider, 1986).

Eberly, John. "We Can Build You: The Homunculus in Alchemical Tradition", *Caduceus — The Hermetic Quarterly* (primavera, 1997) Vol. 3, Nº 1, 23-33.

Edgell, Derek. *The Order of Woodcraft Chivalry 1916-1949* (Lewiston, N.Y.: Mellen, 1992).

Eisler, Riane. *The Chalice and the Blade* (San Francisco: Harper & Row, 1987).

Eller, Cynthia. *Living in the Lap of the Goddess* (N.Y.: Crossroads, 1993).

_____. *The Myth of Matriarchal Prehistory* (Boston: Beacon, 2000).

Elworthy, Frederick. *The Evil Eye* (N.Y.: Collier, 1971).

Enright, Michael J. *Lady with a Mead Cup* (Dublim: Four Courts, 1996).

Epíteto. *The Golden Sayings of Epictetus*, trad. por Hastings Crossley (N.Y.: Collier, 1909).

Evans, James. *The History and Practice of Ancient Astronomy* (N.Y.: OUP, 1998).

Evola, Julius. *Revolt Against the Modern World*, trad. por Guido Stucco (Rochester, Vt.: Inner Traditions International, 1995).

_____. *The Yoga of Power*, trad. por Guido Stucco (Rochester, Vt.: Inner Traditions International, 1992).

Faivre, Antoine. *The Eternal Hermes: From Greek God to Alchemical Magus* (Grand Rapids, Mich.: Phanes, 1995).

_____. *Theosopy, Imagination, Tradition: Studies in Western Esotericism*, trad. de Christine Rhone (Albany, N.Y.: State University of New York Press, 2000).

Fandrich, Ina Johanna. "The Mysterious Voodoo Queen Marie Laveau: A Study of Spiritual Power and Female Leadership in Nineteenth Century New Orleans" (dissert. de doutorado, Temple University, 1994).

Fanger, Claire, org. *Texts and Traditions of Medieval Ritual Magic* (University Park: Pennsylvania State UP, 1998).

Faraone, Christopher A. *Talismans and Trojan Horses: Guardian Statues in Ancient Greek Myth and Ritual* (N.Y.: OUP, 1992).

Farmer, S. A. *Syncretism in the West: Pico's 900 Theses* (Tempe, Ariz.: MRTS, 1998).

Farrar, Stewart e Farrar, Janet. *Eight Sabbats for Witches* (Londres: Robert Hale, 1981).

_____. *The Witches' God* (Custer, Wash.: Phoenix, 1989).

_____. *The Witches' Goddess* (Custer, Wash.: Phoenix, 1986).

_____. *The Witches' Way: Principles, Rituals, and Beliefs of Modern Witchcraft* (Londres: Robert Hale, 1984).

Fideler, David R. *Jesus Christ, Sun of God* (Wheaton, Ill.: Quest, 1993).

_____. "The Passion of Sophia: An Early Gnostic Creation Myth", *Gnosis* 1 (outono, 1985), 16-22.

Findhorn Community, the. *The Findhorn Garden* (N.Y.: Harper & Row, 1975).

Findlay, J. N. *Plato and Platonism: An Introduction* (N.Y.: Quadrangle, 1978).

_____. *Plato: The Written and Unwritten Doctrines* (Londres: Routledge and Kegan Paul, 1974).

Flaceliere, Robert. *Greek Oracles*, trad. por Douglas Garman (N.Y.: W. W. Norton, 1965).

Bibliografia

Flamel, Nicolas. *Nicholas Flamel: His Exposition of the Hieroglyphicall Figures* (N.Y.: Garland, 1994).

Flint, Valerie. *The Rise of Magic in Early Medieval Europe* (Princeton: Princeton UP, 1996).

Flowers, Stephen. *Runes and Magic* (Berne: Peter Lang, 1986).

Fludd, Robert. *Robert Fludd: Essential Readings*, org. por William H. Huffman (Londres: Aquarian, 1992).

Forrest, Isadora. *Isis Magic* (St. Paul: Llewellyn, 2000).

Fortune, Dion. *Applied Magic and Aspects of Occultism* (Wellingborough: Aquarian, 1987); citado como Fortune 1987a.

_____. *The Cosmic Doctrine* (York Beach, Maine: Weiser, 2000). [*A Doutrina Cósmica*, publicado pela Editora Pensamento, São Paulo, 1983.]

_____. *Esoteric Orders and Their Work and the Training and Work of the Initiate* (Wellingborough: Aquarian, 1987); citado como Fortune 1987b. [*As Ordens Esotéricas e o Seu Trabalho*, publicado pela Editora Pensamento, São Paulo, 1987.] (fora de catálogo)

_____. *Glastonbury* (Wellingborough: Aquarian, 1989).

_____. *The Magical Battle of Britain* (Bath: Golden Gates, 1993).

_____. *The Mystical Qabalah* (York Beach, Maine: Weiser, 1984). [*A Cabala Mística*, publicado pela Editora Pensamento, São Paulo, 1985.]

_____. *Psychic Self-Defence* (Londres: Rider, 1930). [*Autodefesa Psíquica*, publicado pela Editora Pensamento, São Paulo, 1983.]

Foster, George M. *Hippocrates' Latin American Legacy: Humoral Medicine in the New World* (Amsterdam: Gordon and Breach, 1994).

Fowden, Garth. *The Egyptian Hermes* (Cambridge: Cambridge UP, 1986).

Frazer, James. *The Golden Bough* (N.Y.: Macmillan, 1922).

Frejer, B. Ernest, org. *The Edgar Cayce Companion* (Virginia Beach: ARE, 1995).

Frew, Donald H. "Harran: Last Refuge of Classical Paganism", *Pomegranate* 9 (agosto, 1999), 17-29.

Frothingham, Octavius Brooks. *Transcendentalism in New England* (N.Y.: Putnam, 1876).

Fulcanelli. *Fulcanelli: Master Alchemist: Le Mystère dês Cathédrales* (Albuquerque, N.M.: Brotherhood of Light, 1986).

Fuller, Jean Overton. *The Comte de St. Germain* (Londres: East-West, 1988).

_____. *The Magical Dilemma of Victor Neuburg* (Oxford: Mandrake, 1990).

Gager, John G., org. *Curse Tablets and Binding Spells from the Ancient World* (Oxford: OUP, 1992).

Galbreath, Robert. "Explaining Modern Occultism", *in* Kerr and Crow 1983, 11-37.

Gallagher, E.V. *Divine Man or Magician? Celsus and Origen on Jesus* (Chico, Calif: Scholars Press, 1982).

Gantz, Jeffrey, tr. *The Mabinogion* (Londres: Penguin, 1976).

Gardner, Adelaide. *Meditation: A Practical Study* (Wheaton, Ill.: TPH, 1968).

Gardner, Gerald. *Witchcraft Today* (Londres: Rider, 1954).

_____. *The Meaning of Witchcraft* (Londres: Rider, 1959).

Geffcken, Johannes. *The Last Days of Greco-Roman Paganism*, trad. por Sabine MacCormack (Nova York: North-Holland, 1978).

Geldard, Richard, *The Esoteric Emerson* (Hudson, N.Y.: Lindisfarne, 1993).

Geneva, Ann. *Astrology and the Seventeenth-Century Mind* (Manchester: Manchester UP, 1995).

Bibliografia

Geoffrey of Monmouth. *The History of the Kings of Britain*, trad. por Lewis Thorpe (Londres: Penguin, 1966).

Gerald of Wales. *The Journey Through Wales / The Description of Wales* (Londres: Penguin, 1978).

Gersh, Stephen. *Middle Platonism and Neoplatonism: The Latin Tradition*, 2 vols. (Notre Dame, Ind.: Univ. Notre Dame Press, 1986).

Gettings, Fred. *The Book of the Hand* (Londres: Hamlyn, 1965).

Ghyka, Matila. *The Geometry of Art and Life* (N.Y.: Dover, 1977).

Gibbons, B. J. *Gender in Mystical and Occult Thought* (Cambridge: Cambridge UP, 1996).

Gibson, Christopher. "The Religion of the Stars: The Hermetic Philosophy of C. C. Zain", *Gnosis* 38 (inverno, 1996), 58-63.

Gilbert, R. A. *A. E. Waite, Magician of Many Parts* (Wellingborough: Crucible, 1987).

———. *The Golden Dawn Companion* (Wellingborough: Aquarian, 1986).

———. *The Golden Dawn: Twilight of the Magicians* (Wellingborough: Aquarian, 1983); citado como Gilbert, 1983a.

———. *The Magical Mason: Forgotten Hermetic Writings of William Wynn Westcott, Physician and Magus* (Wellingborough: Aquarian, 1983); citado como Gilbert, 1983c.

———, org. *The Sorcerer and His Apprentice: Unknown Hermetic Writings of S. L. MacGregor Mathers and J. W. Brodie-Innes* (Wellingborough: Aquarian, 1983); citado como Gilbert, 1983b. [*O Feiticeiro e seu Aprendiz: Escritos Herméticos Desconhecidos de S. L. MacGregor Mathers e J.W. Brodie-Innes*, publicado pela Editora Pensamento, São Paulo, 1986.]

Gimbutas, Marija. *The Civilization of the Goddess* (San Francisco: HarperSanFrancisco, 1991).

———. *The Language of the Goddess* (San Francisco: Harper & Row, 1989).

Ginzburg, Carlo. *Ecstasies: Deciphering the Witch's Sabbath* (N.Y.: Pantheon, 1991).

———. *The Night Battles: Witchcraft and Agrarian Cults in the Sixteenth and Seventeenth Centuries* (N.Y.: Penguin, 1985).

Goddard, David. *The Tower of Alchemy* (York Beach, Maine: Weiser, 1999).

Godwin, David. "Astrological Attributions of the Twelve Tribes", *The Qabalistic Messenger* 1:1 (dezembro, 1991), 1-5.

———. "The Breastplate of the High Priest", *The Qabalistic Messenger* 1:3 (junho, 1992), 1-3.

———. *Godwin's Cabalistic Encyclopedia* (St. Paul: Llewellyn, 1989).

Godwin, Joscelyn. *Arktos: The Polar Myth in Science, Symbolism, and Nazi Survival* (Grand Rapids, Mich.: Phanes, 1993).

———, trad. *The Chemical Wedding of Christian Rosenkreuz* (Grand Rapids, Mich.: Phanes, 1991).

———. *Music and the Occult: French Musical Philosophies, 1750-1950* (Rochester, N.Y.: U. of Rochester Press, 1995).

———. *The Mystery of the Seven Vowels* (Grand Rapids, Mich.: Phanes, 1991).

———. *Robert Fludd* (Boulder, Colo.: Shambhala, 1979).

———. *The Theosophical Enlightenment* (Albany: SUNY, 1994).

Godwin, Joscelyn; Chanel, Christian e Deveny, John P. *The Hermetic Brotherhood of Luxor* (York Beach, Maine: Weiser, 1995).

Goodison, Lucy e Morris, Christine, orgs. *Ancient Goddesses: The Myth and the Evidence* (Londres: British Museum, 1998).

Goodman, Felicitas D. *How About Demons? Possession and Exorcism in the Modern World* (Bloomington, Ind.: Indiana UP, 1988).

Bibliografia

Goodrick-Clarke, Nicholas. *Hitler's Priestess* (N.Y.: Nova York UP, 1998).

_____. *The Occult Roots of Nazism: Secret Aryan Cults and their Influence on Nazi Ideology* (N.Y.: New York UP, 1992).

Gorman, Peter. *Pythagoras: A Life* (Londres: Routledge and Kegan Paul, 1979).

Graf, Fritz. *Magic in the Ancient World*, trad. por Franklin Philip (Cambridge, Mass.: Harvard UP, 1997).

Grafton, Anthony. *Cardano's Cosmos* (Cambridge, Mass.; Harvard UP, 1999).

Grant, Kenneth. *Images and Oracles of Austin Osman Spare* (Londres: Muller, 1974).

_____. *Outside the Circles of Time* (Londres: Frederick Muller, 1980).

Graves, Robert. *The White Goddess* (N.Y.: Farrar, Strauss & Giroux, 1966).

Gray, William G. *Concepts of Qabalah* (York Beach, Maine: Weiser, 1984).

_____. *Sangreal Ceremonies and Rituals* (York Beach, Maine: Weiser, 1985).

_____. *The Sangreal Sacrament* (York Beach, Maine: Weiser, 1983).

_____. *Western Inner Workings* (York Beach, Maine: Weiser, 1982).

Green, Tamara M. *The City of the Moon God: Religious Traditions of Harran* (Leiden: Brill, 1992).

Greer, John Michael. *Circles of Power: Ritual Magic in the Western Tradition* (St. Paul: Llewellyn, 1997).

_____. *Earth Divination, Earth Magic* (St. Paul: Llewellyn, 1999).

_____. *Monsters* (St. Paul: Llewellyn, 2001).

_____. *Natural Magic* (St. Paul: Llewellyn, 2000).

_____. "Osiris and Christ", in Chic Cicero e Sandra Tabatha Cicero, orgs. *The Magical Pantheons* (St. Paul: Llewellyn, 1998).

_____. *Paths of Wisdom: The Magical Cabala in the Western Tradition* (St. Paul: Llewellyn, 1996).

_____. e Cooper, Gordon "The Red God: Woodcraft and the Origins of Wicca", *Gnosis* 48 (verão, 1998), 50-8.

Greer, Mary K. *Women of the Golden Dawn* (Rochester, Vt.: Park Street, 1995).

Grell, Ole Peter, org. *Paracelsus: The Man and His Reputation* (Leiden: Brill, 1998).

Grieve, Maud. *A Modern Herbal* (Londres: Jonathan Cape, 1931).

Griffiths, Bill. *Aspects of Anglo-Saxon Magic* (Hockwold-cum-Wilton, Norfolk: Anglo-Saxon Books, 1996).

Grosh, A. B. *The Odd Fellows Manual* (Filadélfia: Theodore Bliss & Co., 1871).

Gruffydd, W. J. *Rhiannon* (Cardiff: University of Wales Press, 1953).

Guénon, René. *The Lord of the World* (Ellingstring: Coombe Springs, 1983).

Guirdham, Arthur. *The Great Heresy* (Jersey: Neville Spearman, 1977).

Gullan-Whur, Margaret. *The Four Elements* (Londres: Century, 1987).

Guthrie, Kenneth Sylvan, org. e trad. *The Pythagorean Sourcebook and Library* (Grand Rapids, Mich.: Phanes, 1987).

Haddock, Frank Channing. *Power of Will* (Meriden, Conn.: Pelton, 1918).

Hadfield, Alice Mary. *An Introduction to Charles Williams* (Londres: R. Hale, 1959).

Hadot, Pierre. *Plotinus, or the Simplicity of Vision*, trad. por Michael Chase (Chicago: U. Chicago Press, 1993).

_____. *The Inner Citadel*, trad. por Michael Chase (Cambridge, Mass.: Harvard UP, 1998).

Hakl, Hans Thomas. *Unknown Sources: National Socialism and the Occult*, trad. por Nicholas

Bibliografia

Goodrick-Clarke (Edmonds, Wash.: Holmes, 2000).

Halevi, Z'ev ben Shimon. *Kabbalah and Exodus* (Boulder: Shambhala, 1980).

Hall, Manly Palmer. *The Lost Keys of Freemasonry* (Los Angeles: PRS, 1937).

_____. *The Secret Teachings of All Ages* (Los Angeles: PRS, 1988).

Hamill, John. *The Rosicrucian Seer* (Wellingborough: Aquarian, 1986).

Hancox, Joy. *The Byrom Collection: Renaissance Thought, the Royal Society, and the Building of the Globe Theatre* (Londres: Jonathan Cape, 1992).

Hanegraaff, Wouter J. *New Age Religion and Western Culture* (Leiden: E. J. Brill, 1996).

Hansen, Daniel. *American Druidism: A Guide to American Druid Groups* (Seattle: Peanut Butter, 1995).

Hapgood, Charles. *Maps of the Ancient Sea Kings* (N.Y.: Dutton, 1979).

Haq, Syed Nomanul. *Names, Natures and Things: The Alchemist Jabir ibn Hayyan and his "Kitab al Ahjar" (Book of Stones)* (Boston: Kluwer, 1994).

Hargrave, John. *The Confession of the Kibbo Kift* (Londres: Duckworth, 1927).

Harkness, Deborah E. *John Dee's Conversations with Angels* (Cambridge: Cambridge UP, 1999).

Harper, George Mills. *Yeats's Golden Dawn* (Londres: Macmillan, 1974).

Harrington, David e de Traci, Regula. *Whispers of the Moon: The Life and Work of Scott Cunningham* (St. Paul: Llewellyn, 1996).

Harris, Eleanor L. *Ancient Egyptian Divination and Magic* (York Beach, Maine: Weiser, 1998).

Harrison, Jane. *Prolegomena to the Study of Greek Religion* (Cambridge: Cambridge UP, 1903).

Hart, Vaughan. *Art and Magic at the Court of the Stuarts* (Londres: Routledge, 1994).

Haskins, Jim. *Voodoo and Hoodoo* (Nova York, Stein and Day, 1978).

Hayes, Kevin J. *Folklore and Book Culture* (Knoxville: Univ. of Tennessee Press, 1997).

Hayes, T. Wilson. *Winstanley the Digger* (Cambridge, Mass.: Harvard UP, 1979).

Heindel, Max. *The Rosicrucian Cosmo-Conception* (Oceanside, Calif.: Rosicrucian Fellowship, 1909).

Heninger, S. K. *Touches of Sweet Harmony: Pythagorean Cosmology and Renaissance Poetics* (San Marino, Calif.: Huntington Library, 1974).

Heselton, Philip, *Wiccan Roots: Gerald Gardner and the Modern Wiccan Revival* (Chievely, Berks.: Capall Bann, 2000).

Hesíodo, Teogonia, trad. por Dorothea Wender, *In Hesiod and Theognis* (N.Y.: Penguin, 1973).

Hewitt, William W. *Tea Leaf Reading* (St. Paul: Llewellyn, 1999).

Hill, Christopher. *The Religion of Gerrard Winstanley: Past and Present Supplement 5* (Oxford: Past and Present Society, 1978).

Hillgarth, J. N. *Ramon Lull and Lullism in 14th Century France* (Oxford: Oxford UP, 1971).

Hitler, Adolf. *Mein Kampf*, trad. por Ralph Manheim (Londres: Hutchinson, 1974).

Hodgson, Joan. *A White Eagle Lodge Book of Health and Healing* (Liss, Hampshire, England: White Eagle Pub. Trust, 1983).

Hodson, Geoffrey. *Fairies at Work and at Play* (Londres: TPH, 1976); citado como Hodson, 1976a.

_____. *The Kingdom of the Gods* (Wheaton, Ill.: Quest, 1976); citado como Hodson, 1976b. [*O Reino dos Deuses*, publicado pela Editora Pensamento, São Paulo, 1982.]

Bibliografia

Hoeller, Stephan A. *The Gnostic Jung and the Seven Sermons to the Dead* (Wheaton, Ill.: TPH, 1982). [*A Gnose de Jung e os Sete Sermões aos Mortos*, publicado pela Editora Cultrix, São Paulo, 1990.]

_____. "A Sage for All Seasons", *Gnosis* 18 (inverno, 1991), 10-1.

Hohmann, John George. *Pow-Wows or the Long Lost Friend* (Forestville, CA: Lucky Mojo Curio Co., 1992).

Holmyard, Eric John. *Alchemy* (Harmondsworth: Penguin, 1957).

Hornung, Erik. *Conceptions of God in Ancient Egypt*, trad. por John Baines (Londres: Routledge & Kegan Paul, 1982).

Howe, Ellic. *Fringe Masonry in England, 1870-1885* (Edmonds, Wash.: Holmes, 1997).

_____. *The Magicians of the Golden Dawn* (Londres: Routledge & Kegan Paul, 1972).

Hubbs, Joanna. *An Analysis of Martinism in the Last Quarter of the Eighteenth Century* (dissert. de doutorado, University of Washington, 1971).

Hull, J. M. *Hellenistic Magic and the Synoptic Tradition* (Londres: SCM, 1974).

Hulse, David Allen. *New Dimensions for the Cube of Space* (York Beach, Maine: Weiser, 2000).

Hunt, Stoker. *Ouija: The Most Dangerous Game* (N.Y.: Barnes and Noble, 1985).

Huson, Paul. *Mastering Herbalism* (N.Y.: Stein and Day, 1974).

_____. *Mastering Witchcraft* (N.Y.: Putnam, 1970).

Hutton, Ronald. "The Discovery of the Modern Goddess", *in* Pearson, 1998, 89-100.

_____. *Stations of the Sun: A History of the Ritual Year in England* (Oxford: Oxford UP, 1994).

_____. *The Triumph of the Moon: A History of Modern Pagan Witchcraft* (Oxford: Oxford UP, 1999).

Idel, Moshe. *Golem: Jewish Magical and Mystical Traditions on the Artificial Anthropoid* (Albany: SUNY Press, 1990).

_____. *The Mystical Experience in Abraham Abulafia* (Albany: SUNY Press, 1988).

Igliori, Paola, org. *American Magus Harry Smith: A Modern Alchemist* (N.Y.: Inanout, 1996).

Jenkins, Geraint H. *Facts, Fantasy and Fiction: The Historical Vision of Iolo Morganwg* (Aberystwyth: Canolfan Uwchefrydiau Cymreig a Cheltaidd Prifysgol Cymry, 1997).

Johnson, K. Paul. *The Masters Revealed: Madame Blavatsky and the Myth of the Great White Lodge* (Albany, N.Y.: SUNY, 1994).

Johnston, Sarah Iles. *Hekate Soleira* (Atlanta: Scholars Press, 1990).

Jolly, Karen Louise. *Popular Religion in Late Saxon England; Elf Charms in Context* (Chapel Hill: U. of North Carolina Press, 1996).

Jones, Evan e Valiente, Doreen. *Witchcraft: A Tradition Renewed* (Custer, Wash.: Phoenix, 1990).

Jones, Prudence e Pennick, Nigel. *A History of Pagan Europe* (Londres: Routledge, 1995).

Jones, W. R. "'Hill-Diggers' and 'Hell-Raisers': Treasure Hunting and the Supernatural in Old and New England", *in* Benes, 1995a, 97-106.

Josten, C. H. "A Translation of John Dees 'Monas Hieroglyphica' (Antwerp, 1564), with an Introduction and Annotations", *Ambix* 12 (1964), 84-221.

Judith, Anodea. *Wheels of Life* (St. Paul: Llewellyn, 1987).

Judith, Anodea e Vega, Selene. *The Sevenfold Journey: Reclaiming Mind, Body and Spirit Through the Chakras* (Freedom, Calif.: Crossing, 1993).

Jung, Carl Gustav. *Memories, Dreams, Reflections*, org. por Aniela Jaffé (N.Y.: Pantheon, 1962).

Bibliografia

Junius, Manfred M. *Practical Handbook of Plant Alchemy* (N.Y.: Inner Traditions International, 1985).

Kafton-Minkel, Walter. *Subterranean Worlds* (Port Townsend, Wash.: Loompanics, 1989).

Kalogera, Lucy Shepard. *Yeat's Celtic Mysteries* (dissert. de doutorado, Florida State University, 1977).

Kaplan, Aryeh, trad. *The Bahir* (York Beach, Maine: Weiser, 1979).

_____. *Meditation and Kabbalah* (York Beach, Maine: Weiser, 1982).

_____. *Sefer Yetzirah: The Book of Creation in Theory and Practice* (York Beach, Maine: Weiser, 1990).

Kaplan, Stuart. *The Encyclopedia of Tarot, Volume I* (Stamford, Conn.: US Games, 1978).

_____. *The Encyclopedia of Tarot, Volume II* (Stamford, Conn.: US Games, 1986).

_____. *The Encyclopedia of Tarot, Volume III* (Stamford, Conn.: US Games, 1990).

Kardec, Allan. *The Spirit's Book* (Albuquerque, N.M.: Brotherhood of Life, 1989).

Keeley, Lawrence H. *War Before Civilization: The Myth of the Peaceful Savage* (Oxford: Blackwell, 1996).

Keene, M. Lamar. *The Psychic Mafia* (Amherst, N.Y.: Prometheus, 1997).

Keizer, Lewis S. *The Wandering Bishops* (Santa Cruz, Calif.: Academy of Arts and Humanities, 1976).

Kent, James Tyler. *Lectures on Homeopathic Philosophy* (1900; repr. Berkeley, Calif.: North Atlantic, 1979).

Kerenyi, C. *Eleusis* (N.Y.: Bollingen Foundation, 1967).

Kerr, Howard e Crow, Charles L. *The Occult In America: New Historical Perspectives* (Urbana, Ill.: U. of Illinois Press, 1983).

Khei X° (George Winslow Plummer). *Rosicrucian Fundamentals* (N.Y.: Flame, 1920).

Kieckhefer, Richard. *European Witch Trials* (Berkeley, Calif.: Univ. California Press, 1976).

_____. *Forbidden Rites: A Necromancer's Manual of the Fifteenth Century* (University Park: Pennsylvania State Univ. Press, 1998).

_____. *Magic in the Middle Ages* (Cambridge: Cambridge UP, 1989).

King, Francis, org. *Astral Projection, Ritual Magic, and Alchemy* (Londres: Spearman, 1971); citado como King, 1971a.

_____. *The Magical World of Aleister Crowley* (Londres: Arrow, 1977).

_____. *Modern Ritual Magic: The Rise of Western Occultism* (Dorset: Prism, 1989).

_____. *The Secret Rituals of the O.T.O.* (Londres: Spearman, 1972).

_____. *Sexuality, Magic, and Perversion* (Londres: Spearman, 1971); citado como King, 1971b.

_____. *The Magical World of Aleister Crowley* (Oxford: Mandrake, 1991).

King, Godfré Ray (pseud. de Ray Ballard). *Unveiled Mysteries* (Saint Germain Press, 1934).

King, John, *The Celtic Druids' Year* (Londres: Blandford, 1994).

Kingsford, Anna e Edward Maitland, *The Perfect Way: or, the Finding of Christ* (Londres: Watkins, 1882).

Kirchweger, Anton Joseph, *Aurea Catena Homeri* (Edmonds, Wash.: Holmes, 2002).

Klimkeit, Hans-Joachim. *Gnosis on the Silk Road: Gnostic Texts from Central Asia* (San Francisco: HarperSanFrancisco, 1993).

Knight, Gareth. *Dion Fortune and the Inner Light* (Loughborough: Thoth, 2000).

_____. *The Secret Tradition in Arthurian Legend* (Wellingborough: Aquarian, 1983).

Konstantinos. *Summoning Spirits* (St. Paul: Llewellyn, 1997).

Bibliografia

Kors, Alan Charles e Edward Peters, *Witchcraft in Europe 400-1700: A Documentary History* (Filadélfia: Univ. Pennsylvania Press, 2001).

Kramer, Heinrich e Sprenger, Jacob. *Malleus Maleficarum*, trad. por Montague Summers (N.Y.: Dover, 1971).

Küntz, Darcy, org. *The Complete Golden Dawn Cipher Manuscript* (Edmonds, Wash.: Holmes, 1996a).

——. *The Golden Dawn Source Book* (Edmonds, Wash.: Holmes, 1996b).

Lady Sheba. *The Book of Shadows* (St. Paul: Llewellyn, 2000).

Lawlor, Robert. *Sacred Geometry: Philosophy and Practice* (N.Y.: Thames & Hudson, 1982).

Layton, Bentley. *The Gnostic Scriptures* (Garden City, N.Y.: Doubleday, 1987).

Leadbeater, C. W. *The Chakras* (Wheaton, ID.: Quest, 1974). [*Os Chakras*, publicado pela Editora Pensamento, São Paulo, 1960.]

——. *Man, Visible and Invisible* (Wheaton, Ill.: Quest, 1971). [*O Homem Visível e Invisível*, publicado pela Editora Pensamento, São Paulo, 1967.] (fora de catálogo)

——. *The Masters and the Path* (Adyar: TPH, 1925). [*Os Mestres e a Senda*, publicado pela Editora Pensamento, São Paulo, 1977.] (fora de catálogo)

——. *The Science of the Sacraments* (Adyar: TPH, 1920).

Leek, Sybil. *Diary of a Witch* (Nova York: Prentice-Hall, 1968).

Leijenhorst, Cees. "Francesco Patrizi's Hermetic Philosophy", *in* van den Broeck and Hanegraaf, 1998, 125-46.

Leland, Charles Godfrey. *Aradia, or the Gospel of the Witches* (N.Y.: Samuel Weiser, 1974).

——. *Etruscan Roman Remains in Popular Tradition* (repr. Londres: Kegan Paul, 2002).

Leo, Alan. *Astrology for All* (Rochester, Vt.: Inner Traditions, 1989); citado como Leo, 1989a.

——. *Esoteric Astrology* (Rochester, Vt.: Inner Traditions, 1989); citado como Leo, 1989b.

Lethbridge, T. C. *Witches* (N.Y.: Citadel, 1962).

Levack, Brian P. *The Witch-Hunt in Early Modern Europe* (Londres: Longman, 1995).

Lévi, Éliphas. *Transcendental Magic*, trad. por Arthur Edward Waite (York Beach, Maine: Weiser, 1972).

Lewy, Hans. *Chaldaean Oracles and Theurgy* (Paris: Études Augustiniennes, 1978).

Ley, Willy. "Pseudoscience in Naziland", *Amazing Science Fiction* 39 (maio, 1947), 90-8.

Lind, Ingrid. *The White Eagle Inheritance* (Wellingborough: Turnstone, 1984).

Lindsay, Jack. *Origins of Astrology* (N.Y.: Barnes & Noble, 1972).

——. *The Origins of Alchemy in Greco-Roman Egypt* (Londres: Frederick Muller, 1970).

List, Guido von. *The Secret of the Runes*, trad. por Stephen Flowers (Rochester, Vt.: Destiny, 1988).

Lobb, David. "Fascist Apocalypse: William Pelley and Millennial Extremism" (texto apresentado na quarta conferência annual do Center for Millennial Studies, 1999).

Loewe, Michael e Blacker, Carmen, orgs. *Oracles and Divination* (Boulder, Colo.: Shambhala, 1981).

Lomer, Georg. *Seven Hermetic Letters*, trad. por Gerhard Hanswille e Franca Gallo (Salt Lake City: Merkur, 1997).

Long, Carolyn Morrow. *Spiritual Merchants: Religion, Magic, and Commerce* (Memphis, Tenn.: Univ. of Tennessee Press, 2001).

Lovelock, James E. *Gaia: A New Look at Life on Earth* (N.Y.: Oxford UP, 1979).

Bibliografia

Lumsden, Robin. *Himmler's Black Order: A History of the SS, 1923-1945* (Stroud, Gloucestershire: Sutton, 1997).

Macdonald, Michael-Albion. *De Nigromancia attributed to Roger Bacon* (Gillette, N.J.: Heptangle, 1988).

Macer. *A Middle English Translation of Macer Floridus De Viribus Herbarum*, trad. por Gosta Frisk (Uppsala: Almqvist and Wiksells, 1949).

MacFarlane, Alan. *Witchcraft in Tudor and Stuart England* (Prospect Heights: Waveland, 1991).

MacMullen, Ramsay. *Christianizing the Roman Empire* (New Haven, Conn.: Yale UP, 1984).

MacNulty, W. Kirk. *Freemasonry* (Londres: Thames & Hudson, 1991).

Maier, Michael. *Atalanta Fugiens*, trad. e org. Joscelyn Godwin (Grand Rapids, Mich.: Phanes, 1989).

Malaclypse the Younger (Greg Hill). *Principia Discordia* (San Francisco: Rip Off Press, 1970).

Malbrough, Ray T. *Charms, Spells, and Formulas* (St. Paul: Llewellyn, 1986).

_____. *The Magical Power of the Saints* (St. Paul: Llewellyn, 1998).

Maltwood, Katherine. *A Guide to Glastonbury's Temple of the Stars* (Londres: James Clark, 1929).

Maple, Eric. *The Dark World of Witches* (N.Y.: Pegasus, 1970).

Marenbon, John. *Early Medieval Philosophy 480--1150: An Introduction* (Routledge & Kegan Paul, 1983).

Marinus of Samaria. *The Life of Proclus* (Grand Rapids, Mich.: Phanes, 1986).

Mates, B. *Stoic Logic* (Berkeley: U. of California, 1953).

Mathers, Samuel Liddell, trad. *The Kabbalah Unveiled* (repr. York Beach, Maine: Weiser, 1968).

_____. *The Key of Solomon the King* (Londres: George Redway, 1888).

_____. "The Qlippoth of the Qabalah", *in* Gilbert 1983, 23-9; citado como Mathers, 1983.

_____. *The Sacred Magic of Abra-Melin the Mage* (repr. N.Y.: Causeway, 1974).

Matthaei, R., org. *Goethe's Color Theory* (N.Y.: Van Nostrand, 1971).

Matthews, Caitlin. *Sophia, Goddess of Wisdom* (N.Y.: Mandala, 1991).

Matthews, John. *The Bardic Source Book* (Londres: Blandford, 1998).

_____. *The Celtic Seers Source Book* (Londres: Blandford, 1999).

_____. *The Druid Source Book* (Londres: Blandford, 1996).

Matthews, John e Green, Marion. *The Grail Seekers Companion* (Wellingborough: Aquarian, 1986).

McCoy, Edain. *Witta: An Irish Pagan Tradition* (St. Paul: Llewellyn, 1993).

McIntosh, Christopher, *The Rosicrucians: The History and Mythology of an Occult Order* (Wellingborough: Aquarian, 1987).

McLean, Adam, org. *A Compendium on the Rosicrucian Vault* (Tysoe, Warwickshire: Hermetic Research Trust, 1985).

_____. *The Magical Calendar* (Grand Rapids: Phanes, 1994).

_____. *A Treatise on Angel Magic* (Grand Rapids: Phanes, 1990).

McManus, Damian. *A Guide to Ogham* (Maynooth: An Sagart, 1991).

Mead, G. R. S. *Apollonius of Tyana* (New Hyde Park, N.Y.: University Books, 1966).

_____. *Thrice Greatest Hermes* (repr. York Beach, Maine: Weiser, 1992).

Means, Laurel, org. *Medieval Lunar Astrology* (Lewiston, N.Y.: Edwin Mellen Press, 1993).

Bibliografia

Mebane, John S. *Renaissance Magic and the Return of the Golden Age* (Lincoln: U. of Nebraska Press, 1989).

Medway, Gareth. *Lure of the Sinister: The Unnatural History of Satanism* (Nova York: New York UP, 2001).

Meeks, Dimitri e Favard-Meeks, Christine. *Daily Life of the Egyptian Gods*, trad. por G. M. Goshgarian (Ithaca, N.Y.: Cornell UP, 1996).

Mehr, Farhang. *The Zoroastrian Tradition* (Rockport, Mass.: Element, 1991).

Merivale, Patricia. *Pan the Goat-God: His Myth in Modern Times* (Cambridge, Mass.: Harvard UP, 1969).

Merrifield, Ralph. *The Archeology of Ritual and Magic* (Londres: Batsford, 1987).

Merrill, James. *The Changing Light at Sandover: A Poem* (N.Y.: Knopf, 1992).

Mesmer, Franz Anton. *Mesmerism* (Londres: Macdonald, 1948).

Michell, John. *City of Revelation* (N.Y.: David McKay, 1972).

_____. *The View Over Atlantis* (N.Y.: Ballantine, 1969).

Milis, Ludo J. R., org. *The Pagan Middle Ages* (Woodbridge: Boydell, 1998).

Miles, Dillwyn. *The Secret of the Bards of the Isle of Britain* (Llandybie, Gales: Gwasg Dinefwr, 1992).

Montgomery, John Warwick. *Cross and Crucible: Johann Valentin Andreae (1586-1654), Phoenix of the Theologians* (The Hague: Martinus Nijhoff, 1973).

Moore, R. Laurence. *In Search of White Crows: Spiritualism, Parapsychology, and American Culture* (N.Y.: Oxford UP, 1977).

Morgan, Owen. *The Light of Britannia* (Cardiff: Daniel Owen, s.d.).

Moriarty, Anthony. *The Psychology of Adolescent Satanism* (Westport, Conn.: Praeger, 1992).

Morrison, J. S. "The Classical World", *in* Loewe and Blacker (1981).

Moura, Ann. *Green Witchcraft* (St. Paul: Llewellyn, 1996).

_____. *Green Witchcraft III: The Manual* (St. Paul: Llewellyn, 2000).

Murray, Colin e Murray, Liz. *The Celtic Tree Oracle* (Londres: Rider, 1989).

Murray, Margaret. *The Witch Cult in Western Europe* (Oxford: Oxford UP, 1921).

_____. *The God of the Witches* (Oxford: Oxford UP, 1933).

_____. *The Divine King in England* (Londres: Faber & Faber, 1954).

Mylonas, George E. *Eleusis and the Eleusinian Mysteries* (Princeton: Princeton UP, 1961).

Nathan, Debbie e Snedeker, Michael. *Satan's Silence: Ritual Abuse and the Making of a Modern American Witch Hunt* (N.Y.: Basic, 1995).

Nauert, Charles G. *Agrippa and the Crisis of Renaissance Thought* (Urbana, Ill.: U. of Illinois Press, 1965).

Nethercot, A. H. *The First Five Lives of Annie Besant* (Londres: Hart-Davis, 1961).

_____. *The Last Four Lives of Annie Besant* (Londres: Hart-Davis, 1963).

Neuburg, Victor. *The Triumph of Pan* (1910; repr. Londres: Skoob, 1990).

Newman, Barbara. "God and the Goddesses: Vision, Poetry and Belief in the Middle Ages", *in Poetry and Philosophy in the Middle Ages* (Leiden: Brill, 2001), 173-96.

Nichols, Ross. *The Book of Druidry* (Londres: Aquarian, 1990).

Noll, Richard. *The Aryan Christ: The Secret Life of Carl Jung* (N.Y.: Random House, 1997).

_____. *The Jung Cult: Origins of a Charismatic Movement* (Princeton: Princeton UP, 1994).

Bibliografia

Oates, Caroline e Wood, Juliette. *A Coven of Scholars: Margaret Murray and Her Working Methods* (Londres: Folklore Society, 1998).

Olsen, Christina. *Carte da Trionfi: The Development of Tarot in Fifteenth-Century Italy* (dissert. de doutorado, Univ. of Pennsylvania, 1994).

Ossendowski, Ferdinand. *Men, Beasts, and Gods* (N.Y.: Dutton, 1922).

Owen, A. L. *The Famous Druids: A survey of three centuries of English literature on the Druids* (Oxford: Clarendon, 1962).

Pachter, Henry M. *Magic into Science: The Story of Paracelsus* (N.Y.: Henry Schuman, 1951).

Padfield, Peter. *Himmler: Reichsführer-SS* (Londres: Macmillan, 1990).

Pagel, Walter. *Paracelsus: An Introduction to Philosophical Medicine in the Era of the Renaissance* (Basel: Karger, 1958).

Pagels, Elaine. *The Gnostic Gospels* (N.Y.: Random House, 1979). [*Os Evangelhos Gnósticos*, publicado pela Editora Cultrix, São Paulo, 1990.] (fora de catálogo)

Pallis, Marco. "Ossendowski's Sources", *Studies in Comparative Religion* 15 (1983), 30-41.

Palmer, Helen. *The Enneagram* (San Francisco: Harper & Row, 1988).

Palmer, Philip Mason. *The Sources of the Faust Tradition* (N.Y.: Oxford UP, 1936).

Papus (Gerard Encausse), *The Qabalah* (Wellingborough: Thorsons, 1977). [*A Cabala*, publicado pela Editora Pensamento, São Paulo, 1961.]

_____. *The Tarot of the Bohemians*, trad. por A. J. Morton (No. Hollywood, Calif.: Wilshire, s.d.).

Paracelso. *Essential Readings*, org. Nicholas Goodrick-Clarke (Wellingborough: Crucible, 1990).

_____. *The Hermetic and Alchemical Writings of Aureolus Philippus Theophrastus Bombast of Hohenheim, called Paracelsus the Great*, org. e trad. por Arthur Edward Waite, 2 vols. (repr. Berkeley, Calif.: Shambhala, 1976).

Parker, Derek. *Familiar to All: William Lilly and Astrology in the Seventeenth Century* (Londres: Jonathan Cape, 1975).

Parsons, Jack. *Freedom Is a Two-Edged Sword* (Phoenix: New Falcon, 1989).

Partner, Peter. *The Murdered Magicians: The Templars and Their Myth* (Oxford: OUP, 1982).

Patai, Raphael. *The Jewish Alchemists* (Princeton: Princeton UP, 1994).

_____. *The Hebrew Goddess* (N.Y.: Bantam, 1967).

Patrides, C. A., org. *The Cambridge Platonists* (Cambridge, Mass.: Harvard UP, 1970).

Pauwels, Louis e Bergier, Jacques. *The Morning of the Magicians* (N.Y.: Avon, 1968).

Pearson, Joanne; Roberts, Richard H. e Samuel, Geoffrey, orgs. *Nature Religion Today: Paganism in the Modern World* (Edimburgo: Edimburgo UP, 1998).

Pendergrast, Mark. *Victims of Memory* (Hinesburg, Vt.: Upper Access, 1995).

Pennell, Elizabeth Robins. *Charles Godfrey Leland: A Biography* (Londres: Hamlyn, 1906).

Pennick, Nigel. *The Ancient Science of Geomancy* (Londres: Thames & Hudson, 1979).

_____. *Games of the Gods* (York Beach, Maine: Weiser, 1989).

_____. *Practical Magic in the Northern Tradition* (Wellingborough: Aquarian, 1989).

_____ e Devereaux, Paul. *Lines on the Landscape* (Londres: Robert Hale, 1989).

Periera, Michela. *The Alchemical Corpus Attributed to Raymond Lull* (Londres: Warburg Institute, 1989).

Peters, Edward. *The Magician, the Witch and the Law* (s.d.: University of Pennsylvania Press, 1978).

Bibliografia

Pettis, Chuck. *Secrets of Sacred Space* (St. Paul: Llewellyn, 1999).

Philip, J. A. *Pythagoras and Early Pythagoreanism* (Toronto: Univ. Toronto Press, 1966).

Phillips, Osborne. *Aurum Solis Initiation Ceremonies and Inner Magical Techniques* (Loughborough, Leics.: Thoth, 2001).

Phylos, o Tibetano (Frederick S. Oliver). *A Dweller on Two Planets* (Los Angeles: Poseid, 1929).

Piersen, William D. "Black Arts and Black Magic: Yankee Accommodations to African Religion", *in* Benes 1995a, 34-43.

Piggott, Stuart. *The Druids* (Londres: Thames & Hudson, 1968).

Pike, Albert. *Morals and Dogma of the Ancient and Accepted Scottish Rite of Freemasonry* (Charleston, S.C.: Supreme Council 33°, 1871).

Pincus-Witten, Robert. *Occult Symbolism in France: Joséphin Péladan and the Salons de la Rose-Croix* (N.Y.: Garland, 1976).

Platão. *Collected Dialogues*, org. Edith Hamilton e Huntington Cairns (Princeton: Princeton UP, 1961).

Plotino. *The Enneads*, trad. por Stephen MacKenna (Burdett, N.Y.: Larson, 1992).

Prinke, Rafal. "Michael Sendivogius and Christian Rosenkreuz: The Unexpected Possibilities", *The Hermetic Journal*, 1990, 72-98.

Proclo. *The Elements of Theology*, trad. por E. R. Dodds (Oxford: Oxford UP, 1963).

Quinn, D. Michael. *Early Mormonism and the Magic World View* (Salt Lake City: Signature, 1987).

Ramacháraca, Yogue (William Walker Atkinson). *Science of Breath* (Chicago: Yogi Pub. Society, 1905). [*A Ciência Hindu-Yogue da Respiração*, publicado pela Editora Pensamento, São Paulo, 1955.]

Randolph, Paschal Beverly. *Eulis!* (Toledo: Randolph, 1874).

Raoult, Michel. "The Druid Revival in Brittany, France, and Europe", *in* Carr-Gomm (1996).

Rauschning, Hermann. *Hitler Speaks* (Londres: Butterworth, 1939).

Ravenwolf, Silver. *American Folk Magic* (St. Paul: Llewellyn, 1996).

Read, John. *Prelude to Chemistry* (N.Y.: Macmillan, 1937).

Redford, Donald B. *Akhenaten, the Heretic King* (Princeton: Princeton UP, 1984).

Reformed Druids of North America. *A Reformed Druid Anthology II* (Washington, D.C.: Drynemeton Press, 2003).

Regardie, Israel. *Ceremonial Magic* (Wellingborough: Aquarian, 1980).

_____. *Foundations of Practical Magic* (Wellingborough: Aquarian, 1979).

_____. *The Golden Dawn* (St. Paul: Llewellyn 1971).

_____. *The Middle Pillar* (St. Paul: Llewellyn, 1970).

_____. *What You Should Know About the Golden Dawn* (St. Paul: Llewellyn, 1972).

Regula, de Traci. *The Mysteries of Isis* (St. Paul: Llewellyn, 1994).

Reich, Wilhelm. *The Function of the Orgasm* (N.Y.: World Publications, 1942).

Reichenbach, Karl von. *Psycho-Physiological Researches* (repr. Mokelumne Hill, Calif: Health Sciences, 1965).

Reiner, Erica. *Astral Magic in Babylonia* (Filad.: American Philosophical Society, 1995).

_____. *Surpu: A Collection of Sumerian and Akkadian Incantations* (Osnabruck: Biblio-Verlag, 1970).

Reuchlin, Johann. *On the Art of the Cabala*, trad. por Martin e Sarah Goodman (Lincoln, NB: Bison, 1993).

Bibliografia

Rhone, Christine. "Mira Alfassa: A Western Occultist in India", *Pomegranate* 13 (2000), 38-42.

Richardson, Alan. *Dancers to the Gods* (Wellingborough: Aquarian, 1985).

Richardson, Robert. *The Unknown Treasure: The Priory of Sion Fraud and the Spiritual Treasure of Rennes-le-Chateau* (Houston: Northstar, 1999).

Riggs, Brian. "The Pope and the Pornographer", *Gnosis* 44 (Verão, 1997), 46-50.

Rist, J. M. *Plotinus: The Road to Reality* (Cambridge: Cambridge UP, 1967).

_____. *Stoic Philosophy* (Cambridge: Cambridge UP, 1969).

Ritner, Robert Kriech. *The Mechanics of Ancient Egyptian Magical Practice, Studies in Ancient Oriental Civilization #54* (Chicago: U. of Chicago, 1993).

Roberts, J. M. *The Mythology of the Secret Societies* (Londres: Secker and Warburg, 1972).

Roberts, Marie Mulvey e Ormsby-Lennon, Hogh. *Secret Texts: The Literature of Secret Societies* (N. Y.: AMS, 1995).

Robinson, James M., org. *The Nag Hammadi Library* (N.Y.: HarperCollins, 1988).

Roche de Coppens, Peter. *The Nature and Use of Ritual* (St. Paul: Llewellyn, 1987).

Rossner, John. *In Search of the Primordial Tradition and the Cosmic Christ* (St. Paul: Llewellyn, 1989).

Rowse, A. L. *Sex and Society in Shakespeare's Age: Simon Forman the Astrologer* (N.Y.: Scribners, 1974).

Rudhyar, Dane. *An Astrological Mandala* (N.Y.: Vintage, 1974).

_____. *The Astrology of Personality* (Garden City, N.Y.: Doubleday, 1970).

Russell, Jeffrey Burton. *Witchcraft in the Middle Ages* (Ithaca, N.Y.: Cornell UP, 1972).

Ruyter, Nancy Lee Chalfa. *The Cultivation of Body and Mind in Nineteenth-Century American Delsartism* (Westport, Conn.: Greenwood, 1999).

Sadhu, Mouni. *Concentration* (No. Hollywood: Wilshire, 1959). [*Concentração*, publicado pela Editora Pensamento, São Paulo, 1985.] (fora de catálogo)

_____. *The Tarot* (No. Hollywood: Wilshire, 1962).

_____. *Theurgy, the Art of Effective Worship* (Londres: George Allen & Unwin, 1965).

Sambursky, S. *Physics of the Stoics* (Londres: Routledge & Kegan Paul, 1959).

Schaya, Leo. *The Universal Meaning of the Kabbalah*, trad. por Nancy Pearson (N.Y.: Viking, 1958).

Schneider, Heinrich. *Quest for Mysteries: The Masonic Background for Literature in Eighteenth-Century Germany* (Ithaca: Cornell, 1947).

Schneider, Herbert W. e Lawton, George. *A Prophet and a Pilgrim* (Nova York: Columbia UP, 1942).

Schoch, Robert M. *Voices of the Rocks: A Scientist Looks at Catastrophes and Ancient Civilizations* (Nova York: Harmony, 1999).

Scholem, Gershom. *The Kabbalah* (Nova York: Quadrangle, 1974).

_____. *Major Trends in Jewish Mysticism* (Nova York: Schocken, 1941).

Schouten, J. *The Pentagram as a Medical Symbol* (Nieuwkoop: De Graaf, 1968).

Schuchard, Marsha Keith. "Yeats and the Unknown Superiors: Swedenborg, Falk, and Cagliostro", *in* Roberts and Ormsby-Lennon (1995), 114-68.

_____. "Freemasonry, Secret Societies, and the Continuity of the Occult Traditions in English Literature" (dissert. de doutorado, University of Texas em Austin, 1975).

Bibliografia

Scott-Elliott, Walter, *The Story of Atlantis & the Lost Lemuria* (Londres, Inglaterra: Theosophical Publishing House, 1925). [*Atlântida e Lemúria – Continentes Desaparecidos*, publicado pela Editora Pensamento, São Paulo, 1990.] (fora de catálogo)

Seton, Ernest Thompson, *The Book of Woodcraft and Indian Lore* (Garden City, N.Y.: Doubleday, 1926).

_____. *Two Little Savages* (Garden City, N.Y.: Doubleday, 1920).

Settegast, Mary, *Plato Prehistorian* (Hudson, N.Y.: Lindisfarne, 1990).

Seward, Desmond, *The Monks of War* (N.Y.: Penguin, 1995).

Seznec, Jean, *The Survival of the Pagan Gods* (N. Y.: Pantheon, 1953).

Shaver, Richard S. *I Remember Lemuria* (Evanston, Ill.: Venture, 1948).

Shaw, Gregory, *Theurgy and the Soul: The Neoplatonism of Iamblichus* (University Park, Pa.: PSU Press, 1995).

Shea, Robert e Wilson, Robert Anton, *The Eye in the Pyramid* (N.Y.: Dell, 1975a).

_____. *The Golden Apple* (N.Y.: Dell, 1975a).

_____. *Leviathan* (N.Y.: Dell, 1975c).

_____. *The Illuminatus Trilogy* (3 vols.) (Nova York: Dell, 1975).

Shumaker, Wayne, *Renaissance Curiosa* (Binghamton, N.Y.: MRTS, 1982).

Simon (pseudônimo), *The Necronomicon* (Nova York: Avon, 1980).

Simoons, Frederick J. *Plants of Life, Plants of Death* (Madison: University of Wisconsin Press, 1998).

Singer, June. "A Necessary Heresy: Jung's Gnosticism and Contemporary Gnosis", *Gnosis* 4 (primavera, 1987), 11-9.

Singh, Rani e Croson, Steve, orgs. *Think of the Self Speaking: Harry Smith, Selected Interviews* (N.Y.: Cityful, 1998).

Siorvanes, Lucas. *Proclus: Neo-Platonic Philosophy and Science* (Edimburgo: Edinburgh UP, 1966).

Skinner, Stephen. *Terrestrial Astrology* (Londres: Routledge & Kegan Paul, 1980).

Smith, Michelle e Padzer, Laurence. *Michelle Remembers* (N.Y.: Pocket, 1980).

Smith, Morton. *Jesus the Magician* (San Francisco: Harper & Row, 1978).

Smith, Pamela H. *The Business of Alchemy: Science and Culture in the Holy Roman Empire* (Princeton: Princeton UP, 1994).

Smith, Steven G. *The Concept of the Spiritual* (Filadélfia: Temple UP, 1988).

Smoley, Richard. "The Emerald Tablet", *Gnosis* 40 (Verão, 1996), 17-9.

Spence, Lewis. *The Problem of Atlantis* (N.Y.: Brentano, 1921).

Sperling, Harry e Simon, Maurice, trads. *The Zohar* (5 vols.) (Londres: Soncino, 1949).

Spielman, Ed. *The Spiritual Journey of Joseph L. Greenstein, the Mighty Atom: World's Strongest Man* (Cobb, Calif.: First Glance, 1998).

Stebbins, Genevieve. *Dynamic Breathing and Harmonic Gymnastics* (N.Y.: Edgar S. Werner, 1893).

_____. *The Quest of the Spirit* (N.Y.: Edgar S. Werner, 1913).

Steiner, Rudolf. *A Way of Self-Knowledge* (Hudson, N.Y.: Anthroposophic Press, 1999).

_____. *Goethe the Scientist* (N.Y.: Anthroposophic Press, 1950).

_____. *How to Know Higher Worlds* (Hudson, N.Y.: Anthroposophic Press, 1994).

_____. *Intuitive Thinking as a Spiritual Path* (Hudson, N.Y.: Anthroposophic Press, 1995).

_____. *The Anthroposophical Movement* (Londres: Anthroposophic Press, 1933).

Stevenson, David. *The Origins of Freemasonry: Scotland's Century 1590-1710* (Cambridge: Cambridge UP, 1988).

Bibliografia

Stewart, Randall, org. *Sortes Astrampsychus* (Munique: K. G. Saur, 2001).

Stewart, R. J. *Advanced Magical Arts* (Shaftesbury: Element, 1988).

_____. *Living Magical Arts* (Poole: Blandford, 1987).

_____. *The Mystic Life of Merlin* (Londres: Arkana, 1986; citado como Stewart 1986a).

_____. *The Prophetic Vision of Merlin* (Londres: Arkana, 1986; citado como Stewart 1986b).

_____. *Robert Kirk, Walker Between Worlds* (Shaftesbury: Element, 1990).

_____. *The Way of Merlin* (Londres: Aquarian, 1991).

Stillson, Henry L., org. *The History of Odd Fellowship* (Boston: Fraternity Publishing Co., 1897).

Stirling, William. *The Canon: An Exposition of the Pagan Mystery Perpetuated in the Cabala as the Rule of All the Arts* (repr. York Beach, Maine: Weiser, 1999).

Sugrue, Thomas. *There is a River* (N.Y.: Dell, 1973).

Suster, Gerald. *Crowley's Apprentice: The Life and Ideas of Israel Regardie* (York Beach, Maine: Weiser, 1990).

Szydlo, Zbigniew. *Water Which Does Not Wet Hands* (Varsóvia: Polish Academy of Sciences, 1994).

Taavitsainen, Irma. *Middle English Lunaries: A Study of the Genre* (Helsinki: Mémoires de la Société Neophilologique de Helsinki XLVII, 1988).

Taylor, Thomas. *The Theoretic Arithmetic of the Pythagoreans* (N.Y.: Weiser, 1972).

_____. *Thomas Taylor the Platonist*, org. Kathleen Raine e George Mills Harper (Princeton: Princeton UP, 1969).

Tester, S. J. *A History of Western Astrology* (Woodbridge, Sussex: Boydell, 1987).

Theon of Smyrna. *Mathematics Useful for Understanding Plato*, trad. por Robert e Deborah Lawlor (San Diego, Calif.: Wizards Bookshelf, 1979).

Thibault, Gerard. *Academy of the Sword*, Vol. 1, trad. por John Michael Greer (Seattle: Fir Mountain, 1998).

Thomas, Dana Lloyd. "A Modern Pythagorean", *Gnosis* 44 (verão, 1997), 52-9.

Thompson, R. Campbell. *The Devils and Evil Spirits of Babylonia* (Londres: Luzac, 1903).

Thorndyke, Lynn. *A History of Magic and Experimental Science* (N.Y.: Columbia UP, 1923).

_____. *Michael Scot* (Londres: Nelson, 1965).

Thorsson, Edred. *A Book of Thoth* (St. Paul: Llewellyn, 1989); citado como Thorsson, 1989a.

_____. *Fire and Ice* (St. Paul: Llewellyn, 1990).

_____. *Northern Magic* (St. Paul: Llewellyn, 1998).

_____. *Rune Might: Secret Practices of the German Rune Magicians* (St. Paul: Llewellyn, 1989); citado como Thorsson, 1989b.

"Três Iniciados". *The Kybalion*. "Three Initiates", *The Kybalion* (Chicago: Yogi Pub. Society, 1912). [*O Caibalion*, publicado pela Editora Pensamento, São Paulo, 1978.]

Tobyn, Graeme. *Culpeper's Medicine* (Shaftesbury, Dorset: Element, 1997).

Todd, Jan. *Physical Culture and the Body Beautiful* (Macon, Ga.: Mercer UP, 1998).

Tolkien, J. R. R. "Tree and Leaf", in *The Tolkien Reader* (Nova York: Ballantine, 1966).

Tolstói, Nikolai. *The Quest for Merlin* (Boston: Little, Brown, 1985).

Tomberg, Valentin. *Meditations on the Tarot: A Journey into Christian Hermetism* (publicado anonimamente, Nova York: Amity House, 1972).

Bibliografia

TOPY (Thee Temple ov Psychick Youth). *The Grey Book* (fotocópia s.d.; disponível em diversos sites da Internet).

Torrens, R. G. *The Secret Rituals of the Golden Dawn* (Wellingborough: Aquarian, 1973).

Towers, Eric. *Dashwood – The Man and the Myth* (Wellingborough: Crucible, 1987).

Townley, Kevin. *The Cube of Space: Container of Creation* (Boulder: Archive Press, 1993).

Trismosin, Solomon. *Splendor Solis: Alchemical Treatises of Solomon Trismosin* (Londres: Kegan Paul, Trench, Trubner & Co., s.d.).

Trobridge, George. *Swedenborg: Life and Teaching* (N.Y.: Swedenborg Foundation, 1992).

Trowbridge, W. R. H. *Cagliostro* (N.Y.: Brentano's, 1910).

Turner, Henry Ashby, Jr. *Hitler: Memoirs of a Confidant* (New Haven, Conn.: Yale UP, 1985).

Turner, Robert. *Ars Notoria*, org. por Darcy Küntz (Edmonds, Wash.: Holmes, 1998).

_____. *Elizabethan Magic* (Shaftesbury, Dorset: Element, 1989).

Tyson, Donald. *Tetragrammaton* (St. Paul: Llewellyn, 1998).

U. D., Frater. *Practical Sigil Magic* (St. Paul: Llewellyn, 1991).

Ulansey, David. *The Origin of the Mithraic Mysteries* (Oxford: Oxford UP, 1989).

Valiente, Doreen. *Witchcraft for Tomorrow* (Custer, Wash.: Phoenix, 1987).

_____. *The Rebirth of Witchcraft* (Custer, Wash.: Phoenix, 1989).

VandenBroeck, André, *Al-Kemi: Hermetic, Occult, Political, and Private Aspects of R.A. Schwaller de Lubicz* (Hudson, N.Y.: Lindisfarne, 1987).

van den Broeck, Roelof. "The Cathars: Medieval Gnostics?", *in* van den Broeck e Hanegraaf 1998, 87-108.

_____ e Hanegraaf, Wouter J., orgs. *Gnosis and Hermeticism from Antiquity to Modern Times* (Albany, N.Y.: SUNY Press, 1998).

van der Horst, Pieter Willem. *Chaeremon: Egyptian Priest and Stoic Philosopher* (Leiden: Brill, 1984).

_____ et al. *The Use of Sacred Books in the Ancient World* (Leuven: Peeters, 1998).

van Oort, Johannes. "Manichaeism: Its Sources and Influences on Western Christianity", *in* van den Broeck e Hanegraaf, 1998, 37-52.

Versluis, Arthur. *American Transcendentalism and Asian Religions* (Oxford: Oxford UP, 1993).

_____. "Christian Theosophic Literature of the Seventeenth and Eighteenth Centuries", *in* van den Broeck e Hanegraaf, 1998, 217-36.

_____. *Wisdom's Children: A Christian Esoteric Tradition* (Albany: SUNY Press, 2000).

Victor, Jeffrey S. *Satanic Panic* (Chicago: Open Court, 1993).

Vitrúvio (M. Vitruvius Pollio). *The Ten Books On Architecture*, trad. por Morris Hicky Morgan (N.Y.: Dover, 1960).

Wakefield, W. L. e Evans, A. P. *Heresies of the High Middle Ages: Selected Sources Translated and Annotated* (Londres: Columbia UP, 1969).

Walker, Christopher e Dick, Michael. *The Induction of the Cult Image in Ancient Mesopotamia* (Helsinki: Saalt, 2001).

Walker, Daniel P. *The Ancient Theology: Studies in Christian Platonism from the Fifteenth to the Eighteenth Centuries* (Ithaca: Cornell UP, 1972).

_____. *Spiritual and Demonic Magic from Ficino to Campanella* (Londres: Warburg Institute, 1958).

Wallis, R. T. *Neoplatonism* (N.Y.: Scribners, 1972).

Bibliografia

Wang, Robert. *The Secret Temple* (N.Y.: Weiser, 1980).

Waterfield, Robin, trad. *The Theology of Arithmetic* (Grand Rapids: Phanes, 1988).

Watkins, Alfred. *The Old Straight Track* (Londres: Methuen, 1925).

Webb, James. *The Occult Establishment* (La Salle, Ind.: Open Court, 1976).

Wehr, Gerhard. *An Illustrated Biography of C. G. Jung*, trad. por Michael Kohn (Boston: Shambhala, 1989).

Westcott, William Wynn. "Chess Shatranji and Chaturanga", *in* R. A. Gilbert, *The Magical Mason* (Wellingborough: Aquarian, 1983).

_____. *The Occult Power of Numbers* (Van Nuys, Calif.: Newcastle, 1984). [*Os Números: Seu Poder Oculto e suas Virtudes Místicas*, publicado pela Editora Pensamento, São Paulo, 1987.]

Wetherbee, Winthrop, trad. *The Cosmographia of Bernardus Sylvestris* (N.Y.: Columbia UP, 1973).

Whitehead, Nicholas. *Patterns in Magical Christianity* (Albuquerque, N. M.: Sun Chalice, 1995).

Wilding, Michael. "Edward Kelly: A Life", *Cauda Pavonis* 18 (1999), 1-26.

Wilkins, Eithne. *The Rose-Garden Game* (Londres: Gollancz, 1969).

Willard, Thomas. "Acts of the Companions: A.E. Waite's Fellowship and the Novels of Charles Williams", *in* Roberts, Marie Mulvey and Hugh Ormsby-Lennon, orgs. *Secret Texts: The Literature of Secret Societies* (Nova York: AMS Press, 1995).

Williams ab Ithel, John. *Barddas* (York Beach, Maine: Weiser, 2004).

Williams, Brian. *The Minchiate Tarot* (Rochester, Vt.: Destiny, 1999).

Williams, Charles. *Taliessin Through Logres and the Region of the Summner Stars* (Londres: Oxford UP, 1954).

_____. *Witchcraft* (Londres: Faber and Faber, 1941).

Williams, Thomas A. *Éliphas Lévi: Master of Occultism* (University, Ala.: University of Alabama Press, 1975).

Wilmshurst, W. L. *The Meaning of Masonry* (N.Y.: Bell, 1980).

Wilson, Robert Anton. "The Priory of Sion: Jesus, Freemasons, Extraterrestrials, The Gnomes of Zurich, Black Israelites and Noon Blue Apples", *Gnosis* 6 (inverno, 1988), 30-9.

Wirth, Oswald. *The Tarot of the Magicians* (York Beach, Maine: Weiser, 1985).

Witemeyer, Barbara. *Ernest Thompson Seton Woodcraft Groups in England* (Santa Fe: ed. da autora, 1994).

Wood, Matthew. *Vitalism: The History of Herbalism, Homeopathy, and Flower Essences* (Berkeley, Calif.: North Atlantic, 2000).

Wright, Machaelle Small. *Perelandra Garden Workbook* (Jeffersonton, Va.: Perelandra, 1987).

Yates, Frances A. *The Art of Memory* (Chicago: U. of Chicago Press, 1966).

_____. *Giordano Bruno and the Hermetic Tradition* (Chicago: U. of Chicago Press, 1964). [*Giordano Bruno e a Tradição Hermética*, publicado pela Editora Cultrix, São Paulo, 1987.]

_____. *The Occult Philosophy in the Elizabethan Age* (Londres: Routledge & Kegan Paul, 1979).

_____. *The Rosicrucian Enlightenment* (Londres: Routledge & Kegan Paul, 1972).

_____. *Theatre of the World* (Chicago: U. of Chicago Press, 1969).

Bibliografia

Yeats, William Butler, *Autobiographies* (N.Y.: Macmillan, 1955; citado como Yeats, 1955a).

_____. *A Vision* (N.Y.: Macmillan, 1956).

_____. *The Letters of W. B. Yeats*, ed. Allan Wade (N.Y.: Macmillan, 1955); citado como Yeats, 1955b.

Young-Eisendrath, Polly e Dawson, Terence, orgs. *The Cambridge Companion to Jung* (Cambridge: Cambridge UP, 1997).

Yronwode, Catherine. *Hoodoo Herb and Root Magic* (Forestville, Calif.: Lucky Mojo Curio Co., 2002).

Zain, C. C. *Church of Light Correspondence Course* (Los Angeles: Church of Light, 1914-1934).

Zalewski, Patrick J. *Secret Inner Order Rituals of the Golden Dawn* (Phoenix: Falcon, 1988).

_____ e Zalewski, Chris. *The Equinox and Solstice Ceremonies of the Golden Dawn* (St. Paul: Llewellyn, 1992).

Zaehner, R. C. *The Dawn and Twilight of Zoroastrianism* (N.Y.: Putnam, 1961).

Zohar. *Veja* Sperling, 1931.

Zoller, Robert. *The Arabic Parts in Astrology* (Rochester, Vt.: Inner Traditions International, 1989).